普通高等教育精编法学教材

刑法学（第二版）

Criminal Law

谢望原◎主编

北京大学出版社
PEKING UNIVERSITY PRESS

图书在版编目(CIP)数据

刑法学/谢望原主编.—2版.—北京:北京大学出版社,2012.3
(普通高等教育精编法学教材)
ISBN 978-7-301-20259-3

Ⅰ.①刑… Ⅱ.①谢… Ⅲ.①刑法-法的理论-中国-高等学校-教材
Ⅳ.①D924.01

中国版本图书馆CIP数据核字(2012)第026893号

书　　名:刑法学(第二版)
著作责任者:谢望原　主编
责 任 编 辑:郭瑞洁
标 准 书 号:ISBN 978-7-301-20259-3/D·3057
出 版 发 行:北京大学出版社
地　　址:北京市海淀区成府路205号　100871
网　　址:http://www.pup.cn　电子邮箱:law@pup.pku.edu.cn
电　　话:邮购部62752015　发行部62750672　编辑部62752027
出版部62754962
印 刷 者:北京鑫海金澳胶印有限公司
经 销 者:新华书店
730毫米×980毫米　16开本　40.5印张　862千字
2003年8月第1版
2012年3月第2版　2012年3月第1次印刷
定　　价:59.00元

主　编　谢望原
副主编　刘　远　刘艳红
　　　　　黄　芳　李邦友
撰稿人（以撰写章节先后为序）：
　　　　　谢望原　刘　远　黄　芳　刘艳红
　　　　　王志亮　孙　莉　李邦友　李　湛
　　　　　周洪波　王瑞君

内容提要

本教材由中国人民大学、东南大学、南京师范大学、山东大学威海分校、西南政法大学、中国海洋大学、青岛大学、上海政法学院、国家检察官学院以及中国社会科学院的刑法学教学研究人员合作完成。它以法律专业本科生为主要读者对象，同时兼顾其他法律从业人员的需要。

刑法学是高等法律院校法学专业的主干课程之一。本教材按照高等院校法学教育的要求，重点阐释了中国刑法学的基本理论，吸收了最新刑法立法与司法成果，因而本教材具有较高学术价值与实用价值。

本教材分为"刑法总论"与"刑法分论"两部分。前者是关于刑法的一般理论，系统而全面地探讨了刑法、刑法基本原则、刑事责任、犯罪构成、犯罪要件、犯罪故意与过失、排除社会危害性行为、犯罪的停止形态、共同犯罪、一罪与数罪以及刑罚的一般理论与我国刑罚制度。后者则逐章探讨了我国刑法分则所包含的十类具体犯罪的成立标准及其基本理论问题。限于篇幅，我们只对那些疑难而常见的重点犯罪作了较为详细的阐释，而对其他犯罪只作了简要叙述。

ABSTRACT

This text-book is co-written by criminal theorists from Renmin University of China, Dongnan University, Nanjing Normal University, Weihai Division of Shandong University, the Politics and Law University of South-west, the Marine University of China, Qingdao University, Shanghai Politics and Law College, the National College of Attorney and the Chinese Institute of Social Science. It is mainly targeted for the law major undergraduate students of higher educational institutions.

Criminal Law is one of the core courses in the legal science education of higher educational institutions. This text-book meets the requests of the core courses in the legal science education of higher educational institutions, as it illustrates the basic theory and knowledge of Chinese criminal law and absorbs the newest legislative materials about criminal law as well as criminal justice up to date. Thus, it is of higher academic and application value.

This book is divided into two parts, general theory of criminal law and special theory of criminal law. The former is about the general theories of criminal law, which discusses systematically and thoroughly the basic principles of the criminal law, the criminal liability, constitution of a crime, elements of a crime, criminal intention and negligence, valid conducts, stopping states of a crime, accessory to a crime, one crime or several crimes, and general theory about criminal punishment. The latter discusses the common issues of ten sorts of crimes regulated in the specific provisions of the current criminal law of China and the standards and theoretical issues of each type of crime chapter by chapter. Being having limited space of the book, we can only pay more attention to the crimes that are difficult in deciding and give concise explanations for the other crimes.

第二版序

作为保障法的刑法，乃是国家最重要的法律之一。而在法学理论体系中，刑法学亦占有独特地位。我国《刑法》1997年的修订与施行，为中国刑法学的研究提供了崭新契机。在过去十多年间，我国出版了数量可观、质量上层的一批刑法学教材，为中国刑法学的教学与研究提供了优秀范本。

然而，社会的飞速发展必然要求刑法立法、司法与时俱进。事实上，从1997年修订的《刑法》施行至2011年6月，国家立法机关又先后颁布了八个刑法修正案、三个单行刑法和九个立法解释，对刑法典的有关条文和罪名进行了及时修正和补充。最高司法机关也相继作出了大量刑法司法解释，为刑法的正确适用提供了司法指南。此外，还有若干附属刑法问世。刑法学的教学研究必须反映最新刑法立法与司法动态。正是出于此种考虑，我们编撰了这本《刑法学》。

本教科书以大学法律专业本科生为主要读者对象，同时兼顾了其他法律从业人员的需要。在内容编排上，我们采纳了我国正统刑法学教材的编写体例和基本观点，重点阐释刑法学基本理论，强调理论与实践的紧密结合，而对不同理论见解一般不作评价，对刑法立法与司法解释中的某些不足之处亦不作分析论证。

北京大学出版社曾在2003年推出本书第一版。由于近八年来我国刑法立法和司法出现诸多新进展、新变化，现在，我们根据2003年以来新颁布的刑法修正案、刑法立法解释以及司法解释对全书做了较大修改，特别是针对新增罪名作了必要补充阐释。

本书由我国多所大学的刑法教学研究人员合作完成，由主编、副主编修改定稿。参与本书撰著的刑法学者有（以撰写章节在本书出现先后为序）：

谢望原（中国人民大学法学院刑法教研室主任、国家重点研究基地中国人民大学刑事法律科学研究中心副主任、刑事政策与比较刑法研究所所长、教授、法学博士、博士后、博士生导师、丹麦人权研究院与日本成蹊大学访问学者），撰写第1—3、14章；

刘远（南京师范大学法学院教授、法学博士、巴黎第一大学法学博士后、博士生导师），撰写第4—8章；

黄芳（中国社会科学院法学研究所教授、法学博士、博士后、爱尔兰人权中心访问学者），撰写第9—10章；

刘艳红（东南大学法学院教授、德国萨尔大学访问学者、法学博士、博士后、博士生导师），撰写第11—13章；

王志亮（上海政法学院教授、硕士生导师），撰写第15—19章；

孙莉（青岛大学法学院副教授、法学硕士），撰写第20—22、30章；

李邦友（最高人民法院法官、日本九州大学访问学者、法学博士、经济学博士后、最高人民法院博士后流动站合作导师，西南政法大学兼职教授、博士生导师），撰写第

23章；

李湛（中国海洋大学法政学院讲师、博士研究生），第24—25章；

周洪波（《中国检察官》总编、国家检察官学院教授、法学博士、经济学博士后），撰写第26章；

王瑞君（山东大学威海分校法学院教授、法学博士、硕士生导师，刑事法研究中心主任、美国南德州法律大学访问学者），撰写第27—29章。

北京大学出版社郭瑞洁、孙战营老师为本书的出版作了大量工作，其严谨认真的编审使本书增色不少。在此谨向北大出版社致以深切谢意！

编撰者

2012年1月21日

目　录

上编　刑法总论

下编　刑法分论

上编　刑 法 总 论

第一章 刑法绪论

刑法绪论研究与实体刑法相关的一系列问题。这些问题虽然不是刑法本身，但它们是刑法学必须予以关注的。刑法绪论主要涉及刑法学的研究对象、刑法学与刑事法学的关系、刑法学的体系、刑法学的研究方法以及刑法概念和性质、刑法任务、刑法体系和刑法解释以及刑事法律关系等问题。

第一节 概 述

一、刑法学的研究对象

任何一门学科都有特定的研究对象。那么刑法学的研究对象是什么呢？按照我国刑法学界的通说："刑法学即研究刑法及其所规定的犯罪、刑事责任和刑罚的科学。"① 但学术界尚有其他见解：

(1)"刑法学的研究对象就是刑法所规定的犯罪和刑罚。"②

(2)"刑法学就是对犯罪和刑罚的规律、对刑事立法和司法实践进行理论概括的科学。"③

(3)"刑法学有不同的含义。最广义的刑法学是研究有关犯罪与刑事责任的一切问题的学科，其研究对象包括实体的刑法规范、犯罪原因与对策、刑法诉讼程序、刑罚的执行等等。这种最广义的刑法学实际上是刑事法学。广义的刑法学，是指对现行刑法进行解释(刑法解释学)、对刑法规定的哲学基础进行阐释(刑法哲学或理论刑法学)、对刑罚的历史进行研究(刑法史学)、对不同的刑法进行比较(比较刑法学)的学科。狭义的刑法学，是仅指刑法解释学。"④

以上诸说各有道理。但通说较简洁明快地说明了刑法学的基本内涵，似更为可取。对于通说关于刑法学研究对象的理解，应当注意以下几点：

其一，刑法学是研究刑法的科学，它专注于对刑法特点、规律、理论与适用等问题的研究。事实上，根据其研究具体内容，刑法学又可分为内国刑法学、外国刑法学、国际刑法学、区际刑法学、比较刑法学和刑法史学。内国刑法学是学者们以自己所属的主权国家的刑法为研究对象的科学；外国刑法学是以相对于内国而言的外国刑法为研究对象的科学；国际刑法学是以国际公法上认定的犯罪和刑事责任为研究对象的科

---

① 高铭暄、马克昌主编：《刑法学》上编，中国法制出版社 1999 年版，第 2 页。

② 高铭暄主编：《刑法学》，北京大学出版社 1989 年版，第 1—2 页。

③ 高铭暄主编：《刑法学》，法律出版社 1982 年版，第 1 页。

④ 张明楷：《刑法学》上，法律出版社 1997 年版，第 1 页。

学;区际刑法学是以一个主权国家不同法域的刑法为研究对象的科学;比较刑法学是运用比较研究的方法对不同国家或地区的刑法进行研究的科学;而刑法史学则是以历史刑法以及刑法的发生、发展和演变规律为研究对象的科学。本课程要研究的是中国刑法学,它属于内国刑法学的范畴。

其二,刑法学以犯罪为基本研究对象,是指刑法学要研究行为人之是否构成犯罪、构成什么种类犯罪以及行为人之行为是构成重罪还是轻罪等。总之,刑法学研究犯罪的基本理论。应当指出,传统刑法学曾经把犯罪原因、犯罪对策以及犯罪的发展演变规律等也作为研究对象,但由于犯罪学已经发展为一门独立的科学并从刑法学中分离出去,因此,犯罪原因、犯罪对策以及犯罪发展演变规律在当代已不属于刑法学研究范畴了。

其三,由于刑法最主要的任务之一是要解决犯罪人的刑事责任,所以刑事责任当然成为刑法学的基本内容。刑法学意义上的刑事责任,包括行为人应否承担刑事责任、行为人应当承担何种刑事责任以及刑事责任的轻重大小等。

其四,刑罚乃是刑法的基本组成部分。刑法学以刑罚为研究对象,是指刑法学必须研究刑罚制度、刑罚目的与功能以及刑罚适用原则与技巧等。

二、刑法学与刑事法学

本课程所研究的刑法学,是指实体刑法学。其概念前面已经阐明(通说)。而刑事法学,则泛指与犯罪、刑罚有关的一系列科学。它具体包括:刑事政策学、犯罪学、实体刑法学、刑事诉讼法学、刑事执行法学、刑事侦查学、刑事证据学、犯罪心理学、犯罪社会学等。刑事政策学乃是基于公共政策立场研究刑事立法政策、刑事司法政策与刑事执行政策的科学。犯罪学是研究犯罪原因、犯罪对策以及犯罪发展演变规律的科学;实体刑法学即刑法学,其概念前已阐明;刑事诉讼法学是以保障公正适用刑法的程序规则为研究对象的科学;刑事执行法学是以各种刑事处罚方法如何执行以及监狱管理和罪犯矫正或改造为研究对象的科学;刑事侦查学是以犯罪的物证技术为研究对象的科学;刑事证据学是以刑事诉讼中犯罪证据的运用与认定规则为研究对象的科学;犯罪心理学是以犯罪人的犯罪心理动态为研究对象的科学;犯罪社会学则是以犯罪的社会原因及其发展演变规律为研究对象的科学。虽然刑法学与刑事政策学、犯罪学、实体刑法学、刑事诉讼法学、刑事执行法学、刑事侦查学、刑事证据学、犯罪心理学、犯罪社会学都属于刑事法学的范畴,但它们的研究对象不同决定了它们具有不同的使命与归属。但应当指出,刑法学与前述相关学科有着千丝万缕的联系。例如,刑法与刑事诉讼法就是一对彼此相互依存的法律现象,刑法为刑事诉讼法提供了前提和根据,刑事诉讼法又为刑法的公正实施提供了程序保障;等等。因此,研究刑法学,应当对其他刑事法学有必要的了解和研究,否则,就不能全面正确的掌握刑法学。

三、刑法学的研究体系

刑法学的研究体系,是指刑法学的理论框架结构。一般而言,刑法学可分为总论与分论。总论研究刑法的总则规范与相关刑法理论。它虽然与刑法典总则规范大体一致，但并不限于刑法典总则问题。分论所研究的问题则与刑法分则规定的犯罪基本一致。

关于刑法学的总论框架结构，大体上有以下两种理论体系划分：

第一，二元结构体系。其具体结构有二：(1) 犯罪论——刑罚论；(2) 犯罪论——刑事责任论。

第二，三元结构体系：(1) 犯罪论——刑事责任论——刑罚论。(2) 刑事责任论——犯罪论——刑罚论。

本教科书的体系采用通说体系，即采"刑法总论—刑法分论"的体系结构。

四、刑法学的研究方法

提示：刑法学的研究应当运用理论与实践相结合的方法、理论的方法、实证的方法

作为一门科学，刑法学有着自身的研究方法。但到底哪些方法属于刑法学的基本研究方法，学者们的认识并不统一。如有的学者认为，刑法学的研究方法是：阶级分析方法，历史研究方法、比较研究方法、案例研究方法；另有学者则认为，刑法学的研究方法是：分析的方法、比较的方法、历史的方法和理论联系实际的方法。[①] 应当肯定，这些见解均有自己的道理。但我们认为，由于历史的研究方法、比较的研究方法已属于刑法史学和比较刑法学的范畴，故我们认为刑法学的研究方法主要应当是：

（一）理论与实践相结合的方法

理论与实践相结合是人文社会科学研究应当坚持的基本方法，刑法学是人文社会科学的重要组成部分，因此研究刑法学必须坚持理论与实践相结合的方法。在刑法学研究中坚持理论与实践相结合，就是既要研究已有的现存刑法理论和创立新的刑法理论，又要到刑法实践中去了解刑法立法与司法，有的放矢的研究刑法实务问题，为国家刑法的立法与司法提供理论支持。

（二）理论的方法

虽然在刑法学的研究中要坚持理论联系实际的基本研究方法，但就不同学者的研究风格而言，其对刑法学的研究方法则可以有所不同。刑法学的理论研究方法，就是从纯理论的视角来研究刑法的原理、原则，去探寻刑法的价值所在。此种研究方法要求研究者从思辨的立场出发，运用法哲学和价值哲学的理论去研究刑法的本源和应然。西方学者如康德、黑格尔等人关于刑罚理论的研究就属于理论的方法。虽然理论的研究方法有脱离实际之嫌，但它对提升刑法学理论并使之更为人性化是必不可少的。

（三）实证的方法

实证的方法是科学研究的重要方法，特别是对于自然科学来说，离开了实证的研

① 参见王作富主编：《刑法》，中国人民大学出版社 1999 年版，第 4—5 页；参见高铭暄、马克昌主编：《刑法学》，北京大学出版社、高等教育出版社 2000 年版，第 4—7 页。

究方法就不可能得出科学的结论。所谓实证研究,就是指深入刑法立法与司法实际,广泛进行调查研究,掌握大量一手的有关犯罪与刑罚的资料,并在此基础上进行分析研究,从而得出刑法学的科学结论。刑法学研究中的案例研究方法就属于实证的研究方法。

第二节　刑法的概念和性质

一、刑法的概念

刑法有广义与狭义之分。广义刑法是指所有规定犯罪、刑事责任以及刑罚的法律规范的总和,包括刑法典(普通刑法,刑法修正案无疑应当属于刑法典组成部分)、单行刑法(特别刑法)以及附属刑法规范。还应指出,由于刑法的立法解释与司法解释同刑法典一样具有法律效力,因此,在我国,全国人大的刑法立法解释与最高人民法院和最高人民检察院关于刑法的司法解释也属于广义刑法的范畴。狭义刑法则仅指刑法典。

关于刑法的概念,我国学术界有不同的认识。主要有以下观点:

(1) 刑法是规定犯罪与刑罚的法律,“犯罪与刑罚构成刑法的基本内容”[①];

(2) 刑法是规定犯罪、刑事责任和刑罚的法律。[②]

(3) 刑法是规定犯罪及其刑事责任的法律规范的总和。[③]

(4) 刑法即为规定犯罪行为及刑罚之公法法规。[④]

在上述各种观点中,第二种观点是我国的主流见解。这一关于刑法的定义在过去很长时间内是毋庸置疑的。也就是说在刑法中规定保安处分与非刑罚处罚措施之前,这一定义是完全正确的。但是,当刑法对犯罪处罚的规定出现多元化——即对犯罪的处罚除了刑罚还有保安处分和非刑罚方法之后,传统的刑法定义显然已不能完整概括刑法的内涵。由于当代很多国家的刑法中都有保安处分的规定,我国刑法中亦有非刑罚方法的规定,前引各种定义,显然忽略了保安处分与非刑罚方法在刑法中的存在。所以,今天的英美法学家把刑法(criminal law)定义为:“刑法是旨在防止犯罪侵害社会的实体法:a)它规定什么是犯罪;b)它描述对犯罪行为的处罚。它包括具体犯罪的定义与刑事责任。”[⑤] 此一分析表明,在当前的刑法学研究中,有必要对刑法的概念从新作出界定。出于此种考虑,我们试对刑法学的概念从新界定如下:刑法是规定犯罪、刑事责任、刑罚以及用以处罚犯罪的保安处分和其他非刑罚处罚方法的刑事实体法。

二、刑法的性质

探讨刑法的性质,是要解决刑法具有什么基本属性的问题。在此一问题上,学者

---

① 高铭暄主编:《中国刑法学》,中国人民大学出版社1989年版,第1页。

② 高铭暄、马克昌主编:《刑法学》上编,中国法制出版社1999年版,第3页。

③ 苏惠渔主编:《刑法学》,中国政法大学出版社1994年版,第13页。

④ 韩忠谟:《刑法原理》,台湾雨利美术印刷有限公司1986年版,第1页。

⑤ Black's Law Dictionary, Sixth Edition, ST. Paul, Minn. West Publishing Co., 1990, p. 374.

们认识并不完全统一。我们认为,对于刑法的性质,主要可以从三方面来认识:一是刑法的阶级性,二是刑法的社会性,三是刑法的法律性。

(1) 刑法的阶级性:这是根据马克思主义阶级分析的观点对刑法性质所作的属性分析。历史唯物主义认为,法,特别是刑法,乃是阶级和阶级斗争的产物。因此,刑法的阶级性,就表现在刑法对统治阶级的利益根本保护和对敌对阶级进行镇压与打击上。从人类历史的发展过程来看,刑法的阶级性应该说是十分鲜明的。在取得政治统治权之后,统治阶级往往以刑事立法的方式首先把那些他们认为是对自己所代表的国家利益进行侵害的行为规定为严重的危害国家安全的犯罪,同时也把那些严重破坏国家经济基础的行为规定为犯罪。无论是封建时代的刑法还是资产阶级在推翻封建王朝之后所进行的刑事立法与司法,都深深打上了阶级的烙印。社会主义革命在一些国家取得成功之后,登上政治统治历史舞台的无产阶级也毫不例外地充分运用刑法来巩固政权、维护统治,镇压和打击敌对阶级的破坏与反抗。在我国刑法和刑法司法实践中曾经长期存在的反革命罪,就是刑法阶级性的最好说明。但是应当指出,随着国际和平发展大格局的形成和我国国内阶级矛盾的缓和以及以经济建设为中心的改革开放政策的确立,刑法的阶级性也逐渐淡化,而日渐突出的乃是刑法的社会性。

(2) 刑法的社会性:刑法的社会性就是指刑法所具有的社会调控性。刑法的社会性是由法的社会性所决定的。在当代各文明国家,人们更重视的是把法作为一种管理国家的手段而不是作为阶级斗争的工具来使用了。刑法通过对社会关系的调控来发挥其社会调整器的功能。刑法通过对刑事法律关系的调整来保护国家和社会安全以及公民人身财产安全。而刑事法律关系的广泛存在,正好体现了刑法的社会性。

(3) 刑法的法律性:这是就刑法的自身特点对刑法所作的属性分析。刑法是国家法律体系中的极其重要的部门法。如同其他部门法有着自身的属性一样,刑法也有着自己的特定属性。一般认为,刑法具有以下法律性质:

其一,刑法调控范围的广泛性。事实上,当代刑法与古代刑法已有很大不同,它已经渗透到人类社会生活的各个领域,从国家安全、公共安全,到金融保险以及婚姻家庭等方方面面,无不处在刑法的调控之下。刑法调控范围的广泛性是由法所调控范围的广泛性所决定的。

其二,刑法强制手段的严厉性。社会生活中存在多种强制性规范,如道德规范、纪律规范,但法律规范是更具强制力的规范。而就各种法律规范的强制性而言,刑法规范的强制性却是最为严厉的。这是因为,刑法所规定的处罚中不仅有资格刑、财产刑、自由刑,而且还有生命刑。这就意味着刑罚处罚轻则剥夺犯罪人的资格、财产、自由,重则剥夺犯罪人的生命,而其他任何规范显然不具有这样的严厉性。

其三,刑法具有保障法的属性。所谓刑法具有保障法的属性,是指刑法是社会调控手段中的最后手段,只有其他诸如民事法的、行政法的、经济法的手段不足以平衡冲突中的社会关系时,国家才能发动刑罚权而提起刑事法律程序。换言之,刑法因其具有的特殊严厉性而能够保障其他法律的顺利实施。

第三节 刑法的任务

关于刑法的任务,我国《刑法》第2条作了明确规定:"中华人民共和国刑法的任务,是用刑罚同一切犯罪行为作斗争,以保卫国家安全,保卫人民民主专政的政权和社会主义制度,保护国有财产和劳动群众集体所有的财产,保护公民私人所有的财产,保护公民的人身权利、民主权利和其他权利,维护社会秩序、经济秩序,保障社会主义建设事业的顺利进行。"

那么如何准确理解我国刑法的任务?我们认为主要应当从以下方面来把握:

一、维护国家领土、主权和政治制度安全

即《刑法》第2条中规定的"保卫国家安全、人民民主专政的政权和社会主义制度"。国家领土是国家赖以存在的物质基础,没有领土,则国家无以为系。国家主权则是国家内政外交的根据,是国家权力的核心。因此,任何一个国家无不把领土和主权安全作为其刑法的根本任务。政治制度是统治阶级对国家权力进行分配和治理国家的制度保障。我国政治制度的核心内容就是人民民主专政的政权和社会主义制度。正是人民民主专政的政权和社会主义制度确保了我国公民充分享有民主与自由的权利,确保了国家的长治久安与繁荣富强。因此,我国刑法当然要把国家政治制度安全作为其基本任务。为了突出对国家领土、主权和政治制度的特别维护,我国刑法分则将"危害国家安全罪"排列在第一章,并规定了包括死刑在内的严厉刑罚。

二、维护国家公共安全与社会管理秩序安全

公共安全与社会管理秩序安全是国家机器正常运转的基本保证。现代社会应当是理性的社会,理性社会的显著特征就是一切社会生活处于高度和谐的秩序状态。试想,一个国家要是频繁发生爆炸、放火、投毒等恶性案件,人民群众将毫无生存安全可言。刑法把各种侵犯公共安全的行为规定为犯罪,并对其规定了包括死刑在内的相应刑罚,以确保社会公共安全不受侵犯。

对国家事务进行日常管理,从而使国家机器正常运转乃是国家的基本功能之一。为了确保国家机器的正常运转,国家制定了大量的民商事、行政、经济等方面的法律、法规,为了使这些法律、法规得以遵循,国家又以刑法规范的形式将那些严重妨害国家进行社会管理的行为犯罪化。我国刑法分则第6章专门规定了"妨害社会管理秩序罪",用以惩处那些破坏社会管理秩序的犯罪,这表明了国家利用刑法手段维护社会管理秩序安全的决心。

三、维护国家经济秩序安全

经济是国家存在的物质基础,而经济秩序则是国家进行生产资料和生活资料生产、增加国民生产总值、提高人民生活水平的基本条件。经济秩序包括生产资料和生

活资料生产、流通、分配、积累等方面的秩序。刑法属于国家上层建筑的重要组成部分,刑法的法律属性决定了它必须肩负起维护国家经济秩序安全的历史重任。刑法规定了各种破坏社会主义市场经济的犯罪,并对其规定了相应的刑罚,就是为了确保国家经济安全。

四、保护公民的人身权利与民主权利

古人云:国以民为本。其含义不外乎是说"人民乃是国家的根本"。我国是人民民主专政的社会主义国家,人民是国家的主人。因此,国家不仅要最大限度地赋予人民各项权利与自由,还有义务充分保护人民依法享有的各项权利得以实现,不受非法侵犯。正因为如此,我国刑法分则专门规定了保护公民人身权利与民主权利的条款(如刑法分则第 4 章),将那些侵犯公民各项合法权利的严重行为犯罪化,并予以严厉处罚。

五、维护国家的国防与军事安全

刑法典分别规定了危害国防利益罪与军人违反职责罪,以确保国家国防与军事利益不受侵犯。国防与军事安全对于一个国家对外抵御侵略,对内维护社会稳定具有无可替代的重要意义。我国向来注重国防与军事安全。不仅在 1979 年《刑法》施行时就制定有单行刑法《军人违犯职责罪》,1997 年修订《刑法》时又在现行《刑法》中专章规定了"危害国防利益罪"(分则第 7 章)。刑法把各种危害国防利益和军事利益的严重行为规定为犯罪,并设定了包括死刑的严厉处罚。

第四节　刑法的体系和解释

一、刑法的体系

刑法的体系,是就刑法的组织架构而言的,具体指按照一定规律对刑法进行的分类排列。我国现行刑法的体系由以下内容构成:

(一) 刑法典

刑法典又称普通刑法,即在法律无特别规定的情况下适用于我国法律效力所及的一切主体和行为的原则刑法。我国刑法典由总则、分则和附则三部分组成。总则部分是关于犯罪、刑事责任和刑罚的一般原理、原则的规范体系,这些原理原则贯穿刑法典始终,无论是定罪还是量刑,都必须以刑法总则的原理、原则为指导。我国刑法总则共分 5 章,一百多个条文。刑法典分则是关于具体犯罪和具体法定性的规范体系。这些规范主要解决具体定罪量刑问题。现行刑法典分则有三百多个条文,规定了四百多个具体罪名。刑法典附则是说明性规定。现行刑法典附则只有一个条文,即 452 条。该条规定了现行刑法生效的日期、与以往单行刑法的关系、宣布了现行刑法典生效后某些单行刑事法律的废止以及某些单行刑事法律中的有关刑事责任内容的失效。

（二）特别刑法

又称单行刑法，指只有对特定人、特定时、特定地域、特定事始可适用的例外刑法。如全国人大常委会制定的《关于惩治骗购外汇、逃汇和非法买卖外汇犯罪的决定》、《关于取缔邪教组织、防范和惩治邪教活动的决定》等。

（三）刑法立法解释与司法解释

在我国，刑法立法解释由立法机关（通常由全国人大常委会）作出。一般情况下，只有当司法机关对刑法典的某些（个）条文的理解产生重大分歧时，为了避免破坏刑事司法统一，立法机关才针对具体刑法条文作出专门解释。1997 年刑法典施行以来，全国人大常委会到目前已作出了 9 个立法解释。司法解释则是由国家最高司法机关针对刑法实务中的具体情况，对那些有争议的刑法条文所作的解释。到目前，“两高”已作出大量刑事司法解释。

（四）附属刑法

是指非刑事法律规范中的刑法规范，如行政的、民商事的、经济的等法律、法规中规定的刑法规范。

以上四个方面的内容共同组成了我国的刑法体系。应当注意的是：我国严格实行成文法律制度，最高人民法院所公布的刑事案例至多只对刑事司法有参考意义而并无法律效力，因此，刑事判例不属于我国刑法体系的内容。

二、刑法解释

（一）刑法解释的概念

刑法是由语词构成的文句书写而成的。那么刑法的词句包含怎样的意义？这不仅是每个公民都应该了解的，更是司法人员应当准确理解的。否则，刑法将得不到准确遵守和执行。而要准确理解刑法，就需要对刑法进行解释。那么何为刑法解释呢？简言之，刑法解释就是指对刑法条文含义的阐明。既然刑法解释具有重要意义，就应当引起我们的高度重视。

（二）刑法解释的效力

这里所谓的刑法解释的效力，是指对刑法的解释是否具有法律上的效力。显然，并非一切刑法解释都具有法律效力。根据解释是否具有效力，可将刑法解释分为正式的刑法解释与非正式的刑法解释。只有正式刑法解释才具有法律效力。

1. 正式的刑法解释

即立法解释与司法解释。

（1）立法解释：即国家最高立法机关（全国人大及其常委会）对刑法所作的解释。立法解释的表现形式通常可分为以下情况：其一，在刑法典中对刑法用语进行解释，如《刑法》第 91—99 条的规定即是。立法者用这 9 个条文对刑法典中有关专门术语作出了明确界定。其二，在刑法的起草说明或修订说明中所作的解释。如 1997 年 3 月 6 日全国人大常务委员会副委员长王汉斌所作的《关于中华人民共和国刑法（修订草案）的说明》等。其三，在刑法施行的过程中针对某些具体问题所作的解释。

(2) 司法解释:即国家最高司法机关对刑法所作的解释。在我国,司法解释只能由最高人民法院和最高人民检察院进行。根据 1981 年全国人大常委会第 19 次会议通过的《关于加强法律解释工作的决议》,如果"两高"的解释发生原则性分歧,则应报请全国人大常委会解释或决定。

2. 非正式刑法解释

是指未经国家授权的机关、团体、社会组织、学术机构或公民个人对刑法所作的解释。此种解释不具有法律效力,但对于刑事立法或司法具有一定的参考意义。

(三) 刑法解释的方法

刑法解释的方法可分为两类,即文理解释与论理解释。

1. 文理解释

是从刑法条文单词、概念、术语、语法、标点等因素来解释刑法条文本身的含义。如《刑法》第 97 条所规定的"本法所称首要分子,是指在犯罪集团或者聚众犯罪中起组织、策划、指挥作用的犯罪分子",就是文理解释。

2. 论理解释

即按照立法精神,联系刑法产生的缘由、沿革及其他相关事项,对刑法作逻辑分析,从而阐述其真实含义的解释方法。论理解释又可分为以下类型:

(1) 当然解释:即某一刑法条文虽然没有明确规定某一事项,但从该条文规范目的、事物属性的逻辑推理来看,将该事项当然的解释在该刑法条文的应有之义中。

(2) 历史解释:即根据刑法立法(包括修订)的历史背景以及刑法发展的沿革,阐明刑法条文的真实含义。

(3) 扩张解释:即解释后的刑法条文含义大于刑法条文原有含义。如 2002 年 4 月 28 日全国人大常委会通过的《关于〈中华人民共和国刑法〉第 384 条第 1 款的解释》,"有下列情形之一的,属于挪用公款'归个人使用':……(二) 一个人名义将公款供其他单位使用的;(三) 个人决定以单位名义将公款供其他单位使用,谋取个人利益的。"该立法解释显然扩大了《刑法》第 384 条"挪用公款归个人使用"的含义。

(4) 限制解释:即根据立法原意,对刑法条文作窄于字面意义的解释。例如,《刑法》第 264 条规定:盗窃数额较大或者多次盗窃的,构成犯罪,但 1998 年最高人民法院《关于审理盗窃案件具体应用法律若干问题的解释》第 6 条根据实践需要作出解释,盗窃公私财物虽已达到"数额较大"标准,如果情节轻微并有以下情形之一的,可不作为犯罪处理:① 已满 16 周岁不满 18 周岁的未成年人作案的;② 全部退赃、退赔的;③ 主动投案的;④ 被胁迫参加盗窃活动,没有参加分赃或者分赃较少的;⑤ 其他情节轻微、危害不大的。这一司法解释就是对盗窃罪法条所作的限制解释。

第五节　刑事法律关系

一、刑事法律关系的概念

刑事法律关系是一种基本的法律关系,我国刑法学界对其尚缺乏充分的研究。深入研究这一关系及其特点，对揭示刑事法学的底蕴，完善刑事立法，促进刑事司法有着不可低估的作用。

所谓刑事法律关系，简言之，就是刑事法律所调整的国家与公民（包括某些特定单位）之间的一种社会关系。在刑事法律关系中，权利与义务的主体一方是国家（以公、检、法为代表），一方是公民（包括某些特定单位）。当然，并不是任何公民在任何时空内都处于刑事法律关系之中，只有当公民（或单位）触犯了刑法或为刑事侵害行为所侵害，或者依法参与刑事诉讼活动时，才进入刑事法律关系的领域。

刑事法律关系是奠基于生产关系之上的社会关系大系统中的一个子系统。从我国现行刑事立法和司法情况来看，刑事法律关系分为刑事实体法律关系、刑事程序法律关系和罪犯改造法律关系。

1. 刑事实体法律关系

是指国家的刑法典、单行及附属刑法所规定的国家与公民之间的一种权利与义务关系。这种关系中，国家既要求公民严守刑事法律规范，又严格保护公民不受刑事侵害，而且，对于触犯刑律的犯罪人，国家在要求他们必须接受刑事制裁的同时，对他们依法享有的刑事权利也给予充分保护。应当指出，刑事法律关系是一个有机系统，刑事实体法只是以文字表达了国家与公民之间的这种权利义务，这种权利与义务在定罪与量刑的过程中得以反映，在刑事程序法律关系中最终得以实现。

2. 刑事程序法律关系

其主体主要由四部分组成：一是国家（以公、检、法为代表，分别依法进行侦查、提起公诉、审判）；二是刑事被告人及其辩护人；三是证人、鉴定人、翻译人；四是被害人。国家在刑事程序法律关系中处于主导地位，以公、检、法三种身份进行的一切活动，都是为了实现自身的刑事权利和义务——迫使犯罪人接受刑事制裁，保障公民的人身财产安全。刑事被告人以国家的相对主体出现在刑事程序法律关系中，他依法享有多种刑事权利，但更多的是履行接受司法裁判的义务。刑事辩护人作为刑事程序法律关系中的一个主体，很大程度上依附于刑事被告人，其刑事权利与义务是统一的，就是依据事实和法律，提出证明被告人无罪、罪轻、减刑或免除处罚的证据和理由，从而使被告人的合法权益受到刑事保护。证人、鉴定人、翻译人等在刑事程序法律关系中，主要是履行一定的义务，就是客观真实地对案件事实作出证明、鉴定、翻译等等。被害人是刑事法律关系中的一个特殊主体，他们有权参与刑事诉讼，并要求国家充分保护自己的合法权益。

3. 罪犯改造法律关系

绝大多数刑事被告人在经过刑事审判之后，被交付狱政管理部门进行教育改造，即被行刑。而罪犯改造法律关系，就是国家（以狱政管理部门为代表）与犯罪人在改造与被改造过程中形成的一种关系。此种关系的一个显著特点，就是具有鲜明的主从性。这种主从性的具体表现就是国家以教育者、改造者的身份出现，而犯罪人则必须认罪伏法，严格履行被改造教育的义务，当然，作为一种法律关系中权利与义务的主体，国家有义务给犯罪人人道的待遇，而犯罪人也有权享有法律赋予他们的各项权利

(如减刑、假释等)。

二、刑事法律关系的特点

(一) 具有广延性和有限性

刑事法律关系的广延性,是由刑事法律所保护的范围无限广阔性所决定的,从空间和主体角度来看,凡属我国主权所及的地方和具有我国国籍的公民,都在我国刑事法律的保护之列;从其保护的具体内容来看,大到国家领土主权、政体、国体,小到公私财产、公民荣誉等等,无不处于刑事法律的保护网络之中,而刑事法律效力所及的地方又毫无疑问地存在着刑事法律关系。

刑事法律关系的有限性,指不是每个公民每时每刻都同国家有着刑事法律关系,只有那些涉足刑事实体法、刑事程序法及监狱法的人,才会成为刑事法律关系的主体,也就是说,在现实社会生活中,只有极少一部分人,即只有刑事被告人,被害人及其他诉讼参与人,才会进入刑事法律关系的领域。

(二) 具有现实性和统一性

国家的刑事法律,是特定的政治经济、文化历史的产物,作为上层建筑的一项重要内容,它建筑在特定的经济基础之上,反映特定的刑事法律关系。一个社会,一个国家可能存在着双重或多重法文化传统,而这种法文化传统可能直接或间接地影响着这个国家(或社会)的现行立法或司法。但是,一个国家的现行法律关系的最终确立,只能以现行立法和司法所反映的为准。简言之,刑事法律关系是以某一国家(社会)现行有效的刑事立法来体现,以现行有效的刑事司法作为保障。刑事法律关系的更迭,是以生产关系的变迁所决定的刑事法律的存废为依据的,并随着新的刑事立法的确立而变化,有效的刑事法律关系永远是现实的,即只有当代的统治阶级所确立的刑事法律关系才具有权威性。这就是刑事法律关系现实性的真实意义。

法制的统一性,必然要求刑事法律关系的统一。也就是说,一个国家,一个社会,只能确立一个统一的刑事法律关系,而不能并存几种刑事法律关系,否则,就会破坏法制的统一。

(三) 具有不平等性和严厉的强制性

刑事法律,首先保护一个国家占统治地位的阶级的政权,继而保护有利于统治阶级的各种社会关系。刑事法律的这种鲜明阶级性,体现在刑事法律关系上,就是刑事法律关系是一种国家与公民(或特定单位)之间的不对等法律关系。正因为如此,有些西方学者把刑事法律划归公法的范畴。作为刑事法律关系的权利与义务的主体——国家和公民(即公、检、法机关与被告人、被害人及其他有关诉讼参与人)的权利与义务并不是对等的。在整个刑事法律关系之中,国家(通过公、检、法)始终以支配者的身份出现。从公安机关的立案侦查,预审,到检察机关提起公诉,最后到法院的审理及交付狱政管理部门执行刑罚,国家始终处于刑事法律关系的主导地位。被告人、被害人及其他诉讼参与人虽然依法享有一定的刑事权利,但是他们始终处于一种被支配的地位,即他们的权利享受,始终以严格履行某种义务为前提。

同时,刑事法律主要是一种禁止性规范。换言之,就是一种强制性规范,即国家通过法律强制公民为何种行为或不得为何种行为,如果违反就得承担某种法律后果。具有强制性,是所有法律关系的共性,但刑事法律关系所体现的强制性却最为严厉,统治阶级以国家的名义制定了刑事法律,确立了刑事法律关系,社会成员一旦进入这种法律关系,就只能绝对服从,这就是刑事法律关系的强制性。不平等性和严厉的强制性,是刑事法律关系的最基本特征。

(四)具有正义性和科学性

法律,作为一种正义与公正的化身,是一个古老的命题。尽管不同的国家和民族用以描述法律的语词有所不同,但基本含义是相同的:"法律,即为直线,与曲线或斜线相对,从而接近于正直、率直、公正等用于人类关系的概念"①。既然正义性是一切法的共性,那么由法所体现的法律关系也必定具有正义性,法和法律关系的这个一般规律,必然反映在刑事法律和刑事法律关系上。

刑事法律关系是由生产关系所决定的社会关系中的一环,一定的生产关系必然产生相应的刑事法律关系。所以,国家只有客观而全面地认识刑事法律关系,并以适时而科学的刑事立法来反映这种刑事法律关系,才能建立合乎理性的刑事法律关系。这就使刑事法律关系不能不具有科学性。

【阅读参考书目】

1. 王作富主编:《刑法》,中国人民大学出版社 2010 年第 4 版,第 1 章;

2. 高铭暄、马克昌主编:《刑法学》,北京大学出版社、高等教育出版社 2011 年第 5 版,"绪言"和第 1 章;

3. 张明楷:《刑法学》(上),法律出版社 2007 年版,第 1 章;

4. 冯军、肖中华主编:《刑法总论》,中国人民大学出版社 2011 年第 2 版,第 1 章。

【思考题】

1. 简述刑法的概念与性质。

2. 刑法解释的类型有哪些?

3. 我国刑法的任务是什么?

4. 试述刑事法律关系。

① 〔法〕亨利·莱维布律尔:《法律社会学》,许钧译,上海人民出版社 1987 年版,第 3 页。

第二章　刑法的基本原则

刑法基本原则是立法者在刑法典中明确规定的刑法适用应当遵守的基本准则。按照大陆法系的刑法立法传统，刑法典中一般要明确规定刑法的基本原则。至于刑法应当遵守哪些基本原则，各国刑法立法则不尽相同。我国第一部刑法典（1979 年《刑法》）没有明确规定刑法基本原则，但 1997 年修订的《刑法》总则第一章却明确规定了我国刑法典的基本原则。我国现行刑法典所规定对基本原则有三，即：罪刑法定原则、适用刑法人人平等原则以及罪责刑相适应原则。本章重点学习我国刑法典规定的三项刑法基本原则，同时，对由此三项原则派生的有关原则也应当有必要的研究。

第一节　概　　述

一、刑法基本原则的概念

刑法基本原则，是指刑法本身具有的、贯穿全部刑法规范、体现我国刑事立法与刑事司法基本精神、指导和制约全部刑事立法和刑事司法过程的基本准则。

刑法基本原则是我国社会主义法制原则的组成部分，但它又有别于一般的法制原则。具体言之，刑法基本原则具有以下特点：

（1）刑法基本原则必须是贯穿全部刑法，且具有全局性、根本性意义的原则。

刑法中有多种原则，但并非所有原则都是基本原则。例如，我国刑法典规定的有关享有外交特权和豁免权的外国人的刑事责任解决原则、关于未成年人犯罪应当从轻或者减轻处罚的原则以及关于又聋又哑的人或者盲人犯罪可以从轻、减轻或者免除处罚的原则等等，因为这些原则只涉及刑法适用的某个方面，因而不属于刑法基本原则。

（2）刑法基本原则必须是刑事立法、刑事司法以及刑法解释都必须遵守的原则。

刑法基本原则是立法者进行刑事立法的精神指导，但它一旦以文句的形式体现于刑法之中，便成为刑事司法和刑法司法解释必须遵守的原则。因此，无论是立法者在刑法典的基础上进行新的刑法立法（如制定新的单行刑法）和刑法解释，还是司法机关适用刑法或者对刑法进行司法解释，都必须严格受到刑法基本原则的限制，不得任意突破。此外，刑法基本原则对所有的刑法规范都具有约束力，即刑法基本原则不仅是刑法典的基本原则，而且对单行刑法和附属刑法的理解与适用也具有约束力。

（3）刑法基本原则必须集中体现刑事法制的基本精神。

现代刑事法制的基本精神可以概括为：尊重人的尊严与权利，依法定罪量刑；奉行刑罚公正、高效；适用刑罚平等、及时。在刑事法制中，需要有完整的原则体系才能确保这些刑事法制的基本精神得到落实，但我国刑法所确立的三个基本原则——罪刑法定原则、适用刑法人人平等原则和罪责刑相适应原则正好集中体现了现代刑事法制的基本精神。

二、刑法基本原则的意义

在我国刑法的立法进程中，经历了无明文规定刑法基本原则到明确规定刑法基本原则的发展过程。现行刑法典规定的刑法基本原则具有划时代意义。我们可以把刑法基本原则的意义简括如下：

(1) 刑法基本原则有利于刑法立法科学化、严密化。

对于刑法立法来说，刑法基本原则具有重要指导意义。立法者既然把罪刑法定、罪责刑相适应等作为刑法的一项基本原则，那么，将哪些行为规定为犯罪、对犯罪确定处什么种类的刑罚或处多重的刑罚，立法时就必须进行深思熟虑的全盘考虑，这就避免了草率立法。刑法立法是一项极其严肃、复杂的工作，有了刑法基本原则，立法者就会自觉遵循其指导，尽量使刑法规范能够全面、准确、客观反映社会的犯罪情况以及国家同犯罪作斗争的需要，并使刑法条文更加明确具体。

(2) 刑法基本原则能够确保刑事司法公正。

公正乃是法的灵魂，当然也是刑法的最高价值，刑事司法的整个过程就是一个实践刑法公正的过程。在刑事司法活动中，严格坚持罪刑法定、适用刑法人人平等以及罪责刑相适应原则，就能保证刑事司法不枉不纵、不偏不倚，真正体现刑法司法的公正性。

(3) 刑法基本原则能够限制刑罚权的滥用，确保公民自由与权利不受无端侵犯。

现代刑法的另一个重要功能就是限制国家刑罚权的滥用，确保公民自由与权利不受非法侵害。按照我国刑法所确立的基本原则，国家动用刑罚权应当受到刑法的限制，即刑法没有规定为犯罪行为的，不得对其认定为犯罪并处以刑罚；同时，对犯罪人进行处罚必须严格遵守罪责刑相适应原则，不得任意扩大犯罪人的刑事责任。

第二节 罪刑法定原则

一、罪刑法定原则的基本含义

(一) 基本含义

所谓罪刑法定原则，其基本含义就是："法无明文规定不为罪，法无明文规定不处罚"。即无论是定罪还是量刑，必须严格依刑法的明文规定进行。我国《刑法》第 3 条规定了罪刑法定原则："法律明文规定为犯罪行为的，依照法律定罪处刑；法律没有明文规定为犯罪行为的，不得定罪处刑。"

(二) 历史渊源

一般认为，罪刑法定原则最早源于 1215 年英王约翰签署的《大宪章》第 39 条。英国 1628 年的《权利请愿书》、1688 年的《人身保护法》进一步强调了罪刑法定的思想。后来，法国 1789 年的《人权宣言》第 8 条更为明确地规定了罪刑法定的原则："在绝对必要的刑罚之外不能制定法律，不依据犯罪行为前制定且颁布并付诸实施的法律，不得处罚任何人。"1791 年的法国宪法采纳了此一精神。而 1810 年的《法国刑法典》第 4 条更是明确规定了罪刑法定原则:"没有在犯罪行为时已明文规定刑罚的法律,对任何人不得处以违禁罪、轻罪或重罪。"学者们认为,这是罪刑法定原则在刑法典中最早的规定。欧洲大陆各国纷纷仿效法国的刑法立法,使得罪刑法定原则很快在世界范围内传布开去。

(三) 理论根基

西方学者认为,自然法理论、三权分立理论和心理强制说乃是罪刑法定原则的理论根基。自然法理论主张用制定法来限制国家滥用刑罚干预公民个人权利,这就需要国家明确规定什么是犯罪、对犯罪应处什么刑罚;三权分立的学说要求立法、司法和行政彻底分开,在刑事法制领域,立法机关在立法时就明确规定什么是犯罪、应处何种刑罚,司法机关在适用刑法时则只能严格按照既定刑法规范来适用,不得有超越刑法典规定的权限;心理强制说系由德国刑法学家费尔巴哈所创立,其基本精神是:由于人具有趋利避害的本能,国家必须事先规定犯罪及其法律后果,这样可以促使人们作出避免受到刑罚处罚的选择,从而不去犯罪。

就当代的情况而言,西方学者一般认为,民主主义和人权主义乃是罪刑法定原则的真正理论根基。民主主义认为,人民是国家的真正主人,因此国家的事情应当由人民自己来决定;那么什么是犯罪、对犯罪处什么刑罚就应当由人民说了算;但人民不可能每人都参加立法,这就需要通过选举产生专门的立法机关,并由他们代表人民来进行立法;立法时把什么行为规定为犯罪、处什么刑罚,司法机关必须严格按照立法规定来执行。人权主义的核心内容是:人的权利与自由在现代国家生活中处于十分重要的地位,国家有义务确保公民的权利与自由不受无端侵犯或限制;因此,为了既不妨害公民的权利与自由,又不至于使公民滥用权利与自由从而影响国家的正常生活秩序,这就有必要使公民能够预测自己行为的性质和后果,以便他们能够选择有利于自己和社会的行为,故国家必须在事先规定什么是犯罪、对犯罪处什么刑罚。

(四) 派生原则与基本要求

1. 罪刑法定原则的派生原则

(1) 排斥习惯法。所谓习惯法,是指经国家认可并赋予其法律效力的习惯。现代大陆法系各国的刑法均为成文法并以罪刑法定为基本原则,因此,定罪量刑不得以任何习惯为依据。

(2) 排斥不定期刑。不定期刑是新派学者提出的理论主张,即法院对犯罪进行审判后对犯罪人不宣告具体刑期,而是根据其在刑罚执行期间的具体表现来最后确定犯罪人的刑罚执行刑期。此种主张虽有一定合理性,但由于缺乏可操作性且有违反罪刑法定之嫌而受到学者们的尖锐批评。事实上,不定期刑因为刑期的不确定性使被定罪人的刑事责任处于十分不明确的状况之下,而同时增大了法院量刑的随意性,因而是与罪刑法定原则相冲突的。

(3) 禁止有罪类推。刑事司法中的类推制度在我国有着久远的历史。它是刑事立法不完备、不科学的产物。由于有罪类推是把行为人之行为根据最相类似的罪名推定为犯罪,这就违反了“法无明文规定不为罪”的罪刑法定原则。因此,奉行罪刑法定原则就必定禁止有罪类推。

(4)禁止重法溯及既往。所谓禁止重法溯及既往,是指不得将行为人行为时尚未颁布施行的规定并对行为人所实施的行为有更严厉处罚的法律适用于行为人,而对行为人应当按照行为时的法律规定处理。因为对行为人之行为性质的评价和处分,应当以行为时的法律规定为准,如果行为人行为之时的法律对行为人之行为规定了较轻的刑罚或者不认为是犯罪,那么就应当按照罪刑法定原则给予行为人较轻处罚或者不予刑事处罚。这是罪刑法定原则的应有之意。

2. 罪刑法定原则的基本要求

(1)罪刑法定化。根据罪刑法定原则,国家的刑法必须做到罪刑法定化。换言之,什么是犯罪、对犯罪处什么刑罚,都必须事先由刑法作出明确规定。行为时没有规定为犯罪的,不得作为犯罪处罚;行为时没有规定的刑罚,不得对行为人适用。

(2)罪刑实定化。所谓罪刑实定化,就是指刑法必须对罪与刑作出实体性规定,亦即必须对犯罪的基本构成要件、具体犯罪应当适用的刑罚种类与量刑幅度作出实体性规定。

(3)罪刑明确化。此一要求是针对刑法的立法用语而言的,即刑法立法不得使用模糊语言,而应当以准确明晰的词句将什么是犯罪、应当处什么刑罚规定得清清楚楚、明明白白。

▶ 二、罪刑法定原则的立法体现

罪刑法定原则在我国现行刑法(包括刑法修正案、立法解释与司法解释)中得到了全面体现,具体表现在以下几方面:

(一)现行刑法实现了罪与刑的法定化

关于罪的法定化:首先,刑法典明确规定了犯罪概念,将犯罪定义为危害社会的、应受刑罚处罚的行为(《刑法》第13条)。其次,不仅在刑法总则中从宏观上描述了抽象犯罪的共同构成特征(刑法总则第2章规定即是),而且在分则条文中对具体犯罪的构成要件作出了明确规定。这就意味着,凡是刑法没有规定为犯罪的,不得作为犯罪处罚。关于刑的法定化:其一,刑法明确规定了主刑与附加刑两类刑种,其中,主刑有死刑、无期徒刑、有期徒刑、拘役和管制;附加刑有罚金、剥夺政治权利、没收财产以及适用于外国人的驱逐出境。其二,明确规定了“以事实为根据,以法律为准绳”(第1条)的量刑原则,确保依法量刑。其三,对每一犯罪都明确规定了适用的具体刑种与量刑幅度,并明确规定从重处罚、从轻处罚应当在法定刑限度内判处刑罚。

(二)现行刑法废除了有罪类推制度

1979年《刑法》第79条曾规定类推制度,即“本法分则没有明文规定的犯罪,可以比照本法分则最相类似的条文定罪判刑”。虽然该条的“但书”规定类推定罪的要报请最高人民法院核准,但由于类推制度不符合罪刑法定的精神,有可能导致国家刑罚权的滥用,因此1997年修订的《刑法》将其毅然废除。

(三)现行刑事立法进一步确立了从旧兼从轻原则

从旧兼从轻原则是有利于被告原则的具体体现,也是罪刑法定原则所要求的。

1979 年《刑法》第 9 条曾经规定了该原则，现行《刑法》第 12 条进一步明确规定了从旧兼从轻原则。为了确保该原则的严格执行，最高人民法院在 1997 年专门作出《关于适用刑法时间效力规定若干问题的解释》(同年 10 月 1 日施行)，再次重申了从旧兼从轻原则。

（四）现行刑法进一步完善了罪名规定

1979 年《刑法》不仅分则条文太少(只有 103 条)，而且关于罪名，以前也没有全国统一的权威性规定。现行刑法不仅将刑法分则扩充到了三百多个条文，最高人民法院于 1997 年 12 月 9 日还专门通过了《关于执行中华人民共和国刑法确定罪名的规定》的司法解释，从而统一了我国刑法罪名称谓，此后，随着立法机关多次对刑法典进行修正，增加或修改了罪名，“两高”又数度联合作出《关于执行〈中华人民共和国刑法〉确定罪名的补充规定》的司法解释，使我国刑法典规定的罪名得以法定化、明确化。

（五）现行刑法在具体罪状以及各种犯罪的法定刑方面增强了可操作性

刑法分则条文对具体犯罪构成要件描述越清楚，认定该犯罪就越容易，就越符合罪刑法定要求。应该说 1979 年《刑法》分则条文对犯罪构成要件的描述是较不充分的。而现行刑法吸收了大量单行刑法关于罪状描述的经验，尽量使用叙名罪状、尽量使量刑情节具体化等，这就使现行刑法大大增强了可操作性。

三、罪刑法定原则对刑事司法的要求

刑法上规定罪刑法定原则是一回事，而刑事司法中是否能够将罪刑法定原则真正贯彻下去则是另一回事。可见，罪刑法定原则要落到实处，关键在于在刑事司法中将其落到实处。我们认为，要将罪刑法定原则落到实处，刑事司法应当满足如下要求：

（一）严格按照刑法的规定定罪量刑

按此要求，司法机关在刑事司法实践中对于每一刑事案件的处理，必须严格做到以事实为根据，以刑法为准绳，认真区分罪与非罪、此罪与彼罪、重罪与轻罪的界限。对于那些刑法没有规定为犯罪的行为决不能按犯罪处理；对于那些事实、证据尚不能够充分证明有犯罪存在的行为——即通常所说的“疑罪”，应当按照“疑罪从无”原则处理；对于那些是重罪还是轻罪存在疑惑的案件，则应当按照疑罪从轻原则处理。同时，在对犯罪人量定刑罚时，应当严格遵守刑法规定，充分考虑刑法规定的法定情节，该重则重，该轻则轻。

（二）正确进行刑事司法解释

罪刑法定原则是现代刑法的最重要原则。刑法解释中坚持罪刑法定原则，就是指对刑法的解释应当严格在刑法立法的含义下进行，刑法的解释必须忠实于罪刑法定原则。不得超出刑法条文已有和应有之意。正确进行司法解释，要遵守以下原则：其一，准确反映立法原意，不能误解或曲解法条本义；其二，不得任意扩大解释，以司法解释代替刑事立法。

（三）按照刑法的规定执行刑事处罚

罪刑法定原则还要求在刑事司法实践中对犯罪人执行刑罚时严格按照刑法规定

执行刑事处罚。我国刑法规定了5种主刑和三种附加刑以及专门适用于外国人的驱逐出境。法院在认定行为人犯罪后,通常要依法对其判处相应刑罚,然后交付行刑机关或部门执行。行刑机关或部门必须严格按照法院依法判处的刑罚种类或刑期长短来执行,不得擅自改变刑种或刑期。

第三节 适用刑法人人平等原则

一、适用刑法人人平等原则的含义

现行《刑法》第4条规定:"对任何人犯罪,在适用法律上一律平等。不允许任何人有超越法律的特权。"这就是适用刑法人人平等原则。

法律面前人人平等,乃是我国的一项宪法原则。我国《宪法》明确规定:任何组织或个人,"都必须遵守宪法和法律","都不得有超越宪法和法律的特权","一切违反宪法和法律的行为,必须予以追究"。可见适用刑法人人平等原则实际上就是法律面前人人平等这一宪法原则在刑法中的体现。

适用刑法人人平等原则的基本含义是:对任何犯罪人,不论犯罪人的家庭出身、社会地位、职业性质、财产状况、政治面貌、才能业绩等如何,都应追究刑事责任,一律平等地适用刑法,即严格地按照刑法规定定罪量刑,绝不允许任何人有超越刑法的特权。

应当指出,我国现阶段适用刑法不平等的现象还客观存在。这应当是我们当前和今后一个时期重点解决的刑事司法问题之一。但有一点应当说明,我们强调适用刑法人人平等,并不排斥在刑法原则范围内的适用刑法的灵活性。比如,根据犯罪的主客观情况——犯罪动机、被害人的不同具体情况等,在法律允许的范围内对同一犯罪完全可以有不完全相同的处罚结果。

二、适用刑法人人平等原则的立法体现

适用刑法人人平等原则在我国现行刑法中有多方面的体现。这里我们仅从总则与分则两方面来加以说明。

(一)刑法总则中的体现

刑法总则的许多规定都体现了适用刑法人人平等原则。如《刑法》第6条关于刑法效力的规定,凡在中华人民共和国领域内犯罪的,除法律有特别规定的以外,都适用本法,这就意味着不论是中国人、无国籍人还是外国人,只要是在我国领域内犯罪,都要平等地适用我国刑法。又如刑法总则关于单位犯罪的规定,其"单位"就既可以是国有单位,也可以是私有单位,这里,国有单位与私有单位是被作为平等的主体来看待的。

(二)刑法分则中的体现

不仅刑法分则规定的各种犯罪及其处罚没有性别、种族、教育程度、社会地位等的区别,而且刑法对全民所有制经济与私有制的经济、对公共财产与私有财产一样进行保护。例如,刑法分则中既把具有国家工作人员身份的人侵吞行为人所在国有公司财

产的行为规定为贪污罪,又把非国家工作人员身份的人侵吞行为人所在的非国有单位的财产的行为规定为职务侵占罪;刑法分则既把故意毁坏公共财产的行为规定为犯罪,也把故意毁坏私人财产的行为规定为犯罪(故意毁坏公私财物罪)。

三、适用刑法人人平等原则对刑事司法的要求

适用刑法人人平等原则,实际上是民主精神与社会公正的一种具体体现。适用刑法人人平等原则的核心就是司法公正。它要求刑事司法必须做到:

(一)在定罪上一律平等

在社会生活中,人们因为种种原因而在出生、种族、性别、受教育程度、工作性质以及经济地位和政治地位方面表现出一定差异。但是,司法机关在处理刑事案件的定罪问题上,决不能因为行为人的出生、种族、性别、受教育程度、工作性质以及经济地位和政治地位不同而有所不同。具体言之,定罪上一律平等,要求司法机关对触犯同种罪名的行为人以同种罪名定罪(刑法有特别规定的除外)以及在罪与非罪的问题上以相同的法律标准来衡量。

(二)在量刑上一律平等

中国有句格言:"王子犯法,与庶民同罪",其意乃是不论身份贵贱,地位高低,财富多少,对同样犯法者要处以同样刑罚。这可以认为是量刑上一律平等的一种朴素表达。当代民主与法制国家主张的"量刑上一律平等",包括两方面含义:其一,要求司法机关对构成相同重罪或者轻罪的行为人处以相同的重罚或者轻罚,不得因行为人出生、种族、性别、受教育程度、工作性质以及经济地位和政治地位不同而同罪异罚。其二,要求司法机关平等地考虑行为人所犯之罪的从重、加重或从轻、减轻、免除处罚情节(包括法定情节与酌定情节),不因其出生、种族、性别、受教育程度、工作性质以及经济地位和政治地位不同而区别对待。

(三)在行刑上一律平等

即在刑罚的执行上公平地对待每一位犯罪公民,具体又包括两方面含义:其一,平等地保护每一位犯罪公民的合法权益不受非法侵犯。根据我国《刑法》与《监狱法》等法律的规定,犯罪人享有诸多权利,如政治权利与民商事权利,除了那些被依法剥夺政治权利和某些民商事权利的犯罪人,行刑机关应当平等保护每一位被行刑的犯罪人有行使各项权利的机会。其二,对被行刑人在刑罚执行制度上一律平等。我国《刑法》和《监狱法》规定了一系列行刑制度,如假释、减刑、强制劳动、强制教育等,凡符合法定的假释、减刑条件的被行刑的犯罪人,应当平等地享有被假释或者减刑的机会,而凡依法应当被强制劳动或强制教育的被行刑的犯罪人,亦应平等地受到强制劳动或强制教育,不能因行为人的出生、种族、性别、受教育程度、工作性质以及经济地位和政治地位搞特殊化。

第四节 罪责刑相适应原则

一、罪责刑相适应原则的基本含义

（一）基本含义

犯多大的罪，就应承担多大的刑事责任，法院亦应判处相应的刑罚，做到重罪重罚，轻罪轻罚，罚当其罪，罪刑相称；罪轻罪重，应当考虑行为人本身和其他影响刑事责任大小的因素。我国《刑法》第5条规定："刑罚的轻重，应当与犯罪分子所犯罪行和承担的刑事责任相适应。"这正是罪责刑相适应原则的一种明确表述。

（二）思想渊源

罪责刑相适应原则起源于古老的血族复仇或"以牙还牙，以眼还眼"的公平思想。而近代的罪责刑相适应原则则来源于法国思想家孟德斯鸠和意大利学者贝卡利亚。孟德斯鸠在其名著《波斯人信札》中指出："惩罚应有程度之分，按罪大小，定惩罚轻重。"①而贝卡利亚则认为："犯罪对公共利益的危害越大，促使人们犯罪的力量越强，制止人们犯罪的手段应该越强有力。这就需要刑罚与犯罪相对称。"②孟德斯鸠与贝卡利亚的这一思想为西方刑法学家和立法者所接受，就演变为刑法上的罪责刑相适应的原则。

值得注意的是，基于不同的刑罚哲学思想，对罪责刑相适应会有不同的理解。比如，在报应刑论看来，罪责刑相适应就是等值或等量的报应，康德所主张的对杀人者判处死刑、对强奸犯判处宫刑就是一种较为绝对的罪责刑相适应的见解。而对于教育刑论来说，罪责刑相适应就是根据犯罪的具体情况，对犯罪人适用最有利于其教育改造、避免其再度犯罪的刑事处罚方法。

（三）基本要求

1. 刑事处罚应当与罪质相适应

所谓罪质，也就是犯罪性质。不同的犯罪性质往往反映了不同犯罪的不同社会危害性，从而决定了不同犯罪的不同刑事责任。刑事司法实践表明，犯罪性质越严重，其社会危害性就越大，其刑事责任就越大，应受到的刑事处罚就越重；反之亦然。因此，刑事处罚不能不与犯罪性质相适应。

2. 刑事处罚与犯罪情节相适应

犯罪情节，是各种说明犯罪社会危害性大小的具体犯罪事实情况，它们是法院进行刑事裁判的重要依据。即使在罪质相同的犯罪中，如果犯罪情节不同，其社会危害性也会不同，其刑事责任当然也应不同。例如，《刑法》第232条规定的杀人罪，有两个量刑幅度：第一个量刑幅度是死刑、无期徒刑或者10年以上有期徒刑；第二个量刑幅度是3年以上10年以下有期徒刑。对于具体的杀人案件追究刑事责任时，就应根据具

---

① 〔法〕孟德斯鸠：《波斯人信札》，罗大冈译，人民文学出版社1958年版，第140页。
② 〔意〕贝卡利亚：《论犯罪与刑罚》，黄风译，中国大百科全书出版社1993年版，第65页。

体案件的犯罪情节，在前述两种量刑幅度中选择其一。

3. 刑事处罚应与犯罪人的人身危险性相适应

犯罪人的人身危险性，是指犯罪人具有的虽然不直接反映其犯罪行为的社会危害性但可以表明其对社会潜在危险程度的性格。在适用刑罚时强调要考虑犯罪人的人身危险性，是新派学者刑法理论的一大贡献。其基本目标乃是追求刑罚个别化。尽管我们现阶段还不能完全实现刑罚个别化，但在对犯罪人进行刑事处罚时充分考虑犯罪人的危险性格，选择与其人身危险性相适应的刑事处罚方法，则是使刑事处罚科学化的必然要求。

二、罪责刑相适应原则的立法体现

（一）现行刑法确立了严密科学的刑罚体系

由于犯罪的社会危害性各不相同，其刑事责任的大小亦各不相同，应受到的刑事处罚轻重也有不同，因此，为了适应不同严重程度犯罪不同刑事责任承担的需要，我国刑法典规定了轻重程度不同的5种主刑性、3种附加性，此外还规定了非刑罚方法以及专门适用于外国人的驱逐出境。这些轻重不同的主刑与附加刑等组成了我国严密科学的刑罚体系，它们为司法实践中落实罪责刑相适应提供了立法前提。

（二）现行刑法规定了区别对待的处罚原则

我国刑法典除了规定轻重不同的刑事处罚方法，还根据不同的犯罪表现规定了区别对待的原则。例如，对于防卫过当、紧急避险过当而构成犯罪的，应当减轻或者免除处罚；对于中止犯，如果没有造成损害，应当免除处罚；对于共同犯罪中的从犯，应当从轻、减轻处罚或者免除处罚；等等。

（三）现行刑法规定了灵活的量刑幅度

我国刑法典分则不仅根据犯罪的性质和危害程度建立了罪名体系，而且还为各种具体犯罪规定了灵活的量刑幅度。如《刑法》第236条规定的强奸罪，其量刑幅度是3年以上10年以下，其中7年的灵活量刑幅度为我们贯彻罪责刑相适应原则提供了广阔空间。

三、罪责刑相适应原则对刑事司法的要求

（一）纠正重定罪轻量刑的错误倾向，把量刑置于与定罪同等重要的地位

我国刑事审判实践中，一般较重视定罪而不太重视量刑的适当与否。其主要表现就是在处理上诉或申诉案件时，往往重视审查定罪是否错误，如果定罪错，则案件可能会得到改判或纠正；如果定罪正确，只是量刑并不适当的话，则案件常常会被维持原判。显然，此种做法是极不符合罪责刑相适应原则的，必须彻底改正。正确的做法就是：刑事审判中，必须即重视定罪，又重视量刑，只有定罪准确，量刑适当才符合罪责刑相适应原则的要求。

（二）纠正重刑主义的错误思想，强化量刑公正的执法观念

由于报应刑的观念在我国根深蒂固，这就导致了重刑主义在我国具有较大市场。

客观言之,我国刑事政策往往过分看重重刑的威慑效果。这就在政策导向上使刑事司法人员偏重于量刑的严苛性。事实上,重刑主义是一种不合时宜的没落思想,它与罪责刑相适应原则是背道而驰的。因此在当前,我们必须确立刑事司法理性观念,把犯罪人真正当人来尊重,在罪责刑相适应原则指导下公正量刑,既不轻纵犯罪分子,也不无端加重犯罪人的刑事责任。

(三) 纠正不同法院量刑悬殊的现象,力求刑事司法的平衡与统一

从我国刑事司法实践情况来看,不同地区法院对相同案件的量刑往往有较大差别。毋庸置疑,这是很不正常的。如果这种现象长期存在下去,就会破坏国家的刑事法制的统一。造成这种现象的原因是多方面的,但主要是因为刑事立法尚不科学完善、司法官员业务水平参差不齐以及党政部门干预等因素造成的。要在全国范围内的刑事司法实践中彻底贯彻罪责刑相适应原则,目前尚应采取以下措施:(1) 完善刑事立法;(2) 强化科学的刑事司法解释;(3) 系统编辑具有法律效力的刑事审判案例;(4) 提高法官队伍专业素质;(5) 制定量刑指南。

【阅读参考书目】

1. 〔意〕贝卡利亚:《论犯罪与刑罚》,黄风译,中国大百科全书出版社 1993 年版;
2. 李洁:《论罪行法定的实现》,清华大学出版社 2006 年版,第 1 章,第 2 章。
3. 彭凤莲:《中国罪刑法定原则的百年变迁》第六章,中国人民公安大学出版社 2007 年版。

【思考题】

1. 简述罪刑法定原则。
2. 试论适用刑法人人平等原则。
3. 试述我国刑法中罪责刑相适应原则的基本精神。

第三章　刑法的效力范围

刑法效力范围，就是指刑法在什么地域内对什么人和在什么时间具有效力。以时空为标准，刑法效力可分为空间效力与时间效力；以地域为标准，可划分为域内效力与域外效力。由于刑法效力涉及国家的主权、国际关系、对国家和公民利益的保护以及新旧法律如何适用等重大问题，因而各国刑法典都对刑法的效力范围作出明确规定，我国刑法也不例外。我国现行《刑法》第 6 条至第 12 条明文规定了我国刑法的效力范围。

第一节　刑法的空间效力

一、刑法的空间效力的概念和原则

（一）刑法空间效力的概念

刑法的空间效力，也称刑法的地域适用范围，指刑法的效力所及的地域，亦即刑法在什么地域内对什么人适用。刑法效力问题就是国家的刑事管辖权问题。一个国家的刑法，采取什么原则规定自己的刑事管辖权，历来有各种不同的主张或学说。

（二）刑法空间效力原则

1. 属地主义或领土原则

主张不问犯罪人和被害人的国籍如何，凡是在本国领域内犯罪的，都适用本国刑法。反之，在本国领域外犯罪的，都不适用本国刑法。这种主张的出发点是维护国家的主权。就刑法适用于本国领域内的一切犯罪而言，领土原则固然维护了国家的主权，但对本国人在国外的犯罪以及外国人在本国领域外危害本国国家和公民利益的犯罪，不适用本国刑法，则不利于对国家主权的维护和对国家与公民利益的保护。因而世界上只有英、美等个别国家单纯采用领土原则。英、美两国虽然不承认对刑事管辖属地性原则可以有例外，但承认在某些场合刑事法庭可以对于一国领土外犯罪的行为而其效果及于该国领土者行使管辖权。后一承认仍不失领土原则的应有之意。

2. 属人主义或国籍原则

主张不问犯罪人的行为是在国内或在国外，也不问被害人是本国公民或外国公民，只要是本国人犯罪的，都适用本国刑法。国籍原则的根据，理论上有三种观点：（1）国家忠诚说。认为本国公民在国外也受本国的保护，因而本国公民即使在国外也有忠诚于本国法律的义务。（2）代理处罚说。认为本国公民在国外时应服从该外国法律，在国外犯罪应受该外国处罚，未被处罚归国时，根据“本国国民不引渡原则”不能引渡犯罪人，所以由本国代替外国处罚。（3）社会秩序维持说。认为本国公民在国外犯罪，如果置而不顾，也会影响本国国内的社会秩序。为了维护本国的社会秩序，有必要处罚本国公民在国外的犯罪。上述诸说当以国家忠诚说为妥。国籍原则可以弥补领土原则的不足,但单纯使用这一原则,会使外国人犯罪受不到处罚,不利于维护国家主权和保护国家及公民的利益,因而现代各国没有单纯采用国籍原则的国家。

3. 保护主义或自卫原则

主张不问犯罪地是在国内或在国外,也不问犯罪人的国籍如何,凡是侵害本国国家或公民利益的犯罪,都适用本国刑法。自卫原则的出发点是保护本国国家和公民的利益。在理论上,立于保护国家本身的原则的法制,叫国家保护主义,立于保护国民利益的原则的法制叫国民保护主义。从保护本国利益出发,这一原则确实值得肯定,特别是作为对领土原则和国籍原则的补充,可以弥补上述原则的不足,因而它已被世界各国刑法典比较普遍地采用。

4. 世界主义或普遍原则

主张不问犯罪在何处实施,犯罪人国籍如何,也不问侵害何国的利益,只要实施犯罪,任何国家都可以适用本国刑法。普遍原则的根据是犯罪世界性说,认为不论犯罪人是哪国人,也不论在何国犯罪,对社会总是一种危害,因而任何国家都有权管辖而予以惩处。1968 年修订的《意大利刑法典》第 10 条、《土耳其刑法典》第 6 条第 2 款都是关于普遍原则的规定,但这种意义上的普遍原则,世界上绝大多数国家并未采纳。因为各国国情不同,刑事立法互不一致,甲国认为是犯罪的,乙国未必认为是犯罪,以致上述原则很难执行。但是,习惯国际法对于普遍原则的适用并没有绝对否定,如果该原则适用于所有国家都认为是犯罪的行为,那么它就不该受到反对。这种犯罪由于违反了国际社会的共同利益,因此被称为国际法上的犯罪行为,所有国家都有权逮捕与惩办这种罪犯。这种意义上的普遍原则已为很多国家所采用。

我国刑法关于空间效力的规定,如同大多数国家的刑事立法一样,系采取综合原则,即兼采以上诸说之长,以领土原则为基础,以国籍原则、自卫原则、普遍原则为补充。这既充分维护了我国的主权,又有利于保护国家和公民的利益,并履行我国在参加或批准的国际条约中所承担的义务。

二、我国刑法的属地管辖权

我国《刑法》第 6 条第 1 款规定:"凡在中华人民共和国领域内犯罪的,除法律有特别规定的以外,都适用本法。"这体现了我国刑法在其效力上坚持了领土原则。依照本条规定,不论犯罪人是我国公民或外国人,也不论犯罪所侵害的是我国利益或外国利益,只要是在我国领域内犯罪,都适用我国刑法,即我国均有刑事管辖权。

(一)"中华人民共和国领域内"的含义

领域是一个立体概念,是国家行使主权的空间,包括领陆、领水和领空。"中华人民共和国领域内",是指我国国家主权所及的空间区域,亦即我国国境以内的空间区域。具体包括:

1. 领陆

即我国国境线以内的陆地领土及其地下层,它是领域的主要和基本部分。

2. 领水

指在陆地疆界内或与陆地疆界相邻接的水域。领水又分内水和领海。内水包括内湖、内河、内海以及界水的一部分。界水是分属于沿岸国家的内水,不可航行的河流以河道中心线为界,可航行的河流以河流的主航道中心线为界。领海指滨海国家具有主权的沿岸一定宽度的海水域。领海的宽度,各国不尽一致,有规定3海里或6海里的,也有规定12海里的。1958年9月4日我国政府关于领海的声明宣布,"中华人民共和国的领海宽度为12海里"。测定领海范围的起点用直线基线法,即中国大陆及其领海岛屿的领海以连接大陆岸上和沿海岸外缘岛上各基点之间的各直线为基线,从基线向外延伸12海里的水域是中国的领海。在基线以内的水域,包括渤海海湾、琼州海峡在内,都是中国的内海。

3. 领空

指领陆和领水的上部空间。一个国家的领空应有怎样高度,现代国际法没有明确限定。实践中,人们通常将国家领土上空的范围分为空气空间和外层空间两部分,空气空间内受国家主权管辖,外层空同内则不受国家主权管辖。所以领空应指领土上部的空气空间。

4. 我国的船泊、航空器

根据国际公法的有关原则,我国《刑法》第6条第2款规定"凡在中华人民共和国船舶或者航空器内犯罪的,也适用本法。"这是为了补充领土原则而规定的"旗国主义"原则。所谓国旗主义,指对在国外航行中的本国的船舶或航空器内实施的犯罪,适用本国刑法的主张。它为很多国家所采用。例如,1976年《联邦德国刑法典》第4条规定:"在悬挂德意志联邦共和国国旗或国徽的船舰、航空器内发生的犯罪行为,无论犯罪地法律如何规定,均适用德国刑法。"现行《泰国刑法》第4条第2款规定:"在泰国船舰或航空机内犯罪者,无论其船舰或航空机停泊何处,均视为泰国领域内犯罪。"这种规定已成为国际上公认的原则。所谓中华人民共和国的船舶或航空器,指具有我国国籍的船舶或航空器,既指军舰、军用航空器,也指商船、商用航空器;既指航行途中,也指停泊状态;地点既指在公海或公海上空,也指在其他国家领水或领空。不论属于上述何种情形,只要是在我国船舶内或航空器内犯罪的,都适用我国刑法。如果船舶或航空器在我国国内时则应适用第6条第1款。

5. 我国驻外使馆

我国在1961年4月18日就承认了《维也纳外交关系公约》。该《公约》规定,各国驻外使馆、领事馆及其外交人员不受驻在国的司法管辖而受本国司法管辖。因此,凡发生在我国驻外使领馆内的犯罪,我国也有刑事司法管辖权。比如,我国对1998年5月发生的美国导弹袭击我驻南斯拉夫大使馆的行为,就具有刑事司法管辖权。

这里有必要说明:司法实践中,犯罪构成要件的事实(行为与结果)都发生在我国时,就是在我国领域内犯罪。对此人们不会发生疑问。但犯罪行为实施在本国,犯罪结果则发生在外国,或者犯罪行为在国外实施而犯罪结果发生在国内——如在本国境内开枪射击,杀害了邻国边境居民,或者从外国向我境内开枪射击致使我国公民伤亡,此种情形究竟是在本国领域内犯罪还是在外国犯罪？对此，刑法理论上主要有三种不同观点：

(1) 行为地说。认为犯罪就是实施了符合法定的犯罪构成要件的行为，所以行为之地，就是犯罪地。

(2) 结果地说。认为刑法之所以规定某种行为是犯罪，并非着眼于行为本身，而是因为这种行为常常导致发生危害社会的结果。所以应当认为，结果发生之地，才是犯罪地。

(3) 综合说。认为犯罪行为和结果具有紧密联系，它们都是犯罪构成的要件，不能把它们割裂开来。否则，如果只强调一方面，而忽视另一方面，不免失之片面。所以，不论是实施行为之地或者结果发生之地，都应认为是犯罪地。

上述三说，前两说不仅失之于片面，而且不利于维护国家主权与保护国家或公民的利益，因而均不足取。第三说既克服了上述两说的片面性，更有利于维护国家主权和保护本国利益，因而为多数学者所赞同，并为许多国家的刑法典所采用。

根据维护国家主权和保护本国利益的原则，参考国外已有的立法例，我国刑法采用综合说。《刑法》第6条第3款规定："犯罪的行为或者结果有一项发生在中华人民共和国领域内的，就认为是在中华人民共和国领域内犯罪。"

(二) 关于"法律有特别规定"的理解

我国《刑法》第6条第1款在规定领土原则的同时，还规定"除法律有特别规定的以外，都适用本法"。那么，"法律有特别规定"指的是什么情况呢？这里涉及如何理解"本法"的问题。所谓"都适用本法"的本法是仅指《中华人民共和国刑法》即刑法典呢，还是指包括特别刑法等在内的广义的我国刑法法规？我们认为，由于本条是刑法关于效力原则的总则性规定，因此它也适用于刑法典以外的其他刑法规范。因此，这里"本法"应作广义理解，即它不限于《中华人民共和国刑法》即刑法典。

根据我国法律规定，"法律有特别规定"应是指如下情况：

1. 对享有外交特权和豁免权的外国人的刑事责任问题的特别规定

我国《刑法》第11条规定："享有外交特权和豁免权的外国人的刑事责任，通过外交途径解决。"这是根据国际惯例和国家之间的平等原则作出的。这样规定，既维护了我国主权和法律尊严，又便于外交代表有效地执行其职务，有利于保持国家之间的正常的外交关系。所谓外交特权和豁免权，指根据国际法，在国家间互惠的基础上，为使外国的外交代表在驻在国能够有效执行职务，由驻在国给予的特别权利和优遇，也称外交特权。它通常包括如下几类特权：代表的人身、宿舍和公文档案的不可侵犯，代表的司法豁免，使节的通信自由，使节免除一切捐税以及其他特权和优遇。根据1961年的《维也纳外交关系公约》(1975年我国加入该《公约》)和1986年9月5日全国人大常委会通过的《中华人民共和国外交特权与豁免条例》规定，在我国享有外交特权和豁免权的外国人有如下几种人：(1) 外交代表及其家属。外交代表，指使馆馆长即大使、公使、代办或者使馆外交人员即使馆参赞，一等、二等、三等秘书和随员以及随员、海、空军武官等；外交代表的家属，指非中国公民的与外交代表共同生活的配偶及未成年子女。(2) 使馆行政技术人员和与其共同生活的配偶及未成年子女,非中国公民并且不是在中国永久居留的。(3) 来中国访问的外国国家元首、政府首脑、外交部长及其他具有同等身份的官员。(4) 享有在中国过境或者逗留期内所必需的豁免的下列人员:途经中国的外国驻第三国的外交代表和与其共同生活的配偶及未成年子女,持有中国外交签证或者持有外交护照(仅限互免签证的国家)来中国的外国官员,经中国政府同意给予外交特权和豁免的其他来中国访问的外国人士。

根据1963年《维也纳领事关系公约》(1979年我国加入该公约)和1990年10月30日全国人大常委会通过的《中华人民共和国领事特权与豁免条例》规定,领事享有一定的外交特权和豁免权,在我国享有此种特权的人员和情况是:(1) 领事官员即总领事、副总领事、领事、副领事、领事随员或者领事代理人不受逮捕或者拘留,但有严重犯罪情形,依照法定程序予以逮捕或者拘留的不在此限;(2) 领事官员和领事行政技术人员执行职务的行为享有司法和行政管辖豁免;(3) 在中国过境或者逗留期内享有必需的豁免的下列人员:途经中国的外国驻第三国的领事官员和与其共同生活的配偶及未成年子女,持有中国外交签证或者持有中国互免签证国家外交护照的外国领事官员。可见,领事官员不像外交代表那样享有广泛的外交特权和豁免权,对领事官员的司法豁免,限于非重大的犯罪和领事官员职务上的行为。

应当说明的是,在我国享有外交特权和豁免权的人员,不是在我国可以为所欲为,而是负有尊重我国的法律、法规的义务。并且他的管辖豁免可以由派遣国政府放弃。在这种情况下,如果他们中有人犯了罪,就可以适用我国刑法。否则,对他的刑事责任问题也不是不闻不问,而是要通过外交途径解决。例如,要求派遣国将其解召回国,或者宣布其为不受欢迎的人,或者让其限期离境等。

2. 我国香港特别行政区和澳门特别行政区基本法中的特别规定

由于众所周知的原因,我国刑法的效力无法及于港澳台地区。1997年7月1日起,我国对香港恢复行使主权,香港特别行政区宣告成立。但根据邓小平同志"一国两制"的构想,香港实行高度自治。《中华人民共和国香港特别行政区基本法》第2条规定:"全国人民代表大会授权香港特别行政区依照本法的规定实行高度自治,享有行使管理权、立法权、独立的司法权和终审权"。这样,香港实行本特区的刑法,我国全国性的刑法在香港特区没有效力。澳门于1999年12月20日回归祖国后,根据"一国两制"的原则,澳门特别行政区的情况与香港特别行政区相同,即澳门实行本特区的刑法,我国《刑法》在澳门特区没有效力。台湾地区将来与大陆统一后,根据"一国两制"的原则,其刑事立法与司法也将是独立的,我国《刑法》在该地区同样没有效力。

3. 民族自治地方所制定的变通或者补充的规定

我国《刑法》第90条规定:"民族自治地方不能全部适用本法规定的,可以由自治区或者省的人民代表大会根据当地民族的政治、经济、文化的特点和本法规定的基本原则,制定变通或者补充的规定,报请全国人民代表大会常务委员会批准施行。"由于我国是一个多民族的统一国家,各民族在政治、经济和文化等各方面的发展很不平衡,历史传统、风俗习惯和宗教信仰也很不一致,为了照顾少数民族地区的特殊情况,尊重他们的风俗习惯和文化传统,因而授权民族自治地方制定符合当地情况的变通或者补充的规定。当然,这一规定必须遵循刑法的基本原则。除此之外,民族自治地方仍然适用《中华人民共和国刑法》,以保持我国法制的统一。

4. 国家立法机关制定的特别刑法

1979 年《刑法》施行后,根据客观形势曾制定一系列特别刑法,如《关于惩治偷税、抗税犯罪的补充规定》、《关于惩治破坏金融秩序犯罪的决定》等,对于这些特别刑法规定的犯罪的处理,即不适用 1979 年《刑法》,而适用这些特别刑法规定。现在虽然这些情况已成为过去,但 1997 年《刑法》施行后,今后仍将会根据客观形势的需要,制定新的特别刑法;对于特别刑法规定的犯罪,应不适用 1997 年《刑法》,而适用特别刑法。

▶ 三、我国刑法的属人管辖权

我国《刑法》第 7 条规定:"中华人民共和国公民在中华人民共和国领域外犯本法规定之罪的,适用本法,但是按本法规定的最高刑为 3 年以下有期徒刑的,可以不予追究。中华人民共和国国家工作人员和军人在中华人民共和国领域外犯本法规定之罪的,适用本法。"

由此可知,我国公民在国外犯罪,原则上都要适用我国刑法。但是对于按我国刑法规定最高刑为 3 年以下有期徒刑的犯罪可以不追究其刑事责任。应当注意,这里的立法用语是"可以"而不是"应当",这就意味着在特定情况下不排除对我国公民在国外实施的最高刑为 3 年以下有期徒刑的犯罪追究刑事责任。

此外,对于国家工作人员和军人来说,不管他们在国外实施了何种犯罪,也不论他们所犯之罪刑罚严重度如何,都应适用我国刑法。

根据《刑法》第 10 条的规定,我国公民在国外犯罪,依照《刑法》应当负刑事责任的,虽经外国审判,仍可依照我国刑法典追究刑事责任,但此种情况下如果犯罪人在国外已经受到刑罚处罚的,可以免除或者减轻处罚。这里立法用语也是"可以",而不是"必须"。是否免除或减轻处罚,由司法机关根据具体案情来处理。例如:在福建"蛇头"薛某的组织下,中国江苏公民林某 1998 年 12 月 9 日用两艘渔船在福建省莆田海域接 62 名偷渡分子,于 1999 年 1 月 10 日将他们运到美国关岛海域,当天被美国警方抓获。后林某被美国法院判处 30 个月监禁。林某在美国服刑期满回国后,于 2001 年 7 月 12 日又被江苏省连云港市检察院以林某涉嫌运送他人偷越国(边境)罪批准逮捕。由于林某的行为十分恶劣,尽管他已在美国受过刑罚处罚,但司法机关认为其行为不足以免除处罚,故检察机关批准对他逮捕,并进一步追究其刑事责任。①

值得注意的是,港、澳地区公民在中国领域外犯罪,我国刑法是否具有管辖权?对此,我们认为,一般而言,此种情况下我国刑法不具有管辖权,而应分别由港、澳地区的刑法来管辖。但是,有学者认为,如果港、澳地区公民在中国领域外实施危害国家安全

---

① 参见《检察日报》2001 年 7 月 2 日。

的犯罪，我国刑法典便有管辖权。① 我们认为，即便此种情况下，仍应由享有司法权的特别行政区的刑事法律来管辖。因为，根据《香港特别行政区基本法》第23条和《澳门特别行政区基本法》第23条之规定，两特别行政区有义务制定法律禁止任何分裂国家、煽动叛乱、颠覆中央政府和窃取国家机密的行为。据此可知，港、澳地区公民在中国领域外实施危害国家安全的犯罪，亦应由特别行政区的刑法来管辖为宜。

四、我国刑法的保护管辖

《刑法》第8条规定："外国人在中华人民共和国领域外对中华人民共和国国家或者公民犯罪，而按本法规定的最低刑为3年以上有期徒刑的，可以适用本法，但是按照犯罪地的法律不受处罚的除外。"

为了有效保护我国国家利益和我国公民的合法权益，我国刑法典专门作了此一规定。但是，考虑到外国人在中国领域外犯罪的复杂性，我国刑法对保护管辖权的行使作了限制性规定：(1) 外国人在中华人民共和国领域外对中华人民共和国国家或者公民犯罪，按刑法规定最低刑为3年以上有期徒刑的才可以适用我国刑法。这就意味着，并不是一切外国人在中华人民共和国领域外对中华人民共和国国家或者公民犯罪都要适用我国刑法。另外，立法上使用了"可以适用"，这就表明并不是"必须适用"我国刑法。(2) 外国人在中华人民共和国领域外对中华人民共和国国家或者公民犯罪，但是按照犯罪地的法律不受处罚的，则我国刑法不具有管辖权。这里"处罚"，应该是指刑法处罚。

五、我国刑法的普遍管辖权

我国《刑法》第9条规定："对于中华人民共和国缔结或者参加的国际条约所规定的罪行，中华人民共和国在所承担条约义务的范围内行使刑事管辖权的，适用本法。"

据此可以看出，我国刑法典规定的普遍管辖原则的含义是：凡是我国缔结或者参加的国际条约中规定的罪行，不论犯罪人是中国人还是外国人，不论其罪行是发生在我国领域内还是发生在我国领域外，也不论该罪行具体侵犯的是哪一国的利益或哪一国公民的利益，只要犯罪人在我国境内被发现，我国就有权（也有义务）在所承担条约义务的范围内行使刑事管辖权。

由于普遍管辖权涉及的一般是国际犯罪，对于本国公民涉及的国际犯罪，当然应按我国刑法定罪处罚，如果在我国发现了外国公民实施的国际犯罪，则对该外国公民应按照或起诉或引渡原则处理。

第二节　刑法的时间效力

刑法的时间效力，指刑法从何时发生效力，何时失去效力，以及对生效以前实施的

---

① 参见赵秉志主编：《刑法新教程》，中国人民大学出版社2001年版，第65页。

犯罪是否适用，亦即刑法是否具有追溯既往的效力。

一、刑法的生效

刑法的生效即刑法发生法律效力。刑法在发生效力之后才能适用，所以我国刑事立法对生效的时间都明确加以规定。根据已有的刑事立法，我国刑法生效的时间，有两种情况：

1. 颁布之日生效

如《关于禁毒的决定》第 16 条规定："本决定自公布之日起施行。"该决定是 1990 年 12 月 28 日中华人民共和国主席令第 38 号公布的，因此它开始生效的日期是 1990 年 12 月 28 日。此种情况在单行刑事法律中居多。

2. 在公布后经过一定时间的某一日期生效

少数内容丰富、条文较多的刑事法律，公布之后需要让执行人员和公民有一个学习、了解的过程，不宜从公布之日起生效，因此常常规定经过一定的时间后再生效。如修订的《中华人民共和国刑法》，是 1997 年 3 月 14 日公布，其第 452 条规定："本法自 1997 年 10 月 1 日起施行。"

二、刑法的失效

刑法的失效即刑法失去效力。刑法在失去效力后，对新发生的犯罪不再适用。刑法的失效时间，通常是由立法机关决定的。具体分为如下几种情况：

1. 废止

法律明定废止之日失去效力，如《刑法》第 452 条第 2 款规定"列于本法附件一的全国人民代表大会常务委员会制定的条例、补充规定和决定，已纳入本法或者已不适用，自本法施行之日起，予以废止。"列入该条文所说附件一的有《中华人民共和国惩治军人违反职责罪暂行条例》等 15 部单行刑法，均自 1997 年 10 月 1 日起失效。

2. 由其他法律代替

代替的法律生效之日，被代替的法律即行失效。如《刑法》第 452 条第 3 款规定："列于本法附件二的全国人民代表大会常务委员会制定的补充规定和决定予以保留，其中，有关行政处罚和行政措施的规定继续有效，有关刑事责任的规定已纳入本法，自本法施行之日起，适用本法规定。"列入该条文所说附件二的，有《关于禁毒的决定》等 8 部单行刑法，其中关于刑事责任的规定，均自修订的《刑法》施行之日即 1997 年 10 月 1 日起失效。

3. 修改

1997 年 3 月 14 日通过并公布的修订的《刑法》修改了 1979 年《刑法》，修订的《刑法》生效之日即 1997 年 10 月 1 日。

三、关于刑法溯及力

（一）关于确定刑法溯及力的原则

如前所述，刑法只有在生效之后才能适用。那么，在刑法生效后，新法对于在其生效之前的犯罪能否适用呢？这就是刑法是否具有追溯既往的效力问题，亦即刑法的溯及力问题。对此，刑法理论上有几种不同的原则主张：

（1）从新原则。即主张新法具有溯及既往的效力。

（2）从旧原则。即主张新法不具有溯及既往的效力。

（3）从轻原则。即主张新法与旧法哪个对犯罪处罚轻就适用哪个。

（4）从新兼从轻原则。即新法原则上具有溯及既往的效力，但如果旧法对犯罪处罚更轻时，就应当适用旧法。

（5）从旧兼轻原则。即主张新法原则上不具有溯及既往的效力，但新法规定的对犯罪的处罚更轻时，则依照新法规定处罚犯罪。

上述后三种主张（3—5）的基本本精神是一样的，但最后一种主张——即从旧兼从轻原则更符合罪刑法定原则的要求，因而为我国刑事立法所采纳。

（二）我国刑法关于溯及力的规定

我国刑法在溯及力问题上，采取了从旧兼从轻原则。《刑法》第12条规定“中华人民共和国成立以后本法施行以前的行为，如果当时的法律不认为是犯罪的，适用当时的法律；如果当时的法律认为是犯罪的，依照本法总则第四章第八节的规定应当追诉的，按照当时的法律追究刑事责任，但是如果本法不认为是犯罪或者处刑较轻的，适用本法。本法施行以前，依照当时的法律已经作出的生效判决，继续有效。”据此，对1949年10月1日中华人民共和国成立以后，1997年10月1日《刑法》生效以前实施的行为，应按以下情况分别处理：

（1）修订前的刑法不认为是犯罪，新刑法认为是犯罪的，只能适用修订前的刑法，新刑法没有溯及力，即不能依照新刑法的规定追究行为人的刑事责任。

（2）修订前的刑法认为是犯罪，新刑法也认为是犯罪，并且按照新刑法第四章第八节的规定应当追诉的，除新刑法不认为是犯罪或者处刑较轻的以外，适用修订前的刑法追究刑事责任，新刑法没有溯及力。这里实际上包含两种情况：第一，修订前后的刑法规定相同的，如故意杀人罪两者规定相同，适用修订前的《刑法》第132条的规定论处。第二，修订前的刑法规定比新刑法较轻的。所谓较轻，不仅指法定刑较轻，也包括其他有利于行为人的规定。如累犯成立的条件，修订前的刑法规定轻于新刑法，1997年9月30日以前的行为，是否构成累犯，应依修订前的《刑法》第61条的规定认定。

（3）修订前的刑法认为是犯罪，修订后的刑法不认为是犯罪或者处刑较轻的，修订后的刑法有溯及力。这里也包含两种情况：其一，修订前的刑法认为是犯罪，修订后的刑法不认为是犯罪，应按照修订后的刑法不对这种行为追究刑事责任；其二，修订前的刑法和修订后的刑法都认为是犯罪，但修订后的刑法处刑较轻，应依修订后的刑法追究刑事责任。所谓处刑较轻，应作扩大解释，不仅指法定刑较轻，也包括其他有利于行为人的规定。如立功表现，修订前的刑法未作单独规定，修订后的《刑法》第68条专条作了规定，1997年9月30日以前犯罪分子如有揭发他人的犯罪行为等立功表现的，应适用修订后的《刑法》第68条的规定，可以予以从轻或者减轻处罚。

(4) 修订后的刑法施行以前,依照修订前的刑法已作出的生效判决,继续有效。按照审判监督程序重新审判的案件,适用当时的刑法。对一种行为刑法溯及适用,只限于未经审理或虽经审理但未作出生效判决的场合,已经生效的判决,不应根据刑法的规定加以改变,以维护法院判决的严肃性。按照审判监督程序审理的案件,都是判决已经生效的案件,对于这类案件的审理,适用原来判决时适用的刑法,标准同一,才能令人信服地认定原来案件的处理是否正确。

1997 年 9 月 25 日最高人民法院公布了《关于适用刑法时间效力规定若干问题的解释》。这一司法解释对行为是适用刑法或者适用修订前的刑法作了明确规定。在适用刑法时间效力遇到问题时,应当依照这一司法解释来解决。

【阅读参考书目】

1. 张明楷:《刑法学》,法律出版社 2007 年版,第 3 章;

2. 王作富主编:《刑法》,中国人民大学出版社 2010 年第 4 版,第 3 章;

3. 高铭暄、马克昌主编:《刑法学》,北京大学出版社、高等教育出版社 2011 年第 5 版,第 3 章。

【思考题】

一、名词解释

1. 属人主义或国籍原则

2. 属地主义或领土原则

3. 保护主义或自卫原则

4. 世界主义或普遍原则

二、思考题

1. 试述我国刑法关于空间效力的规定。

2. 简述我国刑法关于时间效力的规定。

【案例分析】

我国公民 A,系我国某远洋货轮上的船员。1998 年 3 月 1 日,该轮停泊于南美某国一港口。当晚,A 酒后与同船船员 B 发生口角,并用水果刀将 B 刺成重伤,经抢救无效死亡。该国法院以伤害致人死亡罪判处 A 5 年监禁。A 在该国服刑 3 年 6 个月后被遣送回国。

试问:

(1) 我国司法机关对 A 的犯罪行为是否具有管辖权?

(2) A 回归后我国司法机关是否可以追究 A 的刑事责任?

第四章　犯罪概念与犯罪构成

犯罪概念与犯罪构成是犯罪论的基础,在整个刑法学体系中占有极其重要的地位。一方面,犯罪概念回答"什么是犯罪"的问题,犯罪构成回答"犯罪怎样才能成立"的问题,这两个问题都是犯罪论的基本问题;另一方面,由于犯罪是刑事责任的前提,刑罚是刑事责任的基本承担方式,犯罪论因而成为刑事责任论和刑罚论的逻辑前提,这就从根本上决定了犯罪概念与犯罪构成在整个刑法学体系中的重要性。本章主要阐述:犯罪概念的三种类型;我国刑法中的犯罪概念;我国刑法中犯罪的基本特征;犯罪构成的概念和特征;犯罪构成的一般要件。本章的重点在于理解我国刑法中的犯罪概念,明确犯罪构成的特征及一般要件。

第一节　概　　述

▶ 一、犯罪概念是人类文明发展的成果

犯罪概念是指犯罪的一般概念,而不是指具体犯罪(如故意杀人罪、盗窃罪、放火罪等)的具体概念。犯罪的一般概念不能脱离具体犯罪的具体概念,但它不等于具体犯罪的具体概念,它是从各种具体犯罪的具体概念中抽象出来的一般概念;而且,历史地看,这种理论抽象不是一蹴而就的,而是经过了长期的历史过程才形成的。

在奴隶制和封建制国家的法律中,只有具体犯罪及其刑罚的规定,而没有犯罪一般概念的规定。对犯罪确定一般概念,是资产阶级反封建斗争时期所提出的理论要求。18 世纪欧洲启蒙思想家,为了反对罪刑擅断的封建刑法传统,极力倡导罪刑法定主义,主张应以事先法明确规定"什么是犯罪"。在此之后,犯罪概念才成为各国刑事立法和刑法理论中的一个重要问题。

▶ 二、犯罪构成与犯罪概念的关系

犯罪构成与犯罪概念是两个既相密切联系,又有明显区别的概念。首先,犯罪概念是犯罪构成的基础,犯罪构成是犯罪概念的具体化。一方面,有什么样的犯罪概念,就有什么样的犯罪构成;犯罪概念的基本性质和面貌决定着犯罪构成的基本性质和面貌。另一方面,犯罪的基本特征通过犯罪构成得到具体而明确的体现和反映。其次,犯罪构成与犯罪概念的任务和功能不同。犯罪概念试图回答什么是犯罪的问题,试图发挥从原则上区分罪与非罪的功能。而犯罪构成则试图解决犯罪成立的规格问题,试图发挥从司法上认定犯罪的功能。

犯罪构成理论在刑法学体系中居于中心的地位,因此研究犯罪构成对于理解整个刑法学体系,特别是犯罪论体系,具有十分重要的理论意义。也就是说,刑法理论中的

排除犯罪性行为、故意犯罪停止形态、共同犯罪、罪数等理论问题,都与犯罪构成理论具有紧密的联系,掌握犯罪构成理论,是理解上述理论问题的一把钥匙。

刑法规定的犯罪构成,是依法惩罚犯罪,切实保障公民的人身权利、民主权利及财产权利,有效维护社会秩序的法律准绳,因此研究犯罪构成具有十分重要的实践意义。具体而言,研究犯罪构成的实践意义在于:(1) 为在定罪环节上区分罪与非罪、此罪与彼罪、轻罪与重罪、一罪与数罪的界限提供法律依据。举例来说,犯罪构成为罪与非罪的区分,提供了明确而具体的法律标准。这些标准是由刑法总则和刑法分则共同加以规定的。司法实践中,只要根据刑法有关规定查明犯罪构成要件,就可以正确地将罪与非罪的界限加以区分。(2) 为在量刑环节上准确适用刑罚提供前提条件。犯罪构成的意义不仅仅在于为正确定罪提供法律标准,它对量刑的意义亦不可忽视。定罪是量刑的前提和基础,只有定性准确,才能量刑适当。

第二节　犯罪概念

一、犯罪概念的类型

犯罪概念,是犯罪基本特征的高度抽象与概括。现代各国学者和立法对犯罪概念的表述多种多样,但归纳起来,主要表现为以下三种类型:

(一) 犯罪的形式概念

犯罪的形式概念,是指仅从法律形式上对犯罪下定义,而不涉及犯罪的社会政治本质的犯罪概念类型。在西方国家刑法理论及刑事立法中,多见犯罪的形式概念:有的认为犯罪就是违反刑事法律的行为;有的认为犯罪是依法应受刑罚处罚的行为;有的以犯罪成立的条件来给犯罪下定义;有的把犯罪表述为能够引起刑事诉讼程序的违法行为。

如何评价犯罪的形式概念这一犯罪概念类型,是一个比较复杂的理论问题。大陆法系刑法理论一般认为,犯罪的形式概念与刑法学意义上的犯罪概念是同义语;这一意义的犯罪是根据罪刑法定主义的要求,作为科处刑罚的前提在刑罚法规中规定下来的。[①] 我国刑法理论一般认为,犯罪的形式概念,是罪刑法定主义的重要体现,是反对封建刑法罪刑擅断主义的产物,在历史上曾起过进步作用。

(二) 犯罪的实质概念

犯罪的实质概念,是指仅揭示犯罪的社会政治本质而不涉及其法律特征的犯罪概念类型。在西方国家刑事立法中,少见对犯罪实质概念的规定。如德日学者将犯罪解释为:"犯罪乃是侵害法益的行为",这里,"侵害法益"就揭示了犯罪的实质。

(三) 犯罪的混合概念

犯罪的混合概念,即犯罪的实质与形式相统一的概念,是指从犯罪的社会政治本质和法律形式特征两个角度对犯罪进行界定。这种概念,至少在方法论上克服了犯罪

---

① 马克昌等主编:《刑法学全书》,上海科学技术文献出版社 1993 年版,第 609 页。

的形式概念和犯罪的实质概念都从单一角度界定犯罪的片面性，具有思维方式上的可取性。当然，运用这种思维方式定义犯罪，能否达到科学的程度，还取决于定义者的阶级立场及法学水平。

这种混合概念最初出现于苏联，苏联学者研究犯罪概念基本上都主张这种混合概念。[①] 苏联刑法理论与刑事立法对这种犯罪混合概念的采用，成了其他社会主义国家刑法理论和刑事立法对待犯罪概念问题的权威模式。

二、我国刑法中的犯罪概念

我国《刑法》第13条规定："一切危害国家主权、领土完整和安全，分裂国家、颠覆人民民主专政的政权和推翻社会主义制度，破坏社会秩序和经济秩序，侵犯国有财产或者劳动群众集体所有的财产，侵犯公民私人所有的财产，侵犯公民的人身权利、民主权利和其他权利，以及其他危害社会的行为，依照法律应当受刑罚处罚的，都是犯罪，但是情节显著轻微危害不大的，不认为是犯罪。"这一定义是从实质和形式相结合的角度对我国社会生活中形形色色的犯罪的科学概括，是我们认定犯罪、划分罪与非罪界限的基本依据。

根据我国《刑法》第13条的规定，概括地说，犯罪是指违反我国刑法、应受刑罚惩罚的危害社会的行为。可以看出，犯罪具有以下三个基本特征：

（一）社会危害性，即犯罪是危害社会的行为

社会危害性是犯罪最基本的特征。所谓社会危害性，是指危害行为对刑法所保护的社会关系造成或可能造成损害的属性。首先，社会危害性的特征意味着犯罪是行为而不是思想；思想不构成犯罪。对思想定罪，是前资本主义、法西斯主义刑法的特征，是现代法律文明所不允许的。其次，社会危害性的特征还意味着行为对社会的危害是客观存在的，而不是主观臆造的。如果某种行为根本不可能给社会带来危害，法律便无必要将其规定为犯罪。再次，社会危害性的特征不只是指行为客观上的危害，而且包括犯罪人的主观恶性，是主观恶性和客观危害的统一。最后，社会危害性的特征是质和量的统一。只有具备相当程度的社会危害性的行为才可能构成犯罪。某种行为虽然具有社会危害性，但情节显著轻微危害不大的，不认为是犯罪。

犯罪的社会危害性通过我国《刑法》第13条所列举的犯罪客体表现出来，概括地说，它表现为对国家安全，社会公共安全，社会主义市场经济秩序，公民人身权利、民主权利，社会主义制度下各种财产权利，社会管理秩序，国防利益，国家机关职能活动秩序，国家公务活动廉洁性，以及国家军事利益的危害。上述十个方面概括地反映了我国刑法中犯罪的社会危害性的基本内容。刑法中规定的各种具体犯罪无一例外地侵犯了刑法所保护的这样或那样的具体社会关系，而这些具体社会关系又无一例外地属于上述十类客体的这一方面或那一方面。这就是各种具体犯罪的社会危害性之所在。

决定犯罪的社会危害性的因素主要有：其一，行为的客体，即行为侵犯了什么样的

① 参见《苏联刑法科学史》，曹子丹等译，法律出版社1984年版，第23—24页。

社会关系。社会秩序是各种社会关系的总和,但各种社会关系在社会秩序中的地位和作用不尽相同。有的社会关系处于核心的、主导的地位,起着根本的、决定的作用;有的社会关系则处于周边的、补充的地位,起着次要的、辅助的作用。犯罪侵犯的社会关系的种类及其重要性不同,社会危害性也就不同。例如,危害国家安全罪侵犯的是国家安全,由于这是一类最为重要的社会关系,因此就整体而言,危害国家安全罪比其他类别的犯罪社会危害性都要大。其二,行为的手段、后果以及时间、地点。犯罪手段是否残酷,在很大程度上决定着犯罪的社会危害性的大小。犯罪造成的后果、犯罪的时间、地点,也同样影响到犯罪的社会危害程度。其三,行为人的情况及其主观因素。例如,行为人是否未成年人,罪过形式如何,犯罪动机、目的的卑劣程度等,都对犯罪的社会危害性有影响。

那么,司法实践中如何考察社会危害性呢?一般说来,应当注意以下几个问题:其一,要用历史的、发展的观点看问题。犯罪的社会危害性是一个历史范畴,它总是随着社会经济、政治、文化条件的变化而变化。社会危害性的有无及大小,取决于具体的时间、地点和条件。其二,要用全面的、联系的观点看问题。如前所述,犯罪的社会危害性是由多种因素综合决定的。所以,对社会危害性的衡量,需要全面地考虑各种主客观情况。其三,要透过现象抓住本质。同其他认识活动一样,考察和评价一种行为,也有一个由现象到本质的过程。仅局限于现象的认识不能揭示行为的本质。例如,考察杀人案件,便需注意是故意杀人还是正当防卫杀人,以准确判明其社会危害性的有无及大小。

(二) 刑事违法性,即犯罪是触犯刑法的行为

违法行为有民事违法行为、经济违法行为、行政违法行为、刑事违法行为等各种不同情况。犯罪作为一种违法行为,只能是刑事违法行为,即触犯刑法的行为。犯罪都是违法,但违法并不都是犯罪,只有违反刑法的才构成犯罪。例如,盗窃、敲诈勒索少量财物,属于违反治安管理处罚条例的行为;只有盗窃、敲诈勒索较大数额公私财物的,才构成盗窃罪、敲诈勒索罪。

因此,刑事违法性是指危害行为违反刑法的属性。这就意味着:首先,刑事违法性是只有危害行为才可能具备的一种特征。换言之,行为的社会危害性是其刑事违法性的客观基础。就认定犯罪而言,只提刑事违法性而不提社会危害性,就是只见形式不见本质。其次,刑事违法性要求危害社会的行为只有在触犯了刑法的时候,才是犯罪。换言之,行为的刑事违法性是其社会危害性的法律表现形式。就认定犯罪而言,只讲社会危害性而不讲刑事违法性,会导致罪刑擅断主义和法律虚无主义。在奉罪刑法定原则为圭臬的现代刑事司法活动中,应当将刑事违法性视为犯罪的一个不可或缺的基本特征。

刑事违法性是纯客观的,还是主客观相统一的范畴呢?在大陆法系刑法理论中有“客观违法性说”与“主观违法性说”之争。前者认为法是客观的评价规范,因而行为违法是客观的,至于行为人有无责任能力,能否理解法的意义,则与违法性的成立无关。后者认为法是命令,而命令只对能够理解它的人有意义,所以只有具备责任能力的人

的行为才能构成违法,也就是说违法是主客观相统一的。由于大陆法系学者将违法性与有责性加以区分,所以“客观违法性说”现在是德国、日本刑法理论中的通说。我国刑法理论奉行主客观相统一的刑事责任原则,在犯罪的社会危害性和刑事违法性的问题上也不例外。因此,刑事违法性不仅要求客观上的非法,也要求主观上的责任,它是主客观相统一的范畴。

需要注意的是,刑事违法性不仅指违反刑法典,还包括违反全国人大常委会制定并颁行的特别刑法;不仅指违反刑法分则,还包括违反刑法总则。例如,正当防卫、紧急避险等行为不具有刑事违法性,是以刑法总则的规定为依据加以认定的;而认定教唆犯的行为具有刑事违法性,则是同时以刑法总则和分则的规定为依据的。

(三) 应受刑罚处罚性,即犯罪是应受刑罚处罚的行为

任何人违反法律,都应承担相应的法律责任:民事违法行为要承担民事法律责任;行政违法行为要受行政处罚或行政处分;犯罪行为则应承担刑事责任。应受刑罚处罚性,就是犯罪行为应当承担刑事责任的属性。任何犯罪行为都具有应受刑罚处罚性,即使是那些依法应当免除刑罚处罚的行为也不例外。因为,应受刑罚处罚性是行为的一种价值属性,而依法应当免除刑罚处罚表征的则是行为的一种受罚方式。因此,应受刑罚处罚性是犯罪的一个基本特征。行为的社会危害性、刑事违法性,是应受刑罚处罚性的基础;应受刑罚处罚性是危害社会的行为违反刑法的必然法律后果。

犯罪的上述三个基本特征是相互联系、紧密结合的,是区分罪与非罪的根本标准。

第三节 犯罪构成

一、犯罪构成的概念和特征

犯罪构成是刑法所规定的,决定某一具体行为的社会危害性及其程度,而为该行为构成犯罪所必需的一切主观要件和客观要件的有机统一。它具有以下三个特征:

第一,犯罪构成是一系列主客观要件的有机统一。

每一犯罪构成,都是一系列要件的有机统一。犯罪构成要件是从同类案件形形色色的事实中经过抽象、概括而得出的带有共性的事实。这些要件,有的属于客观要件,有的属于主观要件;它们有机统一形成一个整体,成为某种罪的犯罪构成。例如,依照我国《刑法》第264条的规定,盗窃罪的构成要件是:(1) 以公私财物的所有权为犯罪客体;(2) 客观上实施了秘密窃取数额较大的公私财物或多次秘密窃取公私财物的行为;(3) 已达到刑事责任年龄、具备刑事责任能力的自然人为犯罪主体;(4) 主观上出于直接故意,且以非法占有为目的。盗窃罪的这些构成要件有机统一为该罪的犯罪构成。我国《刑法》规定有四百余种具体犯罪,每一种罪都有其特定的犯罪构成,每一种罪的犯罪构成都是一系列主客观要件的有机统一。

犯罪构成之所以必须是主客观要件的有机统一,原因是多方面的。首先,从事实上看,犯罪是行为,而行为在形态上是一个统一的整体,所以犯罪构成的出发点和归宿都是解释这种统一的整体。其次,从理论上说,主客观相统一是现代基本的刑事责任

原则,所以犯罪构成不仅包括主观要件,还包括客观要件,而且主观要件与客观要件必须是相统一的。再次,从法律上讲,犯罪构成是认定犯罪的法律根据,如果逻辑的东西与事实的东西不保持一致,犯罪构成就无法发挥其作为认定犯罪的法律根据的效用。

第二,犯罪构成决定某一具体行为的社会危害性及其程度。

任何一种犯罪,都可以用很多事实特征来说明,但并非每一个事实特征都是犯罪构成的要件。只有对行为的社会危害性及其程度具有决定意义而为该行为成立犯罪所必需的那些事实特征才是犯罪构成的要件。因此,必须将构成要件的事实同其他事实相区别。例如抢劫罪,在具体案件中存在各种事实,但构成要件的事实仅包括:(1) 客体是他人的人身权利与财产权利;(2) 客观上实施了以暴力、威胁或其他使受害人失去反抗力的手段强行夺取他人财物的行为;(3) 犯罪主体为一般主体,即年满14周岁且具备刑事责任能力的自然人;(4) 主观上具有抢劫的故意,且以非法占有他人财物为目的。至于其他事实,如抢劫的时间、地点等,均不属于抢劫罪的构成要件,并不影响抢劫罪的成立。

第三,犯罪构成是刑法所规定的事实特征。

犯罪构成要件的法定性与行为的刑事违法性是完全一致的。行为成立犯罪所需的构成要件,必须由我国刑法加以规定或包含;只有经过法律选择的案件事实特征才能成为犯罪构成要件。在立法者看来,某一行为成立犯罪的前提是构成要件缺一不可。只有具备某一犯罪的全部构成要件,行为才具有刑事违法性。需要指出的是,刑法对犯罪构成的规定,分别由刑法总则和刑法分则共同实现。因此,认定具体犯罪时,应以刑法总则规定为指导,根据刑法分则对案件事实逐一认定,以便得出正确的结论。

▶ 二、犯罪构成的一般要件

我国刑法分则规定的具体犯罪其犯罪构成各不相同,但是概括而言,任何一种犯罪的成立都必须具备四个方面的构成要件,即犯罪客体、犯罪客观方面、犯罪主体、犯罪主观方面。这是因为,要追究任何犯罪的刑事责任,司法机关都要回答"该犯罪侵犯了什么?"、"是怎样侵犯的?"、"是谁侵犯的?"、"是由于什么侵犯的?"这四个问题。各种具体犯罪中带有共性的这些问题,经理论的提升,就成为犯罪构成的上述四个一般要件。刑法正是从定罪活动的这种规律出发,运用犯罪构成来规定各种具体犯罪的构成要件的。顺便说明,上述观点是目前我国刑法理论的通说,被称为"四要件说"。除此之外,还存在"二要件说"、"三要件说"、"五要件说"等不同观点。其中,"二要件说"认为犯罪构成的一般要件是行为与行为主体;"三要件说"认为是犯罪客观要件、主体要件与主观要件,或者认为是主体、危害行为与客体;"五要件说"认为一般要件是,危害社会的行为、危害行为的客体、危害社会的结果及其与危害行为之间的因果关系、危害行为的主体要件、行为人的主观罪过。在关于犯罪构成一般要件尚存争议的情况下,作为教科书,本书采取"四要件说"。

犯罪客体是指我国刑法所保护而为犯罪所侵犯的社会关系。犯罪客观方面是指犯罪活动的客观外在表现,包括危害行为、危害结果以及危害行为与危害结果之间的因果关系等。犯罪主体是指实施危害社会的行为并且承担刑事责任的自然人或单位，有的犯罪构成还要求特殊主体，即具备特定职务或身份的自然人或性质有所限定的单位。犯罪主观方面是指犯罪主体对其实施的行为及其结果所持的心理态度，有些犯罪的犯罪构成还要求有特定的犯罪目的。

需要指出，如何排列犯罪构成的四个一般要件，是一个体现着不同理论思维方式的问题。依犯罪客体、犯罪客观方面、犯罪主体、犯罪主观方面的顺序排列犯罪构成的四个一般要件，是传统犯罪构成理论所采用的方式。有学者对该排序方式提出质疑，认为应当按照犯罪主体、犯罪主观方面、犯罪客观方面、犯罪客体的顺序进行排列。其基本理由是：犯罪主体是犯罪构成的其他共同要件的逻辑前提，犯罪主观方面是犯罪主体的一定罪过内容，犯罪行为是犯罪主体罪过心理的外化，犯罪行为必然侵犯一定的客体，因而形成一个犯罪实施的动态过程：符合犯罪主体条件的行为人，在其犯罪心理态度的支配下，实施一定的犯罪行为，危害一定的社会关系。有学者指出，上述质疑具有一定逻辑根据，但并不符合人们认定犯罪的思维规律。犯罪构成要件要解决的是行为是否构成犯罪的问题，因而以认定犯罪的顺序来安排犯罪构成要件的顺序更为合理：作为认定犯罪的一般过程，首先进入人们认识视野的是犯罪客体，其次才是犯罪行为，再次便需要查明实施侵害的行为人是否符合犯罪主体要件，最后还必须确定行为人是否具有罪过心理。从上述认定犯罪的一般过程可以看出，依犯罪客体、犯罪客观方面、犯罪主体、犯罪主观方面的顺序符合人们认定犯罪的规律。[①] 这些不同观点的争鸣是十分有益的；但这同时表明，如何排列犯罪构成的一般要件的问题，有待进一步研究。

三、犯罪构成的分类

在社会现实生活中，犯罪行为的表现形式和危害程度是多种多样、十分复杂的，因而刑法中规定的犯罪行为的犯罪构成也是多种多样、不一而足的。为了深入研究犯罪构成，需要将多种多样的犯罪构成加以分类。一般来说，以不同标准，从不同角度，可以将我国刑法中的犯罪构成作以下分类：

（一）基本的犯罪构成与修正的犯罪构成

所谓基本的犯罪构成，是指刑法条文就某一种故意犯罪的既遂状态所规定的犯罪构成。刑法分则条文大多是以单个行为人的犯罪既遂状态为标本，来规定各个具体犯罪的构成，例如，《刑法》第 114 条规定的放火罪、决水罪等。但是，也有少数条文是以两个或两个以上行为人犯罪的既遂状态为标本规定具体的犯罪构成，例如，《刑法》第 120 条规定的组织、领导、参加恐怖组织罪等。无论是上述哪种情况，一种故意犯罪的既遂状态的犯罪构成就是基本的犯罪构成。所谓修正的犯罪构成，是指以基本的犯罪构成为前提，适应犯罪过程中的未完成形态和共同犯罪的形式，变通而成的犯罪构成。《刑法》第 22 条至第 24 条规定的犯罪预备、犯罪未遂和犯罪中止，第 26 条至第 29 条规

① 参见王作富主编：《刑法》，中国人民大学出版社 1999 年版，第 38 页。

定的主犯、从犯、胁从犯和教唆犯，就是两类修正的犯罪构成。一般来说，基本的犯罪构成只要依据刑法分则相应条文的规定即可认定；而修正的犯罪构成，则需把刑法分则的有关条文和刑法总则关于修正犯罪构成的规定结合起来才能加以认定。

（二）普通的犯罪构成与派生的犯罪构成

所谓普通的犯罪构成，是指刑法条文就某种犯罪行为的通常危害程度所规定的犯罪构成。例如，《刑法》第 234 条第 1 款就故意伤害罪的通常危害程度所规定的犯罪构成，就是故意伤害罪的普通犯罪构成。所谓派生的犯罪构成，是指刑法条文以普通的犯罪构成为基础，就同种犯罪行为的较重或较轻危害程度所规定的犯罪构成，这一犯罪构成与普通的犯罪构成有着内在的有机联系。派生的犯罪构成包括加重的犯罪构成和减轻的犯罪构成，前者如《刑法》第 234 条第 2 款就故意伤害罪的较重危害程度所规定的犯罪构成，它是故意伤害罪的加重犯罪构成；后者如《刑法》第 233 条关于过失致人死亡罪的规定的后半段，它是过失致人死亡罪的减轻犯罪构成。

（三）叙述的犯罪构成与空白的犯罪构成

所谓叙述的犯罪构成，是指刑法条文对犯罪构成的要件予以详细的或简单的叙述的犯罪构成。例如，《刑法》第 177 条对伪造、变造金融票证罪的构成要件进行了详细的叙述，第 232 条对故意杀人罪的构成要件进行了简单的叙述。所谓空白的犯罪构成，是指刑法条文没有明示某种犯罪的构成要件，而是有待援引其他法律来说明构成要件的犯罪构成，例如，《刑法》第 334 条规定的非法采伐、毁坏珍贵树木罪就是如此。在我国刑法分则中，使用空白的犯罪构成的条文只是少数，而绝大多数犯罪构成都是以叙述的犯罪构成加以规定的。

（四）简单的犯罪构成与复杂的犯罪构成

所谓简单的犯罪构成，是指刑法条文规定的某一犯罪的构成要件均单一化的犯罪构成。也就是说，如果一种犯罪的犯罪客体、犯罪客观方面、犯罪主体、犯罪主观方面都是内容单一化的，那么该犯罪构成就是简单的犯罪构成。《刑法》第 233 条规定的过失致人死亡罪的构成就是适例。所谓复杂的犯罪构成，是指刑法条文规定的某一犯罪的构成要件并非都单一化的犯罪构成。也就是说，这种犯罪构成的四个方面，至少有一方面不是内容单一化的。对于复杂的犯罪构成，又可以分为选择的犯罪构成、包括两个客体的犯罪构成、包括两个行为的犯罪构成、包括两个罪过形式的犯罪构成等。例如，《刑法》第 116 条规定的破坏交通工具罪，由于其客观方面存在犯罪对象的选择余地，而成为选择的犯罪构成。当然，选择的犯罪构成还可以是在犯罪方法、犯罪地点、危害结果、犯罪主体、犯罪目的等方面存在选择余地。此外，选择的犯罪构成既可以是只在某一方面存在选择余地，也可以是在构成要件的多方面同时存在选择余地，前者如《刑法》第 345 条第 1 款规定的盗伐林木罪的犯罪构成，后者如第 159 条规定的虚假出资、抽逃出资罪的犯罪构成。又如，刑法分则第三章第五节所规定的各种金融诈骗罪的犯罪构成，都是包括两个客体的犯罪构成；《刑法》第 175 条规定的高利转贷罪的犯罪构成，是包括两个行为的犯罪构成；《刑法》第 234 条规定的故意伤害他人致人死亡这一加重的犯罪构成，同时也是包括两个罪过形式（即伤人的故意和致死的过失)的犯罪构成。

【阅读参考书目】

1. 高铭暄主编:《刑法学原理》第1、2卷,中国人民大学出版社1993年版。

2. 〔苏〕A. H. 特拉伊宁:《犯罪构成的一般学说》,王作富等译,中国人民大学出版社1958年版。

3. 李海东:《刑法原理入门(犯罪论基础)》,法律出版社1998年版。

4. 肖中华:《犯罪构成及其关系论》,中国人民大学出版社2000年版。

【思考题】

一、名词解释

1. 犯罪

2. 犯罪构成

二、论述题

1. 如何理解我国刑法中的犯罪概念?

2. 犯罪概念与犯罪构成的联系和区别是什么?

3. 犯罪构成的一般要件包括哪些?

第五章　犯罪客体

犯罪客体作为犯罪构成必须具备的一般要件之一,集中体现了犯罪的社会危害性。任何一种行为,如果不侵害刑法所保护的某种客体,就不可能构成犯罪。行为侵害的客体越重要,它对社会的危害性就越大。可见,犯罪客体是决定犯罪的社会危害性及其程度的首要条件。本章主要阐述:犯罪客体的概念;犯罪的一般客体,犯罪的同类客体,犯罪的直接客体;犯罪对象的概念,犯罪对象与犯罪客体的关系。本章的重点在于明确犯罪客体的分类,特别是直接客体的分类,理解犯罪对象与犯罪客体的关系。

第一节　概　　述

一、犯罪客体的概念

犯罪客体是我国刑法所保护的、为犯罪行为所侵害的社会关系,是构成犯罪的一般要件之一。它的主要特征是:

(1) 犯罪客体是一种社会关系。

社会关系是人们在共同活动过程中所结成的以生产关系为基础的相互关系的总称,包括物质关系和思想关系两个方面。物质资料的生产是人类社会存在和发展的基础。人们在社会生产中所发生的相互关系即生产关系,是不依人们本身意志为转移的物质关系,是社会关系的基础。在这个基础上,人们之间发生政治、法律、道德、艺术、宗教等各种关系。所以,物质关系即生产关系,是社会的经济基础,而政治、法律、道德、艺术、宗教等各种非物质关系(思想关系),是由生产关系决定的社会的上层建筑。思想关系包括政治法律关系和意识形态关系两类。政治法律关系在阶级社会中表现为人们在国家政权中所处的地位以及在法律上的权利和义务关系。意识形态关系是纯粹的精神生活,是由一定的政治、法律、哲学、宗教、艺术等概念所形成的人与人之间的关系。物质关系与思想关系构成社会关系的整体。社会关系决定了社会的政治、经济、思想、文化的基本形态和人们之间的基本关系。犯罪行为通过危害社会的基本形态和人们之间的基本关系,从而使该社会的社会关系受到危害。如果某一行为并未危害任何社会关系,就不可能构成犯罪。

(2) 犯罪客体是刑法所保护的社会关系。

社会关系涉及社会生活和政治生活的方方面面,其内容、范围极其丰富、广泛,但并非所有社会关系都能作为犯罪客体来对待。作为犯罪客体的社会关系,不是一般的社会关系,而是我国刑法所保护的社会关系。刑法之所以保护这些社会关系,乃是因为这些社会关系是各种社会关系中最重要的一部分。而其他一些并非最为重要的社会关系,如上下级关系、同事关系、师生关系以及一般的民事、经济、行政关系,则由其他法律、道德和社会规范调整,而不属于刑法保护的社会关系。概括而言,最重要的社会关系主要包括:国家安全,公共安全,社会主义经济基础,公民的人身权利、民主权利和其他权利,社会管理秩序,国防利益,军事利益等。

(3) 犯罪客体是被犯罪行为侵害的社会关系。

犯罪客体是社会关系,这不意味着社会关系就是犯罪客体。除了那部分并非最重要的社会关系不能成为犯罪客体外,即使是最重要的社会关系,如果它没有受到犯罪行为的侵害,也还不能称作犯罪客体。这就是说,犯罪客体是被犯罪行为所侵害的社会关系。这说明,犯罪客体与犯罪是密不可分的。

需要指出,在犯罪客体问题上,刑法理论历来就有不同的认识。我国刑法理论的传统观点认为,犯罪客体是指刑法所保护而为犯罪行为所侵犯的社会主义社会关系。值得注意的是,这一传统的"社会主义社会关系说"的通说地位已经动摇。当前通行的观点是上述的"社会关系说"。此外,有的学者主张"社会利益说",认为犯罪客体是刑法所保护的、而为犯罪行为所侵害的社会主义社会利益,包括社会关系、生产力与环境;有的学者则主张"社会关系与权益说",认为犯罪客体是指犯罪行为侵犯的社会主义社会关系和国家、集体、公民个人的权益;有的学者则主张用合法权益来表述犯罪客体的内容。[①] 甚至有的学者指出,我国已经有越来越多的学者对"犯罪客体是犯罪构成的一个要件"这一传统命题提出质疑,认为犯罪客体不是犯罪构成要件。[②] 这些观点的提出,对于推进犯罪客体理论的研究具有一定的价值。

二、犯罪客体的立法形式

我国刑法对犯罪客体的规定,采取了多种多样的方式:

(一) 直接明确规定犯罪客体的立法方式

有的刑法条文直接而明确地揭示了犯罪客体。例如,《刑法》第 252 条规定:"隐匿、毁弃或者非法开拆他人信件,侵犯公民通信自由权利,情节严重的,处 1 年以下有期徒刑或者拘役。"这一规定侵犯通信自由罪的条文就是直接明示了该罪的直接客体是公民的通信自由权利。《刑法》第 102 条关于背叛国家罪、第 371 条第 1 款关于聚众冲击军事禁区罪等的规定,也属于这种犯罪客体立法方式。需要指出,刑法中的绝大多数条文并未采取这种立法方式,这是因为刑法已经根据犯罪同类客体对各种具体犯罪进行了分类规定,每种具体犯罪的直接客体可以根据其所属的同类客体并结合各种具体犯罪构成的其他要件加以确定,没有必要一一特别指明。

(二) 通过规定犯罪客体的物质形态而表明犯罪客体的立法方式

有的刑法条文没有明示犯罪客体,而是指出犯罪客体的物质形态,通过这种物质表现形式而表明犯罪客体。例如,《刑法》第 170 条规定了伪造货币罪,刑法并没有直接指出该罪的直接客体,而是通过规定该罪的物质表现即"货币",使人们明了这一犯

① 参见张明楷:《刑法学》(上),法律出版社 1997 年版,第 113—114 页。

② 参见陈兴良:《犯罪构成的体系性思考》,载《法制与社会发展》2000 年第 3 期,第 12 页。

罪的客体。《刑法》第264条关于盗窃罪、第206条关于伪造、出售伪造的增值税专用发票罪等的规定,也是如此。

(三)通过指明犯罪所违反的非刑事法律、法规而表明犯罪客体的立法方式

有的刑法条文指出犯罪行为是对某种非刑事法律、法规的违反,而这种法律、法规虽然本身并非犯罪客体,但它们所调整和保护的社会关系是明确的,由此该犯罪行为侵害的客体就显现出来了。例如,《刑法》第322条规定:"违反国(边)境管理法规,偷越国(边)境,情节严重的,处1年以下有期徒刑、拘役或者管制,并处罚金。"这就表明,偷越国(边)境罪的犯罪客体是国家对国(边)境的正常管理活动。

(四)通过指明犯罪所侵犯的社会关系的主体而表明犯罪客体的立法方式

犯罪对处于特定社会关系中的人施加侵害,就意味着它已经侵犯了这种特定的社会关系。例如,《刑法》第260条规定的虐待罪,由于刑法明文规定受害的社会关系主体是家庭成员,所以其犯罪客体就是法律所保护的家庭关系。

(五)通过描述犯罪的行为特征而揭示犯罪客体的立法方式

有些犯罪行为本身即能说明它所侵犯的客体是什么。例如,《刑法》第301条规定的聚众淫乱罪,其行为特征是聚众进行淫乱活动,这一行为特征就清楚地表明该罪的犯罪客体是社会公共秩序和社会公德。《刑法》第125条第1款规定的非法制造、买卖、运输、邮寄、储存枪支、弹药、爆炸物罪等,也属这种情况。

三、研究犯罪客体的意义

(一)有助于认识犯罪的性质

犯罪的性质是由犯罪所侵犯的利益性质所决定的。犯罪所侵犯的利益越重要,其犯罪性质就越严重。深入研究犯罪客体,可以揭示犯罪的危害性质,以便对犯罪的危害性质和程度作出科学的区分,确定惩治犯罪的重点;同时增强人们的社会责任感,自觉同犯罪行为作斗争,维护人民利益和社会的稳定、安全。

(二)有助于划分犯罪的类别,建立刑法分则的科学体系

作为犯罪客体的社会关系具有复杂的结构,往往某一种社会关系之下,还可以再分出若干具体的社会关系。我国刑法分则正是根据某一类犯罪共同侵犯的某类社会关系,作为分章设罪的标准,即按照十类社会关系,划分为十章犯罪,并大体上按照社会关系的重要性依次排列这十章犯罪,将危害国家安全的犯罪置于各章之首,从而建立起我国刑法分则的科学体系。

(三)有助于准确定罪,分清此罪与彼罪的界限

犯罪行为侵犯的客体的不同,决定了犯罪性质的不同,从而使此罪与彼罪得以区分。司法实践中区分相近易混的罪名,借助的往往是犯罪客体。尤其是当某些犯罪在罪过形式、行为方式和犯罪对象等方面都基本相同之时,犯罪客体对犯罪性质的认定及此罪与彼罪界限的区分,具有实质的、决定的意义。

(四)有助于准确评估犯罪行为的社会危害程度,正确量刑

犯罪客体是影响犯罪行为的社会危害程度的首要因素。犯罪客体不同,往往导致

犯罪的社会危害程度不同；犯罪客体相同，但受侵害的程度不同，也是导致不同犯罪行为的社会危害程度不同的一个重要因素。在司法实践中，研究、考察刑法保护的具体社会关系受侵害的程度，是正确量刑的重要基础。

第二节 犯罪客体的分类

一、犯罪客体的一般分类

对犯罪客体进行分类具有重要意义。通过分类，我们可以进一步认识犯罪客体的结构和层次，正确看待犯罪客体在刑事立法和司法中的作用。按照犯罪行为侵害的社会关系的层次的不同，刑法理论将犯罪客体划分为三类：犯罪的一般客体、犯罪的同类客体、犯罪的直接客体。这三者之间是一般与特殊、共性与个性的关系。

（一）犯罪的一般客体

犯罪的一般客体，是指我国刑法所保护的、为犯罪行为所侵害的社会关系的整体。犯罪的一般客体，反映着犯罪的一般本质和共同属性。我国《刑法》第 2 条关于刑法任务的规定、第 13 条关于犯罪概念的规定，概括地说明了犯罪的一般客体的主要内容。研究其他层次的犯罪客体，应以研究犯罪的一般客体为基础，因为犯罪的一般客体，从整体上说明了犯罪不单纯是犯罪人与被害人之间的矛盾，而是犯罪行为与国家、社会的矛盾。

（二）犯罪的同类客体

犯罪的同类客体，是指某一类犯罪行为所共同侵害的、我国刑法所保护的社会关系的某一部分或某一方面。犯罪的同类客体与犯罪的一般客体，是特殊与一般、个性与共性的关系。这种关系使得具有共同社会政治本质的犯罪行为的危害性相互区别开来。侵犯同一类社会关系或者说侵犯社会关系的同一方面或同一部分的犯罪行为，往往具有相同或类似的性质。例如，生命权、健康权、名誉权都属于人身权利的范畴，把侵害这些权利的犯罪行为归为一类，可以对症下药地进行惩治和预防。侵犯不同类别社会关系的犯罪行为，往往具有不同的性质，对种种区别的认识，为我们对犯罪行为进行科学评价提供了基础。在立法上，只有依据同类客体，才能对犯罪作科学的分类，建立严密、完整的刑法分则体系。

值得注意的是，我国刑法分则第 3 章“破坏社会主义市场经济秩序罪”和第 6 章“妨害社会管理秩序罪”，都在章下分节，这两章犯罪的每一节犯罪，也都是一小类。所以，在同类客体之下还有一个“次同类客体”或“小同类客体”。例如，刑法分则第 6 章第 4 节“妨害文物管理罪”，它的同类客体为社会管理秩序，它的次同类客体则为文物管理秩序。

（三）犯罪的直接客体

犯罪的直接客体，是指某一犯罪行为所直接侵害的、我国刑法所保护的某种具体社会关系。例如，故意杀人罪的同类客体是公民的人身权利，而直接客体则为他人的生命权。又如，故意伤害罪的直接客体是他人的健康权利；强奸罪的直接客体是妇女的性自由权利。犯罪的直接客体的意义在于,它作为具体犯罪构成的一个要件,深刻展现了具体犯罪的社会危害性,因而是司法实践中区分罪与非罪、此罪与彼罪等界限的关键。

二、犯罪直接客体的分类

鉴于犯罪的直接客体的重要意义,刑法理论对其作了进一步分类研究。现将其通常分类法介述如下:

(一) 简单客体与复杂客体

根据具体犯罪行为侵犯的具体社会关系的多少,可以分为简单客体和复杂客体。简单客体,又称单一客体,是指某一种犯罪只直接侵害一种具体社会关系。例如,诈骗罪的直接客体是公私财产所有权,故意伤害罪的直接客体是他人的健康权,它们都是只侵犯一种具体的社会关系。复杂客体,是指犯罪行为所直接侵害的客体包括两种以上的具体社会关系。例如抢劫罪,既直接侵害公私财产所有权,又直接侵害他人的人身安全。

(二) 主要客体与次要客体

在复杂客体中,各客体有主有次,不能等量齐观。根据直接客体在犯罪中受危害的程度、机遇以及受刑法保护的状况,可对复杂客体进行再分类,包括主要客体和次要客体。主要客体,是指某一具体犯罪所侵害的复杂客体中程度较严重的,刑法予以重点保护的具体社会关系。刑法之所以予以着重保护,是因为在立法者看来这种社会关系具有更大的重要性。例如,以勒索财物为目的的绑架罪,其直接客体有两个,即他人的人身权利和公私财产所有权,立法者着重保护的,是他人的人身权利,因而他人的人身权利就是本罪的主要客体。由于事物的性质是由矛盾的主要方面决定的,因此了解犯罪的主要客体,便于揭示犯罪的性质。主要客体决定该具体犯罪的性质,从而决定该犯罪在刑法分则中的归属。例如,抢劫罪的主要客体是公私财产所有权,因而被归入侵犯财产罪一章。司法实践中,认定复杂客体的犯罪时,应从犯罪的主要客体入手。一旦确定了犯罪的主要客体,犯罪的性质也就明确了。次要客体,是指某一具体犯罪所侵害的复杂客体中程度较轻的、刑法予以一般保护的社会关系,也称辅助客体。次要客体虽不决定犯罪的法律性质,但也对犯罪的具体特征产生重要影响。在同类犯罪中区分此罪与彼罪,次要客体有时还起着决定性的作用。例如,抢劫罪与抢夺罪的区别在于:抢劫罪既侵害他人财产权利,又侵犯被害人人身权利;而抢夺罪只侵害他人财产权利不侵害他人人身权利。

(三) 必要客体与选择客体

根据对某种具体社会关系的侵犯是否为某种具体犯罪构成所必需,可以将直接客体分为必要客体和选择客体。必要客体,是指某种具体犯罪构成所必需的直接客体。选择客体,也称随意客体,是指某一具体犯罪构成所不必要,但为具体犯罪行为所偶然侵犯的具体社会关系。一般情况下,选择客体往往是从严进行刑事处罚的原因和根据。例如,《刑法》第238条规定的非法拘禁罪,其必要客体是他人的人身自由权,而该条第 2 款规定——“犯前款罪,致人重伤的,处 3 年以上 10 年以下有期徒刑,致人死亡的,处 10 年以上有期徒刑”,由于此种情况下非法拘禁致人重伤、死亡已经危害到他人的健康权、生命权,这时他人的健康权、生命权就成为该罪的选择客体;对这种选择客体的侵犯,不影响对非法拘禁行为的定罪,但影响到量刑,即成为加重处罚的法定事由。但是,如果出现该条规定的情形——(非法拘禁时)“使用暴力致人伤残、伤亡的,依照本法第 234 条、第 232 条规定定罪处罚”,此种情形下因为出现了法定变更罪名的事由,已经超出了非法拘禁罪的构成范围,就应当按照刑法规定的相应重罪定罪量刑了,即按照故意伤害罪或杀人罪来定罪量刑了。

第三节 犯罪客体与犯罪对象

一、犯罪对象的概念

犯罪对象是指刑法分则条文规定的犯罪行为直接作用的具体的人或物。许多具体的犯罪行为,都直接作用于一定的人或物,从而使刑法所保护的社会关系受到侵害,阻碍、影响社会的正常运行。在这种情况下,人们对犯罪行为所直接作用的人或物的感知,是他们进而认识犯罪行为的社会危害性的必经阶段和重要媒介。犯罪对象的主要特征是:

(1) 犯罪对象是具体的人或物。

传统刑法理论认为,犯罪对象是具体的人或物。近年来,有些学者对此提出异议:有的认为,犯罪对象是一定的人及其行为、一定的物及其位置、状态;有的认为除人、物之外,犯罪对象还包括信息等。对于这种论争,有学者指出,认定犯罪对象应以刑法条文规定为依据,以利于司法实践中认定犯罪为宗旨。因此,传统观点较为妥当。例如,我国《刑法》第 232 条规定的故意杀人罪,犯罪对象就是“人”;第 264 条规定的盗窃罪,犯罪对象即公私财物。这样认定简单明了,没有必要把犯罪对象扩大到包括“财物的位置”、“信息”等,把简单问题复杂化。① 这一问题尚需进一步探讨。

(2) 犯罪对象是犯罪行为直接作用的人或物。

犯罪对象是具体的人或物,但具体的人或物在未受犯罪行为侵害时,还不是犯罪对象。因此,犯罪对象只能是犯罪行为直接作用的人或物。据此,可以将犯罪对象与犯罪工具区分开来。犯罪工具,是指犯罪人进行犯罪活动所使用的物品,是犯罪行为直接作用于犯罪对象的媒介物。对犯罪工具,不能认定为犯罪对象。

(3) 犯罪对象是刑法规定的人或物。

刑法分则条文大多数并不明确规定犯罪客体,而往往通过规定犯罪对象的方式来表明犯罪客体。也就是说,刑法条文或者规定作为犯罪对象的人,或者规定作为犯罪对象的物,用以表明犯罪客体。前者如杀人罪、强奸罪等,后者如盗窃罪、抢夺罪等。

对于犯罪对象,从不同角度可以作不同的分类。从物质表现形式上看,犯罪对象

① 参见高铭暄、马克昌主编:《刑法学》(上编),中国法制出版社 1999 年版,第 117 页。

包括物体和人体两种。物体指货币、物品等一切具有价值、归属关系的东西，按其归属关系又可分为国家所有物、集体所有物、混合所有物、个人所有物；按其作用则可分为生产资料、生活资料；按其存在形态可分为动产、不动产、有形体与无形体。人体指人的身体，受犯罪行为作用主要表现在人的生命、健康、名誉受到损害或威胁。从犯罪对象有无特殊限制来看，存在普遍犯罪对象与特定犯罪对象之分。前者是泛指人或物而不加任何限制，如“故意伤害罪”里的“人”；后者则指某种人或物，明确限制其范围，如盗窃、抢夺枪支、弹药、爆炸物罪，其犯罪对象只能是枪支、弹药、爆炸物。

犯罪对象在犯罪构成中的作用，主要表现为：其一，有些犯罪只能由特定的对象才能构成。例如，我国《刑法》第 104 条规定的武装叛乱、暴乱罪，其策动、胁迫、勾引、收买的对象只能是国家机关工作人员、武装部队人员、人民警察和民兵；第 261 条规定的遗弃罪，其拒绝扶养的对象只能是年老、年幼、患病或者其他没有独立生活能力的家庭成员（人）。其二，在某些犯罪中，犯罪对象是决定犯罪构成整体性质的一个十分重要的要素，不同的犯罪对象构成不同性质的犯罪。例如，我国《刑法》第 263 条规定的抢劫罪，其犯罪对象只能是除枪支、弹药、爆炸物、危险物质之外的普通公私财物，如果抢劫的对象是枪支、弹药、爆炸物或危险物质的，则构成《刑法》第 127 条第 2 款及《中华人民共和国刑法修正案》（三）（2001 年 12 月 29 日）规定的抢劫枪支、弹药、爆炸物、危险物质罪。其三，在某些犯罪中，犯罪对象的数量是划分罪与非罪、轻罪与重罪的界限。例如，刑法规定盗窃、诈骗、抢夺公私财物必须是“数额较大”的才构成犯罪；如果没有达到“数额较大”的数量标准，除具有某些严重情节外，只属于一般违法行为，不能成立犯罪。

二、犯罪对象与犯罪客体的联系与区别

犯罪对象与犯罪客体是两个既有联系又有区别的概念。两者的联系在于：首先，犯罪对象中具体的人是刑法保护的而为犯罪所侵害的社会关系的主体，即社会关系的承担者，而犯罪对象中具体的物，则是刑法所保护的而为犯罪所侵害的社会关系的物质体现，即社会关系的承受者。其次，在有犯罪对象的许多犯罪中，犯罪行为对犯罪客体的侵犯，是通过对犯罪对象的直接作用来实现的。在这种情况下，犯罪行为如果离开了对犯罪对象的直接作用，也就谈不上侵犯了一定的社会关系。例如，故意伤害罪，如果行为人不是通过直接作用于被害人，也就谈不上侵犯了被害人的健康权利。但是，犯罪对象与犯罪客体是有着显著区别的，不可将两者混淆。它们的区别主要是：

(1) 犯罪客体决定犯罪的性质，而犯罪对象一般不决定犯罪的性质。

犯罪客体是刑法保护的为犯罪行为侵害的社会关系，反映了犯罪行为所侵犯事物的本质，它直接决定着犯罪性质；而犯罪对象本身不是社会关系，而是具体的人或物，在一般情况下，只有通过它所体现的社会关系即犯罪客体，才能认定某种行为构成什么罪。因此，如果对犯罪客体和犯罪对象不加区分，只看到具体的人或物，而看不到它们所体现的社会关系，就不能正确认识某种侵害行为的性质。例如，同样是盗窃汽车零部件，某甲盗窃的是修配厂里处于修理状态的汽车零部件，某乙盗窃的是使用中的

汽车零部件，前者可能构成盗窃罪而后者可能构成破坏交通工具罪。两者的区别就在于犯罪对象体现的社会关系不同，前者是公私财产所有权，后者是公共安全。

（2）犯罪客体是任何犯罪构成的必备要件，而犯罪对象并非如此。

凡是犯罪行为，就必然侵犯一定的客体，没有犯罪客体，就不能构成犯罪；而犯罪对象并不是每个犯罪必不可缺少的构成要件，它仅仅是某些犯罪构成的必备要件。例如，我国《刑法》第 328 条第 1 款的“盗掘古文化遗址、古墓葬罪”，其犯罪对象只能是古文化遗址、古墓葬，否则便不可能构成此罪；而像妨害传染病防治罪、脱逃罪、非法集会、游行、示威罪等，则很难说有什么犯罪对象。

（3）任何犯罪都必然使犯罪客体受到一定的侵害，但却不一定损害犯罪对象。

凡是犯罪行为都必然会侵犯一定的社会关系，例如，盗窃罪、诈骗罪、抢夺罪，会使公私财产的所有权遭到侵犯，但是作为社会关系体现者即犯罪对象的财物，本身不一定受到损害。当然，也有某些犯罪既侵犯犯罪客体，又侵害犯罪对象，例如杀人罪。

（4）犯罪客体是犯罪分类的基础，犯罪对象则不是。

犯罪客体是犯罪的必要构成要件，其性质和范围是确定的，因而它可以成为犯罪分类的基础。我国刑法分则规定的十类犯罪，主要是以犯罪同类客体为标准划分的。如果按犯罪对象则无法分类。犯罪对象并非犯罪的必要构成要件，它在不同的犯罪中可以是相同的，在同一犯罪中也可以是不同的。正因为犯罪对象在某些犯罪中具有不确定性，加之少数犯罪甚至没有犯罪对象，所以它不能成为犯罪分类的基础。

【阅读参考书目】

1. 张明楷：《法益初论》，中国政法大学出版社 2000 年版。

2. 刘艳红：《开发的犯罪构成要件理论研究》，中国方正出版社 2002 年版。

3. 陈兴良：《犯罪构成的体系性思考》，载《法制与社会发展》2000 年第 3 期。

【思考题】

一、名词解释

1. 犯罪客体

2. 犯罪对象

二、简答题

1. 为什么要研究犯罪客体？

2. 如何理解犯罪客体的三个不同层次？

3. 犯罪对象与犯罪客体的联系与区别是什么？

第六章　犯罪客观方面

犯罪是人的主客观相统一的行为，它包括两类基本要件，即主观的要件和客观的要件。在犯罪构成的四个一般要件中，犯罪主体和犯罪主观方面属于主观的要件，犯罪客体和犯罪客观方面属于客观的要件。研究犯罪客观方面，是犯罪构成理论的基本内容之一，对司法实践正确定罪量刑具有重要意义。本章主要阐述：犯罪客观方面的概念与特征；危害行为的概念和特征；危害行为的基本形态；危害结果的含义，我国刑法对危害结果的不同规定方式；危害行为与危害结果的因果关系的基本观点和基本问题；犯罪客观方面的其他要件。本章的重点在于明确危害行为与危害结果的概念，理解危害行为的两种基本形态和刑法因果关系的基本观点和基本问题。

第一节　概　述

一、犯罪客观方面的概念与特征

犯罪客观方面，是指刑法规定的成立犯罪所必需的人的外在行为表现。它具有以下几个特征：

(1) 外在性。

犯罪行为是主客观要件的有机统一，主观的要件具有内在性，而客观的要件具有外在性。犯罪客体和犯罪客观方面都是具有刑事责任能力的行为人将主观罪过心理活动外化，即将形成的犯意付诸实施，从而表现为某种特定的犯罪行为及其对社会关系的现实危害。与犯罪客体相比，犯罪客观方面的外在性是更为清楚的，因为犯罪客观方面能被人们所直接感知。犯罪的主观侧面只有外化为客观侧面时，即表现为犯罪行为及其对社会关系的侵犯时，才能认定为犯罪。我国刑法禁止“主观归罪”、禁止惩罚“思想犯”。

(2) 必需性。

任何一种犯罪都有其独特的犯罪构成，尤其表现在犯罪客观方面。刑法分则规定的各种具体犯罪，在犯罪客观方面各有其特殊性；没有任何二罪的外在表现形式完全一样。有时犯罪行为的方式及其危害结果相同，但其客观方面仍有不同，如故意杀人罪还未发生他人死亡的结果的情况下自然可以构成故意杀人罪（未遂），而过失致人死亡罪则要求必须发生他人死亡的结果。我国刑法规定的犯罪客观方面要件，具体表现为危害行为、危害结果、危害行为与危害结果之间的因果关系、犯罪的特定时间、地点、方法、手段等。

(3) 法定性。

犯罪通过各种各样的客观外在的事实予以表现，但并非犯罪表现出来的任何客观、外在的事实,都是犯罪构成的客观方面。只有那些刑法条文明确规定的、能够充分体现犯罪行为的社会危害性质及其程度的客观事实,才是构成犯罪必须具备的客观方面。我国刑法总则对于犯罪客观方面未作专门规定,但在对犯罪故意、犯罪过失等的规定中,已经涉及了犯罪客观方面的内容。在刑法分则条文中,犯罪客观方面作为罪状的主要内容表现出来。由于有些犯罪的客观方面比较明确,不会发生歧义,刑法规定的相关罪状就比较简单;由于有些犯罪的客观方面比较复杂,或者尚未被公众所熟悉,刑法规定的相关罪状就比较具体详细。犯罪客观方面的法定性,是罪刑法定原则在犯罪构成中的重要体现。因此,在司法实践中,必须严格依照刑法的规定认定犯罪的客观方面,而不能对犯罪客观方面的要件加以任意取舍。

二、犯罪客观方面的内容

犯罪客观方面的内容,包括危害行为、危害结果、危害行为与危害结果之间的因果关系、犯罪时间、地点和方法等说明犯罪客观方面的客观外在特征。根据它们在犯罪构成中的地位不同,可以分为必要要件与选择要件两类:必要要件是指所有犯罪构成都必须具备的要件;选择要件是指某些犯罪构成所必须具备的要件。危害行为是所有犯罪构成都不可缺少的要件,没有危害行为也就没有犯罪,这是没有疑问的。但是对危害结果、因果关系是必要要件还是选择要件的问题,却有争议。有的学者认为,危害结果、因果关系不是每个犯罪的必备要件,因为有的犯罪构成并不要求具备危害结果,更谈不上什么因果关系,所以不能将危害结果、因果关系归入必要要件之列,而应归入选择要件之中。有的学者认为,危害结果、因果关系是一切犯罪构成的必备要件,因为只要实施危害行为就必然产生危害结果,也就存在因果关系问题;危害结果、因果关系存在于各种犯罪之中,只不过在不同的犯罪中,危害结果、因果关系的表现形态不同而已,因此,应将其归入必要要件之列。

根据我国刑法的规定,刑法意义上的危害结果,有广义与狭义之分。所谓广义的危害结果,是指由行为人的危害行为所引起的一切对社会的侵害事实,它包括属于犯罪构成要件的结果和不属于犯罪构成要件的结果,危害行为的直接结果和间接结果,物质性结果和非物质性结果。所谓属于犯罪构成要件的结果,亦称构成结果,是指属于犯罪构成要件的危害结果。根据我国刑法的规定,过失犯罪和间接故意犯罪的构成都要求在客观上发生特定的危害结果,如果构成结果没有发生,该犯罪就不能成立。与过失犯罪和间接故意犯罪不同,许多直接故意犯罪的完成形态不要求发生特定的危害结果,即不要求构成结果;还有些直接故意犯罪的完成形态要求特定的危害结果,但如果未发生这一构成结果,只是不能成立犯罪既遂,而仍然可以成立犯罪的未完成形态。所谓不属于犯罪构成要件的结果,亦称非构成结果,是指不属于构成要件的危害结果。这种危害结果发生与否以及轻重如何,不影响犯罪的成立,而只是影响量刑的轻重。例如,甲诈骗了乙的大量钱财,乙因而愤然自杀身亡。这里甲的诈骗行为所引起的危害结果是广义的危害结果,包括财物损失和被害人自杀这两个结果,前一个结果是构成结果,后一个结果是非构成结果。所谓直接结果,是指危害行为直接造成的侵害事实,如甲以棍棒打死乙,乙的死亡就是甲打击行为的直接结果。所谓间接结果,是指危害行为间接造成的侵害事实,如甲侮辱乙,乙因羞愤而自缢身亡,乙的死亡就是甲侮辱行为的间接结果。直接结果与间接结果可能都是构成结果,也可能都是非构成结果。所谓物质性结果,是指表现为物质现象的危害结果,如人的死亡、财物的损毁等,一般是有形的、可测量的危害结果。所谓非物质性结果,是指表现为精神现象的危害结果,如对人格、名誉的损害,一般是无形的、不可测量的危害结果。物质性结果和非物质性结果可能都属于构成结果,也可能都属于非构成结果。所谓狭义的危害结果,是指属于犯罪构成要件的结果。狭义的危害结果是定罪的主要根据之一。例如,行为人诈骗了钱财,造成了被害人自杀,认定其为诈骗罪的既遂,只能以财物损失为根据,而被害人自杀只是在量刑时考虑的情节。

我国刑法理论通常是从狭义的角度去理解危害结果的。从这个意义上说,危害结果是选择要件,而不是必要要件。没有危害行为的犯罪是不存在的,所以危害行为是犯罪的必要要件;但是,没有危害结果的犯罪却是可能成立的。例如,犯罪预备与犯罪未遂就不具备危害结果,但是仍可成立预备犯与未遂犯。可见,危害结果并不具有决定各种犯罪构成的普遍意义,它不是犯罪构成的必要要件。但是根据刑法的规定,危害结果是某些犯罪成立的构成要件。因此,它是犯罪构成的选择要件。犯罪的时间、地点与方法也是如此。在一般情况下,它们对犯罪的构成并无影响,只有在刑法有明文规定的情况下,犯罪的时间、地点、方法才具有决定犯罪构成的意义,因此它们只是某些犯罪构成的必备要件。

三、研究犯罪客观方面的意义

在犯罪构成的诸要件中,犯罪客观方面处于基础地位,它既是犯罪主体与犯罪客体的纽带,也是认定犯罪主观方面的客观依据。因此,研究犯罪客观方面,对定罪量刑具有极其重要的意义。

(一)犯罪客观方面是区分罪与非罪的尺度

任何犯罪的成立都必须具有犯罪的客观方面。没有刑法上规定的危害行为,就不可能构成犯罪;对于某些犯罪而言,缺乏危害结果、因果关系、犯罪的时间、地点与方法等选择要件,也不能构成犯罪。例如,非法捕捞水产品罪必须具备在禁渔区、禁渔期或使用禁用的工具、方法捕捞水产品的行为,特定的犯罪时间、地点或方法就成为构成该罪的必备要件。

(二)犯罪客观方面是划分此罪与彼罪的界限

有许多犯罪,在我国刑法上规定的犯罪客体、犯罪主体与犯罪的主观方面都是基本相同的。犯罪的客观方面,特别是危害行为方式上的差异,往往成为划分此罪与彼罪的重要界限。例如,刑法分则第 2 章规定的放火罪、决水罪等罪的区分,第 5 章规定的盗窃罪、诈骗罪、抢夺罪等罪的区分,都是如此。

(三)犯罪客观方面是正确分析和认定犯罪主观方面的客观基础

罪过是行为人负刑事责任的主观基础,但行为人的罪过是一种心理态度,本来就具有内在性，再加上行为人为了逃避罪责，往往把故意说成过失，把有罪过说成无罪过。因此，要正确分析与认定行为人的罪过内容与罪过形式，就必须从考察行为人的一系列客观活动入手，即从考察行为人实施的行为、行为的危害结果和犯罪的时间、地点、方法等来正确地认定犯罪的主观方面，揭穿犯罪分子的伪装，有力地惩罚犯罪。

(四) 犯罪客观方面是确定刑罚轻重的依据

有些犯罪的客体与主观方面基本相同，危害行为的方式、危害结果就成为决定法定刑轻重的依据。即使是同种犯罪，也会因为危害行为方式不一和危害结果程度不同，影响刑罚的裁量。例如，故意伤害致人死亡的，刑法规定了较一般伤害结果的故意伤害罪较重的刑罚。

第二节 危害行为

一、危害行为的概念和特征

马克思曾说：我只是由于表现自己，只是由于踏入现实的领域，我才进入受立法者支配的范围。对于法律来说，除了我的行为以外，我是根本不存在的，我根本不是法律的对象。① 这一论述对现代法律具有普遍意义。刑法是一种特殊的行为规范系统，无行为即无犯罪亦无刑罚，已成为现代刑法的普遍原则。我国刑法所惩处的犯罪，首先是人的一种危害社会的行为。危害行为是我国刑法中犯罪客观方面的首要因素，在犯罪构成中居于基础地位。

(一) 行为的含义

我国刑法是在三种不同的意义上使用“行为”一词的：一是指最广义的行为，即泛指人的一切行为，而不限于犯罪行为。例如，《刑法》第 12 条规定：“中华人民共和国成立以后本法施行以前的行为，如果当时的法律不认为是犯罪的，适用当时的法律……”二是指广义的行为。这时，行为即指犯罪行为。例如，《刑法》第 13 条犯罪定义的规定中使用的“行为”概念，就是主客观相统一意义上的犯罪行为。三是指狭义的行为，即危害行为，这时“行为”专指犯罪客观方面的行为。例如，《刑法》第 14 条规定：“明知自己的行为会发生危害社会的结果，并且希望或者放任这种结果发生，因而构成犯罪的，是故意犯罪。”上述三类行为虽然都称为“行为”，但意义不同，不能混淆。

(二) 危害行为的含义和特征

我国刑法中的危害行为，是指犯罪构成客观方面的行为，即由行为人的意志支配的违反刑法规定的危害社会的身体动作或静止。它不同于犯罪行为，更不同于合法行为。危害行为具有以下三个基本特征：

首先，危害行为是人的活动。这是危害行为的前提特征，亦即危害行为的主体性。无论在哲学上还是法学上，“主体”一词都特指“人”。但法学中的人，不同于哲学中的人，它除了指自然人之外，还指法人以及非法人单位。现代刑法中行为的主体必须是

① 《马克思恩格斯全集》第 1 卷，人民出版社 1956 年版，第 16—17 页。

人,而排除动物、植物、物品或自然现象作为犯罪主体的可能性。因此,危害行为首先是自然人或单位实施的行为。

其次,危害行为是人的身体动作或静止。这是危害行为的外在特征,亦称危害行为的有体性。现代各国刑法普遍反对所谓的"思想犯罪",而只以行为作为惩罚的对象;这种"行为"在客观上表现为人的身体的动作或静止。一般来说,必须具有身体的动作才能形成行为;但是在一定条件下,身体的静止也可以是行为。

再次,危害行为是行为人的意志支配的结果。这是危害行为的内在特征,也称危害行为的有意性。刑法中的危害行为,必须是受人的意志支配的。人的无意志的身体动静,即使客观上对社会造成损害,也不是刑法意义上的危害行为。换言之,人的意志与人的身体动静存在因果关系,只有这种因果关系确实存在时,才能作为危害行为对待。

复次,危害行为是对社会有危害的行为。这是危害行为的社会特征,亦即危害行为的有害性。人的行为对社会的影响形形色色,各不相同,从性质上区分包括有害于社会的行为和无害于社会的行为两大类。我国刑法惩罚的行为,不是任何性质的行为,而只是危害社会的行为。因此,行为人的某种行为是否属于犯罪客观方面的行为,首先在于其是否对社会有危害。

最后,危害行为是触犯刑法的行为。这是危害行为的法律特征,亦即危害行为的法定性。由行为人的意志支配的危害社会的身体动静,只有在违反刑法规范时,才能作为犯罪客观方面的危害行为。所谓违反刑法规范,既包括禁止性规范,如禁止伤害、禁止抢劫等,也包括命令性规范,如应当赡养父母、应当依法纳税等。违反命令性规范的属于不作为的危害行为,违反禁止性规范的属于作为的危害行为。因此,只有既具备社会有害性,又具备刑事违法性的行为,才属于刑法中的危害行为。

根据危害行为的基本特征,下列行为不属于犯罪客观方面的危害行为:

一是欠缺主体性的自然现象,如刮风、打雷、下雨、塌方、地震等等。

二是欠缺有体性的思想活动,如冥思苦想、自言自语、犯意表示等等。

三是欠缺有意性的行为。例如,反射动作、睡梦中或精神错乱状态下的举动、身体受暴力强制情况下的行为、意外事件中的行为。人在受到外界刺激时瞬间作出的身体本能反应,因缺乏系统的意识过程与完全的意志因素而欠缺有意性。人在睡眠中,意志受到深度抑制,意识丧失程度随睡眠程度深浅而异,虽然睡眠者仍可能具备知觉和运动能力,如说梦话、梦游,但这不能反映行为人真正的意识和意志。精神病有多种,如外因性精神病(器质性精神病、中毒性精神病、癫痫)、内因性精神病(精神分裂症、躁郁症等),处于精神错乱状态下的行为人缺乏意志能力,不能辨认或控制自己的行为。处于睡梦中或精神错乱状态下的举动,并非人的意志的表现,即使客观上对社会造成了一定的损害,也不能认定为刑法中的危害行为。我国《刑法》第 18 条规定:"精神病人在不能辨认或者不能控制自己行为的时候造成危害结果,经法定程序鉴定确认的,不负刑事责任……"行为人对身体受暴力强制无法排除时所实施的行为,不是体现行为人意志的行为,因此这种情况下的行为不能视为刑法意义上的危害行为。但是,如果行为人仅仅是精神上受到强制(如威胁、威吓等)而实施或不实施某种行为,是否是刑法意义上的危害行为,则需具体情况具体分析。符合紧急避险条件的,应按紧急避险处理。对其他不符合紧急避险条件而达到触犯刑律程度的行为,都应当认为是刑法意义上的危害行为,因为这时行为人的行为是受其意识和意志支配的。不是出于行为人的意识、意志,而是由于不能抗拒的外力作用或者不能预见的原因而引起的某种行为,也不表现人的意志,甚至往往是违背其意志的,因而这种举动即使对社会造成一定损害,也不能视为刑法意义上的危害行为。因此,我国《刑法》第 16 条规定:"行为在客观上虽然造成了损害结果,但是不是出于故意或者过失,而是由于不能抗拒或者不能预见的原因所引起的,不是犯罪。"

四是欠缺有害性的行为。我国刑法中规定的正当防卫行为和紧急避险行为,即属这种情况。此外,还有正当业务行为、执行命令行为、自力救济行为、经被害人承诺行为、推定被害人承诺行为等。上述行为,因不具有社会危害性,故不属于犯罪客观方面的危害行为。

五是欠缺法定性的行为。行为人的行为虽然具有社会危害性,但由于未达到应受刑罚惩罚的程度,因而不认为是犯罪行为,或者刑法未将其规定为犯罪。例如,我国《刑法》第 13 条规定的"情节显著轻微危害不大的"行为;不满 14 周岁的人实施的对社会有危害的行为,等等。

▶ 二、危害行为的基本形式

刑法上规定的危害行为,其客观表现是多种多样、千差万别的,但是我国刑法理论从不同角度对危害行为作了基本的类别划分,从而揭示了危害行为的基本形式。

(一) 作为与不作为

将形形色色的危害行为分为作为与不作为,是我国刑法理论对危害行为最重要的分类,以致有的学者称作为与不作为是危害行为的基本形态。需要指出,作为与不作为这种划分,是我国刑法理论的通说。近年来,有的学者提出在这两种形式之外,还有一种介于作为与不作为之间的"持有"形式。持有形式的危害行为以作为开始,以不作为维持其稳定状态。例如非法持有毒品罪、私藏枪支、弹药罪等等。持有形式的危害行为既不同于持续犯中的持续状态,也不同于先前行为引起的不作为犯罪。因为持续犯的行为只是一种特殊的作为,持续犯罪状态的保持是以作为为条件的;而先前行为的不作为只要行为人履行了法定的作为义务,就失去了罪责基础。持有形式与此不同,这种状态一旦通过作为获得,不作为就是其存在的条件,此时就已构成这种特殊的危害行为状态。犯罪的实施以作为开始,以不作为维持,既有作为又有不作为,而且两种形式紧密结合,这就是持有形式的特点。鉴于这种观点尚未得到广泛赞同,下面的论述仍采通说。

1. 作为

所谓作为,就是行为人用积极的身体动作去实施为我国刑法所禁止的危害社会的行为。简单地讲,作为就是人的积极行为,如盗窃、强奸等都是以作为的形式表现出来的。刑法上的作为是由人的一系列积极的身体动作所组成的行为整体,而不是指人的某一个别的活动环节。例如,开枪杀人的行为,就包括接近被害人、举起手枪、对准目标、扣动扳机等;放火行为,包括走到放火地点、点燃引火物、焚烧财物等。行为人只有通过一系列的积极身体动作,才能使刑法所保护的客体受到侵害,也才能实现自己的犯罪意图。用作为形式所实施的危害行为,是比较多见的,而且有些犯罪只能用作为的形式去实施,如抢劫、诈骗、贪污、盗窃、强奸等。

按照行为人是否借助于外力来划分,作为可分为两种:一是自身的作为,即行为人只依靠自身的一系列积极的动作与举止所进行的作为。二是借力的作为,即行为人借助工具、利用动物和自然力,甚至利用别人的行为帮助自己所实施的作为。例如,以木棍伤人、放狗咬人、决水毁坏农田、唆使精神病人放火等均属于借力的作为。

2. 不作为

所谓不作为,是指行为人消极地不实施刑法要求实施的行为,是人的消极行为。也就是说,从行为状态上看,不作为是一种消极的身体静止,它表现为行为人应为而不为,即消极地不实施一定行为;从主体上看,不作为是负有特定行为义务的人的行为。在19世纪,对于不作为的行为性问题,即不作为是不是行为的问题,曾存在过争论。一些学者认为,在不作为时,人的身体无动作,“无不能生有”,因此不作为既无因果性,也无目的性,不可能进行有效的目的操纵,故不是行为。另一些学者认为,不作为也是受人的意思支配的身体动作,只不过不是积极动作,而是消极动作;同时,不作为也能引起外界变动,产生一定结果,也能受人的目的操纵,故与作为具有相同的价值,是行为的一个基本类型。20世纪以来,绝大多数学者肯定不作为的行为性,这种观点现在已成为刑法理论的通说。

构成刑法上的不作为,客观方面必须具备三个条件:

第一,行为人负有实施某种积极行为的特定义务。这是不作为成立的前提。如果行为人不负有实施某种积极行为的特定义务,即使其消极行为与危害结果的发生有关系,也不属于刑法上的不作为。例如,一行人过铁路时发现铁轨中间有一块大石头,但他不加理睬,一走了之,结果发生了火车脱轨事故。由于行人不是铁路工作人员,没有修路、护路的特定义务,所以其行为不是刑法上的不作为,不能追究该行人的刑事责任。特定义务是法律上的义务,而不只是道德上的义务。如果不存在这种特定义务,就根本不可能构成不作为。一般认为,特定义务有三个来源:一是法律的明文规定。例如,婚姻法规定了父母子女之间以及夫妻之间有相互扶养的义务,《刑法》第261条规定的遗弃罪,就是以不履行这种法律规定的义务的不作为形式构成的犯罪。二是职务或业务上的要求。这一特定义务以行为人具有某种职务身份或从事某种业务并且正在执行为前提,否则,不发生履行该类义务的问题。例如,银行出纳员有保护现金的义务、医生负有救治病人的义务。三是行为人的先行行为引起的义务。由于行为人先前实施的行为,使某种合法权益处于遭受严重损害的危害状态,该行为人因而负有采取积极行为阻止损害结果发生的义务。但是,对某些按照传统习惯应承担的义务,以及行为人自动承担义务又自动放弃义务,是否可以成为特定义务的来源,刑法理论尚未达成一致认识,故值得进一步研究。

第二,行为人有履行特定义务的实际可能。这是不作为成立的条件。负有特定义务的人必须在具有履行特定义务的实际可能的情况下才能构成刑法上的不作为。行为人虽然具有实施某种积极行为的义务,但由于某种客观原因而不具备履行该项义务的实际可能性,则不构成犯罪的不作为。例如,某人由于患重病而丧失劳动能力,无法赡养年迈父母,不能认定其构成遗弃罪。

第三,行为人未履行特定义务。行为人负有特定义务,而且能够履行,但没有履行,就引起刑事法律后果,构成不作为犯罪。这是区别作为与不作为的根本标志。例如,行为人负有救治他人的义务但未予救治,而是从事其他活动。这种情况下,并非行为人无所"作为",而是未为当为之事。

作为和不作为在我国刑法中的表现形式多种多样。就单独犯而言,大多数犯罪只能由作为方式构成,刑法理论称之为"纯正作为犯";有一些犯罪只能由不作为方式构成,如《刑法》第 261 条规定的遗弃罪、第 422 条规定的拒传军令罪,刑法理论称之为"纯正不作为犯";有些犯罪既可以由作为方式构成,也可以由不作为方式构成,如故意杀人罪、交通肇事罪,刑法理论称之为"不纯正不作为犯"。在共同犯罪中,情况则较为复杂:有些犯罪在由单个人实施时是"纯正作为犯",共同实施时则可以由不作为方式构成共犯,如仓库保管员以擅自离岗的方式帮助他人实施盗窃,而构成盗窃罪共犯的情况即是。

为正确理解犯罪的作为与不作为问题,还应明确以下几点:

其一,不能把作为与不作为的划分同故意与过失的划分相混淆。作为与不作为是危害行为在客观上的两种基本形式,故意与过失是行为人实施危害行为时主观心理态度的两种基本形式。决不能认为作为都是故意,不作为都是过失。实际上,作为和不作为都是既可以由故意构成,又可以由过失构成。例如,故意杀人与过失致人死亡,都可以由作为方式构成,也都可以由不作为方式构成。

其二,应当正确认识作为犯罪与不作为犯罪的危害程度。实践中往往有人认为,不作为犯罪都比作为犯罪危害性小。这种看法并不妥当。固然,以作为形式构成的某些犯罪可以表现为非常残酷、恶劣的手段,因而往往具有较大的危害性,如故意杀人者采取碎尸的手段:而不作为的方式由于其本身特点的限制往往达不到这种程度,因而不作为的危害在某些犯罪、某些场合下可能相对要小些。但是并非在一切场合下不作为犯罪的危害程度都轻于作为犯罪。例如,在颠覆列车案件中,采用不扳道岔的不作为方式与采用破坏铁轨、路基的作为方式相比,二者的危害程度就没有什么差别。

其三,要正确认识研究犯罪的作为与不作为形式的重要意义。作为和不作为行为方式的不同,并不影响犯罪的性质。但是,作为与不作为是犯罪行为客观存在的两种形式,而且不作为犯罪在司法实践中的数量虽少,其情况却比较复杂,具有一些特点。因此,在理论上研究犯罪的作为与不作为,就有助于我们认识犯罪行为的复杂情况,正确地认定以不作为方式构成的犯罪,并且提醒司法机关在实践中既要注意惩处以积极方式构成的作为犯罪,又要注意惩处以消极方式构成的不作为犯罪,同时也要防止对不负有特定作为义务或不具备履行特定义务实际可能性的人滥施刑罚,以有效地发挥刑法打击犯罪、保护公民的作用。

(二) 实行行为与非实行行为

除作为与不作为这种最重要的划分外,刑法理论还根据刑法总则与分则对危害行为在犯罪构成中的不同规定,将危害行为分为实行行为与非实行行为。

1. 实行行为

实行行为是指刑法分则规定的具体犯罪构成客观方面的行为,它是继犯罪的预备行为之后的行为,始于犯罪着手之时,止于犯罪的结束。实行行为是犯罪的实质行为,具有直接完成犯罪的作用。实行行为在犯罪构成中具有十分重要的地位,是具体犯罪构成客观方面的基本内容,是我国刑法中危害行为的主体部分,是大多数具体犯罪所必须具备的行为要件。研究实行行为,不仅有利于准确地认定每一具体犯罪的行为要件,而且有利于区别犯罪未遂与犯罪既遂。实行行为与犯罪既遂关系紧密:没有实行行为,则无所谓犯罪既遂;犯罪既遂则必然包含着实行行为。犯罪未遂与实行行为也有密切关系:没有实行行为,就不会有犯罪未遂,只有实施了刑法分则所规定的实行行为,才有可能出现犯罪未遂。

2. 非实行行为

非实行行为是指刑法总则规定的对刑法分则规定的实行行为起补充作用的行为。非实行行为包括犯罪的预备行为、犯罪的组织策划行为、指挥行为、教唆行为、帮助行为等。非实行行为作为危害行为的一部分,同实行行为一起构成了我国刑法规定的危害行为的总体,对认定犯罪有重要意义。在审判实践中,不仅要查明何人实施了实行行为,还要注意查明是否存在组织犯、帮助犯与教唆犯;对于尚未着手实施实行行为的犯罪嫌疑人,要注意查明他是否有犯罪的预备行为。非实行行为不是每个具体犯罪构成都必须具备的。例如,在突发性的犯罪中就不存在犯罪的预备行为;在简单共同犯罪中就不存在组织、策划、指挥与帮助、教唆行为。

第三节 危害结果

一、危害结果的含义

如前所述,危害结果有广义与狭义之分,我国刑法理论通常是从狭义上理解危害结果的。因此,所谓危害结果,是指危害行为对犯罪直接客体造成的法定的实际损害或现实危险状态。其含义是:

(1) 危害结果具有客观性,它是一种客观存在的事实。

危害结果属于犯罪客观方面的一个要件,它一经产生就成为不依人的主观意志为转移的客观事实。危害结果与行为人希望达到的结果是两个不同的范畴,前者属于客观范畴,后者属于主观范畴,即行为人的犯罪目的。在刑事案件中,二者并不完全一致。例如,甲故意杀害乙,即甲的犯罪目的是剥夺乙的生命权利,但却仅造成乙伤害的结果。此案中,甲希望达到的结果与实际发生的结果并不一致。因此,司法实践应严格区分二者，不可混淆。由于伤害不是故意杀人罪构成要件的结果，因此，甲只能构成故意杀人罪（未遂），而不构成故意伤害罪。

（2）产生危害结果的原因只能是危害行为。

原因和结果是相对而言的，它们是现象普遍联系中的特定环节。在刑法中，引起危害结果的只能是危害行为（作为或不作为）。非危害行为所造成的危害事实，如自然力、动物引起的损害，以及正当行为、人的非意志支配行为所引起的结果，都不属于危害结果的范畴。

（3）危害结果可以是实际损害，也可以是现实危险状态。

犯罪行为的社会危害性及其程度，主要是通过危害行为对直接客体的侵犯体现出来。这种侵犯的客观表现形式，主要就是危害结果。它既包括对犯罪直接客体的实际损害，如使被害人财产受到损失，侵犯被害人的身体健康权利；也包括对犯罪直接客体造成的现实危险状态，如交通工具或交通设施被破坏后出现的“足以使火车、汽车、电车、船只、航空器发生倾覆、毁坏危险”。

（4）危害结果具有法定性。

危害结果是刑法意义上的。行为人对一种罪所造成的实际危害结果，可能是多种多样的，例如，在故意杀人案件中，有的造成轻伤或重伤，有的造成死亡。但是，作为故意杀人罪的构成要件的结果，只能是死亡。

二、危害结果对定罪量刑的作用

我国刑法关于危害结果的规定，有以下几种不同情况，反映了在不同犯罪中危害结果的不同意义。

（一）以对直接客体造成某种有形的、物质性危害结果，作为某些故意犯罪既遂的标准

有些犯罪是以实施危害行为开始，以给直接客体造成某种具体危害结果（即有形的结果）而完成。例如，对故意杀人罪、抢劫罪、贪污罪、盗窃罪等犯罪来说，如果实行了杀人、抢劫、贪污、盗窃等行为，并且造成了他人的死亡、公私财物的损失时，就可以按照刑法分则有关条文作为故意杀人罪、抢劫罪、贪污罪、盗窃罪的既遂来定罪；如果实行了上述行为，而未造成上述结果时，则应当依照分则有关条文和总则第 23 条的规定，作为犯罪未遂来定罪判刑。

（二）以发生某种特定的现实危险状态，作为某些故意犯罪既遂的标准

我国刑法中，有些犯罪以发生某种严重后果的危险作为犯罪既遂的构成要件。例如，《刑法》第 117 条规定，破坏交通设施，足以使火车、汽车、电车、船只、航空器发生倾覆、毁坏危险，尚未造成严重后果的，构成破坏交通设施罪既遂；如果“造成严重后果”，则根据《刑法》第 119 条处以较重的刑罚。《刑法》第 114 条、第 116 条、第 118 条以及第 124 条前半段规定的犯罪，也是如此。

（三）以发生严重的物质性危害结果，作为罪与非罪的标准

我国刑法对过失犯罪的构成，采取慎重态度，以是否发生法定的严重危害社会的

结果为标准。例如,只有过失致人重伤或死亡的,才以过失伤害或过失致人死亡罪论处。又如《刑法》第134条规定,不服管理,违反规章制度或强令工人冒险作业,只有发生重大伤亡事故或造成其他严重后果,才构成重大责任事故罪。

(四)以发生某种特定的严重危害结果,作为此罪与彼罪区分的界限

例如,我国《刑法》第238条第1款规定:非法拘禁他人或者以其他方法非法剥夺他人人身自由的,处3年以下有期徒刑、拘役、管制或者剥夺政治权利。具有殴打、侮辱情节的,从重处罚。该条第2款规定:使用暴力致人伤残、死亡的,依照本法第234条、第232条的规定定罪处罚。这就是说,如果行为人非法拘禁他人,构成非法拘禁罪时,又使用暴力致被拘禁人伤残、死亡的,应以故意伤害罪或故意杀人罪论处。类似此种情况的还有《刑法》第247条规定的刑讯逼供致人伤残、死亡,第248条规定的殴打、体罚被监管人,致人伤残、死亡的,等等。

(五)以造成物质性危害结果的轻重程度,作为适用轻重不同的法定刑幅度的标准

例如,《刑法》第234条规定的故意伤害罪,依伤害的结果分为轻伤害、重伤、致人死亡和以特别残忍手段致人重伤造成严重残疾四种情况,并分别规定了轻重不同的量刑幅度。类似此种情况的还有《刑法》第131条规定的重大飞行事故罪、第130条规定的铁路运营安全事故罪、第238条规定的非法拘禁罪等。

第四节　危害行为与危害结果之间的因果关系

一、刑法上的因果关系的概念

危害行为与危害结果之间的因果关系,又称刑法上的因果关系,是指犯罪构成客观方面要件中的危害行为同危害结果之间存在的引起与被引起的关系。

唯物辩证法认为,引起一定现象发生的现象是原因,被一定现象引起的现象是结果;这种现象与现象之间引起与被引起的联系,就是因果关系。在刑法上的因果关系中,作为原因的现象是刑法规定的危害行为,由这种危害行为所造成的危害结果则是作为结果的现象;这两种特殊现象之间引起与被引起的关系,就是刑法上的因果关系。这意味着,在刑法上的因果关系中,只有刑法规定的危害行为才能成为原因现象,也只有这一危害行为造成了刑法上的危害结果,才能作为结果现象。一句话,刑法上的因果关系具有刑法的规定性。人的无害行为、一般危害行为与其他违法行为所引起的结果,均不能认为具有刑法上的因果关系。

按照现代刑法的个人责任原则,一个人只能对自己的危害行为所造成的危害结果负刑事责任。因此,当危害结果已经发生,要使某人对这一结果负责任,就必须查明这一结果是他的危害行为所造成的。如果查明行为人的行为同危害结果之间没有因果关系,就不能让他对危害结果负刑事责任。因此,正确理解刑法上的因果关系问题,对于正确解决刑事责任问题有着重要意义。

在一般案件中,危害行为同危害结果之间有无因果关系,是不难认定的;但是,在

某些案件中,由于情况复杂或者罪犯有意制造混乱和假象,往往给解决因果关系问题造成困难。例如,赵某的小孩一天发高烧,值班医生钱某检查后未做皮试即注射青霉素,不久小孩休克,经抢救无效于次日死亡。赵某控告钱某不按规定做皮试造成小孩死亡。小孩到底是怎样死亡的?经解剖证明,小孩死于"小叶性肺炎",与注射青霉素无关。这样,钱某的错误同小孩死亡之间就没有因果关系,不能要钱某负致人死亡的刑事责任。因此,在解决因果关系问题时,决不能为表面现象所迷惑,而必须全面分析案情,必要时还须进行科学技术鉴定,才能确定是否存在刑法上的因果关系。

刑法上的因果关系问题,既是刑法理论中的重要问题,也是司法实践中较为棘手的难题。研究刑法上的因果关系,应当以辩证唯物主义因果关系理论为指导,对刑法上的因果关系的基本问题进行系统研究。

(一)刑法上的因果关系与哲学上的因果关系的联系

首先,因果关系都具有客观性。因果关系是现象之间的客观联系,是不以人的主观意志为转移的。同样,刑法上的因果关系也是一种客观存在。不论人的主观认识与否,只要危害行为引起了危害结果,这种因果关系就是客观的、实在的。行为人的主观认识不能影响因果关系的实际存在。至于行为人是否应当预见或者是否能够预见,是犯罪构成主观方面的内容,不是刑法上的因果关系问题。因此,在刑事案件中查明因果关系,就要求司法人员从案件事实出发,客观地加以判断和认定,而不能主观武断地予以臆测。例如,甲、乙两个青年在公共汽车上侮辱、谩骂一位批评他们不遵守秩序的老人,致使老人心脏病突发当场死亡。这里,老人的犯病死亡结果是由甲、乙的侮辱行为引起的,即二者之间具有因果关系,决不能以甲、乙不知道老人有心脏病或未预见到侮辱会有此严重后果为借口,来否认其因果关系的存在。司法实践中,有些司法工作人员常常把犯罪的动机、起因与犯罪的行为、结果之间的关系,认定为案件的因果关系,这是对刑法因果关系的误解。

其次,因果关系具有相对性。客观世界中的各种现象是普遍联系、相互制约的。在普遍联系的链条中,无法弄清何者为因,何者为果,只有运用简化和孤立的办法,将某一对现象从普遍联系的链条中抽出来加以研究,才能显示出因果关系。可见,原因与结果的区别是相对的。刑法上的因果关系正是从现象的普遍联系中抽取危害行为与危害结果这两种特定的现象加以专门研究。对于刑法因果关系来说,相对性表现为刑法因果关系中的原因与结果是特定的。这就是说,刑法因果关系中的原因,是指危害社会的行为,因此如果查明某人的行为是正当、合法的行为而不具有危害社会的性质,那么即使该行为与危害结果之间具有某种联系,也不能认为具有刑法上的因果关系;刑法因果关系中的结果,是指法律所要求的已经造成的有形的、可被具体测量确定的物质性危害结果,只有这样的结果才能被查明和确定,才能据此确定因果关系是否存在,因此犯罪构成中不包含或者不要求物质性危害结果的犯罪,以及尚未出现法定危害结果的犯罪预备、未遂和中止等犯罪未完成形态,一般不存在解决刑法上的因果关系问题。

再次,因果关系具有顺序性。原因与结果在时间上是有先后顺序的,总是原因在前，结果在后，即使从某些现象看，原因与结果几乎是同时发生的，但无论如何，作为原因的现象总不会出现于作为结果的现象之后。刑法上的因果关系也是这样，总是危害行为引起危害结果，危害行为实施于前，危害结果发生于后。因此，在刑事案件中，只能从危害结果发生以前的危害行为中去查找原因。某人的行为如果是在危害结果发生之后实施的，行为与这一危害结果之间没有因果关系。当然，先于危害结果出现的危害行为，也不一定就是该结果的原因；在结果之前的行为只有起了引起和决定结果的发生作用，才能证明是结果发生的原因。

复次，因果关系具有条件性。原因与结果之间的联系都是发生在一定的时空环境中，不存在脱离具体时空环境的因果关系，这决定了一切因果关系都是有条件的，是以具体条件为转移的。刑法因果关系也是具体的、有条件的。危害行为是在一定时间、地点与条件下实施的；危害结果也是在一定的时间、地点与条件下发生的。危害行为实施以后，危害结果是否发生，发生何种危害结果，所发生的危害结果程度如何，等等，都取决于一定的时间、地点与条件。也就是说，在刑事案件中，危害行为能引起什么样的危害结果，没有一个固定不变的模式。因此，查明因果关系时，一定要从实施危害行为的时间、地点等具体情况出发作具体分析。例如，甲、乙二人发生口角，甲愤怒之下打了乙一拳，乙当时倒地死亡。尸体解剖表明乙患有先天性脾脏过大，这种脾脏在遭外力打击时极易破裂。在这个案件中，如果乙的脾脏正常，一般情况下一拳不会造成脾脏破裂。但并不能由此否定甲的打击行为与乙的死亡之间的因果关系，因为甲的打击行为正是发生在乙这个特异体质的对象上造成了乙的死亡。

最后，因果关系具有复杂性。因果关系的形式是复杂的，刑法因果关系亦然。犯罪形式的复杂性决定了刑法因果关系的复杂性。可分为以下三种：(1) 单独的因果关系。是指一个危害行为直接造成了一个或者一个以上危害结果发生，包括一因一果、一因多果。在此，条件因素对危害行为与危害结果不构成任何影响，故而忽略不计。例如，某甲玩弄枪支失手走火，一枪打死某乙，就是一因一果式的必然因果关系；又如，某丙开枪射击某丁，致丁死亡的同时又致丁身边的小孩受伤，这是一因二果式的必然因果关系。在单独的因果关系中，危害行为是造成危害后果的唯一的决定性的原因。(2) 竞合的因果关系。是指两个危害行为相竞合，导致一个或者一个以上危害结果发生，包括多因一果、多因多果。这里，两个危害行为都是引发危害结果的决定性原因，合力造成危害结果。多因一果最明显的表现有两种情况：一是责任事故。责任事故的发生往往涉及许多人的过失，而且往往还是主客观原因交织在一起，情况非常复杂。确定这类案件的因果关系，就必须分清主要原因和次要原因、主观原因和客观原因等情况，这样才能正确解决刑事责任问题。二是共同犯罪。共同犯罪中各个共犯危害行为的总和作为造成犯罪结果的总原因而与之有因果关系，但是，根据我国刑法的规定，在分析案件时应该分清主次原因即分清每个共犯在共同犯罪中所起作用的大小，并进而确定各个共犯刑事责任的大小。多因多果的典型表现形式存在于集团犯罪中。例如，甲、乙、丙、丁组成一盗窃犯罪集团，先后实施多起盗窃。集团盗窃行为由多个盗窃行为组成，集团盗窃结果由多个盗窃结果组成。集团盗窃行为与集团盗窃结果存在因果关系。(3) 介入的因果关系。是指在危害行为向危害结果发展的过程中,介入因素起了促成作用。例如,甲将乙殴伤后,立即送乙前往医院抢救,由于途中受阻,耽误了抢救时间,致乙死亡。这里,中途受阻这一客观条件对危害结果的发生起了促成作用。

(二) 刑法上的因果关系与哲学上的因果关系的区别

刑法上的因果关系的特殊性,主要表现为以下两点:

首先,范围的特定性。哲学上的因果关系,原因可以是任何现象,结果也可以是任何现象。而刑法上的因果关系所研究的原因是人的危害行为,所研究的结果是危害行为所造成的损害事实,其范围有明显的特定性。

其次,内容的法定性。刑法因果关系的范围是刑法所划定的,是立法者主观选择的结果。超出刑法规定之外的因果关系,不是刑法上的因果关系。刑法明文规定的犯罪行为均是原因;刑法明文规定的危害结果或者未明文规定但可以概括的危害结果都是结果。只有在此范围内认定的因果关系才具有刑法的意义。刑法因果关系的内容也是刑法所规定的。它表现为刑法将哲学上很弱的原因进行强化,规定为刑法上的原因;或者将哲学上很强的原因进行减弱,不规定为刑法上的原因。例如,在不作为犯罪中,医生玩忽职守,延误了抢救危重病人的时间,引起病人死亡,根据一般因果关系,致病人死亡的原因应该是其体内的疾患,医生未作及时抢救只是一个条件。但是在刑法上,医生未作及时抢救这一弱因得到强化,被认为是违背特定作为义务的不作为,是致病人死亡的原因。又如,在紧急避险中,由于避险行为造成他人财产损失,尽管他人财产遭受损失这一结果是紧急避险行为这一原因造成的,具有一般意义上的因果关系,但是刑法却把这一强因弱化,不认为紧急避险行为是刑法上的原因。刑法将某一原因加强或者减弱,是由刑法的特殊性所决定的,是实现社会正义的需要。

▶ 二、刑法上的因果关系的认定

对于行为犯、危险犯来说,一般不存在解决刑法因果关系的问题,但实害犯不同。构成实害犯既遂必须以实害结果的发生为要件,并且这一实害结果必须与危害行为之间存在着因果关系。然而,刑法因果关系只是犯罪构成客观方面的一个选择要件,查明刑法因果关系仅仅为追究行为人的刑事责任提供了客观基础。要使行为人对自己的行为造成的危害结果负刑事责任,行为人还必须具备主观上的故意或过失。因此,不能将刑法因果关系与刑事责任混为一谈。

如何认定刑法上的因果关系,是自 19 世纪中叶以来,刑法理论长期争论的焦点之一,至今尚无定论。下面对中外主要的刑法因果关系学说作一简介。

(一) 大陆法系刑法因果关系理论

大陆法系先后出现的刑法因果关系学说主要有:

1. 条件说

该说产生于 19 世纪 70 年代,认为凡是产生危害结果的不可缺少的条件行为,都是引起危害结果的原因。也就是说,如果在行为与结果之间存在着“无前者即无后者”的必要条件关系,就存在刑法上的因果关系。该说因其主张把一切条件都视作具有同等价值的原因而又被称为等价说、同等说。条件说将所有条件行为都看成刑法上的原因，具有扩大刑事责任范围的倾向，故受到广泛批评。为了弥补这一缺陷，该说的主张者又提出所谓“因果关系中断论”，即认为当条件行为与结果之间介入第三者的故意行为或者自然力时，即中断了原来具有的因果关系。条件说至今仍为德国、日本的许多判例所采用。

2. 原因说

该说又称条件、原因区别说、个别化说、个别观察说，产生于19世纪70年代，其出发点是为了弥补条件说之不足。它认为应当按照一定规则，在引起结果的数个条件行为中，区分原因条件与单纯条件，只有原因条件与结果之间才存在刑法上的因果关系。至于据以区分的规则，又有不同看法：“最有力条件说”认为对结果发生最有力的条件是原因条件；“优势条件说”认为对结果发生起决定作用的、靠近结果的条件是原因条件；“最终条件说”认为在时间上的最后条件是原因条件；“异常行为原因说”认为实施违反生活常规的行为是原因条件；“动力条件说”认为运用动力使结果发生的条件是原因条件；不一而足。

3. 相当因果关系说

该说又称相当说或一般化说，产生于19世纪末，影响广泛，至今仍在许多国家流行。它认为依据社会生活经验判断，同结果发生具有相当关系的条件行为，或者说同结果发生具有相当性的行为，是刑法上的原因。关于相当性的标准，有三种不同见解：一是主观说，主张应以行为人在行为时所认识和所能认识的事实为标准；二是客观说，主张应以社会一般人所认识或所能认识的事实为标准；三是折衷说，主张以社会一般人已认识或能认识的事实，以及行为人所认识或所能认识的特别事实为标准。社会主义刑法学者一般认为，相当因果关系说把客观存在的因果关系，同人们对因果关系的主观认识混为一谈，陷入了唯心主义因果理论的泥潭，故不可取。

（二）英美法系刑法因果关系理论

在英、美等国，刑法因果关系理论同民事因果关系理论是一脉相通的。其基本观点是认为因果关系既是事实问题，又是法律问题。原因分为两个层次：第一层是事实原因，第二层是法律原因。事实原因建立在直观基础上，由“but-for”公式来表达，即如果没有A就没有Z，则A是Z发生的事实原因。但是，事实原因常常不是法律所关注的原因，应当从事实原因中筛选出一部分作为第二层原因，即法律原因，使之成为刑事责任的客观基础。那么，根据什么标准从事实原因中选择法律原因呢？有三种不同的观点：

1. 近因说

这是英美法律理论中的传统观点。一般认为，近因是指没有被介入因素打破因果链条的、当然地或盖然地引起危害结果的事实原因。近因不一定是直接原因。当行为与最后结果之间介入自然事件、他人行为或受害人自身行为时，有两条认定近因的规则：一是看先在行为与介入因素的关系。如果介入因素是先在行为引起的，从属于先在行为，则先在行为是结果发生的近因；如果介入因素不是先在行为引起的，独立于先在行为,则先在行为不是结果发生的近因。二是看介入因素本身的特点。如果介入因素是异常的,则先在行为不是结果发生的近因;如果介入因素是正常的,则先在行为是结果发生的近因。在办理具体案件时,如果对近因的认定有争议,最终评判标准是“常识加公正”,即以正常人的经验来判断。

2. 预见说

这是晚近提出的观点。这种观点认为应以行为人的主观认识为标准,从事实原因中筛选法律原因。确定被告人的行为是危害结果发生的法律原因,必须符合两个条件:一是该行为必须是危害结果发生的事实原因,这是刑法上的因果关系成立的客观基础;二是被告人对危害结果是可以预见的,即实际结果足够近似于被告人意图发生的结果,或者近似于被告人认识到或应当认识到的结果,这是刑法上的因果关系成立的主观条件。预见说侧重于从行为人的主观认识来认定刑法上的因果关系,故受到一些学者的批评。

3. 刑罚功能说

这是20世纪80年代由美国学者提出的理论。它认为刑法上的因果关系同其他刑法概念一样,取决于刑罚目的、刑罚功能即报应和威慑。因此,应以刑罚的报应、威慑功能作为确定法律原因的标准。例如,警察甲在向抢劫银行的乙开枪时,打死了银行职员丙。根据近因说,甲的行为是丙死亡的近因;根据预见说,甲对丙的死亡能够预见,故其行为是丙死亡的法律原因。但是,从刑罚目的、功能考虑,甲的行为同丙死亡之间的因果关系是毫无意义的。即使根据近因说和预见说,乙的抢劫行为不是丙死亡的法律原因,那乙也应对丙的死亡负责,因为乙的抢劫行为是丙死亡的事实原因;根据刑罚报应观念,这一事实原因也就是丙死亡的法律原因。所以,乙应对丙之死承担刑事责任,而警察甲不应当负这个责任。[①]

(三) 我国刑法因果关系理论

以下介述五种主要观点:

一是“必然因果关系说”。这种观点认为:刑法因果关系是内在的必然性的联系,或称本质的规律性的联系;在刑法中只有必然因果关系,非规律性的偶然因果关系是不存在的;在必然因果关系以外的有关联的东西叫做条件。所以,必然因果关系就是在一定条件下,危害社会的行为不可避免地要造成危害社会的结果,这种结果正是危害社会的行为规律性发展的表现。

二是“两个因果关系说”。这种观点认为:刑法因果关系既表现为必然联系又表现为偶然联系,因此既有必然因果关系,又有偶然因果关系,将因果之间的偶然联系一概排除在因果关系之外,否认偶然因果关系的存在是不现实的;必然因果关系是基本形式,是大量的、主要的,偶然因果关系是补充形式,是少量的、次要的。

三是“必然因果关系与偶然因果关系统一说”。这种观点认为:刑法因果关系是危害行为与危害结果之间内在的合乎规律的联系。所谓必然性,是指行为人的危害行为

① 参见储槐植:《美国刑法》,北京大学出版社1996年版,第61—75页。

在一定条件下合乎规律地引起一定危害结果的确定性。所谓偶然性，是指行为人行为及行为实施条件的特殊性所加诸危害结果的某些不确定性。必然性与偶然性是因果关系中统一的、相对的、运动的属性，不能人为地割裂为必然因果关系和偶然因果关系，也不能片面地认为刑法因果关系只是必然因果关系。

四是“实质性联系说”。这种观点认为：刑法因果关系是危害行为与危害结果之间的实质性联系。这种实质性联系，对于某种危害结果来说，凡起决定性作用的原因与危害结果之间都是一种直接的联系，但并非都是必然联系，凡起非决定性作用的原因与危害结果之间都是一种间接的联系，但并非都是偶然联系；以实质性联系的概念代替必然联系与偶然联系的提法，更能反映刑法因果关系的实质与内容。

五是“高概率因果关系说”。这种观点认为：必然与偶然是说明原因与结果之间联系的不同情况，偶然性的实质就是概然率的问题，而概然率有高有低，概然率达到100%，就成为必然；根据概然率频度，偶然因果关系可分为两种：一为高概率因果关系，即此现象很可能引起彼现象，二为低概率因果关系，即此现象极难引起彼现象；只有高概率联系才是刑法因果关系，高概率联系是有可能被人们预见和估计的，而低概率联系是人们难以预见和估计的，因此低概率联系一般不属于刑法因果关系。

以上各说，各有其理。秉持传统观点的学者坚持“必然因果关系说”，否定偶然因果关系的存在；但是目前，“两个因果关系说”较为通行，一般认为，这种观点既有哲学根据，又有刑法依据。首先，就其哲学根据而言，因果性既包括必然性又包括偶然性，而不能将因果性等同于必然性。因果关系在实际过程中有两种可能；一是前现象的发展方向本身决定了它一定会引起后现象的发生，后现象此时是前现象的必然结果；二是前现象的发展趋势本身并不一定引起后现象的出现，但是由于条件因素改变了它的发展方向，则产生了与其发展趋势不一致的后现象，后现象此时是前现象的偶然结果。也就是说，因果关系是一定条件下的因果关系，必然因果关系与偶然因果关系都受到条件因素的制约。当条件因素与原因现象的发展方向相一致或者条件因素尚不足以影响原因现象的发展方向时，原因现象则必然地引起结果现象；当条件因素与原因现象的发展趋势不一致时，原因现象可能受到条件因素的制约，出现与其发展趋势不一致的偶然性结果。可见，必然因果关系与偶然因果关系都是客观存在的，不能只承认必然因果关系，而不承认偶然因果关系，或者将偶然因果关系硬说成是一定条件下的必然因果关系。其次，就其刑法依据而言，犯罪是相当复杂的社会现象，在犯罪现象中除大量存在的必然因果关系之外，在客观上还可能发生偶然因果关系；我国刑法不仅将必然因果关系规定为刑法上的因果关系，而且还选择一部分偶然因果关系，将其规定为刑法上的因果关系。例如，我国《刑法》第260条虐待罪第2款规定：“犯前款罪，致使被害人重伤、死亡的，处……”这里，引起被害人重伤、死亡有两种情况：一是必然因果关系，即虐待行为的强度或频度已经达到直接重伤被害人或者足以使被害人不能生存的程度，被害人或因暴力虐待而受重伤，或因虐待行为而冻饿致死；二是偶然因果关系，即虐待行为的强度或频度尚未达到使被害人不能生存的程度，但由于被害人不堪虐待，愤然自杀。在后一情况下，虽然虐待行为不一定引起被害人自杀，被害人自杀可能出现也可能不出现,而实际上出现的被害人自杀只是偶然性的,但是,刑法承认这种偶然因果关系。可见,符合刑法规定的必然因果关系与偶然因果关系都是刑法上的因果关系。一般来说,偶然因果关系对量刑具有意义,某些特殊情况下也可能对定罪产生影响。

不作为犯罪中的因果关系及其认定问题,是刑法因果关系理论中的一个难点。学者们对此持有不同观点。有人认为,不作为是人的消极静止的行为,对外界事物不起任何变更作用,是"无","无中不能生有",因此在不作为犯罪中不存在因果关系问题。有人认为,不作为犯罪在客观事实上不存在因果关系,但在法律上将不作为看作引起危害结果的原因,与作为犯罪同等看待,它是一种法律拟制的因果关系。但是一般认为,不作为的危害行为与危害结果的因果关系是客观存在的,并非法律拟制。不作为的原因,在于它应当阻止而没有阻止事物向危险方向发展,从而引起危害结果的发生。不作为犯罪因果关系的特殊性在于:它以行为人负有特定的行为义务为前提,除此以外,它的因果关系应与作为犯罪一样认定。否认不作为犯罪因果关系的客观性,实质上也就是否认了不作为犯罪负刑事责任的客观基础。

第五节　客观方面的其他要件

一、客观方面的其他要件概述

犯罪客观方面的其他要件,是指刑法规定的构成某些犯罪必须具备的特定的时间、地点和方法(手段)等客观要件。任何犯罪都是在一定的时间、地点,采取一定的方法实施的,但仅有极少数犯罪把它们作为构成犯罪的必备要件。

一般来说,犯罪时间是指犯罪从预备开始到结果发生所持续的时间,是犯罪客观方面的选择要件;对于没有预备阶段的犯罪而言,犯罪时间始于实行行为的着手,终于危害结果的发生;对于具有非物质性危害结果的犯罪来说,犯罪时间仅指犯罪的预备行为和实行行为所实施的时间,因为这种犯罪一经实施,非物质性危害结果即行产生。犯罪时间可以分为构成要件的时间与非构成要件的时间。构成要件的时间,指刑法规定的某些犯罪构成必须具备的犯罪发生的特定时间。例如,我国《刑法》第 340 条规定的非法捕捞水产品罪,第 341 条第 2 款规定的非法狩猎罪,其构成条件之一,就是违反有关规定,在"禁渔期"或者"禁猎期"实施捕捞水产品或者狩猎的行为。再如,刑法分则第 10 章规定的战时违抗命令罪、战时临阵脱逃罪、战时造谣惑众罪、战时自伤罪等,必须在"战时"才能构成,等等。对于将犯罪时间作为构成要件的犯罪来说,犯罪时间是区分罪与非罪的重要界限。对于未将犯罪时间作为构成要件的犯罪来说,犯罪行为在什么时间内实施或犯罪结果在什么时间发生,通常对认定犯罪没有影响。这种未被刑法作为犯罪构成要件、通常对定罪没有影响的犯罪时间,就是非构成要件的时间。

犯罪地点是指犯罪发生的场所与位置,是犯罪客观方面的选择要件。刑法理论通常将犯罪地点分为犯罪行为地与犯罪结果地,前者是犯罪行为的实施地点,后者是犯罪结果的发生地点。犯罪行为地与犯罪结果地既可能是分离的,也可能是合一的。同犯罪时间一样，犯罪地点也可分为构成要件的地点与非构成要件的地点。构成要件的地点，指刑法规定的某些犯罪构成必须具备的犯罪发生的特定场所。例如，非法捕捞水产品罪，非法狩猎罪，刑法将“禁渔区”、“禁猎区”规定为这两种罪的构成要件之一。又如，我国《刑法》第444条规定的遗弃伤病军人罪，必须发生在“战场上”；《刑法》第446条规定的战时残害居民、掠夺居民财物罪，必须发生在“军事行动地区”，等等。对于将犯罪地点作为构成要件的犯罪来说，犯罪地点是区分罪与非罪的重要界限。对于未将犯罪地点作为构成要件的犯罪来说，犯罪在什么场所发生，通常对认定犯罪没有影响。这种未被刑法作为犯罪构成要件、通常对定罪没有影响的犯罪地点，就是非构成要件的地点。

犯罪方法，又称犯罪手段，是指行为人在实施犯罪时所采用的具体方式和手法，是犯罪客观方面的选择要件。犯罪方法属于刑法上的危害行为的范畴，但它并不等于危害行为，而只是危害行为的一部分。刑法理论根据不同标准，将犯罪方法分为徒手的犯罪方法与借力的犯罪方法；暴力性方法与非暴力性方法；智能性方法与非智能性方法；等等。与犯罪时间、地点相同，犯罪方法也可以分为构成要件的方法与非构成要件的方法。构成要件的方法，指刑法规定的某些犯罪构成必须具备的实施危害行为的特定方式。例如，我国《刑法》第277条规定的妨害公务罪，通常必须“以暴力、威胁方法”实施。此外，有时特定的方法（手段），还是区分此罪与彼罪的标准，如抢劫罪、盗窃罪、诈骗罪的区分，主要以实施犯罪的方法作为标准。对于将犯罪方法作为构成要件的犯罪来说，犯罪方法是区分罪与非罪的重要界限。对于未将犯罪方法作为构成要件的犯罪来说，犯罪用什么方法实施，通常对认定犯罪没有影响。这种未被刑法作为犯罪构成要件、通常对定罪没有影响的犯罪方法，就是非构成要件的方法。

▶ 二、犯罪的时间、地点、方法对定罪量刑的意义

在法律把特定的时间、地点和方法明文规定为某些犯罪构成必备的要件时，这意味着构成要件的时间、地点、方法对某些行为是否构成该种犯罪具有决定性作用。例如，我国《刑法》第340条和第341条的非法捕捞水产品罪和非法狩猎罪，把“禁渔期”、“禁猎期”、“禁渔区”、“禁猎区”、“禁用的工具、方法”等规定为构成这些犯罪的必备要件，因而实施的行为是否具备这些因素，便成为区分罪与非罪的重要条件。再如，我国《刑法》第257条规定，只有用暴力方法干涉他人婚姻自由，才构成暴力干涉婚姻自由罪。在这里，是否使用暴力方法干涉，就成为区分罪与非罪的标志。

应当指出，虽然对大多数犯罪来说，犯罪的时间、地点、方法等并非犯罪构成要件，但是往往影响到犯罪行为本身社会危害程度的大小，因而对正确量刑具有重要意义。例如故意杀人罪，时间、地点、方法等因素并不影响犯罪的成立，但是，战时、社会治安状况不好时期与正常时期相比，公共场合与偏僻地方相比，以残酷方法杀害与采用一刀杀死、一枪打死的方法相比，前者的社会危害性显然大于后者，因而刑罚的轻重程度应有一定的影响。此外，在刑法条文中，有的犯罪是直接而明确地把特定的方法、地点作为加重刑罚的条件。例如，我国《刑法》第237条规定，聚众或者在公共场所当众强

制猥亵妇女、侮辱妇女的,应从重处罚。

【阅读参考书目】

1. 马克昌主编:《犯罪通论》,武汉大学出版社 2002 年版。

2. 黎宏:《不作为犯研究》,武汉大学出版社 1997 年版。

4. 张绍谦:《刑法因果关系研究》,中国检察出版社 2004 年第 2 版。

【思考题】

一、名词解释

1. 危害行为

2. 危害结果

3. 刑法因果关系

二、简答题

1. 为什么要研究犯罪客观方面?

2. 危害行为的概念和特征是什么?

3. 如何理解危害行为的基本形态?

4. 我国刑法对危害结果有哪些不同的规定方式?

5. 如何理解犯罪客观方面的其他要件?

第七章 犯罪主体

犯罪主体是犯罪构成的四要件之一，任何犯罪的成立都需要犯罪主体的存在。犯罪主体是犯罪行为的实施者，只有实施了犯罪行为的人，才是犯罪主体。犯罪主体又是刑事责任的承担者，凡是实施了犯罪行为的人，都应当承担刑事责任，而刑事责任的基本实现形式是承受刑罚，因而犯罪主体也是刑罚的对象。因此，研究犯罪构成和刑事责任，都离不开对犯罪主体的研究。本章主要阐述：犯罪主体的概念；犯罪主体的共同要件，刑事责任能力的概念和内容，刑事责任能力的程度，刑事责任年龄等刑事责任能力诸影响因素，主体特殊身份的概念、分类与意义；单位犯罪的概念和特征，单位犯罪的处罚原则等。本章的重点在于明确刑事责任能力的程度和刑事责任能力诸影响因素，理解未成年人犯罪案件的处理原则和单位犯罪的处罚原则。

第一节 概 述

一、犯罪主体的概念

根据我国刑法规定和刑法理论，我国刑法中的犯罪主体是指实施危害社会的行为、依法应当负刑事责任的自然人和单位。自然人主体是我国刑法中最基本的、具有普遍意义的犯罪主体，单位主体在我国刑法中则不具有普遍意义。有鉴于此，本章第5节专门对单位犯罪加以阐述，其余各节均限于研究自然人犯罪主体问题。

自然人犯罪主体（简称犯罪主体），是指具备刑事责任能力、实施危害社会的行为并且依法应负刑事责任的自然人。

我国刑法中自然人犯罪主体的一般要件有两个：

（一）犯罪主体必须是自然人

所谓自然人，是指有生命的人类个体，其生命始于出生，终于死亡。关于人出生的时间，西方学者曾提出了种种标准，如“部分露出说”、“全部露出说”、“断带说”、“独立呼吸说”等。在我国，比较一致的意见是，人的生命自胎儿从母体中分离出来，能够独立进行呼吸时开始。关于人死亡的时间，长期以来，都以“心死亡”或“肺死亡”作为判断的标准。但是，1968年美国哈佛医学院的一份研究报告宣称，传统的死亡概念已经不适应当代社会生活的需要。该报告提出了新的死亡概念，把死亡规定为不可逆转的昏迷或“脑死亡”。也就是说，只要脑的全部机能已经不可逆转地停止，即使脉搏或呼吸仍然存在，也可以确定为死亡。这一死亡概念正在被越来越多的国家接受，我国医学界近年来也在逐渐接受这一概念。总之，自然人以外的动物、植物、自然现象以及各种物品，都不能成为犯罪主体；母体中的胎儿、人死后的尸体，也不能成为犯罪主体。需要指出，在古代中外刑法或刑事司法实践中，曾存在把人以外之物作为犯罪主体，刑及禽兽、昆虫,罚及风雨、物品,对尸体施加鞭、戮等情况。这是由当时的多种因素综合决定的,特别是古代刑法的威吓主义刑罚目的观,古代刑法中刑事责任的客观结果原则、株连原则等,对上述现象的产生起了重要作用。随着人类认识能力的提高,特别是人类对自身价值的发现,罪责自负原则、主客观相统一原则的立法化,现代各国刑法较为普遍地将自然现象、动植物、物品和尸体排除在犯罪主体的范围之外,认为犯罪主体只限于有生命的自然人。我国《刑法》第7、8、11、17、18以及19条的规定表明,我国刑法中的犯罪主体仅限于人,而决非人以外之物。其主要原因是:其一,犯罪是主客观要件的统一,而在心理活动支配下实施客观行为是人类所独有的功能,人以外之物不可能具备这种能力;这就是说,只有人才具有犯罪的能力。其二,刑罚的目的是预防犯罪,对人类以外之物施加刑罚,根本不能达到预防犯罪的刑罚目的;换言之,只有人才具有承担刑事责任和承受刑罚的能力。因此,犯罪主体只能是人而不能是人以外的物。当然,如果人利用物实施其犯罪意图,犯罪主体应为利用者本人,而物只不过是利用者的犯罪工具。

(二) 犯罪主体必须具备刑事责任能力

刑事责任能力是人所具有的刑法意义上的辨认和控制自己行为的能力,它是犯罪的能力与承受刑罚的能力的有机统一。刑事责任能力不是任何自然人都具备的,它要受到自然人的年龄和精神状况等多种因素的制约与影响。一个人在智力和社会知识发展正常的情况下,当达到一定的年龄时,就自然具备了辨认和控制自己行为的能力。达到一定年龄是具有刑事责任能力的前提;但是达到一定年龄,还不一定具有刑事责任能力,因为这种能力会受到精神健康状况的影响。因此,并非有生命的人类个体都能够成为犯罪主体,而只有那些达到一定年龄、精神正常的自然人,才能够成为犯罪的主体。刑事责任能力是犯罪主体的核心问题和关键问题。

二、研究犯罪主体的意义

研究犯罪主体,对于司法实践中正确定罪量刑,具有重要的意义。

(一) 犯罪主体在定罪方面的意义

首先,犯罪主体是区分罪与非罪的重要标准。犯罪主体是任何犯罪的成立都不可缺少的,但是,犯罪主体需要具备法律规定的条件或资格,并非任何人实施了刑法所禁止的危害行为都能构成犯罪,只有具备刑法所要求的犯罪主体要件的人才能构成犯罪。例如,根据我国《刑法》第17条规定,行为时不满14周岁的人对其实施的任何危害行为都不负刑事责任。其次,犯罪主体是区分此罪与彼罪的重要界限。刑法规定的一些犯罪,在犯罪构成的诸多方面都是相同或类似的,这时犯罪主体往往成为区分不同犯罪的关键。例如,我国《刑法》第252条和第253条分别规定了侵犯通信自由罪和私自开拆、隐匿、毁弃邮件、电报罪,这两种犯罪的直接客体和行为特征均有相似性,但犯罪主体不同,前者的主体是一般主体,后者的主体是特殊主体,行为人是否具有"邮政工作人员"这一身份,是区分上述两种犯罪的关键。又如,国有公司、企业中具有国家工作人员身份或者依法以国家工作人员论的人,利用职务便利侵占本单位财物的,依法构成贪污罪;不具有这一身份或者依法不能以国家工作人员论的人,实施同样行为的,依法构成职务侵占罪。可见,研究我国刑法中关于犯罪主体要件的规定,对于正确认定犯罪具有重要意义。

(二)犯罪主体在量刑方面的意义

犯罪主体除具有区分罪与非罪、此罪与彼罪界限的意义之外,还影响到量刑。这是因为,在具备犯罪主体要件的同样情况下,犯罪主体的具体情况也可能不同,而不同的具体情况又影响到刑事责任的大小程度。我国刑法对于未成年人犯罪、又聋又哑的人和盲人犯罪、限制责任能力的精神病人犯罪、国家机关的工作人员犯罪的处罚问题等,都规定了有别于一般人的刑罚。因此,研究我国刑事立法与司法中有关犯罪主体的问题,对刑罚的正确适用具有重要意义。

第二节 刑事责任能力

一、刑事责任能力的概念

刑事责任能力,是指行为人构成犯罪和承担刑事责任所必须具备的刑法意义上辨认和控制自己行为的能力。简言之,刑事责任能力就是行为人辨认和控制自己行为的能力。

我国刑法理论认为,刑事责任能力的本质,是人实施行为时具备的相对自由意志能力,即行为人实施刑法所禁止的严重危害社会的行为时具备的相对自由的认识和抉择行为的能力。因此,刑事责任能力是行为人犯罪能力与承担刑事责任能力的统一,是辨认能力与控制能力的统一。通常而言,一定年龄的人,只要智力发育正常,就自然具备了刑事责任能力。当然,即使达到一定年龄的人,也可能因精神状况、生理功能缺陷等原因不具备、丧失或者减弱刑事责任能力。不具备刑事责任能力的人即使实施了客观上危害社会的行为,也不能成为犯罪主体,不能被追究刑事责任;刑事责任能力减弱的人,其刑事责任相应地减轻。刑事责任能力作为犯罪主体的核心和关键要件,对于犯罪主体的成立与否以及行为人应承担的刑事责任的轻重,具有至为重要的意义。

二、刑事责任能力的内容

刑事责任能力的内容,是行为人对自己行为所具备的刑法意义上的辨认能力与控制能力。明确二者的含义及其相互关系,是正确把握刑事责任能力概念的前提。

刑法意义上的辨认能力,是指行为人对自己的行为在刑法上的性质、意义、后果的辨别认识能力。行为人有能力正确认识自己的行为是否被刑法所禁止和制裁,他才具有刑法意义上的辨认能力。刑法意义上的控制能力,是指行为人决定自己是否以行为触犯刑法的能力,也就是决定自己行为的方向、力度、方法、时间、地点等的能力。刑事责任能力的存在,要求辨认能力与控制能力必须具备。

刑事责任能力中的辨认能力与控制能力之间,存在着不可分割的有机联系。一方面,辨认能力是刑事责任能力的基础。或者说,刑事责任能力是由辨认能力和控制能力两个部分组成的,而控制能力是以辨认能力为基础的。行为人只有对自己行为在刑法上的性质、意义、后果有认识,才能自觉有效地选择和决定自己是否实施触犯刑法的行为。控制能力的具备以辨认能力的存在为前提条件,只要确认一个人没有辨认能力,就可以确定他没有控制能力。另一方面,控制能力是刑事责任能力的关键。在具有辨认能力的基础上,还需要有控制能力才能具备刑事责任能力,只要人具备了控制能力就一定具备辨认能力。换言之,人虽然有辨认能力,但也可能不具有控制能力,从而并不具备刑事责任能力。例如,因患精神病而丧失控制自己行为的能力,即是无刑事责任能力人。他们之所以不具备刑事责任能力,是因为他们虽有辨认能力但却丧失了控制自己行为的能力。

三、刑事责任能力的程度

决定和影响人的刑事责任能力的程度的因素有哪些呢?概括地说,有两个方面:一是智力发育程度。智力发育成熟与否,主要受年龄因素的制约。一般来说,年龄的增长与责任能力的增长是成正比的。年龄幼小的儿童,大脑发育尚不成熟,且涉世未深,社会经验较少,不具备辨别是非和控制自我的能力。进入少年期后,人的生理变化加快,大脑机能日渐成熟,社会知识也积累较多,已经具有了一定的辨别和控制自己行为的能力。进入成年期后,人的意识和意志能力已经完全成熟,人不仅具有了辨别大是大非和控制重大行动的能力,而且能够全面理解自己行为的性质、意义、后果并就此作出行为决定。因此,刑事立法应当根据人的辨认能力和控制能力随着年龄增长而逐步发展的规律,科学地规定未成年人负刑事责任的范围。仅就年龄因素而言,现代世界各国刑事立法例一般只规定达到一定年龄的未成年人为限制责任能力人,对老年人犯罪多不设减免刑事责任的规定。但也有一些国家和地区对老年人犯罪减免刑事责任的规定。二是精神发育程度。它受到人是否患精神疾病及所患精神疾病的种类、程度和特点的影响。只有智力发育成熟且精神状态正常的人,才具有刑事责任能力。鉴于此,各国刑法都以一定的年龄为标志,规定了正常自然人具备刑事责任能力的界限。同时,刑法还对某些重要器官生理功能丧失者和精神病患者的刑事责任能力问题,作出了专门规定。

根据年龄、精神状况等因素影响刑事责任能力有无和大小的实际情况,各国刑事立法对刑事责任能力程度采用三分法或四分法。三分法将刑事责任能力分为完全刑事责任能力、完全无刑事责任能力和限定(减轻)刑事责任能力三种情况。四分法是除上述三种情况外,还有相对无刑事责任能力的情况。无论是三分法还是四分法,都承认在刑事责任能力的有无之间存在着中间状态的限定(减轻)刑事责任能力的情况。下面依据我国刑法采取的四分法,对刑事责任能力程度问题予以阐述。

(一) 完全刑事责任能力

完全刑事责任能力是指行为人对刑法规定的所有犯罪都具有辨认和控制能力。具有完全刑事责任能力的人,能够认识刑法规定的所有犯罪行为的性质、意义和后果,并且完全能够依据这种认识选择和决定自己是否实施犯罪行为。但是,各国刑事立法对完全刑事责任能力的概念及其内容一般未予规定，而是由刑法理论和司法实践结合刑法中关于责任能力和限制责任能力的规定来加以概括。从外延看，凡不属刑法规定的无责任能力的人及限制能力的人，皆属完全刑事责任能力人。根据我国刑法规定，凡年满18周岁、精神正常的人，都是完全刑事责任能力人。完全责任能力人实施了犯罪行为的，应当依法负全部的刑事责任，不能因其责任能力因素减免刑事责任。

（二）完全无刑事责任能力

完全无刑事责任能力是指行为人完全没有刑法意义上的辨认或控制自己行为的能力，也就是行为人对刑法规定的所有犯罪都没有辨认或控制能力。根据现代刑事立法的规定，完全无刑事责任能力人包括两种情况：一是未达法定刑事责任年龄的人，刑法规定他们一律没有刑法意义上的辨认或控制能力。根据我国《刑法》第17条的规定，不满14周岁的人都是完全无刑事责任能力的人。二是虽然达到法定刑事责任年龄，但因精神疾病而对所有犯罪都不具备辨认或控制能力的人。我国《刑法》第18条第1款规定："精神病人在不能辨认或者不能控制自己行为的时候造成危害结果，经法定程序鉴定确认的，不负刑事责任，但是应当责令他的家属或者监护人严加看管和医疗；在必要的时候，由政府强制医疗。"总之，完全无责任能力人，为不满14周岁的人和行为时因精神疾病而不能辨认或控制自己行为的人。

（三）相对无刑事责任能力

相对无刑事责任能力，亦称相对有刑事责任能力，是指行为人仅对刑法所明确限定的某些严重犯罪具有刑事责任能力，而对未明确限定的其他犯罪行为无刑事责任能力的情况。我国《刑法》第17条第2款规定："已满14周岁不满16周岁的人，犯故意杀人、故意伤害致人重伤或者死亡、强奸、抢劫、贩卖毒品、放火、爆炸、投毒罪的，应当负刑事责任。"这说明，我国刑法中相对无刑事责任能力人是已满14周岁未满16周岁的未成年人。事实上，他们对刑法规定的其他犯罪行为也可能具有一定的辨认和控制能力，但是，由于刑法明确规定他们只对上述犯罪行为具有刑事责任能力，所以他们对其他犯罪行为没有刑法意义上的辨认和控制能力。

（四）减轻刑事责任能力

减轻刑事责任能力是完全刑事责任能力和完全无刑事责任能力的中间状态，又称限定刑事责任能力、限制刑事责任能力、部分刑事责任能力，是指因年龄、精神状况等原因，而使行为人实施刑法所禁止的危害行为时，虽然具有刑事责任能力，但其辨认或控制自己行为的能力较完全刑事责任能力有一定程度的减弱、降低的情况。现代各国刑法中，较为普遍地规定有减轻刑事责任能力的情况，其范围主要是达到一定年龄的未成年人、聋哑人、盲人以及辨认或控制能力有所减弱的精神障碍人。现代各国刑法一般认为，限制责任能力人实施刑法所禁止的危害行为的，构成犯罪，但其刑事责任因其责任能力的减弱而有所减轻，应当或者可以从宽处罚或免予处罚。我国刑法明文规定的限制责任能力人有四种情况：(1) 已满14周岁不满18周岁的未成年人不具备完全刑事责任能力；(2) 又聋又哑的人可能不具备完全刑事责任能力；(3) 盲人也可能不具备完全刑事责任能力；(4) 尚未完全丧失辨认或者控制能力的精神病人不具备完全刑事责任能力。

第三节　影响刑事责任能力的因素

一、刑事责任年龄

（一）刑事责任年龄的概念

刑事责任年龄，是指法律所规定的行为人对自己实施的刑法所禁止的危害行为负刑事责任必须达到的年龄。

犯罪是具备辨认和控制能力的人，在其意识和意志的支配下实施的危害社会的行为。而一个人的辨认和控制能力，并非生来就有的，而是决定于行为人智力发育程度，所以它必然受到行为人年龄因素的制约。一个人只有当达到一定年龄，能够辨认和控制自己的行为，并具有刑罚适应能力时，才能够对自己的危害行为承担刑事责任。也只有在这个时候，国家才能让他对自己实施的危害行为承担刑事责任。因而，各国刑事立法根据年龄因素与责任能力的关系，确立了刑事责任年龄制度。可以说，达到刑事责任年龄，是自然人具备刑事责任能力的前提条件。

我国刑法中的刑事责任年龄制度，主要解决不同年龄段的人刑事责任的有无问题，同时还规定了对未成年犯罪人的从宽处罚原则。因此，研究刑事责任年龄问题，对于从理论上认识责任年龄与责任能力的关系，把握犯罪主体要件的本质，对于司法实践中正确定罪量刑，都具有重要意义。

（二）刑事责任年龄阶段的立法划分

古今中外刑事立法都或多或少地涉及了刑事责任年龄问题。古代罗马法曾经规定，7 岁以前的行为，法律假定其为无意识的行为，不认为是犯罪；7 岁至 14 岁的人，视辨别力的情况而确定其刑事责任能力的有无；14 岁以上的人，则是刑事成年人。我国古代的《礼记 · 曲礼》中说："八十、九十曰耄，七十曰悼，悼与耄虽有罪，不加刑焉。"现代各国刑事立法，一般根据刑事责任能力随年龄增长的逐步发展规律，结合本国未成年人的实际情况以及同犯罪作斗争的现实需要，把刑事责任年龄划分为几个阶段。我国刑法以教育为主、惩罚为辅的青少年刑事政策为指导，从我国政治、经济、文化、教育、未成年人的成长规律以及现实犯罪结构等方面国情出发，借鉴国外立法例，以《刑法》第 17 条专门对刑事责任年龄作了全面规定。根据这一规定，刑法学界把刑事责任年龄划分为完全不负刑事责任年龄阶段、相对负刑事责任年龄阶段与完全负刑事责任年龄阶段。

1. 完全不负刑事责任年龄阶段

完全不负刑事责任年龄阶段，亦称绝对无责任年龄时期，是自然人对自己实施的危害行为依法完全不负刑事责任的年龄阶段。根据我国《刑法》第 17 条的规定，不满 14 周岁的人，完全不负刑事责任。立法上之所以不让这一年龄阶段的人负刑事责任，是因为不满 14 周岁的人尚处于幼年时期，受生理和智力条件限制，还不具备承担刑事责任所必需的辨认和控制自己行为的能力。应当注意，对于因不满 14 周岁不负刑事责任的人,应依法责令其家长或监护人加以管教,也可视需要对接近14周岁,如12至13周岁的人由政府收容教养。

2. 相对负刑事责任年龄阶段

相对负刑事责任年龄阶段,亦称相对有责任年龄时期,是自然人对自己实施的部分危害行为依法负刑事责任的年龄阶段。根据我国《刑法》第17条第2款的规定,已满14周岁不满16周岁,对自己实施的故意杀人、故意伤害致人重伤或者死亡、强奸、抢劫、贩卖毒品、放火、爆炸、投毒(由于《刑法修正案(三)》将"投毒罪"修改为"投放危险物质罪",故此处应理解为"投放危险物质")罪负刑事责任。立法上之所以让这一年龄阶段的人对自己实施的部分危害行为负刑事责任,是因为他们对某些严重危害社会的行为已经具备一定的辨认和控制能力,同时他们的辨认和控制能力尚不完整和成熟,所以刑法只要求他们对自己实施的一部分性质特别严重并且又比较常见的危害行为负刑事责任。同样,对因不满16周岁而不予刑事处罚的实施了危害社会行为的未成年人,应依法责令其家长或者监护人加以管教,在必要的时候也可以由政府收容教养。

3. 完全负刑事责任年龄阶段

完全负刑事责任年龄阶段,又称完全负责任年龄时期,是自然人对自己实施的危害行为依法全部负刑事责任的年龄阶段。我国《刑法》第17条第1款规定:"已满16周岁的人犯罪,应当负刑事责任。"立法上之所以作这样的规定,是因为已满16周岁的人在智力发育方面已经基本成熟,具有了相当的社会知识,能够根据国家法律和社会道德的要求来约束自己,承担刑事责任所必需的辨认和控制能力已然具备。所以,我国刑法要求已满16周岁的人对自己实施的违反刑法的一切危害行为承担刑事责任。

(三) 未成年人犯罪案件的处理

我国刑法中刑事责任年龄制度,主要解决的是认定犯罪方面的问题。基于未成年人的生理、心理特征:既有容易被影响、被引诱走上犯罪道路的一面,又有可塑性大、容易接受教育和改造的一面,我国刑法从刑罚根本目的出发并结合未成年人违法犯罪的特点对未成年人犯罪案件的处理采取了两条重要而特殊的处理原则。

1. 从宽处罚的原则

我国《刑法》第17条第3款规定:"已满14周岁不满18周岁的人犯罪,应当从轻或者减轻处罚。"这是对未成年人犯罪从宽处罚原则的规定。立法上之所以作如此从宽处罚的规定,是因为未成年人的刑事责任能力并不像成年人那样成熟和稳定,思想观念也具有较大的可塑性,从宽处罚这样的未成年人是罪责刑相适应的刑法基本原则的要求。所谓"应当",是指凡是未成年人犯罪都必须予以从宽处罚。换言之,已满14周岁不满18周岁是一个法定的必须从宽处罚的情节。从宽处罚是相对成年人犯罪而言的,即在犯罪性质和其他犯罪情节相同或基本相同的情况下,对未成年人犯罪要比对成年人犯罪从轻或减轻处罚。至于从宽的程度,即是从轻处罚还是减轻处罚,以及从轻或减轻处罚的幅度,由司法机关根据具体案件决定。

2. 排除死刑的原则

我国《刑法》第49条第1款规定："犯罪的时候不满18周岁的人和审判的时候怀孕的妇女，不适用死刑。"这里所谓"不适用死刑"，是指不允许判处死刑，也不允许判处死刑缓期2年执行；而不是说"不执行死刑"，也不是说等到满18周岁后再判决或执行死刑。这是刚性要求，不允许有任何例外。

在司法实践中，依法处理未成年人犯罪案件，还应当注意以下三个问题：

一是刑事责任年龄的计算问题。首先，刑事责任年龄是指实足年龄（周岁），对此我国《刑法》第17条已明确作出规定。其次，根据有关司法解释，周岁计算方法如下：(1) 周岁一律按照公历的年、月、日计算。(2) 1周岁以12个月计。每满12个月即为满1周岁。(3) 每满12个月即满1周岁应以日计算，从生日第2天起，才认为已满几周岁。例如，行为人于1989年8月29日出生，至2003年8月30日为已满14周岁，至2005年8月30日为已满16周岁，至2007年8月30日为已满18周岁。因此，对14周岁生日当天实施危害行为的，应视为不满14周岁，不能追究刑事责任；对16周岁生日当天实施危害行为的，除了法定的8种犯罪，不负刑事责任；对18周岁生日当天犯罪的，应视为不满18周岁，对其适用"应当从轻或者减轻处罚"的原则，同时，无论行为人犯何罪，均不能适用死刑。

二是未成年人犯罪中的年龄界限问题。例如，对即将满14周岁，甚至差几天就满14周岁的人实施了故意杀人、故意伤害致人重伤或者死亡等行为，甚至造成了非常严重的危害结果，可否视为犯罪？对于即将满18周岁的人所犯罪行极其严重的，可否判处死刑？不能。法律规定的刑事责任年龄界限，不存在任何弹性，因此司法机关不能突破这种界限，否则就是违背罪刑法定原则。

三是跨责任年龄阶段犯罪的认定问题。对于跨年龄段犯罪的认定，不能按照前后一并认定的方法去处理，而应当根据具体情况，区别不同的年龄阶段，分别依法认定。具体地说：(1) 行为人已满14周岁不满16周岁期间，实施了《刑法》第17条第2款规定的8种犯罪，并在未满14周岁时也实施过相同行为，对此不能一并作为认定犯罪的根据，而只能追究已满14周岁后实施的特定犯罪的刑事责任。当然，未满14周岁时实施的行为与已满14周岁后实施的犯罪行为具有密切联系，表明行为人的人身危险性较大，可以作为量刑情节加以考虑。(2) 行为人已满16周岁后实施了《刑法》第17条第2款规定以外的其他犯罪行为，并在已满14周岁不满16周岁期间也实施过相同的行为，对此只能追究已满16周岁以后犯罪的刑事责任，而不能将其不满16周岁时依法不负刑事责任的行为一并作为年满16周岁以后犯罪认定的根据。当然，已满14周岁不满16周岁期间所实施的行为，与已满16周岁后实施的犯罪行为具有密切联系，说明行为人的人身危害性较大，可以作为量刑情节予以考虑。

▶ 二、精神障碍

一般来说，一个人达到法律规定的刑事责任年龄，就具有了相应的刑事责任能力。但是，如果这个人有精神障碍尤其是精神病性的精神障碍，其刑事责任能力则可能受到影响。关于因精神障碍而影响责任能力的情况，在西方国家的刑法中，多数称之为“心神丧失”、“精神错乱”等；在社会主义国家的刑法中，都叫“精神病人”。我国刑法亦称之为“精神病人”。近代各国刑事立法关于精神病者的概念，规定极不一致。大体有以下几种立法例：其一，法律只使用精神病人（心神丧失者）这个词，至于其范围，法律不作规定，而是听任法官自由斟酌。例如，1810年《法国刑法典》第64条规定：“精神错乱中所为之犯罪行为，不构成重罪或轻罪。”其二，法律概括规定行为者的智力因为疾病的扰乱而有不能自主的状态，即为无刑事责任能力人。例如1968年修订的《意大利刑法典》第88条规定：“行为时之精神状态，因疾病而丧失意思及辨别能力者，为无责任能力。”其三，英美法系刑法把无责任能力人分为疯狂（insane）与精神缺陷（mentally defective）两种。判断是否属于这两种情况的标准是有无是非（right and wrong）的辨别能力。1913年英国颁布的精神缺陷法（Mental Deficiency Act）将精神病者分为五种情况：白痴、呆愚、心神耗弱、道德性呆愚、精神衰弱。前两种属于绝对无责任能力人，后三种是否属于无责任能力人，则由法官酌断。美国不规定各种精神障碍，而适用各种测验，以决定是否属于精神病人。[①] 我国《刑法》第18条专门规定了精神病人的刑事责任问题，这为司法实践解决实施危害行为的精神病人和其他精神障碍人的刑事责任问题提供了基本的法律依据；但就立法方式而言，这一规定不同于上述任何一种立法例。

（一）完全无刑事责任的精神病人

我国《刑法》第18条第1款规定：“精神病人在不能辨认或者不能控制自己行为的时候造成危害结果，经法定程序鉴定确认的，不负刑事责任，但是应当责令他的家属或者监护人严加看管和医疗；在必要的时候，由政府强制医疗。”这是确认精神障碍人无刑事责任能力的法律依据。刑法学界普遍认为，认定精神障碍人为无刑事责任能力，必须同时具备两个标准：

1. 生物学标准

生物学标准，又称医学标准，即从医学上看，行为人是基于精神病而实施特定危害行为。换言之，行为人须是精神病人。一方面，对“精神病”应作广义的理解，包含多种多样的慢性和急性的严重精神障碍；另一方面，“精神病”不同于非精神病性的精神障碍，如神经官能症、人格障碍、性变态等。精神病患者的精神障碍会导致其辨认或控制能力完全丧失，而非精神病性的精神障碍一般不会导致其辨认或控制能力的丧失。所以，只有精神病人才有可能成为我国《刑法》第18条规定的无刑事责任能力人，而非精神病性的精神障碍人不属于《刑法》第18条所说的精神病人。

2. 心理学标准

心理学标准，又称法学标准，即从心理学、法学的角度看，患有精神病的行为人的危害行为，不但是由精神病直接引起的，而且是由于精神病的作用，使其在行为时丧失了辨认或者控制自己实施刑法禁止行为的能力。换言之，精神病人实施刑法所禁止的

---

① 参见马克昌主编：《犯罪通论》，武汉大学出版社1991年版，第264—265页。

危害行为须是基于精神病的作用。这意味着,行为人的精神病于行为时须处于发病期,而不是缓解期或间歇期。只有精神病人于行为时发病,才谈得上因精神病的作用而致危害行为的实施。所谓丧失辨认行为的能力,是指行为人由于精神病的作用,在行为时不能正确地认识自己行为的性质、意义、后果。例如,精神分裂症患者实施杀人行为时,由于其精神病,不知道自己正在实施的是杀人行为,不知道自己的行为会非法剥夺他人的生命,甚至是坚信自己正在反击一个要杀害自己的歹徒。所谓丧失控制行为的能力,是指行为人由于精神病的作用,不能根据自己的意志自由地选择实施或不实施危害行为。按照心理学标准,行为人由于精神病的作用,在行为时只要丧失辨认行为的能力和控制行为的能力中的一项即可成为完全无刑事责任能力人。

如果一个人是在符合上述两个标准的状态下实施刑法所禁止的危害行为的,他就处于完全丧失刑事责任能力的状态,从而不构成犯罪,不负刑事责任。因此,在司法实践中,判断实施危害行为的精神障碍人有无刑事责任能力,需首先判断行为人是否患有精神病,其次判断是否因患有精神病而于行为时丧失辨认或控制自己行为的能力。前者依法定程序由精神病医学专家鉴定确认。他们在鉴定时,须得出行为人是否患有精神病以及精神病程度的结论。后者由司法人员进行判断确认。如果精神病医学专家的鉴定结论是行为人没有患精神病,司法人员就必须肯定行为人具有刑事责任能力;如果精神病医学专家的鉴定结论是行为人患有精神病,司法人员就只能在精神病医学专家的鉴定基础上进一步判断行为人于行为时是否具有辨认或控制能力。只有将上述两方面结合起来进行判断,才是坚持了生物学标准与心理学标准的有机统一。

(二) 完全负刑事责任的精神障碍人

责任能力完备而应完全负刑事责任的精神障碍人包括以下两类:

1. 精神正常时期的"间歇性精神病人"

我国《刑法》第18条第2款规定:"间歇性的精神病人在精神正常的时候犯罪,应当负刑事责任。"司法精神病学一般认为,"间歇性精神病"是指具有间歇发作特点的精神病,包括精神分裂症、躁狂症、抑郁症、癫痫性精神病、周期精神病、分裂情感性精神病、癔症性精神病等。所谓"间歇性精神病人的精神正常时期",包括上述某些精神病(如癫痫性精神病)的非发病期。"间歇性精神病人"在精神正常的时候实施刑法所禁止的危害行为的,其刑事责任能力完全具备,不符合无刑事责任能力和限制刑事责任能力所要求的心理学(法学)标准,因而法律要求行为人对其危害行为依法负完全的刑事责任。根据我国《刑法》第18条第2款的规定,间歇性精神病人的行为是否构成犯罪,应以其实施行为时是否精神正常为标准,而不是以侦查、起诉、审判时是否精神正常为标准。也就是说,间歇性精神病人实施危害行为时精神正常,而实施危害行为后精神不正常的,也应负刑事责任,只不过其负刑事责任的具体方式,应由司法机关根据实际情况酌定。

2. 大多数非精神病性的精神障碍人

我国司法精神病学一般认为,非精神病性精神障碍主要包括:(1) 神经官能症,如癔症、神经衰弱、焦虑症、疑病症、强迫症、神经症性抑郁、人体解体性神经症等,但癔症性精神错乱除外；(2) 人格障碍式变态人格(包括器质性人格障碍)；(3) 性变态，如同性恋、露阴癖、恋物癖、恋童癖、性虐待癖等；(4) 情绪反应(未达到精神病程度的反应性精神障碍)；(5) 未达到精神病程度的成瘾药物中毒与戒断反应；(6) 轻躁狂与轻性抑郁症；(7) 生理性醉酒与单纯慢性酒精中毒；(8) 脑震荡后遗症、癫痫性心境恶劣以及其他未达到精神病程度的精神疾患；(9) 轻微精神发育不全等等。非精神病性的精神障碍人，大多数并不因精神障碍使其辨认或者控制自己行为的能力丧失或减弱，而是具有完全的刑事责任能力，因而原则上对其危害行为依法负完全的刑事责任。但是，在少数情况下，非精神病性的精神障碍人也可成为限制刑事责任能力人甚至无刑事责任能力人，从而导致其刑事责任的减免。

(三) 限制刑事责任的精神障碍人

我国《刑法》第 18 条第 3 款规定："尚未完全丧失辨认或者控制自己行为能力的精神病人犯罪的，应当负刑事责任，但是可以从轻或者减轻处罚。"限制刑事责任的精神障碍人，亦称减轻(部分)刑事责任的精神障碍人，是介于无刑事责任的精神病人与完全负刑事责任的精神障碍人的中间状态的精神障碍人。这里的"精神病人"，一般认为包括以下两类：一是处于早期(发作前趋期)或部分缓解期的精神病(如精神分裂症等)患者；二是某些非精神病性精神障碍人。根据我国《刑法》第 18 条第 3 款的规定，限制刑事责任的精神病人犯罪的，只是"可以"从轻或者减轻处罚，而不是应当从轻或者减轻处罚。

三、生理功能丧失

一般来说，达到刑事责任年龄的精神正常人，就开始具有刑事责任能力。但是，人的刑事责任能力也可能因重要的生理功能丧失而受到影响。中外刑事立法和司法实践，都或多或少注意到了人的生理功能丧失尤其是听能和语能丧失对刑事责任能力的影响。我国刑法对聋哑人、盲人的刑事责任作了特殊规定。我国《刑法》第 19 条规定："又聋又哑的人或者盲人犯罪，可以从轻、减轻或者免除处罚。"又聋又哑的人，简称聋哑人；盲人，是丧失视觉能力的人，即双目失明的人。这些人属于生理功能丧失的残疾人，他们重要生理功能的丧失直接影响其刑法意义上的辨认和控制能力，故立法将这些人纳入限制刑事责任能力人的范围加以规定。

从理论与实践的结合上看，正确适用我国刑法关于聋哑人、盲人犯罪的刑事责任规定，应当注意：其一，适用对象限于既聋又哑的人和盲人，其二，对聋哑人、盲人犯罪坚持应当负刑事责任与适当从宽处罚相结合的原则，原则上要予以从宽处罚，只有对于极少数智力水平不低于正常人、犯罪时具备完全刑事责任能力的聋哑人、盲人(多为成年后的聋哑人和盲人)，才可以考虑不予从宽处罚。

四、生理醉酒

我国《刑法》第 18 条第 4 款规定："醉酒的人犯罪，应当负刑事责任，"这是确认醉酒状态者有刑事责任能力的法律依据。醉酒，医学上通常称为"酒精中毒"、"乙醇中毒”，是指由于饮酒所致的精神障碍。酒精是酒的主要成分，它对人体的毒害是多方面的。人的神经系统对酒精最为敏感，因此，酒作为一种“伤神经物”，一次大量饮用，可以导致急性神经系统的紊乱，甚至会出现神经系统的不可逆损害。精神病学根据酒精造成人的精神障碍程度的不同，把醉酒划分为“急性酒精中毒”和“慢性酒精中毒”两大类。急性酒精中毒又有生理性醉酒和病理性醉酒之分。我国《刑法》第18条第4款规定要负刑事责任的醉酒状态，通常被认为仅指生理性醉酒。生理醉酒，指因饮酒过量而致精神过度兴奋甚至神志不清的情况，通常发生于一次性大量饮酒后。生理醉酒的发生及其表现与血液中酒精浓度及个体对酒精的耐受力关系密切。在生理醉酒状态下，人的生理、心理和精神变化大致可分为兴奋期、共济运动失调期和昏睡期三个时期。现代医学、司法精神病学认为，生理醉酒不是精神病。司法实践表明，生理醉酒的上述前两个时期，醉酒者对作为或不作为方式的危害行为均有能力实施，而且一般容易实施作为方式的危害行为。生理醉酒是一种非精神病性的精神障碍，不属于完全不能辨认和控制自己行为的精神病人。而病理性醉酒则不同，它是一种由于少量饮酒即可引起的严重精神障碍。它发病突然，持续时间短暂，并常常以昏睡告终。处于这种状态的人，其感知功能先于运动功能受到酒精作用的影响，因此，虽然外观上无异样表现，但其意识已经发生了重大障碍。由于这类醉酒状态下的人，其自我意识和环境意识均出现了重大障碍，已经完全丧失了辨认和控制自己行为的能力，故应认定其为无刑事责任能力人。

对醉酒人犯罪案件处罚时，应当注意到行为人在醉酒前有无犯罪预谋，行为人对醉酒有无罪过心理，醉酒犯罪与行为人一贯品行的关系等予以轻重不同的处罚，以使刑罚与犯罪的醉酒人的责任能力程度及其犯罪的社会危害性相适应。

第四节　犯罪主体的特殊身份

一、犯罪主体特殊身份的概念

一般而言，身份是指人的出身、地位和资格，因此任何人都有一定的身份。刑法理论上所要研究的是行为人的特殊身份，即对决定刑事责任存在与否以及刑事责任程度有意义的身份。进而言之，刑法理论的通说认为，犯罪主体的特殊身份是指刑法所规定的影响行为人刑事责任的行为人人身方面特定的资格、地位或状态。这些特殊身份不是自然人犯罪主体的一般要件，而只是某些犯罪的自然人主体必须具备的要件。

通过分析我国刑法分则规定的各种犯罪，可以看出，犯罪主体按照法定的要件可分为两类：一类是只要求具备自然人和刑事责任能力这两个一般要件即可的犯罪主体；另一类是要求在具备上述两个一般要件的前提下还须具备特殊身份的犯罪主体。因此，以是否要求特殊身份要件为标准，自然人犯罪主体可分为一般主体与特殊主体。刑法规定不要求以特殊身份作为要件的主体，即为一般主体；刑法规定以特殊身份作为要件的主体，即为特殊主体。在刑法理论上，通常还将以特殊身份作为主体构成要件或者刑罚加减根据的犯罪称为身份犯。身份犯可以分为真正身份犯与不真正身份犯。真正身份犯是指以特殊身份作为主体要件,无此特殊身份该犯罪则根本不可成立的犯罪。例如,我国《刑法》第 397 条玩忽职守罪的主体必须是国家机关工作人员,因此,如果行为人不是国家机关工作人员,其行为就不可能成立玩忽职守罪。不真正身份犯,是指特殊身份不影响定罪但影响量刑的犯罪。如果行为人不具有特殊身份,犯罪也成立;如果行为人具有这种身份,则刑罚的科处就比不具有这种身份的人要加重或减轻。

对于犯罪主体特殊身份的理解,有两个问题特别值得注意:一是特殊身份必须是行为人开始实施危害行为时就已经具有的特殊资格或已形成的特殊地位或状态。行为人在实施危害行为后才形成的特殊身份,不是这里所说的作为犯罪主体要件的特殊身份。二是特殊身份只是针对犯罪的实行犯而言的,至于犯罪的教唆犯和帮助犯,则不受特殊身份的限制。例如,强奸罪的主体必须具有男性身份,但这只是就这种犯罪的实行犯而言的,而该罪的教唆犯和帮助犯完全可以由妇女构成。

二、犯罪主体特殊身份的分类

对犯罪主体的特殊身份进行分类,有助于对它进行全面了解和认识。刑法理论往往从不同角度,对犯罪主体的特殊身份进行分类。主要有以下两种分类方式:

(一) 自然身份与法定身份

从特殊身份的形成上考虑,犯罪主体的特殊身份有自然身份与法定身份之分。自然身份,是指人因自然事实而形成的身份。例如,基于性别事实,可有男女之分,有的犯罪(如强奸罪)仅男性可以成为其犯罪主体。再如,基于血缘事实,可有亲属身份之别,有的犯罪(如遗弃罪)只由具有特殊亲属身份的人构成。法定身份,是指人因法律事实而形成的身份。如军人、国家机关工作人员、司法工作人员等身份即是法定身份。自然身份和法定身份要成为犯罪主体的特殊身份,一般需要刑法加以明确规定。这种分类的意义,并不在于直接说明犯罪主体特殊身份与刑事责任的关系,而在于通过对犯罪主体特殊身份的了解,进而准确而深刻地把握刑事立法原意。

(二) 定罪身份与量刑身份

定罪身份,是指决定刑事责任存在的身份,又称犯罪构成要件身份。此种身份是某些具体犯罪构成中犯罪主体要件的必备要素。缺此身份,犯罪主体要件就不具备,因而也就不构成该种犯罪。例如,我国《刑法》第 253 条规定的私自开拆、隐匿、毁弃邮件、电报罪,只能由邮政工作人员构成,行为人不具有这一特殊身份的,就不能构成该罪,所以邮政工作人员的身份是该罪的定罪身份。量刑身份,是指不影响犯罪的成立而只影响刑事责任程度的身份,又称刑罚加减身份。此种身份虽然不影响刑事责任的存在与否,但影响刑事责任的大小,表现为从重、从轻、减轻甚至免除处罚的根据。例如,我国《刑法》第 245 条规定的非法搜查罪、非法侵入住宅罪的犯罪主体都是一般主体,即构成这两种犯罪不要求特殊身份,但第 245 条第 2 款明确规定,司法工作人员滥用职权实施这两种犯罪的,从重处罚。可见,司法工作人员的身份是这两种犯罪的量刑身份,而不是定罪身份。

三、研究犯罪主体特殊身份的意义

由于犯罪主体的特殊身份不仅反映了行为人的主观恶性程度,而且影响着行为产生的客观危害程度,因而,现代各国刑法都以不同形式设立有关犯罪主体特殊身份的法律规范。刑法设立犯罪主体特殊身份规定的旨意,在于从犯罪主体角度调整犯罪行为与刑事责任的关系,以更加公正、有效地打击犯罪,从根本上维护统治阶级的利益和社会秩序。在我国刑事司法实践中,犯罪主体特殊身份对定罪量刑具有重要的意义。

(一)犯罪主体特殊身份对定罪的意义

定罪是刑事审判活动的首要环节。犯罪主体特殊身份作为犯罪构成的主体要件之一,对定罪发生着重要影响。这主要表现在以下三个方面:(1)特殊身份的有无,可以导致罪与非罪的区分。刑法之所以规定某些犯罪的成立必须具备特殊身份的主体,是因为国家需要通过犯罪主体特殊身份的限定来限制追究刑事责任的范围。这样,行为人是否具有某一特殊身份,往往决定着其行为是否构成犯罪。(2)特殊身份的有无,可以导致此罪与彼罪的区分。例如,同是隐匿、毁弃或者非法开拆他人信件的行为,具有邮政工作人员身份并利用其职务便利实施者构成《刑法》第253规定的私自开拆、隐匿、毁弃邮件、电报罪,一般公民则构成第252条规定的侵犯通信自由罪。(3)对具有特殊身份者的定罪,可以影响对无特殊身份者的定罪。这主要是无特定身份者与有特定身份者共同实施要求主体具备特殊身份的情况。例如,一般公民可以与国家工作人员一起构成贪污罪的共同犯罪。

(二)犯罪主体特殊身份对量刑的意义

犯罪主体的特殊身份不仅对定罪有影响,对量刑也有一定的影响。这主要表现在:(1)刑法对行为类似的特殊主体的犯罪,通常都规定了比一般主体的犯罪较重一些的法定刑。例如,军人战时造谣扰乱军心罪的法定刑,重于非军人战时造谣扰乱军心罪的法定刑。立法上之所以会作如此规定,是因为一般来说特殊身份者的类似行为表现了行为人更大的主观恶性,也具有更大的客观危害,从而其社会危害性更大。(2)刑法规定犯罪主体的特殊身份可以影响量刑的轻重。首先,刑法总则规定中涉及这种情况。因主体特殊身份导致量刑从严的,如《刑法》第65条关于普通累犯以及第66条关于危害国家安全罪累犯的规定。犯罪分子具有法定累犯身份的,对其新的犯罪就要从重处罚,且不得适用缓刑;因主体特殊身份导致量刑从宽的,如《刑法》第49条关于"审判的时候怀孕的妇女,不适用死刑"的规定。其次,刑法分则规定中也有很多这种情况。例如,《刑法》第243条第2款规定,国家工作人员犯诬告陷害罪的,从重处罚。

第五节　单位犯罪

一、单位犯罪的立法沿革

单位犯罪,是与自然人犯罪相对而言的,西方国家刑法及刑法理论上通常使用"法人犯罪”的概念，其外延小于单位犯罪，因为单位犯罪实际上是“法人及非法人单位犯罪”的简称，法人犯罪只是单位犯罪的一部分。在立法上最早确认法人犯罪的，是英美法系国家。这些国家原则上都承认法人与自然人一样，具有犯罪能力，认为除一些只能由自然人构成的犯罪如强奸罪、重婚罪等以外，所有其他犯罪都能由法人构成。现代英美法系国家和地区，普遍确认了法人刑事责任制度。大陆法系国家在刑法理论上坚持“社团不能犯罪”的原则，否认法人可以成为犯罪主体，但不少国家在单行刑法、附属刑法中规定了法人犯罪并追究其刑事责任。至今，法国、日本、德国、荷兰、瑞士、韩国、泰国、土耳其、古巴等国，在立法上均确立了法人刑事责任制度。

中华人民共和国成立后，直到20世纪70年代末，与其说我国刑法理论和实践上都对法人犯罪持否定态度，还不如说只有自然人能够犯罪的观念是根深蒂固、毫无疑问的。这与当时的计划经济体制及其上层建筑密切相关。随着改革开放政策的贯彻实施，商品经济、市场经济在我国的逐步建立，法人能否成为犯罪主体的问题引起了人们的关注，并在理论上展开了长期的、热烈的讨论。在这个过程中，我国社会上各种法人或非法人单位日益增多，它们参与社会活动尤其是经济活动的领域亦愈来愈广泛，相应地，法人或非法人单位实施的危害行为也越来越严重。面对单位犯罪日趋普遍、严重的现实，我国司法机关和立法机关先后突破只有自然人能够犯罪的传统观点，从原则上肯定了单位可以成为犯罪主体，并且对单位犯罪的种类及处罚逐渐明确。有的学者指出：1985年7月18日，最高人民法院、最高人民检察院在其《关于当前办理经济犯罪案件中具体应用法律的若干问题的解答（试行）》第2条第4项中作出了单位可以构成行贿罪的规定：“国家机关、团体、企业事业单位和集体经济组织为谋取非法利益而行贿，数额巨大，情节严重的，对其主管人员和其直接责任人员应追究行贿罪的刑事责任”；在第3条第3项中规定单位可以成为投机倒把罪的主体：“国家机关、企业、事业单位进行投机倒把活动，为本单位谋取不正当利益的……数额特别巨大，或者给国家造成重大损失的，对其主管人员和直接责任人员也应依法追究刑事责任。”这是最早关于单位可以成为犯罪主体的司法解释。在国家立法中最早正式规定单位可以成为犯罪主体的，是1986年颁布的《民法通则》。该法第49条规定：“企业法人有下列情形之一的，除法人承担责任外，对法人代表人可以给予行政处分、罚款，构成犯罪的，依法追究刑事责任。”这实际上已原则承认单位可以成为犯罪主体，追究刑事责任。① 但是，刑法学界一般认为，单位犯罪在我国的最早立法是《海关法》。1987年1月22日通过的我国《海关法》第47条第4款规定：“企业事业单位、国家机关、社会团体犯走私罪的，由司法机关对其主管人员和直接责任人员依法追究刑事责任；对该单位判处罚金，判处没收走私货物、物品、走私运输工具和违法所得。”这是首次在我国法律中以附属刑法规范的形式明确规定单位可以成为犯罪主体。1988年全国人大常委会《关于惩治贪污罪贿赂罪的补充规定》和《关于惩治走私罪的补充规定》，分别规定企业、事业单位、机关、团体可以成为受贿罪、行贿罪、走私罪、逃汇套汇和投机倒把罪等罪的主体，第一

① 参见马克昌等主编：《刑法学全书》，上海科学技术文献出版社1993年版，第92页。

次以单行刑法的形式确认了单位犯罪。

在1997年修订《刑法》的讨论中,单位犯罪问题也是争议焦点之一。就单位犯罪的立法完善问题,刑法理论界和实务界主张各异。分歧主要表现为两个问题:其一,如何在刑法中完整地概括法人及非法人单位犯罪?其二,应否对法人及非法人单位作总则性规定?修订后的我国《刑法》,采用总则与分则相结合的方式确立了单位犯罪及其刑事责任。刑法总则第2章第4节"单位犯罪"用两个条文规定了单位犯罪的总则性问题。采用这种立法模式的原因在于:(1) 使用"单位犯罪"一词,而不使用"法人犯罪"一词,能更完整地概括法人犯罪和非法人组织犯罪的外延。因为"单位"一词并不限于法人单位,还包括非法人单位在内,这样规定更符合我国司法实践中除法人犯罪外还有非法人犯罪的现实情况。(2) 在刑法总则中设立"单位犯罪"专节,对单位负刑事责任的范围、单位犯罪的处罚原则等内容作出概括性规定。这种立法方式有利于单位犯罪立法和司法的系统化、成熟化,并与自然人犯罪的总则性规定相协调,同时也符合世界各国采用总则与分则相结合规定法人(单位)犯罪立法模式的通例。

二、单位犯罪的概念和特征

我国《刑法》第30条规定:"公司、企业、事业单位、机关、团体实施的危害社会的行为,法律规定为单位犯罪的,应当负刑事责任。"这是对单位犯罪成立范围的一般性规定。根据这一规定,所谓单位犯罪,是指由公司、企业、事业单位、机关、团体实施的依法应当承担刑事责任的危害社会的行为。单位犯罪具有如下基本特征:

(1) 单位犯罪的主体包括公司、企业、事业单位、机关、团体。

公司,是指以营利为目的的从事生产和经济活动的经济组织,在我国,公司包括有限责任公司和股份有限责任公司。企业,是指公司以外的,以从事生产、流通等活动为内容,以获取赢利和增加积累、创造社会财富为目的的营利性社会经济组织。事业单位,是指依法成立的从事各种社会公益活动的组织。机关,是指执行党和国家的领导、管理职能和保卫国家安全职能的机构,包括国家各级权力机关、行政机关、审判机关、检察机关、军事机关。在我国,党的组织也视为机关。团体,主要是指人民团体和社会团体。有人提出,机关不应成为单位犯罪的主体,这一问题尚待进一步研究。

单位犯罪主体与自然人犯罪主体一样,也必须具备刑事责任能力。但是,单位刑事责任能力的形成与表现,却与自然人主体有所不同。首先,单位的刑事责任能力是有期限的,即始于成立,终于撤销或解散。在正式成立之前或者在撤销、解散之后,即不存在刑事责任能力。其次,单位刑事责任能力的形成基于自然人,基于单位内部自然人的刑事责任能力。因此,单位刑事责任能力常常表现为单位一定范围内的单位负责人的决策或决定。但单位的刑事责任能力一经法律规定,就超越自然人,成为独立于任何自然人的即单位的刑法意义上的辨认和控制能力。再次,单位的刑事责任能力具有明显的限定性。这是因为,一方面,它受制于单位的利益宗旨;另一方面,又受制于刑法规定的犯罪成立范围。对于刑法规定的单位犯罪以外的危害行为,不能认定为单位犯罪。

(2) 单位犯罪必须是在单位意志支配下由单位内部成员实施的犯罪。

单位犯罪必须经单位集体研究决定或由其负责人员决定实施,单位集体研究决定或由其负责人员决定是单位整体犯罪意志的体现形式。所谓"单位集体研究决定",是指经过根据法律和章程规定有权代表单位的机构研究决定,如职工代表大会、董事会、股东大会等有权机构的决定;"负责人员决定"是经过根据法律或章程规定有权代表单位的个人决定,如企业的厂长、公司的董事长或经理的决定。如果单位内部人员未经单位授权擅用单位名义实施犯罪,除非事后得到单位认可,否则只能是个人犯罪而非单位犯罪。

(3) 单位犯罪必须由刑法分则性条文明确规定。

刑法分则性条文,包括刑法分则及其颁行后国家最高立法机关又根据实际需要制定的单行刑法及有关附属刑法规范。从我国刑法分则的规定来看,单位犯罪主要存在于危害公共安全罪,破坏社会主义市场经济秩序罪,侵犯公民人身权利、民主权利罪,妨害社会管理秩序罪,危害国防利益罪和贪污贿赂罪等章中。这些单位犯罪多数是故意犯罪,但也有少数属于过失犯罪。1997 年修订的刑法典颁行后通过的单行刑法《关于惩治骗购外汇、逃汇、非法买卖外汇犯罪的决定》增设了骗购外汇罪,同时规定该罪可由单位主体构成。

刑法对单位犯罪的规定相当笼统,在司法实践中问题颇多。鉴于此,最高人民法院于 1999 年 7 月 3 日作出了《关于审理单位犯罪案件具体应用法律有关问题的解释》。根据这一解释,司法实践中认定单位犯罪应注意如下问题:其一,单位的性质不影响单位犯罪的成立。我国《刑法》第 30 条规定的单位,既包括国有、集体所有的公司、企业、事业单位,也包括依法设立的合资经营、合作经营企业和具有法人资格的独资、私营等公司、企业事业单位。不能因单位是独资、私营等非公有经济性质而否定其可以构成单位犯罪。其二,注意不以单位犯罪论处的情况。根据上述司法解释,具备下列行为之一的,均不得视为单位犯罪,而只能以自然人犯罪处罚:个人为进行违法犯罪活动而设立的公司、企业、事业单位实施犯罪的;公司、企业、事业单位设立后,以实施犯罪为主要活动的;盗用、借用单位名义实施犯罪,违法所得由实施犯罪的个人所得或私分的。

▶ 三、单位犯罪的处罚原则

对单位犯罪的处罚,现代各国刑事立法和刑法理论上存在三种立法例:一是双罚制,即单位犯罪的,对单位和单位直接责任人员(代表人、主管人员及其他有关人员)均处以刑罚;二是转嫁制,即单位犯罪的,只处罚单位而对直接责任人员不予处罚;三是代罚制,即单位犯罪的,只处罚直接责任人员而不处罚单位。转嫁制和代罚制可统称为单罚制。

我国《刑法》第 31 条规定:"单位犯罪的,对单位判处罚金,并对其直接负责的主管人员和其他直接责任人员判处刑罚。本法分则和其他法律另有规定的,依照规定。"这是我国刑法关于单位犯罪处罚原则的规定。根据这一规定,对单位犯罪,一般采取双罚制原则，即单位犯罪的，对单位判处罚金，同时对单位直接负责的主管人员和其他直接责任人员判处刑罚。但是，当刑法分则和其他法律（单行刑法或附属刑法规范）另有规定不采取双罚制而采取单罚制的，则属例外。这是因为，单位犯罪的情况具有复杂性，其社会危害程度差别很大，一律采取双罚制的原则，并不能全面准确地体现罪责刑相适应原则，亦难达到对单位犯罪施以刑罚的目的。在我国刑法分则中，有少数几种单位犯罪采取单罚制，如第244条规定的强迫职工劳动罪，只处罚用人单位的直接责任人员；第161条规定的提供虚假财会报告罪和第162条规定的妨害清算罪，只处罚其直接责任人员，而不处罚作为犯罪主体的公司、企业。

【阅读参考书目】

1. 赵秉志：《犯罪主体论》，中国人民大学出版社1989年版。
2. 何秉松主编：《法人犯罪与刑事责任》，中国法制出版社2000年版。
3. 黎宏：《单位刑事责任论》，清华大学出版社2001年版。

【思考题】

一、名词解释

1. 犯罪主体
2. 刑事责任能力
3. 刑事责任年龄
4. 单位犯罪

二、论述题

1. 犯罪主体的共同要件是什么？
2. 如何理解我国刑法中刑事责任年龄阶段的划分？
3. 如何理解我国刑法中未成年人犯罪案件的处理原则？
4. 犯罪主体特殊身份应作如何分类？
5. 我国刑法中单位犯罪的处罚原则是什么？

第八章　犯罪的主观方面

犯罪行为是罪过心理的客观反映，主客观相统一的刑事责任原则反对脱离罪过心理的客观归罪。在我国刑法规定和刑法理论中，犯罪的主观方面是犯罪构成的四个一般要件之一，是行为人对自己所实施的危害行为负刑事责任的主观基础。因此，犯罪的主观方面在犯罪构成中占有非常重要的地位。本章主要阐述：犯罪主观方面的概念及意义；犯罪故意的概念，犯罪故意的类型；犯罪过失的概念，犯罪过失的类型；意外事件的概念，意外事件与过失犯罪的区别；犯罪目的、犯罪动机的概念，两者的关系；刑法中认识错误及其类型、意义。本章的重点在于掌握犯罪故意、犯罪过失的概念、类型，间接故意与过于自信的过失的联系和区别，意外事件的概念及其与过失犯罪的区别，犯罪目的与犯罪动机的关系。

第一节　概　　述

一、犯罪主观方面的概念

人的行为受其心理活动支配，犯罪行为也不例外。我国刑法所规定的每一种犯罪，都不仅在客观上是危害社会的行为，而且在主观上是基于一定的应受法律否定评价的心理活动而实施的。这种应受法律否定评价的心理活动，即是犯罪的主观方面。因此，所谓犯罪的主观方面，是指犯罪主体对自己的危害行为及其危害结果所持的心理态度。犯罪主观方面作为犯罪构成的重要组成部分，具有以下两个特征：第一，它是行为人的心理态度，这是犯罪主观方面的心理内容。第二，这种心理态度针对的是一定的危害行为与危害结果，这是犯罪主观方面的法律含义。这意味着，犯罪主观方面既是一种心理事实，又是一个法律概念。需要指出，认为犯罪主观方面是指行为人对自己所实施的危害社会的行为及其危害结果所抱有的心理态度，这是刑法理论的通说。对这一通说，近年来有学者提出异议，认为罪过应是指行为人对自己所实施行为的危害结果的一种心理态度。其理由主要是，我国《刑法》第 14 条和第 15 条所说的“明知”、“预见”，是指对“危害社会的结果”的认识；“希望”、“放任”、“轻信能够避免”，是指对“危害社会的结果”的态度。所以，法律只把行为人对危害社会结果的心理态度作为鉴别罪过形式的标准。按照通说，罪过不仅在于对危害行为的态度，而且在于对危害结果的态度，这种双重标准是疏于对法律的理解，这种双重标准运用到实践中，当行为人对危害行为与对危害结果态度不一致时，便使司法人员无所适从。例如，明知违章却强令工人违章冒险作业而发生重大事故的，根据对违章行为的态度，可认为是故意；然而，根据对事故发生的态度，又可视为过失。所以，这种双重标准不可能提出适用原则。[①] 对于上述批评，坚持通说的学者认为，只以对结果的心理态度来认定罪过的观点不能适用于一切犯罪，因为犯罪有结果犯与行为犯之分，虽然依上述观点来认定结果犯的罪过是不没有问题的，但以它来认定行为犯的罪过则行不通。例如，我国《刑法》第103条规定的分裂国家罪、第243条规定的诬告陷害罪等，都是行为犯，构成要件中没有危害结果要件，又如何认定行为人对"危害社会的结果"的认识和意志呢？此外，也不存在所谓同时适用两个标准认定罪过而无所适从的问题，关键要清楚具体犯罪构成要件的规定。以上例而言，该犯罪首先要求行为人对违章有故意或过失的心理，这是第一个层次。其次，要求行为人对所发生的危害结果须有过失的心理态度，如果不考虑第一个层次的问题，行为人对重大事故的发生还能否认为具有"应当预见而没有预见"或"轻信能够避免"的过失？因此，罪过的定义应该包括对行为与结果这两项内容。由于这一问题尚待进一步研究，这里采用通说观点。

犯罪的主观方面所关涉的问题，主要是犯罪的故意与犯罪的过失（统称为罪过）、犯罪的目的与动机等；除此之外，还包括某些与犯罪主观方面相关的问题，诸如意外事件和刑法上的认识错误等。行为人的罪过即其犯罪的故意或过失，是一切犯罪构成都必须具备的主观要件，因此被称之为犯罪主观方面的必要要件；犯罪的目的只是某些犯罪构成所必备的主观要件，因此也称之为犯罪主观方面的选择要件；犯罪动机不是犯罪构成所必备的主观要件，它一般不影响定罪，但却影响量刑。至于意外事件与刑法上的认识错误，作为犯罪主观方面的相关问题，由于它们对行为人的行为是否构成犯罪以及构成何罪有一定的影响，因此，也有必要纳入犯罪的主观方面来阐述。

为了正确地理解和把握犯罪主观方面的概念，需要明确以下几个问题：

（1）罪过是行为人负刑事责任的主观基础。

根据我国《刑法》第14条、第15条的规定，一种行为要构成犯罪必须具备犯罪的故意或者犯罪的过失这两种基本罪过形式之一。如果行为人的某种行为不是出于故意或者过失，尽管在客观上造成了危害社会的结果，也不构成犯罪。犯罪的故意与过失，不仅是认定行为人构成犯罪的法律依据，也是行为人对自已所实施的犯罪负刑事责任的主观基础。为什么对一个人所实施的危害行为必须在具备罪过时，才能认定为犯罪并追究其刑事责任呢？以辩证唯物主义原理为指导的刑事责任理论认为，对于是否实施犯罪行为，任何正常人都有相对的意志自由，实施或者不实施犯罪行为，都是通过人的意识和意志的积极作用进行选择和支配的。行为人在具有相对自由的意识和意志的支配下，选择实施犯罪行为，他就不但在客观方面危害了社会，而且在主观上也具有了犯罪的故意或过失的心理态度，这种态度使他在国家面前产生了罪责。也就是说，以罪过为法律形式的主观恶性是犯罪的社会危害性的重要组成部分，它反映了行为人对刑法规范及其所保护的社会关系的否定态度。犯罪的故意表明了行为人对刑法规范及其所保护的社会关系持有敌视或蔑视态度，而犯罪过失则表明行为人对刑法

① 参见姜伟：《犯罪故意与犯罪过失》，群众出版社1992年版，第7—9页；高铭暄、王作富主编：《刑法总论》，中国人民大学出版社1990年版，第139—141页。

规范及其所保护的社会关系持有漠视或忽视态度。人应当对自己自觉的有意识、有意志的活动承担相应的社会责任。国家据此认定行为人有罪并追究其刑事责任,不仅是人道的,而且是必要的。说其"人道",是因为只有在这种情况下追究行为人的刑事责任,体现了对行为人人格的尊重,保障了刑法的道德性;说其"必要",是因为只有在这种情况下才能通过对行为人定罪处刑,达到促使行为人正确进行意志选择,不再选择实施危害行为,预防犯罪的目的,实现刑法的功利性。

(2) 犯罪主观方面与犯罪客观方面是对立的统一。

犯罪的主观方面与犯罪的客观方面作为犯罪构成的两大一般要件,就其各自内容来看是相互对立的。因为,犯罪主观方面是用以说明行为人是在怎样的心理状态支配下实施危害行为的,它所揭示的是行为人内在的心理活动;犯罪客观方面是用以说明刑法所保护的社会关系是被什么样的行为所侵犯以及受到何种程度侵犯的,它所揭示的是行为人外在的行为表现。但是,从犯罪构成的整体性来看,犯罪的主观方面与犯罪的客观方面又是不可分割的统一体。根据我国刑法的规定,确认某人构成犯罪并追究其刑事责任,在客观上必须具备刑法所禁止的危害行为,同时在主观上也必须具有犯罪的故意或者过失。缺少前者,就失去了行为人构成犯罪的客观基础,导致"主观归罪";缺少后者,就失去了行为人构成犯罪的主观基础,导致"客观归罪"。

(3) 罪过在具体犯罪构成中有着不同的表现。

有的学者认为,我国刑法中所规定的犯罪,从罪过形式的角度看,主要包括故意和过失两种类型。但从其与某种犯罪的结合方式来说,又可分为以下三种情况:一是只能由故意构成的犯罪;二是只能由过失构成的犯罪;三是既可由故意构成,亦可由过失构成的犯罪。① 有的学者认为,根据具体犯罪构成对罪过个数的要求,罪过在形式上可以划分为单一罪过和复杂罪过两种形式。所谓单一罪过,亦称简单罪过,是指危害行为只须出于一种罪过形式即符合刑法规定的犯罪构成的情况,例如,故意杀人罪、盗窃罪、过失致人死亡罪等,行为只须基于故意或过失一种罪过即可构成这些犯罪。显然,上述前两种情况属于单一罪过的形式。所谓复杂罪过,亦称混合罪过,是指危害行为必须出于二种罪过形式才符合刑法规定的犯罪构成的情况,如故意伤害(致人死亡)罪,伤害他人是出于故意,而致人死亡则是过失,即为复杂罪过。如果主观罪过形式是相同的,即都是故意或者都是过失,则不存在复杂罪过问题。② 我们认为,这一问题尚需进一步探讨。

▶ 二、犯罪主观方面的意义

深入研究和正确理解犯罪主观方面,对于司法实践中正确定罪量刑具有十分重要的意义。

---

① 参见高铭暄、马克昌主编:《刑法学》,北京大学出版社、高等教育出版社 2000 年版,第 107 页;王作富主编:《刑法学》,中国人民大学出版社 1999 年版,第 87 页。

② 参见肖扬主编:《中国新刑法学》,中国人民公安大学出版社 1997 年版,第 108 页。

(一) 犯罪主观方面对定罪的意义

我国刑法坚持主客观相统一的刑事责任原则,任何具体犯罪构成的罪过形式和罪过内容都是特定的。有的犯罪只能出于故意,有的犯罪只能出于过失,比如同样是致人死亡,但行为是出于故意还是出于过失,决定了它构成不同性质的犯罪;同是故意或过失犯罪,此罪与彼罪间的故意内容或过失内容也有所不同。可见,查明行为人行为时是否具备具体犯罪构成所要求的特定罪过形式与罪过内容,就有助于正确区分罪与非罪以及此罪与彼罪的界限。此外,对某些具体犯罪构成,法律还要求其主观方面具有特定的犯罪目的,查明这些特定犯罪目的是否具备,也有助于区分罪与非罪以及此罪与彼罪的界限。

(二) 犯罪主观方面对量刑的意义

罪过形式与罪过内容不同,所反映出的主观恶性程度也就不同,行为的社会危害性和行为人的人身危险性也就不同。一般来说,出于故意的危害行为,是一种自觉地反社会的行为,社会危害性和人身危险性大;出于过失的危害行为,不具有自觉地反社会的意识,社会危害性和人身危险性小。因此,法律对故意犯罪和过失犯罪规定了轻重不同的法定刑。通过查明主观方面,正确地解决定罪问题,就保障了正确适用各个轻重不同的法定刑。此外,属于犯罪主观方面的犯罪动机、犯罪故意的不同表现形式、犯罪过失的严重程度等因素,也是行为的社会危害性和行为人的人身危险性大小的重要表现,直接关系到刑罚目的实现的难易程度,因而我国刑法和司法实践都十分注意这些因素对量刑的影响。

第二节 犯罪故意

一、犯罪故意的概念

关于犯罪故意的学说,刑法理论上起初有“希望主义”与“认识主义”之争:前者认为,只有当行为人意欲实现构成要件的内容时或希望发生危害结果时,才成立故意;后者认为,只要行为人对构成要件事实有认识或认识到可能发生危害结果时,就成立故意。这两种学说被认为均是从一方面去区分故意与过失的,而且缩小或扩大了故意的范围。因而后来又出现了立足于希望主义的“容认说”与立足于认识主义的“盖然性说”:前者认为,行为人只有在有实现构成要件的意思时,才成立故意,而这里的故意,并不以意欲、目的、希望为必要,只要行为人容认或放任危害结果的发生,就成立故意。后者主张,对于故意只能依据行为人对构成要件事实的认识来确定。即行为人认识到危害结果的发生具有盖然性(可能性很大),还实施该行为,就足以表明行为人是容认或放任危害结果发生的;行为人认识到危害结果发生的可能性(可能性不很大)时,就表明行为人没有容认或放任危害结果的发生。显然,盖然性说是想通过认识因素解决意志因素问题。

我国刑法采取的是“容认说”,即行为人认识到危害行为与危害结果,并希望或者放任危害结果发生的,就成立故意。这是合理的。首先,在行为人认识到危害行为与危害结果时,还放任危害结果的发生,就表明行为人不只是消极地不保护社会关系,而是对社会关系持一种积极的否认态度,故与希望结果发生没有本质区别。其次,容认说将主观恶性明显小于间接故意的过于自信的过失,排除在故意之外,又将间接故意归入故意之中,因而做到了宽窄适度。再次,盖然性说存在缺陷。认识因素的有无可以左右意志因素的有无,这表现在没有前者就没有后者。但是,认识因素的内容并不能决定意志因素的内容,行为人认识到结果发生的可能性大小,并不能直接说明他是希望或放任结果发生还是希望结果不发生。况且,也难以判断行为人所认识的是结果发生的盖然性还是可能性。总之,故意与过失这两种罪过形式的界限,是结合两个方面的因素来区分的:一是行为人对自己的危害行为及其结果有无认识和认识的程度如何,此即认识因素:二是行为人对危害结果的态度怎样,此即意志因素。①

我国《刑法》第14条第1款规定:“明知自己的行为会发生危害社会的结果,并且希望或者放任这种结果发生,因而构成犯罪的,是故意犯罪。”需要注意,故意犯罪与犯罪故意虽然是两个密切相关的概念,但它们二者在本质上却有所差别。故意犯罪指的是一类犯罪的统称,而犯罪故意则指的是一种罪过形式。根据刑法对故意犯罪所下的定义,可以对犯罪故意作如下界定:所谓犯罪故意,是指行为人明知自己的行为会发生危害社会的结果,并且希望或者放任这种结果发生因而构成犯罪的一种主观心理态度。如上所述,犯罪故意作为犯罪主观方面的罪过形式之一,包含以下两项内容:一是行为人明知自己的行为会发生危害社会的结果,即认识因素;二是行为人希望或者放任这种危害结果的发生,即意志因素。只有这两个因素有机统一起来,才能认定行为人具有犯罪故意。

(一) 犯罪故意的认识因素

行为人明知自己的行为会发生危害社会的结果,这是构成犯罪故意的认识因素。虽然一个人的行为在客观上发生了危害结果,但其在行为时并不知道自己的行为会发生这种结果,就不构成犯罪故意。关于犯罪故意的认识因素,需要弄清以下两个方面的问题:

1. 认识的内容

认识的内容即“明知”的内容。这一问题在刑法理论上众说纷纭。根据我国刑法理论的通说,犯罪故意的认识因素中的“明知”,包含以下三方面内容:一是对行为本身的认识,即对刑法规定的危害行为的内容及其性质的认识。简单地说,就是要求行为人意识到自己在干什么,这样做会产生什么样的后果。如果行为人对此没有认识,则排除主观上犯罪故意的存在;同时,一个人只有认识到自己所要实施或者正在实施的行为危害社会的性质和内容,才能谈得上进一步认识行为的结果。换言之,要明知自己的行为会发生危害社会的结果,首先必须对行为本身的性质与内容有认识。二是对行为结果的认识,即对行为产生或将要产生的危害结果的内容与性质的认识。如故意杀人罪的行为人必须认识到自己的行为将导致他人死亡的结果,盗窃罪的行为人必须

① 参见高铭暄、马克昌主编:《刑法学》,北京大学出版社、高等教育出版社2000年版,第109—110页。

认识到自己的行为将导致对公私财物非法占有的结果。在大多数故意犯罪中,对结果的认识是行为人犯罪故意认识因素的核心内容,在这些犯罪中,危害结果是犯罪构成的必备要件;行为人之所以要实施这些犯罪,就在于明知会发生特定的结果。同时,由于具体犯罪中的危害结果就是对直接客体的侵害,因而这种对危害结果的明确认识,也包含了对犯罪直接客体的认识。三是对危害行为和危害结果相联系的其他构成要件事实的认识,这一方面的认识主要包括行为人对特定的犯罪对象、时间、地点和方法等因素的认识。在以犯罪对象为构成要件的犯罪中,行为人必须对法定的犯罪对象有认识。例如,行为人如果不知是正在使用的公用电信设施而将其破坏的,就不具备破坏公用电信设施罪的犯罪故意。在以犯罪时间、地点、方法为构成要件的犯罪中,行为人必须对法定的犯罪时间、地点、方法有认识。例如,行为人必须明知是禁猎期、禁猎区、禁用的工具、方法,而仍实施其行为的,才具有非法狩猎罪的犯罪故意。

关于"明知"的内容,争议较大的是关于违法性认识是否属于犯罪故意的认识因素的问题。所谓违法性认识,是指行为人对自己的行为被法律所不允许的认识。对此,刑法理论上历来有不同观点。在外国刑法理论中,"违法性认识不要说"主张故意的成立不要求行为人认识到行为的违法性,因为所有公民都应当知法,法律是他律的规范,被适用者没有必要认识到法律规范的意义。"自然犯、法定犯区别说"认为,对于自然犯而言,不要求行为人认识到行为的违法性,因为认识到了自然犯的行为事实而仍实施行为就表明行为人具有反社会性;对于法定犯而言,则要求行为人认识到行为的违法性,因为法定犯行为本身不是反社会的,只有当行为人认识到违法性时,才能表明行为人具有反社会性。"违法性认识必要说"("严格故意说")认为,故意的成立以行为人认识到行为违法性为条件,因为行为人在认识到犯罪事实而没有认识到违法性时,不会形成抑制该行为的动机,故不应追究故意责任。"违法性认识可能性说"("限制故意说")认为,故意的成立仅要求行为人具有违法性认识的可能性,而不要求实际上认识到违法性,因为具有违法性认识可能性时就可以看出行为人直接的反规范的人格态度。"责任说"认为,故意本身是否成立与是否认识到违法性没有关系,但要追究故意责任则要求行为人有违法性认识的可能性。这些学说都有一定的合理性,但也都受到了批评。[①]

我国刑法理论的通说认为,按照法律规定,犯罪故意的认识因素表现为行为人"明知自己的行为会发生危害社会的结果",这显然是只要求行为人明知其行为及行为结果的危害性,而没有要求行为人明知行为及结果的刑事违法性。否则,有人将会以不知法为借口而逃避罪责。但是,通说在否定违法性认识的同时也指出有一种例外情况可以因行为人无违法性认识而否定其主观故意性。这就是某种行为一向不为刑法所禁止,后来在某个特殊时期或某种特定情况下为刑法所禁止,如果行为人确实不知道法律已禁止而仍实施该行为的,就不能认定他是故意触犯刑法,而且此时他也往往同

① 参见张明楷:《刑法学》(上),法律出版社 1997 年版,第 197 页。

时缺乏对行为及其结果的社会危害性的认识，对此难以认定行为人具有犯罪的故意。[①]近年来，已有些学者对上述通说提出了质疑，认为社会危害性是一个"社会政治的评价"，不是一个法律规范概念，没有具体规范标准来评价社会危害性，因此犯罪故意中的认识应当是对行为的违法性的认识，而不应是对行为的危害性的认识。[②] 这方面的理论探讨值得关注，但上述通说尚未根本动摇，故本书采用通说。

2. 认识的程度

认识的程度，即明知自己的行为会发生危害社会的结果中，"明知会发生"的含义。所谓明知会发生，一般认为有两种情况：一是行为人明知自己的行为必然导致某种危害结果的发生。例如，甲将乙从数十米高的楼顶推下，明知自己的行为必然导致乙的死亡。二是行为人明知自己的行为可能导致某种危害结果的发生。例如，甲欲枪杀乙，但枪法不佳又无法接近乙，只好在远处向乙开枪射击，明知开枪可能打死乙，也可能打不死乙。无论行为人认识到危害结果必然发生还是可能发生，均符合犯罪故意的认识特征。

(二) 犯罪故意的意志因素

行为人对自己的行为将要引起的危害结果持有希望或者放任的心理态度，是构成犯罪故意的意志因素。所谓希望危害结果发生的心理，就是行为人在对自己的行为性质在明确认识的基础上，努力运用自己的意志来协调决定自己行为性质的各种主客观条件，使自己对行为的认识按自己的意愿转化为客观现实，促使危害结果发生的意志活动。例如，盗窃犯希望非法占有他人财物这种危害结果的发生，投毒犯希望将人畜毒死，等等。所谓放任危害结果发生的心理，就是行为人在实施行为时，明知自己的行为会发生危害结果，但不是设法改变自己行为的性质或方向以避免这种结果的发生，而是以一种听之任之的态度，继续运用自己的意志控制决定行为性质的各种条件，最终导致危害结果发生的心理过程。

犯罪故意的认识因素和意志因素之间具有密切的关系，并对犯罪故意的成立有不同的作用。认识因素是意志因素存在的前提和基础，意志因素是建立在对犯罪构成事实认识的基础上，只有具备了这种认识，才能最终形成希望或者放任的犯罪意志。另一方面，意志因素又是认识因素的发展，是对犯罪故意的成立具有决定作用的因素，对犯罪故意客观外化为犯罪行为具有主导作用。仅有对相关事实的认识，最终没有形成希望或者放任的意志态度，便不可能自觉确立行为方向、步骤、方法，不可能导致行为的实施。总之，认识因素和意志因素是犯罪故意成立的两个有机联系的因素，缺一不可。

二、犯罪故意的类型

根据行为人对危害结果所持的心理态度不同，刑法理论一般将犯罪故意分为直接

---

① 参见高铭暄主编：《中国刑法学》，中国人民大学出版社 1989 年版，第 127 页。
② 参见赵秉志主编：《刑法争议问题研究》(上卷)，河南人民出版社 1996 年版，第 285—289 页。

故意与间接故意两种类型。

（一）直接故意

犯罪的直接故意，是指行为人明知自己的行为必然或者可能发生危害社会的结果，并且希望这种结果发生因而构成犯罪的心理态度。直接故意的构成因素有二：其认识因素是行为人明知自己的行为必然或者可能发生危害社会的结果；其意志因素是行为人希望危害结果的发生。根据行为人的认识程度不同，犯罪的直接故意可以分为以下两种表现形式：

(1) 行为人明知自己的行为必然发生危害社会的结果，并且希望这种结果发生的心理态度。这种形式的犯罪直接故意，其认识因素是明知自己的行为将导致危害结果的发生，认识程度是这种危害结果必然发生；其意志因素是对这种危害结果的发生持希望态度。

(2) 行为人明知自己的行为可能发生危害社会的结果，并且希望这种结果发生的心理态度。这种形式的犯罪直接故意，其认识因素是明知自己的行为将导致危害结果的发生，认识程度是这种危害结果可能发生；其意志因素是对这种危害结果的发生持希望态度。

（二）间接故意

犯罪的间接故意，是指行为人明知自己的行为可能发生危害社会的结果，并且放任这种结果发生因而构成犯罪的心理态度。间接故意的构成因素也有两个：其认识因素是行为人明知自己的行为可能发生危害社会的结果；其意志因素是放任危害结果的发生。

间接故意的认识因素，按照刑法理论的通说，是行为人只对危害结果发生的可能性有认识，而不存在必然性认识。在这里，所谓认识到危害结果发生的可能性，是指行为人根据对自己本身的能力、犯罪的时间、地点、环境以及对工具、对象等情况的了解，认识到某种危害结果的发生只是具有可能性，而不具有必然性。这种对危害结果可能发生的认识，是间接故意的意志因素存在的前提和基础。倘若行为人明知自己的行为必然发生危害社会的结果仍决意而为之，就超出了间接故意认识因素的范围，应视为直接故意。

间接故意的意志因素，是行为人放任危害结果发生的心理态度。这里的“放任”是指行为人在认识到某种危害结果可能发生的情况下，虽然不是积极地追求这种结果发生，也没有采取相应的措施设法避免这种结果发生，而是对危害结果的发生抱着听之任之的态度，即发生了危害结果，不违背行为人的意志；没有发生危害结果，也不违背行为人的意志。

在司法实践中，间接故意的存在大致有以下三种情况：(1) 行为人为了实现某种犯罪意图而放任另一个危害结果发生。例如，甲乙二人因故发生争执，乙被甲打成轻伤。乙为报复，遂于当晚到甲的住房放火，放火前看到甲的女儿正在屋里睡觉。乙明知自己的放火行为可能将甲的女儿烧死，但报复心切，便不顾一切地实施放火，结果将其烧死。在此案中，乙对甲的女儿可能被烧死是明知的，对这一危害结果的心理态度谈不上希望不希望,只是为了达到放火报复的目的,听由这一危害结果发生。可见,乙放火是出于直接故意,而对甲的女儿死亡却是间接故意。(2) 行为人为实现一个非犯罪的意图而放任某种危害结果的发生。例如,甲打猎时发现猎物,同时也发现猎物附近有人在劳动。甲知道若开枪不一定能打中猎物,有可能击中劳动的人。但甲打猎心切,遂放任可能击中劳动的人而开枪,结果击中该人致死。在此案中,甲明知开枪可能击中正在劳动的人,但为追求猎物之目的,仍然开枪,听任了致人死亡结果的发生。对该人的死亡结果,甲是出于间接故意。(3) 在突发性犯罪中,行为人不计后果,放任严重后果的发生。在这类案件中,行为人对自己的行为到底会给对方造成何种后果并无明确的认识,但无论发生何种结果,都在行为人的认识范围之内,行为人在主观上并不反对这种结果的发生。因此,在此类案件中行为人是出于间接故意的。例如,在现实生活中,一些青少年临时起意,动辄行凶,不计后果,捅人一刀便扬长而去,结果致人死亡。行为人对以刀伤人是明知和希望的,对被害人的可能死亡也是有认识的,但行为人对被害人的可能死亡采取漠然态度,放任其发生。这是一种出于间接故意的杀人案件。

综上所述,直接故意与间接故意都是犯罪的故意,二者在认识因素上都要求行为人对自己的行为会发生危害社会的结果有明确的认识,在意志因素上都要求行为人对危害结果的发生不是排斥、反对的态度。这是两者的相同点。二者的区别主要在于:(1) 在认识因素上,二者对行为将导致的危害结果在认识程度上有所不同。直接故意的行为人对危害结果的认识包括必然性认识和可能性认识两种情况,而间接故意的行为人对危害结果的认识则只有可能性认识一种。(2) 在意志因素上,二者对危害结果的发生所持的心理态度不同。直接故意的行为人是希望危害结果的发生;而间接故意的行为人则是放任危害结果的发生。(3) 特定危害结果是否发生,对二者成立的意义不同。在直接故意的情况下,特定的危害结果是否发生,并不影响其犯罪的成立;而在间接故意的情况下,只有发生了特定的危害结果,才能构成犯罪。

从我国刑法规定来看,故意犯罪中的绝大多数犯罪只能由直接故意构成,只有少数故意犯罪如故意杀人罪、故意伤害罪、放火罪、爆炸罪等,则既可以由直接故意构成,也可以由间接故意构成。需要注意的是,无论是直接故意犯罪还是间接故意犯罪,由于它们同属故意犯罪,罪质相同,因此在确定罪名时无须加以区分。

应当指出,将犯罪故意分为直接故意与间接故意是一种最常见、最重要的分类方法,这种分类法也是刑法总则规定犯罪故意时所采取的方法。除了这种分类方法以外,刑法理论还常常根据其他各种标准对犯罪故意另行分类,了解这些类型有助于我们深化对犯罪故意的认识和理解。下面择要加以介述。

其一,根据认识内容及确定程度,将犯罪故意分为确定故意与不确定故意。所谓确定故意,是指行为人对构成犯罪的事实有具体确定的认识,在此基础上决定使危害事实发生的心理态度(希望或放任)。其特征在于行为人对自己行为的性质、犯罪对象、危害结果等构成犯罪的事实,具有具体的、明确的认识,行为的指向和危害事实的发生都是直接的、确定的。通常情况下犯罪故意多属确定故意。所谓不确定故意,是指行为人对构成犯罪的事实无具体明确认识，在此基础上决定使危害事实发生的心理态度（希望或放任）。不确定故意包括对犯罪对象无确定认识和对危害结果无确定认识。前者包括择一故意和概括故意，后者称为未必故意。

所谓择一故意，指的是行为人对危害结果发生的认识是确定的，但对可能遭到侵犯的数个对象中的哪一个造成一定的危害结果无确定认识，但无论在哪个犯罪对象上发生一定的危害结果，均不违背其本意。其特点在于非此即彼，均与本意相符合。所谓概括故意，指的是行为人对危害结果发生的认识是确定的，但不确定对多少犯罪对象发生一定的危害结果。如向人群投掷炸弹，知道必然有人死伤，但具体是谁死伤、死伤多少，没有明确的认识。该种故意无论针对不特定对象或特定对象均可产生。所谓未必故意，指的是行为人认识到可能发生危害结果，但却以未必发生，发生了也可以的态度去实施行为，以致发生危害结果的。该种故意的特征，在于对危害结果的发生不具有明确认识。

其二，根据形成时间的长短，将犯罪故意分为预谋故意与突发故意。所谓预谋故意，也称熟虑故意，是指行为人经过深思熟虑而后形成的故意。所谓突发故意，也称激情故意、一时故意等，是指行为人因一时受刺激，突然形成犯罪故意，之后立即实施犯罪行为的。一般认为，预谋故意比突发故意具有更大的社会危害性和人身危害性，但对此也有不同认识。

此外，有些学者根据行为人在行为时的意思，将犯罪故意分为事前故意与事后故意。所谓事前故意，是指行为人认为自己的行为已经完成了犯罪，出于其他动机和目的又实施行为，实际上是由后一行为导致了预期结果的发生。例如，甲以杀人故意将乙扼颈致休克，误认为乙已死亡，为灭迹将乙投入河中，实际上乙是被溺死的。有人认为这是两个独立的行为，前一行为是故意，而后一行为对前行为要完成的犯罪本无故意，但它是前一行为所决定的意思的延续。因此，故意溯及后一行为。实践中，这种情况通常作为因果关系错误来处理，并认为不影响刑事责任。所谓事后故意，是指行为人在实施一个必须持续进行的行为之初并无故意，而在行为实行过程中萌发故意，希望或放任危害结果发生的。例如，外科医生动手术，在手术过程中产生杀人的故意，之后对患者不作任何处理，置之不管，就是出于事后故意。① 我们认为，对于事前故意与事后故意这一分类方法的科学性，刑法理论尚须进一步研究。

第三节 犯罪过失

一、犯罪过失的概念

关于犯罪过失的学说，刑法理论上有“无认识说”、“不注意说”、“结果避免说”等不同主张。无认识说是由犯罪故意的认识主义派生的一种观点，认为行为人对犯罪事实或犯罪结果没有认识，就是犯罪过失的标志。该学说是人类法律制度史上最为古老

① 参见肖扬主编：《中国新刑法学》，中国人民公安大学出版社 1997 年版，第 119 页。

的过失观，反映着人类早期的朴素、直观的见解。这一学说的缺陷在于：不适当地缩小了犯罪过失的范围，将一部分犯罪过失（即过于自信的过失或有认识过失）视为犯罪故意，从而扩大了刑法的打击面；将意外事件错误地当成过失犯罪，是结果主义刑罚观念的反映。不注意说是由犯罪故意的希望主义派生的一种观点，认为犯罪过失指行为人因违背注意义务而导致犯罪结果发生的心理态度；所以不注意，其实质是行为人能够认识危害结果，但没有认识。不注意说揭示了无认识的原因，但仍未摆脱认识因素的窠臼；同时，不注意说容易将间接故意错误地当作犯罪过失，也是不足取的。结果避免说是由犯罪故意的容认主义派生的一种观点，认为犯罪过失是行为人希望避免犯罪结果，但因违反注意义务或回避违法结果义务而导致犯罪结果的心理态度。结果避免说跳出了认识因素的局限性，吸收了无认识说和不注意说的合理之处，确切揭示了犯罪过失的心理内容，不仅使犯罪过失区别于间接故意，而且使犯罪过失区别于意外事件，现已成为犯罪过失理论的通说，并被一些国家刑法所采纳。①

我国刑法在规定犯罪过失方面采取的也是结果避免说，这与其在犯罪故意问题上所采取的容认说是相协调的。犯罪的过失是主观罪过形式之一，是一切过失犯罪负刑事责任的主观基础。我国《刑法》第 15 条第 1 款规定："应当预见自己的行为可能发生危害社会的结果，因为疏忽大意而没有预见，或者已经预见而轻信能够避免，以致发生这种结果的，是过失犯罪。"根据刑法的这一规定，所谓犯罪的过失，是指行为人应当预见自己的行为可能发生危害社会的结果，因为疏忽大意而没有预见，或者已经预见而轻信能够避免，以致发生这种结果因而构成犯罪的心理态度。

根据犯罪过失的上述概念，它与犯罪的故意一样，也是认识因素与意志因素的统一体，只不过行为人的认识因素与意志因素的内容有所不同而已。根据犯罪过失的上述两方面的因素，犯罪的过失具有以下特征：

（1）行为人的实际认识与认识能力不一致。

在过失犯罪的场合，行为人具备认识自己的行为可能发生危害结果的可能性，但事实上在行为时却没有认识到，或者虽然已经认识到，但对结果发生的可能性却作出了错误的估计和判断，认为危害结果可以避免。

（2）行为人的主观愿望与客观效果不一致。

在过失犯罪的场合，行为人主观上不仅对某种危害结果的发生是不希望、不放任，而且反对、排斥这种危害结果发生，也就是对危害结果的发生持完全否定的态度。危害结果的发生，完全是由于行为人缺乏注意、轻率行事造成的，是与行为人的主观愿望是相违背的。

既然行为人在过失犯罪的情况下并非自觉自愿地去实施危害行为，那么为何又要追究行为人的刑事责任呢？这是由于行为人的意志具有相对的自由，他可以凭借自己对客观事物的正确认识，在客观条件许可的范围内自由地选择自己的行为，这是行为人对自己的行为承担社会责任的主观基础；而在过失犯罪的情况下，行为人本来能够

---

① 参见高铭暄主编：《刑法学原理》（第二卷），中国人民大学出版社 1993 年版，第 76—79 页。

通过对客观事物的认识，或发挥自己的主观能动性，慎重从事，选择自己的行为，避免危害结果发生，但是行为人却在自己的意志支配下，对国家、社会、人民的利益采取了严重不负责任的态度，从而造成危害结果，这是行为人对自己的行为承担刑事责任的主观基础。因此，国家有充分的理由认为行为人的严重不负责的行为是过失犯罪，而支配这种行为的心理态度是犯罪过失。

值得注意的是，我国刑法基本上是以危害结果的实际发生作为过失犯罪成立的必备要件是。但是，在现代，随着科学技术的发展、社会生活科技化程度的提高以及操作、管理工作的日趋复杂，过失行为造成重大损害行为的危险性大幅度增加，因此，国外一些学者提出了法律应规定由危险状态构成的过失犯罪的建议，并被一些国家的刑事立法所采纳。这就对以结果责任为基础的传统犯罪过失理论提出了挑战，同时也对过失理论提出了新的研究课题。

▶ 二、犯罪过失的类型

根据行为人的心理态度不同，刑法理论将犯罪过失分为疏忽大意的过失和过于自信的过失两种类型。

（一）疏忽大意的过失

疏忽大意的过失，亦称无认识过失，是指行为人应当预见自己的行为可能发生危害社会的结果，因为疏忽大意而没有预见，以致发生了这种结果因而构成犯罪的心理态度。它具有两个基本特征：

（1）行为人应当预见自己的行为可能发生危害社会的结果。

这是疏忽大意的过失的认识因素。所谓应当预见，是指行为人在行为时对危害结果的发生既有预见的义务，又有预见的能力。这是疏忽大意的过失区别于意外事件的关键所在。所谓预见的义务，是指国家和社会向行为人提出的要求其在行为时预见危害结果发生的义务。预见的义务一般是由法律或者规章制度规定的；在没有相应的法律或者规章时，一般应根据共同生活准则或生活经验来确定。所谓预见的能力，是指行为人在行为时对危害结果的发生有预见的现实条件和实际可能性。一般来讲，预见的义务与预见能力是有机的统一，法律只能对有条件可能预见的人才会提出预见的义务。因此，即使行为人对危害结果的发生负有预见义务，但在当时的情况下不具有预见的条件，不存在预见的能力，即使发生了严重的损害结果，也不能要求行为人对此负刑事责任。

那么，判断行为人对其行为的危害结果能否预见的标准是什么呢？目前，刑法理论尚未达成共识，主要有以下三种观点：一是主观说，亦称个人标准说、主观标准说。该说主张判断能否预见，应根据行为人在当时的具体条件下其本身所具有的能力和水平。二是客观说，亦称社会标准说、客观标准说。该说主张判断能否预见，应根据社会上一般人的能力和水平。三是折衷说，亦称综合标准说。该说主张判断应否预见应以主观标准为根据、以客观标准作参考。第三种观点是我国刑法理论上较为通行的观点。据此，智力正常的人能够预见到的危害结果，行为人在正常条件下也应当能够预见到。但是，判定行为人能否预见的具有决定意义的标准，只能是行为人的实际认识能力和行为时的具体条件。换言之，要根据行为人本身的年龄状况、智力发育、文化水平、业务技能和生活经验等因素决定其实际认识能力，以及行为时的环境和条件，来具体分析行为人在当时的具体情况下，对行为发生这种结果能否预见。据此，一般人在普通条件下能够预见的，行为人可能因为自身认识能力较低或行为时的特殊条件而不能预见；相反地，一般人在普通条件下不能预见的，行为人可能因为自身的认识能力较高或者行为时的特殊条件而能够预见。因此，对行为人在行为时对某一危害结果究竟能否预见的判断上，应综合主客观两方面的实际情况进行分析和认定，才能得出正确的结论。例如，电影放映员甲与赶车人乙一起，拉着电影胶片到农村放映。时值隆冬，乙到达地点后，即进屋烤火，顺手将电影胶片搬放在炉火旁。甲没把胶片放好，就干别的事情去了，结果胶片受热起火，酿成火灾。就乙来说，他是个赶车人，不懂胶片方面的技术知识，所以难以预见到这一无意的行为会造成什么样的后果。但对甲来说，情况就不同了。他是个电影放映员，作为专业技术人员，他有预见能力，应当预见而没有预见，就是存在疏忽大意的过失。

(2) 行为人由于疏忽大意没有预见到自己的行为可能发生危害社会的结果。

这是疏忽大意的过失的意志因素。所谓“没有预见到”，是指行为人在实施行为的当时没有认识到自己的行为可能发生危害社会的结果，而并不是说他平时就不了解所实施的行为可能造成什么样的结果。这种主观上对危害结果的无认识状态，是由于意志上的疏忽大意。疏忽大意的意志状态，就是没有集中必要注意力的意志状态。正是由于行为人没有集中必要的注意力去认识自己的行为可能发生危害结果，致使在毫无警觉的情况下引起危害结果的发生。

(二) 过于自信的过失

过于自信的过失，亦称有认识过失，是指行为人已经预见到自己的行为可能发生危害社会的结果，但轻信能够避免，以致发生这种结果因而构成犯罪的心理态度。它也有两个方面的特征：

(1) 行为人已经预见到自己的行为可能发生危害社会的结果。

这是过于自信的过失的认识因素。如果行为人在行为时根本没有预见到自己的行为将导致危害结果的发生，就不属于过于自信的过失，而可能是疏忽大意的过失或者意外事件。当然，对于过于自信的过失来说，行为人对自己行为的危害结果的预见，只能是预见到这种结果可能发生，而不是预见到这种结果必然发生，因为只有在预见危害结果可能发生的条件下，才谈得上“轻信能够避免这种结果发生”的意志态度。

过于自信的过失的行为人对危害结果的发生的预见可分为两种情况：一是认识到了自己行为发生危害社会结果的抽象危险。即行为人根据常识或经验已经认识到了自己的行为可能产生危害结果，只是这种预见比较抽象，尚未具体化到特定的犯罪样态。二是认识到自己的行为可能发生危害社会结果的具体危险。即行为人在实施某种行为时，已经预见到危害结果的具体形式，并指向特定的对象。

(2) 行为人轻信能够避免但未能避免，以致发生了危害结果。

这是过于自信的过失的意志因素。所谓轻信能够避免，包含以下三层意思：第一，行为人相信危害结果不会发生，即对危害结果的发生，行为人是持否定态度的。第二，相信能够避免危害结果的发生有一定的实际根据。换言之，行为人不是毫无根据地认为不会发生危害结果，而是有实际的根据才相信可以避免，如行为人熟练的技巧或较强的体力，行为人对客观环境或自然规律的熟悉等。第三，相信能够避免危害结果的发生的根据并不充分、可靠。也就是行为人过高地估计了能够避免危害结果发生的根据，以至于最终还是发生了危害结果。正因如此，这种过失才叫过于自信的过失。

过于自信的过失与疏忽大意的过失在意志因素上都是对危害结果的发生持反对、排斥态度，因此两者有相似之处。它们之间的区别在于认识因素不同。过于自信的过失在认识因素上对危害结果的发生是已经预见；而疏忽大意的过失对危害结果的发生则是应当预见而实际没有预见。

此外，在认定过于自信的过失时，还应将其与间接故意区别开来。二者在认识因素上对危害结果的发生均有认识，在意志因素上对危害结果的发生均不是希望的态度。但是，二者的区别表现在：第一，在认识因素上，二者对危害结果的认识程度不同。二者虽然都认识到行为发生危害结果的可能性，但对这种可能性是否会转化为现实性的主观估计是不同的。间接故意是行为人明知自己的行为会发生危害结果，换言之，行为人对发生危害结果的可能性转化为现实性并未产生错误的估计，而是对此有着相当清楚的认识，因而在发生危害结果的可能性转化为现实性之时，行为人是不感到意外的。而在过于自信的场合，行为人对其行为可能发生的危害结果虽有一定认识，但这种认识是比较粗浅的，也就是说，行为人对发生危害结果的可能性转化为现实性估计不足，主观认识与客观后果不一致，存在着认识上的错误。因而在发生危害结果之时，行为人是感到意外的。第二，在意志因素上，二者对危害结果发生所持的心理态度不同。间接故意的行为人虽然不是希望危害结果发生，但也不反对或排斥危害结果发生。对危害结果发生与否的放任态度，使行为人既不采取任何防范措施，也不依靠任何主观条件去否定危害结果的发生。而过于自信的过失则不同，行为人不仅不希望也不放任危害结果的发生，而且希望危害结果不要发生，希望能够避免危害结果。对危害结果发生的反对态度，使行为人根据自己的认识，凭借一定的能够避免危害结果的有利因素去防范和否定危害结果的发生。只不过由于行为人过高地估计了这些有利因素，或者过低地估计了不利因素，从而未能实际避免危害结果的发生。第三，二者承担刑事责任的轻重不同。过于自信的过失构成的是过失犯罪，行为人的主观恶性较小，因而社会危害性较小，法定刑也相应较轻；而间接故意构成的是故意犯罪，行为人的主观恶性较大，因而社会危害性较大，法定刑也相应较重。

应当指出，除了将犯罪过失区分为过于自信的过失与疏忽大意的过失这两个基本类别外，刑法理论还根据其他各种标准对犯罪过失另行分类。了解这些分类，有助于我们深化对犯罪过失的认识和理解。下面择要加以介述。

其一，根据行为人违反的是否业务上的注意义务，将犯罪过失分为普通过失与业务过失。所谓普通过失,也称一般过失,是指行为人在日常生活和社会交往中,违反一般注意义务,即违反日常生活和社会交往对具有正常理智的一般人,要求其在实施行为时所具有的注意义务,因而造成危害结果的心理态度。普通过失的主体为一般主体,违反的是一般社会共同生活准则,如刑法规定的失火罪、过失致人死亡罪等,均系出于普通过失。所谓业务过失,是指行为人在业务活动中,违反业务上的注意义务,即违反基于职务、业务活动的性质、效益及其危险性,对从事该种职务、业务活动的人提出的,要求其在从事该特定业务、职务活动时必须具有的注意义务,造成危害结果的心理态度。业务过失的主体是特殊主体,即业务活动中的业务人员,违反的是业务活动中的注意义务。所谓业务,法律上并无特别说明,一般是指行为人基于自己的社会生活地位,需要经常、反复不断执行的事务,包括技术性或技能性活动。刑法规定的交通肇事罪等等,均系出于业务过失。业务过失犯罪在司法实践中具有较高的发案率。由于违反的义务程度及造成的损害较普通过失严重,因而在各国刑法中,业务过失犯罪的法定刑均重于普通过失犯罪。但我国刑法并未对这两类犯罪在量刑政策上作明显的区分。

其二,将犯罪过失分为重过失与轻过失。这种区分,在我国刑法理论中并不普遍。而且,在理论上根据什么标准来作这种区分,也众说纷纭。例如,在英美法学界,多数人认为,在一般情况下如认为有必要给予较重制裁的过失就是重过失。在日本刑法学界,有人认为有认识过失比无认识过失严重,所以有认识过失在多数情况下为重过失;有人则认为,重过失与业务过失是相同的,两者以基本相同的思想为立足点,即应从行为的违法性和在社会中的重要性着眼,与一般过失相比,理解为应给予特别重处罚的为重过失,并认为在立法上应将业务过失与重过失统一为重大过失。在我国刑法学界,通常是根据行为人违反注意义务的程度,将过失分为重过失与轻过失。重过失就是违反注意义务程度严重的过失;相反,则为轻过失。具体说,如果从行为人的注意能力出发,比较容易预见并避免危害结果的,行为人没有预见或避免,表明行为人不负责任的程度比较高,这种过失则为重过失。相反,如果较难预见或避免危害结果,行为人因不履行注意义务没认识到或避免,则为轻过失。一般认为,业务过失都是重过失,但重过失则不一定是业务过失。①

第四节 意外事件

一、意外事件的概念

我国《刑法》第 16 条规定:“行为在客观上虽然造成了损害结果,但是不是出于故意或者过失,而是由于不能抗拒或者不能预见的原因所引起的,不是犯罪。”刑法理论的通说认为,这条规定称之为广义的意外事件。广义的意外事件包括狭义的意外事件

---

① 参见肖扬主编:《中国新刑法学》,中国人民公安大学出版社 1997 年版,第 127—128 页;赵秉志、吴振兴主编:《刑法学通论》,高等教育出版社 1993 年版,第 131 页。

和不可抗力两种情况。所谓狭义的意外事件，就是指根据上述刑法规定，行为虽然在客观上造成了损害结果，但不是出于行为人的故意或者过失，而是由于不能预见的原因所引起的，不是犯罪。而所谓不可抗力，就是指根据该条规定，行为虽然在客观上造成了损害结果，但不是出于行为人的故意或者过失，而是由于不能抗拒的原因所引起的，不是犯罪。广义意外事件的主要特征是：

（1）行为人的行为在客观上造成了损害结果。

这种损害结果是由行为人的行为直接引起的，存在着刑法上的因果关系。这种特定的客观事实的存在，是意外事件成立的前提条件，也是意外事件之所以成为刑法上的一个概念和一个条文的基本原因。因为，刑法上规定的所有犯罪，都是对社会造成这样或那样损害的行为，而意外事件在客观上也是造成了一定的损害结果，这就需要从刑法角度回答意外事件是不是犯罪的问题。如果行为人的行为在客观上根本没有造成损害结果，就无需在刑法上涉及这种行为，意外事件的概念也就不存在了。

（2）行为人在主观上对自己的行为造成的损害结果没有罪过。

行为人对自己的行为所造成的损害结果，既非出于故意，也非出于过失，所以意外事件又可称为无罪过事件。我国的犯罪构成理论是建立在主客观辩证统一关系基础上的，因此一个人的行为尽管在客观上造成了损害结果，但如果主观上没有罪过，其行为就不具有刑法意义，也就不负刑事责任。

（3）损害结果的产生是由于不能预见或者不能抗拒的原因引起的。

导致意外事件发生的原因有二：一是由于不能预见的原因所引起的。所谓不能预见的原因，是指行为人对其行为发生损害结果不但未预见，而且根据其实际能力和当时的具体条件，行为时也根本不可能预见。立法上之所以不认为这种情况下的行为是犯罪，是因为我国刑法坚持主客观相统一的刑事责任原则。具体而言，在这一情况下，行为人没有预见自己的行为可能造成损害结果，是由于根据行为当时的情况来判断，他既不可能预见，也不应当预见，因此行为人缺乏构成犯罪并负刑事责任的主观基础。如果这时对行为人定罪并追究刑事责任，就是“客观归罪”，这有悖于主客观相统一的刑事责任原则的要求。二是由于不能抗拒的原因引起的。所谓不能抗拒的原因，是指行为人遇到一种自身不能控制和排除的外来力量，虽然他要避免损害结果的发生，但由于个人能力和客观条件的限制，仍然无法避免。这种不可抗拒的力量有的来源于自然界，有的来源于他人的行为。在这种情况下，行为人虽认识到自己的行为会发生损害结果，但由于当时的主客观条件的限制，行为人无力排除或防止损害结果的发生，因此不构成犯罪，而是意外事件。

值得注意的是，在司法实践中认定意外事件，并不要求上述两种原因同时具备，而是只要具备其中一种原因即可。但在实践中，并不排除有的意外事件同时具有上述两种原因。

二、狭义的意外事件与疏忽大意过失的异同

二者都是行为人对损害结果的发生没有预见，并因此发生了这种结果，可见它们

在主客观方面都有共同之处。但是,它们更有着原则的区别,这种区别关涉到罪与非罪的界限。根据行为人的认识能力和当时的情况,意外事件是行为人对损害结果的发生不可能预见,不应当预见而没有预见;疏忽大意的过失则是行为人对行为发生危害结果的可能性能够预见、应当预见,只是由于其疏忽大意而导致了未能预见。因此,根据行为人的实际能力和当时的情况,结合法律、职业等的要求来认真分析其是否预见的原因,对于区分意外事件与疏忽大意的过失犯罪至关重要。例如,某汽车司机在雨夜行车,从一塑料布上驶过,压死了塑料布下的一个精神病人。司机以为塑料布下是附近农民的稻谷,在当时的情况下他不可能预见到有人在雨夜躲在公路上的塑料布下,这就属于意外事件。又如,女工甲急于上早班,来不及给患病的女儿吃药,就告诉其母乙半小时后给她吃药,并说药水和药片都放在桌子上。半小时后乙给外孙女吃药,由于乙耳背没有听清楚甲的交代,又不识字,结果误将外用药给外孙女服用,意外地导致了外孙女死亡。对甲和乙来说,这种死亡的发生是由于不能预见的原因所引起的,故属于意外事件。

第五节　犯罪目的和犯罪动机

一、犯罪目的和犯罪动机的概念

人的任何具有社会意义的行为,都是在一定的动机支配下实施的。一般来讲,动机是推动行为人去追求某种目的的内心起因或者内在动力,而目的则是行为人在一定的动机推动下希望通过实施某种行为来达到某种结果的心理态度。刑法意义上的犯罪目的与犯罪动机,虽然同样具备心理学上目的与动机的特征,然而它们并非是完全等同的。作为犯罪主观方面的因素之一,犯罪的目的与动机不仅对危害行为的危害性质和危害程度有影响,而且对定罪与量刑也有一定影响。

所谓犯罪目的,是指犯罪人希望通过实施犯罪行为达到某种危害结果的心理态度,也就是以观念形态在人脑中存在的、危害行为的预期结果。例如,杀人犯在实施杀人行为时,是以非法剥夺他人的生命为目的;盗窃犯则希望通过盗窃行为实现其非法占有公私财物的目的。根据我国刑法理论的通说,犯罪的目的一般只存在于直接故意犯罪中,间接故意犯罪和过失犯罪都不存在犯罪目的。可见,行为人对某种危害结果所持的希望、追求心理,实际上就是犯罪目的的表现。所以,根据我国刑法的规定,绝大多数直接故意犯罪不以犯罪目的为要件。但是对有些犯罪,刑法明确规定特定的犯罪目的是犯罪成立的必备要件。例如,《刑法》第217条规定的侵犯著作权罪,就"以营利为目的"为法定构成要件。立法上之所以要作出这种规定,是因为如果行为人不具备这种特定犯罪目的,其行为的社会危害性也就不能达到犯罪的程度。

所谓犯罪动机,是指刺激、驱使行为人实施犯罪行为以达到犯罪目的的内心冲动或者内心起因。一般来讲,行为人某种犯罪目的的确立,决不可能出自无缘无故,而始终是以一定的犯罪动机作指引的。例如,对直接故意杀人的犯罪行为而言,非法剥夺他人生命是其犯罪目的,而促使行为人确定这种犯罪目的的内心起因,则可能是贪财、仇恨、报复或者极端的妒忌等。因此,如果我们不弄清犯罪动机,就不能真正了解行为人为何去追求某种犯罪目的。

二、犯罪目的与犯罪动机的关系

犯罪的目的与犯罪的动机既密切联系,又互相区别。二者的密切联系表现在:第一,二者都是犯罪人实施犯罪行为过程中的主观心理活动,都反映了行为的主观恶性及犯罪的社会危害性。第二,犯罪目的以犯罪动机为前提和基础,它来源于犯罪动机,是犯罪动机的延伸和发展;而犯罪动机对犯罪目的的形成又具有促进作用,犯罪目的是犯罪动机进一步发展的结果。第三,二者有时表现为直接的联系,即它们所反映的行为人的需要是一致的,如出于贪财图利的动机所实施的以非法占有为目的的财产犯罪即是如此。

犯罪目的与犯罪动机虽有上述联系,但又有一定的区别,这主要表现在:第一,二者形成的时间先后不同。犯罪动机是促使犯罪人实施犯罪行为以达到犯罪目的的内心冲动或者内心起因,产生于犯罪目的之前;而犯罪的目的是犯罪人通过实施某种犯罪行为所希望达到的结果,形成于犯罪的动机之后。第二,同一种犯罪的目的相同,而犯罪动机则可能有所不同。在同一性质的犯罪中,一般只有一个犯罪目的,但可能有多种不同的犯罪动机。例如,盗窃犯罪,犯罪目的只有一个,即非法占有公私财物,但犯罪动机可能是多样的,即有的出于挥霍、讲排场,有的出于还债,有的出于解决生计,不一而足。第三,一种犯罪动机可以导致几种不同的犯罪目的。例如,故意杀人罪的犯罪目的是非法剥夺他人生命,抢夺罪的犯罪目的是非法占有公私财物,两者犯罪目的不同,但可能出于相同的犯罪动机,比如解决生活困难。第四,犯罪动机与犯罪目的在某些情况下反映的需要并不一致。例如,煽动分裂国家罪,行为人的犯罪动机可能出于物质的需要,而犯罪目的则反映了行为人的精神需要。第五,犯罪目的与犯罪动机在定罪量刑中的作用不同。犯罪目的在刑法有规定的情况下,成为具体犯罪构成的主观方面要件,而犯罪动机不会成为具体犯罪构成的主观方面要件,因此,犯罪目的对定罪具有明显的价值,而犯罪动机一般来讲不影响定罪,其作用主要在于影响量刑。

三、研究犯罪目的与犯罪动机的意义

研究犯罪目的与犯罪动机,在司法实践中对于直接故意犯罪的定罪量刑,具有重要的意义。

(一) 研究犯罪目的的意义

犯罪目的是犯罪主观方面的选择要件,对定罪具有特别重要的意义。这主要表现在以下两方面:(1) 在刑法规定的以特定犯罪目的为要件的犯罪(即目的犯)中,特定犯罪目的的存在是行为构成犯罪所不可或缺的。在这种情况下,犯罪目的不仅可以成为区分罪与非罪的标准,也可以成为划分此罪与彼罪的标准。例如,我国《刑法》第 193 条规定的贷款诈骗罪就是以非法占有为目的的犯罪,非法占有目的是这一犯罪的法定构成要件,所以行为人是否具有该特定犯罪目的,是区分贷款诈骗罪与一般骗用贷款行为的重要界限。(2) 在刑法规定的不以特定犯罪目的为要件的犯罪(即非目的犯)中,犯罪目的也是影响犯罪主观方面的一个重要内容。总之,在分析具体犯罪构成的主观要件时,明确其犯罪目的的内涵并予以确切查明,对于定罪有重大意义。正因如此,研究犯罪目的对适当量刑也具有根本性的作用。

(二) 研究犯罪动机的意义

犯罪动机是犯罪的重要情节之一,不仅对于量刑有突出影响,而且对于定罪在某种程度上也有一定影响。(1) 犯罪动机对量刑的意义。犯罪动机是反映行为人行为时的主观恶性及其人身危险性的一个重要指标,从而它也是衡量行为的社会危害程度和行为人承担刑事责任程度的一个重要指标,因此不同的犯罪动机在司法实践中对量刑的轻重必然带来一定的影响。比如,同样是故意杀人罪,行为是出于为民除害的动机还是出于贪财图利,直接影响到犯罪的社会危害性和行为人的人身危险性,因而对它们的量刑应有明显区别。(2) 犯罪动机对定罪的意义。根据我国刑法总则第 13 条规定的"但书"的内容以及刑法分则中所规定的某些"情节犯"的要求,某些行为是否构成犯罪,除了必须具备犯罪构成要件外,还要视其情节是否轻微或是否显著轻微。这样,作为犯罪情节之一的犯罪动机,自然在一定程度上成为影响犯罪成立与否的一个因素。

第六节　刑法中的认识错误

一、刑法中认识错误的概念

从哲学上讲,认识是主观见之于客观的活动,而认识错误则是主观对客观的不正确反映。对客观事物的认识发生错误,是人们生活中经常、普遍的现象。这是因为人们的认识是在作用于客观现实的实践活动中获得的,其正确与否还要通过实践进行检验,而人们在过去实践中形成的知识、经验、个性特点等都不可避免地要影响其对客观现实所作的反映。认识起着指导行动的作用,因此在错误认识的指导下,行动就会发生这样那样的错误。犯罪是人的活动,它也是在行为人的相关认识指导、支配下进行的,如果行为人的主观认识发生了错误,其犯罪行为的状况自然受到影响。也就是说,行为人对法律和事实的认识错误,可能影响行为人罪过的有无及大小,从而影响行为人的刑事责任,因此研究刑法中的认识错误,对于指导刑事司法实践中正确定罪量刑有着重要的意义。

刑法中的认识错误,是指行为人对自己行为的法律性质、意义或者对有关事实情况的不正确认识。根据行为人认识错误产生的原因不同,刑法理论通常将刑法中的认识错误分为两种:一是行为人对法律的认识错误,二是行为人对事实的认识错误。

二、行为人对法律的认识错误

行为人对法律的认识错误,亦称法律认识错误,是指行为人对自己的行为在法律上是否构成犯罪、构成何种犯罪或者应当受到什么样的刑罚处罚的不正确认识。这类认识错误，通常包括三种情况：

（一）假想的犯罪

即行为人误认自己无罪为有罪，具体说就是行为人的行为依照法律并不构成犯罪，而行为人却误认为构成了犯罪。例如，行为人把自己的通奸行为、小偷小摸行为等一般违法行为或不道德行为误认为是犯罪，而向司法机关"自首"，或者行为人把意外事件、正当防卫、紧急避险误认为是犯罪而向司法机关自首。这种认识错误不影响对该行为认定无罪，司法实践中不能因为行为人假想的犯罪而认定其为有罪。

（二）假想的不犯罪

即行为人误认自己有罪为无罪，具体说就是行为人的行为依照法律的规定已构成了犯罪，而行为人却误认为不构成犯罪。例如，某甲把自己一贯作恶、横行乡里的儿子私自杀死，误以为是大义灭亲行为，不构成犯罪。司法实践中对这种案件，是按照"不知法不免罪"的古老原则来处理的。又如，行为人与年仅12周岁的幼女谈恋爱，结果发生性关系，行为人误认为只要不实施暴力、胁迫手段就不构成犯罪，却不知道法律规定凡与未满14周岁的幼女发生性关系的，不论手段如何，均构成犯罪。一般来说，由于刑事违法性不是犯罪故意的认识内容，因此这种认识错误一般不影响故意犯罪的成立。但是，在某些特殊情况下，如果行为人确实不了解国家法律的某种禁令，因而也不知道行为具有社会危害性的，就不能追究其故意犯罪的刑事责任。

（三）定罪量刑的误认

即行为人认识到自己的行为已经构成了犯罪，但对其行为触犯了刑法规定的何种罪名，应当被处以什么样的刑罚，存在不正确的理解。这种认识错误既不影响定罪，也不影响量刑。例如，某甲从正在使用中的轨道上拆卸铆钉，依法应定破坏交通设施罪，而他认为自己实施的是盗窃罪。再如，行为人盗窃了数额巨大的公私财物，本应依照《刑法》第264条在有期徒刑3年以上10年以下处罚，但行为人却误以为应在有期徒刑3年以下处罚。在这种情况下，行为人对法律的错误认识，不影响其犯罪的性质和危害程度，应当按照他实际构成的犯罪及其危害程度依法定罪量刑。

三、行为人对事实的认识错误

行为人对事实的认识错误，亦称事实认识错误、事实错误，是指行为人实施危害行为时，对与自己行为有关的事实情况的不正确认识。这类认识错误是否影响行为人的刑事责任，要区别对待：如果行为人对属于犯罪构成要件的事实情况发生认识错误，就会影响行为人的刑事责任；如果行为人对不属于犯罪构成要件的事实情况发生认识错误，就不影响行为人的刑事责任。事实认识错误主要有以下几种情况：

（一）对客体的认识错误

所谓对客体的认识错误，亦称客体错误，是指行为人在实施危害行为时，对其侵犯客体的性质的不正确认识，即行为人意图侵犯一种客体，而实际上侵犯了另一种客体。例如，两个便衣警察扭获了正在盗窃的甲，出示证件后将甲带往附近派出所。行至途中，被甲的朋友乙、丙、丁三人遇见。三人以为两个警察是与甲打架的普通人，遂上前将两个警察打倒在地，致其轻伤，甲、乙、丙、丁四人逃走。在此案中，乙、丙、丁三人意图侵犯的是他人的健康权利，却由于其认识错误，而实际上侵犯了国家机关工作人员执行公务的正常秩序。对这种客体认识错误，应当按照行为人意图侵犯的客体定罪，即该案应认定为故意伤害罪。

（二）对行为对象的认识错误

所谓对行为对象的认识错误，亦称对象错误，是指行为人在实施危害行为时，对其侵害对象的不正确认识。这一认识错误主要表现为：

1. 同类对象错误

又称具体目标错误，是指行为人实际侵害的对象与其所误认的对象在性质上属于同类。如甲欲杀乙，却将丙误认为乙而杀害。在这种情况下，行为人所侵犯的客体是一样的，都是他人的生命权利。这种对具体目标的错误认识，对行为人的刑事责任不发生任何影响，因为甲和乙的生命、健康在法律上的价值一样，同样受到法律保护。

2. 非同类对象错误

是指行为人实际侵害的对象与其所误认的对象在性质上不属于同类。如行为人误以人为兽或误以兽为人而实施杀伤行为，或者误把非不法侵害人认为是不法侵害人而进行防卫，这类情况下，要区别情况对待：在误将人为兽而杀害或者误把非不法侵害人认为是不法侵害人而进行防卫时，对象错误阻却了故意，不能以故意犯罪论处。如有过失，应定过失致人死亡罪；如无过失，则是意外事件。在误将兽为人而杀害时，对象错误不阻却故意，应以故意杀人罪的未遂论处。

3. 具体的犯罪对象不存在，行为人误以为存在而实施犯罪行为

因而致使犯罪未得逞的，应定为犯罪未遂。如行为人误以野兽、牲畜、物品、尸体为人而开枪射杀的，应令其负故意杀人罪（未遂）的刑事责任。

（三）对行为性质的认识错误

所谓对行为性质的认识错误，亦称行为性质错误，是指行为人在实施危害行为时，对自己行为的实际性质的不正确认识。例如，假想防卫，行为人把不存在的侵害行为误认为正在进行的不法侵害行为实行防卫而致人伤亡，由于行为人不存在犯罪的故意，因而不应以故意犯罪论处，而应根据具体情况，认定为过失犯罪或意外事件。

（四）对犯罪工具的认识错误

所谓对犯罪工具的认识错误，亦称对行为方法的认识错误、方法错误、手段错误、工具错误，是指行为人在实施危害行为时，对自己所使用的手段、工具是否会发生危害结果的不正确认识。如行为人误把白糖当作砒霜去杀人，因而未能发生致人死亡的结果。在这类情况下，行为人具备犯罪的主客观要件，只是由于对犯罪工具实际效能的误解而致使犯罪行为未发生犯罪既遂时的犯罪结果，应以犯罪未遂追究行为人的刑事责任。

（五）对因果关系的认识错误

所谓对因果关系的认识错误，亦称因果关系错误，即行为人在实施危害行为时，对自己行为与结果之间因果关系的实际发展过程的不正确认识。这一认识错误主要

包括：

(1) 行为人误认为自己的行为已经达到了预期的犯罪结果，事实上并没有发生这种结果。例如，甲欲杀乙，便持棒将乙击昏，以为已致乙死亡而离去，后乙遇救未死。这种情况不影响甲构成故意杀人罪，但属于犯罪未遂。

(2) 行为人所追求的结果事实上是由于其他原因造成的，行为人却误认为是自己的行为造成的。例如，甲蓄意杀人，某晚趁乙外出途中，潜在路边树林中开枪击中乙，乙当时倒地昏迷过去，甲看到乙不再动弹，以为已将乙杀死而潜逃。过了一段时间，乙苏醒过来，慢慢地往家里方向爬，爬到公路一拐弯处，一辆卡车高速驶来，司机因疏忽大意，发现爬行的乙时已来不及刹车躲避，汽车从乙身上轧过，致乙死亡。这里司机当然构成了交通肇事罪；甲虽然相信自己的枪杀行为已致乙死亡，却不能认定他构成故意杀人罪的既遂，因为乙死亡结果的发生并不是其枪击行为直接造成的，因而应当让甲负故意杀人未遂的刑事责任。

(3) 行为人的行为没有按照他预想的方向发展及其预想的目的停止，而是发生了行为人所预见所追求的目标以外的结果。例如，甲想伤害乙，持刀向乙大腿扎了一刀，随即逃走，不料扎中乙的动脉血管，又因当时无人到场抢救，乙因流血过多而死亡。这种情况下，虽然甲的行为发生了致乙死亡的结果，但甲并无杀害乙的故意，因而不能认定甲构成故意杀人罪，而只能让甲负故意伤害致人死亡的刑事责任。

(4) 行为人实施了甲、乙两个行为，伤害结果是由乙行为造成的，行为人却误认为是由甲行为造成的。例如，行为人意图扼杀被害人，将被害人扼昏后，误以为被害人已死亡。为逃避罪责，遂将被害人抛“尸”河中，或者用绳子套住被害人颈部吊起，制造被害人上吊自杀的假象。殊不知，后实施的抛“尸”河中的行为或吊起被害人的行为，却淹死或勒死了被害人。这种情况下，犯罪人主观上存在着杀害被害人的故意，客观上也实施了杀害行为，被害人死亡结果的发生也确实是由他的行为直接造成的，因而其错误认识不应影响行为人的刑事责任，行为人仍应负故意杀人既遂的刑事责任。[①]

【阅读参考书目】

1. 姜伟：《犯罪故意与犯罪过失》，群众出版社 1992 年版。
2. 陈兴良：《论主观恶性中的规范评价》，载《法学研究》1991 年第 6 期。
3. 周光权：《注意义务研究》，中国政法大学出版社 1998 年版。
4. 林亚刚：《犯罪过失研究》，武汉大学出版社 2000 年版。
5. 刘明祥：《错误论》，法律出版社 1998 年版。

【思考题】

一、名词解释

1. 犯罪故意
2. 犯罪过失

① 参见高铭暄、马克昌主编：《刑法学》，北京大学出版社、高等教育出版社 2000 年版，第 127 页。

3. 刑法中的认识错误

二、论述题

1. 什么是犯罪的故意？犯罪的故意有哪两种基本类型？
2. 什么是犯罪的过失？犯罪的过失有哪两种基本类型？
3. 犯罪的间接故意与犯罪的疏忽大意的过失之间的区别何在？
4. 什么是犯罪的目的和动机？二者之间的联系和区别何在？
5. 刑法中的认识错误包括哪些？在司法实践中对其应当如何处理？

第九章　排除犯罪性的行为

排除犯罪性的行为，刑法理论上也称之为正当行为、排除社会危害性的行为或者阻却违法性行为。从中外刑事立法来看，排除犯罪性的行为主要有正当防卫行为、紧急避险行为、被害人同意的行为、执行命令的行为、正当业务行为等等。我国刑法只规定了正当防卫和紧急避险两种排除犯罪性的行为，而对被害人同意的行为、执行命令的行为、正当业务行为等，则没有具体规定。本章将重点阐释正当防卫和紧急避险的基本理论，同时对我国司法实践认可的相关排除犯罪性的行为作必要研究。

第一节　概　　述

一、排除犯罪性的行为之概念

排除犯罪性的行为，是指客观上造成一定损害结果，其外在形式符合刑法分则某些条文规定的犯罪构成要件，但因为具有法定事由而排除了犯罪性因而不负刑事责任的行为。

社会危害性是犯罪最本质特征。区分行为罪与非罪的首要标准，就是看其是否具有社会危害性。如果一个行为具有社会危害性，则该行为就可能被评价为犯罪行为。而排除犯罪性的行为由于存在特殊的条件，不仅不具有社会危害性，相反，是对国家、社会和公民有益的行为，因此，该行为不但不是违法行为，而且是有益于社会的行为，是合法的行为。刑法中规定排除犯罪性行为，有利于鼓励和支持广大公民及时保护国家和人民的合法权益不受侵害；有利于树立良好的社会道德风尚，增强公民同犯罪作斗争的道德义务和法律义务观念，对于减少犯罪、预防犯罪具有非常重大的意义。

二、排除犯罪性的行为之特征

排除犯罪性的行为具有以下特征：

（一）合法性

合法性乃是排除犯罪性行为的首要特征。也就是说，一个行为要成为排除犯罪性的行为，必须是该行为至少没有被法律所禁止。事实上，刑法上的排除犯罪性的行为不仅不为法律所禁止，而且是法律所明文规定或者虽没明文规定但社会习惯给予充分认可的。前者如正当防卫、紧急避险等；后者如自救行为、被害人的承诺等。

（二）良善性

所谓良善性，是指排除犯罪性的行为都是行为人出于符合社会良风美俗的意图而采取的适当举措。如果行为人之行为不符合主流社会的伦理道德，那么这种行为肯定也不会为法律所允许。因此，一个人可以因为逃避不法追杀而闯入他人住宅，却决不可以为了抢劫而破门而入他人住宅。

（三）私权性

刑法上认可的排除犯罪性的行为，是在国家司法机关不能及时有效保护公民合法权益时而允许公民个人行使本来应该由国家行使的某些权力。因此，排除犯罪性的行为是一种私力救济行为，具有私权性。

（四）有益性

法律所禁止的行为都是有损于社会的行为，而法律认可的行为当然都是有益于社会的行为。排除犯罪性的行为虽然在一定程度上会造成某些损害事实，但从社会功利的大局来看，其给社会带来的好处远远大于其给社会造成的损害。因此，排除犯罪性的行为对社会的有益性是不言而喻的。

第二节 正当防卫

一、正当防卫的概念

正当防卫制度是刑法中一项非常重要的制度，是公民实现自卫和保护国家、公共利益以及他人合法权益的强有力武器。现在，正当防卫已经成为各国刑法所普遍规定的一项重要的法律制度。

我国《刑法》第20条规定：为了使国家、公共利益、本人或者他人的人身、财产和其他权利免受正在进行的不法侵害，而采取的制止不法侵害的行为，对不法侵害人造成损害的，属于正当防卫，不负刑事责任。正当防卫明显超过必要限度造成重大损害的，应当负刑事责任，但是应当减轻或者免除处罚。对正在进行行凶、杀人、抢劫、强奸、绑架以及其他严重危及人身安全的暴力犯罪，采取防卫行为，造成不法侵害人伤亡的，不属于防卫过当，不负刑事责任。根据这一规定，所谓正当防卫，就是指为了使国家、公共利益、本人或者他人的合法权益免受正在进行的不法侵害，而对不法侵害者造成一定损害的防卫行为。

我国刑法上的正当防卫具有两个鲜明的特点：

首先，在客观方面，正当防卫是针对不法侵害行为而实行的具有防卫性质的直接反击行为。它与不法侵害行为相对立，所产生的直接后果是制止不法侵害，从而维护国家利益、公共利益和公民个人的合法权益。因此，正当防卫行为不仅不具有社会危害性，而且是有益于社会的行为。

其次，在主观方面，防卫人具有维护国家、公共利益、本人或者他人的人身、财产和其他权利免受不法侵害的防卫意图，不存在危害社会的故意或过失的心理态度，防卫目的具有鲜明的正义性质。因此，正当防卫和犯罪有着本质的区别，它不仅不构成犯罪，而且实际上是法律赋予公民同违法犯罪行为作斗争的一种正当的合法的防卫权利。正当防卫从某种意义上讲，是国家把一部分刑罚权赋予紧迫情况下来不及诉诸国家司法机关的防卫人。任何公民在国家利益、公共利益、本人或者他人的合法权益受到不法侵害时，都有实行正当防卫的权利，并且受到法律的保护。所以，尽管正当防卫会造成某些客观损害,如致不法侵害人轻伤、重伤乃至死亡,或者使不法侵害人的身体自由受到限制,或者使不法侵害人的财产受到损害,等等,在表现形式上似乎具备了故意伤害、故意杀人、非法拘禁或故意毁坏公私财物等犯罪的犯罪构成要件,但在实际上并不具有社会危害性,也就不具备犯罪的本质特征,因而也不发生正当防卫人承担刑事责任的问题。

我国刑法规定正当防卫制度的意义主要在于:

第一,刑法中关于正当防卫的规定,体现并贯彻了专门机关与群众相结合的方针,一方面充分发挥公检法等专门机关的职能作用,另一方面又赋予公民正当防卫的权利,可以更好地发挥刑法惩罚犯罪、打击犯罪的作用。

第二,刑法中关于正当防卫的规定,可以对社会上的违法犯罪分子形成强有力的威慑力量,使其不敢以身试法,可以起到制止和预防违法犯罪行为的作用。

第三,刑法中关于正当防卫的规定,可以鼓励和支持广大公民同社会上的违法犯罪行为作坚决的斗争,自觉维护社会秩序,及时有效地保护国家利益、公共利益和公民个人的合法权益免受不法侵害。

二、正当防卫的条件

正当防卫是在紧急关头为了制止正在进行的不法侵害,通过对不法侵害者造成一定损害来同违法犯罪作斗争,以保护国家和人民的合法权益的一种手段,是国家赋予公民的一项合法权利,它既不是一种报复,也不是一种惩罚,更不是一种私刑。因此,行使这种权利,必须符合一定的条件,不能任意滥用,否则,就可能给社会带来危害,使合法行为转化为非法行为,甚至破坏社会主义法制。

根据我国刑法的规定,构成正当防卫必须符合下列相互统一、相互联系的五个条件:

(一) 必须具有正当的防卫意图

防卫意图,是正当防卫的主观条件,行为人必须是为了使国家、公共利益、本人或者他人的人身、财产和其他权利免受不法侵害,而决意制止不法侵害。

无论是国家利益、公共利益还是公民的合法权益受到不法侵害时,每个公民都有权实行正当防卫。保护合法权益,这是成立正当防卫的首要条件,表明防卫目的的正当性。防卫人只有基于保护国家利益、公共利益、本人和他人的合法权益的意图而对不法侵害者实施防卫行为,才使其具有了不负刑事责任而受法律保护的主观基础。正是防卫目的的正当性,才排除了防卫行为对社会的危害性。如果行为人为了实现某种非法目的或为了保护非法利益而实行所谓的"防卫",则不能成立正当防卫。

例如,下列情形均不属于正当防卫:

(1) 防卫挑拨。

防卫挑拨是指行为人为达到某种目的,故意挑起对方先对自己进行侵害然后借口实施"正当防卫"来侵害对方的行为。在防卫挑拨中,虽然存在着一定的不法侵害,挑拨人也实行了所谓的正当防卫,形式上符合正当防卫的客观要件。但由于该不法侵害是在挑拨人的故意挑逗下诱发的,挑拨人主观上具有犯罪意图而没有防卫意图,所以,防卫挑拨实质上属于有预谋的故意侵害,不具备正当的防卫意图,不能成立正当防卫。

(2) 互相斗殴。

互相斗殴是指双方都有非法侵犯对方的意图而发生的互相侵害的行为。由于互相斗殴的双方主观上都有加害对方的故意,所以不存在侵害者与防卫者之分,都不属于正当防卫行为。在斗殴中,双方都不具有正当的防卫意图,却均具有伤害对方的故意,因而任何一方的斗殴行为都不能成立正当防卫,而属于不法侵害行为,如果造成严重后果,构成犯罪的,应当追究刑事责任。但是,如果其中一方已明确放弃伤害对方的故意,完全退出斗殴,而另一方仍然继续加害对方,则退出斗殴的一方为了保护自己的人身权利不受侵害而实行的直接反击侵害,应当属于正当防卫。

(3) 为了保护非法利益而实行的防卫。

此种情况下,由于不具有防卫目的的正当性,因而也不是正当防卫行为。如赌博者为了持有赌资或盗窃者为了持有赃物,而对抢劫赌资、赃物者实行直接反击侵害,走私犯为了保护走私物品而将盗窃走私物品者打死等等,都是为了保护非法利益,并不是为了保护合法财产权利和社会利益,不具有正当的防卫意图,不能成立正当防卫。对于此类情形中的"防卫"者和抢劫者,应当根据各自的行为性质,依法追究刑事责任。

(二) 必须具有正当的防卫起因

防卫起因是正当防卫的客观条件之一,没有不法侵害就谈不上正当防卫。因此,不法侵害就是正当防卫的起因。所谓不法侵害行为,就是危害社会的行为,包括对国家利益、公共利益、本人或者他人的人身、财产和其他权利的侵害。具体地说,不法侵害行为通常指犯罪行为,但也包括某些违法行为,如违反治安管理处罚条例的某些行为。不法侵害行为的存在,是正当防卫的前提条件。只要法律保护的国家利益、公共利益、本人或他人的合法权益受到不法侵害,任何公民都有权实施正当防卫,以制止危害后果的发生。我国刑法并没有明确规定"不法侵害"的实际范围,但从正当防卫的实践情况来看,并不是对任何犯罪行为和违法行为都可以实行正当防卫。由于不法侵害行为的种类、情节极为复杂,必须具体问题具体分析。一般说来,只有对那些带有一定紧迫性的不法侵害行为才可以实行正当防卫。这里所谓带有紧迫性的侵害,是指迫在眉睫的或正在进行的而且往往是带有暴力性、破坏性的,形成防卫紧迫感的侵害。具体来说,它通常主要是指:

(1) 刑法规定的以暴力攻击性或严重毁坏性的方式对国家利益、公共利益和公民的人身、财产等权利进行严重侵害的故意犯罪,如放火、爆炸、投放危险物质、抢劫枪支弹药、爆炸物、故意杀人、故意伤害、强奸、绑架、抢劫等犯罪。对其他以非暴力性方式、非严重毁坏性的方式实施的故意犯罪,如盗窃、抢夺、非法侵入他人住宅等,也可采取正当防卫。上述犯罪由于能够对公共安全、公民人身安全、财产安全直接造成严重损害或构成严重威胁,对其防卫具有相当的紧迫性,因而是正当防卫所针对的不法侵害的主要组成部分。至于不具有防卫紧迫性的故意犯罪,如贪污、受贿等,则不宜用造成人身伤害的正当防卫手段去制止,因为这些犯罪通常不会形成防卫紧迫感,并且也不可能用对侵害人造成人身、财产等损害的方法来保卫合法权益，所以对待这些犯罪只能用检举、揭发等方法，请求有关部门依法采取相应措施解决。

(2) 扰乱社会秩序，妨害公共安全，侵犯公民人身权利，侵犯公私财产的违反社会治安管理的行为。主要是指《中华人民共和国治安管理处罚条例》所规定的寻衅滋事、殴打他人、偷窃、抢夺、哄抢、故意损坏公私财物、非法限制人身自由或非法侵入他人住宅等违反社会治安管理的行为。这些行为在主观故意、侵害性质、侵害方式等方面与上述故意犯罪行为较为接近，而且容易在实施时直接转化为犯罪，如果不允许对其实行正当防卫，则不利于公民最大限度地运用正当防卫维护国家利益、公共利益和公民的合法权益，因而应当将上述违反社会治安管理的行为纳入正当防卫所针对的不法侵害的范畴。①

由于正当防卫只能针对不法侵害行为而实施，因此必须注意：

第一，对于合法行为不得实行防卫。如国家执法人员依法拘留、逮捕犯罪嫌疑人，或对有关处所依法进行搜查，或依法强制执行、扣留的行为；普通公民依法扭送犯罪嫌疑人、违法人员，或依法采取正当防卫、紧急避险的行为等等，均属于合法行为，对其不能以任何借口或理由而实行防卫。

第二，对于过失犯罪不能实行防卫。尽管在普遍意义上，过失犯罪也不失为一种不法侵害，但是根据我国刑法的规定，过失行为只有在已经造成严重损害结果时，才能构成过失犯罪。当危害后果尚未发生时，不能说它是正在进行的不法侵害行为，因而不能对其实行正当防卫；而当危害后果已经发生，构成过失犯罪时，又失去了正当防卫的必要性，因此，对过失犯罪，在通常情况下不存在正当防卫问题。

第三，对于未满 14 周岁的人、不能辨认或者不能控制自己行为的精神病患者实施的侵害行为，一般也不允许实行正当防卫。未满 14 周岁的人和不能辨认或控制自己行为的精神病人是绝对无刑事责任能力的人，尽管他们所实施的侵害行为具有社会危害性，但法律并不承认其主观上具有不法侵害的故意，因而将他们的侵害行为视为不法侵害是不合适的。因此，如果已经明确认识到侵害者是未满 14 周岁的人或不能辨认或不能控制自己行为的精神病患者，一般不能对其实行防卫。只有在确实不知道侵害者是未满 14 周岁的人或不能辨认或不能控制自己行为的精神病患者，或者虽然知道，但确实没有其他方法可以避免侵害时，才允许实行正当防卫。

第四，假象防卫不能成立正当防卫。不法侵害必须客观存在，即不法侵害实际存在，并非由防卫人主观想象、推测的。所谓想象或推测的侵害，是指不法侵害行为并不存在，只是由于防卫人主观上误认为发生了某种不法侵害行为，而对"侵害人"实行了"正当防卫"，以致造成他人的合法权益受到损害的，这在刑法理论上称为假想防卫，不能成立正当防卫。假想防卫可能发生在两种场合：一是发生在根本不存在不法侵害的场合；二是发生在对不法侵害实施正当防卫的过程中，对与不法侵害人无关的人实施了所谓的正当防卫。假想防卫属于刑法中的认识错误，具体地说，是行为人在事实上

① 参见李文燕主编：《中国刑法学》，中国人民公安大学出版社 1998 年版，第 164—165 页。

认识的错误。因此,对于假想防卫应当按照对事实认识错误的一般原则解决其刑事责任问题,即:(1) 假想防卫不可能构成故意犯罪;(2) 在假想防卫的情况下,如果行为人主观上存在过失,应当以过失犯罪论处;(3) 在假想防卫的情况下,如果行为人主观上没有罪过,其危害结果是由于不能预见的原因引起的,属于意外事件,行为人不负刑事责任。[①]

(三) 必须具有适当的防卫时间

正当防卫是为制止不法侵害而采取的还击行为,所以,其防卫时间必须在不法侵害正在进行之时。正当防卫的时间是正当防卫的客观条件之一,它所要解决的是在什么时候可以进行正当防卫的问题。所谓不法侵害正在进行,是指不法侵害已经开始并且尚未结束的时间过程。只有在这一特定的时间过程中,才能实行正当防卫,而在不法侵害尚未开始或者已经结束的时候,均不得实行正当防卫。因此,防卫时间可以从以下两方面进行认定:

第一,开始时间。所谓"不法侵害已经开始",是指不法侵害人已经着手实行刑法分则所规定的某一具体犯罪的客观方面要件内容的行为,或者已着手实行其他违法行为,致使合法权益受到了直接侵害或紧迫威胁。只有在此时,实行正当防卫才有现实的必要性。这里的关键是要正确地认定不法侵害行为的着手。但是判断正当防卫的开始时间,不能苛求防卫人,而是应该根据当时的主观和客观因素全面分析。例如,对于入室犯罪来说,只要已经开始入室,还没有实施其他侵害行为,也应当认为是已经开始的不法侵害。在个别情况下,不法侵害虽然还没有进入最后实行阶段,但侵害在即,形势十分紧迫,不实行正当防卫不足以保护国家、公共利益和其他合法权益,在这种情况下,可以实行正当防卫。[②]

第二,结束时间。不法侵害的结束应以不法侵害的危险是否排除为其客观标准。不法侵害终止以后,正当防卫的前提条件已经不复存在,一般不再发生防卫的问题。所以,正当防卫必须发生在不法侵害尚未结束之时。所谓"不法侵害尚未结束",是指不法侵害对合法权益形成的危险状态尚未消失,威胁尚未解除。它主要表现为:(1) 不法侵害行为未实行终了,或者侵害行为虽然实行终了,但不法侵害的危险状态仍然存在;(2) 不法侵害未自动中止;(3) 不法侵害未被迫停止。

对于尚未开始实行或已经结束的不法侵害行为,由于客观上并未出现实行防卫的现实需要,或者实行防卫的现实需要已经消失,因而不能实行正当防卫。如果在此时实行防卫,则是防卫不适时。在司法实践中,防卫不适时有两种情况:

第一种,事先防卫。即在不法侵害尚未发生的时候所采取的所谓防卫行为。例如,在对方只有单纯的侵害意图表示或只有不法侵害的预备行为时而实行的"防卫"。但在有的情形下,某些不法侵害的预备行为与实行行为并无明显的区分界限,只要实际的侵害行为对于合法权益的严重威胁已经处于相当迫近的时刻,严重侵害结果即刻

---

① 参见陈兴良主编:《刑法学》,法律出版社 2000 年版,第 25—26 页。

② 同上书,第 26 页。

就会发生,此时实行的防卫,就是适时的防卫而不是事先防卫。对于尚未发生的不法侵害,任何公民都有权以合法的方式采取预先防范措施,但是绝不能非法采用足以危害公共安全的所谓防范措施,如某人为了防止自己的果园被盗,私拉电网,致使小偷触电身亡,该行为就构成过失以危险方法危害公共安全罪。

第二种,事后防卫。即对已经结束的不法侵害,仍然继续实行或者才开始实行的"防卫"。如果不法侵害已经结束,则侵害危险即已消除,则正当防卫行为也应当结束。一般来说,如果出现以下情形,即可认定不法侵害已经结束,侵害危险已经消除:(1)不法侵害行为已经实施完毕,而被害人或者第三者已无可能当场以防卫行为及时挽回损失;(2)不法侵害行为人自动中止侵害行为;(3)不法侵害行为人因被制服或失去继续侵害能力而被迫停止侵害行为,等等。

无论是事先防卫还是事后防卫,由于不具备防卫的时间条件,均不能成立正当防卫,如果造成了严重后果,应根据行为人有无罪过以及罪过的性质,作不同的处理。

(四)必须针对特定的防卫对象

正当防卫是通过对不法侵害人造成一定损害的方法,使国家、公共利益、本人或者他人的人身、财产等合法权利免受正在进行的不法侵害的行为,这一性质决定了正当防卫只能通过对不法侵害人的人身或者财产造成一定损害的方法来实现防卫意图,即防卫对象只能是不法侵害者本人。因为,正当防卫的目的是要排除和制止不法侵害,而不法侵害的行为来自侵害者,只有对不法侵害者本人(包括共同实施不法侵害的共同侵害人)的人身或财产及其他权益造成某种损害,才能有效地制止不法侵害。这是正当防卫的对象条件,也是我国刑法所坚持的罪责自负、反对株连的原则所要求的。

但是应当指出,在对不法侵害者进行防卫反击的同时对第三者的合法权益造成损害的,则并不影响正当防卫的成立。如果对与不法侵害无关的第三者实行"防卫",造成严重后果的,应当根据行为人有无罪过以及罪过的性质,作不同的处理:(1)防卫第三者而符合紧急避险条件的,应以紧急避险论,不负刑事责任;(2)防卫第三者而出于侵害之故意的,应以故意犯罪论;(3)防卫第三者而出于对事实的认识错误,但主观上具有过失的,以过失犯罪论。

(五)必须具有合适的防卫限度

正当防卫的必要限度是区分正当防卫和防卫过当的法律界限。我国《刑法》第20条第2款规定:正当防卫明显超过必要限度造成重大损害的,应当负刑事责任,但是应当减轻或者免除处罚。这一规定表明正当防卫不能明显超过必要的限度,造成重大损害。要把握正当防卫这一条件,关键要弄清"必要限度"的含义。

什么是必要限度?我国刑法并未具体规定。刑法理论对此大致有以下三种观点:(1)基本相适应说。认为所谓必要限度,就是防卫行为的性质、手段、强度和后果同侵害行为的性质、手段、强度和后果必须基本相适应。这里的基本相适应,不是意味着防卫行为必须与侵害行为大体相等,而是可以适当超过,但不能漫无限制。(2)必需说。认为必要限度,就是行为人为了制止不法侵害所必需的限度。防卫的强度大于侵害的强度,只要是为制止不法侵害所必需,就不能认为是超过正当防卫的必要限度。

(3) 适当说。认为正当防卫的必要限度,就是足以制止住不法侵害。至于衡量防卫行为是否超过必要限度,主要根据防卫的手段、强度同侵害行为的手段、强度之间,防卫人对侵害人所造成的后果同侵害行为可能造成的危害后果之间是否基本相适应。①

怎样看待上述几种观点呢?“基本相适应说”既承认“相适应”不是相等,而是可以超过,有利于鼓励人民群众实行正当防卫,又强调相差不能漫无限制而导致防卫者无所顾忌,任意妄为。但它只从两者的强度和利益上相权衡,而没有从正当防卫的目的上来考虑,因而没有抓住问题的本质。“必需说”从正当防卫的目的上立论,认为必要限度就是为了制止不法侵害所必需的限度,抓住了理解必要限度的关键,但过分强调了“必需”,而没有考虑正当防卫的应有限制,不能给防卫者以应有的约束。“适当说”把必需说与基本相适应说有机结合起来,既抓住了理解必要限度的关键,又给衡量是否超过必要限度以恰当的尺度。因而我们认为“适当说”是可取的。即原则上应以防卫行为是否能制止正在进行的不法侵害为必要限度,同时考虑所保护的利益的性质和可能遭受的损害的程度应当同给不法侵害者造成损害的性质和程度大体相适应。

一般情况下,正当防卫的必要限度应当从以下三个方面进行考察:

(1) 不法侵害的强度。所谓不法侵害的强度,是指行为的性质、行为对客体已经造成的损害结果的轻重以及造成这种损害结果的手段、工具的性质和打击部位等因素的统一。② 对不法侵害实行正当防卫,在具体判断防卫人的防卫行为是否超过必要限度时,应当注意防止苛求防卫人的倾向。从实际发生的防卫案件来看,防卫人多是在毫无准备的情况下,由于自身或他人遭受不法侵害的突然袭击而被动地仓促防卫;而防卫的整个过程又处于激烈对抗的状态,防卫人实际上无法对不法侵害的性质和侵害程度作出准确的判断,对于自己的防卫手段和防卫力度也很难作出完全恰如其分的选择,更不可能对防卫损害后果之轻重进行绝对精确的控制。因此,对于防卫损害,只能要求其与防卫保护的合法权益、制止不法侵害的紧迫程度和实际需要“大体相适应”,而不能“绝对相当”,否则就会束缚防卫人实施正当防卫的手脚,不利于公民充分行使正当防卫的权利来维护国家利益、公共利益和公民的合法权益。

(2) 不法侵害的缓急。所谓不法侵害的缓急,是指侵害的紧迫性,即不法侵害所形成的对国家、公共利益、本人或者他人的人身、财产等合法权益的危险程度。③ 在不法侵害较为缓和,侵害结果的发生尚未临近,而制止不法侵害还未达到十分紧迫的程度,只需要造成较为轻微的防卫损害后果,就足以制止不法侵害时,则一般不允许以造成严重的防卫损害后果来进行防卫;反之,如果不法侵害较为激烈,侵害结果即刻就会发生或者已经实际发生,制止不法侵害迫在眉睫,刻不容缓,必须造成侵害人重大的损害后果才足以制止不法侵害时,防卫所造成的重大损害后果均应视为没有超过必要限度。

(3) 不法侵害的权益。不能为保护较微小的合法权益,采取过大损害的防卫行

① 参见杨春洗、杨敦先主编:《中国刑法学》(第2版),北京大学出版社1998年版,第133—135页。
② 参见陈兴良主编:《刑法学》,法律出版社2000年版,第27页。
③ 同上。

为，造成重大损失。这里所说的造成"重大损害"，是指防卫行为对不法侵害人造成的损害明显地远远超过了制止不法侵害行为应造成的损害和不法侵害行为将造成或者正在造成的损害。只有当不应有的防卫损害，具有明显性和严重性时，才应被视为非必要限度内的损害。如根据防卫案件的具体情形，不应造成不法侵害人重伤但实际造成其重伤，或者不应致不法侵害人死亡但实际致其死亡，等等，即可认为是超过必要限度的非法损害。如果防卫所造成的损害不是明显的不应有的重大损害，则都应视为没有超过必要限度。也就是说，在所保护的合法权益较为轻微的情形下，"应有"的防卫损害也应当是较为轻微的，一般不允许造成重大的损害后果；反之，如果所保护的合法权益是重大或特别重大，防卫所造成的重大损害后果则应视为"应有"的，没有超过防卫的必要限度。

(4) 无过当防卫。必须强调指出，由于许多严重的暴力犯罪往往都是预谋的，并且带有相当紧迫性，而防卫人通常是在毫无准备的情况下遭到不法侵害的，心理上处于高度紧张状态。鉴于这种情况，要求防卫人即时采用适宜的手段进行防卫，显然过于苛刻。为鼓励、支持公民积极主动地同严重的暴力犯罪作斗争，我国《刑法》第 20 条第 3 款明确规定：对于正在进行行凶、杀人、抢劫、强奸、绑架以及其他严重危及人身安全的暴力犯罪，采取防卫行为，造成不法侵害人伤亡的，不属防卫过当，不负刑事责任。这一规定，以法律形式对完全不负刑事责任的防卫行为作出了明确规定，表明对上述严重危害社会治安的暴力犯罪，由于严重危及人身安全的暴力犯罪所侵犯的是公民至关重大的合法权益，因而公民在实行正当防卫时，没有防卫的必要限度的限制，只要是按照前述防卫目的、前提、时间、对象条件的要求去实施防卫行为，因而致不法侵害人轻伤、重伤乃至死亡等重大损害，都为法律承认是"应有"的损害后果，并未超过防卫的必要限度，不负刑事责任。

▶ 三、防卫过当及其刑事责任

我国《刑法》第 20 条第 2 款规定：正当防卫明显超过必要限度造成重大损害的，应当负刑事责任，但是应当减轻或者免除处罚。根据该条规定，防卫过当是指正当防卫明显超过必要限度而造成重大损害的行为。防卫过当应当负刑事责任。在防卫过当的情况下，防卫人虽然也是为了维护国家、公共利益或公民个人的合法权益，对正在进行不法侵害的不法侵害者本人实行防卫，但其防卫明显超过了必要限度，造成了不应有的重大损害。而当防卫损害的量一旦明显超过合法界限，便使防卫行为发生了质的变化，即由有益于社会的行为转化为有害于社会的侵害行为，并为法律所不允许。防卫过当应当承担刑事责任，但防卫过当并非独立的罪名，不能定"防卫过当罪"，而应根据防卫过当的行为、后果和防卫人的主观心态，依照刑法分则的有关条款来确定罪名，符合什么罪的构成要件就定什么罪。

关于防卫过当的罪过形式，我国刑法学界一般认为，防卫过当在主观方面一般属于过失，但在个别情况下也不排除有故意的可能。就是说，防卫人在实行正当防卫过程中，对自己的防卫行为可能明显超出必要限度造成重大损害，具有应当预见自己的防卫行为可能明显超过必要限度造成不应有的重大损害但因为疏忽大意而没有预见，或者虽已预见，却轻信能够避免的心理态度；或者具有明知自己的防卫行为可能明显超过必要限度造成不应有的重大损害，而放任危害结果发生的心理态度。因此，防卫人主观心态表现为过失或间接故意。

防卫过当是一种应负刑事责任的犯罪行为，但是，这种犯罪同一般的刑事犯罪有着重大的区别。这是因为防卫人是在实施正当防卫的特殊情况下对不法侵害人造成不必要的重大损害而构成的犯罪，有应当减轻或免除处罚之处。同时，在防卫过当的情况下，并不是说防卫人就不应该对不法侵害造成损害，因而也不能让他对所造成的全部损害都负责任，只能追究其明显超过必要限度造成不必要重大损害部分的刑事责任。所以，在对防卫过当的犯罪人量刑时，要根据案件的事实和情节，并充分考虑防卫行为所保护的合法权益的性质、防卫过当的程度、给不法侵害人造成的重大损害的性质和程度以及造成防卫过当的主客观原因等情况，依法减轻或者免除处罚。

第三节 紧急避险

一、紧急避险的概念

紧急避险，又称紧急避难。我国《刑法》第 21 条第 1 款规定：为了使国家、公共利益、本人或者他人的人身、财产和其他权利免受正在发生的危险，不得已采取的紧急避险行为，造成损害的，不负刑事责任。根据这一规定，所谓紧急避险，是指为了防止国家利益、公共利益、本人或他人的合法权益遭受损害，在没有其他方法能够排除紧急危险的情况下，不得已而采取的损害较小合法利益来保护较大的合法利益的行为。例如，海船在航行中遇到台风，在无任何别的抢救措施的情况下，不得已将船上货物抛掉，以避免船毁人亡。这就属于紧急避险。紧急避险作为一种在紧急状态下以牺牲第三者之合法权益而保护另一合法权益免受损失的避险行为，为现代各国刑法普遍规定为一项重要的法律制度，承认其合法性，排除其社会危害性或阻却其刑事违法性。

紧急避险的主要特征是：在主观上，避险行为人实施避险行为的意图，是为了使国家、公共利益、本人或者他人的人身、财产和其他权利免受正在发生的危险，不具有危害社会的故意或过失的心理态度；在客观上，紧急避险行为损害较小的合法权益，保全较大的合法权益，其直接结果是使国家利益、公共利益和公民个人的合法权益可能遭受的损失减少到最低限度。这些特点表明，法律之所以鼓励和支持紧急避险，是因为它虽然导致某一合法权益受到损害，但在客观上讲它是在两个合法权益发生冲突、只能保存其中一个合法权益的紧急情况下，保护较大的权益而牺牲较小的权益。所以，从总体上讲，紧急避险是有益于社会的行为，这种行为虽然给国家和人民的利益造成了一定的损害，但是最终却是保护了国家和人民的更大的利益。这种行为所造成的一定程度的损害可以被社会所接受，并被视为是在紧急情形下保全较大合法权益不得不付出的代价，属合理的损害，因而在实际上并不具有犯罪的社会危害性，不能构成犯罪。和正当防卫一样，法律承认紧急避险的合法性，并将其作为一项权利赋予每一个公民。在法律所保护的权益遇到紧急危险时,除法律有特别规定外,每个公民都有权实行紧急避险行为,以牺牲较小的、局部的合法权益,来保护较大的、整体的合法权益。

我国刑法规定紧急避险的意义在于鼓励公民在同违法犯罪和各种危险斗争中,运用紧急避险的法律手段,即通过损害较小的合法权益的手段,来保全较大的合法权益,尽一切可能减少自然灾害、不法侵害等危害带给国家、社会和公民的损害;同时,也有利于在人民群众中树立识大体、顾大局的集体主义精神,使人们在与自然灾害、不法侵害等危险的斗争中,增进团结友爱,发扬社会主义道德风尚。

二、紧急避险的条件

由于紧急避险是以损害一个合法权益的方式来保全另一个合法权益,为了防止紧急避险被滥用,避免合法权益遭受不应有的损害,实施紧急避险必须具备一系列严格的条件,根据我国《刑法》第 21 条的规定,紧急避险必须同时具备以下条件:

(一) 紧急避险的主观条件

行为人必须具有避险意图。"避险意图"是构成紧急避险的主观条件,是指行为人实行紧急避险的目的必须是为了保护国家利益、公共利益和公民个人合法权益免受损害。这是避险行为正当性的重要依据,也是紧急避险成立的前提。如果为了避免非法利益受损失而损害合法权益,则不能成立紧急避险,造成严重后果的,应当依法追究行为人的刑事责任。如脱逃犯为了逃避公安人员的追捕而侵入他人的住宅,仍应负非法侵入他人住宅罪的刑事责任,而不能认为其为紧急避险。

(二) 紧急避险的起因条件

只有存在着对国家、公共利益、本人或者他人的人身、财产和其他权利造成某种迫在眉睫、足以造成严重危害的紧迫危险时,才能实行紧急避险。即避险起因必须是存在危险。从司法实践来看,产生对合法权益的危险的来源是多种多样的,主要有:(1) 自然破坏力量对合法权益形成的危险,如严重威胁人身安全、财产安全的地震、洪灾、旱灾、风灾、雪灾、自然火灾等自然灾害;(2) 动物侵袭对合法权益形成的危险,如猛兽的追赶、狂犬咬人、惊马疯牛踏人撞物、蜂群袭人等给人们的人身和财产安全带来的危险;(3) 他人的不法侵害行为对合法权益形成的危险,如犯罪分子实施的放火、爆炸、伤害、杀人、抢劫、绑架等犯罪行为;(4) 人的生理原因对合法权益形成的危险,如疾病、饥饿、干渴等对人的身体健康、生命安全构成的严重威胁,如家长为了急救生命垂危的儿童,私开别人的汽车将病儿送往医院,就属紧急避险。合法行为在任何意义上都不属于危险的范畴,因此对于他人的合法行为,如正当防卫、紧急避险、依法拘留、逮捕、强制执行、扭送等,不得实行紧急避险。总之,凡是合法权益面临上述危险时,都可以实行紧急避险,以便保护国家利益、公共利益和公民个人的合法利益。

作为紧急避险的起因的危险,必须是客观上实际存在的。即避险所避免的,必须是现实的危险。危险必须客观存在,合法权益才会受到实际的威胁,采取避险行为才会成为客观需要。所谓"客观存在",是指危险是实际存在的,而不是避险人主观想象或推测的。如果实际上并没有危险存在,但避险人误认为有危险存在并采取了所谓

"避险"行为,致使合法权益遭受损害的,在刑法理论中被称为假想避险。假想避险,不能成立紧急避险;如果假想避险造成严重后果的,应当根据事实认识错误的处理原则,按过失犯罪或意外事件处理。①

(三)紧急避险的时间条件

紧急避险的时间条件要求只有在对国家、公共利益和其他合法权利构成的危险应当是正在发生之时才可采取紧急避险。刑法设置紧急避险的目的,就在于通过避险行为,尽最大可能减少正在发生的危险所带来的社会危害。所谓"正在发生",是指立即造成损害或正在造成损害的危险已经直接面临,并且尚未消失。只有在此种情况下,采取紧急避险才有现实必要。

如果在危险尚未到来或者已经消失的时候实行避险,则不属于紧急避险而是"避险不适时"。避险不适时有两种情形:(1) 事先避险,即在危险虽然存在,但尚未到来时所采取的避险行为;(2) 事后避险,即在危险已经消失时所采取的避险行为。对于避险不适时,要根据其对合法权益造成损害的大小,以及行为人主观罪过的有无,决定是否追究刑事责任。

(四)紧急避险的可行性条件

紧急避险的可行性条件,是指紧急避险必须是在不得已的紧急情况之下即没有其他方法可以避免危险时实施的。所谓"不得已的紧急情况",是指危险迫近,刻不容缓,合法权益已经受到极其严重的威胁或已受到实际损害,行为人除选择采取紧急避险外,已无其他方法可以排除危险的情况,只有当紧急避险成为唯一可以免遭危险的方法时,才允许实行避险。如果虽然面临危险,但从行为人所具备的主观条件和客观条件来看,尚有其他方法可以排除危险,则不允许选择紧急避险。如果在尚有其他方法可选择避免危险时即盲目选择采取紧急避险,造成严重后果的,应当依法承担法律责任。另外,根据我国《刑法》第 21 条第 3 款的规定,避免本人危险不适用于职务上、业务上负有特定责任的人。这里所说的"特定责任",是指一定的人员基于其所具有的特定职务或者所从事的特定业务,而在一定情形下所产生的必须排除某种危险以保护国家和人民利益的责任。尽管在排除危险时,排险者本人的人身或财产等权益也有可能受到损害,但是绝不能以避免本人危险为由而放弃履行责任。如人民警察负有同犯罪行为作斗争的特定责任,当犯罪发生时,必须制止犯罪,以排除犯罪对社会所构成的危险,绝不能因为自己可能受到伤害甚至可能死亡,而以避免本人危险为由而拒绝履行职责。其他职务上、业务上负有特定责任的人员,如消防队员、海关缉私人员、保卫人员、医生、工程抢险人员等都是如此。如果上述人员为了避免本人危险而放弃职责,不仅不能成立紧急避险,而且那些造成严重后果的有关责任人员,还应当根据具体情况,依法承担相应法律责任。

(五)紧急避险的客体条件

避险的客体条件是指避险所损害的权益是第三者的合法权益。紧急避险是将危

① 参见李文燕主编:《中国刑法学》,中国人民公安大学出版社 1998 年版,第 172—173 页。

险可能造成的损害,从避险所保护的某一合法权益,转嫁于另一合法权益,因此,它所损害的只能是属于第三者的合法权益。如果避险人为了保护本人的某一部分合法权益,而损害仍为本人所有的另一部分合法权益,则并不发生紧急避险的问题;如果危险来自于他人的不法侵害行为,为了保护合法权益,而对不法侵害者本人的人身、财产等进行损害,以制止不法侵害,则不成立紧急避险,而成立正当防卫。损害的客体不同,是区分紧急避险和正当防卫的重要特征之一。

(六)关于紧急避险的限度

紧急避险的限度条件,是指紧急避险不能超过必要限度,造成不应有的损害。紧急避险的必要限度,即避险行为为保护某一合法权益而对另一合法权益所造成的损害应当保持的合法界限,其具体标准应当是避险行为所造成的损害结果必须小于所避免的损害。如果避险行为所引起的损害结果等于或大于所要避免的损害,该损害结果就是不应有的损害,而避险行为就会因其没有减轻或者反而加重了合法权益可能受到了损害而有害于社会,也有悖于法律规定紧急避险的立法意图。在司法实践中,比较和确定避险行为所造成的损害与其避免的损害的大小,是一个复杂的问题。一般来说,公民的人身权利大于财产权利;财产权利中价值高的大于价值低的;而人身权利中生命权利高于健康权利,决不容许以牺牲一个人的生命为代价来保全另一个人的健康,也不容许牺牲他人的生命来保全自己的生命。应当说,在多数情形下,国家利益、公共利益大于公民个人利益,不过这仅是就三者属同一类权益而言的,并非意味着国家或公共的财产性权益必然大于公民的生命权利、身体健康等重大权益。

三、避险过当及其刑事责任

根据我国《刑法》第21条第2款的规定,所谓避险过当,是指避险行为超过必要限度造成不应有的损害的行为。

构成避险过当,应当具备两方面的条件:(1)在客观上,避险行为对合法权益所造成的损害已经等于或大于所要避免的损害,因而具有一定的社会危害性;(2)在主观上,行为人对必要限度以外的不应有的损害结果并不抱希望的态度,不存在直接故意,但一般具有疏忽大意或过于自信的过失心理态度。在少数情况下,还可能具有放任危害结果发生的间接故意的心理态度。

根据刑法规定,紧急避险超过必要限度造成不应有的损害的,应当负刑事责任,但是应当减轻或者免除处罚。对避险过当之所以应当减轻或者免除处罚,是由于避险过当的行为人具有保护合法权益的意图,其主观罪过的产生,往往与紧急危险的发生有着重要的联系;在避险过当的情况下,行为人只能对超过必要限度的不应有的损害部分承担刑事责任。所以,避险过当所构成犯罪的社会危害性和犯罪人的人身危险性均比一般犯罪要小,所承担的刑事责任也应当轻于一般犯罪。与防卫过当一样,避险过当也不是一个独立的罪名,我国刑法分则也没有对避险过当规定具体的法定刑,所以,追究避险过当行为人的刑事责任时,应当根据行为人的主观罪过形式及过当行为的具体特征予以定罪量刑。由于避险过当所损害是第三者的合法权益,因而对避险过当的减轻或免除处罚,在掌握上应严于防卫过当,同时,在裁量在何种情况下减轻、如何减轻，在何种情况下免除处罚时，还要综合考虑避险目的、所保护权益的性质、过当程度、罪过形式等多种因素。

四、紧急避险与正当防卫的异同

紧急避险和正当防卫，都是为了制止或避免现实存在的危害以保护国家利益、公共利益、本人或他人的人身、财产和其他权利，而采取的给他人的某种权利或利益造成一定的损害的紧急措施，二者都同属于排除犯罪性的行为。但是，它们又是两种不同的行为，正当防卫反映的是合法权益与不法侵害之间的矛盾，而紧急避险反映的是两个合法权益之间的冲突。

具体来说，紧急避险和正当防卫的相同点主要是：

(1) 行为人的意图，都是为了保护国家利益、公共利益、本人或者他人的合法权益；

(2) 行为的起因，都是合法权益正在受到侵害或面临危险；

(3) 行为超过必要限度造成不应有的损害的，都应当负刑事责任。

紧急避险和正当防卫的不同之处主要是：

(1) 针对的危害来源有所不同。在紧急避险的情况下，危害既可能来自于人的不法侵害行为或人的生理原因，也可能来自于自然界的力量或动物的侵袭，其范围较宽泛；在正当防卫的情况下，危险只来自于人的不法侵害行为，其范围相对较窄。

(2) 所损害的权益的所有者不同。紧急避险所损害的是第三者所有的合法权益；正当防卫所损害的，则是不法侵害者本人的权益。

(3) 选择实施行为的要求不同。紧急避险只有在没有其他方法可以排除危险的情形下，才可以选择实施；而正当防卫的实施则无此条件限制。

(4) 对必要限度的具体要求不同。在紧急避险的情况下，避险行为所造成的损害小于所避免的损害时，该损害才被认为是没有超过必要限度的应有的损害；在正当防卫的情况下，防卫所造成的损害只要与所保护的合法权益、制止不法侵害的紧迫情形及其实际需要大体相适应，就应认为没有超过必要限度。

(5) 对实施者的身份要求不同。在紧急避险的情况下，避免本人危险不适用于职务上、业务上负有排除特定危险的责任的人员；正当防卫则没有对实施者的身份进行限制。某些具有特定身份的人甚至具有采取正当防卫的义务。如正在执勤的警察，对正在发生的抢劫、杀人等犯罪行为就有采取正当防卫的义务。

第四节　其他排除犯罪性行为

一、依照法律的行为

依照法律的行为，是指依照现行法律、法规而实施的行使权利或者履行义务的行为。依照法律的行为是公民依法进行的，虽然有时在外表上或形式上符合某种犯罪构成特征，但其目的是为了维护国家、公共利益和公民个人的合法权益，因而在事实上不具有社会危害性，相反却是维护法治秩序所必需的、对社会有益的行为。所以，依照法律的行为是一种正当行为。依照法律的行为，其成立必须具备以下几个条件：第一，行为是依照现行有效的法律实施的；第二，行为的内容是行使法律所赋予的权利或者履行义务；第三，行为人主观上必须具有依法行使权利或者履行义务的意图；第四，行为的实施必须在法定的限度内。

二、执行命令的行为

执行命令的行为，是指部属根据上级国家工作人员的命令实施的行为。执行上级命令的行为不是直接依照国家法律的行为，而是直接源于上级国家工作人员的命令。一般而言，这种行为与是否构成犯罪行为没有关系，但这类行为有时实际上是有益于国家和人民、没有社会危害性的行为。比如武装警察、医生受命执行枪决死刑罪犯的行为，接受上级命令为保护地下文物而拆除地上建筑物的行为等，表面上符合故意杀人罪、故意毁坏财物罪的构成，但实际上都是保护国家和人民利益的执行命令的行为，属于排除犯罪性的行为。根据我国的法律和司法实践，只要是执行了合乎法定程序的命令，造成了对社会的损害，执行命令的人主观上没有罪过，就不能追究行为人的刑事责任。行为的责任由发布命令的人承担。执行命令的行为必须具备下列条件才能排除社会危害性：第一，所执行命令的行为必须是直属上级国家工作人员职权范围内依法发布的；第二，执行的命令是依照法律要求以适当形式发布的；第三，执行命令时行为人必须不知道上级的命令具有违法犯罪的内容，命令看不出明显的犯罪意图。

三、正当的业务行为

正当的业务行为，是指行为人根据其所从事的某种正当业务的要求或需要而实施的行为。正当业务行为，有的虽然在形式上与某些犯罪相似，但是，由于这类行为是法律允许的为了保全某种合法权益所必需的、在整体上是为了社会发展的行为，因而不仅不属于犯罪，而恰恰相反，是对社会有益的行为。行为必须具备下列条件才可以认为是排除犯罪性的正当业务行为：第一，行为人所进行的必须是正当业务；第二，执行正当业务的行为人，须是具有一定业务知识和一定业务能力的专业人员；第三，行为人实施的行为是在业务范围内，且所实施的行为必须遵守该项业务的规章制度；第四，行为人实施的行为必须具有业务内正当的目的。

四、自救行为

自救行为，是指行为人在其权利被侵害时而无法得到司法机关及时救济的情况下，依靠自身力量保全自己合法权益的行为。例如，行为人在自己的汽车被窃后数日，在大街上突遇该车，如不及时将该车拦截夺回，便很可能丧失挽回损失的机会，此时行为人夺回汽车的行为，就是自救行为。由于自救行为是在不法侵害已经结束的情况下实施的，因此其行为的方法和强度应当与不法状态存在的情况相适应，不能给不法侵害者造成不应有的损害。一般而言，自救行为的方法只适宜采用限制人身自由，或者扣押其财物的形式，而不允许采用暴力或者毁坏财产的方法进行，不能将救助行为变为报复或私刑。① 成立自救行为必须符合以下几个条件：第一，行为人主观上必须是保护自己的合法权益；第二，行为人必须是在合法权益遭受侵害之后才实施救助行为；第三，行为人当时无法得到司法机关的及时救济；第四，救助行为的方法和强度必须适当。

五、被害人同意的行为

被害人同意的行为，是指行为人在被害人同意的前提下损害其利益的行为。例如，经过财产权人的同意，将其财产予以毁灭、抛弃的行为，就属于这种情形。此种行为必须具备一定条件才属于排除社会危害性的行为：

(1) 被害人承诺的必须是被害人有权支配的个人权益。

一般来说，可以由个人处分的权益，包括公民个人的名誉权、隐私权、财产权、劳动权等权利。除非法律的赋予和委托（如具有监护权、代理权等），任何人没有处分他人权益的权力。任何人也无权同意他人损害有关国家和社会的公共利益。目前世界各国对一个人是否有权支配自己的生命，诸如"安乐死"问题争论激烈。关于安乐死的法律性质，学者们的主张有三种：

第一，持肯定态度的学者认为，对于濒临死亡的病人剧烈的痛苦，基于其本人的恳切要求，医生本着人道主义的善良动机，以药物促使他安静地死亡，以解除病人难以忍受的苦痛，实属合情合理，自应排除其犯罪性。具体理由是：其一，选择自己死亡的方式，是人固有的权利，应当尊重这种权利；其二，病人身患不治之症，濒临死亡，痛苦难当，希望早日摆脱痛苦，在这种情况下，对其施行安乐死是符合人道主义精神的；其三，对回生无望的病人继续治疗，浪费大量人力、物力，不仅对于病人无益，对社会也是无补的。

第二，持否定态度的学者则认为，安乐死违反人的生存权，实属杀人行为，并非治疗行为，虽经病人同意，亦不能阻却杀人的违法性。其主要理由是：第一，人的生命权不同于其他权益，个人无权支配、让与这种权利；第二，安乐死违反自然规律，提前结束人的生命，不符合尊重生命这一人道主义的基本原则；第三，医疗行为的目的应该是尽其所能，力求使病人的病情好转，而安乐死则是提前结束病人的生命，不能认为是医疗行为；第四，法律应当平等地保护一切人，包括危重病人的生命权，非因死罪不能任意将人处死；第五，在现代医疗条件下，对于何为绝症，尚无法作出绝对可靠的诊断。同时，医疗水平是在不断提高的，今天看来是不治之症的，明天也许会是可治之症。

第三，持折衷意见的学者则认为，法律对安乐死应作免罚规定，但同时应有严格的限制条件。这些条件包括：第一，只适用于现代医学上属于不治之症、濒临死亡边缘、且其痛苦已达不堪忍受的程度；第二，其嘱托或承诺必须是在意识清醒时为之，方为有效；第三，其目的仅为解脱病人死前的痛苦；第四，要由医生鉴定，并以痛苦最小的方法由医生执行。1987 年荷兰议会通过一项允许医生对患有绝症病人实行安乐死的法案，是世界上第一个使安乐死合法的立法例。但是，由于安乐死问题十分复杂，因而就世

---

① 参见赵秉志主编：《刑法新教程》，中国人民大学出版社 2001 年版，第 205 页。

界各国立法来看,明确规定安乐死不具有违法性或不构成犯罪的尚属少数。[①] 在我国,一般认为对于个人的生命,本人是没有权利让他人予以剥夺的。

(2) 被害人的承诺必须符合法律和社会主义道德原则,而且对社会没有危害。

经被害人同意的损害行为本身,不得与社会公德和国家法律的规定相违背,否则不能成为正当行为。

(3) 被害人承诺必须是有责任能力的人事先自愿作出的承诺,且被害人的自愿同意必须是其真实意图的反映。

如果行为人采取欺诈、蒙骗、要挟、强迫等手段致使被害人违背真实意思而作出对自己权益的处分,不能成立正当行为,如行为人以暴力或揭露他人隐私等为要挟,要求某人写下借款字据的情况等情况。

【阅读参考书目】

1. 王作富主编:《刑法》,中国人民大学出版社 2010 年第 4 版。
2. 高铭暄、马克昌主编:《刑法学》,北京大学出版社、高等教育出版社 2011 年第 5 版。

【思考题】

一、简答题

1. 什么是正当防卫?我国刑法规定正当防卫有何意义?
2. 简述构成正当防卫的条件。
3. 简述防卫过当的概念及其刑事责任。
4. 什么是紧急避险?
5. 简述正当防卫与紧急避险的区别。

二、案例分析

一天晚上,被告人王某一家三口入睡后,忽听见有人在其家屋外喊王与其妻佟某的名字。王某便到外屋查看,见一人已将外屋窗户的塑料布扯掉一角,正从玻璃缺口处伸进手开门闩。王即用拳头打那人的手一下,该人急抽回手并跑掉。王某出屋追赶未及,亦未认出是何人,即回屋带上一把自制的木柄尖刀,与其妻一道,锁上门后(此时其十岁的儿子仍在屋里睡觉),同去村书记家告知此事,随后又到村委会向镇派出所电话报警。当王与其妻报警后急忙返回自家院内时,发现自家窗前处有俩人影,此二人系本村村民何某、齐某来王家串门,见房门上锁正欲离去。王某未能认出何、齐二人,而误以为是刚才欲非法侵入其住宅之人,又见二人向其走来,疑为要袭击他,随即用手中的尖刀刺向走在前面的齐某的胸部,致齐因失血性休克当场死亡。何某见状上前抱住王某,并说:"我是何 XX!"王某闻声停住,方知出错。

问:

(1) 王某的行为是否正当防卫?

(2) 王某的行为该如何处理?

---

① 参见赵秉志主编:《刑法新教程》,中国人民大学出版社 2001 年版,第 207 页。

第十章　故意犯罪停止形态

故意犯罪是一种复杂的社会现象，每一个故意犯罪的发展过程并不总是完整顺利的。在犯罪人产生和确立犯意以后，一般都有一个发生、发展直至完成的过程。在通常的情况下，一个意图犯罪的人，为实现其犯罪意图，往往要进行一些必要的准备，然后才着手实施，最后完成预期的犯罪行为，实现犯罪目的。但对个案来说，并非每个犯罪者都能将犯罪行为完全实施并达到自己的目的。因此，故意犯罪就可能在发展过程中因为种种原因而停顿下来。处于不同犯罪阶段的犯罪停止形态具有不同的刑法意义。本章将就我国刑法规定的犯罪预备、犯罪中止、犯罪未遂和犯罪既遂进行基本研究。

第一节　概　　述

故意犯罪的停止形态，是指故意犯罪在其发生、发展和完成犯罪的过程中，因主客观原因而停止下来的各种犯罪状态。

根据犯罪完成程度的不同，故意犯罪的形态可分为两种基本类型：一是犯罪的未完成形态，即故意犯罪在其发展过程中于中途停止下来，犯罪未进行到终点，行为人没有完成犯罪的情形。在这种类型中，又可以根据犯罪停止下来的原因等情况的不同而进一步分为犯罪的预备形态、犯罪的未遂形态和犯罪的中止形态三种。二是犯罪的完成形态，即犯罪的既遂形态，是指故意犯罪在其发展过程中未在中途停止下来，行为人完成了犯罪的情形。

根据我国刑法的规定，过失行为只有发生危害结果且刑法分则条文有明文规定的才构成犯罪，如果没有引起刑法明文规定的危害结果，就不构成犯罪。因此，过失犯罪只有犯罪的完成形态，不可能停顿在犯罪的未完成形态，即过失犯罪不可能存在犯罪的预备、未遂和中止形态。间接故意犯罪也不存在犯罪的未完成形态，因为从主观上看，间接故意犯罪表现为对自己的行为所可能造成的一定危害结果的发生与否持放任的心理态度，即听之任之、发生与否都可以的心理态度。这样，行为人所放任的危害结果未发生时，犯罪就不成立，放任心理中不包含完成特定犯罪的追求，也就谈不到这种追求的实现与否。而犯罪的预备、未遂和中止形态中的行为人，原本都存在着实施和完成特定犯罪的犯罪意志与追求心理。之所以在未完成犯罪时停止下来，对犯罪的预备形态和未遂形态而言是因为受到行为人意志以外原因的阻止，对犯罪的中止形态而言是因为行为人自动放弃了原先的完成特定犯罪的意图。可见，间接故意犯罪不可能存在犯罪的预备、未遂和中止形态。从客观上看，间接故意的定罪取决于行为的实际结局，发生了某种危害结果才能构成犯罪，没有发生该种结果便无犯罪可言，也就不可能出现犯罪的未完成形态。所以,犯罪的停止形态只存在于直接故意犯罪之中。但值得注意的是,并非所有的直接故意犯罪都存在犯罪的停止形态。直接故意犯罪的行为人在希望、追求完成某种特定犯罪的主观罪过的支配下,客观上就会有一个进行犯罪预备行为、实施犯罪实行行为和完成犯罪的过程与阶段。在这一过程与阶段顺利完成的情况下,就形成了犯罪的既遂形态,若在此过程和阶段中因主客观因素而使犯罪停止下来,就形成了犯罪的预备、未遂或中止形态。所以说直接故意犯罪可以存在犯罪的完成和未完成形态。但这是就大多数直接故意犯罪而言的,并不意味着一切直接故意犯罪都可以存在这些犯罪的停止形态。从罪种方面来看,有几类直接故意犯罪不存在某种或某几种犯罪的未完成形态:一是一旦着手实行即告完成犯罪的举动犯(如我国刑法中的煽动分裂国家罪、煽动颠覆国家政权罪、传授犯罪方法罪等),不可能存在犯罪未遂;二是我国刑法中把"情节严重"、"情节恶劣"规定为构成犯罪限制性要件的情节犯,不可能存在犯罪未遂;三是结果加重犯和情节加重犯由其构成特征所决定,不存在犯罪既遂与未遂之分,而只有构成一种状态,即只有是否成立加重构成犯之分。从具体案件方面看,突发性的直接故意犯罪案件由于一般不存在犯罪的预备阶段而直接着手实施犯罪实行行为,因而往往也不可能存在犯罪的预备形态以及犯罪预备阶段的中止形态,而只有犯罪未遂、犯罪实行阶段的犯罪中止以及犯罪既遂形态存在的可能。①

研究故意犯罪的停止形态问题,具有重要的实践与理论意义。首先,从定罪方面来看,故意犯罪的各种停止形态具有不同的构成特征,在定罪时要求对犯罪形态予以明确的认定;其次,犯罪停止形态问题也往往涉及此罪与彼罪的区分,如故意杀人未遂罪与故意伤害罪的区分,从而需要明辨;第三,犯罪停止形态问题对量刑也有很大的影响,不同停止形态的危害程度不同,应当根据不同的情况分别予以处罚,刑法也在主客观相统一进行考察的基础上对危害不同的犯罪停止形态设立了轻重不同的处罚原则,研究犯罪形态,有助于正确理解和适用这些处罚原则。

第二节　犯罪预备

一、犯罪预备的概念和特征

我国《刑法》第22条第1款规定:为了犯罪,准备工具、制造条件的,是犯罪预备。这一规定,揭示了犯罪预备行为的主观和客观的特征。

犯罪预备是着手犯罪前的一种准备活动,是犯罪的最初阶段。有些犯罪,如果不经过必要的准备活动,就不能实现其犯罪意图。例如,要伪造货币、票证,就必须准备纸张、油墨等犯罪工具。

(一)犯罪预备的主观特征

行为人进行犯罪预备活动的意图和目的,是为了顺利地着手实施和完成犯罪。犯

① 参见赵秉志主编:《刑法新教程》,中国人民大学出版社2001年版,第213—214页。

罪预备行为的发动、进行与完成,都是受此种目的支配的。例如,为了故意杀人而购买菜刀,买菜刀是为了实施杀人行为,即为故意杀人罪的犯罪预备。如果买菜刀不是为了实行杀人行为,而是为了切菜,当然不能认为是杀人预备。这里,为了实行犯罪不是一种独立的罪过,但表明行为人具有明确的犯罪故意,并在这种犯罪故意的心理支配下为实行行为准备工具、制造条件。犯罪预备与犯意表示不同,犯意表示是指行为人通过口头或书面方式表达犯罪意识但并未付诸任何为实施犯罪制造条件的身体外部活动,或称为犯罪意识的单纯暴露。在中外封建刑法中,有把犯意表示作为犯罪处罚的规定与实践。我国现行刑法坚决摒弃"思想犯罪",认为只有犯意尚未实施犯罪行为的,不具有社会危害性,因而不能认定为犯罪并处以刑罚。两者的区别在于:(1) 犯意表示一般具有公开性,并能运用语言文字表达;犯罪预备多为秘密进行或在有限范围内公开,既可以用语言文字实施,也可用其他方式实施。(2) 犯意表示只能表现行为人的犯罪意识,不可能为犯罪创造条件;而犯罪预备既可以表现行为人的犯罪意识,又能为犯罪创造条件。(3) 犯意表示仅仅是行为人犯罪思想的流露,尚不属于犯罪行为;犯罪预备则超出了思想流露的范畴,并具有相当程度的社会危害性,属于犯罪行为。

(二) 犯罪预备的客观特征

犯罪预备的客观特征表现为两个方面:

一方面,行为人已经开始实施犯罪的预备行为。所谓犯罪的预备行为,就是为犯罪的实行和完成创造便利条件的行为。如为实施故意杀人罪而配制含毒食物、调查被害人的行踪等。另一方面,行为人尚未着手犯罪的实行行为。所谓犯罪的实行行为,指刑法分则中具体犯罪构成客观方面的行为。这一特征意味着,犯罪活动在具体犯罪实行行为着手以前停止下来。如故意杀人罪中尚未着手实施杀害他人的行为,盗窃罪中尚未着手实施非法秘密取得他人财物的行为。这一特征是犯罪预备形态与犯罪未遂形态区别的显著标志。对此必须明确:(1) 犯罪预备必须在为犯罪制造条件的阶段停顿下来,没有通过着手实行犯罪而过渡到犯罪的实行阶段;(2) 这种停顿必须是彻底的而不是暂时的;(3) 犯罪预备行为是否终了,不影响犯罪预备的成立。

这里,还需要明确的是,行为人未着手实施犯罪是由于其意志以外的原因。这是犯罪预备与犯罪中止的根本区别。所谓"意志以外的原因",是指足以阻止行为人犯罪意志、迫使其停止预备行为,不再继续犯罪的各种主客观因素。主要有以下原因:(1) 作案条件不成熟而未着手实行犯罪;(2) 被害人不在现场或防范甚严或闻风逃避难以下手;(3) 司法机关及时行动或第三者制止而使行为人未及着手实行犯罪等。

二、犯罪预备的具体方式

预备行为是为犯罪的实行创造便利条件,以利于犯罪意图和危害结果的顺利实现的行为。我国刑法将预备行为规定为两类:准备工具和制造条件。

(一) 为实施犯罪准备犯罪工具的行为

所谓为实施犯罪准备犯罪工具的行为,即准备为实行犯罪所需的各种物品,包括制造犯罪工具、寻求犯罪工具以及加工犯罪工具使之适合于犯罪需要。准备工具事实上也是为实行犯罪制造条件的行为，因为它是最常见的犯罪预备行为，故刑法将其独立于制造条件之外加以规定。犯罪工具可以反映出犯罪预备行为不同的危害程度。包括犯罪分子进行犯罪活动所用的一切器械物品，其中主要有：(1) 用以杀害被害人或者排除被害人反抗的器械物品，如枪弹、刀棒、毒药、麻醉剂、捆绑他人用的绳索等；(2) 用以破坏、分离犯罪对象物品或者破坏、排除犯罪障碍物的器械物品，如钳剪、刀斧、爆炸物等；(3) 专用为达到或逃离犯罪现场或进行犯罪活动的交通工具，如汽车、摩托车等；(4) 用以排除障碍、接近犯罪对象的物品，如翻墙用的梯子、攀越房屋或爬窗用的绳索等；(5) 用以掩护犯罪实施或者湮灭罪证的物品，如犯罪分子作案时戴的面罩、作案后灭迹用的化学药品等。

(二) 为实施犯罪制造条件的行为

所谓为实施犯罪制造条件的行为，是指除准备犯罪工具外而为实行犯罪所进行的其他准备活动。司法实践和刑法理论把这类犯罪预备行为主要概括为以下几种：(1) 勾结共同犯罪人。勾结的形式多种多样，可以是利诱、劝说、邀请、胁迫等，被勾结者即使不同意，也不影响犯罪预备的成立。另外，勾结密谋的行为，不应是刑法规定的密谋本身即构成犯罪的那些犯罪形式，如我国《刑法》第 102 条规定的背叛国家罪，只要实施了勾结外国，危害中国主权、领土完整和安全的行为的，即为犯罪，不属于犯罪预备。(2) 为实施犯罪事先调查犯罪的场所、时机和被害人的行踪。如了解查看意图实施犯罪的场所及其周围情况，了解被害人的活动规律及去向等。(3) 准备实施犯罪的手段，例如，为实施以技术手段杀人而事先进行练习，为实施扒窃而事先练习扒窃技术，学习使用万能钥匙，练习打开保险柜等。(4) 排除实施犯罪可能遇到的障碍。如将文物馆的警卫施计诱离岗位或者事先拆除警报系统等。(5) 追踪被害人、守候被害人的到来或者进行其他接近被害人、接近犯罪对象物品的行为。(6) 前往犯罪场所守候或者诱骗被害人赶赴犯罪预定地点。(7) 勾引、集结共同犯罪人，进行犯罪预谋。(8) 拟定实施犯罪和犯罪后逃避侦查追踪的计划、进行犯罪模拟实验、向同案犯灌输对被害人仇恨情绪，等等。

三、预备犯的刑事责任

预备犯在客观上有为实行犯罪准备工具、制造条件的行为，在主观上具有犯罪的意图，对客体已经造成威胁，如果不是由于意志以外的原因被迫停止，继续发展下去就会造成危害结果，因此，预备犯是具有社会危害性的，应当负刑事责任。但是，由于犯罪预备还没有给社会造成实际的危害后果，社会危害性的程度比较轻微，因此，我国《刑法》第 22 条第 2 款规定：对于预备犯，可以比照既遂犯从轻、减轻处罚或者免除处罚。在决定预备犯的刑事责任时，应当综合考虑以下情况：

第一，由于预备犯在主观上具备的主要是为犯罪实施创造便利条件的意图，在客观上实施的仅是犯罪的预备行为，从主客观统一上看，预备犯的危害性一般既大大轻于既遂犯，也显著轻于未遂犯，因而在追究预备犯的刑事责任和处罚原则掌握上，对多数预备犯应比照既遂犯从轻、减轻或免除处罚,这体现了主客观相统一和罪刑相适应原则的要求。

第二,对预备犯的从轻、减轻或者免除处罚,是“可以”而不是“应当”。即对预备犯既可以从宽处罚,也可以与既遂犯同等处罚,如对极少数危害严重、情节特别恶劣、主观恶性大的预备犯,也可以不从宽处罚。但是,对预备犯从宽处罚是原则,不从宽处罚是例外。在决定对实施犯罪预备行为者是否追究刑事责任,要否从宽处罚以及从宽处罚的幅度时,应当综合考虑如下情况:(1) 行为人预备所犯罪行的性质和危害程度;(2) 行为人预备犯罪行为的性质、危害程度及其进展程度;(3) 行为人未能着手实施犯罪的具体原因;(4) 行为人的人身危险程度。

第三,如果预备犯的犯罪预备行为本身独立构成犯罪的,一般不数罪并罚,而是从一重罪处罚。如盗窃枪支,准备杀人,虽然杀人行为还未实行,但是已构成盗窃枪支罪。

第三节 犯罪未遂

一、犯罪未遂的概念和特征

我国《刑法》第 23 条第 1 款规定:已经着手实行犯罪,由于犯罪分子意志以外的原因而未能得逞的,是犯罪未遂。根据上述规定,我国刑法中的犯罪未遂,是指行为人已经着手实行具体犯罪构成的实行行为,由于其意志以外的原因而未能完成犯罪的一种故意犯罪的停止形态。

犯罪未遂具有下列特征:

(1) 行为人已经着手实行犯罪。

行为人已经着手实行犯罪,这是犯罪未遂形态必须具备的特征之一,也是与犯罪预备形态相区别的主要标志。因为犯罪未遂形态和犯罪预备形态都是由于行为人意志以外的原因而被迫停止了继续实施犯罪,因而二者区别的关键就在于着手实行犯罪与否。所谓“着手实行犯罪”,是指行为人已经开始实施刑法分则条文规定的某种犯罪构成客观要件的行为。如故意杀人罪中的杀害行为,抢劫罪中侵犯人身的行为和劫取财物的行为等。着手实行犯罪其最根本的特征在于,行为人已经开始直接实行具体犯罪构成客观方面的行为,这种行为已不再属于犯罪预备的性质,而是使刑法所保护的具体权益直接遭受到危害或面临实际存在的威胁。如放火犯开始使用火源点燃引火物,这就直接危及不特定多数人的生命安全和重大公私财物的安全,其行为具有直接侵害性,这就是已经着手实行的行为。

着手实行犯罪是客观的犯罪实行行为与主观的实行犯罪意图相结合的产物和标志。在主观上,行为人实行具体犯罪的意志已经通过客观实行行为表现出来;在客观上,行为人已开始直接实行具体犯罪构成客观方面的行为,这种行为已不再属于为犯罪的实行创造便利条件的预备犯罪的性质,这种行为已使刑法所保护的具体权益面临实际存在的威胁。

在司法实践中应从以下几方面认定犯罪实行行为的着手：

第一，依刑法分则规定的具体犯罪罪状进行分析。罪状是刑法分则条文对某种具体犯罪构成特征的描述。叙明罪状对具体犯罪构成客观要件已作了较详细的描述，如《刑法》第236条第1款规定的强奸罪是指“以暴力、胁迫或者其他手段强奸妇女的”行为，因此，行为人只要违背妇女意志，以与妇女性交为目的，采取暴力、胁迫或其他方法（如麻醉、灌醉酒等）之一的就可以认定犯罪已经着手。简单罪状对犯罪行为特征未作描述，只写出了罪名，对此要结合其犯罪的性质和特征来确定实行行为的着手，如故意杀人罪等。空白罪状只写明违反某一法规，对犯罪罪状不作描述，如逃避进出口商品检验罪等，必须借助于行为人违反的法规才能确定其实行行为的着手。

第二，依实行行为的不同类型来分析犯罪实行的着手。刑法分则所规定的故意犯罪的实行行为可以分为单一的、选择的、并列的和双重的实行行为。单一的实行行为，只要行为人行为完全符合刑法条文所规定的内容，便可认定着手；选择的实行行为，如《刑法》第359条第1款规定的引诱、容留、介绍他人卖淫罪，只要开始实施其中之一的便认为该罪已经着手；并列的实行行为，如《刑法》第279条规定的冒充国家机关工作人员招摇撞骗罪，必须同时具备开始实施冒充行为和招摇撞骗行为，才能认定着手实行该罪；双重的实行行为，如抢劫罪中的暴力、胁迫或其他方法与强行取财之间是手段行为与目的行为的关系，它们共同组成实行行为，只要实施手段行为，无论目的是否实现，便应视为着手实行。

第三，间接实行犯着手的认定。间接实行犯罪是指利用无责任能力或无犯罪意图者之手来实现自己犯罪意图的人。一般认为，间接实行犯从实施利用行为开始即为实行行为的着手。

第四，隔地犯的犯罪着手的认定。隔地犯是指行为人实施的犯罪构成要件的行为与该行为引起的结果，有时间和场合的分离，如邮寄炸弹杀人的行为。一般认为，对此应以行为地行为为标准来认定犯罪的着手。①

（2）犯罪未得逞。

这是犯罪未遂与犯罪既遂的主要区别。按照我国刑法的规定和刑法理论，行为人在着手实行犯罪以后，犯罪“未得逞”即犯罪未达既遂形态而停止下来，这是犯罪未遂形态的又一重要特征。它包括两种含义：一是犯罪未达既遂状态；二是处于一种停顿状态。认定犯罪是否得逞，应以行为人着手实行犯罪后，是否齐备了刑法总则和分则所规定的某种犯罪构成的全部要件为标准。犯罪没有完成这一未遂形态的特征，在不同类型直接故意犯罪中有着不同的具体含义和表现形式：一类是以法定的犯罪结果没有发生作为犯罪未完成的标志，如盗窃罪未发生窃得财物的犯罪结果；另一类是以法定的犯罪行为未能完成作为犯罪未完成的标志，如实施脱逃罪的行为人在逃出监房后未能逃出监狱的警戒线；再一类是以法定的危险状态尚未具备作为犯罪未完成的标志，如行为人放火，在未能点着时被捕获。

① 参见李文燕主编：《中国刑法学》，中国人民公安大学出版社1998年版，第185页。

在认定犯罪未得逞时应注意的问题是：

第一，不能一概以犯罪目的是否达到、犯罪结果是否发生作为认定犯罪是否得逞的标准。犯罪未得逞，不等于没有发生任何危害结果，而是指犯罪构成要件内特定的危害结果没有发生。例如，故意杀人罪里的犯罪未完成即犯罪构成要件的不完备，是指未发生被害人死亡的结果，而不是指未给犯罪对象造成任何伤害结果。

第二，犯罪构成全部要件的齐备，没有时间长短的限制。犯罪既遂后不可能再出现犯罪未完成的停止形态。只要犯罪构成全部要件一齐备，就应认为是犯罪已得逞，构成犯罪既遂。因此，不能因刚刚齐备犯罪构成的全部要件犯罪人即被抓获、赃物即被追回或犯罪人事后立即返还等行为来否认犯罪既遂的成立而认为是犯罪未得逞。

（3）犯罪未得逞是由于犯罪分子意志以外的原因。

这是犯罪未遂区别于犯罪中止的显著特征。所谓意志以外的原因，是指违背犯罪分子本意，阻止其犯罪行为继续实施或犯罪结果发生的各种原因。如果是出于犯罪分子的自由选择而自动放弃犯罪，则属于犯罪中止。犯罪活动在着手实行以后之所以停止在未完成形态，乃是由于犯罪分子意志以外的原因所致。认定犯罪分子"意志以外原因"应以"足以阻止犯罪意志的原因"为标准，既包括客观障碍，也包括犯罪人主观认识因素，都是指违背犯罪人犯罪意志，并能够阻止犯罪行为达到既遂状态的各种主客观因素。

客观因素主要包括：第一，犯罪人自身的客观原因，如技巧拙劣、精神紧张、突发疾病、体力不支、智力低下、常识技巧等的缺乏等；第二，犯罪人自身以外的客观原因，包括被害人、第三者、自然力、物质障碍、环境时机等方面对完成犯罪具有不利影响的因素，如被害人的反抗和逃避、犯罪人被抓捕等。

主观因素主要包括：第一，犯罪人对犯罪对象的认识错误；第二，对犯罪工具的认识错误；第三，对因果关系认识错误；第四，对周边环境的认识错误等等。上述"意志以外的原因"必须达到足以阻止犯罪意志和犯罪活动完成的程度，才能构成犯罪未遂形态。

二、犯罪未遂的类型

划分犯罪未遂的种类，可以使我们从分类中进一步认识犯罪未遂的性质，了解犯罪未遂状态的多样性，根据不同标准可以对犯罪未遂进行如下划分：

（一）依犯罪行为实行的程度为标准，可将犯罪未遂分为实行终了的未遂和未实行终了的未遂

犯罪实行行为是否实行终了应以犯罪分子是否自认为实现犯罪意图所必要的全部行为都实行完毕为标准。

实行终了的未遂，是指行为人已着手实施法定犯罪构成要件的行为，并自认为将实现犯罪意图所必要的全部行为实行完毕，由于意志以外的原因而未得逞的状态。实行终了的未遂可以有两种表现：(1) 犯罪分子自己误认为其实现犯罪意图所必要的行为都已实行终了，因而停止了犯罪行为，但是却由于其意志以外的原因而未能使犯罪达到既遂状态。如故意杀人罪中致人重伤，犯罪人误以为被害人已死亡或必然死亡，

因而放弃加害而离去,后被害人遇救幸存。(2) 犯罪分子对完成犯罪所必要的犯罪行为已实行终了这一点并未发生错误认识,但是行为实行终了距犯罪既遂还有一段距离,在实行终了以后,由于犯罪人意志以外的原因致使犯罪未能达到既遂状态。如投毒杀人中犯罪人已将毒投下,被害人因发现而未食毒物,或者被害人食毒物后遇救未死,即属这种情况。

未实行终了的未遂,是指犯罪分子尚未将其认为完成犯罪所必要的全部行为都实行完毕,由于意志以外的原因,而使犯罪没有得逞的情况。如盗窃犯正在室内盗窃时被当场抓获。

实行终了的未遂与未实行终了的未遂,代表了犯罪行为的不同危害程度。一般说来,实行终了的未遂的社会危险性大于未实行终了的未遂。根据罪刑相适应原则和我国刑罚目的的要求,在量刑时,前者一般应比后者应负更重的刑事责任。

(二) 依行为人实施犯罪实际上能否达到既遂为标准,可将犯罪未遂分为能犯未遂和不能犯未遂

能犯未遂,是指行为人已经着手实施犯罪并且实际上有可能完成犯罪,达到既遂,但由于其意志以外的原因,犯罪未能得逞而停顿下来的状态。如犯罪分子用刀杀人且已将被害人砍伤,后被人当场夺走刀子并将其抓获,即为能犯未遂。如果犯罪人不被当场制止,完全有可能杀死被害人。

不能犯未遂,是指行为人已经着手实施犯罪,但由于其行为性质根本不可能完成犯罪而停顿下来的状态。不能犯未遂又分工具不能犯未遂和对象不能犯未遂。所谓工具不能犯的未遂,是指犯罪人由于认识错误而使用了按其客观性质不能实现行为人犯罪意图、不能构成既遂的犯罪工具,以致犯罪未遂。如行为人误将白糖当做砒霜去投毒杀人,误用空枪去射杀人或用已失效的毒药杀人等等。所谓对象不能犯的未遂,是指由于行为人的错误认识,使得犯罪行为所指向的犯罪对象在行为时不在犯罪行为的有效作用范围内,或者具有某种属性而使得犯罪不能既遂,只能未遂。如将男人当做女人加以“强奸”,误把蜡像当做被害人而朝房内蜡像开枪,误认空包内有钱财而扒窃,等等。

值得注意的是,要严格区别不能犯未遂和迷信犯。迷信犯是指行为人由于愚昧无知,企图使用迷信方法实现自己意图的危害结果,如用诅咒的方法杀人,或用针扎草人等方式试图加害于人,这种情形客观上不可能产生危害社会的结果,不认为是犯罪行为。从主客观统一上看,在一般情况下,能犯未遂往往比不能犯未遂具有较大的社会危害性,在处理时应当考虑这一特性。

三、未遂犯的刑事责任

对于未遂犯的处罚,各国刑法的规定和刑法理论上主要有三种主张:(1) 必减主义,也称客观主义,认为刑罚的轻重应以实害的大小为准,未遂的实害较既遂小,因而未遂必须比照既遂减轻处罚。(2) 同等主义,也称主观主义,认为刑罚应注重犯罪人的主观恶性大小,未遂犯与既遂犯的恶性没有差异,因而对未遂犯应处以与既遂犯同

等的刑罚。(3)得减主义,也称折衷主义,认为对未遂犯可以比照既遂犯减轻处罚,也可以不减轻处罚,是否减轻,由审判机关酌定。①

我国《刑法》第23条第2款规定:对于未遂犯,可以比照既遂犯从轻或者减轻处罚。这一规定采取的是得减主义的处罚原则。对这一处罚原则应把握以下几点:

(1)对未遂犯的从轻、减轻处罚是相对于既遂犯而言的。对未遂犯定罪量刑,应当同时引用《刑法》第23条和刑法分则具体犯罪条文。

(2)对未遂犯可以比照既遂犯从轻、减轻处罚,是指在一般情况下要从轻、减轻处罚,这是原则。也可以与既遂犯同等处罚,这是例外的少数情况。对未遂犯是否从宽处罚,是从轻还是减轻处罚,应当根据犯罪的事实、性质、情节和未遂行为的具体情况来决定。所谓"可以比照既遂犯从轻或者减轻处罚",表明的是法律的一种倾向性要求,即与既遂犯相比,对未遂犯一般要从轻或者减轻处罚。但是法律的要求并没有绝对化,对于极少数综合整个案情看,其危害程度并不小于既遂犯的未遂犯,并不绝对适用这一原则。这种原则性与灵活性相结合的处罚规定,使罪刑相适应原则在未遂犯的一般情况和特殊情况下都能贯彻。一般应考虑以下因素:第一,未遂案件的性质。即未遂犯触犯的罪名不同,所表现出来的社会危害性程度也不同。第二,未遂犯的类型。一般而言,实行终了的未遂犯,其社会危害性大于未实行终了的未遂犯;能犯未遂的社会危害性大于不能犯未遂。第三,未遂犯造成危害结果的有无和大小。第四,未遂犯的各种犯罪情节。包括各种法定或酌定的量刑情节,如是否累犯、是否手段卑劣等。第五,犯罪人主观恶性大小。如未遂犯动机是否卑鄙,犯罪意志是否坚定,犯罪后认罪态度好坏等等。

(3)在确定是否可因犯罪未遂而从轻或者减轻处罚时,应考虑整个案件的情况。因为影响案件社会危害程度的有主客观诸方面的多种情节而非未遂一种情节,而且未遂情节是与全案的其他情节一起影响、决定案件的危害程度的。如果综合全部案情看,未遂案件的危害性与既遂相比较轻或显著较轻,而且未遂情节在全部情节中居于举足轻重的地位,影响甚至是显著影响了案件的危害程度,就可以决定对行为人基于或主要是基于其犯罪未遂而予以从轻或减轻处罚,反之,则不应基于未遂而从宽处罚。

第四节　犯罪中止

一、犯罪中止的概念和特征

我国《刑法》第24条第1款规定:在犯罪过程中,自动放弃犯罪或者自动有效地防止犯罪结果发生的,是犯罪中止。根据这一规定及我国刑法中关于故意犯罪停止形态的理论,我国刑法中的犯罪中止,是指在犯罪过程中,行为人自动放弃犯罪或者自动有效地防止犯罪结果发生,而未完成犯罪的一种犯罪停止形态。这里有两种情况,一是在犯罪过程中自动放弃犯罪,如某甲要将某乙毒死,当买了毒药,放入某乙食物内后,

① 参见杨春洗、杨敦先主编:《中国刑法论》(第2版),北京大学出版社1998年版,第121页。

又自动打消了原来的犯罪念头将食物倒掉；二是在犯罪过程中自动有效地防止犯罪结果发生，如某甲把毒药放入某乙的食物内，某乙吃了以后，毒性尚未发作，某甲又积极找医生解毒，经过抢救，防止了乙死亡的结果的发生。

从犯罪中止的概念可以看出，犯罪中止具有以下特征：

(1) 时空性。

犯罪中止的时空性是指犯罪中止须发生在犯罪既遂之前，即必须是在犯罪过程中放弃犯罪。这是犯罪中止成立的客观前提。如果犯罪已经达到既遂形态，犯罪人不可能再中止犯罪。即使行为人实施犯罪后又自动恢复原状或赔偿损害的，也不能认为是犯罪中止。如受贿犯已收受赃款、赃物，事后把赃款、赃物交出或退回、抢夺犯事后退还抢夺之物等，由于其犯罪已经完成，不存在中止犯罪的时空条件，因而不属于犯罪中止而是犯罪既遂，对于其退还赃款赃物和退还抢夺物的举动只能作为从宽情节在处罚时酌情考虑。如果犯罪虽未达到既遂形态，但在发展过程中由于犯罪分子意志以外的原因而停止，则属于犯罪预备或者犯罪未遂，犯罪人也不可能再中止犯罪。犯罪中止的实质在于不使危害社会的结果发生，因此，犯罪的中止行为，只能发生在犯罪的预备和着手实行犯罪过程中。可分为：第一，预备阶段的中止；第二，未实行终了的中止，即行为人实行的犯罪构成客观要件的行为，可以随即导致危害社会的结果的发生，包括有形的结果和无形的结果，但是行为人中止了实行行为本身，从而避免了犯罪的既遂；第三，实行终了的中止，即行为人虽然实施完毕了犯罪构成客观要件的行为，但是法定的危害结果的发生尚需一段时间，行为人采取了积极的措施防止了结果的发生。如某甲意图杀乙，趁乙上班时潜入其家下毒，而乙只有下班后才有可能食饮中毒。投毒后甲后悔，在乙下班前返回乙家中剔除了毒药。

(2) 自动性。

自动性是犯罪中止形态的本质特征，是犯罪中止形态与犯罪的未遂形态和预备形态的根本区别所在。犯罪中止的自动性，是指行为人在能够完成犯罪的情况下自动放弃犯罪或者自动有效地防止了犯罪结果的发生。即在直接故意犯罪过程中，犯罪人主观上自愿放弃犯罪意图，客观上自动停止犯罪行为或采取有效措施防止犯罪结果发生。行为人认识到自己能够完成犯罪，这是认定自动性的前提。如果行为人认识到自己已不可能将犯罪进行到底而被迫放弃，那就是犯罪预备或犯罪未遂而不是犯罪中止。行为人必须是出于本人真实意思而停止犯罪，这是自动性的实质内容。行为人彻底地而不是暂时地终止了犯罪行为，这是自动性的必要条件。如果行为人只是为了寻找更好的机会再行犯罪而暂时中止犯罪，不能成立犯罪中止。

犯罪中止的自动性包含两层意思：其一，行为人自认为当时可以继续实施与完成犯罪。只要行为人自认为当时有条件将犯罪进行到底，即使在他人看来不可能继续进行和完成犯罪，或者犯罪虽在客观上实际已不能再继续实施和完成，但行为人确实不了解这种客观情况，那就均不影响行为人停止犯罪自动性的成立。如果虽然犯罪在客观上尚可继续实施与完成，但行为人却误认为犯罪已不可能进行，这种情况下则不可能成立停止犯罪的自动性，因为行为人此时基于错误认识停止犯罪是被迫的而不是自动的。其二,行为人出于本人意志而停止犯罪。行为人可能是出于真诚彻底悔罪,也可能是由于他人的规劝、教育或者斥责,思想起了变化,还可能是对被害人产生了同情和怜悯或是慑于法的威严和法网难逃,惧怕日后罪行暴露受到惩罚等,不管是受到什么因素的影响,基于什么考虑,只要行为人最终都是在自认为可以继续实施和完成犯罪的情况下,出于其本人的主观意志,放弃了继续犯罪的意图,作出停止与放弃犯罪的选择,并进而在客观上停止和放弃了犯罪的继续实施与完成。

(3) 有效性。

有效性是犯罪中止与犯罪既遂的区别所在。犯罪中止的有效性是指行为人须有效地防止了犯罪结果发生。由于犯罪分子彻底放弃犯罪意图,自动停止犯罪行为,或者采取积极的防止措施,从而有效地防止了犯罪结果的发生,这是犯罪中止成立的结果条件。它要求犯罪分子在故意犯罪过程中,不仅要自动放弃犯罪,采取积极措施防止犯罪结果发生,而且只有在事实上有效地防止了犯罪结果的发生,犯罪中止才能成立。如果犯罪分子虽然自动停止了犯罪,或者也采取了一定的防止措施,但却未能防止犯罪结果的发生,也不能认为是犯罪中止,只能作为一种悔罪情节在量刑时予以考虑。

值得特别关注的是对"自动放弃重复侵害行为"的定性问题。所谓自动放弃重复侵害行为,是指行为人实施了足以造成既遂危害结果的第一次侵害行为,由于其意志以外的原因而未发生既遂的危害结果,在有继续重复实施侵害行为的实际可能时,行为人自动放弃了实施重复侵害行为,因而使既遂的危害结果没有发生的情况。如甲开枪射杀乙,第一枪未中,本可再次开枪射击,但却改变主意,不再射击了。对此应认定为犯罪中止。主要理由是:第一,行为人对可能重复的侵害行为的放弃,是发生在犯罪实行未终了的过程中,而不是在犯罪行为已被迫停止的未遂形态。犯罪行为是否实行终了,不应是指犯罪活动中的某个具体行为或动作,应是指某种罪的犯罪构成完备所要求的整个犯罪活动;行为是否实行终了的标准,不但要看行为人客观上是否实施了足以造成犯罪结果的犯罪行为,还要看犯罪人是否自认为完成犯罪所必要的行为都实行完了。在放弃重复侵害行为案件里,如行为人枪杀被害人,第一枪未击中而仍可能继续射杀,行为人主观上也明确认识到了这种情况。这种主客观情况的结合完全可以证明,其犯罪行为和整个犯罪活动都尚未终了,存在着中止犯罪所需要的时空条件。第二,行为人对可能重复的侵害行为的放弃是自动的而不是被迫的。行为人在整个犯罪行为尚未终了,在客观上可以继续犯罪而且主观上对继续犯罪有控制力有认识的情况下,出于本意放弃了本来可以继续实施的犯罪行为,从而表现出他放弃犯罪的自动性。第三,由于行为人对可能重复的侵害行为自动而彻底的放弃,使犯罪结果没有发生,犯罪未达既遂形态。[1] 将"自动放弃重复侵害行为"作为犯罪中止来处理是切实贯彻罪刑相适应原则及惩办与宽大相结合刑事政策的基本要求。

---

① 参见赵秉志主编:《刑法新教程》,中国人民大学出版社 2001 年版,第 233—234 页。

二、犯罪中止的类型

正确地划分并研究犯罪中止的类型，有助于认识犯罪中止的复杂情况和深入把握犯罪中止形态的本质与特征。从不同的角度，根据不同的标准，可以将犯罪中止划分为不同的类型。

（一）根据犯罪中止发生的时空范围，可将犯罪中止分为预备中止、实行未终了中止与实行终了中止

1. 预备中止

即发生在犯罪预备阶段的中止。是指在犯罪的预备活动过程中，行为人在自认为可以继续犯罪活动的条件下，自动地将犯罪活动停止下来，不再继续犯罪预备行为或者没有着手犯罪实行行为的情况。如行为人预备杀人，但在准备工具的过程中，惧怕事后会受到法律的追究而未着手实施杀人的行为。

2. 实行未终了中止

即发生在犯罪实行行为尚未终了时的中止。是指行为人在实施犯罪实行行为的过程中，自动放弃了继续实施和完成犯罪，一般表现为自动停止了犯罪行为的实施，也有表现为有效地防止了犯罪结果的发生，因而使犯罪停止在未达既遂的状态。如强奸犯在着手对被害人实施暴力行为的过程中，基于被害妇女的劝说而放弃了对其进一步要实施的奸淫行为，即属于强奸妇女罪实行未终了的犯罪中止。

3. 实行终了中止

即发生在犯罪实行行为实施终了后的犯罪中止。是指行为人在实行行为终了以后，出于本意而以积极的行为阻止了既遂之犯罪结果的发生。如投毒杀人者投下毒药后，又采取积极的措施未使被害人吃下毒物，或者在被害人中毒后将其积极抢救而未使其死亡，就是故意杀人罪实行终了的犯罪中止。

（二）根据对中止行为的不同要求，可将犯罪中止分为消极中止与积极中止

1. 消极中止

即前面所说的自动停止犯罪的犯罪中止。此种情况下犯罪人仅需自动停止犯罪行为的继续实施便可成立的犯罪中止。

2. 积极中止

即前面所说的自动有效地防止犯罪结果发生的犯罪中止。犯罪人不但需要自动停止犯罪的继续实施，而且还需要以积极的作为行为去阻止既遂的犯罪结果发生才能成立的犯罪中止。其行为方式为作为形式。

三、中止犯的刑事责任

我国《刑法》第 24 条第 2 款规定：对于中止犯，没有造成损害的，应当免除处罚；造成损害的，应当减轻处罚。可见，我国刑法对中止犯采取的是必减主义，是否造成损害，是决定对中止犯予以免除处罚或减轻处罚的依据。这是因为中止犯主观恶性较小，客观上防止了法定危害结果的发生。实际损害即便发生，一般也较轻微。因此，其

社会危害性和人身危险性都较之预备犯、未遂犯、既遂犯要小。同时,刑法规定对中止犯应当减轻或免除处罚,也是出于刑事政策和预防犯罪的角度考虑。但是,中止犯也具有一定的社会危害性,因此,对中止犯进行适度的刑事处罚,仍然是必要的。

处罚中止犯应首先确定是否造成损害,从而决定对中止犯是免除处罚还是减轻处罚。刑法条文中的"造成损害",是指中止犯所造成的法定危害结果以外的一切实际损害。比如,故意杀人者虽中止了杀人行为,但已将被害人砍伤等情况,便属于"造成损害"。对于中止犯是"应当"减轻处罚或"应当"免除处罚,而不是"可以",因此,对于中止犯的处罚应一律区别是否"造成损害",而减轻或免除处罚。

第五节 犯罪既遂

一、犯罪既遂形态的概念和特征

犯罪既遂是故意犯罪的完成形态。对于犯罪既遂的概念,综观中外刑法和刑法理论中的解释,大体上可以区分为三种主张:一是既遂的结果说,主张犯罪既遂是指故意实施犯罪行为并且造成了法律规定的犯罪结果的情况。认为既遂与未遂的区别就在于是否发生了犯罪结果,实行故意犯罪并发生犯罪结果的是犯罪既遂,未能发生犯罪结果的是犯罪未遂。二是既遂的目的说,认为犯罪既遂是指行为人故意实行犯罪行为并达到了其犯罪目的情况。主张既遂与未遂的区别就在于行为人是否达到了其犯罪目的,达到犯罪目的的是犯罪既遂,未达到犯罪目的的是犯罪未遂。三是既遂的构成要件说,主张犯罪既遂是指着手实行的犯罪行为具备了具体犯罪构成全部要件的情况。认为既遂与未遂区别的标志,就是犯罪实行行为是否具备了犯罪构成的全部要件,具备的是既遂,未能完全具备的是未遂。至于犯罪构成要件是否全部具备的具体标志,在各类犯罪里则可以有不同的表现。

我们认为既遂的构成要件说的观点是可取的。理由是:(1) 就既遂的结果说而言,虽然有不少犯罪是以法律规定的犯罪结果的发生与否区分犯罪既遂与否的,但犯罪结果是否发生不能作为一切犯罪既遂与否的区分标志,有些犯罪的既遂并不要求有物质性有形犯罪结果的发生,因而无法适用结果的既遂说来确定既遂和区分既遂与未遂。如脱逃罪以被依法关押的罪犯、被告人、犯罪嫌疑人行为当时脱离羁押,而非最终成功地逃避法律制裁为既遂的标志。这种犯罪的既遂要求的并不是物质性有形犯罪结果的发生,而是犯罪行为的法定完成,即达到一定程度,因而无法适用既遂的结果说来确定既遂和区分既遂与未遂。同时,既遂的结果说也不能适用于危险犯既遂的确定及既遂与未遂的区分,如我国《刑法》第 114 条、第 117 条、第 118 条等危险犯罪既遂的确定及既遂与未遂的区分,因为危险犯既遂的确定和既遂、未遂的区分是以是否具备危险状态为标准,而不是以犯罪结果的发生与否为标准。(2) 就既遂目的说而言,有些犯罪,行为人实施犯罪后虽然没有达到犯罪目的,但在法律上已完全具备了犯罪构成的全部要件,已构成既遂而不是未遂。例如,诬告陷害罪以行为人实施了诬告陷害行为为完成犯罪和构成既遂,而不是以行为人达到了诬陷他人而使他人负刑事责任的目的才是既遂的标志。(3) 既遂的构成要件说是以犯罪具备具体犯罪构成的全部要件作为既遂的标准,它克服了前两种学说的片面性,因为既遂在不同类型犯罪里的表现形式(无论是犯罪结果的发生,犯罪行为达到一定程度的完成,还是法律规定的危害状态的具备)尽管各不相同,但都可以概括为犯罪构成要件的全部具备,因此,以是否具备某一犯罪的全部构成要件作为既遂成立与否的标准是正确的,这是中外刑法理论中较为通行的观点。①

犯罪既遂具有以下特征:(1) 行为人必须具有犯罪的故意,这是构成犯罪既遂的主观前提条件。(2) 行为人已经着手实施刑法分则规定的某种犯罪的构成要件的行为,这是构成犯罪既遂的时间条件。(3) 已经齐备了刑法总则和分则规定的某种犯罪构成的全部要件,这是构成犯罪既遂的核心条件。

▶ 二、犯罪既遂形态的类型

由于直接故意犯罪的复杂性,使犯罪既遂的类型多种多样,根据我国刑法分则对各种直接故意犯罪构成要件的不同规定,犯罪既遂主要有以下四种不同的类型:

(一) 结果犯的既遂

结果犯,是指不仅要实施具体犯罪构成客观要件的行为,而且必须发生法定的犯罪结果才构成既遂的犯罪,即以法定的犯罪结果的发生与否作为犯罪既遂与未遂区别标志的犯罪。如果法定危害结果未发生,一般不影响犯罪成立,但可构成犯罪的其他形态。例如,故意杀人行为未导致他人死亡的结果,可能构成故意杀人罪的未遂或中止;实施盗窃行为,但未窃得财物,可能构成盗窃未遂或中止,也可能不构成犯罪。所谓法定的犯罪结果,是专指犯罪行为通过对犯罪对象的作用而给犯罪客体造成的物质性的、可以具体测量确定的、有形的损害结果。这类犯罪在我国刑法中为数很多,而且多是常见罪、多发罪,例如,故意杀人罪、故意伤害罪、抢劫罪、抢夺罪、盗窃罪、诈骗罪,等等。如故意杀人行为致使被害人死亡;盗窃行为,财物已被窃为已有等。

(二) 行为犯的既遂

行为犯,是指以实行法定的犯罪行为作为犯罪既遂必要条件的犯罪。这类犯罪的既遂是以行为完成为标志,而不要求造成物质性的和有形的犯罪结果。按照法律的要求,这种行为要有一个实行过程,要达到一定程度,才能视为行为的完成。即只要行为人实施了法律规定的行为,就构成了既遂,无需像结果犯那样造成物质性的和有形的犯罪结果。如脱逃罪、侮辱罪、诽谤罪、伪证罪等。

(三) 危险犯的既遂

危险犯,是指行为人实施的行为足以造成刑法分则规定的某种危害结果发生的危险即达既遂的犯罪。只要造成足以发生严重后果的危险即为危险犯的既遂,并不以严重后果的实际发生作为认定危险犯既遂的标准。如破坏交通设备罪,行为人破坏交通设备的行为,足以使交通工具发生倾覆、毁坏的危险,即使未实际发生倾覆、毁坏,也构

① 参见张穹主编:《中国刑法教程》,中国检察出版社 1998 年版,第 118 页。

成既遂。从主观方面看，既可以是直接故意也可以是间接故意。对由直接故意构成的这类犯罪来说，其既遂也不是造成物质性的有形的犯罪结果，而是以法定的客观危险状态的具备为标志。

三、既遂犯的刑事责任

在现代各国刑事立法和刑法理论看来，犯罪既遂是故意犯罪的完成形态，符合的是基本的犯罪构成即刑法分则具体犯罪条文的构成，而分则条文的法定刑就是为犯罪的基本构成设置的。因此，各国刑法均是按刑法总则的一般量刑原则和刑法分则各具体犯罪的法定刑对其适用。[①] 我国刑法也采用这种主张。对行为符合犯罪既遂特征的既遂犯，我国刑法要求根据其所犯的罪，在考虑刑法总则一般量刑原则的指导与约束的基础上，直接按照刑法分则具体犯罪条文规定的法定刑幅度处罚。量刑时应注意对同种罪危害不同的既遂犯的区别对待。例如，同是盗窃罪的既遂犯，在不同个案中有盗窃数额的差异，即使盗窃数额相同的，也有盗窃对象重要程度的不同；同是故意杀人罪的既遂犯，在个案中有杀死一人与数人之别，有普通杀人行为与以特别残忍的手段杀人之别，还有普通的杀人既遂犯与实施杀人行为后自动采取抢救措施未果而构成的杀人既遂犯之不同，等等。这些不同的情形反映了不同的既遂犯之危害性与罪责程度的差异，为贯彻罪责刑相适应原则，在处罚时应予以适当的区别对待。在既遂犯同时具备其他宽严处罚的情节尤其是具有法定的宽严处罚情节时，要注意同时引用相关的条款。在综合考虑犯罪危害程度和犯罪人主观恶性大小的基础上，再决定适用恰当的处罚。

直接故意犯罪一般都有一个发生、发展直至完成的过程，在这一过程中，可能由于各种主客观方面的原因使犯罪停顿下来而没有达到完成状态。但犯罪行为的停顿状态不同，表明犯罪人意图实现程度不同，反映出的社会危害性程度也不同，所担负的刑事责任也不同。在同一种犯罪中，犯罪的预备、未遂和中止行为同犯罪的既遂相比，所承担的刑事责任一般要轻。

【阅读参考书目】

1. 王作富主编：《刑法》，中国人民大学出版社 2010 年第 4 版。

2. 高铭暄、马克昌主编：《刑法学》，北京大学出版社、高等教育出版社 2011 年第 5 版。

【思考题】

一、简答题

1. 简述犯罪预备及其刑事责任。

2. 犯罪未遂与犯罪中止有什么区别？

3. 什么是犯罪既遂？犯罪既遂有哪些主要类型？

---

① 参见赵秉志主编：《刑法新教程》，中国人民大学出版社 2001 年版，第 219 页。

二、案例分析

某年春天的一个晚上，阎某骑自行车外出，在公路上行驶时，被持刀隐藏、图谋抢劫的张某拦住。在张某的威胁下，阎某交出手表、所带现金以及自行车。张某得手后准备骑车离去，阎某趁其不备，抽出夹在自行车后座上的打气筒，猛击张某头部，将张打倒在地。阎某取回自己的手表、现金，骑车继续前行。由于夜已深，为防止再遭险情，她当晚即休息在路旁一户农家中，女主人安排她和自己的女儿同住。张某苏醒后，返回家中，并在自家院中发现了阎某的自行车，才知道阎某住在自己家中。夜深后，张某在向母亲打听清楚了阎某睡眠在外侧后，便手持尖刀进屋，隔着被子向床的外侧猛扎。待床上没有动静后，张某准备拖出尸体掩埋。这时才发现杀害的竟是自己的妹妹。原来，张某回家的情况，被难以入睡的阎某听到。她起床躲在门后，伺机逃跑，又怕张某发现床上无人而起疑心，就把张某的妹妹轻轻挪到外侧，并在里侧的被子里放上枕头作掩饰。在张某潜入室内准备行凶时，阎某趁机逃出门外。

问：

(1) 张某的抢劫行为是否成立既遂？

(2) 张某杀害其胞妹的行为应如何处理？

(3) 阎某把张某的妹妹轻轻挪到外侧的行为是否属于紧急避险？对此应如何处理？

第十一章 共同犯罪

共同犯罪是一种特殊的犯罪形态,历来是刑法学研究的重点。从犯罪行为人方面考察犯罪的状况,有的由一人单独实施完成,此即通常所说的单独犯;有的则由两个或两个以上的人实施完成的,后者可能成立共同犯罪。在共同犯罪进程中,各参与人所扮演的角色并不完全相同,对犯罪的完成所起作用也各不相同,各参与人往往事先策划,各有分工,互相配合,作案后,各共同参与人研讨对策,互相包庇,采用种种手段消灭罪证,逃避侦查。因而共同犯罪一般较单个人实施的犯罪社会危害性更大。由此在刑法评价上,无论是定罪还是量刑方面,共同犯罪与单独犯罪都不完全相同。如何认定共同犯罪,它有哪些形式,共同犯罪参与人根据什么条文确定刑事责任的范围,共犯的身份,共犯的犯罪停止形态,共犯的竞合等问题,都需要进行专门的研究。

第一节 概 述

一、共同犯罪的概念

共同犯罪,是相对于单独犯罪而言的。它是从苏联刑法理论中引入的一个概念。大陆法系各国刑法,则区分正犯与共犯。例如《德国刑法典》第 25 条规定:(1) 自己实施犯罪,或通过他人实施犯罪的,依正犯论处;(2) 数人共同实施犯罪的,均依正犯论处(共同正犯)。第 26 条规定:故意教唆他人故意实施违法行为的是教唆犯。对教唆犯的处罚与正犯相同。第 27 条规定了帮助犯及其处罚。《日本刑法》第 60 条规定:二人以上共同实行犯罪的,都是正犯。第 61 条规定:教唆他人实行犯罪的,判处正犯的刑罚。教唆教唆犯的,与前项同。第 62 条规定:帮助正犯的,是从犯。通观大陆法系各国的共同犯罪理论,基本上是沿着正犯与共犯两条线索建立起来的。在他们看来,广义上的共犯包括共同正犯、教唆犯与帮助犯,狭义的共犯仅指教唆犯与帮助犯。这里的共犯,虽然有时也指共同犯罪人,但更多的情况下则是共同犯罪的简称,因此,正犯与共犯的有关理论仍然可以贯通我国刑法中共同犯罪的有关理论。

我国《刑法》第 25 条第 1 款规定:共同犯罪是指二人以上共同故意犯罪。这一定义科学地概括了共同犯罪的内在属性,体现了主客观相统一的原则,为有效地惩治共同犯罪提供了法律武器,为理论上研究共同犯罪指明了方向。由这一定义可以看出,共同犯罪是二人以上以共同的犯罪故意和共同的犯罪行为联系起来的整体,而不是个人行为的简单相加。因此,司法实践中,对于共同犯罪案件,不能孤立地看待各共犯人的行为。

▶ 二、共同犯罪与犯罪构成的关系

共同犯罪究竟是指什么共同呢？这直接涉及如何理解上述共同犯罪的定义，也涉及共同犯罪与犯罪构成的关系问题。关于犯罪的共同性，在大陆法系刑法理论上存在犯罪共同说与行为共同说之争。犯罪共同说严格限定共犯的成立范围，认为二人以上共同实行同一特定的犯罪，即符合同一特定犯罪的构成要件时，才能认定为共同犯罪。其中完全的犯罪共同说认为，共同犯罪应当以行为人共同触犯同一罪名为限，否则不成立共同犯罪。部分犯罪共同说认为二人以上虽然共同实施的是不同的犯罪，但当这些不同的犯罪之间具有重合的性质时，则在重合的限度内成立共犯。例如，甲以伤害的意思、乙以杀人的意思，共同加害于丙时，只在伤害罪范围内成立共犯。行为共同说则主张，共同犯罪的成立，以行为人共同实施刑法所禁止的行为为前提，不要求各共犯人的行为符合同一犯罪的构成要件，定罪时也分别确立罪名。即这里的共同行为，是在自然意义上所说的共同行为。由于这一学说与构成要件理论不相符合，所以遭到了许多批评。

按照我国的刑法理论，行为共同说也是不能接受的。行为共同说实际上认为共同犯罪是指犯罪在实质上相同，也就是表现出行为人的危险性格，危害了社会，显然仅以犯罪概念为基础就足以认定共同犯罪。例如，特拉伊宁指出："各个共犯对同一罪行负责的一致性，并不表现在惩罚规范一致的这个形式特征上。这种责任表现在每个共犯对之负责的犯罪在实质上相同——是在实质上相同，而不是构成相同。"[①]但是事实上，犯罪构成才是认定犯罪的唯一依据，这是我们刑法理论的一条根本性原则。如果认为共同犯罪可以不以共同的犯罪构成为前提，而以犯罪概念为前提，这就等于为共同犯罪确立了特殊的责任根据。因此，认定共同犯罪时我们也应当毫无例外地以犯罪构成为依据。由于共同犯罪并没有独立的犯罪构成，所以其认定依据也就是通常针对单独犯罪的犯罪构成。完全的犯罪共同说也有缺陷，它严格限定了共犯的成立范围。现实生活中，数个行为人以共同的犯罪故意，实施了共同的犯罪行为，只是由于行为人各自的特定状况不同，例如其中有的行为人具有法律所规定的特定身份，有的则没有，因而触犯的罪名不同，从而不成立共同犯罪的话，显然是不合理的。因此，我们认为前述部分犯罪共同说的观点较为可取。例如，甲是普通公民，乙是现役军人，共同盗窃一批军用物资，因为现役军人盗窃军用物资与普通公民盗窃军用物资，由于身份不同而成立不同的犯罪，或者说二者符合的是不同的犯罪构成。然而，他们却都是盗窃公共财物，从这个意义上说，都具备《刑法》第264条盗窃罪的犯罪构成，而且是共同实施的，所以他们应在这个范围内构成共同犯罪。至于乙因另具现役军人的特定身份而盗窃军用物资，实际上应按《刑法》第438条定罪处刑，则应视为其行为触犯了两个法条，依照特别法优于普通法的原则适用法律的结果。[②]

① 〔苏〕A. H. 特拉伊宁：《犯罪构成的一般学说》，王作富等译，中国人民大学出版社1958年版，第242页。

② 参见张明楷：《刑法学》(上)，法律出版社1997年版，第277—278页。

▶ 三、共同犯罪的立法理由

刑法为什么要在总则中对共同犯罪作统一的规定呢？这是因为，刑法分则一般是以单独犯为模式的，只有极少数犯罪明文规定以二人以上共同实行犯罪为要件。对这些必要共同犯罪，刑法针对各共犯者的不同情况，分别规定了相应的刑事责任，但是对于社会生活中大量存在的数人共同实施预定由一人实施的共同犯罪情况，如何解决他们的刑事责任问题，刑法分则却无能为力。因为根据罪责刑相适应原则，需要对各共犯人区别对待，采取不同的量刑原则，但如果在分则中对所有数人实现单独犯罪的情况都加以规定，就会使法条失之于繁琐。而且由于共同犯罪是一种极为复杂的社会现象，各共同犯罪人在共同犯罪中所处的地位各异，所起的作用也很不相同，立法者不可能将所有可能的情况都设想到。所以对共同犯罪，只能在刑法总则中对其共通的地方作出规定，为处理这类案件提供可资借鉴的法律依据。

第二节　共同犯罪的成立条件和形式

▶ 一、共同犯罪的成立条件

共同犯罪的成立条件，是指共同犯罪这一特殊的犯罪形式的成立必须具备的条件。它揭示了共同犯罪与单独犯罪的区别，体现出共同犯罪的特征。应当注意，共同犯罪的成立条件与共同犯罪所犯之罪的构成要件是不同的。前者解决行为人的行为是否成立共同犯罪的问题，后者则解决共同犯罪人究竟构成什么罪的问题，不可混为一谈。根据我国刑法关于共同犯罪概念的规定，共同犯罪的成立，必须具备如下条件：

（一）主体要件

成立共同犯罪，行为人必须是二人以上。首先，从数量上看，“二人”是最低的限度，一人不可能成立共同犯罪，有些聚众性犯罪、集团犯罪，所要求的人数更多。至于“以上”的上限，法律没有限制，可以是几个人，也可以是几十人，甚至上百人。其次，这里的二人以上不是泛指所有的人，而是必须符合犯罪主体条件的人，即必须是达到了刑事责任年龄、具有刑事责任能力的人。如果有刑事责任能力者利用未达刑事责任年龄者或者精神病人去实施犯罪，被利用者不构成犯罪，利用者则作为实行犯来处理。这种情况在刑法理论上叫做间接正犯。例如，甲教唆自己8岁的小孩实施盗窃行为，实质上是把小孩当做犯罪工具利用，因此不成立共同犯罪，应依单独犯罪论处。值得注意的是，并不是只有两个以上完全刑事责任能力人才能成立共同犯罪，只要行为人在相应的犯罪上达到了刑事责任年龄，具备刑事责任能力即可。因此，对于我国《刑法》第17条第2款规定的相对刑事责任年龄人，如果实施的是法条明示的8种行为，也可以与他人成立共同犯罪。而对于这8种以外的行为，行为人应被视为无刑事责任能力人，从而不成立共同犯罪。再次，这里的“人”，不仅包括自然人，也包括法人；不仅包括具有特定身份的人，也包括不具有特定身份的人。因此，法人与自然人、法人与法人、一般主体与特殊主体都可以构成共同犯罪。

（二）客观要件

从客观方面讲，成立共同犯罪必须二人以上有共同犯罪行为。所谓共同犯罪行为，是指各共同犯罪人的行为都是指向同一的犯罪，彼此联系、互相配合，成为一个统一的犯罪活动整体。每个人的行为都是共同犯罪行为的一个有机组成部分，每个人的行为都与犯罪结果之间存在着因果关系。它包括以下几方面内容：

第一，各共犯者的行为都是犯罪行为。这就要求：首先，各共犯者的行为都是刑法意义上的行为。条件反射的行为、熟睡中的举动、不可抗力下实施的行为，即便造成了严重危害后果，也不能成立共同犯罪。其次，各共犯者的行为必须具有社会危害性，并且达到构成犯罪的严重程度。如果有的行为是排除犯罪性的行为，如正当防卫，其他行为人利用其实施犯罪，不成立共同犯罪。如果其中有的行为情节显著轻微，危害不大，不构成犯罪，那么实施该行为的人也不能与他人构成共犯。

第二，各共犯者所实施的犯罪行为必须指向同一的犯罪目标，彼此联系，互相配合，形成一个有机的犯罪活动整体。也就是说，各共犯人的行为不是孤立的，而是围绕一个共同的犯罪目标进行的，每个共犯人的行为都是共同犯罪行为不可或缺的组成部分。

从行为方式上说，共同犯罪行为表现为三种形式：一是共同的作为，如甲、乙共同将丙杀死；二是共同的不作为，如父母共同遗弃子女；三是作为与不作为的结合。例如，仓库值班员甲与盗窃犯乙约好，让乙在其值班时来盗窃，届时甲佯装熟睡。甲的行为是不作为，乙的行为是作为，属于作为与不作为的结合。

从行为分工来看，共同犯罪行为表现为组织行为、实行行为、教唆行为和帮助行为四种方式。在具体共同犯罪中，既可能是共同实施犯罪行为，也可能是同一犯罪行为的不同分工，如甲直接实行犯罪，乙帮助望风。尽管他们在共同犯罪中所处的地位不同，作用也不一样，但是都指向同一犯罪，并且彼此联系配合，所以仍然是共同犯罪行为。

第三，共同实施的犯罪是结果犯时，必须每个共同犯罪人的行为都与犯罪结果之间存在着因果关系。需要指出的是，共同犯罪中的因果关系具有特殊性，不是单个人的行为而是数人的共同行为与结果之间的因果关系。所以，对共同犯罪行为应当统一地加以考察，不能孤立地只就某一共同犯罪人本身的行为是否现实地导致结果发生，来认定其行为与结果之间是否存在因果关系。在共同实行犯罪的场合，如果共同犯罪人中有一人的行为直接引起犯罪结果的发生，其他共同犯罪人的行为虽然没有直接产生危害结果，但根据共同犯罪行为是有机统一体的特点，也应认为这种行为与危害结果之间具有因果关系。例如，甲乙共同开枪射击丙，甲射中而乙未射中，致丙受伤，甲乙均应负伤害罪既遂的刑事责任。在各共犯者之间存在分工的场合，如何说明教唆犯、从犯的行为与犯罪结果之间的因果关系，国外刑法理论有各种不同的学说。我们认为，教唆犯、帮助犯和实行犯的行为作为共同犯罪行为的有机整体，都与犯罪结果之间存在着因果关系。实行犯的实行行为是犯罪结果发生的直接原因，而组织犯、教唆犯、帮助犯的行为是犯罪结果发生的间接原因，他们的行为引起或者促使实行犯实行犯罪。因此,在理解共同犯罪的因果关系时,对相连续的因果环节要适当延长。

（三）主观条件

各共犯者必须有共同的犯罪故意。所谓共同犯罪故意,是指各共犯人通过犯意的联络、传递、反馈而形成的明知自己与他人配合共同实施犯罪会造成某种危害结果,并且希望或者放任这种结果发生的主观心理态度。这种共同的犯罪故意,是维系共犯关系的精神纽带,它使各共犯者的行为在共同犯罪故意支配下联结为一体,也是各共犯者承担刑事责任的主观基础。理解共同犯罪故意,必须注意以下几点:

第一,各共犯者认识到自己不是一个人单独实施犯罪,而是同他人一起,借助他人的行为完成犯罪,至于彼此是否熟识,不影响共同犯罪的成立。在国外刑法理论中,特别强调共同犯罪人之间的意思联络。意思联络,是指共犯者以明示或者暗示的方法表明其愿意共同实施某种犯罪。正是通过意思联络,各共犯者的单个犯罪故意才转化为共同犯罪故意。不要求各共犯之间有一定的主观联系,就必然会把刑事责任建立在几个人的不同的行为客观巧合的基础上,也就是说必然会导致所发生结果的客观归罪。[①]但是,共同犯罪人之间的意思联络不能仅仅理解为事前的通谋,实践中也存在不少事前没有通谋而临时起意的共同犯罪。此外这种意思联络,并不要求在所有共犯者之间都存在。如实行犯与教唆犯、帮助犯分别有犯意联系,而教唆犯与帮助犯之间未必也有犯意联系。

第二,从认识因素上看,共同犯罪人明知自己是在和他人共同实施行为,并且明知他们的共同行为可能或者必然发生某种危害社会的结果。这表明,共同犯罪故意的认识因素在认识内容上具有不同于单独犯罪的认识因素的特点,它具有双重性。应强调的是,只需共犯者对危害社会结果发生的可能有认识,并不需要有具体的预见。因为共犯者对其他共犯者究竟会采取什么手段、将会造成什么样的结果,是不可能认识得非常清楚的,但决不能据此就否定共同犯罪故意的存在。

第三,从意志因素上看,共同犯罪人对于他们的共同犯罪行为会发生的危害社会的结果持希望或者放任的心理态度。在共同犯罪的情况下,犯罪故意的意志因素也是双重的,即对本人行为会造成的危害社会结果持希望或者放任的心理态度且对他人行为会造成的危害社会结果亦持希望或者放任的心理态度。例如,教唆犯的意志因素,一方面是对本人的教唆行为会造成他人实施犯罪的希望或者放任的心理态度,另一方面是对被教唆的人的行为会造成危害社会的结果的希望或者放任的心理态度。[②]

第四,共同犯罪故意的表现形式可以是共同的直接故意,如甲乙共同持械将丙打成重伤;也可以是共同的间接故意,如甲乙与丙因宅基地发生纠纷,共谋放火烧丙家的房子,明知丙母在房内且年事已高,可能被烧死,但对此持放任的态度;还可以是直接故意与间接故意的结合,如前例甲希望丙母被烧死,乙虽不希望,但持放任的态度。

根据共同犯罪的上述成立条件,我们认为,下述几种情况不成立共同犯罪:

---

① 〔苏〕A. H. 特拉伊宁:《犯罪构成的一般学说》,王作富等译,中国人民大学出版社 1958 年版,第 233 页。

② 陈兴良:《共同犯罪论》,中国社会科学出版社 1992 年版,第 111 页。

一是缺乏主观联系的同时犯。所谓同时犯,指二人以上的行为者没有共同实行犯罪的意思联络,同时或者在近乎同时的前后对同一目标实行犯罪的情况。如甲乙与丙有仇,近乎同时在丙的食物中投毒致丙死亡。同时犯在强调意思联络的国家刑法理论中因缺少共同犯罪故意,故不是共同犯罪,只是同时实行的单独犯,行为人应各负其责。但同时犯在因果关系的判断上有时困难重重,因此有的国家作了例外规定,如《日本刑法》第207条。① 这是数人同时对被害人造成伤害,在不能辨认所加伤害的轻重或何人所伤的情况下,作为共同犯罪处理的特例。《日本刑法》的这种特例,可供我们参考。②

二是实施犯罪时故意的内容不同的,不构成共同犯罪。二人以上同时故意实施犯罪,甚至故意对同一对象实施犯罪,但由于故意内容不同,不能认为具有共同犯罪故意,因而不构成共同犯罪。

三是超出共同故意范围的犯罪,不属于共同犯罪。司法实践中,一般对超出共同犯罪故意范围的过限行为,由实行过限行为者独自承担责任,对非过限部分作为共同犯罪行为的组成部分,按共同犯罪对待。如甲教唆乙强奸丙女,乙强奸之后又临时产生杀人灭口的故意,将丙女杀害。乙的杀人行为是共同犯罪故意之外的过限行为,应独自承担责任,而强奸行为则与甲构成共同犯罪。

围绕着是否成立共同犯罪,刑法学界就某些问题还存在较大争议,在此略加探讨。

(1) 单方面具有共同犯罪故意是否成立共同犯罪?这也就是是否存在“片面共犯”的问题。所谓片面共犯,是指共同行为人的一方有与他人共同实施犯罪的意思,但是另一方并没有认识到对方是在和自己共同实施犯罪的情况。例如,甲明知乙正在追杀丙,由于其与丙也有仇,便暗中设置障碍物将丙绊倒,从而使乙顺利地杀死丙。不知情的一方,仅就自己的行为负应有的刑事责任,这点没有异议。但能否成立片面共犯?对此,中外刑法理论界一直都存有争议。我国刑法理论界有学者否认“片面共犯”,认为所谓“片面共犯”并不符合共同犯罪的成立条件,因为行为人主观上没有共同联系,缺乏相互沟通,因而不能在客观上相互协调、相互配合,他们的行为并没有形成为一个有机整体,不具备共同犯罪的特征。③ 也有学者肯定片面共犯,认为全面共同故意与片面共同故意之间并不是主观联系有无的区别,而只是主观联系方式的区别。④ 行为共同说所要求的主观联系的“弱势性”并没有否定其主观联系的必然性,这种特定的主观联系正是片面共犯独特性之所在,也是片面共犯存在的根本价值。⑤ 持肯定观点的学者对片面正犯成立的范围又有不同见解。有的承认片面教唆犯与片面帮助犯⑥;有的则认为,教唆犯不可能成立片面的共犯,共同正犯也不宜成立片面的共犯,暗中给犯罪

① 该条规定:二人以上实施暴行伤害他人的,在不能辨别各人暴行所造成的伤害的轻重或者不能辨认何人造成了伤害时,即使不是共同实行的,也依照共犯的规定处断。

② 李光灿、马克昌、罗平:《论共同犯罪》,中国政法大学出版社1987年版,第35页。

③ 张明楷:《犯罪论原理》,武汉大学出版社1991年版,第534页。

④ 陈兴良:《共同犯罪论》,中国社会科学出版社1992年版,第116页。

⑤ 林亚刚、赵慧:《论片面共犯的理论基础》,载《法学评论》2001年第5期,第135页。

⑥ 参见陈兴良:《共同犯罪论》,中国社会科学出版社1992年版,第114—121页。

以帮助,事实上是可能的。①

我们认为,片面共犯是可能存在的,并且不违背主客观相统一原则。暗中故意帮助他人实施故意犯罪,被帮助者虽然不知情,但对帮助者来说,则既有与他人共同实施犯罪的故意,又有共同犯罪的行为,完全符合共同犯罪的成立要件。相反,如果对有共同犯罪故意的一方不按片面共同犯罪论处,则将失去对其追究刑事责任的法律根据,因为他暗中实施的帮助他人犯罪的行为并非是刑法分则中所规定的独立犯罪行为。②有学者认为,承认"片面共犯",并不能完全解决行为人的刑事责任问题。③ 这种担心是完全不必要的。对于片面共犯来说,对没有共同犯罪故意的一方以单个人犯罪定罪处罚,只对有共同犯罪故意的一方以他方的共同犯罪人论处,不会出现对无共犯故意之人不公平的现象。但因片面共犯确实只有单方面的意思联络,因而缺乏彼此共同的意志。也正因此,它不可能是全面共犯,而只能是片面共犯。④ 片面共犯的成立范围,实行犯因为不具有共同犯罪的主观意思,所以不可能有共同正犯的产生;而"教唆犯必须使本无犯意之人产生犯罪之决意,教唆者与被教唆者之间,若无意思之交通,即失却教唆之本意,故所谓片面之共犯云者又何不可想象"⑤。只有帮助犯才有片面共犯的情形发生。

(2) 仅仅参与共谋,而未参与实行犯罪行为的,是否构成共同犯罪? 例如,甲乙二人共谋杀丙,相约次日晚到丙家共同下手,但届时乙未去,甲一人将丙杀死。甲乙二人是否共犯,对此,理论界有不同意见。否定说认为,"共谋只参与谋议行为,此不外为参与共同意思之形成,而共同意思之存在,仅为共同正犯之主观要件而已。然而共同正犯之成立,除须有主观要件以外,另须有客观要件,即共同行为之实施,果如此,则共谋共同正犯是否另有共同行为,实不无疑问,承认共谋共同正犯之学者或判例,却将谋议行为认为客观要件,似将主观与客观要件混为一谈"⑥。肯定说认为,共谋是共同犯罪行为,参与共谋即使未实行也构成共同犯罪。因为共同犯罪行为包括犯罪的预备行为和实行行为,而犯罪的预备和犯罪的实行是两个紧密相联的阶段,共谋属于犯罪预备,不能把犯罪的预备同犯罪的实行之间的密切联系割裂开来,而把甲乙共谋杀丙的行为视为与甲单独杀死丙这一犯罪活动的全过程无关的、以外的行为。⑦

我们赞成后一种意见。共谋行为就其实质而言,已不属于犯意的单纯流露,而是一种为犯罪作准备的行为。有些情况下,未实行犯罪的共谋者的谋议行为对犯罪所生的影响,甚至超越了实行的共谋者的行为。而犯罪行为包括实行行为和预备行为,既然共谋是犯罪预备行为,即使共谋者均未着手实行犯罪,其客观方面的共同行为与主

---

① 马克昌:《关于共犯的比较研究》,载高铭暄、赵秉志主编:《刑法论丛》第3卷,法律出版社1999年版,第302页。

② 苏惠渔主编:《刑法学》,中国政法大学出版社1997年版,第224页。

③ 张明楷:《犯罪论原理》,武汉大学出版社1991年版,第534页。

④ 马克昌主编:《犯罪通论》,武汉大学出版社1999年版,第516页。

⑤ 韩忠谟:《刑法原理》,台湾雨利美术印刷有限公司1981年版,第289页。

⑥ 蔡墩铭:《刑法总则争议问题研究》,台湾五南图书出版有限公司1988年版,第262页。

⑦ 参见邓定一:《共谋而未实行,不构成共同犯罪吗?》,载《法学》1984年第6期,第26页。

观方面的共同故意也已经存在，无疑可能构成共同犯罪。如果共谋者一方已着手实行犯罪，未着手实行者当然也应与之构成共同犯罪。事实上，我国刑法分则对共谋而未实行能够成立共同犯罪这一点是有所反映的。例如《刑法》第310条规定，窝藏或者包庇犯罪分子的，构成窝藏、包庇罪，同时规定：犯前款罪，事前通谋的，以共同犯罪论处。应该指出，共谋实行犯罪而未实行者，虽然原则上与其他共谋者之间构成共同犯罪，但是，在某一具体案件中，共谋而未实行者是否与他人构成共同犯罪不可一概而论。在某些场合，行为人与他人共谋实行某种轻罪，后来自动放弃实行，综合各种情节其行为的社会危害性达不到犯罪的严重程度，本身不构成犯罪，当然不能与已实行者构成共同犯罪。①

（3）过失犯能否成立共同犯罪？我国《刑法》第25条规定：共同犯罪是指二人以上共同故意犯罪。二人以上共同过失犯罪，不以共同犯罪论；应当负刑事责任的，按照他们所犯的罪分别处罚。这一规定明确指出，共同犯罪的罪过形式仅限于共同故意。二人以上共同过失犯罪或者一方为故意、另一方为过失犯罪的情形均不能构成共同犯罪。其理由在于，刑法规定共同犯罪的原因之一，是共同犯罪比单个人犯罪具有更为严重的社会危害性，而在过失犯罪的情况下，行为人缺乏对共同犯罪的认识，不能使数人的共同行为具有共同犯罪所要求的那种内在一致性，也就达不到故意共同犯罪那样的危害程度，所以没有必要承认过失的共同犯罪。但在司法实践中，如果不承认共同过失犯罪，则有些案件的处理将变得极为棘手。例如，甲、乙二人持同样的猎枪狩猎，二人同时以为前方有野兽，站在同一地点同时举枪射击，结果过失将丙打死。虽能查明丙因心脏中一弹而死，但不能查明这一弹为谁所发。如果否认过失的共同犯罪，则甲、乙均无罪，但丙显然是其中之一打死的，二人均不负责任于理不符。

在国外，过去通常也是否定共同过失犯的，但是随着社会发展的需要，有的国家的刑事立法已经承认该种犯罪形态，越来越多的学者也改变了认识，转而主张共同过失犯理论。在我国，最高人民法院2000年11月10日发布了《关于审理交通肇事刑事案件具体应用法律若干问题的解释》，第5条第2款规定：交通肇事后，单位主管人员、机动车辆所有人、承包人或者乘车人指使肇事人逃逸，致使被害人因得不到救助而死亡的，以交通肇事罪的共犯论处。不少学者认为这一司法解释肯定了过失的共同犯罪。我们认为，司法解释的这一规定是不合理的。首先，从肇事者（即逃逸者）一方来看，逃逸人对逃逸行为持故意的心理态度是显而易见的，但是逃逸人对伤者死亡结果的发生，则既可能持过失，也可能持间接故意的态度。而我国刑法关于主观罪过的规定都是针对危害结果而言的，这也就是说，故意和过失两种心理态度规定在同一个过失犯罪的条款之中，且适用同一法定刑，这显然是极为不合理的。其次，从指使者一方来看，如果承认上述情形构成交通肇事罪的共犯，则有关人员指使逃逸的行为属于刑法总则规定的教唆行为，应成立故意的教唆犯，而司法解释却规定成立属于过失犯的交通肇事罪，这在理论上是矛盾的。否认指使逃逸的行为为教唆行为，也并不意味它属

① 赵秉志主编：《刑法争议问题研究》（上卷），河南人民出版社1996年版，第437页。

于交通肇事罪的实行行为。交通事故已经发生,指使肇事人逃逸,未对受害人及时施救的行为,只是在客观上致使危害后果扩大,将指使肇事人逃逸的行为等同于交通肇事的实行行为,还有疑问。总之,司法解释这种为了追究指使人的刑事责任而规定交通肇事罪共犯的实用主义做法,在维护现行的共同犯罪有关理论的前提下,有诸多问题仍值得研究。在我们看来,可以将故意指使、唆使、促成他人实施过失犯罪的,以间接正犯论处。

二、共同犯罪的形式

共同犯罪的形式,是指二人以上共同犯罪的内部结构或者说各共同犯罪人之间的结合方式。共同犯罪的形式不同,其社会危害性就有差异。因而研究共同犯罪的形式对于认识不同形式的共同犯罪的特点及其社会危害程度,从而在惩处上区别对待,具有十分重要的意义。

刑事立法与刑法理论依据不同的标准,对共同犯罪的形式作了不同的划分,主要有以下几种:

(一)以共同犯罪能否任意形成为标准,可以划分为任意的共同犯罪与必要的共同犯罪

任意共同犯罪是指刑法分则规定的一人能够单独实施的犯罪由二人以上共同故意实施而构成的共同犯罪。如故意杀人罪、放火罪、盗窃罪等,既可以由一人单独实施,也可以由二人以上共同实施;当二人以上共同故意实施时,就是任意共同犯罪。刑法总则规定的共同犯罪以及刑法总论研究的共同犯罪主要是任意共同犯罪。

必要的共同犯罪是指刑法规定必须二人以上才能构成的犯罪。它以犯罪主体二人以上为必要条件。根据刑法分则的规定,必要共同犯罪主要有两种形式:第一种是聚众性共同犯罪,这是以不特定多数人的聚合行为为犯罪构成要件的共同犯罪。如聚众斗殴罪、持械劫狱罪等等。这类犯罪在罪名上大多被冠以聚众二字,但也不尽然。相反,被冠以聚众二字的犯罪也不全是共同犯罪。例如,《刑法》第 291 条规定的聚众扰乱公共场所秩序、交通秩序罪,刑法规定只处罚首要分子,或者说只有首要分子才是该罪主体,只有首要分子的组织、策划、指挥行为是犯罪行为。当首要分子为二人以上,共同组织、策划、指挥聚众犯罪时,构成共同犯罪自不待言。但当首要分子只有一人时,就是一人以聚众方式犯罪,无共同犯罪可言。由此可见,聚众犯罪不一定是共同犯罪。第二种是集团性共同犯罪,即以组织、领导或者参加犯罪集团为构成要件的共同犯罪。具体有两种情况:一是组织、领导、积极参加犯罪集团的数人所构成的共同犯罪;二是只要二人以上参加犯罪集团的即可构成共同犯罪。

至于对行犯是否属于必要的共同犯罪,理论界还有争议。所谓对行犯,亦称对向犯,是指二人以上互以双方的对应行为的存在为条件的犯罪。根据我国刑法规定,对行犯有的规定为同一罪名并适用同一法定刑,如招标人与投标人均构成串通投标罪;有的规定为不同罪名,并适用不同的法定刑,如行贿罪与受贿罪。我们认为,对行犯作为共同犯罪形式不够恰当。因为对行犯中双方的行为往往不具有共同犯罪的性质,行

贿与受贿即是如此,行为人故意的内容不同。而且对行的双方可能只有一方的行为构成犯罪,谈不上共同犯罪的问题。如一方不知他人有配偶而与之结婚,则只有有配偶的一方成立重婚罪,另一方不构成犯罪。

对于必要共同犯罪应直接按照分则的有关条文论处,而对于任意共同犯罪,由于刑法分则是以单个人犯罪为模式规定的,所以应将分则的有关规定与刑法总则关于共同犯罪的规定结合起来。

(二) 以共同犯罪故意形成的时间为标准,可以划分为事前通谋的共同犯罪和事前无通谋的共同犯罪

事前通谋的共同犯罪,是指各共犯者在着手实行犯罪以前,进行了不同程度的谋议、沟通、联络,从而形成了共同故意的共同犯罪。通谋既可以是口头的,也可以是书面的;既可以是就犯罪的细节进行全面策划,也可以是简单表态,甚至默许。应当指出,刑法分则规定有的犯罪,以事前有无通谋作为划分该罪的共同犯罪与他罪的单个人犯罪的界限。如《刑法》第310条规定,明知是犯罪的人而为其提供隐藏处所、财物、帮助其逃匿或者作假证明包庇,事前通谋的,构成共同犯罪;如果事前无通谋,则构成窝藏、包庇罪。

事前无通谋的共同犯罪,是指各共犯者在着手实行犯罪或在实行犯罪过程中形成共同犯罪故意的共同犯罪。例如,甲正在殴打乙,适逢丙路过,于是甲请丙帮忙,丙应邀与甲将乙打成重伤。甲乙即是事前无通谋的共同犯罪。

事前通谋的共同犯罪较之事前无通谋的共同犯罪更容易得逞,犯罪人的人身危险性和行为的社会危害性也更大,因而是刑法关注的重点。

(三) 以各共犯者之间有无分工为标准,可以分为简单共同犯罪和复杂共同犯罪

简单共同犯罪是指各共犯者都直接实行某一具体犯罪构成客观要件的行为的共同犯罪,换言之,每个共犯者都是实行犯。通常表现为两种情况:一是各共犯者实行的是相同的行为,如甲乙共同殴打丙,将丙打成重伤。二是各共犯者虽然实施的是不同的行为,但都属于某一具体犯罪客观方面要件的行为,如在抢劫过程中,甲实行暴力威胁,乙将被害人的钱包抢走。简单共同犯罪,因各共犯者都是实行犯,因而处理较为容易。

复杂共同犯罪是指各共犯者之间存在着分工的共同犯罪。司法实践中,通常表现为以下三种形式:一是各共犯者分别实施教唆行为与实行行为;二是各共犯者分别实施帮助行为与实行行为;三是教唆行为、帮助行为与实行行为并存于同一共同犯罪中,如甲教唆乙杀人,丙为乙提供杀人的工具,并在门口望风,乙随后实施杀人行为。复杂共同犯罪,行为人之间的分工不同,在处理时,应根据其在共同犯罪中所起的作用,区别对待。

(四) 以共同犯罪有无组织形式为标准,可以分为一般共同犯罪与有组织共同犯罪

一般共同犯罪是指二人以上为实施特定犯罪事前或者临时结合的无特殊组织形式的共同犯罪。其特点在于结合松散,特定的犯罪一旦完成,共同犯罪的有机体也就

不复存在。它可以是简单也可以是复杂的共同犯罪,可以是事前通谋也可以是事前无通谋的共同犯罪。

有组织的共同犯罪,也就是通常所说的犯罪集团,根据《刑法》第 26 条第 2 款的规定,是指三人以上为共同实施犯罪而组成的较为固定的犯罪组织。构成犯罪集团,必须同时具备以下条件:首先,从主体的数量上看,必须是三人以上。在社会生活中,一般则远不止三人。其次,必须以实施某种或某几种犯罪为目的,即具有明确的目的性。如果不是为了犯罪,而是基于封建迷信思想或出于追求低级趣味纠合在一起,就不是犯罪集团。再次,犯罪集团必须具有较强的组织性。这主要体现为团体中有明显的首要分子,有比较固定的基本成员,有共同遵守的成文或者不成文的行动纲领或组织纪律,成员之间存在领导与被领导的关系。最后,犯罪必须具有相当程度的稳固性,即集团成员不是纠合起来实施一次犯罪就散伙,而是为了在较长时间里多次实施犯罪活动而结合起来的。但较为稳固并不以实际上已实施了多次犯罪为必要,只要查明该集团是准备长期存在实施犯罪的,即使只实施了一次犯罪,也成立犯罪集团。按照组织严密的程度,犯罪集团又可分为普通犯罪集团和黑社会性质组织犯罪。黑社会性质组织,按照刑法的规定,是指以暴力、威胁或者其他手段,有组织地进行违法犯罪活动,称霸一方,为非作恶,欺压、残害群众,严重破坏经济秩序和社会生活秩序的犯罪组织。如果说普通犯罪集团是有组织犯罪的初级形态,黑社会性质组织则是有组织犯罪的高级形态,是刑法打击的重点。

近些年来,司法实践中还经常使用犯罪团伙这一概念。犯罪团伙的性质是什么,理论界众说纷纭。有的认为团伙犯罪就是集团犯罪①;有的认为团伙犯罪是结伙犯罪与集团犯罪的总称②;还有的认为团伙犯罪是介于犯罪集团与结伙犯罪之间的一种共同犯罪形式③。在我们看来,上述观点都是不正确的。犯罪团伙不是法律上的概念,不是一种独立的共同犯罪形式,而是一个比较宽泛的概念。它在事实上分属于犯罪集团与一般共同犯罪。办理团伙犯罪案件,凡其中符合刑事犯罪集团基本特征的,应按犯罪集团处理;不符合犯罪集团基本特征的,就应按一般共同犯罪处理。

第三节　共同犯罪人的分类与刑事责任

一、共同犯罪人的分类标准

共同犯罪人的分类,是指按照一定标准将共同犯罪人划分为不同的类型。各国立法对共犯人的分类可谓五花八门,但从采用的分类标准上看,却不外乎两种。一是分工分类法,即按照共犯人在共同犯罪中的分工或行为的形式,将共犯人分为实行犯、教唆犯、帮助犯,有的还加上一个组织犯。二是作用分类法,即按照共犯人在共同犯罪中

① 参见奎娜、刘立宪:《团伙犯罪是集团犯罪的一种形式》,载《法学》1984 年第 1 期,第 19 页。
② 参见王作富:《中国刑法研究》,中国人民大学出版社 1988 年版,第 249 页。
③ 参见高铭暄主编:《新中国刑法学研究综述(1949—1985)》,河南人民出版社 1986 年版,第 353 页。

所起的作用大小,将共犯人分为主犯、从犯,有的还加上胁从犯。这两种分类方式应当说各有利弊。分工分类法能够客观地反映各共犯者在共同犯罪中的实际分工及其联系形式,可以很好地解决对共犯者的定性问题。但是对共犯人予以分类的目的是为了确定各共犯者的刑事责任的大小,而刑事责任的大小取决于行为的社会危害性的大小,进而与行为人在共同犯罪中所起的作用紧密联系,分工分类法不能充分揭示各共犯者在共同犯罪中所起的作用,难以很好地解决对共犯者的量刑问题。作用分类法则正好相反,它虽然有助于解决各共犯者的刑事责任问题,但在表明各共犯者在共同犯罪中的分工及彼此联系上,却显示出一定的局限性。

我国刑法对于共犯的分类,学者们一般认为采纳的是混合分类法,即对于共犯,根据作用分为主犯、从犯、胁从犯;同时在共犯中考虑到分工单独划分出教唆犯。[①] 但是,有学者对这一分类方式提出了质疑,理由在于每一种分类必须根据同一标准,否则就会出现分类重叠和分类过宽的逻辑错误。[②]

我们认为,我国刑法对共犯的分类标准,的确存在分类标准不同一的问题,但是,其是否科学,正如学者指出的:关键是要看两者在内容上是否互相排斥,如果内容上不是互相排斥,那么,尽管采用不同的分类标准,也是可以结合的。[③] 在我们看来,对共同犯罪从不同的角度,采用不同的分类标准是完全可能的。两种分类的结果虽不能并列合一,但却可以同时并存。因此,我国刑法在共同犯罪人的分类标准上,实际上是作用分类法为主,而辅之以分工分类法,即以作用为标准,将共同犯罪人分为主犯、从犯、胁从犯;同时兼顾分工分类法,考虑到教唆犯的特殊性和复杂性,将其列为法定的共同犯罪人的种类之一,以引起研究者的关注。另外,在采纳作用分类的标准时,也涉及分工分类的内容,如在主犯和从犯的规定中分别涵盖了组织犯和帮助犯的行为。这种立法方式,扬两种分类方式之长而避其之短,有助于圆满解决共犯的定罪量刑问题。

二、各种法定共同犯罪人的特征及其刑事责任

(一)主犯的特征及其刑事责任

我国《刑法》第26条第1款规定:组织、领导犯罪集团进行犯罪活动的或者在共同犯罪中起主要作用的,是主犯。据此,主犯包括两类:一是组织、领导犯罪集团进行犯罪活动的犯罪分子;二是其他在共同犯罪中起主要作用的犯罪分子。

组织、领导犯罪集团进行犯罪活动的犯罪分子也就是犯罪集团的首要分子,它可能是一人,也可能是多人。这种主犯具有两个特征:其一,它只在犯罪集团这种特殊的共同犯罪中存在,成立犯罪集团是这种主犯成立的前提条件。其二,必须实施了组织、领导犯罪集团进行犯罪活动的行为。组织,指纠集、串联他人组建犯罪集团,网罗犯罪集团的成员;领导,指率领犯罪集团进行犯罪活动,制定犯罪活动的计划,布置指派成员的任务,指挥成员进行具体的犯罪活动。由此可见,这种主犯是犯罪集团的核心,具

① 参见高铭暄主编:《新中国刑法学研究综述(1949—1985)》,河南人民出版社1986年版,第358页。

② 张明楷:《犯罪论原理》,武汉大学出版社1991年版,第571页。

③ 陈兴良:《共同犯罪论》,中国社会科学出版社1992年版,第185页。

有极大的社会危害性,是刑法惩治的重点。

在共同犯罪中起主要作用的犯罪分子,也就是指犯罪集团首要分子以外的在共同犯罪中其主要作用的犯罪分子。具体又可分为:

第一,犯罪集团中虽不是首要分子,但积极参与犯罪集团的活动的骨干分子,是主犯。

第二,某些聚众犯罪中的某些首要分子及骨干成员,是主犯。我国刑法规定的聚众犯罪有三种:第一种是全部可罚的聚众犯罪,即参与违法活动的人均构成犯罪,如《刑法》第317条规定的组织越狱罪、暴动越狱罪等。在这种聚众犯罪中,起组织、策划、指挥作用的首要分子,以及首要分子之外在聚众犯罪中起主要作用的犯罪分子,均是主犯。第二种是部分可罚的聚众犯罪,即参与违法犯罪活动的人中只有首要分子和积极参加者构成犯罪,而一般参与者不构成犯罪的聚众犯罪,如《刑法》第290条规定的聚众扰乱社会秩序罪等。比较成立犯罪的两类人员在共同犯罪中所起的作用,显然只有起组织、策划、指挥作用的首要分子为主犯。第三种是个别可罚的聚众犯罪,即只有聚众进行违法活动的首要分子才构成犯罪。如《刑法》第291条规定的聚众扰乱公共场所秩序罪等。如果首要分子只有一人,根本谈不上共同犯罪,也就不存在主犯问题。当首要分子有二人以上时,则应根据他们在共同犯罪中的作用区分主从犯。一些教科书认为聚众犯罪的首要分子均为主犯①,这是不符合聚众犯罪的实际情况的。

第三,集团犯罪和聚众犯罪以外的在一般共同犯罪中起主要作用的犯罪分子也是主犯。在认定主犯时,应综合考察有关情况,如看实行犯罪前,是否主动邀约他人,是否积极出谋划策;在实行犯罪过程中,是否冲锋陷阵,实施了主要行为;在犯罪实施完毕以后,是否控制、支配赃物等等。

关于主犯的刑事责任,根据我国《刑法》第26条第3款规定:对组织、领导犯罪集团的首要分子,按照集团所犯的全部罪行处罚。这里所说的"集团所犯的全部罪行",是指首要分子组织、领导的犯罪集团在预谋犯罪的范围内所犯的全部罪行,不限于追究其本人直接实施的具体犯罪行为的刑事责任。但对于集团个别成员所实施的超出集团犯罪计划,独自实施的犯罪行为,不能令首要分子负刑事责任。根据《刑法》第26条第4款规定,对于犯罪集团首要分子以外的主犯,则应当按照其所参与的或者组织、指挥的全部犯罪处罚。

(二)从犯的特征及刑事责任

我国《刑法》第27条第1款规定:在共同犯罪中起次要或者辅助作用的,是从犯。据此,从犯也包括两种人:

一是在共同犯罪中起次要作用的犯罪分子。这里所说的次要作用是相对于主要作用而言的,是指行为人虽然直接实施了具体犯罪构成客观要件的行为,但在整个犯罪活动中较之主犯所起的作用小。通常表现为实施次要的实行行为,如按住被害人的手,便于主犯将其杀死。理论上又称为次要实行犯。

---

① 参见何秉松主编:《刑法教科书》,中国法制出版社1995年版,第302—304页。

二是在共同犯罪中起辅助作用的犯罪分子。这里所说的辅助作用,是次要的实行作用而外的辅助作用,即行为人不直接实施具体犯罪构成客观要件的行为,而是为共同犯罪的实行创造条件、提供方便。通常表现为提供犯罪工具,排除实施犯罪的障碍,事前通谋事后窝藏赃物、隐匿罪犯等有形的帮助,也可以表现为指示犯罪的时机、对象,打探和传递有利于犯罪实施和完成的信息等无形的帮助。理论上又称为帮助犯。

由于从犯是相对于主犯而言的,因此在处理共同犯罪案件时,必须根据犯罪分子在共同犯罪中所起的作用是主要作用还是次要作用或辅助作用,对主从犯加以区分。这应综合考虑其在共同犯罪中所处的地位,对犯罪的实际参与程度,犯罪情节的严重程度,具体罪行的大小等因素来具体确定。

关于从犯的刑事责任,《刑法》第27条第2款规定:对于从犯,应当从轻、减轻处罚或者免除处罚。由于从犯的人身危险性和行为的社会危害性都没有主犯严重,因此根据罪责刑相适应原则,这里肯定了必减原则。至于具体案件中的从犯是从轻、减轻抑或免除处罚,则应考察共同犯罪的性质、从犯的参与程度,对危害结果发生的作用大小等方面情况,由法官决定。

(三)胁从犯的特征及其刑事责任

根据我国《刑法》第28条规定,胁从犯是被胁迫参加犯罪的人。胁从犯的特征是:行为人主观上明知自己实施的是犯罪行为,在可以选择不实施犯罪的情况下,虽然不愿意,但客观上仍然实施了共同犯罪行为,而所以如此是因为受到了他人的胁迫。所谓胁迫,也就是以剥夺生命、损害健康、揭发隐私、毁损财物等对行为人进行精神上的强制。1979年《刑法》关于胁从犯的规定中还有"被诱骗参加犯罪的"内容,但现行刑法删去了这一内容。因为对"被诱骗"如何理解,常有歧见;如何认定,较难掌握。而且它与"被胁迫"是两个不同内容的概念,不能成为胁从犯的特征。立法机关采纳上述意见,在修订的刑法中只保留"被胁迫"的概念,使构成胁从犯罪的条件更趋科学和明确。[①] 在认定胁从犯时,应注意将之与紧急避险区别开来。如民航飞机在飞行中突遭武装歹徒劫持,机长为避免机毁人亡,不得已将飞机开往歹徒指定地点。机长的行为是紧急避险,不是劫机犯的胁从犯。[②] 此外,如果行为人完全丧失了意思自由,不能选择自己的行为,由于缺乏主观罪过,也不能成立胁从犯。司法实践中还应注意胁从犯的转化问题。如果行为人起先是被胁迫参加共同犯罪,但后来发生变化,积极主动实施犯罪行为,在共同犯罪中起主要或次要作用,则应分别按主犯或从犯论处。

我国《刑法》第28条规定:对于被胁迫参加犯罪的,应当按照他的犯罪情节减轻处罚或者免除处罚。刑法作出这样的规定,是因为胁从犯主观上不完全自愿参加犯罪,主观恶性小,客观上在共同犯罪中的作用小于从犯,因而胁从犯的刑事责任轻于从犯。这里的犯罪情节主要包括两个方面,一是被胁迫的程度,二是在共同犯罪中所起的作用。至于具体案件中是减轻处罚还是免除处罚,则应具体分析。

① 周道鸾等主编:《刑法的修改与适用》,人民法院出版社1997年版,第109页。
② 同上。

（四）教唆犯的特征及其刑事责任

根据我国《刑法》第29条规定，教唆犯是故意唆使他人实行犯罪的人。成立教唆犯，必须具备以下条件：

首先，从主观方面说，行为人必须有教唆他人犯罪的故意，即明知自己的教唆行为会使他人产生犯罪意图实施犯罪，并且希望或者放任这种结果发生。就认识因素而言，教唆人认识到被教唆的他人是达到刑事责任年龄、具有刑事责任能力的人，否则构成间接正犯。同时教唆人还认识到被教唆人没有犯罪的决意，并认识到自己的教唆行为将会引起被教唆人产生实行某种犯罪的故意，并进而实施该种犯罪。就意志因素而言，教唆人对被教唆人实施犯罪以及危害结果的发生持希望或者放任的态度。需要指出的是，教唆犯一般由直接故意构成，在出于直接故意教唆他人犯罪的情况下，无论被教唆人是否实施了行为人所教唆的犯罪，均能构成教唆犯。间接故意教唆他人犯罪的情况下，构成教唆犯必须是被教唆人实施了行为人所教唆的犯罪。

其次，从客观方面讲，行为人必须有教唆他人犯罪的行为。所谓教唆，就是使具有刑事责任能力没有犯罪故意的他人产生犯罪意图。教唆的对象必须是具有刑事责任能力的人，如果是教唆无刑事责任能力的人犯罪，不是教唆犯，而是利用无责任能力人犯罪的间接正犯。教唆的对象还必须是特定的，可以是特定的个人，也可以是特定的多数人，如果是单位，则该单位必须能够成为所教唆之罪的主体。教唆的内容则必须是犯罪行为，如果只是唆使他人实施一般的违法行为或者违反道德的行为，不成立教唆犯。此外，对于已有犯意但尚在犹豫的人，再用言辞予以激发，促使其痛下决心，也属于教唆行为。

教唆的方式是多种多样的，口头、书面均可，甚至示意性的动作，如使眼色、做手势也可成立教唆。通常采用的教唆方法有收买、劝说、威胁、命令、强迫、请求、激将、利诱等等，但如果上述方法使被教唆人丧失了意志自由，无从选择自己的行为，那就超出了教唆的范围，而成立间接正犯。

构成教唆犯，只要求实施唆使他人产生犯罪故意的教唆行为就够了，不要求提供犯罪方法。如果行为人不仅唆使他人犯罪，而且向他人传授所教唆之罪的犯罪方法，那就应当按传授犯罪方法罪处理。如果行为人分别向不同的对象实施了教唆行为和传授犯罪方法的行为，或者既教唆某人犯甲罪，又传授某人犯乙罪的方法，那就应当按数罪实行并罚。

构成教唆犯，也不要求被教唆之人必须犯所教唆之罪。这实际上肯定了共犯独立性的见解。在刑法理论上，关于共犯的本质，历来存在共犯从属性论与共犯独立性论之争。前者认为共犯的成立，以正犯者已经着手实行犯罪为条件。按照这一观点，教唆犯从属于实行犯，实行犯构成犯罪，教唆犯亦构成犯罪；实行犯不构成犯罪，教唆犯也不构成犯罪。后者认为共犯根据自身固有的性质而成立，并不要求有正犯者的实行行为。据此，教唆犯并不从属于实行犯，被教唆人是否实施犯罪，对教唆犯的成立不发生影响。由于《刑法》第29条第2款承认被教唆人没有犯被教唆之罪，教唆人仍然要负刑事责任，因此，这里教唆犯的独立性是主要的。不过，同条第1款规定的教唆犯，只在被教唆人实施犯罪时成立，且被教唆人实施的犯罪行为是犯罪预备、未遂或既遂，教唆犯也是犯罪预备、未遂或既遂，所以教唆犯也具有一定的从属性。

对于教唆犯，应当按照他所教唆的罪定罪，而不能笼统定教唆罪。如教唆他人抢劫的，定抢劫罪；教唆他人杀人的，定故意杀人罪。如果被教唆的人将被教唆的罪理解错了，实施了其他犯罪，或者在犯罪时超出了被教唆之罪的范围，教唆犯只对自己所教唆的犯罪承担刑事责任。此外，如果教唆犯教唆他人实行的是带有选择性的非特定的罪，而被教唆者又实行了某一种犯罪，则应当按照被教唆者所实行的犯罪定罪。如甲与乙有仇，教唆丙或者去伤害乙，或者去抢乙的钱包，丙接受教唆伤害了乙，则甲应负故意伤害罪的刑事责任。

关于教唆犯的刑事责任，我国刑法作了如下规定：

第一，教唆他人犯罪的，应当按照他在共同犯罪中所起的作用处罚。这是关于被教唆者已经犯了被教唆之罪，即共犯教唆犯处罚的原则规定。所谓已经犯了被教唆之罪，是指被教唆人在教唆人的教唆下，实施了所教唆之罪的预备行为或者已经着手实行所教唆的犯罪而未遂，或者已经完成所教唆的犯罪而既遂。按照在共同犯罪中的作用处罚，是指如果教唆犯在共同犯罪中起主要作用，就以主犯论处；如果教唆犯在共同犯罪中起次要作用，就以从犯论。由于教唆犯在共同犯罪中所起实际作用的情况比较复杂，所以不能一概认为造意为首，对教唆犯按主犯处罚。

第二，教唆不满 18 周岁的人犯罪的，应当从重处罚。这是因为不满 18 周岁的人属于未成年人，思想还不成熟，辨别是非能力差，容易接受教唆，必须给予特殊的保护。而且选择不满 18 周岁的人作为教唆对象，本身说明行为人的主观恶性严重，因此，刑法规定从重处罚是合理的。值得注意的是，如前所述，教唆的对象必须是有责任能力之人，如果教唆不满 14 周岁的人犯罪或者教唆已满 14 周岁不满 16 周岁的人犯《刑法》第 17 条第 2 款规定以外之罪的，成立间接正犯而不成立教唆犯，也就不应适用这一从重处罚的规定。但是间接正犯的危害性更大，如不从重处罚，显然会出现法定刑不协调的现象。正因为如此，有的学者主张，应当按照间接正犯处理并从重处罚。①

第三，如果被教唆的人没有犯被教唆的罪，对于教唆犯，可以从轻或者减轻处罚。这种情况在刑法理论上称为教唆未遂。“被教唆的人没有犯被教唆的罪”包括以下情况：被教唆的人拒绝了教唆犯的教唆；被教唆的人虽然当时接受了教唆，但没有进行任何犯罪活动；被教唆的人虽然当时接受了教唆犯所教唆的犯罪，但实际所犯之罪并非被教唆的罪；教唆犯对被教唆人实行教唆时，被教唆人已经有实施犯罪的故意，被教唆人实施犯罪并不是教唆犯的教唆行为所致。在上述情况下，教唆行为并没有造成危害结果或虽然造成了危害结果，但与教唆犯的教唆行为不存在因果关系，故对教唆犯“可以从轻或者减轻处罚”。

① 高铭暄、马克昌主编：《刑法学》，北京大学出版社、高等教育出版社 2000 年版，第 184 页。

第四节　共同犯罪的特殊问题

一、共同犯罪中的身份问题

刑法中的身份，是指行为人所具有的影响定罪量刑的特定资格或人身状况。当犯罪的成立以行为人具有特定身份为要件时，该犯罪就是真正身份犯，该身份称为构成身份；当犯罪的刑罚受特定身份影响时，该犯罪就是不真正身份犯，该身份称为加减身份。共犯与身份的问题刑法中没有规定，但在司法实践中却经常提出，并且影响到共同犯罪的定罪与量刑，因此有必要在理论上加以探讨。

有些犯罪，法律要求其犯罪主体必须具有一定的身份，例如，受贿罪的主体必须是国家工作人员，强奸罪的主体必须是男子，那么是否说无特定身份的人根本不可能构成这些犯罪呢？回答是否定的。无身份者可以构成有身份者实施的真正身份犯的教唆犯或帮助犯，这已为刑法学界所公认。司法实践中这样的情况也大量存在。例如，非国家工作人员甲教唆国家工作人员乙收受贿赂，对甲就应以受贿罪的共犯论处。那么无身份者能否构成真正身份犯的共同实行犯呢？理论上对此则有不同见解。肯定说认为在某些情况下，不具有特殊身份的人也可以是实行犯。例如，妇女本人虽不能直接与妇女发生性交，但妇女为了让男子强奸得逞，可以实施暴力、胁迫等行为，这一行为正是强奸罪的实行行为的一部分，故妇女不仅可以成为强奸罪的教唆犯、帮助犯，而且可以成为实行犯。[①] 否定说认为真正身份犯或者说特殊主体的犯罪，毕竟只有具有一定身份的特殊主体实行犯罪才可能构成，无身份者是不可能实施真正身份犯的实行行为的。[②] 我们认为，否定说的见解更有道理。首先，这一结论是从真正身份犯的成立条件推导出来的。由于身份是犯罪主体的构成要素之一，它决定着犯罪主体的性质，因此，无特定身份的人不可能单独完成犯罪。其次，肯定说认为无身份者能够参与真正身份犯的部分实行行为，并以强奸为例，实际上是将强奸罪视为一种复行为犯，即强奸行为由暴力、胁迫等行为与奸淫行为两部分组成，妇女可以参与前半部分实行行为。但是强奸罪是否复行为犯在我们看来还值得研究。因为从犯罪构成上来讲，强奸罪只有一个行为，暴力、胁迫只是手段，它们与奸淫行为是一个不可分割的整体。

无身份者与有身份者共同实施犯罪，应如何定性呢？一种意见认为，应当根据主犯的基本特征来决定；另一种意见认为应依有身份者的实行犯的实行行为来定罪。[③] 我们认为，按主犯犯罪性质定罪的观点是不正确的。因为区分此罪彼罪的标准是看行为符合何种犯罪的构成要件，是否主犯只对量刑有意义，而不是对共犯人定罪的根据。在认定真正身份犯时，一般应以行为人是否利用身份实行犯罪为标准，如有身份者与无身份者共同窃取公共财物，如果窃取行为利用了有身份者的职务上便利，其实行行

---

① 张明楷：《犯罪论原理》，武汉大学出版社 1991 年版，第 530—531 页。

② 李光灿、马克昌、罗平：《论共同犯罪》，中国政法大学出版社 1987 年版，第 148 页。

③ 马克昌主编：《犯罪通论》，武汉大学出版社 1999 年版，第 584 页。

为就符合贪污罪的特征,应定为贪污罪,否则,只能定为盗窃罪。可见,无身份者教唆、帮助有身份者实施真正身份犯时,应以有身份的实行犯的实行行为为根据认定共同犯罪的性质。

那么,如果是具有特定身份的人教唆无特定身份的人实施某一具有特定身份才能构成的犯罪,无特定身份的人是否构成犯罪呢?我们认为,由自然身份构成的真正身份犯,不具有该种特定身份的人根本不可能实行,如男子不可能教唆妇女去强奸妇女,无特定身份的妇女自然不构成犯罪。但是,由法律身份构成的真正身份犯,不具有该种身份的人却可以在事实上实施该犯罪的部分实行行为。如非国家工作人员的妻子,可以代表其国家工作人员的丈夫收受贿赂,在这种情况下,国家工作人员构成受贿罪的间接正犯,无身份者不过是"无身份有故意的工具",应认为是从犯。但也有无身份者构成另一种罪的情况。例如,邮政工作人员教唆非邮政工作人员毁弃本人经管的邮件,对邮政工作人员可以作为私自开拆、隐匿、毁弃邮件、电报罪的教唆犯依《刑法》第253条论处,对非邮政工作人员则按照《刑法》第252条以侵犯通信自由罪论处。[①]

身份除了对定罪具有意义,对量刑也有重要意义。如果有特定身份的人与无特定身份的人共同实施某一犯罪,而法律规定有特定身份的人应从重、加重或从轻、减轻、免除刑罚,应如何处刑呢?对此一般认为,刑法关于刑罚加减的规定仅适用于不具有加减身份的人,即对有身份的人应依法予以从重、加重或从轻、减轻、免除刑罚,而对无身份的人则处以通常之刑。因为加减身份只反映主体的个人状况,不具有加减身份的人,其行为的社会危害性程度并不受他人身份的影响。

二、共同犯罪中的犯罪停止形态问题

故意犯罪的停止形态是以单独犯罪为标准论述的,而在共同犯罪中,同样存在犯罪停止形态的问题,并且由于共同犯罪的特殊性,共同犯罪的犯罪停止形态还具有一些特殊性。

就共同实行犯而言,由于各共同犯罪人的实行行为,互相配合,成为一个共同犯罪行为的整体,所以对他们的行为应从总体上加以考察。一般说来,二人以上为了实行犯罪而共同预备但由于意志以外的原因而未能着手实行的,均为预备犯;共同正犯已着手实行犯罪由于意志以外的原因而未得逞的,就是共同正犯的未遂;二人以上共同实行犯罪,部分人的行为导致结果发生,部分人的行为未导致结果发生的,根据"部分实行全部责任"的原则,均以既遂犯论处。

那么,在共同实行犯中能否出现既遂与未遂并存的现象呢?理论上有肯定说与否定说两种观点。肯定说中,有的人认为未遂只能出现在亲手犯中。因为亲手犯只有具有一定身份或特殊情况的人亲身实行犯罪行为,才能完成犯罪。对亲手犯的共同实行犯来说,如果有人未完成犯罪,有人完成了犯罪,就应分别情况,对完成犯罪者论以犯

① 陈兴良:《刑法适用总论》(上卷),法律出版社1999年版,第513页。

罪既遂,对未完成犯罪者论以犯罪未遂,这才与亲手犯的原理相符合。[①] 有的认为,未遂可以出现在行为犯中。如果由犯罪构成的性质所决定,每个人的行为具有不可替代的性质,这样,共同实行犯中各共同犯罪人的未遂或既遂就表现出各自的独立性。一个共同犯罪人的未遂或既遂并不标志着其他共同犯罪人的未遂或既遂。[②] 否定说则认为,任何一个共犯行为既遂状态的出现,都包含了其他共犯的共同协力。因此,对其他共同实行犯也应作为既遂犯看待。[③]

我们认为,在数人共同实行犯罪的场合,虽然各共犯者的行为联结为一个有机的整体,但是必须承认,各共犯者的实行行为有相对的独立性和不可替代性。如二人共同越狱逃跑,甲先翻墙成功,乙随后翻墙时,被看守发现以致未能逃脱。乙的目的未达到,其实行行为并不因甲的行为完成而完成。这同二人共同杀人,只要其中一人的行为致人死亡,二人的目的就达到的情形是不同的。所以作未遂处理似乎较为合理。二人以上轮奸也是如此。肯定说应当说比较符合司法实践。那么,是限制在亲手犯的范围内,还是限制在行为犯的范围内呢?事实上,从论者所举的实例来看,均是以强奸、脱逃为例,并无本质差别。不过一般认为行为犯只要实行了刑法分则条文所规定的行为,即按犯罪既遂定,似乎没有存在犯罪未遂的余地,所以亲手犯的提法较为科学。当然,亲手犯的概念目前尚无定论,还有待进一步研究。

关于共同实行犯的中止问题,由各实行犯的行为有机结合的特点所决定。在一般情况下,以阻止其他实行犯继续实施犯罪或者有效地防止犯罪结果的发生为必要条件,而仅仅停止本人的犯罪行为是不够的。如果采取了防止结果发生的行为却并未奏效,也不能成立犯罪中止。但是,正如有学者指出的,"对共同实行犯行为的整体性不能作机械的、绝对的理解",应当看到"共同实行行为的整体性也有不同的表现方式"[④],因此,同成立未遂的情况类似,在强奸、脱逃等情况下,由于各实行犯的犯罪行为具有不可替代的特征,因而其中止的成立,不以制止其他共同实行犯的犯罪行为为必要条件。

教唆犯因具有独立性与从属性的双重特性,其既、未遂与中止问题也有必要加以研究。在认定教唆犯的着手时,应注意不以被教唆的人着手为标志,这是共犯独立性的体现。教唆犯的既遂与未遂则应以被教唆者实施行为既遂与未遂为标准,这又体现了教唆犯从属性的一面。因此,只有在被教唆的人犯罪既遂时,教唆犯才成立既遂;如果被教唆的人没有接受教唆,或未犯被教唆的罪,或者虽然接受了教唆,但在预备阶段即被制止,或者犯罪中止,或者犯罪未遂,教唆犯都构成未遂。教唆犯的未遂大多是实行终了的未遂,但也不排除在教唆行为未实行完毕,即未完成教唆时即遭拒绝所构成的未实行终了的未遂。教唆犯要成立犯罪中止,在教唆的预备阶段,只要放弃教唆意图即可;在教唆行为未实行完毕,被教唆者未产生犯意之前,只要自动停止教唆行为也

---

① 马克昌主编:《犯罪通论》,武汉大学出版社 1999 年版,第 594 页。
② 陈兴良:《共同犯罪论》,中国社会科学出版社 1992 年版,第 399 页。
③ 叶高峰主编:《共同犯罪理论及其运用》,河南人民出版社 1990 年版,第 238 页。
④ 赵秉志主编:《疑难刑事问题司法对策》(第 4 集),吉林人民出版社 1999 年版,第 42 页。

可成立犯罪中止。而在已经将犯意灌输给他人以后,则应以教唆者自动有效地制止被教唆者的犯罪行为或有效防止被教唆者犯罪行为可能发生的犯罪结果为必要条件。

【阅读参考书目】

1. 陈兴良著:《共同犯罪论》,中国人民大学出版社2006年版。

2. 陈兴良主编著:《犯罪论体系研究》,清华大学出版社2005年版。

3. 马克昌主编:《犯罪通论》,武汉大学出版社2003年版。

【思考题】

一、名词解释

1. 犯罪集团

2. 主犯

3. 从犯

二、简答

1. 根据共同犯罪的成立条件,说明哪些情况不能成立共同犯罪。

2. 教唆犯的成立必须具备哪些要件?

三、论述

1. 无身份者能否成为真正身份犯的共同实行犯?无身份者与有身份者共同实施犯罪应如何定性?

2. 我国刑法对共同犯罪人采用的是哪种分类方式?是否合理?

四、案例分析

某年6月,被告人张某携带875克西药“头痛粉”来到云南昆明,准备冒充海洛因贩卖。同月18日,张某找到被告人王某,教唆其贩卖海洛因,然后赃款平分。次日,王某从张某处拿了275克假毒品,在昆明市某酒楼附近出售时被公安机关抓获。同时,张某又叫被告人刘某帮其贩卖海洛因。同月28日,张某、刘某二人携带600克假毒品在昆明市准备贩卖时,被查获。经查,被告人张某明知所卖“海洛因”为头痛粉,王某、刘某则始终认为自己贩卖的是真毒品海洛因。张某成立贩卖毒品罪的教唆犯吗?张某、王某、刘某的行为是否构成共同犯罪?说明理由。

第十二章　一罪与数罪

犯罪行为有单复，在对其进行刑法评价时，就必然有罪数问题。确定行为人究竟是构成一罪还是成立数罪，直接关系着如何适用刑罚，因而具有重要意义。也正基于此，罪数形态已成为犯罪论体系中与故意犯罪的停止形态、共同犯罪形态等平起平坐的重要范畴之一。一罪与数罪，看起来是简单的算术问题，但由于犯罪现象的千姿百态和法律规定的纵横交错，它实际上是刑法理论中最为复杂的问题。在大陆法系刑法理论中，关于罪数问题的争论颇为激烈，许多问题均未达成一致见解。国内罪数形态的有关理论也呈现出杂乱无章的局面，概念界定交叉重合，处罚原则纷繁复杂。特别是近年来不少学者纷纷突破传统刑法理论，对罪数形态论中的有关概念从界定、实质、处罚原则到存废都提出了不同的意见。这就使得罪数形态的研究亟待深入，以统一认识。那么，一罪与数罪究竟应以什么标准来加以区分呢？它们各有哪些类型呢？这些都是首先要予以明确的问题。

第一节　概　述

一、区分一罪与数罪的意义

一罪与数罪，也就是指犯罪的单复或个数。行为人的行为构成一罪还是数罪，是司法实践中经常碰到的问题，也是犯罪论的基本理论问题之一。只有准确区分一罪与数罪，阐明各种罪数形态的构成要件及本质，才能确定对各种罪数形态应适用的处断原则。因而，区分一罪与数罪，意义重大。

首先，正确区分一罪与数罪有助于准确定罪。定罪是司法活动的组成部分，它不仅包括认定行为人的行为是否构成犯罪，在构成犯罪的情况下犯了什么罪，而且包括认定行为是构成一罪还是数罪。如果本来是一罪却认定为数罪，或者相反，本来是数罪却定为一罪，都会导致定性错误。

其次，正确区分一罪与数罪是正确适用刑罚的前提。罪数与并罚是姊妹篇，二者之间有着密切的联系。[①] 区分罪数，归根结底是为了区分并罚数罪与非并罚数罪，分别按照不同的原则处理。如果将一罪认定为数罪进行并罚，就会量刑过重，显失公平，而如果将数罪认定为一罪，又会量刑过轻，放纵犯罪。可见，只有正确区分一罪与数罪才能为恰当量刑奠定基础。

最后，正确区分一罪与数罪关系到我国刑法中某些制度的正确适用。我国刑法中的某些罪数形态，如继续犯、连续犯、牵连犯、吸收犯的认定，与刑法的空间效力、时间

---

① 吴振兴：《罪数形态论》，中国检察出版社 1996 年版，第 2 页。

效力、追诉时效等的规定有着密切联系。如《刑法》第 89 条第 1 款规定：追诉期限从犯罪之日起算；犯罪行为有连续或者继续状态的，从犯罪行为终了之日起算。如果不能正确认定这些罪数形态，就会在刑事管辖权、刑法溯及力、追诉时效等方面出现适用上的偏差。

二、区分一罪与数罪的标准

中外刑法理论关于一罪与数罪的区分标准，历来有多种学说：

(1) 行为标准说。此说认为，犯罪的本质是行为，没有行为就无所谓犯罪，因而区分一罪与数罪，应以行为个数作为计算标准，即一行为的是一罪，数行为的是数罪。此说关于行为的观念又分为自然行为说与法律行为说。前者认为一个自然意义上的身体动静就是一个行为；后者主张犯罪行为应依法律观念认定，如为杀人而多次投少量毒药的行为，就只能是法律上的一个行为。

(2) 法益标准说。此说认为，犯罪的本质是侵害法益，刑法的目的就在于保护法益。主张以行为侵犯的法益的个数为标准区分一罪与数罪，行为侵犯一个法益的为一罪，行为侵犯数个法益的为数罪。其中，对于侵犯个人专属法益的来说，由于法益属个人专有，不能替代，因此实际上是以所有人的个数为标准来区分一罪与数罪。对于侵犯个人财产法益的来说，法益单复以财产监督权的个数为标准而不以该法益所有权的个数为区别的标准。对于侵犯公共法益的来说，因为公共法益是概括的法益，所以不问受害人有多少，只成立一罪。

(3) 因果关系标准说。此说以因果关系的个数决定犯罪的个数，多因一果、一因多果，因只有一个因果关系，虽有数个行为或数个结果，都只构成一罪。

(4) 犯意标准说。此说主张犯罪是行为人主观犯意的外部体现，犯意的单复决定着犯罪的个数。行为人基于一个犯意实施犯罪的，是一罪；基于数个犯意实施犯罪的，是数罪。

(5) 目的标准说。此说是在犯意标准说基础上的进一步发展，认为犯意支配下的目的，一方面外化为行为，另一方面又通过行为转化为结果，因而目的的个数决定着犯罪的个数。

(6) 构成要件标准说。这是大陆法系部分刑法学者的主张。此说认为，一罪与数罪应以刑法各本条以及其他有关刑法法规规定的构成要件为标准来决定，即充足了一次构成要件事实的为一罪，充足了两次构成要件事实的为两罪，以此类推。

上述诸说各执一端，但在我们看来都是不妥当的。其中行为标准说、法益标准说、因果关系标准说、构成要件说属于客观主义的罪数论，而犯益标准说、目的标准说属于主观主义的罪数论，各说或者片面地强调了犯罪行为、被害法益、因果关系、构成要件等客观因素而完全不顾行为人的主观犯意，或者片面强调了犯意、犯罪目的等主观因素而脱离了行为，但无论主观因素也好，客观因素也好，都不能全面揭示犯罪的本质特征，因而孤立地以其中任何一个要素作为决定一罪与数罪的标准，都只能是以偏概全的理论。以构成要件标准说为例，在大陆法系国家的刑法理论中，犯罪构成是三要件，即构成要件符合性、违法性和有责性。这就是说根据他们的犯罪构成理论,行为符合构成要件的次数不一定就完全等于犯罪的个数。以充足了构成要件的次数来决定犯罪的个数是有条件的,即必须同时具备违法性和有责性。这样,在符合构成要件的次数与犯罪的个数之间,在一定情况下就会产生“断裂带”。① 为了克服前述诸说的缺陷,有学者提出了折衷主义标准说,主张确定犯罪的个数,不能简单地以哪一说为标准,应当根据具体情况,选择诸说中适当的那一个为标准来确定罪数。但是由于各说的出发点不同,结论往往不一致,究竟哪一说最为合适,实际上折衷说并没能回答,并且因缺少统一的标准,还会增加罪数判断上的混乱。

由此可见,在确立罪数判断标准时,将主观要件与客观要件有机统一的关系割裂开来的做法都是不正确的。而把成立犯罪的一切主客观要件组合成一个有机统一整体的只有犯罪构成理论,因而我国刑法学界公认,犯罪构成是区分一罪与数罪的标准,应以犯罪构成的个数为标准来确定犯罪的单复。具备一个犯罪构成的为一罪,具备数个犯罪构成的为数罪。这同构成要件标准说是不同的。后者在行为符合构成要件的次数与犯罪的个数之间,容易因违法阻却事由或责任阻却事由的介入而发生不一致的情况,而犯罪构成标准说却使二者直接达到了统一。总之,在犯罪构成为核心的犯罪论体系中确认罪数判断上的犯罪构成标准说,一方面彻底贯彻了犯罪构成理论,另一方面切实坚持了主客观有机统一的原则,从而能够为一罪与数罪的区分提供科学的框架与思路。

三、一罪与数罪的类型

关于一罪的类型,我国刑法理论一般采用三分法,即将一罪分为三类:一是一行为在刑法上规定为一罪或处理时作为一罪的情况;二是数行为在刑法上规定为一罪的情况;三是数行为在处理时作为一罪的情况。② 有的学者将上述三种情况分别概括为实质的一罪(继续犯、想象竞合犯、结果加重犯)、法定的一罪(结合犯、惯犯)和处断的一罪(连续犯、牵连犯、吸收犯)。③ 但具体如何称谓,其包括的范围,各种罪数形态究竟应归入哪一类型,理论上尚未完全达成一致认识。如想象竞合犯,有的也将其归入裁判上的一罪(即前述处断的一罪)。④ 而法规竞合一般被排斥在罪数形态论以外。我们认为传统的分类方法基本可取,但也有值得商榷的地方。如惯犯的概念已经过时,不如代之以集合犯的研究。同时需要指出的是,上述分类排除了单纯的一罪,只是对介于单纯一罪与数罪之间的一罪形态进行了分类。所谓单纯的一罪,是指以一个犯意、实施一个行为、触犯一个罪名的犯罪。它是一种典型的一罪,或者说是纯粹的一罪,无论从形式上还是实质上看均是如此。但由于它不是罪数论的重点,因而在一罪的类型中往往将其忽略了。通行的分类法实际上是就对貌似数罪而实为一罪的现象所进行的

---

① 吴振兴:《罪数形态论》,中国检察出版社 1996 年版,第 15—16 页。
② 参见高铭暄主编:《中国刑法学》,中国人民大学出版社 1989 年版,第 214—224 页。
③ 参见高铭暄、马克昌主编:《刑法学》,中国法制出版社 1999 年版,第 325—349 页。
④ 参见马克昌主编:《犯罪通论》,武汉大学出版社 1999 年版,第 619 页。

分类，对此我们应予以足够的重视。

数罪的类型相对一罪来说要简单得多。依据不同的标准，可以对数罪进行多种分类。一般将其分为同种数罪与异种数罪、并罚数罪与非并罚数罪、判决宣告以前的数罪与刑罚执行期间的数罪。此外还有的将其分为实质数罪与想象数罪。不过想象数罪的本质就是一罪，放在数罪类型中探讨并不合适。

第二节 一罪的认定

一、实质的一罪

实质的一罪是对那些从外观上看具有数罪特征，但本质上实为一罪的犯罪形态的总称。它与典型的一罪相区别，又与数罪有着根本不同。

（一）继续犯

继续犯也称持续犯，是指犯罪行为自着手实行之时直至其构成既遂，且通常在既遂之后至犯罪行为终了的一定时间内，该犯罪行为及其所引起的不法状态同时处于继续状态的犯罪。一般认为，非法拘禁罪是典型的继续犯，此外，窝藏罪、窝藏赃物罪、遗弃罪等也是继续犯。继续犯具有以下特征：

第一，必须是一个犯罪行为。这是继续犯的首要特征，也是继续犯归为实质的一罪的根据。继续犯之所以是一个行为，因为在主观上支配行为的犯意只有一个，客观上虽然其行为具有长时间实行的性质，但自始至终只有一个实行行为。这里的一个行为是指法律所规定的构成要件的行为，而非指一个举动。因而，虐待罪中今日打骂，明日冻饿，后日不予看病，这一系列举动尽管中间有间隔，但仍不失为一个行为。一般说来，继续犯的一个行为不仅可以表现为作为，如非法拘禁中的捆绑、禁闭，而且也可以表现为不作为，如遗弃。

第二，必须是持续地侵害同一客体和相同的犯罪对象。如非法拘禁只能是持续地对相同的对象进行拘禁，如果今天非法拘禁张三，明天非法拘禁李四，由于不是出于一个同一的犯罪故意，因此构成数个非法拘禁罪，而不成立继续犯。

第三，必须犯罪行为与不法状态同时处于继续状态。这是构成继续犯的重要条件，也是继续犯区别于其他犯罪形态的重要特征。这就是说，继续犯不仅必须具有犯罪行为持续性的特征，而且由犯罪行为所造成的使客体遭受损害的不法状态也呈现为一种持续存在的状态，并且犯罪行为及其所引起的不法状态的持续必须是同步的或基本同步的。如果犯罪行为一经实行即已完成，只有犯罪行为所造成的不法状态处于持续之中，就不是继续犯。理论上有一种观点认为，"继续犯是犯罪既遂状态的继续"①，即认为犯罪行为必须是在既遂以后与不法状态同时持续，而不是行为在既遂之前的持续。我们认为，这种理解是不正确的。继续犯的构成要件之一，便是犯罪行为继续一定的时间，犯罪行为及其所引起的不法状态同时不间断地持续一定时间的过程，正是

① 参见喻伟：《论继续犯》，载《法学评论》1990年第3期，第12页。

继续犯的构成要件不断齐备、趋于完整的过程。继续犯成立的同时,也就达到了既遂。如果认为继续犯是犯罪既遂状态的继续,也就是说在既遂以后还需要持续相当时间,才构成继续犯,按照这种逻辑,非法拘禁在既遂以后,拘禁行为及不法状态必须再持续一定时间,才能构成非法拘禁罪,从而追究行为人的刑事责任,显然是荒谬的。

第四,必须具有时间上的持续性。继续犯的成立,必须有一定的时间作保障。没有持续一定的时间,就谈不到犯罪行为的继续状态。甚至在犯罪既遂以后,作为继续犯的经常性特征,犯罪行为及其所引起的不法状态也会继续一定的时间。这种时间上的持续性一般是不能间断的。但也有学者指出,有的继续犯的行为在时间上也可能有间断,例如虐待行为并不是始终摧残被害人,这并不影响继续犯的成立。[①] 这一观点实际上是将虐待行为的一系列举动割裂开来作为数个虐待行为,没有正确理解行为概念的结论,因而难以为我们所接受。至于构成继续犯的时间应以多长为标准,我们认为不宜一概而论,而应根据不同犯罪的性质、情节和社会危害程度综合确定。如非法拘禁,一般要求 24 小时以上;再如遗弃,如果时间很短,没有造成严重后果的话,就不能作犯罪论处。

以上四个要件紧密联系,只有同时具备,才能构成继续犯。在认定继续犯时,还应注意将其与相关的犯罪形态区别开来。

一是与状态犯的区别。状态犯是指犯罪既遂以后,其实行行为所造成的不法状态处于持续之中的犯罪形态。如盗窃他人财物以后,非法占有他人财物的状态一直继续,这就是状态犯的适例。继续犯与状态犯的区别就在于,继续犯的不法状态从犯罪实行即发生,一直存在于整个犯罪过程中,而状态犯的不法状态只存在于犯罪行为终止以后。继续犯是犯罪行为与不法状态同时继续,而状态犯只是不法状态的继续。因此,状态犯的不法状态的继续不能认为是犯罪行为的继续。犯罪人在不法状态下对犯罪对象的处置行为,是不可罚的事后行为。

二是与即成犯的区别。即成犯是指犯罪行为实施完毕以后,犯罪即告结束的犯罪,既不存在犯罪行为的继续,也不存在不法状态的继续。例如故意杀人罪,将人杀死就是适例。显然,继续犯与即成犯的区别在于,继续犯以犯罪行为和不法状态在一定时间内继续为要件,而即成犯不存在犯罪行为的持续性。

对于继续犯,我国刑法没有设专门条款,但刑法规定:追诉期限从犯罪之日起计算;犯罪行为有连续或者继续状态的,从犯罪行为终了之日起计算。因此,确定某一犯罪行为是否构成继续犯,往往成为解决追诉时效问题的关键。以重婚罪为例,如果肯定其为继续犯,那么追诉时效从重婚同居行为终了之日计算;如果否定其为继续犯,那么追诉时效重婚登记完成之日起算。那么,重婚罪究竟是不是继续犯呢?日本有学者认为,重婚罪是状态犯。因为法律以重为婚姻为重婚罪成立的要件,因而不要求夫妇状态的继续。但我们认为,重婚罪的犯罪行为是违反一夫一妻制的非法同居行为,重婚登记只是重婚行为的一部分,也正因为如此,即使不登记的事实婚姻也能构成重婚。

---

① 参见姜伟:《犯罪形态通论》,法律出版社 1994 年版,第 294 页。

这样，重婚行为与非法同居状态同时持续，表明重婚罪也是继续犯。否则，非法同居过了5年就可以不负刑事责任，只会放纵犯罪分子。

继续犯虽然行为具有持续性，但由于只有一个行为，因而本质上是一罪而非数罪。法律对属于继续犯这种犯罪形态的犯罪规定有相应的法定刑，因而在处理时只要依照法律即可，继续时间的长短在裁量刑罚时可以作为量刑情节予以考虑。

（二）想象竞合犯

想象竞合犯是指一行为而触犯数罪名的犯罪形态，例如开一枪，打死一人，打伤一人。对于想象竞合犯，理论上有不同的称谓，有的称为想象数罪，有的称为想象并合犯，也有的称为观念的竞合。我国刑法对想象竞合犯尚无明文规定，但在刑法理论和审判实践中对这一概念均持肯定态度。1979年《刑法草案》第22稿第72条也曾规定：一个行为触犯两个以上罪名或者犯一个罪而犯罪的方法、结果触犯其他罪名的，应当就最重的一个罪处罚。该条前段规定的情形即是想象竞合犯。

关于想象竞合犯的本质，理论界主要有两种截然不同的观点：实质数罪说认为，想象竞合犯是实质上的数罪，只是在处断上作为一罪即从一重罪处罚而已；形式数罪说却认为行为人仅仅实施了一个危害行为，故并非真正的数罪，只是想象的数罪。两种观点的分歧就在于一个行为是否可以进行重复评价。实质数罪说肯定一个行为可以二用，因此也被称为"一星管二说"。[①] 不难发现，想象竞合犯虽然形式上具备数个犯罪构成，但并非是无条件的和完整的。因为它所触犯的数个罪名共有一个危害行为，若断然认为想象竞合犯是实质数罪，就必然导致在法律上必须对一个危害行为重复进行数次谴责或否定评价，而这是不合理的，它会导致过重地追究行为人的刑事责任，并且可能错误地推论出对想象竞合犯也应实行数罪并罚的结论。所以通行的观点从禁止重复评价的原则出发，认为想象竞合犯是想象的数罪，即本质上为一罪。

成立想象竞合犯必须具备两个条件：

第一，行为人只实施了一个行为。这是成立想象竞合犯的前提条件。一般认为，所谓一个行为，是"在社会观念上，行为作为事物自然的状态是一个"[②]。也就是舍弃了犯罪构成来评价行为的个数。但是，仅仅根据自然的理解在有些场合是难以对行为的个数作出正确的判断的。例如，非法持有枪支的人使用枪支实施故意杀人，事实上，这里的行为可以被分解为两个，一是非法持有枪支的行为，二是杀人行为，在这种情况下，究竟能否判断为一个行为呢？理论上认为，要根据两个行为之间重合的程度来进行判断。怎样范围的重合可以是一个行为呢？对此，理论上主要有四种观点[③]：主要部分合致说认为符合数个构成要件的各自然的行为至少要其主要部分重合；一部合致说认为只要在任何一点上重合就够了；着手一体说认为在实行的着手阶段各自然的行为要一体化；分割不能说认为必须实施一种行为不实施另一种行为是不可能的。多数学

① 吴振兴：《罪数形态论》，中国检察出版社1996年版，第58页。

② ［日］大塚仁：《刑法概说（总论）》，日本有斐阁1992年改订增补版，第436页。

③ 参见马克昌：《罪数论比较研究》，载高铭暄、赵秉志主编：《刑法论丛》第5卷，法律出版社2002年版，第332页。

者采取主要部分合致说。如前例,如果行为人是以前取得的枪支,后来产生杀人故意,则主要部分不是重合的,不是一个行为,因而不成立想象竞合犯;但如果行为人是为了杀人而不法取得枪支然后实施杀人行为的,则主要部分是重合的,属于一个行为,成立想象竞合犯。当然,主要部分合致说中何谓"主要部分"不够明确,但在认定上一般分歧不大。至于行为的表现方式,可以是作为,但也可能是不作为。

第二,一个行为必须触犯数个罪名,即一个行为在形式上同时符合刑法规定的数个犯罪构成。犯罪构成虽与罪名不同,但罪名的确立无疑是以犯罪构成为前提的。至于所触犯的罪名是故意犯还是过失犯,在所不问。关于数个罪名能否为同一罪名,刑法理论界则意见不一。这也就是学者们所争论的想象竞合犯是否可以分为同种类的想象竞合犯与异种类的想象竞合犯的问题。异种类的想象竞合犯,是指一行为同时触犯数个不同的罪名,如实施爆炸行为伤害多人,同时成立爆炸罪与故意伤害罪,这在学术界通常是被承认的。但同种类的想象竞合犯是否应包括在想象竞合犯中,则有肯定说与否定说之分。我们认为,一个行为同时触犯数个相同的罪名,例如开一枪,打死两人,实际上只完整地符合一个犯罪构成,也正如此,想象竞合犯才是实质的一罪。如果认为存在同种类的想象竞合犯,那是以行为同时符合两个犯罪构成,只不过罪名相同为前提的,这就混淆了行为符合犯罪构成的次数与所符合的犯罪构成的个数。此其一。其二,刑法理论承认想象竞合犯的概念是为了从一行为所触犯的数个罪名中选择一个罪名定罪量刑,如果触犯的是同一罪名,那么在认定构成何罪上就不会发生任何疑问,因此将它作为想象竞合犯,对审判工作没有实际意义。另外,想象竞合犯是以较强的数罪特征而与单一罪相区别的,而所谓的同种类的想象竞合犯不具备这一特征。在审判实践中,对一个行为触犯同种类的数个罪名的情况,实际上从未按想象竞合犯处理,而是直接认定构成该罪。所以综合看来,我们认为,想象竞合犯所触犯的罪名,应当是数个不同的罪名。

在想象竞合犯的认定问题上,最为困难的是其与法规竞合的区别。所谓法规竞合,亦称法条竞合,是指行为人实施一个犯罪行为同时触犯数个在犯罪构成上具有包容关系的刑法规范,只适用其中一个刑法规范的情况。显然,想象竞合犯与法规竞合一样,都是一行为而有数个法律条文可资适用,但只择其一而已。如何区别二者,观点不尽一致。有的认为,应依结果之数区别。一行为产生一结果,触犯数法条规定的罪名,为法条竞合;一行为产生数结果,触犯数罪名,为想象竞合。有的认为,应依互相竞合的法条之间的关系区别。互相竞合的法条中一法条的内容为他法条的内容一部分时,为法条竞合;想象竞合中互相竞合的法条则不具有这种关系。[①] 在我们看来,前一种区别法对行为犯是无法适用的,因而后一种区别法相对而言较为可取。具体说来,法条竞合犯中犯罪行为触犯的数个法条所规定的构成要件及要素之间存在必然的重合或交叉关系,并且这种关系直接根据法律的规定就可以认识到,而想象竞合犯触犯

① 参见马克昌:《罪数论比较研究》,载高铭暄、赵秉志主编:《刑法论丛》第5卷,法律出版社2002年版,第330页。

的数个法条之间不是必然存在这种关系，仅仅只是因为行为人实施的具体犯罪事实而使数个法条对行为均具符合性。如盗窃数额较大的公用电信设施，同时触犯破坏通讯设备罪和盗窃罪，而破坏与盗窃根本是两种不同的行为表现，两种犯罪完全不存在包容关系，只不过行为人的行为恰好同时触犯了这两个罪名，对此就只能以想象竞合犯论处。

对想象竞合犯，我国刑法理论通说主张应采取"从一重处断"原则，即从所触犯的数罪中，就其中最重的罪名处断。《刑法》第293条肯定了这一原则。该条第1款规定了抢夺、窃取国有档案罪，第2款规定了擅自出卖、转让国有档案罪，随后第3款规定：有前两款行为，同时又构成本法规定的其他犯罪的，依照处罚较重的规定定罪处罚。至于衡量数罪轻重的标准，只能是法定刑而不是宣告刑，已成为共识。在具体判断上，首先应看法定最高刑；如果法定最高刑相同就看法定最低刑，较轻的是轻罪，较重的是重罪；如果法定最高刑与最低刑都相同，则根据刑种的排列顺序来确定孰轻孰重。

（三）结果加重犯

结果加重犯亦称加重结果犯，是指实施基本犯罪构成要件的行为，由于发生了基本构成要件以外的重结果，刑法对其规定加重法定刑的犯罪形态。如故意伤害致人死亡就是伤害罪的结果加重犯，其法定刑明显高于一般伤害罪。从上述概念可以看出，结果加重犯一般由两部分构成，即基本犯罪与加重结果。成立结果加重犯，必须具备以下要件：

第一，行为人实施了基本犯罪构成要件的行为。这是结果加重犯成立的前提。但对基本犯罪的罪过形式是仅指故意，还是也包括过失，则有不同认识。有的认为，结果加重犯的基本犯罪的罪过形式不应包括过失①；也有的认为过失犯罪的结果加重犯在理论上是应当承认的②。从国外立法来看，确有过失的结果加重犯的适例，如德国刑法中的失火致人死亡罪，但我国刑法并没有基本犯的罪过形式是过失的结果加重犯。③所以，我们主张将基本犯罪限定在故意犯的范围内才符合我国的立法实际。

第二，产生了基本犯罪构成以外的重结果。这里的重结果，必须是超过了基本犯罪构成的结果，或者说是他罪结果。如果能够为基本犯罪构成所要求的结果所涵盖，就不是结果加重犯的加重结果，将之作为情节加重也许更为合适。一般认为，加重结果还必须由基本犯罪的犯罪行为所引起，即加重结果与基本犯罪行为之间应存在因果关系。如果介入了其他因素，例如甲伤害了乙，乙在住院过程中因医院失火而死亡，就不能让甲对加重结果承担刑事责任。有一种观点认为，加重结果只要是在犯罪的时机实施的行为所产生就够了，如认为抢劫致死伤罪中的死伤结果不要求是由作为抢劫手

---

① 李邦友：《结果加重犯基本理论研究》，武汉大学出版社2001年版，第37页。

② 吴振兴：《罪数形态论》，中国检察出版社1996年版，第87—88页。

③ 有学者认为，我国《刑法》第131条规定的重大飞行事故罪的后半段所规定的"造成飞机坠毁或者人员死亡的"构成过失的结果加重犯。我们认为这里所谓的加重结果并不是超出基本罪罪质范围的结果，而是基本构成要件结果的加重，因此不是结果加重犯。其他如铁路营运安全事故罪、危险物品肇事罪等均是如此。交通肇事罪的"因逃逸致人死亡"，一般认为不是基本罪"违反交通运输管理法规"的行为引起的，故也不是结果加重犯。

段的暴力、胁迫行为造成,只要是在抢劫的机会中所实施的行为造成了死伤结果,就成立抢劫致死伤罪。[①] 这种观点也为日本的审判实践所肯定,其理由在于,抢劫致死伤罪是着眼于实施抢劫的时机容易致人死伤而设的特别犯罪,其目的在于更好的保护被害人的利益。但是这种观点过于扩大结果加重犯的范围,不利于被告人,因而是否可取仍值得商榷。关于加重结果是否以过失为必要,理论上也有不同看法。一种意见认为,对加重结果具有故意与结果加重犯的概念并不冲突,符合我国刑法的实际并具有一定的法律根据。[②] 但也有学者主张对结果加重犯结果只能是过失[③]。我们认为,一般说来,为了成立结果加重犯,以对加重结果有过失为必要。所谓有故意的结果加重犯,归根结底是故意犯,不是故意犯以外的东西。例如故意伤害致人死亡罪,这里的致人死亡就只能是过失,如果是故意,就应当直接定故意杀人罪。但有的结果加重犯,重结果也可能出于故意,如抢劫致人重伤、死亡,一般认为,这里的致人重伤、死亡既包括过失致人重伤、死亡也包括故意致人重伤、死亡。因此,现行立法实践实际上肯定加重结果的罪过形式大部分情况下由过失构成,但少数情况下也不排除故意构成的可能。此外,为了使结果加重犯与责任主义相符合,一般还要求行为人对加重结果应具有预见可能性,即根据犯罪时的主客观情况,能够预见其行为可能造成加重结果。至于能否预见,应根据当时的客观情况以及行为人的注意能力来判断。例如,甲与乙素不相识,因骑自行车相撞发生争执,甲拔拳打伤乙,乙突然倒地昏迷,经抢救无效死亡。经查,乙原患严重的冠心病,由于与甲争吵挨打引起心肌梗塞而死亡。本案中,乙的死亡与甲的伤害之间虽有条件关系,但当时甲对乙之死不能预见,因此,甲成立伤害罪,而不成立伤害致死罪。

第三,刑法规定了比基本犯罪更重的法定刑。加重其刑也是构成结果加重犯不可或缺的条件。立法者考虑到故意犯某种基本罪而过失地造成了某种加重后果具有较大的社会危害性,所以,特别规定了加重的刑罚,以实现刑法特殊预防与一般预防的目的。直接规定比基本犯更重的法定刑,而不是规定比照某罪加重处罚,这说明结果加重犯已不同于基本犯罪,而是一个独立的罪刑单位。

由于结果加重犯有独立的法定刑,所以在刑罚运用上较为简单,只要在法定刑幅度内处刑即可。

二、法定的一罪

法定的一罪是对那些本来是数罪,但法律上规定为一罪的犯罪形态的概称。从犯罪构成的个数来讲,本来符合数个犯罪构成,但法律却把它规定为一罪,因而不再需要实行并罚。

(一)结合犯

结合犯是指两个以上独立而性质不同的犯罪,根据刑法的明文规定,结合成另一

① 张明楷:《外国刑法纲要》,清华大学出版社 1999 年版,第 623 页。

② 参见吴振兴:《罪数形态论》,中国检察出版社 1996 年版,第 91—92 页。

③ 参见顾肖荣:《刑法中的一罪与数罪》,上海学林出版社 1986 年版,第 41—42 页。

个独立的新罪的犯罪形态。例如，日本的刑法中将“犯强盗罪，而又强奸妇女者”，规定为独立的强盗强奸罪，这就是结合犯的典型。结合犯具有以下特征：

第一，结合犯所结合的数罪，原为刑法上具有独立构成要件且性质各异的数罪。也就是说，首先，原罪必须有法律的明文规定。原罪是否刑法上独立的犯罪，则应依刑法的规定而确定。如暴力行为，在有的国家如日本，规定为暴行罪，因而暴行罪可与其他独立犯罪结合成为犯罪。但在我国刑法中，暴力行为却不是独立的犯罪，因而不能成为结合犯的原罪。其次，作为结合犯的原罪，还必须是数个独立且性质罪名各不相同的具体犯罪。如果罪名相同，在均为故意犯的情况下，可以构成连续犯或者惯犯。

第二，结合犯是将数个原本独立的犯罪，结合成为另一个独立的新罪，用公式表示就是：甲罪+乙罪=丙罪。由数个原罪结合而成的新罪，必须包含有与原罪相对应的，且彼此相对独立的数个犯罪的构成要件，在此基础上，数个原罪的构成要件又依刑法的规定，被融合为一个统一的独立于数个原罪的构成要件，失去原有的独立犯罪的意义，成为新罪的一部分。如果刑法将数个独立的犯罪结合成为其中的一个罪，则不是结合犯。

第三，数个独立的犯罪结合成一种新的犯罪是由刑法明文规定的。刑法设置结合犯的条款，是为了达到罪刑相适应的目的，因而一般是将某些具有并发关系、牵连关系的数罪结合为一罪。

在认定结合犯时，必须注意它与结果加重犯的区别。结合犯是数个独立的犯罪行为由于法律的规定而成为一个新罪，而结果加重犯只是基本犯罪行为发生加重结果，不是数罪的结合，因而结合犯要按照结合而成的新罪定罪，而结果加重犯不存在成立新罪的问题。结合犯是数个故意犯罪的结合，而结果加重犯的基本罪是故意罪，加重结果却是出于过失。一般认为，结合犯可以有未遂等形态，而结果加重犯的加重结果是其成立的要件，不存在未遂情况，未发生加重结果，只构成基本罪。另外，结合犯的数罪之间不存在因果关系，而结果加重犯的基本犯罪行为与加重结果间须有因果关系。

关于我国刑法中是否规定了结合犯，以往刑法理论上存有争议。有的学者认为，1979 年《刑法》第 191 条第 1 款破坏邮电通讯罪，是邮电工作人员私自开拆或者隐匿、毁弃邮件、电报的行为；同条第 2 款规定，犯前款罪而“窃取财物的……”可以认为是结合犯，即把破坏邮电通讯罪和盗窃公私财物罪结合起来定为贪污罪。[①] 我们认为，这种观点是不正确的。邮电工作人员利用职务上的便利窃取财物的行为，本质上就是贪污，如认为是结合犯，则新罪与原罪之一罪名相同，用公式表示就是：破坏邮电通讯罪+贪污罪=贪污罪，这是不符合结合犯的特征的。1997 年修订的《刑法》颁布后，这一问题也有争论。有人认为，1997 年修订的《刑法》第 229 条第 1 款规定的是故意提供虚假证明文件罪，第 2 款规定的受贿提供虚假证明文件罪，是由受贿罪和故意提供虚假

① 高铭暄主编：《中国刑法学》，中国人民大学出版社 1989 年版，第 220—221 页。

证明文件罪而合成的结合犯。[①] 但后来的司法解释并未为第229条第2款规定一个独立的罪名，而是作为第1款所规定的故意提供虚假证明文件罪的加重构成。因此，通观我国刑法，事实上没有典型的结合犯。

对于结合犯，由于被结合的数罪已经失去了独立意义，而刑法对结合的新罪规定了相应较重的法定刑，因此只需按照刑法规定以新罪一罪论处。

（二）集合犯

我国刑法理论过去只注意研究惯犯，而对集合犯很少问津。所谓惯犯，一般认为是指以某种犯罪为常业，或者以犯罪所得为主要生活来源或腐化生活来源，或者犯罪已成习性，在较长时间内反复多次实施同种犯罪行为，刑法明文规定对其以一罪论处的犯罪形态。理论上研究惯犯的根据在于，1979年《刑法》将多次盗窃、诈骗的行为冠以"惯窃"、"惯骗"的罪名，此外第118条规定了以走私、投机倒把为常业的犯罪，第168条规定了以赌博为业的犯罪，第171条规定了一贯制造、贩卖、运输鸦片、海洛因、吗啡等毒品的犯罪，而一般认为，"条文中所谓'为常业'、'为业'和'一贯'，无论从文理解释还是从论理解释，都应该理解为'惯犯'"。[②] 但是，1997年修订的《刑法》删除了"惯窃"、"惯骗"、"以走私、投机倒把为常业"、"一贯制造、贩卖、运输毒品"的规定，考虑到新《刑法》取消了惯犯的概念，所以我们认为借鉴大陆法系的刑法理论，以集合犯的论述代替对惯犯的研究更符合立法实际。

集合犯是指行为人以反复实施同种犯罪行为为目的，虽然实施了数个同种犯罪行为，但刑法规定以一罪论处的犯罪形态。日本学者指出，"所谓集合犯，指作为构成要件的行为，被预定数个同种类的行为的犯罪"。或者说"所谓集合犯，指被预定同种行为的反复的犯罪，也叫集积犯"。[③] "在集合犯的场合下，由于已经预定了数个同类行为反复实行，所以即使是数个行为也是一罪。"[④]可见，集合犯之所以在罪数形态中研究，主要是为了解决实施同种的数个犯罪行为的罪数问题。成立集合犯，必须具备以下要件：

第一，行为人以反复实施同种犯罪行为为目的。即行为人不是意图实施一次犯罪行为即行结束，而是预定实施不定次数的同种犯罪行为，主观上具有反复多次实施某种特定犯罪行为的故意。

第二，行为人在较长的时间里反复多次实施了数个同种的犯罪行为。这是构成集合犯的客观条件。具体说来，集合犯在时间上具有长期性，犯罪行为具有多次性并且行为人反复多次实施的是同种性质的犯罪行为。不过，集合犯虽然要求行为人意图实施不定次数的同种犯罪行为，客观上通常也实施了数个同种的犯罪行为，如多次非法行医，但是行为人即便只实施了一次，只要行为已构成犯罪，也成立集合犯。

---

① 参见周振想：《刑法学教程》，中国人民大学出版社1997年版，第204页。

② 高铭暄主编：《中国刑法学》，中国人民大学出版社1989年版，第219页。

③ 参见马克昌：《罪数论比较研究》，载高铭暄、赵秉志主编：《刑法论丛》第5卷，法律出版社2002年版，第320页。

④ 〔日〕野村稔：《刑法总论》，全理其、何力译，法律出版社2001年版，第450页。

第三，集合犯必须是刑法明文规定以一罪论处的犯罪形态。集合犯是以同种行为的反复为构成要件要素的犯罪，被反复的同种行为中的每一个行为都符合同一犯罪的构成要件。因此，在构成要件的性质上，它们是被评价为一个犯罪的。正因为刑法将可能实施的数个同种行为规定为一罪，所以行为人实施了数个同种行为，仍然构成一罪。例如前述非法行医罪，虽然实施数个非法行医行为，仍然只构成一个非法行医罪。

集合犯是学理上的概念，具体分为几种，意见不尽一致。有的将其分为常习犯和营业犯两种，有的将其分为常习犯、职业犯和营业犯三种。我们认为，结合我国刑法规定看，集合犯主要有两种：

一是常业犯，即以一定的行为为常业的犯罪。详言之，指行为人基于以某种犯罪为常业的意思倾向，意图反复实施同种犯罪行为，法律规定以反复实施同种犯罪行为为构成要件的犯罪。这种常业犯一般实施一次还不足以成立，只有反复实施同种犯罪行为，体现出以此为业的意思，才能构成犯罪。我国《刑法》第 303 条规定的"以赌博为业"的赌博罪，就属于这类集合犯。如果偶尔赌博，不是以赌博为业的，就不能构成赌博罪；但无论赌博多少次，都只能构成一罪。

二是营业犯，指通常以营利为目的，意图反复实施一定的行为为业的犯罪。营业犯与常业犯的区别在于，营业犯通常具有营利的目的而常业犯对此不作要求。对常业犯来说，实施一次某种行为，不构成犯罪，必须反复实施同种行为才能构成犯罪。而对营业犯来说，即使实施一次某种犯罪行为，只要行为人主观上有实施不定次数的同种犯罪行为的意图，也可能成立营业犯。我国《刑法》第 363 条第 1 款规定的制作、复制、出版、贩卖、传播淫秽物品牟利罪即是如此。行为人制作、复制、出版、贩卖、传播淫秽物品牟利一次就可能构成该罪，但是多次实施该犯罪行为的，也只构成一罪。

集合犯往往与继续犯容易混淆。事实上，二者的区别是明显的。集合犯是由数个同种的犯罪行为所组成的，数行为之间一般还存在着间隔；而继续犯本质上讲是一罪，行为人只有一个犯罪行为，只不过犯罪行为及其不法状态同时呈现继续状态，具有时间上的持续性。因而，集合犯是数行为法律规定为一罪，继续犯是实质上的一罪。

对于集合犯，无论行为人实施了多少次同种的犯罪行为，在处罚上都只能依照刑法分则的明文规定以一罪论处，不能实行数罪并罚。

三、处断的一罪

处断的一罪是指那些本来是数罪，但作为一罪处断的犯罪形态。从本来是数罪这一点看，它与实质的一罪泾渭分明；从处断上作为一罪这一点说，它又同法定的一罪划清了界限。

（一）连续犯

连续犯是指基于同一或者概括的犯罪故意，连续实施数个独立的犯罪行为，触犯同一罪名的犯罪形态。例如，甲蓄意杀死乙的全家，在下午潜入乙家，杀死乙的妻女，然后晚上等乙归来，又将乙杀死，这就构成了故意杀人罪的连续犯。对于连续犯，我国法律上没有明文规定，只在《刑法》第 89 条追诉时效中涉及犯罪有连续的情况。一般

认为,连续犯具有以下特征:

第一,从行为特征上看,连续犯的数行为具有独立性和连续性。连续犯的成立,以客观上存在数个行为为前提条件。如果行为人以数个举动完成犯罪,而数个举动仅形成一个行为的,就不是连续犯。在此基础上,要求数行为是具有独立意义的连续性犯罪行为。它包含两层含义:其一,行为人所实施的数个行为,分开来看每一次行为都可以单独构成犯罪,符合刑法分则所规定的具体犯罪的构成要件。如果数行为在刑法上不能构成独立的犯罪,就不能成立连续犯;即使数个行为中有一个已构成犯罪,也不能作为连续犯处理。以盗窃为例,某人连续多次盗窃,每次数额均较小,都不能单独构成犯罪,因而不成立连续犯。但如果加起来数额较大,就可以构成单一的盗窃罪。其二,所实施的数个独立的犯罪行为之间具有连续性。这是理解连续犯的关键。如何认定是否具有连续性呢?学术界对此分歧很大。概括起来主要有三种观点:主观说主张以行为人的主观意思为准,认为如其意思连续,则行为亦必然连续;如果行为人基于同一个犯意,则其数个独立的犯罪行为就可算作连续犯。客观说认为如果犯罪事实相同,方法类似,时间连续,就可构成连续犯。折衷说则认为连续犯的成立,不仅需要行为人主观上有连续犯罪的决意和同一的犯罪故意,而且需要客观上数个行为有外部的类似关系和时间上的联络。我们认为,折衷说综合了主客观说的观点,从主客观两个方面去认定连续性,与罪数判断上的犯罪构成标准说和刑法主客观相统一的原则相一致,较为合理。因此,如果行为人基于同一的或概括的犯罪故意,实施了性质、手段相同的犯罪行为,且在犯罪的时间、地点、环境等方面具备相似条件的,就应当认定行为之间有连续性。

第二,从主观特征上看,连续犯的数行为必须是基于同一的或者概括的犯罪故意。与连续行为相对应,连续犯的主观要件也被称为连续意思。犯罪分子以连续的数行为实施犯罪,在主观上,于开始实施犯罪时,为了完成一个预定的犯罪计划,或为了实现一个总的目的(目标),或预见总的犯罪结果,这就是连续意思。① 其中,行为人预计实施数次同一犯罪,且每次实施的具体犯罪都明确包含在行为人故意的内容之中,就是同一的犯罪故意。如果行为人在实施相同犯罪的次数及时间、地点上没有明确的犯罪计划,但有一个概括的犯罪意向,就是概括的犯罪故意。例如,甲与乙有仇,蓄意报复乙,准备对乙及其家人进行伤害,除了明确伤害乙外,对其家属什么人进行伤害并无明确目标。随后,甲伤害了某乙,不久又伤害了乙的儿子。这就是出于概括故意而实施的连续犯。

第三,从法律特征上看,连续犯实施的数次犯罪行为必须触犯同一罪名。关于同一罪名的确定标准,在刑法理论上存在各种观点,例如同一法益说、同种法益说、同一罪质说、结果单一说、同一构成要件说、同名说、同条说、同章说等。② 以上观点对同一罪名的理解有宽有窄,我们认为都不尽恰当。对于罪名名称完全相同的,毫无疑问是

---

① 马克昌主编:《犯罪通论》,武汉大学出版社 1999 年版,第 696 页。
② 参见吴振兴:《罪数形态论》,中国检察出版社 1996 年版,第 91—92 页。

同一罪名。数行为中有的与基本犯罪的基本构成相符合,有的与加重或减轻的构成相符合,亦成立同一罪名。即使数行为中有的与具体犯罪的基本构成相符合,有的与该基本构成的修正构成即共犯或犯罪停止形态的构成相符合,也是触犯同一罪名。关键在于选择性罪名是否同一罪名。例如伪造、变造、买卖公文、证件、印章罪,属于具有几种选择性行为和选择性对象的选择性罪名。对此,我国刑法学界一般认为,选择性罪名性质类同,连续触犯其中两个或两个以上罪名的,可以作为连续犯论处。① 因此,甲为同一犯罪目的,先是伪造公文、继而又变造证件,就可以视为数次行为触犯同一罪名,是连续犯。相反,尽管规定在同一法条中,但如果犯罪构成并不相同,如我国《刑法》第 114 条规定的放火、决水、爆炸、投放危险物质等,因不是同一罪名,所以不能构成连续犯。

连续犯在认定上主要应与继续犯区别开来。二者的不同主要表现在:第一,连续犯是连续实施数个性质相同的犯罪行为,而继续犯是一行为持续地侵犯同一或相同的犯罪客体。第二,连续犯是数行为具有同一故意,且有连续的意思,而继续犯是一个故意的持续。第三,连续犯实施的数行为之间一般具有时间上的间隔性,而继续犯所实施的一个犯罪行为在一定时间内处于不间断存在的状态。连续犯是数个独立犯罪行为的连续,而继续犯是一个犯罪行为及其不法状态的连续。因而连续犯是处断上的一罪,而继续犯是实质的一罪。

连续犯与集合犯也有相似之处,二者都是同种行为构成一罪。但是连续犯所连续实施的同种数行为均独立构成犯罪,是数罪作为一罪处理的情况,所以在理论上认为它是处断的一罪。而集合犯是刑法规定同种的数行为为一罪的情况,所以是法定的一罪。

连续犯作为处断上的一罪,理所当然不应实行并罚。根据我国的审判实践经验和刑法的有关规定,对连续犯应当按照不同情况分别处理:对于一般的连续犯,应按照一个罪名从重处罚,如故意杀人罪的连续犯,只能在该罪的基本构成的量刑档次内从重处罚;如果刑法将危害严重的常见连续犯,作为情节加重犯予以规定,就应该依照该加重构成的量刑档次处罚。如根据我国《刑法》第 263 条,对于多次抢劫的,就应当依照加重抢劫构成的量刑档次处罚。

(二) 牵连犯

牵连犯是指以实施某一犯罪为目的,而其方法行为或结果行为又触犯其他罪名的犯罪形态。这一概念较确切地说明了牵连犯是数个不同性质的犯罪行为之间的特定关系,为我们认识牵连犯的本质和特征提供了一条可资借鉴的线索。据此,牵连犯包括两种情形:一是方法行为与目的行为的牵连,例如为了诈骗而伪造公文,目的行为构成诈骗罪,方法行为构成伪造公文罪,成立牵连犯。二是原因行为与结果行为的牵连,例如盗窃枪支后将它藏起来,原因行为构成盗窃枪支罪,结果行为触犯私藏枪支罪,也成立牵连犯。一般认为,牵连犯具备以下特征:

---

① 参见顾肖荣:《刑法中的一罪与数罪》,上海学林出版社 1986 年版,第 104 页。

第一,必须基于一个最终犯罪目的。这是构成牵连犯的主观要件。行为人是为了达到某一犯罪目的而实施犯罪行为的,正因为如此,行为人才会对围绕本罪而实施的方法行为或结果行为与本罪行为之间的牵连关系有所认识,才会有牵连意图。如果行为人出于实施数个犯罪的目的,在此目的支配下实施了数个犯罪,就不能构成牵连犯。

第二,必须具有两个以上的行为。这是构成牵连犯的前提条件。如果只实施了一个行为,则无法形成行为之间的牵连关系。如行为人出于杀害他人的目的,实施放火行为,烧死了他人,由于放火只是手段,不存在两个行为,因而不构成牵连犯。如果将犯罪手段等同于牵连犯的手段行为,抹杀了牵连犯的数行为特征,就会混淆牵连犯与想象竞合犯。理论上曾有人将牵连犯的概念表述为:"犯罪分子出于直接追求一个犯罪目的,而犯罪的方法或结果又触犯其他罪名的,叫牵连犯。"①显然这是不妥的。

第三,牵连犯的数个行为之间必须具有牵连关系。简单地说,牵连关系就是指行为人实施的数个危害社会行为之间具有手段与目的或原因与结果的内在联系。依据什么标准来确定牵连关系,理论界众说纷纭。其学说归纳起来主要有三种:一是主观说,即以行为人的主观意思为标准,行为人认为有牵连关系或者行为人有同一犯意的,就认定为牵连关系;二是客观说,即以客观事实是否有必要的相互牵连为标准,行为间有直接或不可分离的关系的就是牵连关系;三是折衷说,认为成立牵连关系除客观上具有通常的目的行为与手段行为或者原因行为与结果行为的关系之外,在主观上还应以行为人有使两者牵连的意思为要件,二者缺一不可。我们认为,主观说与客观说都只从一个方面考察牵连关系,失之于片面,会扩大牵连关系的成立范围。折衷说则对牵连关系作了适当的限制,坚持了主客观相统一原则,较为妥当。应当注意的是,牵连犯的目的行为与方法行为,原因行为与结果行为之间的客观联系必须是内在的、必然的,对于那些形式上具有手段和目的关系,但两种行为之间实际上并无内在的、必然的和直接联系的情况,不能认定成立牵连犯。例如一般情形下,行贿和偷税不会发生牵连关系,但是现实生活中也客观存在着行为人为了逃避较大数额的税款而宁愿以相对较少的财物去行贿的现象,即为了偷税而行贿。表面上看其行为都围绕一个目的而进行,但实际上它们之间并无内在的、必然的联系,如果认定牵连关系的存在,势必放纵犯罪。

第四,牵连犯的数个行为必须触犯不同的罪名。这是牵连犯的法律特征。这里的不同罪名,是指牵连犯的目的行为与手段行为或者原因行为与结果行为各自具备不同性质的犯罪构成。如果其中一个行为不构成犯罪,就不能成立牵连犯。例如犯罪分子盗窃以后又销赃,由于销赃行为只是一种不可罚的事后行为,只有盗窃犯以外的其他人才能构成销赃罪,所以这种情况就不构成牵连犯。如果数行为虽然都构成犯罪,但不是触犯不同的罪名,而是数次触犯同一罪名,也不是牵连犯,而可能是连续犯或同种数罪。

对牵连犯应如何处罚,我国刑法总则没有规定。以往为大多数学者所赞同并在司

---

① 中央政法干部学校刑法刑事诉讼法教研室编:《中华人民共和国刑法讲义》(总则部分),群众出版社 1982 年版,第 225 页。

法实践中得到普遍遵行的是从一重罪处断说。这是因为学者们感到,牵连犯虽然实际构成了数罪,但其数个独立成罪的行为是相互依存的有机整体,而且数个犯罪故意贯穿一个犯罪目的,所以它的客观危害性较轻,行为人的主观恶性也较小。然而司法实践表明,牵连数罪所体现的社会危害性有时与可并罚数罪的危害性相差无几,有学者甚至明确指出:"犯罪的社会危害性程度,主要取决于犯罪的性质、情节及实际损害结果等,而不是取决于数罪之间的牵连关系"①。因而近几年来,传统的牵连犯处罚原则受到了严重挑战。在刑法分则的若干条款中,也对牵连犯的处罚作了特别规定,从而在事实上确立起了牵连犯的不同处罚原则。有的采用从一重罪从重处罚原则,如我国《刑法》第253条规定,邮政工作人员私自开拆或者隐匿、毁弃邮件、电报并窃取财物的,依照盗窃罪的规定定罪,从重处罚即是例证。有的采用从一重罪加重处罚原则,如在运送他人偷越国(边)境中以暴力、威胁方法抗拒检查的,法定刑由单纯的运送他人偷越国(边)境罪的5年以下有期徒刑提高到7年以上有期徒刑。② 有的采用数罪并罚原则,如根据我国《刑法》第198条规定,投保人、受益人故意造成被保险人死亡、伤残或者疾病,骗取保险金的,在构成保险诈骗罪的同时,又构成故意杀人罪或故意伤害罪,此时应依照数罪并罚的规定处罚。我们认为,虽然牵连犯的处罚原则尚无定论,但既然刑法分则已对若干牵连犯的处断方式作了必然的选择,那么在司法实践中就应当严格适用法条的有关规定,而在法律无明文规定的情况下,则暂时还应以"从一重处断"为基本原则,这样才能尽可能减少适用上的纷争。

(三)吸收犯

所谓吸收犯,是指行为人实施的数个犯罪行为,因其所符合的犯罪构成之间具有特定的依附与被依附的关系,从而导致其中一个不具有独立性的犯罪,被另一个具有独立性的犯罪所吸收,对行为人仅以吸收之罪论处,而对被吸收之罪置之不论的犯罪形态。例如,行为人盗窃枪支后,私藏枪支于家中,私藏枪支的行为被盗窃枪支的行为所吸收,仅成立盗窃枪支罪。吸收犯具有以下特征:

第一,吸收犯必须具有数个犯罪行为,这是成立吸收犯的前提和基础。因为如果没有数个犯罪行为,就谈不到一个行为吸收另一个行为。同时吸收犯的数个行为还必须都是犯罪行为,即每个行为都符合刑法规定的犯罪构成。这里所说的犯罪构成,可能是基本的犯罪构成,也可能是修正的犯罪构成。无论符合何种类型犯罪构成的危害行为,都无疑是犯罪行为。犯罪行为的复数性,也是吸收犯与想象竞合犯的区别所在。数个犯罪行为是否必须属于不同犯罪,理论上则存在肯定说与否定说。肯定说认为,数行为必须触犯不同的罪名,如果数行为触犯同一罪名,则不成立吸收犯。③ 否定说则认为,数行为可以是同一罪名的不同构成形态。④ 我们同意否定说,认为同一罪名不同

① 包健、于英君:《试论牵连犯定罪量刑的价值取向》,载《法学》1998年第4期,第27页。

② 有学者认为,法条为这种情况规定的是独立的法定刑(参见张明楷:《刑法学》(上),法律出版社1997年版,第332页)。这种说法虽然有一定道理,但我们认为,它不能体现本罪与他罪的牵连关系。

③ 张明楷:《犯罪论原理》,武汉大学出版社1991年版,第422页。

④ 参见高铭暄主编:《刑法学原理》第2卷,中国人民大学出版社1993年版,第626页。

阶段的犯罪行为之间可以成立吸收犯，即吸收犯的数行为，不必是不同罪名之行为。

第二，吸收犯的数个行为之间必须具有吸收关系。行为人实施的数个犯罪行为，基于其内在的独立性与非独立性的对立统一特性，而彼此形成一种吸收关系，这是吸收犯成立的关键。所谓吸收，也就是一个行为包容其他行为，其他行为失去独立存在的意义。而数行为之间之所以具有吸收关系，是因为这些行为通常属于实施某种犯罪的同一过程，彼此之间存在着密切的联系。一般认为，吸收关系表现为以下几种形式：一是重行为吸收轻行为。这里的轻重，是根据行为的性质确定的。行为社会危害性程度大的，就是重行为。如行为人在非法制造枪支之后又私藏枪支，就应以非法制造枪支罪论处，私藏枪支的轻行为被吸收。二是主行为吸收从行为。这是就共同犯罪行为而言的。根据行为的作用大小，一般认为在共同犯罪中起辅助或者次要作用的是从行为，因而实行行为同教唆、帮助行为相比，实行行为是主行为；教唆行为与帮助行为相比，教唆行为是主行为。据此，如果行为人先教唆或帮助他人犯罪，随后又参与共同实行犯罪，其教唆行为或帮助行为，应为共同实行行为所吸收。如果行为人先教唆他人犯罪，然后又帮助他人犯罪，其帮助行为应为教唆行为吸收。三是实行行为吸收预备行为。许多犯罪往往先有预备行为，然后才发展到实行行为。在这种情况下，预备行为为实行行为所吸收，仅以实行行为所构成的犯罪论处。例如，当行为人所实施的一系列杀人预备行为因意志以外的原因而停顿在预备阶段以后，行为人并不甘心，再次预备后完成杀人行为，杀人的实行行为应吸收预备行为。

吸收犯与结合犯是不同的。结合犯虽然原罪也是数个行为，但这数个行为已经通过法律的明文规定而结合为一罪，其结合关系由法律明示，而吸收犯中吸收关系的确立，并不需要法律的明文规定，在认定时一般应基于社会观念和法条的内容。同时，吸收关系一般有明显的高度行为与低度行为之分，而结合关系常见的是将并发的、社会危害性无明显高下之分的数罪结合为一罪。此外，吸收犯中，被吸收之罪已经失去独立成罪的意义，而结合犯中被结合之罪的构成要件为新罪所包含。

由于吸收犯与牵连犯均具有行为的复数性，而且如前所述，吸收犯的数行为绝大多数情况下触犯不同的罪名，与牵连犯异质罪名性不谋而合，因而吸收犯与牵连犯如何区分亦是理论上的难题。例如，对入室盗窃，我们完全可以有两种不同的解释。一种将非法侵入住宅行为解释为进行盗窃犯罪的手段行为，由于侵入住宅的目的直指盗窃，同时没有侵入行为，盗窃就不能得逞，因此入室盗窃其实是非法侵入住宅行为与盗窃行为牵连的场合。另一种解释则将盗窃行为视为重行为、主行为，将非法侵入住宅行为视为轻行为、从行为，后一行为完全依附于前一行为，因此成立吸收犯。① 有学者甚至认为，“在某种意义上，牵连犯往往都是吸收犯”②。正因为区分上的困难，不少学者对牵连犯概念的存在提出质疑，但这一问题尚待进一步研究。

对于吸收犯，因被吸收行为失去了独立的意义，所以对被吸收行为置之不论，而仅

① 吴振兴：《罪数形态论》，中国检察出版社 1996 年版，第 309—310 页。

② 王作富主编：《中国刑法适用》，中国人民公安大学出版社 1987 年版，第 209 页。

以吸收行为定罪处罚。在这一点上，吸收犯不同于牵连犯。牵连犯实际上首先肯定两个行为都独立成罪，即罪名之间不能吸收，只是在处理时实行从一重处断。

第三节　数罪的认定

一、数罪的概念与特征

数罪的认定问题，一直是刑法理论研究的薄弱环节。学者们往往在对上述貌似数罪，实为一罪的情形进行探讨之后，就认为罪数论的任务已经终结，事实上并非如此。

何谓数罪呢？简单地说就是行为人实施数个行为，符合数个犯罪构成，构成数个独立的犯罪。由于行为人实实在在地具有两个或两个以上的罪行，因而它与想象竞合或者说想象数罪是不同的，后者所谓的数罪是在观念意义上而言的，实际上行为人只有一个行为，属于实质的一罪。成立数罪，必须符合下列条件：

第一，行为的复数性。行为人必须实施了刑法分则所规定的两个或两个以上具体犯罪构成的行为。这是数罪与继续犯、想象竞合犯、结果加重犯的区别所在，也是数罪最本质的特征。至于行为的对象，则可能是同一的。因为区分一罪与数罪的标准，是犯罪构成的个数，而对象经常不是犯罪构成的要件，所以行为侵害同一对象与行为的复数性并不矛盾。例如，对于同一妇女，行为人可能先实施抢劫，再实施强奸，最后杀人灭口，显然不能因行为对象同一而认定为一罪。

第二，罪过的复数性。行为人必须是在数个犯意的支配下分别实施数个行为。罪过的具体形式，法律不作要求，可以是故意，也可以是过失，即过失犯与故意犯可以成立数罪。例如，行为人在发生交通肇事以后，为逃避责任，调转车头将被害人轧死，就成立两个罪。一是作为过失犯的交通肇事罪，一是作为故意犯的故意杀人罪。行为人形成犯意的时间，法律没有明确规定。因此，如果行为人在着手实行犯罪以后，由于某种原因另起犯意，并实施了另一犯罪行为，也构成数罪。但如果行为人是基于同一的或概括的犯罪故意实施数个行为的，则有可能构成连续犯。

第三，行为人实施的数个犯罪，没有被法律结合为一罪，或者作为一罪处断。对结合犯、集合犯来讲，行为人也有数个犯罪行为，但是法律出于某种考虑，将其明文规定为一罪，从而使其失去了数罪的本质。而对连续犯、牵连犯与吸收犯来说，行为人的数个行为或者出于同一或概括的犯意而触犯同一罪名，或者数行为之间存在牵连关系或吸收关系，法律将其纳入处断的一罪，因而也不是数罪。由此可见，在认定数罪时必须与一罪的各种情形对应起来，如果已经认定构成一罪，就不再成立数罪。

二、数罪的分类

为了深化对数罪的概念以及特征的了解，进而决定对数罪是否应实行并罚，学理上还对数罪进行了必要的分类，主要有以下几种：

（一）异种数罪与同种数罪

这是以行为人的数行为充足符合的数个犯罪构成的性质是否一致为标准所作的

分类。其中,行为人出于数个不同的犯意,实施数个行为,符合数个性质不同的犯罪构成,触犯数个不同罪名的,是异种数罪。如甲先是盗窃了某仓库的物资,之后又以暴力威胁的方法,抢走了路人乙身上的财物,触犯盗窃罪与抢劫罪两个罪名,就构成异种数罪。行为人出于数个相同的故意,实施数个行为,符合数个性质相同的犯罪构成,触犯同一罪名的,就是同种数罪。如甲为了报复与自己多次发生纠纷的乙,在乙的食物中下毒,致乙死亡,不料其作案过程被邻居丙发现,于是甲为了杀人灭口,又杀害了丙。甲出于两个杀人故意,实施两个杀人行为,触犯两个故意杀人罪,就构成同种数罪。由此可见,异种数罪与同种数罪的显著区别在法律上就表现为行为人实施的数个犯罪行为所触犯的罪名是否相同。通常触犯数个条文的就构成异种数罪,但也有不同罪名规定于同一法条的情形,因此触犯同一法条的,也可能是异种数罪。不过同种数罪是否应当承认,理论上还有争议。肯定说与否定说见仁见智,各执一词。我们认为,同种数罪客观上是存在的,学术界所探讨的同种数罪应否并罚的问题,那是在承认同种数罪的概念后,对之如何处罚的问题,不应影响到同种数罪的存在。但是,如果法律已经规定数次实施同种犯罪作为该罪的严重情节,或者多次实施同种犯罪本身就是犯罪的犯罪构成要件之一,就不构成同种数罪。如多次抢劫的,刑法将其规定为加重犯的成立情形之一,因而不再构成数个抢劫罪。

(二)并罚的数罪和非并罚的数罪

这是以行为人已构成的实质数罪在处罚时是否应实行并罚为标准所作的分类。基于数个罪过,实施数个行为,构成数个独立犯罪,依照法律规定应当实行并罚的是并罚数罪。反之,不应实行并罚的则是非并罚数罪。异种数罪在一般情况下都是并罚数罪,但同种数罪并不一定都是非并罚数罪。关于同种数罪应否并罚,理论上有一罚说(无须并罚,作为一罪的从重或加重构成情节处罚),并罚说(毫无例外实行并罚)与折衷说(是否应当实行并罚不能一概而论,而应当以能否达到罪刑相适应为标准)。[①] 我们赞成折衷说,立法似乎也肯定了这一点。对判决宣告以前一人所犯同种数罪,原则上不并罚,但判决宣告后,刑罚执行完毕以前发现了同种新罪的,按照《刑法》第70条的规定,应当与前罪实行并罚。

(三)判决宣告以前的数罪与刑罚执行期间的数罪

这是以实质数罪发生的时间为标准所作的分类。行为人在判决宣告以前实施并被发现的数罪,是判决宣告以前的数罪。在刑罚执行期间发现漏罪或再犯新罪而构成的数罪,是刑罚执行期间的数罪。此种分类的意义在于明确数罪发生的时间条件,以适应刑法关于不同阶段下数罪如何并罚的规则,从而决定相应的刑罚。

【阅读参考书目】

1. 吴振兴著:《罪数形态论》,中国检察出版社1996年版。
2. 顾肖荣著:《刑法中的一罪与数罪》,上海学林出版社1986年版。
3. 姜伟著:《犯罪形态通论》,法律出版社1994年版。

① 参见赵秉志主编:《刑法争议问题研究》,河南人民出版社1996年版。

4. 马克昌:《罪数论比较研究》,载高铭暄、赵秉志主编:《刑法论丛》第5卷,法律出版社2002年版。

【思考题】

一、名词解释

1. 结果加重犯

2. 结合犯

3. 连续犯

二、简答

1. 继续犯与状态犯、即成犯有何区别?

2. 如何理解吸收关系?

三、论述

1. 成立想象竞合犯应具备哪些条件?它与法规竞合应如何区别?

2. 试述牵连犯的特征与处罚原则。

四、案例分析

被告人陈某与被害人刘某均为某建筑工地工人。两人在堆满石头的工地上发生争执,陈某抓住刘某使劲一推,将其推倒在地,刘某头部正巧碰到地上的一块大石头。陈某见状开始没太注意,后见其脸色苍白,没有喊声,就将刘某背到自家,并从家中找来被单把刘某盖上。陈某本想去找医生,但又怕事情闹大,遂起杀人灭口之心,于是拿起一块石头向刘某头上砸去,并用一块石磨压在刘某身上。当日深夜,陈某将刘某尸体转移到村外河边涵洞里,后尸体被水冲出,方得以侦破此案。经法医鉴定,刘某头部被砸伤痕系死后伤。

请问,陈某构成一罪还是数罪?为什么?

第十三章 刑事责任

刑事责任是犯罪的必然法律后果，其实现方式多种多样，主要为刑罚，此外还包括非刑罚处罚方法和定罪免刑方式。刑法中有关犯罪和刑罚的规定实际上都是围绕着"要不要追究刑事责任"，"追究什么样的刑事责任"以及"如何实现刑事责任"来展开的，因此，刑事责任问题则是刑法中的一个核心问题。在研究了犯罪论的有关问题之后，我们提出刑事责任的论题，目的在于将犯罪和刑罚通过刑事责任的概念联系起来，即犯罪与刑事责任属于刑法的两大基本范畴，而刑罚乃是刑事责任的下位概念，以构建刑法论（绪论）——犯罪论——刑事责任论这样的刑法体系，以便正确、合法、及时地解决犯罪嫌疑人、被告人的刑事责任问题，从而准确有效打击犯罪，保障无辜的人不受非法追究。本章的重点包括如何理解刑事责任的概念？犯罪人承担刑事责任或者说国家追究犯罪人刑事责任的根据是什么？刑事责任的实现方式有哪些？

第一节 概 述

一、刑事责任的概念

"责任"一词在现代各国刑事法律中被广泛采用。在大陆法系国家刑法理论中，"责任"（或有责性）是与构成要件符合性、违法性相并列的犯罪成立条件之一，"没有责任就没有刑罚"是近代刑法的一个根本原理。在我国刑事立法中，"责任"一词也频繁出现。我国刑法总则第 2 章第 2 节的标题即为"犯罪和刑事责任"。由于大陆法系刑法理论将责任作为犯罪成立条件之一，显然其所说的责任与我国刑事责任的含义并不相同。在我国，"责任"一般被认为是与"后果"、"制裁"等词异语同义的，故责任不是犯罪论的内容，刑事责任是介于犯罪与刑罚之间的独立的基本范畴。

什么是刑事责任呢？我国刑法学界对此意见不一，归纳起来主要有以下几种观点：一曰法律后果说，认为刑事责任是犯罪主体实施法律所禁止的行为所必须承担的法律后果。① 二曰法律义务说，认为刑事责任就是犯罪人因其犯罪行为根据刑法规定应向国家承担的体现着国家最强烈否定评价的惩罚义务。② 三曰法律关系说，认为刑事责任实质上是一种刑事法律关系，这种刑事法律关系是犯罪人与国家之间形成的权利和义务的关系。③ 四曰法律责任说，认为刑事责任是犯罪主体实施刑事法律禁止行

---

① 《中国大百科全书·法学卷》，中国大百科全书出版社 1984 年版，第 668 页。

② 赵炳寿主编：《刑法若干理论问题研究》，四川大学出版社 1992 年版，第 11—12 页。

③ 参见周其华：《刑事责任若干问题研究》，载《政法丛刊》1988 年第 1 期，第 23 页。

为所必须承担的刑事法律规定的责任。[1]

我们认为，上述定义并不是互相排斥和矛盾的，而是从不同的方面揭示了刑事责任的特征，因此都有值得肯定之处，但也存在不完善的地方。法律后果说说明了犯罪行为与刑事责任之间的因果关系，具有合理内容，但是这种说法不能将刑事责任这种法律后果同刑罚这种同样是由犯罪所引起的法律后果区别开来，而且法律后果本身是一个不确切的概念。法律义务说试图从犯罪人与国家的关系上说明刑事责任，这是值得肯定的，但是它把权利与义务割裂开来，这是不科学的。而且把“义务”作为刑事责任定义的中心词，也欠妥当，义务应是产生责任的前提，而责任是违反义务的结果，二者应有所区别。法律关系说从刑事法律关系的意义上探究刑事责任问题，拓展了视野，但是刑事法律关系包括刑法的、刑事诉讼的、劳动改造的等多种法律关系，将其都囊括在刑事责任的概念中，显然是不当的。法律责任说阐明了刑事责任的性质，将其落脚到“法律责任”上面，同时在一定程度上反映了刑事责任不同于其他法律责任的特征，这是十分可取的。但是，刑事责任具有相当复杂的内涵，该说并没有完全揭示出来。因此，我们认为，对于刑事责任的概念，应当从多方面去理解。在我们看来，在给刑事责任下一个科学合理的定义之前，必须注意以下几点：

第一，刑事责任是一种法律责任。法律责任不同于道德责任、纪律责任，它是以法律的强制性规定为依据的。刑事责任作为法律责任之一，与犯罪一样，是否承担以及如何承担都由刑法作了明文规定，因此，行为人实施了犯罪行为，就必须承担这种责任，司法机关也必须追究行为人的刑事责任。同时行为人承担刑事责任和司法机关追究刑事责任的活动也必须依照刑事法律来进行，否则犯罪人的刑事责任就不能实现。

第二，刑事责任是由于行为人实施了犯罪行为而产生的。犯罪是刑事责任产生的前提，刑事责任则是在法律上为犯罪设定的后果，犯罪与刑事责任之间的这种必然因果关系，是刑事责任区别于其他类型法律责任的重要标志。这里所说的犯罪行为，不只是犯罪客观方面的行为，而是犯罪主客观要件的统一。只有行为人在犯意支配下实施了犯罪行为，国家追究犯罪人的刑事责任才具有可能。

第三，刑事责任是犯罪人向国家承担的法律责任，它表现了犯罪人与国家之间的关系。从犯罪人的角度而言，由于刑法坚持罪责自负，反对株连的原则，因此刑事责任只能由实施了犯罪行为的人承担。从国家的角度而言，则只能由代表国家的司法机关追究犯罪人的刑事责任，其他一切机关和个人都无权任意出入人罪，追究犯罪人的刑事责任。

第四，刑事责任的社会政治内容是否定评价和谴责。犯罪是一种社会现象，它严重危害了社会关系。为了保障正常的法律秩序和社会秩序，国家必然对犯罪行为和犯罪人持非难的基本态度。刑事责任作为犯罪的必然结果，自然以否定的法律评价以及惩罚为核心内容。即使是以单纯宣告有罪的方式来实现刑事责任，也表明国家和社会对犯罪行为和犯罪人的否定评价和谴责态度。

---

① 《法学词典》，上海辞书出版社 1980 年版，第 243 页。

据此我们认为,刑事责任就是基于犯罪行为而产生的,由司法机关代表国家依法追究,犯罪人依法承担的以否定评价与谴责为内容的法律责任。

二、刑事责任的基本特征

根据上述定义,刑事责任具有以下四个方面基本特征:

第一,强制性。刑事责任是由犯罪行为所引起法律效应,是一种强制犯罪人向国家承担的法律责任。但刑事责任的这种强制性具有特殊性,其程度远非民事责任与行政责任所能比,这也是刑事责任与其他法律责任的区别之一。详言之,刑事责任直接以国家强制力为实现的动力,由特定的国家机关追究,且作出追究刑事责任的判决一经生效,必须执行。而国家强制力在民事责任的实现中,只是作为将要实施的后盾,只在责任人拒不履行责任时才诉诸于此,且当事人可以自愿协商解决。而行政责任的适用机关,大多数是行政机关,而非监狱等让人望而生畏的地方,因此在强制程度上也有别于刑事责任。

第二,严厉性。刑事责任是一种性质最为严重,否定评价最为强烈,制裁后果最为严厉的法律责任。刑事责任通常具有惩罚的属性,其最基本的表现形式是刑罚,它既可以剥夺犯罪人的财产权利、政治权利,还可以有期或无期地剥夺犯罪人的自由,甚至剥夺犯罪人的生命,严厉性自不待言。其目的就在于通过追究犯罪人的刑事责任,来预防其再犯罪。而民事责任的适用目的一般在于补偿民事违法行为造成的损失,其补偿性明显而惩罚性较弱。行政责任虽然以惩罚违法或不正当行政行为为内容,但有时也具有补偿的性质,如撤销违法行政行为等等,因此其惩罚的严厉性质明显也要弱于刑事责任。

第三,专属性。刑事责任只能由犯罪的个人和单位承担,具有专属性,不可转嫁,不可替代。也就是说,刑事责任的承担者只能是犯罪者本人。这是刑事责任区别于民事责任的重要特征。民事责任的承担者虽然多数情况下是不法行为人,但法律允许其他的人可以代为承担。至于行政责任的承担者,一般只限于实施了行政违法行为或不当行政行为的人,与刑事责任亦有不同。

第四,准据性。刑事责任是犯罪事实的综合反映,也是刑法规范的现实化,因而刑事责任为确定刑罚提供根据,即刑事责任是刑罚的前提,没有刑事责任,绝不可能适用刑罚。

三、刑事责任在刑法体系中的地位及其功能

传统刑法理论中,犯罪与刑罚是刑法的两大支点。几乎所有的规定都是围绕着这两个方面展开的。虽然刑法条文中也有"刑事责任"的字样,但是刑事责任并未受到真正的重视。一般认为,刑法学也就是研究刑法及其所规定的犯罪和刑罚的科学。① 也就是说,刑事责任在刑法理论中不具有独立的意义,整个刑法体系呈现出犯罪—刑罚

① 高铭暄主编:《中国刑法学》,中国人民大学出版社 1989 年版,第 1 页。

的格局，有犯罪必有刑罚，刑事责任则是可有可无的。而事实上，刑事责任是整个刑法关系的核心，全部的刑事立法和刑事司法活动无不围绕着解决行为人的刑事责任问题来进行。即便是刑罚，也是为了实现刑事责任而在刑法中设置的。正因为如此，刑事责任与刑罚在量上具有统一性。司法机关在决定刑罚轻重的时候，应当首先考虑行为人对犯罪应负刑事责任的程度，然后再决定刑事责任的实现方式。如果应当判处刑罚，刑事责任大则刑罚重，刑事责任小则刑罚轻。因此，刑法基于刑罚只是实现刑事责任的一种方式，刑事责任的存在决定刑罚适用的现实可能性，刑事责任的大小是判处刑罚轻重的标准，将传统的罪刑相适应的原则改为罪责刑相适应的原则，即主张应由与罪行相当的责任程度决定合适的刑罚。这样一来，就将刑事责任置于与犯罪、刑罚同等的地位，丰富和发展了刑法理论。不少学者据此认为："刑事责任是介于犯罪和刑罚之间的桥梁和纽带。刑事责任产生于犯罪，是犯罪引起的必然后果。刑事责任既是犯罪的后果，又是刑罚的先导。罪—责—刑的逻辑结构，乃是整个刑法内容的缩影。"①

但是，我国也有学者认为，将刑事责任作为罪与刑的中介，实际上刑事责任的真正独立地位难以得到体现。虽然有了犯罪才有刑事责任，刑事责任不至于凌驾于犯罪之上，但它却对刑罚的有无以及轻重有着决定性意义。刑罚应当是隶属于刑事责任的概念，刑事责任的实现方式在刑罚之外，还有非刑罚处罚方法、免予刑事处罚等，因而刑罚不能与犯罪和刑事责任并列起来。与犯罪相对应并发生直接联系的只能是刑事责任。持此见解的学者进而指出：刑法学总论的体系应当是：刑法论—犯罪论—刑事责任论。刑罚论则是刑事责任论的内容，而不应当与犯罪论、刑事责任论处于同等地位。②

关于刑事责任的功能，可以概括为以下两方面：

第一，对犯罪的回顾与评价功能。所谓回顾功能，是指刑事责任只在行为人实施了犯罪行为的情况下才产生，它是立法对犯罪行为所做出的一种回应，目的在于针对已经发生的犯罪，尽可能的恢复已经遭受破坏的社会秩序与法律秩序。所谓评价功能，有两层含义：一是说刑事责任的存在，表明行为在社会政治内容上是应当受到非难和谴责的，这可视为对犯罪行为质上的评价；二是说衡量刑事责任大小的过程，也就是评价犯罪的社会危害性大小，并且兼顾行为人人身危险性大小的过程。根据犯罪所体现的社会危害性大小，结合犯罪构成要件以外的事实所体现的人身危险性，如果应负刑事责任的程度相对重一些，就意味着犯罪更为严重一些，这可视为对犯罪行为量上的评价。

第二，对刑事制裁方法的预测和调整功能。所谓预测功能，是指我们可以根据刑事责任的轻重大小，依照法律的有关规定，对犯罪人应当受到何种以及多大的刑事制裁作出估计和预测。所谓调整功能，是指刑事责任大小决定刑事制裁措施的轻重，因

① 参见高铭暄主编：《新编中国刑法学》，中国人民大学出版社 1998 年版，第 75 页；高铭暄、马克昌主编：《刑法学》，中国法制出版社 1999 年版等。

② 参见张明楷：《刑事责任论》，中国政法大学出版社 1992 年版，第 153 页。

此在判处刑事制裁措施时，不得不考虑影响刑事责任大小的因素，而不能随心所欲。这对于反对罪刑擅断，维护法制，防止国家司法权力的滥用起到了极为重要的作用。

第二节　刑事责任的根据

一、刑事责任根据的含义

关于刑事责任根据的含义，长期以来刑法学界众说纷纭。由于缺乏共识的前提，导致对于刑事责任的根据究竟是什么，也一直争论不休。要明确刑事责任根据的含义，我们认为首先应弄清什么是根据。按照《现代汉语词典》的解释，根据是指"把某事物作为结论的前提或语言行动的基础"。可见，根据与前提、基础是共通的。在此意义上讨论刑事责任的根据，我们认为从犯罪人方面说，它应回答行为人依据何种前提或基础承担刑事责任的问题，这就是承担刑事责任的根据；从国家方面说，它应回答国家依据何种前提或基础追究行为人刑事责任的问题，这就是追究刑事责任的根据。事实上，人为什么要承担刑事责任，国家为什么能够追究刑事责任才是我们需要进行理论论证的。而刑事责任作为一种客观存在，必定是从另一种客观存在发展、转化而来的，我们所要研究的并不是刑事责任源自何方问题，因而刑事责任根据的提法实际上容易让人产生误解。

刑事责任是质与量的统一，刑事责任的根据也存在质与量的根据问题。质的根据所要回答的是基于何种理由行为人应负刑事责任的问题；量的根据则是在确认行为人应负刑事责任的前提下，回答其负某种程度刑事责任的依据问题。因此，刑事责任的根据是有层次性的，解决行为人应负刑事责任的根据何在是最重要的，也是我们研究的重点。

刑事责任的根据可以从不同的角度来探讨。从法学的角度来探讨，就是研究刑事责任的法律事实根据；从哲学的角度来探讨，就是研究刑事责任的哲学理论根据。

二、刑事责任的法律事实根据

传统观点认为，犯罪构成是刑事责任的唯一根据。这一观点主要源自苏联刑法学说，例如有的著作写道："只有具备了犯罪构成的行为才能成为刑事法律关系中的法律事实，即刑事责任的根据。苏维埃刑法理论界公认的公式是：犯罪构成是刑事责任的唯一根据"①。但是近年来，这一观点受到了严重的挑战。我们认为，这一表述至少有两点是不科学的。如前所述，刑事责任的根据事实上是行为人应负刑事责任的根据，"应负刑事责任"这一命题要从理论上论证其根据，不可能由"犯罪构成"这一基本概念简单地推导出来。仅有作为法律规定的犯罪构成并不会成立犯罪，也不发生刑事责任问题。此其一。其二，刑事责任还有量的根据，刑事责任的大小，并不能完全由犯罪构成的事实来说明。犯罪构成对于认定刑事责任的大小来说，是主要的，但决非唯一

---

① 〔苏〕H. A. 别利亚耶夫等主编：《苏维埃刑法总论》，马改秀等译，群众出版社 1987 年版，第 31 页。

依据。

基于上述考虑,我们认为,刑事责任的根据应当表述为:行为人的行为具备刑法所规定的犯罪构成。犯罪构成就是依照我国刑法的规定,决定某一具体行为的社会危害性及其程度而为该行为构成犯罪所必需的一切客观和主观要件的有机统一。犯罪构成是犯罪概念的具体化,也是犯罪基本属性的法律表现。犯罪构成不是空洞的法律模式,立法者通过设置一个个犯罪构成,使具有一定社会危害性的犯罪行为具体化、特定化,也使抽象的社会危害性通过具体的法律禁止规定反映出来,符合犯罪构成也就意味着行为具备了犯罪的本质属性。不仅如此,由于犯罪构成是刑事法律规定的,刑法正是通过规定犯罪构成与法律后果来禁止某些行为的,行为是否符合犯罪构成也就与行为是否违反刑法完全一致,从而符合犯罪构成也就意味着行为具备了犯罪的法律属性。可见,犯罪的基本属性在犯罪构成中获得了体现。行为人的行为符合犯罪构成,也就说明行为人犯了罪,其行为的社会危害性达到了应当承担刑事责任的程度,所以行为人应当承担刑事责任,国家应当追究行为人的刑事责任。应当注意的是,犯罪构成的规定不仅表现为刑法分则关于具体犯罪构成的规定,刑法总则中也有所体现。首先,我国《刑法》第 13 条规定的是犯罪概念,犯罪概念是犯罪构成的基础,它为从总体上把握犯罪构成指明了方向。其次,刑法总则也对犯罪构成的一般要件,如危害行为、客体、责任年龄、责任能力、故意和过失等等作了规定。再次,刑法总则还规定了正当防卫、紧急避险等排除社会危害性的行为。这些都从总体上解决了应否追究刑事责任的问题。

以上是在应否追究刑事责任的意义上说的。应当肯定,行为符合犯罪构成是应当追究行为人刑事责任的唯一根据。例如,行为人犯了故意杀人罪,就要追究故意杀人罪的刑事责任,犯了抢劫罪就要追究抢劫罪的刑事责任。但是,刑事责任还有轻重之分,行为符合犯罪构成对于解决刑事责任的轻重来说,只是主要而不是唯一根据。如同犯故意伤害罪,但有的行为人有自首立功情节,有的是累犯,其应负的刑事责任就各不相同。换言之,犯罪构成之外一些事实也可能影响刑事责任的程度。这些因素既有法定的量刑情节,如前述自首、立功、累犯等,也有案件中存在的其他一些能够说明行为的社会危害性以及行为人人身危险性,进而有可能影响刑事责任程度的情节,如犯罪的动机,犯罪的手段,犯罪的时间、地点,犯罪的对象,危害结果的大小,犯罪人犯罪后的态度等等。由于实际情况千变万化,刑法不可能面面俱到都有所规定,因此必须由司法机关根据案件的具体情况来认定刑事责任的程度。只有这样,才能使刑事责任实现质和量的完整统一。

三、刑事责任的哲学理论根据

在哲学理论上论述刑事责任的根据是世界各国长期以来刑事责任理论研究的基本方向。不论是刑事古典学派还是刑事社会学派,不论是近代还是当代,学者们都从决定论与非决定论、人的意志自由与不自由中论证刑事责任的根据,由此形成了各种各样的刑事责任理论。其中有代表性的是以下两种见解:

一是道义责任论。这是刑事古典学派的理论。它以唯心主义的“非决定论”为基础,认为人是具有自由意志的主体,凡达到一定年龄而精神健全者,都具有根据理性而行动的自由。如果他基于自由意志的决定,应当选择合乎法律要求的行为,但却选择实施了违反道义的犯罪行为,就应当受道义上的非难而承担责任。但是绝对的意志自由是不存在的,这种理论的缺陷显而易见。

二是社会责任论。这是近代学派的理论。它以实证主义的“决定论”为基础,认为人的意志是不自由的,犯罪是人的反社会的危险性格即人身危险性的外部表现,为了防卫社会,犯罪人必须承受社会防卫措施,责任也就使具有危险性的人处于应受社会防卫措施处分的地位。该理论完全否定人的自由意志,也是不正确的。

为了弥补上述观点的缺陷,以后又形成了几种具有折衷或综合主义色彩的责任理论,如人格责任论、规范责任论,但这些资产阶级的刑事责任观都否认刑事责任的阶级性质,因此不能科学地说明一个人犯了罪为什么要负刑事责任,国家又为什么可以追究其刑事责任。在我们看来,国家之所以要运用法律武器来追究犯罪人的刑事责任,并不是抽象的道义和社会责任所能解释的,而是其自身维护统治阶级意志和利益的需要。刑法规定犯罪以及刑事责任,主要是为了阻止危害统治阶级意志和利益的行为发生。由此可以看出,刑事责任与犯罪,乃至整部刑法都具有鲜明的阶级性。统治阶级利益的需要是国家追究犯罪人刑事责任的根据。

那么,犯罪人为什么应当承担责任呢?我们认为应根据马克思主义的决定论,即相对的意志自由论来回答这一问题。人具有意志自由,而意志自由只是借助于对事物的认识来作出决定的那种能力,自由不在于幻想中摆脱自然规律而独立,而在于认识这些规律,从而能够有计划地使自然规律为一定的目的服务。① 人具有受客观必然性决定和制约的意志自由,表明人能够认识客观事物的发展规律,并能够利用客观规律为自己服务。人的这种主体性特征,就使得归责具有了合理性。由于国家要求人们按照一定的社会标准,选择和决定自己的行为,当行为人本应选择有利于国家与人民利益的行为,但却选择了危害国家与人民利益的犯罪行为,而法律已经对之设定了刑事责任的时候,行为人就要承担这种责任。因此,行为人负刑事责任的根据就在于人所具有的相对意志自由。当刑法所禁止的危害行为虽然是行为人所实施,但其在实施之际并没有意志自由时,如是在身体受强制的情况下所为,要求其承担刑事责任就是不合理的。这充分说明,在研究刑事责任的哲学理论根据时,必须注意行为人主观上的可归责性。

第三节 刑事责任的实现

刑事责任的实现,是指代表国家的司法机关对犯罪行为所作的否定评价和对犯罪人的谴责成为事实。其极端重要性就在于这样一种事实:没有刑事责任的实现,就没

① 参见《马克思恩格斯全集》第20卷,人民出版社1965年版,第125—126页。

有刑事法律规范的实现，也就不存在国家对社会秩序的法律保护，刑事法律也就成为一堆废纸。[①] 如前所述，刑事责任是以接受刑事法律规定的惩罚和否定法律评价为内容的法律责任，但确认犯罪人刑事责任的存在，并不意味刑事责任就已经实现。它仅仅只表明了一种现实可能性。要使可能性转化为现实性，使应然成为实然，还必须借助国家司法机关的有关活动，将刑事责任外化为一定的刑事制裁措施或其他处理结果。在刑事责任的实现活动中，首先，司法机关必须遵循一定的原则，这是刑事责任正确实现的保障。其次，刑事责任的实现有一个过程，因此我们还必须明确刑事责任的起始时间和阶段划分。此外，刑事责任的实现需要一定的方式，否则刑事责任就会成为空洞的、没有实际意义的法律概念，这也应予以探讨。

一、刑事责任的实现原则

刑事责任的实现原则是指司法机关在追究犯罪人的刑事责任时必须遵循的原则，它对于指导司法活动的进行具有重大意义。

(一) 刑事责任实现的必然性原则

这是指任何人犯了罪，不论其身份、地位如何，必然要承担刑事责任；国家对犯罪的人，必然要依据刑事法律追究其刑事责任。

这一原则是由犯罪对刑事责任的质的规定性所决定的。犯罪与刑事责任关系的基本原理表明，犯罪是刑事责任产生的前提，无犯罪即无刑事责任，有犯罪则必有刑事责任，二者之间存在着因与果的必然联系。由于犯罪是严重的危害社会的行为，如果不依法追究行为人的刑事责任，必然给国家、社会和人民利益造成极大危害，因此立法规定实施犯罪行为的人必须承担相应的刑事责任。刑事责任与犯罪行为相伴而生，也就体现出其实现的必然性。

这一原则也是法律面前人人平等原则在刑事责任领域的具体要求。为了贯彻宪法所确立的法律面前人人平等原则，刑法将刑法面前人人平等原则作为刑法的一项基本原则。该原则的含义是：对任何人犯罪，不论犯罪人的家庭出身、社会地位、职业性质、财产状况、政治面貌、才能业绩如何，都应追究刑事责任，一律平等地适用刑法，依法定罪、量刑和行刑，不允许任何人有超越法律的特权。对犯罪人而言，也就要求其不可避免地承担刑事责任。

(二) 刑事责任实现的法律性原则

这是指刑事责任的必然性必须以法律为根据，同时刑事责任的实现方式也必须以法律的规定为依据，这是罪刑法定主义的必然要求。刑法对哪些人应对哪些犯罪承担刑事责任在总则中作了规定，并且在分则中明确规定了各种具体犯罪的构成要件，因而只有当行为人的行为符合刑法规定的犯罪构成时，才应追究行为人的刑事责任。如果背离了法律的规定，就会侵犯公民的人身权利、民主权利和其他权利。此外，人民法院或人民检察院在决定或建议刑事责任的实现方式时，也必须符合法律的有关规定。

① 曲新久著：《刑法的精神与范畴》，中国政法大学出版社2000年版，第263页。

这种规定主要存在于刑法中,但也不排除见诸于其他刑事实体法与程序法中。

(三) 刑事责任实现的及时性原则

这是指犯罪发生后,司法机关应当及时追究行为人的刑事责任,并尽快采取措施使犯罪人实际地承担刑事责任,从而使刑事责任的内容得以实现。刑事责任的实现方式主要是刑罚,而“惩罚犯罪的刑罚越是迅速和及时,就越是公正和有益”。因为“犯罪与刑罚之间的时间隔的越短,在人们心中,犯罪与刑罚这两个概念的联系就越突出、越持续,因而,人们就很自然地把犯罪看做起因,把刑罚看做不可缺少的必然结果”①。遵从这一原则,不仅有利于避免造成更严重的危害后果,恢复正常的社会秩序,而且还可以推动诉讼进程,不至于过分拖延案件。

(四) 刑事责任与犯罪相适应原则

这是由罪责之间的关系所决定的,也是罪责刑相适应原则的体现,即犯多大的罪,就应承担多大的刑事责任,刑事责任的轻重程度应与犯罪的社会危害性大小相适应。犯罪行为的社为危害性越大,行为人应受社会谴责的严厉程度就越重,其应负的刑事责任也就越重;反之,应受社会谴责的严厉程度越轻,应负的刑事责任也就越轻。

(五) 刑事责任自负原则

这是指只能要求行为人对自己所实施的犯罪行为承担责任,而不能辜及与案件虽有联系,但本人行为并不构成犯罪的其他关系人,即反对株连。

二、刑事责任的实现阶段

一般认为,刑事责任始于实施犯罪行为之时,即行为符合犯罪构成之际,行为人就应当承担刑事责任。② 但是,刑事责任从应然状态变为实然状态,不是一蹴而就的,其实现有一个过程。在这一过程中,刑事责任的发展呈现出阶段性,因此,我们可以将之划分为以下三个阶段:

(一) 刑事责任的产生阶段

从行为成立犯罪时起,到司法机关立案侦查时止,是刑事责任实现的第一阶段。刑事责任是相伴于犯罪行为而产生的,因此行为成立犯罪,也就标志着刑事责任的产生。即使未经司法机关的确认和追究,刑事责任也作为一种客观事实而存在。追诉时效制度即从反面印证了这一点。所谓追诉时效,是指对犯罪人追究刑事责任的有效期限。如果客观上根本不存在刑事责任,不再追诉便无从谈起。

(二) 刑事责任的确定阶段

从司法机关立案侦查时起,到人民法院作出的有罪判决生效时止,是刑事责任实现的第二阶段。在这一阶段,司法机关通过对案件的调查、审理,确认行为人的行为是

---

① 〔意〕贝卡利亚著:《论犯罪与刑罚》,黄风译,中国大百科全书出版社 1993 年版,第 56—57 页。

② 也有人不同意这种观点,主张把法院作出有罪判决的时间视为刑事责任的开始时间。参见刘德法:《刑事责任论》,载《全国刑法硕士论文荟萃(1981 届—1988 届)》,中国人民公安大学出版社 1989 年版,第 34 页。这实际上是混淆了应负刑事责任的开始时间与实际负刑事责任的开始时间。在一般意义上,刑事责任的开始时间显然应指前者。

否构成犯罪,应否负刑事责任以及负多大的刑事责任,并依据法律规定决定对行为人如何惩罚,从而为刑事责任由可能变为现实创造条件。刑事案件的全部诉讼过程,一般也就是刑事责任的确定阶段。应当注意的是,在确认和追究刑事责任的过程中,有时会采取必要的强制措施,但这些强制措施并不代表刑事责任本身。因为,经过侦查、审判,也可能确认被告人无罪,故不能因为曾使用过强制措施,就认为被告人被追究了刑事责任。

(三)刑事责任的承担阶段

从人民法院的有罪判决生效时起,到刑罚执行完毕或者其他行政强制措施执行完毕时止,是刑事责任实现的最终阶段。在一般情况下,刑事责任随着判决书中所确定的内容得以实现而终结,即意味国家对犯罪人否定性评价和谴责的活动结束。但因刑事责任实现的方法不同,刑事责任的终结时间也有所不同。以刑罚为实现方法的刑事责任终结于刑罚执行完毕之时;以非刑罚处理方法为实现方法的刑事责任终结于非刑罚处理方法执行完毕之时;宣告有罪但判决免予刑事处罚的,刑事责任终结于有罪判决生效之时。特殊情况下,刑事责任则可能因法定事由的出现,导致未能被实际追究或未被全部实现。例如,被宣告缓刑或者假释后,在缓刑或假释考验期内未再犯新罪、未发现漏罪、未违反监督管理规定且考验期满,犯罪人死亡,超过时效期限、赦免等等,都属于这类情况。

▶ 三、刑事责任的实现方式

刑事责任的实现离不开刑事责任的实现方式。刑事责任的实现方式,又称刑事责任的形式,是指追究行为人刑事责任的具体方法,详言之,也就是在确定了刑事责任的存在、性质和程度之后,强制犯罪人实际承担,用以实现对犯罪行为进行否定评价和对犯罪人进行谴责的具体方式方法。

从政治内容上看,刑事责任是对犯罪的否定评价和非难,因此,当刑事责任从抽象的否定和谴责转化为具体的活动时,其实现方式只能是一种限制、剥夺犯罪人权益的制裁措施和对犯罪人的生活上、名誉上产生不利反应的措施。也就是说,某种措施能否成为刑事责任的实现方式,关键在于它能否体现国家对犯罪行为的否定评价与对犯罪人的谴责。

纵观刑法发展史,刑事责任的实现方式是多种多样的,这是由刑事责任赖以产生和存在的基础——犯罪的多样化所决定的。由于单独某一种刑事责任的实现方式不能独自圆满地实现报应和预防犯罪的目标,因此我们必须充分运用各种可能的措施。多样化的结果使制裁方法更加符合犯罪行为和犯罪人具体的实际概况,使得制裁方法更具有针对性,体现了效益原则。[①] 不过由于刑法确立了罪刑法定原则,所以刑事责任的实现方式实际上并非无限多样的,它必须是刑事法律明文予以规定的,司法机关不能随意确定刑事责任的实现方式。

① 王晨:《刑事责任的一般理论》,武汉大学出版社 1998 年版,第 421 页。

在我国,刑事责任的实现方式有以下三种:

(一)刑罚

刑罚是刑法规定的由国家审判机关依法对犯罪的人所适用的限制或剥夺其一定权益的最严厉的强制执行法律制裁方法,包括主刑与附加刑。管制、拘役、有期徒刑、无期徒刑与死刑属于主刑;罚金、剥夺政治权利、没收财产以及驱逐出境则属于附加刑。

刑罚是刑事责任最基本、最主要的实现方式。在古代社会,刑事责任的唯一实现方式就是刑罚。只是到了近代社会,随着刑法思潮的嬗变,尤其是受刑事社会学派的影响,学者们主张应根据犯罪人的不同情况施以不同的处分,以达到防卫社会的目的,才出现了刑事责任实现方式多元化的趋势。这说明,刑事责任与刑罚是两个既相互联系,又相互区别的概念。

二者的联系表现在:(1)刑事责任的存在是刑罚的前提,没有刑事责任便没有刑罚,刑事责任的有无决定刑罚的有无。(2)刑事责任的大小与刑罚的轻重成正比。刑罚的轻重必须与刑事责任的轻重相符,这是罪责刑相适应原则的根据之所在。综合考虑犯罪行为的社会危害程度,影响行为社会危害性程度以及行为人人身危险性的各种情节,刑事责任越大,刑罚就越重,反之则刑罚就越轻。(3)刑事责任主要通过刑罚予以实现。刑事责任虽然也有其他的实现方式,但在大多数情况下,追究行为人的刑事责任,最终结果就是对行为人判处相应轻重的刑罚。

二者的区别表现在:(1)性质不同。刑事责任是一种法律责任,表明犯罪人应当承担的否定评价和谴责,是抽象的法律上的观念,而刑罚是国家对犯罪人科处的具体的惩罚方法。因此,刑事责任是刑罚的上位概念。(2)内容不同。刑事责任是对犯罪行为和犯罪人的否定的法律评价,而刑罚则是对犯罪人利益的剥夺。(3)外延不同。刑事责任的外延要比刑罚广泛得多。刑事责任虽然主要通过刑罚来实现,但是不限于刑罚,它还包括免于处罚、非刑罚处理方法。也就是说,刑事责任并不一定导致刑罚,它可以与刑罚发生分离,不依附于刑罚而独立存在。(4)产生时间不同。刑事责任在犯罪实施时便产生,它是一种客观法律事实,司法机关可以据此追究行为人刑事责任。而刑罚不是犯罪时就产生的,它是人民法院在作出判处刑罚的有效判决时才产生的。(5)刑事责任是不能免除的,任何人犯了罪都应当被追究刑事责任,即刑事责任不可避免。而刑罚则可以被免除。

(二)非刑罚处罚方法

在我国刑法中,刑事责任的实现方式除了刑罚以外,还有作为必要补充的非刑罚处罚方法。所谓非刑罚处罚方法,又称非刑处置,它是司法机关根据案件的不同情况,对于犯罪分子直接适用或者建议有关部门适用的刑罚以外的其他具有刑事处分性质的各种方法的总和。之所以在刑罚之外又规定非刑罚处罚方法,这是因为犯罪情形千姿百态,行为人的人身危险性也各不相同,有的不需要判处刑罚即能实现预防再犯的目的,防卫过当、避险过当、犯罪中止等情形均是如此。虽不判处刑罚,但又不能一放了之,由此为了体现国家对犯罪人刑事责任的追究,便规定了非刑罚处罚方法,以适应追究各种犯罪的刑事责任的需要。它对伸张正义,保护被害人的合法权益,教育犯罪分子,衔接、协调各部门法,妥善处理问题,都有重要的作用。①

我国《刑法》第37条规定:对于犯罪情节轻微不需要判处刑罚的,可以免予刑事处罚,但是可以根据案件的不同情况,予以训诫或者责令具结悔过、赔礼道歉、赔偿损失,或者由主管部门予以行政处罚或者行政处分。从这一规定可以看出,非刑罚处罚方法包括:(1) 训诫。即人民法院当庭用口头方式对犯罪分子进行训斥和告诫,指出其行为已经构成犯罪,并责令其改正。(2) 责令具结悔过。即人民法院责令犯罪分子用书面方式作出悔改保证。(3) 赔礼道歉。即人民法院责令犯罪分子向被害人承认错误,并表示歉意和悔改,以求得被害人和社会公众的谅解。(4) 赔偿损失。即要求犯罪分子赔偿因其犯罪行为给被害人造成的损失。(5) 由主管部门予以行政处罚。即人民法院根据案件的具体情况,对违反行政法规,但犯罪情节轻微,不需要判处刑罚的犯罪人,向特定的行政机关提出给予一定行政处罚的建议,并由主管部门确定具体的处罚方法。如人民法院建议公安机关对犯罪人实行劳动教养。(6) 由主管部门予以行政处分。即人民法院对无需适用刑罚的犯罪人向特定的主管部门提出一定的行政处分的建议,并由主管部门确定具体的处罚方法。如人民法院向犯罪人的所在单位提出给予记过处分的司法建议。由此可知,刑法规定的非刑罚处罚方法不仅可以由人民法院直接适用,而且也可以由人民法院通过有关主管部门间接适用。

(三) 免予刑事处分

这是指人民法院对已经构成犯罪,依法应当承担刑事责任的行为人,考虑到其存在法定从宽情节,或犯罪情节轻微,不需要给予刑事处分,从而给予责任人以免予刑事处分的刑事处理方法。易言之,就是对行为人作单纯的有罪宣告,既免除刑罚处罚,也免除非刑罚处罚。根据刑事诉讼法的规定,宣告有罪判决必须公开进行。公开宣告行为人的行为构成犯罪,虽然不具有像刑罚那样的严厉程度,也必然对犯罪人的社会生活产生不利影响,由此表明对犯罪行为的否定评价与谴责,因此这也是刑事责任实现的一种方式。但要注意的是,免予刑事处分与我国《刑法》第13条规定的"情节显著轻微危害不大的,不认为是犯罪",在性质上有根本区别。前者适用的前提是行为人的行为构成犯罪,只是单纯作有罪宣告,而后者行为人的行为根本不构成犯罪,不存在追究刑事责任的问题。

【阅读参考书目】

1. 冯军:《刑事责任论》,法律出版社1996年版。
2. 张文等:《刑事责任要义》,北京大学出版社1997年版。
3. 马克昌主编:《刑罚通论》,武汉大学出版社1999年版。

① 高铭暄主编:《中国刑法学》,中国人民大学出版社1989年版,第267页。

【思考题】

一、名词解释

1. 刑事责任

2. 刑事责任的根据

3. 非刑罚处罚方法

二、简答

1. 刑事责任的概念应如何理解?

2. 刑事责任的实现方式有哪些?

三、论述

1. 论述刑事责任与刑罚的关系。你认为刑事责任在刑法理论体系中应居于何种地位?

2. 如何理解刑事责任的根据?

第十四章 刑罚一般理论

刑罚是国家在刑法中设定的由法院依法对犯罪人适用的剥夺或者限制犯罪人一定权利的强制性措施。刑罚一般理论是刑法学理论中最为重要的基础理论之一,它主要研究刑罚定义、刑罚权、刑罚功能以及刑罚目的等问题。学习本章,要重点掌握刑罚权、刑罚功能以及刑罚目的的基本概念与含义。

第一节 概 述

一、刑罚概念和特征

刑罚是国家在刑法中设定的由法院依法对犯罪人适用的剥夺或者限制犯罪人一定权利的强制性措施。尽管世界各国的刑法所规定的具体刑罚方法有所不同,但刑罚的本质特征乃是惩罚犯罪人或者令受刑人感受痛苦却在各国刑法中得到了体现。

我国刑罚具有以下基本特征:

(1) 刑罚是国家最为严厉的处罚措施。

为了有效治理国家和维护社会秩序,保障公民权利,国家制定了各类法律制裁措施和纪律制裁措施来处分那些违法者和违规者。一般法律制裁措施可能使被处罚人丧失一定经济利益等(如民商事处罚可能使被处罚者丧失财产、金钱等),纪律处罚则可能使被处罚者降职、降级等,而刑罚处罚不仅可能使被处罚者丧失财产或金钱利益,而且还可能剥夺被处分人的政治权利、自由乃至生命(被处有期徒刑、无期徒刑或者死刑)。

(2) 刑罚只能由人民法院依照刑事诉讼法来适用。

在我国,有些处罚措施的适用主体是跨越多个部门或机构,如公安、税务、工商等部门,均有权对违反有关行政管理法律法规的行为人作出行政处分。但是,刑罚只能由人民法院适用,其他任何机关都无权适用。同时,正是因为刑罚的严厉性,为了确保刑罚适用的正确性,国家还专门制定了刑事诉讼法,人民法院必须依据刑事诉讼法规定的程序来对犯罪人适用刑罚。

(3) 刑罚只能适用于犯罪人。

刑罚因犯罪而产生,同时,刑罚适用以犯罪为前提。只有实施了犯罪行为的人才应受刑罚处罚,对于无罪的人绝对不能适用。刑罚处罚对象的这种特定性还表明,刑事诉讼过程中采取拘留、逮捕等剥夺人身自由的强制方法也不是刑罚。因为被拘留、逮捕的人只是犯罪嫌疑人,不一定都是犯罪人;对他们采取这类强制措施是为保证诉讼程序的正常进行,而不是对犯罪人的刑事惩罚。

(4) 刑罚须由特定机关执行。

根据刑法和刑事诉讼法的规定,死刑、罚金和没收财产由人民法院执行,无期徒刑和有期徒刑由监狱或其他监管场所执行,管制、拘役和剥夺政治权利由公安机关执行。除此之外,其他机构无权执行刑罚。这乃是刑罚与其他强制方法的最重要的区别之一。

(5) 刑罚将导致最为严厉的后果。

受过刑罚处罚的人,在法律上和事实上被视为有前科的人。据有关行政法的规定,受过刑罚处罚的人,有的将在一定期限内、有的甚至终身被剥夺从事某种职业的资格,有的还会在出国、就业等方面产生重大不良影响。当其重新犯罪时,可能要受到比初犯者更为严厉的处罚。而仅仅受过民事、行政、经济处罚的人,在法律评价和法律后果上,将不会产生上述极端不利于被处罚者的严重后果。

二、刑罚与犯罪以及刑事责任的关系

总的来讲,刑罚与犯罪以及刑事责任具有相互关联性。没有犯罪就没有刑罚,也就没有刑事责任可言。

(一) 刑罚与犯罪的关系

刑罚与犯罪乃是一个对立统一事物的两个方面。

首先,关于二者的对立。一方面,从国家或社会的整体利益来看,犯罪是孤立的个人反抗现行统治关系的斗争,是对国家或社会秩序的威胁和破坏。刑罚则不外乎是国家或社会对付违犯其生存条件(不管这是些什么样的条件)的行为的一种自卫手段。事实上,犯罪否定了国家或社会的正常秩序,而国家或社会又通过刑罚来否定犯罪并恢复被犯罪否定了的正常秩序。此种破坏与反破坏的关系,使犯罪和刑罚处于一种"否定之否定"的对立关系之中。另一方面,从行为人个体犯罪动因来看,一般而言,行为人之所以实施犯罪行为,其动因往往是为了满足其物质或精神上的欲求,而国家设置刑罚的基本意图,就在于有效防范与遏制犯罪。正因为刑罚的存在,那些反社会的欲求就难以实现。此外,犯罪人总是希望犯罪后能逃脱刑罚制裁,而事实上,刑罚与犯罪总是如影随形,刑罚处罚始终是犯罪不可避免的结局。这就决定了刑罚与犯罪的天生对立性。

其次,关于刑罚与犯罪的统一。其具体表现有三:一是二者起源相同。犯罪与刑罚都是人类社会发展到一定阶段的产物。当发展到需要运用法律来规范人们的行为时,处于统治地位的群体便通过法律把那些蔑视社会秩序的最明显最极端的行为规定为犯罪,于是,犯罪与刑罚就同时产生了。二是二者因果相依。犯罪是刑罚的原因,刑罚是犯罪的结果。无犯罪则无刑罚,无刑罚,则刑法规定的犯罪就会失去制约。三是二者的规律相同。犯罪总是随着社会的发展而变化,刑罚要有效遏制犯罪,也必须随着犯罪的变化而发展。如果犯罪情势变得严重,那么国家抗制犯罪的刑罚强度与力度就必须增强;如果犯罪情势趋于轻缓,则国家抗制犯罪的刑罚就应适度宽和。这正是犯罪和刑罚产生、发展、演变的基本规律。

(二) 刑罚与刑事责任的关系

刑罚与刑事责任有着密切关系。首先,二者都以犯罪为前提,没有犯罪,就没有刑罚和刑事责任。其次,二者相互依存,没有刑罚,刑事责任将不能完整地实现,没有刑事责任,则刑罚就形同虚设而毫无意义。

但是应当指出,刑罚与刑事责任又有着重要区别。一方面,刑罚乃是刑事责任的物质载体,刑事责任则是刑罚的基本的和主要的实现方式。另一方面刑事责任有多种实现方式,刑罚虽然是其最基本、最主要的实现方式,但并非唯一方式,除了刑罚,刑事责任还可以以非刑罚的方法来实现,甚至以免除刑罚的方式来实现。

第二节　刑　罚　权

一、刑罚权的概念与特征

刑罚权,即国家动用刑罚处罚犯罪的权力。它属于公权的范畴,是国家主权的重要组成部分。刑罚权具有以下特征:

(1) 刑罚权具有国家专属性,个人无权行使。

根据现代法制国家的理念,国家应当赋予公民广泛的权利与自由,包括政治权利与自由、经济权利与自由、文化教育权利与自由等等。但是,国家为了进行有效的社会管理,必须垄断相关权力。例如,外交权力、行政权力、军事国防权力、立法司法权力等。而刑罚权,就是国家必须垄断的权力之一。因为,刑罚权关涉对犯罪人的各种权利(包括自由或生命权)的剥夺与限制,如果准许个人行使,则势必令社会倒退回血亲复仇的野蛮蒙昧时代。正因为如此,现代各文明国家的法律制度规定的刑罚权均具有国家专属性,任何个人不得行使刑罚权。

(2) 刑罚权是制刑权、量刑权与行刑权的统一。

刑罚权是一个有机的统一体,其具体内容包括制刑权、量刑权与行刑权。① 所谓制刑权,是指国家创制刑罚的权力,即国家立法机关通过立法程序规定刑罚种类及其刑罚制度的权力。在我国,只有全国人大及其常务委员会才有创制刑罚的权力。量刑权,亦称刑罚裁量权,也就是刑事审判权,只有人民法院才享有刑罚裁量的权力。行刑权,又称刑罚执行权,是指将人民法院发生法律效力的刑事判决或裁定贯彻执行的权力。根据我国刑事法律制度,人民法院行使死刑(不包括死刑缓期 2 年执行)、罚金和没收财产的执行权,公安机关行使管制、拘役和剥夺政治权利的执行权,狱政管理局行使死刑缓期 2 年执行、无期徒刑和有期徒刑的执行权。

(3) 刑罚权体现了国家与犯罪人之间的刑事法律关系。

在现实的国家社会中,刑罚权体现了国家与犯罪人的刑事法律关系。首先,在刑

---

① 我国有些学者认为,刑罚权包括制刑权、量刑权、求刑权与行刑权。但是,也有很多学者认为,求刑权乃是刑事诉讼意义上的权力,只具有程序意义而不具有刑事实体意义,因而不应属于实体刑法上的刑罚权的内容。本书亦持该见解。

罚创制阶段,国家便设定了刑罚种类与刑罚制度,这就从法律制度上明确规定了作为刑罚主体的国家与作为刑罚受体的犯罪人的特定法律关系。国家既明确规定自己有权处罚犯罪人,同时又限定了国家刑罚权的范围;既明确规定了犯罪人应当接受刑罚处罚的义务,又规定了犯罪人享有的相关权利。在刑罚裁量阶段,作为国家代表的人民法院有权按照刑法规定认定行为人构成具体犯罪并对其处以法定刑罚;另一方面,犯罪人则有权要求只承担自己犯罪应得的刑罚和不受非法处罚。在刑罚执行阶段,刑罚执行部门有权强制犯罪人,并将具体刑罚执行完毕,如强迫犯罪人接受劳动改造、缴纳罚金等;同时,犯罪人也有权要求国家保护自己作为犯罪人的各项权利不受非法侵犯。正是这种权利与义务对等的法律规定,使国家与犯罪人的特定刑事法律关系在刑罚权上得到了统一体现。

二、刑罚权的根据

国家何以有动用刑罚处罚犯罪人的权力?这是一个素有争议的重大法哲学问题。西方学者曾经提出神授说、契约说、人权要求说、必要说、强力意志说等有关刑罚权根据的学说。① 但是,西方学者的那些关于刑罚根据的学说没有能够真正揭示刑罚的根据。那么,刑罚权的根据究竟何在呢?从马克思主义经典著作家的有关论述中,我们可以找到这一问题的答案。

马克思在《政治经济学批判》一书中指出:法的关系正像国家的形式一样,既不能从它们本身来理解,也不能从所谓人类精神的一般发展来理解,相反,它们根源于物质生活关系。② 所谓"物质生活关系",就是法所存在的社会的具体条件。因此,探求刑罚权的根据,离不开社会的政治经济具体条件。恩格斯在谈到国家的起源时指出:国家是社会在一定发展阶段上的产物;国家是表示:这个社会陷入了不可解决的自我矛盾,分裂为不可调和的对立面而又无力摆脱这些对立面。而为了使这些对立面,这些经济利益互相冲突的阶级,不致在无谓的斗争中把自己和社会消灭,就需要有一种表面上凌驾于社会之上的力量,这种力量应当缓和冲突,把冲突保持在"秩序"的范围以内;这种从社会中产生但又自居于社会之上并且日益同社会脱离的力量,就是国家。③ 马克思、恩格斯前述关于法和国家起源的分析,完全适合刑罚权的起源。据此,我们把刑罚权的根据分为以下三个方面:

(一)刑罚权的前提根据

刑罚权的前提根据,是指刑罚权产生的前提条件,也就是刑罚权产生的具体的社会物质生活条件。既然刑罚权是国家主权的一种形式,那么,它和国家主权产生的前提根据完全相同。如果说阶级是私有制的必然结果,那么国家便是阶级分化、社会矛盾冲突的产物。而人们之所以联合起来组成国家,就是要依靠国家的权力来解决日益

---

① 参考谢望原:《刑罚价值论》,中国检察出版社 1999 年版,第 195—199 页。

② 参见《马克思恩格斯全集》第 13 卷,人民出版社 1965 年版,第 7 页。

③ 恩格斯:《家庭、私有制和国家的起源》,载《马克思恩格斯选集》第 4 卷,人民出版社 1972 年版,第 161 页。

激烈的利益冲突,以免在"无谓的斗争中把自己和社会消灭"。刑罚就是国家解决这种利益冲突的重要方法。国家运用这种方法的力量便是刑罚权。如果说国家的权力首先是占统治地位的阶级以暴力攫取并加以维持的话,那么刑罚权最初来源也是如此。但是,正如国家权力必定受到社会的经济基础及各阶级政治实力的制约一样,刑罚权也必定受到国家政治与经济因素的限制。所以,不同的国家其刑罚权的具体内容各不相同,就是因为其各自具有不同的上层建筑与不同的经济基础。因此,一国的政治结构与经济结构形成的物质生活条件便是该国刑罚权的前提根据。

(二) 刑罚权的形式根据

刑罚权的形式根据,是指从外在形式上来看,刑罚权根据何在。现代社会早已不是那种弱肉强食、自然竞争的野蛮与蒙昧时代。自然界中生物进化的那一套规则是不能照搬进人类社会生活领域的。无论是国家权力的取得和运用,还是个人权利的行使与放弃,人们更多的是理性的选择。因此,国家权力的取得和行使须有法定程序。作为国家权力重要组成部分的刑罚权,其形式根据就是国家通过立法程序形成的有关宪法和法律性文件。例如,我国《宪法》第 58 条确立了国家的制刑权(由全国人大及其常委会行使),第 3 章第 7 节确立了国家的量刑权(由法院行使),监狱法又确立了国家的部分行刑权(由监狱管理部门行使)。在民主政治与人权运动日益深入人心的当今之世,刑罚权的形式根据十分重要。一般认为,如果没有合理合法的形式根据,国家便不能取得刑罚权,否则便是不正义(不公正)。

(三) 刑罚权的实质根据

刑罚权的实质根据,是指从本质上来看,刑罚权的根据何在。西方学者主张的"必要说"以及尼采的"强力意志说"等,都属此类,它们都试图从本质上来说明国家的刑罚权根据。恩格斯指出:曾经有过不需要国家、而且根本不知国家和国家权力为何物的社会。在经济发展到一定阶段而必然使社会分裂为阶级时,国家就由于这种分裂而成为必要了。[①] 国家和国家权力是如此,刑罚权之产生,本质上当然如此。故根据马克思主义的历史唯物论原理,我们可以把刑罚权的实质根据归结为:国家刑罚权产生于解决社会"自我矛盾"的需要。这种"需要"表现在两方面:一是国家政治统治的需要;二是国家经济基础秩序的需要。

以上刑罚权的三个根据虽然各有自己的内容,却是一个不割裂的有机整体。刑罚权的前提根据说明了刑罚权赖以产生的社会物质基础,没有这一前提条件,刑罚权便成了无源之水。刑罚权的形式根据对于说明刑罚权的正义性具有极其重要意义,如果缺少这一形式根据,刑罚权就失去了法律依据;刑罚权的实质根据揭示了刑罚权之所以被认为是正义的社会历史原因,从本质上证明了国家刑罚权的必要性以及公正性,因而是正义的。

① 见黎国智主编:《马克思主义法学论著选读》,中国政法大学出版社 1993 年版,第 19 页。

第三节 刑罚的功能

刑罚的功能,又称刑罚机能,是指国家制刑、量刑和行刑对社会成员可能产生的积极作用。根据国家制刑、量刑和行刑效用和对象范围的不同,刑罚所具有的功能可以分为三个方面。

一、对犯罪人的功能

刑罚是国家抗制犯罪的最重要手段。刑罚首先针对的当是犯罪人。刑罚对犯罪人的功能表现在以下方面:

(一)剥夺与限制功能

刑罚的剥夺与限制功能,是指通过适用刑罚来剥夺或限制犯罪人的某种权利或自由,使其丧失再次犯罪的能力和条件的积极作用。在我国,公民享有广泛的权利与自由。但是,当犯罪人滥用其享有的某些权利与自由进行犯罪时,这表明他已不配或者在一定时期不配享有某些权利与自由了。此时,国家就有充分理由依法剥夺或限制其权利与自由。任何刑罚都具有剥夺或限制的功能,但是不同种类的刑罚又具有不同的剥夺或限制功能。例如,对极少数罪行极其严重的犯罪人适用死刑,从肉体上将其彻底消灭,使其不可能再有重新犯罪的机会;对犯罪人适用自由刑,剥夺其终生自由或一定期限的自由或限制其自由,将其终生或一定期限内隔离于正常社会之外或限制在一定范围之内,就可以防止犯罪人继续滥用其人身自由权利进一步实施危害社会的行为;对有关经济犯罪的行为人适用财产刑,剥夺其全部或部分财产,就可使其丧失或者减少再次犯罪的经济能力;对某些利用其政治权利事实犯罪的行为人,适用剥夺政治权利的刑罚,就可以防止他们滥用法律赋予的政治权利进一步实施与政治权利有关的犯罪。由此可见,剥夺与限制功能对于遏制犯罪、防卫社会具有极其重要的意义。

(二)惩罚功能

刑罚意味着痛苦,当然意味着对犯罪人具有惩罚的功能。刑罚对犯罪人的惩罚功能,是通过剥夺或限制犯罪人的某种权利或自由来体现的。换言之,国家通过对犯罪人适用刑罚,剥夺或限制犯罪人的实体权利或自由;人民法院依法对犯罪人进行刑事审判,对确实实施了犯罪行为的行为人认定其犯罪并追究其刑事责任的过程实际上就是国家对犯罪人之犯罪行为的否定评价和严厉谴责。犯罪人因为其犯罪行为,既要承受各种实体权利被剥夺或限制之苦,又要承受道义上的严厉非难。而正是这种刑罚给犯罪人带来的痛苦和非难,使犯罪人产生畏惧感,从而幡然悔悟,不再以身试法去进一步危害社会。这就是刑罚对犯罪分子的惩罚功能。

(三)教育感化功能

刑罚不仅具有对犯罪人的惩罚功能,而且还具有对犯罪人的教育感化功能。在我国,刑罚的制定、适用和执行始终强调其教育感化的功能。除了对极少数罪行极其严重的犯罪人判处死刑外,我国的刑罚制度更重视在惩罚的前提下,通过强制性生产劳动、思想政治和文化技术教育来矫正犯罪人的犯罪心理和反社会性格，教育犯罪人摈弃好逸恶劳恶习、树立诚实劳动观点，学会谋生技能，培养守法习惯，树立正确的世界观和人生观，从而真正回归社会。另一方面，我国刑罚制度还十分注重刑罚对犯罪分子的感化作用。这具体表现在：首先，我国刑法在刑罚的适用上，贯彻了惩办与宽大相结合的刑事政策，规定了诸如自首、立功、缓刑等一系列从宽处罚情节。对符合条件的犯罪人依法从宽处罚，无疑会对他们产生强大的感化力量，从而调动犯罪人悔过自新的积极性。其次，在刑罚的执行过程中，我国监狱法的人道主义法律精神确保犯罪人在膳食、住宿、医疗、卫生和教育等方面的人道主义待遇，充分体现了"尊重犯罪人的权利与尊严"的刑事政策，使犯罪人切身感受到国家和社会对他们的关心和帮助，从而促使其弃暗投明，自觉进行脱胎换骨的改造。可见，教育感化功能乃是我国刑罚对犯罪人的一项基本功能。

二、对被害人的功能

被害人是刑事法律关系中不容忽视的特殊群体，他们是犯罪行为的直接受害人。刑罚对被害人的功能主要表现为一种抚慰功能（我国一些学者称之为"安抚功能"，日本学者称为"报复感情平息机能"）。犯罪给社会造成的侵害最为直接的就是被害人及其亲友，这在伤害、强奸等犯罪中表现得更为突出。所以依法对犯罪人予以严惩，不仅是国家法律的必然要求，而且也是被害人及其亲友发自内心的呼声。犯罪给被害人及其亲友带来了巨大痛苦，并激起他们对犯罪的仇恨，但社会不允许他们自己去对犯罪人报之以同样的侵害。当国家对犯罪人绳之以法，对其判处相应刑罚之时，被害人及其亲友的愤懑感情便有了慰藉，伤痛的心灵便得到了抚慰。刑罚对被害人的这种抚慰功能，对于伸张正义、培养公民的法律信念和法律情感，具有重要意义。

三、对社会的功能

刑罚是国家社会政策的重要内容之一，它对社会生活的方方面面都能产生积极作用。具体言之，刑罚对社会的功能主要表现在以下方面：

（一）威慑功能

刑罚的威慑功能可以说是人类最早认识到的刑罚功能。刑罚的威慑功能，是指刑罚具有给人以畏惧感，从而防止犯罪的积极作用。这是因为，刑罚在其本质意义上将会带给人痛苦，而趋乐避害是人的一大动物本能特征。刑法对犯罪及其相应的刑罚制裁予以明确规定，人们通过对刑法的学习和了解，便会清楚地看到犯罪与刑罚的对价关系。因此，为了避免刑罚之苦，人们就会小心谨慎行事，尽量不去违反法律。而当现实生活中，人们耳闻目睹了违法犯罪者受到刑罚的严厉制裁（被剥夺自由乃至生命），便会从心底萌发这样的信念：刑罚像一个烧得通红的专门用来烫熨犯罪这件衣物的烙铁，一旦触犯了刑法，势必在其身上留下难以磨灭的痛苦印记。

（二）教育鼓励功能

刑罚的教育鼓励功能体现在两方面。

其一,对社会上一般人具有教育功能。这主要体现在提高公民的守法意识上。应当肯定,人们不去违法犯罪,并不主要是刑罚的功劳,而是因为人们对道德情操的完美追求的结果,或者说,对于绝大多数人来说,他们之所以不犯罪,是因为他们内心深处有着关于是非善恶判断的道德价值准则。社会生活中占主导地位的道德准则常常会在有意与无意之中调整与规范着人们的行为。但不能否认,对于极少数的一部分人来说,"文明仅仅是一种外壳,人们野蛮的天性以一种地狱般的火焰燃烧着"①。如不用刑罚加以规制,他们就随时有可能铤而走险,犯下滔天罪行。因此,这就需要国家以刑罚武器,时时教育和提醒人们必须诚实守法。20 世纪 80 年代以来,我国开始重视对公民进行法制教育,而刑法则是法制教育的一项十分重要的内容,刑罚又是刑法的重要组成部分。通过对刑法的学习,人们认识到了刑罚的重要意义和作用,以及刑罚与犯罪形影相随的关系,从而自觉遵守刑罚法规,并学会依法同犯罪行为作斗争。如果说刑罚的威慑功能是使人畏而知警,那么刑罚的教育功能就是使人学会择善而行。

其二,我国刑罚具有鼓励公民勇于同犯罪作斗争的积极作用。我国刑罚制度规定:正当防卫行为不负刑事责任,防卫过当的也应当酌情减轻或者免除处罚。这就表明,我国刑罚制度具有鼓励公民同犯罪作斗争的重大潜在作用。犯罪是人类社会的公敌,刑罚的首要任务便是防止和减少犯罪。对正当防卫者不作为刑罚的处罚对象,甚至对防卫过当者也必须减轻或免除处罚,这就大长了好人的志气,大灭了坏人的威风。其重要意义在于唤起全体公民的防卫意识,极大地震慑那些潜在的犯罪人。

第四节 刑罚的目的

一、刑罚目的的概念

刑罚目的乃是国家刑事政策的灵魂。它制约和引导着国家的刑事立法、刑事司法以及刑罚的执行。所谓刑罚目的,是指国家制定刑罚、裁量刑罚和执行刑罚所要得到的结果。

关于刑罚目的理论是刑法学最重要的基础理论之一。由于我国刑事立法上并没有明确规定刑罚目的,致使我国刑法学界在刑罚目的问题上多有分歧。但占主导地位的观点认为,我国的刑罚目的乃是特殊预防和一般预防的有机统一。

二、特殊预防

(一)特殊预防的概念

所谓特殊预防,是指对犯罪人适用刑罚并交付执行,通过惩罚和教育改造以达到防止犯罪人再次犯罪的目的。特殊预防的对象只能是因实施犯罪而受到刑罚处罚的犯罪人。

---

① 〔意〕加罗法洛著:《犯罪学》,耿伟等译,中国大百科全书出版社 1996 年版,第 232 页。

（二）特殊预防目的的实现方式

特殊预防是刑罚目的的基本内容之一。我国一些学者甚至指出，今后我国的刑罚目的应当把重心放在特殊预防之上。那么怎样才能实现特殊预防的目的呢？我们认为，刑罚的特殊预防目的主要通过以下方式实现：

1. 通过剥夺再犯能力，从而防止犯罪人再次犯罪

剥夺再犯能力，就是使犯罪人丧失犯罪能力，具体言之，它又包括如下情况：

（1）对罪大恶极，必须从肉体上予以消灭者，依法判处死刑，立即执行。尽管死刑被认为是一种最为残酷的刑罚方法，但由于其对预防犯罪仍然有重大意义，所以我国刑法中一直保留有死刑，并对于那些恶贯满盈的犯罪分子依法判处死刑，立即执行。由于"立即执行死刑"终止了犯罪分子的有限生命，从而使得该犯罪分子继续犯罪不再可能。

（2）对罪大恶极，但不是必须立即从肉体上予以消灭者，依法判处死刑，缓期2年执行，或者依法判处无期徒刑。被判"死缓"的犯罪分子，除个别人又因为在缓期执行期间故意犯罪而被核准执行死刑外，一般都被减为无期徒刑（对于确有重大立功表现的，2年缓期执行期满，可减为15年以上20年以下有期徒刑）。由于无期徒刑是对犯罪分子人身自由的终身剥夺，这就使得犯罪分子因终身丧失自由而难以自由实施犯罪。

（3）对犯罪分子判处有期自由刑或限制自由刑，从而遏制犯罪分子的犯罪能力（有期自由刑，是指我国刑法中的有期徒刑和拘役，而限制自由刑，则是指我国刑法中所特有的管制）。由于自由刑与限制自由刑极大地剥夺或约束了犯罪人的行动自由，因而大大地减少了其继续犯罪的可能。

（4）通过剥夺犯罪分子的政治权利，来剥夺犯罪分子的犯罪能力。我国刑法中有关于剥夺政治权利的附加刑规定。而剥夺政治权利这一刑罚通常适用于那些利用政治权利来干反社会勾当的场合。人民法院在适用刑罚时，依法对那些有可能利用政治权利来进行反社会活动的犯罪人剥夺其政治权利，这就大大减少了犯罪人利用政治权利来犯罪的可能。

（5）通过剥夺犯罪人的经济能力来消除行为人的犯罪能力。很多犯罪需要以经济实力为后盾，如走私罪、生产、销售假冒伪劣商品罪等。为了收到更好的刑罚效果，我国刑法在规定各种主刑的同时，还规定了罚金和没收财产两种旨在剥夺行为人犯罪的经济能力的附加刑。司法机关通常对那些经济犯罪或贪财图利的犯罪的行为人在适用有关主刑的同时附加适用罚金或没收财产，有时也单处罚金或没收财产。犯罪分子在被判处罚金或没收财产之后，由于经济实力受到重大打击而往往大大减弱了其犯罪能力。

2. 通过发挥刑罚的惩戒作用来防止犯罪人再次犯罪

我们已经明确，能给人带来极度痛苦，此乃刑罚的一个本质特征。正因为刑罚具有痛苦的属性，它才能对犯罪人产生惩戒作用。刑法中规定的各种主刑和附加刑，都表现为对行为人各种权利（包括自由）的剥夺。作为人，其最大乐趣在于他享有各种自

由与权利。而当他一旦触犯刑律,被依法剥夺平日享有的做人的权利或尊严时,精神上的深度痛苦可想而知。所以,刑罚的惩戒作用将会阻止那些吃过刑罚苦头的犯罪人再去犯罪。

3. 通过刑罚的改造、教育功能来防止犯罪人再度犯罪

刑罚虽然是痛苦的,但刑罚又是具有重大改造、教育功能的。刑罚的改造、教育功能主要是在行刑过程中实现的。事实上,行刑的过程既是剥夺犯罪人各种权利的过程,又是对犯罪人进行改造、教育的过程。根据我国《监狱法》的有关规定,所有有劳动能力的犯罪人都必须参加生产劳动(即强迫劳动),而对所有的犯罪人,都要进行强制教育。正是强迫劳动和强制教育使犯罪人放弃了好逸恶劳、贪图享乐的思想,获得了靠诚实劳动为生的信念,以及使犯罪人获得了相应文化技术知识,树立了正确的人生观,为其回归社会奠定了文化技术与思想基础,从而使犯罪人最终回归社会,不再犯罪。

三、一般预防

所谓一般预防,是指国家通过行使制刑、量刑、行刑的刑罚权教育一般民众和警戒社会上可能犯罪的分子,使其畏而知警,从而不去实施犯罪。我国刑法理论认为,一般预防的目的主要是通过以下途径实现的:

(1) 通过发挥刑罚的教育功能,使一般民众自觉守法,不去犯罪。

社会上的一般民众都具有是非善恶的判断能力。由于刑法上规定了什么是犯罪,犯罪必然招致刑罚这一法律后果,所以,国家通过运用刑罚创制权,将那些严重危害社会的行为规定为犯罪,并配置相应的刑罚,使广大民众生动地理解了犯罪的可恶与可罚,从而大大强化了民众的善恶感,进而使他们自觉守法而不违法犯罪。

(2) 通过发挥惩一儆百的威吓作用防止潜在的犯罪人实施犯罪。

刑罚必然招致痛苦,这是一个显而易见的事实。而刑罚中剥夺生命的死刑、剥夺自由的徒刑等更是令人毛骨悚然,不寒而栗。国家通过行使刑罚裁量权和刑罚制刑权,对那些怙恶不悛的犯罪分子判处死刑(剥夺其生命权),对那些罪有应得的犯罪分子判处徒刑(剥夺其人身自由)等并交付执行,从而使社会上的不稳定分子因畏惧刑罚而收敛其恶行,不敢以身试法,这就实现了刑罚一般预防的目的。

四、特殊预防与一般预防的关系

我国刑罚的特殊预防目的和一般预防目的是一个统一的有机整体。国家行使刑罚权的整个过程始终传递着特殊预防和一般预防的内容和信息。例如,人民法院通过对犯罪人适用刑罚,对其进行惩罚和改造,一方面可以预防他们重新犯罪,另一方面这种惩罚和改造所产生的积极威慑效应,又能使那些具有犯罪意念的人畏而知警,不敢以身试法。因此,人民法院在对犯罪分子适用刑罚时,既要考虑特殊预防的需要,使裁量的刑罚符合刑罚和教育改造罪犯的要求,又要考虑一般预防的需要,使裁量的刑罚满足威慑、警戒意图实施犯罪的人的要求。决不能片面强调某一方面而忽视另一方

面，否则，就会影响特殊预防和一般预防目的的实现。但这并不是说对特殊预防和一般预防不分先后同时考虑，不分主次等量齐观。在我国，人民法院对犯罪分子适用刑罚的根据主要是犯罪分子已经实施的犯罪行为和犯罪行为所显示出来的人身危险性，因此，人民法院对犯罪分子适用刑罚时，应当在罪责刑相适应这一刑法基本原则的指导下，优先考虑特殊预防的需要，然后适当考虑一般预防的需要，决不能因为过分强调一般预防的需要而去追求一般威慑效应，从而轻罪重判。

【阅读参考书目】

1. 高铭暄、马克昌主编：《刑法学》，北京大学出版社、高等教育出版社2011年第5版，第14章。

2. 王作富主编：《刑法》，中国人民大学出版社2010年第4版，第14章。

3. 谢望原：《刑罚价值论》，中国检察出版社1999年版。

【思考题】

一、名词解释

1. 刑罚权
2. 刑罚功能
3. 刑罚目的
4. 一般预防
5. 特殊预防

二、论述题

1. 试述我国刑罚权的根据。
2. 我国刑罚功能的基本内容是什么？
3. 简述我国刑罚特殊预防的实现方式。

第十五章 刑罚体系

由于现实中发生的犯罪是形形色色的,所以作为对犯罪的基本制裁方法,刑罚也必然是多种多样的。众多的刑罚方法,按照一定的标准,被组织、统合成一定的刑罚体系,进而规定到刑法中,就为在刑罚问题上贯彻罪刑法定原则、罪责刑相适应原则的精神和要求提供了基本保障。当然,应用于刑事案件实体方面的非刑罚处理方法,在传统上也是被纳入刑罚体系问题中加以介绍的。

第一节 概 述

▶ 一、刑罚体系的概念

刑罚体系,是指为充分地发挥刑罚的功能,更好地实现刑罚的目的,国家的刑事立法者把选定的刑罚方法加以归类,并在刑法中按照一定的标准将所有刑罚方法编排组合而成的刑罚序列整体。要正确理解刑罚体系的含义,需从两方面着手:一方面,应清楚一个国家的刑罚体系包括几种刑罚方法;另一方面,应明白各种刑罚方法在刑罚体系中所处的地位。刑罚体系具有以下特征:

(1) 刑罚体系是由刑罚方法排列组合而成的。

社会上发生的形形色色的犯罪,在罪质、罪量等方面都有或多或少的区别。犯罪的多样性、复杂性决定了适用于犯罪的刑罚方法的多样化、复杂性。各种刑罚方法是人类在同犯罪作斗争的漫长过程中逐步出现并丰富起来的。刑罚体系内各种刑罚方法的分类,一般有两种方式:第一种是法律意义上的分类。我国刑法首先把刑罚分为主刑和附加刑,主刑依次为管制、拘役、有期徒刑、无期徒刑、死刑,附加刑依次为罚金、剥夺政治权利、没收财产以及对犯罪的外国人适用的驱逐出境。第二种是理论意义上的分类。例如,可把各种刑罚方法分为生命刑、肉体刑、自由刑、财产刑、资格刑等;又如,可把自由刑分为无期自由刑与有期自由刑,或分为剥夺性自由刑与限性型自由刑。

(2) 刑罚体系是由刑法明文规定的。

国家对刑罚体系的确定,包括刑罚体系内各种刑罚方法的排列,是以刑法作出明文规定的方式实现的。这是现代刑法所崇奉的罪刑法定原则的当然要求,也是贯彻罪责刑相适应原则的必然要求。毫无疑问,刑罚方法的归类、排列,刑罚体系的确立,不仅体现了刑法立法的技术水平,更重要的是体现着刑法立法的价值追求。

(3) 刑罚体系的确立以充分发挥刑罚功能、充分实现刑罚目的为指针。

刑罚体系不是所有刑罚方法毫无目的地、杂乱无序地堆积,而必须建立在一定的指导原则基础上,这个指导原则就是有利于充分发挥刑罚功能、充分实现刑罚目的。从刑罚史不难看出,报复刑时期、威慑刑时期、教育刑时期等不同刑罚体系发展阶段,其刑罚方法的遴选与排列都是各不相同的。

▶ 二、刑罚体系的确立

刑罚体系的确立是国家刑法立法的一项极其重要的内容。因此,国家对刑罚体系的确立绝不是盲目、随意的,必然要考虑诸多因素。这些因素包括刑罚的历史传统、刑罚的外部因素、刑罚的内部因素、刑罚体系的本体因素等四个方面。

(一)刑罚的历史传统因素

自国家形成以来,人类始终遭受着犯罪行为的侵害,在与犯罪作斗争的漫长历史发展过程中,各个民族、国家自然就形成了自己的刑罚历史传统。一般而言,历史上的刑罚总存有一定的科学含量,这些具有科学价值的刑罚历史传统是人类与犯罪作斗争的经验结晶。更重要的是,基于历史无可选择的延续性,每个国家不可能无视本国刑罚体系的历史传统及其现实影响,因此在确立刑罚体系时必然要吸纳本国刑罚体系历史传统的合理成分,古为今用。

(二)刑罚的外部因素

社会上影响刑罚体系创制的外部因素很多,择其要者有两个:一为犯罪形势,一为刑事司法实践的要求。作为遏制犯罪的法定手段,刑罚体系的确立必须与犯罪形势相适应。因为犯罪形势始终处于变化之中,刑罚体系也应有相对的呼应,以便刑罚体系能够为刑事司法实践提供打击犯罪的有效措施。为保证刑事司法实践动用刑罚体系打击犯罪的有效性,国家所确立的刑罚体系应具有实用性、可操作性。

(三)刑罚的内部因素

制约刑罚体系确立的刑罚内部因素是刑罚目的,这是刑罚得以存活的灵魂所在。实现刑罚目的必须通过刑罚适用来完成。因此,在确立刑罚体系时,必须考虑刑罚目的的要求。

(四)刑罚体系的本体因素

刑罚体系是由不同的刑罚方法有机结合的统一体,它所追求的价值目标是“合理”二字,具体表现为主次性、层次性、衔接性。刑罚体系中,刑罚方法在地位上有主次之分,不能等量齐观,一般情况下确立一种或两种刑罚方法作为刑罚体系的支柱性刑罚方法,其他的则相对处于次要地位。不同的刑罚方法,在严厉程度上有轻重之分,所有刑罚方法的排列顺序具有明显的层次性。相比邻的不同刑罚方法之间具有逻辑上的衔接关系,表现为此刑罚方法与彼刑罚方法在严厉程度上的递增或递减,其幅度应适中。

▶ 三、刑罚体系的演变

随着人类文明的发展,各个国家、民族在各自不同的历史时期都确立了自己的刑罚体系,由于刑罚体系针对的犯罪现象是全人类所共有的,因而刑罚体系的内容在发展变化上具有一定的趋同性。刑罚体系作为一种历史现象,经历了报复主义、威慑主义、教育主义三个历史发展时期。当然,这三个历史时期的时间界限并非泾渭分明,而是呈现出犬牙交错的状态。尽管如此,我们仍然能勾勒出刑罚体系自身演变发展的轨迹。

（一）报复刑时期的刑罚体系

奴隶制国家的建立,使原始社会中的某些危害行为发生了根本性变化,成为奴隶主阶级严厉打击的犯罪行为。对犯罪人采取血腥的报复,一度风靡了整个奴隶制社会。报复刑主义以因果决定论为哲学基础,以恶有恶报、善有善报的社会报应观念为用刑基调,以刑罚是解除犯罪人罪责的唯一方法为核心思想。奴隶社会由于与原始社会有着直接的天然联系,因而其报复刑主义的刑罚体系不可避免地带有原始社会某些习俗的痕迹。奴隶制国家普遍以对付敌人、动物的杀戮手段对付犯罪人,普遍以生命刑、肉体刑为主要刑罚方法。在《汉谟拉比法典》中,死刑适用的范围非常广泛,死刑的执行方式极其残酷。《摩奴法典》规定,欠债不还和偷窃是严重罪行,应处以重刑,甚至死刑。古罗马的刑罚以对犯罪人实行肉体折磨及精神虐待为目的,有的死刑先用鞭子打出血后再用袋子将犯人与狗、鸡、猴装在一起投入大海。我国奴隶制社会里,墨、劓、刖、宫、大辟是刑罚体系的基本内容,除死刑外,其余都是肉体刑,死刑执行方式极为多样、残酷。

（二）威慑刑时期的刑罚体系

人类社会发展到封建制时期,封建统治者为了维护自己的统治地位普遍采取威慑刑。威慑主义认为,刑罚可以通过人们对它的畏惧而发挥阻止人们犯罪的作用。以此为出发点,威慑刑主义用残酷的刑罚方法惩罚犯罪人,以展示刑罚的威慑作用,从而使人们产生恐惧心理而不敢犯罪。在威慑刑时期的中后期,形成了由生命刑、肉体刑、自由刑、耻辱刑、财产刑构成的刑罚体系,这反映了肉体刑逐渐退出历史舞台、自由刑逐渐上升发展的趋势。

（三）教育刑时期的刑罚体系

随着文明的进步,人类逐渐认识到,犯罪现象是不可避免的,怎样对待犯罪是个极其复杂、深邃且具有挑战性的问题,不可能仅靠报复、威慑就万事大吉、一劳永逸。教育刑主义由此发轫。教育刑主义或称教育刑思想,也称教育刑论、目的刑论、预防刑论,是指把对犯罪人执行刑罚看做是对犯罪人的教育矫正,使之不再犯罪,以达到预防犯罪、保卫社会之目的的刑罚理论。教育刑思想在世界范围内普遍被采用,是人类对刑罚认识与实践进行深刻革命的结果。教育刑主义把刑罚体系建立在人性基础之上;自由刑居于刑罚体系的主导地位,并构成教育刑的基本框架。目前世界各国的刑罚体系主要有两种构成模式:一种是由生命刑、自由刑、财产刑、资格刑构成;另一种是由自由刑、财产刑、资格刑构成。不论哪一种模式,都彰显了自由刑的支柱地位。

通过描绘报复刑、威慑刑、教育刑,勾勒出刑罚体系三个历史发展时期的轨迹,不难看到刑罚体系在自身演变发展中的一些基本趋势。

首先,刑罚体系的重心移向自由刑甚至于财产刑。报复刑、威慑刑的刑罚体系中,生命刑、肉体刑占据绝对支配的地位。到了教育刑时期,自由刑取代生命刑、肉体刑在刑罚体系中占据核心地位。由于刑罚体系的重心移向自由刑,世界各国的刑法典对每一种犯罪都规定有自由刑,自由刑的运用越来越广泛。在这一过程中,某些西方国家感到短期自由刑的适用难以达到刑罚目的,便求助于财产刑,从而使财产刑在刑罚体系中的地位日益上升。

其次,刑罚体系的结构由繁到简。报复刑、威慑刑时期,刑罚体系中刑罚方法繁多。资产阶级革命以后,刑罚体系出现了简化倾向,一是通过死刑的单一化,减少死刑的种类;二是基本上废除肉体刑、流刑,使刑罚体系的成分减少为生命刑、自由刑、财产刑、资格刑。到了教育刑时期,刑罚体系中刑罚方法简化的趋势继续发展,有些国家实现了自由刑的单一化。

再次,刑罚体系由严酷到宽和。报复刑、威慑刑时期,生命刑、肉体刑种类的繁杂,浓重的血腥味儿、野蛮性,塑造了刑罚体系的严酷品格。伴随人类文明的发展,科学精神、人文精神日益渗透进刑罚体系演变过程,结出了刑罚体系宽和的硕果。由此,许多国家废止死刑或限制死刑的适用范围,基本上废除肉体刑,取消流刑,体现了对人的尊重。

四、我国刑罚体系的特点

我国刑法规定的刑罚体系,既有主刑又有附加刑,主刑与附加刑相辅相成,有轻有重,相互衔接,充分体现了我国刑罚体系的特色。

第一,体系完整、结构严谨。根据刑法的规定,我国的刑罚体系是由主刑、附加刑构成的一个完整的体系,涵盖了几种属性不同的刑罚方法,主刑包括生命刑、自由刑,附加刑包括财产刑、资格刑等,既保持了主刑的独立性又体现了附加刑的灵活性,主刑与附加刑相互补充。而且,主刑与附加刑的各种刑罚方法均按照严厉程度由轻到重的顺序排列,各种刑罚方法相互之间轻重衔接,限度适当,依次递进,结构严谨。

第二,内容合理、宽严相济。我国刑罚体系的内容符合我国的国情,适应刑事政策的需要,以自由刑为核心并扩大罚金刑的适用,符合当代世界刑罚体系立法的发展趋势。我国刑罚体系由严厉程度不同的刑罚方法构成,主刑与附加刑中的各个刑种都轻重有别,充分表明刑罚体系的立法做到了宽严相济。

第三,目标统一、方法人道。我国刑罚体系中的各种刑罚方法,都是围绕着预防犯罪这一刑罚目的选定的;所有的刑罚方法无不体现社会主义人道主义精神,因为各种刑罚方法虽然都会使犯罪人感受到惩罚的痛苦,但并不以造成犯罪人的痛苦为归宿,更没有任何摧残犯罪人肉体或有辱其人格尊严的刑罚方法。

第二节　主　　刑

一、主刑概述

所谓主刑,是指刑法规定的,对犯罪适用的主要刑罚方法。根据我国刑法的规定,主刑具有以下几个特点:首先,主刑只能独立适用而不能附加适用;其次,对于犯罪人实施的一个犯罪,只能适用一个主刑,不能同时适用两个或两个以上的主刑;再次,主刑是主要的刑罚方法,不论是从刑法规定上还是从刑罚裁量上讲,主刑的种类及其适用量总是要多于附加刑;复次,主刑是一些特定刑罚方法的总称,具体包括管制、拘役、有期徒刑、无期徒刑、死刑。

二、管制

(一)管制的概念

根据我国刑法的规定,管制是指由人民法院判决,对罪犯不予关押但限制其人身自由,交由公安机关执行和群众监督改造的刑罚方法。管制属于限制型自由刑,是严厉性最轻的一种主刑。作为一种限制自由刑,管制是我国的独创,产生于民主革命时期,新中国成立后沿用至今。

从预防犯罪的角度讲,由于管制对犯罪分子不予关押,不仅可以避免发生剥夺自由刑可能造成的“交叉感染”,而且可以调动社会力量参与对犯罪分子的改造,减少国家的行刑投入,还可以尽量减少因犯罪分子服刑而给其家庭生活带来的负面影响,所有这些对于犯罪分子的改造,社会秩序的安定,都有积极的意义。从国际上看,我国的管制符合世界刑罚的发展趋势。对于管制的特征,可从以下几方面来理解:

第一,管制必须经由人民法院判处。对犯罪人适用任何刑罚,都必须经由人民法院判决。这既然是刑罚区别于其他法律制裁措施的重要特征,又为何单单强调管制呢?因为,在新中国成立后的一段时期里,管制曾既作为刑罚又作为行政处分存在过,法院和公安机关均可加以适用,这一度造成管制适用的混乱现象。有鉴于此,需要明确管制是刑罚而不再是行政处罚了,因此管制必须经由人民法院判处。

第二,对罪犯不予关押,但对其人身自由给予一定限制。管制不剥夺人身自由,只是对犯罪分子的人身自由进行一定的限制,在服刑期间除必须遵守刑法规定的几项限制外,犯罪分子的行动基本上是自由的,这是管制与其他自由刑的重要区别。犯罪分子仍然在原来所属单位从事劳动工作,既不离开原居住地,也不脱离家庭,还不中断与社会的正常联系。对被判处管制的犯罪分子,在劳动中应当同工同酬。

第三,被判处管制的罪犯由社区矫正机构执行并接受群众监督改造。管制由社区矫正机构执行,罪犯虽然享有一定的人身自由,但其劳动、工作及其他重要活动要受到一定的管束和限制,这是管制的本质特征。服刑期间,通过社区矫正机构的管束和群众监督来限制罪犯的活动自由,以此表明对罪犯的惩罚与改造。

(二)管制的内容

根据我国《刑法》第38条至第41条的规定以及《刑法修正案(八)》的相关规定,管制的内容包括以下几个方面:

第一,管制期限及起算。管制的期限为3个月以上2年以下。另外根据《刑法》第69条的规定,数罪并罚时,管制的期限不得超过3年。管制的刑期,从判决执行之日起计算;判决执行以前先行羁押的,羁押一日折抵刑期二日。

第二,管制的执行机关。管制的执行机关是社区矫正机构。由于管制是一种开放型的刑罚,所以社区矫正机构必须依靠犯罪人所在单位或基层群众的监督改造才能做好执行工作;管制期满,社区矫正机构应向罪犯本人和其所在单位或者居住地的群众宣布解除管制。

第三,管制的效力范围。社区矫正机构执行管制只是限制犯罪分子一定的人身自由;在服刑期间,犯罪分子必须遵守如下规定:(1) 遵守法律、行政法规,服从监督;(2) 未经执行机关批准,不得行使言论、出版、集会、结社、游行、示威自由的权利;(3) 按照执行机关规定报告自己的活动情况;(4) 遵守执行机关关于会客的规定;(5) 离开所居住的市、县或者迁居,应当报经执行机关批准;(6) 禁止犯罪分子在执行期间从事特定活动,进入特定区域、场所,接触特定的人。违反禁止规定的,由公安机关依照《中华人民共和国治安管理处罚法》的规定处罚。

▶ 三、拘役

(一) 拘役的概念

根据我国刑法的规定,拘役是对犯罪分子短期剥夺人身自由,就近执行并实行劳动改造的刑罚方法。拘役是我国刑罚体系中严厉性最轻的一种剥夺自由刑,在刑种归类上属于主刑之一。

我国法律规定对公民人身自由进行短期剥夺的强制性法律措施,除拘役外,还有刑事拘留、行政拘留、民事拘留等,所以需要对它们进行区分。首先,性质不同。拘役是刑罚方法,而刑事拘留是刑事诉讼法中的一种强制措施,行政拘留属于是治安行政处罚,民事拘留是民事诉讼法中的强制措施。其次,适用对象不同。拘役只能适用于被判决构成犯罪的犯罪分子;刑事拘留只适用于《刑事诉讼法》第 61 条规定的 7 种情形之一的现行犯或者重大嫌疑分子;民事拘留只适用于《民事诉讼法》第 102 条规定的 6 种行为之一,但又不构成犯罪的民事诉讼参与人或其他人;行政拘留只适用于是违反治安管理法规,尚未达到犯罪程度的行为人。再者,适用机关不同。拘役和民事拘留由人民法院适用;行政拘留由公安机关适用;刑事拘留由人民检察院和公安机关适用。

(二) 拘役的内容

拘役适用于那些罪行虽轻但仍需关押的罪犯,对有的犯罪人,如判处管制嫌之过轻,判处有期徒刑又嫌过重,则适用拘役较为合适。根据我国《刑法》第 42 条至第 44 条的规定,拘役的内容包括以下几个方面:

第一,拘役期限及起算。拘役的期限为 1 个月以上 6 个月以下。根据《刑法》第 69 条的规定,数罪并罚时,拘役的期限不得超过 1 年。拘役的刑期,从判决执行之日起计算;判决执行以前先行羁押的,羁押一日折抵刑期一日。

第二,拘役的执行机关。拘役由公安机关就近执行。根据我国目前的实际情况看,拘役的执行场所有两种:一是凡建立了拘役所的地方,都应当在拘役所执行;一是尚未建立拘役所的地方,应当在就近的监狱执行,远离监狱的也可在当地看守所执行。

第三,拘役的效力范围。拘役是剥夺犯罪分子人身自由的一种轻刑,既对罪犯实行关押,又让罪犯享有一定自由。罪犯享有的自由主要包括两个方面:一方面,罪犯服刑期间每个月可回家一天到两天;另一方面,参加劳动的可以酌量发给报酬。

四、有期徒刑

(一)有期徒刑的概念

根据刑法的规定,有期徒刑是剥夺犯罪人一定期限的人身自由,实行强制劳动和教育改造的刑罚方法。在我国刑罚体系中,有期徒刑居于核心地位。

有期徒刑与拘役虽都属于剥夺型自由刑,但两者有明显的区别。首先,在适用对象上,有期徒刑既可以适用于罪行较轻的罪犯也可以适用于罪行较重的罪犯,而拘役只能适用于罪行较轻的罪犯。其次,在执行场所上,被判处有期徒刑的犯罪人在监狱或少年犯管教所等场所执行,而被判处拘役的犯罪人由公安机关在就近的拘役所或看守所等场所执行。再次,在刑期幅度上,有期徒刑刑期长、起点高、幅度大,而拘役的刑期短、起点低、幅度小。复次,在刑罚效力上,被判处有期徒刑的罪犯凡有劳动能力的必须从事强制性劳动,不享有每月回家探亲的待遇,而被判处拘役的罪犯参加劳动的可以酌量发给报酬,每月可以回家一至两天。最后,在法律后果上,被判处有期徒刑的罪犯在刑罚执行完毕或者赦免后再犯罪的,有可能构成累犯,而被判处拘役的罪犯除非符合危害国家安全累犯条件,不存在成立累犯的可能性。

(二)有期徒刑的内容

根据我国《刑法》第45条至第47条的规定,有期徒刑的内容包括以下几个方面:

第一,有期徒刑的期限及起算。有期徒刑的期限为6个月以上15年以下。根据《刑法修正案(八)》的相关规定,数罪并罚时,有期徒刑总和刑期不满35年的,最高不能超过20年,总和刑期在35年以上的,最高不能超过25年。有期徒刑的刑期,从判决执行之日起计算;判决执行以前先行羁押的,羁押一日折抵刑期一日。

第二,有期徒刑的执行机关。被判处有期徒刑的犯罪人在监狱或其他执行场所执行。根据刑事司法实践,所谓“其他执行场所执行”是指对于被判处有期徒刑的未成年犯罪人在少年犯管教所内执行;根据《监狱法》的规定,未成年犯管教所属于监狱之列。

第三,有期徒刑的刑罚效力。我国刑法规定,被判处有期徒刑的犯罪分子,凡有劳动能力的,都应当参加劳动,接受教育和改造。这说明我国对于判处有期徒刑的犯罪人不是消极地实行关押监禁,而是通过监禁、劳动、教育使之得到改造,从而达到预防犯罪的目的。“犯罪人应当参加劳动”是一种强制性规定,包括以下几层意思:其一,凡有劳动能力的罪犯都必须参加劳动,不论罪犯是否愿意;其二,除法律另有规定的特殊情况外罪犯在劳动的场所、种类、形式和时间上必须无条件服从执行机关的安排,没有自由选择的权利;其三,罪犯的劳动是在严格的监督下进行的。执行机关在强制犯罪人劳动的同时,也要对其进行充分的法制、道德、文化等方面的教育改造,坚持“惩罚与改造相结合,以改造人为宗旨”的监狱工作方针。

五、无期徒刑

(一)无期徒刑的概念

根据我国刑法的规定,无期徒刑是对犯罪分子剥夺终身自由并强制其参加劳动、接受教育改造的一种刑罚方法。无期徒刑是介于有期徒刑与死刑之间的一种严厉的刑罚方法,其价值作用体现在两个方面:一方面,对于罪行严重判处有期徒刑不足以惩罚的犯罪分子,无期徒刑可以起到有效惩罚作用;另一方面,无期徒刑对代替死刑的适用起到了积极的作用,从而给犯罪人提供了改恶从善的机会。所以,我国刑法总则把无期徒刑规定为主刑之一,分则把无期徒刑的适用范围规定得较为广泛,除第9章渎职罪之外,其余各章中都有无期徒刑的规定。

无期徒刑与有期徒刑同属于剥夺型自由刑,但两者是有一定区别的。其一,适用对象不同。无期徒刑只能适用于罪行非常严重的犯罪分子,有期徒刑既可适用于罪行严重的犯罪分子又可适用于罪行较轻的犯罪分子。其二,严厉程度不同。无期徒刑剥夺犯罪人的终身自由,有期徒刑剥夺犯罪分子一定期限的人身自由;无期徒刑的刑期不能被先行羁押时间折抵,并且要附加剥夺政治权利终身,而有期徒刑的刑期则应被先行羁押时间折抵,而且不一定附加剥夺政治权利。

(二)无期徒刑的内容

根据我国《刑法》第46条的规定以及司法机关对无期徒刑的执行情况,无期徒刑的内容包括以下几个方面:

第一,无期徒刑的期限起算。从我国刑法对无期徒刑的规定来看,无期徒刑的刑期对被适用的犯罪人是终身的,也就是说是无限期的,只有起点而无终点。虽然刑法对无期徒刑的期限起算没有规定,并不等于无期徒刑就没有生效起点,无期徒刑的刑期仍起始于无期徒刑的判决生效之日,由于是无期徒刑也就无需折抵执行前羁押时间。但从实际执行情况看,真正在监狱里度过终身的罪犯为数极少,绝大多数罪犯获得了减刑从而在一定时间之后回到了社会。

第二,无期徒刑的执行机关。被判处无期徒刑的犯罪人在监狱或其他执行场所执行,根据刑事司法实践,所谓"其他执行场所执行"是指对于被判处无期徒刑的未成年犯罪人在未成年犯管教所内执行,而根据《监狱法》的规定,未成年犯管教所属于监狱之列。因此,无期徒刑的执行机关是监狱。

第三,无期徒刑的刑罚效力。无期徒刑是剥夺犯罪分子人身自由的一种较重的刑罚,对罪犯实行终身关押、终身剥夺罪犯的人身自由,以对犯罪人实行强制劳动和教育改造为基本内容,被判处有期徒刑的犯罪分子,凡有劳动能力的,都应当参加劳动,接受教育和改造。

六、死刑

(一)死刑的概念

根据我国刑法的规定,死刑是剥夺犯罪分子生命的刑罚方法,在我国刑罚体系中是最重的刑罚方法。

从长远来看,死刑的废除是不可逆转的历史潮流。但在我国当前以及今后相当长的时期内必须保留死刑,才能切实保卫国家安全和人民利益,维护社会秩序,保障社会主义现代化建设事业的顺利进行。在保留死刑的条件下,我国坚决贯彻严格限制死刑的刑事政策。

（二）适用死刑的限制性规定

1. 从适用死刑的条件上进行限制

我国《刑法》第48条第1款前半段规定：死刑只适用于罪行极其严重的犯罪分子。这表明，适用死刑的犯罪行为必须是对国家和人民的利益危害极其严重、犯罪情节极其恶劣，并且犯罪人的人身危险性极其严重。凡是没有达到罪行极其严重程度的，一律不得适用死刑。

2. 从适用死刑的对象上进行限制

我国《刑法》第49条规定：犯罪的时候不满18周岁的人和审判的时候怀孕的妇女，不适用死刑。对于这两种人，即使所犯罪行极其严重，也不能适用死刑；《刑法修正案（八）》对刑法第49条补充规定：审判的时候已满75周岁的人，不适用死刑，但以特别残忍手段致人死亡的除外。这些规定充分表明了我国刑法对未成年犯罪人以教育、感化、挽救为主、惩罚为辅和对犯罪的孕妇、犯罪时已满75周岁的人实行特殊的人道主义保护的政策精神，同时也符合世界立法的通例。需要指出的是，所谓"不适用死刑"，是指根本不能判处死刑，不论是死刑立即执行还是死刑缓期2年执行均不能适用。

3. 从死刑的适用程序上进行限制

首先，从案件管辖上进行限制。根据我国《刑事诉讼法》第20条的规定，死刑案件只能由中级以上人民法院进行一审，基层人民法院无权审理死刑案件。其次，从死刑的核准程序上进行限制。我国《刑法》第48条第2款规定：死刑除依法由最高人民法院判决的以外，都应当报请最高人民法院核准。

4. 从死刑执行制度上进行限制

根据我国《刑法》第48条至第51条的规定，死刑包括两种不同的执行制度，即死刑立即执行与死刑缓期2年执行。死刑立即执行是指审判机关对犯罪人判处死刑的判决一经生效即执行死刑。根据《刑法》第48条第1款后半段的规定：对于应当判处死刑的犯罪分子，如果不是必须立即执行的，可以判处死刑同时宣告缓期2年执行。这就是死刑缓期执行制度，简称死缓。死缓制度是我国在死刑执行制度上的独创，对于促进罪犯改造、重新做人，打击分化瓦解犯罪分子，都有重要作用。根据上述刑法的规定，死缓的适用需要具备以下条件：

(1) 死缓的适用对象。死缓只适用于应当判处死刑的犯罪分子。这是适用死缓的前提。也就是说，犯罪人的罪行极其严重，依法应当判处死刑。对于不符合死刑适用条件的罪犯，不存在适用死缓的问题。

(2) 不是必须立即执行。所谓不是必须立即执行，是指根据犯罪分子所犯罪行，虽然对其应当适用死刑但不是非立即执行不可的。刑法对哪些犯罪分子属于"不是必须立即执行"死刑的没有明确规定，目前主要根据有关司法解释和刑事审判经验加以确认。

(3) 死缓的考验期与减刑。死缓的考验期限为2年，从判决确定之日起计算，判决确定以前先行羁押的期间不计算在考验期限之内。根据《刑法修正案（八）》对《刑法》

第 50 条的补充规定，判处死刑缓期执行的，在死刑缓期执行期间，如果没有故意犯罪，二年期满以后，减为无期徒刑；如果确有重大立功表现，二年期满以后，减为 25 年有期徒刑；如果故意犯罪，查证属实的，由最高人民法院核准，执行死刑；对被判处死刑缓期执行的累犯以及因故意杀人、强奸、抢劫、绑架、放火、爆炸、投放危险物质或者有组织的暴力性犯罪被判处死刑缓期执行的犯罪分子，人民法院根据犯罪情节等情况可以同时决定对其限制减刑。

第三节 附 加 刑

一、附加刑概述

附加刑是主刑的对称，亦称“从刑”，是补充主刑适用的刑罚方法。根据刑法的规定，附加刑具有以下特点：首先，附加刑既可以附加主刑适用，也可以独立适用；对于同一犯罪和同一犯罪人，依法还可以同时适用不止一个附加刑，可见附加刑的适用比主刑更灵活。其次，附加刑是次要的刑罚方法，不论是从刑法规定看还是从刑罚裁量讲，附加刑的刑种及其适用要少于主刑。需要注意的是，附加刑是一类刑罚方法的总称，具体包括罚金、没收财产、剥夺政治权利以及只适用于犯罪的外国人的驱逐出境。

二、罚金

（一）罚金的概念

罚金是人民法院判处犯罪分子向国家缴纳一定数额金钱的刑罚方法。罚金属于财产刑，也是严厉性最轻的一种附加刑。罚金是一种历史悠久的刑罚方法，由于罚金以犯罪人具有一定数量的金钱为前提，而且罚金的惩罚作用依赖于对金钱的价值观念。随着文明的进步，罚金的作用日益受到重视。罚金的优势在于：犯罪人不受关押，可以避免因入狱所可能造成的“交叉感染”；犯罪人仍然过着正常的社会生活，不影响犯罪人的家庭生活，有利于犯罪人的改造；不仅不需要国家支出费用反而可以增加国家的收入；既给以营利为目的的犯罪人以迎头打击，还可以剥夺他们重新犯罪的资本，有利于预防犯罪；误判后易于纠正；既可以适用于自然人，也可以适用于单位。对于我国刑法规定的罚金，可作如下理解：

第一，罚金是以剥夺犯罪人一定数额金钱为内容的附加刑。罚金主要适用于贪财图利以及与财产相关的犯罪，一则通过对犯罪人判处罚金剥夺其犯罪的经济条件；二则对犯罪人贪财图利思想给以教育、矫正。但需注意，罚金不同于行政罚款，虽然两者都是剥夺一定金钱的处罚方法，但罚金是一种刑罚，而罚款则是一种行政处罚。罚金也不同于赔偿经济损失、赔偿损失，我国《刑法》第 36 条第 1 款规定的赔偿经济损失是人民法院判处犯罪分子对遭受经济损失的被害人所给予的赔偿，我国《刑法》第 37 条规定的赔偿损失是人民法院责令免予刑事处罚的被告人对遭受经济损失的被害人所给予的赔偿，后两者都属于非刑罚处理方法的范畴。

第二，罚金只能由人民法院依法对犯罪的自然人和单位判处。作为国家审判机关的人民法院是适用罚金的唯一合法主体，其他任何机关、组织或个人都无权对公民或单位适用罚金。同时，人民法院必须依法适用罚金，刑法在总则中对罚金作了概括性规定，分则中对哪些犯罪可以适用罚金以及如何适用都有明文规定，应当依法适用。

（二）罚金的适用方式

根据我国刑法分则的规定，罚金的适用方式有以下几种：

（1）选处罚金。即当刑法分则条文将罚金与主刑并列规定时，人民法院根据犯罪的具体情况选择适用罚金。此时，罚金只能独立适用，而不能附加适用。如《刑法》第275条规定，故意毁坏公私财物，数额较大或者有其他严重情节的，处3年以下有期徒刑、拘役或者罚金。

（2）单处罚金。即对犯罪分子只能判处罚金，而不能判处其他刑罚。单处罚金只对犯罪的单位适用。我国刑法分则条文凡是规定处罚犯罪单位的，都是规定对单位判处罚金。

（3）并处罚金。即在对犯罪分子判处主刑的同时附加适用罚金，并且是必须附加适用。如《刑法》第328条规定，盗掘古文化遗址、古墓葬，情节较轻的，处3年以下有期徒刑、拘役或者管制，并处罚金。

（4）并处或者单处罚金。即罚金可以附加主刑适用，也可以作为一种与主刑并列的刑种选择适用。如《刑法》第216条规定，假冒他人专利，情节严重的，处3年以下有期徒刑或者拘役，并处或者单处罚金。

（三）罚金数额的立法规定

我国刑法关于罚金数额的规定，有以下几种方式：

（1）比例制。即刑法不规定具体的罚金数额，而是规定根据犯罪数额的一定比例确定罚金的数额。如《刑法》第160条规定，对犯欺诈发行股票、债券罪的，处5年以下有期徒刑或者拘役，并处或者单处非法募集资金金额1%以上5%以下罚金。

（2）倍数制。即刑法不规定具体的罚金数额，而是规定根据犯罪数额的一定倍数确定罚金的数额。如《刑法》第153条规定，对犯走私普通货物、物品罪的，处偷逃应缴税额1倍以上5倍以下罚金。

（3）比例兼倍数制。即刑法不规定具体的罚金数额，而是规定根据犯罪数额的一定比例和倍数确定罚金的数额。如刑法对生产、销售伪劣商品的各种犯罪都规定处销售金额50%以上2倍以下罚金。

（4）特定数额制。即刑法明确规定罚金的数额。如《刑法》第173条规定，变造货币，数额较大的，处3年以下有期徒刑或者拘役，并处或者单处1万元以上10万元以下罚金。

（5）抽象罚金制。即刑法只抽象地规定判处罚金。如《刑法》第319条规定，对犯骗取出境证件罪的，处3年以下有期徒刑，并处罚金；情节严重的，处3年以上10年以下有期徒刑，并处罚金。

（四）罚金数额的司法确定

我国《刑法》第52条规定：判处罚金，应当根据犯罪情节决定罚金数额。犯罪情节是表明犯罪行为的社会危害性和犯罪人的人身危险性的各种事实,根据犯罪情节决定罚金数额是罪责刑相适应原则的必然要求。但是,罚金数额的司法确定,还应酌情考虑犯罪人的经济状况。一方面,被判处的罚金能否实际执行,取决于犯罪人的经济状况,超出犯罪人的实际支付能力判处罚金是没有意义的;另一方面,确定罚金数额时只有考虑犯罪人的经济状况,才能使罚金刑对犯罪人所具有的功能充分发挥出来,也才能取得良好的社会效果。

(五)罚金的缴纳

根据我国《刑法》第53条的规定,罚金的缴纳方式有以下四种:

(1)一次或分期缴纳。一次缴纳,是在判决所确定的期限内,判令犯罪人一次性地将判决所确定的罚金数额全部缴清。分期缴纳,是在判决所确定的期限内,判令犯罪人分数次将判决所确定的罚金数额全部缴清。

(2)强制缴纳。即在判决指定的罚金缴纳期限届满,犯罪分子有缴纳能力而不缴纳时,法院采取查封、拍卖财产、冻结存款、扣留收入等措施,强制其缴纳罚金。

(3)随时追缴。即对于不能全部缴纳罚金的犯罪人,法院在任何时候发现被执行人有可以执行的财产,应当随时强制犯罪人缴纳。

(4)减免缴纳。即对于被判决罚金而因遭遇不能抗拒的灾祸,缴纳确有困难的犯罪人,由其本人提出申请,法院经查证属实,可以根据其遭受灾祸的轻重,裁定减少罚金数额或者免除缴纳全部罚金。

三、剥夺政治权利

(一)剥夺政治权利的概念

剥夺政治权利是人民法院判处剥夺犯罪分子参加国家管理与政治活动的权利的刑罚方法。剥夺政治权利属于资格刑,在刑罚体系的附加刑序列中介于罚金与没收财产之间,是严厉性较重的一种附加刑。

(二)剥夺政治权利的内容

根据我国《刑法》第54条的规定,剥夺政治权利的内容包括以下几个方面:(1)选举权和被选举权;(2)言论、出版、集会、结社、游行、示威自由的权利;(3)担任国家机关职务的权利;(4)担任国有公司、企业、事业单位和人民团体领导职务的权利。

(三)剥夺政治权利的适用方式

剥夺政治权利的适用有两种基本方式,一种为附加适用,另一种为独立适用。附加适用剥夺政治权利有三种情况:其一,对于危害国家安全的犯罪分子应当附加剥夺政治权利,因为这类犯罪人公然与国家为敌,严重危害了国家利益;其二,对于被判处死刑、无期徒刑的犯罪分子,应当附加剥夺政治权利终身,因为这类犯罪人危害极其严重,需要给予政治上的否定评价,且这样做有利于防止死刑罪犯遇特赦、无期徒刑罪犯被假释后利用政治权利再犯罪,也有利于处理与罪犯有关的民事法律关系;其三,对于故意杀人、强奸、放火、爆炸、投毒、抢劫等严重破坏社会秩序的犯罪分子,可以附加剥夺政治权利,因为这些犯罪对公民和社会的危害极为严重。独立适用剥夺政治权利涉及到四种类型的犯罪:其一为危害国家安全罪;其二为侵犯公民人身权利、民主权利罪;其三为妨害社会管理秩序罪;其四为危害国防利益罪。

(四)剥夺政治权利的刑期

剥夺政治权利的期限有四种情况:其一,独立适用剥夺政治权利或者主刑是有期徒刑、拘役而附加剥夺政治权利的期限为1年以上5年以下;其二,判处管制附加剥夺政治权利的期限与管制的期限相同;其三,判处死刑、无期徒刑的应当剥夺政治权利终身;其四,死刑缓期执行减为有期徒刑或者无期徒刑减为有期徒刑的时候,应当把附加剥夺政治权利的期限相应地改为3年以上10年以下。

(五)剥夺政治权利刑期的起算

依独立适用、附加适用的不同分为以下几种情况:独立适用剥夺政治权利的,刑期从判决生效之日起算;附加适用剥夺政治权利的,在主刑执行期间罪犯当然不享有政治权利;判处管制附加剥夺政治权利的与管制同时起算,同时执行;判处拘役附加剥夺政治权利的,剥夺政治权利的刑期从拘役执行完毕之日起计算;判处有期徒刑附加剥夺政治权利的,剥夺政治权利的刑期从有期徒刑执行完毕之日或者假释之日起计算;死刑缓期执行减为有期徒刑或者无期徒刑减为有期徒刑时,附加的剥夺政治权利终身减为3年以上10年以下,并从减刑后的有期徒刑执行完毕之日或者假释之日起计算。

(六)剥夺政治权利的执行

剥夺政治权利的执行机关是公安机关。被剥夺政治权利的犯罪分子,除不能享有被剥夺的政治权利外,在执行期间,应当遵守法律、行政法规和国务院公安部门有关监督管理的规定,服从监督。剥夺政治权利执行期满,应当由执行机关通知其本人,并向有关群众公开宣布恢复政治权利。但有的政治权利因为法律的特别规定就不可能恢复了。例如,根据《人民法院组织法》和《检察官法》,被剥夺过政治权利的人不得担任人民法院院长、副院长、庭长、副庭长、审判员、助理审判员、人民陪审员,不得担任检察官。

▶ 四、没收财产

(一)没收财产的概念

没收财产是人民法院依法判处将犯罪分子个人所有财产的一部分或者全部强制无偿地收归国家所有的刑罚方法。没收财产属于财产刑,是严厉性最重的一种附加刑。没收财产与没收犯罪物品有质的区别:追缴犯罪所得的物品、没收违禁品和供犯罪所有的本人财物均不属于没收财产,没收财产实际上是没收犯罪人合法所有并且没有用于犯罪的财产。

没收财产与罚金同属附加刑,同为财产刑,但二者是有区别的。首先,适用对象不同。没收财产主要适用于危害国家安全罪以及破坏社会主义市场经济秩序罪、侵犯财产罪、妨害社会管理秩序罪、贪污贿赂罪中情节较重的犯罪;而罚金适用于情节较轻的贪利性犯罪。其次,刑罚内容不同。罚金是剥夺犯罪人一定数额的金钱;没收财产,除可没收金钱外,还可以没收犯罪人的其他财物。再次,执行方式不同。罚金可以分期缴纳，特殊情况下还可以减免；没收财产可以一次性没收其一部或全部，不存在分期缴纳或减免的情况。

(二) 没收财产的适用方式

根据我国刑法分则的规定，没收财产的适用方式有以下几种：

(1) 与罚金选择并处。即刑法分则条文规定没收财产与罚金作为选择性的附加刑供附加主刑适用时，法官可以选择没收财产附加主刑适用，也可以选择罚金附加主刑适用，二者必选其一。例如，《刑法》第 363 条规定，以牟利为目的，制作、复制、出版、贩卖、传播淫秽物品，情节特别严重的，处 10 年以上有期徒刑或者无期徒刑，并处罚金或者没收财产。

(2) 并处。即刑法分则条文规定没收财产必须附加主刑适用，法官没有选择余地。例如，《刑法》第 239 条规定，以勒索财物为目的绑架他人或者绑架他人作人质，致使被绑架人死亡或者杀害被绑架人的，处死刑，并处没收财产。

(3) 可以并处。即刑法分则条文规定没收财产可以附加主刑适用，也可以不附加主刑适用，法官自由裁量决定。例如，《刑法》第 390 条规定，对犯行贿罪，情节特别严重的，处 10 年以上有期徒刑或者无期徒刑，可以并处没收财产。

以上表明，没收财产实际上只能附加适用，而不能独立适用。《刑法》第 34 条第 2 款所谓“附加刑也可以独立适用”，目前不能包括没收财产在内。

(三) 没收财产的范围

我国《刑法》第 59 条规定：没收财产是没收犯罪分子个人所有财产的一部或者全部。没收全部财产的，应当对犯罪分子个人及其扶养的家属保留必需的生活费用。在判处没收财产的时候，不得没收属于犯罪分子家属所有或者应有的财产。这表明：首先，没收财产的范围是犯罪分子个人所有的财产，犯罪分子家属所有或应有的财产不在没收之列。所谓犯罪分子个人所有的财产，是指犯罪分子实际所有的一切财产以及在家庭共有财产中应得的财产。所谓家属所有的财产，是指犯罪分子家属实际所有的财产。所谓家属应有的财产，是指家庭共有财产中犯罪分子家属应当分得的财产。其次，没收财产可以是没收犯罪分子个人所有财产的一部，也可以是没收犯罪分子个人所有财产的全部。这一点由法官根据案件的实际情况来决定。当决定没收犯罪分子的全部财产时，应当为犯罪分子个人及其扶养的家属保留必需的生活费用，这是人道主义的要求。

(四) 以没收财产偿还债务的问题

我国《刑法》第 60 条规定：没收财产以前犯罪分子所负的正当债务，需要以没收的财产偿还的，经债权人请求，应当偿还。这意味着，从罪犯的财产中偿还正当债务要遵循三项原则：其一，债务是犯罪分子财产被没收前的债务；其二，债务是正当的；其三，须经债权人要求。当然，应当偿还的债务以没收的财产为限，在债务人较多的情况下，还应依民法规定的顺序偿还。

五、驱逐出境

驱逐出境是人民法院依法判处强迫犯罪的外国人离开中国国(边)境的刑罚方法。

驱逐出境具有以下法律特征：首先，驱逐出境只对犯罪的外国人适用。我国是一个独立的主权国家，在我国境内的外国人必须遵守我国的法律，即使在我国境外的外国人也不得侵犯我国国家和公民的利益。凡是外国人犯罪并由我国法院审判的，如果人民法院认为其继续居留我国将对我国国家和人民利益产生危害，就可以适用驱逐出境，以消除其在我国境内的再犯可能性。其次，驱逐出境只是“可以”对犯罪的外国人适用。外国人一旦在我国境内犯罪，除享有外交特权和豁免权的通过外交途径解决以外，一律适用我国刑法。然而，对犯罪的外国人不是一律都要适用驱逐出境，而是由人民法院根据案件的具体情况，兼顾我国与被告人所属国之间的关系，灵活掌握适用。

刑法中规定的驱逐出境与我国《外国人入境出境管理法》规定的驱逐出境，尽管在处罚方式上具有相同的表现，都是强迫外国人离开中国国(边)境，但是二者在性质上是截然不同的。前者是一种刑罚方法，适用于在我国境内触犯刑法构成犯罪的外国人，后者是一种行政处罚，适用于违反《外国人入境出境管理法》的有关规定并且情节严重的外国人；前者由人民法院判决后，从主刑执行完毕之日起执行，如独立适用则从判决确定之日起执行；后者由公安机关决定后立即执行。

第四节　非刑罚处理方法

一、非刑罚处理方法的概念

非刑罚处理方法，是指人民法院根据案件的不同情况，对犯罪人依法直接适用或者建议有关主管部门适用的刑罚方法以外的其他处理方法的总称。非刑罚处理方法在性质上不属于刑罚方法。有的非刑罚处理方法与刑事处罚同时适用，如判处赔偿经济损失。有的则是独立适用，根据我国《刑法》第 36 条、第 37 条的规定，对于犯罪情节轻微不需要判处刑罚的，可以免予刑事处罚，但可以根据案件的不同情况，予以训诫或者责令具结悔过、赔礼道歉、赔偿损失，或者由主管部门予以行政处罚或者行政处分。

二、训诫

所谓训诫，是指人民法院对情节轻微的犯罪分子当庭进行公开谴责或批评，责令其改正，并警戒犯罪分子不再犯罪的一种非刑罚的教育方法。训诫主要通过有罪判决宣布训诫，向犯罪分子表明国家对其犯罪行为的否定评价，以督促其认识自己犯罪行为的社会危害性并保证今后不再重犯。

最高人民法院在 1964 年发布的《关于训诫问题的批复》中指出，人民法院对于情节轻微的犯罪分子，认为不需要判处刑罚，而应予以制裁的，应当用口头的方式进行训诫。在口头训诫时，应当根据案件的具体情况，一方面严肃地指出犯罪人的违法犯罪行为，分析其危害性，并责令其努力改正，今后不再重犯；另一方面也要讲明被告人的犯罪行为尚属轻微，可不给予刑事处分。这一批复对当前的刑事司法活动仍具有指导意义。

三、责令具结悔过

所谓责令具结悔过，是指人民法院责令犯罪分子用书面方式保证悔改，以后不再重新犯罪的一种非刑罚的教育方法。采取责令具结悔过的方式，有助于促使犯罪人认识自己犯罪行为的社会危害性，保证以后改过从善，不再危害社会。

关于责令具结悔过的适用方式，刑法没有作出明文规定。根据刑事司法实践，既可以在宣告有罪判决后要求被判处免予刑罚处罚的犯罪人在一定期限内写出不再犯罪的书面保证，也可以责令犯罪人事先将悔过书写好在宣告有罪判决时当庭予以宣读，还可以将犯罪人的悔过书印成多份交给有关单位或基层组织以便于监督。

四、责令赔礼道歉

所谓责令赔礼道歉，是人民法院责令被判处免予刑罚的犯罪人公开向被害人当面承认罪过、表示歉意的一种非刑罚的教育方法。作为一种非刑罚处理方法，责令赔礼道歉不同于一般意义上的赔礼道歉。由于责令赔礼道歉是由人民法院责令犯罪人赔礼道歉，因此反映了国家对犯罪行为的否定评价和对犯罪人的谴责，对于促使犯罪人悔过自新以及平息被害人与周围群众的愤怒情绪，促进犯罪人与被害人的和解，都具有积极作用。

责令赔礼道歉应当公开进行，至于具体方式，既可以在宣判时责令犯罪人公开向被害人赔礼道歉，也可以在另外召开的由有关人员参加的专门会议上让犯罪人公开道歉；既可以要求犯罪人采取口头方式赔礼道歉，也可以要求犯罪人以书面方式赔礼道歉。在适用责令赔礼道歉时，应当做成笔录并存档。

五、责令赔偿损失与判处赔偿经济损失

所谓责令赔偿损失，是指人民法院对犯罪情节轻微不需要判处刑罚的犯罪分子，在免除其刑事处罚的同时，根据其犯罪行为对被害人所造成的损失情况，责令犯罪人给予被害人一定经济赔偿的处理方法。赔偿损失，以犯罪行为造成了经济损失为前提，以经济赔偿为表现形式。责令赔偿损失不同于判处赔偿经济损失。《刑法》第36条规定：由于犯罪行为而使被害人遭受经济损失的，对犯罪分子除依法给予刑事处罚外，并根据情况判处赔偿经济损失。所以，所谓判处赔偿经济损失，是指人民法院对犯罪分子除依法给予刑事处罚外，并根据其犯罪行为给被害人造成的经济损失情况，判处犯罪分子给予被害人一定经济赔偿的处理方法。由此不难看出，判处赔偿经济损失是与刑事处罚一并适用，而责令赔偿损失则是独立适用的。

六、建议予以行政处罚或行政处分

建议行政处罚，是指人民法院依据案件情况，建议有关主管部门对被免于刑罚处罚的犯罪人予以一定行政处罚的非刑罚处理方法。行政处罚包括警告、罚款、行政拘留、劳动教养、勒令停业、取消特许权等。

建议行政处分，是指人民法院根据案件情况，建议犯罪人所在单位对犯罪人予以行政处分的非刑罚处理方法。根据执行主体和适用对象的不同，行政处分可分为对国家工作人员的处分、对企业职工的处分、对在校教职工及学生的处分。根据国务院《关于国家行政机关工作人员的奖惩暂行规定》第6条的规定，对国家工作人员的处分包括警告、记过、记大过、降级、降职、撤职、留用察看、开除等。对企业职工的处分，泛指一切厂矿企业对所属职工适用的纪律处分，根据《企业职工奖惩条例》的规定，主要有警告、记过、记大过、降级、撤职、留用察看、开除等。对在校教职工及学生的处分称为校纪处分，其中，学校对教职工的处分一般采用政纪处分的有关规定，包括警告、记过、记大过、降级、降职、撤职、留用察看、开除等；学校对违反校纪的学生处分包括警告、严重警告、记过、留校察看、勒令退学、开除学籍等。

作为非刑罚处理方法的建议予以行政处罚或行政处分，是由人民法院作出的，但所建议的行政处罚或行政处分则是由有关行政主管部门或单位作出的。人民法院不是行政处罚或者行政处分的适用主体，但作为非刑法处理方法构成要素的行政处罚或者行政处分的前提是行为人的行为构成犯罪，但因为情节轻微而不适用刑罚处理，因而人民法院就此只能行使建议权。有关主管部门或单位对行为人作出行政处罚或者行政处分时，应当告知人民法院。

【阅读参考书目】

1. 陈兴良主编：《刑种通论》，人民法院出版社1993年版。
2. 马克昌主编：《刑罚通论》，武汉大学出版社2000年版。
3. 梁根林著：《刑罚结构论》，北京大学出版社1998年版。

【思考题】

一、名词解释

1. 刑罚体系
2. 主刑
3. 附加刑
4. 死刑
5. 无期徒刑
6. 有期徒刑
7. 拘役
8. 管制
9. 罚金
10. 没收财产
11. 剥夺政治权利
12. 非刑罚处理方法

二、简答题

1. 简述刑罚体系的概念。

2. 简述我国刑罚体系中的主刑种类。

3. 简述我国刑罚体系中的附加刑种类。

4. 简述我国的非刑罚处理方法。

三、论述题

1. 试论刑罚体系的历史类型及其发展趋势。

2. 试论刑罚体系的确立。

第十六章 刑罚裁量

刑法规定的刑罚必须适用于犯罪，由此引出了刑罚裁量。裁量刑罚，应按照一定的原则，立足于一定的情节，使各种刑罚方法适用得当。因此，刑罚裁量、刑罚裁量原则、刑罚裁量情节，构成了本章的基本内容。

第一节 概 述

一、刑罚裁量的概念

刑罚裁量，简称量刑，是指人民法院在定罪的基础上，根据犯罪人的犯罪事实和有关法律的规定，衡量犯罪人应负刑事责任的轻重，从而决定对该犯罪人是否判处刑罚、判处何种刑罚及其确定多长刑期，并决定对犯罪人所判刑罚的执行方式的刑事审判活动。对于刑罚裁量，可从以下几点来理解：

第一，刑罚裁量的主体是国家的审判机关。我国法律把定罪量刑的权力赋予了人民法院，只有人民法院才拥有量刑权，其他任何单位、团体、个人都没有此种权力。因此，刑罚裁量的主体是人民法院，人民法院的刑罚裁量权具有独断性和排他性。

第二，刑罚裁量的前提是行为构成犯罪。只有行为人的危害行为已被依法确定构成犯罪，才能量刑。定罪是量刑的前提，量刑是定罪的接续，定罪与量刑结合起来，构成了刑事审判活动的基本内容。可见，定罪对量刑具有明显的前导作用。对没有构成犯罪的案件，是绝对不能以任何理由、任何形式适用刑罚的。

第三，刑罚裁量的对象是罪犯。刑罚裁量只能针对犯罪分子本人，犯罪人是刑罚的实际承受者。这就要求，人民法院在刑罚裁量时，不仅要考虑犯罪行为本身的状况，而且要考虑犯罪分子本人的情况，尽可能使刑罚裁量的结果，既与犯罪行为的状况相适应，又与犯罪分子的个人情况相适用，这是刑罚个别化的要求。

第四，刑罚裁量的实质是刑事司法活动。刑罚裁量是审判人员依法对认定有罪的犯罪人决定如何处置的刑事司法活动，这种刑事司法活动依赖于审判人员的主观认识和评价，审判人员根据案情衡量犯罪行为的社会危害程度，在法定的刑罚幅度内决定如何适用刑罚。刑罚裁量的刑事司法性质要求，审判人员必须严格按照法定程序裁量刑罚，未经法庭审理不能对行为人裁量刑罚。

二、刑罚裁量的内容

刑罚裁量的内容，是依据刑事法律决定对犯罪分子是否判处刑罚、判处何种刑罚以及决定是否适用某种刑罚制度，具体包括以下几个方面。

第一，决定是否对犯罪分子适用刑罚。应受刑罚惩罚性是犯罪的基本特征之一，通常情况下，被定罪的犯罪分子要被依法判刑；然而，并不是对任何犯罪分子都必须适用刑罚。根据我国《刑法》第 37 条的规定，如果犯罪行为情节轻微，不需要判处刑罚，可以免除刑罚；而且，刑法还规定了许多免除处罚的法定情节。因此，审判机关在裁量刑罚时，对于危害结果并不十分严重的犯罪分子，需要决定是否判处刑罚。

第二，确认对犯罪分子适用何种刑罚。在行为人构成犯罪的前提下，除了免除处罚的以外，对犯罪人都要依法根据其犯罪的具体情况决定适用刑罚。刑法分则的条文通常情况下都规定了几种不同的刑罚方法供量刑时选择，即使某一条文只规定有一个刑罚方法，也有一定的期限、幅度供选择。因此，决定对犯罪分子适用刑罚，包括刑罚方法的选定、刑罚期限的确定。

第三，确定对犯罪分子是否适用某种刑罚制度。针对犯罪行为的不同情况，刑法规定了相应的刑罚制度，如死刑缓期两年执行、缓刑制度，这些刑罚制度虽然不是刑罚方法，但却能决定所判刑罚的执行方式，而采取何种执行方式是关系到犯罪分子的切身利益的。因此，在裁量刑罚时，还必须决定是否适用这些刑罚制度。

▶ 三、刑罚裁量的意义

刑罚裁量具有以下意义：

第一，刑罚裁量把刑法所规定的罪刑关系转变为现实中的罪刑关系。刑法所规定的罪刑关系，不等于现实中的罪刑关系，这二者必须由刑罚裁量来沟通。只有通过刑罚裁量，刑法对各类犯罪所规定的各种刑罚才能发挥对社会现实中具体犯罪行为的惩罚作用，一般的罪刑关系才能变为个别的罪刑关系，法定刑才能成为宣告刑、执行刑。

第二，刑罚裁量具有承前启后的作用。在刑事诉讼中，刑罚裁量前接定罪后续行刑，具有承前启后的作用。刑罚裁量前接定罪，定罪说明行为人犯了什么罪，定罪之后自然要裁量刑罚，刑罚裁量表明犯罪人犯了多么严重的罪。正确定罪的重要意义就在于给刑罚裁量奠定基础。刑罚裁量后续行刑，刑罚裁量决定着行刑的方向。只有适当裁量刑罚才能给正确行刑奠定基础，刑罚裁量的自然延伸就是行刑。

第三，刑罚裁量是实现刑罚目的的必经途径。刑罚目的是预防犯罪，包括特殊预防与一般预防，刑罚目的的实现以刑罚的适用执行为前提，如果没有刑罚适用也就无所谓刑罚执行了。因此，刑罚目的能否实现、实现得好坏，很大程度上取决于刑罚裁量的好坏。刑罚裁量公正得当，犯罪人心服口服，社会认同，群众满意，对于实现刑罚特殊预防与一般预防的目的有积极作用。实现刑罚特殊预防与一般预防的目的必须要经过刑罚裁量这道工序。

第四，刑罚裁量有利于督促审判机关提高办案质量。刑罚裁量要求审判机关在刑事判决活动中做到定性准确、量刑适当，这是衡量审判机关办案质量的标准。首先，要定性准确，既不能把无罪错定为有罪、把有罪错定为无罪，也不能把此罪错定为彼罪、把彼罪错定为此罪。其次，量刑要适当，既不能罪轻刑重，也不能罪重刑轻。再者，要让犯罪人认罪服法，“轻罪重判不足以服人，重罪轻判不足以诫人”，只有做到罪责刑相适应才能达到特殊预防的目的。

第二节　刑罚裁量原则

一、刑罚裁量原则的概念

刑罚裁量原则,是指刑罚裁量必须普遍遵守的准则。刑罚裁量是一项原则性要求极强、业务水平要求极高的工作,要求正确领会刑事立法精神和具体法律规定并善于结合案件具体情况来裁量刑罚;要做到这一点,就必须掌握刑罚裁量原则。我国《刑法》第61条规定:对于犯罪分子决定刑罚的时候,应当根据犯罪的事实、犯罪的性质、情节和对于社会的危害程度,依照本法的有关规定判处。据此,刑罚裁量原则的确定,必须符合以下条件①:

第一,刑罚裁量原则必须具有专门性。刑罚裁量原则是专门用于人民法院审理案件的,是法官决定对特定案件的犯罪人是否判处刑罚以及判处何种刑罚的具体原则,而不是普遍适用于一切司法活动的一般原则。因此,不能把刑罚裁量原则混同于一般原则。

第二,刑罚裁量原则必须具有可操作性。刑罚裁量原则必须来自于人民法院刑罚裁量的实践活动,是对刑罚裁量实践经验的高度概括和理论升华,且易于被法官所掌握并直接操作于刑罚裁量的实践中,而不是生僻难懂高深玄妙的抽象理论。

第三,刑罚裁量原则必须具有指导性。毫无疑问,刑罚裁量原则是刑罚裁量活动的指南,对刑罚裁量实践具有直接的指导作用。以此为指导,在刑罚裁量中,衡量犯罪的社会危害性大小,估量罪犯的改造难易程度,判决与罪责相适应的刑罚并体现公正、公开的精神。

据此来看,根据我国《刑法》第61条以及刑法分则的有关规定,结合刑罚裁量的刑事司法实践,刑罚裁量原则为:以犯罪事实为依据的原则、以刑事法律为准绳的原则。

二、以犯罪事实为根据的原则

犯罪事实是刑罚裁量的客观根据,人民法院只有在查清犯罪事实以后,才能确定行为人犯的是何罪、应判处何种刑罚。刑罚裁量坚持以犯罪事实为根据的原则,应考虑掌握犯罪事实、犯罪性质、犯罪情节、犯罪的社会危害程度四个方面的内容,这些内容既有联系又有区别,综合起来构成了案件的整体全貌。

(一)全面查清犯罪事实

为刑罚裁量所要查清的犯罪事实,是指案件本身所包含的、对刑罚裁量有意义的各种客观事实情况,既包括能说明犯罪成立的构成要件事实,也包括犯罪行为本身所设计虽与定罪无关但也能反映客观社会危害性和主观恶性的各种事实情况,还包括能够说明犯罪人主观恶性的犯罪前的表现以及犯罪后的态度等事实情况。只有查清所有的事实,才能正确全面地认识案情,才能对犯罪的性质、情节、危害情况作出正确的

---

① 参见胡学相著:《量刑的基本理论研究》,武汉大学出版社1998年版,第27—28页。

判断,进而才能正确地适用刑罚。

(二) 正确认定犯罪性质

在查清犯罪构成事实的基础上确定犯罪的性质,是所有刑罚裁量必需的。刑法把所有的犯罪都规定了相应的法定刑,不同犯罪的法定刑往往有很大的差别,有的犯罪的法定刑较重,有的犯罪的法定刑较轻。可见,确定行为构成何种犯罪,直接关系到对该行为适用刑罚的结果。犯罪定性是否准确对刑罚裁量非常重要,犯罪定性不准确则刑罚裁量很难适当。只有正确认定犯罪的性质,严格区分不同犯罪之间的界限,才能为刑罚裁量奠基权威的法律基础。

(三) 认真核定各种犯罪情节

犯罪情节,是指犯罪构成基本事实以外,与犯罪行为或犯罪人有关,能够影响犯罪行为的社会危害性程度或犯罪人主观恶性程度的各种情况,对刑罚裁量具有重要意义。核定犯罪情节,要全面考察,不能遗漏掉能够影响刑罚裁量的任何情况;要准确分析对犯罪社会危害性以及犯罪人主观恶性的性质和程度有影响作用的各种情况;要综合判断,把犯罪情节联系起来综合判断对刑罚裁量的影响作用;要客观认定、避免先入为主,以案件事实为基础分析判断各种犯罪情节的实际意义。

(四) 准确评定社会危害程度

犯罪的社会危害程度是刑罚裁量最基本的依据,犯罪的社会危害性是犯罪的本质特征,刑罚裁量需要清楚行为危害到了何种程度才能判处相应的刑罚。准确评定犯罪的社会危害程度,不仅需要查清犯罪的事实,认定犯罪的性质,核定犯罪的情节,还需要掌握国家对犯罪行为危害的社会评价标准。不能以对犯罪事实、性质、情节的了解,来代替对犯罪的社会危害程度的评定。要准确掌握国家对犯罪行为危害的社会评价标准,必须关注党和国家在一定时期内的工作中心、基本政策、政治形势、经济形势、社会治安形势等因素对评价的影响,从根本上把握评价标准,把宏观形势与微观行为结合起来。

三、以刑事法律为准绳的原则

查清犯罪的事实情况是刑罚裁量的客观基础,但这并不意味着刑罚裁量就必然适当。要做到量刑适当,必须在查清犯罪事实情况的基础上,严格依照刑事法律的有关规定确定刑罚。刑罚裁量坚持以刑事法律为准绳,是指在裁量决定刑罚的时候,人民法院的审判人员必须严格遵守刑法有关刑罚裁量的各种规定,依法裁量刑罚。刑罚裁量坚持以刑事法律为准绳,必须遵守广义的刑法。

首先,刑罚裁量必须依照刑法有关刑罚的规定正确运用各种刑罚方法。具体地说,刑罚裁量必须依照刑法总则所规定的刑罚体系的内容,正确选用各种刑罚种类;依照刑法分则各条文对于各种犯罪规定的法定刑,决定适用与犯罪行为危害程度相适应的法定刑幅度;在没有任何法定刑罚裁量情节的情况下,根据犯罪行为的危害程度和酌定刑罚裁量情节,在法定刑幅度内,选择适当的刑罚。

其次,刑罚裁量必须依照刑法总则和分则有关各种法定刑罚裁量情节的规定。对于具备法定刑罚裁量情节的犯罪,在根据基本犯罪确定应该适用的法定刑幅度的基础上,需要根据法律对这些刑罚裁量情节的规定,对实际适用的法定刑幅度进行调整。例如,对需要减轻处罚的,应适用低一档次法定刑幅度;不需要减轻处罚的,仍然适用原已确定的法定刑幅度。确定了应适用的法定刑后,根据犯罪行为危害程度的综合评定,在选定的法定刑幅度内,选择适当的刑期予以判决。

再次,刑罚裁量必须依照刑法总则对各种刑罚制度的规定。刑法总则规定了量刑制度,由于这些量刑制度需要在判刑时考虑,因此,刑罚裁量时,就必须弄清楚案件是否具备适用这些量刑制度的条件。

第三节 刑罚裁量情节

一、刑罚裁量情节概述

(一)刑罚裁量情节的概念

刑罚裁量情节,简称量刑情节,是指人民法院在对犯罪人依法量刑时考虑的,定罪情节以外的与犯罪人或其犯罪行为密切相关的,能够表明犯罪的社会危害性和犯罪人的人身危险性,据以决定刑罚轻重或者免予刑罚处罚的具体事实情况。刑罚裁量情节可以从以下几个方面来理解:

第一,刑罚裁量情节是刑事案件中的具体事实情况。所有犯罪都会包含着各种各样的客观事实情况,其中有的事实情况表明了犯罪的社会危害性,有的事实情况表明了犯罪人的人身危险性。不仅犯罪的认定离不开刑事案件中的这些具体事实情况,而且刑罚的裁量同样离不开这些具体事实情况。只有刑事案件中的这些具体事实情况才能成为刑罚裁量情节。

第二,刑罚裁量情节是刑事案件中定罪情节以外的具体事实情况。刑事案件中的具体事实情况,按其功用划分,可分为定罪事实情况与刑罚裁量事实情况。定罪事实情况,即定罪情节,包括基本犯罪构成事实和派生的犯罪构成事实,其功能在于说明某一行为是否构成犯罪、构成何种犯罪以及决定适用何种法定刑。而能够作为刑罚裁量情节的,必须是定罪事实情况以外的刑事案件具体事实。

第三,刑罚裁量情节是影响犯罪的社会危害程度和犯罪人的人身危险程度的具体事实情况。刑事案件中的各种事实情况,既有能影响定罪的事实情况,又有能影响刑罚裁量的事实情况。而刑罚裁量情节必须是对犯罪的社会危害程度和犯罪人人身危险性程度有影响作用的刑事案件具体事实情况,其中有的影响犯罪的社会危害程度,有的影响犯罪人的人身危险性程度。

第四,刑罚裁量情节是与犯罪人人身或其犯罪行为有关的事实情况。能够作为刑罚裁量情节的只能是与犯罪人人身或其犯罪行为有关的事实情况,这是刑法中罪责自负、反对株连原则的基本要求。刑罚裁量情节,不限于与犯罪行为有关的客观事实情况,还包括与犯罪人自身有关的主观事实情况;不限于刑法的明文规定,还包括刑法没有明文规定的主观事实情况。必须强调的是,刑罚裁量情节必须是刑事案件中确实存在的事实情况,而不是主观想象的。

(二)刑罚裁量情节的分类

在刑事司法实践中,存在于刑事案件中与犯罪行为或犯罪人有关联,能够表明犯罪危害程度和犯罪人人身危险程度、能够影响其刑事责任的所有事实,只要不属于犯罪构成要件的,都属于刑罚裁量情节的范围。对繁多的刑罚裁量情节,根据不同的标准,可以划分为不同的种类:

第一,法定情节与酌定情节。这是以刑法是否有明文规定为标准,对刑罚裁量情节的划分,也是最基本、最主要的分类。法定情节是指刑法明文规定的在刑罚裁量时必须予以考虑的刑罚裁量情节,按照这些情节在刑法各编中所处的位置,法定情节又可分为总则性情节与分则性情节。总则性情节是指规定在刑法总则中的刑罚裁量情节,适用于分则规定的各种犯罪;分则性情节是指规定在刑法分则各条文中的刑罚裁量情节,只适用于该条文规定的犯罪。酌定情节是指刑法没有明文规定的但在刑罚裁量时也需要予以考虑的刑罚裁量情节。

第二,从宽情节与从严情节。这是以刑罚裁量情节对于刑罚裁量所起作用为标准,对刑罚裁量情节的划分。从宽情节是指具有减轻犯罪人的刑事责任、适当减轻应判刑罚之作用的情节,包括从轻处罚、减轻处罚和免除处罚三类情节。从严情节是指具有加重犯罪人的刑事责任、适当增加应判刑罚之作用的情节,根据我国现行刑法的规定,只有"从重处罚"这一种类型的从严情节。

第三,硬性情节与弹性情节。这是以刑法规定刑罚裁量情节是否必然对刑罚裁量起作用为标准,对刑罚裁量情节所作的划分。硬性情节亦称应当型情节,是指刑法明文规定的在刑罚裁量时必须考虑并予以适用的刑罚裁量情节,其特点为刑法对情节的刑罚裁量作用作了刚性规定,通常以"应当……"来表示,人民法院必须予以适用。弹性情节亦称可以型情节,是指刑法明文规定的在刑罚裁量时根据具体情况可决定是否适用的刑罚裁量情节,其特点为刑法对情节的刑罚裁量作用作了柔性规定,通常以"可以……"来表示,人民法院在是否适用上具有自由裁量权。

第四,单功能情节与多功能情节。这是以刑法规定刑罚裁量情节对刑罚裁量所起作用的多寡为标准,对刑罚裁量情节的划分。单功能情节是指刑法明文规定的在刑罚裁量时只能对刑罚裁量结果起一种作用的刑罚裁量情节,其特点是刑法对情节的刑罚裁量作用作了单一性规定。例如,刑法规定累犯情节对刑罚裁量所起的作用只有"从重处罚"一种。多功能情节是指刑法明文规定的在刑罚裁量时能够对刑罚裁量结果起两种以上作用而可以选择的刑罚裁量情节,其特点为刑法对情节的刑罚裁量作用作了多重性规定。例如,刑法规定犯罪后自首的情节,可以从轻或者减轻处罚;罪行较轻的,可以免除处罚。

(三)刑罚裁量情节的意义

刑罚裁量情节,是人民法院在审判活动中需要认真考虑的事项,直接关系到被告人是否判刑、判何种刑以及刑期长短的审判结局,更重要的是直接关系到被告人的切身利益。可见,刑罚裁量情节的意义非常重大。

第一，刑罚裁量情节是决定宣告刑的依据。刑法分则对绝大多数犯罪都规定了具有一定幅度的法定刑，以供刑罚裁量时选择适用。宣告刑，是人民法院以法定刑为基础，根据刑法的规定和案件确有的刑罚裁量情节，用判决的形式对刑事被告人宣告的刑罚。可见，实际上宣告刑就是对法定刑的具体适用；而对法定刑的具体适用过程就是刑罚裁量过程，在这个过程中刑罚裁量情节起着决定性作用。

第二，刑罚裁量情节是突破法定刑的根据。一般情况下，人民法院只能在刑法分则条文规定的法定刑幅度内对犯罪分子裁量刑罚。然而，犯罪是一种极其复杂的社会现象，犯罪所包含的情况形形色色、千差万别，即使再完备、健全的刑法典，也不可能把各种犯罪的所有情况囊括得天衣无缝。对此，刑法在针对各种犯罪的一般情况规定了相应的法定刑之后，还规定了可以突破法定刑下限的减轻处罚情节，从而这些减轻处罚的刑罚裁量情节就具有了突破法定刑的功能。

第三，刑罚裁量情节赋予法官适度的自由裁量权。司法实践一再证明，徒法不足以自行，而试图制定一部包罗万象的适用于已经和将要发生的一切犯罪的所有情形的刑法典，在现实生活中是根本不可能的。刑法虽然针对各种犯罪规定了相应的法定刑，但是法定刑不可能直接适用于犯罪人而成为宣告刑，法定刑必须经过刑罚裁量过程才能成为宣告刑。在刑罚裁量过程中，由于刑法规定的法定刑均是相对确定的法定刑，这就给法官的自由裁量权提供了施展的机会，同时为了避免法官滥用自由裁量权，刑法规定的刑罚裁量情节赋予了法官适度的自由裁量权，使法官只能在刑法规定的范围内行使自由裁量权。

▶ 二、刑罚裁量的法定情节

刑罚裁量的法定情节，是指刑法明文规定在裁量刑罚时人民法院必须予以考虑的各种犯罪事实情况，既包括刑法总则规定的对各种犯罪普遍适用的情节，也包括刑法分则规定的对特定犯罪单独适用的情节，还包括全国人大常委会有关决定、补充规定中规定的适用于特定犯罪的情节。

（一）法定情节的规定

我国刑法总则规定的对各种犯罪普遍适用的情节，可称为总则性情节；刑法分则规定的对特定犯罪单独适用的情节，以及全国人大常委会有关决定、补充规定中规定的适用于特定犯罪的情节，可称为分则性情节。刑罚裁量的法定情节在刑法条文的规定中具体表现为“应当”、“可以”两种形式。

第一，总则性情节。《刑法》第 10 条规定，在外国已经受过刑罚处罚的，可以免除或者减轻处罚。《刑法》第 17 条规定，已满 14 周岁不满 18 周岁的人犯罪，应当从轻处罚或者减轻处罚。《刑法修正案（八）》规定，已满 75 周岁的人故意犯罪的，可以从轻或者减轻处罚；过失犯罪的，应当从轻或者减轻处罚。《刑法》第 18 条规定，尚未完全丧失辨认或者控制自己行为能力的精神病人犯罪的，可以从轻或者减轻处罚。《刑法》第 19 条规定，又聋又哑的人犯罪或者盲人犯罪，可以从轻、减轻或者免除处罚。《刑法》第 20 条规定，防卫过当的，应当减轻或者免除处罚。《刑法》第 21 条规定，避险过当的，应当减轻或者免除处罚。《刑法》第 22 条规定，对预备犯，可以从轻、减轻处罚或者免除处罚。《刑法》第 23 条规定，对未遂犯，可以从轻或者减轻处罚。《刑法》第 24 条规定，对中止犯，没有造成损害的，应当免除处罚；造成损害的，应当减轻处罚。《刑法》第 27 条规定，对于从犯，应当从轻、减轻处罚或者免除处罚。《刑法》第 28 条规定，对胁从犯，应当按照其犯罪情节减轻处罚或者免除处罚。《刑法》第 29 条规定，教唆不满 18 周岁的人犯罪的，应当从重处罚；对于教唆未遂的教唆犯，可以从轻或者减轻处罚。《刑法》第 37 条规定，对于犯罪情节轻微不需要判处刑罚的，可以免予刑事处罚。《刑法》第 65 条规定，对于累犯应当从重处罚。《刑法》第 67 条规定，对自首的，可以从轻或者减轻处罚；其中，犯罪较轻的，可以免除处罚。《刑法》第 68 条规定，对立功者，可以从轻或者减轻处罚；有重大立功表现的，可以减轻处罚或者免除处罚。

第二，分则性情节。在刑法分则各个条文，以及全国人大常委会有关决定、补充规定中，都有关于分则性情节的明确规定。例如，《刑法》第 109 条第 2 款规定，掌握国家秘密的国家工作人员犯叛逃罪的，依照该条第 1 款规定，从重处罚。再如，《刑法》第 243 条规定，国家工作人员犯诬告陷害罪的，从重处罚。由于分则性情节数量很多，不具有普遍适用意义，这里就不一一列举了。

（二）法定情节的适用

法定情节为刑法明文规定，我国刑法规定的法定情节有从重处罚、从轻处罚、减轻处罚、和免除处罚四种。法定情节的具体适用必须依法进行。

第一，从重处罚、从轻处罚情节的适用。《刑法》第 62 条规定，犯罪分子具有本法规定的从重处罚、从轻处罚情节的，应当在法定刑限度以内判处刑罚。这是正确适用法定的从重处罚、从轻处罚情节的法律依据。对于具有法定的从重或者从轻处罚情节的犯罪分子，在刑罚裁量时，要在法律规定的法定刑幅度内，判处相对不具有这一情节的犯罪较重或较轻的刑种或刑期，而不能把从重处罚理解为在法定刑内一律判处最高的或者接近最高的刑罚，也不能理解为应当一律判处法定刑内超过“中线”以上的刑罚；不能把从轻处罚理解为一律判处法定刑中最低的或者接近最低的刑罚，也不能理解为应当一律判处法定刑内低于“中线”以下的刑罚。根据《刑法》第 99 条规定，刑法所称“以上”、“以下”、“以内”，均包括本数，因此从重处罚、从轻处罚时，在法定刑以内判处刑罚是可以适用最低刑和最高刑的，但不能超出或低于法定刑幅度的上限、下限。

第二，减轻处罚情节的适用。《刑法》第 63 条第 1 款规定，犯罪分子具有本法规定的减轻处罚情节的，应当在法定刑以下判处刑罚；第 63 条第 2 款规定，犯罪分子虽然不具有本法规定的减轻处罚情节的，但是根据案件的特殊情况，经最高人民法院核准，也可以在法定刑以下判处刑罚。《刑法修正案（八）》规定，犯罪分子具有本法规定的减轻处罚情节的，应当在法定刑以下判处刑罚；本法规定有数个量刑幅度的，应当在法定量刑幅度的下一个量刑幅度内判处刑罚。这些是正确适用减轻处罚情节的法律依据。

减轻处罚必须是在法定刑以下适用刑罚，对“法定刑以下”应作如下理解：首先，法定刑是指与不具有该情节的同一犯罪的危害性相适应的法定刑幅度，而不是指某一犯罪的最低法定刑幅度；其次，法定刑以下是指已被确定为减轻处罚参照标准的法定刑幅度内的最低刑以下,法定刑内有多种主刑则最轻的主刑就是最低刑,最轻的刑种还有不同幅度的则刑期最低的就是最低刑;再者,法定刑以下的刑罚,仅指主刑,并不包括附加刑在内;最后,在法定刑以下判刑,一直可减轻到管制的最低刑期。减轻处罚有两种情况:一种是符合某一法定刑罚裁量情节规定的减轻处罚,称为法定减轻,如对于未遂犯刑法明文规定应当或者可以减轻处罚;另一种是虽然犯罪行为不具备任何法定减轻处罚情节,但是根据案件的特殊情况判处法定最低刑仍然认为过重,报经最高人民法院核准,可减轻处罚,此称“酌定减轻”。

第三,免予处罚。《刑法》第 37 条规定,对于犯罪情节轻微不需要判刑的,可以免予刑事处罚。这是正确适用免予处罚情节的法律依据。免予处罚是指对于构成犯罪的犯罪分子,如果具备法定情节或者犯罪情节轻微,不需要判处刑罚时,只作出有罪宣判,同时免除其刑罚处罚。当然,如果有必要,可以适用非刑罚处罚方法。免予处罚有两种情况:一种是符合法定情节的免予处罚;另一种是虽然不具备免予处罚的法定情节,但是由于其他酌定情节的影响,不需要对犯罪分子判刑的而免予处罚。免予处罚以有罪判决为适用前提,因而与宣告无罪不同;不对犯罪分子判处刑罚,这又与定罪判刑有别。

三、刑罚裁量的酌定情节

酌定情节,是指刑法中没有明文规定,但是根据刑事立法精神和有关刑事政策,由人民法院根据审判实践概括出来,在裁量刑罚时也需要予以考虑的各种犯罪事实情况。

(一) 酌定情节的种类

酌定情节种类很多,无法逐一举出。根据我国刑事司法实践来看,经常适用的酌定情节主要包括以下几种。

第一,犯罪动机。同一种犯罪,不同的犯罪分子可能处于不同的犯罪动机。如同是故意杀人,但动机不同:有的是图财害命,有的是一时冲动,有的是出于义愤。犯罪动机往往直接反映犯罪人的主观恶性,相比较而言,出于恶劣动机的犯罪分子,主观恶性较大,出于非恶劣动机的犯罪人,主观恶性往往较小。因此,在裁量刑罚时不能不考虑犯罪动机。

第二,犯罪人犯罪前的一贯表现。通常情况下,犯罪行为是犯罪人反社会人格的外在表现,正是这种反社会人格支配着犯罪人敢冒受刑罚惩罚的危险去实施犯罪。因此,在裁量刑罚时必须要正视其反社会人格。当然,反社会人格的形成有个过程,这可以通过犯罪人犯罪前的一贯表现得以体现。因此,通过分析犯罪人犯罪前的一贯表现,就可以判断出犯罪人的主观恶性程度。对于一贯表现良好,只是偶尔失足实施犯罪的人,因其主观恶性程度较小,处罚就可适当从宽;相反,对于一贯道德败坏、违法作恶甚至多次犯罪的犯罪分子,由于其主观恶性程度较大,就应从严处罚。

第三,犯罪人犯罪后的表现。犯罪后犯罪人的表现能够表现出犯罪人的主观恶性程度来。例如,是否主动坦白、认罪、悔罪;再如,是否积极退赃、是否采取措施挽回减少损失、是否积极协助司法机关侦破案件；等等。良好的犯罪后表现，不仅能在客观上减少犯罪造成的危害后果，而且还有利于国家对犯罪的及时处理，更重要的是表明了犯罪人主观恶性程度降低、社会危害性减小；反之，表明犯罪人的主观恶性程度较大、社会危害性大。

第四，犯罪结果。犯罪结果表明了犯罪对犯罪客体、犯罪对象的实际损害程度，因而是决定社会危害性的重要因素，对刑罚裁量具有重要的参考作用。一般而言，即使是同一种类的犯罪，实际危害后果不同，刑罚裁量结果就有差别。如，故意伤害罪中轻伤、重伤、致人死亡三种不同的结果，是决定适用三种不同法定刑幅度的依据；进一步说，即使都是重伤结果，也有不同程度的级别之分。同样，在经济犯罪、财产犯罪中，犯罪结果往往以数额的多少体现出来，也是影响刑罚裁量的重要因素。

第五，犯罪手段。犯罪的实施都需要借助一定的方法、手段，犯罪手段虽然一般不是犯罪构成的必备要件，却是犯罪必不可少的一个内容，对刑罚裁量有重要意义。犯罪分子选择不同的手段去实施犯罪，不但影响着犯罪行为在客观上对社会可能造成的危害程度，而且也反映出了犯罪人主观恶性的大小。比较而言，用残忍手段犯罪的人，其主观恶性一般较大；反之，则主观恶性较小。

第六，犯罪对象。犯罪的实施必然是针对一定对象的，犯罪分子选择何种对象进行侵害，客观上影响犯罪行为可能造成的危害结果，主观上表明了犯罪人对社会危害后果的性质及程度的态度，因而犯罪对象与犯罪人的主观罪过相联系，影响着犯罪人的主观恶性程度。例如，同是抢劫罪，选择老、弱、病、残、孕进行抢劫，其主观恶性就重于一般的抢劫犯。

第七，犯罪的时间、地点。所有犯罪都是在社会环境中发生的，但是在不同的社会环境中犯罪体现出的社会危害程度是不同的；同一种犯罪发生的时间、地点不同，那么可能造成的社会危害后果的性质和程度就有可能不同。犯罪人选择一定的时间、地点实施犯罪的主观意愿，无非是出于为了犯罪易于得逞、便于逃逸等目的，因此，犯罪的时间、地点能够反映出犯罪人的主观恶性，所以在刑罚裁量时应予以考虑。

（二）酌定情节的适用

虽然酌定情节没有被刑法所规定，酌定情节的适用不具有必然性、强制性，但对正确裁量刑罚却有着重要作用。因此，在裁量刑罚时也需要给予考虑。根据刑事司法经验，适用酌定情节时应注意掌握以下几个问题：

第一，应客观分析酌定情节的作用。以所起作用的不同为标准，酌定情节可分为从严情节、从宽情节两种。在刑罚裁量过程中，应客观地分析酌定情节的作用及其程度，而不能以审判人员个人的好恶作为判断酌定情节作用的标准。

第二，应全面掌握、综合分析各种酌定情节。刑事司法实践中，一个案件往往包含着许多酌定情节，有的酌定情节作用倾向相同，有的酌定情节作用倾向完全相反，这都会对刑罚裁量结果产生一定影响。因此，在刑罚裁量过程中，审判人员应注意全面收集所有的酌定情节，不管是从严情节还是从宽情节。在全面掌握各种酌定情节的基础上，综合分析各种酌定情节之间的相互影响，从而客观地评定犯罪的社会危害程度以便于公正裁量刑罚。

第三,适用酌定情节应与法定情节结合起来考虑。酌定情节与法定情节,虽然是不同类型的刑罚裁量情节,而且作用差别很明显,但在具体适用时是不能截然分开的,因为它们从不同的方面、角度表现出犯罪的社会危害程度和应负责任的大小,因而必须结合起来考虑。有的情况下,酌定情节与法定情节相互制约;有的情况下,酌定情节对法定情节的适用起补充作用。

【阅读参考书目】

1. 胡学相著:《量刑的基本理论研究》,武汉大学出版社 1998 年版。
2. 马克昌主编:《刑罚通论》,武汉大学出版社 2000 年版。

【思考题】

一、名词解释

1. 刑罚裁量
2. 法定情节
3. 酌定情节
4. 刑罚裁量方法

二、简答题

1. 简述刑罚裁量的概念。
2. 简述刑罚裁量的方法。
3. 简述我国刑罚裁量的原则。
4. 简述我国刑罚裁量情节的分类。
5. 简述我国法定情节的内容。
6. 简述我国酌定情节的内容。

第十七章　刑罚裁量制度

刑法规定的刑罚裁量，是在犯罪人已被确认有罪的情况下如何适用刑罚的刑事司法活动。在裁量刑罚的过程中，必须严格遵守刑法所规定的刑罚裁量制度。刑罚裁量制度并不适用于每一个犯罪人，而以犯罪人具备特定的条件为前提。审判实践中，要根据犯罪人的具体条件、情况，决定是否适用以及适用何种刑罚裁量制度。刑法规定的刑罚裁量制度有累犯制度、自首与立功制度、数罪并罚制度、缓刑制度，对这些刑罚裁量制度的阐述构成了本章的基本内容。

第一节　概　述

一、刑罚裁量制度的概念

所谓刑罚裁量制度，是指刑法针对某种特殊情形规定的，裁量刑罚必须遵循的，由规范系统、有关法律组织及其运作机制组合而成的运作规程，包括累犯制度、自首与立功制度、数罪并罚制度。罪与刑的配置以一罪一罚为常态，在这一罪刑关系常态内部，刑法又规定了富有针对性的法定刑罚裁量情节。然而，由于犯罪现象的极端复杂性，仍然难以保障刑罚的公正性，难以达到预防犯罪的目的。为此，针对某种特殊情形，刑法又专门规定了特定的刑罚裁量制度，包括：累犯制度、自首与立功制度、数罪并罚制度。这可以说是常态罪刑关系的特例或补充。

不论是刑罚裁量情节，还是刑罚裁量制度，都以刑罚裁量为核心。然而，刑罚裁量制度与刑罚裁量情节是有区别的。在刑罚裁量规范的内涵上，一般情况下，一个法定刑罚裁量情节具有单一性，只匹配一个刑罚裁量内容；而一项刑罚裁量制度则具有多重性，包含有多个刑罚裁量内容。在刑罚裁量规范的功效上，法定刑罚裁量情节的功效具有局限性，只涉及刑罚裁量工作；刑罚裁量制度的功效则具有延伸性，立足于刑罚裁量工作的基础上，或者向前延伸到侦查工作，或者向后延伸到行刑工作。在刑罚裁量规范的存在状态上，法定刑罚裁量情节呈静态性，只停留在审判阶段；而刑罚裁量制度则呈动态性，以审判阶段为源泉流向侦查、行刑阶段。作为一项法律制度，刑罚裁量制度当然具有稳定性、确定性、明确性的特点，这是法律制度的共性。进一步讲，根据刑法的规定，并结合刑事司法实践和刑法理论研究，对刑罚裁量制度可以从以下几方面来理解。

第一，刑罚裁量制度表现为规范系统性。毫无疑问，作为一项法律制度，刑罚裁量制度是由刑法规定的刑罚裁量规范组成的，当然组成刑罚裁量制度的刑罚裁量规范不止一个，如果只有一个刑罚裁量规范，那充其量只能是一个法定刑罚裁量情节，而不可能形成刑罚裁量制度。这些刑罚裁量规范具有系统性，依附于整个刑事诉讼的大系统,以刑事审判为核心,有些刑罚裁量规范向前延伸到侦查阶段,有些刑罚裁量规范向后延伸到行刑阶段,有些刑罚裁量规范既可向前延伸到侦查阶段又可向后延伸到行刑阶段。不论属于何种情形,都形成了一个规范系统。

第二,刑罚裁量制度表现为相应的法律机构存在性。作为一项法律制度,刑罚裁量制度必然是要由法律机构负责落实的,首当其冲的是人民法院,因为人民法院是审判机关,负责对危害行为的定罪和量刑工作。由于刑罚裁量制度是个系统性的规范制度,刑罚裁量以人民法院的刑罚裁量工作为核心,与侦查预审工作、刑罚执行工作密切相关,不仅涉及人民法院,而且还涉及公安机关、监狱。可见,刑罚裁量制度表现为人民法院、公安机关、监狱等相应的法律机构的存在。

第三,刑罚裁量制度表现为法律规范、法律机构相互之间的整体性。刑罚裁量制度是由刑罚裁量规范组合而成的,这些法律规范是由公安机关、人民法院、监狱等法律机构执行的,因而刑罚裁量制度表现为法律规范、法律机构相互之间的整体性。这个整体内部有一个共同协同机制和反馈机制,能进行有效的自我修正与调节。

▶ 二、刑罚裁量制度的意义

刑法不仅规定了诸多法定的刑罚裁量情节,而且还规定了一系列刑罚裁量制度。刑罚裁量制度将侦查预审、刑罚执行中的有关事项纳入到刑罚裁量之中,其用意就在于体现刑罚裁量中行为与行为人的统一、报应与预防的统一、公正原则与效益原则的统一。

第一,刑罚裁量制度体现了犯罪行为与犯罪人的统一。量刑根据是犯罪行为与犯罪人的统一,即主观与客观相统一。犯罪行为体现出来的社会危害性,既包括主观方面的因素,也包括客观方面的因素。主观方面的因素是指主观罪过和犯罪动机、目的,客观方面的因素是指客观危害行为和危害结果。只有当危害行为和危害结果是在主观罪过支配下实施造成的,是行为人主观恶性的体现,即主观见之于客观的东西,才能认定行为人的行为具有社会危害性并构成犯罪,从而对其裁量刑罚。犯罪人体现出来的反社会性,就其表现形式和判断标准而言,也既有主观因素又有客观因素。

第二,刑罚裁量制度体现了报应与预防的统一。作为刑罚裁量制度根据之一犯罪行为所体现的是对犯罪人给以报应的客观标准,作为刑罚裁量制度根据之二的犯罪人所体现的是消除其主观恶性、预防再犯,所以刑罚裁量制度是报应与预防的统一。刑罚裁量时考虑犯罪行为的社会危害性是实现社会正义的需要,以便于满足人们的正义观念,树立、强化社会伦理观念和法律意识。但是,裁量刑罚,仅根据报应需要是不够的,还应当兼顾预防需要。因为,尽管公正地以刑罚对犯罪人加以报应,也无法弥补和挽回已成事实的社会危害后果,所以与其单纯追求报应,还不如并行发挥刑罚的预防功能,防患于未然,避免将来再次发生犯罪,所以刑罚裁量制度也就成为预防犯罪有效手段的前提、基础。

第三,刑罚裁量制度体现了公正原则与效益原则的统一。在社会实践中,公正原则与效益原则是人们社会行为的重要目标,对于刑事司法工作尤为重要。在刑事司法实践中，公正是指人们普通追求的对犯罪人判处刑罚不偏不倚的价值要求，具有正义性、合理性；效益是指对罪犯量刑、行刑的实际效果。公正是社会评价体系中的一个概念，公正与法律具有天然的联系，把公正作为刑罚裁量结果的基本价值取向，符合法律的本性。而刑罚裁量结果如何、刑罚执行的结果如何，必然有个效益问题。因此，作为刑罚裁量根据之一的社会危害性符合公正原则的要求，作为量刑根据之二的行为人反社会属性符合效率原则的要求。那么，针对特定犯罪行为所产生的社会危害性而赋予的刑罚同样符合社会公正观念的要求，因为对于给社会造成特定恶害的特定犯罪人施以一定的刑罚和痛苦，是天经地义的，是符合刑罚的逻辑要求的；基于预防目的的刑罚裁量考虑特定犯罪人的反社会性程度，则体现了效益原则的要求，效益原则要求以给犯罪人尽量少的痛苦来获取改造和社会安全的功效。所以，刑罚裁量制度体现了公正原则与效益原则的统一。

第二节　累　犯

一、累犯的概念

根据我国《刑法》第65条和《刑法修正案（八）》的相关规定，所谓累犯，是指受过有期徒刑以上刑罚处罚的犯罪分子，刑罚执行完毕或者赦免以后，在5年以内又犯应处有期徒刑以上刑罚之罪的犯罪分子。但是过失犯罪和不满18周岁的人犯罪的除外。对于累犯，可以从以下几个方面来理解。

第一，累犯不同于惯犯。虽然累犯与惯犯具有相同之处，客观上都是多次实施犯罪行为，主观上都是故意犯罪，但二者存在明显的区别。在构成上，累犯一般只能由受过有期徒刑以上刑罚处罚，并在刑罚执行完毕或者赦免以后，在5年内再犯应当判处有期徒刑以上刑罚之罪的犯罪分子构成，而惯犯的构成则没有这方面的限制性条件。在罪与罪之间的间隔上，累犯一般必须是前罪所判刑罚执行完毕或者赦免以后在5年内再犯应当判处有期徒刑以上刑罚之罪；而惯犯则是在一定时间内反复多次实施同种犯罪行为，并且所犯之罪均应是没有处理的。在刑罚裁量上，累犯是法定的从重处罚情节，由于累犯所犯的前罪已受过刑罚处罚，故对累犯的从重处罚是针对其所犯后罪而言的；对于惯犯，则应依照刑法分则有关条文规定的法定刑处罚。

第二，累犯不同于再犯。虽然累犯与再犯具有相同之处，都是多次实施犯罪行为，但两者之间存在着明显的区别。累犯是刑法规定的一项刑罚裁量制度，而再犯则是社会实践中存在的一种犯罪现象，属于理论研究的一个内容。在前罪、后罪的定性上，累犯前后实施的犯罪必须是符合法律规定条件的犯罪，而再犯前后实施的犯罪并无此限制。在前罪、后罪所判处的刑罚上，累犯必须以前后两罪判处或应处有期徒刑以上刑罚为构成要件，而构成再犯并不要求前后两罪必须被判处一定的刑罚。在前罪与后罪的时间间隔上，累犯所犯的后罪，一般是在前罪刑罚执行完毕或赦免以后的5年内实施的，而再犯前后两罪之间并无时间上的限制。

在我国，受过刑罚处罚的大多数犯罪分子，能够改恶从善、重新做人，重返社会成为守法公民;但是,也有少数受过刑罚处罚的犯罪分子仍不思悔改,在刑罚执行完毕或赦免以后的一定时间内再次犯罪,从而构成累犯。较之于初犯或其他犯罪分子,累犯实施的犯罪具有更为严重的社会危害性,并表明犯罪人具有更深的主观恶性和更大的人身危险性,故依据罪责刑相适应的原则,应对累犯从严惩处,这就是刑法设立累犯制度的理论依据及其内容。只有如此,才能有效地保证刑罚的特殊预防与一般预防目的的实现,提高惩罚犯罪、改造罪犯的实际效果,这是累犯制度的意义所在。

二、累犯的种类与构成条件

我国实行的是混合累犯制,《刑法》第65条规定的是普通累犯制度,第66条规定的是特别累犯制度。

(一) 普通累犯的构成条件

根据刑法的规定,普通累犯,是指被判处有期徒刑以上刑罚,在刑罚执行完毕或者赦免以后5年内再犯应当判处有期徒刑以上刑罚之罪的犯罪分子。构成普通累犯需同时具备以下条件。

第一,罪过条件。前罪与后罪都是故意犯罪,这是构成普通累犯的主观要件。如果行为人实施的前罪与后罪均为过失犯罪,或者前罪与后罪之一是过失犯罪,都不能构成累犯。我国将过失犯罪排除在累犯之外,对累犯的主观构成条件作出了严格的限制规定,主要是出于以下考虑:首先,故意犯罪与过失犯罪相比,表现出犯罪人更深的主观恶性和更大的人身危险性,从而也决定了犯罪的社会危害性更为严重;对于这种具有更大再犯可能性的犯罪分子,理应处以更为严重的刑罚。其次,刑法分则所规定的犯罪,绝大多数只能有故意构成,而且,给国家、社会和公民造成重大危害的犯罪也多数是故意犯罪;故意犯罪是刑法制裁的重点。那么,以遏止犯罪人再次犯罪为目的的累犯制度,就应当将构成累犯的范围限定为故意犯罪。

第二,罪种条件。前罪、后罪其中之一或者均是危害国家安全罪以外的犯罪,这是普通累犯区别于特殊累犯的重要表现之一。如果前罪与后罪均是危害国家安全罪,则构成特殊累犯。

第三,刑种条件。前罪所判处的刑罚和后罪应当判处的刑罚都是有期徒刑以上的刑罚,这是构成普通累犯的刑种条件。如果前罪和后罪所判处的刑罚中,有一个刑罚是低于有期徒刑的刑罚,或者前罪和后罪所判处的刑罚都是低于有期徒刑的刑罚,就构不成普通累犯。在刑事立法意图上,这种规定在于要防止累犯范围的扩大。

第四,时间条件。后罪必须发生在前罪所判刑罚执行完毕或者赦免以后5年之内,这是构成普通累犯的时间条件。刑罚执行完毕是指犯罪人被判处的主刑执行完毕,不包括附加刑在内;赦免实际上仅指特赦而言,因为我国宪法仅规定有特赦。对于假释犯,在假释考验期满后的5年内又犯新罪的,可以构成普通累犯。

(二) 特别累犯的构成条件

根据《刑法》第66条和《刑法修正案(八)》的相关规定,特别累犯又称特殊累犯,是指因犯危害国家安全罪、恐怖活动犯罪、黑社会性质的组织犯罪的犯罪分子,在刑罚执行完毕或者赦免以后，在任何时候再犯上述任一类罪的犯罪分子。构成特殊累犯必须同时具备以下条件。

第一，罪种条件。前罪和后罪必须都是危害国家安全的犯罪、恐怖活动犯罪、黑社会性质的组织犯罪，这是指构成特殊累犯的罪名限制条件。如果前罪或者后罪有一个不是危害国家安全罪、恐怖活动犯罪、黑社会性质的组织犯罪的，就不构成特殊累犯。当然，这并不影响在符合普通累犯条件的情况下可以构成普通累犯。

第二，时间条件。后罪可以发生在前罪所判刑罚执行完毕或者赦免以后的任何时间之内，不受前后两罪发生间隔时间长短的限制。这说明构成特殊累犯并无时间限制条件。这样的规定，是为了增强刑罚对危害国家安全罪、恐怖活动犯罪、黑社会性质的组织犯罪的威慑效力，以更有效地打击危害国家安全犯罪、恐怖活动犯罪、黑社会性质的组织犯罪。

第三，刑种条件。对前罪所判处刑罚和后罪应判刑罚没有任何特别规定，这是构成特殊累犯的刑种无限制条件。如果前罪和后罪都是危害国家安全罪，不论前罪被判处的刑罚和后罪所判处的刑罚是主刑还是附加性，是重刑还是轻刑，都构成特殊累犯。

三、累犯制度的刑罚裁量效力

一般而言，犯罪分子在刑罚执行完毕或者赦免、假释考验期满以后的5年内再次实施可以构成累犯的犯罪，说明犯罪分子的主观恶性相当深、人身危险性相当大，教育、改造这样的犯罪分子有相当的难度，所以需要更为严厉的刑种、更长的刑期。因此，我国《刑法》第65条、第66条、第74条规定，对于累犯“应当从重处罚”。从重处罚是累犯制度的基本内容之一。

第一，对累犯必须一律“从重处罚”。对累犯必须一律从重处罚，这是解决累犯刑罚裁量问题的基本原则。对累犯，要在刑法分则相应条文规定的刑罚裁量幅度内，判处较重的刑罚。

第二，对累犯从重处罚，并非判处“最重的刑罚”。并不是对所有的累犯都要判处法定刑中最重的刑罚，虽然在有些情况下对累犯可能判处法定最高刑。在对累犯裁量刑罚时，必须根据犯罪的实际情况，判处与其罪行轻重相适应的较重的刑罚。

第三，对累犯是“比照初犯”从重处罚。对累犯的处罚，并不是无原则地从重，而是以初犯为参照系，在比照相应的初犯应处刑罚的基础上，对累犯的刑罚裁量再重一些。

第四，对于累犯不适用缓刑。根据《刑法》第74条的规定，对于累犯不适用缓刑。因为累犯屡教不改，具有较大的人身危险性，如果对累犯适用缓刑，则不能保证社会的安全，也不利于累犯的改造。

第三节 自首、坦白与立功

一、自首

(一) 自首的概念

所谓自首,是指犯罪人犯罪以后自动投案,如实供述自己罪行,或者被采取刑事强制措施后犯罪嫌疑人、被告人和正在服刑的罪犯,如实供述司法机关还未掌握的本人其他罪行,接受国家审查和制裁的行为。自首的本质特征在于犯罪人基于自己的意志将自己所犯罪行交由司法机关追诉。根据我国刑法的规定,对自首可作如下理解:

第一,自首是犯罪人犯罪以后的行为。无论是什么情况的自首,都表现为犯罪人犯罪以后的一种行为。没有犯罪则不存在自首,犯罪包括犯罪预备、犯罪未遂、犯罪中止、犯罪既遂等各种形态,在这些犯罪形态中才有可能存在自首。

第二,自首是犯罪人犯罪后的积极表现。犯罪后犯罪人的行为表现各式各样,有的属于积极表现,有的属于消极表现,自首属于积极的表现。不论是对于犯罪人本人,对于社会,还是对于司法机关,自首无论从什么角度出发,都是一个积极因素。

第三,自首是对犯罪人的一种分类。在刑事司法实践中,根据犯罪人的不同情况,可以对犯罪人作出不同的分类。在理论上,犯罪人自首可以称为自首犯,与累犯相对称。

第四,自首是刑法规定的刑罚裁量制度。我国刑法规定了许多种刑罚裁量制度,自首是刑法规定可以对犯罪人从宽处理的刑罚裁量制度,体现了我国惩办与宽大相结合的刑事政策。

自首表明了自首犯的人身危险性相对较轻,因而可以对自首犯从宽处罚。这对于分化瓦解犯罪势力,感召犯罪分子主动投案,迅速侦破刑事案件,减少刑事诉讼的经济投入,激励犯罪分子悔过自新,实现刑罚预防犯罪的目的,均有积极的作用。

(二) 自首的种类及其构成

根据我国《刑法》第 67 条的规定,自首有两种:一是一般自首,二是特殊自首。一般自首,是指犯罪人在犯罪以后,在归案之前,自动投案,如实供述自己罪行的行为。特殊自首,亦称"准自首",是指被采取刑事强制措施的犯罪嫌疑人或被告人,或者是被判处刑罚且正在服刑期间的罪犯,如实供述司法机关尚未掌握的本人的其他罪行的行为。

一般自首的构成,需同时具备如下条件:

第一,自动投案。自动投案是指犯罪人在犯罪之后归案之前出于其本人的意志而向有关机关或者个人投案的行为。在投案的时间上,必须是在犯罪之后、归案之前,犯罪之前不存在自动投案问题,犯罪以后被司法机关缉拿归案后也不存在自动投案问题。尚未归案是对自动投案时间的限定,实践中投案行为通常实施于犯罪事实和犯罪嫌疑人未被司法机关发觉,或者虽被司法机关发觉但犯罪嫌疑人尚未受到司法机关讯问或者采取强制措施以前。此外,犯罪人的罪行尚未被司法机关发觉,仅因其形迹可疑而被有关组织或者司法机关盘问、教育后主动交待自己罪行的,犯罪后潜逃在被通缉追捕过程中主动投案的，经查实确属已准备投案或者正在去投案途中而被公安机关抓获的，也应视为自动投案。至于犯罪后被群众扭送归案的，被公安机关抓获归案的，在追捕过程中走投无路当场被捕的，经司法机关传讯、采取强制措施后归案的，均不能认为是主动投案。

在投案的对象上，必须是可以接受投案的有关机关或者个人。投案必须向有关机关或者个人进行。一般而言，有关机关是指司法机关，包括负责侦查、起诉、审判的公安机关、人民检察院、人民法院及其派出机关，其他有关单位如村民委员会、居民委员会、犯罪人所在单位也可成为投案对象。有关个人也可以成为投案对象，如有关机关、单位的负责人员。如果犯罪人只是把自己的犯罪事实向亲友述说，或者向聘请的法律顾问陈述并征求意见，则不能认为是向有关机关或者个人投案。

在投案的意愿上，必须是基于犯罪人本人的意愿。自动投案要求犯罪人具有归案的自动性，这是认定自动投案的关键条件。归案的自动性要求投案应是一种积极行为，而犯罪人投案的动机可能多种多样，有的出于真诚悔过，有的经亲友规劝而醒悟，有的慑于刑法威严，有的为了争取宽大处理，有的潜逃在外苦于生活无着，出于何种动机并不影响归案的自动性。刑法没有规定投案的具体形式，刑事司法实践中投案的形式多种多样，理论上可概括为亲首、代首、信首、送首、陪首等形式。亲首是犯罪人亲自向有关机关或者个人投案，代首是犯罪人有投案的诚意但由于客观原因不能亲自投案而委托他人代为投案，信首是犯罪人本人没有归案但先以信电投案，送首是在公安机关通知犯罪人的亲友或者犯罪人的亲友主动报案以后将犯罪人送去投案的，陪首是犯罪人在他人的陪同下投案自首。

在投案的标志上，必须是承认自己实施的特定犯罪。犯罪人犯罪之后自动投案的标志就是把自己实施的特定犯罪事实向有关机关单位或者个人进行陈述，在犯罪事实未被发觉的情况下，承认本人实施某种特定的犯罪；在犯罪事实已被发觉但犯罪人尚未被发觉的情况下，承认自己是某一犯罪行为的实施者；在犯罪事实和犯罪人均已被发觉但犯罪人尚未归案的情况下，或者在被通缉的情况下，投案时交待自己是某一犯罪行为的实施者。如果犯罪人只向有关机关单位或者个人表白自己犯罪，却不能陈述具体的犯罪事实，甚至所陈述的是非犯罪事实，则不能视为自动投案。

在投案的效果上，必须把自己置于有关机关或者个人的控制之下。投案是犯罪人归案的特定形式，归案意味着有关机关单位或者个人对犯罪人的实际控制。犯罪人自愿将自己置于有关机关单位或者个人的实际控制之下，实质上意味着犯罪人必须接受司法机关的进一步审查和裁判，才能成立自首。把自己置于有关机关或者个人的控制之下，是犯罪人悔过的具体表现，也是国家对自首犯从宽处理的重要依据。如果犯罪人在向有关机关单位或个人陈述自己的犯罪事实后又逃离有关机关单位或个人的控制，或者委托他人代为投案自己却不归案，均不能视为投案。

第二，如实供述。如实供述是指犯罪人自动投案后主动如实供述自己的主要犯罪事实。自动投案之后，犯罪人只有如实供述自己的主要犯罪事实，才能足以证明其悔罪服法，才能为司法机关追诉其犯罪提供依据，从而使侦查、起诉、审判工作顺利进行。

投案后,犯罪人如实供述的必须是自己的主要犯罪事实,既可以是投案人单独实施的也可以是与他人共同实施的,既可以是一罪也可以是数罪,只要供述的与其投案人本人有关的犯罪事实,都可以成立自首。因法律认识错误而交待违法行为或违反道德规范的行为事实,不构成自首。

在供述内容的信度上,犯罪人自动投案后主动供述的犯罪事实必须与其所为事实相一致。自动投案后,犯罪人主动供述的犯罪事实,必须要具有真实性、可靠性,司法机关能够据此查清案件的全部事实情况。刑事司法实践中,由于受主客观因素的影响,犯有数罪的投案人,仅如实供述所犯数罪中部分罪行的,只能对其如实供述的部分犯罪认定为自首;共同犯罪人除如实供述自己的罪行外还应当供述所知的同案犯的犯罪事实,主犯还应当如实供述所知的同案犯的共同犯罪事实,才能认定为自首。如果在供述犯罪事实的过程中,投案人推诿罪责、保全自己、意图逃避制裁,或者大包大揽、庇护同伙、意图包揽罪责,或者歪曲真相、谎报行为性质、隐瞒关键情节、企图蒙混过关,或者遮遮掩掩、避重就轻、试图减轻罪责等,均不属于如实供述,不能成立自首。

特殊自首的构成,需同时具备如下条件:

第一,自首主体的特殊性。构成特殊自首的主体,是处于特殊状态的人,包括被采取强制措施的犯罪嫌疑人、刑事被告人、正在服刑的罪犯。被采取强制措施的犯罪嫌疑人,是指在侦查、起诉阶段被有关部门认为有犯罪嫌疑,根据刑事诉讼法的规定,而被采取拘传、拘留、取保候审、监视居住和逮捕等强制措施的犯罪嫌疑人。刑事被告人,是指公诉机关或者自诉人向人民法院起诉时所控告的人。正在服刑的罪犯,是指已经被人民法院判决,正在执行所判刑罚的罪犯。

第二,自首内容的特殊性。构成特殊自首的内容,必须是犯罪分子如实供述的司法机关还未掌握的犯罪人本人的其他罪行,这是构成特殊自首的根本条件。司法机关还未掌握的犯罪人本人的其他罪行,包括两种:一种是犯罪事实未被掌握;另一种是犯罪事实虽被掌握但犯罪嫌疑人未被发觉。如果不是犯罪嫌疑人、刑事被告人、正在服刑的罪犯的如实供述,司法机关将不能掌握这一犯罪线索,无法获取证据证明有关的犯罪事实。

(三) 自首制度的刑罚裁量效力

自首制度是一项适合我国国情的刑罚裁量制度。根据我国《刑法》总则第67条、第68条的规定、分则的有关规定和《刑法修正案(八)》的相关规定,自首制度的刑罚裁量效力包括以下几个方面:

第一,犯罪以后自首的,可以从轻或者减轻处罚。犯罪以后自首的,无论罪行轻重,都可以从轻或者减轻处罚,这是我国刑法对自首者予以从宽处罚所作的原则性规定。由于犯罪的性质、情节、危害程度千差万别,自首的具体情况也不尽一致,故刑法规定"可以"从宽处罚,既可以从轻、减轻处罚,又可以不予从轻、减轻处罚。究竟如何裁量刑罚,这要根据犯罪的轻重并考虑自首的具体情节来定。

第二,犯罪较轻而自首的,可以从轻或者免除处罚。这是在自首从宽处罚的一般原则规定的基础上,对犯罪较轻而自首的专门规定。犯罪较轻是可以免除处罚的前提，一般认为，被处3年以下有期徒刑的犯罪视为较轻之罪；反之，被处3年以上有期徒刑的犯罪视为较重之罪。

第三，犯罪嫌疑人虽不具有前两款规定的自首情节，但是如实供述自己罪行的，可以从轻处罚；因其如实供述自己罪行，避免特别严重后果发生的，可以减轻处罚。实供述自己的罪行，意味着犯罪人能够交待自己的犯罪情况，节省了国家的刑事司法资源，保证了刑事诉讼的效益和效率，能够避免特别严重后果发生的。因此，犯罪嫌疑人虽不具有前两款规定的自首情节，但是如实供述自己罪行的，可以从轻处罚；因其如实供述自己罪行，避免特别严重后果发生的，可以减轻处罚。

二、坦白

根据我国《刑法修正案（八）》对刑法第67条的修改补充规定，坦白，是指犯罪分子被动归案之后，自己如实交待涉案的犯罪事实，并接受国家司法机关审查和裁判的行为。坦白与自首既有相同之处又有区别。二者均以行为人自己实施了犯罪行为为前提，在犯罪人归案之后都是如实交待了犯罪事实，犯罪人都有接受国家司法机关审查和裁判的行为，都属于法定可以从宽处罚的情节。但是，二者存在着区别：在供述内容方面，自首是犯罪人自动投案之后主动如实供述自己的犯罪事实，或者被动归案之后如实供述司法机关还未掌握的本人其他罪行；坦白则是犯罪人被动归案之后，如实交待自己涉案的犯罪事实；在人身危险性方面，自首犯的人身危险性相对较轻，坦白者的人身危险性相对较重。1997年修正后的《刑法》第67条第3款规定：其如实供述自己罪行，避免特别严重后果发生的，可以减轻处罚。

三、立功

（一）立功的概念

根据我国《刑法》第68条的规定，立功是指犯罪人揭发他人的犯罪行为，经查证属实，或者提供重要线索，从而得以侦破其他案件等对国家、社会有利的行为。根据刑法的规定，立功有以下两种情形：

第一，揭发他人犯罪行为，经查证属实。刑事司法实践表明，犯罪分子之间，尤其是一些惯犯、累犯、同时犯、共同犯之间，往往相互了解同伙犯或者其他犯罪人的一定的犯罪情况。有的犯罪人被捕归案后，不仅交待了自己的罪行，而且还揭发了所知道的其他犯罪人的罪行，并经司法机关查证属实，则属于立功表现。

第二，提供重要线索，使司法机关得以侦破其他案件。已归案的犯罪人，可能知道某些案件的作案人或了解有关案件的重要情况，如果基于诚意向司法机关提供了某些案件的线索，根据这些线索司法机关侦破了有关案件，则属于立功表现。此外，刑事司法实践中，犯罪人协助司法机关缉捕其他罪犯归案的也应认定为立功。

（二）立功制度的刑罚裁量效力

刑法规定的立功制度是一项重要的刑罚裁量制度，对于鼓励犯罪人悔过自新重新做人，调动犯罪人积极协助配合司法机关的工作，提高司法机关办案的工作效率，分化瓦解犯罪势力,减少犯罪造成的社会危害后果,都有积极作用。根据我国《刑法》第68条的规定,立功制度的刑罚裁量效力表现为以下几个方面:

第一,对一般立功的刑罚裁量效力。根据《刑法》第68条的规定,结合刑事司法实践和理论研究,一般立功主要表现为四种情形:其一揭发他人犯罪行为,包括共同犯罪中的犯罪人揭发同案犯所实施的共同犯罪以外的其他犯罪行为,经查证属实的;其二提供重要线索,使司法机关得以侦破其他案件的;其三协助司法机关缉捕其他罪犯归案的;其四在关押期间制止他人犯罪活动的等。对于一般立功表现的,可以从轻或者减轻处罚。

第二,对重大立功的刑罚裁量效力。根据《刑法》第68条的规定,结合刑事司法实践和理论研究,相比较而言,重大立功主要是指:其一,犯罪人揭发并经查证属实的他人犯罪是重大犯罪行为;其二,提供重要线索并侦破的案件是重大案件;其三,协助司法机关缉捕其他重要罪犯;其四,在关押期间制止他人重大犯罪活动;其五,对国家和社会有其他重大贡献等。其中所指重大犯罪行为、重大案件、重大犯罪活动、重要罪犯,一般是指可能判处无期徒刑以上刑罚的刑事案件或者犯罪分子。对于重大立功表现的,可以减轻或者免除处罚。

第四节　数罪并罚

一、数罪并罚的概念

(一)数罪并罚的概念

根据我国《刑法》第69条、第70条、第71条的规定,所谓数罪并罚,是指在判决宣告以前一人犯有数罪,或者在判决宣告以后刑罚执行完毕以前发现被判刑的犯罪分子在判决宣告以前还有其他罪没有判决,或者被判刑的犯罪分子在刑罚执行完毕以前又犯新罪,人民法院依照刑法规定的原则和方法对犯罪分子所犯数罪进行合并处罚的一种刑罚裁量制度。数罪并罚制度具有以下特征:

第一,在罪数方面。一人犯有数罪,这是适用数罪并罚的前提条件。要正确适用数罪并罚制度必须注意正确区别一罪与数罪。一般来讲,一人以两个或两个以上的犯罪故意或过失,实施两个或两个以上的行为,具备两个或两个以上犯罪构成的就是数罪。数罪既有同种类的数罪,如一个人犯了两个故意伤害罪;也有不同种类的数罪,如一个人犯了抢劫罪和诈骗罪。对于异种数罪,刑法理论和司法实践都是没有争议的,适用数罪并罚制度。对于同种数罪,是否应当实行并罚,则不能一概而论,需要根据案件发生的具体时间情况分别处理。

第二,在时间方面。数罪必须是在法定期限以内发生的。根据刑法的规定,刑罚执行完毕以前发现行为人犯有数罪的实行数罪并罚,以下情形应当适用数罪并罚:其一,判决宣告以前一人犯异种数罪的,同种数罪则按一罪从重处罚;其二,判决宣告以后刑罚还没有执行完毕或在缓刑、假释考验期限内发现漏判之罪的,而不论所判之罪与漏罪是否同种犯罪;其三,在刑罚执行过程中或在缓刑、假释考验期限内又犯新罪的，不论所判之罪与新罪是否同种犯罪。

第三，在并罚方面。对一人所犯数罪合并处罚，在对各罪分别定罪量刑的基础上，按照法定的原则决定应执行的刑罚。根据对各罪分别定罪量刑所裁量的具体刑罚种类的情况，相对应地采取吸收原则、限制加重原则、并科原则，再确定应执行的刑罚。

（二）数罪并罚的意义

刑事审判实践中一人犯数罪的情况并不少见，那么，对于犯有数罪的犯罪人如何处罚呢？刑法规定的刑罚裁量的一般原则，适用于一人犯一罪和一人犯数罪的情况。然而，犯罪人在罪数上的多少导致在适用刑罚时具体结果有所不同，从而对一人犯数罪裁量刑罚时存在一定的特殊性和复杂性。因此，需要认真把握数罪并罚制度，使之在刑罚裁量方面体现应有的意义。

第一，数罪并罚制度是罪刑相适应原则的必然要求。刑罚裁量的依据是犯罪行为的社会危害性和犯罪人的人身危险性，一人犯数罪，无论在犯罪的社会危害性方面，还是在犯罪人的人身危险性方面，都比一人犯一罪要严重，因而应受到更为严厉的刑罚处罚。对犯数罪的人实行数罪并罚，才能体现罪责刑相适应原则的要求。

第二，数罪并罚制度是有罪必罚、一罪一罚原则的必然要求。如果犯了数罪与犯了一罪在刑罚惩罚上没有什么区别，那么就意味着犯了罪而受不到应有的刑罚惩罚，就只能起到鼓励犯数罪的副作用，不利于打击遏制犯罪现象。

第三，数罪并罚制度是实现刑罚目的的必然要求。刑罚的目的实现在于通过特殊预防和一般预防维护社会的正常秩序，任何犯罪都是对社会正常秩序的破坏和否定，要实现刑罚的目的就必须对犯数罪的犯罪人实行并罚。否则，对犯数罪的犯罪人不实行并罚，就会导致犯罪行为给社会造成的危害与犯罪人因犯罪所受的惩罚明显失衡的现象，不利于实现刑罚预防犯罪的目的。

▶ 二、数罪并罚的原则

（一）数罪并罚原则的概念

所谓数罪并罚原则，是指对一人所犯数罪进行合并处罚所依据的原则。从世界范围内来看，各国刑事立法中所规定的数罪并罚原则主要由四种，即吸收原则、并科原则、限制加重原则、折衷原则。

第一，吸收原则。吸收原则是指对数罪采取重刑吸收轻刑的处罚原则，在对各罪分别裁定的刑罚中，选择最重的一种刑罚作为应执行的刑罚，其余较轻的刑罚被最重的刑罚所吸收而不予执行。采用吸收原则，对死刑、无期徒刑等某些刑种是合适的。但是，如普遍适用吸收原则就不合适了，极有可能出现犯数罪与犯一罪处罚结果相同的现象，不能充分体现罪责刑相适应原则，客观上也会起到轻纵甚至鼓励多犯罪的副作用，不利于有效地惩罚罪犯和预防犯罪。因此，当今各国刑事立法极少单纯采用这一原则。

第二，并科原则。并科原则又称合并原则或相加原则，指对数罪分别裁量刑罚，然后数刑绝对相加，各罪刑罚相加的总和即为应执行的刑罚。并科原则源于“一罪一罚、数罪数罚”的思想。并科原则对主刑与附加刑以及不同种类附加刑之间的并罚是适用的,但不具普遍性。例如,有期自由刑之间可以绝对相加,但其结果往往显得过分苛严,特别是对有期自由刑上限不作限制的情况下就更为突出,使得刑期远远超过人的生命极限而变得没有实际意义,而且绝对相加原则对死刑、无期徒刑这两个刑种也无法适用。

第三,限制加重原则。限制加重原则又称限制相加原则,指对数罪分别裁量刑罚,然后以其中最重的刑罚为基础,再加重一定程度的刑罚作为应执行的刑罚,或者是在数刑中最高刑期以上、数刑相加的总和刑期以下,酌情裁量应执行的刑罚,法律同时规定裁量决定执行的刑罚最高不得超过的限度。可见,在坚持“有罪必罚、一罪一罚”原则的基础上,限制加重原则采用了较为灵活的计算方法,根据案件情况在一定幅度内能够恰当地裁量应执行的刑罚。但是,限制加重原则也存在局限性,不能适用于死刑、无期徒刑等刑种的并罚。

第四,折衷原则。折衷原则又称综合原则或混合原则,是指对数罪不是单一地采取吸收原则、并科原则或限制加重原则,而是根据不同情况兼采上述原则。由于折衷原则博采众长,具有适用面广、灵活性大、针对性强等特点,因而成为当今各国刑法普遍采用的数罪并罚原则。

（二）我国刑法规定的数罪并罚原则

数罪并罚原则是数罪并罚制度中至关重要的内容。我国刑法采取的是以限制加重原则为主、以吸收原则与并科原则为补充的原则。根据《刑法修正案(八)》对《刑法》第69条的修改补充规定:判决宣告以前一人犯数罪的,除判处死刑和无期徒刑的以外,应在总和刑期以下、数刑中最高刑期以上,酌情决定执行的刑期,但是管制最高不能超过3年,拘役最高不能超过1年,有期徒刑总和刑期不满35年的,最高不能超过20年,总和刑期在35年以上的,最高不能超过25年。数罪中有判处附加刑的,附加刑仍须执行,其中附加刑种类相同的,合并执行,种类不同的,分别执行。根据这一规定,对判决宣告以前一人犯数罪的,应根据不同情况,采取以下并罚原则:

第一,数罪中有一罪被判处死刑或者无期徒刑的,采取吸收原则。数罪中有一个罪或几个罪被判处死刑的,不论其他罪被判处何种较轻的主刑,只执行死刑,不再执行其他较轻的主刑;数罪中有一个罪或几个罪被判处无期徒刑的,也不论其他罪被判处何种较轻的主刑,只执行无期徒刑,不再执行其他较轻的主刑。因为,死刑是剥夺犯罪人生命的刑罚,所以只执行死刑就够了;无期徒刑是剥夺犯罪人终身自由的刑罚,先执行较轻的主刑然后再执行无期徒刑是没有意义的。

第二,数罪分别被判处有期徒刑、拘役、管制的,采取限制加重原则。“限制”主要表现在两个方面:其一,只能在数罪的总和刑期以下、数刑中最高刑期以上酌情裁量决定执行的刑期;其二,酌情决定执行的刑罚受法定最高期限的限制,即管制最高不能超过3年,拘役最高不能超过1年,有期徒刑最高不能超过20年或25年——根据总和刑期是否超过35年而定。“加重”也表现在两个方面:其一,在数刑中最高刑期的基础上加重处罚,裁量决定执行的刑期不能低于数刑中的最高刑;其二,数罪并罚裁量决定执行的刑罚,其最高限度可以超过某个刑种对一罪适用时的法定最高限度。

第三,数罪中有判处附加刑的,采取并科原则。其具体做法因附加刑刑种的不同而有所区别:被处罚金或没收财产的,可以在主刑执行之前或执行过程中执行;被判处剥夺政治权利的,主刑为死刑、无期徒刑或管制的,与主刑同时执行;主刑为有期徒刑或拘役的,剥夺政治权利应在有期徒刑或拘役执行完毕后执行。在主刑已经执行完毕,在执行剥夺政治权利期间又犯罪的,如果所犯新罪无须附加剥夺政治权利,应在新罪所判处的刑罚执行完毕以后,继续执行前罪没有执行完毕的附加剥夺政治权利。

▶ 三、适用数罪并罚的具体方法

我国《刑法》第 69 条、第 70 条、第 71 条、第 77 条和第 86 条,规定了数罪并罚的方法。

(一) 判决宣告以前均已发现的数罪的并罚

判决宣告以前一人犯数罪,并均已被发现,应当对所犯各罪分别裁量刑罚,然后按照《刑法》第 69 条规定的原则和方法,决定应当执行的刑罚。这是数罪并罚的基本方法。其基本特征为:其一,一人犯有异种数罪;其二,所犯数罪是在判决宣告以前实施并均已被发现;其三,在对各罪分别定罪量刑的基础上,依照《刑法》第 69 条规定的限制加重原则,裁量决定对犯罪人应执行的刑罚。

(二) 判决宣告以后刑罚执行完毕以前发现漏罪的并罚

漏罪是指判决宣告以前一人犯有数罪,在对其他罪作出判决时未被发现的罪。根据《刑法》第 70 条的规定,判决宣告以后刑罚执行完毕以前,发现被判刑的犯罪人在判决宣告以前还犯有其他罪没有判决的,不论是同种罪还是异种罪,都应当对新发现的漏罪作出判决,把对前罪所判处的刑罚与对新发现的漏罪所判处的刑罚,按照《刑法》第 69 条规定的数罪并罚原则,决定应执行的刑罚。已经执行的刑期,应当计算在新判决决定执行的刑期以内。这种数罪并罚方法简称"先并后减",具有以下特征:其一,判决宣告以前行为人犯有数罪;其二,宣告判决时只发现了数罪中的部分犯罪;其三,在判决宣告以后刑罚执行完毕前又发现漏罪,"刑罚执行完毕以前"具体包括刑罚实际执行期间、缓刑考验期间、假释考验期间三种情形;其四,把前罪所判处的刑罚与新发现的漏罪所判处的刑罚进行并罚,然后再减去前罪已执行的刑期,以剩余的刑期作为继续执行的刑期。

这里需要注意两个问题。第一个问题是,漏罪的刑罚是与原判各罪的刑罚并罚,还是与原判决定执行的刑罚并罚?回答是,应与原判决定执行的刑罚并罚。因为,根据《刑法》第 70 条的规定,是把前后两个判决所判处的刑罚,依照《刑法》第 69 条的规定裁量决定执行的刑罚,由此表明是将两个判决所判处的刑罚进行并罚。第二个问题是,对刑罚执行过程中发现数个漏罪的应如何并罚?回答是,应与原判决定执行的刑罚并罚。应当先对新发现的数个漏罪分别定罪量刑,然后对漏罪裁量决定判处的刑罚,最后将对漏罪决定的刑罚与前罪所判处的刑罚并罚以决定应执行的刑罚。

(三) 判决宣告以后刑罚执行完毕以前又犯新罪的并罚

在服刑期间,罪犯不思悔改继续实施危害社会的犯罪行为,表明其主观恶性深、人身危险性大。虽然刑法没有规定对新犯之罪从重处罚,但在数罪并罚的方法上与判决宣告前犯数罪的有所区别。根据《刑法》第71条的规定,判决宣告以后刑罚还没有执行完毕以前,被判刑的犯罪人又犯罪的,不论是同种罪还是异种罪,应当对新犯的罪作出判决,把前罪没有执行的刑罚和后罪所判处的刑罚,依照《刑法》第69条的规定,决定执行的刑罚,但是已经执行的刑期不计算在新判决确定的刑期以内。这种情形简称为"先减后并",比"先并后减"表现出明显的从严处罚精神。因为,"先减后并"方法决定的犯罪人实际执行的刑罚最低期限,可能比"先并后减"方法决定的实际执行的刑罚最低期限要高,实际执行的有期徒刑、拘役、管制的刑期可能分别超过数罪并罚的法定最高刑期。

第五节　缓　　刑

一、缓刑的概念

根据刑法的规定,我国的缓刑包括普通缓刑与战时缓刑两种。

普通缓刑,又称一般缓刑,是指人民法院对于被判处拘役或者3年以下有期徒刑的犯罪分子,根据其犯罪情节和悔罪表现,认为暂缓执行原判刑罚,确实不致再危害社会的,规定一定的考验期,暂缓其刑罚的执行,如果被判缓刑的犯罪分子在考验期内没有发生法律规定应当撤销缓刑的事由,原判刑罚就不再执行的制度。战时缓刑,又称特别缓刑,是指在战时,对被判处3年以下有期徒刑没有现实危险的犯罪军人,暂缓其刑罚执行,允许其戴罪立功,确有立功表现时,可以撤销原判刑罚,不以犯罪论处的制度。

缓刑不是刑种。缓刑是一种刑罚裁量制度,宣告缓刑必须以判处一定的刑罚为先决条件。脱离了对犯罪分子判处拘役或者3年以下有期徒刑这个前提,就谈不上缓刑。所以,缓刑的基本特点在于,犯罪人被判处了一定的刑罚,同时宣告暂不执行,但又在一定期间内保留着执行的可能性。由此可见,缓刑的实质在于附条件地不执行原判刑罚,如果被宣告缓刑的犯罪人在考验期内符合法定条件,原判刑罚就不再执行或者不以犯罪论处;如果不符合法定条件,则要执行原判刑罚。

缓刑也不是免除处罚。免除处罚,又称免予刑事处罚、免予刑事处分,是指人民法院根据案件的具体情况,在判决被告人有罪的同时宣告免除刑罚处罚。既然已经宣告免除处罚,当然就不存在执行刑罚的问题。而缓刑不是免除犯罪人的刑事处罚,而是对被判处一定刑罚的犯罪分子不实行关押,留在社会上进行监督改造,有条件地暂不执行原判刑罚。

缓刑也不是监外执行。监外执行,是指对被判处无期徒刑、有期徒刑或者拘役的犯罪分子,确实具有法律规定的某种特殊情况,如患有严重疾病需要保外就医,或者是怀孕或正在哺乳自己婴儿的妇女,因不宜在监狱内执行刑罚,可暂予在监狱外执行,一旦监外执行的事由消失,就应当收监执行。监外执行不中断刑期,仍视为刑罚的继续执行,与监内执行只有执行场所的差异而没有法律后果上的不同。缓刑则不同。缓刑的宣告并不以犯罪分子是否有特殊情况为条件，而只是综合案件的具体情况附条件地不执行原判刑罚，只要犯罪分子在缓刑考验期内遵守缓刑的有关规定，就不再执行原判刑罚。

还需要注意的是，缓刑与死刑缓期2年执行也不同。死缓虽有暂缓执行原判刑罚的含义，但它只是死刑的一种执行方式。死刑缓期2年执行所适用的对象和考验的内容都与缓刑不同，缓刑是一种独立的刑罚裁量制度。

缓刑是惩办与宽大相结合的刑事政策的具体体现。我国多年的刑事司法实践证明，正确运用缓刑制度，对于减少监狱关押罪犯的数量，稳定罪犯与社会、家庭的密切联系，争取犯罪分子家属和社会的支持，调动一切积极因素把犯罪分子改造成为守法公民，具有非常重要的意义。

二、缓刑的适用条件

根据我国《刑法》第72、73、74、75、76、77和449条的规定，缓刑有普通缓刑与特别缓刑两种，由刑法总则规定的缓刑是普通缓刑，由刑法分则规定的缓刑是特别缓刑。

(一) 普通缓刑的适用条件

根据《刑法修正案(八)》对《刑法》第72条的修改补充规定，对于被判处拘役、3年以下有期徒刑的犯罪分子，同时符合下列条件的，可以宣告缓刑，对其中不满18周岁的人、怀孕的妇女和已满75周岁的人，应当宣告缓刑：(1) 犯罪情节较轻；(2) 有悔罪表现；(3) 没有再犯罪的危险；(4) 宣告缓刑对所居住社区没有重大不良影响。

宣告缓刑，可以根据犯罪情况，同时禁止犯罪分子在缓刑考验期限内从事特定活动，进入特定区域、场所，接触特定的人。

被宣告缓刑的犯罪分子，如果被判处附加刑，附加刑仍须执行。

对《刑法》第74条修改规定：对于累犯和犯罪集团的首要分子，不适用缓刑。

可见，普通缓刑的适用条件是：

第一，在适用刑种上，普通缓刑适用的刑种必须是拘役或者3年以下有期徒刑。这是适用普通缓刑的前提条件。缓刑是把犯罪分子留在社会上进行监督改造，基于保证社会治安的考虑，只能适用于罪行较轻的犯罪分子。由于被判处管制的犯罪分子本来就是放在社会上在社区矫正机构和群众的监督下进行改造的，没有必要再适用缓刑，因而不存在适用缓刑的问题。至于被判处超过3年有期徒刑的犯罪分子，由于他们的罪行较重、社会危害性较大，不适宜放在社会上，所以刑法规定不能适用缓刑。

第二，在适用对象上，普通缓刑适用的对象是被判处拘役、3年以下有期徒刑的犯罪分子。一般情况下，对于被判处拘役、3年以下有期徒刑的犯罪分子，可以宣告缓刑。对其中不满18周岁的人、怀孕的妇女和已满75周岁的人，应当宣告缓刑。

第三，在适用要求上，适用缓刑的犯罪分子必须是犯罪情节较轻、有悔罪表现、没有再犯罪的危险、宣告缓刑对所居住社区没有重大不良影响。这是适用普通缓刑的关键条件。如果犯罪分子虽然被判处拘役或者3年以下有期徒刑，但是犯罪情节不是较轻、没有悔改表现、却有再犯罪的危险、宣告缓刑对所居住社区有重大不良影响的，就不能适用缓刑。是否具备适用缓刑的关键条件,应由人民法院根据犯罪分子的具体情况进行判断。

第四,在适用的排除对象上,适用普通缓刑的犯罪分子必须不是累犯和犯罪集团的首要分子。这是适用普通缓刑的除外条件。犯罪分子是累犯和犯罪集团的首要分子,表明其虽然经过了执行刑罚但并没有改造成为守法公民,仍然具有很大的人身危险性,如果对这种人身危险性极大的犯罪分子适用缓刑,把他们放在社会上,那他们极有可能再次犯罪。因此,对于累犯和犯罪集团的首要分子不能适用普通缓刑。

(二) 特别缓刑的适用条件

根据《刑法》第449条的规定,特别缓刑的适用条件是:

第一,在适用对象上,特别缓刑只能适用于在战时被判处3年以下有期徒刑、没有现实危险的犯罪军人。即适用对象是特定的犯罪军人。

第二,在适用时间上,特别缓刑只能在战时适用。

第三,在适用要求上,被适用特别缓刑的犯罪军人要在将来有立功表现。

第四,在法律后果上,当被适用特别缓刑的犯罪军人确有立功表现时,可以撤销原判刑罚,不以犯罪论处。这显然比普通缓刑更宽大。

三、普通缓刑制度的内容

(一) 缓刑考验期

普通缓刑的考验期,是指对受普通缓刑宣告的犯罪分子进行考察的一定期限。考验期限是缓刑制度的重要组成内容。根据我国《刑法》第73条的规定,拘役的缓刑考验期为原判刑期以上1年以下,但是不能少于2个月;有期徒刑的缓刑考验期为原判刑期以上5年以下,但是不能少于1年。在刑法所规定的缓刑考验期内,对犯罪分子的表现进行考察,根据犯罪分子的表现决定是否需要执行原判刑罚。刑法规定的缓刑考验期具有原则性与灵活性相结合的特点,人民法院在对犯罪分子适用缓刑时,要根据刑法的规定以及案件的具体情况,确定一个适当的考验期。考验期过长或者过短都是不适当的,都不能充分发挥普通缓刑应有的作用。

(二) 普通缓刑考验期的起算

缓刑考验期从判决确定之日计算。判决确定之日就是判决发生法律效力之日。判决以前先行羁押的时间,不能折抵缓刑的考验期。这是因为,宣告缓刑已是对犯罪分子的宽大处理,先行羁押的期间是对犯罪分子进行审查的期间,考验期限则是对犯罪分子的考察时间,二者因性质不同而不存在折抵问题。

(三) 普通缓刑的行为约束机制

普通缓刑是把犯罪分子留在社会上进行监督改造。为了维护社会治安,就必须对被适用普通缓刑的犯罪分子的行为进行约束。根据我国《刑法》第75条的规定,被宣告缓刑的犯罪分子在缓刑考验期内应当遵守以下规定:遵守法律、行政法规,服从监督;按照考察机关的规定报告自己的活动情况;遵守考察机关关于会客的规定;离开所居住的市、县或者迁居,应当报经考察机关批准。根据《刑法修正案(八)》对《刑法》第

72 条的修改补充，宣告缓刑，可以根据犯罪情况，同时禁止犯罪分子在缓刑考验期限内从事特定活动，进入特定区域、场所，接触特定的人。

（四）普通缓刑的执行后果

根据我国《刑法修正案（八）》的相关规定，对宣告缓刑的犯罪分子，在缓刑考验期限内，依法实行社区矫正，如果没有本法第 77 条规定的情形，缓刑考验期满，原判的刑罚就不再执行，并公开予以宣告。这个规定表明，缓刑的执行机关是社区矫正机构，由社区矫正机构负责实施对缓刑犯在缓刑考验期内的考察工作；同时，缓刑犯所在单位或者基层组织应当予以配合。根据缓刑犯在缓刑考验期内的不同表现，社区矫正机构决定对他们的处理结果，处理结果包括以下三种：

第一，撤销缓刑，实行数罪并罚。缓刑犯在缓刑考验期限内又犯新罪，或者发现判决宣告以前还有漏罪的，应当撤销缓刑，对新犯的罪或新发现的漏罪作出判决，把前罪和后罪所判处的刑罚，根据《刑法》第 69 条的规定，实行数罪并罚。新罪或漏罪无论是故意犯罪还是过失犯罪，无论是什么罪名，都应当撤销缓刑，按照数罪并罚的原则处理。

第二，撤销缓刑，执行原判刑罚。被宣告缓刑的犯罪分子，在缓刑考验期限内，违反法律、行政法规或者国务院有关部门关于缓刑的监督管理规定，或者违反人民法院判决中的禁止令，情节严重的，应当撤销缓刑，执行原判刑罚。

第三，缓刑考验期满，原判刑罚不再执行。在缓刑考验期内，如果缓刑犯没有上述情况，缓刑考验期满，公安机关应当公开宣告原判刑罚不再执行。应当注意的是，根据《刑法》第 72 条第 2 款的规定，普通缓刑的效力不及于附加刑，被宣告缓刑的犯罪分子原判刑罚不再执行，是指原判的主刑不再执行，如果犯罪分子在主刑之外还被判处附加刑，附加刑仍须执行。

【阅读参考书目】

1. 胡学相著：《量刑的基本理论研究》，武汉大学出版社 1998 年版。

2. 马克昌主编：《刑罚通论》，武汉大学出版社 2000 年版。

3. 赵廷光：《量刑公正研究》，武汉大学出版社 2005 年版。

【思考题】

一、名词解释

1. 刑罚裁量制度

2. 自首

3. 立功

4. 累犯

5. 数罪并罚

6. 缓刑

二、简答题

1. 简述刑罚裁量制度的概念。

2. 简述自首的构成条件以及处罚原则。
3. 简述累犯的构成条件以及处罚原则。
4. 简述刑法规定的数罪并罚原则。
5. 简述刑法规定的缓刑制度。

第十八章 刑罚执行

刑罚执行是将人民法院已经发生法律效力的刑事裁判所确定的刑罚内容付诸实现的刑事执行活动。刑罚执行涉及刑法、刑事诉讼法、监狱法的规定。就刑法的规定而言,刑罚执行仅包括减刑、假释。因此,减刑、假释构成了本章的基本内容。

第一节 概 述

一、刑罚执行的概念

所谓刑罚执行,是指被国家赋予刑罚执行权的刑罚执行机关,根据人民法院所作的已经发生法律效力的刑事裁判,将特定的刑罚内容付诸实现的刑事执行活动。刑罚执行活动是国家刑事司法活动的重要组成部分,其主体只能是被国家赋予刑罚执行权的刑罚执行机关,其内容只能是依照人民法院已经发生法律效力的刑事裁判所确定的刑罚,其对象只能是根据人民法院已经发生法律效力的刑事裁判被定罪判刑的犯罪人。

二、刑罚执行原则

所谓刑罚执行原则,或称行刑原则,是指刑罚执行机关在执行刑罚过程中应当遵守的基本准则。行刑原则具体包括:惩罚与改造相结合原则,行刑人道化原则,行刑个别化原则,行刑社会化原则。行刑基本原则反映了行刑工作过程的基本矛盾和一般规律。

(一) 惩罚与改造相结合原则

惩罚与改造相结合原则,是指行刑过程中惩罚与改造必须兼顾,不可偏废,这是由我国刑罚的目的决定的。惩罚是为了体现国家对犯罪行为的否定评价和严厉制裁,旨在使犯人改恶从善重新做人。必须清醒地认识到,惩罚是改造的前提,没有惩罚就谈不上改造;改造是惩罚的发展,没有改造的惩罚则为单纯报复惩罚。惩罚与改造必须相结合,并贯穿于刑罚执行全过程。

(二) 行刑人道化原则

行刑人道化原则是指保证犯人基本生活需求、尊重其人格,促其悔改的伦理准则。其一,要把犯人当人对待,犯了罪的人仍然是人,保证满足基本的物质文化需求,争取把他们改造成守法公民,这是最人道的态度。其二,尊重犯人人格,不打骂体罚、不虐待侮辱、不刑讯逼供,坚决反对惩罚主义,实行社会主义的文明管理。其三,保障犯人的合法权益,照顾少数民族犯人的生活习惯、宗教习俗。其四,做好生活卫生管理工作,创造良好的改造环境,符合条件的给予减刑、假释,促进自觉改造。其五,解决犯人的实际问题,符合条件的给予监外执行。其六,对出狱人负责到底,帮助出狱人就学、就业或社会安置,使他们适应社会生活。

（三）行刑个别化原则

行刑个别化原则是指依据服刑犯人的不同情况采取针对性的改造措施。其一,针对犯罪性质、恶习程度、刑期长短、性别和年龄,进行分管、分押。其二,根据犯人服刑表现、管理的难易程度,实行分级递进管理。其三,根据犯人的身体状况、生理特点、文化技术程度,分配适当的劳动。其四,按照犯罪性质、认罪态度好坏、思想改造难易、犯罪成因、个性特征等,实行分类改造教育、个别改造教育。

（四）行刑社会化原则

行刑社会化原则是指促进犯罪人回归社会的行刑准则。其一,监狱行刑活动是对犯人的再社会化过程,应使其养成能为社会所接受的思想、行为模式。其二,创造良好的改造环境,促使犯人自觉改造,树立自觉遵纪守法的观念。其三,动员社会一切积极力量参与犯人的改造工作,使犯人与社会双向交流,使其认识并接受社会的要求。其四,社会力量应做好接纳复归保护工作,帮助出狱人解决实际问题,消除再犯的各种隐患,巩固改造成果。

第二节 减 刑

一、减刑的概念

所谓减刑,是指对被判处管制、拘役、有期徒刑、无期徒刑的犯罪分子,根据其在刑罚执行期间的悔改或者立功表现,将其原判刑罚予以适当减轻的一种刑罚执行制度。根据我国《刑法》第78条、第79条和第80条的规定,减刑具有以下特征:

第一,减刑的适用对象。减刑的适用对象只能是被判处管制、拘役、有期徒刑、无期徒刑的犯罪分子。这就排除了死刑缓期2年执行后的减刑以及附加刑中罚金、剥夺政治权利的依法减轻。因为,死刑缓期2年执行后的减刑是法律特别规定的死刑执行方式的一种处理结果,而罚金的减免则是根据犯罪分子的实际负担能力采取的一种变通措施,剥夺政治权利的减轻是由于主刑的改变而引起的相应变化。

第二,减刑的适用时间。减刑的适用时间限于刑罚执行过程中。减刑是为了鼓励和促进罪犯自觉改造而实行的一项刑罚执行制度,因此减刑只能适用于判决已经确定并生效之后的刑罚执行过程中;判决没有确定或者刑罚已经执行完毕之后,都不存在减刑问题。

第三,减刑的适用后果。减刑的适用结果仅是变更原判执行刑,而不是否定原刑事裁判,不是改判。无疑,减刑必然会造成对罪犯实际执行的刑种、刑期与原裁判有所区别,但减刑是通过裁定形式依法实现的,人民法院裁定的法律效力与原裁判相同。也就是说,减刑裁定不削弱原有裁判的效力,原裁判也不排斥裁定的效力,原裁判与减刑裁定相辅相成。改判是经过重新审理后否定原判决而作出新判决,可见,减刑与改判是完全不同的范畴。减刑也不同于减轻处罚,减轻处罚是裁量刑罚的过程中对具有减轻处罚情节的犯罪分子在法定刑以下判处刑罚,减刑是将犯罪分子的原判刑罚予以适当减轻。

减刑制度体现了我国对犯罪分子实行的"惩办与宽大相结合"、"惩罚与教育相结合"和"给出路"的政策,对于敦促犯罪分子认罪服法,促进犯罪分子自觉改造,将他们改造成为守法公民,具有重要的意义。

二、减刑的条件

(一) 减刑的对象条件

减刑适用的对象,是被判处管制、拘役、有期徒刑、无期徒刑的犯罪分子,在刑法所规定的5种主刑中,除了死刑以外,其他主刑都可以减刑,这是减刑适用的对象条件。被判处以上刑罚的犯罪分子,不论犯罪性质如何,也不管犯罪的罪过形式如何,都可以适用减刑。

(二) 减刑的实质条件

根据刑法的规定,减刑分为两种类型:一种为弹性减刑,或称相对减刑;另一种为硬性减刑,或称绝对减刑。

对于弹性减刑来说,犯罪分子只要在刑罚执行期间,认真遵守监规,接受教育改造,确有悔改或者立功表现,就可以得到减刑。犯罪分子在认真遵守监规,接受教育改造的前提下,或有悔改表现,或有立功表现,具备其中之一的,人民法院可以根据实际情况考虑是否适用减刑。根据1997年10月28日最高人民法院《关于办理减刑、假释案件具体应用法律若干问题的规定》,"确有悔改表现"是指同时具备以下四个方面的情形:认罪服法;认真遵守监规,接受教育改造;积极参加政治、文化、技术学习;积极参加劳动,完成生产任务。根据上述司法解释,所谓"立功表现"是指具有以下情形之一的:(1) 检举、揭发监内外犯罪活动,或者提供重要的破案线索,经查证属实的;(2) 阻止他人犯罪活动的;(3) 在生产、科研中进行技术革新,成绩突出的;(4) 在抢险救灾或者排除重大事故中表现积极的;(5) 有其他有利于国家和社会的突出事迹的。

对于硬性减刑来说,犯罪分子在刑罚执行期间具有下列重大立功表现之一,就应当减刑:(1) 阻止他人重大犯罪活动的;(2) 检举监狱内外重大犯罪活动,经查证属实的;(3) 有发明创造或者重大技术革新的;(4) 在日常生产、生活中舍己救人的;(5) 在抗御自然灾害或者排除重大事故中有突出表现的;(6) 对国家和社会有其他重大贡献的。

三、减刑制度的内容

(一) 减刑制度的启动程序

根据我国《刑法》第79条的规定,对于犯罪分子的减刑,由执行机关向中级以上人民法院提出减刑建议书,人民法院应当组成合议庭进行审理,对确有悔改或者立功事实的裁定减刑。非经法定程序不得减刑。由此可知,减刑是一项极为严肃的司法工作,必须严格依照法律规定的程序进行。

第一,减刑建议书的提出。根据刑法的规定和监狱法的规定,对于有期徒刑犯的减刑,应当由罪犯所在中队集体研究提名,送交狱政处(科)审查并经监狱同意后,由监狱将减刑意见书连同有关证明材料,报请当地人民法院依法裁定;对于无期徒刑犯的减刑,则由监狱将减刑意见书上报本省、自治区、直辖市司法厅(局)审查同意后,报请当地人民法院依法裁定。

第二,减刑建议书的受理。拘役犯、管制犯和在看守所内服刑的罪犯的减刑,应由中级以上人民法院管辖。有期徒刑犯的减刑,由当地中级人民法院管辖;无期徒刑犯的减刑,由当地高级人民法院管辖。

第三,减刑的审理时限。根据我国《监狱法》第 30 条的规定,人民法院应当自收到监狱的减刑建议书之日起,1 个月内予以审核裁定;案情复杂或者情况特殊的,可以延长 1 个月。对于符合法律规定的减刑条件的,人民法院依法作出减刑裁定。

第四,检察院进行法律监督。减刑裁定的副本应当抄送人民检察院,人民检察院认为人民法院减刑裁定不当,应当依照刑事诉讼法规定的期限提出抗诉。对于人民检察院抗诉的案件,人民法院应当重新审理。

(二)减刑制度的刑罚效力

减刑制度既可以是将较重的刑种减为较轻的刑种,也可以是将较长的刑期减为较短的刑期。不仅如此,减刑制度还涉及减刑的起始时间、减刑的频度、减刑的幅度、减刑的限度及减刑后的刑期计算等事项,这些都是减刑制度刑罚效力问题的内容。

第一,减刑的起始时间。减刑的起始时间是指对罪犯在服刑达到一定期限后可以减刑的时间,就是说罪犯服刑多长时间后才可以考虑减刑。对此,现行刑法并没有规定。从理论上讲,在刑罚执行过程中认定罪犯确有悔改或者立功表现,必须经过一定服刑期间的考验观察,但不顾罪犯的悔改或立功表现,一味拖延减刑时间则不利于促进罪犯的改造,因此确定适当的减刑起始时间是非常重要的。根据最高人民法院上述司法解释,无期徒刑罪犯在执行期间,如果确有悔改表现的,或有立功表现的,服刑 2 年以后,可以减刑;对被判处 5 年以上有期徒刑的罪犯,一般在执行 1 年 6 个月以上方可减刑;对被判处 5 年以下有期徒刑的罪犯,可以比照上述规定的时间适当缩短;对管制犯,一般在服刑 3 个月以后才考虑减刑;对拘役犯,一般在服刑 15 日以后才考虑减刑。

第二,减刑的频度。减刑的频度是指罪犯在服刑期间获得减刑的次数,或者说罪犯服刑多长时间可获得一次减刑。根据我国《刑法》的规定,罪犯服刑期间在具备减刑的前提条件下,既可以获得一次减刑,也可以获得多次减刑,减刑的次数由司法机关掌握,以便使减刑与刑罚种类相适应。从充分发挥减刑制度促进罪犯改造作用的角度来讲,两次减刑之间应有一定的时间间隔,以便考察罪犯在第一次减刑后是否又有新的悔改或立功表现。根据最高人民法院上述司法解释,一般情况下,一次减刑多适用于被判处管制、拘役以及短期有期徒刑的服刑罪犯,多次减刑则适用于被判处长期有期徒刑、无期徒刑的服刑罪犯。判处 5 年以上有期徒刑的罪犯,两次减刑的间隔时间一般应在 1 年以上;判处 10 年以上有期徒刑的罪犯,两次减刑的间隔时间一般不得少于

2 年;判处 5 年以下有期徒刑的罪犯,两次减刑的间隔时间一般应在 6 个月以上;有重大立功表现的可不受上述规定时间的限制。

第三,减刑的幅度。减刑的幅度是指对可以减刑的罪犯一次减少的刑期。刑法没有规定减刑的幅度,但一次减刑的幅度既不能过大也不能太小,既要利于实现鼓励罪犯积极改造的行刑目的,又要维护刑罚的稳定性和严肃性。根据最高人民法院上述司法解释,对无期徒刑罪犯的减刑,一般可以减为 18 年以上 20 年以下有期徒刑;有重大立功表现的,可以减为 13 年以上 18 年以下有期徒刑。对有期徒刑罪犯,确有悔改或者立功表现的,一般一次减刑不超过 1 年有期徒刑;如果确有悔改并有立功表现,或者有重大立功表现的,一般一次减刑不超过 2 年有期徒刑。被判处 10 年以上有期徒刑的罪犯,如果悔改表现突出的,或者有立功表现的,一次减刑不得超过 2 年有期徒刑;如果悔改表现突出并有立功表现,或者有重大立功表现的,一次减刑不得超过 3 年有期徒刑。

第四,减刑的限度。减刑的限度是指对罪犯减刑后实际执行的刑期的限制。犯罪分子在刑罚执行期间的减刑,既可以是一次减刑,也可以是多次减刑,但无论是一次减刑还是多次减刑,都不能超过必要的限度,这样才能维护刑罚的稳定性和严肃性,保障对罪犯改造的效果。如果不规定减刑的必要限度,就可能产生对原判刑罚减得过多的现象,从而使一些罪犯得不到应有的惩罚和必要的改造,对社会产生不利影响。因此,根据我国《刑法修正案(八)》对《刑法》第 78 条的修改补充,减刑以后实际执行的刑期,判处管制、拘役、有期徒刑的,不能少于原判刑期的 1/2;判处无期徒刑的,不能少于 13 年;人民法院依照本法第 50 条第 2 款规定限制减刑的死刑缓期执行的犯罪分子,缓期执行期满后依法减为无期徒刑的,不能少于 25 年,缓期执行期满后依法减为 25 年有期徒刑的,不能少于 20 年。为了防止减刑过度,《刑法》和上述司法解释对不同犯罪分子“实际执行的刑罚”,进一步作了相应的限制:对有期徒刑罪犯减刑时,有附加剥夺政治权利的刑期可以酌减;酌减后剥夺政治权利的期限,最短不得少于 1 年。对判处拘役或者 3 年以下有期徒刑、宣告缓刑的犯罪分子,一般不适用减刑。如果在缓刑考验期间有重大立功表现的,可以参照《刑法》第 78 条的规定,予以减刑,同时相应地缩减其缓刑考验期限,但是不能低于减刑后实际执行的刑期。其中,判处拘役的缓刑考验期限不能少于 2 个月,判处有期徒刑的缓刑考验期限不能少于 1 年。

第四,减刑后的刑期计算。减刑以后的刑期计算方法,因原刑罚的不同而有所不同。原判刑罚为管制、拘役、有期徒刑的,减刑以后的刑期应自判决执行之日起计算,已经执行过的刑期,应当计算在减刑后的刑期之内。原判刑罚为无期徒刑减为有期徒刑的,减刑后的刑期从裁定减刑之日起计算,减刑以前已经执行过的刑期不计算在减刑后的刑期之内。从减刑后刑期的计算方法可以看出,对无期徒刑犯的减刑比对管制犯、拘役犯、有期徒刑犯的减刑在适用上要严厉得多,这是因为犯罪分子原判刑罚为无期徒刑,说明其罪行严重,从无期徒刑减为有期徒刑本身已属宽大,为使无期徒刑犯真正得到改造,对他们适当从严是完全必要的;同时,无期徒刑减为有期徒刑而已经服刑的时间不计算在减刑后的刑期之内的做法,可以鼓励被判处无期徒刑的犯罪分子认罪服法,认真改造,争取早日得到再次减刑。

第三节 假 释

一、假释的概念

所谓假释,是指对被判处有期徒刑、无期徒刑的犯罪分子,在执行一定刑期以后,因认真遵守监规,接受教育改造,确有悔改表现,不致再危害社会,因而附条件地将其提前释放的一种刑罚执行制度。

假释与刑满释放不同。刑满释放是指犯罪分子因被判处的刑罚已经执行完毕而回到社会上,是无条件释放。假释虽然也是犯罪分子被放回社会,但却是有条件的释放,还保留着执行原判刑罚剩余刑期的可能性,如果罪犯不遵守假释的条件,假释将被撤销。

假释与监外执行也不同。监外执行是由于犯罪分子确实存在着法律所规定的特殊情况而暂不在监内执行刑罚,一旦监外执行的事由消失而刑期未满,犯罪分子仍须收监执行。假释是根据犯罪分子在刑罚执行过程中的悔罪表现而附条件的予以提前释放,只要犯罪分子在假释考验期限内遵守假释的规定,考验期满就认为原判刑罚已经执行完毕,当然也就不发生再收监执行的问题。

假释与缓刑也不同。在决定时间上,假释是在犯罪分子服刑过程中根据犯罪分子的表现由人民法院裁定的,而缓刑是在对犯罪分子作出判决的同时宣告的。在内容上,假释是附条件的不执行原判刑罚的剩余刑期,而缓刑是附条件的不执行全部原判刑期。在刑种、刑期上,被判刑超过 3 年有期徒刑的犯罪分子不能适用缓刑,但可以适用假释,被判处拘役的犯罪分子不能适用假释,但可以适用缓刑。

假释与减刑也不同。犯罪分子经过减刑以后,虽然最终结果也是提前释放,但减刑后的释放是不附加任何条件的,而假释的提前释放则是附条件的。减刑减掉的刑期不存在再执行的问题,而假释还在一定期限内保留着执行原判刑罚剩余刑期的可能性。

假释是我国惩办与宽大相结合的刑事政策在刑罚执行制度上的又一具体体现。正确地执行假释制度,对于促进犯罪分子的改造积极性,树立罪犯改造的决心和信心,预防他们重新犯罪,具有十分重要的意义。

二、假释的条件

根据我国《刑法》第 81 条的规定,适用假释必须同时具备以下条件:

(一) 适用假释的对象条件

适用假释的对象只能是被判处有期徒刑、无期徒刑的犯罪分子。被判处管制的犯罪分子因本来就不予关押,根本不存在假释的问题。被判处拘役的犯罪分子因刑期较短,也不会发生假释的问题。至于被判处死刑缓期两年执行的犯罪分子,因其最后的刑罚尚未确定,同样不发生假释的问题;但是,如果死缓犯在考验期满后减为无期徒刑或者有期徒刑,则可能发生假释问题。

（二）适用假释的排除条件

适用假释的排除条件是指某类罪犯根本就不能适用假释，这是适用假释的一个限制条件。根据《刑法修正案（八）》对《刑法》第81条的修改补充，累犯以及因故意杀人、强奸、抢劫、绑架、放火、爆炸、投放危险物质或者有组织的暴力性犯罪被判处10年以上有期徒刑、无期徒刑的犯罪分子，不得假释。作这样的规定，是因为累犯人身危险性大、改造难度大，不能提前放到社会上去，以免再危害社会，因此不得适用假释；因故意杀人、强奸、抢劫、绑架、放火、爆炸、投放危险物质或者有组织的暴力性犯罪被判处10年以上有期徒刑、无期徒刑的犯罪分子，不仅其犯罪的社会危害性很大，而且其人身危险性、改造难度也大，对于这样的犯罪分子当然要给予严厉的惩罚，不得适用假释正是严厉惩罚的体现。对犯罪分子决定假释时，应当考虑其假释后对所居住社区的影响，这是刑法的要求。

（三）适用假释的刑期条件

被判处有期徒刑、无期徒刑的犯罪分子只有执行了一定的刑期之后才能适用假释，这是适用假释的刑期条件。因为，只有通过一定时间的刑罚执行，才能确切地掌握犯罪分子是否有悔改表现、是否会再危害社会。按照《刑法》第81条的规定，被判处有期徒刑的犯罪分子执行原判刑罚1/2以上，被判处无期徒刑的犯罪分子实际执行13年以上，就具备了适用假释的刑期条件。这是对犯罪分子执行原判刑罚的最低要求。

此外，在适用假释的刑期条件中还有一个特别情况，即《刑法》第81条规定的“如果有特殊情况，经最高人民法院核准，可以不受上述执行期限的限制”。这是对适用假释执行刑期条件的例外规定，充分说明刑法在坚持原则性的基础上所表现出来的灵活性。根据有关司法解释，所谓“特殊情况”是指“有国家政治、国防、外交等方面特殊需要的情况”。

（四）适用假释的实质条件

适用假释的实质条件是，被判处有期徒刑、无期徒刑的犯罪分子在刑罚执行期间，必须认真遵守监规，接受教育改造，确有悔改表现，不致再危害社会。符合这样的条件，才能适用假释，不具备这个实质条件，即使犯罪分子服刑的时间已经达到适用假释的刑期条件，也不能适用假释。犯罪分子是否认真遵守监规，接受教育改造，这是可以通过犯罪分子的表现考察出来的；而是否确有悔改表现，不致再危害社会，则是刑罚执行机关和审判机关结合犯罪分子的现实表现所作的一种预测。

所谓“确有悔改表现”，是指同时具备以下四个方面的情形：认罪服法；认真遵守监规，接受教育改造；积极参加政治、文化、技术学习；积极参加劳动，完成生产任务。所谓“不致再危害社会”，是指罪犯在刑罚执行期间一贯表现好，确已具备上述有悔改表现所列情形，不致违法、重新犯罪的，或者是老年、身体有残疾（不含自伤致残），并丧失作案能力的。

三、假释制度的内容

(一) 假释制度的启动程序

根据我国《刑法》第82条的规定,对于犯罪分子适用假释,必须依照《刑法》第79条规定的程序进行。对于符合假释条件的罪犯适用假释,由执行机关向中级以上人民法院提出假释意见书,人民法院应当组成合议庭进行审理,对确有悔改事实的裁定假释。非经法定程序不得假释。假释是一项极为严肃的司法工作,必须严格按照法律规定的程序进行。

第一,假释建议书的提出。根据我国《刑法》和《监狱法》的规定,对于被判处无期徒刑、有期徒刑的罪犯,符合法律规定的假释条件的,由监狱根据考核结果向人民法院提出假释建议。其中,对于有期徒刑犯,由监狱直接提出假释意见书;对于无期徒刑犯,由监狱将假释意见书上报本省、自治区、直辖市司法厅(局)审查同意后,报请当地人民法院依法裁定。

第二,假释建议书的受理。一般情况下,对于有期徒刑犯的假释,应由当地中级人民法院管辖;对于无期徒刑犯的假释,由当地高级人民法院管辖;特殊情况的假释,由最高人民法院核准。

第三,假释案件的审理时限。根据我国《监狱法》第30条的规定,人民法院应当自收到监狱的假释建议书之日起,1个月内予以审核裁定;案情复杂或者情况特殊的,可以延长1个月。对于符合法律规定的假释条件的,人民法院依法作出假释裁定。

第四,检察院进行法律监督。假释裁定的副本应当抄送人民检察院,人民检察院认为人民法院假释裁定不当,应当依照我国《刑事诉讼法》规定的期限提出抗诉。对于人民检察院抗诉的案件,人民法院应当重新审理。

(二) 假释的考验期限

在决定对某一个犯罪分子适用假释的时候,应当同时宣布假释的考验期限。因为被假释的犯罪分子是附条件地提前予以释放使他们重新回到社会上,犯罪分子是否确实不致再危害社会,需要对他们的表现进行考察,根据他们的表现才能得出最后的结论,所以对假释犯规定适当的考验期限是完全必要的。根据我国《刑法》第83条的规定,有期徒刑的假释考验期为没有执行完毕的刑期,无期徒刑的假释考验期限为10年。从刑法的这个规定可以看出,有期徒刑的假释考验期是原判刑期减去已经执行刑期后的剩余刑期,无期徒刑的假释考验期限是10年,即不管无期徒刑犯在假释之前实际服刑多长时间,在决定对其适用假释时假释考验期都是10年,从而鲜明地体现了对犯罪分子区别对待的精神,有利于促使犯罪分子积极改造,争取尽早地得到宽大处理。

假释考验期限,无论是有期徒刑犯还是无期徒刑犯,一律从假释之日起计算。被附加剥夺政治权利的,自假释之日起执行。

(三) 假释的行为约束机制

根据刑法的规定,假释犯在假释考验期内应当遵守下列规定:遵守法律、行政法规,服从监督;按照监督机关的规定报告自己的活动情况;遵守监督机关关于会客的规定;离开所居住的市、县或者迁居,应当报经监督机关批准。这些规定,不仅是被假释的罪犯在假释考验期内应当遵守的行为规范,也是监督机关进行监督的法律依据。

(四) 假释执行的效力

根据我国《刑法修正案(八)》的相关规定,对假释的犯罪分子,在假释考验期限内,依法实行社区矫正,如果没有本法第 86 条规定的情形,假释考验期满,就认为原判刑罚已经执行完毕,并公开予以宣告。社区矫正机构应对假释犯严格要求、严格考察并督促犯罪分子的改造。依照《刑法》第 85、86 条的规定,根据假释犯在假释考验期内的不同表现,分别作出不同的处理:

第一,假释考验期内又犯新罪,则撤销假释,数罪并罚。如果假释犯在假释考验期内又犯新罪,无论所犯新罪是故意罪还是过失罪,是重罪还是轻罪,都要撤销假释,对新罪作出判决,将新罪所判处的刑罚与前罪没有执行完的刑罚,按照《刑法》第 71 条规定的数罪并罚原则,决定应当执行的刑罚。

第二,假释考验期内发现漏罪,则撤销假释,数罪并罚。在假释考验期内,如果发现假释犯在原判决前还有没被判决的漏罪,而且没被判决的漏罪没有超过追诉时效,应当撤销假释,对漏罪作出判决,将漏罪所判处的刑罚与前罪所判处的刑罚,按照《刑法》第 70 条规定的数罪并罚原则,决定应当执行的刑罚。对前罪已经执行的刑期,应当计算在新判决确定的刑期之内。

第三,假释考验期内违反有关规定,则撤销假释,收监执行。如果假释犯有违反法律、行政法规或者国务院有关部门关于假释的监督管理规定的行为,尚未构成新的犯罪的,应当按照法定程序撤销假释,收监执行没有执行完毕的刑罚。

第四,假释考验期满,宣告解除监督管理。在假释考验期内,如果假释犯遵守关于假释的各项规定,没有出现上述三种情况,假释考验期满,就认为原判刑罚已经执行完毕,并应当由社区矫正机构公开予以宣告。

【阅读参考书目】

1. 胡学相著:《量刑的基本理论研究》,武汉大学出版社 1998 年版。

2. 马克昌主编:《刑罚通论》,武汉大学出版社 2000 年版。

3. 王作富主编:《刑法》,中国人民大学出版社 2010 年第 4 版。

【思考题】

一、名词解释

1. 刑罚执行

2. 减刑

3. 假释

二、简答题

1. 简述刑罚执行原则。

2. 简述减刑与假释的程序。

三、论述题

1. 论述刑法规定的缓刑的适用条件。

2. 论述刑法规定的减刑的适用条件。

3. 论述刑法规定的假释的适用条件。

第十九章 刑罚消灭

刑罚执行的逻辑后果就是刑罚的消灭。然而,除此之外,还有其他因素也可引起刑罚的消灭。刑罚消灭是刑法中的一项重要制度。在现行刑法中,追诉时效制度和赦免制度能引起刑罚的消灭,因此,追诉时效、赦免构成了本章的基本内容。

第一节 概 述

一、刑罚消灭的概念

所谓刑罚消灭,是指由于一定的法定原因,致使国家规定的对特定犯罪人的刑罚权归于消灭的刑罚制度。对国家而言,刑罚消灭是追诉权、量刑权与行刑权的消灭;对犯罪分子而言,刑罚消灭是刑事责任的终结。对于刑罚消灭,可从以下几方面来理解:

第一,刑罚消灭以特定人构成犯罪为前提。犯罪是承担刑事责任的基础,同时也是国家刑罚权的基础,没有犯罪就没有刑罚,没有刑罚就根本不存在刑罚消灭的问题。刑罚是国家为治理犯罪而设定的刑法上的制裁犯罪人的强制措施,刑罚针对的对象必须是犯罪人,这是罪刑法定、罪责刑相适应的刑法基本原则的要求。由于社会形势纷繁复杂、犯罪现象千差万别,并不是所有的犯罪人都要实际承受刑罚制裁。这意味着对某些犯罪人的刑罚是可以消灭的,但是,刑罚消灭以构成犯罪为前提。

第二,刑罚消灭是刑罚权的一部分内容消灭。刑罚权是国家针对犯罪所享有的制刑权、求刑权、量刑权与行刑权的总称,而刑罚权的消灭是指求刑权、量刑权及行刑权的消灭。可见,刑罚消灭不包括制刑权的消灭;而且,刑罚消灭的效力仅仅及于特定犯罪人。所以,刑罚消灭是国家针对特定犯罪人的求刑权、量刑权及行刑权的消灭,这只是刑罚权的部分内容消灭。

第三,刑罚消灭必须基于特定事由。犯罪与刑罚所具有的法律联系,决定了刑罚的消灭必须基于特定的事由,否则国家刑罚权就毫无意义,与犯罪作斗争也会成为不可能。引起刑罚消灭的原因可分为两类:一类是法定原因,如超过追诉时效。在这种情况下,虽然司法机关事实上能够行使刑罚权,但法律规定不得行使刑罚权。另一类是事实上的原因,如正在执行刑罚的犯罪人死亡,使刑罚执行的对象不存在,自然导致刑罚执行权的消灭。

二、刑罚消灭的主要法定原因

根据我国法律的规定,刑罚消灭的主要法定原因有:(1) 超过追诉时效的;(2) 经特赦免除刑罚的;(3) 告诉才处理的犯罪,没有告诉或者撤回告诉的;(4) 被判处罚金的犯罪人由于遭遇不能抗拒的灾祸确有困难的,可以酌情减少或者免除罚金。

第二节 时 效

一、时效概述

所谓时效,是指经过一定的期限,对犯罪不得追诉或者对所判刑罚不得执行的一项刑罚制度,包括追诉时效和行刑时效。所谓追诉时效,是指依照刑法的规定,追究犯罪分子刑事责任的有效期限。如果犯罪分子的犯罪行为已经超过刑法规定的追诉时效,则不再追究其刑事责任;如果已经追究了刑事责任,该案件应当予以撤销。所谓行刑时效,是指依照刑法的规定,对犯罪人执行刑罚的有效期限。如果对犯罪分子判处的刑罚已经超过刑法所规定的行刑时效,则所判决的刑罚不再执行。我国现行刑法只规定了追诉时效制度,而未规定行刑时效制度。

现行刑法关于追诉时效的规定,对于社会的安定团结、打击现行犯罪、实现刑罚的目的都有积极的作用。

第一,追诉时效的规定有利于实现刑罚目的。对犯罪人判处刑罚,不是为了惩罚而惩罚,更不是实行恶害报复,而是为了通过刑罚惩罚使犯罪分子得到教育改造,化消极因素为积极因素,化有害为无害,从而达到预防犯罪的目的。如果在犯罪以后,犯罪分子经过相当长的时间没有受到追诉,也没有再犯罪,那么至少可以说,这个犯罪分子已经有了一定程度的悔改,得到了一定程度的改善,对社会已经没有危害了。在这种情况下,如果再对其进行追诉,不仅对其本人来说是不必要的,起不到刑罚的特殊预防作用,而且还会丧失社会支持,难以收到教育公民的效果,从而也不利于实现刑罚一般预防的目的。

第二,追诉时效的规定有利于打击现行犯罪活动。社会上现行的各种犯罪活动,直接现实地危害着社会的正常秩序和国家建设事业的顺利进行。因此,相对而言,集中力量打击现行的犯罪活动始终是司法机关的头等重要任务。而那些多年以前发生的刑事案件,经过的时间越长,有关证据的收集也就越困难,甚至有的证据可能还会因为证人死亡或者物证散失等原因,根本就不能再收集到。刑法有了追诉时效的规定,一方面就能使司法机关摆脱一部分既难以彻底查清而又现实意义不大的陈年旧案的拖累,集中主要精力打击现行的犯罪活动;另一方面也会促使司法机关加强工作,提高办案效率,争取在尽可能短的时间里迅速破案,有力地打击现行的犯罪活动。

第三,追诉时效的规定有利于社会的安定团结。在社会日常生活中各种各样的矛盾纠纷经常发生,既有民事纠纷也有刑事案件。就刑事案件来说,既有相当严重的犯罪也有轻微的犯罪,有些个人之间发生的刑事案件,本来性质、情节就不很严重,再经过了相当长的时间没有提起诉讼,这种情况下被害人与犯罪人之间可能已经不记旧恨,且相处得也比较和睦,有刑法规定的追诉时效制度,就可以稳定这种已经相安无事、和睦相处的关系,从而利于社会的安定团结。否则,不管过了多长时间都要算旧账,追诉以前的犯罪行为,就会使这种本已安定的关系重新紧张起来,还会使那些曾经犯过罪的人终日背着沉重的思想包袱,不能安心工作、生活,这不利于社会的安定团结。

第四,追诉时效的规定体现了法律的严肃性。法律的严肃性在于法律维护社会正常秩序的坚定决心上。毫无疑问,坚决打击现行犯罪活动体现了法律的严肃性;但同时刑法规定追诉时效并没有失去法律的严肃性,而是从另一个角度体现了法律的严肃性。追诉时效的规定,绝不是为了给犯罪分子提供"护身符",而是为了更有效地同犯罪作斗争,实现我国刑法的任务。

二、追诉时效制度的内容

(一)追诉时效的期限

所谓追诉时效的期限,是指根据法定的标准所确定的对犯罪人进行刑事追诉的有效期限。追诉时效期限的长短与某种具体犯罪社会危害性的大小有着直接关系,社会危害性较大的犯罪,追诉时效的期限就较长;反之,社会危害性较小的犯罪,追诉时效的期限就较短。不管是对较重的犯罪规定过短的追诉时效,还是对较轻的犯罪规定过长的追诉时效,都不利于打击犯罪活动,不利于社会的安定。在刑法的规定中,犯罪的轻重直接表现在对应的法定刑的轻重上,因此,追诉时效期限的长短,应当以犯罪的法定刑的轻重为标准确定。

根据我国《刑法》第 87 条的规定,与各种犯罪法定刑的轻重相对应,分别有四种或长或短的追诉时效期限:(1) 犯罪的法定最高刑为不满 5 年有期徒刑的,追诉时效期限为 5 年;(2) 犯罪的法定最高刑为 5 年以上不满 10 年有期徒刑的,追诉时效的期限为 10 年;(3) 犯罪的法定最高刑为 10 年以上有期徒刑的,追诉时效的期限为 15 年;(4) 犯罪的法定最高刑为无期徒刑、死刑的,追诉时效的期限为 20 年,如果 20 年以后认为必须追诉的,报请最高人民检察院核准后,仍然可以追诉。从刑法对追诉时效期限的规定可以看出,各种犯罪的追诉期限都比较适当,犯罪分子企图利用追诉时效的规定逃避刑罚惩罚是十分困难的。

刑法分则条文中对法定刑的规定包括几种不同的情况:有的是一种犯罪具有一个量刑幅度,有的是一种犯罪有两个量刑幅度,还有的是一种犯罪有三个量刑幅度。在一种犯罪只有一个量刑幅度的情况下,确定追诉时效当然不会发生什么问题,但在一种犯罪有两个以上量刑幅度的情况下,追诉时效应当以哪一个量刑幅度为准来确定呢?根据刑法罪责刑相适应原则的要求,在一种犯罪有几个量刑幅度的情况下,应当按照犯罪的实际情况确定追诉时效期限的长短,也就是说,犯罪符合哪一个量刑幅度,就应当按照哪个量刑幅度的法定最高刑确定追诉时效的期限。

(二)追诉期限的计算

所谓追诉期限的计算,是指根据法定的标准对犯罪人进行刑事追诉的有效期限所作的时间计算。追诉期限的计算直接关系到追诉时效的长短,根据我国《刑法》第 88 条、第 89 条的规定,追诉期限的计算有以下几种情况:

第一,从犯罪之日起计算。一般情况下,追诉期限的计算从犯罪之日起计算。所谓犯罪之日是指犯罪成立之日。任何犯罪都有时间上的特征,每个案件的时间过程长短不一，由于法律对各种形态犯罪的构成要件规定不同，因而认定犯罪成立的标准也不相同。例如，行为犯的犯罪成立之日为犯罪行为实施之日，对行为犯的追诉期限应从犯罪行为实施之日起计算；结果犯的犯罪成立之日为犯罪结果发生之日，对结果犯的追诉期限应从犯罪结果发生之日起计算；同样，对预备犯、未遂犯、中止犯的追诉期限，分别应从犯罪预备、犯罪未遂、犯罪中止成立之日起计算；对共同犯罪的追诉期限，应从共同犯罪行为实施之日起计算。

第二，从犯罪行为终了之日起计算。犯罪行为有连续或者继续状态的，追诉时效从犯罪行为终了之日起计算，这是刑法针对连续犯和继续犯的特点而规定的。因为，连续犯就其实施的数次行为分开来看，每次行为都可单独构成犯罪，但由于数次行为间隔时间较短，数个犯罪行为都出于同一的或者概括的犯罪故意，触犯数个同种罪名，通常作为一罪处理，所以对连续犯的追诉时效按照其最后一次实施犯罪行为终了之日起计算。而继续犯是出于一个犯罪故意，实施一个犯罪行为，触犯一个罪名，是一罪而非数罪，并且在一定时间内犯罪行为处于持续不断的状态，因此对继续犯的追诉时效也应从犯罪行为终了之日起计算。

第三，前罪追诉时效从后罪之日起计算。根据我国《刑法》第 89 条的规定，在追诉期限内又犯罪的，前罪的追诉期限从犯后罪之日起计算。在刑法理论上这种情况称为追诉时效中断。所谓追诉时效中断，是指在追诉时效的进行期间，由于发生了法律规定的事由而使以前经过的时效期限归于无效，法律规定的事由一旦发生，追诉时效重新开始计算。“又犯罪”可以是与前罪性质相同的犯罪，也可以是与前罪不同性质的犯罪。也就是说，在追诉期限内又犯罪的情况下，前罪的追诉时效从犯后罪之日起重新计算，已经过去的时间不计算在新的追诉期限内。刑法作这样的规定，目的是为了从严处理那些一再犯罪的犯罪分子。

第四，不受追诉期限的限制。根据我国《刑法》第 88 条的规定，在人民检察院、公安机关、国家安全机关立案侦查或者人民法院立案受理之后，逃避侦查或者审判的，不受追诉时效的限制；被害人在追诉期限内提出控告，人民法院、人民检察院、公安机关应当立案而不立案的，不受追诉时效的限制。在刑法理论上这种情况称为追诉时效延长。所谓追诉时效延长，是指在追诉时效的进行期间，因发生法律规定的事由，致使追诉期限无限伸延的制度。刑法作这样的规定，目的在于打击那些想方设法逃避侦查、审判的犯罪分子，保护被害人，特别是对被害人进行精神上的抚慰。

（三）追诉时效的法律后果

根据追诉时效制度的要求，司法机关追究犯罪分子刑事责任的权力，要受到法定期限的制约。如果超过了追诉时效制度所确定的有效期限，根据我国《刑法》第 87 条的规定和《刑事诉讼法》第 15 条的规定，就会出现以下两种法律后果：

第一，司法机关的追诉权消灭。法定追诉时效期限一过，除了法定最高刑为无期徒刑、死刑，经最高人民检察院特别核准必须追诉的以外，司法机关就不能再追究犯罪分子的刑事责任了，从而导致司法机关对特定犯罪的追诉权归于消灭。

第二，司法机关终止追诉。如果超过了追诉时效制度所确定的有效期限，司法机关已经追诉的，应当撤销案件，或者不起诉，或者终止审理，或者宣告无罪。总之，司法机关应终止追诉。

第三节 赦 免

一、赦免的概念

所谓赦免，是指国家元首或者国家最高权力机关以发布命令的形式，对犯罪分子免予刑事追诉或者免除执行全部或部分刑罚的一项法律制度，包括大赦和特赦。现在，世界各国法律基本上都有赦免的规定。赦免制度通常由宪法加以规定，赦免的时间和对象等内容要由国家元首或者最高权力机关以命令的形式颁布，并由最高人民法院执行。

大赦是指国家对某一时期犯有一定罪行的不特定多数的犯罪分子免予刑事追诉或者免除其刑罚执行的一项制度。特赦是指国家对特定的犯罪分子免除执行其刑罚的全部或者部分的一项制度。大赦和特赦都由国家元首根据最高权力机关的决定，以命令的形式颁布实行，这种命令称之为大赦令或者特赦令。大赦与特赦虽有相同之处，但大赦与特赦的具体内容各国法律规定不尽一致。关于赦免对象，大赦的对象是不特定的多数犯罪分子，也可能是整个国家某一事件的全体犯罪分子，大赦适用对象广，一般不公布被赦免人名单；而特赦只限于特定的犯罪分子，特赦适用对象可能是多人，也可能只有一人，一般要公布被赦免人的姓名。关于赦免效力，大赦既可以免除刑罚的执行，也可以免除刑事责任的追究，既消灭刑，也消灭罪，大赦后再犯罪的不构成累犯；而特赦只免除刑罚的执行，只消灭刑，不消灭罪，特赦后再犯罪的，符合累犯条件的，仍可构成累犯。关于赦免程序，大赦通常要经过立法程序，制定成法律；而特赦一般不需经过这样严格的程序，往往是经一定的机关、团体或个人提出申请，由有特赦权的国家元首、最高行政机关或政府的首脑决定即可实施。由此可见，大赦的特点在于，它既赦免犯罪人的罪，也赦免犯罪人的刑，涉及的面比较宽，而且大赦通常在国家举行重大庆典时实施，或者根据政治斗争的需要随时实施。特赦的特点在于，它只赦免犯罪人的刑，而不赦免犯罪人的罪。

赦免制度对国家的政治、经济、社会治安形势和刑罚本身都能够发挥一定的调节作用，但不可否认的是，同时它也对法律的稳定性、严肃性起着一定的削弱作用。虽然在立法上许多国家的法律规定了大赦，但在实践中极少适用，即使是对特赦的适用也非常慎重。虽然我国1954年《宪法》规定的赦免制度包含了大赦和特赦，但在实践中从没有实行过大赦，有鉴于此，以后的历部宪法关于赦免制度就都没有规定大赦而只保留了特赦。

二、我国的特赦制度

在我国，依照宪法的规定，特赦由全国人民代表大会常务委员会决定，由中华人民共和国主席发布特赦令实施特赦。自从1959年我国第一次实行特赦以来，共实行过7

次特赦。这7次特赦分别是:1959年9月17日对确实改恶从善的蒋介石集团和伪满洲国的战争罪犯、反革命罪犯和普通刑事罪犯实施的特赦;1960年11月19日和1961年12月16日对确实改恶从善的蒋介石集团和伪满洲国的战争罪犯实施的特赦;1963年3月30日、1964年12月12日和1966年3月29日对确实改恶从善的蒋介石集团、伪满洲国和伪蒙疆自治政府的战争罪犯实施的特赦;1975年3月17日对全部在押战争罪犯实施的特赦。从我国实行的7次特赦可以看出,与其他国家的特赦相比,我国的特赦制度具有以下鲜明的特点:

第一,在特赦的对象上,我国的特赦不是针对个别的犯罪分子,而是以某一类或者某几类犯罪分子为特赦的对象。除了1959年的第一次特赦是既对战争罪犯,又对反革命罪犯和普通刑事罪犯实施以外,其余6次特赦都是只对战争罪犯实施的。特赦的对象不是针对个别罪犯,而是以一类或几类罪犯为对象,而且主要是战争罪犯。这表明我国的特赦,首先着眼于国家政治形势发展的需要,着眼于最广泛的民主统一战线的建立。这样做,有利于对顽固政治势力的分化瓦解,有利于团结一切可以团结的力量,有利于国家的团结统一,有利于在国际上不断提高我国的威望。

第二,在特赦的条件上,特赦的条件除须具备一定时间的关押和改造外,关键要看罪犯在监狱中的表现,只有对确实已经改恶从善的罪犯,才能予以特赦。这既体现了惩办与宽大、惩罚与改造相结合的刑事政策,又体现了特赦目的与刑罚目的的统一。我国的特赦不是针对刑罚尚未开始执行的犯罪分子,而是对关押改造了一定期限、确实改恶从善的犯罪分子实施的。因此,特赦释放的对象必须符合两个条件,一是罪犯被关押改造了一定的时期,二是罪犯确实有改恶从善的表现。这两个条件必须同时具备、缺一不可。

第三,在特赦的内容上,根据被特赦的罪犯的罪行轻重和刑期长短,对被特赦的罪犯实行区别对待。有的予以释放,有的予以减刑,实行区别对待有利于对罪犯的改造和维护法律的严肃性。我国的特赦不是免除犯罪分子的全部刑罚,而是只免除其刑罚执行过程中的未执行部分,或者酌情减轻原来判处的刑罚。这样做,既是为了使犯罪分子看到努力改造的出路从而提高改造的积极性,又是为了维护法律的严肃性和权威性。

第四,在特赦的程序上,根据中共中央或者国务院的建议,全国人大常委会通过决定实施特赦,并由最高人民法院和高级人民法院负责执行;在设有国家主席期间,均由国家主席发布特赦令。特赦的严格程序表明,我国对特赦的实施是有严格控制的,既严肃又慎重,这有利于保证特赦内容的全面准确落实。

【阅读参考书目】

1. 胡学相著:《量刑的基本理论研究》,武汉大学出版社1998年版。

2. 马克昌主编:《刑罚通论》,武汉大学出版社2000年版。

3. 王作富主编:《刑法》,中国人民大学出版社2010年第4版。

【思考题】

一、名词解释

1. 刑罚消灭

2. 追诉时效

3. 行刑时效

4. 特赦

二、简答题

1. 简述刑罚消灭的法定原因。

2. 简述追诉时效制度的意义。

三、论述题

1. 论述刑法规定的追诉时效制度的内容。

2. 论述刑法规定的特赦制度的内容。

下编　刑法分论

第二十章　刑法分论概说

刑法分论是刑法学的组成部分，与刑法总论有密切关系。刑法分论主要研究刑法分则规定的各种具体犯罪，以及对各种犯罪的处罚。对此，首先，要明确刑法总论与刑法分论的关系，注意在实践中将两者有机结合；其次，还要具体了解刑法分则的构成，以及在法条竞合时如何正确地适用刑法。

第一节　概　述

一、刑法分论与刑法总论的关系

我国刑法总则规定刑法的任务、基本原则、刑法的适用范围，以及关于认定犯罪、适用刑罚的一般原理、原则和具体制度等内容，刑法分则规定各种具体犯罪的罪状及对每一种犯罪应当判处的刑罚种类和刑罚幅度。与刑法总则和刑法分则相适应，刑法学体系由刑法总论和刑法分论两大部分构成。刑法分论与刑法总论之间的关系，概言之，是一种相互依存、互为补充的关系。

（一）刑法分论对刑法总论的意义

1. 贯彻与体现刑法总论

刑法总论阐述的是犯罪、刑事责任和刑罚有关共性的一般原理、原则，较为抽象、概括。这些抽象的原理、原则只有通过刑法分论对具体的罪行的论述，才能得到实际的贯彻和把握。例如，刑法总论阐述的犯罪构成的一般要件，使人们能够从整体上了解犯罪构成需要具备犯罪客体要件、犯罪客观方面要件、犯罪主体要件、犯罪主观方面要件，但是每一种具体的犯罪，其犯罪构成的四个方面的要件则具有各自的内容。正是通过刑法分论对具体犯罪的规定，才能充分发挥出刑法总论对定罪量刑的指导作用。

2. 促进刑法总论的实践效应

由于司法实践中面对的是对具体的犯罪的认定和处罚问题，刑法总论的一般原理、原则如果不与具体犯罪的认定相结合，则是抽象的，无法发挥作用的。例如，如果只有总则关于刑罚种类和刑罚运用一般规定，而没有刑法分则对各种犯罪的法定刑具体规定，在司法实践中就无法对被告人量刑。因此，以刑法分则作为研究对象的刑法分论，具有促进刑法总论实践效应的作用。

3. 丰富和发展刑法总论

如前所述，刑法总论研究定罪量刑的一般原理、原则，即定罪量刑的共性或普遍性的问题，对于刑法分论研究具体犯罪的认定和处罚，具有普遍的指导意义。也正因为这样，如果不把基本概念和基本理论与形形色色的犯罪案件的实际相结合，人们的认识只能停留在抽象认识的水平上，而不能有更深刻、更丰富的认识。例如，刑法总论阐述了犯罪未遂与犯罪预备的根本区别，就在于行为人是否“着手实施犯罪”，并且说明“着手实行”是指已开始实施刑法分则所规定的作为具体犯罪构成要件的行为。然而，不同的犯罪其开始实施的行为表现是不同的，必须结合对各种犯罪的构成要件的具体剖析，才能掌握每一个具体犯罪案件中认定是否“着手犯罪”，从而对犯罪未遂的概念认识才能更深刻、更丰富。再者，理论来源于实践，又要接受实践的检验。通过对刑法分论的研究，将会发现刑法总论中的不足，为刑法总论的研究提供素材，推动刑法总论进一步发展。

（二）刑法总论对刑法分论的意义

1．概括刑法分论

形形色色的具体犯罪，虽然各具特殊性，但特殊性中蕴涵着普遍性。刑法分论只研究具体犯罪的特殊性，而较少涉及其共性。如果仅就具体犯罪而论，就难以从宏观上把握具体犯罪的实质。刑法总论可以对刑法分论阐述的各种各样的具体犯罪问题进行科学的抽象和概括，提炼出有关的原理、原则和共性知识，从而使我们对具体犯罪问题获得更高层面的认识。

2．指导刑法分论

刑法总论关于犯罪、刑事责任和刑罚的一般原理、原则，抽象概括了刑法分论关于具体犯罪的理论，因而，也就具有了指导对刑法分论各种具体犯罪问题进行研究的作用。例如，刑法总论关于犯罪停止形态的理论，对于刑法分论正确地确定各种具体的故意犯罪的犯罪既遂、未遂、预备和中止，都具有重要的指导作用。切实认识刑法总论对刑法分论的指导作用，有助于正确而深入地开拓对罪行各论进行的研究，对正确解决具体犯罪的有关问题具有重要的意义。

3．制约刑法分论

刑法总论论证的有关原理、原则，必须在刑法分论中得到切实的遵循，不得违反。例如，刑法总论关于犯罪构成的原理认为，任何犯罪构成都是主观要件和客观要件的有机统一。因此，刑法分论在研究任何具体犯罪时，都必须坚持犯罪构成主观与客观要件统一的原理，不得违反，不得阐述出缺少主观要件或者客观要件的犯罪构成，或者主观要件与客观要件相抵触的犯罪构成。

▶ 二、研究刑法分论的意义和方法

在学习、掌握刑法总论知识的基础上，学习和研究刑法分论具有重要意义：首先，有助于深入理解和正确贯彻刑法总则的基本原理、原则；其次，有助于科学地阐明各种犯罪的构成，划清罪与非罪、此罪与彼罪的界限，准确地定罪量刑；最后，通过对刑法分论的学习和研究，可以发现刑事立法中的缺陷和不足，并提出修改和完善建议，有助于发展刑法理论和改革与健全刑事立法。

理解了研究刑法分论的意义，还应当掌握学习刑法分论的方法，研究刑法分论除坚持以刑法总论的有关原理、原则为指导外，还需注意以下几点：其一，要注意跟踪立法发展与司法实践，及时地了解和研究刑事立法对刑法分则内容的修改补充以及最高司法机关所作的司法解释。及时地了解和研究新的刑法分则规范及司法实践，密切关注立法和司法动态，总结司法实践中的经验和教训。其二，要注意突出重点、难点，刑法分论的重点是各种具体犯罪尤其是司法实践中的常见罪、多发罪的犯罪构成，罪与非罪的界限以及此罪与彼罪的界限。难点问题在各罪中可能不尽相同，有的罪的难点可能是主体特征，有的罪的难点也许是主观方面，还有的罪的难点可能是该罪与其他相关罪的界限，等等。其三，要注意贯彻理论联系实际的研究方法。用所学的刑法理论分析具体的案例，使理论得以消化和深化，从而提高分析问题解决问题的能力。

第二节 刑法分则体系

▶ 一、刑法分则体系的概念

刑法分则体系是指分则按照一定的规则将不同犯罪进行分类排列而形成的一个有机整体。分则是规定具体犯罪及其刑事责任的，而具体犯罪的种类相当多，这就需要以一定标准将具体犯罪分为若干类，再以一定标准对类罪进行合理排列，同时对各类罪中的具体犯罪进行排列，从而形成分则体系。

犯罪分类是罪刑法定主义的要求。罪刑法定主义要求以成文刑法明确规定犯罪的构成要件与刑事责任；只有对社会生活中发生的各种犯罪进行合理分类，进而规定各种犯罪的构成要件，才能实现罪刑法定主义的要求。

类罪划分及其在刑法分则中的排列顺序，体现了刑法的价值取向。西方国家刑法与刑法理论一般以犯罪侵犯的法益为标准采取二分法或三分法。二分法即将犯罪分为侵犯公法益的犯罪与侵犯私法益的犯罪；三分法即将犯罪分为侵犯国家法益的犯罪、侵犯社会法益的犯罪与侵犯个人法益的犯罪。第二次世界大战前，西方国家刑法与刑法理论一般将侵犯国家法益的犯罪放在首位，侵犯个人法益的犯罪放在最后。但第二次世界大战后，特别是20世纪90年代以来，西方国家在调整刑事立法时，往往将侵犯个人法益的犯罪放在刑法分则首位，将侵犯国家法益的犯罪放在最后。这反映了刑法立法价值取向的新动向。

犯罪分类有利于司法机关正确定罪量刑。具体犯罪的分类也便于司法机关对定罪量刑的类罪划分。因为社会生活中发生的犯罪比较复杂，司法机关总是先认定现实犯罪属于哪一类犯罪，然后再进一步认定该类犯罪中的哪一种具体犯罪。可见，类罪的划分具有现实意义。

▶ 二、我国刑法分则体系的特点

我国刑法分则将犯罪分为10类，每一类为一章，其排列顺序为：危害国家安全罪；危害公共安全罪；破坏社会主义市场经济秩序罪；侵犯公民人身权利、民主权利罪；妨害社会管理秩序罪；危害国防利益罪；贪污贿赂罪；渎职罪；军人违反职责罪。我国刑法分则体系具有如下特点：

（一）以同类客体为标准对犯罪进行分类

我国刑法分则对犯罪分类的依据，主要是犯罪的同类客体，即把那些侵犯同一方面或同一部分社会关系的犯罪，划归为一类。每一种犯罪行为所侵犯的社会关系，都有其特殊的一面。有的是社会关系的性质不同，有的是侵犯的方式、方法不同等。正因为这样，才能将此罪与彼罪区分开来。但是，从社会关系的整体上考察，某些犯罪所侵犯的社会关系又具有共同性一面，即它们都侵犯了某一方面的社会关系。这是对各种具体犯罪进行分类的依据，也是建立刑法分则体系的基础。例如，背叛国家，分裂国家、颠覆国家政权，投敌叛变，间谍，资敌等犯罪，共同的特征是危害国家安全，故将它们归为一类。刑法分则的第 1 章至第 7 章都是如此。第 8 章（贪污贿赂罪）、第 9 章（渎职罪）和第 10 章（军人违反职责罪），它们所侵犯的同类客体与分则其他有关章的同类客体相同或相类似。之所以将它们单独划分出来，是由于这三类犯罪的主体有其特殊性：贪污贿赂罪主要由国家工作人员构成；渎职罪只能由国家机关工作人员构成；军人违反职责罪只能由现役军人、执行任务的预备役人员和军内在编职工构成。

（二）以犯罪的危害程度为标准对各类、各种犯罪进行排列

有了正确的犯罪分类法，并不意味着必然建立起科学的刑法分则体系。只有在对犯罪进行正确的犯罪分类基础上，恰当的排列各类以及各种犯罪的次序，才能建立起科学的刑法分则体系。我国刑法分则根据犯罪的危害程度对各类、各种犯罪进行排列，使之与正确的犯罪分类相结合，从而真正地构筑起科学的分则体系。

首先，类罪的排列是以社会危害程度的大小进行排列的。刑法分则共包括十类犯罪，这十类犯罪就是根据各类犯罪的社会危害性大小，由重到轻依次排列的。危害国家安全罪侵犯的是国家安全，而国家安全是我国的根本利益，是最重要的社会关系，因此，这类犯罪的社会危害性最为严重，所以，将其排在各章之首。危害公共安全罪侵犯的是社会的公共安全，其社会危害程度仅次于危害国家安全罪，因此，这类犯罪紧随危害国家安全罪之后。刑法分则第 3 章至第 10 章的排列其原理与上相同。当然类罪的先后排列顺序表明的社会危害程度的大小，是从总体上而言的，并不意味着排在前面的类罪中每一种具体犯罪的社会危害性都大于排在后面的类罪中的所有具体罪的社会危害性。如危害公共安全罪的过失犯罪，就显然轻于侵犯人身权利、民主权利罪中的故意杀人、强奸妇女等犯罪。

其次，各类罪中的具体犯罪也大体上是根据社会危害程度的大小进行排列的。刑法分则中的每一类犯罪都包括数目不等的具体犯罪，各类犯罪中的具体犯罪的排列也不是随心所欲的，而是基本上按照其危害性的大小，由重到轻依次编排的。例如，在危害公共安全这类犯罪中，放火罪、决水罪、爆炸罪、投放危险物质罪等犯罪，均属于故意以危险方法危害公共安全的犯罪，其社会危害性最为严重，因此，将它们排在该类犯罪的前面。而工程重大安全事故罪、教育设施重大安全事故罪、消防责任事故罪等犯罪，属于过失危害公共安全的犯罪，社会危害性相对较轻，因而将它们排在该类犯罪的后面。当然，刑法分则中各类犯罪中每一种具体犯罪，并非绝对按照社会危害性的大小由重到轻进行排列的，有的犯罪的排列，还要照顾到犯罪性质和相互间的逻辑关系。

例如,在刑法分则第4章中,把社会危害性最大的故意杀人罪列在首位,其次是过失致人死亡罪,再次是故意伤害罪等。这种排列,主要是考虑故意杀人与过失致人死亡两种犯罪的密切联系,而并不意味着过失致人死亡罪比故意伤害罪、强奸罪的社会危害性更大。

再次,依据犯罪的主要客体进行归类。这种分类主要针对具有复杂客体的犯罪而言。所谓复杂客体是指侵犯了两种以上的社会关系的犯罪客体,刑法分则根据该犯罪的主要(较为重要的)客体将其归入不同的类罪。如将抢劫罪归入侵犯财产罪,将合同诈骗罪归入破坏社会主义市场经济秩序罪等。

总之,我国刑法分则的体系,主要是依据犯罪的同类客体及社会危害程度的大小而设计,使之在逻辑上较为严谨,在结构上较为缜密。

第三节　刑法分则条文结构

刑法分则中规定具体犯罪的条文的结构,由罪状和法定刑两部分组成。例如,《刑法》第257条第1款规定"以暴力干涉他人婚姻自由的,处2年以下有期徒刑或者拘役"。前半句是罪状,其中包含了罪名,后半句是法定刑。

一、罪状

所谓罪状,是指刑法分则条文对具体犯罪的构成特征的描述。在刑法理论上通常根据条文对罪状的描述方式不同,将罪状分为4种:叙明罪状、简单罪状、引证罪状和空白罪状。但在理论上,认为根据不同的标准还可以对罪状进行其他的分类,即根据条文对罪状的描述方式的多寡,可以将罪状分为单一罪状和混合罪状。

(一) 叙明罪状、简单罪状、引证罪状和空白罪状

1. 叙明罪状

即在分则条文中详细描述某罪的构成特征。例如,《刑法》第305条规定:在刑事诉讼中,证人、鉴定人、记录人、翻译人对与案件有重要关系的情节,故意作虚假证明、鉴定、记录、翻译,意图陷害他人或隐匿罪证的,处3年以下有期徒刑或者拘役……该条不仅规定了伪证罪的主体,即证人、鉴定人、记录人、翻译人,而且还规定了本罪的客观要件,即在刑事诉讼中,对与案件有重要关系的情节,作虚假证明、鉴定、记录、翻译,以及本罪的主观要件,即有犯罪故意,并且有陷害他人或者隐匿罪证、包庇罪犯的目的。这种罪状形式,由于详细描述了该罪的构成要件,因而有助于在司法实践中划清罪与非罪、此罪与彼罪的界限。我国刑法分则的大多数条文,采用这种形式。有些条文还采用了列举规定的罪状的形式,利用这种罪状描述方式,可以使罪状更为具体,有助于准确认定犯罪。

2. 简单罪状

即在条文中只简单地规定罪名,而不具体叙述犯罪行为的构成特征。例如,《刑法》第232条规定:故意杀人的,处……第233条规定:过失致人死亡的,处……这两个

条文中的“故意杀人”和“过失致人死亡”，就是简单罪状。使用这种罪状，一般立法者认为这些犯罪行为的特征为人所共知，无需在法律上再具体叙述。

3．引证罪状

即引用同一法律中的其他条款来说明和确定某一犯罪构成的特征。例如，《刑法》第124条第1款规定了破坏广播电视设施、公用电信设施罪的罪状和法定刑，其第2款规定：过失犯前款罪的，处……该款就是引用第1款规定的罪状，来说明和确定过失破坏广播电视设施、公用电信设施罪的罪状。《刑法》第115条第2款、第119条第2款等关于“犯前款罪”的规定，都是引用罪状。采用引证罪状的方式，是为了避免条款间文字上的重复。但过失犯罪引证故意犯罪的条款，则不够科学。

4．空白罪状

是指罪刑规范没有具体说明某一犯罪的构成特征，但指明了必须参照的其他法律、法令。从它对没有具体说明的构成特征来说，是空白罪状；从它指明了必须参照的法律、法令而言，是参见罪状。例如，《刑法》第345条第2款规定：违反森林法的规定，滥伐森林或者其他林木，数量较大的，处3年以下有期徒刑、拘役或者管制，并处或者单处罚金。其中的罪状便属于空白罪状。之所以采用空白罪状的方式，是因为这些犯罪首先以触犯其他法规为前提，行为的具体特征在其他法规中已有规定，刑法条文难以简单表述出来，空白罪状的特点是，参照其他法规，避免复杂表述。

（二）单一罪状和混合罪状

1．单一罪状

即条文仅采用叙明、简单、引证、空白罪状其中的一种方式对犯罪的基本构成特征进行描述。分则条文中的绝大多数罪状，属于单一罪状。

2．混合罪状

即条文同时采用叙明、简单、引证、空白罪状其中的两种或多种方式对犯罪的基本构成特征进行描述。例如，《刑法》第338条规定：违反国家规定，向土地、水体、大气排放、倾倒或者处置有放射性的废物、含传染病病原体的废物、有毒物质或者其他危险废物，造成重大环境污染事故，致使公私财产遭受重大损失或者人身伤亡的严重后果的，处3年以下有期徒刑或者拘役，并处或者单处罚金；后果特别严重的，处3年以上7年以下有期徒刑，并处罚金。在该罪状中“违反国家规定”，属于空白罪状，指出确定重大环境污染事故的构成需要参照国家规定的有关法规，后半段的规定则属于叙明罪状，详细描述了构成重大环境污染事故罪的特定的环境、对象、行为方式以及后果的要件。本条因使用两种方式具体描述重大环境污染事故罪的罪状，因而是混合罪状。

二、罪名

（一）罪名的概念

罪名，有广义和狭义之分。广义的罪名包括类罪名、类罪中的节罪名和具体罪名。狭义的罪名仅指具体罪名。由于本节论述的是具体犯罪条文的构成，因此，这里所讲的是狭义上的罪名。即是指高度概括具体犯罪本质特征，对具体犯罪的称谓。

（二）罪名的分类

这里讲的罪名分类，不是指刑法分则规定了哪些具体罪名，而是归纳出现存罪名的类型，从而进一步明确罪名的含义，正确适用罪名。一般来说，罪名可分为以下几类：

1. 类罪名与具体罪名

类罪名是某一类犯罪的总称。在我国刑法中，类罪名是以犯罪的同类客体为标准进行概括的，共有10个类罪名，如危害国家安全罪、危害公共安全罪、破坏社会主义市场经济秩序罪等等。类罪名之下，包括了具有该类性质的所有具体罪名。因此，理解类罪名有助于了解该类具体犯罪的性质。在刑法分则中，类罪名是章的标题，没有具体的罪状和法定刑，刑法对其构成要件也没有明确规定。但刑法理论仍然能够根据其性质，抽象出其构成要件，即某类犯罪的构成要件，所以，理解类罪名，也有利于该类具体犯罪的构成要件。由于现实中的犯罪都是具体的，故类罪名不能成为定罪得以引用的根据，即不能根据类罪名定罪。

具体罪名是各种具体犯罪的名称。每个具体犯罪都有其定义、构成要件与法定刑。如《刑法》第263条规定的抢劫罪、第258条规定的重婚罪等，都是具体罪名，它们有其构成要件与法定刑。这种规定具体罪名与法定刑的分则规范，是典型的罪刑规范。具体罪名是定罪时得以引用的罪名，即只能根据具体罪名定罪。

2. 单一罪名与选择性罪名、概括罪名

单一罪名是指所包含的犯罪构成的具体内容单一，只能反映一个犯罪行为，不能分解拆开使用的罪名。例如，故意杀人罪、故意伤害罪、非法捕捞水产品罪等，它们所表示的是具体犯罪行为，不可能对它们进行分解。行为触犯一个单一罪名的，没有疑问地构成一罪。我国刑法分则中的大部分罪名是单一罪名。

选择性罪名是指所包含的犯罪构成的具体内容复杂，反映出多种犯罪行为，既可概括使用，也可分解拆开使用的罪名。例如，拐卖妇女、儿童罪，它是一个罪名，但它包括了拐卖妇女的行为与拐卖儿童的行为，即可分解为两个罪名。当行为人只拐卖妇女时，定拐卖妇女罪；当行为人拐卖儿童时，定拐卖儿童罪；当行为人既拐卖妇女、又拐卖儿童时，定拐卖妇女、儿童罪，不实行数罪并罚。选择罪名大致有以下三种情况：第一是行为选择，即罪名中包括了多种行为，因而形成选择罪名。如引诱、容留、介绍他人卖淫罪，包括了三种行为，可以分解为三个罪名。第二是对象选择，即罪名中包括了多种对象，因而形成选择罪名，如上述拐卖妇女、儿童罪。第三是行为与对象同时选择，即罪名中包括了多种行为与多种对象，因而形成选择罪名。如非法制造、买卖、运输、邮寄、储存枪支、弹药、爆炸物罪，包括五种行为和三种对象，可以分解成15个罪名。

概括罪名是指其包含的犯罪构成的具体内容复杂，反映出多种犯罪行为，但只能概括使用，不能分解拆开使用的罪名。如信用卡诈骗罪，包括了使用伪造的信用卡、使用作废的信用卡、冒用他人信用卡、恶意透支四种行为，不管行为人是实施其中一种还是数种行为，都定信用卡诈骗罪，而不是定恶意透支罪；行为人实施了上述几种行为时，也定信用卡诈骗罪，而不实行数罪并罚。

3. 确定罪名与不确定罪名

确定罪名是指法律有明确、特定表述的罪名，如交通运输肇事罪、偷税罪、受贿罪、玩忽职守罪等等，都是确定罪名。这些罪名的内涵清楚，性质明确，不能变更。不管行为的具体表现形式如何，只要触犯这种罪名，就没有疑问地使用该罪名。例如，不管行为人采取什么方式偷税，都构成偷税罪，偷税罪这一名称是不容变更的。

不确定罪名是指法律没有特定表述，定罪时可以根据行为的具体状况来确定的罪名。例如，《刑法》第114条规定的以危险方法危害公共安全罪，其性质与基本构成要件是明确的，但在适用时，司法机关一般根据行为的状况来确定其罪名，而不笼统定以危险方法危害公共安全罪。例如，行为人在公共场所开车撞人危害了公共安全时，就定以驾车撞人的方法危害公共安全罪。

三、法定刑

法定刑，是指包含罪刑关系的条文规定的适用于具体犯罪的刑罚种类和幅度。例如，《刑法》第232条规定，故意杀人的，处死刑、无期徒刑或者10年以上有期徒刑；情节较轻的，处3年以上10年以下有期徒刑。本条规定的处罚，就是故意杀人罪的法定刑。法定刑与罪状紧密联系，犯罪是刑罚的基础，没有罪状就没有法定刑。法定刑只能针对具体犯罪而规定。法定刑不同于宣告刑。法定刑是立法机关根据某种犯罪的社会危害性和可能达到的危害程度所规定的刑罚种类及幅度，宣告刑则是审判机关对具体案件中的犯罪人依法判出并宣告的应当执行的刑罚。

在理论上，通常将法定刑分为以下几种：

(1) 绝对确定法定刑。即刑法对某种犯罪或者对具备某种情节的犯罪规定的刑种和刑度，审判机关没有自由裁量的余地。规定这样的法定刑，审判机关容易操作，但其最大的弊端是缺乏灵活性，审判机关无法适应具体犯罪案件的不同情节判处轻重适当的刑罚，以体现区别对待的刑事政策和立法精神。因此，包括我国在内的现代各国刑法一般都不采用对一种罪只规定一种绝对确定法定刑的做法。但是，我国现行刑法仍保留了针对某种犯罪的某种特定情节，规定绝对确定的单一的死刑。例如，《刑法》第239条规定：犯绑架罪的……致使被害人死亡或者杀害被绑架人的，处死刑，并处没收财产。

(2) 绝对不确定法定刑。即在法律上只规定对某种犯罪应予惩处，却不规定具体的刑种和刑度。例如，笼统规定对某种犯罪行为“依法制裁”、“依法严惩”等。在法制不完备条件下，需采用这种方式。因其仅抽象地表现犯罪与刑罚的联系，对具体量刑起不到规制作用，不利于法制的统一，难以避免量刑畸重现象，因此，在刑法典上不能采用这种法定刑。

(3) 相对确定法定刑。即刑法分则条文针对不同犯罪的不同性质和不同社会危害性，分别规定一个或数个主刑、一个或数个刑罚幅度。审判机关可以根据具体情节，在法定的幅度内选择判处轻重适当的刑罚。这是当代各国刑法普遍采用的法定刑。其优点是既对审判机关量刑具有约束作用，又为其提供一定的灵活性，有利于贯彻区别对待的政策，实现罪责刑相适应原则。

我国刑法中的相对确定法定刑，有以下几种表现形式：

A. 分则条文只规定一种刑罚，并且只规定最高期限的情况。例如，《刑法》第448条对虐待俘虏罪，处3年以下有期徒刑。其最低期限，依照《刑法》第45条的规定应为6个月。

B. 分则条文规定两种以上刑罚，其中有期徒刑只规定最高期限的情况。例如，《刑法》第277条对妨害公务罪规定，处3年以下有期徒刑、拘役、管制或者罚金。其有期徒刑的最低期限以及拘役、管制的最低、最高期限，依照刑法总则的有关规定执行。

C. 分则条文规定两种以上主刑，两个以上刑罚幅度，或同时规定附加刑，其中有期徒刑只规定最低期限，其最高期限，依照刑法总则的有关规定执行。例如，《刑法》第239条规定，对绑架罪，处10年以上有期徒刑或者无期徒刑，并处罚金或者没收财产……

D. 分则条文规定两种以上主刑，两个以上刑罚幅度，或同时规定附加刑，其中有的幅度对有期徒刑规定有最高和最低期限。例如，《刑法》第371条规定，对聚众冲击军事禁区的首要分子，处5年以上10年以下有期徒刑；对其他积极参加的，处5年以下有期徒刑、拘役、管制或者剥夺政治权利。

E. 规定援引法定刑。即分则条文规定，对其罪援引其他条文或同条的另一款的法定刑处罚。例如，《刑法》第144条规定，对生产、销售有毒有害食品，致人死亡或者对人体健康造成特别严重危害的，依照本法第141条的规定处罚。采用这种形式的法定刑，是为了简化分则条文，但是，被援引的条文所规定的犯罪，必须与本罪的性质近似。

第四节　刑法分则的法条竞合

法条竞合，是指一个行为同时符合了数个法条规定的犯罪构成，但从数个法条之间的逻辑关系来看，只能适用其中一个法条，当然排除适用其他法条的情况。错综复杂的犯罪现象，反映在刑事立法上便是错综复杂的规定。

法条竞合表现为以下几种情况：(1) 因犯罪主体形成的法条竞合。如军人战时造谣惑众，动摇军心的行为，既符合《刑法》第433条的构成要件，又符合第378条的构成要件。(2) 因犯罪对象形成的法条竞合。如与现役军人配偶结婚的行为，既符合《刑法》第258条的重婚罪的构成要件，又符合《刑法》第259条的破坏军人婚姻罪的构成要件。(3) 因犯罪目的形成的法条竞合。如以牟利为目的传播淫秽物品的行为，既符合《刑法》第363条第1款规定的构成要件，又符合第364条规定的构成要件。(4) 因犯罪手段形成的法条竞合。如冒用他人名义签订合同骗取财物的行为，既符合《刑法》第224条的合同诈骗罪的构成要件，又符合《刑法》第266条的诈骗罪的构成要件。(5) 因危害结果形成的法条竞合。如刑讯逼供致人伤残的，既符合《刑法》第234条的故意伤害罪的构成要件，又符合《刑法》第247条的刑讯逼供罪的构成要件。(6) 同时因手段、对象等形成的法条竞合。如以特定手段诈骗贷款的行为，既符合《刑法》第266

条的诈骗罪的构成要件,又符合第193条的贷款诈骗罪的构成要件。从法律上看,法条竞合表现为一个行为同时触犯同一法律的普通条款与特别条款,如前述第(1)至(6)种情况。

法条竞合时只能适用一个法条,但适用哪一法条,则必须确立一定的原则。

(一) 特别法优于普通法的原则

这一原则适用于以下几种情况:

(1) 一行为同时符合不同法律的条文,而其中一部法律是普通法,另一部法律是特别法。假如,某一行为既符合刑法的某一条文,也符合刑法施行以后立法机关颁布的刑法修正案或者决定的某一条文,那么,就应适用刑法修正案或决定的条文处理。

(2) 一行为同时符合同一法律中的不同条文,而该法律中的相关条文明确指出适用特殊情况处理。例如,《刑法》第233条、第235条在分别规定了过失致人死亡罪,过失致人重伤罪的刑事责任以后,又明确规定:本法另有规定的,依照规定。这里所说的"本法另有规定"就是特别法,"依照规定"就是适用特别法。

(3) 一行为同时符合同一法律中的不同条文,相关条文虽然没有明确规定适用特殊规定处理,通常也应适用特别法。即在适用特殊规定处理是立法原意所在或者适用特殊规定并不明显违背罪责刑相适应原则的情况下,应适用特别法。例如,现役军人的某一行为既符合刑法分则第10章军人违反职责罪的某一条文,也符合刑法分则其他条文,那么,就应适用军人违反职责罪的条文处理。因为军人违反职责罪的设立,旨在表明立法者对这类犯罪的特别关注,因此,对于军人违反职责的犯罪行为,即使符合其他普通条文的规定,也不能适用普通条文处理。

(二) 重法优于轻法原则

(1) 一行为同时符合同一法律中的不同条文,相关条文明确规定按处罚较重的条文处理。例如,刑法分则第3章第1节第149条第2款规定:生产、销售本节第141条至第148条规定之罪的,依照处罚较重的规定定罪处罚。上述规定打破了特殊法优于普通法的原则,体现的是重法优于轻法的原则。

(2) 一行为同时符合同一法律中的不同条文,相关条文虽然没有明确规定只能按处罚较重的条文处理,但适用处罚较轻的条文明显背离了罪责刑相适应原则,此种情况下,适用重法优于轻法的原则处理。例如,冒充国家工作人员骗取他人财物,数额特别巨大,如果按《刑法》第279条规定的招摇撞骗罪处理,最高只能处10年有期徒刑,而按《刑法》第266条规定的诈骗罪处理,最高则可处无期徒刑。应该说,冒充国家工作人员诈骗他人财物通常比采用其他方法诈骗他人财物的社会危害性大,如果对前者按照《刑法》第279条处理,很显然不符合罪责刑相适应原则,因此,应适用《刑法》第266条处理。

【阅读参考书目】

1. 高铭暄、马克昌主编:《刑法学》,北京大学大学出版社、高等教育出版社2011年第5版。

2. 王作富主编:《刑法》,中国人民大学出版社2011年第5版。

【思考题】

一、名词解释

1. 罪状

2. 引证罪状

3. 空白罪状

4. 法定刑

5. 法条竞合

二、简答题

1. 刑法总则与刑法分则的关系是什么？

2. 法定刑与宣告刑的区别何在？

三、论述题

1. 我国刑法分则对犯罪进行分类和排列的根据是什么？

2. 如何正确确定罪名？

第二十一章　危害国家安全罪

危害国家安全罪，是故意针对我国主权、领土完整、国家政权和社会主义制度的安全而实施的犯罪。同这类犯罪作斗争，事关我国家、民族的命运与前途。因此，对这类犯罪的严重危害性，必须有足够的认识，对其实行坚决打击。同时，也要注意掌握其中具体犯罪的构成特征，分清此罪与彼罪的界限。

第一节　危害国家安全罪总述

一、危害国家安全罪的概念和构成要件

危害国家安全罪，是指故意危害中华人民共和国的主权、领土完整与安全，颠覆国家政权、推翻社会主义制度的行为。该类犯罪具有如下构成特征：

(1) 犯罪的客体是国家安全。

所谓国家安全，是指国家独立、国家领土完整和安全、国家的团结和统一、国家政权基本制度以及国家其他根本利益安全的总和。在我国，其核心内容是人民民主专政的政权和社会主义制度。我国人民民主专政的政权和社会主义制度，是我国人民在中国共产党领导下，经过艰苦卓绝的斗争所取得的最重要的革命胜利成果，是全国各族人民的根本利益所在，敌对势力和敌对分子总是要千方百计地把破坏的目标集中指向人民民主专政的政权和社会主义制度，妄图推翻它们，因而，我国刑法把同危害国家安全罪作斗争放在首要地位，并规定了严厉的刑罚。

(2) 犯罪的客观方面表现为实施危害国家安全的行为。

危害中华人民共和国国家安全的行为，表现为危害国家主权、危害国家领土完整和安全、分裂国家、颠覆国家政权，或者侵害国家其他根本利益的作为或不作为。其具体表现形式，是规定在《刑法》第 102 条至第 112 条的各种行为。因此，判断行为是否属于危害国家安全的行为，应以刑法的具体规定为法律标准，不能任意扩大其范围。仅有某种政治偏见，而没有实施危害国家安全行为的，不构成危害国家安全罪。

(3) 犯罪的主体大部分是一般主体，有的是特殊主体。

本章犯罪，除背叛国家罪等少数犯罪的主体只能是中国公民外，其他犯罪的主体既可以是中国公民，也可以是外国人或无国籍人。单位不能成为本章犯罪的主体，即使有的犯罪是由某些机构、组织实施的，也只能处罚其直接责任人员。

(4) 犯罪的主观方面是故意犯罪，且一般具有危害国家安全的目的。

危害国家安全罪的主观方面是故意，且绝大多数是直接故意，即明知自己的行为会发生危害中华人民共和国国家安全的后果，并且希望这种结果发生，少数犯罪既可以是直接故意，也可以是间接故意，例如，为境外窃取、刺探、收买、非法提供国家秘密、

情报罪,行为人可能出自获利的动机,对危害国家安全的结果持放任的态度。

二、危害国家安全罪的种类

根据刑法分则第一章的规定,危害国家安全罪12个条文共规定了下列12种具体犯罪:背叛国家罪,分裂国家罪,煽动分裂国家罪,武装叛乱、暴乱罪,颠覆国家政权罪,煽动颠覆国家政权罪,资助危害国家安全犯罪活动罪,投敌叛变罪,叛逃罪,间谍罪,为境外窃取、刺探、收买、非法提供国家秘密、情报罪,资敌罪。

第二节 危害国家安全罪分述

一、背叛国家罪

背叛国家罪,是指勾结外国,危害中华人民共和国的主权、领土完整和安全的行为。本罪侵犯的客体是国家主权、领土完整和安全。本罪的客观方面表现为勾结外国,危害中华人民共和国主权、领土完整和安全的行为。所谓勾结外国,是指同外国政府、政党、政治集团和敌视我国的社会势力相勾结。其勾结的方式,可以是人员的秘密接触、信件往来,也可以是通过其他途径进行联络、策划。所谓危害国家主权、领土完整和安全,是指与外国政府签订丧权辱国条约,出卖我国神圣领土,使外国政府对我国发动侵略战争,迫使我国政府同意外国在我国领土上行使治外法权以及其他危害国家安全的活动。与外国机构、组织、个人勾结,危害国家主权、领土完整和安全的,应以背叛国家罪论处。行为人只要实施了勾结外国,危害中华人民共和国主权、领土完整和安全的行为,不论是否造成国家主权、领土和安全的实际危害,均以既遂论。本罪主体只能是中国公民,而且通常是掌握国家重要权力或者有一定社会地位和政治影响的人。本罪的主观方面是故意,并以危害国家主权、领土完整和安全为目的。根据《刑法》第102条、第113条第1款的规定,犯本罪的,处无期徒刑或者10年以上有期徒刑;对国家和人民危害特别严重、情节恶劣的,可以判处死刑。依照《刑法》第56条、第113条第2款的规定,犯本罪的,应当附加剥夺政治权利,可以并处没收财产。

二、分裂国家罪

分裂国家罪,是指组织、策划、实施分裂国家、破坏国家统一的行为。本罪侵犯的客体是中华人民共和国的国家安全,并且是国家的统一。本罪的客观方面表现为组织、策划、实施分裂国家、破坏国家统一的行为。一般表现为:挑拨民族关系,制造民族矛盾,破坏各民族的团结与国家统一;实行少数民族地方割据,建立反中央政府的统治机构;采取多种措施抗拒中央人民政府对少数民族的统一领导。此外,按照最高人民法院、最高人民检察院1999年10月9日颁布《关于办理组织和利用邪教组织犯罪案件具体应用法律若干问题的解释》第7条的规定,组织和利用邪教组织,组织、策划、实施煽动分裂国家、破坏国家统一活动的,成立本罪。本罪的主体为一般主体,并且与背叛国家罪不同,外国公民和无国籍人也可以成为本罪的主体。本罪的主观方面为故意,即明知自己的行为会发生分裂国家、破坏国家统一的结果,并且希望或者放任这种结果发生。根据《刑法》第 103 条第 1 款、第 113 条和第 56 条的规定,犯分裂国家罪的,对首要分子或者罪行重大的,处无期徒刑或者 10 年以上有期徒刑;对积极参加的,处 3 年以上 10 年以下有期徒刑;对其他参加的,处 3 年以下有期徒刑、拘役、管制或者剥夺政治权利;对国家和人民危害特别严重、情节特别恶劣的,可以判处死刑。犯本罪的,可以并处没收财产;应当附加剥夺政治权利。另外,根据《刑法》第 106 条的规定,与境外机构、组织、个人相勾结犯本罪的,从重处罚。

三、煽动分裂国家罪

煽动分裂国家罪,是指煽动分裂国家、破坏国家统一,危害国家安全的行为。本罪侵犯的客体是国家的统一,客观方面表现为煽动他人进行分裂国家、破坏国家统一的行为。煽动的行为方式既可以是口头的,也可以是书面的。只要行为人以分裂国家、破坏国家统一为目的而实施了煽动行为,即构成本罪的既遂。本罪主体是一般主体,主要是那些具有较高社会地位和较大政治影响的人。主观方面是故意,且具有分裂国家、破坏国家统一的目的。根据《刑法》第 103 条第 2 款、第 106 条的规定,犯本罪的,处 5 年以下有期徒刑、拘役、管制或者剥夺政治权利;首要分子或者罪行重大的,处 5 年以上有期徒刑。与境外机构、组织、个人相勾结实施本罪的,从重处罚。根据《刑法》第 56 条、第 113 条第 2 款的规定,犯本罪的,应当附加剥夺政治权利,可以并处没收财产。

四、武装叛乱、暴乱罪

武装叛乱、暴乱罪,是指组织、策划、实施武装叛乱或者武装暴乱的行为。本罪侵犯的客体是国家稳定的政局。犯罪客观方面表现为行为人组织、策划、实施武装叛乱、武装暴乱危害中华人民共和国国家的安全的行为。其组织、策划、实施的含义与分裂国家罪中同一概念的含义相同。所谓叛乱,是指以投靠外国或者境外敌对势力为背景,纠集多人利用武装进行暴力破坏活动。武装暴乱,是指在境内纠集多人,利用武装进行暴力破坏活动。该犯罪行为的表现形式主要有:(1) 组织、策划、实施武装叛乱、暴乱行为;(2) 策动、胁迫、勾引、收买国家工作人员、武装部队人员、人民警察、民兵进行武装叛乱、暴乱的行为;(3) 与境外机构、组织、个人相勾结进行武装叛乱、暴乱的行为。本罪是行为犯,只要实施了上述行为之一,即构成本罪既遂。犯罪主体是一般主体。只要行为人达到法定刑事责任年龄、具有刑事责任能力,无论其是中国公民、外国公民,还是无国籍人,均可构成本罪的主体。犯罪主观方面只能是故意,并且具有危害国家政局稳定,破坏国家安全的目的。根据《刑法》第 104 条、第 113 条、第 56 条和第 106 条的规定,犯武装叛乱、暴乱罪的,对首要分子或者罪行重大的,处无期徒刑或者 10 年以上有期徒刑;对其他参加的,处 3 年以下有期徒刑、拘役、管制或者剥夺政治权利;策动、胁迫、勾引、收买国家机关工作人员、武装部队人员、人民警察、民兵进行武装叛乱或者武装暴乱的,从重处罚。犯本罪对国家和人民危害特别严重、情节特别恶劣的,可以判处死刑。犯本罪的,可以并处没收财产;应当附加剥夺政治权利。此外,与境外机构、组织、个人相勾结犯本罪的，从重处罚。

五、颠覆国家政权罪

颠覆国家政权罪，是指组织、策划、实施颠覆国家政权、推翻社会主义制度的行为。本罪侵犯的客体是我国人民民主专政的政权和社会主义制度。本罪的客观方面表现为组织、策划、实施颠覆国家政权、推翻社会主义制度的行为。就具体方法而言，既可以是发动政变，颠覆国家政权，也可以采用和平演变方式篡夺国家领导权，改变国家性质，推翻社会主义制度。所谓国家政权，是指中央和地方各级权力机关、行政机关、司法机关和军事机关的政权。无论采取何种方式，凡是有组织或策划、实施颠覆国家政权、推翻社会主义制度行为的，即可构成本罪。本罪主体是一般主体，凡是年满16周岁，具有刑事责任能力的人均可成为本罪的主体。在主观方面，本罪只能由故意构成，并且行为人具有颠覆国家政权、推翻社会主义制度的目的。根据《刑法》第105条第1款、第106条、第113条第2款和第56条的规定，犯本罪的，对首要分子或者罪行重大的，处无期徒刑或者10年以上有期徒刑；对积极参加的，处3年以上10年以下有期徒刑；对其他参加的，处3年以下有期徒刑、拘役、管制或者剥夺政治权利；与境外机构、组织、个人相勾结犯本罪的，从重处罚。犯本罪的，除单处剥夺政治权利的外，应当附加剥夺政治权利；可以并处没收财产。

六、煽动颠覆国家政权罪

煽动颠覆国家政权罪，是指以造谣、诽谤或其他方法煽动颠覆国家政权、推翻社会主义制度的行为。本罪侵犯的客体是我国人民民主专政的政权和社会主义制度。本罪犯罪客观方面表现为必须有煽动颠覆国家政权、推翻社会主义制度的行为。其煽动的方式多种多样，主要有造谣、诽谤或者其他口头、书面方式。所谓造谣，是指制造政治谣言，混淆公众视听，并传播于社会的行为。所谓诽谤，是指捏造、虚构事实，丑化、诋毁人民民主专政政权和社会主义制度，并散布于社会的行为。煽动颠覆国家政权的行为，除了上述两种主要方式外，还有书写、散发反动标语、传单，出版反动书籍，当众发表反动演讲等多种方式。无论以何种方式出现，其内容都是煽动他人颠覆国家政权，推翻社会主义制度，否则，不能以本罪论处。本罪主体是一般主体。本罪主观方面是故意，并且具有煽动颠覆国家政权、推翻社会主义制度的目的。根据《刑法》第105条第2款的规定，以造谣、诽谤或者其他方式煽动颠覆国家政权、推翻社会主义制度的，处5年以下有期徒刑、拘役、管制或者剥夺政治权利；首要分子或者罪行重大的，处5年以上有期徒刑。与境外机构、组织、个人相勾结犯本罪的，依照上述规定从重处罚。根据第113条规定，犯本罪可以并处没收财产。

七、资助危害国家安全犯罪活动罪

资助危害国家安全犯罪活动罪，是指境内外机构、组织或者个人资助境内组织或者个人实施了危害国家安全的行为。本罪侵犯的客体是中华人民共和国的国家安全。

本罪的客观方面具体表现为:(1) 资助实施危害国家主权、领土完整和安全的犯罪行为;(2) 资助分裂国家、破坏国家统一的行为;(3) 资助武装叛乱、暴乱的犯罪行为;(4) 资助颠覆国家政权、推翻社会主义制度的犯罪行为等。这种资助包括人、财、物等物质资助,也包括为危害国家安全的犯罪分子提供犯罪条件、隐蔽场所、提供账号等资助。为犯罪分子提供精神上的支持,一般不构成本罪。必须进行了实际资助结果的才构成本罪,如果只是口头说资助,而实际上并没有实施物质资助,一般不构成犯罪。本罪的犯罪主体是年满16周岁以上,具有刑事责任能力的自然人。本罪主观方面是故意,并且具有危害中华人民共和国国家安全的目的,根据《刑法》第107条、第113条和第56条的规定,犯资助危害国家安全犯罪活动罪的,对直接责任人员,处5年以下有期徒刑、拘役、管制或者剥夺政治权利;情节严重的,处5年以上有期徒刑;可以并处没收财产;应当附加剥夺政治权利。

▶ 八、投敌叛变罪

投敌叛变罪,是指中国公民投奔敌人营垒,或者被捕、被俘后投降敌人,危害国家安全的行为。本罪侵犯的客体是人民民主专政的政权和社会主义制度。本罪的客观方面表现为投敌叛变的行为。行为的具体表现有两种:一是投奔敌人营垒,即主动投靠与我国处于敌对关系的势力组织;二是在被敌人抓捕、俘虏后投降变节,进行危害国家安全的活动。对投敌叛变后,参加了间谍组织,又被派遣回我国境内进行危害国家安全活动的,应以投敌叛变罪和其他罪实行数罪并罚。本罪主体只能是中国公民,外国人和无国籍人可以成为本罪的共犯。投敌叛变可以是行为人只身投敌叛变,也可以是行为人率众投敌叛变。本罪的主观方面是故意,且具有危害国家安全的目的。如果行为人虽然实际投奔了敌占区,但并没有危害国家安全的故意,也没有危害国家安全的行为,就不能构成投敌叛变罪。根据《刑法》第108条的规定,犯本罪的处3年以上10年以下有期徒刑;情节严重或者带领武装部队人员、人民警察、民兵投敌叛变的,处10年以上有期徒刑或者无期徒刑。根据《刑法》第113条的规定,犯本罪的,可以并处没收财产。根据《刑法》第56条的规定,犯本罪的,应当附加剥夺政治权利。

▶ 九、叛逃罪

叛逃罪,是指国家机关工作人员在履行公务期间,擅离岗位,叛逃境外或者在境外叛逃的行为。本罪具有如下构成要件:本罪侵犯的客体是中华人民共和国的国家安全。本罪客观方面表现为在履行公务期间,擅离岗位,叛变逃跑到境外或在境外叛变逃跑。所谓“在履行公务期间”,是指国家机关工作人员在进行其职务活动期间,如因公到国外或境外访问、考察或者进行其他工作期间等。叛逃有两种情况:一是由境内叛逃到境外,指行为人在境内履行公务期间,擅离岗位,叛变逃跑到境外的国家和地区;二是在境外履行公务期间,擅离岗位,叛变逃跑。无论哪一种情况,其性质都一样,都危害了中华人民共和国的国家安全。本罪的主体是国家机关工作人员,以及掌握国家秘密的国家工作人员。国有企业事业单位、人民团体中的工作人员未掌握国家秘密的，不能构成本罪的主体，但可以成为本罪共犯。犯罪主观方面，只能是故意，即明知自己的叛逃行为会发生危害国家安全的结果，并且希望或者放任这种结果发生。根据《刑法》第109条、第113条和第56条规定，犯叛逃罪的，处5年以下有期徒刑、拘役、管制或者剥夺政治权利；情节严重的，处5年以上10年以下有期徒刑；掌握国家秘密的国家工作人员叛逃境外或者在境外叛逃的，从重处罚。犯本罪的，可以并处没收财产；应当附加剥夺政治权利。

十、间谍罪

（一）间谍罪的概念和犯罪构成

间谍罪，是指参加间谍组织，接受外国间谍组织及其代理人的任务，或者为敌人指示轰击目标，危害国家安全的行为。本罪具有如下构成要件：

1. 本罪侵犯的客体是中华人民共和国的国家安全。

2. 本罪的客观方面表现为参加间谍组织、接受间谍组织及其代理人任务，或者为敌人指示轰击目标的行为。具体为：（1）参加间谍组织。这里的间谍组织，是指外国或境外敌对势力建立的旨在搜集我国政治、经济、军事、文化等各方面国家秘密或情报，进行颠覆、破坏活动，危害我国国家安全的组织。参加间谍组织就是按照一定的程序和手续加入境外的间谍组织而成为其中成员的行为。（2）接受境外间谍组织及其代理人的任务。“间谍组织代理人”是指接受间谍组织或者其成员的指使、委托、资助，进行或者授意、指使他人进行危害中华人民共和国国家安全活动的人。接受间谍组织及其代理人的任务，是指受间谍组织及其代理人的命令、派遣、指使、委托而为间谍组织服务，从事危害我国国家安全的活动。如搜集、刺探我机密、重要情报。只要行为人事实上接受间谍组织及其代理人的任务，无论其是否参加间谍组织而成为间谍分子，均不影响间谍罪的成立。（3）为敌人指示轰击目标，是向敌人发出关系我国国家安全的重大军事设施、建设项目、机场、能源、动力场所等目标信息的行为。指示轰击目标的手段多种多样，既可以是通过发送情报指示，也可以是通过诸如发射照明弹等方式指示。只要行为人实施了为敌人指示轰击目标的行为，无论其是否参加了间谍组织，也无论其是否接受间谍组织及其代理人的任务，均不影响间谍罪的成立。

3. 本罪的主体是一般主体，既可以是中国公民，也可以是外国人或无国籍人。

4. 本罪的主观方面是故意，包括直接故意和间接故意。

（二）间谍罪的认定

1. 罪与非罪的界限

要把参加间谍组织的分子同虽在间谍组织中工作的非间谍分子，既未履行参加间谍组织手续，也未进行间谍活动的一般勤杂、医务、传达等行政事务人员或者临时聘用的工程技术人员等加以区别。对后者不应以间谍分子看待。如果是因受蒙蔽不明真相，误入间谍组织，一旦了解真相即与其断绝联系，未从事间谍活动的，不应以间谍罪论处。

2. 正确认定犯罪形态

本罪是行为犯,只要行为人实施了前述法定的三种行为之一,就构成犯罪既遂。至于行为人参与间谍组织后是否实施了进一步的间谍活动;接受外国间谍组织或者其代理人派遣的任务后是否完成了任务;为敌人指示轰击目标的行为是否导致目标被炸毁,都不影响犯罪既遂的成立。

3. 一罪与数罪的界限

参加间谍组织后又实施刺探、窃取、收买非法提供国家秘密,或者进行其他破坏活动的,或者在接受外国间谍组织或其代理人派遣的任务后进一步实施完成任务的行为又触犯其他罪名的,或者为敌人指示轰击目标已经造成重大人身伤亡或者财产损失的,都只能按一罪处理,而不能实行数罪并罚。对于前两种情形,应按牵连犯处理,因为参加间谍组织的目的就是为了实施其他犯罪活动。参加间谍组织的行为与接受间谍组织及其代理人派遣的任务后必然要实施完成任务的行为,两者之间也有一种牵连关系。对于上述两种情形的牵连犯,我们认为,无论目的行为构成何种犯罪,都可以按间谍罪一罪从重处罚。因为间谍罪的法定最高刑是死刑,按此罪从重处罚既符合犯罪行为的整体情况,也可以做到罪刑相适应。上述第三种情形本身就是一个行为,重大人身伤亡或者财产损失是为敌人指示轰击目标的结果,因此,只能按间谍罪定罪,将严重的危害结果作为从重处罚的情节。

4. 本罪与叛逃罪的界限

间谍罪与叛逃罪的主要区别是:(1) 前者犯罪主体为一般主体,后者为特殊主体。(2) 后者限于在履行公务期间实施,前者无此限制。(3) 后者必须是逃往国外,危害国家安全,前者无此限制。应当注意的是,叛逃后可能在境外加入间谍组织,或接受间谍组织任务从事间谍活动,对此应当以间谍罪和叛逃罪实行数罪并罚。

(三) 间谍罪的刑事责任

根据《刑法》第110条、第113条、第56条的规定,犯间谍罪的,处10年以上有期徒刑或者无期徒刑;情节较轻的,处3年以上10年以下有期徒刑;对国家和人民危害特别严重、情节特别恶劣的,可以判处死刑。犯本罪的,可以并处没收财产;应当附加剥夺政治权利。

十一、为境外窃取、刺探、收买、非法提供国家秘密、情报罪

为境外窃取、刺探、收买、非法提供国家秘密、情报罪,是指行为人为境外机构、组织、人员窃取、刺探、收买、非法提供国家秘密或情报的行为。本罪侵犯的客体是国家的安全和利益。本罪的犯罪对象是国家秘密和情报。本罪的客观方面必须是为境外的机构、组织或者个人窃取、刺探、收买、非法提供国家秘密或者情报的行为。首先,必须是为境外的机构、组织、个人窃取、刺探、收买、非法提供国家秘密或情报。境外机构、组织、个人的性质没有限定,即境外机构、组织与个人是否与我国为敌,并不影响本罪的成立。其次,行为表现为四种方式:(1) 窃取,即通过盗取文件或者使用计算机、电磁波、照相机等方式秘密取得国家秘密或者情报;(2) 刺探,即使用探听或者一定的

侦察技术获取国家秘密或者情报;(3) 收买,即利用金钱、物质或其他利益换取国家秘密或者情报;(4) 非法提供,即违反法律规定,将国家秘密、情报直接或者间接提供给境外机构、组织或个人。最后,行为对象是国家秘密或者情报。国家秘密是指关系国家安全和利益,依法确定的在一定时间内只限一定范围内的人员知悉的事项,其具体内容:(1) 国家事务重大决策中的秘密事项;(2) 国防建设和武装力量活动中的秘密事项;(3) 外交和外事活动中的秘密事项,以及对外承担保密义务的事项;(4) 国民经济和社会发展中的秘密事项;(5) 科学技术中的秘密事项;(6) 维护国家安全活动和追查刑事犯罪中的秘密事项;(7) 其他经国家保密工作部门确定应当保守的国家秘密事项。国家秘密分为绝密、秘密与机密三个密级,任何密级的国家秘密都可能成为本罪对象。这里的情报是指除国家秘密以外的,一切可被境外机构、组织、个人利用的关系着国家安全的情况、资料及其他信息。本罪的主体是一般主体,凡是已满16周岁具有刑事责任能力的人均能成为本罪的主体。本罪的主观方面只能是故意,即明知是国家秘密或者情报,而故意为境外机构、组织、个人窃取、刺探、收买、或者非法提供。根据《刑法》第111条、第113条和第56条的规定,犯本罪,处5年以上10年以下有期徒刑;情节特别严重的,处10年以上有期徒刑或者无期徒刑;情节较轻的,处5年以下有期徒刑、拘役、管制或者剥夺政治权利;对国家和人民危害特别严重、情节特别恶劣的,可以判处死刑。犯本罪的,可以没收财产;应当附加剥夺政治权利。

十二、资敌罪

资敌罪,是指战时供给敌人武器装备、军用物资,危害中华人民共和国国家安全的行为。本罪侵犯的客体是中华人民共和国国家安全。本罪的客体是中华人民共和国的国家安全。本罪的客观方面表现为在战时向敌人提供武器装备、军用物资的行为。必须是在战时资敌,非战时不构成本罪。所谓"战时",是指国家宣布进入战争状态、部队接受作战任务或者遭受敌人突然袭击时。"供给",是指非法出售或者无偿提供。所谓"武器装备",是指各种武器、弹药、飞机、舰艇、坦克车、军用通讯设备等。所谓"军用物资",主要是指除武器装备以外的其他军用品,如军用被服、医疗用品等。本罪的主体是特殊主体,即只能由中国公民构成。外国人和无国籍人可以成为本罪的共犯。本罪的主观方面出自故意。根据《刑法》第112条、第113条和第56条的规定,犯资敌罪的,处10年以上有期徒刑或者无期徒刑;情节较轻的,处3年以上10年以下有期徒刑;对国家和人民危害特别严重、情节特别恶劣的,可以判处死刑。犯本罪的,可以并处没收财产;应当附加剥夺政治权利。

【阅读参考书目】

1. 高铭暄、马克昌主编:《刑法学》,北京大学出版社、高等教育出版社2011年第5版。

2. 王作富主编:《刑法分则实务研究》,中国方正出版社2010年第4版。

【思考题】

一、名词解释

1. 背叛国家罪

2. 武装叛乱、暴乱罪

3. 叛逃罪

4. 间谍罪

二、简答题

1. 叛逃罪的构成要件是什么?

2. 间谍罪的构成要件是什么?

三、论述题

1. 危害国家安全罪与其他普通刑事犯罪的区别是什么?

2. 分裂国家罪与背叛国家罪的界限是什么?

四、案例分析

案例1:

被告人赵晓明,男,24岁,原系边防某团二连排长。

某年12月29日,被告人赵晓明在部队办完退伍手续后,没有返回家乡,却于次年1月3日乘车去边境县城,并于当晚8时许,涉水过河逃往境外投敌。赵晓明在境外期间,向外国当局提供了有关本部队建制、武器装备、工事设施等重要军事情报,还绘制了部队所在地区略图,同时还对我国现行政策和国家领导人进行污蔑。后来,赵晓明被外国当局遣返回国后归案。

问:赵晓明的行为构成什么犯罪?

案例2:

董平在其侄儿董某组织领导叛乱集团并发动武装叛乱期间,身为镇领导干部却向叛乱分子表示,他不参加叛乱活动但尽力予以支持。董平利用职权,将办公室让给叛乱集团使用,作为活动场所;并调配30支基干民兵专用枪支给叛乱分子使用;还采用虚报冒领手段,将公有的数百千克粮食提供给叛乱集团使用。

问:对董平的行为应当如何定罪?

第二十二章　危害公共安全罪

危害公共安全罪，是指危害不特定多数人的生命、健康和重大公私财产安全或者公共生活安全的犯罪，是普通刑事犯罪中客观危险性最大的一类犯罪。这类犯罪有以下特点：第一，实施危害公共安全罪，危害后果严重。其破坏范围之广、危害后果之重，犯罪分子往往难以预知和控制。第二，不仅故意危害公共安全犯罪，而且过失危害公共安全犯罪，也可以造成严重后果，因而本类犯罪也是包含过失犯罪最多的一类犯罪。第三，本类犯罪的危害结果，一般是造成人身伤害、死亡或者财产损毁，因此，应特别注意区分本类犯罪与侵犯人身权利罪、侵犯财产罪的界限。

第一节　危害公共安全罪总述

▶ 一、危害公共安全罪的概念和构成要件

危害公共安全罪，是指故意或者过失地实施危及不特定多数人的生命、健康和财产安全的行为，由于其社会危害性和犯罪分子的人身危险性较大，故在刑法分则体系中被置于仅次于危害国家安全罪的第二位。该类犯罪具有如下构成要件：

(1) 侵犯的客体是社会公共安全。

所谓公共安全，即不特定多人的生命、健康或者重大公私财产或者公共生活的安全。这里的“不特定”，是指犯罪行为不是针对特定的某一个人、某几个人或者某项财产的，其严重后果是犯罪分子事先难以确定和控制的。例如，在公共水源里投放毒物，就属于危害公共安全的行为。如果犯罪行为指向特定的人身和财产，而不直接危及多人的生命、健康和公私财产的安全，则只能分别以侵犯公民人身权利罪或者侵犯财产罪中的某些犯罪论处。例如，某甲与某乙为生活琐事发生争执，某甲持刀将某乙杀死，就应定为侵犯公民人身权利罪中的故意杀人罪。因为某甲的杀人行为具有特定的对象，其可能造成的危害后果被控制在一定的范围之内，不至于引起公共危险，就不应当定为危害公共安全罪。当然，对于危害公共安全罪的“不特定”这一特点的理解也不能绝对化。在司法实践中，对于放火、决水、爆炸和投放危险物质是针对特定的个人，但却发生危害多人的严重后果的案件，如果行为人预见到这种行为危害公共安全，就应以危害公共安全罪论处，而不应定为故意杀人罪。因为在这类案件中尽管行为人的目的是想杀死特定的个人，但结果却侵犯了不特定多人的人身权利，这时行为人故意的内容，对特定的个人是直接故意，对其他不特定的多人就是间接故意，即采取了完全放任的态度，在这种情况下，对行为人以危害公共安全罪论处，应当说符合我国刑法主客观相一致的原则。同时，还应当强调指出，本章所说的“公共安全”，既包括人身安全，也包括财产安全。但是，就危害公共安全罪中某种犯罪所侵犯的具体客体而言，则具

有不同的特点。有些表现为以侵犯公私财产的安全为主,有些表现为以侵犯生命健康的安全为主,有些则可能同时侵犯生命、健康和公私财产两方面的安全。

(2) 犯罪的客观方面表现为实施了刑法规定的危害公共安全的行为。

对于危害公共安全的行为,可以从两个方面加以把握:首先,危害公共安全的行为大多以作为的方式实施,但也可以是不作为,如明知有发生火灾的危险,有责任防止而故意不加防止,致使火灾发生,就是以不作为方式构成的放火罪。其次,危害公共安全的行为,既包括已经造成实际损害结果的行为,也包括虽未造成实际的损害结果,但却足以危害不特定多人的生命、健康和重大公私财产安全的行为。如火车、汽车、电车、船只等交通工具和交通、通讯、电力、煤气等公共设备均为直接关系公共安全的特定对象,一旦遭到破坏,就可能给公共安全造成巨大损害。因此,即使对这类特定对象的破坏行为尚未造成严重后果,但只要其足以危害公共安全的危险,就构成犯罪既遂。不过,过失危害公共安全的犯罪,法律明文规定以造成严重后果作为犯罪构成的必要要件。

(3) 犯罪主体既有一般主体又有特殊主体。

本章的大多数犯罪,如放火罪、劫持航空器罪,由一般主体构成;少数犯罪要求由从事特定业务或者具有特定职务的人员构成,如非法出租、出借枪支罪的主体为依法配备、配置枪支的人员;重大飞行事故罪的主体为从事民用航空活动的空勤人员和地面人员。值得指出的是,本章有些罪可由或只能由单位构成,如非法买卖、运输核材料罪,违规制造、销售枪支罪等。此外,根据《刑法》第 17 条的规定,已满 14 周岁,不满 16 周岁的未成年人,对本章中的放火、爆炸、投放危险物质罪,应当负刑事责任。

(4) 犯罪的主观方面既有故意,也有过失。

这类犯罪的具体罪过形式可分为三种情况:一是有的犯罪只能由故意构成,如非法制造、买卖、运输、抢劫、盗窃、抢夺枪支、弹药、爆炸物等方面的犯罪;二是有的犯罪只能由过失构成,如重大飞行事故罪,交通肇事罪,重大责任事故罪,危险物品肇事罪等;三是有的犯罪不仅可以由故意构成,也可以由过失构成,如放火罪、决水罪、爆炸罪、投放危险物质罪、破坏交通工具罪、破坏交通设施罪、破坏易燃易爆设备罪等等。

二、危害公共安全罪的种类

对刑法分则第二章规定的危害公共安全的犯罪,可以分为如下类型:

(1) 以危险方法危害公共安全的犯罪:放火罪,失火罪,决水罪,过失决水罪,爆炸罪,过失爆炸罪,投放危险物质罪,过失投放危险物质罪,以危险方法危害公共安全罪,过失以危险方法危害公共安全罪。

(2) 破坏公用工具、设施危害公共安全的犯罪:破坏交通工具罪,过失损坏交通工具罪,破坏交通设施罪,过失损坏交通设施罪,破坏电力设备罪,过失损坏电力设备罪,破坏易燃易爆设备罪,过失损坏易燃易爆设备罪,破坏广播电视设施、公用电信设施罪,过失损坏广播电视设施、公用电信设施罪。

(3) 实施恐怖、危险活动危害公共安全的犯罪:资助恐怖活动罪,组织、领导、参加恐怖组织罪,劫持航空器罪,劫持船只、汽车罪,暴力危及飞行安全罪。

(4) 违反枪支、弹药管理规定危害公共安全的犯罪:非法制造、买卖、运输、邮寄、储存枪支、弹药、爆炸物罪,非法制造、买卖、运输、储存危险物质罪,违规制造、销售枪支罪,盗窃、抢夺枪支、弹药、爆炸物、危险物质罪,抢劫枪支、弹药、爆炸物、危险物质罪,非法持有、私藏枪支、弹药罪,非法出租、出借枪支罪,丢失枪支不报罪,非法携带枪支、弹药、管制刀具、危险物品危及公共安全罪。

(5) 过失造成重大事故危害公共安全的犯罪:重大飞行事故罪,铁路运营安全事故罪,交通肇事罪,重大责任事故罪,重大劳动安全事故罪,危险物品肇事罪,工程重大安全事故罪,教育设施重大安全事故罪,消防责任事故罪。

第二节　危害公共安全罪分述

一、放火罪

(一) 放火罪的概念和构成要件

放火罪,是指故意放火焚烧公私财物,危害公共安全的行为。放火罪是一种以特定危险方法危害公共安全的犯罪,社会危害性极大,是刑法打击的重点。本罪具有如下构成要件:

(1) 本罪侵犯的客体是公共安全。

本罪侵犯的客体为不特定的多数人的生命、健康和重大公私财产的安全。放火罪的对象是公私财物。放火烧毁自己或家庭所有的房屋或其他财物,足以引起火灾、危及公共安全,应以放火罪论处。

(2) 本罪的客观方面表现为实施放火焚烧公私财物、危害公共安全的行为。

放火,也称纵火,是指故意使用引火物或者其他方法引起财物的燃烧,制造火灾的行为。放火行为的实施,既可以是作为的方式,也可以是不作为的方式。不作为方式的放火罪,在客观方面应当具备这样三个条件:一是行为人负有防止火灾发生的特定法律义务,这种特定的法律义务不仅仅限于法律的明文规定,还包括职务或业务上要求的义务。另外,行为人先行行为引起防止火灾的特定法律义务,也属于这里的特定法律义务。如青年甲不慎将烟蒂扔在货场一堆货物上,发现货物着火燃烧,他就负有扑灭、防止火灾发生的义务。二是行为人有能力履行这种特定的法律义务。如果行为人虽有防止火灾的特定法律义务,但由于某种原因而不具备履行该项义务的实际可能性,则不构成不作为放火罪,如负有防火义务的油田安全员被罪犯捆绑,不能履行其防火的义务,就不能认为该安全员构成不作为放火罪。三是行为人没有履行特定的防止火灾发生的法律义务。根据我国刑法的规定,只要行为人实施的放火行为足以危害公共安全,无论是否发生了实际严重危害后果,均构成放火罪。

(3) 本罪的主体是一般主体。

只要达到法定刑事责任年龄,具有刑事责任能力,实施故意放火焚烧公私财物,危害公共安全的自然人,均可以成为放火罪的犯罪主体。由于放火罪是一种严重犯罪,具有严重的社会危害性，我国《刑法》第 17 条第 2 款规定，已满 14 周岁不满 16 周岁的人犯放火罪的，应当负刑事责任。

（4）本罪的主观方面表现为故意。

本罪在主观方面表现为行为人明知自己的放火行为会危害公共安全，并希望或放任这种结果发生的心理态度。犯罪的动机可以是多种多样的，如湮灭罪迹、图谋报复、嫁祸于人等等，不同的动机对定罪不发生影响，只在量刑时可以作为一个情节考虑。

（二）放火罪的认定

1. 本罪既遂与未遂的界限

放火一般是以烧毁公私财物为目的，但是，放火罪既遂不以实现上述目的为标准。区分放火罪既遂与未遂，关键是看犯罪行为是否齐备了刑法分则条文规定的全部构成要件。根据《刑法》第 114 条规定，实施了放火行为"危害公共安全，尚未造成严重后果的"，就应依照本条规定处罚，亦即视为犯罪既遂。如果行为人放火行为尚未实施完毕，例如，正要对目的物点火即被人抓获，则应以放火未遂论处。

2. 本罪与以放火方法实施的其他犯罪的界限

在司法实践中，有些犯罪人常常用放火的方法达到犯罪目的，如为了烧死他人而对住宅放火等等，此时，区分是放火罪还是其他犯罪，关键要看放火行为是否足以威胁到公共安全。如果为杀人等目的而实施的放火行为足以危及公共安全，应认定为放火罪；反之，如果放火行为不足以危及公共安全，则应按故意杀人罪处理。至于是否足以危及公共安全，则要在综合考查犯罪对象的性质、作案的时间、地点等具体情况后作出判断。

（三）放火罪的刑事责任

根据《刑法》第 114 条、第 115 条的规定：犯本罪尚未造成严重后果的，处 3 年以上 10 年以下有期徒刑；犯本罪致人重伤、死亡或者使公私财产遭受重大损失的，处 10 年以上有期徒刑、无期徒刑或者死刑。

▶ 二、决水罪

决水罪，是指故意决水，制造水患，危害公共安全的行为。客观方面表现为必须实行了危害公共安全的决水行为。所谓决水是指一切足以使水流横溢、泛滥成灾的行为。它既可以表现为积极的作为，也可以表现为消极的不作为。这种决水行为必须危及多人的生命、健康或者有使公私财产遭受重大损失的现实危险。如果决水行为不足以危害公共安全，则不能构成决水罪。本罪的主体为一般主体。本罪的主观方面表现为故意，即行为人明知自己的决水行为会危害公共安全，并且希望或者放任这种结果的发生。根据《刑法》第 114 条的规定，决水危害公共安全，尚未造成严重后果的，处 3 年以上 10 年以下有期徒刑。《刑法》第 115 条第 1 款规定，决水致人重伤、死亡或者使公私财产遭受重大损失的，处 10 年以上有期徒刑、无期徒刑或者死刑。

▶ 三、爆炸罪

爆炸罪是指故意使用爆炸的方法进行犯罪，危害不特定的多数人或者重大财产安全的行为。爆炸罪的客观方面是使用爆炸的方法进行犯罪。爆炸的主要方法有:使用手榴弹、雷管、炸药装置等爆炸物进行爆炸;点燃汽油等可燃物质进行爆炸;利用锅炉等压力容器进行爆炸;利用技术手段使化学原料进行化学反应爆炸等。爆炸罪的结果是危害了或者足以危害公共安全的结果都构成犯罪。本罪的主体是年满14周岁以上的具有刑事责任能力的实施了爆炸行为的自然人。不满14周岁的人和单位不能构成本罪的主体。本罪的主观方面是故意,即明知自己的爆炸行为会发生危害公共安全的结果,并且希望或者放任这种结果的发生。根据《刑法》第114条和第115条的规定,犯爆炸罪尚未造成严重后果的,处3年以上10年以下有期徒刑;致人重伤、死亡或者公私财产遭受重大损失的,处10年以上有期徒刑、无期徒刑或者死刑。

▶ 四、投放危险物质罪

(一) 投放危险物质罪的概念和构成要件

投放危险物质罪,是指故意投放毒害性、放射性、传染病病原体等物质,危害公共安全的行为。为了适应打击恐怖活动的需要,2001年12月29日《中华人民共和国刑法修正案(三)》将原投毒罪改为本罪。本罪具有如下构成要件:

(1) 本罪侵犯的客体是公共安全,即不特定多数人的生命、健康或者重大公私财产的安全。

(2) 本罪的客观方面表现为用投放毒害性、放射性、传染病病原体等物质的方法,危害公共安全的行为。所谓毒害性物质,是指能直接致人死亡的各种化学毒物,如甲胺磷、磷化铝、砒霜、五氯酚、二溴氯丙烷、氰化钾等。所谓放射性物质,是指通过原子核裂变放出的射线发生伤害作用的物品,如镭、铀、钴、钚、氚、锂等材料及其制品。传染病是指由病原性细菌、病毒立克次体和原虫引起的,能在人间、动物间或人与动物间相互传播的一种疾病。所谓病原体,亦称病原物或病原生物,是指能引起病的微生物和寄生虫的统称,主要包括病菌、寄生虫和病毒三类。投放毒害性、放射性、传染病病原体等物质的场所很多,为了毒害群众,有的在公用的自来水池、水渠、水井、公共食堂的水缸、饭锅以及公共食品中投放毒害性、放射性、传染病病原体等物质;为了毒害牲畜,有的在牧场的饮水池和牲畜饲料中投放毒害性、放射性、传染病病原体等物质;为了毒害家禽,有的在饲料中投放毒害性、放射性传染病病原体等物质,等等。投放危险物质罪是危险犯,其成立并不需要出现不特定多数人重伤、死亡或者重大公私财产遭受毁损的实际结果,只要行为人实施了投放毒害性、放射性、传染病病原体等物质的行为,足以危害公共安全的,就构成投放危险物质罪。

(3) 本罪的主体是一般主体。由于投放危险物质罪是一种严重犯罪,根据《刑法》第17条第2款的规定已满14周岁不满16周岁的人犯投放危险物质罪的,应当负刑事责任。

(4) 本罪的主观方面是故意。即行为人明知自己的行为会危害公共安全,有可能造成不特定的多数人伤亡或者公私财产的重大损失,并且希望或者放任这种结果发生的犯罪心理。行为人实施投放危险物质的动机是多种多样的:出于报复的动机、为了嫁祸于人、为了杀人灭口、湮灭罪证等等,动机的不同,并不影响投放危险物质罪的成立。

(二) 投放危险物质罪的认定

1. 本罪与以投放危险物质的方法实施的故意杀人罪的界限

投放危险物质罪和采取投放危险物质的方法实施的故意杀人罪,尽管在所使用的手段和造成的危害后果等方面均有相同之处,二者的主要区别是:一是侵害的客体不同。投放危险物质罪侵害的客体是公共安全,即不特定多数人的生命、健康或者重大公私财产的安全;故意杀人罪侵害的客体是特定公民的生命权。二是侵犯的对象不同。投放危险物质罪侵犯的对象是不特定的多数人或者重大的公私财产,例如,数量较大的牲畜、禽类等。而故意杀人罪侵犯的对象只是特定的人,并不包括公私财物。实际上行为人在实施投放危险物质行为时往往有明确的侵害对象,侵害对象的特定和不特定的认定直接影响到投放危险物质行为的性质。因此,不能简单地以行为人事先有无明确的侵害目标来认定特定和不特定,而应依据行为人实施投放危险物质行为时侵害对象的特点、投放危险物质行为的地点以及环境等诸方面因素进行综合分析,正确判断投放危险物质行为侵犯的对象是特定的还是不特定的,进而认定其在客观上是否具有危害公共安全的本质属性。

2. 本罪与故意毁坏财物罪的区别

在投放危险物质罪侵犯的对象是公私财产时,投放危险物质罪和故意毁坏财物罪在犯罪手段与侵犯的对象等方面都有相同之处。二者区别的关键是侵害的客体不同,投放危险物质罪侵害的客体是公共安全;故意毁坏财物罪侵害的客体是公私财产所有权,故应综合考察犯罪的时间、地点环境等具体条件,分析判断行为人的投放危险物质行为是否足以危害公共安全。例如,村民某甲因宅基地与邻居发生矛盾,心生怨恨,先后两次将剧毒鼠药磷化锌投放在邻居家的牛饲料中,毒死牛一头、猪两头,价值3000元。该投毒行为侵犯的对象是特定的财产,不危害公共安全,应以故意毁坏财物罪论处。

3. 本罪与危险物品肇事罪的区别

危险物品肇事罪,从违反毒害性物品管理规定可能会造成人员伤亡等严重后果这一点来看,与投放危险物质罪可能造成人员伤亡等严重后果,确实有相同之处。二者的区别首先在于犯罪主观方面不同:投放危险物质罪是故意犯罪;危险物品肇事罪则是过失犯罪。其次,二者在客观方面的行为方式也不相同:构成投放危险物质罪的行为除了具有危害公共安全的本质属性之外,并无发生场合、地点的限制,投放危险物质危害公共安全,即使没有造成严重后果,也构成投放危险物质罪;危险物品肇事罪则通常发生在危险物品的生产、储存、运输、使用过程中,而且,只有在发生了严重后果的情况下才能构成犯罪。

(三) 投放危险物质罪的刑事责任

根据《刑法》第114条与第115条的规定,犯投放危险物质罪尚未造成严重后果的,处3年以上10年以下有期徒刑;致人重伤、死亡或使公私财产遭受重大损失的,处10年以上有期徒刑、无期徒刑或者死刑。

▶ 五、以危险方法危害公共安全罪

以危险方法危害公共安全罪，是指使用与放火、决水、爆炸、投放危险物质等危险性相当的其他危险方法，危害公共安全的行为。客观方面表现为以放火、决水、爆炸、投放危险物质以外的其他危险方法危害公共安全的行为。这里的"以其他危险方法"是一概括性的规定，司法实践中，危害公共安全的危险方法很多，刑法不可能也无必要将所有的危险方法全部列举出来。因此，凡是使用与放火、决水、爆炸、投放危险物质的危险性相当的危险方法，如私设电网，驾车在人群中横冲直撞，制输坏血、病毒血等方法危害公共安全的行为，都可以构成本罪。根据最高人民法院、最高人民检察院《关于办理妨害预防、控制突发传染病疫情等灾害的刑事案件具体应用法律若干问题的解释》(2003 年 5 月 15 日起施行)的规定，故意传播突发传染病病原体，危害公共安全的，应以危险方法危害公共安全罪定罪处罚。本罪的主体为一般主体。本罪在主观方面表现为故意，包括直接故意和间接故意。根据《刑法》第 114 条和第 115 条的规定，以危险方法危害公共安全，尚未造成严重后果的，处 3 年以上 10 年以下有期徒刑；致人重伤、死亡或者使公私财产遭受重大损失的，处 10 年以上有期徒刑、无期徒刑或者死刑。

▶ 六、失火罪

失火罪，是指因过失引起火灾，造成严重后果，危害公共安全的行为。客观上表现为引起火灾，并且已造成致人重伤、死亡或者公私财产重大损失的严重后果。如仅有失火行为，没有造成严重后果的，不构成犯罪。主体是一般主体，为年满 16 周岁具有刑事责任能力的自然人。主观方面是过失，可以是疏忽大意的过失，也可以是过于自信的过失。这里的过失，是针对造成致人重伤、死亡或者公私财产重大损失的严重后果而言，而不是指行为是有意还是无意。根据《刑法》第 115 条第 2 款的规定，犯本罪的，处 3 年以上 7 年以下有期徒刑；情节较轻的，处 3 年以下有期徒刑或者拘役。

▶ 七、过失决水罪

过失决水罪，是指过失毁坏水利设施，造成水患，危害公共安全，致人重伤、死亡或者使公私财产遭受重大损失的行为。客观方面表现为，由于过失使水利设施受到破坏，引起水患，并且造成了致人重伤、死亡或者公私财产遭受重大损失的严重后果，无此严重后果，不构成犯罪。犯罪主体是一般主体，为年满 16 周岁具有刑事责任能力的自然人。主观方面是过失，即应当预见自己的行为可能造成决水，因疏忽大意而未预见，或者已经预见而轻信能够避免，以致造成严重后果。根据《刑法》第 115 条第 2 款的规定，处 3 年以上 7 年以下有期徒刑；情节较轻的，处 3 年以下有期徒刑或者拘役。

▶ 八、过失爆炸罪

过失爆炸罪，是指行为人出于过失引起爆炸，造成不特定多数人的重伤、死亡或者公私财产的重大损失，危害公共安全的行为。客观方面表现为行为人不慎引起易爆物品爆炸,并且致人重伤、死亡或者使公私财产遭受重大损失的后果。本罪的行为可以是作为,也可以是不作为。未造成上述严重后果的,不构成本罪。犯罪主体是一般主体,为年满16周岁具有刑事责任能力的自然人。犯罪的主观方面是过失,即应当预见自己的行为可能引起爆炸,因疏忽大意而没有预见,或者已经预见,轻信能够避免,以致造成严重后果。根据《刑法》第115条第2款的规定,犯本罪的,处3年以上7年以下有期徒刑;情节较轻的,处3年以下有期徒刑或者拘役。

▶ 九、过失投放危险物质罪

过失投放危险物质罪,是指过失投放毒害性、放射性、传染病病原体等物质,造成严重后果,危害公共安全的行为。客观方面表现为实施了投放毒害性、放射性、传染病病原体的行为,造成了致人重伤、死亡或者使公私财产遭受重大损失的后果。没有造成严重后果的,不构成本罪。犯罪主体是一般主体,为年满16周岁具有刑事责任能力的自然人。犯罪主观方面是过失,包括疏忽大意的过失和过于自信的过失。根据《刑法》第115条第2款的规定,犯本罪的,处3年以上7年以下有期徒刑;情节较轻的,处3年以下有期徒刑或者拘役。

▶ 十、过失以危险方法危害公共安全罪

过失以危险方法危害公共安全罪,是指行为人以过失失火、过失决水、过失爆炸、过失投放危险物质以外的危险方法危害公共安全,致人重伤、死亡或者使公私财产遭受重大损失的行为。根据最高人民法院、最高人民检察院《关于办理妨害预防、控制突发传染病疫情等灾害的刑事案件具体应用法律若干问题的解释》(2003年5月15日起施行)的规定,患有突发传染病或者疑似突发传染病而拒绝接受检疫、强制隔离或者治疗,过失造成传染病传播,情节严重,危害公共安全的,应以过失以危险方法危害公共安全罪定罪处罚。与以危险方法危害公共安全罪一样,过失以危险方法危害公共安全罪,也并非是一个具体罪名,而是泛指行为人过失实施的,与过失失火、过失决水、过失爆炸、过失投放危险物质罪的危险性相当的各种不常见的危险方法危害公共安全的犯罪。在实践中,一般是根据行为人所使用的具体危险方法来确定具体的罪名。例如,违反有关规定,私设电网,过失致人伤亡,罪名应确定为"过失以私设电网的危险方法危害公共安全罪"。犯罪客观方面,表现为在行动中不慎,导致以放火、决水、爆炸、投放危险物质以外的其他危险方法危害公共安全,并造成重伤、死亡或者公私财产遭受重大损失的后果。无此后果的不构成本罪。主体是一般主体。主观方面是过失。根据《刑法》第115条第2款的规定,犯本罪的,处3年以上7年以下有期徒刑,情节较轻的,处3年以下有期徒刑或者拘役。

▶ 十一、破坏交通工具罪

破坏交通工具罪,是指破坏火车、汽车、电车、船只、航空器,足以造成火车、汽车、电车、船只、航空器发生倾覆、毁坏的危险,尚未造成严重后果或者已经造成严重后果

的行为。本罪侵犯的客体是交通运输安全。本罪侵犯的对象,只限于法定的火车、汽车、电车、船只和航空器。破坏简单的交通工具,如马车、手推车、农用拖拉机等,一般不会造成危害公共安全的严重后果,不构成本罪。但如果破坏的对象是用做交通运输工具的大型拖拉机,足以危害公共安全的,应以本罪论处。本罪的客观方面表现为破坏交通工具,已经或足以使交通工具发生倾覆或者毁坏危险的行为。首先,行为人必须有破坏的行为。这里的破坏是指人为地通过外力作用,损害交通工具的整体或重要部件的正常功能的行为,从而影响交通运输的安全。这种破坏行为一般应具有技术专业性和毁坏隐蔽性的特征,即行为人利用自己掌握交通工具的运行性能、机械知识的条件,采取秘密破坏手段,给交通工具的运输安全留下不易被人察觉的隐患,从而达到使交通工具倾覆、毁坏的目的,或放任这种结果的发生。其次,破坏行为必须是针对正在使用中的交通工具进行。所谓"正在使用",包括正在运行期间,也包括已经交付使用,随时都可以启动的运营的情况。再次,构成该罪还需要破坏行为要针对交通工具中与交通运输安全直接相关的部位进行,如交通工具的制动装置、电路、油路等重要部位。如果行为人出于泄愤,破坏了交通工具的坐椅、门窗玻璃、卫生洁具等,因为这些部位并不决定交通工具自身的运行安全,不会使交通工具发生倾覆、毁坏的危险,因而不应按该罪处理。最后,破坏行为必须足以使交通工具发生倾覆、毁坏危险,或者已经造成严重后果,才具备构成本罪的客观特征。本罪主体是一般主体。本罪的主观方面是故意。即行为人明知自己的破坏行为必然或可能造成火车、汽车、电车、船只、航空器发生倾覆、毁坏的危害结果或其他严重后果,并且希望或者放任这些损害结果的发生。至于行为人的犯罪动机,则可能各种各样,如出于贪财图利而窃取交通工具的重要部件、出于泄愤报复而人为地制造交通工具安全的重大隐患、为了不正当竞争而制造重大交通事故等,这些动机均不影响破坏交通工具罪的成立。根据《刑法》第 115 条和第 119 条规定,犯破坏交通工具罪,尚未造成严重后果的,处 3 年以上 10 年以下有期徒刑;造成严重后果的,处 10 年以上有期徒刑、无期徒刑或者死刑。

▶ 十二、破坏交通设施罪

破坏交通设施罪,是指故意破坏轨道、桥梁、隧道、公路、机场、航道、灯塔、标志或者进行其他破坏活动,足以使火车、汽车、电车、船只、航空器发生倾覆、毁坏危险或者造成严重后果的行为。本罪的客体是交通运输安全,破坏的对象是正在使用中的保证交通工具正常行驶的各种交通设施。本罪客观方面表现为实施了破坏前述轨道等交通设施的活动或者其他破坏活动,足以使火车、汽车、电车、船只、航空器等交通工具发生倾覆、毁坏危险的行为。这里的破坏行为,包括使交通设施本身遭受毁损与使交通设施失去应有性能的行为,如拆卸铁轨、拔去枕木、毁损标志、熄灭灯塔上的灯光、在公路或机场上挖坑掘穴等。同时,破坏行为必须足以使火车、汽车、电车、船只或者航空器发生倾覆、毁坏危险或者造成严重后果。本罪的主体是一般主体。本罪的主观方面必须出自故意。犯罪动机不影响本罪的成立。出于贪利动机窃取交通设施或其关键部件,足以使交通工具发生倾覆或毁坏危险的,也成立本罪。根据《刑法》第 117 条和

第119条的规定,犯破坏交通设施罪,尚未造成严重后果的,处3年以上10年以下有期徒刑;造成严重后果的,处10年以上有期徒刑、无期徒刑或者死刑。

▶ 十三、破坏电力设备罪

破坏电力设备罪,是指故意破坏正在使用中的电力设备,已经造成或者足以造成严重后果,危害公共安全的行为。本罪侵犯的客体是公共安全,对象是电力设备,包括各种发电、变电、供电和输电设备等。客观方面表现为对电力设备实施了破坏行为。行为方式可以是作为,如爆炸、放火、毁坏重要机件等;也可以是不作为,如负有维修保护职责的工作人员,发现设备有重要险情,故意不予修治,希望或放任危害结果的发生。主体为一般主体。主观方面出自故意。认定本罪要与危险物品肇事罪、放火罪、爆炸罪加以区别。根据《刑法》第118条和第119条的规定,犯本罪,尚未造成严重后果的,处3年以上10年以下有期徒刑;造成严重后果的,处10年以上有期徒刑、无期徒刑或者死刑。

▶ 十四、破坏易燃易爆设备罪

破坏易燃易爆设备罪,是指故意破坏燃气设备或者其他易燃易爆设备,已经或者足以造成严重后果,危害公共安全的行为。本罪的构成要件与前述破坏电力设备罪基本相同,两罪的主要区别是犯罪对象不同。本罪的对象一是各种燃气设备,包括燃气管道、燃气发生、储存装置等;二是其他易燃易爆设备,包括电力、燃气设备以外的一切易于燃烧、易于爆炸的设备,如油井、油库、石油输送管道以及化工方面的易燃易爆设备等。根据《刑法》第118条和第119条的规定,犯本罪,尚未造成严重后果的,处3年以上10年以下有期徒刑;造成严重后果的,处10年以上有期徒刑、无期徒刑或者死刑。

▶ 十五、过失损坏交通工具罪

过失损坏交通工具罪,是指由于过失损坏了火车、汽车、电车、船只、航空器等交通工具,危害公共安全,造成严重后果的行为。本罪侵犯的客体是交通运输安全,侵害的对象是上述交通工具。客观要件是,损坏正在使用中的火车、汽车、电车、船只、航空器,危害了公共安全,造成了严重后果。所谓严重后果,是指致人重伤、死亡或使公私财产遭受重大损失,只有造成了这种严重后果才构成犯罪。犯罪主体为一般主体可以是交通运输人员,也可以是非交通运输人员。犯罪的主观方面是过失。根据《刑法》第119条第2款的规定,犯本罪处3年以上7年以下有期徒刑;情节较轻的,处3年以下有期徒刑或者拘役。

▶ 十六、过失损坏交通设施罪

过失损坏交通设施罪,是指由于行为人的过失,损坏了轨道、桥梁、隧道、公路、机场、航道、灯塔、标志等交通设施,以致造成严重后果,危害交通安全的行为。本罪侵犯的客体是交通运输的安全,侵害的对象是上述交通设施。本罪客观方面,表现为行为人在行动中不慎,使轨道、桥梁等交通设施受到损坏,并且造成严重后果,危害交通安全的行为,未造成严重后果的,不构成犯罪。所谓严重后果,是指致人重伤、死亡或使公私财产遭受重大损失。本罪主体为一般主体。本罪主观方面是过失。根据《刑法》第 119 条第 2 款的规定,犯本罪处 3 年以上 7 年以下有期徒刑;情节较轻的,处 3 年以下有期徒刑或者拘役。

▶ 十七、过失损坏电力设备罪

过失损坏电力设备罪,是指过失损坏电力设备,已经造成严重后果,危害公共安全的行为。本罪侵犯的客体是公共供电系统的安全。客观方面表现为,损坏电力设备,已经造成严重后果,危害公共安全的行为。所谓已经造成严重后果,是指已实际造成重大公私财产的损失或者多人伤亡的后果。虽有损坏电力设备的行为,但未造成严重后果的,不构成犯罪。本罪的主体为一般主体,主观方面是过失。根据《刑法》第 119 条第 2 款的规定,犯本罪的,处 3 年以上 7 年以下有期徒刑;情节较轻的,处 3 年以下有期徒刑或者拘役。

▶ 十八、过失损坏易燃易爆设备罪

过失损坏易燃易爆设备罪,是指过失损坏燃气或者其他易燃易爆设备,造成严重后果,危害公共安全的行为。本罪侵犯的客体是公共供给燃气、易燃易爆物品系统的公共安全。客观方面表现为损坏易燃易爆设备,并造成人身伤亡或者重大公私财产安全损失的严重后果。虽然有损坏行为,而无严重后果的发生,不构成本罪。主体为一般主体,可以是普通公民,也可以是负责管理这些设备的企事业单位的职工。主观方面是过失。根据《刑法》第 119 条第 2 款的规定,犯本罪的,处 3 年以上 7 年以下有期徒刑;情节较轻的,处 3 年以下有期徒刑或者拘役。

▶ 十九、组织、领导、参加恐怖组织罪

(一) 组织、领导、参加恐怖组织罪的概念和构成要件

组织、领导、参加恐怖组织罪,是指组织、领导、参加恐怖活动组织的行为。本罪是选择性罪名。本罪具有如下构成要件:

(1) 本罪侵犯的客体是社会公共安全。恐怖活动组织是以实施恐怖活动为目的而建立的一种犯罪组织,往往进行放火、爆炸、暗杀、绑架人质、空中劫持、危害民用航空安全、危害海上航行安全、侵害应受国际保护人员、非法获取和使用核材料等恐怖犯罪活动,对社会公共安全构成严重威胁,是一种危害性极大的共同犯罪。这种犯罪在我国个别地区已有出现,应高度重视、严厉打击。

(2) 本罪的客观方面表现为组织、领导恐怖活动组织或者参加恐怖活动组织的行为。所谓"组织",是指首倡、发起和组织若干有实行恐怖活动目的的人,纠集成一个恐怖犯罪活动团体的行为。所谓"领导",是指在恐怖活动组织中起到决策、指挥的作用。所谓"参加",是指自愿加入恐怖活动组织的行为。只要行为人实施组织、领导、参加行

为之一的,即构成本罪。如果行为人在组织、领导、参加恐怖活动组织后又实施了其他犯罪行为的,则应分别定罪,实行数罪并罚。

(3)本罪的主体为一般主体。本罪属于国际犯罪,由于我国已经加入了反恐怖主义的国际公约,因此,在刑事管辖权上应采取普遍管辖原则。所以,无论是中国公民,还是外国公民,或无国籍人均可成为本罪的主体。

(4)本罪的主观方面是直接故意,并有进行恐怖活动的目的。对参加恐怖活动组织的人而言,必须明知他所参加的是恐怖活动组织,并且是出于进行恐怖活动的目的而参加的;如果行为人不明知恐怖活动组织的性质或参加的目的不是为了进行恐怖活动,而是出于其他犯罪目的,则不应以参加恐怖组织罪论处。

(二)组织、领导、参加恐怖组织罪的认定

1. 本罪既遂与未遂的界限

虽然恐怖活动组织的目的是进行恐怖活动,但刑法规定本罪所要处罚的是组织、领导、参加恐怖活动组织的行为。因此,只要行为人组织了恐怖活动组织,领导了恐怖活动组织,或者参加恐怖活动组织,不论是否实施了恐怖活动计划,造成了危害后果,就构成本罪既遂。如果行为人已经着手实施,但是由于其意志以外的原因尚未完成上述行为的,则成立犯罪未遂。

2. 将本罪的恐怖活动组织与一般的犯罪集团区分开来

一般刑事犯罪集团主要指以犯盗窃、抢劫、走私、贩毒等刑事犯罪为目的而建立起来的犯罪组织。其区别是:第一,恐怖活动组织都必须是以实施暴力犯罪为目的;而其他犯罪集团则不一定都实施暴力犯罪。第二,恐怖活动组织可能实施的具体犯罪种类通常具有一定的不确定性,即只要能形成恐怖气氛,任何犯罪都是可能实施的;而普通犯罪集团通常具有明确实施某种特定犯罪的目的。第三,恐怖活动组织的主观目的和客观行为都具有明显的恐怖特征,这种犯罪往往是面向社会公开进行,而且要尽可能扩大犯罪影响,借以向社会施加压力;而普通犯罪集团并不追求这种恐怖效果,即使有时使用暴力,这种暴力也只是为了实现某种直接的犯罪目的,或为了直接获得某种可见的利益。第四,恐怖活动组织危害客体是公共安全;而普通犯罪集团危害的客体一般随集团实施的犯罪种类不同而不同,并不必然具有危害公共安全的性质。第五,组织、领导、参加恐怖组织罪是独立的犯罪,有独立的法定刑;而普通犯罪集团只能依据犯罪集团实施的具体犯罪行为确定罪名。

(三)组织、领导、参加恐怖组织罪的刑事责任

根据《刑法》第120条的规定,组织、领导恐怖活动组织的,处10年以上有期徒刑或者无期徒刑;积极参加的,处3年以上10年以下有期徒刑;其他参加的,处3年以下有期徒刑、拘役、管制或者剥夺政治权利,行为人犯本罪并实施杀人、爆炸、绑架等犯罪的,依照数罪并罚的规定处罚。

二十、资助恐怖活动罪

资助恐怖活动罪,是指资助恐怖活动组织或实施恐怖活动的个人行为。为了打击

恐怖活动,履行我国签署的《制止向恐怖主义提供资助的国际公约》的义务,2001 年 12 月 29 日通过的《中华人民共和国刑法修正案(三)》增设了本罪。本罪的客体是公共安全,恐怖活动组织或者实施恐怖活动的个人,是指以实施杀人、爆炸、绑架等恐怖活动为目的的犯罪组织和个人,资助恐怖活动,对公共安全构成威胁,应予打击。本罪的客观方面表现为资助恐怖活动组织或者实施恐怖活动的个人的行为。所谓资助,是指以提供金钱、财物、器材、设备、场所等物质条件予以支持协助。如果行为人不是提供物质上的帮助,仅是在精神上、舆论宣传等方面给予支持和帮助,不能视为资助。至于资助是主动提供的,还是在对方或他人要求下提供的,均不影响行为的成立。本罪主体是一般主体,即凡是达到刑事责任年龄、具备刑事责任能力的人均可构成本罪,单位亦可构成本罪主体。本罪在主观方面表现为故意,其故意的内容为明知自己的资助行为会通过被资助者的恐怖犯罪行为危害公共安全,却希望公共安全受到危害,或者为追求其他目的而放任对公共安全的危害。根据《刑法》第 120 条之一的规定,犯本罪的,处 5 年以下有期徒刑、拘役、管制或者剥夺政治权利,并处罚金;情节严重的,处 5 年以上有期徒刑,并处罚金或者没收财产。单位犯本罪的,对单位判处罚金,并对其直接负责的主管人员或其他直接责任人员,依上述规定处罚。

▶ 二十一、劫持航空器罪

劫持航空器罪,是指以暴力、胁迫或者其他方法劫持航空器的行为。劫持航空器罪是一种严重的国际犯罪。本罪的客体是航空运输安全,即旅客、机组人员的人身、财产以及航空器本身的安全。本罪的犯罪对象是航空器。航空器是指在空间航行的多种航空工具,包括飞机、飞船、运输火箭等,当然主要指飞机。至于航空器的所属国和用途(民用、军用等)不影响本罪的成立。但需指出,三个国际公约即《东京公约》、《海牙公约》以及《蒙特利尔公约》规定的劫持航空器的犯罪仅指对民用航空器的劫持。由于劫持航空器罪是一种严重的国际犯罪,我国已经加入上述国际公约,因此,对这种犯罪的刑事管辖采用的是普遍管辖原则。本罪的客观方面表现为使用暴力、胁迫或者其他方法劫持正在使用的航空器,危害航空器飞行安全的行为。所谓"暴力",即指犯罪分子采取砸毁操作仪器,对机上人员实施捆绑、殴打、伤害、杀害、监禁、扣押等严重危害人身安全和人身自由的方法,以使航空器不能正常飞行,或迫使操作人员不能抵抗,从而达到控制航空器的行为。所谓"胁迫",指以毁坏航空器、杀害人质等暴力侵害相威胁,对机组人员和乘客进行精神恐吓和强制,使他们心生恐惧而不敢反抗,以达到控制航空器的目的。所谓"其他方法",指暴力、胁迫以外,其他足以造成机上人员不能反抗、不敢反抗、无法反抗,以达到非法控制航空器的方法。所谓"劫持",就是通过使用上述手段,控制航空器的运行,使航空器的驾驶人员、操作人员不能抗拒、不敢抗拒、无法抗拒,从而听任劫持者的指挥,或由劫持者亲自驾驶,按劫持者的意志航行。本罪的主体是一般主体。任何年满 16 周岁,具备刑事责任能力的自然人,都可以构成本罪。既包括中国公民,也包括外国公民和无国籍人。本罪的主观方面只能由直接故意构成。至于犯罪动机,可能是多种多样。有的出于政治目的,有的是为了偷逃出境追求他国生活方式，有的则是为了向社会报复，等等。犯罪动机不影响对此案件的定性，只要故意实施了劫持航空器的行为，均以本罪论处。根据《刑法》第 121 条的规定，犯劫持航空器罪的，处 10 年以上有期徒刑或者无期徒刑；致人重伤、死亡或者使航空器遭受严重破坏的，处死刑。

二十二、劫持船只、汽车罪

劫持船只、汽车罪，是指以暴力、胁迫或者其他方法劫持船只、汽车，危害公共安全的行为。本罪侵犯的客体是交通运输安全。犯罪对象是船只和汽车。客观方面表现为以暴力、胁迫或者其他方法劫持船只、汽车，危害公共安全的行为。本罪属于行为犯，只要行为人实施法定犯罪行为，不管是否发生危害结果，均构成犯罪既遂。本罪主体为一般主体。主观方面是故意，不管出于何种动机、目的，均不影响本罪的成立。根据《刑法》第 122 条的规定，犯本罪的，处 5 年以上 10 年以下有期徒刑；造成严重后果的，处 10 年以上有期徒刑或者无期徒刑。

二十三、暴力危及飞行安全罪

暴力危及飞行安全罪，是指对飞行中的航空器上的人员使用暴力，危及飞行安全的行为。本罪在客观方面表现为对飞行中的航空器上的人员使用暴力，危及飞行安全的行为。本罪属于危险犯，只要危及飞行安全，即使没有造成严重后果，也构成本罪。本罪的犯罪地点是一个法定要件，即只有发生在飞行中的航空器上，才构成本罪。本罪侵害的对象是航空器上的人而不是航空器本身。行为的具体方式只限于使用暴力，不包括使用其他方法，如威胁、麻醉等。本罪的主体是一般主体。本罪在主观方面表现为故意。根据《刑法》第 123 条的规定，犯本罪的，尚未造成严重后果的，处 5 年以下有期徒刑或者拘役；造成严重后果的，处 5 年以上有期徒刑。

二十四、破坏广播电视设施、公用电信设施罪

破坏广播电视设施、公用电信设施罪，是指故意破坏广播电视设施、公用电信设施，危害公共安全的行为。本罪的客体是传播、通讯方面的公共安全。本罪侵犯的对象是正在使用中的广播电视设施和公用电信设施。本罪在客观方面表现为破坏广播电视设施、公用电信设施的行为。破坏行为包括直接对有关设施进行毁损，也包括采用如截断线路等方法使有关设施无法正常工作。破坏的形式可以多种多样，但只有足以危害公共安全的破坏行为才能构成本罪。本罪的主体为一般主体。本罪在主观方面是故意，包括直接故意和间接故意。根据《刑法》第 124 条第 1 款的规定，犯本罪的，处 3 年以上 7 年以下有期徒刑；造成严重后果的，处 7 年以上有期徒刑。

二十五、过失损坏广播电视设施、公用电信设施罪

过失损坏广播电视设施、公用电信设施罪，是指过失损坏广播电视设施、公用电信设施，造成严重后果，危害公共安全的行为。本罪的构成要件与前述破坏广播电视设

施、公用电信设施罪相比较,除主观方面为过失、客观方面要求有严重后果发生外,其他构成要件都相同。根据《刑法》第124条第2款的规定,犯本罪的,处3年以上7年以下有期徒刑;情节较轻的,处3年以下有期徒刑或者拘役。

二十六、非法制造、买卖、运输、邮寄、储存枪支、弹药、爆炸物罪

非法制造、买卖、运输、邮寄、储存枪支、弹药、爆炸物罪,是指违反国家有关枪支、弹药、爆炸物管理法规,私自制造、买卖、运输、邮寄、储存枪支、弹药、爆炸物的行为。本罪侵犯的客体是公共安全和国家对枪支、弹药、爆炸物的管理制度。枪支,通常指我国《枪支管理办法》中规定的以火药或者压缩气体等为动力,利用管状器具发射金属弹丸或者其他物质,足以致人伤亡或者丧失知觉的各种枪支。弹药,是指上述枪支所用的弹药。爆炸物,是指《民用爆炸物管理条例》中规定的各种炸药、雷管、导火索、非电导爆系统、起爆药、爆破剂等。非法制造、买卖、运输、邮寄、储存烟花爆竹等娱乐性物品,不能以本罪论处。犯罪的客观方面表现为违反国家对枪支、弹药、爆炸物的管理法规,非法制造、买卖、运输、邮寄、储存枪支、弹药、爆炸物的行为。"非法制造枪支、弹药、爆炸物",是指未经国家有关部门批准,私自制造枪支、弹药、爆炸物的行为,包括非法制造、组装、修理、改装、拼装上述物品。非法制造既可以用机器成批生产,也可以用手工制作;既可以是新加工,也可以是旧有枪支、弹药、爆炸物的再加工。"非法买卖枪支、弹药、爆炸物",是指未经国家允许私自购买或者销售枪支弹药、爆炸物的行为。"非法运输枪支、弹药、爆炸物",是指未经国家允许私自运输枪支、弹药、爆炸物的行为。从运输的形式上看,有陆运、水运、空运,以及包括以自行车、兽力车或者肩挑背扛、随身携带等方式将枪支、弹药、爆炸物从甲地运往乙地的行为;从运输空间范围来看,仅限于在我国境内,不包括非法运输上述物品进出国边境的行为。"非法邮寄枪支、弹药、爆炸物",是指违反国家有关管理规定,通过邮政部门以邮件的形式非法寄递或者在邮寄的物品中夹带枪支、弹药、爆炸物的行为。"非法储存枪支、弹药、爆炸物",是指违反国家有关规定,私自存放枪支、弹药、爆炸物的行为。行为人所采取的储存方式、储存地点以及动机,不影响本罪成立。但如果存放上述物品的数量不大,不应认为是储存,而应以私藏枪支、弹药论处。本罪的主体是一般主体,包括自然人和单位。本罪的主观方面表现为故意,即明知是枪支、弹药、爆炸物而故意非法制造、买卖、运输、邮寄、储存。根据《刑法》第125条第1款的规定,犯本罪的,处3年以上10年以下有期徒刑;情节严重的,处10年以上有期徒刑、无期徒刑或者死刑。第3款规定,单位犯本罪的,对单位判处罚金,并对直接负责的主管人员和其他直接责任人员依照上述规定处罚。

二十七、非法制造、买卖、运输、储存危险物质罪

非法制造、买卖、运输、储存危险物质罪,是指违反法律规定,未经国家有关部门批准,非法制造、买卖、运输、储存毒害性、放射性、传染病病原体等物质,危害公共安全的行为。为了适应打击恐怖活动的需要,2001年12月29日《中华人民共和国刑法修正

案(三)》对本罪进行了修改。本罪的客体是公共安全和国家对危险物质的管理制度。犯罪对象是毒害性、放射性、传染病病原体等物质。由于本罪的社会危害性和危险性极大,故属于行为犯。本罪主体为一般主体,单位亦可构成。主观方面是故意,即行为人明知是毒害性、放射性、传染病病原体等危险物质,而进行制造、买卖、运输、储存。根据《刑法》第125条第2款的规定,犯本罪的,处3年以上10年以下有期徒刑;情节严重的,处10年以上有期徒刑、无期徒刑或者死刑。第3款规定,单位犯本罪的,对单位判处罚金,并对其直接负责的主管人员和其他直接责任人员,依照前述规定处罚。

二十八、违规制造、销售枪支罪

违规制造、销售枪支罪,是指依法被指定、确定的枪支制造企业、销售企业,违反枪支管理规定,制造、销售枪支,危害公共安全的行为。本罪的客体是公共安全和国家对枪支制造、销售的管理制度。本罪的客观方面是违反枪支管理规定制造、销售枪支,包括三种行为:一是超过限额或者不按规定的品种制造、配售枪支;二是制造无号、重号、假号的枪支;三是非法销售枪支或者在境内销售为出口制造的枪支。本罪主体是依法被指定、确定的枪支制造企业、销售企业。其他企业及个人非法制造、销售枪支的构成《刑法》第125条的非法制造、买卖枪支罪。本罪的主体只能是单位,即依法被指定、确定的枪支制造、销售企业。本罪的主观方面为故意,并以非法销售为目的。根据《刑法》第126条的规定,犯本罪的,对单位判处罚金,并对其直接负责的主管人员,处5年以下有期徒刑;情节严重的,处5年以上10年以下有期徒刑;情节特别严重的,处10年以上有期徒刑或者无期徒刑。

二十九、盗窃、抢夺枪支、弹药、爆炸物、危险物质罪

盗窃、抢夺枪支、弹药、爆炸物、危险物质罪,是指以非法占有为目的,秘密窃取或者公然夺取枪支、弹药、爆炸物、危险物质的行为。本罪的客体是公共安全和国家对枪支、弹药、爆炸物、危险物质的管理制度。被盗窃、抢夺枪支、弹药、爆炸物、危险物质持有者的身份对定罪不产生影响,但是盗窃、抢夺国家机关、军警人员、民兵的枪支、弹药、爆炸物、危险物质的,量刑的档次较盗窃、抢夺普通人的提高了一档。客观方面表现为盗窃、抢夺枪支、弹药、爆炸物、危险物质的行为。盗窃一般是指采用使枪支等的所有人、占有人、使用人等不会发觉的方法秘密窃取;抢夺一般是指乘人不备公然夺取。本罪的主体为一般主体。本罪的主观方面是故意,行为人明知盗窃、抢夺的对象是枪支、弹药、爆炸物、危险物质而为之。根据《刑法》第127条规定,犯本罪的,处3年以上10年以下有期徒刑;情节严重的,处10年以上有期徒刑、无期徒刑或者死刑;盗窃、抢夺国家机关、军警人员、民兵的枪支、弹药、爆炸物、危险物质的,处10年以上有期徒刑、无期徒刑或者死刑。

三十、抢劫枪支、弹药、爆炸物、危险物质罪

抢劫枪支、弹药、爆炸物、危险物质罪,是指以暴力、胁迫或者其他方法,强行劫取

枪支、弹药、爆炸物、危险物质的行为。本罪的客观方面表现为当场以暴力、胁迫或者其他方法(如麻醉方法),强行劫夺或者迫使他人交出枪支、弹药、爆炸物、危险物质的行为。本罪的主体是一般主体。本罪的主观方面是故意,即明知是上述物品而抢劫。根据《刑法》第127条第2款的规定,处10年以上有期徒刑、无期徒刑或者死刑。

三十一、非法持有、私藏枪支、弹药罪

非法持有、私藏枪支、弹药罪,是指违反枪支管理规定,非法持有、私藏枪支、弹药的行为。本罪的客体是社会的公共安全和国家对枪支弹药的管理制度。对象是枪支、弹药,包括各种公务用枪、民用枪支及其弹药。本罪的客观方面表现为违反枪支管理规定,非法持有、私藏枪支、弹药的行为。所谓"非法持有",是指不具备配枪资格而持有枪支、弹药。所谓"私藏",是指不具备配枪、用枪资格而私自藏匿枪支、弹药。只要实施两种行为之一的,即可构成本罪。本罪的主体为一般主体。本罪的主观方面是直接故意。认定本罪的"非法持有"和"私藏",应根据证据尚不能认定为是非法制造、买卖、运输、盗窃、抢夺、抢劫的枪支、弹药而"持有"和"私藏",否则,应以相应的犯罪论处。不构成本罪。根据《刑法》第128条第1款的规定,犯本罪的,处3年以下有期徒刑、拘役或者管制;情节严重的,处3年以上7年以下有期徒刑。

三十二、非法出租、出借枪支罪

非法出租、出借枪支罪,是指依法配备公务用枪的人员或单位,依法配置枪支的人员或单位,违反枪支管理法规,私自出租、出借枪支,危害公共安全的行为。本罪的客体是公共安全和国家对枪支的管理制度。犯罪对象是公务用枪和民用枪支。本罪客观方面表现为非法出租、出借公务用枪、配置枪支的行为。国家对公务用枪实行配备制度,对民用枪支实行配置制度,禁止任何个人或单位非法出租、出借配备、配置的枪支。依法配备公务用枪的人员或单位非法出租、出借枪支的,无论是否造成严重后果,均构成犯罪。本罪的主体为特殊主体,即依法配备公务用枪或依法配置枪支的人员和单位。本罪主观方面只能是故意。根据《刑法》第128条第2款、第3款和第4款的规定,犯本罪的,处3年以下有期徒刑、拘役或者管制;情节严重的,处3年以上7年以下有期徒刑;单位犯本罪的,对单位判处罚金,并对其直接负责的主管人员和其他直接责任人员,依照前述规定处罚。

三十三、丢失枪支不报罪

丢失枪支不报罪,是指依法配备公务用枪的人员,在所持枪支被盗、被抢或者丢失时不及时报告,造成严重后果的行为。本罪的客体是公共安全和国家对枪支的管理制度。本罪在客观方面表现为依法配备公务用枪的人员,丢失枪支不及时报告,并且造成严重后果的行为。"丢失枪支",包括被盗、被抢或者遗失等情况。"未及时报告",指行为人丢失枪支后不及时向本单位或者有关部门报告,如果行为人及时、如实报告自己丢失枪支的情况,则不构成本罪。本罪的主体为特殊主体,即依法配备公务用枪的

人员。本罪的主观方面为过失。根据《刑法》第 129 条的规定,犯本罪的,处 3 年以下有期徒刑或者拘役。

三十四、非法携带枪支、弹药、管制刀具、危险物品危及公共安全罪

非法携带枪支、弹药、管制刀具、危险物品危机公共安全罪,是指违反有关规定,非法携带枪支、弹药、管制刀具、危险物品进入公共场所或者公共交通工具,危及公共安全,情节严重的行为。本罪的对象只能是上列特定物品。所谓"管制刀具",是指由公安机关加以控制和管理的、属非生活用具的刀具,如匕首、三棱刀、弹簧刀等。"危险物品",指爆炸性、易燃性、放射性、毒害性、腐蚀性物品。本罪的客观方面表现为非法携带上述任何一种物品进入公共场所或者公共交通工具,危及公共安全,情节严重的行为。本罪是行为犯,即只要非法携带上述物品进入上述场所,情节严重,不论是否造成危害后果,就构成本罪既遂。本罪主体为一般主体,本罪主观方面是故意。实施上述行为情节轻微的,不构成本罪。根据《刑法》第 130 条的规定,犯本罪的,处 3 年以下有期徒刑、拘役或者管制。

三十五、重大飞行事故罪

重大飞行事故罪,是指航空人员违反规章制度,致使发生重大飞行事故,造成严重后果的行为。本罪的客体是航空运输的公共安全。本罪在客观方面表现为,违反规章制度,致使发生重大飞行事故,造成严重后果的行为。所谓"违反规章制度",是指违反保障航空运输安全管理的各种规章制度。"重大飞行事故",从本罪而言,是指航空器在飞行过程中因人为的原因发生的事故。"造成严重后果",一般是指使航空器或其他航空设施受到严重损坏,航空器上人员受重伤,公私财产受到严重损失等,即违章行为必须与严重后果之间具有因果关系。本罪的主体为特殊主体,即航空人员。"航空人员"是指从事民用航空活动的空勤人员和地面人员。本罪的主观方面为过失。至于违反规章制度,则可以表现为有意的。根据《刑法》第 131 条的规定,犯本罪的,处 3 年以下有期徒刑或者拘役;造成飞机坠毁或者人员死亡的,处 3 年以上 7 年以下有期徒刑。

三十六、铁路运营安全事故罪

铁路运营安全事故罪,是指铁路职工违反规章制度,致使发生铁路运营事故造成严重后果的行为。本罪的客体是铁路运输的安全。本罪的客观方面表现为违反规章制度,致使发生重大铁路运营事故,造成严重后果的行为。"违反规章制度",是指违反与保证铁路运输安全有关的各种规章制度。"铁路运营事故",是指在铁路运输过程中发生的火车倾覆、出轨、撞车爆炸等造成人员伤亡、机车毁坏以及使公私财产遭受重大损失的严重事件。"造成严重后果",一般是指造成人员伤亡或公私财产遭受重大损失等结果。本罪的主体是特殊主体,为铁路职工。主管方面是过失。根据《刑法》第 132 条的规定,犯本罪的,处 3 年以下有期徒刑或者拘役;造成特别严重后果的,处 3 年以上 7 年以下有期徒刑。

三十七、交通肇事罪

(一) 交通肇事罪的概念和构成要件

交通肇事罪,是指违反交通运输管理法规,因而发生重大事故,致人重伤、死亡或者使公私财产遭受重大损失的行为。本罪具有如下构成要件:

(1) 本罪侵犯的客体是交通运输的安全。这里的“交通运输”是指航空、铁路运输以外的公路交通运输和水路交通运输。对航空运输和铁路运营中发生重大事故构成犯罪的,应按刑法有关的条款定罪。

(2) 本罪的客观方面表现为:第一,行为人必须有违反交通运输管理法规的行为。交通运输管理法规,主要是指那些旨在保证公路、水上交通运输安全而制定的各种规章制度,包括与公路、水上交通运输安全有直接关系的劳动纪律、交通规则、操作规程等。有关公路和水上交通法规很多,如我国《公路法》、《道路交通管理条例》、《机动车管理办法》、《海上交通安全法》、《内河避碰规则》、《内河交通管理条例》等等。行为人只有违反交通运输管理法规,才可能对自己在交通运输活动中所造成的危害后果负刑事责任。行为人违反交通法规的行为,既可以表现为积极的作为方式,如酒后开车、无证驾驶、闯红灯、超速、违章超车、超载等;也可以表现为消极的不作为方式,如拐弯不显示指示灯、通过道口不鸣笛示警、通过岔路口不减速等。第二,必须有重大交通事故发生。重大交通事故,是指发生撞车、翻车、翻船等事故,致人重伤、死亡或者使公私财产遭受重大损失。

(3) 犯罪主体为一般主体。即凡是达到刑事责任年龄,具备刑事责任能力的自然人均可成为本罪的犯罪主体,包括从事交通运输的人员和非交通运输的人员。

(4) 犯罪的主观方面表现为过失,即行为人应当预见自己的行为可能发生致人重伤、死亡或者重大公私财产遭受重大损失的严重后果,但由于疏忽大意而没有预见,或者已经预见而轻信能够避免,以致发生严重后果的心理态度。

(二) 交通肇事罪的认定

1. 本罪与非罪的界限

(1) 交通肇事罪与意外事故的界限。关键是看行为人主观上是否有过失,如果行为人主观上具有过失,可以构成交通肇事罪;如果行为人由于不能预见的原因引起交通事故,则不存在罪过,因而不能认为是犯罪,就是意外事故。在认定行为人主观上是否存在过失时,不能仅凭行为人客观上有违章行为就据以认定行为人主观上具有过失,而应根据行为人对危害结果是否有预见的义务以及是否有预见的能力来认定。

(2) 交通肇事罪与一般交通事故的界限。二者都是违反交通运输管理法规的行为,其区别主要在于危害后果的严重程度不同。构成交通肇事罪必须发生重大事故,致人重伤、死亡或者使公私财产遭受重大损失。所谓严重后果,按照有关司法解释的规定,是指死亡1人或重伤3人;或者重伤1人以上,情节恶劣,后果严重;或者造成公私财产直接损失的数额起点在3万元以上的。一般交通事故虽然也违反了交通运输方面的规章制度,但是其违章行为所造成的危害后果没有达到上述标准,不具有相当严重的社会危害性，应由公安机关或交通管理部门根据治安处罚条例或交通法规予以处罚。

2. 本罪与重大飞行事故罪、铁路运营安全事故罪的界限

这三种事故罪，行为人的违章往往是明知故犯，对造成的严重结果都持过失的心理态度。它们的主要区别是：(1) 违反的规章制度不同。交通肇事罪违反交通运输管理法规；重大飞行事故罪违反航空管理规章制度；铁路运营安全事故罪违反铁路运营管理规章制度。(2) 客观行为表现不同。前罪一般是在交通运输活动中违章造成重大事故；后两罪则表现为不履行或者不认真履行所担负的指挥、管理、运输、维修等职责而造成重大事故。(3) 主体不同。前罪的主体是一般主体；后两罪的主体则分别只能是航空人员和铁路职工。

3. 本罪与其他几种罪的界限

(1) 交通肇事致人重伤、死亡与故意杀人、故意伤害罪的区别。如果查明行为人利用交通工具杀害、伤害特定的人，不足以危及公共安全的，应以故意杀人罪或故意伤害罪论处。(2) 交通肇事罪与以驾车撞人的危险方法危害公共安全的犯罪的区别。根据主观判断是否故意实施足以危害公共安全的行为是二者区别的标志。(3) 交通肇事致人重伤、死亡与过失致人重伤、过失致人死亡罪的区别。前罪发生于交通运输过程中，与交通工具相联系；后两罪发生于日常生活中，过失致他人重伤、死亡。

(三) 交通肇事罪的刑事责任

根据《刑法》第 133 条的规定，犯交通肇事罪的，处 3 年以下有期徒刑或者拘役；交通肇事后逃逸或者有其他特别恶劣情节的，处 3 年以上 7 年以下有期徒刑；因逃逸致人死亡的，处 7 年以上有期徒刑。

根据最高人民法院《关于审理交通肇事刑事案件具体应用法律若干问题的解释》(2000 年 11 月 21 日起实施)的规定，从事交通运输人员或者非交通运输人员，违反交通管理法规发生重大交通事故，在分清事故责任的基础上，对于构成犯罪的，依照《刑法》第 133 条的规定定罪处罚。

1. 交通肇事具有下列情形之一的，处 3 年以下有期徒刑或者拘役：(1) 死亡 1 人或者重伤 3 人以上，负事故全部或者主要责任的；(2) 死亡 3 人以上，负事故同等责任的；(3) 造成公共财产或者他人财产损失，负事故全部或者主要责任，无能力赔偿数额在 30 万元以上的。

2. 交通肇事致 1 人以上重伤，负事故全部或者主要责任，并具有下列情形之一的，以交通肇事罪定罪处罚：(1) 酒后、吸食毒品后驾驶机动车辆的；(2) 无驾驶资格驾驶机动车辆的；(3) 明知是安全装置不全或者安全机件失灵的机动车辆而驾驶的；(4) 明知是无牌证或者已报废的机动车辆而驾驶的；(5) 严重超载驾驶的；(6) 为逃避法律追究逃离事故现场的。

3. "交通运输肇事后逃逸"，是指行为人具有上述 1 和 2 第(1)至(5)项规定的情形之一，在发生交通事故后，为逃避法律追究而逃跑的行为。

4. 交通肇事具有下列情形之一的，属于"有其他特别恶劣情节"，处 3 年以上 7 年以下有期徒刑：(1) 死亡 2 人以上或者重伤 5 人以上，负事故全部或者主要责任；

(2) 死亡 6 人以上,负事故同等责任的;(3) 造成公共财产或者他人财产直接损失,负事故全部责任或者主要责任,无能力赔偿数额在 60 万元以上的。

5. "因逃逸致人死亡",是指行为人在交通肇事后为逃避法律追究而逃跑,致使被害人因得不到救助而死亡的情形。交通肇事后,单位主管人员、机动车辆所有人、承包人或者乘车人指使肇事人逃逸,致使被害人因得不到救助而死亡的,以交通肇事罪共犯论处。

6. 行为人在交通肇事后为逃避法律追究,将被害人带离事故现场后隐藏或者遗弃,致使被害人无法得到救助而死亡或者严重残疾的,应当分别依照《刑法》第 232 条、第 234 条第 2 款的规定,以故意杀人罪或者故意伤害罪定罪处罚。

7. 单位主管人员、机动车辆所有人或者机动车辆承包人指使、强令他人违章驾驶造成重大交通事故,具有上述 1、2 情形之一的,以交通肇事罪定罪处罚。

8. 在实行公共交通管理的范围内发生重大交通事故的,依照《刑法》第 133 条和该解释的有关规定办理。在公共交通管理的范围外,驾驶机动车辆或者使用其他交通工具致人伤亡或者致使公共财产或者他人财产遭受重大损失,构成犯罪的,分别依照《刑法》第 134 条、第 135 条、第 233 条等规定定罪处罚。

▶ 三十八、危险驾驶罪

危险驾驶罪,这是刑法修正案(八)新增加的罪名,是指在道路上驾驶机动车追逐竞驶,情节恶劣的,或者在道路上醉酒驾驶机动车的行为。本罪的客体是交通运输的公共安全,本罪的客观方面表现为,违反交通运输管理法规,在道路上驾驶机动车追逐竞驶,情节恶劣的,或者在道路上醉酒驾驶机动车的行为。所谓追逐竞驶,是指不顾他人和自身生命财产安全竞赛性超速驾驶、追赶且情节恶劣,所谓醉酒,是指血液中的酒精含量达到了醉酒的标准。本罪的主体为一般主体。本罪的主观方面是故意,即明知自己的行为会造成对公共交通秩序的危害和由此而形成的危险状态,却仍然实施上述行为。根据《刑法》第 131 条之一的规定,犯本罪的,处拘役,并处罚金。同时构成其他犯罪的,依照处罚较重的规定定罪处罚。

▶ 三十九、重大责任事故罪

(一) 重大责任事故罪的概念和构成要件

重大责任事故罪,是指在生产、作业中,违反有关安全管理的规定,因而发生重大伤亡事故或者造成其他严重后果的行为。本罪具有如下构成要件:

(1) 本罪的客体是生产、作业的安全。

(2) 本罪的客观方面表现为在生产、作业中,违反有关安全管理的规定,因而发生重大伤亡事故,造成严重后果的行为。据此,本罪的客观方面包括三个要素:第一,行为人的行为必须违反安全管理规定。违反安全管理规定,是造成事故的原因,也是构成本罪的必要条件。这里所说的安全管理规定,具体包括三个方面:一是国家颁发的各种有关安全生产、作业的法律法规明文规定;二是企业、事业单位及其上级管理机关所制定的规程、规则、章程等明文规定；三是虽无法律法规等的明文规定，但却违反了生产、科研、设计、施工中安全操作的客观规律，公认的在企业、事业单位中通行的行之有效的正确的操作习惯与惯例。第二，违反有关安全管理规定的行为必须发生在生产、作业过程中。如果事故的发生与生产作业没有关系不构成本罪。第三，必须因违反有关安全管理规定的行为造成了重大伤亡事故或其他严重后果。即违反有关安全管理规定的行为与发生的重大伤亡事故或者其他严重后果之间具有因果关系。

（3）本罪主体为从事生产、作业的人，单位不能成为本罪的主体。

（4）本罪的主观方面只能由过失构成。这种过失主要表现在对待造成严重危害后果的心理态度上。即行为人在主观上并不希望事故的发生。在某种具体场合下，他们虽然应当预见到自己的行为可能导致危害结果的发生，但由于疏忽大意，马虎从事而未预见；或者已经预见，但由于过于自信，轻信可以避免以致发生了严重事故。无论是疏忽大意的过失。还是过于自信的过失，行为人对危害结果的发生都持否定态度。

（二）重大责任事故罪的认定

1. 本罪与非罪的界限

首先，由于不能预见或者不能抗拒的自然现象引起的事故，以及因为技术条件或设备条件的限制而无法避免的事故，因为行为人主观上没有过失，不能认定为本罪。其次，在技术革新、科学实验中，只要行为人遵守了有关规则，就不能因为技术革新、科学实验失败而认定为本罪。时代的发展需要技术革新与科学实验，而技术革新与科学实验都面临着两种结果：成功与失败，行为人一般也预见到了失败的可能性。在这种情况下，不能轻易认定行为人具有过于自信的过失。否则，便会抑制人民群众的积极性与创造性。只有在行为人没有遵守有关规则的情况下，才能认定为过失行为。最后，行为人虽然在生产、作业中违反有关安全管理规定，但没有造成严重后果的，不能认定为本罪。

2. 本罪与失火罪、过失爆炸罪的界限

二者的主要区别是：（1）犯罪客体不同。重大责任事故罪所侵犯的客体是生产、作业中的安全，而失火罪、过失爆炸罪侵犯的直接客体是不特定多数人的生命、健康和重大公私财产的安全。（2）犯罪客观方面不同。重大责任事故罪发生在生产、作业活动中，表现为行为人违反有关安全管理的规定，因而发生重大伤亡事故或者造成其他严重后果。失火罪、过失爆炸罪则多发生在日常生活中，即使发生在厂矿等企业、事业单位的生产、作业过程中，其违规行为也与生产、作业活动并无直接联系。因此，如果火灾、爆炸事故发生在企业、事业单位的生产、作业过程中，并与生产作业活动密切相关，且是由于行为人违反了有关生产安全方面的安全管理规定而引起的，则构成重大责任事故罪；反之，则构成失火罪、过失爆炸罪。

（三）重大责任事故罪的刑事责任

根据《刑法》第134条的规定，犯重大责任事故罪的，处3年以下有期徒刑、拘役或者管制；情节特别恶劣的，处3年以上7年以下有期徒刑。

四十、强令违章冒险作业罪

强令违章冒险作业罪，是指强令他人违章冒险作业，因而发生重大伤亡事故或者造成其他严重后果的行为。本罪的客体为生产、作业安全。本罪的客观方面表现为，强令他人违章冒险作业，因而发生重大伤亡事故或者造成其他严重后果的行为。强令他人违章冒险作业，是指明知自己的决定违反安全生产、作业的规章制度，可能会发生安全事故，而强行命令他人违章冒险作业的情形。本罪的主体为一般主体，实践中主要是从事生产、施工、作业等管理工作的人员。本罪的主观方面为过失，即应当知道强令他人违章冒险作业会发生重大伤亡事故或者造成其他严重后果，因疏忽大意没有预见或者轻信能够避免，以致发生这种结果。根据《刑法》第 134 条第 2 款和《刑法修正案(六)》第 1 条第 2 款的规定，犯本罪，处 5 年以下有期徒刑或者拘役；情节特别恶劣的，处 5 年以上有期徒刑。

四十一、重大劳动安全事故罪

重大劳动安全事故罪，是指工厂、矿山、林场、建筑企业或者其他企业、事业单位的安全生产设施不符合国家规定，经有关部门或单位职工提出后，对事故隐患仍不采取措施，因而发生重大伤亡事故或者造成其他严重后果的行为。本罪的客体是工厂、矿山、林场、建筑企业、事业单位的劳动者的生命、健康安全，即公共安全。客观方面表现为本单位的劳动安全设施不符合国家规定，经有关部门或者单位职工提出后，对事故隐患仍不采取措施，以致发生重大伤亡事故或者造成其他严重后果。“重大伤亡事故”，是指造成 3 人以上重伤或 1 人以上死亡的事故。“其他严重后果”，是指造成重大经济损失，产生极坏的影响，引起单位职工强烈不满，导致罢工、停产等。本罪的主体为特殊主体，即工厂、矿山、林场、建筑企业或者其他企业、事业单位中负责劳动安全的直接责任人员。本罪主观上对于造成的重大伤亡事故只能是过失，但对事故隐患不采取措施则可能是明知故犯。根据《刑法》第 135 条的规定，犯本罪的，对直接责任人员处 3 年以下有期徒刑或者拘役；情节特别恶劣的，处 3 年以上 7 年以下有期徒刑。

四十二、大型群众性活动重大安全事故罪

大型群众性活动重大安全事故罪，是指举办大型群众性活动违反安全管理规定，因而发生重大伤亡事故或者造成其他严重后果的行为。本罪的客体为大型群众性活动中的公共安全。本罪的客观方面表现为，举办大型群众性活动违法安全管理规定，因而发生重大伤亡事故或者造成其他严重后果的行为，例如，在广场、公园、体育场、游乐园等公共场所举行大型群众活动时，没有事先做好预防工作，或者采取应急措施不当，而导致重大人员伤亡的情形。本罪的主体为一般主体，在实践中主要是大型群众性活动的举办单位中对活动安全负有职责的主管人员和其他直接责任人员。本罪的主观方面为过失，即应当预见在大型群众性活动中违反安全管理规定的行为会发生重大伤亡事故或者造成其他严重后果，因为疏忽大意没有预见或者已经预见而轻信能够

避免，以至于发生这种结果，根据《刑法》第135条之一和《刑法修正案（六）》第3条的规定，犯本罪的，对直接负责的主管人员和其他直接责任人员，处3年以下有期徒刑或者拘役；情节特别恶劣的，处3年以上7年以下有期徒刑。

四十三、危险物品肇事罪

危险物品肇事罪，是指违反爆炸性、易燃性、放射性、毒害性、腐蚀性物品的管理规定，在生产、储存、运输、使用中发生重大事故，造成严重后果的行为。本罪的客体是危险物品在生产、储存、运输、使用中的安全，即公共安全。本罪客观方面表现为违反危险物品的管理规定，在生产、储存、运输、使用中发生重大事故，造成严重后果的行为。违章行为必须与严重后果之间具有因果关系。本罪的主体主要是从事生产、保管、运输和使用危险物品的职工，但其他人也可以构成本罪。本罪主观方面是过失，过失是针对所造成的重大事故后果的心理态度而言，至于违反规章制度往往是明知故犯。根据《刑法》第136条的规定，犯本罪的，处3年以下有期徒刑或者拘役；后果特别严重的，处3年以上7年以下有期徒刑。

四十四、工程重大安全事故罪

工程重大安全事故罪，是指建设单位、设计单位、施工单位、工程监理单位违反国家规定，降低工程质量标准，造成重大安全事故的行为。本罪的客体是公共安全和国家的基本建设管理制度。本罪客观方面表现为违反国家规定，降低工程质量标准，造成重大安全事故的行为。违反国家规定，降低工程质量标准有许多表现，如提供、使用不合格的建筑材料、建筑构配件和设备；偷工减料，不按建筑工程质量标准进行设计或施工；降低标准进行监理等。重大安全事故，则是指建筑工程在建设中及交付使用后，由于达不到质量标准或者存在严重问题，导致楼房倒塌，桥梁断裂、铁路塌陷，致人伤亡或重大经济损失。本罪的主体是特殊主体，即只能是上述单位中对工程质量负责的直接责任人员。本罪的主观方面表现为过失，即对发生重大事故本身是出于过失，但对于降低工程质量标准则是明知故犯的，并且其中不少是为了谋取非法利润而故意偷工减料。根据《刑法》第137条规定，对直接责任人员，处5年以下有期徒刑或者拘役，并处罚金；后果特别严重的，处5年以上10年以下有期徒刑，并处罚金。

四十五、教育设施重大安全事故罪

教育设施重大安全事故罪，是指有关直接责任人员明知校舍或者教育教学设施有危险而不采取措施，或者不及时报告，致使发生重大伤亡事故的行为。本罪的客体是公共安全和教育设施管理制度。本罪在客观方面表现为对校舍或教育教学设施存在的危险不采取措施或者不及时报告，致使发生重大伤亡事故的行为。发生重大伤亡事故，是构成本罪的必要条件。只是造成重大财产损失而没有伤亡的，不构成本罪。本罪的主体为特殊主体，即对校舍和教育教学设施的安全负有直接责任的人员。本罪在主观上对发生的严重后果出于过失，但对校舍或教育设施存在的危险、隐患则是明知的。根据《刑法》第 138 条的规定,犯本罪的,对直接责任人员,处 3 年以下有期徒刑或者拘役;后果特别严重的,处 3 年以上 7 年以下有期徒刑。

四十六、消防责任事故罪

消防责任事故罪,是指违反消防管理法规,经消防监督机构通知采取改正措施而拒绝执行,造成严重后果的行为。本罪的客体是公共安全和国家的消防管理制度。本罪在客观方面表现为违反消防管理法规,经消防监督机构通知采取改正措施而拒绝执行,造成严重后果发生的行为。所谓严重后果,是指发生重大火灾,致人重伤、死亡或者使公私财产遭受重大损失。本罪的主体是特殊主体,即对消防负有直接责任的管理人员,才能构成。本罪主观方面是过失。如果行为人主观上不存在过失,客观上基于其他原因而发生了意外消防事故则不应以犯罪论处。根据《刑法》第 139 条的规定,犯本罪的,处 3 年以下有期徒刑或者拘役;后果特别严重的,处 3 年以上 7 年以下有期徒刑。

四十七、不报、谎报安全事故罪

不报、谎报安全事故罪,是指在安全事故发生后,负有报告职责的人员不报或者谎报事故情况,贻误事故的抢救,情节严重的行为。本罪的客体为公共安全和安全事故的报告制度。本罪的客观方面表现为,在安全事故发生后,不报或者谎报事故情况,贻误事故抢救,情节严重的行为。本罪中的"安全事故",不限于刑法分则第二章中的某一安全事故而包括本章中的各种安全事故。根据最高人民法院、最高人民检察院《关于办理危害矿山生产安全刑事案件具体应用法律若干问题的解释》第 6 条第 1 款的规定,在矿山生产安全事故发生后,负有报告责任的人员不报或者谎报事故情况,贻误事故抢救,具有下列情形之一的,应当认定"情节严重":"(一) 导致事故后果扩大,增加死亡 1 人以上,或者增加重伤 3 人以上,或者直接经济损失 100 万元以上的;(二) 实施下列行为之一,致使不能及时有效开展事故抢救的:(1) 决定不报、谎报事故的情况或者指使、串通有关人员不报、谎报事故情况的;(2) 在事故抢救期间擅离职守或者逃匿的;(3) 伪造、破坏事故现场,或者转移、藏匿、毁灭遇难人员尸体,或者转移、藏匿受伤人员的;(4) 毁灭、伪造、隐匿与事故有关的图纸、记录、计算机数据资料以及其他证据的;(三) 其他严重的情节"。本罪的主体为对发生安全事故负有报告职责的人员。根据上述《解释》第 5 条的规定,本罪的主体包括在矿山生产经营单位的负责人、实际控制人、负责生产经营管理的投资人以及其他负有报告职责的人员。本罪的主观方面为故意,即行为人明知应当在安全事故发生后及时向有关机关或者部门报告事故的真实情况,而不报告或者不如实报告。根据《刑法》第 139 条之一和《刑法修正案(六)》第 4 条的规定,犯本罪的,处 3 年以下有期徒刑或者拘役;情节特别严重,处 3 年以上 7 年以下有期徒刑。根据上述《解释》第 6 条第 2 款的规定,具有下列情形之一的,应当认定为"情节特别严重":"(一) 导致事故后果扩大的,增加死亡 3 人以上,或者增加重伤 10 人以上,或者增加直接经济损失 300 万元以上的;(二) 采用暴力、胁迫、命令等方式阻止他人报告事故情况导致事故后果扩大的;(三)其他特别严重的情节"。根据该《解释》第6条规定的相关行为,帮助负有报告职责的人员不报告或者谎报事故情况,贻误事故抢救的,对组织者或者积极参加者,以本罪的共犯论处。

【阅读参考书目】

1. 叶高峰主编:《危害公共安全罪的定罪与量刑》,人民法院出版社2000年版。

2. 王作富主编:《刑法》,中国人民大学出版社2011年第5版。

5. 刘家琛主编:《新刑法新问题新罪名通释》,人民法院出版社2002年版。

【思考题】

一、名词解释

1. 放火罪

2. 投放危险物质罪

3. 破坏交通工具罪

4. 劫持航空器罪

5. 交通肇事罪

6. 危险驾驶罪

二、简答题

1. 什么是以危险方法危害公共安全罪?

2. 破坏广播电视、公用通信设施罪的概念及其特征是什么?

3. 如何区分有关枪支、弹药、爆炸物几种犯罪之间的界限?

三、论述题

1. 危害公共安全罪的概念及其构成要件是什么?

2. 重大责任事故罪的概念、特征是什么?认定该罪应注意什么问题?

四、案例分析

案例1:

某日下午,十多个放寒假的学生在新余市马洪乡周家村一个体爆竹厂玩耍。其中最年长的学生甘初盛(男,19岁)从地上捡起一根爆竹引线,大声对其他人说自己敢拿着让它烧到头。其他人表示不信,他便点燃手持的引线,当引线快燃到尽头时,他感到烧灼难忍,终于随手一扔,引起大堆已经制成的爆竹爆炸,在场的11名学生和一名50多岁的老汉被炸得血肉模糊,造成重伤。

请问:甘初盛的行为应如何定罪?

案例2:

某日22时50分许,被告人王庆业、胡斌来到四川省中江县中岭铁路分局管内浑揽线3km+912m处,王提出:"往铁道上摆石头,看火车能不能压碎"。胡表示同意,两人遂在两股钢轨上摆放路基石29块。22时56分,43424列车开至此,轧上摆放的路基石,致使该列车3455号机车脱轨,造成直接经济损失折合人民币18万元。

请问:王庆业、胡斌的行为构成什么犯罪?

第二十三章　破坏社会主义市场经济秩序罪

第一节　破坏社会主义市场经济秩序罪总述

一、破坏社会主义市场经济秩序罪概念与构成

（一）破坏社会主义市场经济秩序罪概念与本质

破坏社会主义市场经济秩序罪，是指违反国家市场经济管理法规，破坏社会主义市场经济秩序，严重危害市场经济发展的行为。

刑法规定本章犯罪，是为了保护社会主义市场经济秩序。市场经济秩序，是指由市场经济活动所必须遵循的经济准则与行为范式所调整的模式、结构及有序状态。一定的市场经济秩序总是维系着与之相应的经济利益格局，因此经济秩序与社会经济利益之间具有形式与实质、外在与内在的表里关系。据此可以认为，本章犯罪最终侵犯的是国家、社会的经济利益，因而属于侵犯国家、社会等公共法益的犯罪。

（二）破坏社会主义市场经济秩序罪的构成要件

1．犯罪客体

本章犯罪的客体是社会主义市场经济秩序。经济秩序对一个国家的经济发展起着举足轻重的作用，一个国家的经济能否持续健康发展，在很大程度上取决于是否拥有一个稳定、开放、有序的经济秩序。就我国而言，由于社会主义市场经济建立时间不长、经验不足，这就使得维护和完善社会主义市场经济秩序的工作显得尤为重要。从目前我国刑法的规定来看，社会主义市场经济秩序，具体包括正当的市场竞争秩序、对外贸易秩序、对公司企业的管理秩序、金融管理秩序、税收征管秩序、知识产权保护秩序及市场管理秩序等。

2．犯罪的客观方面

本章犯罪的客观方面表现为违反国家市场经济管理法律、法规，破坏社会主义市场经济秩序，严重危害市场经济发展的行为。本章犯罪的一个重要特点就在于总是以违反一定的经济管理法律、法规为前提，如走私罪以违反海关法规为前提，危害税收征管的犯罪以违反税法为前提，生产、销售伪劣产品罪则以违反有关产品质量、药品管理、食品卫生及消费者权益等方面的法规为前提。但是，并非违反了市场经济管理法律、法规的行为都是犯罪，只有其中破坏社会主义市场经济秩序，并严重危害市场经济发展的行为，才被刑法规定为犯罪。因此，本章中很多犯罪以情节严重、数额较大或造成严重后果等为构成要件要素，以限制其处罚范围。

但是，对于“情节严重”、“数额较大”等限制性词语，长期以来由于缺乏明确规定，各地的司法实务部门在具体办案过程中标准不一，在定罪和量刑幅度上也存在较大差异。为此，全国人大常委会、最高人民法院、最高人民检察院、公安部曾会同有关部门

多次出台有关立法解释、司法解释、座谈会纪要及其他有效法律文件,对其数额、数量标准和犯罪情节都作了较为详尽的规定,改变了以往条文过于含糊、笼统、抽象,难以适用的状况。

3. 犯罪主体

本章犯罪的犯罪主体,大部分既可以是自然人,也可以是单位。其中,自然人犯罪主体包括一般自然人主体和特殊自然人主体,前者由年满16周岁的具有刑事责任能力的自然人即可构成,而后者除具备上述条件外,还必须具有特定的身份才能构成,如虚假出资、抽逃出资罪只能由公司发起人、股东构成,非法经营同类营业罪则只能由国有公司、企业的董事、经理才可构成;单位犯罪主体,一般要求是作为公司、企业形式的单位,少部分可由事业单位、机关、人民团体作为犯罪主体。

4. 犯罪主观方面

本章大多数犯罪在主观方面表现为故意,即行为人具有明知自己的行为会发生破坏社会主义市场经济秩序的结果,并且希望或者放任这种结果发生的心理态度。其中许多犯罪要求具有特定目的,如金融诈骗犯罪,要求出于非法占有的目的。当然,也有极个别的犯罪表现为过失,如中介组织人员出具证明文件重大失实罪等。

二、破坏社会主义市场经济秩序罪的类型

破坏社会主义市场经济秩序罪,有三种基本分类:其一,自然人犯罪和单位犯罪。根据犯罪性质与刑法规定,有的犯罪只能由自然人构成,即为纯正的自然人犯罪,如信用卡诈骗罪等;有的犯罪只能由单位构成,即为纯正的单位犯罪,如逃汇罪等;而有的犯罪自然人和单位都可以构成,即为不纯正的单位犯罪,如高利转贷罪、洗钱罪等。其二,自然犯和法定犯。本章大多数犯罪属于法定犯,也有部分犯罪一开始虽为法定犯,但长期以来人们对其违反社会伦理的性质已经非常认同,出现了法定犯自然犯化的趋势,例如生产、销售伪劣产品罪、非国家工作人员受贿罪、伪造货币罪、信用卡诈骗罪等等,就可以认为是自然犯。其三,按照刑法分则规定,本章犯罪可以被分为以下八类犯罪:生产、销售伪劣商品罪,走私罪,妨害对公司、企业的管理秩序罪,破坏金融管理秩序罪,金融诈骗罪,危害税收征管罪,侵犯知识产权罪,扰乱市场秩序罪。这三种分类,前两种属于学理分类,后一种属于法定分类。

第二节　生产、销售伪劣商品罪

一、生产、销售伪劣产品罪

(一) 生产、销售伪劣产品罪的概念与构成要件

生产、销售伪劣产品罪,是指生产者、销售者在产品中掺杂、掺假,以假充真,以次

充好或者以不合格产品冒充合格产品，销售金额5万元以上的行为。[①] 本罪属于选择罪名。

(1) 本罪的犯罪客体是复杂客体，主要客体是国家对产品质量监督管理秩序，次要客体是广大消费者的合法权益。

(2) 本罪的客观方面，表现为在产品中掺杂、掺假，以假充真，以次充好或者以不合格产品冒充合格产品，销售金额5万元以上的行为。

第一，生产、销售的是伪劣产品。伪劣产品，有伪产品和劣产品之别。伪产品，主要是指以假充真的产品，劣产品，则包括了掺杂、掺假的产品、以次充好的产品以及冒充合格产品的不合格产品。这里的"产品"，是指经过加工、制作并以销售为目的的产品，既包括了工业产品和农业产品，也包括了生产资料和生活用品，还包括了危害人身、财产安全的产品以及没有危害人身、财产安全的产品。

第二，行为方式有四种情况：在产品中掺杂、掺假，以假充真，以次充好或者以不合格产品冒充合格产品。

根据最高人民法院、最高人民检察院2001年4月9日《关于办理生产、销售伪劣商品刑事案件具体应用法律若干问题的解释》(以下简称《解释》)之规定："在产品中掺杂、掺假"，是指在产品中掺入杂质或异物，指使产品质量不符合国家法律、法规或者产品明示质量标准规定的质量要求，降低、失去应有使用性能的行为，如在牛奶中加水，在大米中掺沙等；"以假充真"，是指以不具有某种使用性能的产品冒充具有该种使用性能的产品的行为，如用人造革制品冒充真皮制品，将党参冒充人参，用自来水冒充纯净水或矿泉水等；"以次充好"，是指以低等级、低档次产品冒充高等级、搞档次产品，或者以残次、废旧零配件组合、拼装后冒充正品或者新产品的行为，如以三级棉花冒充一级棉花或二级棉花，用收购的报废汽车零件组装后冒充新汽车等；"不合格产品"，是指不符合《产品质量法》第26条第2款规定的质量要求的产品。《解释》规定，产品质量应当符合下列要求：不存在危及人身、财产安全的不合理危险，有保障人体健康和人身、财产安全的国家标准、行业标准的，应当符合该标准；具备产品应当具备的使用性能，但是，对产品存在使用性能的瑕疵作出说明的除外；符合以产品说明、样品等方式表明的质量状况。不符合上述要求的，应当视为不合格产品。

第三，销售金额在5万元以上。根据《解释》规定，"销售金额"是指生产者、销售者出售伪劣产品后所得和应得的全部违法收入。伪劣产品尚未销售，货值金额达到刑法第140条规定的销售金额3倍以上的，以生产、销售伪劣产品罪(未遂)定罪处罚。货值金额以违法生产、销售的伪劣产品的标价计算；没有标价的，按照同类合格产品的市场中间价格计算。货值金额难以确定的，按照国家计划委员会、最高人民法院、最高人

① 许多论著在给本罪下定义时，都加上了"违反产品质量管理法规"之类的内容，但这并不合适。首先，本罪属于自然犯，因此法条没有使用"违反……法规"这样的表述，即使刑法没有规定本罪，对本罪也可以用诈骗等罪来表述。其次，既然刑法已经对本罪的客观行为规定得非常具体，解释时就没有必要增添"违反……法规"的表述。再次，如果认为"违反……法规"也是本罪的构成要件要素，那么是否要求行为人明知该法规，是一个存在很大分歧的问题。因此，在刑法没有明文规定的情况下，就不能想当然地增加"违反……法规"的表述。参见张明楷：《刑法学》，法律出版社2007年版，第550页。

民检察院、公安部于1997年4月22日联合发布的《扣押、追缴、没收物品估价管理办法》的规定,委托指定的估价机构确定。多次实施生产、销售伪劣产品行为,未经处理的,伪劣产品的销售金额或者货值金额累计计算。应当看到,"销售金额"或"货值金额"都从综合上反映了行为人生产、销售伪劣产品的规模、行为持续时间、危害范围以及行为人的可谴责程度,并与这些情节的严重程度成正比例关系,并且这样的规定在司法也具有可操作性。

(3)本罪的犯罪主体包括单位和自然人。虽然法条将本罪主体表述为"生产者、销售者",但一般自然人和单位都可能成为生产者和销售者,因此本罪属于一般主体犯罪,而不是身份犯。其中的"生产者"包括了商品的制造者和加工者,"销售者"则包括了生产后的直接销售者以及商品的批发者和零售者。至于生产者、销售者是否取得有关产品的生产许可证或营业执照,都不影响本罪的成立。

(4)本罪的主观方面只能由故意构成,即行为人明知自己生产、销售伪劣产品的行为会发生破坏国家对产品质量监督管理秩序、侵害广大消费者合法权益的结果,并且希望或者放任这种危害结果发生。通常情况下,行为人都具有非法牟利的目的,但行为人是否具有非法牟利目的,并不影响本罪的成立。

(二)生产、销售伪劣产品罪的认定

1. 伪劣产品生产者和销售者同时性的认定

一般情况下,既然有人在销售伪劣产品,就表明有人生产了伪劣产品,这就是生产者和销售者的同时性。司法机关在查处伪劣产品销售者的同时,也查处伪劣产品的生产者。但是这一点并不是绝对的。因为即使是产生出的合格产品,销售者也可能在产品销售环节掺杂、掺假,以假充真,以次充好,以不合格产品冒充合格产品。例如,生产出的保质期为1个月的优质牛奶,零售商完全可能因为产品积压等原因,在产品保质期过后再予以销售。司法机关在查处这类只有伪劣产品的销售者,而没有伪劣产品的生产者的案件过程中,应做到实事求是,不纵不枉,决不能追求无辜者的刑事责任。

2. 生产、销售伪劣产品罪的共犯

根据《解释》,知道或者应当知道他人实施本罪,而为其提供贷款、资金、账号、发票、证明、许可证件,或者提供生产、经营场所或者运输、仓储、保管、邮寄等便利条件,或者提供制假生产技术的,以本罪的共犯论处。"应当知道"与过失犯罪中"应该预见"不同,是基于"推定知道"的情况,即司法工作人员采用推定的逻辑方法,根据案件的相关情况,推断出行为人已经知道他人在(或可能在)实施本罪。根据共犯的基本原理,共犯人应当对共同犯罪范围内的销售金额负责,而不只是对自己直接销售的金额负责。

3. 生产、销售伪劣产品罪与其他犯罪的关系

生产、销售伪劣产品,同时又构成侵犯知识产权、合同诈骗、非法经营等犯罪的,属于一行为触犯数罪名,按照想象竞合犯的处理原则,应按处罚较重的规定定罪处罚。犯本罪,又以暴力、威胁方法抗拒查处,构成妨害公务罪,依照数罪并罚的规定处罚。

(三)生产、销售伪劣产品罪的处罚

《刑法》第140条根据销售金额,对个人犯本罪规定了四个幅度的法定刑:销售金

额5万元以上不满20万元的，处2年以下有期徒刑或者拘役，并处或者单处销售金额50%以上2倍以下罚金；销售金额20万元以上不满50万元的，处2年以上7年以下有期徒刑，并处销售金额50%以上2倍以下罚金；销售金额50万元以上不满200万元的，处7年以上有期徒刑，并处销售金额50%以上2倍以下罚金；销售金额200万元以上的，处15年有期徒刑或者无期徒刑，并处销售金额50%以上2倍以下罚金或者没收财产。《刑法》第150规定，单位犯本罪的，对单位判处罚金，并对直接负责的主管人员和其他直接责任人员，依照个人犯本罪的规定处罚。

二、生产、销售假药罪

（一）生产、销售假药罪的概念与构成要件

生产、销售假药罪，是指生产、销售假药的行为。

《刑法修正案（八）》对本罪的构成要件做了重要修正。

（1）本罪的犯罪客体是复杂客体，主要客体是药品管理秩序，次要客体是患者的健康权、生命权等合法权益。

（2）本罪的客观方面，表现为生产、销售假药的行为。

第一，生产、销售的必须是假药。刑法明确规定，本罪中的“假药”，是指“依照《中华人民共和国药品管理法》的规定属于假药和按照假药处理的药品、非药品”。根据我国《药品管理法》第48条之规定，有下列情形之一的，为假药：药品所含成分与国家药品标准规定的成分不符的；以非药品冒充药品或者以他种药品冒充此种药品的。有下列情形之一的药品，按假药论处：国务院药品监督管理部门规定禁止使用的；依照本法必须批准而未经批准生产、进口，或者依照本法必须检验而未经检验即销售的；变质的；被污染的；使用本法必须取得批准文号而未取得批准文号的原料药生产的；所标明的适应症或者功能主治超出规定范围的。再则，因为刑法对生产、销售假农药、假兽药的行为另设了规定，故上述假药一般只限于用于人体的药品与非药品，而不包括假农药、假兽药。但是，如果行为人将假农药、假兽药假冒为药品而提供给人使用的，也属于本罪中的假药。

第二，具有生产、销售假药的行为。一切制造、加工、配制、采集、收集某种物品充当合格或者特定药品的行为，都是生产假药的行为；一切有偿提供假药的行为，都是销售假药的行为。而销售的形式多样，没有任何限制，既可以是公开售卖，也可以是秘密进行；既可以采取批发形式，也可以采用零售方式；既可以是行为人请求对方购买，也可以是对方请求行为人转让；既可以是直接交付对方，也可以是间接交付对方；有偿转让假药既可以获取金钱，也可以获取其他物质利益；行为人既可以销售自己生产出的假药，也可以销售自己购买的假药，还可以销售通过其他方法取得的假药。

第三，生产、销售假药的行为不需要“足以严重危害人体健康”。在《刑法修正案（八）》颁布以前，刑法明文规定“足以严重危害人体健康”才能构成本罪，因而本罪属于具体的危险犯；但《刑法修正案（八）》删除了本罪必须达到“足以严重危害人体健康”这一构成要件要素，因而本罪属于抽象的危险犯，这体现了从严制裁药品市场上制

假售假行为的立法旨趣。当然,如果生产、销售假药的行为对人体健康造成严重危害甚至致人死亡的,是作为法定刑的升格条件。

(3) 本罪的犯罪主体是一般主体,个人和单位都可以构成。

(4) 本罪的主观方面是故意。本罪的成立不要求行为人以非法牟利为目的,故低于成本价销售假药,也可能成立本罪。

(二) 生产、销售假药罪的处罚

根据《刑法》第141条、第150条规定,个人犯本罪,处3年以下有期徒刑或者拘役,并处罚金;对人体健康造成严重危害或者有其他严重情节的,处3年以上10年以下有期徒刑,并处罚金;致人死亡或者有其他特别严重情节的,处10年以上有期徒刑、无期徒刑或者死刑,并处罚金或者没收财产。根据《解释》规定,"对人体健康造成严重危害"是指造成轻伤、重伤或者其他严重后果。单位犯本罪,对单位判处罚金,并对其直接负责的主管人员和其他直接责任人员,依照个人犯本罪的规定处罚。

▶ 三、生产、销售劣药罪

生产、销售劣药罪,是指生产、销售劣药,对人体健康造成严重危害的行为。

根据我国《药品管理法》第49条之规定,药品成分的含量不符合国家药品标准的,为劣药。有下列情形之一的药品,按劣药论处:(1) 未标明有效期或者更改有效期;(2) 不注明或者更改生产批号的;(3) 超过有效期的;(4) 直接接触药品的包装材料和容器未经批准的;(5) 擅自添加着色剂、防腐剂、香料、矫味剂及辅料的;(6) 其他不符合药品标准规定的。由于劣药的危害性要小于假药,因此立法者将本罪规定为实害犯,即只有生产、销售劣药"对人体健康造成严重危害的",才成立本罪。根据《解释》规定,生产、销售的劣药被使用后,造成轻伤、重伤或者其他严重后果的,应认定为"对人体健康造成严重危害"。

《刑法》第142条、第150条规定,个人犯本罪,处3年以上10年以下有期徒刑,并处销售金额50%以上2倍以下罚金;后果特别严重的,处10年以上有期徒刑或者无期徒刑,并处销售金额50%以上2倍以下罚金或者没收财产。参照《解释》规定,"后果特别严重",是指致人严重残疾、3人以上重伤、10人以上轻伤或者造成其他特别严重后果。单位犯本罪,对单位判处罚金;并对其直接负责的主管人员和其他直接责任人员,依照个人犯本罪的规定处罚。

▶ 四、生产、销售不符合安全标准的食品罪

生产、销售不符合安全标准的食品罪,是指生产、销售不符合安全标准的食品,足以造成严重食物中毒事故或者其他严重食源性疾病的行为。本罪的罪名原来是"生产、销售不符合卫生标准的食品罪",根据最高人民法院、最高人民检察院《关于执行〈中华人民共和国刑法〉确定罪名的补充规定(五)》(2011年5月1日起施行),本罪罪名修改为"生产、销售不符合安全标准的食品罪"。

根据《解释》规定,不符合安全标准的食品,是指具有下列情形之一的食品:(1) 腐

败变质、油脂酸败、霉变生虫、污秽不洁、混有异物或者其他感官性状异常，可能对人体健康有害的；(2) 含有毒、有害物质或者被有毒、有害物质污染，可能对人体健康有害的；(3) 含有致病性寄生虫、微生物的，或者微生物毒素含量超过国家限定标准的；(4) 未经兽医卫生检验或者检验不合格的肉类及其制品；(5) 病死、毒死或者死因不明的禽、畜、兽水产动物等及其制品；(6) 容器包装污秽不洁、严重破损或者运输工具不洁造成污染的；(7) 掺假、掺杂、伪造，影响营养、卫生的；(8) 用非食品原料加工的，加入非食品用化学物质的或者将非食品当作食品的；(9) 超过保质期限的；(10) 为防病等特殊需要，国务院卫生行政部门批准或者省、自治区、直辖市人民政府专门规定禁止出售的；(11) 含有未经国务院卫生行政部门批准使用的添加剂的或者农药残留超过国家规定容许量的；(12) 其他不符合食品安全标准和卫生要求的。

《解释》规定，经省级以上卫生行政部门确定的机构鉴定，食品中含有可能导致严重食物中毒事故或者其他严重食源性疾病的超标准的有害细菌或者其他污染物的，应当认定为“足以造成严重食物中毒事故或者其他严重食源性疾病”。

值得注意的是，《刑法修正案(八)》将本罪构成要件中“足以造成……食源性疾患的”修改为“足以造成……食源性疾病的”。“足以”与“疾患”确实存在相互重复、搭配不当之嫌。这一修正实属必要。

《刑法》第143条、第150条规定，个人犯本罪，处3年以下有期徒刑或者拘役，并处罚金；对人体健康造成严重危害或者有其他严重情节的，处3年以上7年以下有期徒刑，并处罚金；后果特别严重的，处7年以上有期徒刑或者无期徒刑，并处罚金或者没收财产。根据《解释》之规定，“对人体健康造成严重危害”是指造成轻伤、重伤或者其他严重后果；“后果特别严重”，是指致人严重残疾、3人以上重伤、10人以上轻伤或者造成其他特别严重后果。单位犯本罪，对单位判处罚金，并对其直接负责的主管人员和其他直接责任人员，依照个人犯本罪的规定处罚。

五、生产、销售有毒、有害食品罪

(一) 生产、销售有毒、有害食品罪的概念与构成要件

生产、销售有毒、有害食品罪，是指在生产、销售的食品中掺入有毒、有害的非食品原料，或者销售明知是掺有有毒、有害的非食品原料的食品的行为。

(1) 本罪的犯罪客体是复杂客体，主要客体是食品卫生管理秩序，次要客体是消费者的健康、生命等合法权益。

(2) 本罪的客观方面表现为，在生产、销售的食品中掺入有毒、有害的非食品原料，或者明知是掺有有毒、有害的非食品原料的食品而予以销售的行为。具体表现又有三种类型：一是在生产的食品中掺入有毒、有害的非食品原料，二是在销售的食品中掺入有毒、有害的非食品原料，三是明知是掺有有毒、有害的非食品原料的食品而销售。概言之，行为人生产、销售了掺入有毒、有害的非食品原料的食品。本罪属于选择性罪名，其中第一种行为构成生产有毒、有害食品罪，后两种行为构成销售有毒、有害食品罪。

第一，食品中必须掺入了非食品原料。

第二，掺入的非食品原料必须对人体有毒或者有害。有毒的范围较容易确定，有害的范围则非常广泛，因而需要明确其具体范围。本书认为，只有与有毒相当的、足以造成严重食物中毒事故或者其他严重食源性疾患的物质，才是“有害”物质。例如，含有蚊虫、头发的食品，虽然也对人体有害，但不属于这里的有害物质，因而销售这些物品的行为不成立本罪。本罪的成立，不需要具体发生严重食物中毒事故或者其他严重食源性疾患的实害与具体危险，因而属于抽象的危险犯。

(3) 本罪的犯罪主体是一般主体，个人和单位都可以构成。

(4) 本罪的主观方面只能由故意构成，即行为人明知是有毒、有害的非食品原料而掺入自己生产、销售的食品中，或者明知是掺有有毒、有害的非食品原料的食品而销售，明知自己的行为会发生破坏食品卫生管理秩序，造成食物中毒事故或者其他食源性疾患的结果，并且希望或者放任这种结果的发生。

(二) 生产、销售有毒、有害食品罪的认定

1. 本罪与生产、销售不符合安全标准的食品罪的区别

应该承认，有毒、有害食品与不符合安全标准的食品之间通常具有相同或相似之处，因此本罪与生产、销售不符合安全标准的食品罪之间具有重合交叉关系，前者在很多情况下属于后者的特别规定。因此，生产、销售了有毒、有害食品，应成立本罪，而生产、销售了有毒、有害食品以外的其他不符合安全标准的食品，应成立生产、销售不符合安全标准的食品罪。当然，在司法实践上，司法者要注意考察是因为生产、销售方式存在缺陷导致食品不合格，还是因为行为人掺入了有毒、有害食品而导致食品不合格，如果是后者，通常成立本罪。

2. 本罪与投放危险物质罪的区别

本罪与投放危险物质罪可以大致从以下几个方面予以区别：(1) 行为方式不同。前者表现为生产、销售了掺入有毒、有害的非食品原料的食品，后者表现为在食品、河流、水井乃至公众场所等地投放毒害性、放射性等危险物质。(2) 行为发生的条件不同。前者是在客观的生产、经营活动中实施的，后者一般与生产、经营活动没有关系。(3) 处罚根据不同。本罪是抽象的危险犯，后者是具体的危险犯。但尽管如此，两罪之间仍然难以找到一条明确的区分界限。

(三) 生产、销售有毒、有害食品罪的处罚

根据《刑法修正案(八)》对《刑法》第 144 条的修正以及第 150 条规定，个人犯本罪，处 5 年以下有期徒刑，并处罚金；对人体健康造成严重危害或者有其他严重情节的，处 5 年以上 10 年以下有期徒刑，并处罚金；致人死亡或者有其他特别严重情节的，处 10 年以上有期徒刑、无期徒刑或者死刑，并处罚金或者没收财产。单位犯本罪的，对单位判处罚金，并对直接负责的主管人员和其他直接责任人员，依照个人犯本罪的规定处罚。

六、生产、销售不符合标准的医用器材罪

生产、销售不符合标准的医用器材罪，是指生产不符合保障人体健康的国家标准、

行业标准的医疗器械、医用卫生材料,足以危害人体健康的行为。医疗器械,是指用于诊断、治疗、预防疾病的设备、器具、装置等物品,如X射线仪、手术台等;医用卫生材料,则是指用于诊断、治疗、预防疾病的辅助材料,如医用纱布、酒精等。国家标准,是指国务院标准化行政主管部门制定的,在全国范围内的统一技术要求;行业标准,是指对于没有国家标准的产品,由国务院有关行政主管部门制定的,在全国某个行业范围内的统一技术要求。没有国家标准、行业标准的医疗器械,注册产品标准可视为"保障人体健康的行业标准";足以危害人体健康,是指具有危害人体健康的具体危险,因此本罪是具体的危险犯。本罪罪过形式是故意。

根据《解释》规定:"医疗机构或者个人,知道或者应当知道是不符合保障人体健康的国家标准、行业标准的医疗器械、医用卫生材料而购买、使用的,对人体健康造成严重危害的,以销售不符合标准的医用器材罪定罪处罚。"首先,由于本罪是故意犯罪,这里的"应当知道"专指推定行为人明知的情况,而不包括过失。其实,该《解释》涉及对象犯成立范围的理解,即购买、使用行为能否成立生产、销售不符合标准的医用器材罪的共犯的问题,很显然司法解释对此持肯定态度。当然,这确是一个值得深入探讨的问题。

根据《刑法》第145条和第150条的规定,个人犯本罪的,处3年以下有期徒刑或者拘役,并处销售金额50%以上2倍以下罚金;对人体健康造成严重损害的,处3年以上10年以下有期徒刑,并处销售金额50%以上2倍以下罚金;后果特别严重的,处10年以上有期徒刑或者无期徒刑,并处销售金额50%以上2倍以下罚金或者没收财产。单位犯本罪的,对单位判处罚金,并对直接负责的主管人员和其他直接责任人员,依照个人犯本罪的规定处罚。根据《解释》,造成轻伤、重伤或者其他严重后果的,应认定为对人体健康造成严重危害;造成感染病毒性肝炎等难以治愈的疾病、1人以上重伤、3人以上轻伤或者其他严重后果的,应认定为后果特别严重;致人死亡、严重残疾、感染艾滋病、3人以上重伤、10人以上轻伤或者造成其他特别严重后果的,应认定为情节特别恶劣。

七、生产、销售不符合安全标准的产品罪

生产、销售不符合安全标准的产品罪,是指生产不符合保障人身、财产安全的国家标准、行业标准的电器、压力容器、易燃易爆产品或者其他不符合保障人身、财产安全的国家标准、行业标准的产品,或者销售明知是以上不符合保障人身、财产安全的国家标准、行业标准的产品,造成严重后果的行为。因此,本罪是结果犯。

根据《刑法》第146条、第150条的规定,个人犯本罪,处5年以下有期徒刑,并处销售金额50%以上2倍以下罚金;后果特别严重的,处5年以上有期徒刑,并处销售金额50%以上2倍以下罚金。单位犯本罪,对单位判处罚金,并对其直接负责的主管人员和其他直接责任人员,依照个人犯本罪的规定处罚。

八、生产、销售伪劣农药、兽药、化肥、种子罪

生产、销售伪劣农药、兽药、化肥、种子罪,是指生产假农药、假兽药、假化肥,销售

明知是假的或者失去使用效能的农药、兽药、化肥、种子,或者生产者、销售者以不合格的农药、兽药、化肥、种子冒充合格的农药、兽药、化肥、种子,使生产遭受较大损失的行为。根据《解释》,“使生产遭受较大损失”一般以2万元为起点。因此,本罪是结果犯。

《刑法》第147条、第150条规定,个人犯本罪,处3年以下有期徒刑或者拘役,并处或者单处销售金额50%以上2倍以下罚金;使生产遭受重大损失的,处3年以上7年以下有期徒刑,并处销售金额50%以上2倍以下罚金;使生产遭受特别重大损失的,处7年以上有期徒刑或者无期徒刑,并处销售金额50%以上2倍以下罚金或者没收财产。根据《解释》,“重大损失”一般以10万元为起点;“特别重大损失”一般以50万元为起点。单位犯本罪,对单位判处罚金;并对其直接负的主管人员和其他直接负责人员,依照个人犯本罪的规定处罚。

▶ 九、生产、销售不符合卫生标准的化妆品罪

生产、销售不符合卫生标准的化妆品罪,是指生产不符合卫生标准的化妆品,或者销售明知是不符合卫生标准的化妆品,造成严重后果的不法行为。根据我国《化妆品卫生监督条例》第2条之规定,所谓不符合卫生标准的化妆品,是指具有下列情形之一的化妆品:(1) 未取得《化妆品生产企业卫生许可证》的企业所生产的化妆品;(2) 无质量合格标记的化妆品;(3) 标签、小包装或者说明书不符合《化妆品卫生监督条例》第12条之规定的化妆品;(4) 未取得批准文号的特殊用途化妆品;(5) 超过使用期限的化妆品。所谓造成严重后果,通常是指对人体造成严重伤害,如出现面部感染、皮肤灼伤、容貌损毁、中毒事故等严重后果。

《刑法》第148条、第150条规定,个人犯本罪,处3年以下有期徒刑或者拘役,并处或者单处销售金额50%以上2倍以下罚金。单位犯本罪,对单位判处罚金,并对其直接负责的主管人员和其他直接责任人员,依照个人犯本罪的规定处罚。

▶ 十、本节犯罪的法条竞合问题

《刑法》第149条第1款规定:“生产、销售本节第141至第148条所列产品,不构成各该条规定的犯罪,但是销售金额在5万元以上的,依照本法第140条的规定定罪处罚。”这是一项提示性规定。这表明《刑法》第140条生产、销售伪劣产品罪中的“伪劣产品”并不是指《刑法》第141条至第148条所规定的八类特定产品之外的伪劣产品,而是当然包含了这八类伪劣产品,因此《刑法》第140条所规定的犯罪与《刑法》第141条至148条所规定的犯罪之间具有法条竞合关系。《刑法》第140条对生产、销售的商品种类没有任何限制,因而是关于生产、销售伪劣商品犯罪的普通法条,第141条至第148条对生产、销售的商品种类作了特别规定,因而是关于生产、销售伪劣商品犯罪的特别法条。

《刑法》第149条第2款规定:“生产、销售本节第141条至第148条所列产品,构成各该条规定的犯罪,同时又构成本节第140条规定之罪的,依照处罚较重的规定定罪处罚。”这是一项特别规定。在一般情况下,某一具体行为若同时触犯普通法条(《刑

法》第 140 条）和特殊法条（第 141 条至第 148 条），即发生法条竞合时，应采取特别法优先于普通法的适用原则。但是，立法者考虑到如果一概适用该原则，则势必出现罪刑不均衡的现象，因此规定了重法优先于轻法的适用原则。例如，行为人甲生产、销售不符合安全标准的产品，造成严重后果，但没有造成特别严重后果，但销售金额在 200 万元以上。根据《刑法》第 146 条的规定，该行为最高只能处 5 年有期徒刑；而根据《刑法》第 140 条的规定，生产、销售一般伪劣产品销售金额在 200 万元以上的，最高可处无期徒刑。如果机械适用特别法优先于普通法原则的话，甲最高只能处 5 年有期徒刑。为了避免这种不合理现象，《刑法》第 149 条第 2 款专门规定了重法优于轻法的原则。亦即，在行为符合《刑法》第 141 条至第 148 条的具体犯罪的构成要件，同时又符合《刑法》第 140 条规定的构成要件时，应当选择处罚较重的规定作为定罪量刑的依据。据此，对于甲生产、销售不符合安全标准的行为，应适用《刑法》第 140 条认定为生产、销售伪劣产品罪。

第三节　走　私　罪

一、走私武器、弹药罪

（一）走私武器、弹药罪的概念与构成要件

走私武器、弹药罪，是指违反海关法规，走私武器、弹药的行为。①

（1）本罪的犯罪客体是复杂客观，主要客体是国家对外贸易秩序中的进出境物品管理秩序，次要客体是公共安全。相对于主要客体而言，本罪是实害犯；相对于次要客体而言，本罪是抽象的危险犯。

（2）本罪的客观方面表现为违反海关法规，走私武器、弹药的行为。其一，走私对象为武器、弹药。根据最高人民法院 2000 年 9 月 26 日《关于审理走私刑事案件具体应用法律若干问题的解释》（本节以下简称《解释》）之规定，“武器、弹药”的种类，参照《中华人民共和国海关进口税则》及《中华人民共和国禁止进出境物品表》的有关规定确定，包括军用和非军用枪支、子弹以及其他武器、弹药，不包括仿真枪支及管制刀具；走私成套枪支散件的，以走私相应数量的枪支计；走私非成套枪支散件的，以每 30 件为 1 套枪支散件计。根据最高人民法院 2006 年 11 月 14 日《关于审理走私刑事案件具体应用法律若干问题的解释（二）》（以下简称《解释（二）》）之规定，走私各种弹药弹头、弹壳，构成犯罪的，以走私弹药罪论处。② 其二，客观行为是违反海关法规的走私行为。本罪的走私行为主要表现为一下几种形式：一是直接非法运输、携带、邮寄武器、

① 法条虽未使用“违法海关法规”的表述，但由于法条对罪状的描述并未实现客观行为的具体化，仅使用“走私”一语来表述本罪的行为方式，而对走私行为的认定，必须以海关法为依据。据此，“违反海关法规”是走私罪这一类罪名中全部犯罪的不成文的构成要件要素。

② 《解释（二）》又同时规定，走私报废或者无法组装并使用的各种弹药的弹头、弹壳，构成犯罪的，以走私普通货物、物品罪定罪处罚；经国家有关技术部门鉴定为废物的，以走私废物罪定罪处罚。对走私的各种弹药的弹头、弹壳是否属于“报废或者无法组装并使用”的，可由国家有关技术部门进行鉴定。

弹药进出国(边)境;二是直接向走私人非法收购武器、弹药;三是在内海、领海、界河、界湖运输、收购、贩卖武器、弹药;四是与走私武器、弹药的罪犯通谋,为其提供贷款、资金、账号、发票、证明,或者为其提供运输、保管、邮寄或者其他方便。

走私军用枪支1支以上、军用子弹10发以上、非军用枪支2支以上、非军用子弹100发以上或者相当于上述数量标准以上的其他武器、弹药,或者虽然未达到上述数量标准,但具有走私的武器、弹药被用于实施其他犯罪等恶劣情节的,应当以本罪追究刑事责任。

(3) 本罪的主体是一般主体,个人和单位均可构成。

(4) 本罪的主观方面只能是故意,即行为人明知是(或可能是)国家禁止进出口的武器、弹药而走私。最高人民法院、最高人民检察院、海关总署2002年7月8日《关于办理走私刑事案件适用法律若干问题的意见》第6条规定:“走私犯罪嫌疑人主观上具有走私犯罪故意,但对其走私的具体对象不明确的,不影响走私犯罪构成,应当根据实际的走私对象定罪处罚。但是,确有证据证明行为人因受蒙骗而对走私对象发生认识错误的,可以从轻处罚。”据此,行为人以走私武器、弹药以外其他货物、物品的故意(没有走私武器、弹药的故意),在客观上实施了走私武器、弹药的行为,也成立走私武器、弹药罪。这种做法虽有方便司法操作、减轻控方证明责任的合理一面,但明显有违责任主义。按照刑法总论有关抽象的事实认识错误的处理原则,行为人在实施走私犯罪过程中,对走私对象发生认识错误的情形,应当在主客观(即主观内容与客观事实)重合的范围内认定为轻罪的既遂犯。

(二) 走私武器、弹药罪的认定

从罪质上看,本罪包含了非法买卖、运输、邮寄、储存枪支、弹药罪,因此在走私武器、弹药的过程中,行为人又实施了非法买卖、运输、邮寄、储存枪支、弹药行为的,只能认定为本罪;但是行为人走私武器、弹药进出境后,又非法出售的,应另行成立非法买卖枪支、弹药罪。

根据《刑法》第157条的规定,武装掩护走私武器、弹药的,从重处罚,不成立数罪;以暴力、威胁方法抗拒缉私的,应以本罪和妨害公务罪,依照数罪并罚的规定处罚。

(三) 走私武器、弹药罪的处罚

根据《刑法修正案(八)》修正后的《刑法》第151条第1款、第4款规定,个人犯本罪,处7年以上有期徒刑,并处罚金或者没收财产;情节特别严重的,处无期徒刑或者死刑,并处没收财产;情节较轻的,处3年以上7年以下有期徒刑,并处罚金。根据《解释》规定,走私军用子弹10发以上不满50发、非军用枪支2支以上不满5支、非军用子弹100发以上不满500发,以及相当于上述数量标准的其他武器、弹药,或者虽未达到上述数量标准,但具有走私的武器、弹药被用于实施其他犯罪等恶劣情节的,属于“情节较轻”;走私军用枪支1支、军用子弹50发以上不满100发、非军用枪支5支以上不满10支、非军用子弹500发以上不满1000发,以及相当于上述数量标准的其他武器、弹药,或者虽然未达到上述数量标准,但已经达到“情节较轻”的数量标准并具有其他恶劣情节的,属于一般情形;走私军用枪支2支以上、军用子弹100发以上、非军用枪支

10支以上、非军用子弹1000发以上，以及相当于上述数量标准的其他武器、弹药，或者虽然未达到上述数量标准，但已经达到一般情形的数量标准并系犯罪集团的首要分子，或系使用特种车辆走私，或者具有其他恶劣情节的，属于“情节特别严重”。[①] 单位犯本罪，对单位判处罚金，并对其直接负责的主管人员和其他直接责任人员，依照个人犯本罪的规定处罚。

二、走私核材料罪

走私核材料罪，是指违反海关法规，走私核材料的行为。

本罪的走私对象是核材料。根据国务院于1987年6月15日发布的《中华人民共和国核材料管理条例》第2条第1款第1项至第6项之规定，我国政府管制的核材料包括：(1) 铀-235及含铀-235的材料和制品；(2) 铀-233及含铀-233的材料和制品；(3) 钚-239及含钚-239的材料和制品；(4) 氚及含氚的材料和制品；(5) 锂-6及含锂-6的材料和制品；(6) 其他需要管制的核材料。

《刑法》第151条第1款、第4款规定，个人犯本罪，处7年以上有期徒刑，并处罚金或者没收财产；情节特别严重的，处无期徒刑或者死刑，并处没收财产；情节较轻的，处3年以上7年以下有期徒刑，并处罚金。单位犯本罪，对单位判处罚金，并对其直接负责的主管人员和其他直接责任人员，依照个人犯本罪的规定处罚。

三、走私假币罪

走私假币罪，是指违反海关法规，走私伪造的货币的行为。

本罪的走私对象是伪造的货币，即仿照真实货币的图案、色彩、式样等，采用各种方法非法制造的假币。按照《解释》规定，本罪所涉货币，是指可以在国内市场流通或者兑换的人民币或境外货币。货币面额以人民币计。走私伪造的境外货币，其面值以案发时国家外汇管理机关公布的外汇牌价折合人民币计算。

《刑法》第151条第1款、第4款规定，个人犯本罪，处7年以上有期徒刑，并处罚金或者没收财产；情节特别严重的，处无期徒刑或者死刑，并处没收财产；情节较轻的，处3年以上7年以下有期徒刑，并处罚金。按照《解释》规定，走私假币总面额(折合人民币，下同)2000元以上不足2万元或币量200张(枚)以上不足2000张(枚)的，属于“情节较轻”；走私假币总面额2万元以上不足200万或币量2000张(枚)以上不足2万张(枚)，或者虽未达到上述数量标准但已达达到“情节较轻”的数量标准并已流入市场的，属于一般情形；走私假币总面额20万以上或币量2万张(枚)以上，或者虽未达到上述数量标准但已达到到一般情形的数量标准，并已流入市场，或者具有系犯罪集团的首要分子、使用特种车走私等严重情节的，属于“情节特别严重”。单位犯本罪，对单位判处罚金，并对其直接负责的主管人员和其他直接责任人员，依照个人犯本罪的规定处罚。

---

① 《解释(二)》第1—4条对本罪定罪处罚的具体标准又做了新的规定，可具体查阅。

四、走私文物罪

走私文物罪,是指违反海关法规,走私国家禁止出口的文物的行为。

本罪的走私对象是国家禁止出口的文物。我国境内的下列文物受国家保护:(1) 具有历史、艺术、科学价值的古文化遗址、古墓葬、古建筑、石窟寺和石刻;(2) 与重大历史事件、革命运动和著名人物有关的,具有重要纪念意义、教育意义和史料价值的建筑物、遗址、纪念物;(3) 历史上各时代珍贵的艺术品、工艺美术品;(4) 重要的革命文献资料以及具有历史、艺术、科学价值的手稿、古旧图书资料等;(5) 反映历史上各时代、各民族社会制度、社会生产、社会生活的代表性实物。具有科学价值的古脊椎动物化石和古人类化石同文物一样受国家保护。国家禁止出口的文物,是指未经文化行政管理部门鉴定审查,取得文物出境许可证并向海关申报出境的文物。

从"国家禁止出口的文物"的表述看,本罪仅限于将文物从境内走私至境外的行为,如果将文物从境外走私至境内的,应按照走私国家禁止进出口的其他货物、物品罪定罪处罚。①

《刑法》第151条第2款、第4款规定,个人犯本罪,处5年以上10年以下有期徒刑,并处罚金;情节特别严重的,处10年以上有期徒刑或者无期徒刑,并处没收财产;情节较轻的,处5年以下有期徒刑,并处罚金。《刑法修正案(八)》取消了本罪原有的死刑规定,将本罪的最高刑降低为无期徒刑,这体现了我国刑法严格限制死刑适用的立法动向。根据《解释》,走私三级文物2件以下的,属于"情节较轻";走私二级文物2件以下、三级文物3件以上8件以下,或者走私三级文物2件以下并具有造成文物严重毁损、无法追回等恶劣情节的,属于一般情形;走私一级文物1件以上、二级文物3件以上、三级文物9件以上,或者虽未达到上述数量标准但已达到一般情形的数量标准,并造成文物严重毁损、无法追回、系犯罪集团的首要分子、使用特种车走私等严重情节的,属于"情节特别严重"。单位犯本罪,对单位判处罚金,并对其直接负责的主管人员依照个人犯本罪的规定处罚。

五、走私贵重金属罪

走私贵重金属罪,是指违反海关法规,走私国家禁止出口的黄金、白银和其他贵重金属的行为。

本罪的走私对象是国家禁止出口的黄金、白银和其他贵重金属,包括:携带金银及其制品入境的旅客复带金银制品出境时不能提供原入境时申报登记凭证,或者所带金银及其制品超过原申报登记数量、重量的;因出访、探亲、出国工作、学习、定居等原因出境时所带金银及其制品超过规定限额而不能提供《携带金银出境许可证》的;境内的外贸公司等公司、企业出口含金银成分的产品时不能提供《金银产品出口许可证》及有

① 走私国家禁止进出口的其他货物、物品罪是刑法修正案(七)新增的罪名。在此之前,将文物从境外走私至境内的行为一般按走私普通货物、物品罪定罪处罚。

关单证或者超过核准数量等因不符合法定条件而依法不准出境的金银等贵重金属。

从"国家禁止出口的黄金、白银和其他贵重金属"的表述看，本罪仅限于将贵重金属从境内走私至境外的行为，如果将贵重金属从境外走私至境内的，应按照走私国家禁止进出口的其他货物、物品罪定罪处罚。

《刑法》第151条第2款、第4款规定，个人犯本罪，处5年以上10年以下有期徒刑，并处罚金；情节特别严重的，处10年以上有期徒刑或者无期徒刑，并处没收财产；情节较轻的，处5年以下有期徒刑，并处罚金。《刑法修正案（八）》取消了本罪的死刑规定，体现了严格限制死刑适用的刑事立法动向。单位犯本罪，对单位犯处罚金，并对其直接负责的主管人员和其他直接责任人员依照个人犯本罪的规定处罚。

六、走私珍贵动物、珍贵动物制品罪

走私珍贵动物、珍贵动物制品罪，是指违反海关法规，走私国家禁止进出口的珍贵动物或者珍贵动物制品的行为。

本罪的走私对象是国家禁止进出口的珍贵动物及其制品。珍贵动物，是指列入《国家重点保护野生动物名单》的一、二级野生动物和《濒危野生动植物种国际贸易公约》附录一、附录二中所列野生动物以及驯养繁殖的上述物种。珍贵动物制品，是指珍贵动物的皮、毛、骨、肉、标本以及用珍贵动物制成的药材、药品、工艺品等物品。

《刑法》第151条第2款、第4款规定，个人犯本罪，处5年以上10年以下有期徒刑，并处罚金；情节特别严重的，处10年以上有期徒刑或者无期徒刑，并处没收财产；情节较轻的，处5年以下有期徒刑，并处罚金。《刑法修正案（八）》取消了本罪的死刑规定，将本罪的最高刑降低为无期徒刑，这同样体现了我国刑法严格限制死刑适用的立法动向。《解释》规定，走私国家二级保护动物未达到《解释》附表（一）中规定的数量标准，或者走私珍贵动物制品价值不满10万元的，属于"情节较轻"；走私国家一、二级保护动物达到《解释》附表（一）中规定的数量标准，或者走私珍贵动物制品价值10万元以上不满20万元，或者走私国家一、二级保护动物虽未达到《解释》附表（一）中规定的数量标准，但具有造成珍贵动物死亡、无法追回等恶劣情节的，属于一般情形；走私国家一、二级保护动物达到《解释》附表（二）中规定的数量标准，或者走私珍贵动物制品价值20万元以上，或者走私国家一、二级保护动物虽未达到《解释》附表（二）中规定的数量标准但已达到《解释》附表（一）中规定的数量标准，且具有造成珍贵动物死亡、无法追回、系犯罪集团的首要分子、使用特种车走私等恶劣情节的，属于"情节特别严重"。走私《濒危野生动植物种国际贸易公约》附录一、附录二中的动物及其制品的，参照《解释》附表中规定的同属或者同科动物的定罪量刑标准执行。单位犯本罪，对单位处以罚金，并对其直接负责的主管人员和其他直接责任人员，依照个人犯本罪的规定处罚。

七、走私国家禁止进出口的其他货物、物品罪

走私国家禁止进出口的其他货物、物品罪，是指违反海关法规，走私珍稀植物、珍

稀植物制品等国家禁止进出口的其他货物、物品的行为。

本罪的走私对象是珍稀植物及其制品等国家禁止进出口的其他货物、物品。国家禁止进出口的其他货物、物品,是指武器、弹药、核材料、假币、毒品、淫秽物品、国家禁止出口的文物、贵金属、国家禁止进出口的珍贵动物及其制品以外的其他国家禁止进出口的货物、物品。具体而言,本罪的货物、物品既包括其他国家禁止进口的货物、物品,诸如仿真手枪、管制刀具、旧汽车、切割车、侵犯知识产权的货物、来自疫区的动植物及其产品等;还包括国家禁止出口的货物、物品,比如部分名贵的中药材等。当然,国家禁止进出口的珍稀植物及其制品等也属于本罪的货物、物品。珍稀植物,是指国家重点保护的一、二级原生地天然生长的珍贵植物和原生地天然生长并具有重要经济、科研、文化价值的濒危、稀有植物;珍稀植物制品,是指珍稀植物的繁殖材料、标本以及用珍稀植物制成的药材、药品等物品。

根据《刑法修正案(八)》修正后的《刑法》第 151 条第 3 款、第 4 款规定,个人犯本罪,处 5 年以下有期徒刑或者拘役,并处或者单处罚金;情节严重的,处 5 年以上有期徒刑,并处罚金。单位犯本罪,对单位犯处罚金,并对其直接负责的主管人员和其他直接责任人员,依照个人犯本罪的规定处罚。

八、走私淫秽物品罪

走私淫秽物品罪,是指违反海关法规,以牟利或者传播为目的,走私淫秽的影片、录像带、录音带、图片、书刊或者其他淫秽物品的行为。

本罪的走私对象是淫秽物品。淫秽物品是指具体描绘性行为或者露骨宣扬色情的诲淫性的书刊、影片、录像带、录音带、图片及其他淫秽物品。有关人体生理、医学知识的科学著作不是淫秽物品。包含有色情内容的有艺术价值的文学、艺术作品不视为淫秽物品。《解释》规定,走私淫秽录像带、影碟 50 盘(张)以上,淫秽录音带、音碟 100 盘(张)以上,淫秽扑克、书刊、画册 100 副(册)以上,淫秽照片、画片 500 张以上,或者走私其他淫秽物品达到相当于上述数量标准的,应当作为犯罪处理。本罪主观方面必须以牟利或者传播为目的。

《刑法》第 152 条第 1 款、第 3 款规定,个人犯本罪,处 3 年以上 10 年以下有期徒刑,并处罚金;情节严重的,处 10 年以上有期徒刑或者无期徒刑,并处罚金或者没收财产;情节较轻的,处 3 年以下有期徒刑、拘役或者管制,并处罚金。《解释》规定,走私淫秽录像带、影碟 50 盘(张)以上不满 100 盘(张),淫秽录音带、音碟 100 盘(张)以上不满 200 盘(张),淫秽扑克、书刊、画册 100 副(册)以上不满 200 副(册),淫秽照片、画片 500 张以上不满 1000 张,或者走私其他淫秽物品达到相当于上述数量标准的,属于"情节较轻";走私淫秽物品的数量在"情节较轻"的最高数量以上不满 5 倍的,属于一般情形;走私淫秽物品的数量在一般情形的最高数量 5 倍以上,或者虽然不满 5 倍但具有系犯罪集团的首要分子、使用特种车走私等恶劣情节的,属于"情节严重"。单位犯本罪的,对单位判处罚金,并对其直接负责的主管人员和其他直接负责人员依照个人犯本罪的规定处罚。

九、走私废物罪

走私废物罪，是指逃避海关监管将境外固体废物、液态废物和气态废物运输进境，情节严重的行为。

本罪的走私仅限于将废物运输进境的行为。根据《刑法》第339条第3款规定，以原料利用为名，进口不能用作原料的废物的，以本罪定罪处罚。根据《解释》，走私国家禁止进口的废物，或者走私国家限制进口的可用作原料的废物偷逃应缴税额5万元以上的，应当作为犯罪处理。

《刑法》第152条第2款、第3款规定，个人犯本罪，处5年以下有期徒刑，并处或者单处罚金；情节特别严重的，处5年以上有期徒刑，并处罚金。单位犯本罪，对单位判处罚金，并对其直接负责的主管人员和其他直接责任人员，依照个人犯本罪的规定处罚。

十、走私普通货物、物品罪

(一) 走私普通货物、物品罪的概念与构成要件

走私普通货物、物品罪，是指违反海关法规，走私《刑法》第151条、第152条、第347条规定以外的货物、物品，偷逃应缴税额数额较大的行为。

(1) 本罪的犯罪客体是国家对外贸易秩序中的进出境物品申报纳税管理秩序。

(2) 本罪的客观方面表现为，违反海关法规，走私"普通"货物、物品，偷逃应缴税额数额较大的行为。其一，本罪的走私对象是前九种走私犯罪以及走私毒品罪以外的"普通"货物、物品。由于《刑法修正案(七)》新增了走私国家禁止进出口的货物、物品罪，因而这里的"普通"货物、物品一般只包括国家限制进出口的货物、物品，国家允许进出口并依法应当缴纳关税的货物、物品以及特殊情况下的特定免税货物、物品。其二，客观行为是违反海关法规的走私行为，具体包括以下方式：一是直接非法运输、携带、邮寄国家限制进出口的货物、物品或者依法应当缴纳关税的货物、物品进出国(边)境；二是未经海关许可并且未补缴应缴税额，擅自将批准进口的来料加工、来料装配、补偿贸易的原材料、零件、制成品、设备等保税货物，在境内销售牟利的；三是未经海关许可并且未补缴应缴税额，擅自将特定减税、免税进口的货物、物品，在境内销售牟利的；四是直接向走私人非法收购走私进口的"普通"货物、物品，数额较大的；五是在内海、领海、界河、界湖运输、收购、贩卖国家限制进出口货物、物品，数额较大的，没有合法证明的；六是与走私"普通"货物、物品的罪犯通谋，为其提供贷款、资金、账号、发票、证明，或者为其提供运输、保管、邮寄或者其他方便。其三，走私普通货物、物品，偷逃应缴税额较大或者一年内曾因走私被给予二次行政处罚后又走私的，才应当作为犯罪处理。"应缴税额"，是指进出口货物、物品所偷逃的应缴税额，应当以走私行为案发时所适用的税则、税率、汇率和海关审定的完税价格计算，并以海关出具的证明为准。

(3) 本罪的主体是一般主体，个人和单位均可构成。

(4) 本罪的主观方面只能是故意，即行为人明知是(或可能是)"普通"货物、物品

而走私。行为人是否具有走私罪的故意,常常是司法实践中难以认定的问题。根据司法实践,具有下列情形之一时,可以认定或者推定行为人具有走私的故意:逃避海关监管,运输、携带、邮寄国家禁止进出境的货物、物品的;用特制的设备或者运输工具走私货物、物品的:未经海关同意,在非设关的码头、海(河)岸、陆路边境等地点,运输(驳载)、收购或者贩卖非法进出境货物、物品的;提供虚假的合同、发票、证明等商业单证委托他人办理通关手续的;以明显低于货物正在进(出)口的应缴税额委托他人代理进(出)口业务的;曾因同一种走私行为受过刑事处罚或者行政处罚的;其他有证据证明的情形。

(二)走私普通货物、物品罪的认定

1. 走私普通货物、物品罪与非罪的界定

行为人偷逃应缴税额未达到数额较大的并且也不存在一年内曾因走私被给予二次行政处罚后又走私的情节,不能成立本罪的未遂犯,只能按一般违法行为处理。

2. 走私普通货物、物品罪的罪数

(1) 对在走私的普通货物、物品中故意藏匿《刑法》第151条、第152条、第347条、第350条规定的货物、物品,构成犯罪的,以实际走私的货物、物品所成立的犯罪与本罪数罪并罚处理。

(2) 根据《刑法》第157条的规定,以武装掩护走私的,按照《刑法》第151条第1条规定从重处罚,不以数罪论;在走私过程中,以暴力、威胁方法抗拒缉私的,应当按本罪和妨害公务罪数罪并罚。

(三)走私普通货物、物品罪的处罚

《刑法》第153条的规定,对于个人犯本罪的,根据情节轻重,分别依照下列规定处罚:(1) 走私货物、物品偷逃应缴税额较大或者一年内曾因走私被给予二次行政处罚后又走私的,处3年以下有期徒刑或者拘役,并处偷逃应缴税额1倍以上5倍以下罚金;(2) 走私货物、物品偷逃应缴税额巨大或者有其他严重情节的,处3年以上10年以下有期徒刑,并处偷逃应缴税额1倍以上5倍以下罚金;(3) 走私货物、物品偷逃应缴税额特别巨大或者有其他特别严重情节的,处10年以上有期徒刑或者无期徒刑,并处偷逃应缴税额1倍以上5倍以下罚金或者没收财产。《刑法修正案(八)》对本条的修改,废除了本条原有的死刑,又将本罪原有的有关具体数额的规定修改为"数额较大"、"数额巨大"和"数额特别巨大"的规定,因此这里的数额有待司法解释进一步明确。单位犯本罪,对单位判处罚金,并对直接负责的主管人员和其他直接责任人员,处3年以下有期徒刑或者拘役;情节严重的,处3年以上10年以下有期徒刑;情节特别严重的,处10年以上有期徒刑。对多次走私未经处理的,按照累计走私货物、物品的偷逃应缴税额处罚。

十一、本节犯罪的其他问题

(一)以走私罪论处的情形

根据《刑法》第155条规定,下列行为,以走私罪论处,依照本节的有关规定处罚:

(1) 直接向走私人非法收购国家禁止进口物品的,或者直接向走私人非法收购走私进口的其他货物、物品,数额较大的;(2) 在内海、领海运输、收购、贩卖国家禁止进出口物品的,或者运输、收购、贩卖国家限制进出口货物、物品,数额较大,没有合法证明的;(3) 逃避海关监管将境外固体废物运输进境的。

(二) 走私共犯

根据《刑法》第 156 条规定,与走私罪犯通谋,为其提供贷款、资金、账号、发票、证明,或者为其提供运输、保管、邮寄或者其他方便的,以走私罪的共犯论处。

(四) 武装掩护走私

根据《刑法》第 157 条规定,武装掩护走私的,依照本法第 151 条第 1 款的规定从重处罚。即武装掩护走私并不成立新的罪名,应当按照行为人武装掩护走私涉及的具体犯罪来认定。

第四节　妨害对公司、企业的管理秩序罪

一、虚报注册资本罪

虚报注册资本罪,是指申请公司登记使用虚假证明文件或者采取其他欺诈手段虚报注册资本,欺骗公司登记主管部门,取得公司登记,虚报注册资本数额巨大、后果严重或者具有其他严重情节的行为。

本罪的客观方面表现为:(1) 申请公司登记使用虚假证明文件或者采取其他欺诈手段虚报注册资本,欺骗公司登记主管部门。虚报注册资本,是指对公司注册资本以无报有,以少报多的行为。(2) 已经取得公司登记,即已被公司登记机关批准登记注册并已发给《企业法人营业执照》。如果欺骗手段被公司登记机关识破而未取得公司登记的,不成立本罪。(3) 虚报注册资本数额巨大、后果严重或者具有其他严重情节,具备三者之一,即可成立本罪。本罪主体只能是申请公司登记的自然人或单位。主观方面表现为故意,即明知自己虚报注册资本,欺骗公司登记主管部门的行为,会发生破坏公司登记秩序的结果,并且希望或者放任这种结果的发生。

根据最高人民检察院、公安部《关于经济犯罪案件追诉标准的规定》(本节以下简称《追诉标准》),以下情况应予追诉:(1) 实缴注册资本不足法定资本最低限额,有限责任公司虚报数额占法定最低限额的 60% 以上、股份有限公司虚报数额占法定最低限额的 30% 以上的;(2) 实缴注册资本达到法定资本最低限额,但仍然虚报注册资本,有限责任公司虚报数额在 100 万元以上,股份有限公司虚报数额在 1000 万元以上的;(3) 虚报注册资本给投资者或者其他债权人造成的直接经济损失累计数额在 10 万元以上的;(4) 虚报注册资本的数额或后果虽未达到上述标准,但已达到上述标准的 80% 以上,且因虚报注册资本受过 2 次以上行政处罚,又虚报注册资本,或者采用向公司登记主管人员行贿的手段虚报,或者骗取注册登记后进行违法活动的。

《刑法》第 158 条规定,个人犯本罪,处 3 年以下有期徒刑或者拘役,并处或者单处虚报注册资本金额 1% 以上 5% 以下罚金。单位犯本罪,对单位判处罚金,并对其直接

负责的主管人员和其他直接负责人员处3年以下有期徒刑或者拘役。上述“虚报注册资本金额”是指超过实际资本部分的申报金额，而不是申报的全部金额。

二、虚假出资、抽逃出资罪

虚报出资、抽逃出资罪，是指公司发起人、股东违反公司法的规定，未交付货币、实物或者未转移财产权，虚假出资，或者在公司成立后又抽逃出资，数额巨大、后果严重或者有其他严重情节的行为。本罪是选择性罪名。

本罪客观方面表现为违反《公司法》的规定，或者在公司成立前虚假出资，或者在公司成立后抽逃出资，并具有数额巨大、后果严重或者有其他严重情节之一的。主观方面表现为故意。根据《追诉标准》，有下列情形之一的，应予追诉：(1) 虚假出资、抽逃出资，给公司、股东、债权人造成的直接经济损失累计10万元至50万元以上的；(2) 虽未达到上述标准，但具有下列情节之一的：致使公司资不抵债或者无法正常经营的；公司发起人、股东合谋虚假出资、抽逃出资的；因虚假出资、抽逃出资，受过2次以上行政处罚又虚假出资、抽逃出资的；利用虚假出资、抽逃出资所得资金进行违法活动的。本罪主体只能是作为公司发起人、股东的自然人或者单位。

《刑法》第159条规定，个人犯本罪，处5年以下有期徒刑或者拘役，并处或者单处虚假出资金额或者抽逃出资金额2%以上10%以下罚金。单位犯本罪，对单位判处罚金，并对其直接负责的主管人员和其他直接负责人员，处5年以下有期徒刑或者拘役。

三、欺诈发行股票、债券罪

欺诈发行股票、债券罪，是指在招股说明书、认股书、公司、企业债券募集办法中隐瞒重要事实或者编造重大虚假内容，发行股票或者公司、企业债券，数额巨大、后果严重或者具有其他严重情节的行为。

由于我国目前对股票、债券的发行实行核准制度，因此本罪中的欺诈行为，既可针对投资者，又可针对核准机关。根据《追诉标准》，以下情况应予追诉：(1) 发行数额1000元以上的；(2) 伪造政府公文、有效证明文件或者相关凭证、单据的；(3) 股民、债权人要求清退，无正当理由不予清退的；(4) 利用非法募集的资金进行违法活动的；(5) 转移或者隐瞒所募集的资金的；(6) 造成恶劣影响的。本罪的主体只能是具有股票、公司、企业债券发行资格的公司发起人、公司、企业及其工作人员。

《刑法》第160条规定，个人犯本罪，处5年以下有期徒刑或拘役，并处或者单处非法募集资金金额1%以上5%以下罚金。单位犯本罪，对单位判处罚金，并对其直接负责的主管人员和其他直接责任人员，处5年以下有期徒刑或者拘役。

四、违规披露、不披露重要信息罪

违规披露、不披露重要信息罪，是指依法负有信息披露义务的公司、企业，向股东和社会公众提供虚假的或者隐瞒重要事实的财务会计报告，或者对依法应当披露的其他重要信息不按规定披露，严重损害股东或者其他人利益，或者有其他严重情节的行为。“不按规定披露”包括不披露、披露不真实、不全面、不及时以及披露程序违规等。《追诉标准》规定，造成股东及其他直接经济损失50元以上，或者致使股票被取消上市资格、交易被迫停牌的，应予追诉。本罪的主体只能是公司，因而本罪是纯正的单位犯罪。

《刑法》第161条规定，犯本罪，对其直接负责的主管人员和其他直接责任人员处3年以下有期徒刑或拘役，并处或单处2万元以上20万元以下罚金。

▶ 五、妨害清算罪

妨害清算罪，是指公司、企业进行清算时，隐匿财产，对资产负债表或者财产清单做虚伪记载或者在未清偿债务前分配公司、企业财产，严重损害债权人或者其他人利益的行为。

本罪的客观方面表现为：(1) 行为发生在公司、企业进行清算时。(2) 实施了以下四种行为之一：一是隐匿财产；二是对资产负债表做虚伪记载，如作不实的负债登记，夸大负债数额等；三是对财产清单做虚伪记载，如少列公司、企业收入，夸大固定资产折旧等；四是在未清偿债务前分配公司、企业财产，但如果该行为同时触犯私分国有资产罪，则属于想象竞合犯，应从一重罪处罚。(3) 严重损害债权人或者其他人利益。按照《追诉标准》，因妨害清算造成债权人或者其他人直接经济损失10万元以上的，应予追诉。本罪主体只能是已经进入清算程序过程中的公司、企业，因而本罪是纯正的单位犯罪。

《刑法》第162条规定，犯本罪，对直接负责的主管人员和其他直接责任人员处5年以下有期徒刑或拘役，并处或单处2万元以上20万元以下罚金。

▶ 六、隐匿、故意销毁会计凭证、会计账簿、财务会计报告罪

隐匿、故意销毁会计凭证、会计账簿、财务会计报告罪，是指隐匿、销毁依法应当保存的会计凭证、会计账簿、财务会计报告，情节严重的行为。

本罪的客观方面表现为隐匿、销毁依法应当保存的会计凭证、会计账簿、财务会计报告情节严重的行为。隐匿，是指妨碍他人依法发现会计凭证、会计账簿、财务会计报告的一切行为；故意销毁，是指妨害会计凭证、会计账簿、财务会计报告的本来效用的一切行为。根据《追诉标准》，隐匿或者故意销毁会计资料涉及50万元以上，或者为了逃避依法查处而隐匿或者故意销毁会计资料的，应予追诉。本罪主观方面表现为故意。从法条表述上看，刑法表面上只要求销毁行为出于故意，事实上隐匿行为也必须出于故意。刑法之所以要强调“故意”销毁，意在提示司法人员将过失销毁行为排除出本罪范围。

《刑法》第162条之一规定，个人犯本罪，处5年以下有期徒刑或拘役，并处或单处2万元以上20万元以下罚金。单位犯本罪，对单位判处罚金，并对其直接负责的主管人员和其他直接责任人员，依照个人犯本罪的规定处罚。

七、虚假破产罪

虚假破产罪,是指公司、企业通过隐匿财产、承担虚构的债务或者以其他方法转移、处分财产,实施虚假破产,严重损害债权人或者其他人利益的行为。其中的“虚假破产”包括两种情形:一是实体上并未真实破产,以假破产的形式严重损害债权人或者其他人的利益;二是实体上真实破产,但在破产程序中实施了严重损害债权人或者其他人利益的行为。本罪的主体只能是公司、企业,因而本罪是纯正的单位犯罪。

《刑法》第162条之二规定,犯本罪,对其直接负责的主管人员和其他直接责任人员,处5年以下有期徒刑或者拘役,并处或者单处2万元以上20万元以下罚金。

八、非国家工作人员受贿罪

(一)非国家工作人员受贿罪的概念与构成要件

非国家工作人员受贿罪,是指公司、企业或者其他单位的工作人员利用职务上的便利,索取他人财物或者非法收受他人财物,为他人谋取利益,数额较大的行为。

(1)本罪的犯罪客体是复杂客体,主要客体是国家对公司、企业或者其他单位的管理秩序,次要客体是非国家工作人员的廉洁性。

(2)本罪的客观方面有两种表现形式:(a)利用职务上的便利,索取他人财物或者非法收受他人财物,为他人谋取利益,数额较大的行为。这里有几个需要注意的问题:其一,“利用职务上的便利”,是指利用自己在公司、企业中从事组织、领导、监督、管理、经办公共事务的便利条件。其二,无论是索取他人财物,还是非法收受他人财物,都必须“为他人谋取利益”。有相当一部分学者认为,行为人索取他人财物,不需要为“为他人谋取利益”。但是,根据《刑法》第163条规定,“为他人谋取利益”这一条件同时适用于索取他人财物和非法收受他人财物两种情形,这与《刑法》第385条的规定具有显著差别。后者索取他人财物的行为,不需要“为他人谋取利益”的条件即可构成受贿罪,不能简单地将二者混同起来。其三,这里的财物包括有体物、无体物和财产性利益。其四,“为他人谋取利益”不需要行为人实际上为他人谋取了利益,也不需要行为人具有为他人谋取利益的主观心态,只需要作出了为他人谋利益的承诺就可以了,这种承诺根据实际情况可以明示或者暗示作出。其五,根据《追诉标准》,公司、企业人员受贿5000元以上的,即属于“数额较大”,应予追诉。(b)在经济往来中违反国家规定,收受各种名义的回扣、手续费,归个人所有的行为。《追诉标准》第8条规定:公司、企业人员受贿5000元以上的,应予追诉。“违反国家规定”,是指违反全国人民代表大会及其常务委员会制定的法律和决定,国务院制定的行政法规、规定的行政措施、发布的决定和命令,不包括单纯违反地方性规定的行为。

(3)本罪的主体是自然人特殊主体,只能是公司、企业人员。根据《刑法》第163条第3款,国家公司、企业中从事公务的人员和国有公司、企业委派到非国有公司、企业从事公务的人员受贿的,应当依照《刑法》第385条、第386条之规定,以受贿罪定罪处罚。因此,本罪主体不包括公司、企业中的上述国家工作人员。

(4) 本罪的主观方面只能由故意构成，即行为人明知自己索取、收受贿赂的行为会发生侵犯单位管理秩序和非国家工作人员廉洁性的结果，并且希望或者放任这种结果发生。

(二) 非国家工作人员受贿罪的认定

认定本罪时，应当将违反国家规定，收受各种名义的回扣、手续费的行为，与正当的业务行为相区别。《反不正当竞争法》第 8 条第 1 款规定：经营者不得采用财物或者其他手段进行贿赂以销售或者购买商品。在账外暗中给予对方单位或者个人回扣的，以行贿论处；对方单位或者个人在账外暗中收受回扣的，以受贿论处。回扣，是指经营者销售商品时在账外暗中以现金、实物或者其他方式推给对方单位或者个人的一定比例的商品价款。回扣具有极为严重的危害性。回扣不是市场经济的必然产物，市场经济条件下回扣的危害性大于计划经济条件下回扣的危害性；回扣是伪劣产品泛滥的重要原因；回扣导致商品价格不正当提高，严重损害消费者的合法权益；回扣导致国家税收流失；回扣破坏了平等、公平竞争的市场秩序；回扣不等于国际惯例，相反，世界各国都禁止回扣。不能认为回扣有利于市场经济，从而对收受回扣的行为不以犯罪论处；也不能因为收受回扣的现象比较普遍，从而对回扣视而不见。应当充分认识回扣的严重危害性，严格将收受回扣的行为认定为受贿。①

(三) 非国家工作人员受贿罪与商业贿赂的关系

《关于禁止商业贿赂行为的暂行规定》第 2 条规定："本规定所称商业贿赂，是指经营者为销售或者购买商品而采用财物或者其他手段贿赂对方单位或者个人的行为。"换言之，发生在商业领域的受贿、行贿以及介绍贿赂现象，都可以称为商业贿赂。显然，"商业贿赂"是着眼于贿赂发生的领域而形成的概念，即发生在商业领域的贿赂就是商业贿赂；而刑法则主要根据主体的性质规定了各种不同的受贿罪和行贿罪。因此可以说，商业贿赂、商业受贿、商业行贿并不是标准的刑法概念。

人们习惯于认为本罪就是商业受贿罪，但这种看法并不科学。本书认为，本罪与《刑法》第 385 条规定的国家工作人员的受贿罪一样，其中都可能包含商业受贿行为，但并只不限于商业受贿行为。例如，私营企业的职员 A 为谋求个人晋升，向该企业经理 B 行贿，B 收受了 A 的贿赂，A 如愿担任了更高一级的职务。B 触犯了《刑法》第 163 条第 1 款，构成非国家工作人员受贿罪；A 触犯了《刑法》第 164 条，构成对非国家工作人员行贿罪。但二者都不属于在商业领域发生的商业贿赂行为。

(四) 非国家工作人员受贿罪的处罚

《刑法》第 163 条规定，犯本罪，处 5 年以下有期徒刑或者拘役；数额巨大的，处 5 年以上有期徒刑，可以并处没收财产。

九、对非国家工作人员行贿罪

对非国家工作人员行贿罪，是指为谋取不正当利益，给予公司、企业或其他单位的

① 参见张明楷：《刑法学》，法律出版社 2007 年版，第 571 页。

工作人员以财物，数额较大的行为。

本罪的客观行为是给予公司、企业或者其他单位的工作人员以数额较大的财物。这里的公司、企业或者其他单位的工作人员与非国家工作人员受贿中的公司、企业或者其他单位的工作人员的范围完全相同，都属于非国家工作人员。根据《追诉标准》，个人对非国家工作人员行贿1万元以上，单位对非国家工作人员行贿20万元以上的，应予追诉。本罪主体是一般主体，可以是自然人，也可以是单位。主观方面为故意，还要求是为了谋取不正当利益。利益是否正当需要具体地判断。至于是否实际上获取了不正当利益，则不影响本罪的成立，因而"为谋取不正当利益"属于主观的超过要素。

参照《刑法》第389条，被勒索给予公司、企业或者其他单位的工作人员以财物，没有获得不正当利益的，不宜认定为犯罪。这种解释属于有利于被告人的类推解释，是符合实质的罪刑法定主义的结论。

《刑法》第164条第1款、第3款规定，个人犯本罪，处3年以下有期徒刑或者拘役；数额巨大的，处3年以上10年以下有期徒刑，并处罚金。单位犯本罪，对单位判处罚金，并对其直接负责的主管人员和其他直接责任人员，依照个人犯本罪的规定处罚。行贿人在被追诉前主动交代行贿行为的，可以减轻处罚或者免除处罚。

▶ 十、对外国公职人员、国际公共组织官员行贿罪

对外国公职人员、国际公共组织官员行贿罪，是指为谋取不正当商业利益，给予外国公职人员或国际公共组织官员以财物，数额较大的行为。本罪是《刑法修正案(八)》新设置的罪名。

《刑法修正案(八)》首次将给予外国公职人员或国际公共组织官员以数额较大财物的行为规定为犯罪，这体现了我国严厉打击商业贿赂行为的刑事司法政策。参照《刑法》第389条，被勒索给予外国公职人员或国际公共组织官员以财物，没有获得不正当利益的，不宜认定为犯罪。

《刑法》第164条第2款规定，犯本罪，依照对非国家工作人员行贿罪的规定处罚。

▶ 十一、非法经营同类营业罪

非法经营同类营业罪，是指国有公司、企业的董事、经理利用职务便利，自己经营或者为他人经营与其所任职公司、企业同类的营业，获取非法利益，数额巨大的行为。

本罪的客观方面表现为，利用职务便利，自己经营或者为他人经营与其所任职公司、企业同类的营业，获取非法利益，数额巨大的行为。利用职务便利，是指利用担任公司、企业董事、经理的职权和方便条件。同类营业，是指与行为人所任职的国有公司、企业的营业范围相同的业务。自己经营，是指行为人自己直接在外兼营与其所任国有公司、企业的营业范围相同的业务。为他人经营，是指行为人在外代理或者帮助他人经营与其所任职的国有公司、企业的营业范围相同的业务。《追诉标准》规定：非法经营同类营业获取非法利益10万元以上的，属于"数额巨大"，应予追诉。本罪主体只能是国有公司、企业的董事、经理。主观方面为故意。

《刑法》第165条规定，犯本罪，处3年以下有期徒刑或者拘役，并处或者单处罚金；数额特别巨大的，处3年以上7年以下有期徒刑，并处罚金。

十二、为亲友非法牟利罪

为亲友非法牟利罪，是指国有公司、企业、事业单位的工作人员，利用职务上的便利，非法为亲友牟利，致使国家利益遭受重大损失的行为。

本罪是一种特殊的背信罪。世界各国刑法包括旧中国刑法都规定了背信罪。背信罪，为他人处理事务的人，为谋求自己或者第三人的利益，或以损害委托人的利益为目的，违背其任务，致使委托人的财产受到损失的行为。[①] 我国刑法并没有规定作为一般条款的背信罪，只规定了一些特殊情形的背信罪，为亲友非法牟利罪就是背信罪的一种表现形态。

本罪客观上表现为利用职务上的便利，非法为亲友牟利，致使国家利益遭受重大损失的行为。非法为亲友牟利包括三种具体表现形式：(1) 将本单位的盈利业务交由自己的亲友进行经营；(2) 以明显高于市场的价格向自己的亲友经营管理的单位采购商品或者以明显低于市场的价格向自己的亲友经营管理的单位销售商品；(3) 向自己的亲友经营管理的单位采购不合格商品。根据《追诉标准》规定，为亲友非法牟利，造成国家直接经济损失10万元以上，或者致使有关单位停产、破产，或者造成恶劣影响的，属于"致使国家利益遭受重大损失"，应予追诉。本罪主体只能是国有公司、企业、事业单位的工作人员。主观方面为故意。

《刑法》第166条规定，犯本罪，处3年以下有期徒刑或者拘役，并处或者单处罚金；致使国家利益遭受特别重大损失的，处3年以上7年以下有期徒刑，并处罚金。

十三、签订、履行合同失职被骗罪

签订、履行合同失职被骗罪，是指国有公司、企业、事业单位直接负责的主管人员在签订、履行合同过程中，因严重不负责任被诈骗，致使国家利益遭受重大损失的行为。

本罪的客观方面表现为，在签订、履行合同过程中严重不负责任被诈骗，致使国家利益遭受重大损失的行为，具体表现包括：(1) 对与之签订合同的对方当事人的主体资格、资信证明、履约能力、有无资金、有无货源等情况不作认真审查，即与之草率签约的；(2) 不按有关规章制度办事，该鉴证的不鉴证，该公证的不公证，该报上级或有关部门审查的不报上级或有关部门审查，甚至超越职权签订不该签订的合同的；(3) 签订合同以后不认真监督对方当事人按时、按质、按量地全面履行合同的；(4) 未按合同规定等到对方当事人付款或交货以后再交货或付款，而是随意提前履约，致使对方得到货款不再履约或者潜逃的；(5) 履行合同过程中发现受骗而没有及时采取必要措施挽回或减少损失的，等等。《追诉标准》规定，签订、履行合同失职被骗，造成国家直接

① 参见张明楷：《刑法学》，法律出版社2007年版，第573页。

经济损失50万元以上，或者直接经济损失占注册资本30%以上，或者金融机构和从事对外贸易活动的公司、企业工作人员对工作严重不负责任，造成国家外汇被骗购或者逃汇，数额在100万美元以上的，属于“致使国家利益遭受重大损失”，应予追诉。

《刑法》第167条规定，犯本罪，处3年以下有期徒刑或者拘役；致使国家利益遭受特别重大损失的，处3年以上7年以下有期徒刑。

▶ 十四、国有公司、企业、事业单位人员失职罪和国有公司、企业、事业单位人员滥用职权罪

国有公司、企业、事业单位工作人员失职罪，是指国有公司、企业、事业单位的工作人员，由于严重不负责任，造成国有公司、企业破产或者严重损失致使国家利益遭受重大损失，或者国有事业单位的工作人员由于严重不负责任致使国家利益遭受重大损失的行为。根据《追诉标准》，国有公司、企业、事业单位工作人员由于严重不负责任，造成国家直接经济损失50万元以上，或者致使国有公司、企业停产、破产，或者造成恶劣影响的，应予追诉。

国有公司、企业、事业单位工作人员滥用职权罪，是指国有公司、企业、事业单位的工作人员滥用职权，造成国有公司、企业破产或者严重损失，致使国家利益遭受重大损失；或者国有事业单位的工作人员滥用职权，致使国家利益遭受重大损失的行为。根据《追诉标准》，国有公司、企业、事业单位工作人员滥用职权，造成国家直接经济损失30万元以上，或者致使国有公司、企业停产、破产，或者造成恶劣影响的，应予追诉。

《刑法》第168条规定，犯本罪，处3年以下有期徒刑或者拘役；致使国家利益遭受特别重大损失的，处3年以上7年以下有期徒刑。因徇私舞弊而犯本罪的，从重处罚。

▶ 十五、徇私舞弊低价折股、出售国有资产罪

徇私舞弊低价折股、出售国有资产罪，是指国有公司、企业或者其上级主管部门直接负责的主管人员徇私舞弊，将国有资产低价折股或者低价出售，致使国家利益遭受重大损失的行为。根据《追诉标准》，徇私舞弊低价折股、出售国有资产，造成国家直接经济损失30万元以上，或者致使国有公司、企业停产、破产，或者造成恶劣影响的，应予追诉。

《刑法》第169条规定，犯本罪，处3年以下有期徒刑或者拘役；致使国家利益遭受特别重大损失的，处3年以上7年以下有期徒刑。

▶ 十六、背信损害上市公司利益罪

背信损害上市公司利益罪，是指上市公司的董事、经理、高级管理人员违背对公司的忠实义务，利用职务便利，操纵上市公司从事损害上市公司利益的活动，致使上市公司利益遭受重大损失的行为，以及上市公司的控股股东、实际控制人，指使上市公司董事、监事、高级管理人员从事损害上市公司利益的活动，致使上市公司利益遭受重大损失的行为。从罪名上看，本罪很显然也是一种特殊的背信罪。本罪共有两种类型：

一是,上市公司的董事、经理、高级管理人员违背对公司的忠实义务,利用职务便利,操纵上市公司从事损害上市公司利益的活动,致使上市公司利益遭受重大损失。其中,"损害上市公司利益的活动"是指:(1) 无偿向其他单位或者个人提供资金、商品、服务或者其他资产的;(2) 以明显不公平的条件,提供或者接受资金、商品、服务或者其他资产的;(3) 向明显不具有清偿能力的单位或者个人提供资金、商品、服务或者其他资产的;(4) 为明显不具有清偿能力的单位或者个人提供担保,或者无正当理由为其他单位或者个人提供担保;(5) 无正当理由放弃债权、承担债务的;(6) 采用其他方式损害上市公司利益的。

二是,上市公司的控股股东、实际控制人,指使上市公司董事、监事、高级管理人员从事损害上市公司利益的活动,致使上市公司利益遭受重大损失。

《刑法》第 169 条之一规定,犯本罪,处 3 年以下有期徒刑或者拘役,并处或者单处罚金;致使上市公司利益遭受特别重大损失的,处 3 年以上 7 年以下有期徒刑,并处罚金。犯本罪的上市公司的控股股东或者实际控制人是单位的,对单位判处罚金,并对其直接负责的主管人员和其他直接责任人员,依照个人犯本罪的规定处罚。

第五节　破坏金融管理秩序罪

一、伪造货币罪

(一) 伪造货币罪的概念与构成要件

伪造货币罪,是指不具有货币发行权的人,非法制造在外观上足以使一般人误以为是货币的假货币,侵犯货币公共信用或货币发行权的行为。①

(1) 关于本罪的犯罪客体需要深入研究。我国刑法理论一直认为,刑法规定本罪,就是为了保护货币制度。但"货币制度"一词过于抽象,基本不具有指导构成要件要素的解释功能,因而有必要将其具体化。国外刑法理论对此存在两种观点:第一种观点认为,伪造货币罪的法益(客体)是货币的真实性的公共信用;第二种观点认为,伪造货币罪具有双重法益,第一法益是货币的公共信用,第二法益是国家对货币量进行调解的金融政策权限,即国家的货币发行权。例如,张三伪造了大量硬币置于流通领域,国家无法分辨其真伪(事实上承认了所伪造的硬币也有效)的情况下,按照第二种观点,张三的行为虽然并未妨害货币的公共信用(第一法益),但毕竟侵犯了国家专断的货币发行权,因而构成伪造货币罪。② 本书赞同上述第二种观点。

(2) 本罪的客观方面表现为,不具有货币发行权的人,非法制造在外观上足以使一般人误以为是货币的假货币。第一,伪造,是指制造在外观上足以使一般人误以为是货币的假货币的行为。伪造的方法,不应该有任何限制,包括石印、影印、彩色复印、制版印刷甚至临摹描绘等。我国刑法理论一般认为,伪造只包括按照真币的图案、形

① 参见张明楷:《刑法学》,法律出版社 2007 年版,第 576 页。

② 参见〔日〕西田典之:《刑法各论》(日本版),日本弘文堂 2007 年版,第 302 页以下。

状、色彩、质地、式样、规格等的仿照行为,即必须存在于所伪造的货币的真货币。但是,行为人制造面额200元、500元、1000元的人民币、制造“错版”人民币、制造实际上不存在的外国货币等行为,仍可能在外观上使一般人误认为是货币,并严重侵犯货币的公共信用。因此本书认为,为了有效贯彻法益保护原则,有必要将这些故意制造没有真货币予以对应的假货币的行为,也认定为是伪造。第二,伪造货币中的“货币”主要是指,可在国内市场流通或者兑换的人民币和境外货币(包括香港、澳门和台湾地区使用的货币)。货币面额应当以人民币计算,其他币种以案发时国家外汇管理机关公布的外汇牌价折算成人民币。一般来讲,行为人伪造的货币必须是正在通用的货币,如果伪造已经停止使用的古代货币等,则不成立本罪。第三,所伪造的货币必须在外观上足以使一般人误以为是货币,即对于所伪造的货币必须特别加以注意,甚至要使用一定的检测手段和专业知识才能发现。行为人所制造的物品在外观上完全不可能被一般人误以为是货币的,不构成本罪。

(3)本罪的主体是不具有货币发行权的自然人。

(4)本罪的主观方面由故意构成,即明知自己伪造货币的行为会发生侵犯货币公共信用和货币发行权的危害结果,希望或者放任这种结果发生。但是,行为人在主观上是否需要具有某种不成文的特定目的,在国内外刑法学界存在一定争议。第一种观点认为,行为人在故意之外还必须有将伪造的货币置于流通的意图(即行使的目的)才能构成本罪,因此本罪是不成文的目的犯;第二种观点认为,行为人只要故意伪造了货币就构成本罪,至于伪造的目的在所不论。本书赞同第二种意见,因为对于不以使用为目而伪造货币的情形,货币很可能经他人之手置于流通领域,从而严重妨害货币的公共信用,况且伪造货币行为本身就已经侵犯了国家独断的货币发行权。

(二)伪造货币罪的处罚

《刑法》第170条规定,犯本罪,处3年以上10年以下有期徒刑,并处5万元以上50万元以下罚金;伪造货币集团的首要分子,伪造货币数额特别巨大,或者具有其他特别严重情节的,处10年以上有期徒刑、无期徒刑或者死刑,并处5万元以上50万元以下罚金或者没收财产。根据最高人民法院《关于审理伪造货币案件具体应用法律若干问题的解释》,伪造货币面额2000元以上,或者币量200张(枚)以上的,应当作为犯罪处理。伪造货币的总面额在3万元以上的,属于“数额特别巨大”。

▶ 二、出售、购买、运输假币罪

出售、购买、运输假币罪,是指明知是伪造的货币而出售、购买或者运输,数额较大的行为。

本罪客观方面表现为,出售、购买或者运输伪造的货币,数额较大。(1)出售,是指有偿转让、交付假币。[1](2)购买,是指有偿取得假币。司法实践中一般没有限制购买行为的成立范围。本书认为,为了自己使用而购买假币的,不属于这里的“购买”,否

① 本节所谓的“假币”,仅指伪造的货币,不包括变造的货币。

则将造成罪刑不均衡的局面。具体来说,行为人为了自己使用而购买假币的,如果全部使用完毕,应成立使用假币罪,对未使用的部分,可以成立持有假币罪。(3)运输,是转移假币的存放地点。这里也存在对运输行为进行限制解释的问题。本书认为,行为人为了自己的使用目的购买假币后,携带假币返回自己居所的行为,不应成立运输假币罪。这种为了使用的事前运输行为本身可能成立持有假币罪,如果行为人使用了事前运输来的假币即可认定为使用假币罪,而事前的运输行为则是不可罚的事前行为。《解释》规定,出售、购买、运输假币总面额在4000元以上的,属于"数额较大",应当作为犯罪处理。

本罪主观方面由故意构成,即行为人明知是数额较大的假币而出售、购买或者运输。

本罪是选择性罪名,如果行为人出售此种假币,购买彼种假币,又运输他种假币,成立本罪,不实行数罪并罚。如果行为人伪造货币后,又将所伪造的货币予以出售、运输的,以伪造货币罪从重处罚,不另行成立出售、运输假币罪,但是行为人所伪造的货币与出售、运输的假币不具有同一性时(即出售、运输的是他人伪造的货币),应同时成立伪造货币罪和出售、运输假币罪,并实行数罪并罚。

《刑法》第171条第1款规定,犯本罪处3年以下有期徒刑或者拘役,并处2万元以上20万元以下罚金;数额巨大的,处3年以上10年以下有期徒刑,并处5万元以上50万元以下罚金;数额特别巨大的,处10年以上有期徒刑或者无期徒刑,并处5万元以上50万元以下罚金或者没收财产。根据《解释》,出售、购买、运输假币罪总面额在5万元以上不满20万元,属于"数额巨大";总额在20万元以上的,属于"数额特别巨大"。根据最高人民法院印发的《全国法院审理金融犯罪案件工作座谈会纪要》(以下简称《纪要》)规定,在出售假币时被抓获的,除现场查获的假币应认定为出售假币的犯罪数额外,现场之外在行为人住所或者其他藏匿地查获的假币,亦应认定为出售假币的犯罪数额;但有证据证实后者是行为人有实施其他假币犯罪的除外。

三、金融工作人员购买假币、以假币换取货币罪

金融工作人员购买假币、以假币换取货币罪,是指银行或者其他金融机构的工作人员购买伪造的货币,或者利用职务上的便利,以伪造的货币换取货币的行为。本罪具有两种行为类型:一是,金融工作人员购买假币。之所以要将金融机构工作人员购买假币的行为做特别规定并提高其法定刑,主要是考虑到金融机构工作人员的身份决定了其随时可以将所购得的假币调换为真币,因而其购买假币对货币公共信用的危害更为严重;二是,金融工作人员利用职务之便,以假币换取货币,即在利用职务上利用自己经手、保管金融机构现金等便利条件,将假币调换成真货币。

《刑法》第171条第2款规定,犯本罪,处3年以上10年以下有期徒刑,并处2万元以上10万元以下罚金;数额巨大或者有其他严重情节的,处10年以上有期徒刑或者无期徒刑,并处2万元以上20万元以下罚金或者没收财产;情节较轻的,处3年以下有期徒刑或者拘役,并处或者单处1万元以上10万元以下罚金。根据《解释》,金融工作人

员购买假币或者利用职务上的便利以假币换取货币，总面额在4000元以上不满5万元，或者币量在400张(枚)以上不足5000张(枚)的，总面额在5万元以上，或者货币在5000张(枚)以上的，属于"数额巨大"；总面额不满4000元或者币量不足400张(枚)，或者具有其他情节较轻情形的，属于"情节较轻的"。

四、持有、使用假币罪

持有、使用假币罪，是指明知是伪造的货币而持有、使用，数额较大的行为。

(1) 持有，是指将假币置于行为人事实上的支配之下，并存在多种具体形式。例如，行为人虽不实际握有假币，但完全可以依靠其支配下的机械器具、封闭空间甚至是他人难以发现的区域等确保自己对假币的实际控制。(2) 使用，是将假币作为真货币予以使用，不以对方支付对价为条件，但以对方不明知是假币为前提。因此，向知情人交付、出售假币，不是使用假币行为。使用行为并不限定，既可以将假币用于合法领域(如购买商品、缴纳罚款、赠送他人等)，也可用于非法领域(如赌博等)，既可以将假币交付给自然人、单位，还可以交付给机器。例如，向自动售货机种投入假币以换取商品的，成立本罪，而不成立盗窃罪。成立本罪还要求持有、使用假币数额较大。按照《解释》，持有、使用假币总面额在4000元以上的，属于"数额较大"，应当作为犯罪处理。

《刑法》第172条规定，犯本罪，处3年以下有期徒刑或者拘役，并处或者单处1万元以上10万元以下罚金；数额巨大的，处3年以上10年以下有期徒刑，并处2万元以上20万元以下罚金；数额特别巨大的，处10年以上有期徒刑，并处5万元以上50万元以下罚金或者没收财产。《解释》第5条规定，持有、使用假币总面额在5万元以上不满20万元的，属于"数额巨大"；总面额在20万元以上的，属于"数额特别巨大"。

五、变造货币罪

变造货币罪，是指不具有货币制作、发行权的人对真货币进行各种方式的加工，使其改变为面额和含量不同的货币，数额较大的行为。变造的具体方式没有限制，一般表现为对货币采用剪贴、挖补、揭层、涂改等方法加工处理，改变其形态并使之升值的各种行为。但是，减少货币面额，减少金属货币的金属含量以及将真币变成"错版"人民币等行为，也属于变造货币。变造货币数额较大的，才成立犯罪。根据《解释》，变造货币总面额在2000元以上的，属于"数额较大"，应当作为犯罪处理。

与使用假币罪相关联，使用变造的货币数额较大的，应当如何处理？第一种看法认为，应对"伪造"作缓和性解释，即在通常情况下伪造不同于变造，但"使用伪造的货币"中包含了使用变造的货币。但是，既然刑法明确区分了伪造的变造，而且是在"使用伪造的货币"之后才规定变造货币罪的，因而硬是将变造说成是伪造，无疑是被禁止的类推解释。第二种观点是做无罪处理。但是，这种行为在违法和责任两方面都反映出了很严重的社会危害性，无罪论的观点并不合适。第三种观点则是按诈骗罪处理，这也是本书的看法。其实，无论是使用伪造的货币，还是使用变造的货币，大多都符合诈骗罪的构成要件，只是使用伪造的货币这一类诈骗行为被刑法单独规定为独立的犯罪,因而就不成立诈骗罪。但是,刑法没有对使用变造的货币这一类诈骗行为作为单独规定,因而这种行为就只能按照诈骗罪处理。当然,在处理时应注意:(1) 只有符合诈骗罪构成要件的使用行为,才能被认定为诈骗罪;(2) 为了与使用假币罪的法定刑相协调,在将使用变造的货币认定为诈骗罪时,最高不得判处无期徒刑。

《刑法》第 173 条规定,犯本罪,处 3 年以下有期徒刑或者拘役,并处或者单处 1 万元以上 10 万元以下罚金;数额巨大的,处 3 年以上 10 年以下有期徒刑,并处 2 万元以上 20 万元以下罚金。根据《解释》,变造货币总面额在 3 万元以上的,属于“数额巨大”。

六、擅自设立金融机构罪

擅自设立金融机构罪,是指未经国家有关主管部门批准,擅自设立商业银行、证券交易所、期货交易所、证券公司、期货经纪公司、保险公司或者其他金融机构的行为。

本罪的客观方面表现为,未经国家有关主管部门批准,设立商业银行、证券交易所、期货交易所、证券公司、期货经纪公司、保险公司或者其他金融机构。其中,法条表述中“擅自”与“未经国家有关主管部门批准”具有完全相同的含义,因而属于表面的构成要件要素。[①] 未经批准设立金融机构,既可能是没有依法提出设立金融机构的申请便自行设立金融机构,也可能是虽然依法提出申请但有关主管部门已驳回申请或尚未答复时自行设立金融机构。根据《追诉标准》,擅自设立商业银行、证券、期货、保险机构或者其他金融机构及其筹备组织的,应予追诉。本罪主观方面只能由故意构成,即明知擅自设立金融机构的行为会发生扰乱金融秩序的危害结果,并且希望或者放任这种结果发生。

《刑法》第 174 条第 1 款、第 3 款规定,个人犯本罪,处 3 年以下有期徒刑或者拘役,并处或者单处 2 万元以上 20 万元以下罚金;情节严重的,处 3 年以上 10 年以下有期徒刑,并处 5 万元以上 50 万元以下罚金。单位犯本罪,对单位判处罚金,并对其直接负责的主管人员和其他直接责任人员依照个人犯本罪的规定处罚。

七、伪造、变造、转让金融机构经营许可证、批准文件罪

伪造、变造、转让金融机构经营许可证、批准文件罪,是指个人或者单位伪造、变造、转让商业银行、证券交易所、期货交易所、证券公司、期货经纪公司、保险公司或者其他金融机构的经营许可证或者批准文件的行为。金融机构的经营许可证,包括金融机构法人许可证、金融机构营业许可证、经营外汇业务许可证以及各自的正本和副本。

《刑法》第 174 条第 2 款、第 3 款规定,个人犯本罪,处 3 年以下有期徒刑或者拘役,并处或者单处 2 万元以上 20 万元以下罚金;情节严重的,处 3 年以上 10 年以下有期徒刑,并处 5 万元以上 50 万元以下罚金。单位犯本罪,对单位判处罚金,并对其直接负责的主管人员和其他直接责任人员依照个人犯本罪的规定处罚。

---

① 参见张明楷:《论表面的构成要件要素》,载《中国法学》2009 年第 2 期,第 90 页以下。

八、高利转贷罪

（一）高利转贷罪的概念与构成要件

高利转贷罪，是指以转贷牟利为目的，套取金融机构信贷资金高利转贷他人，违法所得数额较大的行为。

（1）本罪的客观方面表现为，套取金融机构信贷资金高利转贷他人，违法所得数额较大。金融机构信贷资金，是指银行或者其他金融机构用于发放贷款的资金，包括担保贷款资金和信用贷款资金。高利转贷他人，是指将从金融机构套取信贷资金以高于金融机构贷款利率的利率转贷给他人或者其他单位。实施高利转贷行为违法所得数额较大的，才以犯罪论处。根据《追诉标准》，具有下列情形之一，应予追诉：个人高利转贷，违法所得5万元以上；单位高利转贷，违法所得10万元以上；虽未达到上述标准，但因高利转贷行为受过2次以上行政处罚，又高利转贷。

（2）本罪的主观方面只有由故意构成，还要求具有转贷牟利的目的，并且行为人在实施套取金融机构信贷资金的行为时，就应当具有转贷牟利的目的。如果行为人处于其他目的取得金融机构贷款，然后才产生将信贷资金高利转贷他人的意图并实施该行为的，不成立本罪。当然，如果行为人还具有非法占有的目的，则应按贷款诈骗罪处理。

（二）高利转贷罪的认定

认定高利转贷罪，关键要注意实践中常发的变相高利转贷的情形。例如，行为人套取金融机构信贷资金后，高利借贷给名义上有合资合作关系但实际上不参与经营的企业，违法所得数额较大的，应认定为本罪。① 再如，行为人取得银行贷款后，将该项贷款直接用于生产经营，但将自有资金高利借贷给他人，违法所得数额较大的，也应认定为本罪。

（三）高利转贷罪的处罚

《刑法》第175条规定，个人犯本罪，处3年以下有期徒刑或者拘役，并处违法所得1倍以上5倍以下罚金；数额巨大的，处3年以上7年以下有期徒刑，并处违法所得1倍以上5倍以下罚金。单位犯本罪，对单位判处罚金，并对其直接负责的主管人员和其他直接负责人员，处3年以下有期徒刑或者拘役。

九、骗取贷款、金融信用票证罪

骗取贷款、金融信用票证罪，是指以欺骗手段取得银行或者其他金融机构贷款、票据承兑、信用证、保函等，给银行或者其他金融机构造成重大损失或者其他严重情节的行为。

本罪的客观方面表现为，以欺骗手段取得银行或者其他金融机构贷款、票据承兑、信用证、保函等，给银行或者其他金融机构造成重大损失或者其他严重情节的行为。

---

① 参见张明楷：《刑法学》，法律出版社2007年版，第584页。

本罪的主观方面表现为故意,不要求具有特定目的。如果行为人具有非法占有的目的,则应按照相应的金融诈骗罪或者其他犯罪处理。例如,以非法占有为目的骗取金融机构贷款的行为,成立贷款诈骗罪。

《刑法》第175条之一规定,犯本罪,处3年以下有期徒刑或者拘役,并处或者单处罚金;给银行或者其他金融机构造成特别重大损失或者有其他特别严重情节的,处3年以上7年以下有期徒刑,并处罚金。单位犯前款罪的,对单位判处罚金,并对其直接负责的主管人员和其他直接责任人员,依照前款的规定处罚。

▶ 十、非法吸收公众存款罪

(一) 非法吸收公众存款罪的概念与构成要件

非法吸收公众存款罪,是指非法吸收公众存款或者非法变相吸收公众存款,扰乱市场秩序的行为。

(1) 本罪的客观方面表现为两种情形:其一,是非法吸收公众存款,即未经主管机关批准,吸收社会公众资金,并承诺在一定期限内还本付息的活动。其二,是变相吸收公众存款,即未经主管机关批准,以集资、联营、资金互助等吸收公众存款以外的名义,吸收社会公众资金,也承诺在一定期限内还本付息的活动。"非法"包括主体不合法与行为内容不合法,主体不合法主要是指主体不具有吸收存款的资格,行为内容不合法主要是指具有吸收存款资格的主体擅自提高利率等行为。"公众"是指不特定的多数人,其中包括单位。非法吸收公众存款或者变相吸收公众存款的行为,只有达到了扰乱市场秩序的程度才成立本罪。根据《追诉标准》,以下行为应予追诉:个人非法吸收或者变相吸收公众存款20万元以上、储户30户以上,或者给存款人造成直接经济损失10万元以上;单位非法吸收或者变相吸收公众存款100万元以上、储户150户以上,或者给存款人造成直接经济损失50万元以上的。

(2) 本罪的主观方面是故意,不要求具有特定目的。如果行为人以非法占有为目的骗取公众存款的,应按照集资诈骗罪或者其他相应犯罪处罚。

(二) 非法吸收公众存款罪的认定

1. 金融机构能否构成非法吸收公众存款罪

本书持肯定说。(1) 不具有吸收存款资格的金融机构,可以成为本罪主体;(2) 具有吸收存款资格的金融机构,虽然在通常情况下难以成立本罪主体,但如果采用擅自提高存款利率等非法手段吸收公众存款的,也可以构成本罪。

2. 非法吸收公众存款罪的罪数

如果行为人擅自设立金融机构后,又非法吸收公众存款的,或者非法吸收公众存款后,又擅自设立金融机构的,同时成立擅自设立金融机构罪和本罪,应实行数罪并罚。

(三) 非法吸收公众存款罪的处罚

《刑法》第176条规定,个人犯本罪,处3年以下有期徒刑或者拘役,并处或者单处2万元以上20万元以下罚金;数额巨大或者有其他严重情节的,处3年以上10年以下有期徒刑，并处5万元以上50万元以下罚金。根据《纪要》，个人非法吸收或者变相吸收公众存款100万元以上、单位非法吸收或者变相吸收公众存款500万元以上的，可以认定为“数额巨大”。单位犯本罪，对单位判处罚金，并对其直接负责的主管人员和其他直接责任人员依照个人犯本罪的规定处罚。

十一、伪造、变造金融票证罪

（一）伪造、变造金融票证罪的概念与构成要件

伪造、变造金融票证罪，是指伪造、变造汇票、本票、支票、委托收款凭证、汇款凭证、银行存单及其银行结算凭证、信用证或者附随的单据、文件以及伪造信用卡的行为。

（1）本罪的客观构成要件表现为，伪造、变造各种金融票证。其一，伪造包括了有形伪造和无形伪造两种情形。有形伪造是指没有金融票证制作权的人，假冒他人名义，擅自制造外观上足以使一般人误认为是真实金融票证的假金融票证；无形伪造是指，有金融票证制作权的人，超越其制作权限，违背事实制造内容虚假的机融票证，如银行职员制作虚假的银行存折交付他人。① 其二，变造，是指擅自对真正的金融票证进行各种形式的加工，涂改数额、日期等内容。其三，伪造、变造的对象是金融票证，包括汇票、本票、支票、委托收款凭证、汇款凭证、银行存单及其银行结算凭证、信用证或者附随的单据、文件以及信用卡。其中，汇票，是指出票人签发的，委托付款人在见票时或者在指定时期无条件支付确定的金额给收款人或者持票人的票据；支票，是指出票人签发的，委托办理支票存款业务的银行或者其他金融机构在见票时无条件支付确定的金额给收款人或者持票人的票据；委托收款凭证，是指收款人在委托银行向付款人收款时填写的书面凭证；银行存单，是指银行向存款人开具的，证明存款人在该银行存有一定数额款项的书面凭证；信用证，是指银行根据开证申请人（进口商）的请求，开具给受益人（出口商）的一种保证在其具备了约定条件以后即可得到由开证银行或者支付银行支付约定金额的款项的书面凭证。信用证必须附随相关的单据、文件方为有效。根据全国人大常委会《关于〈中华人民共和国刑法〉有关信用卡规定的解释》规定，刑法规定的“信用卡”，是指有商业银行或者其他金融机构发行的具有消费支付、信用贷款、转账结算等全部功能或者部分功能的电子支付卡。根据2009年12月16日最高人民法院、最高人民检察院《关于办理妨害信用卡管理刑事案件具体应用法律若干问题的解释》，复制他人信用卡、将他人信用卡信息资料写入磁条介质、芯片或者以其他方法伪造信用卡1张以上的，或者伪造空白信用卡10张以上的，应当认定为“伪造信用卡”，构成本罪。

根据《追诉标准》，伪造、变造金融票证面额1万元以上，或者数量1万元以上的，应予追诉。

（2）本罪的主观方面由故意构成，行为人是否具有非法占有他人财物的目的，不

---

① 参见张明楷：《刑法学》，法律出版社2007年版，第586页。

影响本罪的成立。

（二）伪造、变造金融票证罪的处罚

《刑法》第177条规定，个人犯本罪，处5年以下有期徒刑或者拘役，并处或者单处2万元以上20万元以下罚金；情节严重的，处5年以上有期徒刑10年以下有期徒刑，并处5万元以上50万元以下罚金；情节特别严重的，处10年以上有期徒刑或者无期徒刑，并处5万元以上50万元以下罚金或者没收财产。单位犯本罪，对单位判处罚金，并对其直接负责的主管人员和其他直接责任人员，依照个人犯本罪的规定处罚。

▶ 十二、妨害信用卡管理罪

根据《刑法》第177条之一，下列行为构成妨害信用卡管理罪：(1) 明知是伪造的信用卡而持有、运输的，或者明知是伪造的空白信用卡而持有、运输，数量较大的；(2) 非法持有他人信用卡，数量较大的；(3) 使用虚假的身份证明骗领信用卡的；(4) 出售、购买、为他人提供伪造的信用卡或者以虚假的身份证明骗领的信用卡的。根据“两高”《关于办理妨害信用卡管理刑事案件具体应用法律若干问题的解释》，明知是伪造的空白信用卡而持有、运输10张以上不满100张的，或者非法持有他人信用卡5张以上不满50张的，应当认定“数量较大”。

犯本罪，处3年以下有期徒刑或者拘役，并处或者单处1万元以上10万元以下罚金；数量巨大或者有其他严重情节的，处3年以上10年以下有期徒刑，并处2万元以上20万元以下罚金。根据前项司法解释，明知是伪造的信用卡而持有、运输10张以上的，或者明知是伪造的空白信用卡而持有、运输100张以上的，或者非法持有他人信用卡50张以上的，或者使用虚假的身份证明骗领信用卡10张以上的，或者出售、购买、为他人提供伪造的信用卡或者以虚假的身份证明骗领的信用卡10张以上的，属于“数量巨大”。

▶ 十三、窃取、收买、非法提供信用卡信息资料罪

窃取、收买、非法提供他人信用卡信息资料罪，是指故意窃取、收买或者非法提供他人信用卡信息资料的行为。窃取他人信用卡信息资料，是指采用自认为不被他人知悉的秘密手段获取他人信用卡信息资料的行为；收买他人信用卡信息资料，是指通过向知悉他人信用卡信息资料的人员送财物的手段获取他人信用卡信息资料的行为；非法提供他人信用卡信息资料，是指知悉他人信用卡信息资料的人员向第三人非法提供其所知悉的他人的信用卡信息资料的行为。

根据“两高”《关于办理妨害信用卡管理刑事案件具体应用法律若干问题的解释》，窃取、收买、非法提供他人信用卡信息资料，足以伪造可进行交易的信用卡，或者足以使他人以信用卡持卡人名义进行交易，涉及信用卡1张以上不满5张的，应当定罪处罚。

《刑法》第177条之一第2款、第3款规定，犯本罪，处3年以下有期徒刑或者拘役，并处或者单处1万元以上10万元以下罚金；数量巨大或者有其他严重情节的，处3年以上10年以下有期徒刑，并处2万元以上20万元以下罚金。银行或者其他金融机构

的工作人员利用职务上的便利犯本罪,从重处罚。按照前项司法解释,涉及信用卡5张以上的,属于"数量巨大"。

十四、伪造、变造国家有价证券罪

伪造、变造国家有价证券罪,是指伪造、变造国库券或者国家发行的其他有价证券,数额较大的行为。本罪对象为国家有价证券,是指国家发行的国库券和其他国家有价证券。国库券,是国家为了解决财政资金的短期不足而发行的一种国家债券。其他国家有价证券,是指国家基于某种特殊需要而发行的除国库券以外的国家债券。根据《追诉标准》,伪造、变造国家有价证券总面额2000元以上的,应予追诉。

《刑法》第178条第1款、第3款规定,个人犯本罪,处3年以下有期徒刑或者拘役,并处或者单处2万元以上20万元以下罚金;数额巨大的,处3年以上有期徒刑10年以下有期徒刑,并处5万元以上50万元以下罚金;数额特别巨大的,处10年以上有期徒刑或者无期徒刑,并处5万元以上50万元以下罚金或者没收财产。单位犯本罪,对单位判处罚金,并对其直接负责的主管人员和其他直接负责人员依照个人犯本罪的规定处罚。

十五、伪造、变造股票、公司、企业债券罪

伪造、变造股票、公司、企业债券罪,是指伪造、变造股票、公司、企业债券,数额较大的行为。

本罪对象为股票、公司债券、企业债券。股票,是指股份有限公司向投资者(股东)发行的,证明其向本公司投资入股及其额度的书面凭证。公司债券,是指股份有限公司、国有独资公司和两个以上的国有企业或者其他两个以上的国有投资主体投资设立的有限责任公司,为筹集生产、经营资金,依照《公司法》规定的条件和程序向社会公开发行的,约定在一定期限还本付息的有价证券。企业证券,是指除公司以外的其他企业为筹集生产、经营资金,依法向社会公开发行的,约定在一定期限还本付息的有价证券。

《刑法》第178条第2款、第3款规定,个人犯本罪,处3年以下有期徒刑或者拘役,并处或者单处1万元以上10万元以下罚金;数额巨大的,处3年以上有期徒刑10年以下有期徒刑,并处2万元以上20万元以下罚金。单位犯本罪,对单位判处罚金,并对其直接负责的主管人员和其他直接负责人员依照个人犯本罪的规定处罚。

十六、擅自发行股票、公司、企业债券罪

擅自发行股票、公司、企业债券罪,是指未经国家有关主管部门批准,擅自发行股票或者公司、企业债券,数额巨大、后果严重或者具有其他严重情节的行为。擅自发行股票、公司、企业债券具体表现为两种情况:一是不具备发行股票、公司、企业债券主体资格的个人或者单位擅自发行股票或者公司、企业债券;二是具备发行股票、公司、企业债券主体资格的公司、企业及其工作人员,未经有关主管部门批准即擅自发行股票

或者公司、企业债券。

擅自发行股票或者公司、企业债券，数额巨大、后果严重或者具有其他严重情节，三者只要具备其中之一，即可构成本罪。根据《追诉标准》，擅自发行股票、公司、企业债券50万元以上的，或者不能及时清偿、清退的，或者造成恶劣影响的，应予追诉。

《刑法》第179条规定，个人犯本罪，处5年以下有期徒刑或者拘役，并处或者单处非法募集资金金额1%以上5%以下罚金。单位犯本罪，对单位判处罚金；并对其直接负责的主管人员和其他直接责任人员，处5年以下有期徒刑或者拘役。

十七、内幕交易、泄露内幕信息罪

（一）内幕交易、泄露内幕信息罪的概念与构成要件

内幕交易、泄露内幕信息罪，是指证券、期货交易内幕信息的知情人员或者非法获取证券、期货交易内幕信息的人员，在涉及证券的发行，证券、期货交易或者其他对证券、期货交易价格有重大影响的信息尚未公开前，买入或者卖出该证券，或者从事与该内幕信息有关的期货交易，或者泄漏该信息，或者明示、暗示他人从事上述交易活动，情节严重的行为。

（1）本罪的客观方面表现为三种类型：一是涉及证券的发行，证券、期货交易或者其他对证券、期货交易价格有重大影响的信息尚未公开前，买入或者卖出该证券；二是泄漏该信息，使内幕信息处于被不应该知悉该信息的人知悉或者可能知悉的状态；三是明示、暗示他人从事上述交易活动。实行上述三种行为之一，情节严重的才能构成本罪。根据《追诉标准》，内幕交易数额在20万元以上的，多次进行内幕交易、泄露内幕信息的，致使交易价格和交易量异常波动的，或者造成恶劣影响的，应予追诉。

证券交易“内幕信息”，是指证券交易活动中，涉及公司的经营、财务或者对该公司证券的市场价格有重大影响的尚未公开的信息。其包括：第一，可能对上市公司股票交易价格产生较大影响而投资者尚未得知的重大事件，如公司的经营方针和经营范围的重大变化，公司的重大投资行为和重大的购置财产的决定，公司订立重要合同而该合同可能对公司的资产、负债、权益和经营成果产生重要影响，公司发生重大债务和未能清偿到期重大债务的违约情况，公司发生重大亏损或者遭受超过净资产10%以上的重大损失，公司生产经营的外部条件发生的重大变化，公司的董事长、1/3以上的董事或者经理发生变动，持有公司5%以上股份的股东所持有的股份情况发生较大变化，公司减资、合并、分立、解散及申请破产的决定，涉及公司的重大诉讼，法院依法撤销股东大会、董事会决议以及法律、行政法规规定的其他事项；第二，公司分配股利或者增资的计划；第三，公司股权结构的重大变化；第四，公司债务担保的重大变化；第五，公司营业用主要资产的抵押、出售或者报废一次超过该资产的30%；第六，公司的董事、监事、经理、副经理或者其他高级管理人员的行为可能依法承担重大损害赔偿责任；第七，上市公司收购的有关方案；第八，国务院证券监督管理机构认定的对证券交易价格有显著影响的其他重要信息。期货交易“内幕信息”，是指可能对期货市场价格产生重大影响的尚未公开的信息，包括：中国证监会及其他相关部门制定的对期货交易价格

可能发生重大影响的政策，期货交易所作出的可能对期货交易价格发生重大影响的决定，期货交易所会员、客户的资金和交易动向以及中国证监会认定的对期货交易价格有显著影响的其他重要信息。

"内幕交易"，是指证券、期货交易内幕信息的知情人员或者非法获取证券、期货交易内幕信息的人员，在其知悉的证券、期货交易内幕信息尚未公开前，买入或者卖出该证券，或者从事与该内幕信息有关的期货交易的行为。泄漏证券、期货交易内幕信息，是指证券、期货交易内幕信息的知情人员或者非法获取证券、期货交易内幕信息的人员，将自己所知悉的证券、期货交易内幕信息透露给不应当知悉该内幕信息的人，或者向公众披露的行为。

（2）本罪是身份犯，本罪的主体只能是证券、期货交易内幕信息的知情人员和单位，或者非法获取证券、期货交易内幕信息的人员和单位。证券交易内幕信息的知情人员包括：发行股票或者公司债券的公司董事、监事、经理、副经理及有关的高级管理人员；持有公司5%以上股份的股东；发行股票公司的控股公司的高级管理人员；由于所任公司职务可以获取公司有关证券交易信息的人员；证券监督管理机构工作人员以及由于法定的职责对证券交易进行管理的其他人员；由于法定职责而参与证券交易的社会中介机构或者证券登记结算机构、证券交易服务机构的有关人员；国务院证券监督管理机构规定的其他人员。非法获取证券、期货交易内幕信息的人员和单位，是指通过窃取、窃听、套取、骗取、行贿收买等非法手段获得证券、期货交易内幕信息的人员和单位。

（3）本罪的主观方面由故意构成，即行为人必须明知证券、期货交易内幕信息尚未公开而买入或者卖出证券，或者从事与该内幕信息有关的期货交易，或者明知是证券交易内幕信息而泄露，或者明示、暗示他人从事上述活动。

（二）内幕交易、泄露内幕信息罪的处罚

《刑法》第180条第1款、第2款规定，个人犯本罪，处5年以下有期徒刑或者拘役，并处或者单处违法所得1倍以上5倍以下罚金；情节特别严重的，处5年以上10年以下有期徒刑，并处违法所得1倍以上5倍以下罚金。单位犯本罪，对单位判处罚金；并对直接负责的主管人员和其他直接责任人员，处5年以下有期徒刑或者拘役。

十八、利用未公开信息交易罪

利用未公开信息交易罪，是指指证券交易所、期货交易所、证券公司、期货经纪公司、基金管理公司、商业银行、保险公司等金融机构的从业人员以及有关监管部门或者行业协会的工作人员，利用因职务便利获取的内幕信息以外的其他未公开的信息，违反规定，从事与该信息相关的证券、期货交易活动，或者明示、暗示他人从事相关交易活动，情节严重的行为。这种行为被俗称为"老鼠仓"行为。《刑法》第180条第4款规定，犯本罪，处5年以下有期徒刑或者拘役，并处或者单处违法所得1倍以上5倍以下罚金；情节特别严重的，处5年以上10年以下有期徒刑，并处违法所得1倍以上5倍以下罚金。

十九、编造并传播证券、期货交易虚假信息罪

编造并传播证券、期货交易虚假信息罪，是指编造并且传播影响证券、期货交易的虚假信息，扰乱证券、期货交易市场，造成严重后果的行为。“编造”，是指无中生有地杜撰、捏造。“传播”，是指使用各种方式使虚假信息处于被不特定多数人知悉或者可能知悉的状态。编造和传播二者必须同时具备，才能构成本罪。根据《追诉标准》，编造并传播证券、期货交易虚假信息，造成投资者直接经济损失数额3万元以上的，致使交易价格和交易量异常波动的，或者造成恶劣影响的，应予追诉。

《刑法》第181条第1款、第3款规定，个人犯本罪的，处5年以下有期徒刑或者拘役，并处或者单处1万元以上10万元以下罚金。单位犯本罪的，对单位判处罚金；并对其直接负责的主管人员和其他直接责任人员，处5年以下有期徒刑或者拘役。

二十、诱骗投资者买卖证券、期货合约罪

诱骗投资者买卖证券、期货合约罪，是指证券交易所、期货交易所、证券公司、期货经纪公司的从业人员，以及证券业协会、期货业协会或者证券期货监管管理部门的工作人员与单位，故意提供虚假消息或者伪造、变造、销毁交易记录，诱骗投资者买卖证券、期货合约，造成严重后果的行为。“提供虚假信息”，是指向投资者提供足以引起某种证券、期货交易价格发生异常波动的假消息。“交易记录”，是指证券、期货交易价格、交易量等与证券、期货交易有关的记载资料。“伪造”交易记录，是指制作虚假的交易记录的行为。“变造”交易记录，是指对交易的内容进行增、删、篡改的行为。“销毁”交易记录，是指将应当保留的交易记录全部删除或者加以毁灭的行为。上述行为，只要具备其中之一，即可构成本罪。根据《追诉标准》，诱骗投资者买卖证券、期货合约，造成投资者直接经济损失数额在3万元以上的，致使交易价格和交易量异常波动的，或者造成恶劣影响的，应予追诉。本罪是身份犯。本罪主观方面只能是故意。

《刑法》第181条第2款、第3款规定，个人犯本罪的，处5年以下有期徒刑或者拘役，并处或者单处1万元以上10万元以下罚金；情节特别恶劣的，处5年以上10以下有期徒刑，并处2万元以上20万元以下罚金。单位犯本罪的，对单位判处罚金；并对其直接负责的主管人员和其他直接责任人员，处5年以下有期徒刑或者拘役。

二十一、操纵证券、期货市场罪

根据《刑法》第182条，下列行为构成操纵证券、期货市场罪：(1) 单独或者合谋，集中资金优势、持股或持仓优势或者利用信息优势联合或者连续买卖，操纵证券价格、期货交易价格的；(2) 与他人串通，以事先约定的时间、价格和方式相互进行证券交易、期货交易，或者相互买卖并不持有的证券，影响证券价格、期货交易价格或者证券、期货交易量的；(3) 以自己为交易对象，进行不转移证券所有权的自买自卖，或者以自己为交易对象，自买自卖期货合约，影响证券价格、期货价格或者证券、期货交易量的；(4) 以其他方法操纵证券、期货价格的。这里的“其他方法”，包括故意利用某些市场

传言加以夸大、烘托，或者串通新闻单位、股评人士进行舆论误导，借以影响证券、期货交易价格等情况。

根据2008年3月5日最高人民检察院、公安部《关于经济犯罪案件追诉标准的补充规定》，操纵证券、期货交易价格，涉嫌下列情形之一的，应予追诉：(1) 单独或合谋，持有或者实际控制证券的流通股份数达到该证券的实际流通股份总量30%以上，且在该证券连续20个交易日内联合或者连续买卖股份数累计达到该证券同期总成交量30%以上；(2) 单独或合谋，持有或者实际控制期货合约的数量超过期货交易所业务规则限定的特仓量50%以上，且在该期货合约连续20个交易日内联合或者连续买卖期货合约数累计达到该期货合约同期总成交量30%以上的；(3) 与他人串通，以事先约定的时间、价格和方式相互进行证券或者期货合约交易，且在该证券或者期货合约连续20个交易日内成交量累计达到该证券或者期货合约同期总成交量20%以上的；(4) 在自己实际控制的账户之间进行证券交易，或者以自己为交易对象，自买自卖期货合约，且在该证券或者期货合约连续20个交易日内成交量累计达到该证券或者期货合约同期总成交量20%以上的；(5) 单独或者合谋，当日连续申报买入或者卖出同一证券、期货合约并在成交前撤回申报，撤回申报量占当日该种股票总申报量或者该种期货合约总申报量50%以上的；(6) 上市公司及其董事、监事、高级管理人员、实际控制人、控股股东或者其他关联人单独或者合谋，利用信息优势，操纵该公司证券交易价格或者证券交易量的；(7) 有其他严重情节的。

《刑法》第182条规定，个人犯本罪的，处5年以下有期徒刑或者拘役，并处或者单处罚金；情节特别严重的，处5年以上10年以下有期徒刑，并处罚金。单位犯本罪的，对单位判处罚金，并对其直接负责的主管人员和其他直接负责人员依照个人犯本罪的规定处罚。

二十二、背信运用受托财产罪

背信运用受托财产罪，是指商业银行、证券交易所、期货交易所、证券公司、期货经纪公司、保险公司或者其他金融机构，违背受托义务，擅自运用客户资金或者其他委托、信托的财产，情节严重的行为。从罪名上看，本罪很显然也是一种特殊的背信罪。

根据《追诉标准的补充规定》，商业银行、证券交易所、期货交易所、证券公司、期货经纪公司、保险公司或者其他金融机构，违背受托义务，擅自运用客户资金或者其他委托、信托的财产，涉嫌下列情形之一的，应予追诉：(1) 擅自运用客户资金或者其他委托、信托的财产数额累计在30万元以上的；(2) 虽未达到上述数额标准，但多次擅自运用客户资金或者其他委托、信托的财产，或者擅自运用多个客户资金或者其他委托、信托的财产；(3) 有其他严重情节的。

《刑法》第185条之一第1款规定，犯本罪，对单位判处罚金，并对其直接负责的主管人员和其他直接负责人员处3年以下有期徒刑或者拘役，并处3万元以上30万元以下罚金；情节特别严重的，处3年以上10年以下有期徒刑，并处5万元以上50万元以下罚金。

二十三、违法运用资金罪

违法运用资金罪，是指社会保障基金管理机构、住房公积金管理机构等公众资金管理机构，以及保险公司、保险资产管理公司、证券投资基金管理公司，违反国家规定运用资金的行为。

《刑法》第185条之一第2款规定，犯本罪，对其直接负责的主管人员和其他直接负责人员处3年以下有期徒刑或者拘役，并处3万元以上30万元以下罚金；情节特别严重的，处3年以上10年以下有期徒刑，并处5万元以上50万元以下罚金。

二十四、违法发放贷款罪

违法发放贷款罪，是指银行或者其他金融机构的工作人员和单位违反国家规定发放贷款，数额巨大或者造成重大损失的行为。根据《追诉标准》，个人违法发放贷款，造成直接经济损失50万元以上，单位违法发放贷款，造成直接经济损失100万元以上的，应予追诉。

《刑法》第186条第1款、第3款规定，个人犯本罪，处5年以下有期徒刑或者拘役，并处1万元以上10万元以下罚金；数额特别巨大或者造成特别重大损失的，处5年以上有期徒刑，并处2万元以上20万元以下罚金。单位犯本罪，对单位判处罚金，并对其直接负责的主管人员和其他直接责任人员按个人犯本罪的规定处罚。根据《纪要》规定，违法发放贷款，造成300万元—500万元以上损失的，可以认定为"造成特别重大损失"。

《刑法》第186条第2款规定，银行或者其他金融机构及其工作人员违反国家规定，向关系人发放贷款，数额巨大或者造成重大损失的，依照《刑法》第186条第1款、第3款的规定从重处罚。根据《中华人民共和国商业银行法》，关系人是指金融机构的董事、监事、管理人员、信贷业务人员及其近亲属以及上述人员投资或者担任高级管理职务的公司、企业和其他经济组织。

二十五、吸收客户资金不入账罪

吸收客户资金不入账罪，是指银行或者其他金融机构的工作人员和单位，吸收客户资金不入账，数额巨大或者造成重大损失的行为。根据《追诉标准》，个人吸收客户资金不入账，造成直接经济损失50万元以上，单位吸收客户资金不入账，造成直接经济损失100万元以上的，应予追诉。

《刑法》第187条规定，个人犯本罪，处5年以下有期徒刑或者拘役，并处2万元以上20万元以下罚金；数额特别巨大或者造成特别重大损失的，处5年以上有期徒刑，并处5万元以上50万元以下罚金。根据《纪要》，吸收客户资金不入账，造成300万元—500万元以上损失的，可以认定为"造成特别重大损失"。单位犯本罪，对单位判处罚金，并对其直接负责的主管人员和其他直接责任人员按个人犯本罪的规定处罚。

二十六、违规出具金融票证罪

违规出具金融票证罪,是指银行或者其他金融机构的工作人员和单位违反规定,为他人出具信用证或者其他保函、票据、存单、资信证明,情节严重的行为。

《刑法》第188条规定,个人犯本罪,处5年以下有期徒刑或者拘役;情节特别严重的,处5年以上有期徒刑。单位犯本罪,对单位判处罚金,并对其直接负责的主管人员和其他直接责任人员按个人犯本罪的规定处罚。

二十七、对违法票据承兑、付款、保证罪

对违法票据承兑、付款、保证罪,是指银行或者其他金融机构的工作人员和单位在票据业务中,对违反《票据法》规定的票据予以承兑、付款或者保证,造成重大损失的行为。本罪所涉票据,是指汇票、本票、支票。承兑,是指票据付款人承诺在票据到期日向票据收款人支付票据金额的行为。付款,是指票据付款人向票据收款人支付票据金额的行为。保证,是指票据保证人对票据债务承担保证责任的行为。违反《票据法》规定的票据,就是指在实质要件或者形式要件方面存在与票据法规定不符的票据。

根据《追诉标准》,银行或者其他金融机构的工作人员在票据业务中,对违反票据法规定的票据予以承兑、付款或者保证,涉嫌下列情形之一的,应予追诉:(1)个人对违法票据承兑、付款、保证,造成直接经济损失50万元以上;(2)单位对违法票据承兑、付款、保证,造成直接经济损失100万元以上的。

《刑法》第189条规定,个人犯本罪,处5年以下有期徒刑或者拘役;造成特别重大损失的,处5年以上有期徒刑。单位犯本罪,对单位判处罚金,并对其直接负责的主管人员和其他直接责任人员按个人犯本罪的规定处罚。

二十八、逃汇罪

逃汇罪,是指公司、企业或者其他单位违反国家规定,擅自将外汇存放境外,或者将境内的外汇非法转移到境外,数额较大的行为。

本罪所称"外汇"包括,外国货币、外币支付凭证(票据、银行存款凭证、邮政储蓄凭证等)、外国有价证券(政府债券、公司债券、股票等)、特别提款权、欧洲货币单位以及其他外汇资产。外汇管理法规所规定的逃汇行为较为繁多,但本罪只处罚擅自将外汇存放在境外与将境内的外汇非法转移到境外这两类逃汇行为。按照《追诉标准》,单位逃汇累计500万美元以上的,应予追诉。根据《关于惩治骗购外汇、逃汇和非法买卖外汇犯罪的决定》,海关、外汇管理部门以及金融机构、从事对外贸易活动的公司、企业或者其他单位的工作人员与逃汇的行为人通谋,为其逃汇提供便利的,以逃汇共犯论,从重处罚。

《刑法》第190条及全国人大常委会《关于惩治骗购外汇、逃汇和非法买卖外汇犯罪的决定》规定,犯本罪,对单位判处逃汇数额5%以上30%以下罚金,并对其直接负责的主管人员和其他直接责任人员处5年以下有期徒刑或者拘役;数额巨大或者有其

他严重情节的，对单位判处逃汇数额5%以上30%以下罚金，并对其直接负责的主管人员和其他直接责任人员处5年以上有期徒刑。

二十九、骗购外汇罪

根据《关于惩治骗购外汇、逃汇和非法买卖外汇犯罪的决定》第1条的规定，下列行为构成骗购外汇罪：(1) 使用伪造、变造的海关签发的报关单、进口证明、外汇管理部门核准件等凭证和单据的；(2) 重复使用海关签发的报关单、进口证明、外汇管理部门核准件等凭证和单据的；(3) 以其他方式骗购外汇的。

伪造、变造的海关签发的报关单、进口证明、外汇管理部门核准件等凭证和单据，并用于骗取外汇的，以骗取外汇罪从重处罚。明知用于骗购外汇而提供人民币资金的，以共犯论处。根据《决定》，海关、外汇管理部门以及金融机构、从事对外贸易活动的公司、企业或者其他单位的工作人员与骗购外汇的行为人通谋，为其提供骗购外汇的有关凭证或者其他便利的，或者明知是伪造、变造的凭证和单据而售汇、付汇的，以共犯论处，从重处罚。

《决定》第1条的规定，犯本罪，处5年以下有期徒刑或者拘役，并处骗购外汇数额5%以上30%以下罚金；数额巨大或者有其他严重情节的，处5年以上10年以下有期徒刑，并处骗购外汇数额5%以上30%以下罚金；数额特别巨大或者有其他特别严重情节的，处10年以上有期徒刑或者无期徒刑，并处骗购外汇数额5%以上30%以下罚金或者没收财产。单位犯本罪，对单位判处罚金，并对其直接负责的主管人员和其他直接责任人员，处5年以下有期徒刑或者拘役；情节严重的，处5年以上10年以下有期徒刑。

三十、洗钱罪

洗钱罪，是指明知是毒品犯罪、黑社会性质的组织犯罪、恐怖活动犯罪、走私犯罪、贪污贿赂犯罪、破坏金融管理秩序犯罪、金融诈骗犯罪的所得及其产生的收益，为掩饰、隐瞒其来源和性质，而提供资金账户，协助将财产转移为现金、金融票证、有价证券，通过转账或者其他结算方式协助资金转移，协助将资金汇往境外，或者以其他方法掩饰、隐瞒犯罪所得及其收益的来源和性质的行为。

本罪的上游犯罪包括毒品犯罪、黑社会性质的组织犯罪、恐怖活动犯罪、走私犯罪、贪污贿赂犯罪、破坏金融管理秩序犯罪、金融诈骗犯罪共七类犯罪。“毒品犯罪”，是刑法分则第六章第七节规定的各种有关毒品的犯罪；“黑社会性质的组织犯罪”，是指黑社会性质的组织所实施的各种犯罪；“恐怖活动犯罪”，是指恐怖活动组织实施的各种犯罪；“走私犯罪”，是指刑法分则第三章第二节规定的各种走私犯罪；“贪污贿赂犯罪”，主要是指刑法分则第八章规定的犯罪“破坏金融管理秩序犯罪”，主要是指刑法分则第三章第四节规定的犯罪；“金融诈骗犯罪”，主要是指刑法分则第三章第五节规定的犯罪。“犯罪的所得及其产生的收益”是指上述七类犯罪行为所获取的非法利益以及基于该非法利益所产生的经济利益。

我们认为,洗钱罪与刑法分则第六章第二节规定的掩饰、隐瞒犯罪所得、犯罪所得收益罪之间形成了法条竞合关系,洗钱罪既是特别法,又是重法。因此,当行为人采用各种手段对以上七类犯罪中任意一类犯罪的犯罪所得及其收益加以掩饰、隐瞒的行为,应当成立洗钱罪;而行为人对以上七类犯罪以外的任何犯罪的犯罪所得及其收益加以掩饰、隐瞒的行为,则应成立掩饰、隐瞒犯罪所得、犯罪所得收益罪。

《刑法》第 191 条规定,个人犯本罪,处 5 年以下有期徒刑或者拘役,并处或者单处洗钱数额 5% 以上或者 20% 以下罚金,情节严重的,处 5 年以上 10 年以下有期徒刑,并处洗钱数额 5% 以上或者 20% 以下罚金。单位犯本罪,对单位判处罚金,并对其直接负责的主管人员和其他直接责任人员,处 5 年以下有期徒刑或者拘役;情节严重的,处 5 年以上 10 年以下有期徒刑。

第六节　金融诈骗罪

一、集资诈骗罪

(一) 集资诈骗罪的概念与构成要件

集资诈骗罪,是指以非法占有为目的,使用诈骗手段非法集资,数额较大的行为。

(1) 本罪客观方面表现为,使用诈骗手段非法集资,数额较大的行为。"诈骗方法",是指行为人采取虚构资金用途,以虚假的证明文件和高回报率为诱饵,或者其他骗取集资款的手段。"非法集资",是指单位或者个人,违反国家规定向社会公众募集资金的行为。集资仅包括募集资金,而不包括募集资金以外的财物。非法集资数额较大的,才成立本罪。根据《追诉标准》,个人集资诈骗 10 万元以上,单位集资诈骗 50 万元以上的,应予追诉。

(2) 本罪主观方面除故意以外,还必须具有非法占有的目的。这里的"非法占有的目的",不是临时使用、占有的目的,而是将终局性地支配财物的目的,即意图将财物变为自己、他人或单位不法所有物。实践中大量存在着行为人非法集资后不能归还大量资金的情况,该行为是否成立本罪,关键是要查清行为人是否具有非法占有的目的。为此,2001 年 1 月 21 日最高人民法院《全国法院审理金融犯罪案件工作座谈会纪要》(以下简称《纪要》)规定,在司法实践中,认定是否具有非法占有为目的,应当坚持主客观相一致的原则,既要避免单纯根据损失结果客观归罪,也不能仅凭被告人自己的供述,而应当根据案件具体情况具体分析。根据司法实践,对于行为人通过诈骗的方法非法获取资金,造成数额较大资金不能归还,并具有下列情形之一的,可以认定为具有非法占有的目的:明知没有归还能力而大量骗取资金的;非法获取资金后逃跑的;肆意挥霍骗取资金的;使用骗取的资金进行违法犯罪活动的;抽逃、转移资金、隐匿财产,以逃避返还资金的;隐匿、销毁账目,或者搞假破产、假倒闭,以逃避返还资金的;其他非法占有资金、拒不返还的行为。但是,在处理具体案件的时候,对于有证据证明行为人不具有非法占有目的的,不能单纯以财产不能归还就按金融诈骗罪处罚。

（二）集资诈骗罪的认定

1. 欺诈发行股票、债券罪与相关犯罪的区别

欺诈发行股票、债券罪，擅自发行股票、公司、企业债券罪，是非法筹集资金的行为；非法吸收公众存款罪，也可谓是非法筹集资金的行为。但如何区别上述犯罪，成为司法实践中必须解决的问题。为此，《纪要》规定，集资诈骗罪和欺诈发行股票、债券罪、非法吸收公众存款罪在客观上均表现为向社会公众非法募集资金。区别的关键在于行为人是否具有非法占有的目的。对于以非法占有为目的而非法集资，或者在非法集资过程中产生了非法占有他人资金的故意，均构成集资诈骗罪。但是，在处理具体案件时要注意以下两点：一是不能仅凭较大数额的非法集资款不能返还的结果，推定行为人具有非法占有目的；二是行为人将大部分资金用于投资或生产经营活动，而将少量资金用于个人消费或挥霍的，不应仅以此便认定具有非法占有的目的。

2. 欺诈发行股票、债券罪的具体数额

根据《纪要》，在具体认定本罪的犯罪数额时，应当以行为人实际骗取的数额计算。对于行为人为实施集资诈骗活动而支付的中介费、手续费、回扣等，或者用于行贿、赠与等费用，均应计入本罪的犯罪数额。

对于多次进行集资诈骗，并以后次诈骗的集资款归还前次诈骗的集资款的，在计算诈骗数额时，应当将案发前已经归还的数额扣除，按实际未归还的数额认定。

（三）集资诈骗罪的处罚

《刑法》第 192 条、第 199 条、第 200 条规定，个人犯本罪，处 5 年以下有期徒刑或者拘役，并处 2 万元以上 20 万元以下罚金；数额巨大或者有其他严重情节的，处 5 年以上 10 年以下有期徒刑，并处 5 万元以上 50 万元以下罚金；数额特别巨大或者有其他特别严重情节的，处 10 年以上有期徒刑或者无期徒刑，并处 5 万元以上 50 万元以下罚金或者没收财产；数额特别巨大并且给国家和人民利益造成特别重大损失的，处无期徒刑或者死刑，并处没收财产。单位犯本罪，对单位判处罚金，并对其直接负责的主管人员和其他直接责任人员，处 5 年以下有期徒刑或者拘役，可以并处罚金；数额巨大或者有其他严重情节的，处 5 年以上 10 年以下有期徒刑，并处罚金；数额特别巨大或者有其他特别严重情节的，处 10 年以上有期徒刑或者无期徒刑，并处罚金。

二、贷款诈骗罪

（一）贷款诈骗罪的概念与构成要件

贷款诈骗罪，是指以非法占有为目的，诈骗银行或者其他金融机构的贷款，数额较大的行为。

（1）本罪的客观方面表现为，诈骗银行或者其他单位贷款，数额较大。贷款诈骗罪（既遂）的行为构造是：行为人实施诈骗行为——银行或者其他金融机构的工作人员产生认识错误——基于认识错误发放贷款——行为人或者第三者取得贷款——金融

机构遭受财产损失。本罪的犯罪对象是银行或者其他金融机构的贷款。[①] 诈骗贷款的具体方法包括:编造引进资金、项目等虚假理由的;使用虚假的经济合同的;使用虚假的证明文件的;使用虚假的产权证明作担保或者超出抵押物价值重复担保的;以其他方法诈骗贷款的。使用上述方法之一诈骗银行贷款,数额较大的,即可构成本罪。根据《追诉标准》规定,诈骗贷款1万元以上的,应予追诉。

(2) 本罪的主体是自然人一般主体,单位不能构成本罪。

(3) 本罪的主观方面只能由故意构成,并具有非法占有(不法所有)的目的,即具有将贷款据为己有或使第三人不法所有的目的。

(二) 贷款诈骗罪的认定

1. 单位贷款诈骗的处理

本罪的主体只能是自然人,但现实中常发的以单位为主体实施的贷款诈骗行为应当如何处理,成为司法实践中必须要解答的问题。为此,《纪要》明确规定:单位不能构成贷款诈骗罪。根据《刑法》第30条和第193条的规定,单位不能构成贷款诈骗罪。对于单位实施的贷款诈骗行为,不能以贷款诈骗罪定罪处罚,也不能以贷款诈骗罪追究直接负责的主管人员和其他直接责任人员的刑事责任。但是,在司法实践中,对于单位十分明显地以非法占有为目的,利用签订、履行借款合同诈骗银行或其他金融机构贷款,符合《刑法》第224条规定的合同诈骗罪构成要件的,应当以合同诈骗罪定罪处罚。[②]

2. 贷款诈骗罪与贷款纠纷的界限

本罪与借贷纠纷也很容易混淆。根据《纪要》,对于合法取得贷款后,没有按规定的用途使用贷款,到期没有归还贷款的,不能以贷款诈骗罪定罪处罚;对于确有证据表明行为人不具有非法占有的目的,因不具有贷款的条件而采取了欺骗手段获取贷款,案发时有能力履行还款义务,或者案发时不能还款是因为意志以外的原因,如经营不善、被骗、市场风险等,不应以贷款诈骗罪定罪处罚。

(三) 贷款诈骗罪的处罚

《刑法》第193条规定,犯本罪,处5年以下有期徒刑或者拘役,并处2万元以上20万元以下罚金;数额巨大或者有其他严重情节的,处5年以上10年以下有期徒刑,并处5万元以上50万元以下罚金;数额特别巨大或者有其他特别严重情节的,处10年以上有期徒刑或者无期徒刑,并处5万元以上50万元以下罚金或者没收财产。根据《纪要》,个人进行贷款诈骗数额在5万元以上的,属于"数额巨大",个人进行贷款诈骗数额在20万元以上的,属于"数额特别巨大"。

▶ 三、票据诈骗罪

票据诈骗罪,是指以非法占有为目的,利用金融票据进行诈骗活动,骗取数额较大

---

① 参见张明楷:《诈骗罪与金融诈骗罪研究》,清华大学出版社2006年版,第534页以下。

② 当然,这种解释是否合理还值得研究。例如,单位为了商业竞争需要而实施了杀人、放火等较典型的自然人犯罪的,显然应该对参与决策和实施的自然人以相应的犯罪论处。

的行为。

本罪对象为汇票、本票和支票。票据诈骗的手段包括:(1) 明知是伪造、变造的汇票、本票、支票而使用的;(2) 明知是作废的汇票、本票、支票而使用的;(3) 冒用他人的汇票、本票、支票的;(4) 签发空头支票或者与其预留的印鉴不符的支票骗取财物的;(5) 汇票、本票的出票人签发无资金保证的汇票、本票或者在出票时做虚假记载,骗取财物的。根据《追诉标准》规定,个人票据诈骗5000元以上,单位票据诈骗10万元以上的,应予追诉。

《刑法》第194条第1款、第200条规定,个人犯本罪,处5年以下有期徒刑或者拘役,并处2万元以上20万元以下罚金;数额巨大或者有其他严重情节的,处5年以上10年以下有期徒刑,并处5万元以上50万元以下罚金;数额特别巨大或者有其他特别严重情节的,处10年以上有期徒刑或者无期徒刑,并处5万元以上50万元以下罚金或者没收财产。《刑法修正案(八)》取消了本罪原有的死刑规定,将本罪的最高刑降低为无期徒刑,这体现了我国刑法严格限制死刑适用的立法动向。单位犯本罪,对单位判处罚金,并对其直接负责的主管人员和其他直接责任人员,处5年以下有期徒刑或者拘役,可以并处罚金;数额巨大或者有其他严重情节的,处5年以上10年以下有期徒刑,并处罚金;数额特别巨大或者有其他特别严重情节的,处10年以上有期徒刑或者无期徒刑,并处罚金。

▶ 四、金融票证诈骗罪

金融凭证诈骗罪,是指以非法占有为目的,使用伪造、变造的委托收款凭证、汇款凭证、银行存单等银行结算凭证进行诈骗活动,数额较大的行为。根据《追诉标准》,本罪的追诉标准与票据诈骗罪的追诉标准相同。

《刑法》第194条第2款、第200条规定,本罪的法定刑与票据诈骗罪的法定刑相同。《刑法修正案(八)》取消了本罪原有的死刑规定,并将本罪的最高刑降低为无期徒刑。

▶ 五、信用证诈骗罪

信用证诈骗罪,是指以非法占有为目的,利用信用证从事诈骗活动的行为。利用信用证进行诈骗的手段包括:(1) 使用伪造、变造的信用证或者附随的单据、文件的;(2) 使用作废的信用证的;(3) 骗取信用证;(4) 以其他方法进行信用证诈骗活动的。所谓其他方法,主要是指利用"软条款"设置陷阱,即在开具信用证时故意制造一些隐藏性条款,赋予开证人或开证行可以随时根据其单位行为解除该信用证的主动权,致使受益人受骗上当。根据《追诉标准》,涉嫌上诉四种行为之一的,应予追诉。

《刑法》第195条、第200条规定,本罪的法定刑与票据诈骗罪的法定刑相同。《刑法修正案(八)》也取消了本罪原有的死刑规定,并将本罪的最高刑降低为无期徒刑。

六、信用卡诈骗罪

(一) 信用卡诈骗罪的概念与构成要件

信用卡诈骗罪,是指以非法占有为目的,利用信用卡从事诈骗活动,数额较大的行为。

(1) 本罪的客体是复杂客体,包括国家对信用卡的管理制度和公私财产所有权。

(2) 本罪的客观方面表现为,利用信用卡从事诈骗活动,数额较大的行为。刑法规定的"信用卡",是指由商业银行或者其他金融机构发行的具有消费支付、信用贷款、转账结算、存取现金等全部功能或者部分功能的电子支付卡,即只要具有上述任一功能的银行卡都属于这里的"信用卡",透支功能并不是"信用卡"的必要特征。利用信用卡进行诈骗的手段包括:第一,使用伪造的信用卡,或者以虚假的身份证骗领的信用卡的。第二,使用作废的信用卡的。第三,冒用他人信用卡的。根据2009年12月16日最高人民法院、最高人民检察院《关于办理妨害信用卡管理刑事案件具体应用法律若干问题的解释》,冒用他人信用卡包括:拾得他人信用卡并使用的;骗取他人信用卡并使用的;窃取、收买、骗取或者以其他非法方式获取他人信用卡信息资料,并通过互联网、通讯终端等使用的以及其他冒用他人信用卡的情形。但如后所述,本书认为这里的"使用"行为仅限于在人工柜台上使用,不包括在ATM机等职能机器上使用。第四,恶意透支的。恶意透支,是指持卡人以非法占有为目的,超过规定限额或者规定期限透支,并且经发卡银行催收后仍不归还的行为。恶意透支者在银行缴纳有保证金的,其恶意透支的数额应当以超出保证金的数额计算。

使用上述方法之一进行信用卡诈骗活动,数额较大的,即成立本罪。根据两高司法解释,使用伪造的信用卡、以虚假的身份证明骗领的信用卡、作废的信用卡或者冒用他人信用卡,进行信用卡诈骗活动,数额在5000元以上不满5万元的,或者恶意透支,数额在1万元以上不满10万元的,应当认定为"数额较大"。

(3) 本罪的主体是自然人一般主体,单位不能构成本罪的主体。

(4) 本罪的主观方面表现为故意,且必须具有非法占有的目的。不具有非法占有目的的善意投资行为,不成立本罪。

(二) 信用卡诈骗罪的认定

1. 恶意透支的认定

根据最高人民法院、最高人民检察院《关于办理妨害信用卡管理刑事案件具体应用法律若干问题的解释》,持卡人以非法占有为目的,超过规定限额或者规定期限透支,并且经发卡银行两次催收后超过3个月仍不归还的,应当认定为"恶意透支"。有以下情形之一的,应当认定透支行为具有"以非法占有为目的":(1) 明知没有还款能力而大量透支,无法归还的;(2) 肆意挥霍透支的资金,无法归还的;(3) 透支后逃匿、改变联系方式,逃避银行催收的;(4) 抽逃、转移资金,隐匿财产,逃避还款的;(5) 使用透支的资金进行违法犯罪活动的;(6) 其他非法占有资金,拒不归还的行为。另外,行为人违反国家规定,使用销售点终端机具(POS机)等方法,以虚构交易、虚开价格、现金退货等方式向信用卡持卡人直接支付现金，情节严重的，应成立非法经营罪；持卡人以非法占有为目的，采用上述方式恶意透支，应当追究刑事责任的，以本罪定罪处罚。

恶意透支的数额，是指持卡人拒不归还的数额或者尚未归还的数额，不包括复利、滞纳金、手续费等发卡银行收取的费用。

恶意透支应当追究刑事责任，但在公安机关立案后人民法院判决宣告前已偿还全部透支款息的，可以从轻处罚，情节轻微的，可以免除处罚。恶意透支数额较大，在公安机关立案前已偿还全部透支款息，情节显著轻微的，可以依法不追究刑事责任。

2. 盗窃信用卡并使用的问题

《刑法》第196条第3款规定，盗窃信用卡后使用的，依照本法第264条的规定定罪处罚。本书认为：(1) 这里的"信用卡"应做缩小解释，仅指他人真实有效的信用卡。如果盗窃他人伪造、变造的信用卡、他人作废的信用卡或者他人以虚假的身份证明骗领的信用卡并使用的，应认定为信用卡诈骗罪。(2) 盗窃他人真实有效的信用卡后不使用的行为，在我国立法现状下，不成立信用卡诈骗罪，也不成立盗窃罪。(3) 在(2)的基础上，可以认为本款兼具注意性规定和拟制性规定的特征。首先，盗窃了他人信用卡后在机器上使用的，由于机器不能被骗，完全符合盗窃罪的构成要件，此时，本款就是注意规定；其次，盗窃了他人信用卡后对自然人使用的，属于冒用他人信用卡的，按理应成立信用卡诈骗罪，但本款将其拟制为盗窃罪处理，此时，本款就是拟制规定。本款拟制规定的性质决定了对本款不得随意推而广之适用，否则可能形成类推解释。(4) 如果甲盗窃了他人合法有效的信用卡，乙用该卡在机器上和人工柜台上使用的，甲、乙应成立盗窃罪的共犯。(5) 行为人误将他人伪造、变造的信用卡作为他人真实有效的信用卡盗窃并使用的行为，根据抽象的事实认识错误的处理原则，应当成立信用卡诈骗罪。

3. 捡拾、骗取、窃取、抢夺、抢劫他人信用卡的行为定性

捡拾、骗取、窃取、抢夺他人真实有效的信用卡而未使用的，不成立犯罪。捡拾、骗取、窃取、抢夺他人真实有效的信用卡并使用的，主要根据使用的方式来确定行为性质：(1) 如果在机器上使用，应认定为信用卡诈骗罪；(2) 如果在人工柜台上使用，则属于冒用他人信用卡类型的信用卡诈骗罪。

抢劫他人真实有效的信用卡，主要根据是否使用以及是否当场使用来确定行为性质：(1) 抢劫信用卡并使用的，应成立抢劫罪，抢劫的数额是信用卡的工本费，或不计数额，按情节处罚；(2) 抢劫信用卡并以实力控制被害人，并当场使用取走现金的，符合抢劫罪中手段行为与目的行为"当场性"的要求，应认定为抢劫罪。抢劫数额为当场提取的现金数额；(3) 抢劫信用卡并在事后使用的，则又要分两种情况处罚：如果事后在机器上使用的，应认定为抢劫罪（数额为信用卡的工本费，或直接按情节处罚）和盗窃罪（数额为从机器上取走的现金数额）数罪并罚；如果事后在人工柜台上使用的，应认定为抢劫罪和信用卡诈骗罪数罪并罚。(4) 抢劫信用卡后当场提款一部分，事后提款一部分，应对当场提取的款项认定为抢劫罪，就事后提取的款项认定为盗窃罪或信

用卡诈骗罪,实行数罪并罚,但应以事后的提款数额达到相应犯罪的成立条件为必要。①

(三)信用卡诈骗罪的处罚

《刑法》第196条第1款规定,犯本罪,处5年以下有期徒刑或者拘役,并处2万以上20万元以下罚金;数额巨大或者有其他严重情节的,处5年以上10年以下有期徒刑,并处5万元以上50万以下罚金;数额特别巨大或者有其他特别严重情节的,处10年以上有期徒刑或者无期徒刑,并处5万元以上50万元以下罚金或者没收财产。根据前项司法解释,使用伪造的信用卡、以虚假的身份证明骗领的信用卡、作废的信用卡或者冒用他人信用卡,进行信用卡诈骗活动,数额在5万元以上不满50万元的,应当认定为"数额巨大";数额在50万元以上的,应当认定为"数额特别巨大"。恶意透支,数额在10万元以上不满100万元的,应当认定为"数额巨大";数额在100万元以上的,应当认定为"数额特别巨大"。

七、有价证券诈骗罪

有价证券诈骗罪,是指以非法占有为目的,使用伪造、变造的国库券或者国家发行的其他有价证券,进行诈骗活动,数额较大的行为。使用伪造、变造的国家有价证券进行诈骗活动,是指用伪造、变造的假国库券或者其他国家有价证券进行承兑、抵押或者转让,骗取公私财物的行为。根据《追诉标准》,进行有价证券诈骗活动,数额在5000元以上的,应予追诉。

《刑法》第197条规定,犯本罪,处5年以下有期徒刑或者拘役,并处2万元以上20万元以下罚金;数额巨大或者有其他严重情节的,处5年以上10年以下有期徒刑,并处5万元以上50万以下罚金;数额特别巨大或者有其他特别严重情节的,处10年以上有期徒刑或者无期徒刑,并处5万元以上50万元以下罚金或者没收财产。

八、保险诈骗罪

(一)保险诈骗罪的概念与构成要件

保险诈骗罪,是指投保人、被保险人或者受益人以非法占有为目的,进行保险诈骗活动,骗取保险金,数额较大的行为。

(1)本罪的客体是复杂客体,包括保险活动秩序和保险公司的财产所有权。

(2)本罪的客观方面表现为,进行保险诈骗活动,骗取数额较大的保险金。刑法根据行为主体的不同设定了不同的行为方式,具体包括:第一,投保人故意虚构保险标的,骗取保险金的;第二,投保人、被保险人或者受益人对发生的保险事故编造虚假的原因或者夸大损失程度,骗取保险金的;第三,投保人、被保险人或者受益人编造未曾发生的保险事故,骗取保险金的;第四,投保人、被保险人故意造成财产损失的保险事故,骗取保险金的;第五,投保人、受益人故意造成被保险人死亡、伤残或者疾病,骗取

① 参见张明楷:《诈骗罪与金融诈骗罪研究》,清华大学出版社2006年版,第540页以下。

保险金的。采用上述方式之一进行保险诈骗活动，骗取保险金数额较大的，即构成本罪。根据《追诉标准》，个人保险诈骗1万元以上，单位保险诈骗5万元以上的，应予追诉。

（3）本罪主体只能是投保人、被保险人和受益人，包括自然人和单位。投保人，是指与保险人签订保险合同，并根据该合同负有向保险人缴纳保险费义务的个人或者单位。被保险人，是指其财产或人身受保险合同保障，当发生保险事故或者约定的保险期间届满时，依据保险合同享有向保险人请求补偿损失或者领取保险金权利的个人或者单位。受益人，是指在人身保险合同中，由投保人或者被保险人指定的，或者依照法律规定的，享有向保险人请求领取保险金的权利的个人或者单位。

（4）本罪主观方面为故意，刑法对上述第一种、第四种、第五种行为，特别强调必须是故意实施的，第二种、第三种行为显然也只能故意实施。此外，行为人还必须具有将保险金非法据为己有的目的。

（二）保险诈骗罪的认定

1. 保险诈骗罪的着手

本书认为，尽管刑法将虚构保险标的、制造保险事故的行为规定为了本罪的行为方式之一，但行为人实施了虚构保险标的、制造保险事故的行为后只有确实到保险公司进行索赔，才具有侵害本罪犯罪客体的紧迫危险性，本罪也才算着手实行。换句话说，就保险诈骗罪而言，虚构保险标的、制造保险事故的行为，只是预备行为，而到保险公司索赔的行为或者具体提出偿付保险金请求的行为，才是本罪的着手。

2. 保险诈骗罪的共犯

《刑法》第198条第4款规定："保险事故的鉴定人、证明人、财产评估人故意提供虚假的证明文件，为他人诈骗提供条件的，以保险诈骗的共犯论处。"本款属于注意规定。

3. 保险诈骗罪的罪数

《刑法》第198条第1款规定，投保人、被保险人故意造成财产损失的保险事故，骗取保险金的；投保人、受益人故意造成被保险人死亡、伤残或者疾病，骗取保险金的，同时构成故意杀人罪、故意伤害罪、放火罪、爆炸罪、投放危险物质罪、故意毁坏财物罪等其他相关犯罪，依照数罪并罚的规定处罚。但是，如果行为人只是制造了保险事故并未实际向保险公司提出索赔要求的，因为制造保险事故的事实并非本罪的实行行为，因而不可能成立本罪，也没有实行数罪并罚的余地。

在实践中，有人在保险诈骗过程中采用非法制造发票，伪造、变造、买卖国家机关公文、证件、印章，伪造公司、企业、事业单位、人民团体印章等犯罪手段，同时又触犯了相应的其他罪名，这种情况属于牵连犯，可以按"从一从重"的原则处理。

（三）保险诈骗罪的处罚

《刑法》第198条第1款、第3款规定，个人犯本罪，处5年以下有期徒刑或者拘役，并处1万元以上10万元以下罚金；数额巨大或者有其他严重情节的，处5年以上10年以下有期徒刑，并处2万元以上20万以下罚金；数额特别巨大或者有其他特别严重情节的,处10年以上有期徒刑,并处2万元以上20万元以下罚金或者没收财产。单位犯本罪,对单位判处罚金,并对其直接负责的主管人员和其他直接负责人员处5年以下有期徒刑或者拘役;数额巨大或者有其他严重情节的,处5年以上10年以下有期徒刑;数额特别巨大或者有其他特别严重情节的,处10年以上有期徒刑。

第七节 危害税收征管罪

一、逃税罪

(一) 逃税罪的概念与构成要件

逃税罪,是指纳税人采取欺骗、隐瞒手段进行虚假纳税申报或者不申报,逃避缴纳税款数额较大并且占应缴纳额10%以上的,以及扣缴义务人采取欺骗、隐瞒手段进行虚假纳税申报或者不申报,不缴或者少缴已扣、已收税款,数额较大的行为。

(1) 本罪的客体是复杂客体,包括税收征管秩序和国家对应征税款以及代扣、代收税款的所有权。

(2) 本罪的客观方面表现为,纳税人采取欺骗、隐瞒手段进行虚假纳税申报或者不申报,逃避缴纳数额较大并且占应缴纳额10%以上的税款,以及扣缴义务人采取欺骗、隐瞒手段进行虚假纳税申报或者不申报,不缴或者少缴数额较大的已扣、已收税款。根据2002年11月5日最高人民法院《关于审理逃税抗税刑事案件具体应用法律若干问题的解释》,"进行虚假的纳税申报",是指纳税人、扣缴义务人向税务机关报送虚假的纳税申报表、财务报表、代扣代缴、代收代缴税款报告表或者其他纳税申报资料,如提供虚假申请,编造减税、免税、抵税、先征收后退还税款等虚假资料。逃避缴纳税款数额,是指在确定的纳税期间,不缴或者少缴各税种税款的总额。逃税数额占应纳税额的百分比,是指一个纳税年度中的各税种的逃税总额与该纳税年度应纳税总额的比例。不按纳税年度确定纳税期的其他纳税人,按最后一次逃税行为发生之日前一年中各税种逃税总额与该年纳税总额的比例确定。纳税义务存续期间不足一个纳税年度的,按各税种逃税总额与实际发生纳税义务期间应当缴纳税款总额的比例确定。逃税行为跨越若干个纳税年度的,只要其中一个纳税年度的逃税数额及百分比达到定罪标准,即构成本罪;各纳税年度的逃税数额应当累计计算,逃税百分比应当按照最高的百分比确定。

《刑法》第201条第4款又规定,经税务机关依法下达追缴通知后,补缴应纳税款,缴纳滞纳金,已受行政处罚,不予追究刑事责任;但是,5年内因逃避缴纳税款受过刑事处罚或者被税务机关给予2次以上行政处罚的除外。

(3) 本罪主体只能是纳税人或者扣缴义务人,包括自然人和单位。纳税人,是指法律、行政法规规定负有纳税义务的单位和个人;扣缴义务人,是指法律、行政法规规定负有代扣代缴、代收代缴税款义务的单位和个人。

(4) 本罪在主观方面只能由故意构成,即明知自己的行为会发生不缴或者少缴税款的危害结果,并且希望或者放任这种结果发生。因过失而漏税的,不成立本罪。

（二）逃税罪的处罚

《刑法》第201条、第211条及第212条规定，个人犯本罪，处3年以下有期徒刑或者拘役，并处罚金；数额巨大并且占应纳税额30%以上的，处3年以上7年以下有期徒刑，并处罚金。单位犯本罪，对单位判处罚金，并对其直接负责的主管人员和其他直接责任人员，依照个人犯本罪的规定处罚。犯本罪被判处罚金的，在执行前，应当先由税务机关追缴被逃税款。

二、抗税罪

抗税罪，是指纳税人以暴力、威胁方法拒不缴纳税款的行为。

（1）本罪的客观方面表现为，以暴力、威胁方法拒不缴纳税款，因而本罪是复行为犯，暴力、威胁方法是手段行为，拒不缴纳税款是目的行为。这里的暴力包括对人的暴力和对物的暴力。对人的暴力，是指对履行税收职责的税务人员的人身不法行使有形力，使其难以正常履行职务；对物的暴力，主要表现为打砸、冲击税务机关等行为，使其难以正常实施税收征管活动。使用暴力方法实施抗税活动致人重伤、死亡的，构成故意伤害罪、故意杀人罪，而不成立本罪。

（2）本罪的主体是纳税人。非纳税人单独使用暴力、威胁方法阻碍税务机关工作人员履行职务的，成立妨害公务罪；非纳税人与纳税人共同实施抗税行为的，成立抗税罪的共犯。

（3）本罪的主观方面只能由故意构成，即明知自己实施暴力、威胁方法拒不缴纳税款的行为会发生危害社会的结果，希望或者放任暴力、威胁的结果和不缴纳税款的结果发生。

《刑法》第202条、第212条规定，犯本罪，处3年以下有期徒刑或者拘役，并处拒缴税款1倍以上5倍以下罚金；情节严重的，处3年以上7年以下有期徒刑，并处拒缴税款1倍以上5倍以下罚金。根据《解释》，实施抗税行为，具有下列情节之一的，属于“情节严重”：（1）聚众抗税的首要分子；（2）抗税数额在10万元以上的；（3）多次抗税的；（4）故意伤害致人轻伤的；（5）具有其他严重情节的。执行罚金前，应当先由税务机关追缴税款。

三、逃避追缴欠税罪

逃避追缴欠税罪，是指纳税人欠缴应纳税款，采取转移或者隐匿财产的手段，致使税务机关无法追缴欠缴的税款，数额在1万元以上的行为。“转移或者隐匿财产”，主要指行为人从有关金融机构将存款转入他人账户或者直接提走存款，或者将实物性财产转移至通常存放地点以外的地点予以隐藏，使税务机关难以发现。

根据《刑法》第203条规定，犯本罪数额在1万元以上不满10万元的，处3年以下有期徒刑或者拘役，并处或者单处欠缴税款1倍以上5倍以下罚金；数额在10万元以上的，处3年以上7年以下有期徒刑，并处欠缴税款1倍以上5倍以下罚金。

四、骗取出口退税罪

（一）骗取出口退税罪的概念和构成要件

骗取出口退税罪，是指个人或单位以假报出口或者其他欺骗手段，骗取国家出口退税款，数额较大的行为。

（1）本罪的客体是复杂客体，包括税收征管秩序和国家对被骗税款的所有权。

（2）本罪的客观方面表现为，以假报出口或者其他欺骗手段，骗取国家出口退税款，数额较大。根据2002年9月17日最高人民法院《关于审理骗取出口退税刑事案件具体应用法律若干问题的解释》的规定，"假报出口"，是指以虚构已税货物出口事实为目的，具有下列情形之一的行为：伪造或者签订虚假的买卖合同；以伪造、变造或者其他非法手段取得出口货物报关单、出口收汇核销单、出口货物专用缴款书等有关出口退税单据、凭证；虚开、伪造、非法购买增值税专用发票或者其他可以用于出口退税的发票；其他虚构已税货物出口事实的行为。"其他欺骗手段"，是指具有下列情形之一的行为：骗取出口货物退税资格的；将未纳税或者免税货物作为已税货物出口的；虽有货物出口，但虚构该出口货物的品名、数量、单价等要素，骗取未实际纳税部分退税款的；以其他手段骗取出口退税款的。骗取出口退税，数额较大的才成立本罪。根据《解释》，骗取出口退税款5万元以上的，应予追诉。

（3）本罪的主体是一般主体，自然人和单位都可以构成。

（4）在主观方面为故意，并以非法占有国家税款为目的。

（二）骗取出口退税罪的认定

1. 骗取出口退税罪与本节其他犯罪的关系

认定本罪时，一是要注意区分本罪与骗取出口退税为手段的逃税罪之间的界限。《刑法》第204条第2款规定，纳税人缴纳税款后，采用骗取出口退税的方法骗取所缴税款的，以逃税罪定罪处罚；骗取税款超过所缴税款部分的，以本罪定罪处罚。二是应当注意本罪手段触犯其他罪名时的罪数认定问题。根据《解释》，实施本罪的同时构成虚开增值税专用发票等其他犯罪的，依照处罚较重的规定定罪处罚。

2. 骗取出口退税罪的未遂

根据《解释》，骗取国家出口退税未得逞的，也应以本罪（未遂）定罪，可以比照既遂犯从轻或者减轻处罚。

3. 骗取出口退税罪的共犯

根据《解释》，有进出口经营权的公司、企业，明知他人意欲骗取国家出口退税款，仍违反国家有关进出口经营的规定，允许他人自带客户、自带货源、自带汇票并自行报关，骗取国家出口退税款的，应当以本罪定罪处罚。

（二）骗取出口退税罪的处罚

《刑法》第204条、第211条及第212条规定，个人犯本罪，处5年以下有期徒刑或者拘役，并处骗取税款1倍以上5倍以下罚金；数额巨大或者有其他严重情节的，处5年以上10年以下有期徒刑，并处骗取税款1倍以上5倍以下罚金；数额特别巨大或者有其他特别严重情节的，处10年以上有期徒刑或者无期徒刑，并处骗取税款1倍以上5倍以下罚金或者没收财产。根据《解释》，骗取税款50万元以上的，属于“数额巨大”；骗取税款250万元以上的，属于“数额特别巨大”。“其他严重情节”是指：(1) 造成国家税款损失30万元以上并且在第一审判决宣告前无法追回的；(2) 因骗取国家出口退税行为受过行政处罚，两年内又骗取国家出口退税款数额在30万元以上的；(3) 情节严重的其他情形。“其他特别严重情节”，是指：(1) 造成国家税款损失150万元以上并且在第一审判决宣告前无法追回的；(2) 因骗取国家出口退税行为受过行政处罚，两年内又骗取国家出口退税款数额在150万元以上的；(3) 情节特别严重的其他情形。单位犯本罪，对单位判处罚金；并对其直接负责的主管人员和其他直接责任人员，依照个人犯本罪的规定处罚。犯本罪被判处罚金、没收财产的，在执行前，应当先由税务机关追缴被骗税款。

五、虚开增值税专用发票、用于骗取出口退税、抵扣税款发票罪

虚开增值税专用发票、用于骗取出口退税、抵扣税款发票罪，是指个人或单位虚开增值税专用发票或者可以用于骗取出口退税、抵扣税款的增值税专用发票以外的其他发票的行为。

本罪的客观方面表现为，虚开专用发票，包括虚开增值税专用发票、虚开用于骗取出口退税或抵扣税款的非增值税专用发票。增值税，是指国家设定的一种以在中华人民共和国境内销售货物或者提供加工、修理修配劳务以及进口货物的单位和个人的经营增值部分作为征税对象的一个税种。“增值税专用发票”，就是专门用于反映增值税征收情况的发票。“用于骗取出口退税、抵扣税款发票”，是指可以用于申请出口退税、抵扣税款的非增值税专用发票，如运输发票、废旧物品收购发票、农业产品收购发票。虚开专用发票，包括为他人虚开、为自己虚开、让他人为自己虚开、介绍他人虚开专用发票四种情形。根据《追诉标准》，虚开增值税专用发票或者用于骗取出口退税、抵扣税款发票，虚开的税款数额在1万元以上，或者致使国家税款被骗5000元以上的，应予追诉。

《刑法》第205条、第212条规定，个人犯本罪，处3年以下有期徒刑或者拘役，并处2万元以上20万元以下罚金；虚开的税款数额较大或者有其他严重情节的，处3年以上10年以下有期徒刑，并处5万元以上50万元以下罚金；虚开的税款数额巨大或者有其他特别严重情节的，处10年以上有期徒刑或者无期徒刑，并处5万元以上50万元以下罚金或者没收财产。《刑法修正案(八)》取消了本罪原有的死刑规定，并将本罪的最高刑降低为无期徒刑。其中，“骗取国家税款数额”是指使用虚开的增值税专用发票或者用于骗取出口退税、抵扣税款发票实际骗取或者抵扣的税款数额，而不是指虚开的税款数额。单位犯本罪，对单位判处罚金，并对其直接负责的主管人员和其他直接责任人员，处3年以下有期徒刑或者拘役；虚开的税款数额大或者有其他严重情节的，处3年以上10年以下有期徒刑；虚开的税款数额巨大或者有其他特别严重情节的，处10年以上有期徒刑或者无期徒刑。犯本罪被判处罚金、没收财产的，在执行前，应当先由

税务机关追缴被骗取或抵扣的税款。

六、虚开发票罪

本罪是《刑法修正案(八)》新设置的犯罪。虚开发票罪,是指虚开《刑法》第205条规定以外的其他发票,情节严重的行为。

根据《刑法》第205条之一的规定,虚开本法第205条规定以外的其他发票,情节严重的,处2年以下有期徒刑、拘役或者管制,并处罚金;情节特别严重的,处2以上7年以下有期徒刑,并处罚金。单位犯前款罪的,对单位判处罚金,并对其直接负责的主管人员和其他直接责任人员,依照个人犯本罪的规定处罚。所谓"其他发票"是指《刑法》第205条规定以外的其他发票,即是不具有骗取出口退税、抵扣税款功能的发票。

七、伪造、出售伪造的增值税专用发票罪

伪造、出售伪造的增值税专用发票罪,是指个人或单位伪造或者出售伪造的增值税专用发票的行为。本书认为,这里的伪造同时包含有形伪造、无形伪造和变造三种情况。有形伪造是指没有增值税专用发票制作权的人,擅自制造外观上足以使一般人误认为是真实增值税专用发票的假发票;无形伪造是指有增值税专用发票制作权的人,超越其制作权限,违背事实制造内容虚假的值税专用发票制作权;变造是指对真实的增值税专用发票进行加工的变造行为。根据《追诉标准》,伪造或者出售伪造的增值税专用发票25份以上,或者票面额累计10万元以上的,应予追诉。

《刑法》第206条规定,个人犯本罪,处3年以下有期徒刑、拘役或者管制,并处2万元以上20万元以下罚金;数量较大或者有其他严重情节的,处3年以上10年以下有期徒刑,并处5万元以上50万元以下罚金;数量巨大或者有其他特别严重情节的,处10年以上有期徒刑或者无期徒刑,并处5万元以上50万元以下罚金或者没收财产。《刑法修正案(八)》取消了本罪原有的死刑规定,并将本罪的最高刑降低为无期徒刑。单位犯本罪,对单位判处罚金,并对其直接负责的主管人员和其他直接责任人员,处3年以下有期徒刑、拘役或者管制;数量较大或者有其他严重情节的,处3年以上10年以下有期徒刑;数量巨大或者有其他特别严重情节的,处10年以上有期徒刑或者无期徒刑。

八、非法出售增值税专用发票罪

非法出售增值税专用发票罪,是指个人或单位违反国家发票管理法规,故意非法出售增值税专用发票的行为。行为人出售的必须是真实有效的增值税专用发票,而不包括伪造、变造的增值税专用发票。根据我国发票管理法规,增值税专用发票只能由主管税务机关向符合法定条件的增值税专用发票领购者出售,任何其他单位和个人均无权出售,否则可能构成本罪。根据《追诉标准》,非法出售增值税专用发票25份以上,或者票面额累计10万元以上的,应予追诉。

《刑法》第207条、第211条规定,个人犯本罪,处3年以下有期徒刑、拘役或者管

制，并处2万元以上20万元以下罚金；数量较大的，处3年以上10年以下有期徒刑，并处5万元以上50万元以下罚金；数量巨大的，处10年以上有期徒刑或者无期徒刑，并处5万元以上50万元以下罚金或者没收财产。单位犯本罪，对单位判处罚金；并对其直接负责的主管人员和其他直接责任人员，按照个人犯本罪的规定处罚。

▶ 九、非法购买增值税专用发票、购买伪造的增值税专用发票罪

非法购买增值税专用发票、购买伪造的增值税专用发票罪，是指个人或单位违反国家发票管理法规，非法购买增值税专用发票，或者购买伪造的增值税专用发票的行为。行为人购买的包括了真实的增值税专用发票和伪造的增值税专用发票。根据增值税专用发票管理规定，增值税专用发票只能由符合法定条件的增值税专用发票领购者向主管税务机关依法申请领购，任何单位和个人均不得向主管税务机关以外的其他单位或个人购买增值税专用发票，更不允许购买伪造的增值税专用发票，否则可能构成本罪。根据《追诉标准》，非法购买增值税专用发票或者购买伪造的增值税专用发票25份以上，或者票面额累计10万元以上的，应予追诉。

行为人同时非法购买真、伪两种增值税专用发票，数额应累计计算，不实行数罪并罚。根据《刑法》第208条第2款规定，非法购买增值税专用发票或者购买伪造的增值税专用发票又虚开或者出售的，应当分别依照《刑法》第205条、第206条、第207条之规定，以虚开增值税专用发票罪、出售伪造的增值税专用发票罪、非法出售增值税专用发票罪定罪处罚。

《刑法》第208条第1款、第211条规定，个人犯本罪，处5年以下有期徒刑或者拘役，并处或者单处2万元以上20万元以下罚金。单位犯本罪，对单位判处罚金；并对其直接负责的主管人员和其他直接责任人员，按照个人犯本罪的规定处罚。

▶ 十、非法制造、出售非法制造的用于骗取出口退税、抵扣税款发票罪

非法制造、出售非法制造的用于骗取出口退税、抵扣税款发票罪，是指个人或单位故意伪造、擅自制造或者出售伪造、擅自制造的增值税专用发票以外的用于骗取出口退税、抵扣税款的其他发票的行为。这里的“伪造”，是指没有制作权的人，制作足以为一般人误认为是可以用于骗取出口退税、抵扣税款的其他发票的行为；而这里的“擅自制造”是指，发票印刷的指定企业，超出税务机关批准的范围，私自印制上述发票。伪造和擅自制造都属非法制造。根据《追诉标准》，伪造、擅自制造或者出售伪造、擅自制造的用于骗取出口退税、抵扣税款发票50份以上的，应予追诉。

刑法第209条第1款、第211条规定，个人犯本罪，处3年以下有期徒刑、拘役或者管制，并处2万元以上20万元以下罚金；数量巨大的，处3年以上7年以下有期徒刑，并处5万元以上50万元以下罚金；数量特别巨大的，处7年以上有期徒刑，并处5万元以上50万元以下罚金或者没收财产。单位犯本罪，对单位判处罚金；并对其直接负责的主管人员和其他直接责任人员，按照个人犯本罪的规定处罚。

▶ 十一、非法制造、出售非法制造的发票罪

非法制造、出售非法制造的发票罪,是指个人或单位,故意伪造、擅自制造或者出售伪造、擅自制造的普通发票的行为。这里的普通发票,是指增值税专用发票、可以用于骗取出口退税、抵扣税款的发票以外的其他发票。根据《追诉标准》,伪造、擅自制造或者出售伪造、擅自制造的普通发票50份以上的,应予追诉。

《刑法》第209条第2款、第211条规定,个人犯本罪,处2年以下有期徒刑、拘役或者管制,并处或者单处1万元以上5万元以下罚金;情节严重的,处2年以上7年以下有期徒刑,并处5万元以上50万元以下罚金。单位犯本罪,对单位判处罚金;并对其直接负责的主管人员和其他直接负责人员,按照个人犯本罪的规定处罚。

▶ 十二、非法出售用于骗取出口退税、抵扣税款发票罪

非法出售用于骗取出口退税、抵扣税款发票罪,是个人或单位,故意非法出售用于骗取出口退税、抵扣税款发票的行为。根据《追诉标准》,非法出售用于骗取出口退税、抵扣税款发票50份以上的,应予追诉。

《刑法》第209条第1款、第3款及第211条规定,个人犯本罪,处3年以下有期徒刑、拘役或者管理,并处2万元以上20万元以下罚金;数量巨大的,处3年以上7年以下有期徒刑,并处5万元以上50万元以下罚金;数量特别巨大的,处7年以上有期徒刑,并处5万元以上50万元以下罚金或者没收财产。单位犯本罪,对单位判处罚金;并对其直接负责的主管人员和其他直接责任人员,按照个人本罪的规定处罚。

▶ 十三、非法出售发票罪

非法出售发票罪,是指个人或单位,故意非法出售普通发票的行为。这里的普通发票,是指增值税专用发票、可以用于骗取出口退税、抵扣税款的发票以外的其他发票。根据《追诉标准》第59条规定:非法出售用于骗取普通发票50份以上的,应予追诉。

《刑法》第209条第2款、第4款及第211条规定,个人犯本罪,处2年以下有期徒刑、拘役或者管制,并处或者单处1万元以上5万元以下罚金;情节严重的,处2年以上7年以下有期徒刑,并处5万元以上50万元以下罚金。单位犯本罪,对单位判处罚金;并对其直接负责的主管人员和其他直接责任人员,按照个人犯本罪的规定处罚。

▶ 十四、持有伪造的发票罪

本罪是《刑法修正案(八)》新设置的犯罪。

持有伪造的发票罪,是指明知是伪造的额发票而持有数额较大的行为。根据《刑法》第210条之一的规定,明知是伪造的发票而持有,数量较大的,处2年以下有期徒刑、拘役或者管制,并处罚金;数量巨大的,处2年以上7年以下有期徒刑,并处罚金。单位犯前款罪的,对单位判处罚金,并对其直接负责的主管人员和其他直接责任人员,依照个人犯本罪的规定处罚。

第八节　侵犯知识产权罪

一、假冒注册商标罪

(一) 假冒注册商标罪的概念与构成要件

假冒注册商标罪，是指个人或单位未经注册商标所有人许可，在同一种商品上使用与其注册商标相同的商标，情节严重的行为。

(1) 本罪的犯罪客体是注册商标所有人对其注册商标的专用权。

(2) 本罪在客观方面表现为，未经注册商标所有人许可，在同一种商品上使用其注册商标相同的商标，情节严重的行为。使用商标的商品与注册商标的商品必须是同一种商品，所使用的商标与他人的注册商标又必须相同。

"商标"，是指商品生产、经营者为了使商品购买者便于识别其生产、经营的商品与他人生产、经营的同类商品的区别，从而建立良好的商品信誉，特意设计的一种以一定的文字、图形或者文字加图形共同组成的，印制于自己生产、经营的商品或者商品包装物上的标志性图案。"注册商标"，是指经国家工商行政管理机关依法登记注册的商标。"未经注册商标所有人许可"，是指没有取得注册商标所有人的同意与授权，包括背着注册商标所有人擅自使用其注册商标，也包括经与注册商标所有人协商转让注册商标使用权未果而径直使用其注册商标的行为。"同一种商品"，是指依照国家工商行政管理机关颁发的商品分类标准确定的同种商品。根据2004年12月8日最高人民法院、最高人民检察院《关于办理侵犯知识产权刑事案件具体应用法律若干问题的解释》（本节以下简称《解释》），本罪所涉"相同的商标"，是指与被假冒的注册商标完全相同，或者与被假冒的注册商标在视觉上基本无差别、足以对公众产生误导的商标。"使用"，是指将注册商标或者假冒的注册商标用于商品、商品包装或者容器以及产品说明书、商品交易文书，或者将注册商标或者假冒的注册商标用于广告宣传、展览以及其他商业活动等行为。

依照《解释》规定，个人假冒注册商标具有下列情形之一的，属于"情节严重"，应予追究刑事责任：非法经营数额在5万元以上或者违法所得数额在3万元以上的；假冒两种以上注册商标，非法经营数额在3万元以上或者违法所得数额在2万元以上的；其他情节严重的情形。单位假冒注册商标"情节严重"的标准，按照上述标准的3倍执行。其中，"非法经营数额"，是指行为人在实施侵犯知识产权行为过程中，制造、存储、运输、销售侵权产品的价值。已销售的侵权产品的价值，按照实际销售的价格计算。制造、存储、运输和未销售的侵权产品的价值，按照标价或者已经查清的侵权产品的实际销售平均价格计算。侵权产品没有标价或者无法查清其实际销售价格的，按照被侵权产品的市场中间价格计算。多次实施侵犯知识产权行为，未经行政处理或者刑事处罚的，非法经营数额、违法所得数额或者销售金额累计计算。本规定也适用于本节其他犯罪。

(3) 本罪主体为一般主体，自然人和单位均可构成。

(4) 本罪在主观方面为故意,即行为人明知自己未经注册商标所有人许可,在同一种商品上使用与其注册商标相同商标的行为会发生侵犯注册商标所有人对其注册商标的专用权的危害结果,并且希望或者放任此种结果发生。

(二) 假冒注册商标罪的认定

1. 假冒注册商标罪与非罪的界限

(1) 只有假冒他人注册商标才能构成本罪;假冒他人未经注册的商标,或者假冒他人的商品名称、包装、装潢、企业名称、认证标志、名优标志等,均不构成本罪。(2) 商标法规定的假冒商标行为,包括未经注册商标所有人许可,具有下列四种情形之一的行为:一是在同一种商品上使用与其注册商标相同的商标;二是在同一种商品上使用与其注册商标近似的商标;三是在类似商品上使用与其注册商标相同的商标;四是在类似商品上使用与其注册商标近似的商标。刑法只把第一种行为规定为犯罪,因此,其他三种假冒商标行为均不构成犯罪。(3) 商标注册人可以通过许可他人使用其注册商标。如果行为人与注册商标所有人签订有商标使用许可合同;但在履行合同中发生争议,则属于商标使用权转让合同纠纷,而不会构成本罪。

2. 假冒注册商标罪与其他犯罪的界限

这主要应注意区分本罪与以假冒注册商标的方式生产、销售伪劣商品罪的界限。对以假冒注册商标的方式生产、销售伪劣商品的行为性质,人们可能会有不同认识,有牵连犯说、想象竞合犯说和法条竞合犯说。本书认同想象竞合犯说,即认为这种行为属于本罪与生产、销售伪劣商品罪的想象竞合犯,应从一重处罚。

3. 假冒注册商标罪的共犯

根据《解释》,明知他人实施侵犯知识产权犯罪,而为其提供贷款、资金、账号、发票、证明、许可证件,或者提供生产、经营场所或者运输、储存、代理进出口等便利条件、帮助的,以侵犯知识产权罪的共犯论处。本规定也适用于本节其他犯罪。

(三) 假冒注册商标罪的处罚

《刑法》第213条、第220条规定,个人犯本罪,处3年以下有期徒刑或者拘役,并处或者单处罚金;情节特别严重的,处3年以上7年以下有期徒刑,并处罚金。单位犯本罪,对单位判处罚金;并对其直接负责的主管人员和其他直接责任人员,按照对个人犯本罪的规定处罚。

依照《解释》,个人假冒注册商标具有下列情形之一的,属于"情节特别严重":(1) 非法经营数额在25万元以上或者违法所得数额在15万元以上的;(2) 假冒两种以上注册商标,非法经营数额在15万元以上或者违法所得数额在10万元以上的;(3) 其他情节特别严重的情形。单位假冒注册商标"情节特别严重"的标准,按照上述标准的3倍执行。

二、销售假冒注册商标的商品罪

销售假冒注册商标的商品罪,是指个人或单位销售明知是假冒注册商标的商品,销售金额较大的行为。

"销售明知是假冒注册商标的商品",是指行为人明知是他人生产、销售的假冒注册商标的商品而予以销售的行为。《解释》第9条规定:"销售金额",是指销售假冒注册商标的商品后所得或应得的全部违法收入。具有下列情形之一的,应当认定为"明知":(1) 知道自己销售的商品上的注册商标被涂改、调换或者覆盖的;(2) 因销售假冒注册商标的商品受到过行政处罚或者承担过民事责任,又销售同一种假冒注册商标的商品的;(3) 伪造、涂改商标注册人授权文件或者知道该文件被伪造、涂改的;(4) 其他知道或者应当知道是假冒注册商标的商品的情形。

销售假冒注册商标的商品,销售金额较大只有达到数额较大的程度,才成立本罪。根据《解释》,个人销售明知是假冒注册商标的商品,销售金额在5万元以上,单位销售金额早15万元以上的,属于"数额较大",应当追究刑事责任。

实施假冒注册商标犯罪,又销售该假冒注册商标的商品,构成犯罪的,应当以假冒注册商标罪定罪处罚。实施假冒注册商标犯罪又销售明知是他人的假冒注册商标的商品,构成犯罪的,应当实行数罪并罚。

《刑法》第214条、第220条规定,个人犯本罪,处3年以下有期徒刑或者拘役,并处或者单处罚金;销售金额数额巨大的,处3年以上7年以下有期徒刑,并处罚金。单位犯本罪,对单位判处罚金;并对其直接负责的主管人员和其他直接责任人员,按照对个人犯本罪的规定处罚。依照《解释》,个人销售明知是假冒注册商标的商品,销售金额在25万元以上,单位销售金额在75万元以上的,属于"销售金额数额巨大"。

三、非法制造、销售非法制造的注册商标标识罪

非法制造、销售非法制造的注册商标标识罪,是指个人或单位故意伪造、擅自制造他人注册商标标识,或者销售伪造、擅自制造的注册商标标识,情节严重的行为。

"商标标识",是指印有商标图案的物质载体,如印有商标图案的商品标牌、瓶贴、包装物等。根据《解释》规定,个人非法制造、销售非法制造的注册商标标识,具有下列情形之一的,属于"情节严重",应于追究刑事责任:(1) 非法制造、销售非法制造的注册商标标识数量在2万件以上,或者非法经营数额在5万元以上,或者违法所得数额在3万元以上的;(2) 非法制造、销售非法制造的两种以上注册商标标识数量在1万件以上,或者非法经营数额在3万元以上,或者违法所得数额在2万元以上的;(3) 其他情节严重的情形。单位非法制造、销售非法制造的注册商标标识"情节严重"的标准,按照上述标准的3倍执行。上述解释中所规定的"件",是指标有完整商标图样的一份标识。

《刑法》第215条、第220条规定,个人犯本罪,处3年以下有期徒刑、拘役或者管制,并处或者单处罚金;情节特别严重的,处3年以上7年以下有期徒刑,并处罚金。单位犯本罪,对单位判处罚金;并对其直接负责的主管人员和其他直接负责人员,按照对个人犯本罪的规定处罚。依照《解释》规定,个人非法制造、销售非法制造的注册商标标识,具有下列情形之一的,属于"情节特别严重":(1) 个人非法制造、销售非法制造的注册商标标识数量在10万件以上,或者非法经营数额在25万元以上,或者违法所得

数额在15万元以上的;(2) 非法制造、销售非法制造的两种以上注册商标标识数量在5万件以上。或者非法经营数额在15万元以上,或者违法所得数额在10万元以上的;(3) 其他情节特别严重的情形。单位非法制造、销售非法制造的注册商标标识"情节特别严重"的标准,按照上述标准的3倍执行。又根据2010年3月2日最高人民法院、最高人民检察院《关于办理非法生产、销售烟草专卖品等刑事案件具体应用法律若干问题的解释》第1条第4款的规定,伪造、擅自制造他人卷烟、雪茄烟注册商标标识或者销售伪造、擅自制造的卷烟、雪茄烟注册商标标识,情节严重的,依照《刑法》第215条的规定,以本罪定罪处罚。

四、假冒专利罪

假冒专利罪,是指个人或单位,违反专利管理法规,故意假冒他人专利,情节严重的行为。

根据《解释》,实施下列行为之一的,属于"假冒他人专利"的行为:(1) 未经许可,在其制造或者销售的产品、产品的包装上标注他人的专利号的;(2) 未经许可,在广告或者其他宣传材料中使用他人的专利号,使人将所涉及的技术误认为是他人专利技术的;(3) 未经许可,在合同中使用他人的专利号,使人将合同涉及的技术误认为是他人专利技术的;(4) 伪造或者变造他人的专利证书、专利文件或者专利申请文件的。另外,个人假冒他人专利具有下列情形之一的,属于"情节严重",应予追究刑事责任:(1) 非法经营数额在20万元以上或者违法所得数额在10万元以上的;(2) 给专利权人造成直接经济损失50万元以上的;(3) 假冒两项以上他人专利,非法经营数额在10万元以上或者违法所得数额在5万元以上的;(4) 其他情节严重的情形。单位假冒他人专利"情节严重"的标准,按照上述标准的3倍执行。

《刑法》第216条、第220条规定,个人犯本罪,处3年以下有期徒刑或者拘役,并处或者单处罚金。单位犯本罪,对单位判处罚金;并对其直接负责的主管人员和其他直接责任人员,按照对个人犯本罪的规定处罚。

五、侵犯著作权罪

(一) 侵犯著作权罪的概念与构成要件

侵犯著作权罪,是指个人或者单位,以营利为目的,侵犯他人著作权,违法所得数额较大或者有其他严重情节的行为。

(1) 本罪的客体是他人的著作权。所谓著作权,是指公民、法人或者其他组织依法对文字、艺术和科学作品所享有的人身权和财产权的总称。其中,著作人身权,是指基于作者的创作行为而产生,由作品的作者享有,可由其继承人刑事和保护的权利总称,包括发表权、署名权、修改权和保护作品完整权等;著作财产权,是指著作权人享有的因他人使用其作品而获得报酬的权利总称,具体包括复制权、发行权、出租权、展览权等。

(2) 本罪的客观方面表现为,侵犯他人著作权,违法所得数额较大或者有其他严重情节。我国《著作权法》规定了很多侵犯他人著作权的行为类型，但《刑法》第 217 条只规定以下四种行为可以成立侵犯著作权罪：第一，未经著作权人许可，复制发行其文字作品、音乐、电影、电视、录像作品、计算机软件及其他作品的。根据《解释》，"未经著作权人许可"，是指没有得到著作权人授权或者伪造、涂改著作权人授权许可文件或者超出授权许可范围的情形。"复制发行"包括了复制、发行或者既复制又发行的行为。"复制"是指以印刷、复印、临摹、录音、录像、翻拍等方式制作出一份或多份作品复制件的行为。"发行"是指将一定数量的复制件通过出售、出租等方式提供给社会公众的行为。通过信息网络向社会公众传播他人文字作品、音乐、电影、电视、录像作品、计算机软件及其他作品的行为，应当视为"复制发行"。最高人民法院、最高人民检察院 2007 年 4 月 5 日《关于办理侵犯知识产权刑事案件具体应用法律若干问题的解释(二)》(本节以下简称《解释(二)》)，侵权产品的持有人通过广告、征订等方法推销侵权产品的，属于"发行"。第二，出版他人享有专有出版权的图书的。出版，是指将作品编辑加工后，经过复制向社会发行。第三，未经录音录像制作者许可，复制发行其制作的录音录像。录音录像制作者，是指录音录像的首次制作者(原创人)。第四，制作、出售假冒他人署名的美术作品。

实施上述侵犯他人著作权的行为之一，违法所得数额较大或者有其他严重情节的构成本罪。根据《解释》，违法所得 3 万元以上的，属于"违法所得数额较大"；具有下列情形之一的，属于"其他严重情节"：非法经营数额在 5 万元以上的；未经著作权人许可，复制发行其作品，复制品数量合计在 500 张(份)以上的；其他严重情节的情形。

(3) 本罪的主体是一般主体，个人和单位都可以构成。

(4) 本罪的主观方面表现为故意，即明知未经著作权人及其他权利人许可的上述行为会发生侵犯他人著作权的危害结果，并且希望或者放任这种结果发生。除此之外，还要求具有营利目的。因此，基于科研、教学等目的复制他人作品的，不成立本罪。

(二) 侵犯著作权罪的认定

1. 侵犯著作权罪的罪数

根据《解释》，实施本罪，又销售该侵权复制品，构成犯罪的，应当以侵犯著作权罪定罪处罚。实施本罪，有销售明知是他人的侵权复制品，构成犯罪的，应当实行数罪并罚。

2. 侵犯著作权罪的共犯

出版单位与他人事前通谋，向其出售、出租或者以其他形式转让该出版单位的名称、书号、刊号、版号，他人实施侵犯著作权行为，构成犯罪的，对该出版单位应该以共犯论处。

(三) 侵犯著作权罪的认定

《刑法》第 217 条和第 220 条规定，个人犯本罪，处 3 年以下有期徒刑或者拘役，并处或者单处罚金；违法所得数额巨大或者有其他特别严重情节的，处 3 年以上 7 年以下有期徒刑，并处罚金。根据《解释》、《解释二》的规定，违法所得数额在 15 万元以上的，属于“违法所得数额巨大”；具有下列情形之一的，属于“有其他特别严重情节”：(1) 非法经营额数额在25万元以上的；(2) 复制品数量在2500张(份)以上的；(3) 有其他特别严重情节的情形。单位犯本罪的，对单位判处罚金，并对其直接负责的主管人员和其他直接责任人员，依照个人犯本罪的规定处罚。

六、销售侵权复制品罪

销售侵权复制品罪，是指个人或者单位，以营利为目的，销售明知是侵权复制品的物品，违法所得数额巨大的行为。侵权复制品，是《刑法》第217规定的侵权复制品，即是因犯侵犯著作权罪而形成的复制品。根据《解释》，实施销售侵权复制品的行为，违法所得数额在10万元以上的，属于“违法所得数额巨大”，应成立本罪。另外，行为人必须明知是他人犯侵犯著作权罪而形成的侵权复制品而销售，并具有营利的目的。

《刑法》第218条和第220条规定，个人犯本罪，处3年以下有期徒刑或者拘役，并处或者单处罚金。单位犯本罪的，对单位判处罚金，并对其直接负责的主管人员和其他直接责任人员，依照个人犯本罪的规定处罚。

七、侵犯商业秘密罪

(一) 侵犯商业秘密罪的概念与构成要件

侵犯商业秘密罪，是指个人或单位，以盗窃、利诱、胁迫、披露、擅自使用等不正当手段，侵犯商业秘密，给商业秘密的权利人造成重大损失的行为。

(1) 本罪的客题是商业秘密的权利人对商业秘密享有的专属权。

(2) 本罪的客观方面表现为，以盗窃、利诱、胁迫、披露、擅自使用等不正当手段，侵犯商业秘密，给商业秘密的权利人造成重大损失。刑法规定，侵犯商业秘密的行为具有以下四种类型：其一是，以盗窃、利诱、胁迫或者其他不正当手段获取权利人的商业秘密。其二是，披露、使用或者允许他人使用以上述第一种手段获取的权利人的商业秘密。这显然是第一种行为的延伸和继续。其三是，违反约定或者违反权利人有关保守商业秘密的要求，披露、使用或者允许他人使用其所掌握的商业秘密。这是指合法知悉商业秘密内容的人披露、使用或者允许他人使用商业秘密的行为，包括公司、企业内部的工作人员，曾在公司、企业内工作的调离人员、退休人员以及与权利人订立有保守商业秘密协议的有关人员。[①] 其四是，明知或应知前述第一种至第三种违法行为，而获取、使用或者披露他人商业秘密。这里的“商业秘密”，是指不为公众所知悉，能为权利人带来经济利益，具有实用性并经权利人采取保密措施的技术信息和经营信息。

侵犯他人商业秘密的行为，只有给商业秘密的权利人造成重大损失的，才成立本罪。根据《解释》，给商业秘密的权利人造成损失数额在50万元以上的，属于“给商业秘密的权利人造成重大损失”，应当追诉。

(3) 本罪的主体是一般主体，个人和单位都可以构成。

---

① 参见张明楷：《刑法学》，法律出版社2007年版，第623页。

(4) 本罪的主观方面表现为故意,行为人明知自己的行为侵犯了他人商业秘密,会给权利人造成重大损失,并且希望或者放任这种结果发生。《刑法》第 219 条第 2 款中的"应知"是推定行为人已经知道的情况,而不是指应当知道而没有知道。个人犯本罪,

(二) 侵犯商业秘密罪的处罚

《刑法》第 219 条第 1 款规定,个人犯本罪,处 3 年以下有期徒刑或者拘役,并处或者单处罚金;造成特别严重后果的,处 3 年以上 7 年以下有期徒刑,并处罚金。根据《解释》,给商业秘密的权利人造成损失数额在 250 万元以上的,属于"造成特别严重后果"。单位犯本罪的,对单位判处罚金,并对其直接负责的主管人员和其他直接责任人员,依照个人犯本罪的规定处罚。

第九节　扰乱市场秩序罪

一、损害商业信誉、商品声誉罪

损害商业信誉、商业声誉罪,是指捏造并散布虚伪事实,损害他人的商业信誉、商业声誉,给他人造成重大损失或者有其他严重情节的行为。

"商业信誉",是指社会对商品经营者资信能力的强弱、商业道德的好坏、是否守法经营等各方面的总体评价。"商品声誉",是指社会对某种商品质量的优劣、性能的好坏、价格的高低等各方面的总体评价。"捏造并散布虚伪事实,损害他人的商业信誉、商业声誉",是指无中生有地杜撰、编造有损他人商业信誉、商业声誉的虚假"事实",并且以私下谣传、当众诋毁、张贴或散发传单等方式进行广泛传播的行为。捏造和散布二者必须同时具备,才能构成本罪。

根据《追诉标准》,损害他人商业信誉、商业声誉,给他人造成直接经济损失 50 万元以上的,或者给他人造成直接经济损失 40 万元以上不满 50 并且具有下列情形之一的,属于"给他人造成重大损失或者有其他严重情节",应予追诉:(1) 严重妨害他人正常生产经营活动的;(2) 导致他人停产、破产的;(3) 造成恶劣影响的。

《刑法》第 221 条、第 231 条规定,个人犯本罪,处 2 年以下有期徒刑或者拘役,并且或者单处罚金。单位犯本罪,对单位判处罚金,并对其直接负责的主管人员和其他直接责任人员,依照对个人犯本罪的规定处罚。

二、虚假广告罪

(一) 虚假广告罪的概念与构成要件

虚假广告罪,是指广告主、广告经营者、广告发布者违反国家规定,利用广告对商品或者服务作虚假宣传,情节严重的行为。

(1) 本罪的犯罪客体是复杂客体,包括有序的市场秩序和消费者的合法权益。

(2) 本罪的客观方面表现为,利用广告对商品或者服务作虚假宣传,情节严重。"利用广告对商品或者服务做虚假宣传"的行为表现包括:第一,广告主利用广告对自

己生产、经营的商品的质量、制作成分、性能、用途、生产者、有效期限、产地或者自己所开展的服务的内容、作用、效果等做引人误解的虚假宣传的行为；第二，广告经营者明知或者应知广告主要求代理、设计制作的是虚假广告而为其代理、设计、制作的行为；第三，广告发布者明知或者应知广告主要求发布的是虚假广告而为其发布的行为。

利用广告对商品或者服务作虚假宣传的行为，情节严重，才成立本罪。根据《追诉标准》，下列情形之一的，应予追诉：第一，利用广告对商品或者服务作虚假宣传，违法所得10万元以上的；第二，给消费者造成直接经济损失50万元以上的；第三，虽未达到上述数额但已达到上述数额标准，但因利用广告作虚假宣传，受过行政处罚2次以上，又利用广告作虚假宣传的；第四，造成人身伤残或者其他严重后果的。

(3) 本罪的犯罪主体是特殊主体，只能由广告主、广告经营者、广告发布者三类特定单位和自然人构成。广告主，是指利用广告对自己生产，经营的商品或者服务进行宣传的单位或者个人；广告经营者，是指经营广告业务的单位或者个人；广告发布者是刊播、设置、张贴广告的单位或者个人。

(4) 本罪主观方面是故意，即明知自己对商品或者服务作虚假宣传的行为会发生扰乱市场秩序、损害消费者合法权益的危害结果，并且希望或者放任这种结果发生。

(二) 虚假广告罪的概念与构成要件

《刑法》第222条、第231条规定，个人犯本罪，处2年以下有期徒刑或者拘役，并处或者单位罚金。单位犯本罪，对单位判处罚金，并对其直接负责的主管人员和其他直接责任人员，依照对个人犯本罪的规定处罚。

三、串通投标罪

串通投标罪，是指投标人相互串通投标报价，损害招标人或者其他投标人的利益，情节严重，或者投标人和招标人串通投标，损害国家、集体、公民的合法权益的行为。

根据《刑法》第223条的规定，本罪有两种行为类型：一是投标人相互串通投标报价，损害招标人或者其他投标人的利益，情节严重的行为。其主要表现为，投标人恶意串通共同压低标价以损害招标人的利益，或者共同抬高标价以排挤竞争对手。二是投标人和招标人串通投标，损害国家、集体、公民的合法权益的行为。其表现形式多样，比如，招标人在开标以前故意向与之串通的投标人泄露标底；招标人在开标以前私下开启其他投标人的标书，并将有关信息泄露给与之串通且尚未报送标书的投标人；招标人在审查、评选标书时实行差别对待，故意偏向与之串通的投标人，以促使其中标；投标人明知是不具备投标资格的投标者而允许其参加投标并促使其中标；投标人与招标人串通，故意使与之串通的投标人以低于正常价位中标，再给招标人以标外“补偿”；等等。

根据《追诉标准》，串通投标损害招标人、投标人或者国家、集体、公民的合法利益，造成直接经济损失50万元以上的，或者造成直接经济损失40万元以上不满50万元，并且具有下列情形之一的，属于“情节严重”，应予追诉：(1) 因串通投标受过两次以上行政处罚又串通投标的；(2) 对其他投标活动的参加人采取威胁、欺骗等非法手段的。

《刑法》第223条、第231条规定，个人犯本罪，处3年以下有期徒刑或者拘役，并处或者单位罚金。单位犯本罪，对单位判处罚金，并对其直接负责的主管人员和其他直接负责人员，依照对个人犯本罪的规定处理。

四、合同诈骗罪

（一）合同诈骗罪的概念与构成要件

合同诈骗罪，是指以非法占有为目的，自然人或单位在签订、履行合同过程中，使用欺骗手段，骗取对方当事人的财物，数额较大的行为。

（1）本罪客体是复杂客体，包括市场秩序和对方当事人的财产所有权。合同是市场经济活动中的重要工具，利用经济合同骗取对方当事人财物的行为，会使人们丧失对合同这种工具丧失信赖，从而侵犯了市场秩序。同时，利用合同欺骗对方财物，也侵犯了对方当事人的财产所有权，在此意义上，本罪也是诈骗罪的一种特别形式。

（2）本罪的客观方面表现为，在签订、履行合同过程中，使用欺骗手段，骗取对方当事人数额较大的财物。欺骗手段具体包括以下情形：以虚构的单位或者冒用他人名义签订合同的；以伪造、变造、作废的票据或者其他虚假的产权证明作担保的；没有实际履行能力，以先履行小额合同或者部分履行合同的方法，诱骗对方当事人继续签订和履行合同的；收受对方当事人给付的货物、货款、预付款或者担保财产后逃匿的；以其他方法骗取对方当事人财物的。实施上述行为之一，骗取对方当事人财物，数额较大的，即成立本罪。按照《追诉标准》，个人合同诈骗5000元至2万元以上的，单位合同诈骗5万元至20万元以上的，属于"数额较大"，应予追诉。对于多次诈骗，并以后次诈骗财物归还前次诈骗财物，在计算诈骗数额时，应当将案发前已经归还的数额扣除，按实际未归还的数额认定；量刑时可将多次行骗的数额作为从重情节予以考虑。

（3）本罪的主体是一般主体，自然人和单位都可以构成。

（4）本罪的主观方面表现为故意，并且具有将对方当事人财物非法据为自己或他人所有的目的（非法占有的目的）。值得注意的是，对于"收受对方当事人给付的货物、货款、预付款或者担保财产后逃匿的"情形，行为人必须在收受对方当事人给付的货物、货款、预付款或者担保财产之前（至少是行为中）必须具有非法占有的目的，如果是行为人收受对方当事人给付的货物、货款、预付款或者担保财产之后，才产生了非法占有的目的，但仅仅是逃逸，并未采用欺骗手段使对方免除债务的，不能认定为本罪。

（二）合同诈骗罪的认定

认定本罪时，主要应当注意区分本罪与合同纠纷的界限，区别的关键是看行为人在主观上是否具有非法占有对方当事人财物的目的。在司法实践中，具有下列情形之一的，可以认定其具有非法占有的目的：（1）明知没有履行合同的能力或者有效的担保，采取虚构主体，冒用他人名义，使用伪造、变造或者无效的单据、介绍信、印章或者其他证明文件，使用明知不能兑现的票据或者其他结算凭证作为合同履行担保，使用明知不符合担保条件的抵押物、债权文书等作为合同履行担保,以及其他欺骗手段与他人签订合同,骗取财物数额较大并造成较大损失的;(2) 合同签订后携带对方当事人交付的货物、货款、预付款或者定金、保证金等担保合同履行的财产逃跑的;(3) 挥霍对方当事人交付的货物、货款、预付款或者定金、保证金等担保合同履行的财产,致使上述款物无法返还的;(4) 使用对方当事人交付的货物、货款、预付款或者定金、保证金等担保合同履行的财产进行违法犯罪活动,致使上述款物无法返还的;(5) 隐匿合同货物、货款、预付款或者定金、保证金等担保合同履行的财产,拒不返还的;(6) 合同签订后,以支付部分货款,开始履行合同为诱饵,骗取全部货物后,在合同规定的期限内或者双方另行约定的付款期限内,无正当理由拒不支付其余货款的。

(三) 合同诈骗罪的处罚

《刑法》第224条、第231条规定,个人犯本罪,处3年以下有期徒刑或者拘役,并处或者单处罚金;数额巨大或者由其他严重情节的,处3年以上10年以下有期徒刑,并处罚金;数额特别巨大或者有其他特别严重情节的,处10年以上有期徒刑或者无期徒刑,并处罚金或者没收财产。单位犯本罪,对单位判处罚金,并对其直接负责的主管人员和其他直接责任人员按照个人犯本罪的规定处罚。

五、组织、领导传销活动罪

本罪为《刑法修正案(七)》所增设。根据《刑法》第224条之一,组织、领导传销活动罪,是指组织、领导以推销商品、提供服务等经营活动为名,要求参加者以缴纳费用或者购买商品、服务等方式获得加入资格,并按照一定顺序组成层级,直接或者间接以发展人员的数量作为计酬或者返利依据,引诱、胁迫参加者继续发展他人参加,骗取财物,扰乱经济社会秩序的传销活动的行为。刑法实际上将组织、领导拉人头和收取入门费两种传销活动规定为犯罪,但并未对组织、领导团队计酬型传销活动作出规定。根据2005年8月10日国务院《禁止传销条例》,对于组织、领导团队计酬型传销活动的行为,情节严重构成犯罪的,应按照非法经营罪定罪处罚。这就形成了刑法规制传销活动的“双轨制”。

犯本罪,处5年以下有期徒刑或者拘役,并处罚金;情节严重的,处5年以上有期徒刑,并处罚金。

六、非法经营罪

(一) 非法经营罪的概念与构成要件

非法经营罪,是指自然人或单位,违反国家规定,故意从事非法经营活动,扰乱市场秩序,情节严重的行为。本罪具有以下特征:

(1) 本罪客体是市场秩序。

(2) 本罪客观方面表现为,违反国家规定,从事非法经营活动,扰乱市场秩序,情节严重的行为。

根据《刑法》第225条规定,非法经营行为包括:未经许可经营法律、行政法规规定的专营、专卖物品或者其他限制买卖的物品的；买卖进出口许可证、进出口原产地证明以及法律、行政法规规定的经营许可证或者批准文件的；未经国家有关主管部门批准非法经营证券、期货、保险业务的，或者非法从事资金支付结算业务的；其他严重扰乱市场秩序的非法经营行为。

依照相关司法解释的规定，从事非法经营活动涉嫌下列情形之一的，应予追诉：第一，非法经营证券、期货、保险业务，非法经营数额在30万元以上，或者非法所得数额在5万元以上的；第二，在国家规定的交易场所以外非法买卖外汇，数额在20万美元以上，或者违法所得数额在5万元人民币以上的；第三，经营非法出版物，个人非法经营数额在5万元至10万元以上的，单位非法经营数额在15万元至30万元以上的，或者个人违法所得数额在2万元至3万元以上的，单位违法所得数额在5万元至10万元以上的，或者个人非法经营报纸5000份、期刊5000本、图书2000册、音像制品及电子出版物500张(盒)以上，单位非法经营报纸1.5万份、期刊1.5万本、图书5000册、音像制品及电子出版物1500张(盒)以上，或者虽未达到上述标准但已达到上述标准80%以上并且在两年内因经营非法出版物受过两次以上行政处罚又经营非法出版物，或者因经营非法出版物造成恶劣社会影响或者其他严重后果的；第四，非法经营国际及涉港澳台电信业务，经营去话业务数额在100万元以上，经营来话业务造成电信资费损失数额在100万元以上，或者虽未达到上述标准但已达到上述标准的80%以上并且因非法经营国际及涉港澳台电信业务受过两次以上行政处罚又非法经营国际及涉港澳台电信业务的；第五，从事其他非法经营活动，个人非法经营数额在50万元以上或者违法所得数额在1万元以上，单位非法经营数额在50万元以上或者违法所得数额在1万元以上，单位非法经营数额在50万元以上或者违法所得数额在10万元以上的。

(3) 本罪主体为一般主体，自然人和单位均可构成。

(4) 本罪主观方面表现为故意，即明知自己违反国家规定所从事的非法经营行为会发生扰乱市场秩序的危害结果，希望或放任该结果发生。

(二) 非法经营罪的认定

1. “其他严重扰乱市场秩序的非法经营行为”的认定

“其他严重扰乱市场秩序的非法经营行为”，是指其危害性与前列三类非法经营行为相当的其他非法经营行为。根据近几年的立法和司法解释，以下行为应认定为非法经营行为：

其一，根据全国人大常委会《关于惩治骗购外汇、逃汇和非法买卖外汇犯罪的决定》，在国家规定的交易场所以外非法买卖外汇的行为，扰乱市场秩序，情节严重的，应以非法经营罪论处。根据最高人民法院1998年8月28日《关于审理骗购外汇、非法买卖外汇刑事案件具体应用法律若干问题的解释》，具有下列情形之一的，按非法经营罪定罪处罚：(1) 非法买卖外汇20万美元以上的；(2) 违法所得5万元人民币以上的。

其二，根据最高人民法院1998年12月17日《关于审理非法出版物刑事案件具体应用法律若干问题的解释》，违反国家规定，出版、印刷、复制、发行严重危害社会秩序和扰乱市场秩序的非法出版物(构成其他较重犯罪的除外)，情节严重的，以非法经营罪论处。个人实施上述行为,具有下列情形之一的,属于非法经营行为“情节严重”:(1) 经营数额在5万元至10万元以上的;(2) 违法所得数额在2万元至3万元以上的;(3) 经营报纸5000份或者期刊5000本或者图书2000册或者音像制品、电子出版物五百张(盒)以上的。单位实施上述行为,具有下列情形之一的,属于非法经营行为“情节严重”:(1) 经营数额在15万元至30万元以上的;(2) 违法所得数额在5万元至10万元以上的;(3) 经营报纸1.5万份或者期刊1.5万本或者图书5000册或者音像制品、电子出版物1500张(盒)以上的。实施上述行为,经营数额、违法所得数额或者经营数量接近非法经营行为“情节严重”的数额、数量起点标准,并具有下列情形之一的,可以认定为非法经营行为“情节严重”:(1) 2年内因出版、印刷、复制、发行非法出版物受过行政处罚2次以上的;(2) 因出版、印刷、复制、发行非法出版物造成恶劣社会影响或者其他严重后果的。

其三,根据最高人民法院2000年5月12日《关于审理扰乱电信市场管理秩序案件具体应用法律若干问题的解释》以及最高人民检察院2002年1月8日《关于非法经营国际或者港澳台地区电信业务行为法律适用问题的批复》,违反国家规定,采取租用国际专线私设转接设备或者其他方法,擅自经营国际电信业务或者涉港澳台电信业务进行营利活动,扰乱电信市场管理秩序,情节严重的,以非法经营罪论处。实施上述行为,具有下列情形之一的,属于非法经营行为“情节严重”:(1) 经营去话业务数额在100万元以上的;(2) 经营来话业务造成电信资费损失数额在100万元以上的。实施上述行为,经营数额或者造成电信资费损失数额接近非法经营行为“情节严重”的数额起点标准,并具有下列情形之一的,可以认定为非法经营行为“情节严重”:(1) 2年内因非法经营国际电信业务或者涉港澳台电信业务行为受过行政处罚2次以上的;(2) 因非法经营国际电信业务或者涉港澳台电信业务行为造成其他严重后果的。“经营去话业务数额”,是指以行为人非法经营国际电信业务或者涉港澳台电信业务的总时长(分钟数)乘以行为人每分钟收取的用户使用费所得的数额。“电信资费损失数额”,是指以行为人非法经营国际电信业务或者涉港澳台电信业务的总时长(分钟数)乘以在合法电信业务中我国应当得到的每分钟国际结算价格所得的数额。

其四,根据最高人民法院2001年3月29日《关于情节严重的传销或者变相传销行为如何定性问题的批复》,对于1998年4月18日国务院《关于禁止传销经营活动的通知》发布以后,仍然从事传销或者变相传销活动,扰乱市场秩序,情节严重的,以非法经营罪定罪处罚。实施上述犯罪,同时构成刑法规定的其他犯罪的,依照处罚较重的规定定罪处罚。

其五,根据最高人民法院、最高人民检察院2002年8月16日《关于办理非法生产、销售、使用禁止在饲料和动物饮用水中使用的药品等刑事案件具体应用法律若干问题的解释》,未取得药品生产、经营许可证件和批准文号,非法生产、销售盐酸克仑特罗等禁止在饲料和动物饮用水中使用的药品,扰乱药品市场秩序,情节严重的,依照《刑法》第225条第1项的规定,以非法经营罪追究刑事责任。在生产、销售的饲料中添加盐酸克仑特罗等禁止在饲料和动物饮用水中使用的药品,或者销售明知是添加有该类药品的饲料，情节严重的，依照《刑法》第 225 条第 4 项的规定，以非法经营罪追究刑事责任。

其六，根据最高人民检察院 2002 年 9 月 4 日《关于办理非法经营食盐刑事案件具体应用法律若干问题的解释》，违反国家有关盐业管理规定，非法生产、储运、销售食盐，扰乱市场秩序，情节严重的，以非法经营罪论处。非法经营食盐，具有下列情形之一的，应当依法追究刑事责任：(1) 非法经营食盐数量在 20 吨以上的；(2) 曾因非法经营食盐行为受过 2 次以上行政处罚又非法经营食盐，数量在 10 吨以上的。非法经营食盐行为未经处理的，其非法经营的数量累计计算；行为人非法经营行为是否盈利，不影响犯罪的构成。以非碘盐充当碘盐或者以工业用盐等非食盐充当食盐进行非法经营，同时构成非法经营罪和生产、销售伪劣产品罪、生产、销售不符合安全标准的食品罪、生产、销售有毒、有害食品罪等其他犯罪的，依照处罚较重的规定追究刑事责任。

其七，根据最高人民法院、最高人民检察院 2003 年 5 月 14 日《关于办理妨害预防、控制突发传染病疫情等灾害的刑事案件具体应用法律若干问题的解释》，违反国家在预防、控制突发传染病疫情等灾害期间有关市场经营、价格管理等规定，哄抬物价、谋取暴利、严重扰乱市场秩序，违法所得数额较大或者有其他严重情节的，依照《刑法》第 225 条第 4 项的规定，以非法经营罪定罪，从重处罚。

其八，根据最高人民法院、最高人民检察院、公安部、国家烟草专卖局 2003 年 12 月 23 日《关于办理假冒伪劣烟草制品等刑事案件适用法律问题座谈会纪要》，未经烟草专卖行政主管部门许可，无生产许可证、批发许可证、零售许可证，而生产、批发、零售烟草制品，情节严重的，以非法经营罪定罪处罚。

其九，根据最高人民法院、最高人民检察院、公安部 2004 年 7 月 19 日《关于依法开展打击淫秽色情网站专项行动有关工作的通知》，对于违法国家规定，擅自设立互联网上网服务营业场所，或者擅自从事互联网上网服务经营活动，情节严重，构成犯罪的，以非法经营罪论处。

其十，根据最高人民法院、最高人民检察院 2005 年 5 月 11 日《关于办理赌博刑事案件具体应用法律若干问题的解释》，未经国家批准擅自发行、销售彩票，构成犯罪的，依照刑法第 225 条第 4 项的规定，以非法经营罪论处。

2. 私人放高利贷的行为是否成立非法经营罪

私人放高利贷的行为，本身并不属于刑法修正案（七）所增设的第(3)种“非法从事资金支付结算业务的”情形，也没有任何立法、司法解释将其规定为“其他严重扰乱市场秩序的非法经营行为”。如果将私人放高利贷的行为认定为非法经营罪，不但缺乏法律依据，也会使本罪成为像“投机倒把罪”一样的“口袋罪”。不仅如此，私人放高利贷的行为具有对社会有利的一面，其行为的社会危害性具有相对性的特点，将私人放高利贷的行为认定为本罪，会造成本罪与《刑法》第 175 条高利转贷罪之间在处刑上不均衡的局面。因此，本书认为，私人单纯放高利贷的行为不应当成立犯罪。但这并不意味着所有与放高利贷相关的行为，都不成立任何犯罪：例如，为了筹集放贷资金而非法吸收公众存款或套取金融机构信贷资金，可能成立非法吸收公众存款罪、集资诈骗罪或高利转贷罪，又如，暴力收债并造成借款人死伤等严重后果的，可能涉及故意杀人、故意伤害罪及相关财产犯罪，再如，金融机构工作人员将金融机构资金（包括信贷资金或不入账的客户资金）高利放贷的，可能构成挪用资金罪、挪用公款罪、吸收客户资金不入账罪。不仅如此，放高利贷、暴力收债以及开设赌场等行为也是当前刑事司法中认定组织、领导、参加黑社会性质组织罪的有力证据。[①]

（三）非法经营罪的处罚

《刑法》第225条、第231条规定，个人犯本罪，处5年以下有期徒刑或者拘役，并处或者淡出违法所得1倍以上5倍以下罚金；情节特别严重的，除5年以上有期徒刑，并处违法所得1倍以上5倍以下罚金或者没收财产。单位犯本罪，对单位判处罚金，并对其直接负责的主管人员和其他直接责任人员，按照对个人犯本罪的规定处罚。

根据最高人民法院《关于审理非法出版物形式案件具体应用法律若干问题的解释》的规定，经营非法出版物"情节特别严重"的表现包括：个人非法经营数额在15万元至30万元以上的，单位非法经营数额在50万元至100万元以上的；或者个人违法所得数额在5万元至10万元以上的，单位违法所得数额在15万元至30万元以上的；或者个人非法经营报纸1.5万份、期刊1.5万本、图书5000册、音像制品及电子出版物5000张（盒）以上，单位非法经营报纸5万份、期刊5万本、图书1500册音像制品及电子出版物5000张（盒）以上，或者虽未达到上述标准但已达到上述标准的80%以上并且在两年内因经营非法出版物受过两次以上行政处罚又经营非法出版物，或者因经营非法出版物造成恶劣社会影响或者其他严重后果的。又根据最高人民法院《关于设立扰乱电信市场管理秩序案件具体应用法律若干问题的解释》的规定，非法经营国际及涉港澳台电信业务"情节特别严重"的表现包括经营去话业务数业务数额在500万元以上，或者经营来话业务造成电信资费损失数额在500万元以上的。

七、强迫交易罪

强迫交易罪，是指以暴力、威胁手段强迫他人从事相关交易活动，情节严重的行为。强迫交易包括，强迫他人与自己交易和强迫他人与第三人交易。强迫交易包括了五种情形：(1) 强买强卖商品的；(2) 强迫他人提供或者接受服务的；(3) 强迫他人参与或者退出投标、拍卖的；(4) 强迫他人转让或者收购公司、企业的股份、债券或者其他资产的；(5) 强迫他人参与或者退出特定的经营活动的。其中，第(3)、(4)、(5)种行为是《刑法修正案（八）》新增的行为方式。"情节严重"的主要表现是：暴力、威胁手段恶劣的；非法经营数额较大的；违法所得数额较大的；多次或对多人强迫交易引起公愤的等情况。在司法实践中，应当根据案件具体情况酌情掌握。如何区分强迫交易罪与抢劫罪，是司法实践中必须解决的重要问题。考虑到本罪的法定刑较低，且情节严重才构成本罪。因此，对于本罪的范围应当作如下限制：(1) 本罪只能发生在经营或交易活动中，主体应当是经常进行商业活动的人。例如，治安队员采用暴力方法强行

① 参见张理恒：《私放高利贷能否成立非法经营罪》，载《检察日报》2010年3月7日第3版。

收取保护费的，只能成立抢劫罪。(2) 本罪的暴力、威胁的内容与程度都低于抢劫罪、敲诈勒索罪。如果暴力、威胁的程度达到抢劫与敲诈勒索的程度，则应认定为抢劫罪与敲诈勒索罪(3)本罪通常表现为强迫他人以不公平的价格买卖商品、提供或接受服务。但这里“不公平的价格”只能是略高于、或略低于公平价格的价格。如果价格相差过大，则一般应认定为抢劫等更严重的犯罪。

《刑法》第226条、第231条规定，个人犯本罪，处3年以下有期徒刑或者拘役，并处或者单处罚金；情节特别严重的，处3年以上7年以下有期徒刑，并处罚金。单位犯本罪，对单位判处罚金，并对其直接负责的主管人员和其他直接负责人员，按照对个人犯本罪的规定处罚。

八、伪造、倒卖伪造的有价票证罪

伪造、倒卖伪造的有价票证罪，是指个人或单位伪造或者倒卖伪造的车票、船票、邮票或者其他有价票证，数额较大的行为。

本罪中的“伪造”包括有形伪造、无形伪造和变造三种情况。有形伪造是指，没有制作权的人制作足以使一般人信以为真的车票、船票、邮票或者其他有价票证；无形伪造是指，具有制作权的人超越其制作权限，违背事实制造内容虚假的有价票证；变造是指，改变有价票证的票面价值形态的各种行为。本罪的倒卖，是指贩卖、出卖，不要求先购入后出售。伪造后倒卖的，成立本罪，不实行并罚。根据最高人民法院2000年12月5日《关于对变造、倒卖变造邮票行为如何适用法律问题的解释》，变造或者倒卖变造的邮票数额较大的，应以本罪定罪处罚。

行为人必须伪造、或者倒卖伪造的有价票证。有价票证的范围，包括车票、船票、邮票以及参观体育比赛、文艺演出、旅游景点的各种门票，等等。“数额较大”的具体标准目前尚无可供参照的依据，司法实践中应当根据案件的具体情况酌情掌握。根据有关规定，非法制作或者出售非法制作的IC电话卡，数额较大的，应当以本罪论处。

《刑法》第227条第1款、第231条规定，个人犯本罪，处2年以下有期徒刑、拘役或者管制，并处或者单处票证价额1倍以上5倍以下罚金；数额巨大的，处2以上7年以下有期徒刑，并处或者单处票证价额1倍以上5倍以下罚金5万元以上50万元以下罚金。单位犯本罪，对单位判处罚金；并对其直接负责的主管人员和其他直接责任人员，按照个人犯本罪的规定处罚。

九、倒卖车票、船票罪

倒卖车票、船票罪，是指个人或者单位倒卖车票、船票，情节严重的行为。

这里的车票和船票，仅限于真票，不包括伪造的假票。这里的倒卖，应该是先购入后出售的行为。倒卖车票、船票，情节严重的，才成立本罪。高价、变相加价倒卖车票或者倒卖坐席、卧铺签字号及订购车票凭证，票面数额在5000元以上的，或者非法获利数额在2000元以上的，属于“倒卖车票情节严重”。

《刑法》第227条第2款、第231条规定，个人犯本罪，处3年以下有期徒刑、拘役或者管制，并处或者单处票价额1倍以上5倍以下罚金。单位犯本罪，对单位判处罚金，并对其直接负责的主管人员和其他直接责任人员，按照个人犯本罪的规定处罚。

▶ 十、非法转让、倒卖土地使用权罪

非法转让、倒卖土地使用权罪，是指自然人或者单位以牟利为目的，违反土地管理法规，非法转让、倒卖土地使用权，情节严重的行为。

“违反土地管理法规”，是指违反土地管理法、森林法、草原法等法律以及有关行政法规中关于土地管理的规定。“非法转让土地使用权”，是指将依法取得的土地使用权未经有关部门批准而擅自转让给他人的行为。“倒卖土地使用权”，是指对土地使用权进行转手买卖，从中牟利的行为。

根据最高人民法院《关于审理破坏土地资源刑事案件具体应用法律若干问题的解释》，非法转让、倒卖土地使用权，具有下列情形之一的，属于“情节严重”，应予追究刑事责任：(1) 非法转让、倒卖基本农田5亩以上的；(2) 非法转让、倒卖基本农田以外的耕地10亩以上的；(3) 非法转让、倒卖其他土地20亩以上的；(4) 非法牟利50万元以上的；(5) 非法转让、倒卖土地接近上述数量标准并且具有曾因非法转让、倒卖土地使用权受过行政处罚或者严重后果等其他恶劣情节的。多次实施上述行为依法应当追诉的，或者1年内多次实施上述行为未经处理的，按照累计的数量、数额处罚。

《刑法》第228条、第231条规定，个人犯本罪，处3年以下有期徒刑或者拘役，并处或者单处非法转让、倒卖土地使用权价额5%以上20%以下罚金；情节特别严重的，处3年以上7年以下有期徒刑，并处非法转让、倒卖土地使用权价额5%以上20%以下罚金。单位犯本罪，对单位判处罚金，并对其直接负责的主管人员和其他直接责任人员，按照个人犯本罪的规定处罚。根据《解释》，具有下列情形之一的，属于“情节特别严重”：(1) 非法转让、倒卖基本农田10亩以上那个的；(2) 非法转让、倒卖基本农田以外的耕地20亩以上的；(3) 非法转让、倒卖其他土地40亩以上的；(4) 非法牟利100万元以上的；(5) 非法转让、倒卖土地接近上述数量标准并且具有造成严重后果等其他恶劣情节的。

▶ 十一、提供虚假证明文件罪

提供虚假证明文件罪，是指承担资产评估、验资、验证、会计、审计、法律服务等职责的中介组织及其工作人员，故意提供虚假证明文件，情节严重的行为。

本罪的客观方面表现为，提供与事实不符的资产评估报告、验资证明、验证证明、会计报告、审计报告、法律文书等虚假的证明文件，情节严重的行为。根据《追诉标准》，提供虚假证明文件，给国家、公众或者其他投资者造成直接经济损失50万元以上的，或者造成直接损失40万元以上不满50万元，并具有因提供虚假证明文件受过两次以上行政处罚又提供虚假证明文件，或者造成恶劣影响等其他情节严重的，属于“情节严重”，应予追诉。

本罪主体为特殊主体，只能由承担资产评估、验资、验证、会计、审计、法律服务等

职责的中介组织及其工作人员构成。本罪的主观方面只能由故意构成。

《刑法》第229条第1款、第2款及第231条规定，个人犯本罪，处5年以下有期徒刑或者拘役，并处罚金；索取或者非法收受他人财物而犯本罪的，处5年以上10年以前有期徒刑，并处罚金。单位犯本罪，对单位判处罚金；并对直接负责的主管人员和其他直接责任人员，按照个人犯本罪的规定处罚。

十二、出具证明文件重大失实罪

出具证明文件重大失实罪，是指承担资产评估、验资、验证、会计、审计、法律服务等职责的中介组织及其工作人员，严重不负责任，出具的证明文件有重大失实，造成严重后果的行为。根据《追诉标准》，出具证明文件重大失实，给国家、公众或者其他投资者造成直接经济损失100万元以上的，或者造成恶劣影响的，应予追诉。本罪为过失犯罪。根据2009年1月7日最高人民检察院《关于公证员出具公证书有重大失实行为如何使用法律问题的批复》，公证员在履行公证职责过程中，严重不负责任，出具的公证书有重大失实，造成严重后果的，依照《刑法》第229条第3款的规定，以本罪论处。

《刑法》第229条第3款、第231条规定，个人犯本罪，处3年以下有期徒刑或者拘役，并处或者单处罚金。单位犯本罪，对单位判处罚金，并对其直接负责的主管人员或者其他直接责任人员，按照个人犯本罪的规定处罚。

十三、逃避商检罪

逃避商检罪，是指自然人或单位，违反进口商品检验法的规定，逃避商品检验，将必须经商检机构验证的进口商品未报经检验而擅自销售、使用，或者将必须经商检机构检验的出口商品未报经检验合格而擅自出口，情节严重的行为。根据《追诉标准》，因逃避商检，给国家、单位或者个人造成直接经济损失50万元以上的，导致病疫流行、灾害事故或者造成其他严重后果的，或者造成恶劣影响的，应予追诉。

《刑法》第230条、231条规定，个人犯本罪，处3年以下有期徒刑或者拘役，并处或者单处罚金。单位犯本罪，对单位判处罚金，并对直接负责的主管人员和其他直接责任人员，按照个人犯本罪的规定处罚。

【阅读参考书目】

1. 谢望原、赫兴旺主编：《刑法分论》，中国人民大学出版社2011年第2版。

2. 陈兴良：《判例刑法学》，中国人民大学出版社2009年版。

【思考题】

一、问答题

1. 走私国家禁止进出口的其他货物、物品罪和走私普通货物、物品罪的关系如何界定？

2. 刑法中的金融票证、票据、金融凭证和有价证券等各包括哪些范围？

3. 捡拾、盗窃、诈骗、抢夺或是抢劫信用卡并使用的行为，如何分别情形处理？

4. 侵犯商业秘密罪的行为方式包括哪些？

5.《刑法修正案(八)》对本章犯罪的修正主要体现在哪些地方?如何评价这些重要修正?

二、案例题

1. 案情:宋某深夜在小路上打劫路人,从被害人身上抢到一个钱包并带回家中。宋某的表弟林某恰巧在宋家,宋某即向林某炫耀自己抢劫来的"战利品",并当着林某的面翻看钱包。包里边装有几百元现金、一些证件和一张信用卡(借记卡)。宋某将现金装进自己裤袋后,将剩余的物件丢掉。林某捡拾起信用卡和身份证并放到自己身上,说"试试运气"。第二天一早,林某便到银行人工柜台上以被害人生日数字(从身份证上获悉)为密码查询卡中余额,发现该数字果真为信用卡的真实密码,遂顺利取走该卡中全部存款,共计人民币8500余元。

问题:林某行为如何定性?

2. 案情:从2001年至2010年间,某集团公司董事长熊某以个人名义从事放高利贷活动,涉案金额高达4300余万元。经查,借高利贷的人大多数是急需用钱但又无法从银行贷到款的中小企业主,贷款利息一般是银行同期同类贷款的5至10倍。熊某从事高利贷活动的资金都是来源于自己的正当经营所得,未发现有非法吸收公众存款、暴力讨债等其他不法行为。

问题:熊某在2009年2月28日前实施的上述行为是否成立非法经营罪?熊某在2009年2月28日《刑法修正案(七)》颁布后实施的上述行为又是否成立非法经营罪?

3. 案情:丁某系某市东郊电器厂(私营企业,不具有法人资格)厂长,2003年因厂里资金紧缺,多次向银行贷款未果。为此,丁某仿照银行存单上的印章模式,伪造了甲银行的储蓄章和行政章,以及银行工作人员的人名章,伪造了户名分别为黄某和唐某在甲银行存款额均为50万元的存单两张。随后,丁某约请乙银行办事处(系国有金融机构)副主任朱某吃饭,并将东郊电器厂欲在乙银行办事处申请存单抵押贷款的打算告诉了朱某,承诺事后必有重谢。朱某见有利可图,就让丁某第二天到办事处找信贷科科长张某办理,并答应向张某打招呼。次日,丁某来到乙银行办事处。朱某将其介绍给张某,让其多加关照。

张某在审查丁某提交的贷款材料时,对甲银行的两张存单有所怀疑,遂发函给甲银行查询。此时,丁某通过朱某催促张某,张某遂打电话询问查询事宜。甲银行储蓄科长答应抓紧办理,但张某未等回函,就为丁某办理了抵押贷款手续,并报朱某审批。后甲银行未就查询事宜回函。

朱某审批时发现材料有问题,就把丁某找来询问。丁某见瞒不过朱某,就将假存单之事全盘托出,并欺骗朱某说有一笔大生意保证挣钱,贷款将如期归还,并当场给朱某10万元好处费。朱某见丁某信誓旦旦,便收受了好处费,同意批给丁某100万元贷款。丁某获得贷款后,以感谢为名送给张某5万元,张某予以收受。丁某将贷款全部投入电器厂经营,结果亏损殆尽,致使银行贷款不能归还。检察机关将本案起诉至法院。

问题:简析丁某、朱某和张某涉嫌犯罪行为触犯的罪名,并根据有关的刑法理论和法律规定确定三人分别应如何定罪处罚。

第二十四章　侵犯公民人身权利、民主权利罪

人身权利和民主权利，是公民享有的根本权利，二者密不可分。人身权利是公民行使民主权利的前提和基础，民主权利是公民人身权利的保障。对侵犯公民人身权利、民主权利的犯罪进行惩处，对保护公民权利，稳定社会秩序有着重要的意义。学习本章应通过掌握各个犯罪的概念、犯罪构成来深入认识不同犯罪的不同特征。正确把握不同犯罪的客观方面和主观方面，是区分罪与非罪、此罪与彼罪的关键。

第一节　侵犯公民人身权利、民主权利罪总述

一、侵犯公民人身权利、民主权利罪的概念与构成要件

侵犯公民人身权利、民主权利罪，是指故意或过失侵犯公民人身权利、民主权利以及其他与公民人身权利有直接关系的权利，依法应受刑法惩罚的行为。

侵犯公民人身权利、民主权利罪包括36个罪名，这一类犯罪可以分为两个部分，一是侵犯公民人身权利的犯罪，即故意或过失侵犯公民人身权利以及其他与公民人身有直接关系的权利的犯罪；二是侵犯公民民主权利罪，即非法剥夺或侵犯公民依法行使其享有的管理国家事务、参加社会政治活动等各项民主权利的犯罪。

侵犯公民人身权利、民主权利罪的犯罪构成要件如下：

（1）这类犯罪的犯罪客体，是公民的人身权利、民主权利以及与公民的人身有直接关系的其他权利。

公民的人身权利，是指法律规定的公民依法享有的与其人身不可分离的权利，这种权利与人身联系紧密，只有权利人本人才享有，包括公民的生命权、健康权、性的不可侵犯权、人身自由权、人格权、名誉权以及与婚姻家庭有关的婚姻自由权和受扶养权，还包括与人身有直接关系的住宅不受侵犯权等。公民的民主权利，是指法律规定的公民所享有的管理国家事务、参加社会政治活动的权利以及其他民主权利，包括批评权、申诉权、控告权、检举权、选举权和被选举权、宗教信仰自由权、通信自由权等。由于公民的人身权利与公民的民主权利联系密切，我国刑法将侵犯这两类权利的犯罪放在一起作为一类犯罪。另外，法律还将诬告陷害罪等既侵犯公民的人身权利、又侵犯司法机关正常司法活动秩序的犯罪，也规定在这部分犯罪当中，这是因为这类犯罪侵犯的复杂客体中，主要客体是公民的人身权利。

（2）这类犯罪的客观方面表现为非法侵犯公民人身权利、民主权利以及其他与公民的人身权利有直接关系的权利的行为。

其中，从行为方式上来看，大多数犯罪表现出的行为方式既可以是作为，也可以是不作为，但某些犯罪，如强奸罪、绑架罪等，只能表现为作为形式。从结果上看，有的行

为按照法律要求发生危害结果才构成犯罪,如过失致人死亡罪、过失重伤罪等过失犯罪,而有的行为不要求以危害结果的发生作为构成犯罪的条件,如故意杀人罪。另外,一些如故意杀人罪、故意伤害罪等犯罪以造成特定的危害结果作为构成犯罪既遂的条件。

(3) 这类犯罪的主体多为一般主体。

即达到法定的刑事责任年龄、具有刑事责任能力的自然人。但有少数犯罪的主体只能是特殊主体,必须具备特定的身份。如非法剥夺公民宗教信仰自由罪、侵犯少数民族风俗习惯罪的主体只能是国家机关工作人员;私自开拆、隐匿、毁弃邮件、电报罪的主体只能是邮政工作人员;刑讯逼供罪、暴力取证罪、虐待被监管人罪的主体只能是司法工作人员。不具备特殊身份的人不能单独构成有特殊主体要求的犯罪,但可以构成共同犯罪人。另外,已满 14 周岁不满 16 周岁的人可以构成故意杀人罪、故意伤害(致人重伤或者死亡)罪、强奸罪等罪的犯罪主体。

(4) 这类犯罪的主观方面只能由故意构成。

除过失致人死亡罪和过失重伤罪的主观方面是过失以外,其他犯罪只能由故意构成,包括直接故意和间接故意。有的犯罪还必须具备特定的犯罪目的,如拐卖妇女、儿童罪的犯罪人主观上必须具有出卖的目的。

二、侵犯公民人身权利、民主权利罪的种类

根据犯罪侵害的直接客体和犯罪的主要特征,可以将本章的犯罪分为如下几类:

(1) 侵犯公民生命、健康权利的犯罪。包括故意杀人罪、过失致人死亡罪、组织他人出卖人体器官罪、故意伤害罪、过失致人重伤罪。

(2) 侵犯妇女、儿童身心健康权利的犯罪。包括强奸罪,强制猥亵、侮辱妇女罪,猥亵儿童罪。

(3) 侵犯公民人身自由权利的犯罪。包括非法拘禁罪,绑架罪,拐卖妇女、儿童罪,收买被拐卖的妇女、儿童罪,聚众阻碍解救被收买的妇女、儿童罪,诬告陷害罪,强迫劳动罪,协助强迫劳动罪,雇用童工从事危重劳动罪,非法搜查罪,非法侵入住宅罪。

(4) 侵犯名誉的犯罪。包括侮辱罪、诽谤罪。

(5) 司法工作人员侵犯公民权利的犯罪。包括刑讯逼供罪、暴力取证罪、虐待被监管人罪。

(6) 侵犯宗教信仰自由、民族平等权利的犯罪。包括煽动民族仇恨、民族歧视罪,出版歧视、侮辱少数民族作品罪,非法剥夺公民宗教信仰自由罪,侵犯少数民族风俗习惯罪。

(7) 侵犯公民民主权利的犯罪。包括侵犯通信自由罪,私自开拆、隐匿、毁弃邮件、电报罪,出售、非法提供公民个人信息罪,非法获取公民个人信息罪,报复陷害罪,打击报复会计、统计人员罪,破坏选举罪。

(8) 侵犯婚姻家庭权利的犯罪。包括暴力干涉婚姻自由罪,重婚罪,破坏军婚罪,虐待罪,遗弃罪,拐骗儿童罪,组织残疾人、儿童乞讨罪,组织未成年人进行违反治安管理活动罪。

第二节　侵犯公民人身权利、民主权利罪分述

一、故意杀人罪

(一) 故意杀人罪的概念和构成要件

故意杀人罪,是指故意非法剥夺他人生命的行为。

本罪的构成要件是:

(1) 本罪的犯罪客体是他人的生命权利。生命权是自然人最基本的权利,任何人的生命不因其年龄、性别、种族、民族、职业、地位等各方面因素的不同,而影响在法律上受保护的地位,即任何人的生命都受到法律的保护,受害人的不同情况不影响对本罪的认定。人的生命权利始于出生,终于死亡。对于出生和死亡的标准有不同的观点,按照通说,一般认为,人的生命起始于胎儿脱离母体并开始独立呼吸的时候。生命终结实践中以心脏停止跳动为标准,理论上也有以脑死亡为生命终结标志的观点,即认为自然人的死亡以包括大脑、小脑和脑干在内的脑的全部功能不可逆地完全消失为标志。只有活着的自然人才有生命权,因此,胎儿和尸体不是故意杀人罪的犯罪对象。在我国,堕胎不是犯罪,非法堕胎伤害孕妇身体的,或者对孕妇进行伤害导致孕妇流产的,可构成过失重伤罪或者故意伤害罪等犯罪。毁坏他人尸体的行为可构成侮辱尸体罪。如果行为人有杀人的故意,但是误把尸体当成活人并使用能够杀死人的手段来杀害,这种情况属于主观上对事实的认识错误,应当认定为对象不能犯的故意杀人未遂。

(2) 本罪的客观方面表现为非法剥夺他人生命的行为。首先,要有剥夺他人生命的行为,表现为直接或者间接作用于他人的身体,使其生命在自然死亡的时间之前终结。行为方式可以是作为,如枪击、刀砍等行为,也可以是不作为,通常表现为有看护、救助义务的人未尽义务、见死不救,从而致人死亡,如母亲不哺乳、喂养婴儿,导致婴儿死亡。实践中,以作为为表现形式的故意杀人罪较为常见。法律对故意杀人罪的方法、手段没有限制,凡是能够非法剥夺他人生命的行为,均可构成本罪。但是,如果行为人使用放火、爆炸、投放危险物质、决水等危险方法杀人从而危害到公共安全的,则应当以放火罪、爆炸罪、投放危险物质罪、决水罪等危害公共安全的犯罪论处。其次,剥夺他人生命的行为必须是非法的。执行死刑命令、正当防卫等合法行为导致他人死亡的,不属于故意杀人罪。另外,由于本罪侵犯的是他人的生命权利,所以,行为人剥夺自己生命的自杀行为不属于故意杀人罪,但是,引起自杀的原因以及自杀的表现形式往往比较复杂,致使他人自杀的人要不要负刑事责任、负何种刑事责任的问题,需要进行具体分析。最后,故意杀人罪以发生他人死亡的结果作为构成犯罪既遂的标准,如果没有发生他人死亡的结果,则属于本罪的未完成形态。

(3) 本罪的主体是已满 14 周岁、具有刑事责任能力的自然人。

(4) 本罪的主观方面是故意,包括直接故意和间接故意,即明知自己的行为会导致他人死亡的危害结果,而希望或者放任这种结果的发生。故意杀人的动机多种多样,表现为不同的杀人类型,如报复杀人、基于义愤的杀人、“大义灭亲”的杀人、不堪虐

待杀人等等。杀人动机的不同不影响本罪的成立，但是对量刑会有一定的影响。

（二）故意杀人罪的认定

1. 要注意刑法中与故意杀人罪有关的条文规定

根据《刑法》第238条、第247条、第248条、第289条和第292条的规定，对非法拘禁使用暴力致人死亡的，刑讯逼供或暴力取证致人死亡的，虐待被监管人致人死亡的，聚众"打砸抢"致人死亡的，聚众斗殴致人死亡的，应当以故意杀人罪论处。根据《刑法》第239条、第300条的规定，绑架人质后杀害被绑架人的，应当定绑架罪处死刑。组织和利用会道门、邪教组织或者利用迷信蒙骗他人，致他人死亡的，应当以组织、利用会道门、邪教组织、利用迷信致人死亡罪论处。

2. 对与自杀有关的案件应当具体问题具体分析，区别处理

自杀是自己结束自己生命的行为，对自杀的人自己来说，这种行为不构成犯罪。但是，在实践中，自杀的情况比较复杂，在由于他人的行为引起的自杀中，往往会涉及引起他人自杀的人是否犯罪的问题。一般来说，以下几种情况需要引起我们的注意：

（1）相约自杀。如果双方相约共同自杀，互相未实施教唆、帮助或诱使的行为，并且最终双方均自杀身亡，这种情况不存在刑事责任问题；如果双方相约各自实施自杀行为，结果一方自杀身亡，另一方自杀未成，未成的一方不负刑事责任；如果相约自杀的双方约定由一方杀死对方，然后再自杀，结果在杀死对方后自杀未成或者放弃了自杀的念头，这种情况应当以故意杀人罪论处，但量刑时可以从轻考虑；如果以相约自杀为名，诱骗他人自杀的，构成故意杀人罪。

（2）引起他人自杀。对于引起他人自杀的行为，如果行为人主观上没有杀人故意的，不应当以故意杀人罪论处。

如果行为人合法正当的行为引起他人自杀，行为人不负刑事责任；行为人的错误行为或者轻微违法行为引起他人自杀，行为人也不负刑事责任；如果行为人的严重违法行为导致他人自杀，而行为人本身没有杀人的故意，行为人不应当承担故意杀人罪的责任，但要承担其他罪行的刑事责任。这样的违法行为包括两种情况：一种情况是行为本身的强度或其他情节并不严重，但是引起他人自杀身亡，这一事实便会成为确定有罪的一个关键因素，从而使行为人的行为构成犯罪，如侮辱、诽谤等行为；另一种情况是行为本身已经构成了犯罪，并导致了被害人的自杀，这种情况下，自杀的事实应当成为相关犯罪的从重处罚的量刑情节，如强奸罪。

如果行为人有杀死他人的故意，并利用权势或暴力、胁迫等手段逼迫他人自杀，应当以故意杀人罪论处。

（3）帮助或教唆他人自杀。帮助他人自杀，是指在他人有自杀意图的前提下，通过精神上的鼓励、物质上的帮助，使其坚定或实现自杀的意图。教唆他人自杀，是指使没有自杀意图的人产生自杀意图。帮助、教唆他人自杀的，应当承担故意杀人罪的刑事责任。对于组织、策划、煽动、教唆、帮助邪教组织人员自杀的，应当按照故意杀人罪定罪处罚。

3. 受嘱托杀人，一般应当以故意杀人罪论处

受嘱托杀人，是指接受已有自杀意图的人的嘱托而直接将其杀死的行为。这种行为从广义上讲也是帮助他人自杀的行为，但是由于行为人直接实施杀人行为，所以该行为与一般的通过创造自杀的便利条件帮助他人自杀的行为有所不同。受嘱托杀人的行为应当以故意杀人罪论处。对他人实施安乐死的，也应当以故意杀人罪论处。安乐死，一般是指针对患有不治之症、濒临死亡的病人，为解除其精神上、肉体上受到的极度痛苦，受患者的嘱托，而使其无痛苦地提前死亡的行为。在我国目前的情况下，安乐死在本质上也是一种受嘱托杀人的行为，应当以故意杀人罪论处，但是在处罚的时候可以考虑从轻。

（三）故意杀人罪的刑事责任

根据《刑法》第 232 条的规定，故意杀人的，处死刑、无期徒刑或者 10 年以上有期徒刑；情节较轻的，处 3 年以上 10 年以下有期徒刑。情节较轻的故意杀人主要有：基于义愤的杀人、因受被害人长期迫害的杀人、受嘱托杀人、“大义灭亲”的杀人等等。根据《刑法》第 56 条的规定，对于故意杀人的犯罪分子，可以附加剥夺政治权利。故意杀人罪是一种非常严重的犯罪，但在实践中犯罪的表现各不相同。《刑法》第 232 条的规定，通过对刑种和刑度的从重到轻的排列，表明对于犯故意杀人罪的人量刑时，应根据犯罪的具体情况，首先考虑判处死刑等较重的刑罚，再依次考虑较轻的刑罚。对于故意杀人罪，既不能认为杀人既遂一定要判处死刑，也不能认为杀人未遂就不判死刑，而是应当依据案件的全部情况，考虑到各种情节，正确地确定罪犯的刑事责任，适当量刑。

▶ 二、过失致人死亡罪

过失致人死亡罪，是指因过失致使他人死亡的行为。本罪在客观上必须实施了导致他人死亡的行为，并造成了他人死亡的结果，并且行为和死亡结果之间存在因果关系。本罪的主体是已满 16 周岁，具有刑事责任能力的自然人。行为人主观上必须是过失，即应当预见到自己的行为可能会导致他人死亡的这种结果发生，由于疏忽大意没有预见到，或者已经预见到但是轻信能避免，以至于导致他人死亡。要正确认定本罪，首先，应注意与故意杀人罪的区别，两者主要是主观心理态度不同。其次，要注意本罪与意外事件致人死亡的区别，虽然两者都导致了他人死亡的结果，并且对死亡结果的发生都没有预见到，但是与疏忽大意的过失致人死亡相比，意外事件致人死亡的行为人对死亡结果的发生是没有能力预见的，而疏忽大意的过失致人死亡的行为人对死亡结果的发生是应当预见而没有预见到。另外，还要注意构成本罪在客观上必须发生他人死亡的结果。如果过失重伤进而导致被害人死亡，应当根据死亡的结果认定为过失致人死亡罪，而不能定为过失伤害致死罪。最后，要将过失致人死亡罪和过失引起被害人死亡的其他犯罪区别开来。在诸如失火罪、过失爆炸罪、交通肇事罪等过失犯罪中，也会导致过失致人死亡的结果，但这些犯罪往往客观上危害到公共安全，主观上表现为业务过失，所以应当按照相应的特别规定定罪，而不定为过失致人死亡罪。

在《刑法》第233条规定的过失致人死亡罪以外，刑法对过失致人死亡的情况另有规定的，依照相关规定论处。根据《刑法》第233条的规定，犯过失致人死亡罪的，处3年以上7年以下有期徒刑；情节较轻的，处3年以下有期徒刑。

三、组织他人出卖人体器官罪

组织他人出卖人体器官罪，是指组织他人出卖人体器官、损害他人身体健康的行为。根据我国《刑法修正案(八)》第37条的规定，组织他人出卖人体器官的，处5年以下有期徒刑，并处罚金；情节严重的，处5年以上有期徒刑，并处罚金或者没收财产。未经本人同意摘取其器官，或者摘取不满18周岁的人的器官，或者强迫、欺骗他人捐献器官的，依照我国《刑法》第234条、第232条的规定以故意伤害罪、故意杀人罪定罪处罚。违背本人生前意愿摘取其尸体器官，或者本人生前未表示同意，违反国家规定，违背其近亲属意愿摘取其尸体器官的，依照本法第302条的规定以盗窃、侮辱尸体罪定罪处罚。

四、故意伤害罪

（一）故意伤害罪的概念和构成要件

故意伤害罪，是指故意非法损害他人身体健康的行为。

本罪的构成要件是：

（1）本罪的犯罪客体是他人的身体健康权。他人的身体健康权，是指他人对保持自身的肢体、器官、组织的完整和正常机能的权利。如果侵犯他人身体的行为不具有造成损害他人肢体、器官、组织的完整和正常机能的效果，且行为人主观上也没有侵犯他人身体健康权利的意图，不构成本罪。仅造成一定程度肉体疼痛的一般殴打行为就属于这种情况。由于本罪的犯罪客体是他人的身体健康权，所以有意伤害自己身体健康的，不构成本罪。但是，军人在战时为逃避军事义务自伤身体的，则构成战时自伤罪。对于非法教唆帮助他人伤害自己身体健康的行为，则可构成犯罪。如：组织、策划、煽动、教唆、帮助邪教组织人员自残的，应当按照故意伤害罪定罪处罚。

（2）本罪的客观方面，必须有非法损害他人身体健康的行为。表现为破坏他人人体的肢体、组织的完整性，或者损坏他人人体肢体、组织、器官的正常机能。伤害行为可以是作为，也可以是不作为。伤害行为必须是非法的，如果是正当防卫等正当合法行为导致他人伤害，不构成犯罪。

伤害结果根据程度的不同分为轻伤、重伤和伤害致死三种情况。根据《刑法》第95条，重伤是指有下列情形之一的伤害：第一，使人肢体残疾或者毁人容貌的；第二，使人丧失听觉、视觉或者其他器官机能的；第三，其他对于人身健康有重大伤害的。其中，肢体残废是指由各种致伤因素致使肢体缺失或者肢体虽然完整但已丧失功能。毁人容貌是指毁损他人面容，致使面容显著变形、丑陋或者功能障碍。丧失听觉是指损伤后，一耳语音听力减退在91分贝以上，或者损伤后两耳语音听力减退在60分贝以上。丧失视觉，是指损伤后，一眼盲，或者损伤后，两眼低视力，其中一眼低视力为2级，或者眼损伤或颅脑损伤致使视野缺损(视野半径小于10度)。丧失其他器官机能,是指丧失听觉、视觉之外的其他器官的功能或者功能严重障碍。其他对于人体健康有重大伤害的损伤,是指上述几种重伤之外在受伤当时危及生命或者在损伤过程中能够引起威胁生命的并发症,以及其他严重影响人体健康的损伤。

轻伤,是指物理、化学及生物等各种外界因素作用于人体,造成组织、器官结构的一定程度的损害或者部分功能障碍,尚未构成重伤,又不属于轻微伤的损伤。

对于伤害范围以及伤害程度的认定,应当参照司法部、最高人民法院、最高人民检察院、公安部1990年发布的《人体重伤鉴定标准》和《人体轻伤鉴定标准(试行)》的规定。评定伤害程度,必须坚持实事求是的原则,具体伤情,具体分析。损伤程度包括损伤当时原发性病变、与损伤有直接联系的并发症,以及损伤引起的后遗症。鉴定时,应依据人体损伤当时的伤情及其损伤的后果或者结局,全面分析,综合评定。

(3) 本罪的主体是一般主体,但是在不同的伤害行为中对犯罪主体的构成条件要求是不同的。故意伤害致人轻伤的犯罪主体是年满16周岁,具有刑事责任能力的自然人;故意伤害致人重伤或者死亡的犯罪主体是年满14周岁,具有刑事责任能力的自然人。

(4) 本罪的主观方面,表现为非法伤害他人身体健康的故意,可以是直接故意,也可以是间接故意。在故意伤害致人死亡的情况下,行为人对伤害的结果有犯罪的故意,但是对死亡的结果则是过失的心理态度。伤害的动机多种多样,动机不影响本罪的成立,但是对量刑会产生影响。

(二) 故意伤害罪的认定

1. 故意伤害与一般的殴打行为之间的界限

一般的殴打,是指给他人造成暂时性的肉体疼痛,或使他人神经受到轻微刺激的行为。与伤害行为不同,殴打行为不破坏肢体、组织的完整性,也不损坏他人人体肢体、组织、器官的正常机能。在有些情况下,殴打也可能导致他人身体一定的程度的损害,如皮下出血、面部青肿,但显著轻微,不构成轻伤,不能以故意伤害罪论处。

2. 故意伤害致死和过失致人死亡的界限

这两种情况相同之处在于客观上都造成了他人死亡的结果,主观上对死亡的结果存在过失。区别两者的关键在于主观上有没有伤害的故意。故意伤害致死的行为人在主观上具有伤害的故意,对被害人的死亡存在过失,主观方面表现为复杂罪过形式;而过失致人死亡的行为人主观上只有致人死亡的过失,没有伤害的故意。据此,可以认为,行为人在没有伤害故意的情况下,导致他人死亡的,即便是行为人主观上有一般殴打的故意,也不能因此认定为是故意伤害罪,至于是否可以认定为是过失致人死亡罪,那要看行为人有没有致人死亡的过失。

3. 故意伤害罪和故意杀人罪的界限

一般来说,故意伤害罪和故意杀人罪在两种情况下较难以区分,一是均发生他人死亡结果的故意伤害致人死亡和故意杀人既遂,二是均没有发生他人死亡结果的故意伤害和故意杀人未遂。区分这些不同性质行为的关键在于正确认定行为人的主观心理态度。不管是否造成被害人的死亡结果,对于行为人主观上具有杀人故意的,均应当认定为是故意杀人罪;而对于行为人主观上具有伤害故意的,则应认定为故意伤害罪。实践当中,应当综合考虑与案件有关的各种情况正确认定案件的性质。

4. 故意伤害罪和包含伤害内容的其他犯罪的界限

刑法对于一些故意伤害他人身体健康的行为,根据不同情况,分别作了专门的规定,确定了与故意伤害罪不同的罪名和刑罚。所以,行为人在实施放火、爆炸等其他犯罪行为时致人伤害的,应当分别依照与放火罪、爆炸罪等有关的各个条款定罪量刑,而不再以故意伤害罪论处。因此,《刑法》第 234 条在规定了故意伤害罪的定罪和量刑的同时,还规定:"本法另有规定的,依照规定"。

(三) 故意伤害罪的刑事责任

根据《刑法》第 234 条的规定,故意伤害他人身体的,处 3 年以下有期徒刑、拘役或者管制;致人重伤的,处 3 年以上 10 年以下有期徒刑;致人死亡或者以特别残忍手段致人重伤造成严重残疾的,处 10 年以上有期徒刑、无期徒刑或者死刑。这里的"致人重伤"应按照《人体重伤鉴定标准》来确定。这里的"严重残疾",根据 1999 年 10 月 27 日"全国法院维护农村稳定刑事审判工作座谈会纪要"指出,是指有下列情形之一:被害人身体器官大部缺损、器官明显畸形、身体器官有中等功能障碍、造成严重并发症等。残疾程度可以分为一般残疾(十至七级)、严重残疾(六至三级)、特别严重残疾(二至一级),六级以上视为"严重残疾"。在有关司法解释出台前,可统一参照 1996 年国家技术监督局颁布的《职工工伤与职业病致残程度鉴定标准》确定残疾等级。实践中,并不是只要达到"严重残疾"就判处死刑,还要根据伤害致人"严重残疾"的具体情况,综合考虑犯罪情节和危害后果来决定刑罚。故意伤害致人重伤造成严重残疾,只有犯罪手段特别残忍,后果特别严重的,才能考虑适用死刑(包括死刑缓期 2 年执行)。

根据最高人民法院 1997 年 12 月 23 日发布的《关于对故意伤害、盗窃等严重破坏社会秩序的犯罪分子能否附加剥夺政治权利问题的批复》,对于主观恶性较深、犯罪情节恶劣、罪行严重的犯罪分子,可以附加剥夺政治权利。

五、过失致人重伤罪

过失致人重伤罪,是指过失伤害他人身体,致人重伤的行为。本罪的犯罪客体是他人的健康权。客观方面必须要有伤害的行为并造成了重伤的结果。本罪主体是一般主体,即年满 16 周岁,具有辨认和控制自己行为能力的自然人。行为人在主观方面必须要有导致重伤的疏忽大意的过失或过于自信的过失,即行为人应当预见到自己的行为会导致他人重伤的结果,由于疏忽大意没有预见到,或者已经预见到但轻信能避免,以至于导致重伤结果发生。根据《刑法》第 235 条的规定:过失伤害他人致人重伤的,处 3 年以下有期徒刑或者拘役。本法另有规定的,依照规定。"本法另有规定的,依照规定",是指刑法分则对由于过失致人重伤的行为,另有不同的定罪量刑的规定,应当予以适用,按所规定的相关犯罪进行定罪量刑,而不再以本条所规定的过失重伤罪论处。

六、强奸罪

（一）强奸罪的概念和构成要件

强奸罪，是指违背妇女意志，以暴力、胁迫或者其他手段，强行与妇女性交的行为，或者奸淫幼女的行为。

本罪的构成要件是：

（1）本罪的犯罪客体是妇女的性的不可侵犯的权利，构成强奸罪的奸淫幼女行为则侵犯了幼女的身心健康权利。妇女的性的不可侵犯的权利是指妇女按照自己的意志决定性行为的权利。也有人把这种权利表述为妇女的性自由权利。[①] 本罪的犯罪对象为已满14周岁的妇女，以及不满14周岁的幼女。妇女的性的不可侵犯的权利只能是有生命的妇女才能享有，奸淫女尸的行为不构成强奸罪，但可构成侮辱尸体罪。如果强奸过程中，行为人使用暴力手段致使被害妇女死亡，并进而奸淫妇女尸体的，应当构成强奸罪。

（2）本罪的客观方面，表现为以暴力、胁迫或者其他手段，强行与妇女发生性交的行为，或者奸淫幼女的行为。

本罪的行为方式表现为违背被害人的意志而强行与之性交。所以，不以性交为目的的猥亵行为不构成强奸罪。违背妇女意志，是指违背妇女不愿意与行为人性交的意志。要正确认定是否存在违背妇女意志的情况，必须着重考察行为人使用的手段，准确判断被害人在行为发生时的状况和心理态度，而不能只从表面上看妇女有没有反抗、拒绝等意思表示，不能简单地以妇女没有反抗的行为来否认强奸行为的存在。行为人违背被害人的意志而实施强奸行为必然会使用一定的手段，按照法律规定，如果行为人使用了暴力、胁迫或者其他手段，使被害人不能反抗、不知反抗、不敢反抗，便在客观上符合强奸罪的特征。违背妇女意志与使用暴力、胁迫或者其他手段共同构成强奸罪的行为特征。

“暴力手段”，是指行为人直接对被害妇女采用殴打、捆绑、卡脖子、按倒等危害人身安全或者自由，使妇女不能抗拒的手段。“胁迫手段”，是指行为人对被害妇女威胁、恫吓，达到精神上的强制的手段。如：扬言行凶报复、揭发隐私、加害亲属等相威胁，利用迷信进行恐吓、欺骗，利用教养关系、从属关系、职权以及孤立无援的环境条件，进行挟制、迫害等，迫使妇女忍辱屈从，不敢抗拒。“其他手段”，是指行为人用暴力、胁迫以外的手段，使被害妇女无法抗拒。例如：利用妇女患重病、熟睡之机，进行奸淫；以醉酒、药物麻醉，以及利用或者假冒治病等方法对妇女进行奸淫。

与不满14周岁的幼女发生性关系的奸淫幼女行为亦构成强奸罪。奸淫幼女的行为人不论是否经过幼女的同意，也不论是否采用了暴力、胁迫或其他手段，只要与幼女发生性行为，均应认定为强奸罪。这是因为幼女与14周岁以上的妇女不同，其身心发育不成熟，不了解性行为的后果与意义，需要法律做不同的规定，进行特别保护。

---

① 参见高铭暄、马克昌主编：《刑法学》，北京大学出版社、高等教育出版社2007年版，第525页。

(3) 本罪的主体是年满14周岁,具有刑事责任能力的男性。女性不能单独构成本罪,但是可以成为本罪的教唆犯或帮助犯。已满14周岁不满16周岁的人奸淫幼女的,构成强奸罪。但是,已满14周岁不满16周岁的人与幼女发生性关系,情节轻微、尚未造成严重后果的,不认为是犯罪。

(4) 本罪的主观方面是直接故意,行为人具有强行奸淫的目的,即行为人明知自己的行为违背妇女的意志,而决意强行与之发生性行为。

(二) 强奸罪的认定

1. 强奸与通奸的区分

通奸是双方或一方有配偶的男女,自愿发生的性行为。与强奸相比,通奸不违背妇女的意志,不存在强制手段,而且通奸者在主观上没有强行奸淫的故意。区别两种行为一定要紧密联系强奸罪的构成要件,不能简单地把在通奸中行为人有拉扯行为,或者妇女表现出犹豫不决的心态,作为认定行为人使用了暴力手段或违背妇女意志的体现。对于利用教养关系、从属关系,或者利用职权、封建迷信,或以治病为名,胁迫并违背妇女的意志与其发生性行为的,应认定为强奸罪。而对于行为人利用职权上、物质上或精神上某种优越条件或利益,进行引诱,女方接受引诱,或基于相互利用目的,与行为人发生性行为的,不能认定为强奸罪。如果行为人先是通奸,后来女方不愿意继续通奸,行为人以暴力、胁迫或其他方法强行与妇女发生性行为的,应认定为强奸罪。但是,如果第一次性行为违背妇女的意志,但事后女方并没有告发,后来女方又多次自愿与该男子发生性行为的,根据有关的司法解释,一般不宜以强奸罪论处。犯罪分子强奸妇女后,对被害妇女实施精神上的威胁,迫使其继续忍辱屈从,与犯罪分子发生性关系的,应以强奸罪论处。实践当中,有的妇女在通奸关系破裂以后,出于某种原因,把通奸说成是强奸,对此应当本着实事求是的原则,认真调查,不能认定为强奸。[①]

2. 要把轮奸行为与聚众淫乱行为区别开来

轮奸是指两人以上在一段较短的时间内先后轮流强奸同一妇女。轮奸行为是强奸罪的一种特殊表现形式。轮奸行为违背了被害妇女的意志,而聚众淫乱行为中的行为人是自愿发生性交行为的,所以不构成强奸罪,但是可以构成聚众淫乱罪。如果在聚众淫乱活动中,既有男女之间的淫乱行为,又有挟持妇女进行强奸的,后一种行为应定为强奸罪。

3. 正确认定行为人与幼女发生性行为的性质

根据2000年2月13日最高人民法院《关于审理强奸案件有关问题的解释》,已满14周岁不满16周岁的人,与幼女发生性关系,如果情节轻微、尚未造成严重后果的,不构成强奸罪;除此之外,只要行为人与幼女发生了性关系,且明知是幼女的,即构成强奸罪。2003年1月17日,最高人民法院颁布了《关于行为人不明知是不满十四周岁的幼女双方自愿发生性关系是否构成强奸罪问题的批复》,指出行为人明知是不满14周

---

① 参见最高人民法院、最高人民检察院、公安部1984年4月26日发布的《关于当前办理强奸案件中具体应用法律的若干问题的解答》。

岁的幼女而与其发生性关系,不论幼女是否自愿,均应依照《刑法》第236条第2款的规定,以强奸罪定罪处罚;行为人确实不知对方是不满14周岁的幼女,双方自愿发生性关系,未造成严重后果,情节显著轻微的,不认为是犯罪。

4. 正确认定与女精神病患者或者女痴呆患者发生性行为的性质

如果行为发生在女间歇性精神病人的精神正常时期,或者行为对象是尚未完全丧失辨认和控制能力的女精神病患者,只要不存在违背妇女意志的情况,就不应认定为强奸罪。如果行为人明知对方是不能正常表达自己意志的女精神病患者或痴呆者,并与之发生性行为的,不管是否征得了妇女的"同意",也不管使用了什么样的手段,都应当认定为强奸罪。但是,如果行为人不知道对方是精神病患者或痴呆者,经对方的同意并且未使用暴力、胁迫或其他手段与其发生性行为的,不应认定为强奸罪。

(三)强奸罪的刑事责任

根据《刑法》第236条的规定,犯本罪,以暴力、胁迫或者其他手段强奸妇女的,处3年以上10年以下有期徒刑。奸淫不满14周岁的幼女的,以强奸论,从重处罚。强奸妇女、奸淫幼女,有下列情形之一的,处10年以上有期徒刑、无期徒刑或者死刑:(1)强奸妇女、奸淫幼女情节恶劣的;(2)强奸妇女、奸淫幼女多人的;(3)在公共场所当众强奸妇女的;(4)二人以上轮奸的;(5)致使被害人重伤、死亡或者造成严重后果的。其中,"情节恶劣",是指强奸的手段残忍,社会影响很坏等等。"强奸妇女、奸淫幼女多人",一般是指3人以上。"轮奸",是指两人以上在一段较短的时间内先后轮流强奸同一妇女。"致使被害人重伤、死亡",是指强奸妇女导致被害人性器官严重损伤,或者造成其他严重损害,甚至当场死亡或者经抢救无效死亡,这种情况属于结果加重犯,仍然定为强奸罪。但是,如果行为人处于报复、灭口等动机,在实施强奸的过程中或在强奸以后,杀死或者伤害被害人的,应当认定为强奸罪、故意杀人罪或故意伤害罪,实行数罪并罚。"造成其他严重后果",是指因为强奸行为导致被害人自杀、精神失常等严重后果。此外,根据《关于审理强奸案件有关问题的解释》的规定,对于行为人既实施了强奸妇女行为又实施了奸淫幼女行为的,依照《刑法》第236条的规定从重处罚。根据刑法第56条的规定,对于强奸犯罪分子,可以附加剥夺政治权利。

七、强制猥亵、侮辱妇女罪

强制猥亵、侮辱妇女罪,是指以暴力、胁迫或者其他手段,违背妇女意志,强制猥亵妇女或者侮辱妇女的行为。本罪的犯罪客体是妇女的人身权利,即妇女的人格尊严和人身自由权利。这里的妇女是指14周岁以上的女性。本罪的客观方面,表现为以暴力、胁迫或者其他方法违背妇女的意志,强制猥亵、侮辱妇女的行为。猥亵妇女,是指针对妇女实施的,除奸淫以外的,刺激满足行为人或者第三者性欲,伤害普通人的正常的性羞耻心,违反善良的性道德观念的行为。侮辱妇女,是指以各种淫秽下流的动作或其他手段,伤害妇女的性羞耻心,损害妇女人格的行为。猥亵、侮辱妇女,必须使用暴力、胁迫或者其他使妇女不能反抗、不敢反抗、不知反抗的强制方法。本罪的主体为一般主体,通常表现为男性,女性可以成为本罪的共犯,实践当中,女性成为本罪直接正犯的情况也是存在的。本罪的主观方面是直接故意,一般具有刺激或满足行为人或第三者性欲、损害妇女人格的目的,但是行为人没有奸淫的目的。

强制猥亵、侮辱妇女罪与强奸罪在犯罪对象同为14周岁以上的妇女的情况下,两者有一些相同之处,如:犯罪对象相同,在客观上都使用了暴力、胁迫或其他方法。特别是强制猥亵、侮辱妇女罪和强奸罪未遂形态在客观上十分相似,实践中需要严格区分。强制猥亵、侮辱妇女罪与强奸罪的主要区别有:(1)犯罪客体不同。虽然两个犯罪的犯罪客体都与妇女的身心健康有关,但前者是妇女的人格尊严和人身自由权利,后者是妇女的性的不可侵犯的权利。(2)客观方面不同。前者表现为除性交以外的猥亵、侮辱行为,后者表现为性交行为。(3)犯罪主体不同。前者的直接正犯可以是男性,也可以是女性,后者的直接正犯只能是男性。(4)主观方面不同。前者没有奸淫的目的,而后者以奸淫为目的。

根据《刑法》第237条的规定,犯本罪的,处5年以下有期徒刑或者拘役;聚众或者在公共场所当众犯本罪的,处5年以上有期徒刑。

▶ 八、猥亵儿童罪

猥亵儿童罪,是指猥亵不满14周岁的儿童的行为。本罪的犯罪客体是儿童的身心健康。对象是不满14周岁的幼男或幼女,这是本罪和强制猥亵妇女罪的主要区别。猥亵行为可以是强制性的,也可以是非强制性的。如果儿童为幼女,则男性行为人主观上有猥亵的故意,但不具有奸淫的意图,这是本罪和强奸罪中的奸淫幼女行为的主要区别。本罪的主体为一般主体。本罪的主观方面为直接故意。根据《刑法》第237条的规定,犯本罪的,依照强制猥亵、侮辱妇女罪的法定刑从重处罚,即在5年以下有期徒刑或者拘役的法定刑幅度内从重处罚;聚众或者在公共场所当众犯本罪的,在5年以上有期徒刑的法定刑幅度内从重处罚。

▶ 九、非法拘禁罪

(一)非法拘禁罪的概念和构成要件

非法拘禁罪是指采取拘禁或者其他强制方法非法剥夺他人人身自由的行为。

本罪的构成要件是:

(1)本罪的犯罪客体,是他人的人身自由权,即他人根据自己的意愿自由支配自己身体活动的权利。

(2)本罪的客观方面表现为非法剥夺他人人身自由的行为,行为方式多种多样,既可以表现为作为方式,也可以表现为不作为方式。可以是直接拘束他人的身体,使其不能自由活动,如捆绑、关押;也可以是间接拘束他人的身体,使其不能或难以离开特定的场所。拘禁,是指以强制性的方法使他人在一定时间内失去行动的自由。拘禁行为必须是非法的,即拘禁行为没有实体法或程序法方面的依据。无权拘禁他人的公民非法拘禁他人构成本罪,有权拘禁他人的司法工作人员利用职权,不遵守法律的规定拘禁他人的,也构成本罪。合法的拘禁行为,如司法机关依法对犯罪嫌疑人采取的拘留、逮捕等行为不构成本罪。

非法拘禁罪属于继续犯,拘禁的犯罪行为和被害人失去自由的不法状态在一定时间内处于不间断的持续状态。非法拘禁应持续一段时间,拘禁时间的长短不影响犯罪的成立,只是量刑应考虑的情节。

(3) 本罪的主体为一般主体,即年满16周岁,具有刑事责任能力的自然人。

(4) 本罪的主观方面为故意。行为人动机的不同不影响犯罪的成立,但会影响到量刑。

(二) 非法拘禁罪的认定

1. 要分清非法拘禁罪罪与非罪的界限

非法拘禁不论时间长短,不影响犯罪的成立。但是,如果非法拘禁的时间过于短暂,则难以认定为本罪。

司法机关履行职责所实施的合法拘捕行为不构成犯罪。如果司法机关依照法定程序对犯罪嫌疑人进行了拘捕,后经查明被拘捕者无罪,予以释放,这种情况属于拘捕发生错误,不属于非法拘禁罪。

根据《刑法》第238条第4款的规定,以及最高人民法院2000年6月30日通过的《关于对为索取法律不予保护的债务非法拘禁他人行为如何定罪问题的解释》,为索取债务非法扣押、拘禁他人的,构成非法拘禁罪。为索取高利贷、赌债等法律不予保护的债务,非法拘禁他人的,也按照非法拘禁罪定罪论处。

2. 要正确认定与非法拘禁罪有关的罪数问题

非法拘禁的行为或结果如果又触犯其他罪名的,应依据刑法的有关原理和法律的规定,认定罪名,分清罪数。如,绑架他人勒索财物的,构成绑架罪;拐卖妇女、儿童过程中实施了非法拘禁的行为,构成拐卖妇女、儿童罪;收买被拐卖的妇女、儿童并非法拘禁的,应数罪并罚。

(三) 非法拘禁罪的刑事责任

根据《刑法》第238条的规定,犯非法拘禁罪的,处3年以下有期徒刑、拘役、管制或者剥夺政治权利。具有殴打、侮辱情节的,从重处罚。致人重伤的,处3年以上10年以下有期徒刑;致人死亡的,处10年以上有期徒刑。使用暴力致人伤残、死亡的,按照故意伤害罪、故意杀人罪论处。国家机关工作人员利用职权犯本罪的,从重处罚。这其中,"致人重伤"、"致人死亡",是指非法拘禁行为本身导致被害人重伤、死亡,或者在非法拘禁期间被害人逃跑、自杀等行为导致重伤或死亡的结果。这种情况下,行为人对于被害人重伤、死亡的结果存在过失。"使用暴力致人伤残、死亡的",是指行为人在非法拘禁的过程中,故意使用暴力导致被害人伤残、死亡,这种情况,应当按照故意伤害罪、故意杀人罪论处。

关于非法拘禁罪的立案标准,1999年8月6日最高人民检察院《关于人民检察院直接受理立案侦查案件立案标准的规定(试行)》规定,国家机关工作人员涉嫌利用职权非法拘禁,具有下列情形之一的,应予立案:(1) 非法拘禁持续时间超过24小时的;(2) 3次以上非法拘禁他人,或者一次非法拘禁3人以上的;(3) 非法拘禁他人,并实施捆绑、殴打、侮辱等行为的;(4) 非法拘禁,致人伤残、死亡、精神失常的;(5) 为索取债务非法扣押、拘禁他人,具有上述情形之一的;(6) 司法工作人员对明知是无辜的人而非法拘禁的。国家机关工作人员利用职权非法拘禁他人,其危害性重于一般公民非法拘禁他人,既然前者只有具有上述情形的才予以立案,那么,一般公民非法拘禁他人,也必须是只有达到上述情形的,才能立案。

▶ 十、绑架罪

(一) 绑架罪的概念和构成要件

绑架罪,是指以勒索财物为目的绑架他人,或者绑架他人作为人质的行为。

绑架罪的构成要件是:

(1) 本罪客体为复杂客体,该犯罪行为主要是侵犯了他人的人身权利。具体来说,以勒索财物为目的绑架他人的行为,既侵犯了他人的人身权利,也侵犯了他人的财产权利;而绑架他人做人质的行为,只侵犯他人的人身权利。

(2) 本罪的客观方面表现为使用暴力、胁迫或者其他手段劫持、控制他人的行为。一般是通过对他人实施劫持、控制的绑架行为,进而向被害人的近亲属或其他人勒索财物或者提出其他某种要求。绑架的行为可以分为两种:一是以勒索财物为目的绑架他人为人质,二是出于非勒索财物的目的绑架他人为人质。所以,绑架他人为人质是绑架罪的一个本质特征。

绑架的含义是指违背被害人或者其监护人的意志,使用暴力、胁迫或者其他手段,剥夺或者限制被害人的人身自由,使被害人置于行为人的控制之下。行为人往往采用暴力、胁迫或者其他使被害人不知反抗或不能反抗的手段。暴力手段,是指对被害人实施殴打、捆绑等使被害人不能反抗、不敢反抗的人身强制手段。胁迫手段,是指对被害人以杀害、伤害相威胁,使其不敢反抗的精神强制手段。其他手段,是指除暴力、胁迫以外的,其他使被害人不知反抗、不能反抗的绑架手段,如:诱骗、用药物麻醉、用酒灌醉等手段。以勒索财物为目的偷盗婴幼儿的,亦构成绑架罪。

(3) 本罪的主体是一般主体,但在不同的绑架行为中对犯罪主体的构成条件要求是不同的。通常情况下绑架罪的主体是已满16周岁,具有刑事责任能力的自然人。

(4) 本罪的主观方面是直接故意。故意的内容根据行为人的主观目的不同表现为两种不同的情况,一是表现为以勒索财物为目的,二是表现为以除勒索财物以外的、满足其他某种要求为目的,如政治目的。行为人如果没有这样的主观故意内容,就不构成本罪。如行为人以索取债务为目的拘禁他人的,构成非法拘禁罪,而不是本罪。

(二) 绑架罪的认定

1. 要分清绑架罪与非法拘禁罪的界限

在这两种犯罪中,行为人都非法剥夺了他人的人身自由。绑架罪与非法拘禁罪的主要区别在于:(1) 犯罪客体不同,绑架罪存在复杂客体的情况,而非法拘禁罪的犯罪客体是简单客体。(2) 客观方面不同,绑架罪除了有非法劫持、控制他人,剥夺他人人身自由的行为以外,往往还有勒索财物或者提出其他要求的行为,非法剥夺他人人身自由是犯罪的当然结果，而非法拘禁罪一般只有非法剥夺他人人身自由的行为。(3)主观方面不同，绑架罪的行为人在主观上具有勒索财物或者满足其他要求的目的，而非法拘禁罪的行为人没有这样的目的。

2. 要正确认定绑架罪的既遂与未遂

对于绑架罪的既遂与未遂的区分，应当以行为人是否已经实际控制人质为标准。已经实际控制人质的，是犯罪既遂，至于行为人是否实现了勒索财物或者其他的目的，不影响绑架罪的既遂。实施了绑架的行为，但是没有达到实际控制人质的效果的，是犯罪未遂。

(三) 绑架罪的刑事责任

根据《刑法修正案(七)》的规定，犯绑架罪的，处10年以上有期徒刑或者无期徒刑，并处罚金或者没收财产；情节较轻的，处5年以上10年以下有期徒刑，并处罚金。致使被绑架人死亡或者杀害被绑架人的，处死刑，并处没收财产。这其中，"致使被绑架人死亡"，是指在实施绑架的过程中，对被害人采取的各种劫持、控制等强制措施本身导致被害人死亡，行为人对被害人的死亡在主观上存在过失，故意杀死被绑架人的行为不属于这种情况。而"杀害被绑架人的"，则是指故意杀害被绑架人，这种情况俗称"撕票"，在这种情况下，对犯罪人仍按照绑架罪处以死刑，而不再定为故意杀人罪，数罪并罚。

十一、拐卖妇女、儿童罪

(一) 拐卖妇女、儿童罪的概念和构成要件

拐卖妇女、儿童罪，是指以出卖为目的，拐骗、绑架、收买、贩卖、接送、中转妇女、儿童的行为。

本罪的构成要件是：

(1) 本罪的犯罪客体，是妇女、儿童的人身权利，即人身不受买卖的权利。根据1999年12月23日最高人民法院《关于审理拐卖妇女案件适用法律有关问题的解释》，这里的妇女既包括具有中国国籍的妇女，也包括具有外国国籍和无国籍的妇女。儿童是指不满14周岁的男、女儿童。

(2) 本罪的客观方面，表现为拐骗、绑架、收买、贩卖、接送、中转妇女、儿童的行为。拐骗是指以欺骗、利诱等非暴力手段将妇女、儿童非法控制的行为。绑架是指使用暴力、胁迫、麻醉或其他强制手段劫持、控制妇女、儿童的行为。收买是指以出卖为目的，以金钱或财物买取妇女、儿童的行为。贩卖是指出卖妇女、儿童获取非法利益的行为。接送是指为了拐卖妇女、儿童而接受、运送妇女、儿童的行为。中转是指为了拐卖妇女、儿童而提供中途场所或相关的便利条件。以出卖为目的偷盗婴儿的，也构成本罪。只要实施了上述行为中的一种，便符合本罪客观方面的要件。

实施拐卖妇女、儿童的行为构成犯罪的，不以违背被害人的意志为前提，实践当中，即使被害人出于改变生活困境、脱离家庭等考虑，而自愿被拐卖，拐卖者仍然可以按本罪论处，这是因为人不是商品，不能用来贩卖牟利，不论何种原因，拐卖妇女、儿童

都是严重侵犯他人人身权利的行为。

(3) 本罪的主体为一般主体,即年满16周岁,具有刑事责任能力的自然人。

(4) 本罪的主观方面是直接故意,而且必须以出卖为目的。

(二) 拐卖妇女、儿童罪的认定

1. 本罪的罪名是选择性罪名

行为人只要实施了罪名中的其中一种行为,侵犯妇女和儿童的其中一个犯罪对象便构成本罪,同时实施其中数个行为、犯罪对象既包括妇女,又包括儿童的,也只构成本罪这一个罪,而不是数罪并罚。

2. 要注意分清罪与非罪的界限

首先,要分清拐卖妇女罪与通过介绍婚姻索取财物的行为的界限。行为人通过给男女双方介绍婚姻,向双方或其中一方索取财物,这种行为不构成犯罪。与拐卖妇女相比,这种行为不存在拐骗、出卖等情况,行为人没有将妇女作为商品出卖的故意,其所得的钱财是"介绍费",而不是出卖妇女的所得。其次,要分清拐卖儿童罪与介绍收养索取财物的界限,介绍收养并索取财物的行为不是犯罪,与拐卖儿童的行为相比,介绍收养的行为人客观上没有拐骗、出卖等行为,主观上不存在将儿童出卖的故意,其所得的钱财不是出卖儿童的非法所得,而是所谓的"介绍费"。

根据2000年3月20日最高人民法院、最高人民检察院、公安部、民政部、司法部、中华全国妇女联合会《关于打击拐卖妇女儿童犯罪有关问题的通知》规定,凡是拐卖妇女、儿童的,不论是哪个环节,只要是以出卖为目的,有拐骗、绑架、收买、贩卖、接送、中转、窝藏妇女、儿童的行为之一的,不论拐卖人数多少,是否获利,均以拐卖妇女、儿童罪追究刑事责任。出卖亲生子女的,由公安机关依法没收非法所得,并处以罚款;以营利为目的出卖不满14周岁子女的,情节恶劣的,借收养名义拐卖儿童的,以及出卖捡拾的儿童的,均应以拐卖儿童罪追究刑事责任。出卖14周岁以上女性亲属或者其他不满14周岁亲属的,以拐卖妇女、儿童罪追究刑事责任。

3. 要分清拐卖妇女行为与诈骗行为之间的界限

实践中有这样的情况,行为人与妇女串通好,假装将妇女卖与某人成婚,在获得钱财后,行为人与该妇女双双逃走,这其实是一种诈骗行为,不构成拐卖妇女罪。

4. 要注意分清拐卖妇女、儿童罪与绑架罪的界限

两者在客观上有一些相似的地方,都可以表现为绑架妇女、儿童的行为,或者偷盗婴儿的行为,都可能获取一定的钱财。两者的主要区别在于:(1) 犯罪客体不同,前者的犯罪客体是简单客体,而后者的犯罪客体既存在简单客体的情况,也存在复杂客体的情况,即:在以勒索财物为目的的绑架罪中,犯罪行为既侵犯他人的人身权利,也侵犯他人的财产权利。(2) 犯罪对象不同,前者的犯罪对象只能是妇女和儿童,而后者的犯罪对象可以是任何人。(3) 获取钱财或利益的方式和来源不同,前者是通过出卖妇女、儿童从作为买方的第三者那里获取钱财,后者则是通过勒索的行为引起被害人的亲友或其他利害关系人对被害人安全状况的担忧,意图从这些被害人的亲友或其他利害关系人那里获得钱财,或者通过绑架行为向有关的部门或人员进行要挟,意图获

得其他利益。(4) 犯罪目的不同,前者以出卖为目的,后者以勒索财物或满足其他某种要求为目的。

5. 要正确认定拐卖妇女、儿童罪的罪数

在拐卖妇女、儿童过程中,行为人所实施的其他与犯罪有关的行为应正确定性处理:奸淫被拐卖的妇女,诱骗、强迫被拐卖的妇女卖淫或者将被拐卖的妇女卖给他人迫使其卖淫的,仍应按照拐卖妇女罪论处;在拐卖过程中,为了顺利进行犯罪活动,行为人对被害人实施捆绑、殴打等行为,导致被害人重伤、死亡,或者由于拐卖行为,使被害人或其亲属自杀、精神失常,或者被害人为了逃跑而造成自己重伤、死亡,在这些情况下,对行为人仍应按照拐卖妇女、儿童罪论处;如果行为人故意重伤、杀死被害人的,则应以故意伤害罪、故意杀人罪论处,与拐卖妇女、儿童罪实行数罪并罚。

(三) 拐卖妇女、儿童罪的刑事责任

根据刑法第240条的规定,犯拐卖妇女、儿童罪的,处5年以上10年以下有期徒刑,并处罚金;有下列情形之一的,处10年以上有期徒刑或者无期徒刑,并处罚金或者没收财产;情节严重的,处死刑,并处没收财产:(1) 拐卖妇女、儿童集团的首要分子;(2) 拐卖妇女、儿童3人以上的;(3) 奸淫被拐卖的妇女的;(4) 诱骗、强迫被拐卖的妇女卖淫或者将被拐卖的妇女卖给他人迫使其卖淫的;(5) 以出卖为目的,使用暴力、胁迫或者麻醉方法绑架妇女、儿童的;(6) 以出卖为目的,偷盗婴儿的;(7) 造成被拐卖的妇女、儿童或者其亲属重伤、死亡或者其他严重后果的;(8) 将妇女、儿童卖往境外的。其中,"奸淫被拐卖的妇女的",是指拐卖妇女的犯罪分子在拐卖的过程中,与被害妇女发生性关系的行为,不论行为人是否使用了暴力或者胁迫手段,也不论被害妇女是否有反抗行为,都属于此种情况。"奸淫被拐卖的妇女"理应包括奸淫被拐卖的幼女。"偷盗婴儿",是指偷盗不满1周岁的婴儿。"造成被拐卖的妇女、儿童或者其亲属重伤、死亡或者其他严重后果的",是指由于犯罪分子拐卖妇女、儿童的行为,直接、间接造成被拐卖的妇女、儿童或者其亲属重伤、死亡或者其他严重后果的。例如:由于犯罪分子采取拘禁、捆绑、虐待等手段,致使被害人重伤、死亡或者造成其他严重后果的;由于犯罪分子的拐卖行为以及拐卖中的侮辱、殴打等行为引起的被害人或者其亲属自杀、精神失常或者其他严重后果的,等等。对被拐卖的妇女、儿童进行故意杀害、伤害的,应当以故意杀人罪或者故意伤害罪与拐卖妇女、儿童罪实行并罚。①

▶ 十二、收买被拐卖的妇女、儿童罪

收买被拐卖的妇女、儿童罪,是指不以出卖为目的,收买被拐卖的妇女、儿童的行为。本罪的犯罪客体是妇女、儿童的人身权利,即人身不受买卖的权利。客观方面表现为以金钱或者其他财物收买被拐卖的妇女、儿童的行为。本罪的主体为一般主体,行为人的主观方面为直接故意,而且明知收买的对象是被拐卖的妇女、儿童。根据《刑

① 参见最高人民法院、最高人民检察院1992年12月24日发布的《关于执行〈全国人民代表大会常务委员会关于严惩拐卖、绑架妇女、儿童的犯罪分子的决定〉的若干问题的解答》。

法》第241条的规定，犯本罪的，处3年以下有期徒刑、拘役或者管制。收买被拐卖的妇女，强行与其发生性关系的，或者非法剥夺、限制被拐卖妇女、儿童的人身自由，或者有伤害、侮辱等犯罪行为的，应当分别定为强奸罪、非法拘禁罪、故意伤害罪、侮辱罪等犯罪，与收买被拐卖的妇女、儿童罪一起实行数罪并罚。收买被拐卖的妇女、儿童后又出卖的，应当以拐卖妇女、儿童罪论处。收买被拐卖的妇女、儿童，按照被收买妇女的意愿，不阻碍其返回原居住地的，对被收买的儿童没有虐待行为，不阻碍对其进行解救的，可以不追究刑事责任。

十三、聚众阻碍解救被收买的妇女、儿童罪

聚众阻碍解救被收买的妇女、儿童罪，是指纠集多人，阻碍国家机关工作人员解救被收买的妇女、儿童的行为。本罪的犯罪客体是被收买的妇女、儿童的人身权利和国家机关的公务活动，客观方面表现为纠集多人，阻碍国家机关工作人员解救被收买的妇女、儿童的行为。这里的“被收买的妇女、儿童”是指被他人不以出卖为目的收买的妇女、儿童。本罪的主体只能是聚众阻碍解救被收买的妇女、儿童活动的首要分子，其他参与者使用暴力、威胁方法的，以妨害公务罪论处。本罪的主观方面是直接故意，行为人主观上明知是国家机关工作人员在解救被收买的妇女、儿童。根据《刑法》第242条的规定，对于犯本罪的在聚众阻碍解救活动中的首要分子，处5年以下有期徒刑或者拘役。

十四、诬告陷害罪

（一）诬告陷害罪的概念和构成要件

诬告陷害罪，是指故意捏造犯罪事实诬陷他人，意图使他人受刑事追究，情节严重的行为。

本罪的构成要件是：

（1）本罪的犯罪客体是复杂客体，是他人的人身权利和司法机关的正常活动。

（2）本罪的客观方面，表现为捏造他人的犯罪事实，向国家机关或有关单位进行告发，情节严重的行为。首先，必须捏造他人的犯罪事实，捏造是指无中生有，故意虚构事实。这里捏造的必须是他人的犯罪事实，如果行为人捏造的是他人的一般违法事实或其他事实，则不构成本罪，但有可能构成诽谤罪。如果行为人告发的是他人的真实情况，也不构成本罪。其次，行为人必须有向国家机关或有关单位告发等能引起司法机关的追究的行为。行为人可以向司法机关告发，也可以向被诬告者所在单位等能够向有关的司法机关转送告发内容的单位告发。告发的方式多种多样，可以是口头的、书面的等多种形式。再次，必须有特定的诬告对象。这并不要求行为人明确指出被诬告者的名字，只要行为人的行为和他所告发的内容能够使司法机关确认被告发的对象是谁，便可认为存在特定的诬告对象。被诬告的对象范围很广，可以是无刑事责

任能力的人①,但不能是诬告者自己。

(3) 本罪的主体是一般主体,即年满 16 周岁,具有刑事责任能力的自然人。

(4) 本罪的主观方面是直接故意,行为人必须具有使他人受到刑事追究的目的。如果行为人不是有意诬告,而是错告或者检举失实,不构成本罪。

(二) 诬告陷害罪的认定

1. 要分清诬告陷害罪罪与非罪的界限

首先,要分清诬告陷害罪与错告或检举失实的界限。二者的区别主要在于前者客观上有捏造他人犯罪事实的行为,主观上有陷害他人的故意,而后者客观上没有捏造他人犯罪事实的行为,主观上没有陷害他人的故意。所以,不是有意诬陷,而是错告,检举失实的,不构成犯罪。其次,诬告陷害行为必须达到情节严重的程度,才能构成犯罪,一般认为,如果诬告行为情节轻微,不足以引起司法机关对被诬告者的刑事追究的,不认为是犯罪。

2. 正确认识本罪的犯罪形态

诬告陷害罪是行为犯,只要行为人实施了诬告陷害的行为,不论被诬告陷害的人是否受到刑事处罚,均构成诬告陷害罪的既遂。

(三) 诬告陷害罪的刑事责任

根据《刑法》第 243 条的规定,犯本罪的,处 3 年以下有期徒刑、拘役或者管制;造成严重后果的,处 3 年以上 10 年以下有期徒刑。国家机关工作人员犯本罪的,从重处罚。"造成严重后果",主要是指诬告行为已经引起了国家司法机关对被害人的刑事追究活动,严重损害了被害人的权利,干扰了司法机关的正常活动。

十五、强迫劳动罪

强迫劳动罪,是指以暴力、威胁或者限制人身自由的方法强迫他人劳动的行为。本罪的犯罪客体是他人的人身权利和劳动者的休息权,但犯罪对象不限于单位的职工。客观方面表现为以暴力、威胁或者限制人身自由的方法强迫他人劳动的行为,本罪的主体可以是单位,也可以是自然人。主观方面为直接故意。根据《刑法修正案(八)》对刑法第 244 条的修改补充规定,犯本罪的,处 3 年以下有期徒刑或者拘役,并处罚金;情节严重的,处 3 年以上 10 年以下有期徒刑,并处罚金。单位犯本罪的,对单位判处罚金,并对其直接负责的主管人员和其他直接责任人员按前述规定判处刑罚。修改后的《刑法》第 244 条第 2 款还规定:明知他人实施强迫劳动犯罪行为,而为其招募、运送人员或者有其他协助强迫他人劳动的,依照前规定处罚。理论言之,这种"为其招募、运送人员或者有其他协助强迫他人劳动的"行为,实际上是帮助行为,应当按照共同犯罪论处。

十六、雇用童工从事危重劳动罪

雇用童工从事危重劳动罪,是指违反劳动管理法规,雇用未满 16 周岁的未成年人

① 参见张明楷著:《刑法学》,法律出版社 2007 年版,第 674 页。

从事超强度体力劳动的，或者从事高空、井下作业的，或者在爆炸性、易燃性、放射性、毒害性等危险环境下从事劳动，情节严重的行为。根据《中华人民共和国刑法修正案(四)》第4条的规定，犯本罪的，对直接责任人员，处3年以下有期徒刑或者拘役，并处罚金；情节特别严重的，处3年以上7年以下有期徒刑，并处罚金。有前述行为，造成事故，又构成其他犯罪的，依照数罪并罚的规定处罚。

十七、非法搜查罪

非法搜查罪，是指非法对他人的身体或者住宅进行搜查的行为。本罪的犯罪客体是他人的人身权利和住宅不受侵犯权。客观方面表现为行为人对他人的身体和住宅实施了非法搜查的行为。首先，必须要有搜查的行为；其次，搜查的对象是他人的人身和住宅，住宅应做广义的理解，包括居住用的封闭的院落、牧民的帐篷、渔民作为家庭生活场所的渔船、以及窑洞等为生活居住、租用的房屋等；再次，搜查的行为必须是非法的，即行为人没有搜查的权力，或者有搜查权的人违反法律的规定，未经批准，或滥用职权进行搜查。本罪的主体是一般主体，主观方面是直接故意。行为人的主观动机不影响本罪的认定，但对量刑可以产生影响。1999年8月6日最高人民检察院《关于人民检察院直接受理立案侦查案件立案标准的规定(试行)》规定：国家机关工作人员涉嫌利用职权非法搜查，具有下列情形之一的，应予立案：(1) 非法搜查他人身体、住宅，手段恶劣的；(2) 非法搜查引起被搜查人精神失常、自杀或者造成财物严重损坏的；(3) 司法工作人员对明知是与涉嫌犯罪无关的人身、场所非法搜查的；(4) 3次以上或者对3人(户)以上进行非法搜查的。显然，以上行为都严重破坏公民正常、稳定的私生活的安宁。根据《刑法》第245条的规定，犯本罪的，处3年以下有期徒刑或者拘役；司法工作人员滥用职权犯本罪的，从重处罚。

十八、非法侵入住宅罪

非法侵入住宅罪，是指未经允许非法进入他人住宅，或者经要求退出他人住宅而拒绝退出，影响他人正常居住和生活的行为。本罪的犯罪客体是公民住宅不可侵犯的权利。住宅应做广义的理解，包括居住用的封闭的院落、牧民的帐篷、渔民作为家庭生活场所的渔船、以及用来生活起居的窑洞等。客观方面表现为非法侵入他人住宅的行为，包括两种情况：一是未经允许进入他人住宅，二是在经过许可或有其他正当理由已经进入他人住宅后，经要求退出而拒不退出。本罪的主体为一般主体。主观方面是直接故意，如果因为过失或其他原因误入他人住宅，经要求后马上退出的，不构成本罪。实践中，非法侵入他人住宅的行为常常和其他犯罪行为结合在一起，如入室盗窃、入室杀人等，在这种情况下，非法进入他人住宅的行为往往是其他犯罪的手段或必经步骤，一般认为应当按照牵连犯的原则从一重罪论处。根据《刑法》第245条的规定，犯本罪的，处3年以下有期徒刑或者拘役；司法工作人员利用职权犯本罪的，从重处罚。

十九、侮辱罪

侮辱罪，是指以暴力或者其他方法公然破坏他人名誉，情节严重的行为。本罪的犯罪客体是他人的名誉权。客观方面表现为以暴力或者其他方法公然破坏他人名誉的行为。首先,必须有破坏他人名誉的侮辱行为,侮辱的方式可以是暴力侮辱,也可以是言词侮辱或文字侮辱。其次,侮辱行为必须公然进行,公然侮辱,是指在第三者或众人在场的情况下,或者能够使第三人或其他不特定的人听到、看到的方式进行侮辱。公然侮辱并不一定要求被害人在场。再次,侮辱的对象必须是特定的自然人,国家机关、企业、事业单位和人民团体等组织不是本罪的犯罪对象。本罪的主体是一般主体,主观方面是直接故意。根据刑法的规定,侮辱行为只有在情节严重的情况下才构成本罪,情节严重主要是指行为人使用的手段恶劣,造成严重后果,造成恶劣的社会影响,行为人的动机卑劣等等。根据《刑法》第 246 条的规定,犯本罪的,处 3 年以下有期徒刑、拘役、管制或者剥夺政治权利。犯本罪的,告诉的才处理,但是严重危害社会秩序和国家利益的除外。

▶ 二十、诽谤罪

诽谤罪,是指故意捏造并散布某种事实,破坏他人名誉的行为。本罪的犯罪客体是他人的名誉权。客观方面表现为捏造并散布某种事实,破坏他人名誉的行为。首先,必须有捏造事实的行为。捏造,是指无中生有,凭空制造虚假事实,如果行为人散布的是他人客观存在的事实,不构成本罪,但是散布行为如果破坏了他人的名誉,则可能构成侮辱罪。其次,必须要有对捏造的事实进行散布的行为,散布,是指用语言或文字等方式扩散捏造的事实。再次,诽谤必须针对特定的人,这并不要求行为人明确指明被害人的姓名,只要根据诽谤行为能够判断出被害人是谁,便认为存在特定的被诽谤人。本罪的主体为一般主体,主观方面为直接故意。诽谤行为只有在情节严重的情况下才构成本罪。诽谤罪和侮辱罪都破坏他人的名誉,有一定的相似性,二者的主要区别在于行为方式的不同,诽谤罪必须有捏造并散布损害他人名誉的虚假事实的行为,而侮辱罪可以不用具体事实,也可以用真实的事实损害他人的名誉;诽谤罪的行为方式为文字或口头方式,侮辱罪的行为方式可以是口头或文字的方式,也可以是暴力方式。诽谤罪与诬告陷害罪也有一些相同之处,二者都有捏造事实的行为,二者的主要区别在于:首先,犯罪客体不同。前者的犯罪客体是他人的名誉权,后者的犯罪客体是他人的人身权利和司法机关的正常活动。其次,在客观方面,捏造的事实内容和行为方式不同,前者捏造并散布足以损害他人名誉的事实,后者则捏造犯罪事实并向有关机关告发。再次,犯罪目的不同,前者行为人的目的是破坏他人的名誉,后者行为人的目的是使他人受到刑事追究。另外,按照刑法的规定,犯诽谤罪的,告诉的才处理,但是严重危害社会秩序和国家利益的除外。这也是与诬告陷害罪的一个不同之处。根据《刑法》第 246 条的规定,犯诽谤罪的,处 3 年以下有期徒刑、拘役或者剥夺政治权利。

▶ 二十一、刑讯逼供罪

(一) 刑讯逼供罪的概念和构成要件

刑讯逼供罪,是指司法工作人员对犯罪嫌疑人、被告人使用肉刑或者变相肉刑逼取口供的行为。

刑讯逼供罪的特征是:

(1) 本罪的犯罪客体是复杂客体,即公民的人身权利和国家司法机关的正常活动。

(2) 本罪的客观方面表现为使用肉刑或者变相肉刑逼取犯罪嫌疑人、被告人口供的行为。肉刑,是指对被害人的肉体实施暴力,进行肉体上的摧残和精神上的折磨,表现为捆绑、殴打等方法。变相肉刑,是指采用非暴力的方式对被害人进行摧残和折磨,表现为长时间罚站、罚跪、冻、饿、烤、晒、不准睡眠等方法。使用肉刑或者变相肉刑的目的是为了逼取口供。本罪的犯罪对象是犯罪嫌疑人、被告人。被刑讯逼供的犯罪嫌疑人、被告人最终是否被确认为有罪,不影响刑讯逼供罪的成立。

(3) 本罪的主体是特殊主体,即司法工作人员。司法工作人员,是指有侦查、检察、审判、监管职责的工作人员。非司法工作人员,不能构成本罪。属于群众性的治安、保卫组织人员的治安联防队员,企业、事业单位及基层组织聘用的联防队员、保安人员等,不属司法工作人员,不能成为刑讯逼供罪的主体。非司法工作人员如果私设公堂,使用肉刑或者变相肉刑非法审讯的,不构成本罪,但可构成非法拘禁罪、故意伤害罪等。

(4) 本罪的主观方面是故意,并且行为人具有逼取口供的目的。犯罪动机不影响本罪的成立。

(二) 刑讯逼供罪的认定

1. 要分清刑讯逼供罪罪与非罪的界限

首先,未使用肉刑或者变相肉刑的指供、诱供行为不构成本罪。其次,情节轻微的刑讯逼供行为也不构成本罪,必要时应给予党纪政纪处分。根据 1999 年 8 月 6 日最高人民检察院《关于人民检察院直接受理立案侦查案件立案标准的规定(试行)》,有下列情形的刑讯逼供行为,应当按照本罪追诉:(1) 手段残忍、影响恶劣的;(2) 致人自杀或者精神失常的;(3) 造成冤假错案的;(4) 3 次以上或者对 3 人以上进行刑讯逼供的;(5) 授意、指使、逼迫他人刑讯逼供的。

2. 要分清刑讯逼供罪与故意伤害罪的界限

二者的主要区别在于:(1) 犯罪客体不同。前者的犯罪客体是复杂客体,包括公民的人身权利和国家司法机关的正常活动。后者的犯罪客体是简单客体,即公民的身体健康权利。(2) 犯罪对象不同。前者的犯罪对象是犯罪嫌疑人、被告人;后者的犯罪对象可以是任何人。(3) 行为方式不同。前者表现为使用肉刑或者变相肉刑逼取口供,可能造成身体损害,也可能没有造成身体损害;后者表现为伤害行为,往往造成身体损害,并且不以逼取口供为条件。(4) 犯罪主体不同。前者是特殊主体,即司法工作人员;后者是一般主体。(5) 犯罪目的不同。前者以逼取口供为目的;后者不要求行为人主观上必须有某种特定的目的。

刑讯逼供罪与故意伤害罪也有相似的地方,二者都可能造成对被害人的伤害。如果刑讯逼供致人伤残、死亡,应当按照故意伤害罪、故意杀人罪定罪,并从重处罚。

(三) 刑讯逼供罪的刑事责任

根据《刑法》第 247 条的规定,犯本罪的,处 3 年以下有期徒刑或者拘役。致人伤残、死亡的,依照《刑法》第234条、第232条的规定,以故意伤害罪、故意杀人罪定罪,从重处罚。这里的"致人伤残、死亡",是指在刑讯逼供中,行为人使用的肉刑或者变相肉刑而导致行为人重伤或残废,甚至死亡。不包括刑讯逼供导致被害人自杀造成的伤残或者死亡。被害人自杀的,可以作为认定刑讯逼供行为危害性的一个重要因素。

▶ 二十二、暴力取证罪

暴力取证罪,是指司法工作人员使用暴力逼取证人证言的行为。犯罪客体是公民的人身权利和司法机关的正常活动。客观方面表现为使用暴力逼取证人证言的行为。暴力通常表现为捆绑、殴打等各种使被害人的肉体和精神受到摧残和折磨的手段。犯罪对象是证人。犯罪主体是特殊主体,即司法工作人员。主观方面是故意,具有逼取证人证言的目的。对于本罪,根据1999年8月5日最高人民检察院《关于人民检察院直接受理立案侦查案件立案标准的规定(试行)》,有下列情形之一的,应予立案查处:(1)手段残忍、影响恶劣的;(2)致人自杀或者精神失常的;(3)造成冤、假、错案的;(4)3次以上进行暴力取证的;(5)授意、指使、强迫他人暴力取证的。暴力取证罪与刑讯逼供罪在犯罪客体、犯罪主体等方面有相同的地方,并且都可以表现为暴力行为。二者的主要区别在于:首先,犯罪对象不同,暴力取证罪的犯罪对象是证人,刑讯逼供罪的犯罪对象是犯罪嫌疑人或者被告人。其次,行为发生的场合和表现方式不完全相同,暴力取证罪可以发生在刑事诉讼、民事诉讼或者行政诉讼中,行为方式表现为暴力,刑讯逼供罪只能发生在刑事诉讼中,行为方式可以是暴力的肉刑,也可以是其他非暴力形式。最后,行为人的主观目的不同,暴力取证罪的行为人的主观目的是逼取证人证言,刑讯逼供罪的行为人的主观目的是逼取口供。根据《刑法》第247条的规定,犯暴力取证罪的,处3年以下有期徒刑或者拘役。致人伤残、死亡的,依照《刑法》第234条、第232条的规定,以故意伤害罪、故意杀人罪定罪,从重处罚。

▶ 二十三、虐待被监管人罪

虐待被监管人罪,是指监狱、拘留所、看守所等监管机构的监管人员对被监管人进行殴打或者体罚虐待,情节严重的行为。本罪的犯罪客体是被监管人的人身权利和监管机关的正常活动。客观方面表现为对被监管人进行殴打或者体罚虐待,情节严重的行为。行为对象是被监管人,包括在监狱、拘役所以及其他劳改场所服刑的罪犯,在看守所被羁押的犯罪嫌疑人、被告人,在拘留所等场所被拘留或劳动教养的人员。犯罪主体是特殊主体,即监狱、拘留所、看守所等监管机构的监管人员。主观方面是故意,动机一般不影响定罪。但是如果司法工作人员为了逼取口供而对犯罪嫌疑人、被告人进行殴打或者体罚虐待的,则构成刑讯逼供罪。对于虐待被监管人罪,根据1999年8月6日最高人民检察院《关于人民检察院直接受理立案侦查案件立案标准的规定(试行)》,有下列情形之一的,应予立案查处:(1)造成被监管人轻伤的;(2)指使被监管人自杀、精神失常或其他严重后果的;(3)对被监管人3人以上或3次以上实施殴打、体罚虐待的;(4)手段残忍、影响恶劣的;(5)指使被监管人殴打、体罚虐待其他被监管人,具有上述情形之一的。根据《刑法》第248条的规定,犯本罪的,处3年以下有期徒刑或者拘役;情节特别严重的,处3年以上10年以下有期徒刑;致人伤残、死亡的,依照《刑法》第234条、第232条的规定,以故意伤害罪、故意杀人罪定罪,从重处罚。

二十四、煽动民族仇恨、民族歧视罪

煽动民族仇恨、民族歧视罪,是指故意以语言、文字或者其他方式,向多人或者不特定的人煽动民族仇恨、民族歧视,情节严重的行为。本罪的犯罪客体是各民族平等的权利。客观方面表现为煽动民族仇恨、民族歧视的行为。包括煽动汉族与少数民族之间的仇恨或者歧视,也包括煽动少数民族之间的仇恨或者歧视。煽动是指以语言、文字等形式公然宣传。煽动民族仇恨,一般是指通过捏造事实,或者过分渲染民族关系在历史上或现实中存在的某些现象,曲解民族差异,掀起或鼓动民族之间的强烈憎恨。煽动民族歧视,是指利用民族在种族、肤色、历史、文化、风俗、习惯等各方面的差异,煽动对某个或某些民族的鄙视、排斥,损害民族平等。煽动行为情节严重,构成本罪。所谓情节严重,一般是指手段恶劣,社会影响恶劣,严重损害民族感情和尊严,引发不良事件等严重后果等。如果行为人由于错误的思想认识,有损害民族平等、民族团结的言行,情节轻微的,应进行批评教育,不构成犯罪,必要时可按照一般违法行为给予一定的行政处罚。本罪的主体为一般主体。主观方面为直接故意。根据《刑法》第249条的规定,犯本罪的,处3年以下有期徒刑、拘役、管制或者剥夺政治权利;情节特别严重的,处3年以上10年以下有期徒刑。

二十五、出版歧视、侮辱少数民族作品罪

出版歧视、侮辱少数民族作品罪,是指在出版物中刊载歧视、侮辱少数民族的内容,情节恶劣,造成严重后果的行为。本罪的犯罪客体是各民族平等的权利。客观方面表现为在出版物中刊载歧视、侮辱少数民族的内容,情节恶劣,造成严重后果的行为。这里的出版物包括各种合法或不合法的出版物,可以是报纸、期刊、图书、音像制品以及电子出版物等等。刊载,是指在出版物中发表、制作、转载等。所谓"歧视、侮辱少数民族的内容",是指出版物中不平等地对待少数民族或损害少数民族名誉、羞辱少数民族的内容,如对少数民族进行贬低、污蔑、辱骂、嘲讽等。情节恶劣,造成严重后果,一般是指动机、手段恶劣,造成严重政治影响,引发民族矛盾,民族纠纷等。本罪的主体包括与出版物有关的作者、责任编辑等对刊载歧视、侮辱少数民族作品有直接责任的人员。主观方面是直接故意,过失不构成本罪。根据《刑法》第250条的规定,犯本罪的,处3年以下有期徒刑、拘役或者管制。

二十六、非法剥夺公民宗教信仰自由罪

非法剥夺公民宗教信仰自由罪,是指国家机关工作人员非法剥夺公民的宗教信仰自由,情节严重的行为。本罪的犯罪客体是公民的宗教信仰自由权利。宗教信仰自由包括信仰宗教的自由和不信仰宗教的自由;信仰这种宗教的自由和信仰那种宗教的自

由；在同一宗教里，信仰不同教派的自由；改变宗教信仰和恢复宗教信仰的自由以及按照宗教信仰参加宗教仪式的自由或不参加宗教仪式的自由。本罪的客观方面表现为非法剥夺公民宗教信仰自由权利，情节严重的行为。即违反法律规定，采用暴力、胁迫或者其他强制方法，制止或强迫他人信仰某种宗教，强迫他人改变或放弃某种宗教信仰，阻挠或破坏他人的宗教信仰活动，打击破坏信仰宗教或不信仰宗教的人等等。非法剥夺公民宗教信仰自由，情节严重的，构成本罪。情节严重，本罪的主体是特殊主体，必须是国家机关工作人员。主观方面是直接故意，过失行为不构成本罪。根据《刑法》第 251 条的规定，犯本罪的，处 2 年以下有期徒刑或者拘役。

▶ 二十七、侵犯少数民族风俗习惯罪

侵犯少数民族风俗习惯罪，是指国家机关工作人员侵犯少数民族风俗习惯，情节严重的行为。本罪的犯罪客体是少数民族保持和改革本民族风俗习惯的权利。少数民族的风俗习惯是在长期的历史发展过程中形成的，各民族都有保持或者改革本民族的风俗习惯的自由，但本罪所侵犯的不是所有民族的风俗习惯，而只是少数民族的风俗习惯。客观方面表现为非法侵犯少数民族风俗习惯，情节严重的行为。非法侵犯，是指没有合法依据，采用暴力、胁迫等各种强制方法干涉、破坏少数民族按照自己的风俗习惯进行的各种正常活动，主要表现为强迫少数民族改变自己的风俗习惯。情节严重，主要是指手段恶劣，造成严重后果，政治影响恶劣等，如引起民族纠纷，造成骚乱等。本罪的主体是特殊主体，只能是国家机关工作人员。主观方面是直接故意。根据《刑法》第 251 条的规定，犯本罪的，处 2 年以下有期徒刑或者拘役。

▶ 二十八、侵犯通信自由罪

侵犯通信自由罪，是指故意隐匿、毁弃或者非法开拆他人信件，侵犯公民通信自由权利，情节严重的行为。本罪的犯罪客体是公民的通信自由权利。客观方面表现为隐匿、毁弃或者非法开拆他人信件，情节严重的行为。隐匿，是指将他人的信件隐藏起来。毁弃，是指用撕毁、烧毁等方法使他人的信件损坏或消灭。非法开拆，是指没有法律依据、未经他人许可，开拆他人信件，知悉他人信件内容的行为，包括采用科技手段或其他方式知悉他人信件内容的行为。合法知悉他人信件内容的行为不构成本罪，如：司法工作人员依照有关法律的规定，在经过有关部门的批准以后，进行侦察等活动时扣押、开拆他人信件的，属于合法行为，不构成犯罪。本罪的主体是一般主体，主观方面是故意，过失行为不构成本罪。侵犯他人通信自由情节严重的才构成本罪。根据《刑法》第 252 条的规定，犯本罪的，处 1 年以下有期徒刑或者拘役。

▶ 二十九、私自开拆、隐匿、毁弃邮件、电报罪

私自开拆、隐匿、毁弃邮件、电报罪，是指邮政工作人员利用职务上的便利，私自开拆、隐匿、毁弃邮件、电报的行为。本罪的犯罪客体是他人的通信自由权利和邮政部门的正常活动。客观方面表现为利用从事邮政工作的职务便利，非法私自开拆、隐匿、毁

弃他人的邮件、电报的行为。如果邮政工作人员不是利用职务上的便利而开拆、隐匿或者毁弃他人邮件、电报的，便不构成本罪，但可以构成侵犯通信自由罪。这里的私自开拆，是指未经合法批准或授权开拆他人信件、电报的行为；隐匿，是指将他人的邮件、电报不交付给邮政部门或收件人，而非法截留、藏匿的行为；毁弃，是指非法将邮件、电报损毁、消灭的行为。本罪的主体是特殊主体，即邮政工作人员，包括从事邮政业务的营业员、分拣员、投递员、押运员以及相关的干部等等。国家机关、企业、事业、人民团体等单位内部负责收发邮件、电报的人员，如传达室工作人员等，不属于邮政工作人员，不能构成本罪。主观方面是故意，过失行为不构成本罪。根据《刑法》第 253 条的规定，犯本罪的，处 2 年以下有期徒刑或者拘役。犯本罪而窃取财物的，以盗窃罪从重处罚。

▶ 三十、出售、非法提供公民个人信息罪

出售、非法提供公民个人信息罪是指国家机关或者金融、电信、交通、教育、医疗等单位的工作人员，违反国家规定，将本单位在履行职责或者提供服务过程中获得的公民个人信息，出售或者非法提供给他人，情节严重的行为。根据《刑法修正案（七）》第 7 条，即刑法 253 条之一，犯本罪的，处 3 年以下有期徒刑或者拘役，并处或者单处罚金。单位犯本罪的，对单位判处罚金，并对其直接负责的主管人员和其他直接责任人员判处刑罚。

▶ 三十一、非法获取公民个人信息罪

非法获取公民个人信息罪是指窃取或者以其他方法非法获取公民个人信息，情节严重的行为。根据《刑法修正案（七）》第 7 条，即刑法 253 条之一，犯本罪的，处 3 年以下有期徒刑或者拘役，并处或者单处罚金。单位犯本罪的，对单位判处罚金，并对其直接负责的主管人员和其他直接责任人员判处刑罚。

▶ 三十二、报复陷害罪

报复陷害罪，是指国家机关工作人员滥用职权、假公济私，对控告人、申诉人、批评人、举报人实行打击报复、陷害的行为。本罪的犯罪客体是公民的控告权、申诉权、批评权、举报权等民主权利以及国家机关的正常活动。客观方面表现为国家机关工作人员滥用职权、假公济私，对控告人、申诉人、批评人、举报人实行报复陷害的行为。滥用职权、假公济私进行报复陷害，是指违规、违法行使职权，超出职权范围，假借行使公务的名义陷害他人，表现为以合法合理的表面形式，制造、使用某种理由或借口，克扣工资、奖金，或降职、降薪，或压制各种职称、名誉的评定或认定，甚至开除公职、党籍等等。报复陷害的对象是控告人、申诉人、批评人、举报人。控告人，是指向有关的国家机关告发国家工作人员违法失职行为的人；申诉人，是指对自己或他人受到的处分不服而向有关部门提出请求改变或撤销处分的人；批评人，是指对国家机关及其工作人员提出批评建议的人；举报人，是指向有关的国家机关检举、报告违法犯罪行为的人。

本罪的主体是特殊主体,必须是国家机关工作人员。主观方面是直接故意。根据1999年8月6日最高人民检察院《关于人民检察院直接受理立案侦查案件立案标准的规定(试行)》,报复陷害,涉嫌下列情形之一的,应予立案:(1)致使被害人的人身权利、民主权利或者其他合法权利受到严重损害的;(2)致人精神失常或者自杀的;(3)手段恶劣、后果严重的。根据《刑法》第254条的规定,犯本罪的,处2年以下有期徒刑或者拘役;情节严重的,处2年以上7年以下有期徒刑。

三十三、打击报复会计、统计人员罪

打击报复会计、统计人员罪,是指公司、企业、事业单位、机关、团体的领导人,对依法履行职责、抵制违反会计法、统计法行为的会计、统计人员实行打击报复,情节恶劣的行为。本罪的犯罪客体是会计、统计人员的民主权利和国家有关财会、统计的管理制度。客观方面表现为行为人利用其职务和领导地位,对依法履行职责、抵制违反会计法、统计法行为的会计、统计人员实行打击报复,情节恶劣的行为,如克扣工资、奖金,降职、降薪等。打击报复行为情节恶劣的,构成本罪。情节恶劣,主要是指手段恶劣、后果严重等。本罪的主体是特殊主体,即公司、企业、事业单位、机关、团体的领导人。主观方面是直接故意。根据《刑法》第255条的规定,犯本罪的,处3年以下有期徒刑或者拘役。

三十四、破坏选举罪

破坏选举罪,是指在选举各级人民代表大会代表和国家机关领导人员时,以暴力、威胁、欺骗、贿赂、伪造选举文件、虚报选举票数或者编造选举结果等手段破坏选举或者妨害选民和代表自由行使选举权和被选举权,情节严重的行为。

本罪的犯罪客体是公民的选举权和被选举权,即选举和被选举各级人民代表大会代表和国家机关领导人的权利。本罪的客观方面表现为以暴力、威胁、欺骗、贿赂、伪造选举文件、虚报选举票数等手段破坏选举或者妨害选民和代表自由行使选举权和被选举权,情节严重的行为。这里的选举是指选举各级人民代表大会代表和国家机关领导人的各种选举活动,包括选民登记、提出候选人、投票选举、补选、罢免等活动。破坏选举的行为表现为两个方面,一是破坏选举工作的正常进行,一是妨害选民和代表自由行使选举权和被选举权。行为人的犯罪手段包括暴力、威胁、欺骗、贿赂、伪造选举文件、虚报选举票数等。暴力,是指对选民、各级人民代表大会代表、候选人、选举工作人员等进行各种人身打击或身体强制;威胁,是指对与选举活动有关的人以杀害、伤害、破坏名誉等手段进行要挟,迫使这些人不能正常进行与选举有关的活动,不能正常行使选举权或被选举权;欺骗,是指捏造事实,颠倒是非,以虚假的事实扰乱选举活动的正常进行;贿赂,是指用金钱或者其他利益收买选民、各级人民代表大会代表、候选人、选举工作人员等,用以操纵、破坏选举;伪造选举文件,是指为破坏选举而伪造选民证、选票、选民名单、代表资格报告等选举文件;虚报选举票数,是指对统计出来的选票数、赞成和反对票数等进行虚假报告,破坏选举的行为。只要行为人使用了上述手段

之一,并且情节严重的,就可以构成本罪。情节严重,往往是指导致众多选民或人大代表不能正常行使选举权或被选举权,选举结果失实,严重违背民意,造成重大社会、政治影响等。本罪的主体为一般主体,可以是有选举权的人,也可以是无选举权的人;可以是选民、代表或一般公民,也可以是选举工作人员。在虚报选票等特定情况下,犯罪主体只能是选举工作人员。本罪的主观方面是直接故意,如果是由于过失行为影响了正常的选举工作,不构成本罪。

行为人实施破坏选举的行为时,其手段又触犯其他罪名的,一般来说应当从一重罪论处。以暴力手段破坏选举致使他人重伤、死亡的,由于在构成破坏选举罪的同时,也构成故意伤害罪、故意杀人罪,所以应当按照想象竞合犯的处理原则,从一重罪论处。伪造选举文件破坏选举的,若同时触犯伪造国家机关公文、证件、印章罪或伪造居民身份证等罪名的,应当按照牵连犯的处理原则从一重罪论处。

依照我国《刑法》第256条的规定,犯本罪的,处3年以下有期徒刑、拘役或者剥夺政治权利。

三十五、暴力干涉婚姻自由罪

暴力干涉婚姻自由罪,是指以暴力手段干涉他人婚姻自由的行为。本罪的犯罪客体是他人的婚姻自由权利。婚姻自由包括结婚自由和离婚自由。客观方面表现为以暴力手段干涉他人婚姻自由的行为。首先,行为人为了干涉他人的婚姻自由而实施了暴力行为。暴力行为表现为殴打、捆绑、禁闭、抢掠等各种针对他人人身的强制方法。有干涉他人婚姻的行为,但没有使用暴力的,不构成本罪。暴力轻微,危害不大的,也不构成本罪。暴力行为导致被害人重伤或者死亡因而构成其他犯罪的,应当从一重罪论处。长期、一贯使用暴力干涉他人婚姻自由,而且其中一次或几次的暴力行为导致他人重伤或死亡的,这种情况下,行为人的行为不但构成了暴力干涉婚姻自由罪,而且还另外构成了故意伤害罪或故意杀人罪,应当实行数罪并罚。本罪的主体是一般主体,通常是被害人的亲属。对于夫妻一方使用暴力阻止对方同自己离婚的,一般不按照本罪处理,符合虐待罪构成条件的,可以以虐待罪论处。本罪的主观方面是直接故意。犯罪动机不影响定罪,但是可以表明犯罪的危害程度,影响量刑。根据《刑法》第257条的规定,犯本罪的,处2年以下有期徒刑或者拘役,而且告诉的才处理;犯罪行为致使被害人死亡的,处2年以上7年以下有期徒刑,这种情况不适用告诉才处理的规定。这里的"致使被害人死亡",是指由于暴力干涉他人的婚姻自由而引起被害人自杀身亡,或者行为人主观上没有杀人的故意,但是在实施暴力的时候过失导致被害人死亡。

三十六、重婚罪

(一)重婚罪的概念和构成要件

重婚罪,是指有配偶而与他人结婚,或者明知他人有配偶而与之结婚的行为。

本罪的构成要件是:

（1）本罪的犯罪客体是一夫一妻的婚姻关系。

（2）本罪的客观方面表现为有配偶而与他人结婚，或者明知他人有配偶而与之结婚的行为。包括两种情况：一是有配偶者与配偶之外的第三者登记结婚，或者相婚者明知他人有配偶而与之登记结婚。二是有配偶者与配偶之外的第三者建立事实婚姻，或者相婚者明知他人有配偶而与之建立事实婚姻。第二种情况也被称为事实重婚。事实婚姻是指男女双方公开以夫妻的名义同居并长期共同生活的关系。事实婚姻依照婚姻法的规定是不具有合法性的，不受法律的保护。在刑法上，不能因为事实婚姻在婚姻法上不被承认和保护而否认事实重婚是重婚罪的一种表现形式，这是因为婚姻关系的存在与判定婚姻关系是否合法有效是两个不同的问题。实际上，不管是登记重婚，还是事实重婚，任何重婚罪中都至少有一个婚姻关系是无效的，非法的。对于事实婚姻是否具有合法性这个问题，婚姻法和刑法并没有矛盾之处，只是由于刑法和婚姻法有着不同的任务和法律性质，所以才认定事实重婚是重婚罪的一种表现形式。在婚姻法上否认事实婚姻的合法性，有利于正确地判定、认可和保护符合法律要求的婚姻关系，而在刑法规范里，尽管事实婚姻不具有合法性，但是由于事实重婚破坏了一夫一妻的婚姻制度，所以必须用刑法进行调整。根据 1994 年 12 月 14 日最高人民法院《关于〈婚姻登记管理条例〉施行后发生的以夫妻名义非法同居的重婚案件是否以重婚罪定罪处罚的批复》，有配偶的人与他人以夫妻名义同居生活的，仍应按重婚罪处罚。

（3）本罪的主体分为两种人，一是重婚者，即有配偶而与他人结婚的人。“有配偶”，是指男子有妻，女子有夫，而且夫妻关系还处在存续期间。二是相婚者，即明知他人有配偶而与之结婚的人。就相婚者本人而言，只存在一个婚姻关系，但是由于相婚者与重婚者的行为破坏了一夫一妻的婚姻制度，所以相婚者与重婚者一样也是本罪的犯罪主体。

（4）本罪的主观方面是故意，作为有配偶的一方是明知自己有配偶而与他人结婚，无配偶的人则是明知他人有配偶而与之结婚，如果无配偶的人由于受到欺骗或者其他原因，不明知对方有配偶而与之结婚的，不构成本罪。

（二）重婚罪的认定

1. 要正确区分重婚罪与不构成犯罪的重婚行为的界限

有的重婚行为的发生有着特殊的原因，如有配偶的妇女在被拐卖后重婚的，因遭遇灾害被迫外流谋生而重婚的，因包办婚姻或婚后受虐待外逃而重婚的等等，这些情况由于行为人主观恶性小，且受客观原因所迫，不以重婚罪论处。

2. 要分清重婚罪与非法同居行为以及通奸行为之间的界限

通奸一般是指有配偶的人与他人发生婚外性行为，单纯的通奸行为不构成重婚罪。非法同居有不同的情况，如果男女双方以夫妻的名义长期非法同居，而且一方或双方另有配偶，这种非法同居属于事实婚姻，构成重婚罪。如果不是以夫妻名义公开进行长期同居，这种情况不属于事实婚姻，仅仅是一般的非法同居，不构成重婚罪。

3. 男女双方已经登记结婚但是尚未同居的，或者在婚姻关系还存在的离婚期间，一方与第三者登记结婚或形成事实婚姻的，构成重婚罪。比如在诉讼离婚的案件中，一审判决离婚,在判决尚未生效的上诉期间,一方与第三者结婚的,构成重婚罪。

(三)重婚罪的刑事责任

根据《刑法》第258条的规定,犯本罪的,处2年以下有期徒刑或者拘役。

三十七、破坏军婚罪

破坏军婚罪,是指明知是现役军人的配偶而与之同居或者结婚的行为。本罪的犯罪客体是现役军人的婚姻关系。现役军人,是指具有军籍,并正在中国人民解放军或者中国人民武装警察部队服役的军人,包括军官、警官、文职干部、士兵、具有军籍的学员等等。在部队中工作但没有军籍的人员和复员、退伍或者转业的军人不属于现役军人。本罪的客观方面表现为明知是现役军人的配偶而与之结婚或者同居的行为。现役军人的配偶,是指与现役军人通过登记结婚、有合法婚姻关系的人,即现役军人的妻子或者丈夫。现役军人未登记结婚的未婚妻或者未婚夫不是现役军人的配偶。行为人的行为包括两种情况:一是与现役军人的配偶结婚。包括登记结婚或者形成事实婚姻。二是与现役军人的配偶同居。这里的同居,是指以两性关系为基础,公开地或者秘密地与现役军人的配偶形成的具有共同的经济生活和其他生活的姘居关系。这里的同居不同于形成事实婚姻的同居,因为行为人并不与现役军人的配偶公开以夫妻的名义共同生活居住。同居与通奸也不一样,通奸是指与现役军人的配偶发生性关系的行为。通奸行为不构成本罪。本罪的主体是一般主体,可以是男性,也可以是女性。现役军人也可以成为犯罪主体。与行为人同居或者结婚的现役军人的配偶不是本罪的犯罪主体,但是,如果现役军人的配偶与其他现役军人的配偶同居或者结婚的,则行为双方均构成破坏军婚罪。本罪的主观方面是故意。构成本罪,行为人须明知是现役军人的配偶而与之结婚或者同居。如果行为人不明知对方是现役军人的配偶,而与之结婚或同居的,则不构成本罪。

与现役军人的配偶通奸的,不构成本罪。如果利用职权、从属关系,以胁迫手段奸淫现役军人妻子,则构成强奸罪。和重婚罪一样,破坏军婚罪行为中也有重婚行为。破坏军婚罪与重婚罪的主要区别在于:(1)前者侵犯的是现役军人的婚姻关系,后者侵犯的是一夫一妻的婚姻制度关系。(2)前者的客观方面除了重婚行为以外还有同居行为,后者则仅表现为重婚行为。(3)前者的行为对象是现役军人的配偶,后者的行为对象是除现役军人配偶以外的其他人。(4)在破坏军婚罪中,作为行为对象的军人配偶要么不构成犯罪,要么构成重婚罪,除非与其他现役军人的配偶同居或者结婚,一般不构成破坏军婚罪,而重婚罪中重婚的双方都构成重婚罪。

根据《刑法》第259条的规定,犯本罪的,处3年以下有期徒刑或者拘役。

三十八、虐待罪

(一)虐待罪的概念和构成要件

虐待罪,是指经常以打骂、冻饿、禁闭、强迫过度劳动、有病不给治疗、限制自由、凌辱人格等方法,对共同生活的家庭成员进行肉体上、精神上的摧残和折磨,情节恶劣的行为。

虐待罪的构成要件是：

(1) 本罪的犯罪客体是复杂客体，包括共同生活的家庭成员在家庭生活中的平等关系以及被害人的身心健康。

(2) 本罪的客观方面表现为对家庭成员的虐待行为，即经常以打骂、冻饿、禁闭、强迫过度劳动、有病不给治疗、限制自由、凌辱人格等方法，对共同生活的家庭成员进行肉体上、精神上的摧残和折磨，情节恶劣的行为。首先，虐待行为表现为两个方面，一是肉体上的摧残，如殴打、冻饿、禁闭、捆绑等。一是精神上的折磨，如侮辱、咒骂、讽刺、不允许参加社会活动等。其次，虐待行为可以是作为，也可以是不作为，但纯粹的不作为不能构成本罪，单纯的不履行应当履行的抚养义务的行为，如不给饭吃、有病不给治等，可以构成遗弃罪。再次，虐待行为具有经常性、一贯性的特征，如果是偶尔的一次对被害人身心的伤害，不构成本罪。另外，虐待的对象必须是共同生活的家庭成员，即基于婚姻、血缘、收养等关系在同一个家庭中共同生活的成员。非家庭成员不属于本罪的犯罪对象。最后，虐待行为情节恶劣的才构成本罪。

(3) 本罪的主体是特殊主体，必须是与被害人共同生活的同一家庭成员。犯罪主体和被害人之间存在着亲属关系或扶养关系，一般来说，犯罪主体往往是在经济上或亲属关系上有优势地位的人。

(4) 本罪的主观方面是故意，即行为人明知自己的虐待行为会使被害人受到身心伤害，而希望这种结果发生。行为人的动机多种多样，动机对量刑有重要影响，一般不影响定罪。但是由于只有“情节恶劣”的虐待行为才会构成犯罪，所以在动机恶劣，从而导致使整个虐待行为被认定为“情节恶劣”的情况下，动机也会对定罪产生影响。

(二) 虐待罪的认定

1. 要分清虐待罪罪与非罪界限

首先，家庭成员之间由于家庭矛盾或教育方法粗暴引起的打骂行为，由于行为人主观上没有摧残家庭成员身心健康的故意，客观上不存在长期的肉体摧残和精神折磨，所以不构成虐待罪。其次，情节不恶劣的虐待行为不能被认定为虐待罪。情节是否恶劣，要从行为人的动机、虐待的手段、虐待行为持续的时间、行为对象的状况、虐待行为造成的结果和社会影响等多个方面进行考察。

2. 要分清虐待罪和其他犯罪之间的界限

如果行为人是有意识地造成共同生活的家庭成员的伤害或者死亡，则行为人的行为构成故意伤害罪或者故意杀人罪，而不是虐待罪。如果行为人的虐待行为情节恶劣，并且也发生了基于伤害或杀人的故意而实施的伤害或杀人行为，则行为人的行为既构成虐待罪，也构成故意伤害罪或者故意杀人罪，对此应当数罪并罚。

(三) 虐待罪的刑事责任

根据《刑法》第 260 条的规定，犯本罪的，处 2 年以下有期徒刑、拘役或者管制，但是被害人告诉的才处理。致使被害人重伤、死亡的，处 2 年以上 7 年以下有期徒刑，而且不适用告诉才处理的规定。“致使被害人重伤、死亡”，是指在行为人主观上没有重伤、杀人故意的情况下,由于打骂、冻饿等虐待行为导致被害人重伤、死亡,或者被害人不堪忍受虐待而自杀导致重伤或死亡。

三十九、遗弃罪

遗弃罪,是指对于年老、年幼、患病或者其他没有独立生活能力的人,负有扶养义务且能够扶养而拒绝扶养,情节恶劣的行为。犯罪客体是被遗弃人在家庭中受扶养的权利。客观方面表现为对于年老、年幼、患病或者其他没有独立生活能力的人,负有扶养义务且能够扶养而拒绝扶养,情节恶劣的行为。犯罪对象是年老、年幼、患病或者其他没有独立生活能力的人。遗弃行为是一种不作为的行为,而且必须情节恶劣才构成犯罪。情节恶劣主要是指手段恶劣、后果严重、动机卑鄙、影响极坏等等。本罪的主体是特殊主体,即对被遗弃人负有法定扶养义务,具有扶养能力的人。本罪的主观方面是直接故意,行为人的动机一般不影响本罪的成立。根据《刑法》第 261 条的规定,犯本罪的,处 5 年以下有期徒刑、拘役或者管制。

四十、拐骗儿童罪

拐骗儿童罪,是指采用欺骗、利诱或者其他方法,使不满 14 周岁的未成年的儿童脱离家庭或者监护人的行为。犯罪客体是他人的家庭关系和儿童的合法权益。客观方面表现为拐骗不满 14 周岁的儿童脱离家庭或者监护人的行为。犯罪对象是不满 14 周岁的儿童,可以是男性,也可以是女性。犯罪主体是一般主体。主观方面是直接故意,拐骗儿童的目的多为收养或者奴役。如果行为人以出卖为目的拐骗儿童的,应以拐卖儿童罪论处。如果行为人以勒索财物为目的偷盗婴儿的,应以绑架罪论处。根据《刑法》第 262 条的规定,犯本罪的,处 5 年以下有期徒刑或者拘役。

四十一、组织残疾人、儿童乞讨罪

组织残疾人、儿童乞讨罪,是指以暴力、胁迫手段组织残疾人或者不满 14 周岁的未成年人乞讨的行为。本罪为行为犯,不需要造成乞讨人人身伤害或其他严重后果,只要行为人实施了以暴力、胁迫的手段,就应当立案予以追究。本罪的客体是残疾人与未成年人的身心健康和正常的社会管理秩序。在客观方面表现为行为人实施了以暴力、胁迫的手段,组织残疾人与未成年人进行乞讨的行为。本罪的犯罪主体为一般主体,即年满 16 周岁具有刑事责任能力的人都可以构成本罪,主观方面是直接故意。根据《刑法修正案(六)》第 17 条,即《刑法》第 262 条之一的规定,犯本罪的,处 3 年以下有期徒刑或者拘役,并处罚金;情节严重的,处 3 年以上 7 年以下有期徒刑,并处罚金。

四十二、组织未成年人进行违反治安管理活动罪

组织未成年人进行违反治安管理活动罪是指组织未成年人进行盗窃、诈骗、抢夺、敲诈勒索等违反治安管理活动的行为。客观方面表现为组织未成年人进行盗窃、诈骗、抢夺、敲诈勒索等违反治安管理活动的行为,不要求未成年人的客观行为符合某具

体犯罪的构成要件，否则组织者应属于某具体犯罪的间接正犯，主观方面是故意，行为人明知被组织者是未成年人。根据《刑法修正案（七）》第8条，即《刑法》第262条之二的规定，犯本罪的，处3年以下有期徒刑或者拘役，并处罚金；情节严重的，处3年以上7年以下有期徒刑，并处罚金。

【阅读参考书目】

1. 张明楷著：《刑法学》，法律出版社2007年版。

2. 高铭暄、马克昌主编：《刑法学》，北京大学出版社、高等教育出版社2010年第4版。

【思考题】

一、名词解释

1. 强奸罪
2. 绑架罪
3. 拐卖妇女、儿童罪
4. 诬告陷害罪
5. 诽谤罪
6. 刑讯逼供罪
7. 重婚罪
8. 破坏军婚罪
9. 虐待罪
10. 遗弃罪

二、简答题

1. 为他人实施安乐死行为是否构成犯罪？为什么？
2. 如何正确地对故意杀人罪进行量刑？
3. 故意伤害罪与一般的殴打行为有什么不同？
4. 奸淫幼女的行为为什么以强奸罪论处？
5. 如何正确认定拐卖妇女、儿童罪的罪数？
6. 怎样区分诬告陷害罪罪与非罪的界限？
7. 侮辱罪和诽谤罪有什么不同？
8. 重婚罪与破坏军婚罪有什么样的关系？

三、论述题

故意伤害罪与故意杀人罪、过失致人死亡罪的区别。

四、案例分析

案例1：

在由他人组织的拐卖儿童犯罪活动中，某甲（男，15岁）负责对其中一个被害人乙进行看管，为了防止被害人逃跑，甲采取了各种防范措施，但乙仍屡次有不服从看管的举动，甲怕拐卖行为被发现，便将乙杀死。对甲的行为应当如何处理？

案例2：

某甲(男,30岁)经济条件较好,但却长期不扶养自己的老母亲乙,乙在生活极端困难的情况下,对甲说:"如果你继续这样对待我,我就喝农药死给你看"。甲听了此话无动于衷,于是乙当着甲的面喝下农药,甲未采取任何救助措施,最终乙中毒而死。对甲的行为应当如何处理?

案例3：

甲男和乙女谈恋爱,由于遭到各自家庭的反对,于是相约自杀,由甲找来一些农药,两人分别喝下若干,后被人发觉时,乙已经昏迷,甲尚清醒。当别人看到乙的样子便问甲是怎么回事,甲只说道:"她睡着了"。结果因此耽误了救治时间,甲最终被救活,而乙死亡。对甲的行为应如何处理?

案例4：

甲和妻子乙在火车站遇到醉汉丙的无理纠缠,在几次试图摆脱无效的情况下,甲为了摆脱纠缠,便打了丙胸口一拳,甲乙然后离去。而丙在事后觉得胸口憋闷,不久死去。原来丙本身就有心脏病等严重疾病,在甲打了一拳的作用下,导致死亡。对甲的行为应当如何处理?如果本案中甲不是打了丙一拳,而是推了丙一把,丙死亡,对甲又该如何处理呢?

第二十五章　侵犯财产罪

我国社会主义的公共财产是巩固人民民主专政和进行社会主义现代化建设的物质基础，是提高广大人民群众生活水平、走向共同富裕的物质保证。国家保护社会主义公共财产，禁止任何组织或者个人用任何手段侵占或者破坏国家和集体的财产。公民私人所有的财产是个人从事生产、工作和生活的物质条件，国家依法确认和保护公民私人财产权利。学习本章应着重了解和掌握各个犯罪的概念和构成要件，特别是通过对不同犯罪在客观方面的不同特点的认识，正确区分不同的犯罪。此外，还应当注意侵犯财产的数额和情节对定罪量刑的影响。

第一节　侵犯财产罪总述

▶ 一、侵犯财产罪的概念和构成要件

侵犯财产罪，是指以非法占有为目的，攫取公私财物，或者故意毁坏公私财物的行为。

侵犯财产罪具有以下特征：

(1) 侵犯财产罪的犯罪客体是公私财产所有权，即公共财产所有权和公民私人财产所有权。

根据《刑法》第 91 条的规定，公共财产是指：国有财产；劳动群众集体所有的财产；用于扶贫和其他公益事业的社会捐助或者专项基金的财产。在国家机关、国有公司、企业、集体企业和人民团体管理、使用或者运输途中的私人财产，以公共财产论。根据《刑法》第 92 条的规定，公民私人所有的财产，是指：公民的合法收入、储蓄、房屋和其他生活资料；依法归个人、家庭所有的生产资料；个体户和私营企业的合法财产；依法归个人所有的股份、股票、债券和其他财产。

公私财产有多种表现形式，有有形的，也有无形的；或是生活资料，或是生产资料；可以是动产，也可以是不动产。公私财产可以表现为代表一定价值或经济利益的凭证或者票据，如货币、有价证券、信用卡等；也可以表现为法律规定的，与使用某种服务、利用某种资源有关的财产权利或其他财产性利益，如使用特定的通信线路或电信号码的权利。

一般来说，无主物不能构成侵犯财产罪的犯罪对象。对所有人不明的财物是否属于侵犯财产罪的犯罪对象有不同的观点，一般认为，所有人不明的埋藏物、隐藏物等，由于依法应归国家所有，因而可成为侵犯财产罪的犯罪对象①，但并非都一定可以构成

---

① 参见陈明华主编：《刑法学》，中国政法大学出版社 1999 年版，第 599 页。

侵犯财产罪的对象。如有盗窃珍贵文物行为的盗掘古墓葬罪、造成矿产资源破坏的非法采矿罪等并不属于侵犯财产罪。[①] 违法所得的财物、违禁品可以成为侵犯财产罪的犯罪对象,因为这些物品本来就为国家、集体或个人所拥有,对这些物品的侵犯仍然构成对他人合法的财产所有权的侵犯。如盗窃赃物或者抢劫他人非法持有的毒品仍然会构成盗窃罪或者抢劫罪。

(2) 侵犯财产罪的客观方面表现为以多种手段非法攫取或者毁坏公私财产的行为。

攫取行为包括两种情况,一是通过各种方式使他人所有或管理控制的财产转变为自己所有或控制;二是通过挪用等方式暂时非法占有、使用他人的财产。毁坏行为也包括两种情况:一是通过破坏行为使财产损坏或者灭失;二是通过对生产资料的毁损来破坏生产经营。

(3) 侵犯财产罪的犯罪主体大多数是一般主体,即年满 16 周岁,具有刑事责任能力的自然人。

已满 14 周岁,不满 16 周岁的人可以构成抢劫罪的犯罪主体。少数犯罪的犯罪主体是特殊主体,必须具备特定的身份。如职务侵占罪、挪用资金罪的犯罪主体只能是公司、企业或者其他单位的工作人员。单位不能成为侵犯财产罪的犯罪主体。

(4) 侵犯财产罪的主观方面是故意,而不能是过失。

由于犯罪的类型不同,行为人的主观目的也各不一样。在攫取类型的侵犯财产罪中,行为人主观上具有非法占有的目的,包括非法暂时占有、使用的目的,如挪用资金罪,以及不法所有的目的,如盗窃罪。在毁坏类型的侵犯财产罪中,行为人主观上具有毁坏财物的目的。

二、侵犯财产罪的类型

行为方式的不同是区分不同的侵犯财产犯罪的重要依据,也是侵犯财产罪分类的重要依据。

侵犯财产罪包括攫取和毁坏两种类型的犯罪,在此基础上,根据犯罪的具体行为方式,可以将侵犯财产罪进一步分为以下四种类型:

(1) 暴力、胁迫、夺取型侵犯财产罪。包括抢劫罪、抢夺罪、聚众哄抢罪、敲诈勒索罪。

(2) 窃取、骗取型侵犯财产罪。包括盗窃罪、诈骗罪。

(3) 侵占、挪用型侵犯财产罪。包括侵占罪、职务侵占罪、挪用资金罪、挪用特定款物罪、恶意欠薪罪。

(4) 毁坏、破坏型侵犯财产罪。包括故意毁坏财物罪、破坏生产经营罪。

---

① 参见高铭暄、马克昌主编:《刑法学》,北京大学出版社、高等教育出版社 2000 年版,第 505 页。

第二节 侵犯财产罪分述

一、抢劫罪

(一) 抢劫罪的概念和构成要件

抢劫罪,是指以非法占有为目的,以暴力、胁迫或者其他方法,当场强行劫取他人财物的行为。

抢劫罪的构成要件是:

(1) 犯罪客体是复杂客体,即公私财产的所有权和他人的人身权。抢劫罪不仅侵犯了公私财产的所有权,而且行为人所使用的暴力、胁迫或者其他方法也会侵犯他人的人身权利。由于抢劫罪的最终目的是非法占有财物,主要客体是公私财产的所有权,所以抢劫罪被规定在侵犯财产罪这一类犯罪之中。抢劫罪所侵犯的复杂客体从一个方面表明了本罪与其他侵犯财产罪相比,具有更大的社会危害性。

(2) 客观方面表现为以暴力、胁迫或者其他方法,当场强行劫取他人财物的行为。暴力、胁迫或者其他方法是手段行为;当场强行劫取他人财物是目的行为。手段行为和目的行为相结合,构成抢劫行为。抢劫罪特定的行为特征是该罪与盗窃罪、抢夺罪、诈骗罪、敲诈勒索罪等其他侵犯财产罪最显著的不同之处。抢劫罪采用的手段包括暴力、胁迫以及其他方法。

所谓"暴力",是指对被害人的身体进行打击或者强制,使被害人不能反抗的行为。如殴打、捆绑、伤害等。行为人使用暴力方法是为了排除、抑制被害人的反抗,以便取得财物。如果行为人在实施抢夺财物的行为时,无意中伤害了被害人,如与被害人发生碰撞导致被害人受伤,应当定为抢劫罪。

所谓"胁迫",是指对被害人以当场立即使用暴力相威胁,实行精神强制,使被害人产生恐惧而不敢反抗的行为。胁迫的方式可以表现为语言文字,也可以表现为动作手势。如果行为人盗窃被害人的财物,被害人在行为人没有胁迫行为的情况下自己产生恐惧,没有进行制止或反抗,行为人的行为应被认定为盗窃,而不是抢劫。胁迫的内容是如果被害人不交出财物或者进行反抗,将当场立即对被害人实施暴力。如果行为人以破坏被害人名誉等非暴力内容进行威胁,或者以将来实施暴力相威胁,迫使被害人交出财物的,不构成抢劫罪,而构成敲诈勒索罪。

所谓"其他方法",是指除暴力、胁迫以外的其他使被害人不能反抗的方法。如用酒灌醉或用药物麻醉被害人,使其不能反抗,进而劫走财物。如果行为人仅仅是利用被害人醉酒或者熟睡等不能反抗、不知反抗的状态而取走其财物,则应构成盗窃罪,而不是抢劫罪。

"当场劫取他人财物"包括两种情况:一是行为人当场将他人的财物夺走;二是迫使被害人当场将财物交给行为人。如果被害人在受到行为人胁迫后,在日后的某个时间将财物交给行为人,行为人的行为应当被认定为敲诈勒索罪。

抢劫罪的犯罪对象是国家、集体、个人所有的财物和他人的人身。公私财物是否包括不动产或者其他财产性利益呢？如使用暴力手段强占他人的住房或者使用暴力手段迫使债权人免除债务人的债务是否构成抢劫罪呢？对于这个问题，理论上还存在争议，需要进一步研究。抢劫罪侵犯的受害人可以是财物的所有人、占有人、管理人等。根据2000年4月4日“全国法院审理毒品犯罪案件工作座谈纪要”，抢劫毒品的，也以抢劫罪定罪，而不是定其他毒品犯罪罪名。毒品的实际数量，也就是抢劫罪的数额。

（3）犯罪主体是一般主体。根据《刑法》第17条的规定，已满14周岁不满16周岁的人可以成为抢劫罪的犯罪主体。

（4）主观方面是直接故意，并且具有非法占有公私财物的目的。非法占有的目的，是指非法将他人财物永久据为己有，以便行使所有权或者转给第三人所有的目的。如果行为人基于索债等目的而使用暴力的，不构成抢劫罪，但可以构成故意伤害罪、非法拘禁罪等。非法占有的目的存在于抢劫行为之时。如果行为人基于伤害、杀人、强奸等目的对被害人实施暴力，并致使被害人昏迷或者死亡，此后才产生非法占有财物的意图并取走被害人的财物的，不构成抢劫罪，应将取走财物的行为认定为盗窃罪，而此前的暴力行为应依法认定为故意伤害罪、故意杀人罪、强奸罪等。

（二）抢劫罪的认定

1. 要分清抢劫罪罪与非罪的界限

与其他侵犯财产的犯罪相比，抢劫罪侵犯复杂客体，行为方式危害性大，因此刑法并没有规定构成抢劫罪应具备的抢劫财物的数额或者导致的人身伤害的程度，但这并不意味着认定抢劫罪就不考虑这些因素和其他的情节。对于情节显著轻微、危害不大的强行劫取财物的行为，不应认定为抢劫罪。例如，以轻微暴力索要他人少量食物或其他少量财物的行为，并不能构成抢劫罪。

2. 正确理解转化型抢劫罪

根据《刑法》第269条规定，犯盗窃、诈骗、抢夺罪，为窝藏赃物、抗拒抓捕或者毁灭罪证而当场使用暴力或者以暴力相威胁的，依照《刑法》第263条关于抢劫罪的规定定罪处罚。这种情况，理论上通常被称为转化型抢劫罪，也被称为准抢劫罪或者事后抢劫罪。按照《刑法》第269条，被认定为抢劫罪的行为，应当具备以下条件：第一，行为人实施了盗窃、诈骗、抢夺的犯罪行为。行为人盗窃、诈骗、抢夺的财物数额较大，本应构成盗窃罪、诈骗罪、抢夺罪，但如果符合转化型抢劫罪的其他构成条件，可以被认定为抢劫罪。如果行为人实施的盗窃、诈骗、抢夺行为虽然没有达到数额较大的程度，但在为窝藏赃物、抗拒抓捕或者毁灭罪证而当场使用暴力或者以暴力相威胁，情节严重的情况下，也可以按照抢劫罪论处。反之，如果使用暴力或以暴力相威胁情节不严重、危害不大的，不认为是犯罪。[①] 第二，行为人当场使用暴力或者以暴力相威胁。“当场”是指行为人实施盗窃、诈骗、抢夺行为的现场以及实施的盗窃、诈骗、抢夺行为被随即

① 参见最高人民法院、最高人民检察院1988年3月16日《关于如何适用刑法第一百五十三条的批复》。

发觉和制止、追捕的过程和现场。后一种情况被称为现场的延伸。使用暴力或者以暴力相威胁,是指对抓捕人或者阻止其窝藏赃物、毁灭罪证的人实施打击或身体强制,或者以实施打击或身体强制相威胁。第三,当场使用暴力或者以暴力相威胁的目的是为了窝藏赃物、抗拒抓捕或者毁灭罪证。窝藏赃物,是指藏匿和保护已经取得的赃物不被发现和追回;抗拒抓捕,是指抗拒司法人员的抓捕和公民的扭送;毁灭罪证,是指破坏、消灭行为人的犯罪证据。如果行为人不是基于上述目的而使用暴力或者以暴力相威胁的,不适用《刑法》第269条的规定,不属于转化型抢劫罪。例如,行为人在实施完盗窃行为以后杀人灭口的,应当按照盗窃罪和故意杀人罪进行数罪并罚。行为人为了非法取得他人财物的目的而使用暴力或者以暴力相威胁的,应当认定为抢劫罪,但是不适用《刑法》第269条的规定。

3. 要分清抢劫罪与其他犯罪的界限

(1) 要正确区分抢劫罪与故意杀人罪的界限。抢劫致人重伤、死亡的,属于结果加重犯,仍然应当认定为抢劫罪,而不是另外成立故意伤害罪、故意杀人罪。对于"抢劫致人死亡",有人认为只能是过失致人死亡,还有人认为只能是过失或者间接故意致人死亡。① 对此,根据2001年5月22日最高人民法院《关于抢劫过程中故意杀人案件如何定罪问题的批复》规定,行为人为劫取财物而预谋故意杀人,或者在劫取财物过程中,为制服被害人反抗而故意杀人的,以抢劫罪定罪处罚。行为人实施抢劫后,为灭口而故意杀人的,以抢劫罪和故意杀人罪实行数罪并罚。

(2) 要正确区分抢劫罪和抢劫枪支、弹药、爆炸物、危险物质罪的界限。抢劫罪的犯罪对象是他人的财物,行为侵犯了公私财物的所有权;抢劫枪支、弹药、爆炸物、危险物质罪的犯罪对象是枪支、弹药、爆炸物、危险物质,行为危害的是公共安全。二者的犯罪对象、所侵犯的合法权益有所不同。如果行为人出于抢劫一般财物的故意,却由于认识上的错误实际上抢劫了枪支、弹药、爆炸物、危险物质,应当认定为抢劫罪。反之,如果行为人出于抢劫枪支、弹药、爆炸物、危险物质的故意而实际上抢劫了其他的财物,应当认定为抢劫枪支、弹药、爆炸物、危险物质罪。

4. 抢劫罪既遂与未遂的界限

如何区分抢劫罪的既遂与未遂,理论上有不同的观点。有人主张,抢劫罪是侵犯财产的犯罪,应当以是否占有财物作为区分既遂与未遂的标准,在构成结果加重犯的情况下也有未遂的可能;也有人主张,抢劫罪侵犯的是复杂客体,不管行为人是否抢到财物,只要侵犯了被害人的人身权利,就是既遂。对于抢劫罪的既遂与未遂问题,应既要考虑到抢劫罪侵犯的复杂客体,以及其中表现为财产权利的主要客体,又要考虑到行为人非法占有的目的。一般认为,在通常情况下,应当以是否占有公私财物作为区分既遂与未遂的标准;但犯罪在构成结果加重犯或情节加重犯的情况下,无论是否占有公私财物,均属于既遂。即:对于抢劫罪,取得财物的属于既遂;没有取得财物也没有造成侵犯人身权利的后果的,属于未遂;无论是否取得财物,只要严重侵犯他人人身

① 参见苏惠渔主编:《刑法学》,中国政法大学出版社1999年修订版,第649页。

权利,致人重伤、死亡的,属于既遂。

(三)抢劫罪的刑事责任

根据《刑法》第263条的规定,犯抢劫罪的,处3年以上10年以下有期徒刑,并处罚金;有下列情形之一的,处10年以上有期徒刑、无期徒刑或者死刑,并处罚金或者没收财产:(1)入户抢劫的;(2)在公共交通工具上抢劫的;(3)抢劫银行或者其他金融机构的;(4)多次抢劫或者抢劫数额巨大的;(5)抢劫致人重伤、死亡的;(6)冒充军警人员抢劫的;(7)持枪抢劫的;(8)抢劫军用物资或者抢险、救灾、救济物资的。

根据2003年5月15日起施行的最高人民法院、最高人民检察院《关于办理妨害预防、控制突发传染病疫情等灾害的刑事案件具体应用法律若干问题的解释》第9条规定,在预防、控制突发传染病疫情等灾害期间,对毁坏或者抢劫公私财物的首要分子,依照《刑法》第263条的规定,以抢劫罪定罪,依法从重处罚。

根据1998年5月8日最高人民法院、最高人民检察院、公安部、国家工商行政管理局《关于依法查处盗窃、抢劫机动车案件的规定》,国家指定的车辆交易市场、机动车经营企业(含典当、拍卖行)以及从事机动车修理、零部件销售企业的主管人员或者其他直接责任人员,或其他专事窝藏、转移、收购或者代为销售盗窃车辆的行为人,事先与抢劫机动车辆的犯罪分子通谋的,以抢劫罪的共犯论处。

根据2000年11月17日最高人民法院《关于审理抢劫案件具体应用法律若干问题的解释》,"入户抢劫",是指为实施抢劫行为而进入他人生活的与外界相对隔离的住所,包括封闭的院落、牧民的帐篷、渔民作为家庭生活场所的渔船、为生活租用的房屋等进行抢劫的行为。对于入户盗窃,因被发现而当场使用暴力或者以暴力相威胁的行为,应当认定为入户抢劫。"在公共交通工具上抢劫",既包括在从事旅客运输的各种公共汽车,大、中型出租车,火车,船只,飞机等正在运营中的机动公共交通工具上对旅客、司机、乘务人员实施的抢劫,也包括对运行途中的机动公共交通工具加以拦截后,对公共交通工具上的人员实施的抢劫。"抢劫银行或者其他金融机构",是指抢劫银行或者其他金融机构的经营资金、有价证券和客户的资金等。抢劫正在使用中的银行或者其他金融机构的运钞车的,视为"抢劫银行或者其他金融机构"。抢劫银行或者其他金融机构的一般办公用品、生活用品的,不属于这种情况。"多次抢劫或者抢劫数额巨大"中的"多次",是指3次以上。"抢劫数额巨大"的认定标准,参照各地确定的盗窃罪数额巨大的认定标准执行。"抢劫致人重伤、死亡的",是指为抢劫财物使用暴力或其他强制方法,因用力过度而过失造成重伤或者死亡,或以杀人作为非法占有公私财物的手段实施抢劫致人重伤、死亡。"冒充军警人员抢劫",是指冒充现役军人、武装警察和公安民警抢劫。"持枪抢劫",是指行为人使用枪支或者向被害人显示持有、佩带的枪支进行抢劫的行为。"枪支"的概念和范围,适用《中华人民共和国枪支管理办法》的规定,即"枪支"是指以火药或者压缩气体等为动力,利用管状器皿发射金属弹丸或者其他物质,足以致人伤亡或者丧失知觉的各种枪支。包括军用的枪支、射击运动用的枪支、狩猎用的有膛线枪、散弹枪、火药枪等具有较大杀伤力的枪支,以及私人非法制造的能发射金属弹丸、具有杀伤力的枪支等。"抢劫军用物资或者抢险、救灾、救济物资”中的“军用物资”,不包括军用的枪支、弹药、爆炸物。抢劫军用的枪支、弹药、爆炸物的,应按《刑法》第127条第2款的规定定罪处罚。“抢险、救灾、救济物资”,是指已经确定将要用于或者正在用于抢险、救灾、救济的物资。根据《刑法》第56条的规定,对于抢劫犯罪分子,可以附加剥夺政治权利。

二、盗窃罪

(一)盗窃罪的概念和构成要件

盗窃罪,是指以非法占有为目的,秘密窃取公私财物,数额较大,或者多次盗窃、入户盗窃、携带凶器盗窃、扒窃的行为。

盗窃罪的构成要件是:

(1)犯罪客体,是公私财产所有权。

犯罪对象是公私财物。关于盗窃罪犯罪对象的范围,理论上有不同的观点。

盗窃罪的犯罪对象,一般是动产,即可以移动位置而不会损害其经济价值的财物,但是不动产上可以移动的部分,如房屋上的门窗,以及土地上生长的树木等也可以成为盗窃罪的对象。除此之外的不动产(例如,土地、房屋)是否可成为盗窃的对象,学者观点不一。有人认为,刑法规定盗窃公私财物,并没有限定盗窃的对象必须为动产,实际上不动产也是可以用秘密的方法占为己有。盗卖他人的不动产,应以盗窃罪论处。也有人认为,盗窃罪的行为特征是将他人控制下的财物秘密转移到行为人手中,不动产不能移动,不能成为盗窃的对象。我们认为,我国刑法没有明文规定盗窃财物仅限于动产,从有利于保护公私财产权出发,在没有新的法律规定出台以前,不应对盗窃罪的犯罪对象进行限制。

盗窃罪的犯罪对象,可以是有形物,也可以是无形物,如电力、煤气、天然气等。由于盗用他人电信码号打长途电话或国际电话等行为,也会给他人造成重大财产损失,所以电信码号资源等与电信有关的资源也是盗窃罪的对象。以牟利为目的,盗接他人通信线路、复制他人电信码号或者明知是盗接、复制的电信设备、设施而使用的,构成盗窃罪。[①] 根据2000年4月28日最高人民法院《关于审理扰乱电信市场管理秩序案件具体应用法律若干问题的解释》规定,将电信卡非法充值后使用,造成电信资费损失数额较大的,盗用他人公共信息网络上网账号、密码上网,造成他人电信资费损失数额较大的,以盗窃罪定罪处罚。根据2000年4月4日《全国法院审理毒品犯罪案件工作座谈纪要》,盗窃毒品的,以盗窃罪定罪,而不是定其他毒品犯罪罪名。

(2)客观方面,表现为秘密窃取公私财物,数额较大,或者多次盗窃、入户盗窃、携带凶器盗窃、扒窃的行为。

秘密窃取公私财物,是指行为人采用自认为不使他人发觉的方法将公私财物转移到自己的控制之下,并非法占有的行为。只要行为人主观上是意图秘密窃取,即使客

① 根据《审理盗窃案件具体应用法律若干问题的解释》第2条规定,《刑法》第265条规定的“以牟利为目的”,是指为了出售、出租、自用、转让等谋取经济利益的行为。

观上已被他人发觉或者注视,也不影响盗窃性质的认定。秘密窃取行为根据盗窃财物的不同,有不同的表现形式:对于有形物,如一般的动产和不动产中可以移动的部分,行为人可以通过秘密地转移占有的方式进行控制;对于电力、煤气等无形物和电信资源,行为人则是通过非法使用或消耗的方式使他人受损,自己获利。一般来说,构成盗窃罪,行为人要有窃取公私财物,数额较大行为,或者是多次盗窃、入户盗窃、携带凶器盗窃、扒窃的行为。

(3) 本罪的主体是一般主体,即年满 16 周岁、具有刑事责任能力的自然人。邮政工作人员私自开拆邮件,从中窃取财物的,以盗窃罪论处,从重处罚。根据 2002 年 7 月 8 日最高人民检察院颁发的《关于单位有关人员组织实施盗窃行为如何适用法律问题的批复》中的规定:单位有关人员为谋取单位利益组织实施盗窃行为,情节严重的,应当依照《刑法》第 264 条的规定以盗窃罪追究直接责任人员的刑事责任。

(4) 本罪的主观方面是直接故意,要有非法占有的目的,即盗窃行为必须是行为人明知是他人或者单位所有或持有的财物,以非法占有为目的,窃取财物进行占有。如果没有犯罪故意,不具有非法占有他人财物的目的,不构成盗窃罪。

(二) 盗窃罪的认定

1. 盗窃罪罪与非罪的界限

秘密窃取公私财物,数额较大,或者多次盗窃、入户盗窃、携带凶器盗窃、扒窃的行为构成犯罪。根据最高人民法院 1997 年 11 月 4 日《关于审理盗窃案件具体应用法律若干问题的解释》,以及最高人民法院、最高人民检察院、公安部 1998 年 3 月 30 日《关于盗窃罪数额认定标准问题的规定》,盗窃的数额,是指行为人窃取的公私财物的数额。个人盗窃公私财物价值 500 元至 2000 元以上的,为"数额较大";个人盗窃公私财物价值 5000 元至 2 万元以上的,为"数额巨大";个人盗窃公私财物价值 3 万元至 10 万元以上,为"数额特别巨大"。同时规定,各省、自治区、直辖市高级人民法院可以根据本地区的经济发展状况,并考虑社会治安状况,在上述数额幅度内,分别确定本地区执行的数额。根据最高人民法院、最高人民检察院、公安部 1999 年 2 月 4 日《关于铁路运输过程中盗窃罪数额认定标准问题的规定》,铁路运输过程中盗窃罪数额认定标准为:个人盗窃公私财物"数额较大",以 1000 元为起点;个人盗窃公私财物"数额巨大",以 1 万元为起点;个人盗窃公私财物"数额特别巨大",以 6 万元为起点。"多次盗窃",是指 1 年内入户盗窃或者在公共场所扒窃 3 次以上。一般来说,对于盗窃数额较小,或者盗窃不足 3 次的,不认为是犯罪,必要时可按一般违法行为给予治安行政处罚。"入户盗窃",是指为实施盗窃行为而进入他人生活的与外界相对隔离的住所,包括封闭的院落、牧民的帐篷、渔民作为家庭生活场所的渔船、为生活租用的房屋等进行盗窃的行为。"携带凶器盗窃",是指随身携带枪支、爆炸物、管制刀具等国家禁止个人携带的器械进行盗窃,"扒窃",是指从别人身上盗窃财物。

盗窃信用卡并使用的,以盗窃罪定罪处罚。其盗窃数额应当根据行为人盗窃信用卡后使用的数额认定。盗窃增值税专用发票或者可以用于骗取出口退税、抵扣税款的其他发票的,以盗窃罪定罪处罚。盗窃上述发票数量在 25 份以上的,为"数额较大";

数量在250份以上的,为“数额巨大”;数量在2500份以上的,为“数额特别巨大”。

但是,处理盗窃案件时,不仅应当根据盗窃财物数额大小和盗窃的次数,还应当根据犯罪的其他具体情节,如作案的原因、地点、目标、手段、后果,同时考虑犯罪分子的过去情况、认罪态度、退赃表现等,进行全面分析,正确量刑。盗窃公私财物数额大小、次数多少,是决定盗窃行为社会危害程度、区分罪与非罪的重要因素,但不是唯一因素。根据最高人民法院《关于审理盗窃案件具体应用法律若干问题的解释》,审理盗窃案件,应当根据案件的具体情形认定盗窃罪的情节,盗窃公私财物数额接近“数额较大”的起点,具有下列情节之一的,可以追究刑事责任:(1) 以破坏性手段盗窃造成公私财产损失的;(2) 盗窃残疾人、孤寡老人或者丧失劳动能力人的财物的;(3) 造成严重后果或者具有其他恶劣情节的。盗窃公私财物虽已达到“数额较大”的起点,但情节轻微,并具有下列情节之一的,可不作为犯罪处理:(1) 已满16周岁不满18周岁的未成年人作案的;(2) 全部退赃、退赔的;(3) 主动投案的;(4) 被胁迫参加盗窃活动,没有分赃或者获赃较少的;(5) 其他情节轻微、危害不大的。

盗窃未遂,情节严重,如以数额巨大的财物或者国家珍贵文物等为盗窃目标的,应当定罪处罚。反之,如果盗窃未得逞,作为盗窃目标的公私财物数额不太大,以至于可以认为是属于情节轻微,危害不大的盗窃行为的,可以不以犯罪论处。

偷拿自己家的财物或者近亲属的财物,一般可不按犯罪处理;对确有追究刑事责任必要的,处理时也应与社会上作案的有所区别。一般认为,“近亲属”是指夫、妻、父、母、子、女、同胞兄弟姊妹。偷窃近亲属的财物,应包括偷窃已分居生活的近亲属的财物;偷窃自己家里的财物,既包括偷窃共同生活的近亲属的财物,也包括偷窃共同生活的其他非近亲属的财物。当然,在处理类似案件的时候,应考虑到具体案件的具体情况。

2. 盗窃财物的数额计算方法

在盗窃罪中,被盗财物数额的大小,是定罪量刑的重要标准。作为盗窃罪对象的财物范围很广,而且性质各异,情况复杂,只有正确认定被盗窃财物的数额,才能正确定罪量刑。最高人民法院《关于审理盗窃案件具体应用法律若干问题的解释》对于被盗物品数额的计算方法作了如下规定:

(1) 被盗物品的价格,应当以被盗物品价格的有效证明确定。对于不能确定的,应当区别情况,根据作案当时、当地的同类物品的价格,并按照下列核价方法,以人民币分别计算:第一,流通领域的商品,按市场零售价的中等价格计算;属于国家定价的,按国家定价计算;属于国家指导价的,按指导价的最高限价计算。第二,生产领域的产品,成品按前述“第一”规定的办法计算,半成品,比照成品价格进行折算。第三,单位和公民的生产资料、生活资料等物品,原则上按购进价计算,但作案当时市场价高于原购进价的,按当时市场价的中等价格计算。第四,农副产品,按农贸市场同类产品的中等价格计算。大牲畜,按交易市场同类同等级大牲畜的中等价格计算。第五,进出口货物、物品,按前述“第一”规定的办法计算。第六,金、银、珠宝等制作的工艺品,按国有商店零售价格计算;国有商店没有出售的,按国家主管部门核定的价格计算。黄金、白银按国家定价计算。第七,外币,按被盗当日国家外汇管理局公布的外汇卖出价计算。第八,不属于馆藏三级以上的一般文物,包括古玩、古书画等,按国有文物商店的一般零售价计算,或者按国家文物主管部门核定的价格计算。第九,以牟利为目的,盗接他人通信线路、复制他人电信码号的,盗窃数额按当地邮电部门规定的电话初装费、移动电话入网费计算;销赃数额高于电话初装费、移动电话入网费的,盗窃数额按销赃数额计算。移动电话的销赃数额,按减去裸机成本价格计算。第十,明知是盗接他人通信线路、复制他人电信码号的电信设备、设施而使用的,盗窃数额按合法用户为其支付的电话费计算。盗窃数额无法直接确认的,应当以合法用户的电信设备、设施被盗接、复制后的月缴费额减去被复制前6个月的平均电话费推算;合法用户使用电信设备、设施不足6个月的,按实际使用的月平均电话费推算。第十一,盗接他人通信线路后自己使用的,盗窃数额按前述"第十"的规定计算;复制他人电信码号后自己使用的,盗窃数额按前述"第九"、"第十"规定的盗窃数额累计计算。

(2) 被盗的有价支付凭证、有价证券、有价票证,按下列方法计算数额:第一,不记名、不挂失的有价支付凭证、有价证券、有价票证,不论能否即时兑现,均按票面数额和案发时应得的孳息、奖金或奖品等可得收益一并计算。股票按被盗当日证券交易所公布的该种股票成交的平均价格计算。第二,记名的有价支付凭证、有价证券、有价票证,如果票面价格已定并能即时兑现的,如活期存折、已到期的定期存折和已填上金额的支票,以及不需证明手续即可提取货物的提货单等,按票面数额和案发时应得的利息或者可提货物的价值计算。如果票面价值未定,但已经兑现的,按实际兑现的财物价值计算;尚未兑现的,可作为定罪量刑情节。不能即时兑现的记名有价支付凭证、有价证券、有价票证或者能即时兑现的有价支付凭证、有价证券、有价票证已被销毁、丢弃,而失主可以通过挂失、补领、补办手续等方式避免实际损失的,票面数额不作为定罪量刑的标准,但可作为定罪量刑的情节。

(3) 邮票、纪念币等收藏品、纪念品,按国家有关部门核定的价格计算。

(4) 同种类的大宗被盗物品,失主以多种价格购进,能够分清的,分别计算;难以分清的,应当按此类物品的中等价格计算。

(5) 被盗物品已被销赃、挥霍、丢弃、毁坏的,无法追缴或者几经转手,最初形态被破坏的,应当根据失主、证人的陈述、证言和提供的有效凭证以及被告人的供述,按照前述第(1)项规定的核价方法,确定原被盗物品的价值。

(6) 失主以明显低于被盗当时、当地市场零售价购进的物品,应当按前述第(1)项规定的核价方法计算。

(7) 销赃数额高于按前述规定计算的盗窃数额的,盗窃数额按销赃数额计算。

(8) 盗窃违禁品,按盗窃罪处理的,不计数额,根据情节轻重量刑。

(9) 被盗物品价格不明或者价格难以确定的,应当按国家计划委员会、最高人民法院、最高人民检察院、公安部《扣押、追缴、没收物品估价管理办法》的规定,委托指定的估价机构估价。

(10) 对已陈旧、残损或者使用过的被盗物品,应当结合作案当时、当地同类物品的价格和被盗时的残损程度,按前述第(9)项的规定办理。

(11) 残次品,按主管部门核定的价格计算;废品,按物资回收利用部门的收购价格计算;假、劣物品,有价值的,按前述第(9)项的规定办理,以实际价值计算。

(12) 多次盗窃构成犯罪,依法应当追诉的,或者最后一次盗窃构成犯罪,前次盗窃行为在1年以内的,应当累计其盗窃数额。

(13) 盗窃行为给失主造成的损失大于盗窃数额的,损失数额可作为量刑的情节。

(14) 盗窃毒品的,根据2000年4月4日"全国法院审理毒品犯罪案件工作座谈纪要"规定,"可以参考当地毒品交易的价格",认定盗窃犯罪数额。

3. 盗窃罪既遂与未遂的界限

对于盗窃罪既遂与未遂区分的标准,有不同的理论观点。主要有:(1)"接触说",认为行为人只要接触到财物就是既遂。(2)"转移说",认为行为人已经将被盗财物转移到安全地带就是既遂。(3)"移动说",认为应以行为人是否移动被盗财物为标准,已移动的为既遂。(4)"失控说",认为应以被害人是否失去对财物的控制为标准,失去控制的为既遂。(5)"控制说",认为行为人已经取得对被盗财物的实际控制的,为犯罪既遂,否则不构成犯罪既遂。(6)"失控加控制说",认为凡是被害人失去对财物的控制,并且该财物已置于行为人的实际控制之下的,为犯罪既遂,否则不构成犯罪既遂,所以,如果被害人失去对财物的控制,但行为人还没有实际控制的,不构成犯罪既遂。

对于犯罪既遂与犯罪未遂的区分标准,通说认为以犯罪构成要件是否齐备为准,犯罪构成要件齐备的,为既遂。我们认为,盗窃罪是结果犯,应以给公私财产所有权造成直接损害结果为构成要件齐备的标志,即以被害人控制之下的财物因被盗窃而脱离了其实际控制为认定犯罪既遂的标准。这里关键是如何理解"失控"和"控制",一般来说,被害人对被盗财物失控和行为人对被盗财物进行控制并没有本质区别,被害人对被盗财物失控也意味着被盗财物已被行为人控制,二者是一致的。至于行为人是否能够最终按照自己所希望的方式非法占有并任意处置该财物,不影响犯罪构成要件的齐备。因此,以被害人失去对被盗财物的控制作为既遂的标准是妥当的。

4. 盗窃罪与其他有关犯罪的界限

审理盗窃案件,应当注意区分与其他犯罪的界限。综合《关于审理盗窃案件具体应用法律若干问题的解释》,2002年4月10日最高人民法院《关于对采用破坏性手段盗窃正在使用的油田输油管道中油品的行为如何适用法律问题的批复》,以及1998年5月8日最高人民法院、最高人民检察院、公安部、国家工商行政管理局《关于依法查处盗窃、抢劫机动车案件的规定》等有关司法解释的规定,主要有以下几方面的问题需要注意:

(1) 盗窃广播电视设备、公用电信设施价值数额不大,但是构成危害公共安全犯罪的,以破坏广播电视设施、公用电信设施罪处罚。盗窃广播电视设施、公用电信设施同时构成盗窃罪和破坏广播电视设施、公用电信设施罪的,择一重罪处罚。(2) 盗窃正在使用中的电力设备,同时构成盗窃罪和破坏电力设备罪的,择一重罪处罚。行为人采用破坏性手段盗窃正在使用的油田输油管道中的油品,构成破坏易燃易爆设备罪、盗窃罪等犯罪的,依照处罚较重的规定定罪处罚。(3) 行为人采用破坏性手段盗窃正在使用的油田输油管道中的油品,构成破坏易燃易爆设备罪、盗窃罪等犯罪的,依照处罚较重的规定定罪处罚。(4) 为盗窃其他财物,盗窃机动车辆当工具使用的,被盗机动车辆的价值计入盗窃数额;国家指定的车辆交易市场、机动车经营企业(含典当、拍卖行)以及从事机动车修理、零部件销售企业的主管人员或者其他直接责任人员,或其他专事窝藏、转移、收购或者代为销售盗窃车辆的行为人,事先与盗窃机动车辆的犯罪分子通谋的,以盗窃罪的共犯论处。为实施其他犯罪盗窃机动车辆的,以盗窃罪和所实施的其他犯罪实行数罪并罚。为实施其他犯罪,偷开机动车辆当犯罪工具使用后,将偷开的机动车辆送回原地或者停放在原处附近,车辆未丢失的,按照其所实施的犯罪从重处罚。(5) 为练习开车、游乐等目的,多次偷开机动车辆,并将机动车辆丢失的,以盗窃罪定罪处罚;在偷开机动车辆过程中发生交通肇事构成犯罪,又构成其他罪的,应当以交通肇事罪和其他罪实行数罪并罚;偷开机动车辆造成车辆损坏的,以故意毁坏财物罪定罪处罚;偶尔偷开机动车辆,情节轻微的,可以不认为是犯罪。(6) 实施盗窃犯罪,造成公私财物损毁的,以盗窃罪从重处罚;又构成其他犯罪的,择一重罪从重处罚;盗窃公私财物未构成盗窃罪,但因采用破坏性手段造成公私财物损毁数额较大的,以故意毁坏财物罪定罪处罚。盗窃后,为掩盖盗窃罪行或者报复等,故意破坏公私财物构成犯罪的,应当以盗窃罪和构成的其他罪实行数罪并罚。(7) 盗窃技术成果等商业秘密的,以侵犯商业秘密罪定罪处罚。(8) 行为人故意盗窃枪支、弹药、爆炸物、危险物质,或者故意盗窃国家机关公文、证件、印章的,应当定为盗窃枪支、弹药、爆炸物、危险物质罪或者盗窃国家机关公文、证件、印章罪。如果行为人只有盗窃一般财物的故意,只是误将枪支、弹药、爆炸物、危险物质或者国家机关公文、证件、印章当成了一般的财物偷到了手,行为人的这种行为应定为盗窃罪。(9) 行为人违反森林法的规定,以非法占有为目的,盗伐林木,破坏林业资源的,构成盗伐林木罪。如果盗窃他人已采伐的木料或者偷砍他人房前屋后、自留地种植的零星树木,数额较大的,应定盗窃罪。如果行为人对林木等资源非法实施采种、采脂、挖笋、剥树皮等行为,谋取经济利益数额较大的,以盗窃罪定罪处罚,同时构成其他犯罪的,依照处罚较重的规定定罪处罚。(10) 出于非法占有的目的,毒死或炸死较大数量的鱼,将其偷走,未引起其他严重后果的,应定为盗窃罪。如果违法保护水产资源法规,在禁渔区、禁渔期或者使用禁用的工具、方法捕鱼(如毒鱼、炸鱼),情节严重的,构成非法捕捞水产品罪。如果不顾人畜安危,向供饮用的池塘中投放大量剧毒药物,或者向堤坝、其他公共设施附近的水库中投掷大量炸药,严重危害公共安全,致人重伤、死亡或者使公私财产遭受重大损失的,应当定为投放危险物质罪或者爆炸罪。如果为了偷鱼或挟私报复,而向鱼塘内投放大量剧毒药物,严重污染水质,毒死整塘的鱼,使集体的或个人承包的养鱼生产遭到严重破坏,损失惨重的,应当定为破坏生产经营罪,对于因此破坏属于个人所有的养殖设施的,应当定为故意毁坏财物罪。

(三) 盗窃罪的刑事责任

根据《刑法修正案(八)》对刑法第 264 条的修改,盗窃公私财物,数额较大的,或者多次盗窃、入户盗窃、携带凶器盗窃、扒窃的,处3年以下有期徒刑、拘役或者管制,并处或者单处罚金;数额巨大或者有其他严重情节的,处3年以上10年以下有期徒刑,并处罚金;数额特别巨大或者有其他特别严重情节的,处10年以上有期徒刑或者无期徒刑,并处罚金或者没收财产。

盗窃数额达到"数额较大"或者"数额巨大"的起点,并具有下列情形之一的,可以分别认定为"其他严重情节"或者"其他特别严重情节":犯罪集团的首要分子或者共同犯罪中情节严重的主犯;盗窃金融机构的;流窜作案危害严重的;累犯;导致被害人死亡、精神失常或者其他严重后果的;盗窃救灾、抢险、防汛、优抚、扶贫、移民、救济、医疗款物,造成严重后果的;盗窃生产资料,严重影响生产的;造成其他重大损失的。

刑法未规定判处盗窃罪罚金的具体数额或者计算方式,为此,最高人民法院《关于审理盗窃案件具体应用法律若干问题的解释》规定,对于依法应当判处罚金刑的盗窃犯罪分子,应当在1000元以上盗窃数额的2倍以下判处罚金;对于依法应当判处罚金刑,但没有盗窃数额或者无法计算盗窃数额的犯罪分子,应当在1000元以上10万元以下判处罚金。

另外,根据最高人民法院1997年12月31日发布的《关于对故意伤害、盗窃等严重破坏社会秩序的犯罪分子能否附加剥夺政治权利问题的批复》规定,对于主观恶性较深、犯罪情节恶劣、罪行严重的盗窃罪犯罪分子,可以附加剥夺政治权利。

▶ 三、诈骗罪

(一) 诈骗罪的概念和构成要件

诈骗罪,是指以非法占有为目的,用虚构事实或者隐瞒真相的方法,骗取公私财物,数额较大的行为。

本罪具有以下构成要件:

(1) 本罪的犯罪客体是公私财产的所有权。犯罪对象可以是各种财物,包括动产和不动产。如果行为对象不是各种公私财物,即使有欺骗的行为,也不构成诈骗罪。如用欺骗方法破坏选举、拐骗儿童的,不构成诈骗罪。

(2) 本罪的客观方面,表现为用虚构事实或者隐瞒真相的方法,骗取公私财物,数额较大的行为。即通过虚构事实或者隐瞒真相的方法,使被害人产生认识上的错误,并在错误认识的基础上,"自觉地"将自己所有或持有、保管的财物交付给行为人或者放弃自己的所有权,或者免除行为人交还财物的义务。虚构事实,即编造某种根本不存在的或者不可能发生的,足以使他人受蒙蔽的所谓事实。隐瞒真相,即隐瞒客观上存在的某种事实的部分或全部的真实情况。有虚构事实或者隐瞒真相的行为,但行为人并不用以使被害人产生认识错误,或并不用以使被害人"自觉地"交付财物或放弃财物的所有权的,不构成诈骗罪。诈骗的方法多种多样,法律不能一一做规定。有关法律有明确规定的,应当依照规定处理。如对于组织和利用邪教组织以各种欺骗手段,收取他人财物的,应以诈骗罪定罪处罚。使用伪造、变造、盗窃的武装部队车辆号牌,骗免养路费、通行费等各种规费,数额较大的,应以诈骗罪定罪处罚。

另外,根据2000年4月28日最高人民法院《关于扰乱电信市场秩序案件具体应用法律若干问题的解释》规定,如果以虚假、冒用的身份证件办理入网手续并使用移动电话,造成电信资费损失数额较大的,应以诈骗罪定罪处罚。

诈骗财物数额较大,构成诈骗罪。数额较大是构成诈骗罪的一个条件。对于认定诈骗罪数额的标准,根据最高人民法院1996年12月16日通过的《关于审理诈骗案件具体应用法律的若干问题的解释》,个人诈骗公私财物2000元至4000元以上的,属于"数额较大";单位直接负责的主管人员和其他直接责任人员以单位名义实施诈骗行为,诈骗所得归单位所有的,以5万至10万元以上的为"数额较大"。各省、自治区、直辖市高级人民法院可根据本地区经济发展状况,考虑社会治安状况,在上述幅度内,确定本地区执行的标准,并报最高人民法院备案。已经着手实行诈骗行为,只是由于行为人意志以外的原因而未获取财物的,是诈骗未遂。诈骗未遂,情节严重的,也应当定罪并依法处罚。

(3)本罪的主体为一般主体,即年满16周岁,具有刑事责任能力的人。

(4)本罪的主观方面是直接故意,并且具有非法占有的目的。

(二)诈骗罪的认定

1. 正确区分诈骗罪罪与非罪的界限

首先,要分清诈骗罪与一般诈骗行为的界限,诈骗公私财物数额不大,情节轻微的诈骗行为,不构成诈骗罪。其次,要区分诈骗罪与民事纠纷、经济纠纷之间的界限,这里的民事或者经济纠纷主要涉及民间借贷活动产生的到期不能归还借贷款物的行为、代人购物拖欠货款行为等。这种纠纷受民事法律调整,不产生刑事责任。不过这种纠纷与以借贷或代人购物为名实施的诈骗犯罪有些相似,在实践中比较难以区分,关键是看行为人有没有非法占有他人财物的目的。如果行为人主观上没有非法占有他人财物的目的,只是由于经营失败等某些原因造成经济上的困难,难以偿还债务,不构成诈骗罪。判断行为人是否具有非法占有的主观意图,在司法实践中,应综合考虑双方的关系、事情发生的原因、行为人的行为特点、不能归还欠款或偿还债务的原因、行为人的态度等各方面的因素。如果行为人编造虚假的借款用途向他人借贷,拿到钱款后逃之夭夭或大肆挥霍,毫无归还的意思表示,则可以认定为是诈骗罪。

2. 要分清诈骗罪与法律规定的其他相关诈骗犯罪的界限

除了本章属于侵犯财产犯罪的诈骗罪以外,我国《刑法》第3章破坏社会主义市场经济秩序罪的第5节和第8节,还规定了金融诈骗罪及合同诈骗罪,其中,金融诈骗罪包括集资诈骗罪等7种与金融诈骗有关的犯罪。诈骗罪和上述犯罪都侵犯了公私财物的所有权,都使用了虚构事实或者隐瞒真相的手段。它们的区别在于:(1)犯罪客体不尽相同。前者的犯罪客体是简单客体,犯罪行为只侵犯财产所有权,后者的犯罪客体是复杂客体,犯罪行为既侵犯他人财产权利,又侵犯特定的社会主义市场经济秩序。(2)客观方面的表现不尽相同。虽然后者也表现为用虚构事实或隐瞒真相的方法骗取财物,但这种诈骗行为只是发生在特定的经济活动中,如集资、贷款、保险以及信用卡、信用证、有价证券的使用,或者签订、履行经济合同等。所以,相对于一般的诈骗犯罪而言具有特殊性。(3) 犯罪主体不尽相同。前者限于自然人主体,后者有些罪则包括单位,如集资诈骗罪、票据诈骗罪、合同诈骗罪等。正是由于这些破坏社会主义市场经济秩序的诈骗犯罪与普通的诈骗犯罪相比有一定的特殊性,所以刑法对这些诈骗犯罪另行确定了具体的罪名,有不同的定罪量刑的标准。因此,根据特别法优于普通法的原则,对于诈骗犯罪,除《刑法》第266条以外,刑法另有规定的,依照规定。

(三) 诈骗罪的刑事责任

根据《刑法》第266条的规定,犯诈骗罪的,处3年以下有期徒刑、拘役或者管制,并处或者单处罚金;数额巨大或者有其他严重情节的,处3年以上10年以下有期徒刑,并处罚金;数额特别巨大或者有其他特别严重情节的,处10年以上有期徒刑或者无期徒刑,并处罚金或者没收财产。根据最高人民法院1996年12月16日通过的《关于审理诈骗案件具体应用法律的若干问题的解释》,个人诈骗公私财物3万元至5万元以上的,为"数额巨大",个人诈骗公私财物20万元以上的,为"数额特别巨大"。"数额特别巨大",是认定"情节特别严重"的一个重要内容,但不是唯一情节。诈骗数额在10万元以上,又具有下列情形之一的,属于"情节特别严重":(1) 诈骗集团的首要分子或者共同诈骗犯罪中情节严重的主犯;(2) 惯犯或者流窜作案危害严重的;(3) 诈骗法人、其他组织或者个人急需的生产资料,严重影响生产或者造成其他严重损失的;(4) 诈骗救灾、抢险、防汛、优抚、救济、医疗款物,造成严重后果的;(5) 挥霍诈骗的财物,致使诈骗的财物无法返还的;(6) 使用诈骗的财物进行违法犯罪活动的;(7) 曾因诈骗受过刑事处罚的;(8) 导致被害人死亡、精神失常或者其他严重后果的;(9) 具有其他严重情节的。单位直接负责的主管人员和其他直接责任人员以单位名义实施诈骗行为,诈骗所得归单位所有的,数额在20万至30万元以上的,可以认定为"数额巨大",或作为具有"数额特别巨大"等特别严重情节来论处。对共同诈骗犯罪,应当以行为人参与共同诈骗的数额认定其犯罪数额,并结合行为人在共同犯罪中的地位、作用和非法所得数额等情节依法处罚。对共同诈骗犯罪,应当以行为人参与共同诈骗的数额认定其犯罪数额,并结合行为人在共同犯罪中的地位、作用和非法所得数额等情节依法处罚。对于多次进行诈骗,并以后次诈骗财物归还诈骗财物,在计算诈骗数额时,应当将案发前已经归还的数额扣除,按实际未归还的数额认定,量刑时可将多次行骗的数额作为从重情节予以考虑。

四、抢夺罪

抢夺罪,是指以非法占有为目的,公然夺取公私财物,数额较大的行为。本罪的犯罪客体是公私财物所有权。犯罪对象只能是表现为有形物的动产。客观方面表现为公然夺取公私财物的行为。公然夺取是指采用可以使被害人立即发觉的方式,夺取其持有的或管理下的财物。例如,乘被害人不备突然夺走其手中的提包、当面公开夺走他人摊位上的商品、驾驶摩托车抢夺行人的随身物品等。抢夺与抢劫都具有公然性,二者最根本的区别在于,抢夺不使用暴力、胁迫或其他人身强制的方法。如果抢夺罪的犯罪人在实施抢夺公私财物行为的同时,造成被害人重伤、死亡等后果,从而也构成过失致人重伤罪、过失致人死亡罪等犯罪的，应当从一重罪定罪处罚，而不能仅仅根据造成被害人的重伤或死亡就认定行为人犯有抢劫罪。抢夺公私财物，数额较大的，构成抢夺罪。抢夺罪的主体为一般主体。主观方面是直接故意，且具有非法占有他人财物的目的。根据《刑法》第 267 条第 1 款的规定，对于抢夺罪，抢夺公私财物数额较大的，处 3 年以下有期徒刑、拘役或者管制，并处或者单处罚金；数额巨大或者有其他严重情节的，处 3 年以上 10 年以下有期徒刑，并处罚金；数额特别巨大或者有其他特别严重情节的，处 10 年以上有期徒刑或者无期徒刑，并处罚金或者没收财产。按照最高人民法院 2002 年 7 月 16 日发布的《关于审理抢夺刑事案件具体应用法律若干问题的解释》，“数额较大”，是指抢夺公私财物价值人民币 500 元至 2000 元以上；“数额巨大”，是指抢夺公私财物价值人民币 5000 元至 2 万元以上；“数额特别巨大”，是指抢夺公私财物价值人民币 3 万元至 10 万元以上。各省、自治区、直辖市高级人民法院可以根据本地区经济发展状况，并考虑社会治安状况，在前述的数额幅度内，分别确定本地区执行的具体标准，并报最高人民法院备案。对于抢夺罪，抢夺公私财物数额较大的，有三种情况需要注意：第一种情况是抢夺公私财物虽然达到了“数额较大”的标准，但是具有下列情形之一的，可以视为《刑法》第 37 条规定的“犯罪情节轻微不需要判处刑罚”，免予刑事处罚：(1) 已满 16 周岁不满 18 周岁的未成年人作案，属于初犯或者被教唆犯罪的；(2) 主动投案、全部退赃或者退赔的；(3) 被胁迫参加抢夺，没有分赃或者获赃较少的；(4) 其他情节轻微，危害不大的。第二种情况是抢夺公私财物达到了“数额较大”的标准，并且具有下列情形之一的，可以在《刑法》第 267 条第 1 款规定的“3 年以下有期徒刑、拘役或者管制，并处或者单处罚金”这个量刑幅度以内从重处罚：(1) 抢夺残疾人、老年人、不满 14 周岁未成年人的财物的；(2) 抢夺救灾、抢险、防汛、优抚、扶贫、移民、救济等款物的；(3) 1 年内抢夺 3 次以上的；(4) 利用行驶的机动车辆抢夺的。第三种情况是抢夺公私财物达到了“数额较大”的标准，并且数额接近“数额巨大”、“数额特别巨大”的标准，而且也具有前述第二种情况所列举的四种情形之一的，可以分别认定为《刑法》第 267 条第 1 款规定的“其他严重情节”或者“其他特别严重情节”，处以相应的刑罚。抢夺公私财物，未经行政处罚处理，依法应当追诉的，抢劫数额累计计算。根据《刑法》第 267 条第 2 款的规定，携带凶器抢夺的，应按抢劫罪处罚。根据 2000 年 11 月 17 日最高人民法院《关于审理抢劫案件具体应用法律若干问题的解释》，“携带凶器抢夺”，是指行为人随身携带枪支、爆炸物、管制刀具等国家禁止个人携带的器械进行抢夺或者为了实施犯罪而携带其他器械进行抢夺的行为。

▶ 五、聚众哄抢罪

聚众哄抢罪，是指以非法占有为目的，聚集多人，公然夺取公私财物，数额较大或者情节严重的行为。本罪的犯罪客体是公私财物的所有权。犯罪对象是公私财物，仅限于动产，主要是处于运输、保管和储存的公私财物，如：运输中的煤炭或木材、他人果园中的林果等。客观方面表现为聚集多人，公然夺取公私财物，数额较大或者情节严重的行为。“聚众”，是指聚集多人。“多人”是指 3 人或 3 人以上，甚至可能是几十人、几百人、上千人等。"哄抢",是指在首要分子的聚集下,蜂拥而上公然夺取公私财物。聚众哄抢公私财物,数额较大或者情节严重的,才构成犯罪,是否属于数额较大或者情节严重,应当具体情况具体分析。例如,根据2000年11月17日最高人民法院《关于审理破坏森林资源刑事案件具体应用法律若干问题的解释》规定,聚众哄抢林木5立方米以上的,便可以认为属于聚众哄抢"数额较大";聚众哄抢林木20立方米以上的,便可以认为属于聚众哄抢"数额巨大"。聚众哄抢公私财物数额不大,情节不严重的,按一般违法行为处理。本罪的主体为一般主体,表现为聚众哄抢的首要分子和积极参加者,除首要分子和积极参加者以外的其他的一般参加者不是犯罪主体。主观方面为直接故意,且以非法占有为目的。根据《刑法》第268条的规定,犯聚众哄抢罪的,对首要分子和积极参加的,处3年以下有期徒刑、拘役或者管制,并处罚金;数额巨大或者有其他特别严重情节的,处3年以上10年以下有期徒刑,并处罚金。

六、侵占罪

(一)侵占罪的概念和构成要件

侵占罪,是指以非法占有为目的,将代为保管的他人财物,或者他人的遗忘物或者埋藏物非法占为己有,数额较大拒不退还或交出的行为。

本罪具有下列构成要件:

(1)本罪的犯罪客体是公私财产所有权。犯罪对象可以是动产,也可以是不动产;可以是有形物,也可以是电力、煤气、天然气等无形物。实践中,犯罪对象多为个人所有的私人财产,但公共财产也可以成为侵占罪的犯罪对象。

(2)本罪的客观方面表现为将代为保管的他人财物或者他人的遗忘物、埋藏物非法占为己有,数额较大,拒不退还或交出的行为。

首先,行为人已经占有或控制了他人的财物。这是构成侵占罪的前提条件。占有或控制他人的财物,是指在不违反法律的情况下,以合法的方式,暂时对他人的财物进行占有或控制,但无权对财物进行处分,即行为人对他人的财物处于有权占有、无权处分的状态。具体来说包括两种情况:第一种情况是以合法的方式占有和控制代他人保管的财物。认定他人的财物是否处于被行为人"代为保管"的状态,既要考虑法律上的原因和根据,也要考虑事实上的原因和根据。受他人委托暂时代为保管或看护的财物属于"代为保管"的财物,委托他人转交或者代收的财物也应属于"代为保管"的财物。基于无因管理的行为占有他人的财物属于以合法的方式占有和控制代他人保管的财物。第二种情况是合法占有他人的遗忘物或者埋藏物。遗忘物不同于遗失物,两者相同的地方是财物的所有人或持有人都暂时失去了对财物的占有和控制,不同之处在于:遗忘物是财物的所有人或持有人将自己持有的财物放置在某处,因一时疏忽忘记拿走,而暂时失去控制的财物,财物的所有人或持有人通过回忆较容易将财物找回,如乘坐出租车而遗忘在出租车中的财物,在饭店吃饭而遗忘在饭店中的财物等;而遗失物是财物的所有人或持有人因为疏忽,偶然将其失落在某处,以致脱离了自己的控制。由于难以知道财物遗失在什么地方,所以遗失物难以找回。按照刑法的现有规定,遗失物不属于侵占罪的犯罪对象。拾得遗失物,应当归还失主,否则追究其民事责任,但不构成犯罪。在理论上,遗失物是否可以成为侵占罪的犯罪主体,遗忘物与遗失物究竟有没有区别,或者要不要对遗忘物作包括遗失物的广义理解,还存在不同的观点,对此需要进一步研究。埋藏物,是指他人埋藏于地下的财物。如埋藏于房屋、院落附近地下的钱财或珠宝等。合法占有或控制他人的埋藏物,往往表现为行为人在不知物主是谁的情况下,偶然发现地下埋藏物,而形成对埋藏物占有或控制的状态。如果行为人非法占有和控制他人的埋藏物,则可能构成犯罪。如以非法占有为目的,盗走他人的埋藏物并据为己有,应以盗窃罪论处。

其次,行为人将代为保管的他人财物、他人的遗忘物或者埋藏物非法占为己有,拒不退还或交出。即行为人对财物的占有由原来的合法善意的占有转变为非法恶意占有,进而意图以所有人的身份进行处分。非法占为己有,往往表现为基于非法占有的目的占有或处分财物,如将财物藏匿或销毁,赠与他人等等。拒不退还或交出,是指在财物的所有人或原持有人或者有关机关要求行为人退还或交出其占有的财物,行为人拒不退还或交出的行为。行为人可以通过口头等形式表示拒绝,也可以通过销毁财物、将财物赠与他人等行为表明拒绝的意思。非法占为己有与拒不退还或交出是密切联系的。

再次,侵占他人财物,必须数额较大。数额较小的,即使拒不退还,也不构成侵占罪。

(3) 本罪的主体为一般主体,即年满16周岁、具有刑事责任能力的人。

(4) 本罪的主观方面是直接故意,行为人具有非法占有的目的。即明知自己占有或控制的是代为保管的他人财物或是他人的遗忘物、埋藏物,仍以非法占有为目的进行占有,拒不退还。如无非法占有的目的,只是由于某种原因暂时不能退还的,不构成犯罪。

(二) 侵占罪的认定

1. 要分清侵占罪罪与非罪的界限

首先,侵占他人财物数额不大,情节轻微的,不构成侵占罪。其次,要分清侵占罪与民事纠纷之间的界限。基于有偿的保管合同、借用合同、承揽合同等,行为人认为对方有违约的行为,为了保全自己的利益,而暂时扣留、留置他人财物不归还的,尽管方式方法可能不当,但由于事出有因,不构成侵占罪。基于无因管理行为占有他人财物,由于无因管理之债权尚未实现而暂不归还他人财物,尽管其方式方法可能未必妥当,但也不应以侵占罪论处。这主要是因为行为人没有非法占有他人财物的主观故意。

2. 要分清侵占罪与盗窃罪、诈骗罪之间的界限

侵占罪与盗窃罪、诈骗罪都侵犯了公私财产的所有权,行为人都具有非法占有的目的,侵占罪与盗窃罪、诈骗罪的主要区别在于行为方式、行为对象不同,盗窃罪是秘密窃取公私财物的行为,被盗财物的范围没有过多的限定,但在盗窃行为实施以前财物并不在行为人的占有和控制之下;而侵占罪的犯罪对象仅限于代为保管的他人财物、他人的遗忘物或埋藏物,在实施侵占行为的时候,财物已经处于行为人的占有和控

制之下。诈骗罪中被骗的财物虽然可能在诈骗行为实施以前就被行为人所占有,但非法获取财物的方式却表现为虚构事实或隐瞒真相的方法,这与侵占罪有显著的不同。

3. 要分清侵占罪既遂与未遂的界限

侵犯财产罪多为结果犯,以危害结果发生作为犯罪既遂的标准。在盗窃罪等犯罪中,行为人使他人的财物脱离所有人、持有人或管理人的控制,非法转移到行为人控制之下,危害结果便发生,构成犯罪既遂。但是侵占罪有所不同,由于在侵占行为发生之前,他人的财物已经处于行为人的占有和控制之下,因此,侵占罪应当以行为人表示拒绝退还或交出财物为危害结果发生的标准,在这种情况下,构成侵占罪既遂。

(三) 侵占罪的刑事责任

根据《刑法》第270条的规定,犯侵占罪的,处2年以下有期徒刑、拘役或者罚金;数额巨大或者有其他严重情节的,处2年以上5年以下有期徒刑,并处罚金。犯本罪的,告诉的才处理。

▶ 七、职务侵占罪

(一) 职务侵占罪的概念和构成要件

职务侵占罪,是指公司、企业或者其他单位的人员,利用职务上的便利,将本单位财物非法占为已有,数额较大的行为。

本罪的构成要件是:

(1) 犯罪客体,是公司、企业或其他单位的财物所有权。这里的"公司",一般是指按照我国公司法的规定设立的非国有的有限责任公司和股份有限公司。这里的"企业",是指除公司以外的、非国有的、依法成立的营利性经济组织。这里的"其他单位",是指除上述公司、企业以外的非国有的社会团体或者经济组织。本罪的犯罪对象,是单位所有的各种财物,包括有形物与无形物,而且包括本单位有权占有而尚未占有的财物。

(2) 本罪的客观方面表现为利用职务上的便利,将本单位的财物非法占为已有,数额较大的行为。"利用职务上的便利",是指利用本人在职权范围内所具有的主管、经手、管理单位财物的便利条件。"主管",是指行为人根据在职务上所具有的权力对单位财物的购置、调配、流向等作出各种决定。"经手",是指依职权领取、使用、支配单位的财物。"管理",是指依职权对单位财物进行保管和适当处理。所以,行为人是否能够利用职务上的便利,往往取决于行为人是否具备特定的职务。如果行为人不具备特定的职务,或者没有利用特定职务形成的便利条件,而只是利用在本单位工作,熟悉作案环境等条件窃取单位财产,不能构成本罪,但可能构成盗窃罪。

侵占单位财物的手段,一般包括利用职务之便窃取、骗取、侵吞单位财物。如伪造单据,骗取财物,将经手财物侵吞不上交,等等。

利用职务上的便利侵占单位财物,必须是数额较大的,才构成职务侵占罪。根据2001年4月18日最高人民检察院、公安部发布的《关于经济犯罪案件追诉标准的规定》,公司、企业或者其他单位的人员,利用职务上的便利,将本单位财物非法占为已有，数额在5000元至1万元以上的，应予追诉。

（3）本罪的主体是特殊主体，即必须是公司、企业或者其他单位的人员。公司包括各种有限责任公司和股份有限公司。在国有资本控股、参股的股份有限公司中从事管理工作的人员，除受国家机关、国有公司、企业、事业单位委派从事公务的以外，不属于国家工作人员，对其利用职务上的便利，将本单位财物非法占为己有，数额较大的，应当以职务侵占罪定罪处罚。企业包括依法成立的以营利为目的的各种经济组织。其他单位则包括农村的村民委员会、城镇的居民委员会、医院、学校、文艺单位，等等。这些单位的人员可以构成本罪的犯罪主体。根据1999年6月18日最高人民法院《关于村民小组组长利用职务便利非法占有公共财物行为如何定性问题的批复》规定，对村民小组组长利用职务上的便利，将村民小组集体财产非法占为己有，数额较大的行为，应当依照《刑法》第271条第1款的规定，以职务侵占罪定罪处罚。2000年6月27日最高人民法院《关于审理贪污、职务侵占案件如何认定共同犯罪几个问题的解释》中规定，行为人与公司、企业或者其他单位的人员勾结，利用公司、企业或者其他单位人员的职务便利，共同将该单位财物非法占为己有，数额较大的，以职务侵占罪共犯论处。

（4）本罪的主观方面为直接故意，即明知是本单位所有的财物，而希望利用职务之便非法占为己有。

（二）职务侵占罪的认定

1．要分清职务侵占罪与盗窃罪、诈骗罪、侵占罪的界限

职务侵占罪和盗窃罪、诈骗罪、侵占罪都侵犯公私财产权利，行为人主观上都具有非法占有的目的，而且职务侵占罪在行为方式上也具有与后三种罪类似的窃取、骗取、侵吞的行为。它们的主要区别在于：（1）行为特征不同，职务侵占罪的实施利用了行为人的职务上的便利条件，而后三种罪不存在这种情况。（2）犯罪对象范围不同，职务侵占罪的犯罪对象只能是公司、企业或其他单位的财物，而后三种罪的犯罪对象不以此为限。（3）犯罪主体不同，职务侵占罪是特殊主体，只能是公司、企业或者其他单位的人员，而后三种罪是一般主体。

2．要分清职务侵占罪与贪污罪的界限

职务侵占罪与贪污罪都侵犯财产权利，都利用行为人职务上的便利采用各种侵占财物的行为。二者的不同之处在于：犯罪客体不同，前者侵犯了公司、企业或其他单位的财物所有权，后者则侵犯了公共财产的所有权以及国家工作人员的职务廉洁性；犯罪对象不同，前者的犯罪对象是公司、企业或其他单位的财物，后者的犯罪对象是公共财物；犯罪主体不同，前者是公司、企业或者其他单位的人员，后者是国家工作人员。国有公司、企业或者其他国有单位中从事公务的人员和国有公司、企业或者其他国有单位委派到非国有公司、企业以及其他单位从事公务的人员有侵占非国有公司、企业以及其他单位财物的行为的，应以贪污罪论处。根据2001年5月22日最高人民法院《关于在国有资本控股、参股的股份有限公司中从事管理工作的人员利用职务便利非法占有本公司财物如何定罪问题的批复》中规定，在国有资本控股、参股的股份有限公司中从事管理工作的人员，除受国家机关、国有公司、企业、事业单位委派从事公务的

以外，不属于国家工作人员。对其利用职务上的便利，将本单位财物非法占为己有，数额较大的，应当依照《刑法》第271条第1款的规定，以职务侵占罪定罪处罚。

（三）职务侵占罪的刑事责任

根据《刑法》第271条的规定，犯职务侵占罪的，处5年以下有期徒刑或者拘役；数额较大的，处5年以上有期徒刑，可以并处没收财产。根据2003年5月15日起施行的最高人民法院、最高人民检察院《关于办理妨害预防、控制突发传染病疫情等灾害的刑事案件具体应用法律若干问题的解释》第14条规定，侵占用于预防、控制突发传染病疫情等灾害的款物或者挪用归个人使用，构成犯罪的，依照《刑法》第271规定，以职务侵占罪定罪，依法从重处罚。

八、挪用资金罪

（一）挪用资金罪的概念和构成要件

挪用资金罪，是指公司、企业或者其他单位的人员，利用职务上的便利，挪用本单位资金归个人使用或者借贷给他人，数额较大，超过3个月未还，或者虽未超过3个月，但数额较大、进行营利活动，或者进行非法活动的行为。

本罪具有如下构成要件：

（1）本罪的犯罪客体是公司、企业或者其他单位的财产权利。犯罪对象限于本单位的资金。由于行为人只是将本单位的资金进行挪用，有日后归还的意图，主观上没有非法占有的目的，所以本罪侵犯的不是财产权利的全部内容，只涉及对财产占有、使用、收益方面的权利。

（2）本罪的客观方面表现为利用职务上的便利，挪用单位资金归个人使用或者借贷给他人，数额较大，超过3个月未还，或者虽未超过3个月，但数额较大、进行营利活动，或者进行非法活动的行为。挪用必须利用职务上的便利。利用职务上的便利，是指利用本人在职务上主管、经管或经手单位资金的方便条件，例如，单位领导人利用主管财务的职务便利，出纳员利用保管现金的职务便利，有关的工作人员利用因执行职务而经手单位资金的便利条件等。不利用职务上的便利，不能构成挪用资金罪。根据《刑法》第272条的规定，以及2001年4月18日最高人民检察院、公安部发布的《关于经济犯罪案件追诉标准的规定》，挪用资金的具体表现形式包括：

第一，挪用本单位资金归个人使用或者借贷给他人，数额较大，超过3个月未还。首先，挪用本单位资金归个人使用或者借贷给他人。根据2000年6月30日最高人民法院《关于如何理解刑法第二百七十二条规定的"挪用本单位资金归个人使用或者借贷给他人"问题的批复》，挪用单位资金归个人使用或者借贷给他人使用，是指挪用本单位资金归本人或者其他自然人使用，或者挪用人以个人名义将所挪用的资金借给其他自然人和单位使用的行为。其次，挪用资金数额较大。"数额较大"是指挪用1万元至3万元以上。最后，挪用资金超过3个月未还。"未还"，是指超过3个月，在被司法机关、主管部门或者有关单位发现前，尚未归还。如果挪用期限未超过3个月，或者虽然超过3个月，但在案发前已归还的，不构成本罪，构成违反财经纪律行为的，由单位进行内部处理。

第二，挪用本单位资金数额较大，进行营利活动。营利活动是指挪用本单位资金进行经营或者其他谋取利润的行为，如经商、投资、炒股等，至于行为人是否通过营利活动实现了营利的目的，不影响该条件的成立，营利活动亏损的，仍可以构成本罪。这里的"数额较大"，是指1万元至3万元以上。未达到此数额标准的，不认为是犯罪，应作为违反财经纪律行为进行处理。

第三，挪用本单位资金，进行非法活动的。非法活动是指国家法律禁止的一切活动，包括一般违法行为和犯罪行为，如走私、贩毒、赌博、嫖娼等。《刑法》第272条对此没有规定挪用数额和挪用时间的限制，但并不意味着在这种情况下挪用数额和挪用时间对定罪没有影响。根据《关于经济犯罪案件追诉标准的规定》，挪用本单位资金数额在5000元至2万元以上，进行非法活动的，应予追究刑事责任。根据2000年10月9日最高人民法院《关于挪用尚未注册成立公司资金的行为适用法律问题的批复》，挪用尚未注册成立的公司资金也构成挪用资金罪。筹建公司的工作人员在公司登记注册前，利用职务上的便利，挪用准备设立的公司在银行开设的临时账户上资金，归个人使用或者借贷给他人，数额较大、超过3个月未还的，或者虽未超过3个月，但数额较大、进行营利活动的，或者进行非法活动的，应当以挪用资金罪论处。

(3) 本罪的主体是特殊主体，即公司、企业或其他单位的人员。国有公司、企业或者其他国有单位中从事公务的人员、国有公司、企业或者其他国有单位委派到非国有公司、企业以及其他单位从事公务的人员，利用职务之便挪用本单位财物的，应以挪用公款罪论处。根据2000年2月13日最高人民法院《关于对受委托管理、经营国有财产人员挪用国有资金行为如何定罪问题的批复》，对于受国家机关、国有公司、企业、事业单位、人民团体委托，管理、经营国有财产的非国家工作人员，利用职务上的便利，挪用国有资金归个人使用构成犯罪的，应当以挪用资金罪定罪处罚。

(4) 本罪的主观方面是故意，但主观上没有非法占有、使自己成为资金所有权人的目的。表现为明知是不得挪用的本单位资金而故意挪用，但不具有永久占为己有的目的，而有日后归还的意图。

(二) 挪用资金罪的认定

1. 要分清挪用资金罪与挪用公款罪的界限

二者都侵犯了公私财产权利，都有挪用的行为，主观方面都具有挪用的故意而非永久占为己有的故意。二者的不同之处在于：犯罪客体不同，前者侵犯了公司、企业或者其他单位的财产权利，后者则侵犯了公共财产权利；犯罪对象不同，前者的犯罪对象主要是公司、企业或者其他单位的资金，在特定情况下也可以是国有资金，后者的犯罪对象为属于公共财产的国有资金；犯罪主体不同，前者是公司、企业或其他单位的人员，后者是国家工作人员。

2. 要分清挪用资金罪与职务侵占罪的界限

挪用资金罪与职务侵占罪都侵犯了公司、企业或者其他单位的财产权利，犯罪主体都可以是公司、企业或其他单位的人员，都表现为利用职务上的便利实施犯罪行为。

二者的主要区别在于:(1) 犯罪客体和对象不完全相同。前者只侵犯本单位资金的占有、使用权,不侵犯处分权,犯罪对象仅限于资金;后者侵犯了单位财产的所有权,犯罪对象包括资金和其他各种财物。(2) 客观方面不同。前者表现为对资金的挪用行为,而不是非法永久占有;后者表现为通过侵占行为永久占有和处分单位财物。(3) 主观方面不同。前者具有暂时使用本单位资金的故意,而无非法占为己有的目的;后者则具有非法占有本单位财物的目的。

(三) 挪用资金罪的刑事责任

根据《刑法》第 272 条的规定,犯挪用资金罪的,处 3 年以下有期徒刑或者拘役;挪用资金数额巨大的,或者数额较大不退还的,处 3 年以上 10 年以下有期徒刑。“不退还”,是指因客观原因在一审宣判前不能退还。如果有能力退还而不退还,并携款潜逃的,应以职务侵占罪论处。

根据 2003 年 5 月 15 日起施行的最高人民法院、最高人民检察院《关于办理妨害预防、控制突发传染病疫情等灾害的刑事案件具体应用法律若干问题的解释》第 14 条规定,挪用用于预防、控制突发传染病疫情等灾害的款物或者挪用归个人使用,构成犯罪的,依照《刑法》第 272 条规定,以挪用资金罪定罪,依法从重处罚。

九、挪用特定款物罪

挪用特定款物罪,是指违反国家财经管理制度,挪用用于救灾、抢险、防汛、优抚、扶贫、移民、救济款物,情节严重,致使国家和人民利益遭受重大损害的行为。本罪的犯罪客体是复杂客体,即公私财产的所有权和国家的有关特定款物的财经管理制度。

客观方面表现为违反国家财经管理制度,挪用用于救灾、抢险、防汛、优抚、扶贫、移民、救济款物,情节严重,致使国家和人民利益遭受重大损害的行为。挪用,是指改变特定款物的特定专用用途,擅自将特定款物挪作他用的行为,但是不包括挪作个人使用的行为。挪用的对象是用于救灾、抢险、防汛、优抚、扶贫、移民、救济的特定款物。根据 2003 年 5 月 15 日起施行的最高人民法院、最高人民检察院《关于办理妨害预防、控制突发传染病疫情等灾害的刑事案件具体应用法律若干问题的解释》,挪用用于预防、控制突发传染病疫情等灾害的救灾、优抚、救济等款物,构成犯罪的,对直接责任人员,应当以挪用特定款物罪定罪处罚。2003 年 1 月 13 日最高人民检察院《关于挪用失业保险基金和下岗职工基本生活保障资金的行为适用法律问题的批复》规定,挪用失业保险基金和下岗职工基本生活保障资金属于挪用救济款物。挪用失业保险基金和下岗职工基本生活保障资金,情节严重,致使国家和人民群众利益遭受重大损害的,对直接责任人员,应当以挪用特定款物罪追究刑事责任。

挪用行为情节严重,致使国家和人民利益遭受重大损害的,才能构成本罪。按照 2001 年 4 月 18 日最高人民检察院和公安部《关于经济犯罪案件追诉标准的规定》,挪用特定款物价值在 5000 元以上的,或者造成国家和人民群众直接经济损失数额在 5 万元以上的,或者虽未达到上述数额标准,但造成人民群众的生产、生活严重困难的,应予追诉。本罪的主体是主管、经管、经手特定款物的人员,往往是单位的直接责任人员。主观方面是故意，即明知是特定款物，而故意挪作他用，过失不构成本罪。根据《刑法》第 273 条的规定，犯本罪的，对直接责任人员，处 3 年以下有期徒刑或者拘役；情节特别严重的，处 3 年以上 7 年以下有期徒刑。

十、敲诈勒索罪

（一）敲诈勒索罪的概念和构成要件

敲诈勒索罪，是指以非法占用为目的，以威胁或者要挟的方法，强索公私财物，数额较大或者多次实施的行为。

本罪具有以下特征：

（1）犯罪客体是复杂客体。犯罪行为既侵犯公私财产所有权，也侵犯他人的人身权利或其他利益。主要客体是公私财产所有权。犯罪对象是公私财物，包括动产和不动产，多表现为勒索钱财。敲诈勒索罪的犯罪对象是否可以包括“财产性利益”？用威胁或要挟方法强迫债权人免除自己的债务或强迫他人为自己无偿提供劳务是否构成本罪？此类问题还需要进一步研究。

（2）客观方面表现为使用威胁或者要挟的方法，向公私财物的所有人或持有人强索财物数额较大或者多次实施的行为。即通过威胁或要挟的方法，使被害人产生畏惧心理，从而在违背自己真实意愿的情况下，当场或依据行为人限定的时间将财物转让交付给行为人。威胁是指用暴力或其他侵害行为进行恐吓，要挟与威胁一样，也是一种能够引起他人心理上恐惧的精神强制方法，但往往表现为以揭发违法犯罪事实、揭露隐私相恐吓。威胁和要挟的表现形式多种多样，可以是口头的，也可以是书面的；可以用明示方式，也可以用暗示方式；可以向被害人当面提出，也可以通过他人进行转达。威胁和要挟的内容也多种多样，如杀害、伤害被害人或其近亲属，揭发尚未暴露的贪污受贿等犯罪事实，揭发生活作风方面的隐私，毁坏他人的财产等。无论行为人要求被害人当场交出财物，还是限期交出财物，都符合本罪的客观方面。但是，如果行为人以当场实施暴力相威胁并当场取得被害人的财物，不构成敲诈勒索罪，而构成抢劫罪。敲诈行为是否使被害人确实产生恐惧并被迫交付财物，不影响敲诈勒索罪的成立。按照法律规定，勒索财物数额较大或者多次实施勒索行为构成本罪。

（3）本罪的主体为一般主体，即年满 16 周岁、具有刑事责任能力的人。

（4）本罪的主观方面是直接故意，并且具有非法占有的目的。如果行为人没有非法占有的目的，而是以索取债务为目的，以将要向法院控告相威胁，迫使债务人尽快还债，不能认定为敲诈勒索罪。

（二）敲诈勒索罪的认定

1. 要分清敲诈勒索罪罪与非罪的界限

敲诈勒索公私财物，数额较大的，才构成犯罪。敲诈勒索公私财物数额不大，情节显著轻微、危害不大的，不构成犯罪。根据最高人民法院 2000 年 4 月 28 日通过的《关于敲诈勒索罪数额认定标准问题的规定》，敲诈勒索罪数额认定标准为：（1）“数额较大”，以 1000 元至 3000 元为起点；（2）“数额巨大”，以 1 万元至 3 万元为起点。为照顾各地的实际情况，该司法解释规定各省、自治区、直辖市高级人民法院可以根据本地区实际情况，在上述数额幅度内，研究确定本地区执行的敲诈勒索罪“数额较大”、“数额巨大”的具体数额标准，并报最高人民法院备案。

2. 要分清敲诈勒索罪与其他犯罪的界限

（1）敲诈勒索罪与抢劫罪的界限。敲诈勒索罪与抢劫罪都侵犯了他人的财产权利，都使用威胁手段，行为人主观上都具有非法占有他人财物的目的。二者的区别主要在于客观方面威胁的内容、方式不同。从威胁的内容来看，抢劫罪是以暴力相威胁，而敲诈勒索罪除以暴力相威胁外，还可以以揭发隐私、毁坏财产相威胁。从威胁的方式来看，抢劫罪是当着被害人的面进行威胁，而敲诈勒索罪可以当着被害人的面进行威胁，也可以通过第三者进行威胁。从实现威胁内容的时间来看，抢劫罪以当场实现杀害、伤害等威胁内容相威胁，而敲诈勒索罪可以以当场实现威胁内容相威胁，也可以以日后实现威胁内容相威胁。从取得财物的时间来看，抢劫罪是当场取得被害人的财物，敲诈勒索罪可以当场取得被害人的财物，也可以日后取得被害人的财物。另外，二者在犯罪客体、主体方面也不尽相同，敲诈勒索罪的犯罪客体涉及范围较广，具体来说，除他人的财产权利和生命、健康权利以外，还可以是他人的名誉权等权利。而抢劫罪主体的范围较广，包括已满 14 周岁，不满 16 周岁的自然人，这也是与敲诈勒索罪的一个不同之处。

（2）敲诈勒索罪与诈骗罪的界限。敲诈勒索罪与诈骗罪都侵犯他人的财产权利，犯罪主体都是一般主体，主观方面都有非法占有他人财物的目的，而且二罪当中的被害人交出财物的行为都是意思表示不真实的行为。二者不同之处主要在于犯罪客体和主观方面。敲诈勒索罪的犯罪客体是复杂客体，包括公私财产所有权以及他人的人身权利或其他利益，客观方面表现为使用威胁或者要挟的方法，使被害人产生畏惧心理，从而在违背自己真实意愿的情况下，当场或依据行为人限定的时间将财物转让交付给行为人，被害人交付财物是一种因为胁迫而产生的意思表示不真实的行为；而诈骗罪的犯罪客体是简单客体，只侵犯他人的财产权利，客观方面表现为用虚构事实或隐瞒真相的方法，使被害人产生认识上的错误，“自愿”将财物转移、交付给行为人或免除其归还的义务，被害人的行为是一种因为欺诈而产生的意思表示不真实的行为。

3. 要分清敲诈勒索罪既遂与未遂的界限

敲诈勒索罪既遂与未遂的界限，不能简单地以犯罪人是否取得财物为准，而要考虑行为的发展过程、行为的效果以及行为和结果的因果关系。如果行为人通过威胁或要挟的方法，使被害人产生心理恐惧，从而非法取得他人财物，构成犯罪既遂；行为人虽然使用了威胁或要挟的方法，但被害人并没有产生心理上的恐惧且未交出财物，或者虽产生心理上的恐惧但未交出财物的，应属于犯罪未遂；行为人使用了威胁或要挟的方法，但被敲诈人没有产生恐惧心理，只是处于怜悯而将财物交给行为人的，虽然行为人取得了财物，但其行为仍然属于犯罪未遂。

（三）敲诈勒索罪的刑事责任

根据《刑法修正案（八）》对《刑法》第 274 第的修改，敲诈勒索公私财物，数额较大或者多次敲诈勒索的，处3年以下有期徒刑、拘役或者管制，并处或者单处罚金；数额巨大或者有其他严重情节的，处3年以上10年以下有期徒刑，并处罚金；数额特别巨大或者有其他特别严重情节的，处10年以上有期徒刑，并处罚金。

十一、故意毁坏财物罪

故意毁坏财物罪，是指故意毁灭或者损坏公私财物，数额较大或者情节严重的行为。本罪的犯罪客体是公私财产的所有权。客观方面表现为毁灭或者损坏公私财物，数额较大或者情节严重的行为。毁灭，是指使公私财物完全毁坏，丧失原有的价值或者使用价值；损坏，是指使公私财物部分丧失其价值或者使用价值。毁坏公私财物的方法有多种，可以表现为烧毁、砸毁、撕毁、压毁等。犯罪对象为公私财物，可以是动产，也可以是不动产。如果行为人使用放火、爆炸等危险方法，或者破坏的对象是交通工具、交通设备、易燃易爆设备等与公共安全有关的财物，从而危害公共安全的，不以故意毁坏财物罪论处，应当按相关的危害公共安全的犯罪定罪处罚。毁坏财物数额较大或者情节严重的，才构成本罪。数额较小，情节较轻的，不构成犯罪，属于一般违法行为。本罪的主体是一般主体。主观方面是故意，包括直接故意和间接故意，行为人具有毁坏他人财物的目的，而不是非法占有他人财物的目的，实践中，应综合各种因素判断行为人的主观意图和目的。根据《刑法》第275条的规定，犯本罪的，处3年以下有期徒刑、拘役或者罚金；数额巨大或者有其他特别严重情节的，处3年以上7年以下有期徒刑。

十二、破坏生产经营罪

破坏生产经营罪，是指由于泄愤报复或者其他个人目的，毁坏机器设备、残害耕畜或者以其他方法破坏生产经营的行为。本罪的犯罪客体是复杂客体，即公私财产的所有权和生产经营秩序。客观方面表现为毁坏机器设备、残害耕畜或者以其他方法破坏生产经营的行为。其他方法，是指与毁坏机器设备、残害耕畜相类似的其他破坏生产经营的方法，如损坏种子、鱼苗，切断供电线路等。犯罪对象是机器设备、耕畜等与生产经营有直接联系的财物，多为生产资料。犯罪主体是一般主体。主观方面是故意，并且具有泄愤报复或者其他个人目的。根据《刑法》第276条的规定，犯本罪的，处3年以下有期徒刑、拘役或者管制；情节严重的，处3年以上7年以下有期徒刑。

十三、拒不支付劳动报酬罪

拒不支付劳动报酬罪，是指以转移财产、逃匿等方法逃避支付劳动者的劳动报酬或者有能力支付而不支付劳动者的劳动报酬，数额较大，经政府有关部门责令支付仍不支付的行为。本罪的犯罪主体包括自然人和单位，行为方式表现为以转移财产、逃匿等方法逃避支付劳动者的劳动报酬或者有能力支付而不支付劳动者的劳动报酬，数额较大，并同时具备经政府有关部门责令支付仍不支付这一条件的行为。按照《刑法修正案（八）》增加的第276条之一规定，犯本罪的，处3年以下有期徒刑或者拘役，并处或者单处罚金；造成严重后果的，处3年以上7年以下有期徒刑，并处罚金。单位犯本罪的，对单位判处罚金，并对其直接负责的主管人员和其他直接责任人员判处刑罚。犯罪尚未造成严重后果，在提起公诉前支付劳动者的劳动报酬，并依法承担相应赔偿责任的，可以减轻或者免除处罚。

【阅读参考书目】

1. 谢望原、赫兴旺主编：《刑法分论》，中国人民大学出版社2011年第2版。

2. 高铭暄、马克昌主编：《刑法学》，北京大学出版社、高等教育出版社2011年第5版。

【思考题】

一、名词解释

1. 抢劫罪

2. 盗窃罪

3. 诈骗罪

4. 抢夺罪

5. 侵占罪

6. 挪用资金罪

7. 敲诈勒索罪

二、简答题

1. 抢劫罪的行为方式。

2. 转化型抢劫罪的构成条件。

3. 如何区分抢劫罪和故意杀人罪？

4. 如何区分抢劫罪和敲诈勒索罪？

5. 职务侵占罪和挪用资金罪的不同。

三、论述题

1. 侵占罪的构成条件。

2. 挪用资金罪的行为方式。

四、案例分析

案例1：

某甲深夜到一工厂盗窃，将工厂价值5000元的铝锭隔着围墙扔到工厂边的江里，第二天划船试图从江水里捞出铝锭未果，甲的行为是盗窃既遂还是未遂？

案例2：

甲在路边喝水，将价值8000元的摩托车停在一边，乙为了抢劫摩托车对甲实施了暴力，甲逃走并呼救，乙便发动摩托车准备逃走，但由于发动不起来而被到来的群众抓住，乙的行为是犯罪既遂还是犯罪未遂？

案例3：

甲为了非法获得出租汽车司机乙的出租车，便谎称某单位的丙有欠款未还，要求乘乙的出租车前去讨债，到达目的地后，乙热心地下车帮甲打问丙是否在单位里，而这时甲却乘机将车开走。经查，丙这个人根本不存在。甲的行为构成什么罪？

案例4：

某甲与几个朋友在饭店吃饭，席间拿出一条价值1万元的项链向朋友炫耀，于是朋友纷纷传看，当项链传至乙的手里的时候，乙借口出去打电话而将项链带走。甲在吃完饭后发现项链不见了，在大家帮助下，经过回忆，认定是乙将项链拿走，于是向乙索要，乙先是不承认拿了项链，后又承认拿了项链，但已经将其出卖。对乙的行为应当如何处理？

第二十六章　妨害社会管理秩序罪

妨害社会管理秩序罪被规定在刑法分则第6章,地位居中。其章下设节,罪名繁多,基本上无法纳入其他章节的犯罪都收入了本章。另外,刑法修正案对本章罪名也作了一些增设或修改。通过本章学习,要了解妨害社会管理秩序罪的概念、特征和种类以及各种非重点妨害社会管理秩序犯罪的概念;掌握各种重点妨害社会管理秩序犯罪的概念、构成和刑事责任;理解认定有关妨害社会管理秩序犯罪时应注意的各种界限,学会运用刑法总则理论来分析本章犯罪。

第一节　妨害社会管理秩序罪总述

一、妨害社会管理秩序罪的概念和构成

妨害社会管理秩序罪,是指故意或过失地妨害国家对社会的管理活动,破坏社会秩序,情节严重的行为。

妨害社会管理秩序罪具有以下构成特征:

(1) 本类犯罪侵犯的客体是社会管理秩序。

广义地讲,社会管理秩序是指国家对社会各方面进行管理而形成的整个社会有条不紊的状态,包括生产秩序、工作秩序、教学秩序以及人民群众的正常生活秩序等。但是,妨害社会管理秩序罪中的社会管理秩序并不是广义上的。它只是广义上的社会管理秩序的一部分。由于具体社会管理秩序内容的不同以及刑法立法的需要,立法者把侵害国家安全、公共安全、市场经济秩序、人身与家庭安全、公私财产安全、国防军事利益和国家机关正常活动等社会秩序的行为分别规定为一类犯罪,而将不宜单列为类罪的行为归之于“妨害社会管理秩序罪”中。另外,对这一类犯罪,刑法还根据各种具体犯罪侵犯的具体社会管理秩序的特点,将本类犯罪具体分为扰乱公共秩序犯罪,妨害司法犯罪,妨害国(边)境管理犯罪,妨害文物管理犯罪,危害公共卫生犯罪,破坏环境资源保护犯罪,走私、贩卖、运输、制造毒品犯罪,组织、强迫、引诱、容留、介绍卖淫犯罪,制作、贩卖、传播淫秽物品犯罪等九类犯罪。也就是说,对于某一次类犯罪,它们还有一个共同的次类客体。

(2) 本类犯罪在客观方面表现为各种妨害社会管理秩序的行为。

就行为而言,妨害社会管理秩序的行为首先表现为复杂、多样性。既有妨害一般国家机关管理活动的行为,也有妨害司法机关活动的行为,还有扰乱公共场所秩序以及破坏国家对国(边)境管理、文物管理、公共卫生管理、环境资源保护、毒品管制、书刊影像管理等多方面的行为。这主要是由于社会管理秩序的内容复杂广泛。其次,妨害社会管理秩序的行为多表现为作为性。由不作为构成的犯罪较少。就犯罪形态而言,

妨害社会管理秩序罪有的是结果犯,有的是行为犯,有的属于危险犯。另外,对于一些犯罪,还要求特定的方法和手段、时间和地点等。

(3) 本类犯罪的主体可以分为三类。

第一类是只能由自然人构成,这属于多数;第二类是既可以由自然人也可以由单位构成,如破坏环境资源保护罪,制作、贩卖、传播淫秽物品罪等;第三类是只能由单位构成,如非法出售、私赠文物藏品罪、采集、供应血液、制作、供应血液制品事故罪。就自然人犯罪主体而言,多为一般主体,但也有一些犯罪要求是特殊主体,如包庇、纵容黑社会性质组织罪的主体只能是国家机关工作人员;伪证罪的主体只能是刑事诉讼中的证人、鉴定人、记录人、翻译人,等等。对于单位犯罪,也有一些犯罪要求特殊主体,即不是一切单位都能构成,如非法出售、私赠文物藏品罪的主体就只能是国有博物馆、图书馆等特定单位。

(4) 本类犯罪在主观上绝大多数是故意。

其中有些犯罪,法律还规定了行为人主观上必须具有特定目的,如倒卖文物罪主观上必须具有牟利的目的,赌博罪主观方面必须具有营利的目的等。也有少数犯罪主观上只能是过失,如过失损毁文物罪、医疗事故罪等。

二、妨害社会管理秩序罪的种类

刑法分则第 6 章,从第 277 条至第 367 条规定了妨害社会管理秩序罪,另外,《刑法修正案(二)》对《刑法》第 342 条作了修改,《刑法修正案(三)》对《刑法》第 291 条作了补充规定,《刑法修正案(四)》对《刑法》第 339 条、第 344 条和第 345 条进行了修改,《刑法修正案(六)》对《刑法》第 303 条、第 312 条进行了修改,《刑法修正案(七)》对《刑法》第 285 条、第 312 条和第 337 条进行了修改,《刑法修正案(八)》对《刑法》第 293 条、第 294 条、第 295 条、第 328 条、第 338 条、第 343 条和第 358 条进行了修改。根据最高人民法院《关于执行〈中华人民共和国刑法〉确定罪名的规定》与最高人民法院和最高人民检察院《关于执行〈中华人民共和国刑法〉确定罪名的补充规定》的规定,妨害社会管理秩序罪共有 125 个罪名,其中刑法分则第 6 章规定了 119 个罪名,《刑法修正案(三)》规定了 2 个罪名,《刑法修正案(四)》规定了 1 个罪名,《刑法修正案(六)》规定了 1 个罪名,《刑法修正案(七)》规定了两个罪名。根据刑法的规定,妨害社会管理秩序罪分为如下九个方面:

(1) 扰乱公共秩序罪;

(2) 妨害司法罪;

(3) 妨害国(边)境管理罪;

(4) 妨害文物管理罪;

(5) 危害公共卫生罪;

(6) 破坏环境资源保护罪;

(7) 走私、贩卖、运输、制造毒品罪;

(8) 组织、强迫、引诱、容留、介绍卖淫罪;

(9) 制作、贩卖、传播淫秽物品罪。

第二节　扰乱公共秩序罪

一、妨害公务罪

(一) 妨害公务罪的概念和构成

妨害公务罪,是指以暴力、威胁方法阻碍国家机关工作人员依法执行职务,阻碍全国人民代表大会和地方各级人民代表大会代表依法执行代表职务,在自然灾害和突发事件中,阻碍红十字会工作人员依法履行职责的行为,或者故意阻碍国家安全机关、公安机关依法执行国家安全工作任务,虽未使用暴力、威胁方法,但造成严重后果的行为。

本罪构成特征:

(1) 本罪侵犯的客体是国家机关、红十字会等正常的公务活动秩序。这种公务活动秩序属于公共秩序。公共秩序是妨害公务罪所在的扰乱公共秩序罪这一类罪的次同类客体,而国家机关、红十字会等正常的公务活动秩序则属于妨害公务罪的直接客体。犯罪对象是正在依法执行职务的国家机关工作人员、全国人民代表大会和地方各级人民代表大会代表、红十字会工作人员、国家安全机关、公安机关工作人员。

(2) 本罪在客观上表现为阻碍国家机关工作人员、人大代表、红十字会工作人员、国家安全机关、公安机关依法执行职务的行为。主要有四种情形:第一,以暴力、威胁方法阻碍国家机关工作人员依法执行职务的行为;第二,以暴力、威胁方法阻碍全国人民代表大会和地方各级人民代表大会代表依法执行代表职务的行为;第三,在自然灾害和突发事件中,以暴力、威胁方法阻碍红十字会工作人员依法履行职责的行为;第四,故意阻碍国家安全机关、公安机关依法执行国家安全工作任务,虽未使用暴力、威胁方法,但造成严重后果的行为。2003 年 5 月 15 日起施行的最高人民法院、最高人民检察院《关于办理妨害预防、控制突发传染病疫情等灾害的刑事案件具体应用法律若干问题的解释》(以下称《突发传染病疫情刑事案件司法解释》)第 8 条规定:以暴力、威胁方法阻碍国家机关工作人员、红十字会工作人员依法履行为防治突发传染病疫情等灾害而采取的防疫、检疫、强制隔离、隔离治疗等预防、控制措施的,依照《刑法》第 277 条第 1 款、第 3 款的规定,以妨害公务罪定罪处罚。此外,根据最高人民检察院 2000 年 4 月公布的《关于以暴力、威胁方法阻碍事业编制人员依法执行行政执法职务是否对侵害人以妨害公务罪论处的批复》的规定,对于以暴力、威胁方法阻碍国有事业单位人员根据法律、行政法规的规定执行行政执法职务的,或者以暴力、威胁方法阻碍国家机关中受委托从事行政执法活动的事业编制人员执行行政执法职务的,也可以按妨害公务罪论处。

对于妨害公务罪的客观要件,要注意以下几点:一是犯罪对象的特定性,即只能是国家机关工作人员、人大代表、红十字会工作人员、国家安全机关、公安机关工作人员以及国有事业单位人员和国家机关中受委托从事行政执法活动的事业编制人员。二是行为时空的限制性,即只能是上述人员依法执行职务、工作任务或履行职责期间。首先是职务行为的合法性。“依法执行职务”,是指在法律规定的范围内,运用其合法职权从事公务活动。上述人员超越职权范围活动,或者滥用职权、以权谋私、违法乱纪、侵犯国家和群众利益的活动,受到他人阻止的,不能视为妨害公务。其次是正在执行职务。如果执行职务完毕或者还没有开始执行职务,就不能认为是妨害公务。三是行为手段的特定性。除了对于阻碍国家安全机关、公安机关依法执行国家安全工作任务没有要求暴力或者威胁手段外,其他妨害公务的行为都必须使用暴力或者威胁手段,否则不能构成妨害公务罪。所谓“暴力”,是指对人身实行打击或强制,如捆绑、殴打、轻伤害等,但并不包括重伤、杀害在内。如果因行为人使用暴力造成国家机关工作人员重伤、死亡,则又触犯了故意伤害罪或故意杀人罪,应依想象竞合犯的处罚原则,从一重罪处断。“威胁”,是指以口头或书面的形式,对他人以实施伤害、杀害、毁坏财产、破坏名誉等相威逼或胁迫,使其放弃执行自己的职务。四是对结果的要求。虽然对于阻碍国家安全机关、公安机关依法执行国家安全工作任务没有要求暴力或者威胁手段,但是法律却要求必须是造成严重后果。而对于其他妨害公务行为则没有要求造成严重后果。所以,尽管行为人阻碍了国家安全机关、公安机关依法执行国家安全工作任务,但没有造成严重后果,也不构成妨害公务罪。

(3) 本罪的主体为自然人犯罪的一般主体,即凡已满16周岁且具有刑事责任能力的自然人均可构成本罪的主体。

(4) 本罪在主观方面表现为故意,即明知自己的行为会造成阻碍依法执行公务活动的危害结果,而希望或者放任这种结果发生的心态。在认识因素上,行为人明知对方是国家机关工作人员、人大代表、红十字会工作人员、国家安全、公安机关工作人员,且正在依法执行职务;在意志因素上,行为人持希望或放任态度。如果行为人不知道是依法执行职务的国家机关工作人员等人员,或者误认为该人员的职务行为是非法行为,从而加以阻碍的,不构成本罪。至于本罪的动机则多种多样,有的是为了自己的私利,有的是为了庇护他人,等等,但动机如何,不影响本罪的构成。

(二) 妨害公务罪的认定

1. 罪与非罪的界限

区分本罪与非罪的界限应注意:(1) 从行为的手段上区分。对于阻碍国家机关工作人员、人大代表和红十字会工作人员依法执行公务,要求手段的暴力性或威胁性,如果手段不具有暴力性或威胁性,虽然也是阻碍行为,但不构成犯罪。(2) 从行为的对象上区分。妨害公务罪的犯罪对象是依法执行公务的人员,如果行为人阻止的是上述人员非法执行公务,则不构成犯罪。(3) 从行为结果上区分。对于阻碍国家安全机关和公安机关依法执行国家安全工作任务要求造成严重后果,对于未造成严重后果的,就不构成犯罪。(4) 从行为的危害程度上区分。对于情节显著轻微为害不大,尚未达到应受刑罚惩罚程度的妨害公务行为,不应以犯罪论处。

2. 此罪与彼罪的界限

主要是区分妨害公务罪与其他妨害公务行为而被刑法规定为他罪的情况。如阻碍军人执行职务罪、阻碍执行军事职务罪、聚众阻碍解救被收买的妇女、儿童罪、抗税罪等。这些犯罪在犯罪构成方面与妨害公务罪存在着不同,但是它们也属于妨害公务行为,刑法特别把它们从妨害公务罪中抽出来规定为其他犯罪。所以,它们与妨害公务罪存在法规竞合,应按照特别法优于普通法、重法优于轻法的原则来处理。

3. 一罪与数罪的界限

本罪常与其他犯罪发生牵连关系,但在此情况下是否实行数罪并罚,法律规定并不一致,即有时要实行数罪并罚,有时又作为一个罪的从重情节而不实行并罚。如刑法第 318 条规定的犯组织他人偷越国(边)境罪并以暴力、威胁方法抗拒检查的,只是该罪的一个严重情节,处以较重的刑罚,不实行数罪并罚;而刑法第 157 条规定,以暴力、威胁方法抗拒缉私的,以走私罪和阻碍国家机关工作人员依法执行职务罪实行并罚。对于此种情况,应依各相关法条有关规定适用法律。如果法律没有规定的,应从一重罪处断。

(三) 妨害公务罪的刑事责任

根据刑法第 277 条的规定,犯本罪的,处 3 年以下有期徒刑、拘役、管制或者罚金。

二、煽动暴力抗拒法律实施罪

煽动暴力抗拒法律实施罪,是指以言词、文字等方式煽动群众以暴力抗拒国家法律、行政法规实施的行为。本罪侵犯的客体是国家法律、行政法规的施行秩序。在客观方面表现为煽惑、鼓动群众用暴力手段抗拒国家法律、行政法规实施,扰乱公共秩序的行为。所谓煽动,是指用语言、文字、图形等,通过广播、电视、报刊、网络等媒体或者利用演讲、张贴、散发、邮寄等方式怂恿、劝说、唆使、引诱、欺骗群众使其以暴力抗拒国家法律、行政法规的实施。所谓国家法律,是指全国人民代表大会及其常务委员会通过的法律和法律性文件;行政法规,是指国务院的行政法规。所谓群众,一般应指 3 人以上的特定的或不特定的多数人。“暴力”,是指用武力或者其他强制性手段;“抗拒”,是指抵抗、拒绝,即故意不履行法律、行政法规所规定的义务或者阻止法律、行政法规的强制性施行。本罪的主体为一般主体,即年满 16 周岁且具有刑事责任能力的自然人。本罪在主观上表现为故意,一般是直接故意。根据 2010 年 3 月 2 日最高人民法院、最高人民检察院《关于办理非法生产、销售烟草专卖品等刑事案件具体应用法律若干问题的解释》第 8 条第 2 款规定,煽动群众暴力抗拒烟草专卖法律实施,构成犯罪的,以煽动暴力抗拒法律实施罪追究刑事责任。根据《刑法》第 278 条的规定,犯本罪的,处 3 年以下有期徒刑、拘役、管制或者剥夺政治权利;造成严重后果的,处 3 年以上 7 年以下有期徒刑。所谓“造成严重后果”,一般指:严重妨碍了法律、行政法规的实施的;导致人身伤亡的;导致社会动荡不安的;造成公私财产重大损失的以及造成其他严重后果的。

三、招摇撞骗罪

(一) 招摇撞骗罪的概念和构成

招摇撞骗罪,是指行为人为谋取非法利益,假冒国家机关工作人员的身份或职称,进行诈骗,损害国家机关的威信及其正常活动的行为。

本罪构成特征:

(1)本罪侵犯的客体是国家机关的威信。这是本罪同其他诈骗犯罪的主要区别之一。行为人为谋取私利冒充国家机关工作人员的身份进行诈骗,必然侵犯国家机关的威信。因为国家机关工作人员代表国家机关的形象,行为人冒充国家机关工作人员诈骗,就使不明真相的被害人和人民群众误认为是国家机关工作人员的行为,从而对国家机关产生误解。

(2)本罪在客观方面表现为行为人冒充国家机关工作人员的身份或职称,进行诈骗的行为。这包括两个要素:第一,冒充国家机关工作人员的身份或者职称。所谓国家机关工作人员,是指国家机关中从事公务的人员。这里的国家机关包括权力机关,即全国与地方各级人民代表大会及其常务委员会;行政机关,即国务院及各部委和地方各级人民政府及其所属各种管理机构;各级人民检察院和人民法院。另外,中国共产党的各级机关、政治协商会议的各级机关也应视为国家机关。所谓冒充国家机关工作人员的身份或职称,包括三种情况:一是非国家机关工作人员,包括不具有国家机关工作人员身份的国家工作人员,冒充国家机关工作人员。如农民、工人等冒充国家机关工作人员。二是职务低的国家机关工作人员冒充职务高的国家机关工作人员,如一般工作人员冒充局长、厅长等。三是此种国家机关工作人员冒充他种国家机关工作人员的身份或职称。如行政机关工作人员冒充检察院或法院工作人员。如果行为人冒充非国家机关工作人员的身份进行招摇撞骗活动的,不能构成本罪,可能构成诈骗罪或其他犯罪。第二,进行招摇撞骗。即行为人要以假冒的国家机关工作人员身份或职称,招摇炫耀,利用人民群众对国家机关工作人员的信任,实施骗取非法利益的行为。所谓招摇撞骗,就是假借名义,到处炫耀,进行诈骗。招摇撞骗一般都具有连续性、多次性的特点。如果行为人只有一次这种行为的,原则上不宜以犯罪论处。如果行为人出于虚荣心,仅仅冒充国家机关工作人员的身份或职称,但并未借此实施骗取非法利益行为的,不构成招摇撞骗罪;如果行为人既有冒充国家机关工作人员的行为,又有骗取非法利益的行为,但骗取非法利益的行为未以冒充国家机关工作人员为手段的,即两行为之间不存在因果联系的,也不构成招摇撞骗罪,其骗取非法利益的行为可能构成其他犯罪。

(3)本罪的主体为一般主体,即年满16周岁具有刑事责任能力的自然人都可以成为本罪的主体。

(4)本罪在主观方面表现为故意,一般是直接故意。故意的内容包括两方面:一是故意冒充国家机关工作人员;二是故意以冒充国家机关工作人员的身份到处诈骗。其犯罪目的是为了谋取非法利益。这里所说的非法利益,不单指物质利益,也包括各种非物质利益。例如,为了骗取某种政治待遇或者荣誉待遇,甚至是为了骗取"爱情",玩弄异性,等等。如果不具有谋取非法利益的目的,例如,行为人主观上具有抢劫的故意,冒充国家机关工作人员(如冒充警察)只是给被害人心理上造成威胁、使之不敢反抗的手段,那么,行为人的行为构成抢劫罪,而不构成招摇撞骗罪。

（二）招摇撞骗罪的认定

1. 罪与非罪的界限

这里主要是注意区分本罪与一般招摇撞骗行为的界限。可以从行为人谋取非法利益的大小、招摇撞骗的次数以及对国家机关的威信影响的程度来把握，如果达不到应受刑罚惩罚的程度，就不应以犯罪论处。

2. 此罪与彼罪的界限

（1）招摇撞骗罪与诈骗罪的界限。这两种犯罪都表现为欺骗行为，这是二者的共同之处。两者的区别主要表现在：一是侵害的客体不同。招摇撞骗罪侵犯的客体主要是国家机关的威信；而诈骗罪侵犯的客体为公私财产所有权。二是行为手段不同。招摇撞骗罪的手段只限于冒充国家机关工作人员的身份或职称进行诈骗；而诈骗罪的诈骗手段并无此限制，多种多样，行为人可以利用任何虚构事实、隐瞒真相的手段和方式进行。三是构成犯罪有无数额限制的不同。诈骗公私财物数额较大的，才可构成诈骗罪；而法律对招摇撞骗罪的构成并无数额较大的要求。四是犯罪目的不同。诈骗罪的犯罪目的是希望非法占有公私财物；而招摇撞骗罪的犯罪目的是追求非法利益，其内容较诈骗罪的目的广泛些。事实上，这两个罪属于交叉型的法规竞合。如果行为人冒充国家机关工作人员的身份或职务去骗取财物，就同时符合这两个罪的犯罪构成。对于这种情况，应按照特殊法优于普通法、重法优于轻法的原则来处理：如果以冒充国家机关工作人员的方法单纯骗取财物，数额不是特别巨大或者情节不是特别严重的，定招摇撞骗罪；如果诈骗财物数额特别巨大或者有其他特别严重情节的，则定诈骗罪。

（2）招摇撞骗罪与冒充军人招摇撞骗罪的界限。二者在客观方面都表现为招摇撞骗，这是共同之处。区别在于：一是侵害的客体不同，后罪侵犯的是军队的威信；二是冒充的对象不同，后罪仅限于冒充军人。这两个罪也属于交叉型的法规竞合。对于行为人冒充军事机关工作人员进行招摇撞骗的，虽然也符合招摇撞骗罪的犯罪构成，但根据法规竞合的处理原则，应按照冒充军人招摇撞骗罪定罪处罚。

（3）招摇撞骗罪与抢劫罪的界限。根据2005年最高人民法院《关于审理抢劫、抢夺刑事案件适用法律若干问题的意见》的规定，行为人冒充正在执行公务的人民警察“抓赌”、“抓嫖”，没收赌资或者罚款的行为，构成犯罪的，以招摇撞骗罪从重处罚；在实施上述行为中使用暴力或者暴力威胁的，以抢劫罪定罪处罚。

3. 一罪与数罪的界限

行为人如果在招摇撞骗的犯罪活动中，仅一次冒充国家机关工作人员的，应按照其他诈骗犯罪处理；如果多次冒充国家机关工作人员，则按照招摇撞骗罪和其他诈骗罪数罪并罚。对于为冒充国家机关工作人员招摇撞骗而伪造公文、证件的，按照牵连犯的处理原则，即从一重处断。对于冒充国家机关工作人员实施其他犯罪的（如实施强奸、抢劫、敲诈勒索等），应按照其他犯罪处理。

（三）招摇撞骗罪的处罚

根据《刑法》第279条的规定，犯本罪的，处3年以下有期徒刑、拘役、管制或者剥夺政治权利；情节严重的，处3年以上10年以下有期徒刑。所谓情节严重，是指一贯招摇撞骗或者流窜作案、影响极坏的;屡教不改的;犯罪手段特别恶劣的;后果严重的,等等。此外,冒充人民警察招摇撞骗的,从重处罚。

四、伪造、变造、买卖国家机关公文、证件、印章罪

伪造、变造、买卖国家机关公文、证件、印章罪,是指伪造、变造、买卖国家机关的公文、证件、印章的行为。本罪侵犯的客体是国家机关的正常管理秩序。在客观方面表现为伪造、变造、买卖国家机关的公文、证件、印章的行为。“伪造”,是指无权制作者非法制作国家机关的公文、证件、印章的行为。“变造”,是指无权者采取涂改、拼凑、加写等方法,非法改制真实公文、证件、印章内容的行为。“买卖”,是指以金钱或其他财物为代价非法买进或卖出国家机关的公文、证件、印章。“公文”,是指用于联系公务、指导工作、处理问题的书面文件,包括指示、命令、决定、通知、电函等。“证件”,是指用以证明身份、权利义务关系或其他事项的凭证,包括工作证、户口迁移证、结婚证、护照等。“印章”,是指刻有国家机关名称的公章和专用章。如果主管人员的私人名章能够起到机关的证明作用的,也应视为公章。本罪主体为一般主体,即年满16周岁且具有刑事责任能力的自然人。本罪在主观上表现为直接故意,即行为人明知是国家机关的公文、证件、印章而加以伪造、变造、买卖。本罪属于选择性罪名,只要实施其中之一行为就可构成本罪。根据2007年5月9日最高人民法院、最高人民检察院《关于办理与盗窃、抢劫、诈骗、抢夺机动车相关刑事案件具体应用法律若干问题的解释》第2条规定,伪造、变造、买卖机动车行驶证、登记证书,累计3本以上的,依照刑法第281条第1款的规定,以本罪论处。又据2009年12月3日最高人民法院、最高人民检察院《关于办理妨害信用卡管理刑事案件具体应用法律若干问题的解释》第4条第1款规定,为信用卡申请人制作、提供虚假的财产状况、收入、职务等资信证明材料,涉及伪造、变造、买卖国家机关公文、证件、印章,或者涉及伪造公司、企业、事业单位、人民团体印证,应当追究刑事责任的,依照刑法第280条的规定,分别以伪造、变造、买卖国家机关公文、证件、印章罪和伪造公司、企业、事业单位、人民团体印章罪定罪处罚。根据《刑法》第280条第1款的规定,犯本罪的,处3年以下有期徒刑、拘役、管制或者剥夺政治权利;情节严重的,处3年以上10年以下有期徒刑。

五、盗窃、抢夺、毁灭国家机关公文、证件、印章罪

盗窃、抢夺、毁灭国家机关公文、证件、印章罪,是指窃取、抢夺、毁灭国家机关公文、证件、印章的行为。本罪在犯罪客体、对象、主体方面均与伪造、变造、买卖国家机关公文、证件、印章罪相同。本罪与盗窃、抢夺武装部队公文、证件、印章罪的区别在于侵犯的客体和对象不同,后者侵犯的客体是武装部队的正常管理秩序,侵犯的对象是武装部队的公文、证件和印章。本罪与盗窃罪、抢夺罪和故意毁坏财物罪的区别主要在于侵犯的客体、对象和犯罪目的不同,后三罪侵犯的客体是公私财物的所有权,侵犯的对象是公私财物,犯罪目的在于非法占有公私财物或毁坏公私财物。对于为了实施其他犯罪(如招摇撞骗罪)而盗窃、抢夺、毁灭国家机关公文、证件、印章的,属于牵连

犯,应从一重罪处断;如果行为人实施了盗窃、抢夺国家机关公文、证件、印章罪后,又起意利用这些公文、证件、印章实施其他犯罪的,因无牵连关系,应数罪并罚。根据《刑法》第280条第1款的规定,犯本罪的,处3年以下有期徒刑、拘役、管制或者剥夺政治权利;情节严重的,处3年以上10年以下有期徒刑。

▶ 六、伪造公司、企业、事业单位、人民团体印章罪

伪造公司、企业、事业单位、人民团体印章罪,是指非法制造公司、企业、事业单位、人民团体的印章的行为。本罪侵犯的客体是公司、企业、事业单位、人民团体的正常管理秩序。犯罪对象是公司、企业、事业单位、人民团体的印章。这是本罪与前述伪造国家机关印章罪的区别之处。但是伪造这些单位的文书、证件不构成犯罪。在客观方面表现为非法制造公司、企业、事业单位、人民团体的印章的行为。对于变造、盗窃、抢夺、毁灭公司、企业、事业单位、人民团体印章的行为,不以犯罪论处。本罪的主体是年满16周岁且具有刑事责任能力的自然人。在主观方面表现为故意,即明知伪造公司、企业、事业单位、人民团体印章,会破坏其正常的管理活动,仍有意而为的心理态度。根据《刑法》第280条第2款的规定,犯本罪的,处3年以下有期徒刑、拘役、管制或者剥夺政治权利。

▶ 七、伪造、变造居民身份证罪

伪造、变造居民身份证罪,是指违反居民身份证管理法规,伪造、变造居民身份证的行为。本罪侵犯的客体是国家对居民身份证的管理秩序。犯罪对象是居民身份证。居民身份证是证明本人身份的证件,由公安机关统一制作、发放,其登记的项目包括:姓名、性别、民族、出生日期、常住户口所在地住址、公民身份号码、本人相片、证件的有效期和签发机关。本罪在客观方面表现为伪造、变造居民身份证的行为。"伪造",是指无身份证制作权者制作居民身份证;"变造",是指采取涂改、擦消、拼接等方法,在真的居民身份证上进行变更,改变姓名、年龄、住址等事项内容。根据《刑法》第280条第3款的规定,犯本罪的,处3年以下有期徒刑、拘役、管制或者剥夺政治权利;情节严重的,处3年以上7年以下有期徒刑。所谓情节严重,主要指多次或者大量伪造、变造的;谋取较大非法利益的;经公安机关处罚仍不悔改的;他人使用伪造、变造居民身份证进行违法犯罪活动和非法进出国(边)境的,等等。

▶ 八、非法生产、买卖警用装备罪

非法生产、买卖警用装备罪,是指违反国家有关规定,非法生产、买卖人民警察制式服装、车辆号牌等专用标志、警械,情节严重的行为。本罪侵犯的客体是国家对警用装备的管理秩序。犯罪对象是人民警察制式服装、车辆号牌等专用标志、警械。这里的制式服装,是指人民警察的专用服装。人民警察包括公安机关、国家安全机关、监狱、劳动教养管理机关的人民警察和人民法院、人民检察院的司法警察。人民警察的专用标志,是指为便于社会外界识别,而用来表明人民警察身份或用于公安工作场所、

车辆等的外在标志,主要包括臂章、警徽、警衔标志以及警灯等。警徽是人民警察的总标志符号。警衔标志是区分人民警察等级、表明人民警察身份的一种符号。警械是指人民警察按照规定装备的警棍、催泪弹、高压水枪、特种防暴枪、手铐、脚镣、警绳等警用器械。本罪在客观方面表现为非法生产、买卖警用装备的行为。非法生产,是指无生产资格者擅自生产和有生产资格者不按规定的规格、品种、数量或标号等进行生产;非法买卖,是指不具有资格而销售或购买和有资格的生产者向无资格购买者销售。本罪的主体既可以是任何年满16周岁且具有刑事责任能力的自然人,也可以是单位。本罪的主观方面是故意,且是直接故意,即明知生产、买卖警用装备的行为属于非法,仍实施该行为。根据2008年最高人民检察院、公安部《关于公安机关管辖的刑事案件立案追诉标准的规定(一)》第35的规定,非法生产、买卖人民警察制式服装、车辆号牌等专用标志、警械,涉嫌下列情形之一的,应予立案追诉:(1) 成套制式服装30套以上,或者非成套制式服装100件以上的;(2) 手铐、脚镣、警用抓捕网、警用催泪喷射器、警灯、警报器单种或者合计10件以上的;(3) 警棍50根以上的;(4) 警衔、警号、胸章、臂章、帽徽等警用标志单种或者合计100件以上的;(5) 警用号牌、省级以上公安机关专段民用车辆号牌1副以上,或者其他公安机关专段民用车辆号牌3副以上的;(6) 非法经营数额5000元以上,或者非法获利1000元以上的;(7) 被他人利用进行违法犯罪活动的;(8) 其他情节严重的情形。根据《刑法》第281条的规定,犯本罪的,处3年以下有期徒刑、拘役或者管制,并处或者单处罚金。单位犯本罪的,对单位判处罚金,并对其直接负责的主管人员和其他直接责任人员,根据上述有关自然人犯本罪的规定处罚。

九、非法获取国家秘密罪

非法获取国家秘密罪,是指以窃取、刺探、收买方法,非法获取国家秘密的行为。本罪侵犯的客体是国家对秘密的管理秩序。犯罪对象是国家秘密。国家秘密是指关系国家的安全和利益,一种法定程序确定,在一定时间内只限于一定范围的人员知悉的事项。一般分为绝密、机密和秘密三种密级。国家秘密主要包括:国家事务的重大决策中的事项;国防建设和武装力量活动中的秘密事项;外交和外事活动中的秘密事项以及对外承担保密义务的事项;国民经济和社会发展中的秘密事项;科学技术中的秘密事项;维护国家安全活动和追查刑事犯罪中的秘密事项,以及其他经国家保密工作部门确定应当保守的国家秘密事项。本罪在客观方面表现为以窃取、刺探、收买方法,非法获取国家秘密的行为。非法获取国家秘密的方式多种多样,但本罪仅限于窃取、刺探和收买三种方式。窃取,是指行为人以主观上自认为不为国家秘密的保守者所知的方法获取国家秘密的行为。窃取的方式很多,如盗窃国家秘密文件、资料、物品原件,偷拍、偷照,窃听、窃录,摘抄、拷贝等等。刺探,是指行为人以各种手段试图接触国家秘密或者保密工作者,观看、探听、收集、套取国家秘密的行为。收买,是指以金钱或其他物质利益换取国家秘密的行为。行为人只要实施其中之一,即可构成本罪。本罪在主观方面表现为故意,而且为直接故意。根据《刑法》第282条第1款的规定,犯本罪的,处 3 年以下有期徒刑、拘役、管制或者剥夺政治权利;情节严重的,处 3 年以上 7 年以下有期徒刑。

▶ 十、非法持有国家绝密、机密文件、资料、物品罪

非法持有国家绝密、机密文件、资料、物品罪,是指非法持有属于国家绝密、机密的文件、资料或者其他物品,拒不说明来源与用途的行为。本罪侵犯的客体是国家对秘密的管理秩序。犯罪对象是国家绝密、机密文件、资料、物品。国家秘密根据其重要程度的不同分为绝密、机密和秘密三种。本罪仅限于绝密和机密两种。非法持有国家秘密文件、资料、物品的,不构成本罪。本罪在客观方面表现为非法持有国家绝密、机密文件、资料、物品,拒不说明来源与用途的行为。非法持有,是指根据国家保密法律、法规和具体的规章制度,不属于接触、保管国家秘密文件的人员而持有属于国家绝密、机密文件、资料、物品,或者虽然属于保密工作人员,但其持有该绝密、机密文件、资料、物品没有合法根据。比如保管某项国家机密文件的人员,未经办理手续,私自携带、留存属于该项国家机密的文件的情况。拒不说明,是指经有关调查人员再三追问或经多次教育而坚持拒绝说出其非法持有的国家秘密的来源和用途。本罪的主体为一般主体,在主观方面表现为直接故意。根据《刑法》第 282 条第 2 款的规定,犯本罪的,处 3 年以下有期徒刑、拘役或者管制。

▶ 十一、非法生产、销售间谍专用器材罪

非法生产、销售间谍专用器材罪,是指非法生产、销售窃听、窃照等专用间谍器材的行为。本罪侵犯的客体是国家对间谍专用器材的管理秩序。犯罪对象是国家予以特别管理的窃听、窃照等专用间谍器材。所谓专用间谍器材,是指进行间谍活动特殊需要的器材,包括暗藏式窃听、窃照器材;突发式收发报机、一次性密码本、密写工具;用于获取情报的电子监听、截收器材,以及其他专用间谍器材等等。本罪在客观方面表现为非法生产、销售窃听、窃照等专用间谍器材的行为。非法生产、销售,是指未经国家有关主管部门批准擅自生产、销售或者虽经国家有关部门批准生产、销售,但擅自超出批准范围生产、销售。本罪的主体为一般主体,即年满 16 周岁且具有刑事责任能力的自然人。单位不能成为本罪的犯罪主体。单位非法生产、销售间谍专用器材的,不能以本罪论处。但是对于假借单位名义非法生产、销售间谍专用器材,非法收入归个人所有的,不能视为单位行为,应对个人以本罪定罪。本罪在主观方面表现为故意。刑法虽然对本罪没有规定情节上的限制,但是并非行为人只要实施了非法生产、销售专用间谍器材行为就构成本罪。对于情节显著轻微的,比如行为人生产、销售数量较小,流入社会的数量不多,并且行为人知错就改,对社会造成的危害不大的,一般可以不以犯罪论处。根据《刑法》第 283 条的规定,犯本罪的,处 3 年以下有期徒刑、拘役或者管制。

▶ 十二、非法使用窃听、窃照专用器材罪

非法使用窃听、窃照专用器材罪,是指非法使用窃听、窃照专用器材,造成严重后

果的行为。本罪侵犯的客体是国家对窃听、窃照专用器材的管理秩序。犯罪对象是窃听、窃照专用器材。本罪在客观方面表现为非法使用窃听、窃照专用器材,造成严重后果的行为。这里的非法使用,是指未经国家主管部门的批准而擅自使用,或者虽经授权但不按照规定使用。严重后果,是指非法使用窃听、窃照专用器材严重侵犯公民的隐私权及其合法权益,给他人名誉造成严重损害或致使他人自杀、自伤、精神失常的;因非法对外国人使用窃听、窃照专用器材,造成严重国际影响或其他严重后果的,等等。本罪的主体为一般主体,在主观方面表现为故意。当然,行为人对于所造成的严重后果一般表现为过失。行为人实施本罪的动机多种多样,可能出于好奇,进行其他非法活动,达到某种个人目的等等。但动机如何,一般不影响本罪的成立。此外,为非法使用而非法生产窃听、窃照专用器材后又非法使用的,构成牵连犯,应从一重罪处断,即按非法生产间谍器材罪定罪;非法使用窃听、窃照专用器材窃取他人商业秘密或窃取国家秘密的,属于想象竞合犯,也应从一重罪论处,而不实行数罪并罚。根据《刑法》第 284 条的规定,犯本罪的,处 2 年以下有期徒刑、拘役或者管制。

▶ 十三、非法侵入计算机信息系统罪

非法侵入计算机信息系统罪,是指违反国家规定,侵入国家事务、国防建设、尖端科学技术领域的计算机信息系统的行为。本罪侵犯的客体是国家对重要领域计算机信息系统的安全管理秩序。犯罪对象是计算机信息系统。所谓计算机信息系统,是指由计算机及其配套的设备、设施相互(含网络)构成的,按照一定的应用目标和规则对信息进行采集、加工、存储、传输、检索等处理的人机系统。本罪在客观方面表现为违反国家规定,侵入国家事务、国防建设、尖端科学技术领域的计算机信息系统的行为。违反国家规定,主要是指违反国务院发布的《计算机信息系统安全保护条例》和公安部发布的《计算机信息网络国际联网安全保护管理办法》等规定。侵入,是指非法调取、访问计算机信息系统内的系统资源的行为,包括非法用户侵入信息系统,即无权访问特定信息系统的人非法侵入该信息系统,和合法用户越权访问,即有访问特定信息系统的用户,未经批准、授权或者未办理手续而擅自访问该信息系统或者调取系统内部资源。本罪在主观上只能是故意,过失不能构成本罪。实践中,对于本罪的认定应注意,对非法侵入国家事务、国防建设和尖端科学技术领域的计算机信息系统而窃取国家秘密或者构成其他犯罪的,根据《刑法》第 286 条的规定,应以其他犯罪论处。根据《刑法》第 285 条的规定,犯本罪的,处 3 年以下有期徒刑或者拘役。

▶ 十四、非法获取计算机信息系统数据、非法控制计算机信息系统罪

(一)非法获取计算机信息系统数据、非法控制计算机信息系统罪的概念和构成

非法获取计算机信息系统数据、非法控制计算机信息系统罪,是指违反国家规定,侵入国家事务、国防建设、尖端科学技术领域以外的计算机信息系统或者采用其他技术手段,获取该计算机信息系统中存储、处理或者传输的数据,或者对该计算机信息系统实施非法控制,情节严重的行为。该罪为《刑法修正案(七)》所增设。

本罪构成特征:

(1) 本罪侵犯的客体是国家对国家事务、国防建设、尖端科学技术领域以外的计算机信息系统的安全管理秩序。

(2) 本罪在客观上表现为违反国家规定,侵入国家事务、国防建设、尖端科学技术领域以外的计算机信息系统或者采用其他技术手段,获取该计算机信息系统中存储、处理或者传输的数据,或者对该计算机信息系统实施非法控制的行为。"违反国家规定"主要是指违反国家关于保护计算机信息系统安全的规定,如《中华人民共和国计算机信息系统安全保护条例》、《中华人民共和国计算机信息网络国际联网暂行规定》等。本罪的实行行为包括两种:一是获取计算机信息系统中存储、处理或者传输的数据的行为。所谓数据,在这里是指计算机用以表示一定意思内容或者由其进行实际处理的一切文字、符号、数字、图形等有意义的组合,所谓计算机信息系统中存储、处理或者传输的数据,则是指固定存储中计算机内部随时可供提取、查阅、使用的数据,或者已经进入计算机正在进行加工、处理以及通过线路而由其他计算机信息系统传递过来的数据。二是对计算机信息系统进行非法控制。这里的"控制",是指使自己侵入的计算机信息系统处于自己的占有、管理、或影响之下,并不排除他人对该计算机信息系统的管理、影响。

获取存储、处理或传输的信息数据,或对系统实施非法控制主要采取侵入计算机信息系统或者采用其他技术手段。侵入常见的方式是利用他人网上认证信息进入计算机信息系统,或者在系统中植入木马、后门程序。"利用其他技术手段",主要是指假冒或者设立虚假网站,或者利用网关欺骗技术,行为人并不需要进入他人的计算机信息系统就可获取其他计算机处理、传输的数据信息。所谓"假冒"网站一般指冒充国家机关、金融系统等已建立的网站;"设立"虚假网站一般是指以国家机关、金融系统的名义建立并不存在的网站;"网关欺骗"技术是通过 ARP 欺骗技术建立假网关,让被它欺骗的个人电脑向假网关发送数据而窃取。

(二) 非法获取计算机信息系统数据、非法控制计算机信息系统罪的认定

1. 罪与非罪的界限

实践中,主要从三方面来界定:一是看是否违反国家规定,这是构成本罪的前提;二是看是否存在获取计算机信息系统数据或对计算机信息系统进行非法控制的行为。如果是单纯的侵入国家事务、国防建设、尖端科学技术领域以外的计算机信息系统,不构成本罪;三是看情节是否严重。情节严重的标准,目前没有相关司法解释,主要从行为人是否多次,对对方造成的危害,以及造成的社会影响等方面来综合考虑。

2. 此罪与彼罪的界限

实践中主要是与非法侵入计算机信息系统罪的界限。两罪的主要区别在于犯罪对象不同,非法侵入计算机信息系统罪的对象是国家事务、国防建设、尖端科学技术领域的计算机信息系统,而本罪的对象则是这些领域以外的计算机信息系统。当然,对于非法侵入计算机信息系统罪,只要实施侵入行为就构成犯罪;而对于本罪,还要求获取计算机信息系统数据或对计算机信息系统进行非法控制,并且要达到情节严重。

2. 一罪与数罪的界限

(1) 本罪属于选择性罪名,对于行为人侵入国家事务、国防建设、尖端科学技术领域以外的计算机信息系统,既获取该计算机信息系统中存储、处理或者传输的数据,又对该计算机信息系统实施非法控制的,不进行数罪并罚,仅按照本罪一罪处理。(2) 如果行为人既实施侵入国家事务、国防建设、尖端科学技术领域的计算机信息系统,又实施侵入这些领域以外计算机信息系统,都构成犯罪的,则要按照本罪和非法侵入计算机信息系统罪进行数罪并罚。(3) 对于行为人侵入国家事务、国防建设、尖端科学技术领域以外的计算机信息系统,既获取该计算机信息系统中存储、处理或者传输的数据,又对该计算机信息系统实施破坏的,按照本罪和破坏计算机信息系统罪数罪并罚。

(三) 非法获取计算机信息系统数据、非法控制计算机信息系统罪的刑事责任

根据《刑法修正案(七)》第9条第1款的规定,犯本罪的,处3年以下有期徒刑或者拘役,并处或者单处罚金;情节特别严重的,处3年以上7年以下有期徒刑,并处罚金。

十五、提供侵入、非法控制计算机信息系统程序、工具罪

提供侵入、非法控制计算机信息系统程序、工具罪,是指提供专门用于侵入、非法控制计算机信息系统的程序、工具,或者明知他人实施侵入、非法控制计算机信息系统的违法犯罪行为而为其提供程序、工具,情节严重的行为。本罪是《刑法修正案(七)》增加的罪名。本罪侵犯的客体是国家对计算机信息系统的安全管理秩序。本罪在客观方面表现为提供专门用于侵入、非法控制计算机信息系统的程序、工具,或者明知他人实施侵入、非法控制计算机信息系统的违法犯罪行为而为其提供程序、工具且情节严重的行为。情节严重主要从行为人牟利的多少、提供的次数、对象的多寡以及造成的危害等来综合考察。本罪的主体为一般主体,在主观方面表现为故意。根据《刑法修正案(七)》第9条的规定,犯本罪的,处3年以下有期徒刑或者拘役,并处或者单处罚金;情节特别严重的,处3年以上7年以下有期徒刑,并处罚金。

十六、破坏计算机信息系统罪

破坏计算机信息系统罪,是指违反国家规定,对计算机信息系统功能进行删除、修改、增加、干扰,造成计算机信息系统不能正常运行;或者对计算机信息系统中存储、处理或者传输的数据和应用程序进行删除、修改、增加的操作;或者故意制作、传播计算机病毒等破坏性程序,影响计算机系统正常运行,后果严重的行为。本罪侵犯的客体是国家对计算机信息系统安全的管理秩序。犯罪对象是计算机信息系统。在客观方面表现为违反国家规定,破坏计算机信息系统且造成严重后果的行为。这里的破坏行为包括三种情形:一是破坏计算机的信息系统功能,即对计算机信息系统功能进行删除、修改、增加、干扰,造成计算机信息系统不能正常运行。删除,是指将原有的计算机信息系统功能除去,使之不能正常运转;修改,是指将原有的计算机信息系统功能进行

改动，使之不能正常运转；增加，是指在计算机系统里增加某种功能，致使原有的功能受到影响或者破坏，无法正常运转；干扰，包括外部干扰和内部干扰两种。外部干扰，是指人为地发射一种强大的扰动信号，用以干扰正常的动作状态或传输中的信号，使之不能正常工作或信号不能被正常输出或接受。内部干扰，是指利用计算机操作来进行干扰，使其他用户不能正常工作。二是破坏计算机信息系统数据和应用程序，即对计算机信息系统中存储、处理或者传输的数据和应用程序进行删除、修改、增加的操作。数据，是指计算机输入、输出和以某种方式处理的信息。应用程序，是指在计算机设计中，为某些目的编写的具有特定用途的程序。这种犯罪所侵犯的数据和应用程序必须处于"存储、处理或传输"状态，否则，不构成本罪。三是制作、传播计算机病毒等破坏性程序，即通过计算机编制、设计隐藏在可执行程序或数据文件中而在计算机内部运行的一种破坏计算机信息系统功能、毁坏数据或攻击硬件等影响计算机使用并能自我复制的计算机指令或程序代码等，或者通过计算机信息系统（含网络）直接输入、输出这种破坏性程序，以及将经输入破坏性程序的软件加以派送、散布和销售。后果严重，主要指使重要的计算机信息系统功能遭到严重破坏的，或者严重破坏计算机信息系统的有效运行、影响正常的工作和生活的，或者因破坏行为给国家、集体以及他人造成重大损失或造成恶劣社会影响的，等等。本罪的主体为一般主体，在主观方面表现为故意。根据《刑法》第 286 条的规定，犯本罪的，处 5 年以下有期徒刑或者拘役；后果特别严重的，处 5 年以上有期徒刑。

十七、扰乱无线电通讯管理秩序罪

扰乱无线电通讯管理秩序罪，是指违反国家规定，擅自设置、使用无线电台（站），或者擅自占用频率，经责令停止使用后拒不停止使用，干扰无线电通讯正常进行，造成严重后果的行为。本罪侵犯的客体是国家对无线电通讯管理的秩序。犯罪对象是无线电台（站）或者国家无线电频谱资源。无线电频谱资源，是指不用人工导波而在空间传播的，频率规定在 3000GHZ 以下的，作为一种自然物质供人们在生产、生活中利用、并作为所有权、使用客体为社会创造精神财富和物质财富的无线电磁波，它是一种人类共享的宝贵的自然资源。本罪在客观方面表现为违反国家规定，未经主管部门的批准而私自设置、使用无线电台（站）或者擅自占用无线电频率，经责令停止使用后拒不停止使用，干扰无线电通讯正常进行，造成严重后果的行为。严重后果，是指严重扰乱无线电通讯正常秩序，使无线电通讯无法正常进行的；使用无线电台（站）播放不健康和反动言论，造成严重政治影响的；曾因擅自设置、使用无线电台（站）或者擅自占用频率而受过处分又实施此类行为的，等等。本罪的主体包括自然人和单位，在主观方面表现为故意。根据《刑法》第 288 条的规定，犯本罪的，处 3 年以下有期徒刑、拘役或者管制，并处或者单处罚金。单位犯本罪的，对单位判处罚金，并对其直接负责的主管人员和其他直接责任人员，根据上述有关自然人犯本罪的规定处罚。

十八、聚众扰乱社会秩序罪

聚众扰乱社会秩序罪，是指聚众扰乱社会秩序，情节严重，致使工作、生产、营业和教学、科研无法进行，造成严重损失的行为。本罪侵犯的客体是国家机关、企业、事业单位、人民团体的正常活动秩序。犯罪对象是国家机关、企业、事业单位和人民团体。本罪在客观方面表现为聚众扰乱社会秩序，情节严重，致使工作、生产、营业和教学、科研无法进行，造成严重损失的行为。聚众，是指聚集3人以上。扰乱社会秩序，主要是指行为人采用各种非法手段干扰国家机关、企业、事业单位、人民团体正常活动的行为。情节严重，主要是指在一些机关、单位、团体门前或院内大肆喧嚣、哄闹时间长，纠合的人数多；强占或封锁企业、事业单位、团体的办公室、会议室、实验室、营业场所、生产车间或者其他工作场所；围攻甚至殴打有关部门的负责人及其工作人员，等等。对于情节轻微或者没有造成重大损失的群众性扰乱活动，不能认定为本罪；对于在聚众扰乱社会秩序活动中使用暴力造成人身伤亡或者毁坏财物等后果，触犯其他罪名的，应从一重罪处断。本罪的主体为聚众扰乱社会秩序的首要分子和其他积极参加的人员，一般参加者不能成为本罪的主体。根据《刑法》第290条第1款的规定，犯本罪的，对首要分子，处3年以上7年以下有期徒刑；对其他积极参加的，处3年以下有期徒刑、拘役、管制或者剥夺政治权利。

▶ 十九、聚众冲击国家机关罪

聚众冲击国家机关罪，是指聚众冲击国家机关，致使国家机关工作无法进行，造成严重损失的行为。本罪侵犯的客体是国家机关的正常工作秩序。犯罪对象是国家机关。其在客观方面表现为聚众冲击各级国家机关，致使国家机关工作无法进行，造成严重损失的行为。冲击国家机关，是指未经允许，擅自闯入国家机关起哄闹事，或强占办公室、会议室等工作场所。这里的严重损失，既包括因聚众冲击国家机关而直接造成的严重损失，如捣毁办公设施等；也包括因聚众冲击行为使国家机关工作无法进行而间接造成的损失。本罪的主体为聚众冲击国家机关的首要分子和其他积极参加的人员，一般参加的人员不能成为本罪的主体。此外应注意的是，本罪与聚众扰乱社会秩序罪的区别主要在于犯罪对象的不同，本罪仅限于国家机关。本罪与妨害公务罪都侵犯了国家机关的职权活动，其主要区别是，妨害公务罪侵犯的直接对象是各类国家工作人员，妨害的是各项具体的国家管理活动；本罪侵犯的直接对象是国家机关，妨害的是国家机关的整体的工作秩序。根据刑法第290条第2款的规定，犯本罪的，对首要分子，处5年以上10年以下有期徒刑；对其他积极参加的，处5年以下有期徒刑、拘役、管制或者剥夺政治权利。

▶ 二十、聚众扰乱公共场所秩序、交通秩序罪

聚众扰乱公共场所秩序、交通秩序罪，是指聚众扰乱车站、码头、民用航空站、商场、公园、影剧院、展览会、运动场或者其他公共场所秩序，聚众堵塞交通或者破坏交通秩序，抗拒、阻碍国家治安管理工作人员依法执行职务，情节严重的行为。本罪侵犯的客体是公共场所秩序和交通秩序。犯罪对象是公共场所。公共场所具有公共性的特点，凡为不特定多数人随时出入、停留使用的场所，均为公共场所。本罪在客观方面表

现为聚众扰乱公共场所秩序、聚众阻塞交通或破坏交通秩序，并且抗拒、阻碍国家治安管理工作人员依法执行职务的行为。聚众扰乱，就是指由首要分子组织、策划、领导、指挥，聚集纠合多人，破坏公共场所秩序，堵塞交通或破坏交通秩序，抗拒、阻碍国家治安管理工作人员依法执行职务。本罪的主体是聚众扰乱公共场所秩序、交通秩序的首要分子，其他参加人员不能构成本罪。情节严重，是指不听制止，坚持扰乱的；扰乱公共场所秩序或交通秩序，致建筑物损坏和公私财物损失的，殴打维持秩序的国家工作人员的，等等。根据《刑法》第 291 条的规定，犯本罪的，对首要分子处 5 年以下有期徒刑、拘役或者管制。

二十一、投放虚假危险物质罪

投放虚假危险物质罪，是指行为人明知是虚假的爆炸性、毒害性、放射性、传染病病原体等物质，故意投放的行为。本罪是《刑法修正案（三）》增加的罪名。本罪侵犯的客体是公共秩序。犯罪对象是虚假危险物质，即虚假的爆炸性、毒害性、放射性、传染病病原体等物质。虚假的危险物质，不具有危害公共安全的性质，即不危及人的生命健康和财产安全，但具有扰乱公共秩序的性质，即能够引起人们的恐慌、害怕，导致社会的混乱。本罪在客观方面表现为投放虚假危险物质的行为。投放，一般是指在公共场所或重要的建筑物放置虚假危险物质的行为。本罪的主体为一般主体，即年满 16 周岁且具有刑事责任能力的自然人。本罪在主观方面表现为故意，即行为人明知自己投放虚假危险物质的行为会引起人们恐慌，扰乱公共秩序的危害结果而对此持希望或放任态度。行为人的犯罪动机则多种多样，如寻求刺激，泄愤报复等。根据《刑法修正案（三）》第 8 条的规定，犯本罪的，处 5 年以下有期徒刑、拘役或者管制；造成严重后果的，处 5 年以上有期徒刑。

二十二、编造、故意传播虚假恐怖信息罪

编造、故意传播虚假恐怖信息罪，是指行为人编造爆炸威胁、生化威胁、放射威胁等恐怖信息，或者明知是编造的恐怖信息而故意传播，严重扰乱社会秩序的行为。本罪是《刑法修正案（三）》增加的罪名。本罪侵犯的客体是公共秩序。犯罪对象是虚假恐怖信息，即爆炸威胁、生化威胁、放射威胁等恐怖信息。恐怖信息，是指人的生命健康、财产安全即将遭受毁灭或严重威胁的信息。本罪在客观方面表现为编造爆炸威胁、生化威胁、放射威胁等恐怖信息，或者明知是编造的恐怖信息而故意传播，严重扰乱社会秩序的行为。编造，是指捏造，即不存在某种事实情况而说存在；传播，是指将信息扩散的行为，既可以是口头传播，也可以是邮寄、张贴、发表，或者在互联网上传播等。本罪为选择性罪名，只要行为人实施其中之一的行为就可构成本罪。本罪的犯罪主体为一般主体，即年满 16 周岁且具有刑事责任能力的自然人。本罪在主观方面表现为故意，即行为人明知编造或传播虚假的恐怖信息会引起社会恐慌，扰乱社会秩序的危害结果而对此持希望或放任的心理态度。行为人的犯罪动机则多种多样，如寻求刺激，泄愤报复等。根据《刑法修正案（三）》第 8 条的规定，犯本罪的，处 5 年以下有期

徒刑、拘役或者管制;造成严重后果的,处5年以上有期徒刑。

二十三、聚众斗殴罪

(一)聚众斗殴罪的概念和构成

聚众斗殴罪,是指基于不正当的目的,纠集众人结伙斗殴,破坏公共秩序的行为。

本罪构成特征:

(1)本罪侵犯的客体为公共秩序。这里的公共秩序,是指根据法律和社会公德确立的公共生活规则所维持的社会正常秩序,包括公共场所秩序和非公共场所秩序。对于本罪来说,其侵犯的直接客体与次同类客体相同。

(2)本罪在客观方面表现为纠集众人结伙斗殴的行为。第一,纠集众人的行为。这里的纠集众人是指纠集3人以上。只要一方的人数在3人以上就可以视为聚众,并不要求各方的人数都在3人以上。当然,如果各方人数都不在3人以上,比如一对一、二对一的情况,就不能认为是聚众。另外,聚众行为并不必然先于斗殴行为,在斗殴中也可形成聚众。例如,两人在互殴中均纠集同伙来帮忙,就形成聚众。第二,结伙斗殴的行为。结伙斗殴则是指两伙或两伙以上不法分子之间相互打斗。这种打斗是以暴力互相攻击,如果行为人仅仅用语言互相辱骂、威胁,不能认为是斗殴行为。虽然实践中这种行为往往造成多人身体伤害等严重后果,但构成本罪,只需要行为人实施了聚众斗殴的行为,并不要求发生其他严重后果。

(3)本罪的主体为一般主体,包括两种人,即聚众斗殴的首要分子和其他积极参加者。一般参加者不构成本罪。聚众斗殴的首要分子,是指在犯罪活动中起组织、策划、指挥作用的犯罪分子。其他积极参加者,主要指踊跃参与者和在斗殴中表现积极的人。

(4)本罪在主观方面表现为故意,过失不构成本罪。犯罪目的往往是基于报私仇、争夺霸主地位,以逞凶斗狠来寻求精神刺激或其他不正当目的。

(二)聚众斗殴罪的认定

1. 罪与非罪的界限

首先,是聚众斗殴罪与群众间因民事纠纷而发生的一般斗殴行为的界限。对于群众中因民事纠纷而发生的数人间相互打斗,没有发生严重后果,不能以本罪论处,只能按一般违法行为处理;即使发生了严重后果,也不构成本罪,应根据案件具体性质对其以其他有关犯罪论处。其次,本罪只对首要分子和其他积极参加的分子进行刑事处罚,对于一般参与者,且在斗殴中作用不大的从犯和被胁迫参加的人,不能以本罪追究刑事责任。

2. 此罪与彼罪的界限

(1)聚众斗殴罪与聚众扰乱社会秩序罪的界限。两罪在客观方面都表现为聚众,主体也一样,易于混淆。二罪的区别在于:一是犯罪动机不同。本罪犯罪动机大多是为了争霸一方、私仇宿怨和寻求精神刺激等,而聚众扰乱社会秩序罪的犯罪动机多是为了实现个人某种不合理要求。二是在犯罪方法上也有所不同。本罪的犯罪手段限于暴力，而聚众扰乱社会秩序罪的犯罪手段还可使用非暴力。三是成立犯罪对情节的要求不同，本罪不要求情节严重，而聚众扰乱社会秩序罪要求情节严重，必须致使工作、生产、营业和教学科研无法进行，造成严重损失，否则不构成犯罪。(2) 聚众斗殴罪与故意伤害罪、故意杀人罪的界限。聚众斗殴罪，以致人轻伤为限。如果斗殴行为发生了致人重伤、死亡的结果，根据《刑法》第292条的规定，则不再构成本罪，而应直接以故意伤害罪或故意杀人罪追究行为人的刑事责任。对于直接造成重伤、死亡结果的行为人和聚众斗殴的首要分子自然应以故意伤害罪或故意杀人罪论处，但对于其他积极参加者，应具体考察其主观方面，如果不存在共同伤害或杀人故意，仍应以聚众斗殴罪定罪。

(三) 聚众斗殴罪的刑事责任

根据《刑法》第292条的规定，对于聚众斗殴构成犯罪的首要分子和其他积极参加者处3年以下有期徒刑、拘役或者管制。对于多次聚众斗殴的；聚众斗殴人数多，规模大，社会影响恶劣的；在公共场所或者交通要道聚众斗殴，造成社会秩序严重混乱的；或者持械聚众斗殴的首要分子和其他积极参加者，处3年以上10年以下有期徒刑。多次聚众斗殴，一般是指3次以上；聚众斗殴人数多，规模大，社会影响恶劣，主要是指流氓团伙大规模打群架，在群众中造成很坏影响；在公共场所或者交通要道聚众斗殴，造成社会秩序严重混乱，主要是指在人群聚集的场所或者车辆、行人频繁通行的道路上聚众斗殴，造成公共场所秩序和交通秩序严重混乱；持械聚众斗殴，是指在犯罪活动中使用随身携带的凶器进行斗殴，或利用斗殴现场原有的器械斗殴，对受害人和周围群众的心理造成一种恐怖感，对公共秩序造成严重的威胁的情况。一般来讲，持械应当是指预先准备了斗殴的器械并在斗殴中实际使用了该器械。事先谋划利用斗殴现场器械进行斗殴的，也属于事先准备。未预先准备斗殴器械或者未谋划利用斗殴现场器械，仅个别成员私自携带或者利用现场器械斗殴的，不能视为持械斗殴。一方持械，另一方未持械的，未持械方不属于持械聚众斗殴。

二十四、寻衅滋事罪

(一) 寻衅滋事罪的概念和构成

寻衅滋事罪，是指出于不正当的目的，故意无理挑起事端，滋生是非，破坏社会秩序，情节严重的行为。《刑法修正案(八)》对该罪进行了修改，主要是提高了本罪的法定刑。

本罪构成特征：

(1) 本罪侵犯的客体是公共秩序。

(2) 本罪在客观上表现为无理挑起事端，滋生是非，破坏社会秩序，情节严重的行为。具体有以下四种情形：

第一，随意殴打他人，情节恶劣的。随意殴打他人，是指在耍威风、寻求精神刺激等流氓动机的支配下，无缘无故、毫无道理殴打他人。如行为人仅仅看见别人不顺自己的眼或者社会生活中微不足道的小事就对他人大打出手等。在行为人主观上存在一种违背一般道德观念的“强盗逻辑”,只要自己高兴,什么都能成为他打人的理由。当然,行为人主观上并没有重伤害和杀人的故意,只是想让对方受点皮肉之苦。这在行为手段表现上,就限于赤手空拳殴打他人或用棍棒、砖块、皮带等攻击性不强的器物打人。如果使用攻击性强的,如枪支、管制刀具等致人重伤、死亡的,就不能认为是寻衅滋事,而是构成故意伤害、杀人罪。对于随意殴打他人的结果,应以造成他人轻伤为限。情节恶劣,主要从行为的方式手段、结果、时间、地点以及行为人的一贯表现等方面来认定。实践中,主要指殴打他人致人身体伤害;殴打他人手段恶劣,如持械;多次殴打他人;随意殴打他人造成被殴打人自杀等严重后果或造成社会秩序严重混乱、群众心理严重不安等恶劣影响的情况。

第二,追逐、拦截、辱骂、恐吓他人,情节恶劣的。这是指行为人在寻求不正当的精神刺激等流氓动机支配下,毫无道理地追赶、拦截、侮辱、谩骂、恐吓他人。他人,是指不特定的他人,即行为人追逐、拦截、辱骂、恐吓他人不是事先确定目标,而是当时随意行事,包括男人和女人,一般多为女人。情节恶劣,是指严重影响他人正常工作,生产、生活,或者造成他人精神失常、自杀或者具有其他严重恶劣情节的。

第三,强拿硬要或者任意损毁、占用公私财物,情节严重的。强拿硬要,是指行为人基于蔑视公德、显示威风等心理,以蛮不讲理的流氓手段强行索要市场、商店或者他人的财物。任意损毁、占用公私财物,一般是指随心所欲毁坏、占用公私财物。这种行为人,在实践中,主要是指“村霸”、“乡霸”、“街霸”和“市霸”。情节严重,是指强拿硬要或者任意损毁、占用公私财物价值2000元以上,强拿硬要或者任意损毁、占用公私财物三次或者具有其他严重情节的。

第四,在公共场所起哄闹事,造成公共场所秩序严重混乱的。公共场所,是指车站、码头、飞机场、商场、公园、影剧院、运动场馆等社会公众聚集在一起进行公众性活动的场所。起哄闹事,是指基于取乐、发泄、寻求精神刺激等动机,在公共场所无事生非,制造事端,或者以小事为借口,造谣生事,扩大事态的发展,寻机闹事,扰乱公共场所秩序的行为。本行为还必须造成公共场所秩序严重混乱的结果,才构成本罪。

行为人只要具有上述四种情形之一的,即可构成本罪。

(3) 本罪的主体为一般主体,即年满16周岁,具有刑事责任能力的自然人。

(4) 本罪在主观上表现为故意,且仅限于直接故意。犯罪动机一般是出于逞强好胜,寻求精神刺激以填补精神空虚等。如果行为人出于某种特定的动机或目的,如基于某种个人的利害冲突,或是为了取得某种特定的物质利益等等,一般不构成本罪,但可能构成其他犯罪。

(二) 寻衅滋事罪的认定

1. 罪与非罪的界限

主要是本罪与一般寻衅滋事行为的界限。司法实践中,注意情节恶劣、情节严重或者造成公共场所秩序严重混乱等的认定。对于情节显著轻微,危害不大的,应按《治安管理处罚法》的有关规定处理。

2. 此罪与彼罪的界限

(1) 本罪与故意伤害罪、故意杀人罪的界限。两罪都是对他人人身进行攻击，在客观方面存在相似之处。二者的区别在于：一是犯罪主观方面不同。本罪行为人具有流氓动机，并无明确、具体的伤害、杀人的故意；而故意伤害罪和故意杀人罪的行为人不是基于流氓动机，而是出于伤害、杀人故意。二是在客观方面也有不同之处。本罪由于是出于流氓动机，在行为手段以及打击部位与故意伤害罪和故意杀人罪不同，表现轻缓些。对于随意殴打他人的寻衅滋事行为造成他人重伤、死亡的，应以故意伤害罪、故意杀人罪论处。如果二人以上寻衅滋事致人重伤、死亡的，要查看主观上是否具有故意，存在共同伤害或杀人故意，均按照故意伤害罪或故意杀人罪定罪，否则，对不存在故意伤害或杀人的行为人，仍按寻衅滋事罪定罪。

(2) 本罪与抢劫罪、抢夺罪、故意毁坏财物罪的界限。本罪与这三个罪在客观方面有相似之处，区别的关键在于主观上是否具有流氓动机。本罪行为人主观上具有逞强好胜和通过强拿硬要来填补其精神空虚等目的，而后者行为人一般只具有非法占有他人财物的目的。司法实践中，对于未成年人使用或威胁使用轻微暴力强抢少量财物的行为，一般不宜以抢劫罪定罪处罚。其行为符合寻衅滋事罪特征的，可以本罪处罚。

(三) 寻衅滋事罪的刑事责任

根据《刑法修正案(八)》对《刑法》第 293 条的修正，犯本罪的，处 5 年以下有期徒刑、拘役或者管制。纠集他人多次实施前款行为，严重破坏社会秩序的，处 5 年以上 10 年以下有期徒刑，可以并处罚金。另外，根据 2003 年 5 月 15 日起施行的最高人民法院、最高人民检察院《关于办理妨害预防、控制突发传染病疫情等灾害的刑事案件具体应用法律若干问题的解释》第 11 条规定，在预防、控制突发传染病疫情等灾害期间，强拿硬要或者任意损毁、占用公私财物情节严重，或者在公共场所起哄闹事，造成公共场所秩序严重混乱的，以本罪定罪，从重处罚。

二十五、组织、领导、参加黑社会性质组织罪

(一) 组织、领导、参加黑社会性质组织罪的概念和构成

组织、领导、参加黑社会性质组织罪是指组织、领导、参加黑社会性质组织的行为。《刑法修正案(八)》对该罪进行了修改，主要是明确规定了黑社会性质组织的特征，提高了本罪的法定刑。

本罪构成特征：

(1) 本罪侵犯的客体是社会生活秩序。

(2) 本罪在客观方面表现为组织、领导、参加黑社会性质组织的行为。黑社会性质的组织应当同时具备以下特征：第一，形成较稳定的犯罪组织，人数较多，有明确的组织者、领导者，骨干成员基本固定；第二，有组织地通过违法犯罪活动或者其他手段获取经济利益，具有一定的经济实力，以支持该组织的活动；第三，以暴力、威胁或者其他手段，有组织地多次进行违法犯罪活动，为非作恶，欺压、残害群众；第四，通过实施违法犯罪活动，或者利用国家工作人员的包庇或者纵容，称霸一方，在一定区域或者行

业内,形成非法控制或者重大影响,严重破坏经济、社会生活秩序。

组织黑社会性质组织,是指倡导、发起、组建黑社会性质组织,其具体方式如:劝说、引诱、介绍他人参加黑社会性质组织,以威胁、恐吓、要挟等方法,强迫他人违背意愿加入这种组织,等等;领导黑社会性质组织,是指在这种组织中居于领导地位,对其活动起着策划、决策、指挥、协调作用等情形;参加黑社会性质组织,则是指明知是这种性质的组织而仍予加入的情形。

本罪系选择性罪状,即只要行为人实施了组织、领导、参加黑社会性质组织行为之一的,便可构成本罪;同时实施其中两种以上行为的,也只以一罪论处。在犯罪形态上,本罪属于行为犯,只要实施了组织、领导、参加黑社会性质组织的行为,即成立犯罪既遂。

(3) 本罪的主体为一般主体,凡已满16周岁具有刑事责任能力的人均能成为本罪的主体。

(4) 本罪在主观方面表现为故意,即明知是黑社会性质组织而决意组织、领导或者参加。对于因不了解情况而误入黑社会性质组织,知情后及时退出的,不应认定为本罪。但如果参加时虽不知是黑社会性质组织,而了解真相后仍不肯退出,则应视为具备了本罪的主观要件。

(二) 组织、领导、参加黑社会性质组织罪的认定

1. 罪与非罪的界限

司法实践中,应注意的是,对于参加黑社会性质组织,没有实施其他违法犯罪活动的,或者受蒙蔽、胁迫参加黑社会性质组织,情节轻微的,可以不作为犯罪处理。

2. 此罪与彼罪的界限

(1) 黑社会性质组织同恐怖活动组织的界限。二者都是犯罪组织,在组织性、行为方式上有相似之处,二者的区别在于:一是二者进行违法犯罪活动所采取的手段和犯罪领域不同。恐怖活动组织的犯罪仅限于暴力性犯罪,如爆炸、放火、投放危险物质、劫持、绑架、杀人等,对社会公共安全构成威胁,发泄对政府和社会的不满,制造令公众恐惧不安的暴力事件;而黑社会性质组织除使用暴力外,还采用威胁、欺骗、腐蚀等各种手段,涉及走私、贩毒、诈骗、敲诈勒索、组织卖淫、开设赌场、非法移民等各种违法犯罪活动。二是犯罪目的不同。黑社会性质组织主要是贪图经济和社会利益,而恐怖组织则主要是为了政治目的。实践中,有些黑社会性质组织也涉及政治目的,但其最终追求的是经济利益;而有些恐怖组织也涉及经济利益,但最终目的还是政治利益。

(2) 黑社会性质组织与普通犯罪集团的界限。从一般意义上讲,犯罪集团包括黑社会性质组织,黑社会性质组织是一种特殊的犯罪集团。这里主要讲黑社会性质组织与普通犯罪集团的区别。一是目的不完全相同。黑社会性质组织多以获取非法的经济、社会利益为目的;普通刑事犯罪集团除了追求非法的经济利益外,还往往具有通过犯罪寻求寄托、满足精神刺激方面的目的。二是组织程度不同。黑社会性质组织比普通刑事犯罪集团具有更严密的组织结构和更严格的组织戒律。黑社会性质组织有明确的宗旨和目标,有统一的犯罪规划和步骤,其内部自成系统,等级森严,结构紧密,对

成员的控制能力强。三是犯罪手段和涉及的犯罪的领域不同。黑社会性质组织除使用暴力外,还采用威胁、欺骗、腐蚀等各种手段,涉及走私、贩毒、诈骗、敲诈勒索、组织卖淫、开设赌场等各种违法犯罪活动,具有更为巨大的社会危害性。而普通犯罪集团的犯罪手段单一,往往根据所实施的具体犯罪来确定一种犯罪手段,而且通常他们所实施的犯罪也只是一种,如诈骗集团、盗窃集团等。四是保护网不同。黑社会性质组织往往通过暴力、威胁、物质利诱、金钱收买、美色勾引等手段渗透到党、政、司法部门等各行各业,建立其强大的保护网,而普通刑事犯罪集团则一般没有保护网。五是组织、领导、参加黑社会性质组织的行为本身即成立犯罪,而不要求行为人事实上从事了某种犯罪活动;但是组织、领导、参加普通犯罪集团的行为本身并不成立犯罪。

3. 一罪与数罪的界限

行为人组织、领导、参加黑社会性质组织后又实施了其他的犯罪行为的,按照刑法规定,应数罪并罚。黑社会性质组织的组织者、领导者,应当按照其所组织、领导的黑社会性质组织所犯的全部罪行处罚;对于黑社会性质组织的参加者,应当按照其所参与的犯罪处罚。

(三) 组织、领导、参加黑社会性质组织罪的刑事责任

根据《刑法修正案(八)》对《刑法》第 294 条第 1 款的修正,组织、领导黑社会性质的组织的,处 7 年以上有期徒刑,并处没收财产;积极参加的,处 3 年以上 7 年以下有期徒刑,可以并处罚金或者没收财产;其他参加的,处 3 年以下有期徒刑、拘役、管制或者剥夺政治权利,可以并处罚金。另外,国家机关工作人员组织、领导、参加黑社会性质组织的,从重处罚。

二十六、入境发展黑社会组织罪

入境发展黑社会组织罪,是指境外的黑社会组织的人员进入中华人民共和国境内发展组织成员的行为。本罪侵犯的客体是社会治安管理秩序。本罪在客观方面表现为到中华人民共和国境内发展境外黑社会组织成员的行为。发展黑社会组织成员,是指将境内、外人员吸收为黑社会组织成员的行为,也即以鼓动、劝说、怂恿、欺骗、引诱等手段使他人参加黑社会组织,甚至以暴力、威胁手段强迫他人参加黑社会组织的行为。另外,对黑社会组织成员进行内部调整等行为,可视为"发展组织成员"。发展的对象不限于中国公民,还包括外国公民以及无国籍人。本罪的主体是境外的黑社会组织的成员,但并不限于外国人、无国籍人,也包括中国公民。对于港、澳、台黑社会组织到内地发展组织成员的,也构成本罪。黑社会组织,是指人数众多,组织严密,分工明确,人员稳定,具有核心人物,有特定行为规范和逃避法律制裁的防护体系,为获取巨额经济利益和其他利益而使用暴力、恐吓、腐蚀及其他非法手段进行集团性犯罪的犯罪组织。黑社会组织是黑社会性质组织的高级形态。境外的黑社会组织成员,是指正式参加境外黑社会组织的人员。本罪在主观方面表现为故意,且只能是直接故意。即行为人明知发展黑社会组织的行为会造成危害社会的结果,但却希望该结果的发生。根据《刑法修正案(八)》对《刑法》第 294 条第 2 款、第 4 款的修正,犯本罪的,处 3 年以

上10年以下有期徒刑。犯本罪又有其他犯罪行为的,数罪并罚。

二十七、包庇、纵容黑社会性质组织罪

包庇、纵容黑社会性质组织罪,是指国家机关工作人员包庇黑社会性质的组织,或者纵容黑社会性质的组织进行违法犯罪活动的行为。本罪侵犯的客体是社会治安管理秩序。本罪在客观方面表现为包庇黑社会性质的组织,或者纵容黑社会性质组织进行违法活动的行为。包庇,是指国家机关工作人员为使黑社会性质组织及其成员逃避查禁,而通风报信,隐匿、毁灭、伪造证据,阻止他人作证、检举揭发,指使他人作伪证,帮助逃匿,或者阻挠其他国家机关工作人员依法查禁等行为。纵容,是指国家机关工作人员不依法履行职责,放纵黑社会性质组织进行违法犯罪活动的行为。包庇与纵容是不同的两种行为,二者的主要区别在于:前者一般是一种积极的行为,后者一般是消极的不作为行为。前者是国家机关工作人员滥用职权的行为,后者是国家机关工作人员玩忽职守的行为。本罪的主体为特殊主体,即只能是国家机关工作人员。本罪在主观方面表现为故意,即行为人明知包庇、纵容黑社会性质组织的行为会发生危害社会的结果,仍希望或放任这一危害结果的发生。根据《刑法修正案(八)》修正后的《刑法》第294条第3款的规定,犯本罪的,处5年以下有期徒刑;情节严重的,处5年以上有期徒刑。情节严重,根据2000年最高人民法院《关于审理黑社会性质组织犯罪的案件具体应用法律若干问题的解释》的规定,是指:包庇、纵容黑社会性质组织跨境实施违法犯罪活动的;包庇、纵容境外黑社会性质组织在境内实施违法犯罪活动的;多次实施包庇、纵容行为的;致使某一地区或者行业的经济、社会生活秩序遭到黑社会性质组织特别严重破坏的;致使黑社会性质组织的组织者、领导者逃匿,或者致使对黑社会性质组织的查禁工作严重受阻的,以及具有其他严重情节的。

二十八、传授犯罪方法罪

传授犯罪方法罪,是指用语言、文字、动作或其他方式,故意向他人传授犯罪方法的行为。《刑法修正案(八)》对该罪进行了修改,主要是修改了法定刑,取消了死刑。本罪侵犯的客体是社会治安管理秩序。犯罪对象是自然人。这里的自然人既可以是达到刑事责任年龄、具有刑事责任能力的人,也可以是未达到刑事责任年龄,不具有刑事责任能力的人。本罪在客观方面表现为用语言、文字、动作或其他方式,故意向他人传授犯罪方法的行为。犯罪方法,是指犯罪经验和技能。传授,是指讲解、示范、表演,可以是秘密进行,也可以是公开进行,可以是直接传授,也可以是间接传授。本罪的成立不要求被传授者学会犯罪方法,也不要求被传授者实施被传授的犯罪行为。本罪属于行为犯,只要实施了向他人传授犯罪方法,就可以构成本罪。本罪的主体为一般主体,但实践中往往是那些有犯罪经验的累犯、再犯和惯犯。本罪在主观方面表现为故意,且是直接故意。司法实践中,应注意本罪与教唆犯的区别。传授犯罪方法罪是一个独立的罪名,由刑法分则规定,而教唆犯是共犯,由刑法总则规定。另外,教唆犯是教唆他人实施犯罪,教唆的对象必须是具有刑事责任能力的人,而传授犯罪方法罪的

行为人传授的是犯罪方法，并不教唆他人实施犯罪，其传授的对象并不限于具有刑事责任能力的人。传授犯罪方法罪本身也存在教唆犯。对于教唆他人实施犯罪而又传授犯罪方法的，应从一重罪处断。根据《刑法修正案(八)》对《刑法》第 295 条的修正，犯本罪的，处 5 年以下有期徒刑、拘役或者管制；情节严重的，处 5 年以上 10 年以下有期徒刑；情节特别严重的，处 10 年以上有期徒刑或者无期徒刑。

▶ 二十九、非法集会、游行、示威罪

非法集会、游行、示威罪，是指举行集会、游行、示威，未根据法律规定申请或者申请未获许可，或者未按照主管机关许可的起止时间、地点、路线进行，又拒不服从解散命令，严重破坏社会秩序的行为。本罪侵犯的客体是国家对集会、游行、示威的管理秩序。本罪在客观方面表现为三个方面：(1) 非法举行集会、游行、示威。其行为方式有三种：一是未根据法律规定申请而举行。根据《集会游行示威法》的规定，集会、游行、示威必须向公安机关提出申请，否则即为非法。二是申请未获许可而举行。三是虽然申请获得许可，但未按照主管机关许可的起止时间、地点、路线进行。主管机关，是指集会、游行、示威举行地的市、县公安局、城市公安分局；游行、示威路线经过两个以上区县的，主管机关为所经过区、县的公安机关的共同上一级公安机关。(2) 拒不服从解散命令。这是指非法举行的集会、游行、示威，主管机关依法发出解散命令，但其拒不服从命令仍予以进行。(3) 严重破坏社会秩序。严重破坏社会秩序，是指造成社会秩序、交通秩序混乱，致使生产、工作、生活和教学科研无法正常进行。本罪的主体为集会、游行、示威的负责人和直接责任人员。本罪在主观方面表现为故意，即行为人明知非法集会、游行、示威会严重破坏社会秩序却仍予以举行且拒不解散。对于行为人在实施本罪过程中，有抢劫、毁坏公私财物、伤害或者杀害他人的，应数罪并罚。根据《刑法》第 296 条的规定，犯本罪的，处 5 年以下有期徒刑、拘役、管制或者剥夺政治权利。

▶ 三十、非法携带武器、管制刀具、爆炸物参加集会、游行、示威罪

非法携带武器、管制刀具、爆炸物参加集会、游行、示威罪，是指违反法律规定，在参加集会、游行、示威时携带武器、管制刀具或者爆炸物的行为。本罪侵犯的客体是国家对集会、游行、示威的管理秩序和公共安全。本罪在客观方面表现为违反法律规定，在参加集会、游行、示威时携带武器、管制刀具或者爆炸物的行为。携带，一般是指随身携带，但也可以包括利用他人身份、运输工具夹带，既可以是秘密携带，也可以是公开携带。这里的集会、游行、示威既可以是合法的，也可以是非法的。本罪的主体为一般主体，在主观方面表现为故意，即明知禁止携带武器、管制刀具、爆炸物参加集会、游行、示威而予以携带的。对于行为人不知是武器、管制刀具和爆炸物而携带的，不构成本罪。如果在非法集会、游行、示威时，集会、游行、示威的负责人和直接责任人员携带武器、管制刀具、爆炸物参加集会、游行、示威的，应数罪并罚。对于携带自己事前非法持有、私藏的枪支、弹药参加集会、游行、示威的，也应按本罪和非法持有、私藏枪支、弹药罪进行数罪并罚。根据《刑法》第 297 条的规定，犯本罪的，处 3 年以下有期徒刑、拘

役、管制或者剥夺政治权利。

▶ 三十一、破坏集会、游行、示威罪

破坏集会、游行、示威罪，是指扰乱、冲击或者以其他方法破坏依法举行的集会、游行、示威，造成公共秩序混乱的行为。本罪侵犯的客体是公民依法享有的集会、游行、示威权和公共秩序。本罪在客观方面表现为扰乱、冲击或者以其他方法破坏依法举行的集会、游行、示威，造成公共秩序混乱的行为。本罪的方法，并不限于扰乱、冲击的方法，不管用什么方法破坏依法举行的集会、游行、示威活动，只要因此而造成公共秩序混乱结果的，就应构成本罪。公共秩序，是指通过一定社会结构中人们必须共同遵守的生活规则来维持的公共生活有条不紊的状态。其主要包括国家机关、企事业单位、人民团体的工作秩序、生产秩序、营业秩序、教学科研秩序、公共场所秩序、交通秩序，等等。本罪的主体为一般主体，在主观方面表现为故意，即行为人明知自己破坏合法集会、游行、示威会造成公共秩序混乱但希望或者放任此种结果发生的心态。司法实践中，对于行为人采取暴力，如爆炸、杀人等破坏集会、游行、示威的，构成想象竞合犯，应从一重罪处断。如果行为人为破坏合法集会、游行、示威而携带武器、管制刀具、弹药参加集会、游行、示威，并破坏而造成公共秩序混乱的，构成牵连犯，应从一重罪处断。根据《刑法》第 298 条的规定，犯本罪的，处 5 年以下有期徒刑、拘役、管制或者剥夺政治权利。

▶ 三十二、侮辱国旗、国徽罪

侮辱国旗、国徽罪，是指在公众场合故意以焚烧、损毁、涂划、玷污、践踏等方式侮辱中华人民共和国国旗、国徽的行为。本罪侵犯的客体是中华人民共和国的尊严。犯罪对象是国旗、国徽。国旗、国徽是国家的象征和标志，代表着国家的主权、形象。我国的国旗是五星红旗。我国的国徽，中间是五星照耀下的天安门，周围是谷穗和齿轮。本罪在客观方面表现为在公众场合故意以焚烧、损毁、涂划、玷污、践踏等方式侮辱中华人民共和国国旗、国徽的行为。焚烧，是指用火或其他手段燃烧、烧毁国旗、国徽的行为。损毁，是指用焚烧以外的其他方法破坏国旗、国徽的行为。涂划，是指用各种颜料在国旗、国徽上涂抹、书写，如在国旗上书写不满言论等。玷污，是指用污物涂抹国旗、国徽，如用粪便涂抹国旗等。践踏，是指将国旗、国徽置于地上，用脚、车轮或动物在上面踩踏，以显示对国旗、国徽的藐视。公共场合，是指在大庭广众之下。本罪的主体为一般主体，在主观方面表现为故意，且是直接故意。根据《刑法》第 299 条的规定，犯本罪的，处 3 年以下有期徒刑、拘役、管制或者剥夺政治权利。

▶ 三十三、组织、利用会道门、邪教组织、利用迷信破坏法律实施罪

组织、利用会道门、邪教组织、利用迷信破坏法律实施罪，是指组织和利用会道门、邪教组织或者利用迷信破坏国家法律、行政法规实施的行为。本罪侵犯的客体是国家法律实施秩序。本罪在客观方面表现为组织和利用会道门、邪教组织或者利用迷信破

坏国家法律、行政法规实施的行为。会道门，是指一贯道、九宫道、先天道、后天道等封建迷信组织。邪教组织，是指冒用宗教、气功或者其他名义建立，神化首要分子，利用制造、散布迷信邪说等手段蛊惑、蒙骗他人，发展、控制成员，危害社会的非法组织。根据最高人民法院、最高人民检察院1999年的《关于办理组织和利用邪教组织犯罪案件具体应用法律若干问题的解释（一）》的规定，组织和利用邪教组织并具有下列情形之一的，依照《刑法》第300条第1款的规定定罪处罚：(1) 聚众围攻、冲击国家机关、企业事业单位，扰乱国家机关、企业事业单位的工作、生产、经营、教学和科研秩序的；(2) 非法举行集会、游行、示威，煽动、欺骗、组织其成员或者其他人聚众围攻、冲击、强占、哄闹公共场所及宗教活动场所，扰乱社会秩序的；(3) 抗拒有关部门取缔或者已经被有关部门取缔，又恢复或者另行建立邪教组织，或者继续进行邪教活动的；(4) 煽动、欺骗、组织其成员或者其他人不履行法定义务，情节严重的；(5) 出版、印刷、复制、发行宣扬邪教内容出版物，以及印制邪教组织标识的；(6) 其他破坏国家法律、行政法规实施行为的。

另外，根据最高人民法院、最高人民检察院2001年《关于办理组织和利用邪教组织犯罪案件具体应用法律若干问题的解释（二）》的规定：传播邪教宣传品，宣扬邪教，破坏法律、行政法规实施，具有下列情形之一的，依照《刑法》第300条第1款的规定，以组织、利用邪教组织破坏法律实施罪定罪处罚：(1) 制作、传播邪教传单、图片、标语、报纸300份以上，书刊100册以上，光盘100张以上，录音、录像带100盒以上的；(2) 制作、传播宣扬邪教的DVD、VCD、CD母盘的；(3) 利用互联网制作、传播邪教组织信息的；(4) 在公共场所悬挂横幅、条幅，或者以书写、喷涂标语等方式宣扬邪教，造成严重社会影响的；(5) 因制作、传播邪教宣传品受过刑事处罚或者行政处罚又制作、传播的；(6) 其他制作、传播邪教宣传品，情节严重的。邪教组织被取缔后，仍聚集滋事、公开进行邪教活动，或者聚众冲击国家机关、新闻机构等单位，人数达到20人以上的，或者虽未达到20人，但具有其他严重情节的，对于组织者、策划者、指挥者和屡教不改的积极参加者，以组织、利用邪教组织破坏法律实施罪定罪处罚。为组织、策划邪教组织人员聚集滋事、公开进行邪教活动而进行聚会、串联等活动，对于组织者、策划者、指挥者和屡教不改的积极参加者，以本罪定罪处罚。

根据《刑法》第300条第1款的规定，犯本罪的，处3年以上7年以下有期徒刑；情节特别严重的，处7年以上有期徒刑。根据“两高”1999年的司法解释，实施前款所列行为，并具有下列情形之一的，属于“情节特别严重”：(1) 跨省、自治区、直辖市建立组织机构或者发展成员的；(2) 勾结境外机构、组织、人员进行邪教活动的；(3) 出版、印刷、复制、发行宣扬邪教内容出版物以及印制邪教组织标识，数量或者数额巨大的；(4) 煽动、欺骗、组织其成员或者其他人破坏国家法律、行政法规实施，造成严重后果的。“两高”2001年的补充解释规定，制作、传播邪教宣传品数量达到定罪标准五倍以上，或者虽未达到五倍，但造成特别严重社会危害的，属于“情节特别严重”。

三十四、组织、利用会道门、邪教组织、利用迷信致人死亡罪

组织、利用会道门、邪教组织、利用迷信致人死亡罪，是指组织和利用会道门、邪教

组织或者利用迷信蒙骗他人,致人死亡的行为。本罪侵犯的客体是社会治安管理秩序和公民的生命权。本罪在客观方面表现为组织和利用会道门、邪教组织或者利用迷信蒙骗他人,致人死亡的行为。这里的蒙骗致人死亡,根据“两高”1999年《关于办理组织和利用邪教组织犯罪案件具体应用法律若干问题的解释》的规定,是指组织和利用会道门、邪教组织或者利用迷信制造、散布邪说,蒙骗其成员或其他人实施绝食、自残、自虐等行为或者阻止病人进行正常的治疗,致人死亡的情形。本罪的主体为一般主体,在主观方面表现为过失。对于组织、策划、煽动、教唆、帮助邪教组织人员自杀、自残的,以故意杀人罪或者故意伤害罪定罪处罚。根据《刑法》第300条的规定,犯本罪的,处3年以上7年以下有期徒刑;情节特别严重的,处7年以上有期徒刑。情节特别严重,根据上述司法解释,是指:(1)造成3人以上死亡的;(2)造成死亡人数不满3人,但造成多人重伤的;(3)曾因会道门、邪教活动受过刑事或者行政处罚,又组织和利用会道门、邪教组织蒙骗他人,致人死亡的;(4)造成其他特别严重后果的。

三十五、聚众淫乱罪

聚众淫乱罪,是指聚集多人进行淫乱活动的行为。本罪侵犯的客体是社会风尚。本罪在客观方面表现为两个方面:一是聚众,即指聚集3名以上的人员。二是进行淫乱活动。淫乱,是指进行异性之间或同性之间的违背道德的性关系,除性交外,还包括其他以满足性欲为目的的各种性刺激,如手淫、口淫、肛交等等。聚众淫乱,一般具有目的的明确性、地点时间的同一性和自愿性等特点。本罪的主体为一般主体,但仅限于聚众淫乱的首要分子和多次参加者。首要分子,是指在聚众淫乱活动中起组织、策划、指挥作用的犯罪分子。多次,是指3次以上。本罪在主观方面表现为故意,且是直接故意。犯罪目的通常是满足下流无耻的精神刺激,填补精神空虚。根据2008年最高人民检察院、公安部《关于公安机关管辖的刑事案件立案追诉标准的规定(一)》第41条的规定,组织、策划、指挥三人以上进行淫乱活动或者参加聚众淫乱活动三次以上的,应予立案追诉。本罪的成立要求行为人的自愿性,如果行为人在聚众淫乱中,违背妇女意志,采取暴力、胁迫或其他强制手段强行与妇女发生性关系或强制猥亵妇女的,则构成强奸罪或强制猥亵妇女罪;如果行为人还是聚众淫乱的首要分子或多次参加者,则应以本罪和强奸罪或强制猥亵妇女罪进行数罪并罚。根据《刑法》第301条第1款的规定,犯本罪的,对首要分子或者多次参加的,处5年以下有期徒刑、拘役或者管制。

三十六、引诱未成年人聚众淫乱罪

引诱未成年人聚众淫乱罪,是指用各种手段诱使未成年人参加聚众淫乱活动的行为。本罪侵犯的客体是社会风尚和未成年人身心健康。犯罪对象是未成年人。未成年人,是指不满18周岁的人。本罪在客观方面表现为引诱未成年人参加聚众淫乱活动的行为。引诱,是指采取各种手段,如观看黄色下流的录像,宣讲性体验、性感受甚至直接进行性表演等方法刺激、拉拢、腐蚀、勾引未成年人参加聚众淫乱活动。本罪的主体为一般主体,在主观方面表现为故意,即明知是未成年人而引诱其参加聚众淫乱活动的心态。根据《刑法》第 301 条第 2 款的规定,犯本罪的,根据聚众淫乱罪的法定刑从重处罚。

三十七、盗窃、侮辱尸体罪

盗窃、侮辱尸体罪,是指以秘密方法窃取他人尸体或公然侮辱他人尸体的行为。本罪侵犯的客体是社会风尚。犯罪对象是尸体。本罪在客观方面表现为盗窃、侮辱尸体的行为。盗窃尸体,是指行为人以非法占有为目的,秘密窃取尸体的行为;侮辱尸体,是指行为人公然采取损毁、刻画、玷污、践踏、殴打、奸淫已逝去之人的身体或以言词、文字等方法公然贬低已死之人的人格,破坏其名誉,损伤其尊严的行为。根据《刑法修正案(八)》第 37 条第 3 款的规定,违背本人生前意愿摘取其尸体器官,或者本人生前未表示同意,违反国家规定,违背其近亲属意愿摘取其尸体器官的,依照本罪处理。本罪是选择性罪名,只要实施盗窃或侮辱行为之一的,即构成本罪。本罪的主体为一般主体,在主观方面表现为故意。行为人动机如何,不影响本罪的成立。根据《刑法》第 302 条的规定,犯本罪的,处 3 年以下有期徒刑、拘役或者管制。

三十八、赌博罪

赌博罪,是指以营利为目的,聚众赌博或者以赌博为业的行为。本罪侵犯的客体是社会风尚。本罪在客观方面表现为:一是聚众赌博行为。聚众赌博,是指召集不特定多数人参与赌博,召集人本人也参与赌博。二是以赌博为业。这里是指嗜赌成性,以赌博为常业,把赌博所得作为生活的主要来源,或者虽然有正当谋生手段,但以赌博为兼业,长期在业余时间从事赌博。本罪属于选择性罪状,行为人只要实施了其中一种行为就可构成本罪。本罪的主体为一般主体,凡年满 16 周岁,具备刑事责任能力的人都可以成为本罪主体。本罪在主观方面表现为故意,并具有营利目的,但此目的是否实现则不影响本罪的成立。根据 2008 年最高人民检察院、公安部《关于公安机关管辖的刑事案件立案追诉标准的规定(一)》第 43 条的规定,以营利为目的,聚众赌博,涉嫌下列情形之一的,应予立案追诉:(1) 组织三人以上赌博,抽头渔利数额累计 5000 元以上的;(2) 组织三人以上赌博,赌资数额累计 5 万元以上;(3) 组织三人以上赌博,参赌人数累计 20 人以上的;(4) 组织中华人民共和国公民 10 人以上赴境外赌博,从中收取回扣、介绍费的;(5) 其他聚众赌博应予追究刑事责任的情形。以营利为目的,以赌博为业的,应予立案追诉。不以营利为目的,进行带有少量财物输赢的娱乐活动,以及提供棋牌室等娱乐场所只收取正常的场所和服务费用的经营行为等,不以赌博论处。明知他人实施赌博犯罪活动,而为其提供资金、计算机网络、通讯、费用结算等直接帮助的,以赌博罪的共犯论处。司法实践中,对于以赌博为名,在赌博中弄虚作假、暗中串通,操纵赌博输赢并以此占有被骗者财物的,构成诈骗罪;对于为赌博而盗窃、贪污、挪用公款的,构成牵连犯,应从一重罪处断。根据《刑法》第 303 条第 1 款的规定,犯本罪的,处 3 年以下有期徒刑、拘役或者管制,并处罚金。

三十九、开设赌场罪

开设赌场罪,是指为赌博提供场所设定赌博方式,提供赌具、筹码、资金等组织赌博的行为。本罪侵犯的客体是社会主义的社会风尚。本罪在客观万面表现为开设赌场行为。所谓开设赌场,是指提供赌博的场所及用具,供他人在其中进行赌博,本人从中营利的行为。以营利为目的,在计算机网络上建立赌博网站,或者为赌博网站担任代理,接受投注的,属于"开设赌场"。开设赌场营利包括两种方式:其一,是开设赌场者不直接参加赌博,以收取场地、用具使用费或抽头获利;其二,是开设赌场直接参加赌博,如设置游戏机、吃角子老虎等赌博机器或者雇用人员与顾客赌博等。本罪的主体为一般主体,但只有"开设赌场"的人,即赌场老板或合伙开办经营赌场者才应构成犯罪,普通雇员不属于开设赌场的人。本罪在主观方面表现为故意。根据《刑法修正案(六)》修正后的《刑法》第303条第2款的规定,犯本罪的,处3年以下有期徒刑、拘役或者管制,并处罚金;情节严重的,处3年以上10年以下有期徒刑,并处罚金。

四十、故意延误投递邮件罪

故意延误投递邮件罪,是指邮政工作人员严重不负责任,故意延误投递邮件,致使公共财产、国家和人民利益遭受重大损失的行为。本罪侵犯的客体是国家对邮政的管理秩序。犯罪对象是邮件。邮件,是指通过邮政企业邮递的信件、印刷品、邮包、汇款通知、报刊等。本罪在客观方面须具备三个条件:一是严重不负责任。这里是指邮政工作人员违反国家法律赋予的职责,工作草率,对邮件漠然置之,不尽职责等。二是延误投递邮件。这里是指,邮政工作人员对应当按期投递的邮件,有条件投递而故意拖延、耽误邮件的分发、递送,不按照邮政主管部门规定的时限投递邮件。只要没有按期投递,就为延误,不论延误时间的长短。三是致使公共财产、国家和人民的利益遭受重大损失。这是结果要件。"重大损失"的标准是指下列情形之一:(1)造成直接经济损失2万元以上的;(2)延误高校录取通知书或者其他重要邮件投递,致使他人失去高校录取资格或者造成其他无法挽回的重大损失的;(3)严重损害国家声誉或者造成其他恶劣社会影响的;(4)其他致使公共财产、国家和人民利益遭受重大损失的情形。本罪的主体为特殊主体,即邮政工作人员。邮政工作人员,是指邮政企业及其分支机构的工作人员,包括邮政部门的领导、营业员、分拣员、投递员、接发员、押运员、接站员、搬运员等。对于邮政企业根据需要委托其他单位或个人代办邮政企业专营业务的代办员,办理邮政业务时,也视为邮政工作人员。本罪在主观方面表现为故意,过失不能构成本罪。根据《刑法》第304条的规定,犯本罪的,处2年以下有期徒刑或者拘役。

第三节　妨害司法罪

一、伪证罪

(一) 伪证罪的概念和构成

伪证罪,是指在刑事诉讼中,证人、鉴定人、记录人、翻译人对与案件有重要关系的情节,故意作虚假证明、鉴定、记录、翻译,意图陷害他人或者隐匿罪证的行为。

本罪构成特征:

(1) 本罪侵犯的客体是司法机关正常的刑事司法活动。也有观点认为本罪侵犯的客体是复杂客体,还包括公民的人身权利。实际上,犯罪客体是犯罪行为必然要侵犯的社会关系,就本罪而言,公民的人身权利只有在行为人意图陷害他人时才侵犯,如果行为人为有罪之人开脱罪责,则就没有侵犯他人人身权利。因此,公民的人身权利不是本罪的客体。

(2) 本罪在客观方面表现为在刑事诉讼中,对与案件有重要关系的情节,作了虚假的证明、鉴定、记录和翻译。具体来讲,本罪在客观方面包括三个要素:一是伪证行为必须发生在刑事诉讼过程中。"在刑事诉讼过程中",包括从刑事案件的立案、侦查、起诉到审判,包括公安、国家安全、检察等机关立案侦查,检察机关审查起诉,直至人民法院一、二审、再审审理和判决的全过程。二是行为人必须有作虚假的证明、鉴定、记录、翻译的行为。"虚假",是指无中生有,虚构、伪造犯罪事实和证据,或者证有为无,掩盖事实真相或隐匿犯罪证据。三是虚假的证明、鉴定、记录、翻译的内容,必须是与案件有重要关系的情节。"与案件有重要关系的情节",是指对案件是否构成犯罪、犯罪的性质或罪行的轻重具有重要关系的情节。也就是能够说明谁实施了犯罪,实施了什么犯罪,犯罪的轻重大小的情节。行为人的行为必须同时具备上述三个要素,才可构成本罪。至于伪证行为是否实际影响案件的处理,对构成本罪没有影响。

(3) 本罪的主体是特殊主体,即只能是刑事诉讼中的证人、鉴定人、记录人、翻译人,其他人员不能单独成为本罪的主体。证人,是指当事人以外的,向司法机关陈述自己经历或知悉案件事实情况的人;鉴定人,是指受司法机关指定或聘请,对案件的某些事实作出专门性结论的人;记录人,是指在刑事诉讼中,为司法机关的调查、搜查、询问证人、被害人或审讯犯罪嫌疑人、被告人,开庭审判等活动中担任文字记录工作的人;翻译人员,是指司法机关指派或聘请,为案件中的外国人、少数民族或聋哑人等诉讼参与人充当翻译的人,以及为案件中的法律文书或证据材料等有关资料作翻译的人。

(4) 本罪在主观方面表现为故意,并且具有陷害他人或隐匿罪证的目的。若行为人因记忆不清提供了不符合事实的证明,或因业务水平低或粗心大意作了错误的鉴定,或因记录能力差或粗心大意而错记、漏记,或因翻译水平低而错译、漏译的,均不能构成本罪。

（二）伪证罪的认定

1．罪与非罪的界限

主要从两方面来界定：一是从行为人的主观方面认定。如果行为人主观上没有陷害他人或隐匿罪证的意图，就不构成犯罪。例如，鉴定人由于专业技术水平低，作出了错误鉴定结论的，行为人由于疏忽大意或过于自信而造成虚假的证明、鉴定、记录或翻译的，就不构成犯罪。二是严格把握“与案件有重要关系的情节”。尽管行为人出于陷害他人或隐匿罪证的目的，事实上也作了伪证，但如果不是影响定罪量刑的事实，也不构成犯罪。

2．本罪与诬告陷害罪的界限

两罪在侵犯的客体和行为人的主观方面均有相似之处，二者的区别在于：(1) 犯罪主体不同。诬告陷害罪的犯罪主体为一般主体，而伪证罪为特殊主体，仅限于证人、鉴定人、记录人和翻译人员。(2) 犯罪目的不同。诬告陷害罪行为人的目的仅是陷害他人，而伪证罪还包括包庇他人。(3) 行为的内容不同。诬告陷害罪是无中生有，捏造整个犯罪事实，而伪证罪还包括证有为无，即掩盖犯罪事实或隐匿罪证，即使是无中生有，一般只是捏造部分犯罪事实。(4) 行为的时空范围不同。诬告陷害罪不受时空限制，而伪证罪仅限于刑事诉讼过程中。

（三）伪证罪的刑事责任

根据刑法第305条的规定，犯本罪的，处3年以下有期徒刑或者拘役；情节严重的，处3年以上7年以下有期徒刑。情节严重，一般是指与犯罪人恶意串通翻案作伪证的；因伪证造成错捕、错判的；犯罪手段特别恶劣的；犯罪动机特别卑鄙；因伪证给国家和社会造成不良影响的；因伪证造成错杀或造成当事人自杀等不可挽回的严重后果的，等等。

二、辩护人、诉讼代理人毁灭证据、伪造证据、妨害作证罪

辩护人、诉讼代理人毁灭证据、伪造证据、妨害作证罪，是指在刑事诉讼中，辩护人、诉讼代理人毁灭、伪造证据，帮助当事人毁灭、伪造证据，威胁、引诱证人违背事实改变证言或者作伪证的行为。本罪侵犯的客体与伪证罪相同。本罪在客观方面包含两个要素：(1) 必须是在刑事诉讼过程中。(2) 实施了妨害证据的行为。这表现为三个方面：一是毁灭、伪造证据的行为。毁灭证据，是指使证据丧失证明案件事实的作用，包括证据的消失和证据功能的丧失。例如清除犯罪现场的血迹，烧毁物证、书证等。伪造证据，是指制造虚假的证据，包括制造原本没有的证据和改变原有证据的内容。例如伪造物证、鉴定结论，或者涂改书证、鉴定结论等。二是帮助当事人毁灭、伪造证据。这是指辩护人、诉讼代理人自己不亲自毁灭、伪造证据，而是提供精神或物质上的帮助使当事人毁灭、伪造证据。三是威胁、引诱证人违背事实改变证言或者作伪证。威胁，是指以实施暴力、揭露他人个人隐私等方式对他人进行精神强制，使证人违背自己的意志改变证言或作伪证；引诱，是指以金钱、物质或其他利益诱惑证人改变证言或作伪证。本罪的主体为特殊主体，即只能是刑事诉讼中的辩护人和诉讼代理人。

辩护人,是指接受被告人或其法定代理人的委托,或者经人民法院指定,依据事实和法律在审查起诉和审判阶段为被告人的利益,向司法机关提出证明被告人无罪、罪轻或者应当从轻、减轻或者免除处罚的事实或材料,并依法为被告人辩护的人;诉讼代理人,是指受当事人或其法定代理人的委托参加诉讼的人。本罪在主观方面表现为故意,过失不构成犯罪。如果辩护人、诉讼代理人提供、出示、引用的证人证言或者其他证据失实,不是有意伪造的,不能以犯罪论处。根据《刑法》第 306 条的规定,犯本罪的,处 3 年以下有期徒刑或者拘役;情节严重的,处 3 年以上 7 年以下有期徒刑。

▶ 三、妨害作证罪

妨害作证罪,是指以暴力、威胁、贿买等方法阻止证人作证或者指使他人作伪证的行为。本罪侵犯的客体是司法机关的正常诉讼活动。本罪在客观方面表现为以暴力、威胁、贿买等方法阻止证人作证或者指使他人作伪证的行为。暴力,是指殴打、捆绑等人身强制手段,使证人的人身自由受到限制或丧失而不能作证,但暴力不包括重伤和杀害。威胁,是指以杀害、伤害证人及其亲属,毁坏其财产,揭露其隐私等方法,对证人的精神进行强制,迫使证人不敢作证。贿买,是指以金钱、财物或其他利益作为交换条件,让证人不作证。本罪的主体为一般主体,在主观方面表现为故意。司法实践中,应注意本罪不仅可以发生于刑事诉讼中,民事、行政等诉讼中也可能发生。此外,对于行为人在刑事诉讼中,采取暴力、威胁、唆使等方法使证人作伪证,并且证人也构成伪证罪的,行为人不能按照伪证罪的共犯论处,而应定妨害作证罪;对于在刑事诉讼中,翻译人员、记录人以暴力、威胁、贿买的方法,对与案件有重要关系的情节致使证人作伪证,并据此制作虚假的翻译、记录的,仅成立妨害作证罪,不构成伪证罪。这是因为,虚假翻译、记录是指不如实翻译、记录,而不是指与案件事实不符。根据《刑法》第 307 条第 1 款、第 3 款的规定,犯本罪的,处 3 年以下有期徒刑或者拘役;情节严重的,处 3 年以上 7 年以下有期徒刑。司法工作人员犯本罪的,从重处罚。

▶ 四、帮助毁灭、伪造证据罪

帮助毁灭、伪造证据罪,是指帮助当事人毁灭、伪造证据,情节严重的行为。本罪侵犯的客体是司法机关的正常诉讼活动。本罪在客观方面表现为帮助当事人毁灭、伪造证据,情节严重的行为。帮助,是指为当事人出谋划策,提供各种便利条件。当事人不仅仅指刑事诉讼中的当事人,还包括民事、经济和行政案件中当事人。情节严重,主要是指采用暴力等强制方法帮助当事人毁灭、伪造证据的;帮助当事人毁灭、伪造重要证据的;多次帮助当事人毁灭、伪造证据的;帮助当事人毁灭、伪造证据造成严重后果的,等等。本罪的主体为一般主体,在主观方面表现为故意。过失不构成本罪。司法实践中,应注意本罪只有情节严重才能构成,并非只要实施帮助行为就构成犯罪。另外,本罪与辩护人、诉讼代理人毁灭证据、伪造证据、妨害作证罪在客观方面存在相似之处,但二者在主体、行为发生的时空条件、行为方式等方面存在不同。实际上,二罪存在法规竞合,如果辩护人、诉讼代理人帮助当事人毁灭、伪造证据,则两罪都能适用,按照特殊法优于普通法的原则，应定辩护人、诉讼代理人毁灭证据、伪造证据、妨害作证罪。根据《刑法》第 307 条第 2 款、第 3 款的规定，犯本罪的，处 3 年以下有期徒刑或者拘役。司法工作人员犯本罪的，从重处罚。

五、打击报复证人罪

打击报复证人罪，是指采取各种手段对证人进行打击报复的行为。本罪侵犯的客体是司法机关的正常诉讼活动和公民的合法权益。犯罪对象是刑事、民事和行政等诉讼中的证人。本罪在客观方面表现为采取各种手段对证人进行打击报复的行为。打击报复，可以分为两类：一类是国家工作人员滥用职权假公济私，报复陷害证人的，如解雇、降级、扣发工资、奖金等；另一类是非利用职权打击报复，包括暴力手段和非暴力手段，前者如故意殴打、伤害证人的；后者如披露证人的隐私，侮辱、诽谤证人。本罪的主体为一般主体，在主观方面表现为故意，一般为直接故意。司法实践中，如果行为人采取伤害、侮辱、诽谤等方式打击报复证人并且构成故意伤害罪、侮辱罪或诽谤罪的，成立想象竞合犯，应从一重罪处断。根据《刑法》第 308 条的规定，犯本罪的，处 3 年以下有期徒刑或者拘役；情节严重的，处 3 年以上 7 年以下有期徒刑。情节严重，一般是指多次打击报复或者打击报复证人多人的；打击报复证人的手段极其恶劣的；造成证人精神失常或自杀等严重后果的，等等。

六、扰乱法庭秩序罪

扰乱法庭秩序罪，是指聚众哄闹、冲击法庭，或者殴打司法工作人员，严重扰乱法庭秩序的行为。本罪侵犯的客体是人民法院庭审活动的正常秩序。犯罪对象包括法庭及其有关设施和司法工作人员。这里的法庭是指法院正在依法审理诉讼案件的场所，包括正规固定场所和非正规的临时审理案件的场所。本罪在客观方面表现为聚众哄闹、冲击法庭，或者殴打司法工作人员。这里的聚众哄闹是指纠集众人在法庭上喧哗、吵闹、谩骂、起哄等。冲击法庭是指在未得到许可的情况下，纠集众人强行闯入法庭，损坏法庭设施或干扰法庭正常审理等；殴打司法工作人员则是指在法庭上殴打公诉人员、审判人员、法警等。本罪的主体为一般主体，在主观方面表现为故意。实践中应注意，只有对严重扰乱法庭秩序的行为，才能以本罪论处。这里的严重扰乱法庭秩序主要是指：出于卑劣的个人动机而扰乱法庭秩序的；不听劝阻、制止，多次扰乱法庭秩序的；因扰乱法庭秩序而造成恶劣影响或发生严重后果的；等等。对于干扰法庭审理情节轻微，经制止、劝阻而停止实施干扰行为的，以及由于性格急躁、情绪激动、固执己见等原因而在法庭上语言冲动、言语过激或行为失当但主观上无扰乱法庭秩序故意的，均不能认定为本罪。扰乱法庭秩序又导致他人重伤、死亡的，构成本罪与故意杀人罪、故意伤害罪、过失致人死亡罪或过失致人重伤罪的想象竞合，应从一重罪处断。根据《刑法》第 309 条的规定，犯本罪的，处 3 年以下有期徒刑、拘役、管制或者罚金。

七、窝藏、包庇罪

（一）窝藏、包庇罪的概念和构成

窝藏、包庇罪，是指明知是犯罪的人而为其提供隐藏处所、财物，帮助其逃匿或者作假证明包庇的行为。

本罪构成特征：

(1) 本罪侵犯的客体是司法机关同犯罪分子作斗争的正常活动。犯罪对象是犯罪之人。犯罪之人，是指已经实施了犯罪的人，包括已决犯和未决犯，但并不包括实际上并未犯罪而为司法机关怀疑为犯罪的人。

(2) 本罪在客观上表现为窝藏、包庇犯罪人的行为。窝藏，是指为犯罪之人提供隐藏处所、财物，帮助其逃匿。提供隐藏处所，不仅是指为犯罪之人提供具体的住处，还包括为犯罪之人指示逃匿方向、路线、藏匿地方等。包庇，是指向司法机关提供虚假证明，为犯罪分子掩盖罪行。行为人只要实施其中行为之一，即可构成本罪。

(3) 本罪的主体为一般主体，即年满16周岁，具有刑事责任能力的自然人。

(4) 本罪在主观方面表现为故意，过失不构成本罪。犯罪目的是为了帮助犯罪之人逃避法律制裁。如果不知道对方是犯罪之人而为其提供住所、财物的，不构成犯罪。

（二）窝藏、包庇罪的认定

1. 罪与非罪的界限

主要从三方面来界定：一是主观认识上。行为人必须明确知道或者可能知道对方是犯罪人，否则不构成犯罪。明确知道，是指被对方亲自告知，或者通过新闻媒体的报道、司法机关的通缉令等，知道对方是犯罪分子。可能知道，是指通过对方的言谈举止、外在穿着，比如衣服上有血迹，神色慌张等综合情况，意识到对方可能是犯罪分子。二是情节上。本罪虽然没有要求情节，但也并非凡实施窝藏、包庇行为的，一律构成犯罪。对于情节显著轻微危害不大的，也不能以犯罪论处。三是单纯的知情不举行为一般不构成犯罪。知情不举，是指明知对方是犯罪分子，既未予以检举告发，也未给予积极的帮助。如果明知犯罪分子的情况，当司法机关向其询问时，只是不揭发检举，并未作假证明，一般不构成犯罪。

2. 此罪与彼罪的界限

(1) 本罪与伪证罪的界限。两罪在主观和客观方面都存在相似之处，如主观上均存在帮助犯罪分子掩盖罪行、逃避法律制裁的目的，客观上均存在向司法机关提供虚假证明的行为，但二者的区别在于：一是犯罪主体不同。本罪的主体为一般主体，而伪证罪的主体仅限于刑事诉讼中的证人、鉴定人、记录人和翻译人员。二是行为表现方式不同。本罪的行为方式不仅仅限于提供虚假证明，还包括提供隐匿处所，资助钱财等，而伪证罪仅限于提供虚假证明、鉴定、记录、翻译。三是犯罪对象不同。本罪的犯罪对象是犯罪分子，包括已决犯和未决犯，而伪证罪的犯罪对象则是未决犯。四是行为的时空条件不同。本罪可以发生在刑事诉讼之前、之中和之后，而伪证罪只能发生在刑事诉讼过程中。五是犯罪意图不同。本罪的犯罪意图是使犯罪的人逃避刑事制裁,而伪证罪的犯罪意图既可以是包庇犯罪的人,也可以是陷害他人。

(2) 本罪与其他窝藏、包庇性质的犯罪的界限。对于一些对特殊的具体犯罪分子的窝藏、包庇行为,刑法有时规定为其他犯罪,例如包庇毒品犯罪分子罪。这种情况属于法规竞合,应按照特殊法优于普通法的原则处理。

(3) 本罪与同他人共同犯罪的界限。本罪是指事前未与被窝藏、包庇的犯罪分子同谋,而仅仅是在他人犯罪以后实施窝藏、包庇的行为。如果行为人事先与犯罪之人通谋,而为其提供隐藏处所、财物,帮助其逃匿或者作假证明包庇的,应当以共同犯罪论处,不能论以本罪。事前通谋,是指窝藏、包庇犯与被窝藏、包庇的犯罪分子,在犯罪活动之前,就谋划或合谋,答应犯罪分子作案后给以窝藏或包庇。如果只是知道犯罪分子要去实施犯罪,事后予以窝藏包庇或者事先知道犯罪分子要去实施犯罪,未去报案,犯罪发生后又窝藏、包庇的,都不应以共同犯罪论处,而单独构成窝藏、包庇罪。

(三) 窝藏、包庇罪的刑事责任

根据《刑法》第310条的规定,犯本罪的,处3年以下有期徒刑、拘役或者管制;情节严重的,处3年以上10年以下有期徒刑。

八、拒绝提供间谍犯罪证据罪

拒绝提供间谍犯罪证据罪,是指行为人明知他人有间谍犯罪行为,在国家安全机关向其调查有关情况、收集有关证据时,拒绝提供,情节严重的行为。本罪侵犯的客体是国家安全机关对间谍犯罪的侦破活动秩序。犯罪对象是他人间谍犯罪活动的有关情况、证据。本罪在客观方面表现为在国家安全机关向行为人调查有关他人间谍犯罪有关情况、收集有关证据时,拒绝提供,情节严重的行为。间谍罪,是指参加间谍组织或接受间谍组织及其代理人的任务,或者为间谍组织窃取、刺探、提供情报的行为。情节严重,主要是指多次拒绝提供他人的间谍犯罪情况或有关证据;因行为人拒绝提供间谍犯罪情况和证据而延误重大间谍犯罪案件的侦破;或者致使间谍犯罪分子逍遥法外,给国家造成重大损失的;或者致使间谍犯罪分子得手,损害了国家安全利益的;等等。本罪在主观方面表现为故意,包括直接故意和间接故意,即明知他人进行间谍犯罪的情况,明知不向国家安全机关提供其所掌握的他人间谍犯罪证据会发生影响国家安全机关对间谍犯罪案件的侦破活动的危害结果,却希望或者放任这一危害结果发生的心态。过失不构成本罪。根据《刑法》第311条的规定,犯本罪的,处3年以下有期徒刑、拘役或者管制。

九、掩饰、隐瞒犯罪所得、犯罪所得收益罪

(一) 掩饰、隐瞒犯罪所得、犯罪所得收益罪概念和构成

掩饰、隐瞒犯罪所得、犯罪所得收益罪,是指明知是犯罪所得及其产生的收益而予以窝藏、转移、收购、代为销售或者以其他方法掩饰、隐瞒的行为。

本罪构成特征:

(1) 本罪侵犯的客体司法机关同犯罪分子作斗争的正常活动。犯罪对象是犯罪

所得及其产生的收益。犯罪所得，是指犯罪的赃物(含赃款)，即通过犯罪行为所获得的财物，是犯罪分子实施犯罪行为追求的目的物。作为赃物的货币兑换成另种货币的，或者赃物经过了改造和改装，都不改变其作为赃物的性质，可以成为这里的赃物犯罪对象。犯罪所得产生的收益，是指利用犯罪所得的赃物获得的利益，如贩卖赃物所获得的赃款等。

(2) 本罪在客观方面表现为窝藏、转移、收购、代为销售或者以其他方法掩饰、隐瞒犯罪所得及其产生的收益的行为。掩饰是通过改变物体的外部形状的方式达到与原赃物相区别，而避免被司法追缴的目的；隐瞒则是通过隐匿、谎称等方式，在不改变外部形状的情况下，使犯罪所得及收益及于一种不为人知的地点，避免被司法机关追缴。窝藏、转移、收购、代为销售是较为常见的掩饰、隐瞒犯罪所得、犯罪所得收益的方法。“窝藏”，是指将赃物隐藏起来，不让他人发现或者替犯罪人藏匿赃物，使司法机关不能获取。“转移”，是指将赃物转移到他处，使司法机关不能查获。“收购”，是指有偿地买入赃物，然后再高价出卖，从中牟利。“代为销售”是指替犯罪分子将赃物卖出的行为。只要实施掩饰或隐瞒犯罪所得、犯罪所得收益行为，不论采取何种方法，只要达到了妨害司法活动的程度，则是本罪的客观行为。本罪为选择性罪名，只要实施其中之一行为，就可构成本罪。

(3) 本罪的主体为一般主体，即年满16周岁且具有刑事责任能力的自然人。另外，单位也可构成本罪。

(4) 本罪在主观方面表现为故意，即行为人明知是犯罪所得或犯罪所得收益而仍然予以窝藏、转移、收购、代为销售或采取其他方法掩饰、隐瞒。确认是否明知，不能仅凭行为人的供述，而应根据案件的客观事实进行科学的分析。只要有证据证明行为人知道该物品是犯罪所得的赃物，而予以窝藏或者代为销售的，就可以认定为“明知”。

(二) 掩饰、隐瞒犯罪所得、犯罪所得收益罪的认定

1. 罪与非罪的界限

这主要从三方面来认定：一是从主观认识上。本罪要求行为人在主观上明知是犯罪所得或犯罪所得收益，所以如果行为人根本不知道是犯罪所得或犯罪所得收益，就不构成犯罪。因为行为人不知道是犯罪所得或犯罪所得收益，就缺乏对自己行为的社会危害性的认识，缺乏主观可谴责性。二是从行为的情节或犯罪所得、犯罪所得收益的数额上。本罪的成立虽然没有情节或数额上的要求，但也并非不考虑情节或数额。如果情节显著轻微或者赃物数额很小，就不应以犯罪论处。三是购赃自用的，不构成犯罪。本罪中“收购”，是指出于销售的目的而收买，即为卖而买，其动机是从中牟利；而购赃自用，则是为了自己使用而购买，其动机是贪图便宜。

2. 本罪与窝藏、包庇罪的界限

两罪都有窝藏行为，在客观方面一相似之处。二者的区别在于：(1) 犯罪对象不同。窝藏、包庇罪的犯罪对象是犯罪人，而本罪的犯罪对象是赃物。(2) 犯罪目的不同。窝藏、包庇罪的行为人主观上是出于使犯罪分子逃避法律制裁，而本罪的行为人主观上多是出于谋取私利或私人情面。(3) 客观行为表现不同。本罪表现为窝藏、转

移、收购、代为销售赃物或者其他掩饰、隐瞒犯罪所得、犯罪所得收益的行为；窝藏、包庇罪表现为，为犯罪人提供隐藏场所、资助钱物等帮助其逃匿，或者作假证明，意图使犯罪人逃避法律制裁的行为。另外，对事前通谋，事后实施窝藏、转移、收购、代为销售或者其他方法隐瞒、掩饰犯罪所得、犯罪所得收益行为的人，应当以共同犯罪论处，不作为本罪处理。例如，甲和乙约定，由甲盗窃，由乙负责把盗窃来的东西卖掉。那么，乙构成盗窃罪的共犯，不构成本罪。

3. 一罪与数罪的界限

对于盗窃、诈骗、抢劫等财产性犯罪或者贪污、受贿等经济犯罪的行为人，在实施犯罪之后，对赃物予以窝藏、转移、出售的，属于犯罪的后续行为，成立吸收犯，以财产性犯罪或经济犯罪论处。明知是犯罪所得及其产生的收益而予以掩饰、隐瞒，构成本罪，同时又构成洗钱罪或者窝藏、转移、隐瞒毒品、毒赃罪的，依照处罚较重的规定定罪处罚。

（三）掩饰、隐瞒犯罪所得、犯罪所得收益罪的刑事责任

根据《刑法修正案（六）》和《刑法修正案（七）》对《刑法》第312条的修正，犯本罪的，处3年以下有期徒刑、拘役或者管制，并处或者单处罚金；情节严重的，处3年以上7年以下有期徒刑，并处罚金。单位犯本罪的，对单位判处罚金，并对其直接负责的主管人员和其他直接责任人员，依照前款的规定处罚。

十、拒不执行判决、裁定罪

（一）拒不执行判决、裁定罪的概念和构成

拒不执行判决、裁定罪，是指对人民法院的判决、裁定有能力执行而拒不执行，情节严重的行为。

本罪构成特征：

(1) 本罪侵犯的客体是人民法院的正常活动秩序。犯罪对象是人民法院依法作出的，具有执行内容并已经发生法律效力的判决和裁定，包括刑事裁判、民事裁判和行政裁判。判决，是指人民法院对审理终结的案件的实体问题所作的结论性的断定，是人民法院解决诉讼案件的最主要的形式；裁定是人民法院在审理案件过程中和判决的执行过程中，对诉讼程序问题和部分案件的实体问题所作的断定。根据2002年全国人大常委会《关于刑法第三百一十三条的解释》的规定，人民法院为依法执行支付令、生效的调解书、仲裁裁决、公证债权文书等所作的裁定属于裁定。

(2) 本罪在客观方面表现为有能力执行人民法院的判决、裁定，而拒不执行，情节严重的行为。包含三个条件：一是行为人必须有能力执行人民法院的判决、裁定，这是前提条件。有能力执行法院的判决、裁定，是指根据查实的证据证明，负有执行判决、裁定的义务人有可供执行的财产或者具有履行特定义务的能力。如果行为人没有执行人民法院判决、裁定的能力，则不能构成犯罪。二是行为人拒不执行，这是行为条件。拒不执行，是指人民法院多次发出执行通知而行为人不执行，或者人民法院依法执行时行为人进行抗拒。拒不执行既可以是以作为的方式实施，即采取积极的行动（如暴力、威胁等手段）公然抗拒法院对判决、裁定的执行活动，也可以是以不作为的方

式实施，即消极抵制法院对判决、裁定的执行。三是必须情节严重，这是量的条件。根据2002年全国人大常委会《关于刑法第三百一十三条的解释》的规定，下列情形属于“有能力执行而拒不执行，情节严重”的情形：被执行人隐藏、转移、故意毁损财产或者无偿转让财产、以明显不合理的低价转让财产，致使判决、裁定无法执行的；担保人或者被执行人隐藏、转移、故意毁损或者转让已向人民法院提供担保的财产，致使判决、裁定无法执行的；协助执行义务人接到人民法院协助执行通知书后，拒不协助执行，致使判决、裁定无法执行的；被执行人、担保人、协助执行义务人与国家机关工作人员通谋，利用国家机关工作人员的职权妨害执行，致使判决、裁定无法执行的；其他有能力执行而拒不执行，情节严重的情形。这三个条件必须同时具备，才符合本罪的客观方面要求。

(3) 本罪的主体为特殊主体，即有执行法院判决、裁定义务的诉讼当事人和对判决、裁定负有协助执行义务的人。另外，根据上述最高人民法院的《解释》的规定，负有执行人民法院判决、裁定义务的单位的直接负责的主管人员和其他直接责任人员，为了本单位的利益实施本罪所列举之行为，造成特别严重后果的，对该主管人员和其他直接责任人员以本罪定罪处罚。

(4) 本罪在主观方面表现为故意，即明知是人民法院已经生效的判决、裁定而拒不执行。过失不构成本罪。

(二) 拒不执行判决、裁定罪的认定

1. 罪与非罪的界限

司法实践中，主要注意这几方面：一是行为人是故意拒不执行已经生效的判决、裁定。如果行为人确实不知道是已经生效的判决、裁定而不执行，或者因不可抗力致使无法执行判决、裁定的，不能构成本罪。二是行为人必须有能力执行人民法院的判决、裁定。如果行为人因为没有能力而不执行人民法院的判决、裁定，不构成犯罪。三是人民法院的判决、裁定必须合法、正确。对于错误的判决、裁定不予执行的，一般不宜按照犯罪处理。四是本罪的成立需要情节严重。如果行为人拒不执行判决、裁定的行为情节不严重，则不构成犯罪。

2. 本罪与妨害公务罪的界限

二者的主要区别在于：一是犯罪主体不同。本罪的犯罪主体是特殊主体，而妨害公务罪的犯罪主体为一般主体。二是客观表现不同。本罪不以暴力、威胁为必要条件，一般表现为不作为，而妨害公务罪一般要求暴力、威胁的手段，并表现为积极的作为。

3. 一罪与数罪的界限

行为人以暴力方法拒不执行判决、裁定而其暴力程度在轻伤以下的，应以本罪论处；如果暴力手段造成重伤、死亡结果的，属于想象竞合犯，根据行为人对结果的发生所持的态度，比较本罪与故意伤害罪、故意杀人罪、过失致人死亡罪或过失致人重伤罪的轻重，从一重罪处罚。另外，国家机关工作人员收受贿赂或者滥用职权，拒不执行判决、裁定的，依照处罚较重的规定定罪处罚。

(三)拒不执行判决、裁定罪的刑事责任

根据《刑法》第313条的规定,犯本罪的,处3年以下有期徒刑、拘役或者罚金。

▶ 十一、非法处置查封、扣押、冻结的财产罪

非法处置查封、扣押、冻结的财产罪,是指隐藏、转移、变卖、故意损毁已被司法机关查封、扣押、冻结的财产,情节严重的行为。本罪侵犯的客体是司法机关的正常活动秩序。犯罪对象是已被司法机关查封、扣押、冻结的财产。这里的查封,是指司法机关对财产进行清点后,加贴封条,就地或异地封存;扣押,是指司法机关对有关财产就地或异地扣留;冻结,是指司法机关通知当事人开户的银行或信用社禁止该户头上的款项被提取。本罪在客观方面表现为隐藏、转移、变卖、故意损毁已被司法机关查封、扣押、冻结的财产,情节严重的行为。"情节严重",是指多次隐藏、转移、变卖、损毁已被司法机关查封、扣押、冻结的财产的;采用强制手段隐藏、转移、变卖、损毁已被司法机关查封、扣押、冻结的财产的;隐藏、转移、变卖、损毁已被司法机关查封、扣押、冻结的财产数额较大,或者给国家和人民利益造成重大损失,或者造成恶劣影响的,等等。本罪在主观上只能是故意,过失不能构成本罪。根据《刑法》第314条的规定,犯本罪的,处3年以下有期徒刑、拘役或者罚金。

▶ 十二、破坏监管秩序罪

破坏监管秩序罪,是指依法被关押的罪犯违反监规,破坏监管秩序,情节严重的行为。本罪侵犯的客体是国家关押、改造罪犯机关的监管秩序。本罪在客观方面表现为违反监规、破坏监管秩序,情节严重的行为。违反监规,是指违反《中华人民共和国监狱法》及监管部门依法制定的规章、制度和纪律。其行为具体表现为:一是殴打监管人员,即对刑罚执行场所的人民警察及其他管理人员实施暴力打击、伤害;二是组织其他被监管人破坏监管秩序,即公开或者暗中授意、策动、指使其他被依法关押的罪犯结伙实施破坏监管秩序的行为,如对抗管教、逃避劳动、赌博、欺压其他犯人等等;三是聚众闹事,扰乱正常监管秩序,如聚众辱骂、围攻监管人员,抗拒改造;以某种借口聚众静坐、绝食,要挟监管人员;或者蓄意挑起事端,导致犯人群殴,破坏监狱生产、生活等方面的正常秩序等等;四是殴打、体罚或者指使他人殴打、体罚其他被监管人,即亲自或指使他人以暴力手段折磨、凌辱其他被监管人,从而破坏监管秩序。这里的情节严重是指:多次实施上述破坏监管秩序行为的;破坏监管秩序造成恶劣影响的以及发生严重后果的;等等。构成本罪,必须具备情节严重,对于平时一般的违反监规的行为不能论以本罪。本罪主体为特殊主体,即依法被关押的罪犯。具体包括已被法院判处拘役以上刑罚而在监狱、少年犯管教所、拘役所、看守所服刑的犯人。其他虽被关押但尚未被判处刑罚的被告人、犯罪嫌疑人以及被行政拘留、劳动教养的人,均不能成为本罪的主体。本罪的主观方面表现为故意,过失不构成本罪。根据《刑法》第315条的规定,犯本罪的,处3年以下有期徒刑。

十三、脱逃罪

脱逃罪，是指依法被关押的罪犯、被告人、犯罪嫌疑人，逃脱司法机关羁押和监管的行为。本罪侵犯的客体是司法机关对罪犯、被告人、犯罪嫌疑人的正常监管秩序。在客观方面表现为逃脱司法机关羁押和监管的行为。就空间而言，逃脱表现为两种情形：一种是从各类监管场所（监狱、劳改队、少年管教所、看守所）逃跑；另一种是在押解途中逃跑。就行为方式而言，则是多种多样，既可以是采用隐蔽的形式秘密逃走，也可以是在被捕后的押解途中挣脱逃走；既可以是暴力方式，也可以是非暴力手段；既可以是一人单独逃走，也可以是数人经组织和共同策划而集体逃走。不论罪犯、被告人、犯罪嫌疑人从上述何种场所逃走，以及实施何种方法逃走，均不影响本罪的构成。本罪的主体是特殊主体，即只限于依法被关押的罪犯、被告人、犯罪嫌疑人。包括被依法拘留、逮捕正在查讯待审或审理中的被告人、犯罪嫌疑人（未决犯），以及已被判处剥夺自由刑并正在服刑改造的罪犯（已决犯）。但是被行政拘留和劳动教养的人员和被司法机关采用拘传、取保候审、监视居住等强制措施的被告人、犯罪嫌疑人，以及被判处管制、宣告缓刑或者已经假释的已决犯罪分子不是本罪的犯罪主体。本罪在主观方面表现为故意，过失不构成本罪。实施脱逃犯罪的目的，是为了逃避羁押和刑罚的执行。根据《刑法》第 316 条第 1 款的规定，犯脱逃罪的，处 5 年以下有期徒刑或者拘役。

十四、劫夺被押解人员罪

劫夺被押解人员罪，是指使用暴力或者其他强制手段，劫夺押解途中的罪犯、被告人、犯罪嫌疑人的行为。本罪侵犯的客体是司法机关对在押人员的监管秩序。犯罪对象是押解途中的罪犯、被告人、犯罪嫌疑人。本罪在客观方面表现为劫夺押解途中的罪犯、被告人、犯罪嫌疑人。劫夺，是指以暴力、威胁或其他方法强行夺取。暴力，是指对于押解被监管人的司法人员采取直接身体强制，如杀害、伤害、捆绑等。威胁，是指对司法人员进行精神强制，如以暴力相威胁等。其他方法，主要是指采取使押解人员处于不能反抗、不知反抗的状态的方式劫取被押解人员。本罪的主体为一般主体，在主观方面表现为故意，而且是直接故意。其目的是使罪犯、被告人、犯罪嫌疑人逃脱司法机关的监管控制。至于其犯罪动机，则多种多样，不影响本罪的成立。根据《刑法》第 316 条第 2 款的规定，犯本罪的，处 3 年以上 7 年以下有期徒刑；情节严重的，处 7 年以上有期徒刑。这里的情节严重，一般是指劫夺重要案犯或者重大犯罪的案犯；造成押解人员受伤或者交通工具严重受损的；造成其他危害后果或者恶劣社会影响的，等等。

十五、组织越狱罪

组织越狱罪，是指在押罪犯、被告人、犯罪嫌疑人相互勾结，有组织、有计划地集体越狱逃跑的行为。本罪侵犯的客体是司法机关对在押人员的监管秩序。本罪在客观方面表现为有组织、有计划地集体越狱逃跑的行为。有组织、有计划地集体越狱，是指在为首分子的组织、策划、指挥下多人共同越狱。越狱，包括逃离关押的场所，也包括在押解途中逃跑。本罪的主体为特殊主体,即只能是在押的罪犯、被告人、犯罪嫌疑人。本罪在主观方面表现为故意,且只能是直接故意。犯罪目的是逃脱监管部门的羁押和监管,非法恢复人身自由。司法实践中,应注意本罪与脱逃罪的区别。组织越狱实质上也是脱逃的一种,但它是一种有组织、有计划的脱逃。二者的根本区别在于是否具有组织性。多人无组织共同越狱,构成脱逃罪;如果有组织进行,则构成组织越狱罪。对于两人以下共同越狱,则谈不上组织越狱,可构成脱逃罪的共同犯罪。组织越狱罪属于必要共同犯罪。根据《刑法》第317条第1款的规定,犯本罪的,对首要分子和积极参加的,处5年以上有期徒刑;其他参加的,处5年以下有期徒刑或者拘役。

▶ 十六、暴动越狱罪

暴动越狱罪,是指在押罪犯、被告人、犯罪嫌疑人采用暴动的方法集体越狱的行为。本罪侵犯的客体是司法机关对在押人员的监管秩序。本罪在客观方面表现为采取暴动方法集体越狱的行为。暴动,是指采用暴力手段包括使用武器或器械而实施的集体越狱的行动。这里的集体是指多人,并不一定是指所有在押的罪犯、被告人、犯罪嫌疑人都参加。本罪的主体为特殊主体,即只能是在押的罪犯、被告人、犯罪嫌疑人。司法实践中,应注意本罪与组织越狱罪和脱逃罪的界限。本罪与组织越狱罪的区别不在于手段的暴力性,而在于集体暴动的手段是否在主观预谋之中。如果事先无使用暴力的预谋,而只是个别越狱分子在行为过程中使用暴力,则成立组织越狱罪而不是本罪。暴动越狱也是脱逃的一种,但它是一种有组织的采用暴力手段的集体脱逃。暴动越狱罪与脱逃罪的区别在于行为是否有组织性、手段是否有暴力性。根据《刑法》第317条第2款的规定,犯本罪的,对首要分子和积极参加的,处10年以上有期徒刑或者无期徒刑;情节特别严重的,处死刑;其他参加的,处3年以上10年以下有期徒刑。

▶ 十七、聚众持械劫狱罪

聚众持械劫狱罪,是指狱外多人聚合持械,劫夺狱中在押罪犯、被告人、犯罪嫌疑人的行为。本罪侵犯的客体是司法机关对在押人员的监管秩序。本罪在客观方面表现为聚众持械劫狱。聚众持械劫狱,是指在首要分子的组织、策划、指挥下,纠集三人以上,有计划地携带枪支、爆炸物、刀棍等器械劫夺狱中在押罪犯、被告人、犯罪嫌疑人的行为。这里的狱,应作广义的解释,是泛指监管羁押罪犯、被告人、犯罪嫌疑人的场所,包括监狱、少管所、拘役所、看守所以及罪犯劳动、活动的场所、执行死刑的场所等。本罪的主体只能是狱外的人员。在主观方面表现为故意,犯罪目的是使被监管的罪犯、被告人、犯罪嫌疑人逃脱司法机关的羁押和监管。本罪与劫夺被押解人员罪的主要区别,一是时空范围不同,劫夺被押解人员罪只发生在押解途中,而本罪则发生在监管羁押罪犯、被告人和犯罪嫌疑人的场所;二是客观行为表现不同,本罪要求聚众持械,而劫夺被押解人员罪则没有这种要求。根据《刑法》第317条第2款的规定,犯本罪的,对首要分子和积极参加的,处10年以上有期徒刑或者无期徒刑;情节特别严重的,处死刑;其他参加的,处3年以上10年以下有期徒刑。

第四节　妨害国(边)境管理罪

一、组织他人偷越国(边)境罪

(一) 组织他人偷越国(边)境罪的概念和构成

组织他人偷越国(边)境罪,是指非法组织他人偷越国(边)境的行为。

本罪构成特征:

(1) 本罪侵犯的客体是国家对国(边)境的管理秩序。对国(边)境的严格管理是维护国家主权、安全和社会稳定的需要。非法组织他人偷越国(边)境的行为,严重破坏了我国国(边)境管理秩序,应予以惩处。

(2) 本罪在客观方面表现为非法组织他人偷越国(边)境的行为。其实行行为是组织行为,而非偷越行为。非法,是指违反了《中华人民共和国出境入境管理法》和《中华人民共和国外国人入境出境管理法》等法规及其实施细则。偷越国(边)境,是指不在规定的地点出入国(边)境,而在不允许通过的地点秘密进出国(边)境,或者虽在规定地点,但以伪造证件或其他欺骗手段蒙混出入国(边)境。"组织他人偷越国(边)境",是指领导、策划、指挥他人偷越国(边)境或者在首要分子指挥下,实施拉拢、引诱、介绍他人偷越国(边)境等行为。

(3) 本罪的主体为一般主体,即年满16周岁且具有刑事责任能力的自然人。

(4) 本罪在主观方面表现为故意,即行为人明知组织他人偷越国(边)境的行为违反国家关于国(边)境的管理法规,而仍然实施。至于犯罪的动机,多为谋取经济利益,但并不限于此。动机如何,并不影响本罪的成立。

(二) 组织他人偷越国(边)境罪的认定

1. 罪与非罪的界限

主要从主观认识和行为的情节上来认定。本罪为故意犯罪,如果行为人没有认识到自己的行为违反出境入境管理法,或者行为人没有认识到自己组织的是偷越国(边)境,则都不构成犯罪。而虽然行为人是故意非法组织偷越国(边)境,但如果情节显著轻微危害不大的,也不能以犯罪论处。另外,对于介绍他人偷越国(边)境的,即在组织他人偷越国(边)境的犯罪分子与偷越分子之间撮合,牵线搭桥,介绍他人偷越国(边)境的情况。这种情况,行为人既不是组织者、偷越者,虽然其行为对组织者的组织行为与偷越者的偷越行为起到促进作用,但也不是二者的共犯,仅是单纯的介绍者,由于刑法对这种行为没有规定,根据罪刑法定原则,不能对此作犯罪处理。

2. 一罪与数罪的界限

实践中,主要有这几种情况:一是犯本罪,对被组织人有杀害、伤害、强奸、拐卖等犯罪行为,或者对检查人员有杀害、伤害等犯罪行为的,应根据数罪并罚的规定处罚。对于《刑法》第318条第1款第3项关于造成被组织者重伤、死亡的规定,是指因过失造成被组织者重伤、死亡,不包括出于杀害、伤害故意的情况。如在非法组织他人偷越国(边)境过程中,由于交通工具不安全、气候条件恶劣等原因,造成重伤、死亡结果的。

二是在非法组织他人偷越国(边)境时,以暴力、威胁方法抗拒检查的情况。主要是抗拒边防、海关等部门的检查。如果行为人实施一般的暴力、威胁手段,未造成检查人员重伤、死亡的,按照法律规定,仅成立本罪,不数罪并罚;暴力、威胁手段抗拒检查的行为仅作为法定量刑情节,不成立妨害公务罪。但是,如果行为人的暴力手段造成检查人员重伤、死亡的,则按照本罪和故意杀人罪或故意伤害罪、过失致人重伤罪、过失致人死亡罪进行数罪并罚。三是行为人既组织又运送他人偷越国(边)境的情况。这种情况构成牵连犯,不进行数罪并罚,从一重罪处断。四是行为人明知他人在我国境内实施了犯罪而组织其偷越国(边)境,逃避法律制裁的情况。这种情况属于一行为触犯两个不同罪名,构成想象竞合犯,应从一重罪处断。

(三) 组织他人偷越国(边)境罪的刑事责任

根据《刑法》第318条的规定,犯本罪的,处2年以上7年以下有期徒刑,并处罚金;有下列情形之一的,处7年以上有期徒刑或者无期徒刑,并处罚金或者没收财产:(1) 组织他人偷越国(边)境集团的首要分子。(2) 多次组织他人偷越国(边)境或者组织他人偷越国(边)境人数众多的;"人数众多",一般是指组织、运送他人偷越国(边)境人数在10人以上。(3) 造成被组织人重伤、死亡的。(4) 剥夺或者限制被组织人人身自由的。(5) 以暴力、威胁方法抗拒检查的。(6) 违法所得数额巨大的。(7) 有其他特别严重情节的。

▶ 二、骗取出境证件罪

骗取出境证件罪,是指以劳务输出、经贸往来或者其他名义,弄虚作假,骗取护照、签证等出境证件,为组织他人偷越国(边)境使用的行为。本罪侵犯的客体是国家对出境证件的管理秩序。犯罪对象是出境证件。出境证件,是指能够作为从我国对外开放的或者指定的口岸验放出境凭证的证件,包括护照、签证、出境通行证、前往港澳台通行证,等等。本罪在客观方面表现为以劳务输出、经贸往来或者其他名义,弄虚作假,骗取护照、签证等出境证件的行为。劳务输出,是指劳动力的输出,为外国提供各种技术服务和其他服务;经贸往来,是指商品交换和贸易,是我国对外经济联系的最重要的形式。其他名义,是指出国考察、访问、出国学习培训等各种名义。实践中,行为人往往以劳务输出、经贸往来为名义来骗取护照等出境证件。但是,无论行为人以什么为名义,不影响本罪的成立。本罪的主体包括自然人和单位。本罪在主观方面表现为故意,并且具有为组织他人偷越国(边)境使用的目的。本罪的实行行为是弄虚作假,骗取出境证件的行为,不包括将证件用于组织他人偷越国(边)境使用的行为。因此,只要行为人主观上出于为组织他人偷越国(边)境使用的目的骗取了出境证件,即使实际上还没有用于组织他人偷越国(边)境的,也成立本罪;如果行为人骗取了出境证件后又利用该出境证件实施了组织他人偷越国(边)境行为的,则构成牵连犯,应从一重罪处断。根据《刑法》第319条的规定,犯本罪的,处3年以下有期徒刑,并处罚金;情节严重的,处3年以上10年以下有期徒刑,并处罚金。"情节严重",是指为组织他人偷越国(边)境使用、骗取出境证件5份以上,或者非法收取办证费30万元以上的。单位犯本罪的，对单位判处罚金，并对其直接负责的主管人员和其他直接责任人员，根据上述有关自然人犯本罪的规定处罚。

三、提供伪造、变造的出入境证件罪

提供伪造、变造的出入境证件罪，是指为他人提供伪造、变造的护照、签证等出入境证件的行为。本罪侵犯的客体是国家对出入境证件的管理秩序。犯罪对象是伪造、变造的出入境证件。伪造，是指行为人非法仿照真的出入境证件来制造假的出入境证件。变造，是指在真的出入境证件上通过涂改、拼接等方法进行加工和改造，以改变出入境证件的内容，如姓名、照片、出生日期等。出入境证件，是指由主权国家的主管机关签发的准许本国公民和外国人进出其国（边）境的有效证件，如护照、签证、居留证、临时居留证等。本罪在客观方面表现为提供伪造、变造的出入境证件的行为。提供，包括有偿提供和无偿提供。本罪的主体为自然人，单位不构成本罪。本罪在主观方面表现为故意，即行为人明知是伪造、变造的出入境证件而提供给他人。过失不构成本罪。如行为人不知道是伪造、变造的出入境证件而提供给他人的，不构成犯罪。对于行为人既伪造、变造护照、签证等出入境证件又提供给他人的情况，构成牵连犯，应从一重罪处断。根据《刑法》第320条的规定，犯本罪的，处5年以下有期徒刑，并处罚金；情节严重的，处5年以上有期徒刑，并处罚金。“情节严重”，是指：(1) 为他人提供伪造、变造的护照、签证等出入境证件5份以上或者出售护照、签证等出入境证件5份以上的；(2) 违法所得30万元以上的；(3) 有其他严重情节的。

四、出售出入境证件罪

出售出入境证件罪，是指以营利为目的，非法出售护照、签证等出入境证件的行为。本罪侵犯的客体是国家对出入境证件的管理秩序。犯罪对象是出入境证件。出入境证件，只能是经国家有关主管部门发放的真实的护照、签证等出入境证件，不包括伪造、变造的护照、签证等出入境证件，如果出售后者，应以提供伪造、变造的出入境证件罪论处。本罪在客观方面表现为非法出售出入境证件的行为。非法，是指违反国家的有关出入境证件管理的法律规定。出售，则是指有偿将出入境证件提供给他人。本罪的主体为自然人，不包括单位。本罪在主观方面表现为故意，即明知自己出售出入境证件的行为违反法律，而仍予以实施。行为人在主观上具有营利的目的。如果行为人无偿将真实的出入境证件提供给他人，则不构成本罪。对于行为人骗取出入境证件后出售给组织他人偷越国（边）境的人使用的情况，如果行为人骗取的目的就是出卖给组织偷越国（边）境的人使用，则构成牵连犯，应从一重罪处断；而如果行为人不具有该目的，仅成立本罪。根据《刑法》第320条的规定，犯本罪的，处5年以下有期徒刑，并处罚金；情节严重的，处5年以上有期徒刑，并处罚金。情节严重，一般是指多次倒卖出入境证件的，出售出入境证件违法所得数额巨大的，明知是企图越境外逃的罪犯而向其出售出入境证件的，出售出入境证件造成严重后果或恶劣社会影响的，等等。

五、运送他人偷越国(边)境罪

运送他人偷越国(边)境罪,是指非法运送他人偷越国(边)境的行为。本罪侵犯的客体是国家对国(边)境的管理秩序。犯罪对象是国(边)境。国境,是指我国与邻国的交界。边境,是指大陆与香港、澳门、台湾等特殊地区的分界。本罪在客观方面表现为非法运送他人偷越国(边)境的行为。运送,是指为偷越国(边)境的人员提供车、船等交通工具,并将其偷运出境或入境。本罪的主体为自然人,单位不构成本罪。主观方面表现为故意,一般具有营利的目的,但具有何种目的不影响本罪的成立。根据《刑法》第321条的规定,犯本罪的,处5年以下有期徒刑,拘役或者管制,并处罚金;有下列情形之一的,处5年以上10年以下有期徒刑,并处罚金:(1)多次实施运送行为或者运送人数众多的;"人数众多",一般是指组织、运送他人偷越国(边)境人数在10人以上。(2)所使用的船只、车辆等交通工具不具备必要的安全条件,足以造成严重后果的。(3)违法所得数额巨大的。(4)有其他特别严重情节的。在运送他人偷越国(边)境中造成被运送人重伤、死亡,或者以暴力、威胁方法抗拒检查的,处7年以上有期徒刑,并处罚金。犯本罪,同时对被运送人有杀害、伤害、强奸、拐卖等犯罪行为,或者对检查人员有杀害、伤害等犯罪行为的,根据数罪并罚的规定处罚。

六、偷越国(边)境罪

偷越国(边)境罪,是指违反国(边)境管理法规,偷越国(边)境,情节严重的行为。本罪侵犯的客体是国家对国(边)境的管理秩序。本罪在客观方面表现为违反国(边)境管理法规,偷越国(边)境,情节严重的行为。即在客观方面需要具备三个条件:一是违反国(边)境管理法规,即违反《中华人民共和国公民出入境管理法》、《中华人民共和国外国人入境管理法》、《中国公民因私事往来香港地区或澳门地区的暂行管理办法》和《边防管理条例》等法律、法规。二是实施偷越国(边)境行为。偷越,是指不依法办理出入国(边)境手续或者不在指定地点出入国(边)境。实践中,其表现形式多种多样,如在不准通过的地点秘密出入境,使用伪造、变造的出入境证件,躲藏在进出境的飞机、船只、汽车、货柜或集装箱里,等等。三是必须情节严重。根据最高人民法院2002年1月的《关于审理组织、运送他人偷越国(边)境等刑事案件适用法律若干问题的解释》的规定,"情节严重"是指:(1)在境外实施损害国家利益的行为的;(2)偷越国(边)境三次以上的;(3)拉拢、引诱他人一起偷越国(边)境的;(4)因偷越国(边)境被行政处罚后一年内又偷越国(边)境的;(5)有其他严重情节的。本罪主体为一般主体,即年满16周岁且具有刑事责任能力的自然人,包括中国公民、外国人和无国籍的人。本罪在主观方面表现为故意,即行为人明知自己偷越国(边)境的行为违反国家法律,而仍予以实施。行为人的犯罪动机多种多样,如逃避法律制裁,出国挣钱,追求国外生活等等。但是,犯罪动机不影响本罪成立。根据《刑法》第322条的规定,犯本罪的,处1年以下有期徒刑、拘役或者管制,并处罚金。

▶ 七、破坏界碑、界桩罪

破坏界碑、界桩罪,是指故意破坏国家边境的界碑、界桩的行为。本罪侵犯的客体是国家对国(边)境的界碑、界桩的管理秩序。犯罪对象是国家边境的界碑、界桩。界碑、界桩,是指国(边)境线上设置的用以区分国与国之间的领土疆界,确定其管辖范围的碑石或标桩,是划分相邻两国疆域的标志物。这里的界碑、界桩,包括临时性的,也包括永久性的。本罪在客观方面表现为破坏国家边境界碑、界桩的行为。破坏,是指采用盗走、拆毁、移动位置等方法,使界碑、界桩丧失国与国之间领土疆域界限标志物的作用。本罪的主体为一般主体。本罪在主观方面表现为故意,即行为人明知是国家边境的界碑、界桩而故意破坏。过失不构成犯罪。如果行为人没有认识到是国家边境的界碑、界桩,或者虽然认识到了,但轻信自己的行为不会造成界碑、界桩的破坏,均不构成犯罪。行为人的犯罪动机多种多样,如泄愤报复、据为己有、好玩无聊等。动机如何不影响本罪的成立。根据《刑法》第 323 条的规定,犯本罪的,处 3 年以下有期徒刑或者拘役。

▶ 八、破坏永久性测量标志罪

破坏永久性测量标志罪,是指故意破坏永久性测量标志的行为。本罪侵犯的客体是国家对永久性测量标志的管理秩序。犯罪对象是永久性测量标志。永久性测量标志,是指经国家测绘部门测定制作的表明与固定各种数据的点的永久性标志物,包括设置在地上、地下或者建筑物上的各种等级的三角点、基线点、导线点、军用控制点、重力点、天文点、水准点的木质粘表、钢质粘表和标石标志,全球卫星定位控制点,以及用于地形测图、工程测图和形变测量的固定标志和海底大地点设施等。本罪在客观方面表现为破坏永久性测量标志的行为。所谓破坏,是指采用移动、掩埋、拆毁、盗窃、炸毁等手段使原来的永久性测量标志丧失原有功能。本罪的主体为一般主体,即年满 16 周岁且具有刑事责任能力的自然人。本罪在主观方面表现为故意,即明知是国家设置的永久性测量标志而破坏。过失不构成本罪。如果行为人不知道是国家设置的永久性测量标志,或者虽然认识到了,但轻信自己的行为不会对永久性测量标志造成破坏,均不构成本罪。根据《刑法》第 323 条的规定,犯本罪的,处 3 年以下有期徒刑或者拘役。

第五节　妨害文物管理罪

▶ 一、故意损毁文物罪

故意损毁文物罪,是指故意损毁国家保护的珍贵文物或者被确定为全国重点文物保护单位、省级文物保护单位的文物的行为。本罪侵犯的客体是国家对珍贵文物的管理秩序。犯罪对象是国家保护的珍贵文物或者被确定为全国重点文物保护单位、省级文物保护单位的文物。本罪在客观上表现为损毁珍贵文物的行为。损毁,是指捣毁、拆除、焚烧、挖掘、爆炸、污损等行为,包括珍贵文物价值全部或部分遭到损坏。本罪在主观方面表现为故意,即明知自己的行为会损毁国家保护的珍贵文物或者有关文物保护单位的文物,而希望或放任这种危害结果发生的心理态度。过失不构成本罪。如果行为人不知是国家保护的珍贵文物或者有关文物保护单位的文物而加以破坏,或者虽然知道是珍贵文物,但因不慎将其损坏,均不构成本罪。另外,虽然主观上出于故意,但属于间接故意而且文物价值丧失较小的情况下,应视为"情节显著轻微危害不大",不以犯罪论处。根据《刑法》第 324 条第 1 款的规定,犯本罪的,处 3 年以下有期徒刑或者拘役,并处或者单处罚金;情节严重的,处 3 年以上 10 年以下有期徒刑,并处罚金。

▶ 二、故意损毁名胜古迹罪

故意损毁名胜古迹罪,是指故意损毁国家保护的名胜古迹,情节严重的行为。本罪侵犯的客体是国家对名胜古迹的管理秩序。犯罪对象是国家保护的名胜古迹。"名胜古迹",是指具有重大历史、艺术、科学价值,并被核定为全国或者地方重点文物保护单位的风景区或与名人事迹、历史事件有关而值得后人登临凭吊的胜地和建筑物。本罪在客观方面表现为行为人损毁国家保护的名胜古迹且情节严重的行为。损毁,是指捣毁、拆除、焚烧、挖掘、爆炸、污损等行为。情节严重,根据2008年最高人民检察院、公安部《关于公安机关管辖的刑事案件立案追诉标准的规定(一)》第 47 条的规定,是指:(1) 造成国家保护的名胜古迹严重损毁的;(2) 损毁国家保护的名胜古迹三次以上或者三处以上,尚未造成严重损毁后果的;(3) 损毁手段特别恶劣的;(4) 其他情节严重的情形。本罪的主体为一般主体,即年满 16 周岁且具有刑事责任能力的自然人。本罪在主观方面表现为故意,即行为人明知自己的行为可能造成国家保护的名胜古迹损毁,而希望或者放任这种危害结果发生的心理态度。根据《刑法》第 324 条第 2 款的规定,犯本罪的,处 5 年以下有期徒刑或者拘役,并处或者单处罚金。

▶ 三、过失损毁文物罪

过失损毁文物罪,是指因过失而损毁国家保护的珍贵文物或者被确定为全国重点文物保护单位、省级文物保护单位的文物,造成严重后果的行为。本罪侵犯的客体是国家对珍贵文物的管理秩序。犯罪对象是国家保护的珍贵文物。其在客观方面表现为过失损毁国家保护的珍贵文物,造成严重后果的行为。过失损毁,是指行为人疏忽大意或过于自信而致使文物的价值部分或全部丧失。其表现形式多种多样,包括不慎打碎、污损、烧毁珍贵文物,或者过失刻画、砸碎、炸毁文物等。"严重后果",是指下列情形之一:(1) 造成珍贵文物严重损毁的;(2) 造成被确定为全国重点文物保护单位、省级文物保护单位的文物严重损毁的;(3) 造成珍贵文物损毁三件以上的;(4) 其他造成严重后果的情形。本罪的主体为一般主体,即年满 16 周岁且具有刑事责任能力的自然人。在主观方面表现为过失,包括疏忽大意的过失和过于自信的过失。实践中,应注意,并非过失损毁国家保护的珍贵文物的行为都构成犯罪,只有造成严重后果的,才构成犯罪。根据《刑法》第 324 条第 3 款的规定,犯本罪的,处 3 年以下有期徒刑或者拘役。

四、非法向外国人出售、赠送珍贵文物罪

非法向外国人出售、赠送珍贵文物罪，是指违反文物保护法规，将收藏的国家禁止出口的珍贵文物私自出售或者私自赠送给外国人的行为。本罪侵犯的客体是国家对珍贵文物的管理秩序。犯罪对象是国家禁止出口的珍贵文物。其在客观方面需要具备三个条件：一是违反文物保护法；二是私自出售或私自赠送。私自出售，是指将自己收藏的国家禁止出口的珍贵文物有偿出卖给外国人；私自赠送，是指无偿将国家禁止出口的珍贵文物的所有权转移给外国人。三是受买人或受赠人必须是外国人。外国人，是指不具有中国国籍的人，包括无国籍人。这里的外国人包括外国的个人和单位。本罪的主体，既包括任何具有刑事责任能力的自然人，也包括单位。本罪在主观方面表现为故意，即在认识因素上，行为人明知自己出售或赠送的文物属于国家禁止出口的珍贵文物，明知受买人或受赠人是外国人，明知自己的行为违反文物保护法规；在意志因素上，行为人对危害结果的发生持希望态度。根据《刑法》第325条的规定，犯本罪的，处5年以下有期徒刑或者拘役，可以并处罚金。单位犯本罪的，对单位判处罚金，并对其直接负责的主管人员和其他直接责任人员，根据上述有关自然人犯本罪的规定处罚。

五、倒卖文物罪

(一) 倒卖文物罪的概念与构成

倒卖文物罪，是指的以牟利为目的，倒卖国家禁止经营的文物，情节严重的行为。

本罪构成特征：

(1) 本罪侵犯的客体为国家对文物的管理秩序。犯罪对象是文物。根据2005年全国人民代表大会常务委员会《关于〈中华人民共和国刑法〉有关文物的规定适用于具有科学价值的古脊椎动物化石、古人类化石的解释》的规定，刑法有关文物的规定，适用于具有科学价值的古脊椎动物化石、古人类化石。

(2) 本罪在客观方面表现为违反国家文物保护法规，倒卖国家禁止经营的文物的行为。倒卖国家禁止经营的文物，是指以出卖为目的而非法收购、销售、运输、转手买卖国家禁止经营的文物。

(3) 本罪的主体为一般主体，即年满16周岁且具有刑事责任能力的自然人。另外，单位也可构成本罪。

(4) 本罪在主观方面为故意，即明知是国家禁止经营的文物而进行倒卖，目的是为了牟利。对于不具有倒卖故意或者不是以牟利为目的的，均不得以本罪论处。

(二) 倒卖文物罪的认定

1. 罪与非罪的界限

本罪与非罪的界限主要从三方面来把握：一是行为人倒卖的必须是国家禁止经营的文物。根据《文物法》第50条的规定，文物收藏单位以外的公民、法人和其他组织可以收藏通过下列方式取得的文物：(1) 依法继承或者接受赠与；(2) 从文物商店购买；

(3) 从经营文物拍卖的拍卖企业购买;(4) 公民个人合法所有的文物相互交换或者依法转让;(5) 国家规定的其他合法方式。第51条规定,公民、法人和其他组织不得买卖下列文物:(1) 国有文物,但是国家允许的除外;(2) 非国有馆藏珍贵文物;(3) 国有不可移动文物中的壁画、雕塑、建筑构件等,但是依法拆除的国有不可移动文物中的壁画、雕塑、建筑构件等不属于本法第20条第4款规定的应由文物收藏单位收藏的除外;(4) 来源不符合本法第50条规定的文物。二是行为人主观上必须出于牟利目的。尽管行为人非法买卖国家禁止经营的文物,但不是出于牟利目的,也不属于倒卖文物罪的倒卖文物。三是必须情节严重。构成本罪要求倒卖文物情节严重。情节严重与否,主要从倒卖文物的级别、数量、次数以及谋取利益的多少来综合判定。

2. 此罪与彼罪的界限

(1) 倒卖文物罪与非法向外国人出售珍贵文物罪的界限。二者都属于故意犯罪,都可以表现为出售文物之行为,其主要区别在于:一是犯罪对象不同。倒卖文物罪的犯罪是国家禁止经营的文物,后者的犯罪对象只能是珍贵文物;二是犯罪主体不同。倒卖文物罪的主体既包括中国人也包括外国人,后者的犯罪主体只是中国人。三是买受人不同。倒卖文物罪中文物的买受人可以是任何人,包括中国人和外国人,非法向外国人出售珍贵文物罪中文物买受人只能是不具有我国国籍的外国人。(2) 倒卖文物罪与非法经营罪的界限。二者在犯罪的主体、主观方面和客观方面都有着相同或相似之处,如主体都是一般主体,主观方面都是直接故意,并且有非法牟利的目的,客观方面都表现为买卖行为。二者主要的区别在于:一是犯罪客体不同。倒卖文物罪的客体是国家对珍贵文物的流通管制制度;非法经营罪的客体是国家专营、专卖或限制买卖物品和经营许可证等方面的市场管理制度。二是犯罪对象不同。倒卖文物罪的犯罪对象是国家禁止经营的文物;非法经营罪的犯罪对象是国家限制买卖或国家专营专卖的物品,如烟草制品、金银及其制品、金银工艺品、珠宝首饰、贵重药材以及一般的历史文物,等等。倒卖国家没有禁止经营的一般文物的行为,情节严重的构成非法经营罪,而不是倒卖文物罪。

(三) 倒卖文物罪的刑事责任

根据《刑法》第326条的规定,犯本罪的,处5年以下有期徒刑或者拘役,并处罚金;情节特别严重的,处5年以上10年以下有期徒刑,并处罚金。单位犯倒卖文物罪的,单位判处罚金,并对其直接负责的主管人员和其他直接责任人员,根据自然人犯本罪的规定处罚。

六、非法出售、私赠文物藏品罪

非法出售、私赠文物藏品罪,是指国有博物馆、图书馆等单位违反文物保护法规,将国家保护的文物藏品出售或者私自送给非国有单位或者个人的行为。本罪侵犯的客体是国家对国有文物的管理秩序。犯罪对象是国家保护的国有博物馆、图书馆等单位收藏的文物藏品,包括珍贵文物和一般文物。本罪在客观方面需要具备三个条件:一是必须违反文物保护法规;二是将国家保护的文物藏品出售或者私自赠送;三是非法出售或者私赠文物藏品的对象是非国有单位或个人。本罪的主体只能是国有博物馆、图书馆等单位。本罪在主观方面表现为故意,即明知自己将文物藏品非法出售或者私赠给非国有单位或者个人的行为会造成国家保护的文物流失的危害结果,而对这一危害结果持希望或放任态度。本罪属于单位犯罪,行为人必须是为本单位谋取利益。如果行为人将国家保护的珍贵文物藏品私自出售、赠送给外国人的,应以非法向外国人出售、赠送珍贵文物罪论处,但是,如果非法出售或赠送的是国有博物馆、图书馆等单位收藏的一般文物藏品,仍以本罪论处。根据《刑法》第 327 条的规定,犯本罪的,对单位判处罚金,并对其直接负责的主管人员和其他直接责任人员,处 3 年以下有期徒刑或者拘役。

七、盗掘古文化遗址、古墓葬罪

盗掘古文化遗址、古墓葬罪,是指违反文物保护法规,盗掘具有历史、艺术、科学价值的古文化遗址、古墓葬的行为。《刑法修正案(八)》对该罪进行了修改,主要是取消了死刑。本罪侵犯的客体是国家对古文化遗址、古墓葬的管理秩序。犯罪对象是具有历史、艺术、科学价值的古文化遗址、古墓葬。古文化遗址、古墓葬,是指清代以前古文化遗址、古墓葬及辛亥革命以后与著名事件有关的名人墓址、遗址和纪念地。其中古文化遗址包括历史留存下来的建筑物、石窟、地下的城郭等;古墓葬包括皇帝及其嫔妃的陵墓、历史上著名人物的陵墓、革命烈士的陵墓等。本罪在客观方面表现为盗掘行为。盗掘,是指未经国家有关主管部门的批准,非法挖掘。本罪的主体为一般主体,在主观方面表现为故意。根据《刑法修正案(八)》对《刑法》第 328 条的修正,犯本罪的,处 3 年以上 10 年以下有期徒刑,并处罚金;情节较轻的,处 3 年以下有期徒刑、拘役或者管制,并处罚金;有下列情形之一的,处 10 年以上有期徒刑或者无期徒刑,并处罚金或者没收财产:(1) 盗掘确定为全国重点文物保护单位和省级文物保护单位的古文化遗址、古墓葬的;(2) 盗掘古文化遗址、古墓葬集团的首要分子;(3) 多次盗掘古文化遗址、古墓葬的;(4) 盗掘古文化遗址、古墓葬,并盗窃珍贵文物或者造成珍贵文物严重破坏的。

八、盗掘古人类化石、古脊椎动物化石罪

盗掘古人类化石、古脊椎动物化石罪,是指以非法出卖或者非法占有为目的,私自发掘国家保护的具有科学价值的古人类化石和古脊椎动物化石的行为。本罪侵犯的客体是国家对古人类化石、古脊椎动物化石的管理秩序。犯罪对象是国家保护的具有科学价值的古人类化石和古脊椎动物化石。化石是过去生物的遗骸或遗迹。“古人类化石”是指保存于各地质时期岩层中或埋藏于地下的石化的古人类的遗骸或遗迹(主要指距今一万年前的直立人,早期、晚期智人的遗骸和遗迹,如牙齿、头盖骨、骨骼等)。“古脊椎动物化石”是指石化的古脊椎动物的遗骸或遗迹(主要指 1 万年以前埋藏地下的古爬行动物、哺乳动物和鱼类化石等)。本罪的主体为一般主体。本罪在主观方面表现为故意,并且具有非法占有的目的。根据《刑法》第 328 条的规定,犯本罪的,处 3

年以上10年以下有期徒刑，并处罚金；情节较轻的，处3年以下有期徒刑、拘役或者管制，并处罚金；有下列情形之一的，处10年以上有期徒刑、无期徒刑或者死刑，并处罚金或者没收财产：(1) 盗掘确定为全国重点文物保护单位和省级文物保护单位的古人类化石、古脊椎动物化石的；(2) 盗掘古人类化石、古脊椎动物化石集团的首要分子；(3) 多次盗掘古人类化石、古脊椎动物化石的；(4) 盗掘古人类化石、古脊椎动物化石葬，并盗窃珍贵古化石或者造成珍贵古化石严重破坏的。

九、抢夺、窃取国有档案罪

抢夺、窃取国有档案罪，是指行为人公然夺取或秘密窃取国家所有的档案的行为。本罪侵犯的客体是国家对国有档案的管理秩序。犯罪对象是国有档案。档案，是指过去和现在由国家机构、社会组织以及个人从事政治、经济、军事、科学、技术、文化、宗教等活动而直接形成的对国家和社会有保存价值的各种文字、图表、音像等不同形式的历史记录。本罪在客观方面表现为公然夺取或秘密窃取国家所有的档案的行为。本罪的主体为一般主体，在主观方面表现为故意。过失不构成本罪。犯本罪，同时又构成其他犯罪的，根据处罚较重的罪定罪处罚。例如，秘密窃取属于国家秘密的国有档案的，就既成立本罪又触犯了非法获取国家秘密罪的罪名，对这种情况，由于一行为触犯两个不同罪名，属于想象竞合犯，应从一重罪处断。如果行为人为了实施其他犯罪而抢夺、窃取国有档案，就构成牵连犯，也应从一重罪处断。根据《刑法》第329条第1款、第3款的规定，犯本罪的，处5年以下有期徒刑或者拘役。

十、擅自出卖、转让国有档案罪

擅自出卖、转让国有档案罪，是指违反档案法的规定，擅自出卖、转让国家所有的档案，情节严重的行为。本罪侵犯的客体是国家对国有档案的管理秩序。犯罪对象是国有档案。本罪在客观方面表现为违反档案法的规定，擅自出卖、转让国家所有的档案，情节严重的行为。擅自，是指行为人未经请示批准或者虽经请示但未获批准，而自作主张，将自己无权支配的国有档案出卖或者转让给他人。情节严重，是指多次或一贯地擅自出卖、转让国家档案的；擅自出卖、转让国家档案数量多或具有特别重要的政治意义、经济意义或历史意义、科学价值的国家重要档案的；因擅自出卖、转让国家档案造成严重后果的，等等。本罪的主体为一般主体，即年满16周岁且具有刑事责任能力的自然人。本罪在主观方面表现为故意，即明知是国有档案而故意擅自出卖、转让给他人。过失不构成本罪。犯本罪，同时又构成其他犯罪的，根据处罚较重的罪定罪处罚。根据《刑法》第329条第2款、第3款的规定，犯本罪的，处3年以下有期徒刑或者拘役。

第六节 危害公共卫生罪

▶ 一、妨害传染病防治罪

妨害传染病防治罪，是指违反传染病防治法的规定，引起甲类传染病传播或者有传播严重危险的行为。本罪侵犯的客体是国家对甲类传染病的管理秩序。其在客观方面需具备两个条件：一是行为要件，即违反传染病防治法的行为。这是指：供水单位供应的饮用水不符合国家规定的卫生标准的；拒绝按照卫生防疫机构提出的卫生要求，对传染病病原体污染的污水、污物、粪便进行消毒处理的；准许或者纵容传染病病人、病原携带者和疑似传染病病人从事国务院卫生行政部门规定禁止从事的易使该传染病扩散的工作的；拒绝执行卫生防疫机构根据传染病防治法提出的预防、控制措施的。二是结果要件，即引起甲类传染病传播或者有传播严重危险的。本罪的主体，包括自然人和单位。行为人在主观上只能是过失，即行为人对引起甲类传染病传播或传播危险的后果的心理态度是过失，但对违反传染病防治法的有关规定则可能是故意。根据2008年最高人民检察院、公安部《关于公安机关管辖的刑事案件立案追诉标准的规定(一)》第49条的规定，违反传染病防治法的规定，引起甲类或者按照甲类管理的传染病传播或者有传播严重危险，涉嫌下列情形之一的，应予立案追诉：(1) 供水单位供应的饮用水不符合国家规定的卫生标准的；(2) 拒绝按照疾病预防控制机构提出的卫生要求，对传染病病原体污染的污水、污物、粪便进行消毒处理的；(3) 准许或者纵容传染病病人、病原携带者和疑似传染病病人从事国务院卫生行政部门规定禁止从事的易使该传染病扩散的工作的；(4) 拒绝执行疾病预防控制机构依照传染病防治法提出的预防、控制措施的。其中，“甲类传染病”，是指鼠疫、霍乱；“按甲类管理的传染病”，是指乙类传染病中传染性非典型肺炎、炭疽中的肺炭疽、人感染高致病性禽流感以及国务院卫生行政部门根据需要报经国务院批准公布实施的其他需要按甲类管理的乙类传染病和突发原因不明的传染病。根据《刑法》第330条的规定，犯本罪的，处3年以下有期徒刑或者拘役；后果特别严重的，处3年以上7年以下有期徒刑。单位犯本罪的，对单位判处罚金，并对其直接负责的主管人员和其他直接责任人员，根据上述有关自然人犯本罪的规定处罚。

▶ 二、传染病菌种、毒种扩散罪

传染病菌种、毒种扩散罪，是指从事实验、保藏、携带、运输传染病菌种、毒种的人员，违反国务院卫生行政部门的有关规定，造成传染病菌种、毒种扩散，后果严重的行为。本罪侵犯的客体是国家对传染病防治的管理秩序。犯罪对象是传染病菌、毒种。根据《传染病防治法实施办法》的规定，传染病菌种、毒种分为三类：一类：鼠疫耶尔森氏菌、霍乱弧菌；天花病毒、艾滋病病毒。二类：布氏菌、炭疽菌、麻风杆菌；肝炎病毒、狂犬病毒、出血热病毒、登革热病毒；斑疹伤寒立克次体。三类：脑膜炎双球菌、链球菌、淋病双球菌、结核杆菌、百日咳嗜血杆菌、白喉棒状杆菌、沙门氏菌、志贺氏菌、破伤风梭状杆菌;钩端螺旋体、梅毒螺旋体;乙型脑炎病毒、脊髓灰质炎病毒、流感病毒、流行性腮腺炎病毒、麻疹病毒、风疹病毒。另外,国务院卫生行政部门可以根据情况增加或者减少菌(毒)种的种类。本罪在客观方面需要具备两个条件:一是违反国务院卫生行政部门的有关规定;二是造成传染病菌种、毒种扩散,且后果严重。后果严重,是指下列情形之一:(1) 导致甲类和按甲类管理的传染病传播的;(2) 导致乙类、丙类传染病流行、暴发的;(3) 造成人员重伤或者死亡的;(4) 严重影响正常的生产、生活秩序的;(5) 其他造成严重后果的情形。本罪的主体为特殊主体,即只能是从事实验、保藏、携带、运输传染病菌种、毒种的人员。行为人在主观上只能是过失,即对造成传染病菌种、毒种扩散的严重后果的心理态度是过失,但对于违反国务院卫生行政部门的有关规定则可能是故意的。根据《刑法》第 331 条的规定,犯本罪的,处 3 年以下有期徒刑或者拘役;后果特别严重的,处 3 年以上 7 年以下有期徒刑。

三、妨害国境卫生检疫罪

妨害国境卫生检疫罪,是指违反国境卫生检疫规定,引起检疫传染病传播或者有传播严重危险的行为。本罪侵犯的客体是国家对国境卫生检疫的管理秩序。其在客观方面表现为违反国境卫生检疫规定,引起检疫传染病传播或者有传播严重危险的行为。违反国境卫生检疫规定,是指入境、出境时采取逃避、蒙混或者其他手段,不接受国境卫生检疫机关对人身或者物品的医学检查、卫生检查和必要的卫生处理,以及其他违反应当接受国境卫生检疫的行为。检疫传染病,是指鼠疫、霍乱、黄热病、艾滋病以及国务院确定和公布的其他传染病。本罪属于结果犯和危险犯,只有结果发生或造成的危险现实存在才构成本罪。本罪的主体既包括任何具有刑事责任能力的自然人,也包括单位。行为人在主观上是过失,即行为人对引起检疫传染病传播或者有传播严重危险的后果是过失,但对违反国境卫生检疫规定则可能是故意。根据《刑法》第 332 条的规定,犯本罪的,处 3 年以下有期徒刑或者拘役,并处或者单处罚金。单位犯本罪的,对单位判处罚金,并对其直接负责的主管人员和其他直接责任人员,根据上述有关自然人犯本罪的规定处罚。

四、非法组织卖血罪

非法组织卖血罪,是指未经卫生行政主管部门的批准或者委托,擅自组织他人出卖血液的行为。本罪侵犯的客体是国家对血液的采集、供应等的管理秩序。本罪在客观方面表现为非法组织他人出卖血液的行为。非法,是指行为人违反了我国《献血法》规定的无偿献血制度。我国实行无偿献血和义务献血制度。组织他人出卖血液是指策划、指使或者安排他人向血站、红十字会或者其他采集血液的机构出卖血液。至于组织的手段,在实际中往往表现为招募、雇用、引诱、欺骗或者其他控制卖血者的方式。所谓"他人",是指那些愿意出卖血液的人,而且人数在 3 人以上。所谓"血液",是指用于临床的全血、成分血和用于血液制品生产的原料血浆。本罪的主体为一般主体,凡年满 16 周岁具有刑事责任能力的自然人均能成为本罪的主体。实践中,组织他人出卖血液的，被称为“血头”、“血霸”。本罪主观方面表现为故意，即行为人明知自己非法组织他人出卖血液的行为对社会有危害而对此持希望态度。一般情况下，行为人具有谋取非法利益的目的。根据2008年最高人民检察院、公安部《关于公安机关管辖的刑事案件立案追诉标准的规定(一)》第52条的规定，非法组织他人出卖血液，涉嫌下列情形之一的，应予立案追诉：(1) 组织卖血3人次以上的；(2) 组织卖血非法获利2000元以上的；(3) 组织未成年人卖血的；(4) 被组织卖血的人的血液含有艾滋病病毒、乙型肝炎病毒、丙型肝炎病毒、梅毒螺旋体等病原微生物的；(5) 其他非法组织卖血应予追究刑事责任的情形。根据《刑法》第333条第1款的规定，犯本罪的，处5年以下有期徒刑，并处罚金。

五、强迫卖血罪

强迫卖血罪，是指以暴力、威胁方法强迫他人出卖血液的行为。本罪侵犯的客体是国家对血液采集、供应的管理秩序和他人的人身权利。其在客观方面表现为以暴力、威胁方法强迫他人出卖血液的行为。暴力，是指实行身体强制，如殴打、捆绑、伤害等方法；威胁，是指实行精神强制，如以杀害、伤害、揭发隐私等相要挟。他人，是指不愿意献血或卖血的人。本罪在主观方面表现为直接故意，即行为人明知自己的行为会发生危害社会的结果而希望此结果发生。一般情况下，行为人具有谋取非法利益的目的。本罪虽然没有规定情节严重才构成犯罪，但也并非凡强迫他人卖血一律构成犯罪，对于情节显著轻微危害不大，就不认为是犯罪。因使用暴力强迫他人出卖血液，对他人造成伤害的，根据故意伤害罪定罪处罚。这里仅限于重伤害，不包括轻伤害。如果仅造成轻伤害，仍以本罪论处。这种情况下定罪，要注意遵循罪责刑相适应原则。根据《刑法》第333条第1款的规定，犯本罪的，处5年以上10年以下有期徒刑，并处罚金。

六、非法采集、供应血液、制作、供应血液制品罪

非法采集、供应血液、制作、供应血液制品罪，是指非法采集、供应血液或者制作、供应血液制品，不符合国家规定的标准，足以危害人体健康的行为。本罪侵犯的客体是国家对血液的采集、供应和血液制品的制作、供应管理秩序和受血者的健康权利。犯罪对象是血液和血液制品。血液制品，是指各种人血浆蛋白制品。本罪在客观方面表现非法采集、供应血液或者制作、供应血液制品，不符合国家规定的标准，足以危害人体健康的行为。“非法采集、供应血液或者制作、供应血液制品”，是指未经国家主管部门批准或者超过批准的业务范围，采集、供应血液或者制作、供应血液制品。根据2008年最高人民法院、最高人民检察院《关于办理非法采供血液等刑事案件具体应用法律若干问题的解释》第2条的规定，“不符合国家规定的标准，足以危害人体健康”，是指下列情形之一：(1) 采集、供应的血液含有艾滋病病毒、乙型肝炎病毒、丙型肝炎病毒、梅毒螺旋体等病原微生物的；(2) 制作、供应的血液制品含有艾滋病病毒、乙型肝炎病毒、丙型肝炎病毒、梅毒螺旋体等病原微生物，或者将含有上述病原微生物的血

液用于制作血液制品的;(3) 使用不符合国家规定的药品、诊断试剂、卫生器材,或者重复使用一次性采血器材采集血液,造成传染病传播危险的;(4) 违反规定对献血者、供血浆者超量、频繁采集血液、血浆,足以危害人体健康的;(5) 其他不符合国家有关采集、供应血液或者制作、供应血液制品的规定标准,足以危害人体健康的。本罪的主体为一般自然人,单位不构成本罪。在主观方面表现为故意,即行为人明知自己没有资格采集、供应血液,或者明知自己制作、供应的血液制品不符合国家规定的标准,明知这样会对人体健康造成严重危害,而决意为之。根据《刑法》第 334 条第 1 款的规定,犯本罪的,处 5 年以下有期徒刑或者拘役,并处罚金;对人体健康造成严重危害的,处 5 年以上 10 年以下有期徒刑,并处罚金;造成特别严重后果的,处 10 年以上有期徒刑或者无期徒刑,并处罚金或者没收财产。"对人体健康造成严重危害",是指下列情形之一:(1) 造成献血者、供血浆者、受血者感染乙型肝炎病毒、丙型肝炎病毒、梅毒螺旋体或者其他经血液传播的病原微生物的;(2) 造成献血者、供血浆者、受血者重度贫血、造血功能障碍或者其他器官组织损伤导致功能障碍等身体严重危害的;(3) 对人体健康造成其他严重危害的。"造成特别严重后果",是指下列情形之一:(1) 因血液传播疾病导致人员死亡或者感染艾滋病病毒的;(2) 造成五人以上感染乙型肝炎病毒、丙型肝炎病毒、梅毒螺旋体或者其他经血液传播的病原微生物的;(3) 造成五人以上重度贫血、造血功能障碍或者其他器官组织损伤导致功能障碍等身体严重危害的;(4) 造成其他特别严重后果的。

七、采集、供应血液、制作、供应血液制品事故罪

采集、供应血液、制作、供应血液制品事故罪,是指经国家主管部门批准采集、供应血液或者制作、供应血液制品的部门,不根据规定进行检测或者违背其他操作规定,造成危害他人身体健康后果的行为。本罪侵犯的客体和犯罪对象与非法采集、供应血液、制作、供应血液制品罪相同。本罪在客观方面表现为不根据规定进行检测或者违背其他操作规定,造成危害他人身体健康后果的行为。"不依照规定进行检测或者违背其他操作规定",根据 2008 年最高人民法院、最高人民检察院《关于办理非法采供血液等刑事案件具体应用法律若干问题的解释》第 5 条的规定,是指下列情形之一:(1) 血站未用两个企业生产的试剂对艾滋病病毒抗体、乙型肝炎病毒表面抗原、丙型肝炎病毒抗体、梅毒抗体进行两次检测的;(2) 单采血浆站不依照规定对艾滋病病毒抗体、乙型肝炎病毒表面抗原、丙型肝炎病毒抗体、梅毒抗体进行检测的;(3) 血液制品生产企业在投料生产前未用主管部门批准和检定合格的试剂进行复检的;(4) 血站、单采血浆站和血液制品生产企业使用的诊断试剂没有生产单位名称、生产批准文号或者经检定不合格的;(5) 采供血机构在采集检验标本、采集血液和成分血分离时,使用没有生产单位名称、生产批准文号或者超过有效期的一次性注射器等采血器材的;(6) 不依照国家规定的标准和要求包装、储存、运输血液、原料血浆的;(7) 对国家规定检测项目结果呈阳性的血液未及时按照规定予以清除的;(8) 不具备相应资格的医务人员进行采血、检验操作的;(9) 对献血者、供血浆者超量、频繁采集血液、血浆的;(10) 采

供血机构采集血液、血浆前，未对献血者或供血浆者进行身份识别，采集冒名顶替者、健康检查不合格者血液、血浆的；(11) 血站擅自采集原料血浆，单采血浆站擅自采集临床用血或者向医疗机构供应原料血浆的；(12) 重复使用一次性采血器材的；(13) 其他不依照规定进行检测或者违背操作规定的。“造成危害他人身体健康后果”，是指下列情形之一：(1) 造成献血者、供血浆者、受血者感染艾滋病病毒、乙型肝炎病毒、丙型肝炎病毒、梅毒螺旋体或者其他经血液传播的病原微生物的；(2) 造成献血者、供血浆者、受血者重度贫血、造血功能障碍或者其他器官组织损伤导致功能障碍等身体严重危害的；(3) 造成其他危害他人身体健康后果的。本罪的主体是特殊单位，即必须是经国家主管部门批准的有权从事采集、供应血液或者制作、供应血液制品的单位，包括采血机构和血液制品生产单位。“采供血机构”，包括血液中心、中心血站、中心血库、脐带血造血干细胞库和国家卫生行政主管部门根据医学发展需要批准、设置的其他类型血库、单采血浆站。本罪在主观方面表现为过失，即对造成为危害他人身体健康的后果持过失态度，但对违反操作规定可能存在故意。根据《刑法》第 334 条第 2 款的规定，犯本罪的，对单位判处罚金，并对其直接负责的主管人员和其他直接责任人员，处 5 年以下有期徒刑或者拘役。

▶ 八、医疗事故罪

(一) 医疗事故罪的概念和构成

医疗事故罪，是指医务人员在医务工作中由于严重不负责任，造成就诊人死亡或者严重损害就诊人身体健康的行为。

本罪构成特征：

(1) 本罪侵犯的客体是国家对医疗工作的管理秩序和就诊人的生命、健康权利。

(2) 本罪在客观上表现为行为人在医务工作中严重不负责任，造成就诊人死亡或者严重损害就诊人身体健康的行为。严重不负责任，是指医务人员在诊疗工作中违反规章制度和诊疗护理常规。这里的规章制度，是指与保障就诊人的生命、健康安全有关的诊疗护理方面的规章制度，包括诊断、处方、麻醉、手术、输血、护理、化验、消毒、医嘱、查房等各个环节的规则、守则和制度等等。实践中，“严重不负责任”，是指下列情形之一：擅离职守的；无正当理由拒绝对危急就诊人实行必要的医疗救治的；未经批准擅自开展试验性医疗的；严重违反查对、复核制度的；使用未经批准使用的药品、消毒药剂、医疗器械的；严重违反国家法律法规及有明确规定的诊疗技术规范、常规的；其他严重不负责任的情形。构成本罪，就诊人死亡或身体健康严重损害的后果与医务人员在医务工作中的严重不负责任的行为之间必须具有因果关系，否则，不构成犯罪。

(3) 本罪的主体为特殊主体，即只能是医务人员。医务人员，是指经过医药院校教育或经过各级机构培养训练后，经卫生行政机关批准或承认或经过考核取得相应资格的从事医疗工作的人员。按其业务性质可分为四类：一是医疗防疫人员，包括中医、西医、卫生防疫、寄生虫防治、地方病防治、工业卫生、妇幼保健等人员；二是药剂人员；三是护理人员；四是其他技术人员，包括检验、理疗、病理、口腔、同位素、放射、营养等技术人员。除上述人员外,医疗单位中其他负有保障人民的生命和健康权益,必须实施某种行为的特定义务的人员(如救护车司机),由于不履行或不认真履行其义务,而造成就诊人死亡或者严重损害就诊人身体健康的严重后果的,也可构成本罪。

(4) 本罪在主观方面表现为过失,即行为人应当预见到其在医务工作中严重不负责任的行为会造成就诊人死亡或者严重损害就诊人身体健康的危害后果,由于疏忽大意而没有预见,或者虽已预见但轻信可以避免的心态。

(二) 医疗事故罪的认定

1. 罪与非罪的界限

这里主要是区分三个界限:(1) 本罪与医疗技术事故的界限。国务院《医疗事故处理办法》把医疗事故分为责任事故和技术事故两类。医疗事故罪限于医疗责任事故,不包括医疗技术事故。所以,医疗技术事故不构成医疗事故罪。医疗技术事故是指医务人员因技术过失所致的事故。而医疗责任事故,是指医务人员违反规章制度、诊疗护理常规等失职行为所致的事故。当然,两者也存在交叉因素。实践中,许多技术事故都包含责任因素,责任事故中也常有技术因素。区分二者主要是看哪种因素占主要分量。医疗技术事故主要是医务人员因专业技术水平和经验不足为主要原因导致诊疗护理失误所致的事故。而医疗责任事故主要因违反规章制度、诊疗常规等失职行为为主要原因所致的事故。(2) 本罪与一般医疗事故的界限。二者的区别主要在后果上。如果医务人员由于严重不负责任,造成的危害结果没有达到本罪的标准,不构成犯罪。本罪的"严重损害就诊人身体健康",是指造成就诊人严重残疾、重伤、感染艾滋病、病毒性肝炎等难以治愈的疾病或者其他严重损害就诊人身体健康的后果。(3) 本罪与医疗意外事件的界限。医疗意外事件,是指在诊疗护理工作中由于病情或者病人体质特殊而发生了医务人员难以预料和防范的严重后果。在这种情况下,医务人员对严重后果没有预料到,也无法预料,在主观上不存在过失,所以不构成犯罪。

2. 此罪与彼罪的界限

(1) 本罪与重大责任事故罪的界限。两者的区别在于:一是客体不同。本罪侵犯的是国家对医疗工作的管理秩序和就诊人的生命、健康权利,而重大责任事故罪侵犯的是公共安全。二是行为发生的场合不同。本罪只能发生在诊疗护理中,而重大责任事故罪发生在各种生产、作业的过程中。三是危害结果不同。本罪的危害结果限于就诊人死亡或其身体健康的严重损害,而重大责任事故罪的危害结果包括重大人身伤亡和重大财产损失。四是主体不同。本罪的主体为医务人员,而重大责任事故罪的主体为企业、事业单位直接从事生产作业和指挥生产作业的人员。(2) 本罪与玩忽职守罪的界限。二者的区别在于:一是客体不同。玩忽职守罪侵犯的是国家机关的正常管理秩序,本罪侵犯的则是国家对医疗工作的管理秩序和就诊人的生命、健康权利。二是客观表现不同。玩忽职守罪表现为在行政管理工作中严重不负责任,不履行或不正确履行自己的职责,而本罪表现为在诊疗护理工作中违反规章制度或诊疗常规。三是危害后果不同。玩忽职守罪的危害后果是人员伤亡、财产损失,甚至恶劣的社会政治影响等,而本罪的危害后果仅限于就诊人死亡或身体健康严重受损。四是犯罪主体不同。玩忽职守罪的主体是国家机关工作人员,而本罪的主体是医务人员。

(三) 医疗事故罪的刑事责任

根据《刑法》第 335 条的规定,犯本罪的,处 3 年以下有期徒刑或者拘役。

九、非法行医罪

(一) 非法行医罪的概念与构成

非法行医罪,是指未取得医生执业资格的人非法行医,情节严重的行为。

本罪构成特征:

(1) 本罪侵犯的客体是国家对医疗工作的管理秩序和就诊人的生命、健康权利。

(2) 本罪在客观方面表现为非法行医,情节严重的行为。非法行医,是指未经有关卫生行政部门批准而擅自行医。

(3) 本罪的主体为年满 16 周岁且具有刑事责任能力、未取得医生执业资格的自然人。

(4) 本罪在主观方面表现为直接故意,即行为人明知自己没有取得医生执业资格仍行医。当然,行为人对造成的实害结果持过失心态。

(二) 非法行医罪的认定

1. 罪与非罪的界限

主要从两方面来界定:一是主体上,要求是未取得医生执业资格的人。“未取得医生执业资格的人非法行医”是指下列情形之一:(1) 未取得或者以非法手段取得医师资格从事医疗活动的;(2) 个人未取得《医疗机构执业许可证》开办医疗机构的;(3) 被依法吊销医师执业证书期间从事医疗活动的;(4) 未取得乡村医生执业证书,从事乡村医疗活动的;(5) 家庭接生员实施家庭接生以外的医疗活动的。二是非法行医要达到情节严重。根据 2008 年最高人民法院《关于审理非法行医刑事案件具体应用法律若干问题的解释》的规定,“情节严重”是指下列情形之一:(1) 造成就诊人轻度残疾、器官组织损伤导致一般功能障碍的;(2) 造成甲类传染病传播、流行或者有传播、流行危险的;(3) 使用假药、劣药或不符合国家规定标准的卫生材料、医疗器械,足以严重危害人体健康的;(4) 非法行医被卫生行政部门行政处罚两次以后,再次非法行医的;(5) 其他情节严重的情形。

2. 此罪与彼罪的界限

(1) 非法行医罪与诈骗罪的界限。二者区别较为明显,但如果行医者以营利为目的,采用欺骗手段向就诊人收取医药费就存在混淆。二者的主要区别在于:一是主观方面不同。以行医为名诈骗他人财物,行为人主观上是以非法占有他人财物为目的,而非法行医罪不以牟利目的为本罪成立要件。二是客观方面不同。非法行医罪表现为未取得医生执业资格而非法行医,虽带有一定欺骗性,但行为人要实施诊断和治疗,治病行为名符事实,不像以行医诈骗财物只有诈骗财物之实而没有行医之实,完全采用虚构事实或隐瞒真相的方法骗取财物。具体来说,非法行医罪的行为人一般具有相对固定的行医场所,而行医为名实施的诈骗犯罪,其行为人常常无固定场所,多以走街串巷的游医形式出现;非法行医罪的行为人虽然没有取得国家认可的行医资格,但他们通常具有一定的医疗知识,而以行医为名的诈骗犯罪,其行为人可能缺乏基本的医疗常识。(2) 非法行医罪与故意杀人罪的界限。非法行医致人死亡的,行为人对结果出于过失,按照非法行医罪结果加重犯处理;如果行为人对就诊人的死亡持希望或放任态度,即行为人故意致就诊人死亡的,应以故意杀人罪论处。

3. 一罪与数罪的界限

实施非法行医犯罪,同时构成生产、销售假药罪,生产、销售劣药罪,诈骗罪等其他犯罪的,依照刑法处罚较重的规定定罪处罚,不进行数罪并罚。

(三) 非法行医罪的刑事责任

根据《刑法》第336条第1款的规定,犯本罪的,处3年以下有期徒刑、拘役或者管制,并处或者单处罚金;严重损害就诊人身体健康的,处3年以上10年以下有期徒刑,并处罚金;造成就诊人死亡的,处10年以上有期徒刑,并处罚金。"严重损害就诊人身体健康"是指:(1) 造成就诊人中度以上残疾、器官组织损伤导致严重功能障碍的;或(2) 造成三名以上就诊人轻度残疾、器官组织损伤导致一般功能障碍的。这里的造成就诊人死亡,是指行为人在非法行医过程中过失致就诊人死亡。

▶ 十、非法进行节育手术罪

非法进行节育手术罪,是指未取得医生执业资格的人擅自为他人进行节育复通手术、假节育手术、终止妊娠手术或者摘取宫内节育器,情节严重的行为。本罪侵犯的客体是国家对计划生育的管理秩序和就诊人的生命、健康权利。本罪在客观方面表现为擅自为他人进行节育复通手术、假节育手术、终止妊娠手术或者摘取宫内节育器,情节严重的行为。所谓"为他人进行节育复通手术",是指为他人进行输卵(精)管复通手术;"假节育手术"是指为他人进行假结扎输卵(精)管手术;"终止妊娠手术",俗称人工流产,是指在妊娠27周前用人工手术或药物终止妊娠;"摘取宫内节育器",是指将为避孕而安装在妇女子宫内的节育器取出的行为。根据2008年最高人民检察院、公安部《关于公安机关管辖的刑事案件立案追诉标准的规定(一)》第58条的规定:"情节严重"是指下列情形之一:(1) 造成就诊人轻伤、重伤、死亡或者感染艾滋病、病毒性肝炎等难以治愈的疾病的;(2) 非法进行节育复通手术、假节育手术、终止妊娠手术或者摘取宫内节育器五人次以上的;(3) 致使他人超计划生育的;(4) 非法进行选择性别的终止妊娠手术的;(5) 非法获利累计5000元以上的;(6) 其他情节严重的情形。本罪的主体为年满16周岁且具有刑事责任能力的、未取得医生执业资格的自然人。根据《刑法》第336条第2款的规定,犯本罪的,处3年以下有期徒刑、拘役或者管制,并处或者单处罚金;严重损害就诊人身体健康的,处3年以上10年以下有期徒刑,并处罚金;造成就诊人死亡的,处10年以上有期徒刑,并处罚金。

▶ 十一、妨害动植物防疫、检疫罪

妨害动植物防疫、检疫罪,是指违反有关动植物防疫、检疫的国家规定,引起重大动植物疫情，或有引起重大动植物疫情危险，情节严重的行为。本罪是《刑法修正案（七）》对《刑法》第337条第1款规定的“逃避动植物检疫罪”修改而来。本罪侵犯的客体是国家对动植物的防疫、检疫管理秩序。本罪在客观方面表现为违反有关动植物防疫、检疫的国家规定，引起重大动植物疫情，或有引起重大动植物疫情危险，情节严重的行为。本罪的主体包括自然人和单位，自然人主体为一般主体。本罪在主观方面表现为过失，但行为人对有关动植物防疫、检疫的国家规定的违反可能是故意的。根据《刑法修正案（七）》第11条的规定，犯本罪的，处3年以下有期徒刑或者拘役，并处或者单处罚金。单位犯本罪的，对单位判处罚金；并对其直接负责的主管人员和其他直接责任人员，根据自然人犯本罪的规定处罚。

第七节　破坏环境资源保护罪

一、重大环境污染事故罪

（一）重大环境污染事故罪的概念和构成

重大环境污染事故罪，是指违反国家规定，排放、倾倒或者处置有放射性的废物、含传染病病原体的废物、有毒物质或者其他有害物质，严重污染环境的行为。该罪为《刑法修正案（八）》修改，主要将“其他危险废物”改为“其他有害物质”，并降低了入罪门槛。

本罪构成特征：

（1）本罪侵犯的客体是国家对环境保护污染防治秩序。环境是人类生存和发展的必要条件，世界各国都很重视环境的保护和污染的防治。我国也把环境保护作为一项优先考虑的基本国策。重大环境污染行为破坏了国家对环境保护和污染防治的管理秩序，理应受到惩罚。本罪的犯罪对象是有害物质，即指有放射性的废物、含传染病病原体的废物、有毒物质或者其他有害物质。放射性废物是指放射性核素超过国家规定限值的固体、液体和气体废弃物；含传染病病原体的废物是指含有传染病病菌的污水、粪便等废物；有毒物质是指对人体有毒害，可能对人体健康和环境造成严重危害的固体、液体及气体废物；其他有害物质是指上述列举之外的，对环境或人体有害的物质。

（2）本罪在客观方面表现为违反国家规定排放、倾倒或者处置有放射性的废物、含传染病病原体的废物、有毒物质或者其他有害物质，严重污染环境的行为。包含三个条件：第一，违反国家规定。即指违反我国《环境保护法》、《大气污染防治法》、《水污染防治法》等环境保护和污染防治的法律以及《海洋倾废管理条例》、《民用核设施安全监督管理条例》、《化学危险物品安全管理条例》、《水污染防治法实施细则》、《大气污染防治法实施细则》等行政法规以及国务院规定的行政措施、发布的决定和命令。第二，实施了污染环境的行为，即排放、倾倒或者处置有放射性的废物、含传染病病原体的废物、有毒物质或者其他有害物质。排放是指将各种危险废物排入土地、水体、大气的情况，包括泵出、溢出、泄出、喷出、倒出等；倾倒是指通过船舶、航空器、平台或者其他载运工具，向土地、水体、大气倾卸危险废物的情况；处置则是指以焚烧、填埋等方式处理危险废物或者将其置于特定场所并不再取回的情况。第三,严重污染了环境。只有排放、倾倒或者处置有害物质严重污染了环境才构成本罪,至于"严重"的程度,需要作出相关司法解释。

(3) 本罪主体包括自然人和单位。自然人主体属于一般主体,即年满16周岁且具有刑事责任能力的自然人。

(4) 本罪在主观方面表现为故意,一般为间接故意,即行为人明知自己的行为可能污染环境,而对污染环境这一危害结果持放任心态。

(二) 重大环境污染事故罪的认定

1. 罪与非罪的界限

可从三个方面来界定:一是是否违反国家规定。排放、倾倒、处置有害物质的行为如果不违反国家的规定,则属于正当合法行为,不构成犯罪。只有违反国家规定,超标准或不按标准排放、倾倒、处置危险废物,才属于本罪的非法处置危险废物污染环境行为。二是是否主观上存在故意。如果行为人不是故意排放、倾倒、处置有害物质,则不构成犯罪;如果发生的严重污染环境的结果是由于自然事故或意外事件而造成的,也不构成犯罪。三是是否严重污染环境。如果行为未达到严重污染环境的程度,只属于一般行政违法行为。

2. 此罪与彼罪的界限

(1) 重大环境污染事故罪与危险物品肇事罪的界限。两罪的区别在于:一是客体不同。危险物品肇事罪侵犯的客体为公共安全,本罪侵犯的客体为国家对环境的保护和污染防治管理秩序。二是客观表现不同。危险物品肇事罪表现为违反危险物品的管理规定,在生产、储存、运输、使用过程中发生重大事故的行为,而本罪是违反国家规定排放、倾倒、处置有害物质的行为。三是犯罪对象不同。危险物品肇事罪中的危险物品与本罪中的有害物质不仅范围不同,意义也不一样。四是主体不同。危险物品肇事罪的主体只能是自然人而不能是单位,而本罪则包括自然人和单位。五是主观方面不同。危险物品肇事罪在主观方面表现为过失,而本罪则为故意犯罪。

(2) 重大环境污染事故罪与重大责任事故罪的界限。两罪的区别在于:一是犯罪客体不同。本罪侵犯的客体为国家对环境保护和污染防治的管理秩序,而重大责任事故罪侵犯的客体则是生产、作业安全。二是行为方式不同。本罪表现为违反国家有关排放、倾倒或者处置有害物质的规定,因而发生严重污染环境的行为,而重大责任事故罪表现为在生产、作业中违反有关安全管理的规定,因而发生严重后果的行为。三是犯罪主体不尽相同。本罪的主体既可以是符合一般主体条件的自然人,也可以是单位,而重大责任事故罪的主体只能是自然人。四是主观方面不同。重大责任事故罪为过失犯罪,而本罪则为故意犯罪。

(三) 重大环境污染事故罪的刑事责任

根据《刑法修正案(八)》对《刑法》第338条的修正,犯本罪的,处3年以下有期徒刑或者拘役,并处或者单处罚金;后果特别严重的,处3年以上7年以下有期徒刑,并处罚金。后果特别严重一般是指:污染环境极其严重的;导致多人重伤、死亡的;或者造成直接经济损失特别巨大的;等等。根据《刑法》第 346 条的规定,单位犯本罪的,对单位判处罚金,并对其直接负责的主管人员和其他直接责任人员,根据上述有关自然人犯本罪的规定处罚。

二、非法处置进口的固体废物罪

非法处置进口的固体废物罪,是指违反国家规定,将境外的固体废物进境倾倒、堆放、处置的行为。本罪侵犯的客体是国家对进口固体废物的管理秩序。犯罪对象是进口的固体废物。固体废物,是指在生产建设、日常生活和其他活动中产生的污染环境的固体、半固体废弃物质,主要包括工业固体废物、城市生活垃圾和危险废物等。进口的固体废物,即指境外的固体废物,如果是非法处置境内废物,则不构成本罪。本罪为行为犯,在客观方面表现为非法倾倒、堆放、处置进口的固体垃圾的行为。本罪的成立并不要求行为造成具体的污染环境的危害后果,只要行为人实施了上述行为即可构成犯罪。本罪的主体包括自然人和单位。在主观方面表现为故意。根据《刑法》第 339 条第 1 款的规定,犯本罪的,处 5 年以下有期徒刑或者拘役,并处罚金;造成重大环境污染事故,致使公私财产遭受重大损失或者严重危害人体健康的,处 5 年以上 10 年以下有期徒刑,并处罚金;后果特别严重的,处 10 年以上有期徒刑,并处罚金。"公私财产损失",包括污染环境行为直接造成的财产损毁、减少的实际价值,为防止污染扩大以及消除污染而采取的必要的、合理的措施而发生的费用。"公私财产遭受重大损失",是指下列情形之一:(1) 致使公私财产损失 30 万元以上的;(2) 致使基本农田、防护林地、特种用途林地 5 亩以上,其他农用地 10 亩以上,其他土地 20 亩以上基本功能丧失或者遭受永久性破坏的;(3) 致使森林或者其他林木死亡 50 立方米以上,或者幼树死亡 2500 株以上的。"严重危害人体健康"是指下列情形之一:(1) 致使 1 人以上死亡、3 人以上重伤、10 人以上轻伤,或者 1 人以上重伤并且 5 人以上轻伤的;(2) 致使传染病发生、流行或者人员中毒达到《国家突发公共卫生事件应急预案》中突发公共卫生事件分级Ⅲ级情形,严重危害人体健康的;(3)"严重危害人体健康"的情形。"后果特别严重"是指下列情形之一:(1) 致使公私财产损失 100 万元以上的;(2) 致使水源污染、人员疏散转移达到《国家突发环境事件应急预案》中突发环境事件分级Ⅱ级以上情形的;(3) 致使基本农田、防护林地、特种用途林地 15 亩以上,其他农用地 30 亩以上,其他土地 60 亩以上基本功能丧失或者遭受永久性破坏的;(4) 致使森林或者其他林木死亡 150 立方米以上,或者幼树死亡 7500 株以上的;(5) 致使 3 人以上死亡、10 人以上重伤、30 人以上轻伤,或者 3 人以上重伤并 10 人以上轻伤的;(6) 致使传染病发生、流行达到《国家突发公共卫生事件应急预案》中突发公共卫生事件分级Ⅱ级以上情形的;(7) 其他后果特别严重的情形。根据《刑法》第 346 条的规定,单位犯本罪的,对单位判处罚金,并对其直接负责的主管人员和其他直接责任人员,根据上述有关自然人犯本罪的规定处罚。

三、擅自进口固体废物罪

擅自进口固体废物罪,是指未经国务院有关主管部门许可,擅自进口固体废物用作原料,造成重大环境污染事故,致使公私财产遭受重大损失或者严重危害人体健康的行为。本罪侵犯的客体是国家对进口固体废物的管理秩序。犯罪对象是固体废物。本罪在客观方面要具备三个条件:一是未经国务院有关主管部门许可。我国限制进口可以用作原料的固体废物,并制定了可以用作原料进口的固体废物的目录,未列入该目录的固体废物禁止进口。确有必要进口列入前款规定目录中的固体废物作原料的,必须经国务院环境保护行政部门会同国务院对外经济贸易主管部门审查许可,方可进口。二是实施了进口固体废物的行为。三是造成了重大环境污染事故,致使公私财产遭受重大损失或者严重危害了人体健康。本罪的主体既包括任何具有刑事责任能力的自然人,也包括单位。根据《刑法》第 339 条第 2 款的规定,犯本罪的,处 5 年以下有期徒刑或者拘役,并处罚金;后果特别严重的,处 5 年以上 10 年以下有期徒刑,并处罚金。"公私财产遭受重大损失"、"严重危害人体健康"和"后果特别严重"的标准参见非法处置进口的固体废物罪的相关论述。根据《刑法》第 346 条的规定,单位犯本罪的,对单位判处罚金,并对其直接负责的主管人员和其他直接责任人员,根据上述有关自然人犯本罪的规定处罚。

四、非法捕捞水产品罪

非法捕捞水产品罪,是指违反水产资源法规,在禁渔区、禁渔期或者使用禁用的工具、方法捕捞水产品,情节严重的行为。本罪侵犯的客体是国家对水产资源的管理秩序。犯罪对象是水产品。作为本罪犯罪对象的水产品,是指除珍贵、濒危水生野生动物以外的各种水产品,包括鱼类、虾蟹类、贝类、海藻类、淡水食用水生植物类以及其他龟鳖、乌贼、海参等等。本罪在客观方面表现为:一是违反水产资源法规,即《渔业法》、《水产资源繁殖保护条例》等保护水产资源的法规。二是在禁渔区、禁渔期或者使用禁用的工具、方法捕捞水产品。禁渔区,是指为保护某些主要鱼、虾、蟹、贝、藻类以及其他水生生物产卵、索饵、越冬和洄游而划定的禁止全部捕捞作业或者部分捕捞作业的一定区域;禁渔期,是指根据上述水生生物幼体出现的不同盛期而划定的、禁止全部捕捞作业或部分捕捞作业的一定期限;禁用的工具,是指被禁止使用的超过国家按不同捕捞对象所分别规定的最小网眼尺寸的渔具或其他禁止使用的工具;禁用的方法,是指禁止使用的损害水产资源正常繁殖、生长的方法。三是必须情节严重。根据2008 年最高人民检察院、公安部《关于公安机关管辖的刑事案件立案追诉标准的规定(一)》第 63 条的规定,"情节严重"是指下列情形之一:(1) 在内陆水域非法捕捞水产品 500 公斤以上或者价值 5000 元以上的,或者在海洋水域非法捕捞水产品 2000 公斤以上或者价值 2 万元以上的;(2) 非法捕捞有重要经济价值的水生动物苗种、怀卵亲体或者在水产种质资源保护区内捕捞水产品,在内陆水域 50 公斤以上或者价值 500 元以上,或者在海洋水域 200 公斤以上或者价值 2000 元以上的;(3) 在禁渔区内使用禁用的工具或者禁用的方法捕捞的;(4) 在禁渔期内使用禁用的工具或者禁用的方法捕捞的;(5) 在公海使用禁用渔具从事捕捞作业,造成严重影响的;(6) 其他情节严重的情形。本罪的主体包括自然人和单位,在主观方面表现为故意。根据《刑法》第 340 条的规定，犯本罪的，处3年以下有期徒刑、拘役、管制或者罚金。根据《刑法》第346条的规定，单位犯本罪的，对单位判处罚金，并对其直接负责的主管人员和其他直接责任人员，根据上述有关自然人犯本罪的规定处罚。

五、非法猎捕、杀害珍贵、濒危野生动物罪

非法猎捕、杀害珍贵、濒危野生动物罪，是指违反野生动物保护法规，未经有关部门批准，非法猎捕、杀害国家重点保护的珍贵、濒危野生动物的行为。本罪侵犯的客体是国家对珍贵、濒危野生动物资源保护的管理秩序。犯罪对象是国家重点保护的珍贵、濒危野生动物。根据最高人民法院2000年的《关于审理破坏野生动物资源刑事案件具体应用法律若干问题的解释》的规定，"珍贵、濒危野生动物"包括列入国家重点保护野生动物名录的国家一、二级保护野生动物、列入《濒危野生动植物种国际贸易公约》附录一、附录二的野生动物以及驯养繁殖的上述物种。本罪在客观方面表现为违反野生动物保护法规，未经批准而猎捕、杀害国家重点保护的珍贵、濒危野生动物的行为。本罪的主体包括自然人和单位。在主观方面表现为故意，即行为人明知是国家重点保护的珍贵、濒危野生动物而予以猎捕、杀害。如果行为人不具备"明知"这一条件，则不能论以本罪。使用爆炸、投毒、设置电网等危险方法猎捕、杀害珍贵、濒危野生动物，又危及公共安全的，则同时构成非法猎捕、杀害珍贵、濒危野生动物罪和投放危险物质罪或爆炸罪、以危险方法危害公共安全罪，属于想象竞合犯，应从一重罪处断。犯本罪，又以暴力、威胁方法抗拒查处的，根据本罪和妨害公务罪进行数罪并罚。

根据《刑法》第341条第1款的规定，犯本罪的，处5年以下有期徒刑或者拘役，并处罚金；情节严重的，处5年以上10年以下有期徒刑，并处罚金；情节特别严重的，处10年以上有期徒刑，并处罚金或者没收财产。根据上述最高人民法院的司法解释，"情节严重"是指：(1) 达到本解释附表所列相应数量标准的①；(2) 非法猎捕、杀害、收购、运输、出售不同种类的珍贵、濒危野生动物，其中两种以上分别达到附表所列"情节严重"数量标准一半以上的。(3) 犯罪集团的首要分子；(4) 严重影响对野生动物的科研、养殖等工作顺利进行的；(5) 以武装掩护方法实施犯罪的；(6) 使用特种车、军用车等交通工具实施犯罪的；(7) 造成其他重大损失的。"情节特别严重"是指同时具有(1)、(2)项之一和(3)、(4)、(5)、(6)、(7)项之一的情节。另外，根据《刑法》第346条的规定，单位犯本罪的，对单位判处罚金，并对其直接负责的主管人员和其他直接责任人员，根据上述有关自然人犯本罪的规定处罚。

六、非法收购、运输、出售珍贵、濒危野生动物、珍贵、濒危野生动物制品罪

非法收购、运输、出售珍贵、濒危野生动物、珍贵、濒危野生动物制品罪，是指非法收购、运输、出售国家重点保护的珍贵、濒危野生动物或者上述野生动物的制品的行

① 附表可参见2000年11月17日最高人民法院审判委员会第1141次会议通过的《关于审理破坏野生动物资源刑事案件具体应用法律若干问题的解释》。

为。“收购”,包括以营利、自用等为目的的购买行为;“运输”,包括采用携带、邮寄、利用他人、使用交通工具等方法进行运送的行为;“出售”,包括出卖和以营利为目的的加工利用行为。本罪的主体既包括任何具有刑事责任能力的自然人,也包括单位。根据《刑法》第 341 条第 1 款的规定,犯本罪的,处 5 年以下有期徒刑或者拘役,并处罚金;情节严重的,处 5 年以上 10 年以下有期徒刑,并处罚金;情节特别严重的,处 10 年以上有期徒刑,并处罚金或者没收财产。根据 2000 年最高人民法院关于此问题的解释,非法收购、运输、出售珍贵、濒危野生动物的“情节严重”和“情节特别严重”的标准与非法猎捕、杀害珍贵、濒危野生动物罪中的“情节严重”和“情节特别严重”的标准一样;对于非法收购、运输、出售珍贵、濒危野生动物制品的,“情节严重”是指:(1) 价值在 10 万元以上的;(2) 非法获利 5 万元以上的;(3) 具有其他严重情节的。“情节特别严重”是指:(1) 价值在 20 万元以上的;(2) 非法获利 10 万元以上的;(3) 具有其他特别严重情节的。另外,根据《刑法》第 346 条的规定,单位犯本罪的,对单位判处罚金,并对其直接负责的主管人员和其他直接责任人员,根据上述有关自然人犯本罪的规定处罚。

七、非法狩猎罪

(一) 非法狩猎罪的概念和构成

非法狩猎罪,是指违反狩猎法规,在禁猎区、禁猎期或者使用禁用的工具、方法进行狩猎,破坏野生动物资源,情节严重的行为。

本罪构成特征:

(1) 本罪侵犯的客体是国家对野生动物资源的管理秩序。野生动物资源是国家重要的自然资源,国家制定、颁布一系列法规来保护野生动物资源。非法狩猎破坏了生态平衡,扰乱了国家对野生动物资源的管理秩序,应受到法律惩处。本罪的犯罪对象是野生动物资源,但不是泛指全部野生动物资源,而是其中一部分,即除国家重点保护的珍贵、濒危野生动物资源、水生野生动物资源以外的陆生野生动物资源,主要包括禽、兽和两栖、爬行类的动物。

(2) 本罪在客观方面表现为违反野生动物保护法律,在禁猎区、禁猎期或者使用禁用的工具、方法猎捕,破坏野生动物资源,情节严重的行为。首先,必须违反野生动物保护法律、法规。这里主要指《野生动物保护法》、《陆生野生动物保护实施条例》等法律、法规。其次,是在禁猎区、禁猎期或者使用禁用的工具、方法实施了猎捕行为。所谓禁猎区,是指国家对适宜野生动物栖息繁殖或者野生动物资源贫乏和破坏比较严重的地区,如自然保护区、风景区等区域为保护野生动物而划定的禁止狩猎区域。所谓禁猎期,是指国家根据野生动物的繁殖及生长期(如肉食、皮毛成熟)而规定的禁止狩猎的期间。禁猎期由县级以上人民政府或其野生动物行政主管部门按照自然规律规定。所谓禁用的工具,是指因足以破坏野生动物资源、危害人畜安全或破坏森林及草原而被禁止使用的狩猎工具,如军用武器、毒药、炸药、气枪、地弓、大铁夹等等。所谓禁用的方法,是指因妨害野生动物正常繁殖、生长而被禁止使用的狩猎方法,如爆炸、投毒、烟熏等等。最后是必须情节严重。根据2008年最高人民检察院、公安部《关于公安机关管辖的刑事案件立案追诉标准的规定(一)》第66条的规定,“情节严重”是指下列情形之一:非法狩猎野生动物20只以上的;在禁猎区内使用禁用的工具或者禁用的方法狩猎的;在禁猎期内使用禁用的工具或者禁用的方法狩猎的;其他情节严重的情形。

(3) 本罪的主体包括自然人和单位。自然人主体为一般主体,即年满16周岁且具有刑事责任能力的自然人。

(4) 本罪在主观上表现为故意,即明知自己的行为违反狩猎法规,破坏野生动物资源而对此危害结果持希望或放任态度。非法狩猎的动机多种多样,有的是为了自己食用,有的是为了出售牟利等等,但动机如何,并不影响本罪的成立。

(二) 非法狩猎罪的认定

1. 罪与非罪的界限

主要从四个方面来界定:一是是否违反有关法律、法规。如果狩猎行为不违反法律,则不构成犯罪。二是是否在禁猎区、禁猎期或者使用禁用的工具、方法狩猎。三是是否情节严重。四是是否出于故意。如果行为人不知道是禁猎区、禁猎期或者确实不知道使用的狩猎工具或方法为禁用的,则不构成犯罪。

2. 此罪与彼罪的界限

(1) 本罪与非法猎捕、杀害珍贵、濒危野生动物罪的界限。二者的区别在于:一是犯罪客观行为表现不同。本罪主要表现为在禁猎区、禁猎期或者使用禁用的工具、方法实施猎捕行为,且情节严重的才构成犯罪;而非法猎捕、杀害珍贵、濒危野生动物罪则表现为非法猎捕、杀害珍贵、濒危野生动物的行为,至于行为的时间、地点和工具、方法以及情节是否严重对成立犯罪没有特别影响。二是犯罪对象不同。本罪的犯罪对象主要是指珍贵、濒危野生动物以外的一般陆生野生动物;而非法猎捕、杀害珍贵、濒危野生动物罪的犯罪对象为列入《国家重点保护野生动物名录》的珍贵、濒危野生动物,既包括陆生的野生动物,也包括水生的野生动物。(2) 本罪与非法捕捞水产品罪的界限。二者的主要区别在犯罪对象上:非法捕捞水产品罪的犯罪对象是水产品资源,是指除国家重点保护的珍贵、濒危陆生和水生野生动物资源以外的其他水产品资源。这些水产品资源不仅包括水生野生动物,还包括海藻类、淡水类食用水生植物类等水产品。

3. 一罪与数罪的界限

(1) 使用投毒、爆炸、设置电网等危险方法非法狩猎,又危及公共安全的,则同时构成非法狩猎罪和投放危险物质罪或爆炸罪、以危险方法危害公共安全罪,属于想象竞合犯,应从一重罪处断。(2) 非法狩猎,又以暴力、威胁方法抗拒查处的,按照非法狩猎罪和妨害公务罪进行数罪并罚。(3) 采取伪造、变造国家机关颁发的特许猎捕证、狩猎证等公文、证件而后进行非法狩猎的,触犯伪造、变造国家机关公文、证件罪和非法狩猎罪,构成方法与目的型的牵连犯,应从一重罪处断。

(三) 非法狩猎罪的刑事责任

根据《刑法》第341条第2款的规定,犯本罪的,处3年以下有期徒刑、拘役、管制或者罚金;单位犯本罪的,对单位判处罚金,并对其直接负责的主管人员和其他直接责任人员,根据上述有关自然人犯本罪的规定处罚。

▶ 八、非法占用农用地罪

非法占用农用地罪,是指违反土地管理法规,非法占用耕地、林地等农用地,改变被占用土地用途,数量较大,造成耕地、林地等农用地大量毁坏的行为。该罪是《刑法修正案(二)》对刑法中规定的非法占用耕地罪进行修改而来。本罪侵犯的客体是国家对农用地的管理秩序。犯罪对象是农用地资源。根据土地用途,土地分为农用地、建设用地和未利用地。农用地是指直接用于农业生产的土地,包括耕地、林地、草地、农田水利用地、养殖水面等;建设用地是指建造建筑物、构筑物的土地,包括城乡住宅和公共设施用地、工矿用地、交通水利设施用地、旅游用地、军事设施用地等;未利用地是指农用地和建设用地以外的土地。国家严格限制农用地转为建设用地,控制建设用地总量,对耕地实行特殊保护。耕地资源分为已开垦的已耕地和尚未开发利用的后备耕地。已开垦的耕地包括熟地、当年新开荒地、连续撂荒未满3年的耕地、当年休闲地、以种植农作物为主并附带种植其他作物的土地和沿海沿湖地区围垦利用的海涂湖田等。本罪在客观上必须具备两个条件:一是非法占用耕地、林地等农用地,改变被占用土地用途,即指违反有关土地管理法、森林法、草原法等法律以及有关行政法规中关于土地管理的规定,非法征用、使用农用地,用来进行基础设施建设、修建工厂、建造住宅等;二是非法占用农用地数量较大,造成农用地大量毁坏的结果。根据2008年最高人民检察院、公安部《关于公安机关管辖的刑事案件立案追诉标准的规定(一)》第67条的规定,"数量较大"是指下列情形之一:(1) 非法占用基本农田5亩以上或者基本农田以外的耕地10亩以上的;(2) 非法占用防护林地或者特种用途林地数量单种或者合计5亩以上的;(3) 非法占用其他林地10亩以上的;(4) 非法占用本款第(2)项、第(3)项规定的林地,其中一项数量达到相应规定的数量标准的50%以上,且两项数量合计达到该项规定的数量标准的;(5) 非法占用其他农用地数量较大的情形。"造成耕地大量毁坏",是指违反土地管理法规,非法占用耕地建窑、建坟、建房、挖沙、采石、采矿、取土、堆放固体废弃物或者进行其他非农业建设,造成耕地种植条件严重毁坏或者严重污染,被毁坏耕地数量达到以上规定的。"造成林地大量毁坏",是指违反土地管理法规,非法占用林地,改变被占用林地用途,在非法占用的林地上实施建窑、建坟、建房、挖沙、采石、采矿、取土、种植农作物、堆放或者排泄废弃物等行为或者进行其他非林业生产、建设,造成林地的原有植被或者林业种植条件严重毁坏或者严重污染,被毁坏林地数量达到以上规定的。本罪的主体包括自然人和单位,在主观上表现为故意,即明知自己占用农用地的行为违反土地管理法规,并且会造成农用地大量毁坏的严重后果,而对此持希望或放任态度。根据《刑法》第342条、第346条的规定,犯本罪的,处5年以下有期徒刑或者拘役,并处或者单处罚金;单位犯本罪的,对单位判处罚金,并对其直接负责的主管人员和其他直接责任人员,根据上述有关自然人犯本罪的规定处罚。

▶ 九、非法采矿罪

非法采矿罪，是指违反矿产资源法的规定，未取得采矿许可证擅自采矿，擅自进入国家规划矿区、对国民经济具有重要价值的矿区和他人矿区范围采矿，或者擅自开采国家规定实行保护性开采的特定矿种，情节严重的行为。《刑法修正案（八）》对该罪进行了修改，主要删去了原罪状中的“经责令停止开采后拒不停止开采”，将“造成矿产资源破坏”修改为“情节严重”。“未取得采矿许可证擅自采矿”，是指下列情形之一：(1) 无采矿许可证开采矿产资源的；(2) 采矿许可证被注销、吊销后继续开采矿产资源的；(3) 超越采矿许可证规定的矿区范围开采矿产资源的；(4) 未按采矿许可证规定的矿种开采矿产资源的（共生、伴生矿种除外）；(5) 其他未取得采矿许可证开采矿产资源的情形。在采矿许可证被依法暂扣期间擅自开采的，视为“未取得采矿许可证擅自采矿”。本罪侵犯的客体是国家对矿产资源的管理秩序。犯罪对象是矿产资源，即指在地质运动过程中形成的，蕴藏于地壳之中的，能为人们用于生产和生活的各种矿物质的总称，包括各种呈固态、液态或气态的金属、非金属矿产、燃料矿产和地下热能等。本罪的主体既包括任何具有刑事责任能力的自然人，也包括单位。本罪在主观方面表现为故意，过失不构成本罪。根据《刑法修正案（八）》第 47 条的规定，犯本罪的，处 3 年以下有期徒刑、拘役或者管制，并处或者单处罚金；情节特别严重的，处 3 年以上 7 年以下有期徒刑，并处罚金。单位犯本罪的，对单位判处罚金，并对其直接负责的主管人员和其他直接责任人员，根据上述有关自然人犯本罪的规定处罚。

▶ 十、破坏性采矿罪

破坏性采矿罪，是指违反矿产资源法的规定，采取破坏性的开采方法开采矿产资源，造成矿产资源严重破坏的行为。本罪侵犯的客体是国家对矿产资源的管理秩序。本罪在客观方面表现为违反矿产资源法的规定，采取破坏性的开采方法开采矿产资源，造成矿产资源严重破坏的行为。“采取破坏性的开采方法开采矿产资源”，是指行为人违反地质矿产主管部门审查批准的矿产资源开发利用方案开采矿产资源，并造成矿产资源严重破坏的行为。根据2008 年最高人民检察院、公安部《关于公安机关管辖的刑事案件立案追诉标准的规定（一）》第 69 条的规定，“造成矿产资源严重破坏”，是指造成矿产资源破坏价值在 30 万至 50 万元以上。本罪的主体包括自然人和单位，在主观方面表现为故意。根据《刑法》第 343 条第 2 款、第 346 条的规定，犯本罪的，处 5 年以下有期徒刑或者拘役，并处罚金；单位犯本罪的，对单位判处罚金，并对其直接负责的主管人员和其他直接责任人员，根据上述有关自然人犯本罪的规定处罚。

▶ 十一、非法采伐、毁坏国家重点保护的植物罪

非法采伐、毁坏国家重点保护的植物罪，是指违反国家规定，非法采伐、毁坏珍贵树木或者国家重点保护的其他植物的行为。该罪是《刑法修正案（四）》对刑法中规定的非法采伐、毁坏珍贵树木罪进行修改而来。本罪侵犯的客体是国家对重点保护的植

物的管理秩序。犯罪对象是珍贵树木或者国家重点保护的其他植物。根据2000年最高人民法院《关于审理破坏森林资源刑事案件具体应用法律若干问题的解释》的规定,“珍贵树木”,是指由省级以上林业主管部门或者其他部门确定的具有重大历史纪念意义、科学研究价值或者年代久远的古树名木,国家禁止、限制出口的珍贵树木以及列入国家重点保护野生植物名录的树木。本罪的主体包括自然人和单位,在主观方面表现为故意。根据《刑法修正案(四)》第6条、《刑法》第346条的规定,犯本罪的,处3年以下有期徒刑、拘役或者管制,并处罚金;情节严重的,处3年以上7年以下有期徒刑,并处罚金;单位犯本罪的,对单位判处罚金,并对其直接负责的主管人员和其他直接责任人员,根据上述有关自然人犯本罪的规定处罚。所谓“情节严重”,根据上述司法解释,是指:(1)非法采伐珍贵树木2株以上或者毁坏珍贵树木致使珍贵树木死亡3株以上的;(2)非法采伐珍贵树木2立方米以上的;(3)为首组织、策划、指挥非法采伐或者毁坏珍贵树木的;(4)其他情节严重的情形。

▶ 十二、非法收购、运输、加工、出售国家重点保护的植物及其制品罪

非法收购、运输、加工、出售国家重点保护的植物及其制品罪,是指非法收购、运输、加工、出售珍贵树木或者国家重点保护的其他植物及其制品的行为。本罪是《刑法修正案(四)》增加的罪名。本罪在客观方面表现为非法收购、运输、加工、出售珍贵树木或者国家重点保护的其他植物及其制品的行为。本罪的主体为一般主体,在主观方面表现为故意。根据《刑法修正案(四)》第6条、刑法第346条的规定,犯本罪的,处3年以下有期徒刑、拘役或者管制,并处罚金;情节严重的,处3年以上7年以下有期徒刑,并处罚金;单位犯本罪的,对单位判处罚金,并对其直接负责的主管人员和其他直接责任人员,根据上述有关自然人犯本罪的规定处罚。

▶ 十三、盗伐林木罪

(一)盗伐林木罪的概念和构成

盗伐林木罪,是指以非法占有为目的,盗伐森林或者其他林木,数量较大的行为。

本罪有如下构成特征:

(1)本罪侵犯的客体是国家对林木资源的管理秩序和国家、集体和个人对林木的所有权。犯罪对象是森林及其他林木。森林是指大片的树林,包括原始森林和人造林。其他树木包括防护林、用材林、经济林、薪炭林、特种用途林等。

(2)本罪在客观上表现为盗伐森林或者其他林木,数量较大的行为。盗伐森林或其他林木,是指下列情形之一:擅自砍伐国家、集体、他人所有或者他人承包经营管理的森林或者其他林木的;擅自砍伐本单位或者本人承包经营管理的森林或者其他林木的;在林木采伐许可证规定的地点以外采伐国家、集体、他人所有或者他人承包经营管理的森林或者其他林木的。“数量较大”,根据相关司法解释的规定,是以2至5立方米或者幼树100至200株为起点。

(3)本罪的主体包括自然人和单位。自然人主体为一般主体,即年满16周岁且具

有刑事责任能力的自然人。

(4) 本罪在主观方面表现为故意,且以非法占有为目的。

(二) 盗伐林木罪的认定

1. 罪与非罪的界限

本罪与一般盗伐林木行为的界限主要在于盗伐林木的数量。只有盗伐林木数量较大的,才构成犯罪。对于"数量较大"的标准,司法解释规定了一个幅度。对此,各地应该参照各地的具体情况来确定。在行为人盗伐林木的数量处于标准左右时,要考虑行为人的主观恶性来确定是否定罪。实践中,对于1年内多次盗伐少量林木未经处罚的,累计其盗伐林木的数量,如果达到数量较大的标准,依法追究刑事责任。

2. 本罪与盗窃罪的界限

一般来讲,盗伐林木是盗窃的一种,盗伐林木罪与盗窃罪之间具有法条竞合关系。在适用时,应坚持特别法优于普通法的原则。二罪作为相互独立的罪种,其主要区别在于:一是犯罪客体的不同。本罪所侵犯的是国家对林木资源的管理秩序和国家、集体和他人的林木所有权,而盗窃罪所侵犯的仅仅是财产所有权。二是行为方式不尽相同。虽然都是"盗",但本罪的"盗"不一定是秘密进行,而盗窃罪的手段则须是不为财物的所有人所知地秘密窃走财物。三是犯罪主体不同。本罪的犯罪主体包括自然人和单位,而盗窃罪的犯罪主体仅为自然人。实践中,将国家、集体、他人所有并已经伐倒的树木窃为己有,以及偷砍他人房前屋后、自留地种植的零星树木,数额较大的,以盗窃罪定罪处罚。

3. 一罪与数罪的界限

(1) 盗伐珍贵树木,数量较大的,同时触犯了非法采伐、毁坏珍贵林木罪和盗伐林木罪的罪名的,构成想象竞合犯,应从一重罪处断。当然,如果行为人盗伐林木时,因不知是珍贵林木而误砍误伐的,则仅构成盗伐林木罪。(2) 行为人在盗伐林木过程中,伤害、非法拘禁护林人员或其他人员构成犯罪的,应数罪并罚。

(三) 盗伐林木罪的刑事责任

根据《刑法》第345条第1款、第4款的规定,犯本罪的,处3年以下有期徒刑、拘役或者管制,并处或者单处罚金;数量巨大的,处3年以上7年以下有期徒刑,并处罚金;数量特别巨大的,处7年以上有期徒刑,并处罚金。盗伐林木"数量巨大",以20至50立方米或者幼树1000至2000株为起点;盗伐林木"数量特别巨大",以100至200立方米或者幼树5000至1万株为起点。盗伐国家级自然保护区内的森林或者其他林木的,从重处罚。根据《刑法》第346条的规定,单位犯本罪的,对单位判处罚金,并对其直接负责的主管人员和其他直接责任人员,根据上述有关自然人犯本罪的规定处罚。

▶ 十四、滥伐林木罪

滥伐林木罪,是指违反森林法的规定,滥伐森林或者其他林木,数量较大的行为。本罪侵犯的客体是国家对林木资源的管理秩序。本罪在客观方面具体表现为:(1) 未经林业行政主管部门及法律规定的其他主管部门批准并核发林木采伐许可证,或者虽持有林木采伐许可证,但违反林木采伐许可证规定的时间、数量、树种或者方式,任意采伐本单位所有或者本人所有的森林或者其他林木的;(2) 超过林木采伐许可证规定的数量采伐他人所有的森林或者其他林木的。(3) 林木权属争议一方在林木权属确权之前,擅自砍伐森林或者其他林木,数量较大的。滥伐林木"数量较大",是以 10 至 20 立方米或者幼树 500 至 1000 株为起点。本罪的主体包括自然人和单位,在主观方面表现为故意。根据《刑法》第 345 条第 2 款、第 4 款的规定,犯本罪的,处 3 年以下有期徒刑、拘役或者管制,并处或者单处罚金;数量巨大的,处 3 年以上 7 年以下有期徒刑,并处罚金。滥伐林木"数量巨大",以 50 至 100 立方米或者幼树 2500 至 5000 株为起点。滥伐国家级自然保护区内的森林或者其他林木的,从重处罚。根据《刑法》第 346 条的规定,单位犯本罪的,对单位判处罚金,并对其直接负责的主管人员和其他直接责任人员,根据上述有关自然人犯本罪的规定处罚。

十五、非法收购、运输盗伐、滥伐的林木罪

非法收购、运输盗伐、滥伐的林木罪,是指非法收购、运输明知是盗伐、滥伐的林木,情节严重的行为。《刑法修正案(四)》对本罪罪状进行了修改,删去了刑法规定的"以牟利为目的,在林区"。根据有关司法解释,"明知",是指知道或者应当知道。具有下列情形之一的,可以视为应当知道,但是有证据证明确属被蒙骗的除外:(1) 在非法的木材交易场所或者销售单位收购木材的;(2) 收购以明显低于市场价格出售的木材的;(3) 收购违反规定出售的木材的。"情节严重"是指:(1) 非法收购盗伐、滥伐的林木 20 立方米以上或者幼树 1000 株以上的;(2) 其他情节严重的情形。本罪的主体包括自然人和单位。根据《刑法修正案(四)》第 7 条第 3 款的规定,犯本罪的,处 3 年以下有期徒刑、拘役或者管制,并处或者单处罚金;情节特别严重的,处 3 年以上 7 年以下有期徒刑,并处罚金。"情节特别严重"是指:(1) 非法收购盗伐、滥伐的林木 100 立方米以上或者幼树 5000 株以上的;(2) 其他情节特别严重的情形。另外,根据刑法第 346 条的规定,单位犯本罪的,对单位判处罚金,并对其直接负责的主管人员和其他直接责任人员,根据上述有关自然人犯本罪的规定处罚。

第八节　走私、贩卖、运输、制造毒品罪

一、走私、贩卖、运输、制造毒品罪

(一) 走私、贩卖、运输、制造毒品罪的概念和构成

走私、贩卖、运输、制造毒品罪,是指违反毒品管制法规,走私、贩卖、运输、制造鸦片、海洛因、甲基苯丙胺或者其他毒品的行为。

本罪构成特征:

(1) 本罪侵犯的客体是国家对毒品的管理秩序。犯罪对象是毒品。所谓毒品,是指鸦片、海洛因、甲基苯丙胺、吗啡、大麻、可卡因以及国家管制的其他能够使人形成瘾癖的麻醉药品和精神药品。毒品的具体种类应当根据国家有关法规予以认定。

(2) 本罪在客观上表现为走私、贩卖、运输、制造毒品的行为。走私,是指违反国家对麻醉药品和精神药品的管制和海关法规,运输、携带、邮寄毒品进出国(边)境的行为。另外,直接向走私人非法收购走私进口的毒品,或者在内海、领海运输、收购、贩卖毒品的,以走私毒品罪论处。贩卖,是指非法销售毒品的行为,包括买入毒品后又转手卖出的,自己制造毒品后又出卖的,以毒品换取其他商品或货物的,以毒品支付劳务费或偿还债务的,赊销毒品的,容留他人吸毒并出售毒品的,介绍贩毒,从中牟利的,以贩卖为目的收买毒品的,依法从事生产、运输、管理、使用国家管制的麻醉药品、精神药品的单位和人员违反国家规定,以牟利为目的,向吸食、注射毒品的人提供国家管制的麻醉药品、精神药品的或者明知对方是贩卖毒品的犯罪分子,而向其提供国家管制的麻醉药品、精神药品的,等等。运输,是指采用携带、邮寄、利用他人或者使用交通工具等方式,非法在国内将毒品由此地运往彼地的行为。制造,是指非法用毒品原植物提炼或用毒品原料配制毒品,包括将一种毒品加工成另一种毒品,但不包括种植毒品原植物。另外,根据《刑法》第350条第2款的规定,明知他人制造毒品而为其提供醋酸酐、乙醚、三氯甲烷等用于制造毒品的原料和配剂的,应以制造毒品罪的共犯论处。本罪为选择性罪名,行为人只要实施走私、贩卖、运输、制造毒品行为中的一种行为,即可构成本罪。

(3) 本罪的主体为一般主体,包括自然人和单位。就自然人犯罪而言,贩卖毒品构成犯罪的主体条件为年满14周岁且具有刑事责任能力,走私、运输、制造毒品构成犯罪的条件必须是年满16周岁且具有刑事责任能力的自然人。

(4) 本罪在主观方面表现为故意,即明知是毒品,明知自己的走私、贩卖、运输、制造毒品的行为会造成社会危害,而对此持希望或放任的态度。行为人一般具有牟利的目的,但是否具有此目的,并不影响本罪的成立。

(二) 走私、贩卖、运输、制造毒品罪的认定

1. 罪与非罪的界限

实践中,应注意:(1) 走私、贩卖、运输、制造毒品,无论数量多少,都应追究刑事责任,予以刑事处罚。也即走私、贩卖、运输、制造毒品的数量不影响本罪的成立。(2) 已满14周岁但未满16周岁的人走私、运输、制造毒品,不构成犯罪,但如果其贩卖毒品则构成犯罪。(3) 本罪在主观认识上要求行为人明知是毒品。行为人因过失而实施本罪行为的,不能构成本罪。如不知道是毒品,受人委托,认为是其他物品帮助其携带,则携带人无罪,物主构成本罪。(4) 本罪仅限于非法,合法行为不构成犯罪。对于为满足医疗、教学、科研等的需要,经国家主管部门特许生产、运输、买卖特定麻醉药品和精神药品的行为,不构成犯罪。

2. 罪名确定和数量认定

根据2008年最高人民法院《全国部分法院审理毒品犯罪案件工作座谈会纪要》的规定,走私、贩卖、运输、制造毒品罪是选择性罪名,对同一宗毒品实施了两种以上犯罪行为并有相应确凿证据的,应当按照所实施的犯罪行为的性质并列确定罪名,毒品数量不重复计算,不实行数罪并罚。对同一宗毒品可能实施了两种以上犯罪行为,但相

应证据只能认定其中一种或者几种行为,认定其他行为的证据不够确实充分的,则只按照依法能够认定的行为的性质定罪。如涉嫌为贩卖而运输毒品,认定贩卖的证据不够确实充分的,则只定运输毒品罪。对不同宗毒品分别实施了不同种犯罪行为的,应对不同行为并列确定罪名,累计毒品数量,不实行数罪并罚。对被告人一人走私、贩卖、运输、制造两种以上毒品的,不实行数罪并罚,量刑时可综合考虑毒品的种类、数量及危害,依法处理。罪名不以行为实施的先后、毒品数量或者危害大小排列,一律以刑法条文规定的顺序表述。如对同一宗毒品制造后又走私的,以走私、制造毒品罪定罪。

3. 此罪与彼罪的界限

这里主要是贩卖假毒品与诈骗罪的界限。如果行为人不知道毒品是假的而贩卖的,构成贩卖毒品罪未遂。因为其主观上存在贩卖毒品的故意,只是由于其认识错误而未得逞,应构成未遂。但是,如果行为人明知是假毒品而冒充毒品贩卖,骗取数额较大财物的,则构成诈骗罪。

4. 一罪与数罪的界限

盗窃、抢夺、抢劫毒品后又实施本罪的,对盗窃罪、抢夺罪、抢劫罪和本罪分别定罪,依法数罪并罚。走私毒品,又走私其他物品构成犯罪的,以走私毒品罪和其所犯的其他走私罪分别定罪,依法数罪并罚。

(三)走私、贩卖、运输、制造毒品罪的刑事责任

根据《刑法》第347条的规定,犯本罪,有下列情形之一的,处15年有期徒刑、无期徒刑或者死刑,并处没收财产:(1)走私、贩卖、运输、制造鸦片1000克以上、海洛因或者甲基苯丙胺50克以上或者其他毒品数量大的。根据2000年最高人民法院《关于审理毒品案件定罪量刑标准有关问题的解释》和2007年最高人民法院、最高人民检察院、公安部《办理毒品犯罪案件适用法律若干问题的意见》的规定,"其他毒品数量大"是指:苯丙胺类毒品(甲基苯丙胺除外)100克以上;大麻油5千克、大麻脂10千克、大麻叶及大麻烟150千克以上;可卡因50克以上;吗啡100克以上;度冷丁(杜冷丁)250克以上(针剂100mg/支规格的2500支以上,50mg/支规格的5000支以上;片剂25mg/片规格的1万片以上,50mg/片规格的5000片以上);盐酸二氢埃托啡10毫克以上(针剂或者片剂20μg/支、片规格的500支、片以上);咖啡因200千克以上;罂粟壳200千克以上;二亚甲基双氧安非他明(MDMA)等苯丙胺类毒品(甲基苯丙胺除外)100克以上;氯胺酮、美沙酮1千克以上;三唑仑、安眠酮50千克以上;氯氮卓、艾司唑仑、地西泮、溴西泮500千克以上;上述毒品以外的其他毒品数量大的。(2)走私、贩卖、运输、制造毒品集团的首要分子。(3)武装掩护走私、贩卖、运输、制造毒品的。(4)以暴力抗拒检查、拘留、逮捕,情节严重的。(5)参与有组织的国际贩毒活动的。走私、贩卖、运输、制造鸦片200克以上不满1000克、海洛因或者甲基苯丙胺10克以上不满50克或者其他毒品数量较大的,处7年以上有期徒刑,并处罚金。

走私、贩卖、运输、制造鸦片200克以上、海洛因或者甲基苯丙胺10克以上或者其他毒品数量较大的,处7年以上有期徒刑,并处罚金。根据上述最高人民法院的司法解释,"其他毒品数量较大"是指:(1)苯丙胺类毒品(甲基苯丙胺除外)20克以上不满

100 克;(2) 大麻油 1 千克以上不满 5 千克,大麻脂 2 千克以上不满 10 千克,大麻叶及大麻烟 30 千克以上不满 150 千克;(3) 可卡因 10 克以上不满 50 克;(4) 吗啡 20 克以上不满 100 克;(5) 度冷丁(杜冷丁)50 克以上不满 250 克(针剂 100mg/支规格的 500 支以上不满 2500 支,50mg/支规格的 1000 支以上不满 5000 支;片剂 25mg/片规格的 2000 片以上不满 1 万片,50mg/片规格的 1000 片以上不满 5000 片);(6) 盐酸二氢埃托啡 2 毫克以上不满 10 毫克(针剂或者片剂 20μg/支、片规格的 100 支、片以上不满 500 支、片);(7) 咖啡因 50 千克以上不满 200 千克;(8) 罂粟壳 50 千克以上不满 200 千克;(9) 二亚甲基双氧安非他明(MDMA)等苯丙胺类毒品(甲基苯丙胺除外)20 克以上不满 100 克的;(10) 氯胺酮、美沙酮 200 克以上不满 1 千克的;(11) 三唑仑、安眠酮 10 千克以上不满 50 千克的;(12) 氯氮卓、艾司唑仑、地西泮、溴西泮 100 千克以上不满 500 千克的;(13) 上述毒品以外的其他毒品数量较大的。

走私、贩卖、运输、制造鸦片不满 200 克、海洛因或者甲基苯丙胺不满 10 克或者其他少量毒品的,处 3 年以下有期徒刑、拘役或者管制,并处罚金。“其他少量毒品”,根据上述司法解释,是指:(1) 二亚甲基双氧安非他明(MDMA)等苯丙胺类毒品(甲基苯丙胺除外)不满 20 克的;(2) 氯胺酮、美沙酮不满 200 克的;(3) 三唑仑、安眠酮不满 10 千克的;(4) 氯氮卓、艾司唑仑、地西泮、溴西泮不满 100 千克的;(5) 上述毒品以外的其他少量毒品的。情节严重的,处 3 年以上 7 年以下有期徒刑,并处罚金。根据上述司法解释,“情节严重”是指:(1) 走私、贩卖、运输、制造鸦片 140 克以上不满 200 克、海洛因或者基苯丙胺 7 克以上不满 10 克或者其他数量相当毒品的;(2) 国家工作人员走私、制造、运输、贩卖毒品;(3) 在戒毒监管场所贩卖毒品的;(4) 向多人贩毒或者多次贩毒的;(5) 其他情节严重的行为。

根据《刑法》第 347 条第 5 款的规定,单位犯本罪的,对单位判处罚金,并对其直接负责的主管人员和其他直接责任人员,根据上述有关自然人犯本罪的规定处罚。

根据《刑法》第 347 条第 6 款的规定,利用、教唆未成年人走私、贩卖、运输、制造毒品,或者向未成年人出售毒品的,从重处罚。

根据《刑法》第 347 条第 7 款的规定,对多次走私、贩卖、运输、制造毒品,未经处理的,毒品数量累计计算。另外,这里的毒品的数量以查证属实的走私、贩卖、运输、制造毒品数量计算,不以纯度折算。

根据《刑法》第 356 条的规定,因走私、贩卖、运输、制造、非法持有毒品罪被判过刑,又犯本罪的,从重处罚。

二、非法持有毒品罪

(一) 非法持有毒品罪的概念和构成

非法持有毒品罪,是指非法持有毒品数量较大的行为。

本罪构成特征:

(1) 本罪侵犯的客体是国家对毒品的管理秩序。犯罪对象是毒品。由于毒品对人的身心健康有着极大的危害性,国家通过立法对毒品的生产、运输、管理、使用等各个环节建立起一整套严格的管理制度。不仅非法生产、运输毒品等活动破坏国家对毒品的管制,非法持有毒品同样也破坏了国家对毒品的管制秩序,应该受到处罚。

(2) 本罪在客观方面表现为非法持有毒品数量较大的行为。非法持有,是指除依法生产、管理、运输、使用精神药品或麻醉药品以外的人占有、携带、藏有或者以其他方式控制毒品的行为。

(3) 本罪的主体为一般主体,即年满16周岁且具有刑事责任能力的自然人。

(4) 本罪在主观方面表现为故意,一般为直接故意,即行为人明知是毒品,明知自己持有毒品的行为违反国家规定,具有社会危害性,而对此持希望态度。主观认识上仅要求行为人知道是毒品即可,不要求对毒品的具体名称、准确数量、含毒量的高低以及实际价值等明知。过失不构成本罪。

(二) 非法持有毒品罪的认定

1. 罪与非罪的界限

主要从三方面来界定:一是从持有毒品行为的合法性上。非法持有毒品罪自然只能是在持有毒品非法的情况下,才能构成犯罪。如果行为人持有毒品不违反法律规定,则不构成犯罪。二是从行为人的主观认识上。非法持有毒品罪要求行为人主观上明知是毒品,否则不构成犯罪。例如,甲某让乙某帮其把一包夹带有毒品的衣服带回家,而乙某并不知情。这种情况下,乙某因主观欠缺"明知",就不构成犯罪。三是从持有毒品的数量上。非法持有毒品必须是数量较大的,才构成犯罪。对于持有少量毒品的,不构成犯罪。关于"数量较大"的标准,应该根据《刑法》第348条的规定和最高人民法院2000年《关于审理毒品案件定罪量刑标准有关问题的解释》的规定来确定(具体可参见上述有关走私、贩卖、运输、制造毒品罪部分)。

2. 本罪与走私、贩卖、运输、制造毒品罪的界限

行为人在走私、贩卖、运输、制造毒品的过程中必然伴随非法持有毒品的行为。因此,司法实践中应注意的是,只有不能查明行为人持有毒品是为了实施其他毒品方面的犯罪时,才可以以本罪论处。如果有证据证明行为人持有毒品是为了走私、贩卖、运输、制造毒品,则应对其以走私、贩卖、运输、制造毒品罪论处。有证据证明行为人不以牟利为目的,为他人代购仅用于吸食的毒品,毒品数量超过《刑法》第348条规定的最低数量标准的,对托购者、代购者应以非法持有毒品罪定罪。代购者从中牟利,变相加价贩卖毒品的,对代购者应以贩卖毒品罪定罪。明知他人实施毒品犯罪而为其居间介绍、代购代卖的,无论是否牟利,都应以相关毒品犯罪的共犯论处。此外,对于持有假毒品的,如果行为人明知是假毒品而持有,但主观上只是为了吹嘘炫耀,非为实施其他犯罪的,不构成犯罪;如果行为人持有假毒品是为了诈骗,即把假毒品当成真毒品来出卖,则可以构成诈骗罪;如果行为人不知是假毒品而以为是真毒品持有,又无法查清其是为走私、贩卖、运输、制造毒品的,应以非法持有毒品罪(未遂)论处。

3. 一罪与数罪的界限

对于行为人制造、盗窃、抢劫、抢夺毒品后而持有毒品的,成立牵连犯,应从一重罪处断;对于盗窃、抢夺、抢劫毒品后又实施其他毒品犯罪的,应分别定罪,数罪并罚。

（三）非法持有毒品罪的刑事责任

根据《刑法》第348条的规定，非法持有鸦片1000克以上、海洛因或者甲基苯丙胺50克以上或者其他毒品数量大的，处7年以上有期徒刑或者无期徒刑，并处罚金；非法持有鸦片200克以上不足1000克、海洛因或者甲基苯丙胺10克以上不满50克或其他毒品数量较大的，处3年以下有期徒刑、拘役或者管制，并处罚金；情节严重的，处3年以上7年以下有期徒刑，并处罚金。毒品的数量以查证属实的非法持有毒品的数量计算，不以纯度折算。根据《刑法》第356条的规定，因走私、贩卖、运输、制造、非法持有毒品罪被判过刑，又犯本罪的，从重处罚。

▶ 三、包庇毒品犯罪分子罪

包庇毒品犯罪分子罪，是指明知是走私、贩卖、运输、制造毒品的犯罪分子而予以包庇的行为。本罪侵犯的客体是国家司法机关惩治走私、贩卖、运输、制造毒品犯罪分子的正常活动秩序。犯罪对象是毒品犯罪分子。毒品犯罪分子，即指走私、贩卖、运输、制造毒品的犯罪分子。本罪在客观方面表现为包庇走私、贩卖、运输、制造毒品犯罪分子的行为。包庇，是指以向司法机关作假证明或者帮助其湮灭证据的方式，帮助犯罪分子逃避法律制裁的行为。本罪在主观方面表现为故意，要求行为人必须明知是毒品犯罪分子。本罪与包庇罪存在法规竞合，应适用特殊法优于普通法的原则，即包庇毒品犯罪分子，不能定包庇罪，而应定包庇毒品犯罪分子罪。根据《刑法》第349条的规定，犯本罪的，处3年以下有期徒刑、拘役或者管制；情节严重的，处3年以上10年以下有期徒刑。缉毒人员或者其他国家机关工作人员掩护、包庇走私、贩卖、运输、制造毒品的犯罪分子的，从重处罚。犯本罪，事先通谋的，以走私、贩卖、运输、制造毒品罪的共犯论处。根据《刑法》第356条的规定，因走私、贩卖、运输、制造、非法持有毒品罪被判过刑，又犯本罪的，从重处罚。

▶ 四、窝藏、转移、隐瞒毒品、毒赃罪

窝藏、转移、隐瞒毒品、毒赃罪，是指明知是毒品犯罪分子的毒品或犯罪所得的财物而予以窝藏、转移、隐瞒的行为。本罪侵犯的客体是国家惩治毒品犯罪分子的正常活动秩序。犯罪对象是毒品、毒赃。毒赃是指毒品犯罪分子实施毒品犯罪所得的财物。本罪在客观方面表现为窝藏、转移、隐瞒毒品犯罪分子的毒品或犯罪所得的财物的行为。窝藏，是指为毒品犯罪分子的毒品或犯罪所得的财物提供隐蔽的场所；转移，是指帮助毒品犯罪分子把毒品或毒赃由此处转到彼处隐藏；隐瞒，是指在司法机关进行调查时掩盖毒品、毒赃的性质及其来源。本罪的主体为一般主体，在主观方面表现为故意，且要明知是毒品犯罪分子的毒品或犯罪所得的财物。根据《刑法》第349条的规定，犯本罪的，处3年以下有期徒刑、拘役或者管制；情节严重的，处3年以上10年以下有期徒刑。犯本罪，事先通谋的，以走私、贩卖、运输、制造毒品罪的共犯论处。根据《刑法》第356条的规定，因走私、贩卖、运输、制造、非法持有毒品罪被判过刑，又犯本罪的，从重处罚。

五、走私制毒物品罪

走私制毒物品罪，是指违反国家规定，非法运输、携带醋酸酐、乙醚、三氯甲烷或者其他用于制造毒品的原料或者配剂进出境的行为。本罪侵犯的客体是国家对制毒物品进出境的管理秩序。犯罪对象是制毒物品。"制毒物品"，是指醋酸酐、乙醚、三氯甲烷或者其他用于制造毒品的原料或者配剂，具体品种范围按照国家关于易制毒化学品管理的规定确定。本罪的主体包括自然人和单位，在主观方面表现为故意。根据2000年最高人民法院《关于审理毒品案件定罪量刑标准有关问题的解释》的规定，非法运输、携带醋酸酐、乙醚、三氯甲烷或者其他用于制造毒品的原料或者配剂进出境，数量达到下列标准的，才构成犯罪：(1) 麻黄碱、伪麻黄碱及其盐类和单方制剂5千克以上不满50千克；麻黄膏、麻黄浸膏粉100千克以上不满1000千克；(2) 醋酸酐、三氯甲烷200千克以上不满2000千克；(3) 乙醚400千克以上不满3000千克；(4) 上述原料或者配剂以外其他相当数量的用于制造毒品的原料或者配剂。根据《刑法》第350条的规定，犯本罪的，处3年以下有期徒刑、拘役或者管制，并处罚金；数量大的，处3年以上10年以下有期徒刑，并处罚金。单位犯本罪的，对单位判处罚金，并对其直接负责的主管人员和其他直接责任人员，根据上述有关自然人犯本罪的规定处罚。"数量大"，根据上述司法解释，是指超过本罪定罪标准范围的。根据《刑法》第356条的规定，因走私、贩卖、运输、制造、非法持有毒品罪被判过刑，又犯本罪的，从重处罚。

六、非法买卖制毒物品罪

非法买卖制毒物品罪，是指违反国家规定，在境内非法买卖醋酸酐、乙醚、三氯甲烷或者其他用于制造毒品的原料或者配剂的行为。本罪侵犯的客体是国家对制毒物品的管制秩序。犯罪对象是制毒物品。本罪在客观方面表现为在境内非法买卖醋酸酐、乙醚、三氯甲烷或者其他用于制造毒品的原料或者配剂的行为。根据2009年最高人民法院、最高人民检察院、公安部《关于办理制毒物品犯罪案件适用法律若干问题的意见》的规定，非法买卖制毒物品，是指违反国家规定，实施下列行为之一：(1) 未经许可或者备案，擅自购买、销售易制毒化学品的；(2) 超出许可证明或者备案证明的品种、数量范围购买、销售易制毒化学品的；(3) 使用他人的或者伪造、变造、失效的许可证明或者备案证明购买、销售易制毒化学品的；(4) 经营单位违反规定，向无购买许可证明、备案证明的单位、个人销售易制毒化学品的，或者明知购买者使用他人的或者伪造、变造、失效的购买许可证明、备案证明，向其销售易制毒化学品的；(5) 以其他方式非法买卖易制毒化学品的。本罪的主体包括自然人和单位，在主观方面表现为故意。本罪的定罪数量标准与走私制毒物品罪的定罪数量标准相同。行为人明知他人收买制毒物品是为了走私，而仍向其提供或者出售的，以走私制毒物品罪的共犯论处。根据《刑法》第350条的规定，犯本罪的，处3年以下有期徒刑、拘役或者管制，并处罚金；数量大的("数量大的"标准与走私制毒物品罪的标准一样)，处3年以上10年以下有期徒刑，并处罚金。单位犯本罪的，对单位判处罚金，并对其直接负责的主管人员和其

毒品;本罪在客观上表现为为他人吸食、注射毒品提供场所的行为,而后者则仅仅是以引诱、教唆、欺骗方式使他人吸毒的行为。根据《刑法》第354条的规定,犯本罪的,处3年以下有期徒刑、拘役或者管制,并处罚金。根据《刑法》第356条的规定,因走私、贩卖、运输、制造、非法持有毒品罪被判过刑,又犯本罪的,从重处罚。

▶ 十二、非法提供麻醉药品、精神药品罪

非法提供麻醉药品、精神药品罪,是指依法从事生产、运输、管理、使用国家管制的麻醉药品、精神药品的人员,违反国家规定,向吸食、注射毒品的人提供国家规定管制的能够使人形成瘾癖的麻醉药品、精神药品的行为。本罪侵犯的客体是国家对麻醉药品、精神药品的管制秩序。犯罪对象是吸食、注射毒品的人。其在客观方面表现为违反国家规定,向吸食、注射毒品的人提供国家规定管制的能够使人形成瘾癖的麻醉药品、精神药品的行为。本罪的主体包括自然人和单位。就自然人而言,只能是依法从事生产、运输、管理、使用国家管制的麻醉药品、精神药品的人员。本罪在主观方面表现为故意,即行为人明知自己非法提供国家管制的麻醉药品和精神药品的对象是吸食、注射毒品的人,而仍然向其提供。行为人的犯罪动机可能多种多样,如出于"同情"或碍于情面等,但不能以牟利为目的。如果行为人明知是走私、贩卖毒品的犯罪分子而向其提供国家管制的能够使人形成瘾癖的麻醉药品和精神药品或以牟利为目的,向吸食、注射毒品的人提供上述物品的,应以走私、贩卖毒品罪论处。根据《刑法》第355条的规定,犯本罪的,处3年以下有期徒刑或者拘役,并处罚金;情节严重的,处3年以上7年以下有期徒刑,并处罚金。单位犯本罪的,对单位判处罚金,并对其直接负责的主管人员和其他直接责任人员,根据上述有关自然人犯本罪的规定处罚。根据《刑法》第356条的规定,因走私、贩卖、运输、制造、非法持有毒品罪被判过刑,又犯本罪的,从重处罚。

第九节　组织、强迫、引诱、容留、介绍卖淫罪

▶ 一、组织卖淫罪

（一）组织卖淫罪的概念和构成

组织卖淫罪,是指以招募、雇用、强迫、引诱、容留等手段,控制多人从事卖淫的行为。

本罪构成特征:

(1) 本罪侵犯的客体是社会治安管理秩序和社会风尚。犯罪对象为他人,包括妇女和男子。当然,实践中,绝大多数为妇女。对于"他人"的数量上的要求,法律则无规定,一般应指3人以上。因为既然是"组织",一般来说应是多人,按一般观念,3人为众。

(2) 本罪在客观方面上表现为组织他人从事卖淫活动的行为,包括组织、策划和指挥他人卖淫的行为。组织,是指发起、建立卖淫集团或卖淫窝点,将分散的卖淫行为

进行集中和控制,并在其中起组织作用的行为。其手段主要包括招募、雇用、强迫、诱骗、容留等。策划,是指为组织卖淫活动进行谋划布置、制订计划的行为,如为组织卖淫集团制订计划、拟订具体方案、物色卖淫妇女等。指挥,是指在实施组织他人卖淫活动中起领导、指挥作用,如指挥、调度卖淫活动的具体实施等。实践中,组织他人卖淫活动有两类表现形式:一是设置卖淫场所或者变相卖淫场所,容留或招募一些卖淫人员在该场所内进行卖淫活动;二是虽然没有设置固定的卖淫场所,但行为人通过自己掌握控制的卖淫人员,有组织地进行卖淫活动。卖淫,是指以与他人发生不正当性关系,出卖肉体为代价,换取各种物质利益或非物质利益的行为,通常表现为妇女向男子卖淫,有时也可以是男子向妇女卖淫。关于卖淫的内容,传统观念仅限于异性之间性交行为。目前,多数人倾向于把异性之间或同性之间手淫、口交、肛交等行为也视为卖淫。

(3) 本罪的主体为一般主体,即年满 16 周岁且具有刑事责任能力的自然人。

(4) 本罪在主观上是故意,即明知自己组织他人卖淫的行为会危害社会而希望或者放任这种危害结果发生的心理态度。过失不构成本罪。本罪犯罪目的,实践中大多数组织卖淫者具有牟利的目的,但并不限于此,还有的是通过组织卖淫嫖娼活动达到招揽生意、推销产品以及玩弄女性等目的。行为人无论出于何种目的,只要故意组织他人卖淫,即可构成本罪。

(二) 组织卖淫罪的认定

1. 罪与非罪的界限

这里主要是对于组织卖淫行为情节显著轻微危害不大,不具有应受刑罚惩罚性的,不以犯罪论处。例如,行为人仅参与了初次谋划组织卖淫,由于觉得这是害人的事情,就退出了。并且还劝说别人不干,但未果。这种情况下,行为人的主观恶性小,仅初步参与谋划,且还阻止别人,就可视为情节显著轻微,不以犯罪论处。另外,对于组织嫖娼的,按照罪刑法定原则,就应视为无罪。

2. 组织卖淫罪既遂的认定

组织卖淫罪属于行为犯,既遂的标志是组织行为的完成。只要组织者对其组织行为实施完毕,无论其被组织的卖淫人员是否从事了卖淫活动,就可认定为既遂。

3. 组织卖淫罪共同犯罪的认定

组织卖淫罪不属于必要共同犯罪,也不属于共同犯罪中的组织犯。存在组织犯的共同犯罪,一般来讲,组织者的行为和被组织者的行为都构成犯罪,即组织者是在组织被组织者实施犯罪。而组织卖淫罪,仅其组织者的行为构成犯罪,被组织者的行为不构成犯罪,即组织者不是组织被组织者进行犯罪活动,而这不构成共同犯罪。这里的组织行为是实行行为。所讲的组织卖淫罪的共同犯罪,是指 2 人以上共同实施组织卖淫犯罪,而非指组织者和被组织者之间构成共同犯罪。这里要注意的是,组织卖淫罪的共同犯罪中仅存在教唆犯、实行犯。对于组织卖淫罪的帮助犯,刑法单独规定为协助组织卖淫罪,就不能再按照组织卖淫罪的共同犯罪来处理。由于组织卖淫罪的组织行为是实行行为,而非组织犯,所以,对于组织卖淫罪的共同正犯,即组织行为的实施者,可以存在主犯和从犯之分。

4. 一罪与数罪的界限

这里主要注意两种情况：一是在组织他人卖淫活动中，对被组织卖淫的人有强迫、引诱、容留、介绍卖淫等行为的情况。对于这种情况，按照有关司法解释，应把强迫、引诱、容留、介绍行为作为组织卖淫罪的量刑情节，予以考虑，不实行数罪并罚。二是在组织他人卖淫活动中，同时又组织或参与聚众淫乱、引诱未成年人聚众淫乱，或者明知是有严重性病的人而又教唆、组织其卖淫的情况。对于这种情况，如果同时构成组织卖淫罪、聚众淫乱罪、引诱未成年人聚众淫乱罪、传播性病罪的，应进行数罪并罚。

(三) 组织卖淫罪的刑事责任

根据《刑法》第358条第1款、第2款的规定，犯本罪的，处5年以上10年以下有期徒刑，并处罚金；情节严重的，处10年以上有期徒刑或者无期徒刑，并处罚金或者没收财产；情节特别严重的，处无期徒刑或者死刑，并处没收财产。旅馆业、饮食服务业、文化娱乐业、出租汽车业等单位的主要负责人，利用本单位的条件犯本罪的，从重处罚。

▶ 二、强迫卖淫罪

(一) 组织卖淫罪的概念和构成

强迫卖淫罪，是指违背他人意志，强迫他人卖淫的行为。

本罪构成特征：

(1) 本罪侵犯的客体是公民的性的不可侵犯权利和社会风尚。犯罪对象既包括妇女，也包括男子。

(2) 本在客观方面表现为违背他人意志，强迫他人卖淫的行为。首先，是违背他人意志。这是本罪侵犯公民的性的不可侵犯权利的原因所在。其次，是手段的强制性，表现为暴力、威胁或者其他方法。暴力，是指进行身体强制，如殴打、伤害被害人的身体，捆绑被害人，非法限制被害人人身自由，强拉硬拽等行为；威胁，是指进行精神强制，即对被害人的意志施加压力，使被害人不敢不屈从于行为人的意志而实施卖淫行为。威胁的内容可以很广泛，如以暴力相威胁，揭发隐私相威胁等。其他方法，主要是指使被害人不敢放抗或不知反抗的方法，如麻醉、灌醉酒等。第三是被害人不自愿的卖淫行为。这是构成本罪既遂的条件。

(3) 本罪的主体为一般主体，即年满16周岁且具有刑事责任能力的自然人。

(4) 本罪在主观方面表现为故意，且是直接故意，即明知自己的行为是在强迫他人从事卖淫活动，并且希望被强迫的人屈从自己而卖淫。

(二) 组织卖淫罪的认定

1. 罪与非罪的界限

原则上，只要实施了强迫卖淫行为的，即可构成本罪；但如果情节显著轻微，可不认为犯罪。

2. 一罪与数罪的界限

对于强奸后迫使卖淫的，造成被强迫卖淫的人重伤、死亡的，不进行数罪并罚，仅作为本罪的加重法定情节；但是如果行为人对被害人的伤害行为与其对被害人的强迫行为没有关联,即行为人是出于独立的伤害故意而对被害人实施伤害行为的,就构成故意伤害罪,应当与强迫卖淫罪实行数罪并罚。

(三)组织卖淫罪的刑事责任

根据《刑法》第358条的规定,犯本罪的,处5年以上10年以下有期徒刑,并处罚金;具有下列情形之一的,处10年以上有期徒刑或者无期徒刑,并处罚金或者没收财产:(1)强迫不满14周岁的幼女卖淫的;(2)强迫多人卖淫或者多次强迫他人卖淫的;(3)强奸后迫使卖淫的;(4)造成被强迫卖淫的人重伤、死亡或者其他严重后果的。有上述情形之一,情节特别严重的,处无期徒刑或者死刑,并处没收财产。旅馆业、饮食服务业、文化娱乐业、出租汽车业等单位的主要负责人,利用本单位的条件犯本罪的,从重处罚。

三、协助组织卖淫罪

协助组织卖淫罪,是指为组织卖淫的人招募、运送人员或者其他协助组织他人卖淫的行为的。本罪为《刑法修正案(八)》修改,主要明确了典型的协助组织卖淫行为。本罪侵犯的客体是社会风尚。在客观方面表现为为组织卖淫的人招募、运送人员或者其他协助组织他人卖淫的行为。协助可以是物质的,也可以是精神的。此种犯罪本为组织卖淫罪的共犯,但法律将之独立规定为一个罪种,与组织卖淫罪相互区别。本罪在主观上表现为故意,包括直接故意和间接故意。由于本罪只能存在于和组织卖淫罪的共同犯罪中,所以行为人主观上具有双重故意,即行为人明知他人是在实施组织卖淫犯罪活动,明知自己实施的行为可能会帮助、促进他人组织卖淫犯罪活动的顺利进行,而仍然实施帮助行为,并希望或放任危害结果发生的主观心理态度。根据《刑法修正案(八)》对《刑法》第358条第3款的修正,犯本罪的,处5年以下有期徒刑,并处罚金;情节严重的,处5年以上10年以下有期徒刑,并处罚金。

四、引诱、容留、介绍卖淫罪

引诱、容留、介绍卖淫罪,是指勾引、诱使他人卖淫,或者为他人卖淫提供场所,或者为他人卖淫进行介绍的行为。本罪侵犯的客体是社会风尚。在客观方面表现为引诱、容留、介绍他人卖淫的行为。引诱,是指以金钱、物质或其他利益为诱饵,或采取其他手段,勾引、拉拢、劝导、怂恿、诱惑、唆使他人从事卖淫活动。其他手段,主要是指行为人非以利益为诱饵,而是采取其他手段,如向他人宣扬腐朽生活方式,灌输"性解放"、"性自由"、"卖淫光荣"等腐朽思想怂恿他人卖淫的情况。容留,是指为他人卖淫提供场所。介绍,是指为卖淫者或嫖客进行引见、联络、撮合,以使他人卖淫或嫖娼活动得以进行。他人,包括男子和女子。本罪的主体为一般主体。其在主观方面表现为故意,且系直接故意,即行为人明知自己的行为是在为他人卖淫进行活动,明知自己的行为有伤风化,仍希望这一危害结果的发生。根据《刑法》第359条第1款的规定,犯本罪的,处5年以下有期徒刑、拘役或者管制,并处罚金;情节严重的,处5年以上有期徒刑,并处罚金。旅馆业、饮食服务业、文化娱乐业、出租汽车业等单位的主要负责人,利用本单位的条件犯本罪的，从重处罚。根据2008年最高人民检察院、公安部《关于公安机关管辖的刑事案件立案追诉标准的规定（一）》第78条的规定，引诱、容留、介绍他人卖淫，涉嫌下列情形之一的，应予立案追诉：（1）引诱、容留、介绍二人次以上卖淫的；（2）引诱、容留、介绍已满14周岁未满18周岁的未成年人卖淫的；（3）被引诱、容留、介绍卖淫的人患有艾滋病或者患有梅毒、淋病等严重性病。（4）其他引诱、容留、介绍卖淫应予追究刑事责任的情形。所谓严重情节，一般指：多次引诱、容留、介绍他人卖淫的；引诱、容留、介绍多人卖淫的；引诱、容留、介绍明知是有严重性病的人卖淫的；引诱、容留、介绍未成年人卖淫的，等等。

五、引诱幼女卖淫罪

引诱幼女卖淫罪，是指以金钱、物质或者其他利益为诱饵，或者采取其他手段，勾引、诱使不满14周岁的幼女卖淫的行为。本罪侵犯的客体是社会风尚和幼女的身心健康权。犯罪对象是幼女，即不满14周岁的女子。在客观方面表现为引诱幼女卖淫的行为。本罪的行为方式仅限于引诱，对于组织、强迫、容留、介绍幼女卖淫的，应分别以组织卖淫罪、强迫卖淫罪和容留、介绍卖淫罪论处。本罪的主体为一般主体。在主观方面表现为故意，即行为人明知或可能知道对方是幼女，而引诱其卖淫。根据《刑法》第359条第2款的规定，犯本罪的，处5年以上有期徒刑，并处罚金。旅馆业、饮食服务业、文化娱乐业、出租汽车业等单位的主要负责人，利用本单位的条件犯本罪的，从重处罚。

六、传播性病罪

传播性病罪，是指明知自己患有梅毒、淋病等严重性病而卖淫、嫖娼的行为。本罪侵犯的客体社会风尚和公民的人身健康权利。本罪在客观上表现为行为人患有严重性病而卖淫、嫖娼的行为。包括两个条件：一是行为人必须患有严重性病。性病，是指由病原微生物引起的，以性的接触作为主要传染途径的一组传染病。严重性病，是指严重的性传染病，或称性传播疾病，其主要的传染途径是性交。至于严重性病的范围，《刑法》第360条只明确列举了梅毒、淋病，然后以“等严重性病”概括。医学理论和实践中，这些严重性病一般是指软性下疳、性病性淋巴肉芽肿、腹股沟肉芽肿、性病疣以及艾滋病等等。二是行为人必须实施了卖淫、嫖娼行为。嫖娼，与卖淫相对，是指以付出各种物质利益和非物质利益为代价，要求他人与自己发生不正当性关系的行为。本罪为行为犯，只要严重性病患者实施了卖淫、嫖娼行为，即使客观上没有将性病传染给他人，也可构成犯罪。本罪的主体为特殊主体，即患有严重性病的人。在主观上只能是故意，即明知自己患有严重性病而仍进行卖淫、嫖娼，希望或放任这种性病通过自己的卖淫、嫖娼行为传染给他人。行为人对自己患有严重性病的明知，既可以是确切知道，也可以是可能知道。行为人只要知道自己患有性病即可，不要求行为人知道自己患有何种性病以及是否严重性病。在司法实践中，只要有证据证明行为人曾到医院就医，被诊断为患有严重性病的，或者根据行为人本人的知识和经验，能够知道自己患有严重性病的，或者通过其他方法能够证明行为人是“明知”的，即可认定行为人主观上具备“明知”条件。根据《刑法》第360条第1款的规定，犯本罪的，处5年以下有期徒刑、拘役或者管制，并处罚金。

七、嫖宿幼女罪

嫖宿幼女罪，是指嫖宿不满14周岁的幼女的行为。本罪侵犯的客体是社会风尚和幼女的身心健康权。犯罪对象是幼女，即不满14周岁的女子。本罪在客观方面表现为嫖宿幼女的行为。嫖宿，是指以交付金钱或者其他财物为代价，与卖淫幼女发生性交或者从事其他性淫乱活动的行为。这里的性淫乱活动包括口交、肛交以及幼女以生殖器、乳房、口、手等接触刺激男性生殖器官的各种行为。另外，构成嫖宿，还必须以幼女的承诺为前提。如果行为人没有得到幼女的承诺，而是遭到幼女的反抗，行为人以强制手段同幼女发生性行为的，则不论该幼女是否在从事卖淫活动，都应以强奸罪定罪。本罪必须发生在卖淫嫖娼违法活动中，否则，应以强奸(幼女)罪论处。本罪在主观方面表现为故意，即明知嫖宿的对象是幼女而仍予以嫖宿。只要行为人明确知道或者可能知道嫖宿的对象是幼女，就可认定为“明知”。对于行为人出于嫖宿的故意，而实际上嫖宿的不是幼女的情况，例如行为人要求卖淫组织者给他找一个十二三岁的女孩，而卖淫组织者便给他找一个看上去年纪很小而实际上已15周岁的，但行为人却信以为真而发生了性关系。对这种情况，应按照嫖宿幼女罪的未遂犯处理。根据《刑法》第360条第2款的规定，犯本罪的，处5年以上有期徒刑，并处罚金。

第十节　制作、贩卖、传播淫秽物品罪

一、制作、复制、出版、贩卖、传播淫秽物品牟利罪

(一) 本罪的概念和构成

制作、复制、出版、贩卖、传播淫秽物品牟利罪，是指以牟利为目的，制作、复制、出版、贩卖、传播淫秽物品的行为。

本罪构成特征：

(1) 本罪侵犯的客体是复杂客体，即国家对文化市场的管理秩序和社会风尚。犯罪对象是淫秽物品。淫秽物品，是指具体描绘性行为或者露骨宣扬色情的诲淫性的书刊、影片、录像带、录音带、图片及其他淫秽物品。“其他淫秽物品”，包括具体描绘性行为或者露骨宣扬色情的诲淫性的视频文件、音频文件、电子刊物、图片、文章、短信息等互联网、移动通讯终端电子信息和声讯台语音信息。有关人体生理、医学知识的科学著作不是淫秽物品。包含有色情内容的有艺术价值的文学、艺术作品亦不视为淫秽物品。

(2) 本罪在客观上表现为制作、复制、出版、贩卖、传播淫秽物品的行为。制作，仅指原始的生产、录制、摄制、编写、翻译、绘画、印刷、刻印、洗印等行为，并不包括复制、出版淫秽物品的内容，其特点有：一是行为带有创造性或原创性；二是通过一定形式的

载体表现出来，例如文字形式、绘画形式、摄影形式、音像形式、实物形式等。复制，是指对已有的淫秽物品进行仿造的行为，包括翻印、翻拍、复印、复写、复录等方式，也即将某一物品制作多份。其特点是具有淫秽物品的再现性但没有原创性。出版，是指出版单位以合法名义编辑、印刷、发行淫秽书刊和音像制品。其特征有：一是行为主体是出版单位；二是出版淫秽物品以合法名义。如果不是出版单位，是其他单位、个人制作、发行淫秽书刊和音像制品，则应视为制作行为而非出版行为。贩卖，是指出售、有偿转让、交换淫秽物品，至于是秘密贩卖，还是公开或半公开贩卖，不影响犯罪的构成。传播，是指以秘密、公开或半公开的方式在社会上广泛散布或流传淫秽物品的行为，如出租、出借、播放、运输、携带、邮寄等。制作、复制、出版、贩卖、传播淫秽物品的方法很多，可以是原始传统的，比如手工描绘、张贴等，也可以利用现代技术，如利用互联网、移动通讯终端、声讯台、聊天室、论坛、即时通信软件、电子邮件等。

（3）本罪的主体为一般主体，包括自然人和单位。

（4）本罪在主观上是故意，并且具有牟利的目的。牟利，即谋取私利，指行为人意欲通过一定的行为获取非法利益，既包括谋取钱财，也包括谋取其他的非法物质性利益。至于行为人实际获利与否，获利的多少，并不影响本罪的构成。如果不是基于牟利的目的，而是出于一种低级趣味，自行欣赏，即使制造了淫秽物品，也不构成犯罪。如果不是基于牟利目的，而在社会上传播了淫秽物品，则不应构成本罪，而应以传播淫秽物品罪论处。

（二）制作、复制、出版、贩卖、传播淫秽物品牟利罪的认定

1. 罪与非罪的界限

本罪的罪与非罪的界限除从主观目的和犯罪对象考察以外，主要考察行为的社会危害程度。罪与非罪的界限，可根据最高人民法院1998年的《关于审理非法出版物刑事案件具体应用法律若干问题的解释》、2004年最高人民法院、最高人民检察院《关于办理利用互联网、移动通讯终端、声讯台制作、复制、出版、贩卖、传播淫秽电子信息刑事案件具体应用法律若干问题的解释》、2008年最高人民检察院、公安部《关于公安机关管辖的刑事案件立案追诉标准的规定（一）》、2010年最高人民法院、最高人民检察院《关于办理利用互联网、移动通讯终端、声讯台制作、复制、出版、贩卖、传播淫秽电子信息刑事案件具体应用法律若干问题的解释（二）》等的规定来界定。

2. 共同犯罪的认定

明知他人实施制作、复制、出版、贩卖、传播淫秽电子信息犯罪，为其提供互联网接入、服务器托管、网络存储空间、通讯传输通道、费用结算等帮助的，对直接负责的主管人员和其他直接责任人员，以共同犯罪论处。另外，明知是淫秽网站，以牟利为目的，通过投放广告等方式向其直接或者间接提供资金，或者提供费用结算服务，对直接负责的主管人员和其他直接责任人员，以制作、复制、出版、贩卖、传播淫秽物品牟利罪的共同犯罪处罚。具有下列情形之一的，应当认定行为人“明知”，但是有证据证明确实不知道的除外：（1）行政主管机关书面告知后仍然实施上述行为的；（2）接到举报后不履行法定管理职责的；（3）为淫秽网站提供互联网接入、服务器托管、网络存储空

间、通讯传输通道、代收费、费用结算等服务，收取服务费明显高于市场价格的；(4) 向淫秽网站投放广告，广告点击率明显异常的；(5) 其他能够认定行为人明知的情形。

3. 一罪与数罪的界限

本罪为选择性罪名，行为人实施制作、复制、出版、贩卖、传播五种行为中的多种行为，也仅构成本罪一罪。司法实践中，还要注意行为人从境外走私淫秽物品后又贩卖或传播牟利的情况，如果行为人为了贩卖或传播而走私的，构成牵连犯，应从一重罪处断；但如果行为人走私后才产生贩卖或传播故意的，应数罪并罚。

(三) 制作、复制、出版、贩卖、传播淫秽物品牟利罪的刑事责任

根据《刑法》第 363 条第 1 款的规定，犯本罪的，处 3 年以下有期徒刑、拘役或者管制，并处罚金；情节严重的，处 3 年以上 10 年以下，有期徒刑，并处罚金；情节特别严重的，处 10 年以上有期徒刑或者无期徒刑，并处罚金或者没收财产。根据《刑法》第 366 条的规定，单位犯本罪的，对单位判处罚金，并对其直接负责的主管人员和其他直接责任人员，根据上述有关自然人犯本罪的规定处罚。“情节严重”、“情节特别严重”的标准应根据上述司法解释来认定。

▶ 二、为他人提供书号出版淫秽书刊罪

为他人提供书号出版淫秽书刊罪，是指违反国家有关出版管理的规定，为他人提供书号出版淫秽书刊的行为。本罪侵犯的客体是国家对书刊出版的管理秩序和社会风尚。本罪在客观上表现为违反国家出版管理规定，向他人提供书号，致使他人出版淫秽书刊的行为。一是行为人违反国家有关出版管理的规定，实施了向他人提供书号的行为。“为他人提供书号”，是指将出版社的书号提供给他人使用，允许他人以该出版社的名义出书。二是造成了淫秽书刊出版的危害后果。本罪的主体包括自然人和单位。一般情况下是拥有国家正规书刊号使用权的出版单位及其工作人员，但也不排除其他人员构成本罪的可能。本罪在主观方面表现为过失，即应当预见所提供的书号可能被用于出版淫秽书刊，因为疏忽大意而没有预见或者已经预见而轻信能够避免，以致发生书号被他人用于出版淫秽书刊的后果。如果行为人是故意的，即行为人明知他人用于出版淫秽书刊而提供书号的，应以出版淫秽物品牟利罪论处。根据《刑法》第 363 条第 2 款的规定，犯本罪的，处 3 年以下有期徒刑、拘役或者管制，并处或者单处罚金。根据《刑法》第 366 条的规定，单位犯本罪的，对单位判处罚金，并对其直接负责的主管人员和其他直接责任人员，根据上述有关自然人犯本罪的规定处罚。

▶ 三、传播淫秽物品罪

传播淫秽物品罪，是指不以牟利为目的，在社会上传播淫秽的书刊、影片、音像、图片或者其他淫秽物品，情节严重的行为。本罪侵犯的客体是国家对文化市场的管理秩序和社会风尚。本罪在客观方面表现为传播淫秽的书刊、影片、音像、图片或者其他淫秽物品，情节严重的行为。传播，是指以播放、传阅、出借、携带、邮寄、下发、赠送、展示等方法供他人观看、收听、阅读、使用等使淫秽物品流传。情节严重的标准，可根据

2008年最高人民检察院、公安部《关于公安机关管辖的刑事案件立案追诉标准的规定(一)》的规定来认定。本罪的主体包括自然人和单位。在主观方面表现为故意,即行为人明知是淫秽物品而予以传播。如果行为人并不知道自己传播的是淫秽物品,则不能构成本罪。另外,本罪不以牟利为目的。如果行为人以牟利为目的传播淫秽物品的,如出租、销售淫秽物品的,则应以传播淫秽物品牟利罪定罪。根据《刑法》第364条第1款、第4款的规定,犯本罪的,处2年以下有期徒刑、拘役或者管制。向不满18周岁的未成年人传播淫秽物品的,从重处罚。根据《刑法》第366条的规定,单位犯本罪的,对单位判处罚金,并对其直接负责的主管人员和其他直接责任人员,根据上述有关自然人犯本罪的规定处罚。

▶ 四、组织播放淫秽音像制品罪

组织播放淫秽音像制品罪,是指不以牟利为目的,召集多人,组织播放、收看、收听淫秽的电影、录像、录音等音像制品的行为。本罪侵犯的客体是国家对音像文化市场的管理秩序和社会风尚。犯罪对象是淫秽音像制品。音像制品,又称视听产品,是指以光化学记录技术、磁记录技术、数字记录技术等方式把声音、图像固定在一定介质之上,供人们视听的各种制品。淫秽音像制品包括载有淫秽内容的电影片、录像带、幻灯片、录音带、唱片、光盘、电脑软件等音像制品。在客观方面表现为组织播放淫秽音像制品的行为。组织,是指为首策划、纠集、安排他人前往观听,提供淫秽音像制品和放映设备以及播放地点等。播放,是指利用录音机、录像机、CD机、影碟机等播放设备将图像、声音等信息予以展示供人观看或收听的行为。本罪的主体既包括任何具有刑事责任能力的自然人,也包括单位。本罪在主观上是故意,即明知自己是在组织播放淫秽音像制品而积极追求危害结果的发生的主观心理态度。但是,构成本罪行为人必须不以牟利为目的。根据2008年最高人民检察院、公安部《关于公安机关管辖的刑事案件立案追诉标准的规定(一)》第85条的规定,组织播放淫秽的电影、录像等音像制品,涉嫌下列情形之一的,应予立案追诉:(1) 组织播放15至30场次以上的;(2) 造成恶劣社会影响的。根据《刑法》第364条第2款、第3款、第4款的规定,犯本罪的,处3年以下有期徒刑、拘役或者管制,并处罚金;情节严重的,处3年以上10年以下有期徒刑,并处罚金。制作、复制淫秽的电影、录像等音像制品组织播放的,从重处罚。向不满18周岁的未成年人传播淫秽物品的,从重处罚。根据《刑法》第366条的规定,单位犯本罪的,对单位判处罚金,并对其直接负责的主管人员和其他直接责任人员,根据上述有关自然人犯本罪的规定处罚。

▶ 五、组织淫秽表演罪

组织淫秽表演罪,是指组织进行淫秽表演的行为。本罪侵犯的客体是国家对文化娱乐业的管理秩序和社会风尚。本罪在客观方面表现为组织进行淫秽表演的行为。组织,是指策划、指挥、安排进行淫秽表演的行为。包括拟定淫秽表演计划,筹集资金款项,招聘、雇用表演者,寻找、租用表演场地,指挥、导演淫秽表演的彩排,组织他人观看等一系列活动。淫秽表演，是指以上演、戏剧等形式通过表演者直接的语言、动作等进行淫秽的形体展示、描述性行为或宣扬色情淫荡形象从而达到刺激观众性欲的演出活动。本罪的主体包括自然人和单位。但构成本罪的只能是淫秽表演的组织者，表演者不构成本罪。本罪在主观方面只能出于故意，即明知组织的是淫秽表演而进行组织。过失不构成本罪。行为人是否出于牟利的目的，不影响本罪的成立。根据2008年最高人民检察院、公安部《关于公安机关管辖的刑事案件立案追诉标准的规定(一)》第86条的规定，以策划、招募、强迫、雇用、引诱、提供场地、提供资金等手段，组织进行淫秽表演，涉嫌下列情形之一的，应予立案追诉：(1) 组织表演者进行裸体表演的；(2) 组织表演者利用性器官进行诲淫性表演的；(3) 组织表演者半裸体或者变相裸体表演并通过语言、动作具体描绘性行为的；(4) 其他组织进行淫秽表演应予追究刑事责任的情形。根据《刑法》第365条的规定，犯本罪的，处3年以下有期徒刑、拘役或者管制，并处罚金；情节严重的，处3年以上10年以下有期徒刑，并处罚金。单位犯本罪的，对单位判处罚金，并对其直接负责的主管人员和其他直接责任人员，根据上述有关自然人犯本罪的规定处罚。

【阅读参考书目】

1. 高铭暄、马克昌主编：《刑法学》(下册)，北京大学出版社2010年第4版。

2. 王作富主编：《刑法分则实务研究》(下册)，中国方正出版社2010年第4版。

3. 孟庆华著：《妨害社会管理秩序罪重点难点问题判解研究》，人民法院出版社2005年版。

4. 李希慧主编：《妨害社会管理秩序罪新论》，武汉大学出版社2001年版。

【思考题】

一、名词解释

1. 医疗事故罪

2. 伪证罪

3. 妨害公务罪

4. 盗伐林木罪

5. 传播性病罪

二、简答

1. 简要说明招摇撞骗罪与诈骗罪的区别。

2. 如何划清掩饰、隐瞒犯罪所得、犯罪所得收益罪与窝藏、包庇罪的界限？

3. 组织卖淫罪的实行犯是组织犯吗？

三、论述

1. 运用犯罪构成理论分析妨害社会管理秩序罪。

2. 运用所学刑法理论分析偷越国(边)境罪的预备形态、中止形态和既遂、未遂形态。

四、案例分析

1. 甲某邀请乙某一起去偷砍国家树木，在砍伐过程中，甲某发现不少珍贵树木，就没有告诉乙某顺手砍了下来。二人砍伐大量树木，在运回家后，甲告诉乙某他还砍了珍贵树木，乙便说："砍了就砍了，一起卖吧。"后二人在卖树木时被抓获。

请问：甲乙构成什么罪，是共同犯罪吗？

2. 甲某系无业人员。一年中，其先后实施四次诈骗行为、一次抢劫行为。第一、三、四次均是冒充某市长，以能为别人办事为名，诈骗钱财合计 15 万元；第二次未冒充，是采取虚构事实等方法诈骗钱财 3 万元；第五次是冒充警察抢劫聚赌人员赌资 2 万元。后被抓获。

请问：如何对甲某的行为定性，如何处罚？

第二十七章　危害国防利益罪

国防是国家生存与发展的保障。为了国防的建设与巩固，我国 1997 年修订的《刑法》增加了惩治危害国防利益犯罪的内容，并将其集中规定为独立的一章，这对于充分运用刑法手段惩处一切危害国防利益的犯罪行为，巩固我国国防利益，维护国家安全与稳定，增强全民的国防意识，具有极其重要的意义。

第一节　危害国防利益罪总述

一、危害国防利益罪的概念和构成要件

危害国防利益罪是指违反国防法律、法规，危害作战和军事行动，危害国防设施基础和国防建设活动，妨害国防管理秩序，拒绝或者逃避履行国防义务，损害国防声誉，依法应受刑罚处罚的行为。该类犯罪具有如下构成要件：

（1）本类罪侵犯的同类客体为国防利益。

所谓国防利益，是指国家为防备和抵抗外来侵略、掠夺，制止武装颠覆国家政权，保卫国家主权、国家统一、领土完整和安全，维护部队声誉所进行的军事活动和其他活动的利益，具体包括国防物质基础、作战与军事行动、国防自身安全、武装力量建设、国防管理秩序等方面的利益。国防利益是关系国家生存、发展和安全保障的重要利益。危害国防利益必然削弱国防力量，危害国防安全，最终是危害国家安全，对社会、对国家、对人民有危害的行为。本类罪的犯罪对象包括：武装部队，军人，军用武器装备，军事设施，军事通信，军事禁区和军事管理区，部队的公文、证件、印章，部队专用标志等。

（2）本类罪的客观方面表现为行为人违反国防法律、法规，实施了危害国防利益的行为。

"国防法律"是指《中华人民共和国国防法》、《中华人民共和国兵役法》、《中华人民共和国军事设施保护法》、《中华人民共和国预备役军官法》、《中华人民共和国人民防空法》等法律。"国防法规"是指《征兵工作条例》、《应征公民体格条例》、《民兵工作条例》、《军工产品质量管理条例》等。危害国防利益行为具体表现有以下几个方面：第一，危害作战和军事行动的行为。即以暴力、威胁方法阻碍军人依法执行职务，故意阻碍武装部队军事行动，战时故意向武装部队提供虚假敌情，战时造谣惑众扰乱军心，战时拒绝或者故意延误军事订货，战时拒绝军事征用等行为。第二，危害国防物质基础和国防建设活动的行为。即破坏武器装备、军事设施、军事通信，向武装部队提供不合格武器装备、军事设施，伪造、变造、买卖武装部队公文、证件、印章，盗窃、抢夺武装部队公文、证件、印章，非法生产、买卖武装部队制式服装，伪造、盗窃、买卖、非法提供、非法使用武装部队专用标志等行为。第三，妨害国防管理秩序的行为。即聚众冲击军事

禁区或者扰乱军事管理区秩序，煽动军人逃离部队，或者明知是逃离部队的军人而雇用，在征兵工作中徇私舞弊，接受不合格兵员等行为。第四，拒绝、逃避履行国防义务的行为。即预备役人员战时拒绝、逃避征召或者军事训练以及公民战时拒绝、逃避服兵役等行为。第五，损害部队声誉的行为。指冒充军人招摇撞骗等行为。至于行为方式，可以是作为，可以是不作为。另外，本章所规定的绝大多数犯罪是情节犯，只有具备“情节严重”的情形才构成犯罪，并且本章所规定的某些犯罪在时间上有特殊要求，例如战时拒绝、逃避服役罪，战时拒绝、故意延误军事订货罪，战时拒绝军事征用罪等只能发生于战时。

(3) 本类罪的主体多为一般主体，少数为特殊主体。

如接送不合格兵员罪，战时拒绝、逃避征召、军事训练罪等即是特殊主体。当然，由于刑法的特殊规定，本章中即使犯罪主体为一般主体的犯罪，其中某些罪的主体也不可能是任意的一般主体。例如，战时造谣扰乱军心罪，拒绝、逃避服役罪等罪的主体只能是除军人以外的一般主体，而不能是军人。因为军人实施上述行为的，应以军人违反职责罪一章中的战时造谣惑众罪、逃离部队罪等犯罪论处。并且，对本章罪中的某些犯罪，刑法规定只处罚首要分子和积极参加者，因此，对这类犯罪如聚众冲击军事禁区罪、聚众扰乱军事管理区秩序罪等犯罪而言，其犯罪的主体只限于聚众冲击军事禁区、聚众扰乱军事管理区秩序的首要分子和积极参加者，而不包括一般的实施者。此外，单位也可以成为某些危害国防利益罪的犯罪主体，如故意提供不合格武器装备、军事设施罪、非法生产、买卖军用标志罪等犯罪的主体既可以是自然人，也可以是单位。

(4) 本类罪的主观方面多为故意。

本类犯罪多属于故意犯罪，当然也有主观上由过失构成的犯罪，如过失破坏武器装备、军事设施、军事通信罪，过失提供不合格武器装备、军事设施罪。

▶ 二、危害国防利益罪的类型

本章犯罪由刑法典分则第七章危害国防利益罪规定，共计 14 个条文，规定了 21 个罪名。此后，《刑法修正案(五)》第 3 条增加了过失破坏武器装备、军事设施、军事通信罪。《刑法修正案(七)》第 12 条增加了伪造、盗窃、买卖、非法提供、非法使用武装部队专用标志罪。因此，本章共有罪名 23 个，对于本章犯罪，以是否要求战时作为构成犯罪的必要要件，可作如下分类：

(1) 平时和战时均可构成的危害国防利益罪。

这类犯罪不以战时实施为条件，但战时实施是法定或酌定从重处罚的情节。这类犯罪包括：阻碍军人执行职务罪，阻碍军事行动罪，破坏武器装备、军事设施、军事通信罪，过失破坏武器装备、军事设施、军事通信罪，故意提供不合格武器装备、军事设施罪，过失提供不合格武器装备、军事设施罪，聚众冲击军事禁区罪，聚众扰乱军事管理区秩序罪，冒充军人招摇撞骗罪，煽动军人逃离部队罪，雇用逃离部队军人罪，接送不合格兵员罪，伪造、变造、买卖武装部队公文、证件、印章罪，盗窃、抢夺武装部队公文、证件、印章罪,非法生产、买卖武装部队制式服装罪,伪造、盗窃、买卖、非法提供、非法使用武装部队专用标志罪。

(2)战时危害国防利益的犯罪。

这类犯罪以战时实施为条件。包括:战时拒绝、逃避征召、军事训练罪,战时拒绝、逃避服役罪,战时故意提供虚假敌情罪,战时造谣扰乱军心罪,战时窝藏逃离部队军人罪,战时拒绝、故意延误军事订货罪,战时拒绝军事征用罪。

第二节　危害国防利益罪分述

一、阻碍军人执行职务罪

(一)阻碍军人执行职务罪的概念和构成要件

阻碍军人执行职务罪,是指以暴力、威胁方法阻碍军人依法执行职务的行为。本罪具有如下构成要件:

(1)本罪侵犯的直接客体是军人依法执行职务的活动。从内涵上可以概括为以下三个方面的内容:其一,侵害的对象必须是军人;其二,侵害的内容必须是正在履行的职务活动;其三,侵害的必须是依法进行的职务活动。缺乏上述客体内容的侵害行为不构成本罪。

(2)本罪的客观方面表现为行为人实施了以暴力、威胁方法阻碍军人依法执行职务的行为。本罪实施的法定手段就是暴力、威胁方法。所谓暴力,是指对军人进行人身袭击或者强制,通常表现为实施攻击、殴打、伤害、捆绑、拘禁等使军人不能依法执行职务的行为。所谓威胁,是指以侵害人身、毁坏财物、毁损名誉等相威胁、恫吓,进行精神强制,逼迫军人不履行职务的行为。至于威胁是直接的还是间接的,不影响本罪的成立。本罪属于行为犯,只要行为人在客观上实施了以暴力、威胁方法阻碍军人依法执行职务的行为,不论其是否造成严重后果,均应视为已符合本罪的客观方面构成要件。

(3)本罪的主体是除军人以外的自然人,即非军人。如果是军人以暴力、威胁方法阻碍其他军人依法执行职务的,则可能构成《刑法》第426条规定的阻碍执行军事职务罪。

(4)本罪的主观方面是故意,即行为人明知对方是正在依法执行职务的军人而故意进行阻碍。如果行为人不知道对方是正在依法执行职务的军人,或者误认为军人合法执行职务为非法,或者为他事与军人发生纠纷,而实施了暴力、威胁手段,客观上造成了阻碍军人依法执行职务后果的,因其不符合本罪的主观要件而不构成本罪。但如果行为人的行为符合刑法其他犯罪的构成要件时,可以依法确定为其他罪名。

(二)阻碍军人执行职务罪的认定

1. 正确区分阻碍军人执行职务罪与妨害公务罪的界限

《刑法》第277条规定了妨害公务罪。两罪相比,有相同之处,但区别较为明显,主要表现在:(1)侵犯的客体不同。本罪侵犯的同类客体是国防利益,直接客体是军人的职务活动;而妨害公务罪侵犯的同类客体是社会管理秩序,直接客体是国家机关工作人员、人大代表、红十字会工作人员以及国家安全机关、公安机关的职务活动。(2)阻碍的对象不同。本罪阻碍的对象是正在依法执行职务的军人;妨害公务罪中被阻碍的则是正在依法执行职务的国家机关工作人员、人大代表、红十字会工作人员以及国家安全机关、公安机关的安全工作人员。(3)客观方面行为方法不完全相同。构成本罪的客观行为必须是暴力、威胁方法;妨害公务罪中的阻碍国家安全机关、公安机关执行安全工作任务的,只要是故意的,不使用暴力、威胁方法亦可构成犯罪。(4)犯罪主体有所不同。本罪是除军人以外的其他人;而妨害公务罪是一般主体,可以是军人,也可以是非军人。

2. 阻碍军人执行职务罪的罪数形态问题

(1)使用暴力方法阻碍军人执行职务,就有可能致被害军人伤害、死亡。根据我国刑法的立法精神,凡暴力阻碍军人执行职务而致被害军人轻伤的,应视为本罪的构成内容,仍应以本罪论处;凡暴力致被害军人重伤或者死亡的,则属于刑法理论上的想象竞合犯,应对行为人从一重罪处断。(2)走私人员以暴力、威胁方法阻碍军人依法缉私的,如行为人的走私行为已独立成罪,则对行为人应按走私罪与阻碍军人执行职务罪实行数罪并罚。

(三)阻碍军人执行职务罪的刑事处罚

根据《刑法》第368条第1款的规定,犯阻碍军人执行职务罪的,处3年以下有期徒刑、拘役、管制或者罚金。

二、阻碍军事行动罪

(一)阻碍军事行动罪的概念和构成要件

阻碍军事行动罪,是指故意阻碍武装部队的军事行动,造成严重后果的行为。本罪具有如下构成要件:

(1)本罪侵犯的直接客体是武装部队的军事行动。根据我国有关法律规定,我国的武装部队包括中国人民解放军现役部队、预备役部队、武装警察部队和民兵组织。所谓军事行动,是指为达到一定政治目的而有组织地使用武装力量的活动。在平时,军事行动是进行战争准备活动,包括兵力、兵器的部署及调动,预定战场的建设,以及军事训练和军事演习活动等。在战争时期,军事行动是实施战争、战役、战斗的行为。阻碍军事行动后果严重,必然严重危害国防建设和国家的防务,是对社会有危害的行为。

(2)本罪在客观方面表现为行为人实施了阻碍军事行动,造成严重后果的行为。阻碍的方法可以是暴力手段、胁迫手段,亦可以是其他手段,如设障、阻拦、堵塞道路使从事军事行动的武装部队无法通行,在军事行动地区躺卧、静坐以阻碍军事行动等。阻碍武装部队军事行动造成严重后果的才构成犯罪。所谓严重后果,法律没有具体规定,目前也尚无司法解释,我们理解:一般是指战役、战斗失利,人员伤亡,武器装备毁损或者造成严重经济损失等结果。

(3)本罪的主体为一般主体,不受军人还是非军人身份的限制。

(4)本罪的主观方面是故意,即明知是武装部队的军事行动而予以阻碍。过失不构成本罪。至于动机如何,不影响本罪成立。

（二）阻碍军事行动罪的认定

1．阻碍军事行动罪与武装叛乱、暴乱罪的界限

根据我国《刑法》第104条规定,以武装叛乱、暴乱方式阻碍军事行动的属想象竞合犯,应按照从一重罪处断的原则,即以武装叛乱、暴乱罪定罪处罚。如果行为人实施阻碍军事行动中,又进行策动、勾引、收买武装部队人员、民兵进行叛乱、暴乱的,则既构成阻碍军事行动罪又构成武装叛乱、暴乱罪,应分别定罪判刑,实行数罪并罚。

2．阻碍军事行动罪与阻碍军人执行职务罪的界限

二罪的主要区别在于犯罪的直接客体不同。阻碍军事行动罪直接侵犯的是武装部队整体的军事行动,而阻碍军人执行职务罪侵犯的是军人执行职务的行为。此外,犯罪客观方面具体表现不一样。阻碍军事行动罪是结果犯,而阻碍军人执行职务罪则是行为犯,即如果行为人实施了阻碍武装部队军事行动的行为,但没有造成严重后果,只能按阻碍军人执行职务罪定罪处罚。

（三）阻碍军事行动罪的刑事处罚

根据《刑法》第368条第2款的规定,犯阻碍军事行动罪的,处5年以下有期徒刑或者拘役。

▶ 三、破坏武器装备、军事设施、军事通信罪

（一）破坏武器装备、军事设施、军事通信罪的概念和构成要件

破坏武器装备、军事设施、军事通信罪,是指故意破坏武器装备、军事设施、军事通信,危害国防利益的行为。本罪具有如下构成要件:

（1）本罪侵犯的直接客体是军队战斗力的物质保障秩序。犯罪对象是武器装备、军事设施、军事通信。武器装备是指武装部队直接用于实施和保障作战行动的武器、武器系统和军事技术器材以及附属装置,包括冷兵器、枪械、火炮、火箭、导弹、弹药、爆破器材、坦克及其他装甲战斗车辆、作战飞机、战斗舰艇、鱼雷、水电、核武器、通信指挥器材、侦察探测器材、军事测绘器材、气象保障器材、雷达、电子对抗装备、情报处理设备、军用电子计算机、野战工程机械、渡河器材、伪装器材、"三防"装备、辅助飞机、勤务舰船、军用车辆等等。军事设施是指国家直接用于军事目的的建筑、场地和设施,如地面和地下的指挥工程、作战工程,军用机械、港口、码头、营区、训练场、试验场,军用车库、仓库,军用通信、侦察、导航、观测台站和测量、导航、助航标志,军用公路、铁路专用线,军用通信、输电线路,军用输油、输水管道以及国务院和中央军委规定的其他军事设施。军事通信是指军队运用各种通信手段,为实施指挥和武器控制而进行的信息传递,通常的手段有无线电通信、有线电通信、光缆通信、运动通信、简易信号通信等。

（2）本罪在客观方面表现为实施了破坏武器装备、军事设施、军事通信的行为。破坏武器装备、军事设施、军事通信是指使武器装备、军事设施毁损、效用丧失或减少以及军事信息不能正常进行的行为。破坏的手段可以是作为的方式或者不作为的方式、可以是公开的形式或者不公开的形式。常见的手段有:第一,危险手段,如放火、爆

炸、决水、投放放射性物质等；第二，技术手段，如安装或拆卸某一器具、部件，使其丧失正常功能，或者发设电波信号干扰，盗用军用无线电频率等；第三，其他手段，如摧毁、砸压、撞击、挖掘或盗窃这类设备、设施上的部件、器材，偷割正在使用的电缆、电线，使通信中断等。本罪属于选择性罪名，表现为犯罪对象上的选择。即构成本罪，不要求对武器装备、军事设施、军事通信都实施了破坏行为，而只要对其中一种对象实施了破坏行为，即可构成本罪。根据侵害的对象不同，可分别确定具体罪名，例如单独破坏武器装备的，可定为破坏武器装备罪；既破坏军事设施，又破格军事通信的，则可定为军事设施、军事通信罪，等等。

（3）本罪的犯罪主体是一般主体，不受军人还是非军人身份的限制。

（4）本罪的主观方面是故意，不同的动机不影响本罪的成立。

（二）破坏武器装备、军事设施、军事通信罪的认定

1. 破坏武器装备、军事设施、军事通信罪与破坏交通设施罪、破坏易燃易爆设备罪、破坏广播电视设施、公用电信设施罪的界限

本罪同后三个罪在主观、客观方面以及犯罪主体上相似。区别主要在于：(1) 同类客体不同。本罪侵犯的同类客体是国防利益，后三罪侵犯的同类客体是公共安全；(2) 犯罪对象不同。本罪的犯罪对象仅限于武器装备、军事设施、军事通信，而后三罪破坏的对象是民用的交通设施、易燃易爆设备和电视、电信设施。

2. 破坏武器装备、军事设施、军事通信罪与非法侵入计算机信息系统罪、破坏计算机信息系统罪的界限

破坏武器装备、军事设施、军事通信罪中包括破坏用于军事上的计算机系统。如果非法侵入用于军事上的计算机系统或者破坏用于军事上的计算机系统，危害国防利益的，应按处理想象竞合犯的原则，选择本罪这一重罪论处。

3. 破坏军事通信罪与扰乱无线电通讯管理秩序罪的界限

二者的主要区别在于：(1) 犯罪客体不同。前者侵犯的客体是军事通信的正常秩序，后者侵犯的是无线电通讯管理秩序；(2) 侵犯的对象不同。前者侵犯的对象是军事通信，后者侵犯对象的是民用的无线电通信。

（三）破坏武器装备、军事设施、军事通信罪的刑事处罚

根据《刑法》第 369 条的规定，犯破坏武器装备、军事设施、军事通信罪的，处 3 年以下有期徒刑、拘役或者管制；破坏重要武器装备、军事设施、军事通信的，处 3 年以上 10 年以下有期徒刑；情节特别严重的，处 10 年以上有期徒刑、无期徒刑或者死刑。战时犯本罪的，从重处罚。

四、过失破坏武器装备、军事设施、军事通信罪

过失破坏武器装备、军事设施、军事通信罪，是指过失破坏武器装备、军事设施、军事通信，造成严重后果的行为。本罪是《刑法修正案(五)》第 3 条增设的罪名。侵犯的直接客体是军队战斗力的物质保障秩序。客观方面表现为实施了破坏武器装备、军事设施、军事通信的行为，并且造成严重后果。主体是一般主体，没有特定身份的限制。

主观方面出于过失。犯本罪的,处3年以下有期徒刑或者拘役;造成特别严重后果的,处3年以上7年以下有期徒刑。战时犯本罪的,从重处罚。

五、故意提供不合格武器装备、军事设施罪

故意提供不合格武器装备、军事设施罪,是指明知是不合格的武器装备、军事设施而故意提供给武装部队的行为。本罪侵犯的直接客体是武器装备、军事设施的质量管理制度以及武装部队的战斗力。本罪的客观方面表现为将不合格的武器装备、军事设施提供给武装部队的行为。所谓不合格,是指行为人提供的武器装备、军事设施不符合国家和军事主管部门关于武器装备、军事设施质量和性能等标准的规定。所谓提供,可以是有偿的,也可以是无偿的。犯罪主体是武器装备、军事设施的生产者、建造者、经营者、销售者,包括自然人和单位。犯罪的主观方面为故意,即明知是不合格的武器装备、军事设施,仍然作为合格产品提供给武装部队。根据《刑法》第370条第1款的规定,犯故意提供不合格武器装备、军事设施罪的,处5年以下有期徒刑或者拘役;情节严重的,处5年以上10年以下有期徒刑;情节特别严重的,处10年以上有期徒刑、无期徒刑或者死刑。此外,《刑法》第370条第3款还对单位犯本罪的情况作了规定,即单位犯本罪的,对单位判处罚金,并对其直接负责的主管人员和其他直接责任人员,依照上述规定处罚。

六、过失提供不合格武器装备、军事设施罪

过失提供不合格武器装备、军事设施罪,是指由于过失而向武装部队提供了不合格的武器装备、军事设施,并且造成严重后果的行为。本罪的构成要件在犯罪客体方面与故意提供不合格武器装备、军事设施罪相同。所不同的是:其一,本罪的客观方面表现为向武装部队提供了不合格的武器装备、军事设施,并且造成严重后果。一般认为,这里的"严重后果",是指造成人员重伤、死亡的;造成巨大经济损失的;使战争或者战斗严重失利的;严重影响部队完成任务的;等等。其二,本罪的主体为一般主体,仅限于自然人,单位不能成为本罪的主体。其三,本罪的主观方面为过失,即对不合格武器装备、军事设施不是明知的。根据《刑法》第370条第2款的规定,犯过失提供不合格武器装备、军事设施罪的,处3年以下有期徒刑或者拘役;造成特别严重后果的,处3年以上7年以下有期徒刑。何为特别严重后果,目前尚无司法解释。我们理解:一般是指造成多人重伤、死亡的;造成特别巨大经济损失的;使战役或者战斗遭受重大损失的;严重影响部队完成重要任务的;等等。

七、聚众冲击军事禁区罪

(一)聚众冲击军事禁区罪的概念和构成要件

聚众冲击军事禁区罪,是指聚众冲击军事禁区,严重扰乱军事禁区秩序的行为。本罪具有如下构成要件:

(1)本罪侵犯的直接客体,是军事禁区的正常管理秩序。所谓军事禁区,根据我

国《军事设施保护法》第15条的规定，是指最重要或者具有重大危险因素的军事设施保护性区域，包括陆域、水域和空域。划定军事禁区是确保军事设施的安全、保密和使用效能的需要，是保障部队作战、训练、战备、科研等军事活动正常进行的需要。聚众冲击军事禁区、扰乱军事禁区的正常秩序，必然危害军事设施的安全、保密和使用效能，妨害部队作战、训练、战备、科研等军事活动的正常进行，危害国防利益，是对社会有危害的行为。

（2）本罪的客观方面表现为聚众冲击军事禁区，严重扰乱军事禁区秩序的行为。所谓聚众，是指多人聚集在一起；所谓冲击，是指强行进入军事禁区，可以是徒步强行进入，也可以是驾驶交通工具强行进入；所谓严重扰乱军事禁区秩序，是指使军事禁区指挥失调，妨碍了军事交通，影响作战、训练、戒严、科研等工作的正常进行等。

（3）本罪的主体为一般主体，但法律规定只追究聚众冲击军事禁区的首要分子和其他积极参加者的刑事责任。所谓首要分子是指在聚众冲击军事禁区中起组织、策划、指挥作用的犯罪分子。所谓其他积极参加者，是指虽然不是首要分子，但主动参与冲击军事禁区，并且在冲击行动中起主要作用的人。这里的首要分子和其他积极参加的人可以是军人，也可以是非军人。

（4）本罪的主观方面是故意，即明知是军事禁区而故意冲击。动机如何不影响本罪的成立。

（二）聚众冲击军事禁区罪的认定

1. 聚众冲击军事禁区罪与非罪的界限

我国刑法规定聚众冲击军事禁区罪在主观上必须是故意，并且是聚众冲击军事禁区的首要分子和其他积极参加者，而且必须是行为人的冲击行为严重扰乱了军事禁区秩序。如果确实不知道是军事禁区而聚众冲击的或者是一般参与冲击军事禁区的人员以及受蒙蔽受裹胁的群众，不构成犯罪。另外，虽有聚众冲击行为，但没有严重扰乱军事禁区秩序的，同样也不构成本罪。

2. 聚众冲击军事禁区罪与聚众冲击国家机关罪的界限

两罪的主要区别是冲击的对象不同。聚众冲击军事禁区罪侵犯的对象是军事禁区；而聚众冲击国家机关罪侵犯的对象是国家机关。如果聚众冲击的对象既是军事禁区又是国家机关，则应按特别规定优于普通规定的原则，按聚众冲击军事禁区罪定罪处罚。

3. 聚众冲击军事禁区罪与武装叛乱、暴乱罪的界限

一般而言，两罪的区别是较为明显的。但是，当行为人以武装叛乱或暴乱的形式而聚众冲击军事禁区，严重扰乱军事禁区秩序，同时危害国家安全时，对行为人如何定性，就是一个值得研究的问题。我们认为，此种情况属于想象竞合犯，按照从一重处断的原则，应以武装叛乱、暴乱罪定罪处罚。

（三）聚众冲击军事禁区罪的刑事处罚

根据《刑法》第371条第1款的规定，犯聚众冲击军事禁区罪的，对首要分子，处5年以上10年以下有期徒刑；对其他积极参加的，处5年以下有期徒刑、拘役、管制或者

剥夺政治权利。

八、聚众扰乱军事管理区秩序罪

聚众扰乱军事管理区秩序罪,是指聚众扰乱军事管理区秩序,情节严重,致使军事管理区工作无法进行,造成严重损失的行为。本罪侵犯的直接客体是军事管理区秩序。根据我国《军事设施保护法》第15条的规定,所谓军事管理区,是指重要的军事设施保护区。本罪的客观方面表现为,行为人聚众扰乱军事管理区秩序,情节严重,致使军事管理区工作无法进行,造成严重损失的行为。本罪的主体为一般主体,但法律规定只追究聚众扰乱军事管理区秩序中的首要分子和其他积极参加者的刑事责任。主观方面是故意,过失不构成本罪。根据《刑法》第371条第2款的规定,犯聚众扰乱军事管理区秩序罪的,对首要分子,处3年以上7年以下有期徒刑;对其他积极参加的,处3年以下有期徒刑、拘役、管制或者剥夺政治权利。

九、冒充军人招摇撞骗罪

冒充军人招摇撞骗罪,是指以谋取非法利益为目的,冒充军人招摇撞骗的行为。本罪侵犯的直接客体是军队的声誉及其正常活动。犯罪的客观方面表现为冒充军人招摇撞骗的行为。所谓招摇撞骗,是指假冒军人的名义、身份和招牌,在社会上进行欺骗活动。其具体表现形式可以是多种多样的,如穿戴军人服饰进行招摇撞骗,使用伪造的军人证件进行招摇撞骗,等等。本罪的主体是一般主体。主观方面是故意,目的是谋取非法利益。非法利益既包括物质利益,如金钱、财物等,也包括各种非物质利益,如政治待遇、荣誉甚至爱情等等。根据《刑法》第372条的规定,犯冒充军人招摇撞骗罪的,处3年以下有期徒刑、拘役、管制或者剥夺政治权利;情节严重的,处3年以上10年以下有期徒刑。

十、煽动军人逃离部队罪

煽动军人逃离部队罪,是指煽动军人逃离部队,情节严重的行为。本罪侵犯的直接客体是我国兵役制度和部队的正常管理秩序。犯罪的客观方面表现为煽动军人逃离部队,情节严重的行为。所谓煽动就是宣传、鼓动的行为,可以是用言词来煽动,也可以用书信来煽动,具体方法是多种多样的,如发表演说、邮寄宣传材料、散发标语传单等。所谓逃离部队,是指为了逃避服兵役而逃离部队。构成本罪还必须是情节严重的。所谓情节严重,主要是指战时煽动军人逃离部队的;多次实施煽动行为的;煽动指挥人员或负有重要职责的人员逃离部队的;煽动多名军人逃离部队的;等等。另外,本罪是行为犯,即只要行为人实施了煽动行为,且情节严重,即可构成本罪,至于被煽动的军人实际上是否逃离了部队,通常不影响本罪的成立。本罪的主体为一般主体。主观方面是故意,即有使军人逃离部队的目的。根据《刑法》第373条的规定,犯煽动军人逃离部队罪的,处3年以下有期徒刑、拘役或者管制。

▶ 十一、雇用逃离部队军人罪

雇用逃离部队军人罪，是指明知是逃离部队的军人而雇用，情节严重的行为。本罪侵犯的直接客体是我国兵役制度和部队的正常管理秩序。犯罪客观方面表现为行为人实施了雇用逃离部队的军人，情节严重的行为。这里的“雇用”，是指以给付报酬的方式，使逃离部队的军人为其劳动。所谓情节严重，主要是指雇用多名逃离部队的军人的；多次雇用逃离部队的军人的；雇用部队机要、保密等重要部门人员的；雇用逃离部队军人造成严重后果的；等等。犯罪主体是一般主体，实践中主要是有雇用能力的各类企业、事业单位、团体、个体工商户的负责人。犯罪的主观方面是故意，即明知是逃离部队的军人而雇用或者雇用后知道被雇用的是逃离部队的军人而继续雇用的。如果确实不知道对方是逃离部队的军人而雇用的，不构成本罪。根据《刑法》第373条的规定，犯雇用逃离部队军人罪的，处3年以下有期徒刑、拘役或者管制。

▶ 十二、接送不合格兵员罪

（一）接送不合格兵员罪的概念和构成要件

接送不合格兵员罪，是指在征兵工作中徇私舞弊，接收或者向部队输送不合格兵员，情节严重的行为。本罪具有如下构成要件：

（1）本罪侵犯的直接客体是国家征兵工作的正常活动。部队的兵员是部队建设的基础，兵员质量是部队战斗力高低的重要标志。为了保证部队兵员的质量，我国出台了《国防法》、《兵役法》、《征兵工作条例》等法律、法规。各有关部门和人员，在征兵工作中应严格按照上述法律、法规的规定，把好兵员的质量关。但近些年来，在征兵过程中，也确实出现了一些徇私舞弊、收受贿赂等违法乱纪行为，造成有些兵员质量不合格，给部队造成极坏影响，危害到国防利益。

（2）本罪在客观方面表现为在征兵工作中徇私舞弊，将不合格兵员接送到部队，情节严重的行为。首先，本罪只能发生在征兵工作过程中。所谓征兵是指按照兵役法的规定，征集应征公民到部队服兵役，包括兵役登记、身体检查、政治审查等环节。征集的对象包括人民解放军以及武装警察部队服现役的兵员。服预备役的人员不在此列。其次，行为人有徇私舞弊和接送的行为。所谓徇私舞弊是指徇个人私利或者徇亲友私情的行为，其特点是从个人利益出发，置国防利益于不顾，弄虚作假，违法乱纪。再次，接送的对象必须是不合格兵员，具体表现为：年龄不到入伍标准的兵员；学历不符合征兵要求的兵员；健康状况不符合入伍条件的兵员；政审不合格的兵员；其他不合格兵员。最后，构成本罪还必须是情节严重。所谓情节严重，主要是指为接送不合格兵员收受财物的；接送多名不合格兵员的；因接送不合格兵员影响作战、训练任务完成的；在当地或者部队造成恶劣影响的；等等。只有同时具备以上四个条件，才符合本罪客观方面的特征。

（3）本罪的主体是特殊主体，主要是地方负有征兵责任的工作人员和部队的接兵人员。

(4) 本罪的主观方面是故意，即行为人明知是不合格兵员而予以接收或输送的。因过失导致接送不合格兵员的，不成立本罪。

(二) 接送不合格兵员罪的认定

1. 接送不合格兵员罪与非罪的界限

接送不合格兵员罪的客观方面要求徇私舞弊与接送不合格兵员同时具备，且情节严重才成立本罪。因此，虽有徇私舞弊行为，但接送均为合格兵员的行为；兵员虽到部队后出现了情节严重的问题，但不属于不合格的；或者虽然实施了徇私舞弊，接送不合格兵员的行为，但尚未达到情节严重程度的，都不构成接送不合格兵员罪。

2. 接送不合格兵员罪与有关犯罪的界限

接送不合格兵员罪与渎职罪一章中其他徇私舞弊性质的犯罪，如徇私枉法罪，徇私舞弊发售发票、抵扣税款、出口退税罪，徇私舞弊不征、少征税款罪，放纵走私罪，商检徇私舞弊罪等在客观上的徇私舞弊行为和主观上的故意等方面均存在诸多相同与相似之处。重要的是要把握注：(1) 本罪的同类客体是国防利益，直接客体是国家征兵工作的正常活动，其他徇私舞弊性质犯罪的同类客体是国家的管理活动，直接客体分别是司法工作、税收征收工作、海关管理工作、商检管理工作、动植物检疫工作、招收公务员和学生工作的正常秩序。(2) 本罪的犯罪对象是兵员，其他徇私舞弊性质犯罪的犯罪对象分别是罪犯、发票、税款、公务员、学生，等等。(3) 本罪的犯罪主体是地方负有征兵责任的工作人员和部队的接兵人员，而其他徇私舞弊性质犯罪的犯罪主体是特定部门的国家机关工作人员。

3. 接送不合格兵员罪的罪数形态问题

在处理接送不合格兵员罪案件的司法实践中，应注意区分一罪与数罪的界限。如果行为人在征兵工作中，收受他人大量数额贿赂，从而利用职务之便接送不合格兵员的；或者在接送不合格兵员过程中，行为人还有伪造公文、证件、印章等行为的，均属于牵连犯性质的行为，应按处理牵连犯原则从一重处断。

(三) 接送不合格兵员罪的刑事处罚

根据《刑法》第 374 条的规定，犯接送不合格兵员罪的，处 3 年以下有期徒刑或者拘役；造成特别严重后果的，处 3 年以上 7 年以下有期徒刑。“造成特别严重后果的”，一般是指接送的不合格兵员到部队后，严重影响部队建设或作战、训练等重大任务完成的；接送的不合格兵员到部队之后实施严重刑事犯罪的；接送的不合格兵员到部队之后酿成重大恶性事故、造成多人重伤死亡的；等等。

▶ 十三、伪造、变造、买卖武装部队公文、证件、印章罪

伪造、变造、买卖武装部队公文、证件、印章罪，是指实施伪造、变造、买卖武装部队公文、证件、印章的行为。本罪侵犯的直接客体是武装部队的公文、证件、印章管理秩序，犯罪对象是武装部队的公文、证件、印章。犯罪的客观方面表现为伪造、变造、买卖武装部队公文、证件、印章的行为。伪造，是指无权制造者非法制造假的公文、证件、印章的行为；变造是指用涂改、擦消、拼接等方法，对公文、证件、印章加以改制，改变其真

实内容的行为；买卖是指购买或者卖出。本罪是选择性罪名，即上述行为中只要实施其中一种，即可构成犯罪；同样，对武装部队公文、证件、印章三种对象中的一项实施上述行为的，即可构成犯罪，只是根据不同的行为方式和侵犯对象，可分别构成不同的具体罪名。犯罪的主体是一般主体，既可以是军人，也可以是非军人。主观方面是故意，其中买卖武装部队公文、证件、印章罪必须以非法获利为目的。根据《刑法》第375条第1款的规定，犯伪造、变造、买卖武装部队公文、证件、印章罪的，处3年以下有期徒刑、拘役、管制或者剥夺政治权利；情节严重的，处3年以上10年以下有期徒刑。

十四、盗窃、抢夺武装部队公文、证件、印章罪

盗窃、抢夺武装部队公文、证件、印章罪，是指秘密窃取或者趁持有人不备公然夺取武装部队公文、证件、印章的行为。本罪侵犯的直接客体是武装部队的公文、证件、印章管理秩序，犯罪对象是武装部队的公文、证件、印章。犯罪的客观方面表现为秘密窃取或者趁持有人不备，公然夺取武装部队公文、证件、印章的行为。在本罪中，实施盗窃或抢夺行为中的一种，即可构成犯罪。犯罪主体是一般主体，既可以是一般公民，也可以是军人。犯罪的主观方面是故意，并有非法占有的目的。根据《刑法》第375条第1款的规定，犯盗窃、抢夺武装部队公文、证件、印章罪的，处3年以下有期徒刑、拘役、管制或者剥夺政治权利；情节严重的，处3年以上10年以下有期徒刑。

十五、非法生产、买卖武装部队制式服装罪

非法生产、买卖武装部队制式服装罪是指非法生产、买卖武装部队制式服装，情节严重的行为。本罪是《刑法修正案（七）》第12条对《刑法》第375条第2款修改后的罪名。本罪犯罪对象是武装部队的制式服装。客观方面表现为非法生产、买卖武装部队制式服装，情节严重的行为。非法生产、买卖包括：未经合法批准，擅自生产、买卖武装部队制式服装的；超过规定数量生产、买卖武装部队制式服装的。所谓情节严重，一般是指非法生产、买卖武装部队制式服装数量大、次数多的；扰乱部队和社会管理秩序的；影响部队执行作战、戒严等军事任务的；严重损害武装部队形象的；等等。本罪主体是一般主体，单位也可以成为本罪的主体。主观方面是故意。根据《刑法》第375条第2款、第4款的规定，犯非法生产、买卖武装部队制式服装罪的，处3年以下有期徒刑、拘役或者管制，并处或者单处罚金。单位犯本罪的，对单位判处罚金，并对其直接负责的主管人员和其他直接责任人员，依照上述规定处罚。

十六、伪造、盗窃、买卖、非法提供、非法使用武装部队专用标志罪

伪造、盗窃、买卖、非法提供、非法使用武装部队专用标志罪，是指伪造、盗窃、买卖、非法提供、非法使用武装部队车辆号牌等专用标志，情节严重的行为。本罪是《刑法修正案（七）》第12条新增罪名。本罪犯罪对象是武装部队车辆号牌等专用标志。客观方面表现为伪造、盗窃、买卖、非法提供、非法使用武装部队车辆号牌等专用标志，情节严重的行为。本罪主体是一般主体，单位也可以成为本罪的主体。主观方面是故

意。根据《刑法》第375条第3款、第4款的规定,犯伪造、盗窃、买卖、非法提供、非法使用武装部队专用标志罪,处3年以下有期徒刑、拘役或者管制,并处或者单处罚金;情节特别严重的,处3年以上7年以下有期徒刑,并处罚金。单位犯本罪的,对单位判处罚金,并对其直接负责的主管人员和其他直接责任人员,依照上述规定处罚。

十七、战时拒绝、逃避征召、军事训练罪

战时拒绝、逃避征召、军事训练罪,是指预备役人员在战时拒绝、逃避征召或者军事训练,情节严重的行为。本罪侵犯的直接客体是国家兵役管理活动和战时军事利益。客观方面表现为行为人在战时拒绝、逃避征召或者军事训练,情节严重的行为。行为实施的时间必须是在战时,这是构成本罪的时间因素。本罪的主体是特殊主体,即预备役人员,包括预备役军官和预备役士兵。犯罪的主观方面为故意,且有逃避履行军事义务的目的。根据《刑法》第376条第1款的规定,犯战时拒绝、逃避征召、军事训练罪的,处3年以下有期徒刑或者拘役。

十八、战时拒绝、逃避服役罪

战时拒绝、逃避服役罪,是指公民在战时拒绝、逃避服役,情节严重的行为。本罪侵犯的客体是国家兵役制度和战时军事利益。客观方面表现为行为人实施了在战时拒绝、逃避服役,且情节严重的行为。行为发生在战时,是本罪成立的必要条件。本罪是一种不作为犯罪,即有义务服役而不履行该项义务。此外,构成本罪,行为还必须达到情节严重的程度。本罪的主体是指除军人和预备役人员以外的其他依法应服兵役义务的公民,主要是应征公民。主观方面是故意。根据《刑法》第376条第2款的规定,犯战时拒绝、逃避服役罪的,处2年以下有期徒刑或者拘役。

十九、战时故意提供虚假敌情罪

战时故意提供虚假敌情罪,是指战时故意向武装部队提供虚假敌情,造成严重后果的行为。本罪侵犯的客体是我军的国防作战利益。客观方面表现为行为人实施了在战时故意向武装部队提供虚假敌情,造成严重后果的行为。本罪的犯罪主体为一般主体,但对军人在战时提供虚假敌情的,应依照特别法优于普通法的原则,定为《刑法》第422条的谎报军情罪。本罪的主观方面为故意,即明知是虚假敌情而向武装部队提供,过失不构成本罪。根据《刑法》第377条的规定,犯战时故意提供虚假敌情罪的,处3年以上10年以下有期徒刑;造成特别严重后果的,处10年以上有期徒刑或者无期徒刑。

二十、战时造谣扰乱军心罪

战时造谣扰乱军心罪,是指战时造谣惑众,扰乱军心的行为。本罪侵犯的直接客体是我军的国防作战利益。客观方面表现为行为人实施了在战时造谣惑众,扰乱军心的行为。即行为人制造谣言并加以散布蛊惑官兵,煽动厌战、怯战、恐怖情绪,或者夸

大、吹捧敌方势力，极力贬低我军武器的杀伤力和我军的战斗力，从而使我军军心动摇、斗志涣散，削弱战斗力。犯罪主体为军人以外的一般自然人主体。如果军人战时造谣扰乱军心的，应以《刑法》第433条的战时造谣惑众罪论处。主观方面为故意，战时过失扰乱军心的，不构成本罪。根据《刑法》第378条的规定，犯战时造谣扰乱军心罪的，处3年以下有期徒刑、拘役或者管制；情节严重的，处3年以上10年以下有期徒刑。

▶ 二十一、战时窝藏逃离部队军人罪

战时窝藏逃离部队军人罪，是指战时明知是逃离部队的军人而为其提供隐蔽处所、财物，情节严重的行为。本罪侵犯的客体是战时部队军人管理秩序。客观方面表现为战时明知是逃离部队的军人而为其提供隐蔽处所、财物，情节严重的行为。逃离部队的军人，是指为逃避服役而不经请假私自离开部队的军人和探亲、休假、住院、出差、学习逾期不归的军人。情节严重，通常是指因窝藏逃离部队的军人而影响部队的战斗力或影响其他军事任务完成的；多次窝藏逃离部队的军人或者窝藏多名逃离部队的军人的；等等。窝藏的方式，包括提供住所，或者提供财物，资助其逃走等。本罪的主体是一般主体。主观方面为故意，即行为人明知是逃离部队的军人而故意为其提供隐蔽处所、财物，过失不构成本罪。根据《刑法》第379条的规定，犯战时窝藏逃离部队军人罪的，处3年以下有期徒刑或者拘役。

▶ 二十二、战时拒绝、故意延误军事订货罪

战时拒绝、故意延误军事订货罪，是指战时拒绝或者故意延误军事订货，情节严重的行为。本罪侵犯的客体是我军的国防作战利益。客观方面表现为行为人实施了在战时拒绝或故意延误军事订货，情节严重的行为。军事订货是指军事单位依照国家法律、法规、行政命令的规定，采用合同等方式向军工部门、科研单位或者其他企业订购的，直接用于实施和保障作战行动的武器装备、军事设施，以及供应部队作战、训练、施工、科研、后勤保障等方面的军需物资。拒绝军事订货，是指行为人具备完成军事订货的能力，却以各种理由和借口，拒不接受军事订货任务。所谓故意延误军事订货，是指行为人故意违反合同规定，延期交付货物或者违约交付货物，影响部队战时使用。本罪的主体为从事科研、生产、销售的单位，是一种纯正的单位犯罪，实行双罚制的立法例。主观方面是故意，即明知是军事订货而加以拒绝或故意延误。根据《刑法》第380条的规定，犯战时拒绝、故意延误军事订货罪的，对单位判处罚金，并对其直接负责的主管人员和其他直接责任人员，处5年以下有期徒刑或者拘役；造成严重后果的，处5年以上有期徒刑。

▶ 二十三、战时拒绝军事征用罪

战时拒绝军事征用罪，是指战时拒绝军事征用，情节严重的行为。本罪侵犯的直接客体是战时军事征用管理制度。军事征用，是指武装部队在战争状态下或者准战争

状态下,出于军事需要而对武装部队以外的其他个人、机关、公司、企业、事业单位、人民团体的财产及人力临时使用的活动。拒绝军事征用是指拒不同意或拒不接受军事征用的行为。构成本罪要求情节严重。所谓情节严重通常是指煽动多人共同抗拒军事征用的;以暴力、威胁方法抗拒军事征用的;因拒绝军事征用而影响战斗、战役的进行以及其他严重妨碍军事行动等情况。根据《刑法》第381条的规定,犯战时拒绝军事征用罪的,处3年以下有期徒刑或者拘役。

【阅读参考书目】

1. 高铭暄、马克昌主编:《刑法学》,北京大学出版社、高等教育出版社2011年第5版。

2. 谢望原、赫兴旺主编:《刑法分论》,中国人民大学出版社2008年版。

3. 张明楷著:《刑法学》,法律出版社2007年版。

【思考题】

一、名词解释

1. 阻碍军人执行职务罪

2. 阻碍军事行动罪

3. 破坏武器装备、军事设施、军事通信罪

4. 冒充军人招摇撞骗罪

5. 煽动军人逃离部队罪

二、简答题

1. 什么是危害国防利益罪? 其构成要件有哪些?

2. 阻碍军人执行职务罪的构成要件是什么?

3. 简述破坏武器装备、军事设施、军事通信罪的构成要件。

三、论述题

1. 试述刑法规定危害国防利益罪的意义。

2. 试述接受不合格兵员罪的概念、构成要件及认定中需注意的问题。

第二十八章 贪污贿赂罪

将贪污贿赂罪列为刑法分则的独立一章，是对 1979 年《刑法》在体例上的一个重大修改。在 1979 年《刑法》中，有关贪污、贿赂方面的犯罪只规定了贪污罪和贿赂罪（包括受贿罪、行贿罪和介绍贿赂罪）。这与当时社会的政治、经济形势是相适应的。但随着形势的发展和变化，贪污贿赂犯罪出现了一些新情况和新问题，原有的刑法规范已经不能适应反腐败斗争的需要。在这种情况下，1988 年 1 月 21 日全国人大常委会通过了《关于惩治贪污贿赂罪的补充规定》，对贪污罪、贿赂罪作了修改，并增设了一些新的罪名。现行刑法进一步总结反腐败斗争的经验，在前述《补充规定》的基础上，对贪污贿赂罪作了进一步的修改和充实，并将其列为专门的一章，《刑法修正案（七）》对相关内容又有所增补，这对于整顿吏治，加强国家的廉政建设，突出刑法惩治腐败的打击重点，具有积极的意义。

第一节 贪污贿赂罪总述

一、贪污贿赂罪的概念和构成要件

贪污贿赂罪是指贪污、挪用公款、索取、收受贿赂，以及其他贪利性的职务犯罪行为和相关的行贿、介绍贿赂等一类犯罪的总称。① 该类犯罪具有如下构成要件：

（1）本类罪侵犯的客体是复杂客体，既侵犯了国家工作人员职务行为的廉洁性，又侵犯了公私财物的所有权。其中，国家工作人员职务行为的廉洁性是这类犯罪侵犯的主要客体。贪污贿赂罪主要是国家工作人员实施的一种贪利型的渎职犯罪以及围绕国家工作人员公务行为的犯罪，其本质特征是以权谋私、权钱交易。贪污贿赂罪不仅严重地侵害了公私财物的所有权，更严重的是这类犯罪极大地破坏了国家的廉政建设，损害了国家和政府的威信，因此，具有严重的社会危害性。

（2）本类罪的犯罪客观方面多表现为国家工作人员利用职务上的便利，贪污、挪用公款、索取、收受贿赂，以及其他贪利性的、亵渎公务行为廉洁性的行为，如拥有不能说明与合法收入差距巨大的财产或支出的合法来源，或者私分国有资产或罚没款物的行为。还包括以国家工作人员的公务行为为收买对象，与国家工作人员实施的受贿罪有对合性或关联性的行为，如行贿罪、介绍贿赂罪等。本类罪客观方面的行为方式绝大多数是作为，少数如隐瞒境外存款罪是不作为。

（3）本类罪中多数犯罪如贪污罪、挪用公款罪、受贿罪、巨额财产来源不明罪、隐瞒境外存款罪的主体是特殊主体，即必须是国家工作人员。少数犯罪如行贿罪和介绍

---

① 关于贪污贿赂罪的定义，目前国内刑法理论界争议纷呈，观点不一。

贿赂罪的主体则是一般主体。本章中还有只能由单位构成的犯罪,如单位受贿罪、单位行贿罪。

(4) 本类罪的主观方面均为故意,过失不构成本类罪。

二、贪污贿赂罪的类型

本章犯罪由刑法典分则第八章贪污贿赂罪规定,《刑法修正案(七)》进行过增补。现罪名包括:贪污罪、挪用公款罪、受贿罪、单位受贿罪、利用影响力受贿罪、行贿罪、对单位行贿罪、介绍贿赂罪、单位行贿罪、巨额财产来源不明罪,隐瞒境外存款罪、私分国有资产罪、私分罚没财物罪。

从行为性质的角度,贪污贿赂罪可分为以下两类:一类是贪污性质的犯罪,包括贪污罪、挪用公款罪、巨额财产来源不明罪、隐瞒境外存款罪、私分国有资产罪和私分罚没财物罪。另一类是贿赂性质的犯罪,包括受贿罪、单位受贿罪、利用影响力受贿罪、行贿罪、对单位行贿罪、介绍贿赂罪、单位行贿罪。

第二节　贪污贿赂罪分述

一、贪污罪

(一) 贪污罪的概念和构成要件

贪污罪是指国家工作人员利用职务上的便利,侵吞、窃取、骗取或者以其他手段非法占有公共财物和受国家机关、国有公司、企业、事业单位、人民团体委托管理、经营国有财产的人员,利用职务上的便利,侵吞、窃取、骗取或者以其他手段非法占有国有财物的行为。本罪具有如下构成要件:

(1) 侵犯的客体是复杂客体,既侵犯了国家工作人员职务行为的廉洁性,也侵犯了公共财物等财物的所有权。其中,国家工作人员职务行为的廉洁性是本罪的主要客体。本罪的犯罪对象主要是公共财物。

公共财物即《刑法》第 91 条第 1 款所指的公共财产,包括:国有财产;劳动群众集体所有的财产;用于扶贫和其他公益事业的社会捐助或者专项资金的财产。根据该条第 2 款的规定,在国家机关、国有公司、企业、事业单位和人民团体管理、使用或者运输中的私人财产,以公共财产论。这是因为,这种财产虽然属于私人所有,但却是在国家机关、国有公司、企业、事业单位或者人民团体的控制之下,并由上述国有单位负有保管和管理义务,如果毁损或者灭失,国有单位将承担赔偿责任。因此,国家工作人员利用职务上的便利,侵吞、窃取、骗取或者以其他手段非法占有本单位管理、使用或者运输中的私人财产的,应以贪污罪论。

应当注意的是,本罪的犯罪对象是公共财物,这是就一般情况而言的。根据《刑法》第 382 条第 2 款的规定,如果是受国家机关、国有公司、企业、事业单位、人民团体委托管理、经营国有财产的人员,利用职务上的便利实施本罪的,对象则仅限于公共财产中的国有财产。根据《刑法》第 271 条第 2 款规定,国有公司、企业或者其他国有单位委派到非国有公司、企业以及其他单位从事公务的人员侵占本单位财物构成犯罪的，按照贪污罪定罪处罚。其犯罪对象则不限于国有财物或其他公共财物，可能有私有财产成分，如中外合资企业中中方委派的管理人员，利用职务上的便利，侵占本单位的财物的，其所侵犯的财产，在产权属性上就包含了公共财产和私有财产两方面的内容。显而易见，这一规定与刑法第 382 条规定的财产性质是不尽一致的，可以说，这是一个特别规定。

(2) 本罪的客观方面表现为行为人利用职务上的便利，侵吞、窃取、骗取或者以其他手段非法占有财物的行为。

首先，行为人必须利用职务上的便利。所谓利用职务上的便利，是指利用本人职务范围内的权力和地位所形成的主管、管理、经手、经营财物的便利条件或者受委托经营、管理国有财产所形成的便利条件。主管，主要是指负责调拨、处置及其他支配公共财物的职务活动；管理，是指负责保管、处理及其他使公共财产不被流失的职务活动；经手，是指领取、支出等经办公共财物的职务活动；经营，是指将公共财产作为生产、流通手段使公共财产增值的职务活动。利用职务之便不同于利用工作之便，它强调的是行为人违背其职责将国家和公众赋予的权力作为谋取私利的工具。如果行为人利用的是与其职权无关，仅因工作关系熟悉作案环境，凭工作人员的身份便于进出某些单位，较易接近作案目标等便利条件的，不构成贪污罪。例如，会计利用管账这一职务上的便利作假账侵占公款、公物的，属于贪污行为，如果会计利用与出纳一起工作的便利条件，趁机配制了出纳所掌管的保险柜的钥匙，将保险柜中的现金盗走，就不属于利用会计职务上的便利实施的贪污行为，而是属于盗窃行为。

其次，行为人必须侵吞、窃取、骗取或者以其他手段非法占有财物。侵吞，是指行为人利用职务上的便利，将自己主管、经手、管理的财物非法据为己有。例如，将自己合法管理、支配、使用或经手的财物加以扣留、隐匿不交；将应支付的款项不支付或者收款不入账，非法转为己有；将追缴的赃款赃物或罚没款物非法占为己有等。窃取，是指行为人利用职务上的便利，采取秘密方式将自己合法管理的财产占为己有，即通常所说的“监守自盗”。骗取，是指行为人利用职务上的便利，采用虚构事实或者隐瞒真相的方法非法占有财物。如财会人员伪造单据、涂改账目，骗取公款；采购人员谎报出差费或者多报出差费，骗取公款。其他手段是指行为人利用职务上的便利，采用侵吞、窃取、骗取以外的方法，非法占有财物。

利用职务上的便利是成立贪污罪必备的行为条件，而侵吞、窃取、骗取或者其他方法是行为人非法占有财物的具体手段，这两方面须同时具备，不可或缺，而且这些手段行为须以行为人利用职务上的便利的行为条件为前提，否则不构成贪污罪。

另外，根据《刑法》第 183 条的规定，国有保险公司工作人员和国有保险公司委派到非国有保险公司从事公务的人员，利用职务上的便利，故意编造未曾发生的保险事故进行虚假理赔，骗取保险金归自己所有的，以贪污罪论处；根据《刑法》第 394 条的规定，国家工作人员在公务活动或者对外交往中接受礼物，依照国家规定应当交公而不交公，数额较大的，以贪污罪论处。

(3) 本罪主体是特殊主体。包括两类人员:一类是国家工作人员;一类是受国家机关、国有公司、企业、事业单位、人民团体委托管理、经营国有财产的人员。

国家工作人员是贪污罪主体中的基本类型。根据《刑法》第93条的规定和我国现行有关的立法、司法解释,国家工作人员包括以下几种类型:第一,国家机关中从事公务的人员。即各级国家权力机关、行政机关、审判机关、检察机关、军事机关中从事公务的人员。此外,根据中央和国务院的有关规定,参照国家公务员条例进行管理的中国共产党的各级机关、中国人民政治协商会议的各级机关中从事公务的人员,也视为国家机关工作人员。第二,国有公司、企业、事业单位、人民团体中从事公务的人员。国有公司是指公司财产属于国家所有的公司,包括国有独资公司,两个以上国有企业组成的有限责任公司、股份有限公司。国家参股、合资、合作的公司、企业,都不能认为是本刑法意义上的国有。至于国家控股的公司是否视为国有公司,对这一问题国内理论界是有分歧意见的,如何执行,需要最高司法机关进行司法解释。国有企业是指财产属于国家所有的从事生产、经营活动的经济组织;国有事业单位是指国家投资兴办的科研、教育、文化、卫生、体育、新闻、广播、出版等单位;人民团体是指各民主党派、各级工会、共青团、妇联等群众性组织。第三,国家机关、国有公司、企业、事业单位委派到非国有公司、企业、事业单位、社会团体从事公务的人员。即受国家机关、国有公司、企业、事业单位委任、派遣,在非国有公司、企业、事业单位、社会团体中从事公务的人员。这里的委派可以是国有公司、企业、事业单位有投资而委派,也可以是没有国有资产投资,但为了加强对非国有单位工作的指导、监督而委派。至于受委派的人员原来是否具备国家工作人员的身份,不影响本罪的认定。第四,其他依照法律从事公务的人员。这类人员是指依照宪法、法律、行政法规被选举、被任命从事公务的人员。如被依法选出在人民法院履行职务的人民陪审员,履行特定手续被人民检察院聘任的特邀检察员;有法律、法规授权行使行政管理职能的组织的工作人员,如市场管理委员会的工作人员,计划生育专管员,以及农村村民委员会、城镇居民委员会的组成人员等等。根据第九届全国人民代表大会常务委员会第十五次会议通过的《关于〈中华人民共和国刑法〉第九十三条第二款的解释》(2000年4月29日)的规定,村民委员会等村基层组织人员在协助人民政府从事下列行政管理工作时属于《刑法》第93条第2款规定的"其他依照法律从事公务的人员":① 救灾、抢险、防汛、优抚、扶贫、移民、救济款物的管理;② 社会捐助公益事业款物的管理;③ 国有土地的经营和管理;④ 土地征用补偿费用的管理;⑤ 代征、代缴税款;⑥ 有关计划生育、户籍、征兵工作;⑦ 其他行政管理工作。

《刑法》第93条等有关规定,国家工作人员的四种类型中,除第一类国家机关工作人员外,其余的均以国家工作人员论,应认为这些人员也属国家工作人员的范畴,理论上将其称为准国家工作人员。立法所以要这么详细地加以规定,主要是为了与《刑法》第183条和第271条的职务侵占罪相区别。当然,无论是国家机关工作人员还是准国家工作人员,都必须具有一个共同的特征,即"从事公务"。这是国家工作人员的本质属性,也是构成贪污罪主体的必要条件。"从事公务",是指在国家机关、国有公司、企业、事业单位、人民团体等单位中履行组织、领导、监督、管理等职责,从事的是公共事务性质的活动。这种公务活动不同于私人事务，也有别于劳务性质或社会服务性质的活动。因此，从事生产、勤杂工作的人员，虽然是属于国有单位的人员，但如果未涉及上述职责，就不属于从事公务的人员，不能成为本罪的主体。

贪污罪的另一类主体是受国家机关、国有公司、企业、事业单位、人民团体委托管理、经营国有财产的人员。这类人员本身不是国家工作人员，而是受国家机关、国有公司、企业、事业单位、人民团体委托从而以承包、租赁聘用等方式管理、经营国有财产的人员。这部分人员由于其与国有单位存在委托关系，而且管理、经营的是国有财产。因此，这部分人利用其受委托管理、经营国有财产的职务之便，侵吞、窃取、骗取或者以其他手段非法占有国有财产，以贪污论。需要说明的是，受国家机关、国有公司、企业、事业单位、人民团体委托从事管理、经营的人员，如果所管理、经营的财产中没有国有财产的成分，不能成为贪污罪的主体。

(4) 本罪的主观方面，行为人必须出于故意，并且具有利用职务上的便利非法占有财物的目的。如果是由于工作失误或差错而造成账目收支不平衡、财物短缺的，不能以贪污论处。

(二) 贪污罪的认定

1. 贪污罪与一般贪污行为的界限

根据《刑法》第383条第1款第4项的规定，个人贪污数额不满5000元，情节较重的，处2年以下有期徒刑或者拘役；情节较轻的，由其所在单位或者上级主管机关酌情给予行政处分。这一规定表明，构成贪污罪的数额起点原则上为5000元。即个人贪污5000以上的构成犯罪。如果贪污的数额没有达到5000元，则必须是情节较重的，才构成犯罪。所谓情节较重，是指有贪污救灾、抢险、防汛、防疫、优抚、扶贫、移民、救济款物及募捐款物、赃款赃物、罚没款物、暂扣款物，以及贪污手段恶劣、毁灭证据、转移赃物等情节。如果贪污数额未达5000元，情节又较轻的，则不构成贪污罪，而只能按照一般贪污行为，其所在单位或者上级主管机关酌情给予行政处分。可见，认定贪污罪与一般贪污行为的界限，一要看贪污的数额，二要看其他情节。

2. 贪污罪与盗窃罪、诈骗罪、侵占罪的界限

贪污罪客观方面包括窃取、骗取、侵占的行为，这使贪污罪与盗窃罪、诈骗罪、侵占罪在行为表现上有相似之处。其主要区别是：(1) 犯罪客体不同。贪污罪侵犯的是复杂客体，即行为同时侵犯了公务行为的廉洁性和财物的所有权；而后三个罪仅侵犯了公私财物所有权。(2) 犯罪客观方面不同。贪污罪是行为人利用职务上的便利，以侵吞、窃取、骗取或者其他手段非法占有财物；后三个罪则是单纯以盗窃、诈骗、侵占的方法非法占有公私财物，犯罪手段与行为人的职务、职权或地位及其便利条件无关。(3) 犯罪主体不同。贪污罪是特殊主体，即国家工作人员和受国家机关、国有公司、企业、事业单位、人民团体委托管理、经营国有财产的人员；而后三个罪的主体是一般主体。

3. 贪污罪与职务侵占罪的界限

贪污罪与职务侵占罪在主观上都是故意，并且都以非法占有为目的；在客观上都

表现为行为人利用职务上的便利,侵吞、窃取、骗取或者以其他手段非法占有财物。二者的主要区别是:(1) 犯罪客体不同。前者侵犯的是复杂客体,即行为同时侵犯了公务行为的廉洁性和财物所有权;而后者侵犯的客体则是简单客体,即只侵犯单位财物所有权。(2) 犯罪主体不同。前者的主体是国家工作人员和受国家机关、国有公司、企业、事业单位、人民团体委托管理、经营国有财产的人员;而后者的主体则是公司、企业中不具有国家工作人员身份的工作人员。

4. 贪污罪共犯形态的认定

实践中,常常发生具有贪污罪主体身份的人员与不具有贪污罪主体身份的人员相互勾结共同侵占本单位财物的案件。对此种情况,《刑法》第 382 条第 3 款作了明确规定,即与符合贪污罪主体资格的人相勾结,伙同贪污的,以贪污罪的共犯论处。最高人民法院还就如何具体适用刑法的上述规定作了《关于审理贪污、职务侵占案件如何认定共同犯罪几个问题的解释》(2000 年 6 月 27 日)。《解释》规定:行为人与国家工作人员勾结,利用国家工作人员的职务便利,共同侵吞、窃取、骗取或者以其他手段非法占有公共财物的,以贪污罪共犯论处;行为人与公司、企业或者其他单位的人员勾结,利用公司、企业或者其他单位人员的职务便利,共同将该单位财物非法占为己有,数额较大的,以职务侵占罪共犯论处;公司、企业、或者其他单位中,不具有国家工作人员身份的人与国家工作人员勾结,分别利用各自的职务便利,共同将本单位财物非法占为己有的,按主犯的犯罪性质定罪。

(三) 贪污罪的刑事处罚

根据《刑法》第 383 条的规定,贪污罪依贪污数额和情节轻重,分别按四个量刑幅度进行处罚:

(1) 个人贪污数额在 10 万元以上的,处 10 年以上有期徒刑或者无期徒刑,可以并处没收财产;情节特别严重的,处死刑,并处没收财产。

(2) 个人贪污数额在 5 万元以上不满 10 万元的,处 5 年以上有期徒刑,可以并处没收财产;情节特别严重的,处无期徒刑,并处没收财产。

(3) 个人贪污数额在 5000 元以上不满 5 万元的,处 1 年以上 7 年以下有期徒刑;情节严重的,处 7 年以上 10 年以下有期徒刑。个人贪污数额在 5000 元以上不满 1 万元,犯罪后有悔改表现、积极退赃的,可以减轻处罚或者免予刑事处罚,由其所在单位或者上级主管机关给予行政处分。

(4) 个人贪污数额不满 5000 元,情节较重的,处 2 年以下有期徒刑或者拘役;情节较轻的,由其所在单位或者上级主管机关酌情给予行政处分。

此外,对多次贪污未经处理的,应按照累计贪污数额处罚。根据最高人民法院《关于审理挪用公款案件具体应用法律若干问题的解释》(1998 年 4 月 6 日)第 6 条的规定,携带挪用的公款潜逃的,按照贪污罪的规定定罪处罚。

二、挪用公款罪

(一) 挪用公款罪的概念和构成要件

挪用公款罪是指国家工作人员利用职务上的便利,挪用公款归个人使用,进行非

法活动的,或者挪用公款数额较大、进行营利活动的,或者挪用公款数额较大、超过3个月未还的行为。本罪具有如下构成要件:

(1) 本罪侵犯的客体是复杂客体,既侵犯了国家工作人员公务行为的廉洁性,也侵犯了公款的所有权。财产的所有权包括占有权、使用权、收益权、处分权四项权能。挪用公款罪的"挪用"是指暂时改变公款的用途,就其本意来说,是将公款挪作私用,最终还要归还。因此,挪用公款罪只是暂时侵犯了公款所有权中的占有、使用、收益权,而没有永久侵犯公款的全部所有权。如果永久侵犯公款的全部所有权,就不再是本罪的问题,有可能构成贪污罪。本罪的犯罪对象是公款,即公共财产中呈货币或者有价证券形态的那一部分,如人民币、外币、支票、股票、国库券、债券等。

本罪的对象是公款,这是《刑法》第384条关于挪用公款罪的定义所表明的,也是刑法理论的通说。但是与贪污罪一样,这也是就一般情况而言的。在此有两种例外情况:其一,根据《刑法》第272条第2款的规定,国有公司、企业或者其他国有单位委派到非国有公司、企业以及其他单位从事公务的人员,利用职务上的便利,挪用该单位资金,构成犯罪的,按照挪用公款罪定罪处罚。因此,不能排除非公共资金可以成为本罪的对象。当然非公共资金成为本罪的对象只是一种例外。其二,根据《刑法》第384条第2款的规定,挪用用于救灾、抢险、防汛、优抚、扶贫、移民、救济款物归个人使用的,从重处罚。按照这一规定,挪用公款的犯罪对象还包括用于上述目的的特定物。但是,除了上述特定物以外的一般公物,是否属于挪用公款罪的犯罪对象,理论界尚存争论。依2000年3月6日最高人民检察院《关于国家工作人员挪用非特定物能否定罪的请示的批复》的规定:"刑法第384条规定的挪用公款罪中未包括挪用非特定公物归个人使用的行为,对该行为不以挪用公款罪论处。如构成其他犯罪的,依照刑法的相关规定定罪处罚。"

(2) 本罪的客观方面表现为:行为人利用职务上的便利,挪用公款归个人使用,进行非法活动,或者挪用公款数额较大、进行营利活动,或者挪用公款数额较大、超过3个月未还的行为。具体包括以下三个方面的内容:

其一,行为人利用了职务上的便利。所谓利用职务上的便利,是指行为人利用本人职务所形成的主管、管理、经手公款的便利条件。其中既可以是利用本人直接管理、经手公款的便利条件,也可以是利用本人的职务而具有的调拨、支配、使用公款的便利条件。

其二,挪用公款归个人使用。这是本罪的基本特征。何为"归个人使用"? 1998年4月6日最高人民法院《关于审理挪用公款案件具体应用法律的若干问题的解释》中解释到:"挪用公款归个人使用,包括挪用者本人使用或者给他人使用。""挪用公款给私有公司、私有企业使用的,属于挪用公款归个人使用。"2001年9月18日最高人民法院《关于如何认定挪用公款归个人使用有关问题的解释》中又专门就挪用公款归个人使用问题作了新的解释和说明。该《解释》规定:"国家工作人员利用职务上的便利,以个人名义将公款给其他自然人或者不具有法人资格的私营独资企业、私营合伙企业等使用的,属于挪用公款归个人使用;国家工作人员利用职务上的便利,为谋取个人利益,以个人名义将公款借给其他单位使用的，属于挪用公款归个人使用。"《解释》还进一步说明："本解释施行后，我院此前发布的司法解释的有关内容与本解释不一致的，不再适用。"2002年4月28日全国人民代表大会常务委员会专门就这一问题作了立法解释。根据全国人民代表大会常务委员会《关于〈中华人民共和国刑法〉第三百八十四条第一款的解释》(2002年4月28日)的规定："有下列情形之一的，属于挪用公款'归个人使用'：(一) 将公款供本人、亲友或者其他自然人使用的；(二) 以个人名义将公款供其他单位使用的；(三) 个人决定以单位名义将公款供其他单位使用，谋取个人利益的。"全国人大常委会的这一立法解释与前述最高人民法院的司法解释在内容上有所不同，其主要的不同之处就在于：当使用者是单位时，不再以使用者单位的性质，如是否为私营独资企业、私营合伙企业等作为判断是否属于挪用公款"归个人使用"的标准。

既然全国人大常委会就这一问题作了立法解释，实践中自应以全国人大会常委会的立法解释作为办案的依据。即当国家工作人员利用职务上的便利，挪用公款符合上述立法解释所指用途的，可以构成挪用公款罪；如果国家工作人员利用职务上的便利，虽然实施了挪用公款行为，但不符合上述用途的，不能按挪用公款罪论处。

其三，挪用公款行为的具体表现形式包括以下两种：一是挪用公款进行非法活动。非法活动是指国家法律、法规所禁止的活动，包括犯罪活动和一般违法活动，如走私、贩毒、骗汇、赌博、嫖娼等。对于这种类型的挪用公款罪，法律上没有挪用数额和挪用时间方面的限制，体现了对这类挪用公款罪从严惩处的立法精神。然而，挪用公款，如果无论数额多少，甚至挪用几百元，上千元用于非法活动，均要定罪判刑，显然也不是刑法的本意。这一点从贪污罪定罪量刑的法律规定可见一斑。为此，1998年4月6日最高人民法院的司法解释规定，挪用公款归个人使用，进行非法活动的，以挪用公款5000元至1万元为追究刑事责任的数额起点。在5000元至1万元之间，各省市自治区的高级人民法院，可以结合本地的情况，确定本地执行的数额标准。二是挪用公款归个人使用进行营利活动，且数额较大。所谓营利活动，是指国家法律所允许的牟利活动，如购买国债、炒股票、投资办厂、开商店、集资等等。这种挪用行为构成犯罪不受挪用时间和是否归还的限制，但法律明确规定必须挪用公款数额较大。其数额较大的起点，根据1998年4月6日最高人民法院的司法解释，为1万元至3万元。在1万元至3万元之间，各省市自治区的高级人民法院，可以结合本地的情况，确定本地执行的数额标准。其三，挪用公款数额较大，超过3个月未还。这是指挪用公款用于自己或者他人的合法生活消费或者其他非经营性支出，如建私人住宅、支付医药费、购置家具等。此种情况下，行为人挪用公款归个人使用数额较大，超过3个月未还，即构成本罪。但根据1998年4月6日最高人民法院的司法解释，挪用正在生息或者需要支付利息的公款归个人使用，数额较大，超过3个月但在案发前即被司法机关、所在单位或有关部门发现之前全部归还本金的，可以从轻处罚或者免除处罚。给国家、集体造成利息损失的，应予追缴。

实践中，对于挪用公款用于返还本人或他人在过去经营活动中所欠的债务，应视为挪用公款进行营利活动还是挪用公款数额较大超过3个月未还,刑法理论界有不同看法。我们认为,应视为前者,其是否成立犯罪应以挪用公款归个人使用进行营利活动的标准来确定。

多次挪用公款不还,挪用公款数额累计计算;多次挪用公款,并以后次挪用的公款归还前次挪用的公款,挪用公款数额以案发时未还的实际数额认定。

(3) 本罪的主体是特殊主体,即只能由国家工作人员构成。至于受国家机关、国有公司、企业事业单位、人民团体委托管理、经营国有财产的人员可否成为本罪的主体,国内理论界有不同意见。根据2000年2月13日最高人民法院《关于对受委托管理、经营国有财产人员挪用国有资金的行为如何定罪问题的批复》的规定,受国家机关、国有公司、企业、事业单位、人民团体委托管理、经营国有财产的非国家工作人员,利用职务之便,挪用国有资金归个人使用构成犯罪的,应按照挪用资金罪定罪处罚,而不构成本罪。

(4) 本罪的主观方面是故意,即明知是公款而有意违反有关规定予以挪用,其目的是暂时使用公款。挪用公款给他人使用,如果挪用人明知使用人用于非法活动或者营利活动的,应当认定为挪用人挪用公款进行非法活动或者营利活动。如果挪用人不知道使用人用公款进行非法活动或者营利活动,则只有数额较大,超过3个月未还的,才构成挪用公款罪。

(二) 挪用公款罪的认定

1. 挪用公款罪与非罪的界限

(1) 挪用公款罪与合法借贷行为的界限。这一界限涉及行为人的行为是罪还是非罪的问题,对此,理论界一直存在纷争。我们认为,首先应认识到实践中私人借贷公款有非法的,也有合法的。法律在打击惩处挪用公款犯罪行为的同时,也应注意保护私人合法借贷公款的权利。私人借贷了公款,可能由于意外原因不能按时归还或者根本无法还款,有些无法还款是由于主管借贷人的工作失误造成的,对此应严格区别于挪用公款罪。其次,区分挪用公款罪与合法借贷行为的界限,需结合多方面因素综合考虑,即要看行为人是否利用职务上的便利和履行了合法的借贷手续,还要看公款被挪用后的用途。如果行为人利用职务上的便利,未履行必要的借款手续,即私自将公款挪作个人使用的,则构成挪用公款罪。如果行为人办理了借贷审批手续,并将所借款项用于解决家庭生活困难所需正常开支等,则应视为正常的债权债务关系,不宜按挪用公款罪处理。如果行为人尽管履行了借贷审批手续,但却将所借款项用于非法活动或者用于经营活动,则同样构成挪用公款罪。这是因为,挪用公款归个人使用进行非法活动本身就决定了行为人不可能是合法借贷,既使行为人办理了借贷审批手续,也往往是欺骗所致。而在挪用公款用于营利活动场合,尽管其经营性活动本身具有合法性,但是将公款(在银行正常贷款除外)借出用于个人挣钱牟利,在本质上仍然是违法的。

(2) 挪用公款罪与一般挪用行为的界限。挪用公款罪与一般挪用行为都侵犯了国家工作人员公务行为的廉洁性和公款的占有使用收益权,客观上都表现为挪用行为。区分二者的关键在于行为的社会危害程度:首先,要考虑挪用公款数额。对不同类型的挪用公款罪来说,标准尽管不同,但均有个数额起点;其次,要考虑挪用公款的用途和时间,因为将公款用于非法活动、营利活动或者是其他支出,法律规定的构成犯罪的时间各不相同;再次,还要考虑行为人的主观方面,特别是在挪用人与使用人不是同一主体的场合,要特别注意挪用人对挪用的公款进行非法活动或者营利活动主观上是否明知;最后,还要考虑其他相关因素,作出综合分析和判断。

2. 挪用公款罪与有关犯罪的界限

(1) 挪用公款罪与贪污罪的界限。两罪的客体都是复杂客体,即既侵犯了国家工作人员公务行为的廉洁性,也侵犯了公共财产所有权。客观方面的要件都包含利用职务上的便利的内容。主观罪过形式都是故意。二者的区别在于:其一,侵犯的客体不完全相同。本罪只是暂时侵犯公款的部分所有权,即公款所有权中的占有、使用、收益权,而贪污罪则是永久侵犯公共财物的全部所有权,即财物的占有、使用、收益和处分的全部权利。其二,犯罪对象不完全相同。本罪的对象仅限于公款和特定款物,而贪污罪的对象则既可以是公款、公物,有时又可以是公共财物以外的财物。其三,客观方面表现不同。本罪表现为行为人利用职务上的便利,挪用公款归个人使用,进行非法活动,或者挪用公款数额较大、进行营利活动,或者挪用公款数额较大、超过3个月未还的行为;而贪污罪则表现为行为人利用职务上的便利,侵吞、窃取、骗取或者以其他手段非法占有财物的行为。在具体行为方式上,本罪一般不存在做假账、虚报账目等行为,而贪污罪则往往需要做假账、虚报账目。其四,主体范围不同。本罪的主体限于国家工作人员;而贪污罪的主体除了国家工作人员之外,还包括受国家机关、国有公司、企业、事业单位、人民团体委托管理、经营国有财产的人员。最后,犯罪目的不同。本罪以暂时使用公款为目的,行为人具有归还的意图,而贪污罪的犯罪目的则是永久非法占有公共财物。尽管本罪与贪污罪有上述区别,但本罪在一定条件下也可以向贪污罪转化。即1998年4月6日最高人民法院《关于审理挪用公款案件具体应用法律的若干问题的解释》规定的,携带挪用的公款潜逃的,以贪污罪定罪处罚。

(2) 挪用公款罪与挪用资金罪的界限。本罪与挪用资金罪的主观罪过形式都是故意,并且都以使用单位资金为目的。客观方面都表现为行为人利用职务上的便利,挪用单位资金的行为,行为的具体表现形式也是一样的。二者的区别主要表现在:其一,犯罪客体与对象不同。本罪的客体是复杂客体,即既侵犯公共财产的所有权,也侵犯国家工作人员公务行为的廉洁性,犯罪对象是公款;而挪用资金罪的客体是简单客体,即只侵犯单位资金的所有权,犯罪对象是非国有单位的资金。其二,犯罪主体不同。本罪的主体是国家工作人员,而挪用资金罪的主体则是公司、企业或者其他单位中除国家工作人员以外的其他工作人员。

(3) 挪用公款罪与挪用特定款物罪的界限。挪用公款罪与挪用特定款物罪在行为方式上均表现为挪用,犯罪对象有交叉,主观方面均为故意。两罪的主要区别在于:其一,挪用对象不同。挪用特定款物罪的挪用对象是特定的款物,既有特定的款,也有特定的物;而挪用公款罪的对象只是公款,只有国家工作人员挪用了特定款物归个人使用的情况下,才将其中的物也包括进去。其二,挪用的用途不同。挪用公款罪的挪用是挪用公款归个人或他人使用,其实质是"公款私用";而挪用特定款物罪的挪用是挪归公用,其实质是违反了专款专用、专物专用制度,表现为"公款公用"。其三,主体范围不同。两罪的犯罪主体虽然都是特殊主体,但挪用公款罪的主体必须是国家工作人员,而挪用特定款物罪的主体是管理、支配、经手特定款物的直接责任人员,即其主体主要是国家工作人员,但也包括负有特定职责的非国家工作人员。其四,构成犯罪的标准不同。挪用公款罪以挪用数额大小作为定罪量刑的标准,而挪用特定款物罪则是以情节严重,致使国家和人民利益遭受重大损害作为定罪处刑的标准。

3. 挪用公款罪的罪数形态及共犯形态问题

最高人民法院《关于审理挪用公款案件具体应用法律若干问题的解释》规定:因挪用公款索取、收受贿赂构成犯罪的,依照数罪并罚的规定处罚;挪用公款进行非法活动构成其他罪的,依照数罪并罚的规定处罚。该《解释》还规定:挪用公款给他人使用,使用人与挪用人共谋,指使或者参与策划取得挪用款的,以挪用公款罪的共犯定罪判刑。依照这一解释,实践中对于行为人挪用公款给他人使用,并索取或者非法收受他人财物构成受贿罪的;挪用公款进行走私、贩毒等非法活动,其非法活动有构成其他犯罪等情况,应按挪用公款罪和受贿罪,挪用公款罪和其他非法活动构成的犯罪实行数罪并罚。而对于使用人与挪用人共谋,指使或者参与策划取得挪用款的,应按挪用公款罪的共同犯罪处理。如果使用人并没有与挪用人共谋,没有指使或者参与策划取得挪用款的,仅仅是简单地使用了挪用人挪用的公款,则不能按挪用公款罪的共同犯罪处理,使用人的使用行为不构成挪用公款罪。

(三)挪用公款罪的刑事处罚

根据《刑法》第384条第1款的规定,犯挪用公款罪的,处5年以下有期徒刑或者拘役;情节严重的,处5年以上有期徒刑。挪用公款数额巨大不退还的,处10年以上有期徒刑或者无期徒刑。这里所说的情节严重,通常是指挪用公款数额巨大;或者挪用手段恶劣;多次挪用公款;因挪用公款严重影响生产、经营,造成严重损失等。其中数额巨大,按照前述最高人民法院《关于审理挪用公款案件具体应用法律若干问题的解释》,挪用公款进行非法活动的是5万元至10万元以上,以营利为目的或者超过3个月未还的是15万元至20万元以上。

根据《刑法》第384条第2款的规定,挪用用于救灾、抢险、防汛、优抚、扶贫、移民、救济款物归个人使用的,从重处罚。

三、受贿罪

(一)受贿罪的概念和构成要件

受贿罪是指国家工作人员利用职务上的便利,索取他人财物,或者非法收受他人财物,为他人谋取利益的行为。本罪具有如下构成要件:

(1)本罪侵犯的客体是国家工作人员公务行为的廉洁性。关于受贿罪侵犯的客体,我国刑法学界多年来都是众说纷纭,观点不一。我们认为,国家工作人员的职责即是代表国家执行公务,因此将受贿罪的直接客体界定为国家工作人员公务行为的廉洁性更有利于把握受贿罪的本质特征。

(2)本罪的客观方面表现为行为人利用职务上的便利,索取他人财物的,或者非法收受他人财物,为他人谋取利益的行为。具体包括以下两方面的内容:

首先,行为人利用了职务上的便利。所谓利用了职务上的便利,是指利用本人现有职务范围内的主管、负责或者承办某种公共事务的权力或者与职务相关的便利条件。

其次,行为人实施了索取他人财物或者非法收受他人财物,为他人谋取利益的行为。这就是说受贿罪的行为方式有两种:一是索贿,二是收受贿赂。其构成条件有所不同。

索贿即索取他人财物构成受贿罪的类型。所谓索取他人财物,是指行为人在公务活动中主动向他人索要、勒索并收受财物。鉴于这种情况下索贿者索要行为的主动性和对方交付财物的被动性,因此比被动的收受他人贿赂的性质更严重,社会危害性更大,因此,刑法规定,利用职务上的便利索取他人财物的即构成受贿罪,不要求行为人为他人谋取利益。不论行为人在索取他人财物后是否为他人谋取了利益,均应以受贿罪论处。

收受贿赂即收受他人给付的财物,为他人谋取利益构成受贿罪的类型。所谓收受他人财物,是指行为人在公务活动中,当行贿人主动向行为人提供财物时,行为人不予拒绝,而予以非法接受。收受他人财物的时间可以是在利用职务之便为他人谋取利益之前,也可以是在为他人谋取利益之后,可以是任职之时,也可以是在任职之前或者离职之后,只要是利用职务之便进行权钱交易都可以构成受贿行为。由于此种情况是行贿方自愿、主动地给付财物,收受方只是不予拒绝并且收受了财物,因此,刑法规定,收受他人财物必须具备为他人谋取利益作为必要要件。为他人谋利益,包括物质利益和非物质利益,合法利益和非法利益,正当利益和不正当利益,谋取到的利益和未谋取到的利益,包括主观上意图利用职务上的便利为他人谋取利益。如果主观上根本没有利用职务上的便利为他人谋取利益的意图,而非法收受他人财物的,不能构成受贿罪,而应构成诈骗犯罪行为。

此外,《刑法》还规定了受贿罪客观方面的特殊表现形式,即第388条第1款规定的斡旋受贿和第385条第2款规定的收受回扣、手续费构成受贿的行为。

根据《刑法》第388条第1款的规定,所谓斡旋受贿,是指国家工作人员利用本人职权和地位所形成的便利条件,通过其他国家工作人员职务上的行为,为请托人谋取不正当利益,索取请托人财物或者收受请托人财物的行为。成立斡旋受贿应具备以下条件:其一,行为人利用了本人职权或地位所形成的便利条件。利用本人职权或地位所形成的便利条件,是指行为人利用因其职权或者地位对其他工作人员所形成的带有制约性或者能够施加某种影响的条件,如上下级的隶属关系、同事关系、工作关系等。如果仅仅是利用与其他国家工作人员之间的亲戚、朋友、同学、老乡、战友等关系的,不能成立斡旋受贿。其二,行为人利用的是其他国家工作人员的职务行为。如果行为人利用的是其他国家工作人员的非职务行为或者利用的是其他不具有国家工作人员身份的公司、企业管理人员职务上的行为，则不能构成斡旋受贿。其三，必须是为请托人谋取不正当利益。根据最高人民法院、最高人民检察院《关于在办理受贿犯罪大要案的同时要严肃查处严重行贿犯罪分子的通知》的规定，谋取不正当利益，是指谋取违反法律、法规、国家政策和国务院各部门规章规定的利益，以及要求国家工作人员或者有关单位提供违反法律、法规、国家政策和国务院各部门规章规定的帮助或者方便条件。如果行为人通过其他国家工作人员职务上的行为为请托人谋取的是正当利益，则不能构成斡旋受贿。其四，索取或者收受请托人财物。在斡旋受贿罪中，行为人取得贿赂的方式也有两种，即索贿和收受。与一般受贿罪不同的是：在斡旋受贿罪中，无论是索取贿赂的形式还是收受贿赂的形式，均以为请托人谋取不正当利益为必要，不像一般受贿罪那样，要求具备为他人谋取利益的要件只限于收受贿赂一种形式。

根据刑法第385条第2款规定，国家工作人员在经济往来中，违反国家规定，收受各种名义的回扣、手续费归个人所有的，以受贿论处。回扣、手续费是经济活动中的一种交易手段，但并非所有的回扣、手续费都是正当、合法的。我国《反不正当竞争法》明确规定，经营者销售或者购买商品可以以明示方式给对方折扣，可以给中间人佣金，但接受折扣、佣金的经营者必须如实入账，否则即构成违法。因此，刑法将一定条件下的收受回扣、手续费的行为规定为犯罪行为。需注意的是，收受回扣、手续费构成受贿罪需符合以下条件：一是违反国家规定。这是构成受贿罪的前提；二是在经济往来中收受。在经济往来中收受，一般是由市场的供求矛盾决定的，由卖方向买方提供回扣、手续费，买方收受。如果供求关系变了，回扣、手续费的走向也会随之变化；三是将收受的回扣、手续费归个人所有，即由收受回扣、手续费的本人据为己有，如果交给本单位则不构成犯罪。

（3）本罪的主体是特殊主体，即国家工作人员。这里所说的国家工作人员，是指在职的国家工作人员，与《刑法》第93条关于国家工作人员界定的范围是一致的。离退休人员可否成为本罪的主体是尚存争论的问题。对此我国多数学者持否定说。我们赞同这种观点，即已经离退休的原国家工作人员，利用本人原有职权或者地位所形成的便利条件，通过在职的国家工作人员职务上的行为，为请托人谋取利益，而本人从中收受请托人财物的，不能以受贿罪论处。因为受贿罪的本质特征是利用职务之便搞权钱交易，受贿得以成立的一个重要条件就是行为人必须利用职务之便，即行为人有职务之便可以利用，没有现实的职务，就无从利用职务受贿。当然，如果离退休人员在在职期间为他人谋取利益，约定离退休之后为此收受他人财物的，则应以受贿罪论处①；如果离退休人员与在职的国家工作人员相通谋，利用在职国家工作人员的职务为请托人谋利益，共同收受贿赂的，则成立受贿罪共犯。

（4）本罪的主观方面是故意。在索贿场合，行为人主观上具有利用职务上的便

① 参见最高人民法院《关于国家工作人员利用职务上的便利为他人谋取利益离退休后收受财物行为如何处理问题的批复》（2000年6月30日最高人民法院审判委员会第1121次会议通过）。

利，索取他人财物的犯罪故意；在收受贿赂场合，行为人主观上不仅具有利用职务上的便利，非法收受他人财物的故意，而且具有为他人谋取利益的犯罪意图，缺乏其中之一，受贿罪不能成立。

（二）受贿罪的认定

1．受贿罪与非罪的界限

（1）受贿罪与接受馈赠的界限。接受馈赠，是指在生活、工作中，由于人际间交往的需要，接受对方赠与的礼品、财物的行为。接受馈赠的前提是出于友谊或友好往来，与接受者的权力无关。馈赠并不是法律禁止的行为，因此，接受正常的馈赠，并且回赠，都不能构成犯罪。但接受馈赠也有与受贿有相似和交叉的地方，特别是掌握一定权力的国家工作人员接受馈赠，或者这些国家工作人员在接受馈赠后回报对方以财产或者利益时，有时较难区分。实践中区别接受馈赠行为与受贿罪的关键在于：第一，行为人是否利用了职务上的便利；第二，行为人是否许诺、着手、或者已经为对方谋取利益。此外还要看行为人与对方是否有亲友关系，行为人接受财物的方式以及接受财物的数额等等。如果是接受馈赠，利用职权为赠送人谋取利益，则不论馈赠者与受赠者是否有亲友关系，都应以受贿行为认定。

（2）受贿罪与取得合法报酬的界限。一些在国家研究、学术机构工作的科研人员，在国有公司、企业工作的工程技术人员，在法律、政策允许的范围内，或者利用业余、休息时间，用自己的知识和能力，为他人进行某项工作或提供咨询服务而获得报酬的行为，是属于取得合法报酬的行为，不成立受贿罪。但应注意的是，上述人员在业余时间，利用职务上的便利为他人谋取利益，进而获得“报酬”的，则成立受贿罪。特别是，上述人员在经济往来中，违反国家规定，收受各种名义的回扣、手续费归个人所有的，应以受贿罪论处，不能作为取得合理报酬对待。

（3）受贿罪与一般受贿行为的界限。区别二者的关键在于查明受贿的数额大小和情节轻重。根据《刑法》第 383 条和第 386 条的规定，个人受贿在 5000 元以上的，构成受贿罪。个人受贿不满 5000 元，但情节较重的，也应以受贿罪论处；情节较轻的，不构成犯罪，按一般受贿行为论处，由其所在单位或者上级主管机关酌情予以行政处分。所谓情节严重，一般指因受赌行为而使国家或者社会利益遭受重大损失的；故意刁难、要挟有关单位、个人，造成恶劣影响的；强行索取财物的；等等。

2．受贿罪与有关犯罪的界限

（1）受贿罪与贪污罪的界限。受贿罪与贪污罪都是国家工作人员利用职务之便实施的犯罪，且主观方面均出于故意。二者的区别主要表现在：其一，犯罪客观方面不同。受贿罪是利用职务上的便利索取他人财物，或者非法收受他人财物为他人谋取利益；而贪污罪则是利用职务上的便利，以侵吞、窃取、骗取或者其他手段非法占有财物。其二，犯罪主体的范围不同。受贿罪主体仅限于国家工作人员，而贪污罪的主体除了国家工作人员之外，还包括受国家机关、国有公司、企业、事业单位、人民团体委托管理、经营国有财产的人员。其三，犯罪目的不同。受贿罪的目的是非法获取他人财物；而贪污罪的目的则是非法占有自己合法主管、经管的财物。

(2) 以索贿方式构成的受贿罪与敲诈勒索罪的界限。二者的主要区别在于：其一，犯罪客体不同。以索贿方式构成的受贿罪侵犯的主要是公务行为的廉洁性；而敲诈勒索罪侵犯的是他人的财产权利。其二，犯罪客观方面不同。索贿必须是利用职务之便，敲诈勒索罪没有利用职务上的便利。如果对方有求于国家工作人员的事情须利用职务上的便利才能办到，于是，该国家工作人员利用他人的困境，索取财物的，成立受贿罪。虽然身为国家工作人员，但对方有求于他的事情与其职务没有关系，行为人利用对方的困境相要挟，索取财物的，应成立敲诈勒索罪。因此，是否利用职务上的便利索取他人财物，是区分以索贿方式构成的受贿罪与敲诈勒索罪的关键。其三，犯罪主体不同。受贿罪的主体是特殊主体，只限于国家工作人员，而敲诈勒索罪的主体是一般主体。

(3) 受贿罪与公司、企业人员受贿罪的界限。受贿罪与公司、企业人员受贿罪都是利用职务上的便利，索取或者收受他人财物为他人谋利益的行为。两者的主要区别在于：其一，客体不同。受贿罪的客体是国家工作人员公务行为的廉洁性；而公司、企业人员受贿罪的客体是公司、企业的管理秩序。其二，客观方面有所不同。受贿罪客观方面的索贿不以为他人谋取利益为要件，只有收受贿赂以为他人谋取利益为要件；而公司、企业人员受贿罪无论索取贿赂还是收受贿赂，都以为他人谋取利益为要件。其三，犯罪主体不同。本罪的主体是国家工作人员，而公司、企业人员受贿罪的主体是非国有公司、企业中不具有国家工作人员身份的人员。

(三) 受贿罪的刑事处罚

根据《刑法》第386条的规定，犯受贿罪的，根据受贿所得数额及情节，依照《刑法》第383条关于贪污罪的规定处罚。具体处罚标准是：

(1) 个人受贿数额在10万元以上的，处10年以上有期徒刑或者无期徒刑，可以并处没收财产；情节特别严重的，处死刑，并处没收财产。

(2) 个人受贿数额在5万元以上不满10万元的，处5年以上有期徒刑，可以并处没收财产；情节特别严重的，处无期徒刑，并处没收财产。

(3) 个人受贿数额在5000元以上不满5万元的，处1年以上7年以下有期徒刑；情节严重的，处7年以上10年以下有期徒刑。个人受贿数额在5000元以上不满1万元，犯罪后有悔改表现、积极退赃的，可以减轻处罚或者免予刑事处罚，由其所在单位或者上级主管机关给予行政处分。

(4) 个人受贿数额不满5000元，情节较重的，处2年以下有期徒刑或者拘役；情节较轻的，由其所在单位或者上级主管机关酌情给予行政处分。

(5) 对多次受贿未经处理的，按照累计受贿数额处罚。索贿的从重处罚。

四、单位受贿罪

单位受贿罪，是指国家机关、国有公司、企业、事业单位、人民团体，索取、非法收受他人财物，为他人谋取利益，情节严重的行为。本罪侵犯的客体是国有单位公务活动的廉洁性。客观方面表现为索取、非法收受他人财物，为他人谋取利益的行为。与受贿罪不同的是,本罪对索取贿赂也要求为他人谋取利益。成立本罪还要求情节严重。根据1999年8月6日最高人民检察院《关于人民检察院直接受理立案侦查案件立案标准的规定(试行)》的规定,涉嫌下列情形之一的,应予立案:(1)单位受贿数额在10万元以上的;(2)单位受贿数额不满10万元,但具有下列情形之一的:其一,故意刁难、要挟有关单位、个人,造成恶劣影响的;其二,强行索取财物的;其三,致使国家或者社会利益遭受重大损失的。本罪主体只限于国家机关、国有性质的公司、企业、事业单位与人民团体,非国有单位不构成本罪。本罪的主观方面是故意,即故意利用本单位的权力和职能,索取或者非法收受他人财物归本单位所有。如果以单位名义索取或者非法收受他人财物后将贿赂占为个人所有的,则应以受贿罪论处。同时具备上述特征的,构成单位受贿罪。此外,刑法还规定,上述单位,在经济往来中,在账外暗中收受各种名义的回扣、手续费的,以单位受贿论,构成犯罪的,按单位受贿罪定罪处罚。根据《刑法》第387条的规定,犯单位受贿罪的,对单位判处罚金,并对其直接负责的主管人员和其他直接责任人员,处5年以下有期徒刑或者拘役。

五、利用影响力受贿罪

利用影响力受贿罪,是指国家工作人员的近亲属或者其他与该国家工作人员关系密切的人,通过该国家工作人员职务上的行为,或者利用该国家工作人员职权或者地位形成的便利条件,通过其他国家工作人员职务上的行为,为请托人谋取不正当利益,索取请托人财物或者收受请托人财物,数额较大或者有其他较重情节的行为。本罪是《刑法修正案(七)》第13条新增罪名,作为《刑法》第388条之一。根据《刑法修正案(七)》第13条第2款,即《刑法》第388条之一第2款的规定,离职的国家工作人员或者其近亲属以及其他与其关系密切的人,利用该离职的国家工作人员原职权或者地位形成的便利条件实施上述行为的,构成本罪。犯本罪的,处3年以下有期徒刑或者拘役,并处罚金;数额巨大或者有其他严重情节的,处3年以上7年以下有期徒刑,并处罚金;数额特别巨大或者有其他特别严重情节的,处7年以上有期徒刑,并处罚金或者没收财产。

六、行贿罪

(一)行贿罪的概念和构成要件

行贿罪,是指为谋取不正当利益,给予国家工作人员以财物的行为。本罪具有如下构成要件:

(1)本罪客体是国家工作人员公务行为的廉洁性。

(2)本罪客观方面表现为行为人实施了给予国家工作人员以财物的行为。给予财物的方式可以是主动给予,即在国家工作人员没有提出要求的情况下,为了利用国家工作人员职务上的便利谋取不正当利益,而主动给予其财物;也可以是被动给予,即在国家工作人员主动要求、索取财物的情况下,被动地交付财物。当然,依刑法规定,如果是因被国家工作人员勒索而被迫交付财物,本人也没有获得不正当利益的,则不构成行贿罪。因被勒索给予国家工作人员以财物,已获得不正当利益的,以行贿罪追究刑事责任。刑法还规定了一种特殊情况下的行贿犯罪,即《刑法》第389条第2款规定的,在经济往来中,违反国家规定,给予国家工作人员以财物,数额较大的,或者违反国家规定,给予国家工作人员以各种名义的回扣、手续费的,也应当以行贿论处。根据2000年12月22日最高人民检察院《关于行贿罪立案标准》的规定,涉嫌下列情形之一的,应予立案:行贿数额在1万元以上的;行贿数额不满1万元,但具有下列情形之一的为谋取非法利益而行贿的;向三人以上行贿的;向党政领导、司法工作人员、行政执法人员行贿的;致使国家或者社会利益遭受重大损失的。

(3) 本罪的主体是一般主体,凡是已满16周岁具有刑事责任能力的自然人均可以成为本罪的主体。

(4) 本罪的主观方面是故意,并且具有谋取不正当利益的目的。所谓不正当利益,根据最高人民法院、最高人民检察院《关于在办理受贿犯罪大要案的同时要严肃查处严重行贿犯罪分子的通知》的规定,包括两种情况:一是违反法律、法规、国家政策和国务院各部门规章规定的利益;二是违反法律、法规、国家政策和国务院各部门规章规定的帮助或者方便条件。前者是一种有形的不正当利益,后者是一种无形的不正当利益。本罪的成立只要求行为人主观上有获取不正当利益的意图即可。至于行为人实际上是否获取了不正当利益,对于本罪的构成没有影响。

(一) 行贿罪的认定

1. 行贿罪与非罪的界限

(1) 行贿罪与馈赠行为的界限。区分二者的关键是看行为人在给予国家工作人员礼物时,主观上是否具有利用国家工作人员职务上的便利,为自己谋取不正当利益的目的。行贿是行为人为了让对方利用职务之便为自己谋取不正当利益,其给付财物是附条件的;馈赠行为则是为了增强亲戚、朋友间的情谊,其给付财物是无条件的。

(2) 行贿罪与送礼不正之风的界限。实践中,有人出于联系、笼络国家工作人员的目的,向其赠送财物进行感情投资,但在赠送财物前后,并不要求国家工作人员为自己谋取何种利益,国家工作人员收受财物前后也确实没有为送礼人谋取私利。在此种情况下,由于行为人赠送财物不具有明确的谋取不正当利益的目的,一般不作为行贿罪处理。实践中送礼不正之风还包括:行为人给有关人员送财物,以解决某种正当利益;行为人为谋取不正当利益,因对方勒索而给予对方财物,但未获得不正当利益的;等等。对此均不能以受贿罪论处。

2. 行贿罪与对公司、企业人员行贿罪的界限

两罪客观方面都表现为实施了给予他人以财物的行为,主观上都是为了谋取不正当利益。区别主要表现在:(1) 犯罪客体不同。行贿罪侵犯的是国家工作人员公务行为的廉洁性,而对公司、企业人员行贿罪侵犯的主要是公司、企业的管理秩序;(2) 行贿的对象不同。行贿罪的行贿对象只限于国家工作人员,而对公司、企业人员行贿罪的行贿对象只能是公司、企业中除国家工作人员以外的其他工作人员;(3) 犯罪主体

不同。行贿罪只能由自然人实施，而对公司、企业人员行贿罪则即可以由自然人实施，也可以由单位实施。

3. 正确认识行贿罪与受贿罪的关系

刑法理论界通常认为行贿罪与受贿罪是一对“对合犯”，二者呈“对合”关系，一般情况下有受贿罪才有行贿罪，有行贿罪才有受贿罪。但二者之间的“对合”关系不是绝对的。依刑法对两罪构成条件的规定，在特定条件下，没有行贿罪同样存在受贿罪；没有受贿罪，行贿罪也仍然可以成立。主要表现在：(1) 行为人因被勒索给予国家工作人员以财物，没有获得不正当利益的，不是行贿；但是国家工作人员的行为成立受贿。(2) 为了谋取正当利益而给予国家工作人员以财物的，不是行贿；但国家工作人员接受财物的行为成立受贿。(3) 为了谋取不正当利益而给予国家工作人员以财物的，构成行贿罪；但国家工作人员没有接受贿赂的故意，立即将财物送交有关部门处理的，不构成受贿罪。(4) 行为人行贿数额达不到定罪条件，而收受贿赂方受贿数额则可能达到定罪条件，包括因收受多人贿赂而构成受贿罪。

(三) 行贿罪的刑事处罚

根据《刑法》第 390 条的规定，犯行贿罪的，处 5 年以下有期徒刑或者拘役；因行贿谋取不正当利益，情节严重的，或者使国家利益遭受重大损失的，处 5 年以上 10 年以下有期徒刑；情节特别严重的，处 10 年以上有期徒刑或者无期徒刑，可以并处没收财产。行贿人在被追诉前主动交代行贿行为的，可以减轻处罚或者免除处罚。

七、对单位行贿罪

对单位行贿罪，是指行为人为了谋取不正当利益，给予国家机关、国有公司、企业、事业单位、人民团体以财物，或者在经济往来中，违反国家规定，给予前述单位各种名义的回扣、手续费的行为。本罪行贿的对象只能是国家机关、国有公司、企业、事业单位、人民团体，向其他单位行贿不构成本罪。客观方面表现为两种形式：一是给予国家机关、国有公司、企业、事业单位、人民团体以财物；二是在经济往来中，违反国家规定，给予前述单位各种名义的回扣、手续费的行为。根据 2000 年 12 月 22 日最高人民检察院《关于行贿罪立案标准》的规定，涉嫌下列情形之一的，应予立案：涉嫌下列情形之一的，应予立案：(1) 个人行贿数额在 10 万元以上、单位行贿数额在 20 万元以上的；(2) 个人行贿数额不满 10 万元、单位行贿数额在 10 万元以上不满 20 万元，但具有下列情形之一的：为谋取非法利益而行贿的；(3) 向三个以上单位行贿的；向党政机关、司法机关、行政执法机关行贿的；(4) 致使国家或者社会利益遭受重大损失的。犯罪主体是一般主体，包括自然人或单位。主观方面是故意，并且以谋取不正当利益为目的。本罪与行贿罪的区别主要表现在犯罪主体和行贿对象上的差异。根据《刑法》第 391 条的规定，自然人犯本罪的，处 3 年以下有期徒刑或者拘役；单位犯本罪的，对单位判处罚金，并对其直接负责的主管人员和其他直接责任人员，处 3 年以下有期徒刑或者拘役。

▶ 八、介绍贿赂罪

介绍贿赂罪，是指向国家工作人员介绍贿赂，情节严重的行为。本罪客观方面表现为在行贿人与受贿人之间沟通关系、撮合条件，使行贿与受贿得以实现。如代表行贿人向受贿人传递行贿意图、商谈贿赂条件，组织行贿人与受贿人会面，向双方转达贿赂内容与要求等等。应注意的是，介绍贿赂罪所介绍的受贿一方必须是国家工作人员，如果是向非国家工作人员介绍贿赂或者向单位介绍贿赂，都不成立介绍贿赂罪。行贿方则无任何限定。此外，介绍贿赂必须是情节严重的，才能构成犯罪。根据1999年8月6日最高人民检察院《关于人民检察院直接受理立案侦查案件立案标准的规定（试行）》的规定，涉嫌下列情形之一的，应予立案：(1) 介绍个人向国家工作人员行贿，数额在2万元以上的；介绍单位向国家工作人员行贿，数额在20万元以上的；(2) 介绍贿赂数额不满上述标准，但具有下列情形之一的：为使行贿人获取非法利益而介绍贿赂的；3次以上或者为3人以上介绍贿赂的；向党政领导、司法工作人员、行政执法人员介绍贿赂的；致使国家或者社会利益遭受重大损失的。根据《刑法》第392条的规定，犯介绍贿赂罪的，处3年以下有期徒刑或者拘役。介绍贿赂人在被追诉前主动交代介绍贿赂行为的，可以减轻处罚或者免除处罚。

▶ 九、单位行贿罪

单位行贿罪，是指单位为谋取不正当利益，给予国家工作人员以财物，或者违反国家规定，给予国家工作人员以回扣、手续费，情节严重的行为。本罪与行贿罪的区别在于：本罪主体是单位，而行贿罪的主体是自然人；成立本罪要求情节严重，而成立行贿罪不要求情节严重。本罪与对单位行贿罪的区别在于：本罪主体只能是单位，而对单位行贿罪的主体可以是单位，也可以是自然人；本罪是向国家工作人员行贿，对单位行贿罪是向国家机关、国有公司、企业、事业单位、人民团体行贿；构成本罪要求情节严重，而构成对单位行贿罪不要求情节严重。根据2000年12月22日最高人民检察院《关于行贿罪立案标准》的规定，涉嫌下列情形之一的，应予立案：(1) 单位行贿数额在20万元以上的；(2) 单位为谋取不正当利益而行贿，数额在10万元以上不满20万元，但具有下列情形之一的：为谋取非法利益而行贿的；向3人以上行贿的；向党政领导、司法工作人员、行政执法人员行贿的；致使国家或者社会利益遭受重大损失的。根据《刑法》第393条的规定，犯单位行贿罪的，对单位判处罚金，并对其直接负责的主管人员和其他直接责任人员，处5年以下有期徒刑或者拘役，但是，如果将因行贿取得的违法所得归个人所有的，则应以行贿罪论处。

▶ 十、巨额财产来源不明罪

巨额财产来源不明罪，是指国家工作人员的财产或者支出明显超过合法收入，差额巨大，而本人又不能说明其来源是合法的行为。本罪的客体是国家工作人员公务行为的廉洁性。客观方面具体包括两个要件：一是行为人的财产或者支出明显超过合法收入,且差额巨大;二是本人不能说明其来源是合法的。即当行为人在被责令说明其财产或者支出的来源时,行为人不能举出证据证明其超过合法收入差额部分的财产或支出的合法性,其中既包括据不说明,也包括虽然作了说明,但经司法机关调查取证,不能证明其说明的内容是真实可靠的。根据1999年8月6日最高人民检察院《关于人民检察院直接受理立案侦查案件立案标准的规定(试行)》的规定,涉嫌巨额财产来源不明,数额在30万元以上的,应予立案。犯罪主体是特殊主体,仅限于国家工作人员。主观方面是故意。巨额财产来源不明罪是一个补充性罪名,只有在没有证据证明行为人拥有的巨额财产是其他犯罪,如贪污罪、受贿罪等的犯罪所得时,才以本罪论处。根据《刑法》第395条第1款的规定,犯巨额财产来源不明罪的,处5年以下有期徒刑或者拘役;差额特别巨大的,处5年以上10年以下有期徒刑。财产的差额部分予以追缴。

▶ 十一、隐瞒境外存款罪

隐瞒境外存款罪,是指国家工作人员违反国家规定,故意隐瞒不报在境外的存款,数额较大的行为。本罪侵犯的客体是国家关于国家工作人员境外存款的申报制度。客观方面表现为不作为,即构成隐瞒境外存款罪,行为人首先必须有申报境外存款的法定义务。我国有关法律、法规和政策明确规定,国家工作人员在境外存款应当依照国家规定向有关部门申报。这样,凡在境外存款的国家工作人员都有法律规定的申报义务,不履行这一法定义务,存款达到一定数额的,就触犯了刑律,构成犯罪。没有这种特定义务的,隐瞒不报境外存款的行为不构成本罪。根据1999年8月6日最高人民检察院的《关于人民检察院直接受理立案侦查案件立案标准的规定(试行)》的规定,涉嫌隐瞒境外存款,折合人民币数额在30万元以上的,应予立案。犯罪主体是特殊主体,即国家工作人员。主观方面是故意。故意的内容是行为人明知依照国家规定应当如实申报其境外存款仍有意隐瞒不报。如果行为人不是故意隐瞒不报,而是由于对国家财产申报制度不了解,或者由于客观原因未作申报的,不能构成犯罪。根据《刑法》第395条第2款的规定,犯隐瞒境外存款罪的,处2年以下有期徒刑或者拘役;情节较轻的,由其所在单位或者上级主管机关酌情给予行政处分。

▶ 十二、私分国有资产罪

私分国有资产罪,是指国家机关、国有公司、企业、事业单位、人民团体,违反国家规定,以单位名义将国有资产私分给个人,数额较大的行为。犯罪客体是复杂客体,既侵犯了国家工作人员公务行为的廉洁性,也侵犯了国有资产所有权。犯罪对象是国有资产。所谓国有资产,是指所有权属于国家所有的资金和其他财产。客观方面表现为行为人违反国家规定,以单位名义将国有资产集体私分给个人,数额较大的行为。所谓违反国家规定,是指违反全国人民代表大会及其常务委员会和国务院制定的有关国有资产管理、使用、处理的法律和行政法规。所谓集体私分给个人,是指经集体研究决定将国有资产分配给单位的所有成员或者绝大多数成员。将国有资产私自分给单位的管理人员或者私分给单位少数成员的,构成贪污罪或者构成共同贪污。所谓数额较大，是指私分国有资产的数额，而不是指单个人所分得的数额。根据1999年8月6日最高人民检察院《关于人民检察院直接受理立案侦查案件立案标准的规定（试行）》的规定，涉嫌私分国有资产，累计数额在10万元以上的，应予立案。犯罪主体是特殊主体。至于是单位还是自然人，国内理论界是有争议的。多数人认为是纯正的单位犯罪，只是处罚上采用单罚制，仅处罚单位直接负责的主管人员和直接责任人员。我们赞成多数人的观点，即认为本罪是由国家机关、国有公司、企业、事业单位、人民团体实施的单位犯罪。本罪的主观方面是故意。根据《刑法》第396条第1款的规定，犯私分国有资产罪的，对单位直接负责的主管人员和其他直接责任人员处3年以下有期徒刑或者拘役，并处或者单处罚金；数额巨大的，处3年以上7年以下有期徒刑，并处罚金。

▶ 十三、私分罚没财物罪

私分罚没财物罪，是指司法机关、行政执法机关违反国家规定，将应当上缴国家的罚没财物，以单位名义集体私分给个人的行为。本罪的客体是复杂客体，既侵犯了国家工作人员公务行为的廉洁性，也侵犯了国家对罚没财物的所有权。犯罪对象是罚没财物。所谓罚没财物，既包括司法机关追缴、没收犯罪嫌疑人、被告人的财物，以及对犯罪分子判处罚金、没收财产而收缴的财物，还包括行政执法机关在行政执法活动中没收违法者的财物和处罚违法者而收缴的财物。本罪客观方面表现为，违反国家规定，将应当上缴的国家的罚没财物，以单位名义集体私分给个人的行为。根据1999年8月6日最高人民检察院《关于人民检察院直接受理立案侦查案件立案标准的规定（试行）》的规定，涉嫌私分罚没财物，累计数额在10万元以上的，应予立案。本罪的犯罪主体是司法机关或行政执法机关，属于纯正的单位犯罪中的特殊单位犯罪，承担刑事责任的是其直接负责的主管人员和其他直接责任人员。犯罪的主观方面是故意。根据《刑法》第396条第2款的规定，犯私分罚没财物罪的，对其直接负责的主管人员和直接责任人员处3年以下有期徒刑或者拘役，并处或者单处罚金；数额巨大的，处3年以上7年以下有期徒刑，并处罚金。

【阅读参考书目】

1. 高铭暄、马克昌主编：《刑法学》，北京大学出版社、高等教育出版社2007年版。

2. 王作富主编：《刑法分则实务研究（下）》，中国方正出版社2010年版。

3. 张明楷著：《刑法学》，法律出版社2007年版。

5. 赵慧、张忠国：《贪污贿赂罪司法适用》，法律出版社2006年版。

【思考题】

一、名词解释

1. 贪污罪

2. 挪用公款罪

3. 受贿罪

4. 行贿罪

5. 巨额财产来源不明罪

二、简答题

1. 简述贪污贿赂罪的概念与特征。

2. 简述贪污罪的主体范围。

3. 比较贪污罪与挪用公款罪的同异点。

4. 简述行贿罪的构成特征。

5. 简述私分国有资产罪与贪污罪的界限。

三、论述题

1. 试述贪污罪的构成特征及其认定应划清的界限。

2. 试述挪用公款罪的构成特征及其认定应划清的界限。

3. 试述受贿罪的构成特征及其认定应划清的界限。

4. 试述利用影响力受贿罪的构成要件及其认定应划清的界限。

四、案例分析:

案情1①:

宾××,男,原系湘潭市清水村村民委员会主任;郭×,女,原系湘潭市清水村党支部书记、村民委员会委员兼出纳;戴××原系湘潭市清水村村民委员会委员兼会计。

1998年9月18日,宾××使用作废的收款收据到湘潭电厂领取"施工作业上坝公路用地补偿费"10万元。同月26日,湘潭电厂应宾××的要求将该款转账至清水建筑工程队在中国农业银行岳塘支行纺城储蓄专柜开设的户头上。当日,宾××在该工程队法人代表张某的协助下,又将该款转至以假名"张荣华"开设的活期存折上。之后,分3次取出,除部分用于做生意之外,余款以其妻的名义存入银行。

1998年9月,宾××、郭×、戴××伙同村支部委员赵运龙,出具虚假领条,从湘潭市征地拆迁事务所套取付给清水村的"迁坟补偿费"1.2万元,4人平分,各得赃款3000元。

1998年9月23日,宾××使用作废的收款收据从湘潭市征地拆迁事务所领取"油茶林补偿费"10万元。同年10月8日,宾××将该款转至清水村在湘潭市板塘城市合作银行以"清水工程款"名义虚设的账户上。同月24日,郭×将款取出,又以宾××个人名义存入中国银行两湖支行。1998年3月的一天,宾××对郭×、戴××说:"那10万元钱3人分了,以后被发现,各退各的。"郭×、戴××均表示同意。于是,3人均分,各得3.3万余元。

1999年4月4日,宾××以湘潭市清水河村村民委员会的名义用作废的收款收据从湘潭电厂领取"租用运输道路泥沙冲进稻田补偿费"4.3万元。同月20日,湘潭电厂将该款转账至清水村在荷塘信用社开立的账户上。尔后,宾××对郭×、戴××说:"电厂来了笔扫尾工程款,这笔款不入账,几个人分了算了。"郭×、戴××表示同意。于是,郭分两次将钱取出,3人均分。

① 根据赵秉志主编:《中国刑法典型案例研究》,北京大学出版社2008年版,第8—9页案例改写。

请分析宾××、郭×、戴××人行为的性质。

案情2[①]**:**

2003年1月7日,私营业主刘××为注册成立宜宾正雄化工有限公司验资,找到何××要求帮忙。何××即私自为其办理了一个298540元人民币的虚假存折交给刘××,刘××赶到南溪县鼎盛会计师事务所进行验资未果。当日13时许,刘××再次到大观营业厅,告诉何××注册公司验资需将钱汇到工商局指定的账户上验一下,要求何××为其个人账户存入24万元用于个人注册公司验资。何××则称要空存现金,必须有出纳的许可。刘××立即找到出纳被告人蔡××,要求蔡××帮忙,并一再承诺:保证当天将24万元资金转回大观营业所。蔡××表示同意。被告人刘××、蔡××随即在刘××个人账户(账号:478201100061404)上办理了空存现金24万元的业务。办理此业务后,何××将刘××该账户的存折和密码留下,并告诉他当天只能取出1万元现金,下班银行微机关机之前将钱拿回来。刘××随即持该账户的储蓄卡(卡号:1038365111101116617)到农行南溪支行龙腾营业所办理转账26万元到鼎盛会计师事务所在龙腾营业所的账户上(账号:478101040000209)用于验资。2003年1月8日,南溪县鼎盛会计师事务所以"转出验资款"的用途,将上款转给宜宾正雄化工有限公司的预设账户,公司收到款后又将此款以"归还借款"的用途。转到刘××的储蓄账户。何××得到被告人刘××的告知后,持刘××的存折和密码在大观营业所将空存的24万元划账,归还了1月7日的空库款。未发生现金交易。以上行为造成大关营业所空库现金24万元一天。

请分析本案中何××、蔡××、刘××行为是否构成挪用公款罪。

① 根据《人民法院案例选》第3集,人民法院出版社2007年版,第51—52页案例改写。

第二十九章 渎 职 罪

国家机关工作人员的职务活动代表着国家。其能否严格执法、公正廉洁、恪尽职守,关系到国家职能能否正确发挥,社会公正能否真正实现,直接影响着国家的形象与声誉和广大人民群众的切身利益。渎职罪是一类典型的职务犯罪。刑法分则第九章规定了这类犯罪。《刑法修正案(四)》、《刑法修正案(六)》和《刑法修正案(八)》对本章部分犯罪进行了修改和补充。

第一节 渎职罪总述

一、渎职罪的概念和构成要件

渎职罪是指国家机关工作人员在公务活动中滥用职权、玩忽职守、徇私舞弊,妨害国家管理活动,致使公共财产或者国家与人民的利益遭受重大损失的行为。该类犯罪具有如下构成要件:

(1) 本类罪侵犯的客体是国家机关的正常管理活动。国家为充分发挥国家机关的职能作用,保障国家机关管理活动的正常进行,通过立法授予每个国家机关工作人员一定的职务、职责,每个国家机关工作人员都应当认真履行自己的职责。如果国家机关工作人员违反自己的职责规定,不履行或者不正确履行自己的职责,特别是在公务活动中滥用职权、玩忽职守或者徇私舞弊,其行为必然会妨碍国家机关的正常管理工作,危害国家和广大人民的利益,是对社会有严重危害的行为,应依法追究其刑事责任。

(2) 本类罪的客观方面表现为行为人实施了滥用职权、玩忽职守、徇私舞弊,并使公共财产或者国家与人民的利益遭受重大损失的行为。概括起来,就是有严重的亵渎职务的行为。具体表现形式有三种:第一,滥用职权的行为。就是行为人故意不依法行使职权,包括超越职权的行为和在职权范围内胡作非为,不按规程行使职权的行为。第二,玩忽职守的行为。就是行为人疏于职守、不履行或者不认真履行自己职责的行为。第三,徇私舞弊的行为。就是行为人视公职为儿戏,为徇私情、徇私利,故意枉法渎职的行为。渎职行为的具体表现多种多样,不同岗位的渎职各有不同的特点,同时刑法条文对每一种具体渎职罪的罪状表述也各不相同,有的条文中明确使用了"滥用职权"、"玩忽职守"、"徇私舞弊"的用语,有的则未明确使用上述用语,但无论法律条文中的文字表述如何,本类罪中各种具体犯罪的客观行为均可归结为上述三类行为之中。本类罪的行为方式可以是作为,也可以是不作为。作为的渎职行为,即积极地实施渎职行为,职责要求不允许实施的行为而积极地去实施的行为;不作为的渎职行为,即消极的不行为,职责要求必须作的行为而不去实施的行为。渎职犯罪中,不作为犯罪的比例较大。应当指出，并非所有的渎职行为都构成渎职罪，只有那些严重的即因为渎职行为致使公共财产或者国家和人民利益遭受重大损失的，才构成犯罪。

（3）本类罪的犯罪主体，除个别犯罪外，都是特殊主体，即国家机关工作人员。这里所谓的国家机关工作人员，特指《刑法》第 93 条第 1 款规定的“国家机关中从事公务的人员”，即国家立法、行政、司法、军事等部门的公职人员，以及中国共产党的各级机关、中国人民政治协商会议的各级机关的公职人员。不包括该条第 2 款规定的以国家工作人员论的人员，即“国有公司、企业、事业单位、人民团体中从事公务的人员和国家机关、国有公司、企业、事业单位委派到非国有公司、企业、事业单位、社会团体从事公务的人员，以及其他依照法律从事公务的人员”。所谓个别犯罪，即《刑法》第 398 条规定的故意泄露国家秘密罪和过失泄露国家秘密罪，其主体可以是国家机关工作人员，也可以是非国家机关工作人员。

（4）本类罪的主观方面，有的由故意构成，有的由过失构成。前者如滥用职权罪，故意泄露国家秘密罪，过失泄露国家秘密罪，徇私枉法罪，民事、行政枉法裁判罪，私放在押人员罪等；后者如玩忽职守罪，失职致使在押人员脱逃罪，国家机关工作人员签订、履行合同失职被骗罪等。

二、渎职罪的类型

渎职罪包括 38 种具体犯罪，这 38 种具体犯罪可以分为一般国家机关工作人员的渎职罪、司法机关工作人员的渎职罪和特定部门国家机关工作人员的渎职罪。

（1）一般国家机关工作人员的渎职罪，即所有国家机关工作人员都可以实施的渎职罪。具体包括以下犯罪：滥用职权罪；玩忽职守罪；故意泄露国家秘密罪；过失泄露国家秘密罪；国家机关工作人员签订、履行合同失职被骗罪；非法批准征用、占用土地罪；非法低价出让国有土地使用权罪；招收公务员、学生徇私舞弊罪；失职造成珍贵文物损毁、流失罪。

（2）司法机关工作人员的渎职罪，即负有侦查、检察、审判、监督职责的国家机关工作人员才能实施的渎职罪。具体包括：徇私枉法罪；民事、行政枉法裁判罪；执行判决、裁定失职罪；执行判决、裁定滥用职权罪；枉法仲裁罪[①]；私放在押人员罪；失职致使在押人员脱逃罪；徇私舞弊减刑、假释、暂予监外执行罪。

（3）特定部门国家机关工作人员的渎职罪，即只有在特定部门、负有特定职责的国家机关工作人员才能实施的渎职罪。具体包括：徇私舞弊不移交刑事案件罪；滥用管理公司、证券职权罪；徇私舞弊不征、少征税款罪；徇私舞弊发售发票、抵扣税款、出口退税罪；违法提供出口退税凭证罪；违法发放林木采伐许可证罪；环境监管失职罪；食品监管渎职罪；传染病防治失职罪；放纵走私罪；商检徇私舞弊罪；商检失职罪；动植物检疫徇私舞弊罪；动植物检疫失职罪；放纵制售伪劣商品犯罪行为罪；办理偷越国

① 仲裁人员虽然不是司法人员，但考虑到其实际行使了国家赋予的一部分司法权力，故将该罪归入此类犯罪中。

(边)境人员出入境证件罪;放行偷越国(边)境人员罪;不解救被拐卖、绑架妇女、儿童罪;阻碍解救被拐卖、绑架妇女、儿童罪;帮助犯罪分子逃避处罚罪。

第二节 渎职罪分述

一、滥用职权罪

(一) 滥用职权罪的概念和构成要件

滥用职权罪,是指国家机关工作人员超越职权,违法决定、处理其无权决定、处理的事项,或者违反规定处理公务,致使公共财产、国家和人民利益遭受重大损失的行为。本罪具有如下构成要件:

(1) 本罪侵犯的客体是国家机关的正常管理活动,即各级各类国家机关对社会生活各个领域的管理活动,如各级政府机关、各级政府机关的职能部门对社会的管理活动等等。

(2) 本罪的客观方面表现为行为人实施了滥用职权的行为,并且导致了公共财产、国家和人民利益遭受重大损失。第一,行为人有滥用职权的行为。滥用职权通常可以分为两种情况:一种是超越职权。即行为人任意扩大自己的职务权限,逾越其职权范围,实施无权实施的行为。这里的逾越既包括横向上的逾越,如行政机关工作人员超越职权行使国家的审判权,公安机关工作人员人员逾越其职权行使工商行政管理部门的权力;也包括纵向上的逾越,如下级机关非法行使上级机关的职权或者上级机关非法插足直接代替下级机关行使职权等等。另一种是不正当行使职权。即行为人在职权范围内不依法定的程序和要求行使职权,而是胡作非为,随意决定、处理问题的行为。这里又可分为两种情况:一种是作为的不正当行使职权的行为,如公安机关有权对违反《治安管理处罚条例》的人处以罚款、行政拘留等,而公安人员利用这一职权,故意对无辜者处以上述处罚,或者对违法者滥施处罚等。一种是不作为的职权滥用行为,如公安人员有管理社会治安的职责,如果公安人员出于徇私情而故意对违反《治安管理处罚条例》的人不予追究,放任自流等,就是一种不作为的职权滥用行为。第二,行为人的滥用职权行为造成了公共财产、国家和人民利益的重大损失,即滥用职权行为与公共财产、国家和人民利益的重大损失之间有实质的内在联系,方可构成本罪。根据 2006 年 7 月 26 日最高人民检察院公布的《关于渎职侵权犯罪案件立案标准的规定》确定的立案标准,符合下列情形之一的,应以本罪立案追究:① 造成死亡 1 人以上,或者重伤 2 人以上,或者重伤 1 人、轻伤 3 人以上,或者轻伤 5 人以上的;② 导致 10 人以上严重中毒的;③ 造成个人财产直接经济损失 10 万元以上,或者直接经济损失不满 10 万元,但间接经济损失 50 万元以上的;④ 造成公共财产或者法人、其他组织财产直接经济损失 20 万元以上,或者直接经济损失不满 20 万元,但间接经济损失 100 万元以上的;⑤ 虽未达到③、④两项数额标准,但③、④两项合计直接经济损失 20 万元以上,或者合计直接经济损失不满 20 万元,但合计间接经济损失 100 万元以上的;⑥ 造成公司、企业等单位停业、停产 6 个月以上,或者破产的;⑦ 弄虚作假,不报、缓报、谎报或者授意、指使、强令他人不报、缓报、谎报情况，导致重特大事故危害结果继续、扩大，或者致使抢救、调查、处理工作延误的；⑧ 严重损害国家声誉，或者造成恶劣社会影响的；⑨ 其他致使公共财产、国家和人民利益遭受重大损失的情形。根据该司法解释规定，"直接经济损失"，是指与行为有直接因果关系而造成的财产损毁、减少的实际价值；"间接经济损失"，是指由直接经济损失引起和牵连的其他损失，包括失去的在正常情况下可以获得的利益和为恢复正常的管理活动或者挽回所造成的损失所支付的各种开支、费用等。有下列情形之一的，虽然有债权存在，但已无法实现债权的，可以认定为已经造成了经济损失：债务人已经法定程序被宣告破产，且无法清偿债务；债务人潜逃，去向不明；因行为人责任，致使超过诉讼时效；有证据证明债权无法实现的其他情况。直接经济损失和间接经济损失，是指立案时确已造成的经济损失。移送审查起诉前，犯罪嫌疑人及其亲友自行挽回的经济损失，以及由司法机关或者犯罪嫌疑人所在单位及其上级主管部门挽回的经济损失，不予扣减，但可作为对犯罪嫌疑人从轻处理的情节考虑。

(3) 本罪的主体是特殊主体，即只有国家机关工作人员，或者是属于2002年12月28日全国人大常委会《〈中华人民共和国刑法〉第九章渎职罪主体适用问题的解释》所规定的"三种人"，才能成为本罪主体。上述人员人员以外的人滥用职权造成重大损失，不能按本罪处理。

(4) 本罪的主观方面为故意，既可以是直接故意，也可以是间接故意。故意的内容是行为人明知自己的行为会发生公共财产、国家和人民利益遭受重大损失的结果，而希望或者放任这种结果的发生。滥用职权的动机不影响本罪的成立。

（二）滥用职权罪的认定

1. 滥用职权罪与非罪的界限

主要是应当把滥用职权罪与一般的滥用职权违法行为区别开来。根据刑法规定，只有当国家机关工作人员的滥用职权行为已经给公共财产、国家和人民利益造成了重大损失的情况下，才构成犯罪。如果国家机关工作人员虽然有滥用职权的行为，但其行为并没有导致公共财产、国家和人民利益遭受重大损失的结果，则不应按犯罪论处。当然滥用职权罪所要求的"重大损失"应理解为既包括有形的损失，也包括无形的损失。根据最高人民法院、最高人民检察院《关于办理妨害预防、控制突发传染病疫情等灾害的刑事案件具体应用法律若干问题的解释》(2003年5月15日起施行)的规定，在预防、控制突发传染病疫情等灾害的工作中，负有组织、协调、指挥、灾害调查、控制、医疗救治、信息传递、交通运输、物资保障等职责的国家机关工作人员，滥用职权，致使公共财产、国家和人民利益遭受重大损失的，以滥用职权罪定罪处罚。

2. 滥用职权罪与其他有关犯罪的界限

(1) 滥用职权罪与报复陷害罪的界限。这两种罪的主体都是国家机关工作人员，客观方面都有滥用职权的行为。其主要区别在于：其一，客体不同。前罪侵犯的客体是国家机关的正常管理活动；后罪侵犯的客体主要是公民的控告权、申诉权、批评权和举报权。其二，客观方面不尽相同。前罪表现为滥用职权，并造成了公共财产、国家和人民利益的重大损失；后罪则表现为滥用职权、假公济私，对控告人、申诉人、批评人、举报人实施报复陷害的行为。其三，主观方面不同。前罪主观方面可以是直接故意，也可以是间接故意；后罪只能由直接故意构成，并有报复陷害他人的目的。

(2) 滥用职权罪与国有公司、企业、事业单位人员滥用职权罪的界限。国有公司、企业、事业单位人员滥用职权罪是刑法修正案对刑法第168条修改之后新产生的一个罪名，是指国有公司、企业的工作人员滥用职权，造成国有公司、企业破产或者严重损失，致使国家利益遭受重大损失的或者国有事业单位的工作人员滥用职权，致使国家利益遭受重大损失的行为。玩忽职守罪与上述犯罪的区别在于：其一，主体不同。本罪的主体是国家机关工作人员；后罪的主体是国有公司、企业、事业单位的工作人员。其二，渎职的性质不同。本罪为亵渎公务职权，后罪亵渎的是国有公司、企事业单位的经营、管理权。其三，客体不同。本罪侵犯的是国家机关的正常管理活动，而后罪侵犯的是国有公司、企业事业单位的财产利益等。

(3) 滥用职权罪与其他滥用职权犯罪的关系。在刑法分则第九章所规定的渎职罪中，还有其他一些滥用职权的犯罪行为。根据最高人民检察院《关于渎职侵权犯罪案件立案标准的规定》，国家机关工作人员滥用职权，符合刑法第九章所规定的特殊渎职罪构成要件的，按照该特殊规定追究刑事责任；主体不符合刑法第九章所规定的特殊渎职罪的主体要件，但滥用职权，致使公共财产、国家和人民利益遭受重大损失的，以本罪定罪处罚。

(三) 滥用职权罪的刑事处罚

根据《刑法》第397条的规定，犯滥用职权罪的，处3年以下有期徒刑或者拘役；情节特别严重的，处3年以上7年以下有期徒刑；国家机关工作人员徇私舞弊，犯滥用职权罪的，处5年以下有期徒刑或者拘役；国家机关工作人员徇私舞弊，犯滥用职权罪，情节特别严重的，处5年以上10年以下有期徒刑。

二、玩忽职守罪

(一) 玩忽职守罪的概念和构成要件

玩忽职守罪，是指国家机关工作人员严重不负责任，不履行或者不认真履行职责，致使公共财产、国家和人民利益遭受重大损失的行为。本罪具有如下构成要件：

(1) 本罪侵犯的客体是国家机关的正常管理活动。

(2) 本罪的客观方面表现为行为人玩忽职守，致使公共财产、国家和人民利益遭受重大损失的行为。首先，行为人实施了玩忽职守的行为。所谓玩忽职守，是指行为人严重不负责任，不履行职责或不认真履行职责的行为。不履行，是指行为人应当履行并且有条件、有能力履行职责，但违背职责没有履行，其中包括擅离职守的行为；不认真履行，是指在履行职责的过程中，违反职责规定，马虎草率、粗心大意。由于不同的国家机关工作人员具有不同的职责，而且同一国家机关工作人员在不同时期、不同条件下的职责也不完全相同，因此，玩忽职守行为在实践中会有各种不同的具体表现。例如，在预防、控制突发传染病疫情等灾害的工作中，负有组织、协调、指挥、灾害调查、控制、医疗救治、信息传递、交通运输、物资保障等职责的国家机关工作人员，玩忽职守，致使公共财产、国家和人民利益遭受重大损失的，根据最高人民法院、最高人民检察院《关于办理妨害预防、控制突发传染病疫情等灾害的刑事案件具体应用法律若干问题的解释》(2003 年 5 月 15 日起施行)的规定，应以玩忽职守罪定罪处罚。其次，玩忽职守行为致使公共财产、国家和人民利益遭受重大损失。根据 2006 年 7 月 26 日最高人民检察院公布的《关于渎职侵权犯罪案件立案标准的规定》确定的立案标准，符合下列情形之一的，应以本罪立案追究：① 造成死亡 1 人以上，或者重伤 3 人以上，或者重伤 2 人、轻伤 4 人以上，或者重伤 1 人、轻伤 7 人以上，或者轻伤 10 人以上的；② 导致 20 人以上严重中毒的；③ 造成个人财产直接经济损失 15 万元以上，或者直接经济损失不满 15 万元，但间接经济损失 75 万元以上的；④ 造成公共财产或者法人、其他组织财产直接经济损失 30 万元以上，或者直接经济损失不满 30 万元，但间接经济损失 150 万元以上的；⑤ 虽未达到③、④两项数额标准，但③、④两项合计直接经济损失 30 万元以上，或者合计直接经济损失不满 30 万元，但合计间接经济损失 150 万元以上的；⑥ 造成公司、企业等单位停业、停产 1 年以上，或者破产的；⑦ 海关、外汇管理部门的工作人员严重不负责任，造成 100 万美元以上外汇被骗购或者逃汇 1000 万美元以上的；⑧ 严重损害国家声誉，或者造成恶劣社会影响的；⑨ 其他致使公共财产、国家和人民利益遭受重大损失的情形。“直接经济损失”与“间接经济损失”与滥用职权罪中的含义相同。

(3) 本罪的主体是特殊主体，包括国家机关工作人员和 2002 年 12 月 28 日全国人大常委会《〈中华人民共和国刑法〉第九章渎职罪主体适用问题的解释》所规定的人员，其他人员不能成为本罪的主体。

(4) 本罪的主观方面是过失，即行为人应当预见自己对工作严重不负责任的行为可能造成公共财产、国家和人民利益的重大损失，但由于疏忽大意而没有预见或者虽然已经预见但轻信能够避免的一种心理态度。

(二) 玩忽职守罪的认定

1. 玩忽职守罪与非罪的界限

(1) 玩忽职守罪与工作失误的界限。工作失误，是指行为人由于对政策的理解不准确、业务水平和能力有限等原因，以致决策不当，从而造成公共财产、国家和人民利益的重大损失。就主观心态而言，行为人主观上谈不上具有犯罪的过失，而常常是出于善意，力求把事情做好，只是力不从心出现工作失误。我们认为，此种情况下行为人的工作失误虽然造成了一定损失，但不宜以犯罪论处。

(2) 玩忽职守罪与玩忽职守行为的界限。区别二者的关键在于行为人的玩忽职守行为是否致使公共财产、国家和人民利益遭受重大损失。如果玩忽职守行为没有造成损失，或者虽然造成了损失但尚未达到重大损失的程度的，都属于一般玩忽职守行为。对有一般玩忽职守行为的人，可以给予适当的行政、党纪处分，但不能以犯罪论处。

2. 玩忽职守罪与有关犯罪的界限

(1) 玩忽职守罪与滥用职权罪的界限。这两个罪都规定在一个法律条文中,犯罪主体都是国家机关工作人员;客观方面都要求致使公共财产、国家和人民利益遭受重大损失。二者的主要区别在于;行为人的主观心态不同,前者为过失,后者为故意。

(2) 玩忽职守罪与有关重大责任事故型的犯罪的界限。刑法分则规定的出于职务上的过失而造成严重后果,从而构成犯罪的所谓重大责任事故类型的犯罪有许多,如第131条规定的重大飞行事故罪、第132条规定的铁路运营安全事故罪、第134条规定的重大责任事故罪、第135条规定的重大劳动安全事故罪、第136条规定的危险物品肇事罪、第137条规定的工程重大安全事故罪、第138条规定的教育设施重大安全事故罪、第139条规定的消防责任事故罪、第335条规定的医疗事故罪、第338条规定的重大环境污染事故罪,等等。从玩忽职守罪以职务上的过失,加上造成严重损失的后果作为构成犯罪要件的意义上看,玩忽职守罪也可以称得上是一种责任事故型犯罪。因此,玩忽职守罪与其他责任事故型犯罪有相似之处,认定时应予以注意。与其他责任事故型犯罪不同的是,玩忽职守罪是公务型责任事故罪,它与上述其他责任事故型犯罪的主要区别主要有:其一,犯罪主体不同。玩忽职守罪主体是国家机关工作人员,而其他责任事故型犯罪的主体一般为厂矿企业事业单位的职工或者工作人员。其二,犯罪发生场合不同。玩忽职守罪发生于国家机关工作人员的公务活动过程中,而其他责任事故型犯罪,一般发生于生产、作业等业务活动以及直接指挥生产、作业等业务活动过程中。其三,侵犯的客体不同。玩忽职守罪侵犯的客体是国家机关的正常活动;而其他责任事故型犯罪侵犯的客体为公共安全、公共卫生或者自然环境的保护、管理秩序等。

(3) 玩忽职守罪与刑法另有规定的其他玩忽职守罪的关系

《刑法》在第397条规定一般玩忽职守罪的同时,又在本章的其他条文中将一些由特定的国家机关工作人员在特定领域所实施的玩忽职守行为规定为独立的犯罪。根据最高人民检察院《关于渎职侵权犯罪案件立案标准的规定》,国家机关工作人员玩忽职守,符合刑法第九章所规定的特殊渎职罪构成要件的,按照该特殊规定追究刑事责任;主体不符合刑法第九章所规定的特殊渎职罪的主体要件,但玩忽职守致使公共财产、国家和人民利益遭受重大损失的,以本罪定罪处罚。

(三) 玩忽职守罪的刑事处罚

根据《刑法》第397条第1款的规定,犯玩忽职守罪的,处3年以下有期徒刑或者拘役;情节特别严重的,处3年以上7年以下有期徒刑。根据《刑法》第397条第2款的规定,徇私舞弊,犯玩忽职守罪的,处5年以下有期徒刑或者拘役;情节特别严重的,处5年以上10年以下有期徒刑。

三、故意泄露国家秘密罪

(一) 故意泄露国家秘密罪的概念和构成要件

故意泄露国家秘密罪是指国家机关工作人员或者非国家机关工作人员违反保守

国家秘密法,故意使国家秘密被不应知悉者知悉,或者故意使国家秘密超出了限定的接触范围,情节严重的行为。本罪具有如下构成要件:

(1) 本罪侵犯的客体是国家的保密制度。这里所说的保密制度,就是我国现行保守国家秘密法律、法规所形成的有关保守秘密、防止泄露的制度。本罪的对象是国家秘密。根据我国《保守国家秘密法》第 2 条的规定,“国家秘密是关系国家的安全和利益,依照法定程序确定,在一定时间内只限一定范围的人员知悉的事项。”该法第 8 条明确把下列事项规定为国家秘密:国家事务的重大决策中的秘密事项;国防建设和武装力量活动中的秘密事项;外交和外事活动中的秘密事项;国民经济和社会发展中的秘密事项;科学技术中的秘密事项;维护国家安全活动和追查刑事犯罪中的秘密事项;其他经国家保密工作部门确定应当保守的国家秘密事项。根据《保守国家秘密法》第 9 条规定,国家秘密分为绝密、机密和秘密三个等级。绝密是国家的最高级机密,只允许极少数人员知悉;机密是仅次于绝密的国家重要信息,只允许特定的专门工作人员知悉;秘密是国家的不宜在社会上大范围传播而限于一定范围人员知悉的重要信息。故意泄露国家秘密罪中的“国家秘密”,既包括绝密、机密,又包括秘密。

(2) 本罪的客观方面表现为行为人实施了违反保守国家秘密法的规定,泄露国家秘密的行为。首先,行为人的行为违反保守国家秘密法的规定,这是构成本罪的前提。所谓违反保守国家秘密法的规定,是指违反我国现行的《保守国家秘密法》、《保守国家秘密法实施办法》、《国家秘密技术出口审查暂行规定》、《科学技术保密规定》等法律、法规的规定。此外,在我国现行的法官法、检察官法、人民银行法、地图编制出版管理条例等法律、法规中也含有保守国家秘密的规定。违反保守国家秘密法自然也包括违反这些法律、法规的有关规定。其次,行为人实施了泄露国家秘密的行为。泄露国家秘密,是指使国家秘密让不应该知悉的人知悉或者使国家秘密超出了限定的接触范围。口头或者书面向他人告知国家秘密的内容;向他人直接提供秘密的原件或者原件的复制品;为他人提供阅览、复制、摘抄原件的机会;在报刊、书籍、音像制品等大众传媒中披露国家秘密;将国家秘密通过互联网予以发布的等等,都属于泄露国家秘密的行为。再次,构成本罪还要求情节严重。根据 2006 年 7 月 26 日最高人民检察院公布的《关于渎职侵权犯罪案件立案标准的规定》确定的立案标准,符合下列情形之一的,应以本罪立案追究:泄露绝密级国家秘密 1 项(件)以上的;泄露机密级国家秘密 2 项(件)以上的;泄露秘密级国家秘密 3 项(件)以上的;向非境外机构、组织、人员泄露国家秘密,造成或者可能造成危害社会稳定、经济发展、国防安全或者其他严重危害后果的;通过口头、书面或者网络等方式向公众散布、传播国家秘密的;利用职权指使或者强迫他人违反国家保守秘密法的规定泄露国家秘密的;以谋取私利为目的泄露国家秘密的;其他情节严重的情形。

(3) 本罪的主体主要是国家机关工作人员,但由于非国家机关工作人员也可能由于某种原因知悉国家秘密,因而也可能泄露国家秘密。所以,《刑法》第 398 条第 2 款规定,非国家机关工作人员泄露国家秘密的,也以泄露国家秘密罪论处。

(4) 本罪的主观方面为故意,即行为人明知是国家秘密而有意识地加以泄漏。

（二）故意泄露国家秘密罪的认定

1．故意泄露国家秘密罪与为境外窃取、刺探、收买、非法提供国家秘密、情报罪的界限

二者的主要区别表现在：（1）前者侵犯的客体是国家的保密制度，侵害的对象仅限于国家秘密；后者侵犯的客体是国家安全，侵害的对象则既包括国家秘密，还包括不属于秘密的国家情报；（2）前者的行为是泄露国家秘密；后者的行为表现为为境外的机构、组织、人员窃取、刺探、收买、非法提供国家秘密或者情报。（3）前者必须是“情节严重”才成立犯罪，后者则无有关情节的具体要求，原则上只要故意实施为境外的机构、组织、人员窃取、刺探、收买、非法提供国家秘密、情报的行为，即构成犯罪。（4）前者主体主要是国家机关工作人员；后者的主体没有特别限制。

2．故意泄露国家秘密罪与间谍罪的界限

在客观方面，间谍罪也可以表现为提供国家秘密的形式。二者的区别表现在：（1）犯罪客体不同。故意泄露国家秘密罪侵犯的是国家秘密制度；而间谍罪侵犯的是国家安全。（2）间谍罪的客观方面虽然可以表现为提供国家秘密这种形式，但是它必须是行为人在参加间谍组织或者接受间谍组织及其代理人的任务后向其提供国家秘密。故意泄露国家秘密罪则是在没有参加间谍组织或者没有接受间谍组织及其代理人的任务的情况下泄露国家秘密。这就决定了间谍罪只能是向间谍组织或者其代理人提供国家秘密，而故意泄露国家秘密罪则是向其他人泄露国家秘密。（3）故意泄露国家秘密罪的主体主要是国家机关工作人员；而间谍罪的主体是一般主体，凡已满16周岁具有刑事责任能力的中国公民、外国公民和无国籍人均可成为其主体。

3．故意泄露国家秘密罪与侵犯商业秘密罪的界限

二者的区别主要在于：（1）前者侵犯的客体是国家的保密制度，侵害的对象是国家保密法规定的国家秘密；后者侵犯的客体是商业秘密的专用权，是知识产权的组成部分。侵害的对象是商业秘密。（2）前者的犯罪主体主要是国家机关工作人员；后者的主体可以是任何一个有刑事责任能力的人。需注意的是国家秘密与商业秘密有时会发生交叉竞合，因此，如果国家机关工作人员将自己知悉的属于国家秘密范畴的商业秘密泄露出去，则属于法条竞合，应按处理法条竞合的原则处理。

4．故意泄露国家秘密罪与非法获取国家秘密罪的界限

二者的区别主要在于：前者是故意将知悉的国家秘密泄露给不应知悉者的行为；后者是以窃取、刺探、收买方法获取国家秘密的行为。非法获取国家秘密的人又泄露该国家秘密的，虽然也符合故意泄露国家秘密罪的构成要件，但由于属于牵连犯，故应按处理牵连犯的原则从一重罪论处。

（三）故意泄露国家秘密罪的刑事处罚

根据《刑法》第398条的规定，国家机关工作人员犯故意泄露国家秘密罪的，处3年以下有期徒刑或者拘役；情节特别严重的，处3年以上7年以下有期徒刑。非国家机关工作人员犯本罪的，依照上述法定刑酌情处罚。

四、过失泄露国家秘密罪

过失泄露国家秘密罪,是指国家机关工作人员或者非国家机关工作人员违反保守国家秘密法,过失泄露国家秘密,或者遗失国家秘密载体,致使国家秘密被不应知悉者知悉或者超出了限定的接触范围,情节严重的行为。本罪同故意泄露国家秘密罪相比,在犯罪构成的客体和犯罪的主体上是相同的。所不同的是:其一,客观方面的具体行为方式有所不同。本罪的泄露国家机密行为通常是由于行为人不谨慎、不注意而将国家秘密让不应知悉的人知悉的行为,如行为人言语不慎或失言致使国家秘密泄露,行为人未将自己掌握或知悉的秘密保管好,致使国家秘密丢失或者使得他人得以将国家秘密复印、抄录、拍照等等。其二,构成犯罪的情节严重的具体内容有所不同。过失泄露国家秘密和故意泄露国家秘密的行为,刑法均要求情节严重的才构成犯罪。但考虑到过失同故意相比,行为人的主观恶性有差别,因此,根据2006年7月26日最高人民检察院公布的《关于渎职侵权犯罪案件立案标准的规定》确定的立案标准,涉嫌下列情形之一的,应予立案:(1) 泄露绝密级国家秘密1项(件)以上的;(2) 泄露机密级国家秘密3项(件)以上的;(3) 泄露秘密级国家秘密4项(件)以上的;(4) 违反保密规定,将涉及国家秘密的计算机或者计算机信息系统与互联网相连接,泄露国家秘密的;(5) 泄露国家秘密或者遗失国家秘密载体,隐瞒不报、不如实提供有关情况或者不采取补救措施的;6. 其他情节严重的情形。其三,主观方面不同。本罪的主观方面是过失,即行为人应当预见自己的行为可能发生国家秘密泄露的结果,但由于疏忽大意而没有预见或者虽然已经预见但轻信能够避免的心理态度。根据《刑法》第398条的规定,国家机关工作人员犯过失泄露国家秘密罪的,处3年以下有期徒刑或者拘役;情节特别严重的,处3年以上7年以下有期徒刑。非国家机关工作人员犯本罪的,依照上述法定刑酌情处罚。

五、徇私枉法罪

(一) 徇私枉法罪的概念和构成要件

徇私枉法罪,是指司法工作人员徇私枉法、徇情枉法,对明知是无罪的人而使他受追诉、对明知是有罪的人而故意包庇不使他受追诉,或者在刑事审判活动中故意违背事实和法律作枉法裁判的行为。本罪具有如下构成要件:

(1) 本罪侵犯的客体是国家司法机关的正常活动和司法公正。

(2) 本罪的客观方面表现为行为人在刑事司法活动中实施了徇私枉法、徇情枉法的行为。徇私、徇情是枉法的起因,而枉法是犯罪行为的具体表现。具体而言,所谓徇私,即为了谋取个人利益,主要表现为贪图钱财等;所谓徇情,即徇私情,主要表现为照顾私人关系或感情、袒护亲友或者泄愤报复。枉法表现为以下三种具体行为:一是对明知是无罪的人故意使他受追诉。这是指对没有实施危害社会行为的,或者根据《刑法》第13条规定,情节显著轻微危害不大不认为是犯罪的,或者其他依照刑法规定不负刑事责任的人,采取伪造、隐匿、毁灭证据或者其他隐瞒事实、违背法律的手段,以追究刑事责任为目的进行侦查(含采取强制性措施)、起诉、审判等追诉活动;二是明知是有罪的人而故意包庇不使其受追诉。这是指对明知有犯罪事实需要追究刑事责任的人,采取伪造、隐匿、毁灭证据或者其他隐瞒事实、违背法律的手段,故意包庇使其不受侦查(含采取强制性措施)、起诉或者审判。故意包庇不使其受追诉的犯罪事实,既可以是全部的犯罪事实,也可以是部分的犯罪事实或者情节。包庇他人使其不受追诉,包括故意违背事实和法律,应该采取强制措施而不采取强制措施,或者虽然采取强制措施,但无正当理由中断侦查或者超过法定期限不采取任何措施,实际放任不管,以及违法撤销、变更强制措施,致使犯罪嫌疑人、被告人实际脱离司法机关侦控的。三是在刑事审判活动中故意违背事实和法律作枉法裁判。这是指故意枉法进行判决、裁定,使有罪判无罪、使无罪判有罪、使此罪判彼罪或者重罪轻判、轻罪重判等。根据2006年7月26日最高人民检察院公布的《关于渎职侵权犯罪案件立案标准的规定》确定的立案标准,涉嫌下列情形之一的,应予立案:第一,对明知是没有犯罪事实或者其他依法不应当追究刑事责任的人,采取伪造、隐匿、毁灭证据或者其他隐瞒事实、违反法律的手段,以追究刑事责任为目的立案、侦查、起诉、审判的;第二,对明知是有犯罪事实需要追究刑事责任的人,采取伪造、隐匿、毁灭证据或者其他隐瞒事实、违反法律的手段,故意包庇使其不受立案、侦查、起诉、审判的;第三,采取伪造、隐匿、毁灭证据或者其他隐瞒事实、违反法律的手段,故意使罪重的人受较轻的追诉,或者使罪轻的人受较重的追诉的;第四,在立案后,采取伪造、隐匿、毁灭证据或者其他隐瞒事实、违反法律的手段,应当采取强制措施而不采取强制措施,或者虽然采取强制措施,但中断侦查或者超过法定期限不采取任何措施,实际放任不管,以及违法撤销、变更强制措施,致使犯罪嫌疑人、被告人实际脱离司法机关侦控的;第五,在刑事审判活动中故意违背事实和法律,作出枉法判决、裁定,即有罪判无罪、无罪判有罪,或者重罪轻判、轻罪重判的;第六,其他徇私枉法应予追究刑事责任的情形。

(3) 本罪的主体是特殊主体,即必须是司法工作人员。根据刑法第94条的规定,司法工作人员,是指有侦查、检察、审判、监管职责的工作人员。根据最高人民检察院1996年6月4日公布的《关于办理徇私舞弊犯罪案件适用法律若干问题的解释》,司法机关的专业技术人员也可以成为本罪的主体。另外,根据2003年4月16日最高人民检察院《关于非司法工作人员是否可以构成徇私枉法罪共犯问题的答复》,非司法工作人员与司法工作人员勾结,共同实施徇私枉法行为,构成犯罪的,应当以徇私枉法罪的共犯追究刑事责任。

(4) 本罪的主观方面只能是故意。刑法条文在本罪罪状中两处规定了"明知",两处规定了"故意",旨在强调构成本罪,主观上必须是故意,明确将过失排除在外。因此,如果行为人因过失造成对有罪者作无罪判决,对无罪者作有罪判决,或者重罪轻判,轻罪重判以及将此罪判为彼罪,将彼罪判为此罪的,均不能以犯罪论处。

（二）徇私枉法罪的认定

1. 本罪与包庇罪的界限

徇私枉法罪与包庇罪都发生在刑事司法活动中，主观方面的罪过形式都是故意，二者的主体具有交叉关系，即包庇罪的主体也可以是司法工作人员，客观方面徇私枉法罪也包含有包庇的内容，因此，二者容易混淆。二者的区别主要表现在：(1) 犯罪的客观方面不同。本罪的客观方面具有行为人利用职权即利用自己直接办理或者主管案件的便利条件的特点，行为的内容既可以是包庇犯罪分子，使犯罪分子不受追诉或者使重罪者得到轻判，也可以是使无辜者受到刑事追诉或者使罪轻者得到重判；而包庇罪与行为人的职务或身份没有任何关系，行为的内容也仅仅表现为包庇犯罪分子。(2) 犯罪主体范围不同。本罪的主体只能是司法工作人员；后罪的主体是一般主体，既可以是司法工作人员，也可以是其他任何已满 16 周岁具有刑事责任能力的人。(3) 犯罪的目的不尽相同。本罪的目的既可以是以使他人受到不应有的追诉为目的，也可以是放纵犯罪分子；而后罪的主观目的则仅限于放纵犯罪分子。

2. 本罪与诬告陷害罪的界限

由于诬告陷害罪的主要特征是使无罪的人受到刑事追诉，这就与徇私枉法罪中"对明知是无罪的人而使他受追诉"有相似之处。二者的主要区别在于：(1) 客体不同。前者的客体是司法机关的正常活动与司法公正，后者的客体是公民的人身权利；(2) 客观方面存在差异。前者是行为人在职务活动中利用职权出入人罪、枉法裁判，而后者则与行为人的职务与身份没有任何关系；(3) 主体不同。前者主体为司法工作人员，后者的主体可以是任何一个有刑事责任能力的自然人。

3. 本罪与受贿罪的关系

《刑法》第 399 条第 3 款规定，司法工作人员贪赃枉法，有徇私枉法、枉法裁判行为，同时又构成《刑法》第 385 条规定的受贿罪的，依照处罚较重的规定定罪处罚。这就是说，因接受他人贿赂而枉法，虽然既构成徇私枉法罪，又构成受贿罪，应按其中的一个较重的罪定罪处罚，而不按数罪实行并罚。当然，这里所说的较重的罪，不能简单地根据两罪的法定最高刑来确定，而是要根据案件的具体情况，如受贿的数额、情节和徇私枉法的情节等来确定罪的轻重。

（三）徇私枉法罪的刑事处罚

根据《刑法》第 399 条第 1 款的规定，犯徇私枉法罪的，处 5 年以下有期徒刑或者拘役；情节严重的，处 5 年以上 10 年以下有期徒刑；情节特别严重的，处 10 年以上有期徒刑。根据该条第 4 款的规定，犯本罪同时又构成受贿罪的，依照处罚较重的规定定罪处罚。

六、民事、行政枉法裁判罪

民事、行政枉法裁判罪，是指司法工作人员在民事、行政审判活动中，故意违背事实和法律作枉法裁判，情节严重的行为。本罪的客体是司法机关的正常活动和司法公正。本罪客观方面表现为行为人在民事、行政审判活动中，故意违背事实和法律作枉法裁判，并且情节严重。“民事、行政审判”，是指使用民事诉讼法或者行政诉讼法进行的审判活动。根据2006年7月26日最高人民检察院公布的《关于渎职侵权犯罪案件立案标准的规定》确定的立案标准，涉嫌下列情形之一的，应予立案：(1) 枉法裁判，致使当事人或者其近亲属自杀、自残造成重伤、死亡，或者精神失常的；(2) 枉法裁判，造成个人财产直接经济损失10万元以上，或者直接经济损失不满10万元，但间接经济损失50万元以上的；(3) 枉法裁判，造成法人或者其他组织财产直接经济损失20万元以上，或者直接经济损失不满20万元，但间接经济损失100万元以上的；(4) 伪造、变造有关材料、证据，制造假案枉法裁判的；(5) 串通当事人制造伪证，毁灭证据或者篡改庭审笔录而枉法裁判的；(6) 徇私情、私利，明知是伪造、变造的证据予以采信，或者故意对应当采信的证据不予采信，或者故意违反法定程序，或者故意错误适用法律而枉法裁判的；(7) 其他情节严重的情形。本罪的主体是特殊主体，即人民法院具体从事民事、行政审判工作的人员和有关主管人员。主观方面是故意。根据《刑法》第399条第2款的规定，犯民事、行政枉法裁判罪的，处5年以下有期徒刑或者拘役；情节特别严重的，处5年以上10年以下有期徒刑。根据该条第4款的规定，犯本罪同时又构成受贿罪的，依照处罚较重的规定定罪处罚。

七、执行判决、裁定失职罪

执行判决、裁定失职罪，是指司法工作人员在执行判决、裁定活动中，严重不负责任，不依法采取诉讼保全措施、不履行法定执行职责，或者违法采取保全措施、强制执行措施，致使当事人或者其他人的利益遭受重大损失的行为。这是2002年12月28日全国人大常委会通过的《中华人民共和国刑法修正案(四)》对《刑法》第399条修改后新规定的犯罪行为。本罪侵犯的客体是司法公正与国家司法机关的正常活动。客观方面表现为在执行判决、裁定活动中，严重不负责任，不依法采取诉讼保全措施、不履行法定执行职责，致使当事人或者其他人的利益遭受重大损失。本罪只能由不作为方式实施。本罪的主体是特殊主体，只能由司法工作人员实施。主观方面是过失。根据2006年7月26日最高人民检察院公布的《关于渎职侵权犯罪案件立案标准的规定》确定的立案标准，涉嫌下列情形之一的，应予立案：(1) 致使当事人或者其近亲属自杀、自残造成重伤、死亡，或者精神失常的；(2) 造成个人财产直接经济损失15万元以上，或者直接经济损失不满15万元，但间接经济损失75万元以上的；(3) 造成法人或者其他组织财产直接经济损失30万元以上，或者直接经济损失不满30万元，但间接经济损失150万元以上的；(4) 造成公司、企业等单位停业、停产1年以上，或者破产的；(5) 其他致使当事人或者其他人的利益遭受重大损失的情形。根据《刑法》第399条第3款的规定，犯本罪的，处5年以下有期徒刑或者拘役；致使当事人或者其他人的利益遭受特别重大损失的，处5年以上10年以下有期徒刑。根据该条第4款的规定，犯本罪同时又构成受贿罪的，依照处罚较重的规定定罪处罚。

八、执行判决、裁定滥用职权罪

执行判决、裁定滥用职权罪，是指司法工作人员在执行判决、裁定活动中，滥用职权,不依法采取诉讼保全措施、不履行法定执行职责,或者违法采取保全措施、强制执行措施,致使当事人或者其他人的利益遭受重大损失的行为。这是2002年12月28日全国人大常委会通过的《中华人民共和国刑法修正案(四)》对《刑法》第399条修改后新增加的规定。本罪侵犯的客体是司法公正与国家司法机关的正常活动。客观方面表现为在执行判决、裁定活动中,滥用职权,不依法采取诉讼保全措施、不履行法定执行职责,或者违法采取保全措施、强制执行措施,致使当事人或者其他人的利益遭受重大损失。本罪既可以作为方式实施,也可以不作为方式实施。作为方式实施的通常表现为:(1) 故意超标的查封、扣押、冻结被执行人可分割财产;(2) 错误变更或者追加被执行主体;(3) 为谋私情、私利或者为一方当事人的利益,违反有关规定,选择审计、评估、拍卖、鉴定等中介机构时弄虚作假;(4) 故意违反法律规定对被执行人、协助执行人以及其他人采取拘传、拘留、罚款等强制措施;(5) 指使或者暗示有关部门、有关人员在评估、拍卖中违反国家规定,故意压低或者抬高价格,损害当事人利益等。不作为方式实施的通常表现为:(1) 对应当执行也有条件执行的案件不积极采取措施执行,而是敷衍了事,甚至故意不执行。(2) 当事人判决书拿到了,申请执行费也交了,但执行人员既不按照法律和有关司法解释的规定主动调查被执行人的财产情况,也不依法采取措施责令被执行人提供有关信息,而是要求申请人提供被执行人的财产线索。如果申请执行人不提供有关被执行人的财产线索,执行人员便以此为由而不采取执行措施,使案件一拖几年,甚至几十年都执行不了。(3) 有的执行人员对仲裁裁判、公正的债权文书搞起实行审查,上级法院已经依法审查并裁定执行的仲裁裁决,下级法院的执行人员随意以事实不清,适用法律不当等为由,拒绝执行。(4) 有的执行人员不仅不依法采取诉讼保全措施、强制执行措施,反而给被执行人通风报信,为其转移、隐匿、变卖可被执行财产提供方便。(5) 有的执行人员在案件未执行时就做结案处理,并且不告知债权人,严重损害债权人的利益。(6) 有的执行人员对案件外第三人对执行标的提出的异议不依法审查和处理,严重损害第三人的利益等。[①] 本罪的主体是特殊主体,只能由司法工作人员实施。主观方面是故意。根据2006年7月26日最高人民检察院公布的《关于渎职侵权犯罪案件立案标准的规定》确定的立案标准,涉嫌下列情形之一的,应予立案:(1) 致使当事人或者其近亲属自杀、自残造成重伤、死亡,或者精神失常的;(2) 造成个人财产直接经济损失10万元以上,或者直接经济损失不满10万元,但间接经济损失50万元以上的;(3) 造成法人或者其他组织财产直接经济损失20万元以上,或者直接经济损失不满20万元,但间接经济损失100万元以上的;(4) 造成公司、企业等单位停业、停产6个月以上,或者破产的;(5) 其他致使当事人或者其他人的利益遭受重大损失的情形。根据《刑法》第399条第3款的规定,犯本罪的,处5年以下有期徒刑或者拘役;致使当事人或者其他人的利益遭受特别重大损失的,处5年以上10年以下有期徒刑。根据该条第4款的规定,犯本罪同时又构成受贿罪的,依照

① 参见最高人民检察院法律政策研究室编:《检察业务指导》2003年第1辑,法律出版社2003年版,第49页。

处罚较重的规定定罪处罚。

九、枉法仲裁罪

枉法仲裁罪,是指依法承担仲裁职责的人员,在仲裁活动中故意违背事实和法律作枉法裁决,情节严重的行为。本罪侵犯的客体是仲裁的正常活动。客观方面表现为在仲裁活动中违背事实和法律作枉法裁判,情节严重。主体为依法承担仲裁职责的人员,即依照我国《仲裁法》及相关法律法规在各种仲裁机构中行使仲裁权的人员。主观方面为直接故意。本罪是《刑法修正案(六)》第 20 条新增罪名,作为《刑法》第 399 条之一。犯本罪的,处 3 年以下有期徒刑或者拘役;情节特别严重的,处三年以上 7 年以下有期徒刑。

十、私放在押人员罪

(一) 私放在押人员罪的概念和构成要件

私放在押人员罪,是指司法工作人员私放在押(包括在羁押场所和押解途中)的犯罪嫌疑人、被告人或者罪犯的行为。本罪具有如下构成要件:

(1) 本罪的客体是司法机关对犯罪嫌疑人、被告人或者罪犯的监管制度。

(2) 本罪的客观方面表现为行为人利用职务上的便利,实施了私放在押的犯罪嫌疑人、被告人或者罪犯的行为。私放在押的犯罪嫌疑人、被告人或者罪犯行为的具体表现主要有:私自从关押场所、押解途中或者行刑场所将犯罪嫌疑人、被告人或者罪犯放走的行为;授意他人将在押的犯罪嫌疑人、被告人或者罪犯放走的行为;伪造、变造或者涂改有关法律文书,使犯罪嫌疑人、被告人或者罪犯得以"合法"放走的行为;利用职务之便,为在押人员提供便利条件,使其逃走的行为;在执行任务中,向犯罪嫌疑人、被告人或者罪犯通风报信或者制造条件,致使其逃走的行为。从行为方式来看,可以是作为,也可以是不作为。根据 2006 年 7 月 26 日最高人民检察院公布的《关于渎职侵权犯罪案件立案标准的规定》确定的立案标准,涉嫌下列情形之一的,应予立案:私自将在押的犯罪嫌疑人、被告人、罪犯放走,或者授意、指使、强迫他人将在押的犯罪嫌疑人、被告人、罪犯放走的;伪造、变造有关法律文书、证明材料,以使在押的犯罪嫌疑人、被告人、罪犯逃跑或者被释放的;为私放在押的犯罪嫌疑人、被告人、罪犯,故意向其通风报信、提供条件,致使该在押的犯罪嫌疑人、被告人、罪犯脱逃的;其他私放在押的犯罪嫌疑人、被告人、罪犯应予追究刑事责任的情形。

(3) 本罪的主体,是特殊主体,即只能是司法工作人员。此外,根据 2001 年 1 月 2 日最高人民检察院《关于工人等非监管机关在编监管人员私放在押人员行为和失职致使在押人员脱逃行为适用法律问题的解释》的规定,工人等非监管机关在编监管人员被监管机关聘用受委托履行监管职责的过程中私放在押人员的,应以私放在押人员罪追究刑事责任。

(4) 本罪的主观方面是故意,即故意私自将在押的犯罪嫌疑人、被告人、罪犯非法释放。如果行为人因为过失而造成在押的犯罪嫌疑人、被告人或者罪犯脱逃的,不构成本罪。可视具体情况，按失职致使在押人员脱逃罪论处。

（二）私放在押人员罪的认定

1. 私放在押人员罪与脱逃罪的共犯的界限

非司法工作人员帮助在押人员脱逃的，应以脱逃罪的共犯论处；司法工作人员如果没有利用职务便利或者职权，而仅是利用自己熟悉监所地理环境等条件，帮助在押人员脱逃的，也应以脱逃罪的共犯论处，而不应定私放在押人员罪。

2. 私放在押人员罪与徇私枉法罪的界限

司法工作人员利用职务上的便利，徇私枉法，对明知是有罪的人而故意包庇不使他受追诉或者故意宣告无罪，致使罪犯被放走的，应认定为徇私枉法罪。

（三）私放在押人员罪的刑事处罚

根据《刑法》第400条第1款的规定，犯私放在押人员罪的，处5年以下有期徒刑或者拘役；情节严重的，处5年以上10年以下有期徒刑；情节特别严重的，处10年以上有期徒刑。

十一、失职致使在押人员脱逃罪

失职致使在押人员脱逃罪，是指司法工作人员由于严重不负责任，致使在押的犯罪嫌疑人、被告人或者罪犯脱逃，造成严重后果的行为。本罪侵犯的客体是司法机关对犯罪嫌疑人、被告人或者罪犯的监管制度。本罪的客观方面表现为行为人对工作严重不负责任，致使在押的犯罪嫌疑人、被告人或者罪犯脱逃，造成严重后果的行为。具体包括两个方面的内容：其一，行为人对工作严重不负责任。具体表现多种多样，如在羁押场所、押解途中未按规定采取有关看守、监管措施，擅离看守、监管岗位，或者发现犯罪嫌疑人、被告人或者罪犯有脱逃迹象，不及时采取有效的防范措施，等等。其二，致使在押的犯罪嫌疑人、被告人或者罪犯脱逃，造成严重后果。上述人员脱逃和造成严重后果必须同时具备。根据2006年7月26日最高人民检察院公布的《关于渎职侵权犯罪案件立案标准的规定》确定的立案标准，涉嫌下列情形之一的，应予立案：(1) 致使依法可能判处或者已经判处10年以上有期徒刑、无期徒刑、死刑的犯罪嫌疑人、被告人、罪犯脱逃的；(2) 致使犯罪嫌疑人、被告人、罪犯脱逃3人次以上的；(3) 犯罪嫌疑人、被告人、罪犯脱逃以后，打击报复报案人、控告人、举报人、被害人、证人和司法工作人员等，或者继续犯罪的；(4) 其他致使在押的犯罪嫌疑人、被告人、罪犯脱逃，造成严重后果的情形。本罪的主体是司法工作人员。根据2000年9月14日最高人民法院《关于未被公安机关正式录用的人员、狱医能否构成失职致使在押人员脱逃罪主体问题的批复》中规定：对于未被公安机关正式录用，受委托履行监管职责的人员，由于严重不负责任，致使在押人员脱逃，造成严重后果的，可构成本罪的主体；不负监管职责的狱医，不构成失职致使在押人员脱逃罪的主体。但是受委派承担了监管职责的狱医，由于严重不负责任，致使在押人员脱逃，造成严重后果的，可构成本罪的主体。根据2001年1月2日最高人民检察院《关于工人等非监管机关在编监管人员私放在押人员行为和失职致使在押人员脱逃行为适用法律问题的解释》规定，工人等非监管机关在编监管人员,在被监管机关聘用受委托履行监管职责的过程中,由于严重不负责任,致使在押人员脱逃,造成严重后果的,可以构成本罪的主体。本罪的主观方面是过失,即行为人应当预见自己对工作严重不负责任的行为可能造成在押的犯罪嫌疑人、被告人或者罪犯脱逃,由于疏忽大意而没有预见或者虽然已经预见但轻信能够避免的心理态度。根据《刑法》第400条第2款的规定,犯失职致使在押人员脱逃罪的,处3年以下有期徒刑或者拘役;造成特别严重后果的,处3年以上10年以下有期徒刑。

十二、徇私舞弊减刑、假释、暂予监外执行罪

徇私舞弊减刑、假释、暂予监外执行罪,是指司法工作人员徇私舞弊,对不符合减刑、假释、暂予监外执行条件的罪犯,予以减刑、假释、暂予监外执行的行为。本罪侵犯的客体是司法机关的正常活动和刑罚执行制度。客观方面表现为徇私舞弊,对不符合减刑、假释、暂予监外执行条件的罪犯,予以减刑、假释、暂予监外执行的行为。我国法律对减刑、假释、暂予监外执行都规定了相应的条件,有关人员应该严格地按照法律的规定适用减刑、假释、暂予监外执行。如果行为人违反法律规定,屈从私情、私利,弄虚作假将不符合减刑、假释、暂予监外执行条件的罪犯予以减刑、假释或者暂予监外执行的,就可能构成本罪。根据2006年7月26日最高人民检察院公布的《关于渎职侵权犯罪案件立案标准的规定》确定的立案标准,涉嫌下列情形之一的,应予立案:(1)刑罚执行机关的工作人员对不符合减刑、假释、暂予监外执行条件的罪犯,捏造事实,伪造材料,违法报请减刑、假释、暂予监外执行的;(2)审判人员对不符合减刑、假释、暂予监外执行条件的罪犯,徇私舞弊,违法裁定减刑、假释或者违法决定暂予监外执行的;(3)监狱管理机关、公安机关的工作人员对不符合暂予监外执行条件的罪犯,徇私舞弊,违法批准暂予监外执行的;(4)不具有报请、裁定、决定或者批准减刑、假释、暂予监外执行权的司法工作人员利用职务上的便利,伪造有关材料,导致不符合减刑、假释、暂予监外执行条件的罪犯被减刑、假释、暂予监外执行的;(5)其他徇私舞弊减刑、假释、暂予监外执行应予追究刑事责任的情形。本罪的主体是司法工作人员。主观方面是故意,即行为人明知罪犯不符合减刑、假释、暂予监外执行的法定条件,而故意对其予以减刑、假释、暂予监外执行。如果行为人对报批减刑、假释、暂予监外执行的材料没有按照正常程序进行调查核实,疏忽大意,致使不应该减刑、假释、暂予监外执行的人被减刑、假释、暂予监外执行,则因其主观上没有本罪的故意,不构成本罪。根据《刑法》第401条的规定,犯徇私舞弊减刑、假释、暂予监外执行罪的,处3年以下有期徒刑或者拘役;情节严重的,处3年以上7年以下有期徒刑。

十三、徇私舞弊不移交刑事案件罪

徇私舞弊不移交刑事案件罪,是指行政执法人员在行政执法过程中,徇私舞弊,对依法应当移交司法机关追究刑事责任的案件,故意不移交,情节严重的行为。本罪的客观方面表现为行为人在行政执法过程中,徇私舞弊,对依法应当移交司法机关追究

刑事责任的案件不移交,情节严重的行为。所谓不移交,是指在行政执法过程中发现了刑事犯罪,应当将案件移交司法机关追究刑事责任而不移交,予以隐瞒、掩饰;或者大事化小,以行政处罚代替刑事处罚的行为。根据 2006 年 7 月 26 日最高人民检察院公布的《关于渎职侵权犯罪案件立案标准的规定》确定的立案标准,涉嫌下列情形之一的,应予立案:(1) 对依法可能判处 3 年以上有期徒刑、无期徒刑、死刑的犯罪案件不移交的;(2) 不移交刑事案件涉及 3 人次以上的;(3) 司法机关提出意见后,无正当理由仍然不予移交的;(4) 以罚代刑,放纵犯罪嫌疑人,致使犯罪嫌疑人继续进行违法犯罪活动的;(5) 行政执法部门主管领导阻止移交的;(6) 隐瞒、毁灭证据,伪造材料,改变刑事案件性质的;(7) 直接负责的主管人员和其他直接责任人员为谋取本单位私利而不移交刑事案件,情节严重的;(8) 其他情节严重的情形。本罪的主体是特殊主体,即只能由行政执法人员构成,主要是公安、工商、税务、海关、环境、检疫等行政机关中依法行使行政处罚权的公务人员及有关负责人员。主观方面是故意,即明知应当将案件移送司法机关而故意不移交。如果是行为人过失不移交刑事案件或者因为业务水平低认识不清案件性质而不移交的,不构成犯罪。根据《刑法》第 402 条的规定,犯徇私舞弊不移交刑事案件罪的,处 3 年以下有期徒刑或者拘役;造成严重后果的,处 3 年以上 7 年以下有期徒刑。

▶ 十四、滥用管理公司、证券职权罪

滥用管理公司、证券职权罪,是指工商行政管理、证券管理等国家有关主管部门的工作人员徇私舞弊,滥用职权,对不符合法律规定条件的公司设立、登记申请或者股票、债券发行、上市申请予以批准或者登记,致使公共财产、国家和人民利益遭受重大损失的行为,以及上级部门、当地政府强令登记机关及其工作人员实施上述行为的行为。本罪的客体为国家的公司与证券管理制度。本罪的客观方面表现为行为人徇私舞弊,滥用职权,对不符合法律规定条件的公司设立、登记申请或者股票、债券发行、上市申请,予以批准或者登记,致使公共财产、国家和人民利益遭受重大损失的行为。根据2006 年7 月 26 日最高人民检察院公布的《关于渎职侵权犯罪案件立案标准的规定》确定的立案标准,涉嫌下列情形之一的,应予立案:(1) 造成直接经济损失 50 万元以上的;(2) 工商管理部门的工作人员对不符合法律规定条件的公司设立、登记申请,违法予以批准、登记,严重扰乱市场秩序的;(3) 金融证券管理机构工作人员对不符合法律规定条件的股票、债券发行、上市申请,违法予以批准,严重损害公众利益,或者严重扰乱金融秩序的;(4) 工商管理部门、金融证券管理机构的工作人员对不符合法律规定条件的公司设立、登记申请或者股票、债券发行、上市申请违法予以批准或者登记,致使犯罪行为得逞的;(5) 上级部门、当地政府直接负责的主管人员强令登记机关及其工作人员,对不符合法律规定条件的公司设立、登记申请或者股票、债券发行、上市申请予以批准或者登记,致使公共财产、国家或者人民利益遭受重大损失的;(6) 其他致使公共财产、国家和人民利益遭受重大损失的情形。本罪的主体为特殊主体,即只有国家有关主管部门的国家机关工作人员,才能成为本罪的主体。所谓有关主管部门的

国家机关工作人员，是指工商行政管理部门、证券管理部门等具有管理职权的工作人员。本罪的主观方面是故意。根据《刑法》第403条第1款的规定，犯滥用管理公司、证券职权罪的，处5年以下有期徒刑或者拘役。依据该条第2款的规定，上级部门强令登记机关及其工作人员实施前款行为的，对其直接负责的主管人员，依照前款的规定处罚。

▶ 十五、徇私舞弊不征、少征税款罪

（一）徇私舞弊不征、少征税款罪的概念和构成要件

徇私舞弊不征、少征税款罪是指税务机关工作人员徇私舞弊，不征或者少征税款，致使国家税收遭受重大损失的行为。本罪具有如下构成要件：

（1）本罪的客体是国家的税收征收管理制度和国家的税收秩序。税收是国家财政的主要来源，国家税收机关的工作人员应当尽职尽责，依法征收税款，确保国家的财政收入。而本罪的行为人，为徇私情、徇私利，对明知应当依法征收的税款不予征收或者擅自决定免征，其行为显然极大地侵害了国家的税收征收管理制度，扰乱了国家的税收秩序。

（2）本罪的客观方面表现为行为人徇私舞弊，不征或者少征税款，致使国家税收遭受重大损失的行为。徇私舞弊是指徇私情、徇私利，弄虚作假。不征应征税款，是指行为人对于纳税人依法应缴纳的税款，出于私情、私利不向其征收，或者违反法律、行政法的规定，擅自决定纳税人免缴税款的行为。少征税款是指行为人徇私情、私利，向纳税人少收应缴税款或者擅自减少纳税人纳税款额的行为。值得注意的是，构成本罪须"致使国家税收遭受重大损失"。根据2006年7月26日最高人民检察院公布的《关于渎职侵权犯罪案件立案标准的规定》确定的立案标准，涉嫌下列情形之一的，应予立案：徇私舞弊不征、少征应征税款，致使国家税收损失累计达10万元以上的；上级主管部门工作人员指使税务机关工作人员徇私舞弊不征、少征应征税款，致使国家税收损失累计达10万元以上的；徇私舞弊不征、少征应征税款不满10万元，但具有索取或者收受贿赂或者其他恶劣情节的；其他致使国家税收遭受重大损失的情形。

（3）本罪的主体是特殊主体，即只能由税务机关的工作人员构成。

（4）本罪的主观方面是故意，即故意不征或者少征税款。如果行为人主观上没有故意，而是由于工作马虎，责任心不强或者业务水平不够，漏算或者少算应征税款，客观上造成应征税款没有征收或者少征收的，则不能构成本罪。如果因玩忽职守造成国家税收重大损失的，可按玩忽职守罪论处。

（二）徇私舞弊不征、少征税款罪的认定

1. 本罪与徇私舞弊不征、少征税款一般违法行为的界限

区别二者的关键在于行为人的行为是否造成了国家税收的重大损失。造成重大损失的，按犯罪处理，没有造成重大损失的，按一般违法行为，对行为人给予党纪、政纪处分。

2. 本罪与滥用职权罪的界限

就本质而言,徇私舞弊不征、少征税款罪也是一种国家机关工作人员滥用职权的行为。但由于《刑法》第 397 条规定的滥用职权罪是针对所有国家机关工作人员而言的,具有普通法条的意义,而《刑法》第 404 条则是专门针对税务机关工作人员而言的,具有特别法条的意义,因此,当税务机关的工作人员徇私舞弊,不征或者少征税款,致使国家税收遭受重大损失时,应按特别法条优于普通法条的原则,对行为人按第 404 条的徇私舞弊不征、少征税款罪论处。

3. 本罪与玩忽职守罪的界限

在处理税务机关工作人员的行为造成国家税收重大损失的案件时,要正确地区分行为人的行为是构成本罪还是构成玩忽职守罪。区分的关键是看行为人的主观心理状态是故意还是过失,如果故意不征或者少征税款,造成重大损失的,按本罪定罪处罚;如果由于对工作严重不负责任,致使没有征收或者少征了税款,造成重大损失的,按玩忽职守罪定罪处罚。

(三) 徇私舞弊不征、少征税款罪的刑事处罚

根据《刑法》第 404 条的规定,犯徇私舞弊不征、少征税款罪的,处 5 年以下有期徒刑或者拘役;造成特别重大损失的,处 5 年以上有期徒刑。

▶ 十六、徇私舞弊发售发票、抵扣税款、出口退税罪

徇私舞弊发售发票、抵扣税款、出口退税罪,是指税务机关的工作人员违反法律、行政法的规定,在办理发售发票、抵扣税款、出口退税的工作中,徇私舞弊,致使国家利益遭受重大损失的行为。本罪的客体是国家的税收管理制度。客观方面表现为行为人违反法律、行政法的规定,在办理发售发票、抵扣税款、出口退税的工作中,徇私舞弊,致使国家利益遭受重大损失的行为。违反法律、行政法规,主要是指违反我国《税收征收管理法》、《发票管理办法》、《增值税暂行条例》等法律、法规中关于发售发票、抵扣税款和出口退税款的规定。徇私舞弊是指行为人徇私情、私利而弄虚作假。其具体表现形式有:一是行为人在发售发票工作中屈从私情、私利,给不具备领购发票主体资格的单位和个人发售了发票,或者不按发票领购薄核准的种类、数量以及购票方式,向具备领购发票资格的申请人发售发票等;二是行为人在办理抵扣税款工作中屈从私情、私利,对不应抵扣税款的而抵扣了税款,或者应少抵扣税款而多抵扣了税款;三是行为人在办理出口退税工作中屈从私情、私利,对不应退税的而退了税,或者应少退税的而多退了税等。构成本罪以行为人的徇私舞弊行为致使国家利益遭受重大损失为必要条件。根据 2006 年 7 月 26 日最高人民检察院公布的《关于渎职侵权犯罪案件立案标准的规定》确定的立案标准,涉嫌下列情形之一的,应予立案:(1) 徇私舞弊,致使国家税收损失累计达 10 万元以上的;(2) 徇私舞弊,致使国家税收损失累计不满 10 万元,但发售增值税专用发票 25 份以上或者其他发票 50 份以上或者增值税专用发票与其他发票合计 50 份以上,或者具有索取、收受贿赂或者其他恶劣情节的;(3) 其他致使国家利益遭受重大损失的情形。本罪的主体是特殊主体,即只能由税务机关的工作人

员构成。本罪的主观方面是故意,即行为人明知违法办理发售发票、抵扣税款、出口退税,会导致国家利益遭受重大损失,而希望或者放任这种结果的发生。根据《刑法》第405条第1款的规定,犯徇私舞弊发售发票、抵扣税款、出口退税罪的,处5年以下有期徒刑或者拘役;致使国家利益遭受特别重大损失的,处5年以上有期徒刑。

十七、违法提供出口退税凭证罪

违法提供出口退税凭证罪,是指海关、外汇管理等国家机关工作人员违反国家规定,在提供出口货物报关单、出口收汇核销单等出口退税凭证的工作中徇私舞弊,致使国家利益遭受重大损失的行为。本罪的客体为国家办理出口退税凭证的管理制度。本罪的客观方面表现为行为人在提供出口货物报关单、出口收汇核销单等出口退税凭证的工作中,徇私舞弊,致使国家利益遭受重大损失的行为。徇私舞弊,是指徇个人私情、私利,弄虚作假,为没有出口货物者提供报关单,为没有出口收汇者提供出口收汇凭证,或者多填出口货物数量或出口收汇数量等。根据2006年7月26日最高人民检察院公布的《关于渎职侵权犯罪案件立案标准的规定》确定的立案标准,涉嫌下列情形之一的,应予立案:(1) 徇私舞弊,致使国家税收损失累计达10万元以上的;(2) 徇私舞弊,致使国家税收损失累计不满10万元,但具有索取、收受贿赂或者其他恶劣情节的;(3) 其他致使国家利益遭受重大损失的情形。本罪的主体是税务机关工作人员之外的办理出口货物报关单、出口收汇核销单等出口退税凭证的国家机关的工作人员。本罪的主观方面是故意。根据《刑法》第405条第2款的规定,犯违法提供出口退税凭证罪的,处5年以下有期徒刑或者拘役;致使国家利益遭受特别重大损失的,处5年以上有期徒刑。

十八、国家机关工作人员签订、履行合同失职被骗罪

国家机关工作人员签订、履行合同失职被骗罪,是指国家机关工作人员在签订、履行合同的过程中,因严重不负责任而被诈骗,致使国家利益遭受重大损失的行为。本罪的客体是国家机关对国家经济工作的正常管理活动和国家资产的安全。本罪的客观方面表现为行为人在签订、履行合同的过程中,因严重不负责任而被诈骗,致使国家利益遭受重大损失的行为。具体包括两方面的内容:一是行为人在签订、履行合同过程中严重不负责任。二是严重不负责任的行为造成被诈骗,致使国家利益遭受重大损失的后果。根据2006年7月26日最高人民检察院公布的《关于渎职侵权犯罪案件立案标准的规定》确定的立案标准,涉嫌下列情形之一的,应予立案:(1) 造成直接经济损失30万元以上,或者直接经济损失不满30万元,但间接经济损失150万元以上的;(2) 其他致使国家利益遭受重大损失的情形。本罪的主体是特殊主体,即只能是国家机关工作人员。实践中多为各级政府及其职能主管部门的工作人员。本罪的主观方面是过失。事实上国家机关工作人员签订、履行合同失职被骗罪也是一种玩忽职守的犯罪,但由于《刑法》第397条第1款明确规定"本法另有规定的,依照规定"。因此对国家机关工作人员签订、履行合同失职被骗的行为,应当按《刑法》第406条之规定论

处，不再定为玩忽职守罪。根据刑法第406条的规定，犯国家机关工作人员签订、履行合同失职被骗罪的，处3年以下有期徒刑或者拘役；致使国家利益遭受重大损失的，处3年以上7年以下有期徒刑。

十九、违法发放林木采伐许可证罪

违法发放林木采伐许可证罪，是指林业主管部门的工作人员违反森林法的规定，超过批准的年采伐限额发放林木采伐许可证或者违反规定滥发林木采伐许可证，情节严重，致使森林遭受严重破坏的行为。本罪的客体是林木采伐管理制度。客观方面表现为行为人违反森林法的规定，超过批准的年采伐限额发放林木采伐许可证或者违反规定滥发林木采伐许可证，情节严重，致使森林遭受严重破坏的行为。林木采伐许可证是采伐林木的单位或者个人依照法律规定办理的准许采伐林木的证明，没有取得林木采伐许可证的单位或个人不得采伐。超过批准的年采伐限额发放林木采伐许可证则是行为人明知国家规定的年采伐林木限额而故意发放超过年采伐数额的采伐许可证。违反规定滥发林木采伐许可证则是行为人超越自己的权限发放林木采伐许可证或者明知采伐申请内容不符合法律规定，仍然予以批准，发给林木采伐许可证的行为。上述行为情节严重，致使森林遭受严重破坏结果的即构成本罪。根据2006年7月26日最高人民检察院公布的《关于渎职侵权犯罪案件立案标准的规定》确定的立案标准，涉嫌下列情形之一的，应予立案：(1) 发放林木采伐许可证允许采伐数量累计超过批准的年采伐限额，导致林木被超限额采伐10立方米以上的；(2) 滥发林木采伐许可证，导致林木被滥伐20立方米以上，或者导致幼树被滥伐1000株以上的；(3) 滥发林木采伐许可证，导致防护林、特种用途林被滥伐5立方米以上，或者幼树被滥伐200株以上的；(4) 滥发林木采伐许可证，导致珍贵树木或者国家重点保护的其他树木被滥伐的；(5) 滥发林木采伐许可证，导致国家禁止采伐的林木被采伐的；(6) 其他情节严重，致使森林遭受严重破坏的情形。该司法解释同时规定，“林业主管部门工作人员之外的国家机关工作人员，违反森林法的规定，滥用职权或者玩忽职守，致使林木被滥伐40立方米以上或者幼树被滥伐2000株以上，或者致使防护林、特种用途林被滥伐10立方米以上或者幼树被滥伐400株以上，或者致使珍贵树木被采伐、毁坏4立方米或者4株以上，或者致使国家重点保护的其他植物被采伐、毁坏后果严重的，或者致使国家严禁采伐的林木被采伐、毁坏情节恶劣的，按照《刑法》第397条的规定以滥用职权罪或者玩忽职守罪追究刑事责任。”本罪的主体是特殊主体，即只能由林业主管部门的工作人员构成。本罪的主观方面是故意。根据《刑法》第407条的规定，犯违法发放林木采伐许可证罪的，处3年以下有期徒刑或者拘役。

二十、环境监管失职罪

环境监管失职罪，是指负有环境保护监督管理职责的国家机关工作人员严重不负责任，导致发生重大环境污染事故，致使公私财产遭受重大损失或者造成人身伤亡的严重后果的行为。本罪的客体是国家环境保护监管的正常活动。本罪的客观方面表现为,行为人在环境保护监督管理工作中严重不负责任,导致发生重大环境污染事故,致使公共财产遭受重大损失或者人身伤亡的严重后果的行为。根据2006年7月26日最高人民检察院公布的《关于渎职侵权犯罪案件立案标准的规定》确定的立案标准,涉嫌下列情形之一的,应予立案:(1) 造成死亡1人以上,或者重伤3人以上,或者重伤2人、轻伤4人以上,或者重伤1人、轻伤7人以上,或者轻伤10人以上的;(2) 导致30人以上严重中毒的;(3) 造成个人财产直接经济损失15万元以上,或者直接经济损失不满15万元,但间接经济损失75万元以上的;(4) 造成公共财产、法人或者其他组织财产直接经济损失30万元以上,或者直接经济损失不满30万元,但间接经济损失150万元以上的;(5) 虽未达到(3)、(4)两项数额标准,但(3)、(4)两项合计直接经济损失30万元以上,或者合计直接经济损失不满30万元,但合计间接经济损失150万元以上的;(6) 造成基本农田或者防护林地、特种用途林地10亩以上,或者基本农田以外的耕地50亩以上,或者其他土地70亩以上被严重毁坏的;(7) 造成生活饮用水地表水源和地下水源严重污染的;(8) 其他致使公私财产遭受重大损失或者造成人身伤亡严重后果的情形。本罪的主体是特殊主体,即只能由负有环境保护监督管理职责的国家机关工作人员构成。本罪的主观方面是过失,即行为人应当预见自己对工作严重不负责任的行为,可能导致发生重大环境污染事故,致使公共财产遭受重大损失或者造成人身伤亡的严重后果,由于疏忽大意而没有预见或者虽然已经预见但轻信能够避免的心理态度。事实上环境监管失职罪也是一种玩忽职守的犯罪,但由于《刑法》第397条第1款明确规定"本法另有规定的,依照规定",因此对负有环境保护监督管理职责的国家机关工作人员在环境保护监督管理工作中的严重失职行为,不定玩忽职守罪,而应当按《刑法》第408条之规定论处。根据刑法第408条的规定,犯环境监管失职罪的,处3年以下有期徒刑或者拘役。

二十一、食品监管渎职罪

食品监管渎职罪,是指负有食品安全监督管理职责的国家机关工作人员,滥用职权或者玩忽职守,导致发生重大食品安全事故或者造成其他严重后果的行为。本罪侵犯的客体是食品安全监督管理的正常活动。客观方面表现为滥用职权或者玩忽职守,导致发生重大食品安全事故或者造成其他严重后果的行为。主体是特殊主体,即负有食品安全监督管理职责的国家机关工作人员。主观方面出于故意或者过失。本罪是《刑法修正案(八)》对《刑法》第408条增补设立的新罪名。根据刑法第408条之一规定,犯本罪的,处5年以下有期徒刑或者拘役;造成特别严重后果的,处5年以上10年以下有期徒刑。徇私舞弊犯本罪的,从重处罚。

二十二、传染病防治失职罪

传染病防治失职罪是指从事传染病防治的政府卫生行政部门的工作人员严重不负责任,导致传染病传播或者流行,情节严重的行为。本罪侵犯的客体是传染病防治的正常活动。客观方面表现为行为人对传染病防治工作严重不负责任,导致传染病传播或者流行，情节严重的行为。根据2006年7月26日最高人民检察院公布的《关于渎职侵权犯罪案件立案标准的规定》确定的立案标准，涉嫌下列情形之一的，应予立案：(1) 导致甲类传染病传播的；(2) 导致乙类、丙类传染病流行的；(3) 因传染病传播或者流行，造成人员重伤或者死亡的；(4) 因传染病传播或者流行，严重影响正常的生产、生活秩序的；(5) 在国家对突发传染病疫情等灾害采取预防、控制措施后，对发生突发传染病疫情等灾害的地区或者突发传染病病人、病原携带者、疑似突发传染病病人，未按照预防、控制突发传染病疫情等灾害工作规范的要求做好防疫、检疫、隔离、防护、救治等工作，或者采取的预防、控制措施不当，造成传染范围扩大或者疫情、灾情加重的；(6) 在国家对突发传染病疫情等灾害采取预防、控制措施后，隐瞒、缓报、谎报或者授意、指使、强令他人隐瞒、缓报、谎报疫情、灾情，造成传染范围扩大或者疫情、灾情加重的；(7) 在国家对突发传染病疫情等灾害采取预防、控制措施后，拒不执行突发传染病疫情等灾害应急处理指挥机构的决定、命令，造成传染范围扩大或者疫情、灾情加重的；(8) 其他情节严重的情形。本罪的主体是特殊主体，只能由从事传染病防治的卫生行政部门的工作人员构成。本罪的主观方面是过失，即行为人应当预见自己对工作严重不负责任的行为，可能导致传染病传播、流行的严重后果，但由于疏忽大意而没有预见或者已经预见但轻信能够避免的心理态度。根据《刑法》第409条的规定，犯传染病防治失职罪的，处3年以下有期徒刑或者拘役。

▶ 二十三、非法批准征用、占用土地罪

非法批准征用、占用土地罪，是指国家机关工作人员徇私舞弊，违反土地管理法规，滥用职权，非法批准征用、占用土地，情节严重的行为。本罪的客体是国家对土地的管理制度。本罪的客观方面表现为行为人徇私舞弊，违反土地管理法规，滥用职权，非法批准征用、占用土地，情节严重的行为。违反土地管理法规，是指违反土地管理法、森林法、草原法等法律以及有关行政法规中关于土地管理的规定。非法批准征用、占用土地，是指非法批准征用、占用耕地、林地等农用地以及其他土地，大致有两种情况：一种是依法没有批准权而超越权限批准征用、占用土地；一种是有批准权而超越权限范围批准征用、占用土地。本罪的成立须情节严重。根据2000年6月16日最高人民法院《关于审理破坏土地资源刑事案件具体应用法律若干问题的解释》的规定，具有下列情形之一的，属于非法批准征用、占用土地"情节严重"，可以构成本罪：(1) 非法批准征用、占用基本农田10亩以上的；(2) 非法批准征用、占用基本农田以外的耕地30亩以上；(3) 非法批准征用、占用其他土地50亩以上的；(4) 虽未达到上述数量标准，但非法批准征用、占用土地造成直接经济损失30万元以上的；造成耕地大量毁坏等恶劣情节的。根据2006年7月26日最高人民检察院公布的《关于渎职侵权犯罪案件立案标准的规定》确定的立案标准，涉嫌下列情形之一的，应予立案：(1) 非法批准征用、占用基本农田10亩以上的；(2) 非法批准征用、占用基本农田以外的耕地30亩以上的；(3) 非法批准征用、占用其他土地50亩以上的；(4) 虽未达到上述数量标准，但造成有关单位、个人直接经济损失30万元以上，或者造成耕地大量毁坏或者植被遭

到严重破坏的;(5) 非法批准征用、占用土地,影响群众生产、生活,引起纠纷,造成恶劣影响或者其他严重后果的;(6) 非法批准征用、占用防护林地、特种用途林地分别或者合计 10 亩以上的;(7) 非法批准征用、占用其他林地 20 亩以上的;(8) 非法批准征用、占用林地造成直接经济损失 30 万元以上,或者造成防护林地、特种用途林地分别或者合计 5 亩以上或者其他林地 10 亩以上毁坏的;(9) 其他情节严重的情形。本罪的主体是特殊主体,即只能由国家机关工作人员构成。本罪的主观方面是故意。事实上,非法批准征用、占用土地罪也是一种滥用职权的犯罪,但由于《刑法》第 397 条第 1 款规定了"本法另有规定的,依照规定",故对国家机关工作人员徇私舞弊,违反土地管理法规,滥用职权,非法批准征用、占用土地,情节严重的行为,不定滥用职权罪,而应按《刑法》第 410 条之规定论处。根据《刑法》第 410 条的规定,犯非法批准征用、占用土地罪的,处 3 年以下有期徒刑或者拘役;致使国家或者集体利益遭受特别重大损失的,处 3 年以上 7 年以下有期徒刑。根据最高人民法院的上述司法解释,所谓致使国家或者集体利益遭受特别重大损失,是指具有下列情形之一的:(1) 非法批准征用、占用基本农田 20 亩以上的;(2) 非法批准征用、占用基本农田以外的耕地 60 亩以上;(3) 非法批准征用、占用其他土地 100 亩以上的;(4) 非法批准征用、占用土地造,成基本农田 5 亩以上,其他耕地 10 亩以上严重毁坏的;(5) 非法批准征用、占用土地造成直接经济损失 50 万元以上等恶劣情节的。

二十四、非法低价出让国有土地使用权罪

非法低价出让国有土地使用权罪,是指国家机关工作人员徇私舞弊,违反土地管理法、森林法、草原法等法律以及有关行政法规中关于土地管理的规定,滥用职权,非法低价出让国有土地使用权,情节严重的行为。本罪在犯罪客体、主体、主观方面与非法批准征用、占用土地罪相同,只是客观方面表现有所不同。本罪的客观方面表现为行为人徇私舞弊,滥用职权,非法低价出让国有土地使用权,情节严重的行为。所谓情节严重,根据 2000 年 6 月 16 日最高人民法院《关于审理破坏土地资源刑事案件具体应用法律若干问题的解释》的规定,具有下列情形之一的,属于非法低价出让国有土地使用权"情节严重",可以构成犯罪:(1) 出让国有土地使用权面积在 30 亩以上,并且出让价额低于国家规定的最低价额标准的 60% 的;(2) 造成国有土地资产流失价额在 30 万元以上的。根据 2006 年 7 月 26 日最高人民检察院公布的《关于渎职侵权犯罪案件立案标准的规定》确定的立案标准,涉嫌下列情形之一的,应予立案:(1) 非法低价出让国有土地 30 亩以上,并且出让价额低于国家规定的最低价额标准的 60% 的;(2) 造成国有土地资产流失价额 30 万元以上的;(3) 非法低价出让国有土地使用权,影响群众生产、生活,引起纠纷,造成恶劣影响或者其他严重后果的;(4) 非法低价出让林地合计 30 亩以上,并且出让价额低于国家规定的最低价额标准的百分之六十的;(5) 造成国有资产流失 30 万元以上的;(6) 其他情节严重的情形。本罪的主体是特殊主体,只能由国家机关工作人员构成。本罪的主观方面是故意,即故意非法低价出让国有土地使用权。根据《刑法》第 410 条的规定,犯非法低价出让国有土地使用权罪的,处 3

年以下有期徒刑或者拘役;致使国家或者集体利益利益遭受特别重大损失的,处3年以上7年以下有期徒刑。根据最高人民法院的上述司法解释,所谓致使国家或者集体利益遭受特别重大损失,是指具有下列情形之一的:(1) 非法低价出让国有土地使用权面积在60亩以上,并且出让价额低于国家规定的最低价额标准的40%的;(2) 造成国有土地资产流失价额在50万元以上的。

▶ 二十五、放纵走私罪

放纵走私罪,是指海关工作人员徇私舞弊,放纵走私,情节严重的行为。本罪的客体是国家的海关管理制度。本罪的客观方面表现为行为人徇私舞弊,放纵走私,情节严重的行为。徇私,就是徇私情、徇私利,贪图财物,袒护亲友或者谋取其他私利。放纵走私,就是对走私行为放任不管。其具体表现形式多种多样,如过关时故意不予以检查;在检查中发现是走私货物而放行;对应当征收关税的不征收;对应当查缉的走私货物、物品和走私活动人不予查缉;等等。放纵走私,既包括放纵走私犯罪分子,也包括放纵不构成犯罪的一般违法的走私人的行为。构成本罪须情节严重。根据2006年7月26日最高人民检察院公布的《关于渎职侵权犯罪案件立案标准的规定》确定的立案标准,涉嫌下列情形之一的,应予立案:(1) 放纵走私犯罪的;(2) 因放纵走私致使国家应收税额损失累计达10万元以上的;(3) 放纵走私行为3起次以上的;(4) 放纵走私行为,具有索取或者收受贿赂情节的;(5) 其他情节严重的情形。本罪的主体是特殊主体,即只能由海关工作人员构成。本罪的主观方面是故意,即行为人明知是走私分子,而故意予以放纵。根据《刑法》第411条的规定,犯放纵走私罪的,处5年以下有期徒刑或者拘役;情节特别严重的,处5年以上有期徒刑。

▶ 二十六、商检徇私舞弊罪

商检徇私舞弊罪,是指出入境检验检疫机关、检验检疫机构工作人员徇私舞弊,伪造检验结果的行为。本罪的客体是国家商品检验的管理制度。本罪的客观方面表现为行为人在商检工作中徇私舞弊,伪造检验结果的行为。徇私舞弊,即徇私情、徇私利,弄虚作假。伪造商检结果包括两种情形:一是没有进行商检而出具检验结果,可以是出具商品不合格的检验结果,也可以是出具商品合格的检验结果;二是在进行商检后出具虚假的检验结果,包括出具合格的检验结果,也包括出具不合格的检验结果。根据2006年7月26日最高人民检察院公布的《关于渎职侵权犯罪案件立案标准的规定》确定的立案标准,涉嫌下列情形之一的,应予立案:(1) 采取伪造、变造的手段对报检的商品的单证、印章、标志、封识、质量认证标志等作虚假的证明或者出具不真实的证明结论的;(2) 将送检的合格商品检验为不合格,或者将不合格商品检验为合格的;(3) 对明知是不合格的商品,不检验而出具合格检验结果的;(4) 其他伪造检验结果应予追究刑事责任的情形。本罪的主体是特殊主体,即国家商检部门、商检机构的工作人员。本罪的主观方面是故意,即行为人故意伪造商检结果。根据《刑法》第412条第1款的规定,犯商检徇私舞弊罪的,处5年以下有期徒刑或者拘役;造成严重后果的,处5年以上10年以下有期徒刑。

▶ 二十七、商检失职罪

商检失职罪，是指出入境检验检疫机关、检验检疫机构工作人员严重不负责任，对应当检验的物品不检验，或者延误检验出证、错误出证，致使国家利益遭受重大损失的行为。本罪的客体是国家商品检验的管理制度。本罪的客观方面表现为行为人对工作严重不负责任，对应当检验的物品不检验，或者延误检验出证，致使国家利益遭受重大损失的行为。本罪的行为方式可以是作为，可以是不作为。对应当检验的物品不检验属于不作为；不负责任，延误检验出证、错误出证是作为。本罪是结果犯，即行为必须造成了国家利益的重大损失，才构成犯罪。根据2006年7月26日最高人民检察院公布的《关于渎职侵权犯罪案件立案标准的规定》确定的立案标准，涉嫌下列情形之一的，应予立案：(1) 致使不合格的食品、药品、医疗器械等商品出入境，严重危害生命健康的；(2) 造成个人财产直接经济损失15万元以上，或者直接经济损失不满15万元，但间接经济损失75万元以上的；(3) 造成公共财产、法人或者其他组织财产直接经济损失30万元以上，或者直接经济损失不满30万元，但间接经济损失150万元以上的；(4) 未经检验，出具合格检验结果，致使国家禁止进口的固体废物、液态废物和气态废物等进入境内的；(5) 不检验或者延误检验出证、错误出证，引起国际经济贸易纠纷，严重影响国家对外经贸关系，或者严重损害国家声誉的；(6) 其他致使国家利益遭受重大损失的情形。本罪的主体是特殊主体，即出入境检验检疫机关、检验检疫机构工作人员。本罪的主观方面是过失。根据《刑法》第412条第2款的规定，犯商检失职罪的，处3年以下有期徒刑或者拘役。

▶ 二十八、动植物检疫徇私舞弊罪

动植物检疫徇私舞弊罪，是指出入境检验检疫机关、检验检疫机构工作人员徇私舞弊，伪造检疫结果的行为。本罪的客体是国家动植物检疫管理制度。本罪客观方面表现为行为人在动植物检疫工作中徇私舞弊，伪造检疫结果的行为。徇私舞弊，是指徇个人私情、私利，弄虚作假。伪造检疫结果，包括没有疫情而虚构疫情，也包括本有疫情而说成没有疫情。根据2006年7月26日最高人民检察院公布的《关于渎职侵权犯罪案件立案标准的规定》确定的立案标准，涉嫌下列情形之一的，应予立案：(1) 采取伪造、变造的手段对检疫的单证、印章、标志、封识等作虚假的证明或者出具不真实的结论的；(2) 将送检的合格动植物检疫为不合格，或者将不合格动植物检疫为合格的；(3) 对明知是不合格的动植物，不检疫而出具合格检疫结果的；(4) 其他伪造检疫结果应予追究刑事责任的情形。本罪的主体是特殊主体，即只能由出入境检验检疫机关、检验检疫机构工作人员构成。本罪的主观方面是故意，即故意徇私舞弊，伪造检疫结果。根据《刑法》第413条第1款的规定，犯动植物检疫徇私舞弊罪的，处5年以下有期徒刑或者拘役；造成严重后果的，处5年以上10年以下有期徒刑。

二十九、动植物检疫失职罪

动植物检疫失职罪，是指出入境检验检疫机关、检验检疫机构工作人员严重不负责任，对应当检疫的检疫物不检疫，或者延误检疫出证、错误出证，致使国家利益遭受重大损失的行为。本罪的客体是国家动植物检疫管理制度。本罪客观方面表现为行为人严重不负责任，对应当检疫的检疫物不检疫，或者延误检疫出证、错误出证，致使国家利益遭受重大损失的行为。本罪的行为方式可以是作为，可以是不作为。对应当检疫的检疫物不检疫属于不作为；不负责任，延误检疫出证、错误出证是作为。构成本罪须造成了国家利益的重大损失。根据2006年7月26日最高人民检察院公布的《关于渎职侵权犯罪案件立案标准的规定》确定的立案标准，涉嫌下列情形之一的，应予立案：(1) 导致疫情发生，造成人员重伤或者死亡的；(2) 导致重大疫情发生、传播或者流行的；(3) 造成个人财产直接经济损失15万元以上，或者直接经济损失不满15万元，但间接经济损失75万元以上的；(4) 造成公共财产或者法人、其他组织财产直接经济损失30万元以上，或者直接经济损失不满30万元，但间接经济损失150万元以上的；(5) 不检疫或者延误检疫出证、错误出证，引起国际经济贸易纠纷，严重影响国家对外经贸关系，或者严重损害国家声誉的；(6) 其他致使国家利益遭受重大损失的情形。本罪的主体是特殊主体，即只能由动植物检疫机关的检疫人员构成。本罪的主观方面是过失。根据《刑法》第413条第2款的规定，犯动植物检疫失职罪的，处3年以下有期徒刑或者拘役。

三十、放纵制售伪劣商品犯罪行为罪

放纵制售伪劣商品犯罪行为罪，是指对生产、销售伪劣商品犯罪行为负有追究责任的国家机关工作人员徇私舞弊，不履行法律规定的追究职责，情节严重的行为。本罪的客体是国家机关对商品生产、销售的正常管理活动。本罪的客观方面表现为行为人徇私舞弊，不履行法律规定的追究生产、销售伪劣商品犯罪行为的责任，情节严重的行为。从行为表现形式上看，本罪是一种不作为的犯罪，即那些对生产、销售伪劣商品犯罪行为负有追究法律责任的国家机关工作人员，本该依法履行查处犯罪的职责，但行为人却为一己之私而放弃职守，消极地对其不予追究。需要指出的是，构成本罪要求行为人的徇私舞弊，不履行法律规定的追究责任的行为达到情节严重的程度。根据2006年7月26日最高人民检察院公布的《关于渎职侵权犯罪案件立案标准的规定》确定的立案标准，涉嫌下列情形之一的，应予立案：(1) 放纵生产、销售假药或者有毒、有害食品犯罪行为的；(2) 放纵生产、销售伪劣农药、兽药、化肥、种子犯罪行为的；(3) 放纵依法可能判处3年有期徒刑以上刑罚的生产、销售伪劣商品犯罪行为的；(4) 对生产、销售伪劣商品犯罪行为不履行追究职责，致使生产、销售伪劣商品犯罪行为得以继续的；(5) 3次以上不履行追究职责，或者对3个以上有生产、销售伪劣商品犯罪行为的单位或者个人不履行追究职责的；(6) 其他情节严重的情形。本罪的主体是特殊主体，即只有那些对生产、销售伪劣商品的犯罪行为负有追究责任的国家机关工作人员，才能成为本罪的主体。从司法实践来看,本罪的主体多为工商管理、质量监督、司法机关等部门的工作人员。本罪的主观方面是故意,即行为人明知他人实施了生产、销售伪劣商品的犯罪行为,自己有责任进行追究,而故意不予追究。根据《刑法》第414条的规定,犯放纵制售伪劣商品犯罪行为罪的,处5年以下有期徒刑或者拘役。

三十一、办理偷越国(边)境人员出入境证件罪

办理偷越国(边)境人员出入境证件罪,是指负责办理护照、签证以及其他出入境证件的国家机关工作人员,对明知是企图偷越国(边)境的人员,予以办理出入境证件的行为。本罪的客体是国家出入境证件管理制度。本罪的客观方面表现为为企图偷越国(边)境的人员办理护照、签证以及其他出入境证件的行为。根据2006年7月26日最高人民检察院公布的《关于渎职侵权犯罪案件立案标准的规定》确定的立案标准,负责办理护照、签证以及其他出入境证件的国家机关工作人员涉嫌在办理护照、签证以及其他出入境证件的过程中,对明知是企图偷越国(边)境的人员而予以办理出入境证件的,应予立案。本罪的主体是特殊主体,即只能由办理出入境证件的国家机关工作人员构成。本罪的主观方面是故意,即明知是企图偷越国(边)境的人员而为其办理出入境证件。根据《刑法》第415条的规定,犯办理偷越国(边)境人员出入境证件罪的,处3年以下有期徒刑或者拘役;情节严重的,处3年以上7年以下有期徒刑。

三十二、放行偷越国(边)境人员罪

放行偷越国(边)境人员罪,是指边防、海关等国家机关工作人员,对明知是偷越国(边)境的人员,予以放行的行为。本罪的客体是国(边)境管理制度。本罪的客观方面表现为对企图偷越国(边)境的人员,予以放行的行为。包括对无合法的出入境证件的人员而放行进境和出境的,或者明知对方持有的是假出入境证件或者过期、作废进出入境证件而放行的行为。根据2006年7月26日最高人民检察院公布的《关于渎职侵权犯罪案件立案标准的规定》确定的立案标准,边防、海关等国家机关工作人员涉嫌在履行职务过程中,对明知是偷越国(边)境的人员而予以放行的,应予立案。本罪的主体是特殊主体,即只能由边防、海关等国家机关的工作人员构成。本罪的主观方面是故意,即明知是偷越国境的人员而予以放行。根据《刑法》第415条的规定,犯放行偷越国(边)境人员罪的,处3年以下有期徒刑或者拘役;情节严重的,处3年以上7年以下有期徒刑。

三十三、不解救被拐卖、绑架妇女、儿童罪

不解救被拐卖、绑架妇女、儿童罪,是指对被拐卖、绑架的妇女、儿童负有解救职责的公安、司法等国家机关工作人员接到被拐卖、绑架的妇女、儿童及其家属的解救要求或者接到其他人的举报,而对被拐卖、绑架的妇女、儿童不进行解救,造成严重后果的行为。本罪的客体是国家对被拐卖、绑架的妇女、儿童的正常解救活动。本罪的客观方面表现为对被拐卖、绑架的妇女、儿童有解救职责的国家机关工作人员,接到被拐

卖、绑架的妇女、儿童及其家属的解救要求或者其他人的举报，而对被拐卖、绑架的妇女、儿童不进行解救，造成严重后果的行为。有关人员的解救要求或者他人的举报，是本罪客观方面的前提内容，如果行为人没有接到解救要求或者他人的举报，而不解救被拐卖、绑架妇女、儿童的，就不构成本罪。对被拐卖、绑架的妇女、儿童不进行解救，造成严重后果是本罪客观方面的重要内容。根据2006年7月26日最高人民检察院公布的《关于渎职侵权犯罪案件立案标准的规定》确定的立案标准，涉嫌下列情形之一的，应予立案：(1) 导致被拐卖、绑架的妇女、儿童或者其家属重伤、死亡或者精神失常的；(2) 导致被拐卖、绑架的妇女、儿童被转移、隐匿、转卖，不能及时进行解救的；(3) 对被拐卖、绑架的妇女、儿童不进行解救3人次以上的；(4) 对被拐卖、绑架的妇女、儿童不进行解救，造成恶劣社会影响的；(5) 其他造成严重后果的情形。本罪的主体是特殊主体，即只能由对被拐卖、绑架的妇女、儿童有解救职责的国家机关工作人员构成。本罪的主观方面是故意，即故意对被拐卖、绑架的妇女、儿童不进行解救。根据《刑法》第416条第1款的规定，犯不解救被拐卖、绑架妇女、儿童罪的，处5年以下有期徒刑或者拘役。

三十四、阻碍解救被拐卖、绑架妇女、儿童罪

阻碍解救被拐卖、绑架妇女、儿童罪，是指对被拐卖、绑架的妇女、儿童负有解救职责的公安、司法等国家机关工作人员利用职务阻碍解救被拐卖、绑架的妇女、儿童的行为。本罪和不解救被拐卖、绑架妇女、儿童罪都是《刑法》第416条规定的犯罪，二者在犯罪的客体和犯罪的主体上是相同的。本罪的客观方面表现为行为人利用职务阻碍解救被拐卖、绑架的妇女、儿童。利用职务阻碍解救，是指行为人利用本人负责、主管、协助解救被拐卖、绑架妇女、儿童工作的便利，设置各种障碍使他人不能顺利地进行解救工作。如对来自外地或者上级的解救人员进行刁难、干扰；利用自己掌握的信息为拐卖、绑架妇女、儿童者通风报信；帮助转移、隐匿被拐卖、绑架的妇女、儿童；制造种种借口，拒不派人解救；对解救工作不支持、不提供必要的便利条件；等等。根据2006年7月26日最高人民检察院公布的《关于渎职侵权犯罪案件立案标准的规定》确定的立案标准，涉嫌下列情形之一的，应予立案：(1) 利用职权，禁止、阻止或者妨碍有关部门、人员解救被拐卖、绑架的妇女、儿童的；(2) 利用职务上的便利，向拐卖、绑架者或者收买者通风报信，妨碍解救工作正常进行的；(3) 其他利用职务阻碍解救被拐卖、绑架的妇女、儿童应予追究刑事责任的情形。根据《刑法》第416条第2款的规定，犯阻碍解救被拐卖、绑架妇女、儿童罪的，处2年以上7年以下有期徒刑；情节较轻的，处2年以下有期徒刑或者拘役。

三十五、帮助犯罪分子逃避处罚罪

帮助犯罪分子逃避处罚罪，是指有查禁犯罪活动职责的司法及公安、国家安全、海关、税务等国家机关工作人员，向犯罪分子通风报信、提供便利，帮助犯罪分子逃避处罚的行为。本罪的客体是司法机关的正常活动。本罪的客观方面表现为行为人向犯

罪分子通风报信、提供便利，帮助犯罪分子逃避处罚的行为，具体表现是多种多样的，归纳起来主要有：(1) 向犯罪分子通风报信，即以任何形式向犯罪分子传递其将受到刑事追究的有关信息，如向犯罪分子泄露或者通报有关部门查禁活动的计划、措施、时间、地点等，使犯罪分子早有准备，以逃避或者采取手段对抗国家的查禁活动；(2) 向犯罪分子提供便利条件，如为犯罪分子提供隐匿处所、交通工具、出逃经费等便利条件。根据2006年7月26日最高人民检察院公布的《关于渎职侵权犯罪案件立案标准的规定》确定的立案标准，涉嫌下列情形之一的，应予立案：(1) 向犯罪分子泄漏有关部门查禁犯罪活动的部署、人员、措施、时间、地点等情况的；(2) 向犯罪分子提供钱物、交通工具、通讯设备、隐藏处所等便利条件的；(3) 向犯罪分子泄漏案情的；(4) 帮助、示意犯罪分子隐匿、毁灭、伪造证据，或者串供、翻供的；(5) 其他帮助犯罪分子逃避处罚应予追究刑事责任的情形。本罪的主体是特殊主体，即只能由有查禁犯罪职责的司法及公安、国家安全、海关、税务等国家机关工作人员构成。本罪的主观方面是故意。根据《刑法》第417条的规定，犯帮助犯罪分子逃避处罚罪的，处3年以下有期徒刑或者拘役；情节严重的，处3年以上10年以下有期徒刑。

三十六、招收公务员、学生徇私舞弊罪

招收公务员、学生徇私舞弊罪，是指国家机关工作人员在招收公务员、学生工作中徇私舞弊，情节严重的行为。本罪的客体是招收公务员、学生的正常管理活动。本罪的客观方面表现为行为人在招收公务员、学生工作中徇私舞弊，情节严重的行为。行为的具体表现主要有：伪造、篡改履历表、体检表；伪造立功受奖记录；私改考试分数；将符合条件的候选人毫无根据地排挤掉，以便让不合格者入选的行为；等等。构成本罪须情节严重。根据2006年7月26日最高人民检察院公布的《关于渎职侵权犯罪案件立案标准的规定》确定的立案标准，涉嫌下列情形之一的，应予立案：(1) 徇私舞弊，利用职务便利，伪造、变造人事、户口档案、考试成绩或者其他影响招收工作的有关资料，或者明知是伪造、变造的上述材料而予以认可的；(2) 徇私舞弊，利用职务便利，帮助5名以上考生作弊的；(3) 徇私舞弊招收不合格的公务员、学生3人次以上的；(4) 因徇私舞弊招收不合格的公务员、学生，导致被排挤的合格人员或者其近亲属自杀、自残造成重伤、死亡，或者精神失常的；(5) 因徇私舞弊招收公务员、学生，导致该项招收工作重新进行的；(6) 其他情节严重的情形。本罪的主体是特殊主体，即国家机关工作人员，主要是主管、具体负责招收公务员、学生工作的人员。本罪的主观方面是故意。根据《刑法》第418条的规定，犯招收公务员、学生徇私舞弊罪的，处3年以下有期徒刑或者拘役。

三十七、失职造成珍贵文物损毁、流失罪

失职造成珍贵文物损毁、流失罪，是指文物行政部门、公安机关、工商行政管理部门、海关、城乡建设规划部门等国家机关工作人员严重不负责任，造成珍贵文物损毁或者流失，后果严重的行为。本罪的客体是国家文物管理的正常活动。本罪的客观方面

表现为行为人对工作严重不负责任,造成珍贵文物损毁、流失,后果严重的行为。对工作严重不负责任的具体表现多种多样,如对应当馆藏珍贵文物不按文物馆藏品管理办法的规定建立固定、专用的库房,设专人管理;库房设备和措施不符合防水、防盗、防潮、防虫、防尘、防光、防震、防空气污染的要求使珍贵文物损毁的;不按规定的出库归库手续出库、归库珍贵文物,使珍贵文物丢失的;没有安全防盗设施和安全设施,使珍贵文物被盗的;发现不安全因素,不及时采取措施纠正,使珍贵文物遭损失的;发生火灾、文物丢失等案件不及时报告的;等等。损毁,是指文物的原有形状、结构被破坏,丧失了原来的完整性和价值。流失,是指文物被盗、下落不明,被偷运到国外等。上述行为必须情节严重才构成犯罪。根据2006年7月26日最高人民检察院公布的《关于渎职侵权犯罪案件立案标准的规定》确定的立案标准,涉嫌下列情形之一的,应予立案:(1) 导致国家一、二、三级珍贵文物损毁或者流失的;(2) 导致全国重点文物保护单位或者省、自治区、直辖市级文物保护单位损毁的;(3) 其他后果严重的情形。本罪的主体是特殊主体,即只能由国家机关的工作人员构成,主要是从事文物保护、文物管理的国家机关工作人员。本罪的主观方面是过失。根据《刑法》第419条的规定,犯失职造成珍贵文物损毁、流失罪的,处3年以下有期徒刑或者拘役。

【阅读参考书目】

1. 高铭暄、马克昌主编:《刑法学》,北京大学出版社、高等教育出版社2011年第5版。

2. 王作富主编:《刑法分则实务研究》(下),中国方正出版社2010年第4版。

3. 张明楷著:《刑法学》,法律出版社2007年版。

【思考题】

一、名词解释

1. 渎职罪

3. 滥用职权罪

2. 玩忽职守罪

4. 私放在押人员罪

5. 环境监管失职罪

二、简答题

1. 滥用职权罪的构成特征是什么?

2. 私放在押人员罪的构成特征有哪些?

3. 什么是徇私枉法罪?什么是民事、行政枉法裁判罪?二者的区别有哪些?

4. 国家机关工作人员签订、履行合同失职被骗罪与玩忽职守罪的联系与区别何在?

三、论述题

1. 试述玩忽职守罪的构成及认定中应注意区分的界限。

2. 试述故意泄露国家秘密罪的概念和构成特征。

3. 试述徇私舞弊不征、少征税款罪的概念和构成特征以及与徇私舞弊罪之间的关系。

四、案例分析

案情1①：

沈××，青阳县安全生产监督管理局职工。2005年9月15日因涉嫌玩忽职守由青阳县人民检察院决定取保候审。沈××在青阳县安全监督管理局一直从事矿山安全监督工作。2005年1月下旬，池州市正信安全技术咨询有限公司受青阳县安监局委托先后对青阳县清泉白云石矿等6家露天白云石矿矿山进行了安全评价，明确指出这六家矿山在开采系统方面均未按国家有关规定实施台阶式开采、莱场中部有浮石等安全隐患，并形成书面材料送到被检矿山及县安监局。对此，沈××在征得领导同意后，于2005年1月22日召开的全县矿长会议上要求已被正信公司安全评价的矿山，要按照正信公司提出的问题进行整改。同年3月份，沈××到青阳县外贸公司白云石矿石矿验收整改情况时，发现已被评价的6家矿山仍在违规采矿后，打电话给清泉白云石矿矿长袁××，要求其按照正信公司的意见整改，但未采取其他监督措施。此后，沈××未再到清泉白云石矿等那片矿山进行监管。2005年3、4月份，清泉白云石矿与垅山白云石矿违反国家规定在界交处掏采，形成伞檐坍塌，造成吴××当场死亡的生产安全事故。公诉机关指控沈××不认真履行职责，其行为触犯刑律，构成玩忽职守罪。

请问沈××的行为是否构成玩忽职守罪？

案情2②

王×、武×原均系某市公安派出所民警，他们与周×（另案处理）是好朋友。周×原系某县一单位职工，想调进大城市。恰巧，某大城市一工厂职工张×与周×同县，想调回本县。周×闻悉后，便提出要与张×对调，张×说考虑好之后再作答复。后张×听说周×所在单位即将倒闭，表示不愿意对调。周×于是找其友王×、武×商量对策。经商议，王×、武×二人制造虚假案情，诬说张×犯有盗窃罪，并私立专案，进行审讯。审讯中，王×、武×对张×软硬兼施，迫使其与周×对调工作。张×出身农民，工作不久，涉世未深，在王×、武×的恐吓下，于2002年春节前一深夜，在单位仓库悬梁自尽。

分析王×、武×行为的性质。

---

① 根据赵秉志主编：《中国刑法典型案例研究》，北京大学出版社2008年版，第272—273页案例改写。

② 根据赵秉志主编：《中国刑法案例与学理研究》，法律出版社2004年版，第339页案例改写。

第三十章　军人违反职责罪

军人违反职责罪是我国刑法分则第10章规定的类罪罪名。从《刑法》第420条至第451条，共32条，其中28个条文是规定定罪处罚的，共规定了31种具体罪名。按犯罪行为发生的时间可分为两类：一是平时和战时都可以发生的犯罪；二是只有战时才能发生的犯罪。

第一节　军人违反职责罪总述

所谓军人违反职责罪，是指军人违反职责，危害国家军事利益，依照法律应当受刑罚处罚的行为。1979年我国第一部刑法典之中，并没有关于军人违反职责罪的专门规定。1981年6月10日颁布、1982年1月1日施行的《中华人民共和国惩治军人违反职责罪暂行条例》第一次以单行刑法的方式对此加以规定，在1997年刑法典修订时将相应的内容补充完善，纳入了刑法典中，作为刑法分则第10章。军人违反职责罪这一类罪的特殊性首先在于，本案犯罪的主体是特殊主体，即军人。《刑法》第450条规定："本章适用于中国人民解放军的现役军官、文职干部、士兵及具有军籍的学员以及执行任务的预备役人员和其他人员。"因此，如果军人的同一行为既触犯了本章的条文，又触犯了刑法分则其他章的条文，就应该根据特别法优于普通法的原则，适用刑法分则第10章的有关规定，而不能适用其他普通法条。

第二节　军人违反职责罪分述

▶ 一、战时违抗命令罪

战时违抗命令罪，是指军人在战时对上级的命令、指示故意违抗、拒不执行，对作战造成危害的行为。本罪只能发生在"战时"。所谓战时，根据《刑法》第451条的规定，是指国家宣布进入战争状态、部队受领作战任务或者遭敌突然袭击时；部队执行戒严任务或者处置突发性暴力事件时，以战时论。本罪的客体为，为作战指挥秩序。本罪在客观方面表现为战时违抗命令，对作战造成危害的行为。违抗作战命令，既可以是作为，也可以是不作为。在表现形式上一般有：拒不执行命令或拖延迟缓地执行命令，故意执行与命令相反的内容，等等。本罪所指的"命令"，不应仅理解为作战命令，还包括配合战斗方面的命令，如救护伤员的命令、武器弹药供应运送的命令等。"对作战造成危害"，是指由于行为人违抗命令而扰乱了作战部署，贻误了战机，影响了作战任务的完成，或者给敌人造成可乘之机，使部队遭受较大损失等。仅违抗命令而未对作战造成危害的，不能以犯罪论处，可作违反军纪处理。本罪的主体是应接受命令或指示的部署人员，对此不应理解为仅指参加战斗的战斗人员，也包括为战斗服务的救护人员、勤务人员等。本罪主观方面是故意，即明知是上级的命令而予以违抗，拒不执行。犯罪动机是对上级领导不满、泄愤报复或畏惧战斗等。如果根据具体情况灵活而正确地改变命令并且未对作战造成危害的，或者由于不能抗拒或不能预见的原因而未执行命令的，不能以犯罪论处。根据《刑法》第421条的规定，犯战时违抗命令罪的，处3年以上10年以下有期徒刑；致使战斗、战役遭受重大损失的，处10年以上有期徒刑、无期徒刑或者死刑。

▶ 二、隐瞒、谎报军情罪

隐瞒、谎报军情罪，是指行为人故意隐瞒、谎报军情，对作战造成危害的行为。本罪的客观方面，表现为隐瞒、谎报军情，并给作战造成了危害。本罪的主体，主要是负有报告军情义务的军内侦察员、通讯员、机要员，以及其他军内负有报告军情责任的军职人员。行为人主观上必须是出于故意，即明知真实军情而故意将其隐瞒不报或谎报。至于本罪的行为人动机如何，并不影响犯罪的成立。根据《刑法》第422条的规定，犯本罪的，处3年以上10年以下有期徒刑；致使战斗、战役遭受重大损失的，处10年以上有期徒刑、无期徒刑或者死刑。

▶ 三、拒传、假传军令罪

拒传、假传军令罪，是指拒不传递军令，或者伪造、篡改上级军事机关命令，并加以传递，对作战造成危害的行为。本罪的客体为部队作战秩序。本罪的客观方面表现为拒传、假传军令，并对作战造成危害。本罪的主体为负有传达军令义务的现役军职人员。本罪的主观方面为故意。即明知军令而拒不传达，或者故意作虚假传达。根据《刑法》第422条的规定，犯本罪的，处3年以上10年以下有期徒刑；致使战斗、战役遭受重大损失的，处10年以上有期徒刑、无期徒刑或者死刑。

▶ 四、投降罪

投降罪，是指在战场上贪生怕死，自动放下武器投降敌人的行为。本罪的客体为军人的战斗义务。客观方面表现为行为人在战场上贪生怕死，自动放下武器投降敌人的行为。所谓贪生怕死，是指为了活命而放弃战斗；所谓自动放下武器，是指有能力作战而不作战，并非指扔下手中的武器，凡能用武器作战而不作战，不论是否抛弃手中的武器，均属于“自动放下武器”；所谓投降敌人，是指军人停止作战，向敌人屈服。作为一位军人，他有义务用自己的血肉之躯捍卫祖国和人民的利益，而投降罪的行为人却在战场上苟且偷生，这严重违背了军人的神圣使命，因而理当受到刑罚处罚。本罪的主体，是具有使用武器打击敌人资格的参战军职人员。那些在战场上因负伤而丧失战斗能力并成为敌人俘虏的军人不能成为本罪的主体。本罪的主观方面，是故意犯罪，行为人一般具有畏惧战斗、贪生怕死的动机。根据《刑法》第423条的规定，犯本罪的，处3年以上10年以下有期徒刑；情节严重的，处10年以上有期徒刑或者无期徒刑；投降敌人后,为敌人效劳的,处10年以上有期徒刑、无期徒刑或者死刑。

五、战时临阵脱逃罪

战时临阵脱逃罪,是指军人在战场上或在战斗状态下贪生怕死、畏惧战斗而脱离战斗岗位,逃避战斗的行为。其构成特征如下:本罪的客体是军人的作战义务。本罪的客观方面表现为战时临阵脱逃的行为,即在战场上或者在战斗状态下,行为人实施了擅自脱离战斗部队而逃跑的行为。“在战斗状态下”,不仅是指在进行战斗的过程中,也指尚未参加战斗、战役,但已接受了作战任务的情况。本罪的主体是参战的军职人员。本罪的主观方面是故意。动机是贪生怕死、畏惧战斗。根据《刑法》第424条的规定,犯战时临阵脱逃罪的,处3年以下有期徒刑;情节严重的,处3年以上10年以下有期徒刑;致使战斗、战役遭受重大损失的,处10年以上有期徒刑、无期徒刑或者死刑。

六、擅离、玩忽军事职守罪

擅离、玩忽军事职守罪,是指军队指挥人员和值班、值勤人员擅离职守或者玩忽职守,造成严重后果的行为。本罪的客体是军人的作战义务和国家的军事利益。客观方面表现为擅离职守或者玩忽职守因而造成严重后果的行为。“擅离职守”是指擅自离开指挥、值班、值勤岗位。“玩忽职守”是指在履行职责的岗位上,严重不负责任,不履行职责,或者马虎草率,疏忽大意,不正确履行职责。“严重后果”是指贻误战机,造成战斗、战役失利或重大损失的;发生重大事故造成武器装备毁损的;给国家军事利益或者其他财产造成重大损失等。本罪的主体是中国人民解放军、中国人民武装警察部队的人员和执行军事任务的预备役人员及其他人员中的指挥、值班、值勤人员。指挥人员是指武装部队中负责对所属部队和人员的作战和其他行动实施组织指挥的各级领导干部。值班人员是指武装部队中在部队、机关、院校或营区正在值班的人员。值勤人员是指正在执行轮流担任勤务的人员。本罪的主观方面出自过失。根据《刑法》第425条规定,犯擅离、玩忽军事职守罪的,处3年以下有期徒刑或者拘役;造成特别严重后果的,处3年以上7年以下有期徒刑。战时犯前款罪的,处5年以上有期徒刑。

七、阻碍执行军事职务罪

阻碍执行军事职务罪,是指军人以暴力、威胁方法,阻碍指挥人员或者值班、值勤人员执行职务的行为。本罪的客体是军人的作战义务和国家的军事利益。犯罪客观方面表现为以暴力、威胁方法,阻碍指挥、值班、值勤人员执行职务的行为。“暴力”指对人体殴打或者强制。“威胁”是指进行精神上的恐吓及其他精神强制,如以殴打、伤害进行威胁等。“阻碍”是指设置各种障碍使工作不能正常进行。“执行职务”指为履行职责而完成的任务。本罪的主体是中国人民解放军、人民武装警察部队的人员、执行军事任务的预备役人员和其他人员。本罪的主观方面是故意。即行为人明知被阻碍的人员是在执行指挥、值班、值勤职务的军人而故意阻碍其执行职务。

八、指使部属违反职责罪

指使部属违反职责罪,是指滥用职权,指使部属进行违反职责的活动,造成严重后果的行为。本罪在客观上表现为滥用职权,指使部属进行违反职责的活动,造成严重后果的行为。首先,必须是滥用职权,如果不是利用职权,而是采取与职权无关的其他方法使部属进行违反职责的活动,则不成立本罪。其次,行为人指使部属、所实施的违反职责的活动,必须不是构成军人违反职责罪的一般违反职责的活动,否则,指使者与具体实施者构成其他犯罪的共犯。例如,指使部属非法获取军事秘密的,指使者与具体实施非法获取军事秘密的人构成共同犯罪,而不成立本罪。最后,必须造成严重后果。本罪的主体是具有一定职权的军人。主观方面只能是故意,即明知是违反军人职责的活动,而故意指使部属实施。根据《刑法》第 427 条的规定,犯指使部属违反职责罪的,处 5 年以下有期徒刑或者拘役;情节特别严重的,处 5 年以上 10 年以下有期徒刑。

九、违令作战消极罪

违令作战消极罪,是指指挥人员违抗命令,临阵畏缩,作战消极,造成严重后果的行为。本罪客观方面表现为违抗上级命令,临阵畏缩,作战消极,造成严重后果的行为。所谓严重后果,是指因为行为人作战消极而致使我军损失重大、贻误战机等情况。本罪主体是军事指挥人员,即具有一定指挥权力的军职人员,普通士兵不能成为本罪的主体。本罪的主观方面是故意,行为人主观上还具有贪生怕死的动机。根据刑法第 428 条的规定,犯本罪的,处 5 年以下有期徒刑;致使战斗、战役遭受重大损失或者有其他特别严重情节的,处 5 年以上有期徒刑。

十、拒不救援友邻部队罪

拒不救援友邻部队罪,是指在战场上明知友邻部队处境危急请求救援,能救援而不救援,致使友邻部队遭受重大损失的行为。客观方面,表现为在战场上拒绝处境危急的友邻部队的救援请求,能救援而不救援,从而使友邻部队遭受了重大损失。本罪的主体,只能是参战部队的指挥人员,即负有战场指挥责任的军官,普通士兵不能成为本罪的主体。本罪的主观方面,是故意犯罪,即明知友邻部队处境危急请求救援而故意不救援。根据《刑法》第 429 条的规定,犯本罪的,处 5 年以下有期徒刑。

十一、军人叛逃罪

军人叛逃罪,是指军人在履行公务期间,擅离岗位,叛逃境外或者在境外叛逃,危害国家军事利益的行为。本罪的客体为国家的军事利益以及军人永不叛国的义务。本罪的客观方面,表现为行为人在履行公务期间,擅离岗位,叛逃到境外的有关国家或地区,或者在境外叛逃。所谓叛逃,是指逃往国外、境外不归,或者利用公务出境之机滞留国外、境外不归,以及逃往外国和有关地区驻华使领馆等行为。本罪的主体,是正在履行公务的军职人员，因此，如果军职人员不是在履行公务期间逃越国（边）境，不成立本罪。本罪的主观方面，是具有叛逃的故意。其动机可能有多种，如逃避惩罚、贪图享乐等。不论出于何种动机，均不影响本罪的成立。根据《刑法》第430条的规定，犯本罪的，处5年以下有期徒刑或者拘役；情节严重的，处5年以上有期徒刑；驾驶航空器、舰船叛逃的，或者有其他特别严重情节的，处10年以上有期徒刑、无期徒刑或者死刑。

▶ 十二、非法获取军事秘密罪

非法获取军事秘密罪，是指以窃取、刺探、收买方法，非法获取军事秘密的行为。本罪的客体是国家保守军事秘密的管理制度。本罪的客观方面表现为窃取、刺探、收买方法，非法获取军事秘密的行为。军事秘密，是指在一定时间内只限一定范围的人员知悉的关系国防和军队安全与利益的事项。至于军事秘密的范围和等级，《中华人民共和国保守国家秘密法》、《中国人民解放军保密条例》等法律、法规作了具体规定。本罪的主体，只限于军职人员。行为人是故意非法获取军事秘密，过失不构成本罪。根据《刑法》第431条第1款的规定，犯本罪的，处5年以下有期徒刑；情节严重的，处5年以上10年以下有期徒刑；情节特别严重的，处10年以上有期徒刑。

▶ 十三、为境外窃取、刺探、收买、非法提供军事秘密罪

为境外窃取、刺探、收买、非法提供军事秘密罪，是指为境外的机构、组织、人员窃取、刺探、收买、非法提供军事秘密的行为。本罪的客体是国家保守军事秘密的管理制度。本罪的客观方面表现为为境外的机构、组织、人员窃取、刺探、收买、非法提供军事秘密的行为。所谓窃取，是指秘密偷取。所谓刺探，是打听与收集。所谓收买，是指行为人用金钱等物质利益去换取。所谓非法提供，是指行为人违反国家保守军事秘密的法规，将偷取、收集、收买或自己所掌握的国家军事秘密送给或告知境外的机构、组织、人员。窃取、刺探、收买、非法提供是本罪的四种表现形式，行为人实施其中之一，即可成立本罪。本罪的主体为军职人员。本罪的主观方面为故意。根据《刑法》第431条第2款的规定，犯本罪的，处10年以上有期徒刑、无期徒刑或者死刑。

▶ 十四、故意泄露军事秘密罪

故意泄露军事秘密罪，是指违反保守国家秘密的法规，故意泄露国家军事秘密，情节严重的行为。本罪的客体为国家军事秘密的保密制度。本罪的客观方面表现为实施了违反保守国家秘密的法规，泄露国家军事秘密且情节严重的行为。所谓违反保守国家秘密的法规，是指不遵守国家有关保守军事秘密的法规（如《中国人民解放军保守国家军事机密条例》、《国防尖端技术保密规定》等等）。所谓泄露国家军事秘密，是指故意将军事机密透露出去，至于以何种方法泄露，并不影响本罪成立。所谓情节严重，是指泄露重大军事机密，从而导致国家军事利益遭受重大损失的情况。因此，行为人如果违反国家保守军事机密的法规，泄露了国家军事机密，但情节并不严重的话，则不

能以本罪论处,而应按军纪处置。本罪的主体为特殊主体,即现役军人。本罪的主观方面为故意。根据《刑法》第432条的规定,犯本罪的,处5年以下有期徒刑或者拘役;情节特别严重的,处5年以上10年以下有期徒刑;战时犯本罪的,处5年以上10年以下有期徒刑;战时犯本罪,情节特别严重的,处10年以上有期徒刑或者无期徒刑。

▶ 十五、过失泄露军事秘密罪

过失泄露军事秘密罪,是指违反保守国家秘密法规,过失泄露军事秘密,情节严重的行为。本罪除主观方面为过失外,其他构成要件和处罚均与前罪同。

▶ 十六、战时造谣惑众罪

战时造谣惑众罪,是指在战时造谣惑众、动摇军心的行为。本罪的客观方面,表现为实施了在战时造谣惑众、动摇军心的行为。造谣惑众,是指捏造事实,散布不利于我方军事行动的信息,从而使我军军心动摇,失去信心,如散布敌人如何强大、不可战胜,我军如何不堪一击,等等。至于我军军心是否已被动摇,对成立本罪并无实际意义。本罪的主体,为特殊主体,即现役军人。本罪的主观方面为故意,行为人有何种目的与动机并不影响本罪的成立。根据《刑法》第433条的规定,犯本罪的,处3年以下有期徒刑,情节严重的,处3年以上10年以下有期徒刑;勾结敌人造谣惑众,动摇军心的,处10年以上有期徒刑或者无期徒刑;勾结敌人造谣惑众、动摇军心,情节特别严重的,可以判处死刑。

▶ 十七、战时自伤罪

战时自伤罪,是指在战时自伤身体,逃避军事义务的行为。本罪的客体是军人的战斗义务。本罪的客观方面表现为实施了在战时自伤身体,逃避军事义务的行为。所谓自伤身体,是指行为人借助于刀、枪等器械的力量来使自己身体受伤,也可以利用自身的体力来使自己受伤,以何种手段自伤,并不重要。此外,自伤必须是在战时。所谓逃避军事义务,是指自伤身体之后借故不履行依法应尽的军事职责。本罪的主体为军人。本罪的主观方面为故意,并具有逃避军事义务的目的,其动机可能有多种多样,但并不影响本罪的成立。根据《刑法》第434条的规定,犯本罪的,处3年以下有期徒刑;情节严重的,处3年以上7年以下有期徒刑。

▶ 十八、逃离部队罪

逃离部队罪,是指违反兵役法规,逃离部队,情节严重的行为。本罪的客体是国家兵役制度。本罪的客观方面表现为违反兵役法规,逃离部队的行为。凡未经批准,为逃避军事义务而擅自离开部队的,都是逃离部队的行为。但并非所有的逃离部队的行为都构成犯罪。对情节轻微、情节一般的逃离部队的行为,应采取说服教育、欢迎归队的政策,必要时予以军纪处分,但不能作为犯罪处理。本罪的主体为现役军人。非现役军人教唆或帮助现役军人逃离部队的,可成为逃离部队罪的共犯。本罪的主观方面是故意,目的是逃避继续服兵役。动机多是贪生怕死,怕苦怕累,不愿受部队纪律约束等。如因迷失方向、受伤掉队,或被敌人围困而脱离部队的,则不构成本罪。根据《刑法》第 435 条的规定,犯本罪的,处 3 年以下有期徒刑或者拘役;战时犯本罪的,处 3 年以上 7 年以下有期徒刑。

▶ 十九、武器装备肇事罪

武器装备肇事罪,是指违反武器装备使用规定,情节严重,因而发生责任事故,致人重伤、死亡或者造成其他严重后果的行为。本罪的客体是部队武器装备的管理和使用制度。客观方面表现为违反武器装备使用规定,情节严重的行为。这主要包括以下三个方面:一是行为人实施了违反武器装备使用规定的行为;二是行为的情节严重,这主要是指行为人故意违反武器装备的使用规定或者在使用过程中严重不负责任,以及擅自使用武器装备等情况;三是行为发生了重大事故,致人重伤、死亡或者造成了其他严重后果。"其他严重后果",是指造成爆炸火灾、大面积污染或其他重大损失等。本罪的主体是军职人员。本罪的主观方面是过失,但行为人对违反武器装备使用规定也可能是明知故犯。这里所说的"过失",是针对行为人对自己的行为引起的责任事故而言的。根据《刑法》第 436 条的规定,犯本罪的,处 3 年以下有期徒刑或者拘役;后果特别严重的,处 3 年以上 7 年以下有期徒刑。所谓后果特别严重,一般是指造成多人重伤、死亡或者毁坏重要军事装备等情况。

▶ 二十、擅自改变武器装备编配用途罪

擅自改变武器装备编配用途罪,是指违反武器装备管理规定,擅自改变武器装备的编配用途,造成严重后果的行为。本罪的客体是武器装备的管理制度。本罪客观方面表现为违反了国家武器装备管理规定,自作主张,随意改变武器装备的用途,并造成严重的后果。本罪的主体,为特殊主体,即现役军人。本罪的主观方面为过失。这里所说的过失,是针对行为人对其行为所造成的严重后果所持的心理态度,其擅自改变武器装备编配用途则是故意的。根据《刑法》第 437 条的规定,犯本罪的,处 3 年以下有期徒刑或者拘役;造成特别严重后果的,处 3 年以上 7 年以下有期徒刑。

▶ 二十一、盗窃、抢夺武器装备、军用物资罪

盗窃、抢夺武器装备、军用物资罪,是指军职人员以非法占有为目的。秘密窃取或者公然夺取部队的武器装备或者军用物资的行为。本罪的客体是国家对武器装备和军用物资的所有权以及军队战斗力的物质保障。客观方面表现为行为人实施了盗窃、抢夺武器装备、军用物资的行为。如果盗窃、抢夺的不是武器装备或军用物资则不构成本罪,而应按一般盗窃、抢夺罪论处。本罪的主体,是军职人员。非军职人员不能单独构成本罪,但可以成为本罪的共犯。本罪的主观方面是故意,并具有非法占有的目的。根据《刑法》第 438 条的规定,犯本罪的,处 5 年以下有期徒刑或者拘役;情节严重的,处 5 年以上 10 年以下有期徒刑;情节特别严重的,处 10 年以上有期徒刑、无期徒刑

或者死刑。

二十二、非法出卖、转让武器装备罪

非法出卖、转让武器装备罪，是指违反军队武器装备管理规定，出卖、转让军队武器装备的行为。本罪的客体国家对武器装备的所有权以及军队战斗力的物质保障。本罪的客观方面表现为非法出卖、转让军队武器装备的行为，其中的出卖是指有偿转让武器装备的所有权；转让是指有偿或无偿地转让军队武器装备的所有权。本罪的主体是对于武器装备有合法管理或者执掌权力的军职人员。本罪主观方面表现为故意，明知出卖、转让军队武器装备是非法的，却有意转让。至于是否要求行为人出于非法占有目的，则是需要研究的问题。由于转让包括无偿转让，行为人也可能为了部队的某种局部利益而出卖武器装备，故不要求非法占有的目的；但行为人是否具有非法占有的目的，对行为的社会危害性程度起重大影响作用；正因为本罪包括了以非法占有为目的的出卖、转让，所以，刑法规定了较重的法定刑。根据《刑法》第 439 条的规定，犯非法出卖、转让武器装备罪的，处 3 年以上 10 年以下有期徒刑；出卖、转让大量武器装备或者有其他特别严重情节的，处 10 年以上有期徒刑、无期徒刑或者死刑。

二十三、遗弃武器装备罪

遗弃武器装备罪，是指违抗命令，遗弃武器装备的行为。本罪的客体是军队武器装备的管理制度。客观方面表现为现役军人公然违抗命令，丢弃武器装备。本罪的主体必须是现役军人。本罪主观方面是故意犯罪，即故意违抗上级命令，丢弃武器装备。过失不构成本罪。根据《刑法》第 440 条的规定，犯本罪的，处 5 年以下有期徒刑或者拘役；遗弃重要或者大量武器装备的，或者有其他严重情节的，处 5 年以上有期徒刑。

二十四、遗失武器装备罪

遗失武器装备罪，是指遗失武器装备，并且不及时报告或者有其他严重情节的行为。本罪的客体是军队武器装备管理制度。客观方面表现为遗失了武器装备，且不及时报告或者有其他严重情节。如果行为人虽然遗失了武器装备，但却及时报告了有关部门或者并无其他严重情节，那么其行为并不构成犯罪，而应按军纪处之。所谓其他严重情节，是指遗失武器装备的行为引起了严重后果，如犯罪分子利用遗失的武器装备犯罪等，遗失了大量或重要武器装备等情况。本罪的主体必须是现役军人。本罪只能由过失构成。根据《刑法》第 441 条的规定，犯本罪的，处 3 年以下有期徒刑或者拘役。

二十五、擅自出卖、转让军队房地产罪

擅自出卖、转让军队房地产罪，是指出卖、转让军队房地产，情节严重的行为。本罪的客体是军队房地产的管理秩序。本罪的客观方面表现为违反军队房地产管理规定，擅自将军队房地产出卖、转让给他人，并且情节严重的行为。虽然出卖、转让了军

队房地产,但如果情节并不严重,也不成立犯罪,而应按军纪处理。本罪的主体是军职人员,而且一般是部队中具有一定军衔或者职务的领导人员,因为只有这类人员才可能具有转让、出卖军队房地产的决策权。普通士兵一般不可能成为本罪的主体。本罪的主观方面是故意,即明知其出卖、转让军队房地产的行为是违反规定的、非法的,但仍然决意加以出卖、转让。根据《刑法》第442条的规定,犯本罪的,对直接责任人员处3年以下有期徒刑或者拘役;情节特别严重的,处3年以上10以下有期徒刑。

▶ 二十六、虐待部属罪

虐待部属罪,是指滥用职权,虐待部属,情节恶劣,致人重伤或者造成其他严重后果的行为。本罪的客体是部属的身体健康权、生命权、人格、名誉等方面的权利。本罪的客观方面,表现为实施了滥用职权,虐待部属,且情节恶劣的行为。所谓滥用职权,是指不公正地使用手中权力对部属恣意妄为。所谓虐待部属,是指对部属刁难、摧残、折磨,包括给部属施加精神上的压力和使其感受肉体上的痛苦,如打骂、冻饿、伤害人格,等等。所谓部属,是指下级军职人员或士兵。所谓情节恶劣,则是指因虐待而致人重伤、死亡或者造成其他严重后果。这里的"其他严重后果",一般是指虐待、迫害行为导致部属集体军心涣散而影响部队完成或执行重大任务以及其他军事利益方面的严重损失。本罪的主体是处于领导岗位的军职人员,包括班长以及各级军官。本罪的主观方面是故意,至于动机则多种多样,大多是出自特权思想,以权势压人,维护自己的领导尊严,有的是由于部属不服从管理教育,随意顶撞领导,或者不听劝阻,因而怀恨部下,寻机报复等。但动机如何,不影响本罪的成立。根据《刑法》第443条的规定,犯本罪的,处5年以下有期徒刑或者拘役;致人死亡的,处5年以上有期徒刑。

▶ 二十七、遗弃伤病军人罪

遗弃伤病军人罪,是指军人在战场上故意遗弃伤病军人,情节恶劣的行为。本罪的客体主要是军队的作战利益,同时也包括战场上伤病军人的被救护权利。本罪的客观方面表现为在战场上不履行职责,对有条件抢救、输送的伤病军人不予抢救、输送,或对抢救、输送的伤病军人无故遗弃,情节恶劣的行为。"战场"指两军作战的空间,包括陆地战场、海上战场和空中战场。"情节恶劣"指因贪生怕死而遗弃;因被遗弃造成伤病军人死亡、残废、被俘、被杀;因遗弃伤病军人引起军心涣散等。本罪的主体是对伤病军人有救护任务的直接责任人员,即对伤病员有救护责任的救护人员和指挥人员。其他军职人员在战场上对伤病军人有能力救助而不予以救助的,虽然应该受到道德上的谴责,但不构成犯罪,可以批评教育,必要时可予以军纪处理。本罪的主观方面只能是故意。根据《刑法》第444条的规定,犯本罪的,对直接责任人员,处5年以下有期徒刑。

▶ 二十八、战时拒不救治伤病军人罪

战时拒不救治伤病军人罪,是指军人战时在救护治疗职位上,有条件救治而拒不

救治危重伤病军人的行为。本罪的客体是部队的作战秩序和军人的生命健康权。本罪的客观方面表现为有条件救治危重伤病军人而拒不救治。所谓拒不救治,是指有条件救治而拒绝救治。如果行为人根据当时的医疗卫生条件以及个人的医疗技术水平认为没有条件实施救助,强行实施可能更严重损害危重伤病军人的身体或导致其他更为严重的后果,因而不愿实施救护治疗行为的,不能以犯罪论处。本罪的主体是特殊主体,即军职人员中具有救护、治疗职责的人员,如军医、护理人员。本罪的主观方面只能是故意,即明知他人属于危重伤病军人,并且有条件救治而拒绝救治。根据《刑法》第445条的规定,犯本罪的,处5年以下有期徒刑或者拘役;造成伤病军人重残、死亡或者有其他严重情节的,处5年以上10年以下有期徒刑。所谓其他严重情节,是指挟嫌报复而不救治的,阻止他人救治的,故意给救治工作设置障碍的,等等。

▶ 二十九、战时残害居民、掠夺居民财物罪

战时残害居民、掠夺居民财务罪,是指战时在军事行动地区,残害无辜居民或者掠夺无辜居民财物的行为。本罪的客体是我军的作战利益和军事行动地区无辜居民的人身、财产权利。本罪的客观方面表现为在军事行动地区对无辜居民实施残害、掠夺行为。所谓军事行动地区,既包括我军作战地区,也包括我军宣布的戒严地区,有时不受国界的限制,即军事行动地区可以是在外国领域内或者跨越我国和外国领域。“无辜居民”,是指对我国无任何敌对行动的军事行动地区的居民群众。“掠夺”,是指以暴力、胁迫手段抢劫军事行动地区无辜居民的钱财。“残害”,是指对军事行动地区居民实施伤害、强奸、烧杀等暴行。本罪的主体是在军事行动地区实施军事行动的军职人员。本罪的主观方面是故意。根据《刑法》第446条的规定,犯本罪的,处5年以下有期徒刑;情节严重的,处5年以上10年以下有期徒刑;情节特别严重的,处10年以上有期徒刑、无期徒刑或者死刑。

▶ 三十、私放俘虏罪

私放俘虏罪,是指违反军事纪律、私自释放俘虏的行为。本罪的客体是对俘虏的管理秩序。本罪的客观方面表现为实施了私放俘虏的行为。所谓私放,即未经准许,自作主张将俘虏释放。至于是公开地放,还是偷偷地放,并不影响本罪的成立。所谓俘虏,即在战争或武装冲突中被我方俘获的敌方武装人员及其他为武装部队服务的人员。本罪的主体,为具有看守、管理、调运俘虏等职责的军职人员。本罪主观方面是故意,过失不构成犯罪。动机如何,不影响本罪的成立。根据《刑法》第447条的规定,犯本罪的,处5年以下有期徒刑;私放重要俘虏、私放俘虏多人或者有其他严重情节的,处5年以上有期徒刑。

▶ 三十一、虐待俘虏罪

虐待俘虏罪,是指军职人员对战俘实施精神上、肉体上的折磨和摧残,情节恶劣的行为。本罪的客体侵犯的是部队的作战秩序和战俘的人身权利。本罪的客观方面表

现为实施了不给俘虏人道待遇,并对其进行虐待,且情节恶劣的行为。所谓不给俘虏人道待遇,是指违反了我国承认的《关于战俘待遇的日内瓦公约》的有关战俘待遇的条款,非人道地对待战俘。所谓虐待,是指对战俘进行精神上的折磨与肉体上的摧残。所谓情节恶劣,是指虐待多人或者多次虐待战俘,其虐待行为引出了严重后果的,如引起战俘自杀、精神分裂的,引起国际舆论严厉批评的,等等。本罪的主体一般是管理战俘的人员。本罪的主观方面是故意。根据《刑法》第448条的规定,犯本罪的,处3年以下有期徒刑。

【阅读参考书目】

1. 高铭暄、马克昌主编:《刑法学》,北京大学出版社、高等教育出版社2011年第5版。
2. 王作富主编:《刑法》,中国人民大学出版社2011年第5版。
3. 赵秉志主编:《刑法新教程》,中国人民大学出版社2001年版。

【思考题】

一、名词解释

1. 军人违反职责罪
2. 战时临阵脱逃罪
3. 逃离部队罪
4. 武器装备肇事罪
5. 盗窃、抢夺武器装备、军用物资罪

二、简答题

1. 简述战时违抗命令罪的概念及其特征。
2. 简述军人叛逃罪的概念及其特征。

三、论述题

1. 试述军人违反职责罪的概念和特征。
2. 试述军人叛逃罪与逃离部队罪的区别。

四、案例分析

被告人李毅,男,20岁,某部一连战士。

李毅自入伍以来,组织纪律差。一次,他违反军纪,在营区骑自行车带人,值勤人员将其自行车扣留。李对此非常不满,想强行拿走自行车,即从伙房中拿出一把剔骨刀,将值勤战士和排长扎伤(轻伤,经治疗已痊愈)。

问:李毅的行为构成什么犯罪?